U0921136

广西经济社会调查报告

（2010）

国家统计局广西调查总队　编

（京）新登字041号

图书在版编目（CIP）数据

广西经济社会调查报告. 2010 / 国家统计局广西调查总队编. —北京：中国统计出版社，2011.8

ISBN 978-7-5037-6252-9

Ⅰ.①广… Ⅱ.①国… Ⅲ.①区域经济—调查报告—广西—2010②社会调查—调查报告—广西—2010 Ⅳ.①F127.67

中国版本图书馆CIP数据核字（2011）第135448号

广西经济社会调查报告—2010

作　　者/ 国家统计局广西调查总队
责任编辑/ 佘竞雄
责任校对/ 施先文
装帧设计/ 黄小纯
出版发行/ 中国统计出版社
通信地址/ 北京市丰台区西三环南路甲6号　中国统计出版社
邮　　编/ 100073
电　　话/ （010）63376907
E-Mail/ yearbook@gj.stats.cn
印　　刷/ 广西民族印刷厂
经　　销/ 新华书店
开　　本/ 890×1240 毫米　1/16
字　　数/ 1500千字
印　　张/ 43
印　　数/ 500册
版　　别/ 2011 年 7 月第 1 版
版　　次/ 2011 年 7 月第 1 次印刷
书　　号/ ISBN 978-7-5037-6252-9/F · 3031
定　　价/ 260.00 元

《广西经济社会调查报告》(2010)

编辑委员会

编者说明

2010年，是国家统计局广西调查总队成立以来全区调查任务最为繁重、调查事业发展较为关键的一年。一年来，广西调查总队坚持以科学发展观为统领，紧紧围绕国家统计局和自治区党委、政府中心工作任务，认真组织开展“提升数据质量年”活动，采取积极有效的措施，对社会公众关心、关注的热点和难点问题，深入开展统计调查研究，组织力量加强经济形势的专题分析，准确把握形势，撰写了大量有深度、有水平、有影响的分析研究报告，得到了上级领导机关、自治区领导和有关方面的充分肯定。例如：2009年的《前三季度经济形势专题分析情况报告》得到自治区主席马飚、常务副主席李金早、副主席林念修三位领导批示，2010年期间编发的3期季度经济形势专题分析报告也得到领导好评。同时，课题研究成果《广西农户生产经营行为研究》经中国统计学会评审，入选参加纪念中国统计学会成立三十周年大会暨第十五次全国统计科学讨论会。2010年共编发《调查信息》562篇，编发《调查报告》241篇，调查信息和调查报告的采用率与上年基本持平。其中：被自治区党政“两办”采用和领导批示248篇次，被国家统计局采用和领导批示10篇次，被“中办”及“国办”采用和国家领导人批示13篇次。2010年度约稿34篇，被国家统计局等上级领导机关的采用率达到80%。广西调查总队荣获2010年度自治区政府信息工作先进单位一等奖，2010年度在自治区党委办公厅的信息采用率也名列前茅。

《广西经济社会调查报告》全书收集了2010年度广西调查队系统开展的经济研究课题和部分统计调查分析报告文章，共172篇。按内容分为六个部分：一是综合篇，重点是经济研究课题和常规调查业务以外反映广西经济社会发展的综合性调查报告；二是农村调查篇，主要反映农业、农村和农民等方面的调查报告；三是城镇生活篇，主要反映城镇居民生活情况等方面的调查报告；四是价格调查篇，主要反映生产、消费价格等方面的调查报告；五是企业调查篇，主要反映工业生产、企业监测、服务业调查等方面的调查报告；六是区域发展篇，主要是市、县队常规调查业务以外反映地方市、县域经济发展等方面的调查报告。衷心希望此书能够为广西经济建设的发展，为广西统计调查事业发挥出积极的作用。

由于编者水平有限，书中难免有疏漏和错误之处，敬请作者和读者批评指正。

国家统计局广西调查总队

二〇一一年五月

目　录

第一部分　综合篇

第二部分　农村调查篇

第三部分　城镇生活篇

第四部分　价格调查篇

第五部分　企业调查篇

第六部分　区域发展篇

第一部分 综合篇

广西城镇低收入居民生活现状及消费需求研究

课题组成员：何永东　谢　胜　梁　玉
叶安照　史　进　许景玲

前　言

党的十六届四中全会提出“要适应我国社会的深刻变化，把和谐社会建设摆在重要位置，注重激发社会活力，促进社会公平和正义，增强全社会的法律意识和诚信意识，维护社会安定团结。”把不断提高构建社会主义和谐社会的能力作为党的执政能力之一，充分说明党中央对社会主义和谐社会建设的高度重视。中央经济工作会议提出，2010年经济工作的主要任务之一是，扩大居民消费需求，增强消费对经济增长的拉动作用，深刻指出了我国经济持续健康发展的根本途径。通常内需包括居民消费、社会消费和投资，外需指的是开放经济条件下的净出口。我国在改革开放30年经济发展年均9.9%的增长中，内需对年度GDP增速平均拉动9.5个百分点，净出口平均拉动0.4个百分点。即使在加入世贸组织以后，净出口的拉动效应也仅上升到1.2个百分点。可见，扩大内需是我们推动经济发展的根本动力。

城乡居民是内需消费的主体，居民消费需求的兴衰是影响经济发展的重要因素。当前我国城乡居民生活整体已摆脱贫困，逐步迈向小康生活目标。但经济的快速发展促进了劳动要素等资源的重新配置，劳动质量和劳动效率的差别从平均化中裂变出来，促进了分配制度的改革，其结果使居民之间收入差距逐渐拉大，不同的收入阶层呈现出不同的消费特征。高收入居民受国家全面调控房地产市场和股市动荡不稳的影响，资金投资受阻，没有新的消费项目的扩展，消费已全面饱和，没有消费扩展的空间；中等收入居民生活温饱已经解决，正处于从温饱向小康升级过渡阶段，进行资金储备和能量积聚，消费处于暂时饱和状态；而低收入居民生活较为贫困，收入水平低，家底薄，收入来源单一，但其具有较高的消费倾向和潜能。在以往的研究中，研究扩大居民消费需求大多从居民整体研究居多，没有找到能真正解决扩大居民消费问题的办法和切入点，对解决问题的政策措施泛泛其谈，缺少可操作性，课题研究的效果不明显。在广西，城镇低收入居民是个庞大的社会群体，其消费潜力巨大，对拉动内需具有重要决定作用。因此，本课题根据广西近二十多年的统计资料，对广西城镇低收入居民的生活现状及消费需求变动和影响因素进行研究，探讨其内在特点和规律，为政府制定相关政策及扩大消费需求提供理论依据和政策建议。

第一部分：广西城镇低收入居民生活现状分析

关注民生，构建和谐，是我们党在“十七大”明确提出的执政理念，反映了今后党和政府在改善民生、促进和谐方面的力度会不断加大。随着我区的经济快速增长，居民生活水平有了一定的提高，但受到金融危机、物价上涨、社会保障体系不健全等多种因素影响，城镇低收入居民生活仍然面临不少困难。因此，了解低收入居民的生活状况，解决他们的生活困难，是构建和谐社会的重中之重。本课题研究的低收入居民是指城镇居民中收入最低的10%，当前广西城镇低收入居民的生活现状主要有如下几个方面：

一、收入增长缓慢，与高收入居民的收入差距进一步扩大

改革开放以来，我国逐步实行了以按劳分配为主体，多种分配方式并存的分配制度。由于劳动者的个人劳动报酬打破了平均主义，人民生活在普遍提高的基础上，收入结构也出现了多层次，收入逐渐拉开了差距。

根据广西调查总队抽样调查数据显示，当前广西城镇低收入居民收入差异主要体现在两个方面：1．收入增长缓慢；2．与高收入居民（最高10%）的收入差距进一步扩大。具体详见图1和表1：

由图1可见，全自治区高低收入居民可支配收入近几十年来均呈现出逐年增长的趋势，但低收入居民收入的增长速度较为缓慢，同时，高低收入居民间的收入差距呈现出逐年扩大的趋势，究其原因是随着经济的持续发展及收入状况的多样化，带来了经济利益在不同利益群体间的重新调整和分配及社会收入分层的加剧，从而导致居民收入差距在进一步扩大，具体差距情况见表1：

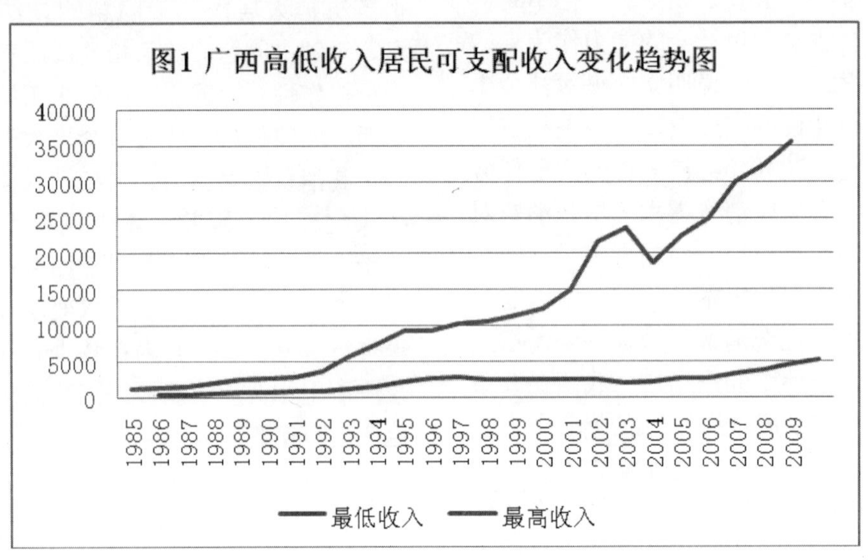

表1　全自治区高低收入居民可支配收入差距表

年份	高收入居民可支配收入（年人均元）	比上年增长%	低收入居民可支配收入（年人均元）	比上年增长%	绝对值差额（元）	倍数
1985	1257.63		367.64		889.99	3.42
1986	1368.62	8.83	436.89	18.84	931.73	3.13
1987	1618.56	18.26	489.12	11.95	1129.44	3.31
1988	2105.03	30.06	641.01	31.05	1464.02	3.28
1989	2551.35	21.20	723.44	12.86	1827.91	3.53
1990	2645.71	3.70	794.88	9.88	1850.83	3.33
1991	2916.04	10.22	909.14	14.37	2006.90	3.21
1992	3742.43	28.34	1174.72	29.21	2567.71	3.19
1993	5728.40	53.07	1542.22	31.28	4186.18	3.71
1994	7377.02	28.78	2086.54	35.29	5290.48	3.54
1995	9408.44	27.54	2581.16	23.71	6827.28	3.65

续表

年份	高收入居民可支配收入（年人均元）	比上年增长%	低收入居民可支配收入（年人均元）	比上年增长%	绝对值差额（元）	倍数
1996	9296.17	−1.19	2724.52	5.55	6571.65	3.41
1997	10326.96	11.09	2430.25	−10.80	7896.71	4.25
1998	10719.83	3.80	2463.07	1.35	8256.76	4.35
1999	11456.41	6.87	2464.97	.08	8991.44	4.65
2000	12373.44	8.00	2405.35	−2.42	9968.09	5.14
2001	14949.01	20.82	2509.29	4.32	12439.72	5.96
2002	21669.36	44.96	1950.12	−22.28	19719.24	11.11
2003	23544.96	8.66	2074.56	6.38	21470.40	11.35
2004	18683.69	−20.65	2650.25	27.75	16033.44	7.05
2005	22446.74	20.14	2686.65	1.37	19760.09	8.35
2006	24901.08	10.93	3310.83	23.23	21590.25	7.52
2007	30014.29	20.53	3748.27	13.21	26266.02	8.01
2008	32345.01	7.77	4581.75	22.24	27763.26	7.06
2009	35575.78	9.99	5203.31	13.57	30372.47	6.84

表1中数据显示，1985—2009年，高低收入居民平均增长比分别为15.9%和12.6%，似乎不大，但以1985年收入为基数，到2009年，高低收入居民的收入比分别为28倍和14倍，可见低收入居民的收入增长较为缓慢。同时，表1中数据还显示，1992年以前广西城镇高低收入居民间的收入差距不算大，基本控制在3.5倍以内；自1993年以后，高低收入居民间的收入差距逐渐开始拉大，到1997年收入比达到了4倍以上；到2002年收入比更是达到了11倍以上。“十一五”期间，国家政府部门的一系列方针政策有效的提高了低收入居民的收入，在此期间，低收入居民的收入增幅（平均每年增长18%）比同期高收入居民收入增幅（平均每年增长12%）高出6个百分点，从而使其收入比由“十五”期间的平均8.8倍降至“十一五”期间的平均7.4倍，但两者间仍存在较大的差距。

二、工资性收入仍为收入来源的主要渠道，转移性收入所占比重较大

一般来说，居民家庭总收入分为工资性收入、经营净收入、财产性收入和转移性收入四大类，根据广西调查总队关于2009年抽样调查资料，广西城镇低收入居民家庭年总收入为6648.44元，工资性收入为3982.41元，经营净收入为1014.09元，财产性收入为69.73元，转移性收入为1582.21元，详见图2：

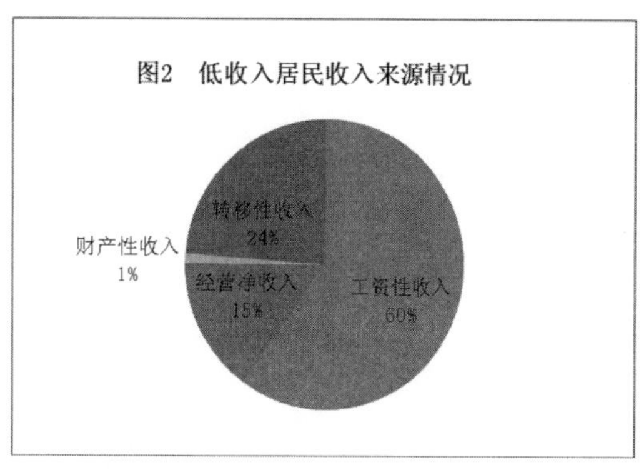

从图2可以看出，广西城镇低收入居民家庭总收入中，工资性收入占的比重最大，达到了60%，其次是转移性收入占24%，经营净收入占15%，财产性收入占1%，说明工资性收入为其收入来源的主要渠道，而转移性收入所占的比重也较大，是总收入中的第二大来源，其包括了：养老金或离退休金，社会救济收入（含最低生活保障收入），辞退金，赔偿收入，保险收入（含失业保险金），赡养收入，捐

赠收入，提取住房公积金，记帐补贴，其它转移性收入共十项收入，具体见图3：

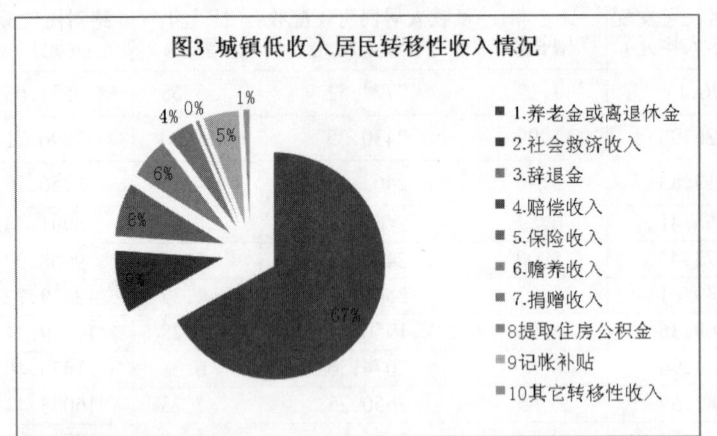

图3 城镇低收入居民转移性收入情况

从图3可以看出，广西城镇低收入居民的转移性收入中，养老金或退休金的比重最大，占了67%，其次是社会救济收入（占9%）和保险收入（8%），后面这两项收入中主要是最低生活保障收入和失业保险金。造成这种原因是因为低收入居民主要是下岗职工、失业人员、靠打零工或摆小摊养家糊口的人、较早退休或内定退休的集体企业职工、停产或半停产企业职工以及领取最低生活保障的残疾人和孤寡老人，而这部分人的收入主要是养老金或退休金，最低生活保障金及失业保险金等，因此这部分人的收入构成了低收入居民家庭总收入的第二大来源。

根据广西调查总队关于近十几年抽样调查资料显示，广西低收入居民的工资性收入从“九五”期间开始下降，到“十五”期间开始反弹上升，呈现出逐年上涨趋势，而经营净收入，财产性收入及转移性收入则呈现出相对平稳的递增趋势，到“十一五”期间转移性收入增长幅度比经营净收入的增长幅度要快，详细见图4：

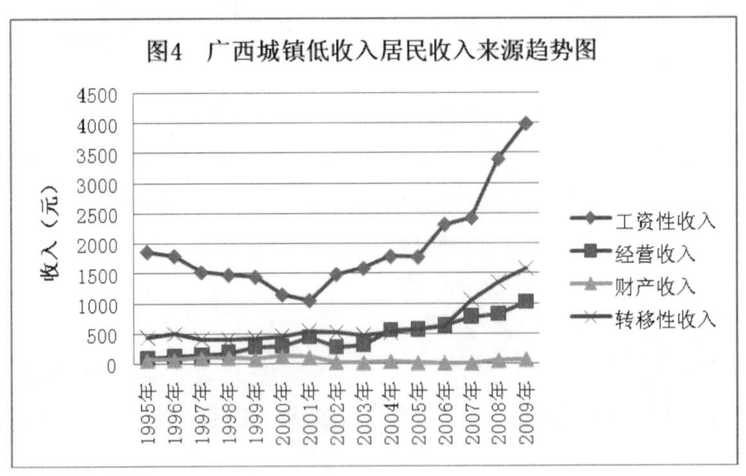

图4 广西城镇低收入居民收入来源趋势图

广西城镇低收入居民的收入来源呈现出上述趋势主要是在“九五”期间，由于体制性原因，国企改革进行结构性调整，造成相当部分职工下岗，从而造成工资性收入呈现出下降趋势，到了“十五”期间，国家的相关政策出台，提倡下岗再就业，从而使得工资性收入逐渐增长。到了“十一五”期间，国家关于城镇低收入居民的“新三线”制度的不断完善，使得这部分居民的社会保障得到提高，也促使其转移性收入的增长幅度得到了进一步的提升。

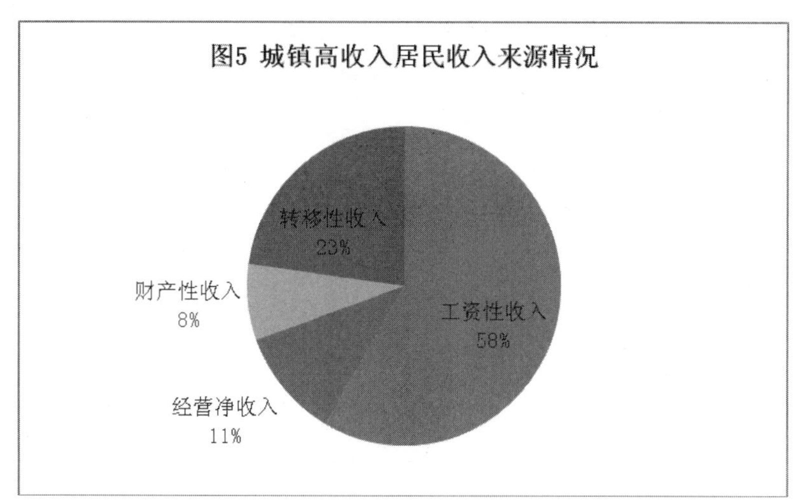

从图5可以看出，广西城镇高收入居民家庭总收入中，工资性收入占的比重也是最大，达到了58%，其次是转移性收入占23%，经营净收入占11%，财产性收入占8%，说明工资性收入也为其主要收入来源。但从图2，图5中的数据比较可以发现，高低收入居民收入来源中，财产性收入差异最大，相差了7个百分比。低收入居民的财产性收入为69.73元，只占到了家庭总收入的1%，几乎可以忽略不计，在财产性收入所包含的七项收入中，利息收入为22.69元，股息与红利收入为5.86元，出租房屋收入为40.72，其他财产性收入为0.46元，保险收益、其他投资收入和知识产权收入均为0元，再与高收入居民财产性收入进行比较，具体见图6：

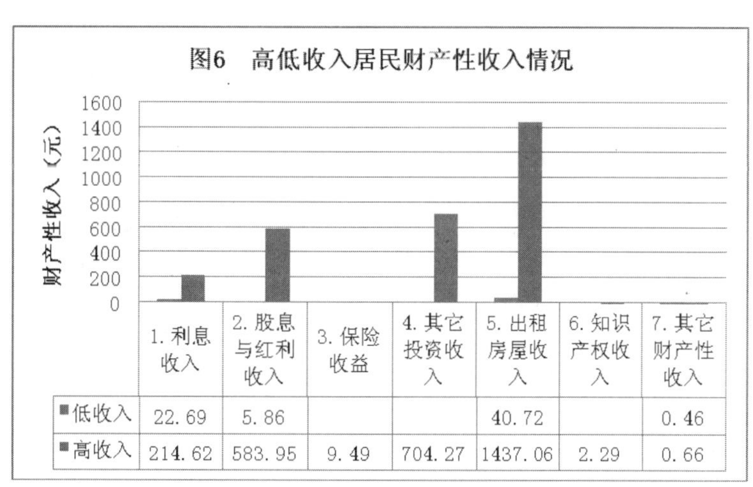

从图6可以看出，广西城镇低收入居民财产性收入的各项均与高收入居民存在较大差异，特别是在利息收入，股息与红利收入，其他投资收入及出租房屋收入这四项，主要是因为低收入居民每年的收入在扣除支出后基本没有太多的剩余作为存储，因此利息收入较少，更谈不上拿去投资各种股票，基金和房地产，而高收入居民的收入较高，除支出必要的生活开支后，有大量的剩余进行各种投资，从而造成在后三项中差距很大。

三、财产拥有量少，耐用消费品档次低

由于城镇低收入居民家庭的收入在满足其基本的日常生活消费后剩余不多，因此在银行储蓄，投资收益等方面相对较少，其财产拥有量主要体现为固定资产的现值，而这些家庭具有较高现值的固定资

产主要是其住房及部分耐用消费品（如：摩托车，助力车，汽车，洗衣机，电冰箱，电视机，电脑等）。广西调查总队调查资料显示，2009年广西城镇低收入居民家庭现有住房按市场价估计值为：110168元/户，耐用消费品详见图7：

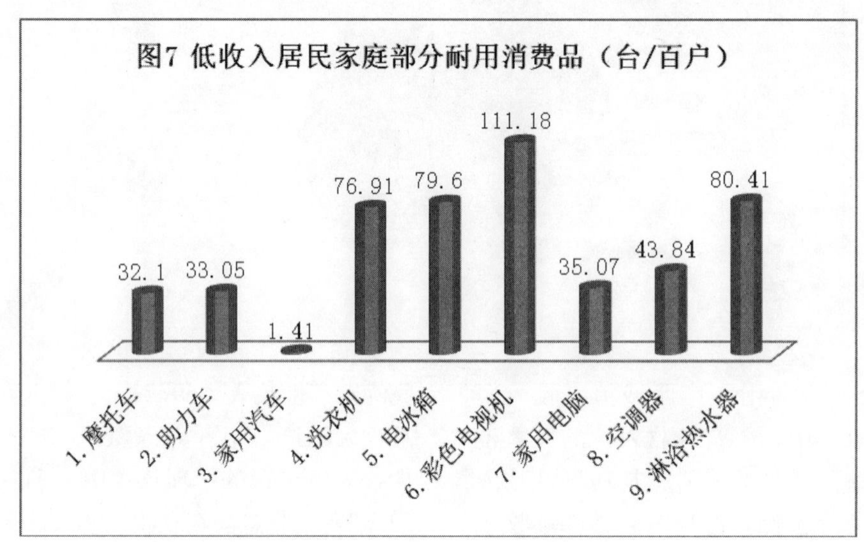

由图7可以看出，低收入家庭家用汽车拥有量极少，每百户为1.41台，可见汽车这种昂贵的消费品在低收入居民家庭是非常少的；而摩托车，助力车，家用电脑及空调等高档消费品则基本是每三户拥有一台；彩色电视机则是唯一能达到户均一台的耐用消费品；洗衣机、电冰箱及热水器这些基本的消费品也未能达到户均一台。此外，调查资料还显示，低收入家庭“除现有住房外，还有几处其他住房”指标值为：0.08套/户，也即城镇低收入家庭基本上是每户只有一套住房。因此，城镇低收入家庭的财产拥有量主要体现为其仅有的住房的市场价。近十年房地产市场异常活跃，房屋销售价格节节高升，城镇低收入居民家庭拥有的住房价格也呈现出了递增趋势，详见图8：

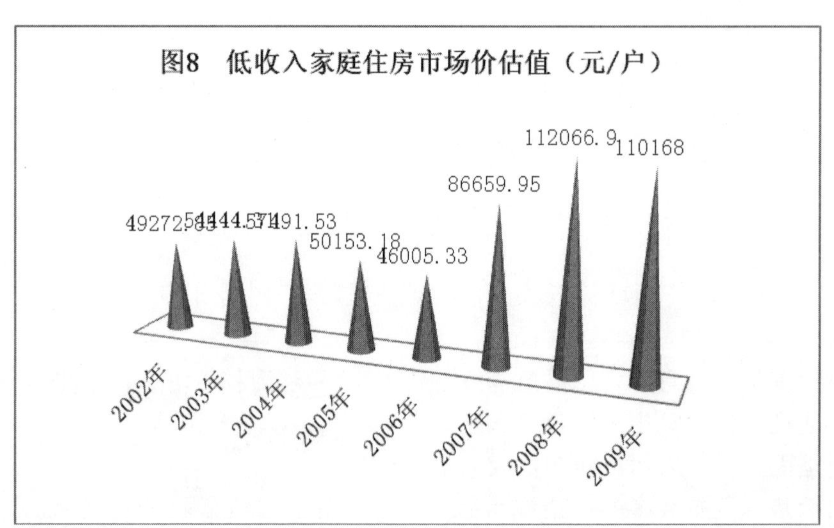

由图8可见，2009年城镇低收入居民家庭拥有的住房现值为：110168元/户，虽然住房的现值有所提高，但与全区平均水平185873（元/户）及高收入居民家庭254698（元/户）相比，城镇低收入居民家庭财产拥有量是很少的。

四、家庭人口多和就业者负担系数高

根据广西调查总队关于2009年抽样调查资料，城镇低收入居民家庭户均人口数3.35人，比全区市平均水平户均人口数3.01人高11.3%；低收入家庭户均就业人口为1.5人，比全区平均水平户均人口数1.59人低6%；这些数据表明，低收入家庭人口多，就业人数少，就业人数不足家庭的一半，就业者负担系数高。

从图9可以看出，近五年城镇低收入居民家庭户均就业人口数占户均总人口数的比例基本维持在50%以下，也即平均下来每个就业的人要负担家庭的另外两个人，而城镇低收入居民家庭就业人口在工资性收入并不高，经营净收入，财产性收入及转移性收入均较低（具体见图6）的情况下，就业者的负担系数较高。

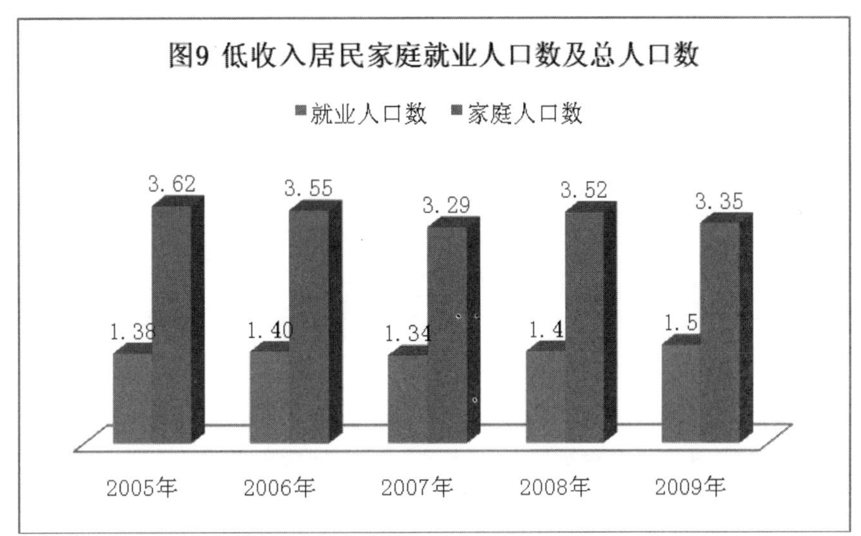

综上所述，全自治区城镇低收入居民的收入来源仍以工资性收入为主，最低生活保障收入、失业保险金和养老金等转移性收入的增加，使得其收入呈现出缓慢的增长，但与其他阶层居民收入相比仍存在较大的差距。同时，较少的财产拥有量使其较难应付突如其来的风险，而家庭人口众多，就业者的负担系数较高，使其生活及心理上承受着巨大的压力，强烈的消费需求和消费欲望也由于上述原因被压抑起来。

第二部分：广西城镇低收入居民消费需求分析

消费需求作为拉动经济增长的最终力量，正对我国经济发展产生着越来越重要的影响。随着全自治区的经济快速增长，居民生活水平有了一定的提高，城镇低收入居民的消费需求也逐渐发生改变，因此，分析当前我区城镇低收入居民消费需求状况，对于了解低收入居民消费行为变化，提出相应对策促进居民消费和扩大内需具有重要作用。而这又主要从居民的消费水平、消费倾向和消费结构的变化来进行分析，当前广西城镇低收入居民的消费需求现状主要有如下几个方面：

一、消费水平稳步上升

消费水平有广义和狭义之分，狭义的居民消费水平通常指按常住人口平均计算的居民消费支出。因此，我们以广西城镇低收入居民的人均消费性支出作为衡量其消费水平的指标，广西调查总队的抽样调查数据显示，近二十多年来，广西低收入居民的消费水平呈现出稳步上升的趋势，详见图10：

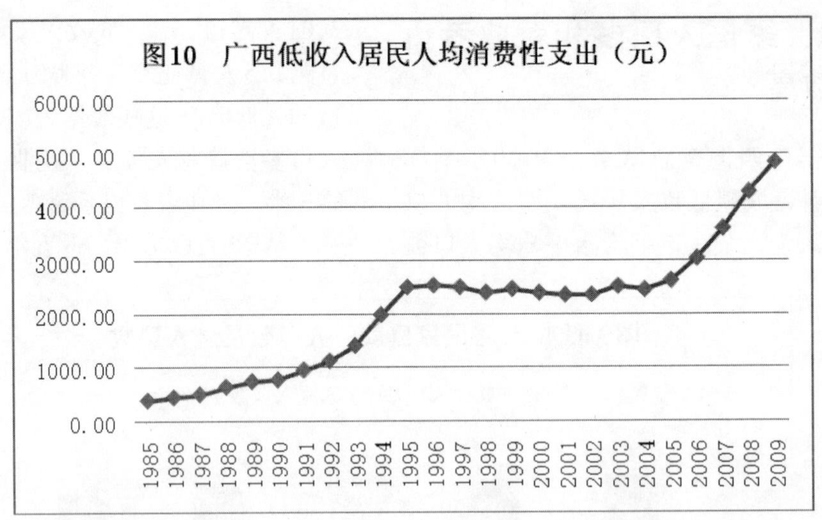

图10 广西低收入居民人均消费性支出（元）

由图10可见，1995年之前广西城镇低收入居民人均消费性支出逐年上涨，而1995年至2005年的十年间，人均消费性支出有小幅波动，不过相对稳定，在“十一五”期间，人均消费性支出又呈现出增长的态势，年增长幅度均达到10%以上，详见表2：

表2 全自治区低收入居民消费性支出情况表

年份	低收入居民消费性支出（年人均元）	比上年增长%	年份	低收入居民消费性支出（年人均元）	比上年增长%
1985	395.41		1998	2400.18	−3.95
1986	452.42	14.42	1999	2465.13	2.71
1987	505.80	11.80	2000	2392.92	−2.93
1988	644.59	27.44	2001	2353.49	−1.65
1989	744.18	15.45	2002	2353.08	−.02
1990	776.93	4.40	2003	2513.64	6.82
1991	955.89	23.03	2004	2449.62	−2.55
1992	1125.10	17.70	2005	2620.17	6.96
1993	1416.25	25.88	2006	3033.50	15.77
1994	1985.85	40.22	2007	3587.89	18.28
1995	2498.79	25.83	2008	4275.70	19.17
1996	2533.38	1.38	2009	4830.79	12.98
1997	2498.84	−1.36			

由表2可见，在“十一五”期间，低收入居民人均消费性支出较之前有了很大的提高，平均消费支出达3931.97元，而收入是消费的基础，消费水平也能反映居民的收入水平，再观察表1可得，“十一五”期间低收入居民的人均可支配收入为4211.04元，比“十五”期间的2374.17元增加了1836.87元，增幅将近一半，这说明了低收入居民可支配收入的提高导致了其消费支出的增加。

二、消费倾向较高

消费倾向用来衡量居民的可支配收入中用于消费的比例，反映居民消费支出和收入水平变动关系。通过不同年份消费倾

向的计算与比较，可以清楚地知道居民消费行为的变化规律。

消费倾向又可进一步分为平均消费倾向（APC）和边际消费倾向（MPC）。居民平均消费倾向是居民消费支出和可支配收入的比率，反映居民在一定时期内平均每单位收入用于消费的部分。其计算公式为：APC=C/Y，其中C为居民人均消费支出，Y为居民人均可支配收入；边际消费倾向是指消费支出的变动量和可支配收入变动量的比率，反映居民每增加一单位可支配收入中有多少用于增加消费支出。我们利用表1和表2的数据计算近二十多年来广西城镇低收入居民的平均消费倾向，详见表3：

表 3　全自治区低收入居民平均消费倾向表

年份	低收入居民平均消费倾向	年份	低收入居民平均消费倾向
1985	1.08	1998	0.97
1986	1.04	1999	1.00
1987	1.03	2000	0.99
1988	1.01	2001	0.94
1989	1.03	2002	1.21
1990	0.98	2003	1.21
1991	1.05	2004	0.92
1992	0.96	2005	0.98
1993	0.92	2006	0.92
1994	0.95	2007	0.96
1995	0.97	2008	0.93
1996	0.93	2009	0.93
1997	1.03		

由表3可以看出，在相当部分的年份出现了平均消费倾向大于1，说明低收入居民的可支配收入较低，在收入偏低时，为了保证基本的生活需要，消费者可能通过动用原有储蓄等途径满足其必要的消费，从而造成消费大于收入，平均消费倾向大于1；此外，其他年份的平均消费均在0.9以上，说明低收入居民的平均每单位可支配收入至少有0.9单位以上用于消费，同时也说明低收入居民具有很高的消费意愿，是我国扩大内需的主要动力。下面对其消费情况进一步研究。

三、恩格尔系数相对稳定

恩格尔系数(Engel’s Coefficient)是食品支出总额占个人消费支出总额的比重。19世纪德国统计学家恩格尔根据统计资料，对消费结构的变化得出一个规律：一个家庭收入越少，家庭收入中（或总支出中）用来购买食物的支出所占的比例就越大，随着家庭收入的增加，家庭收入中（或总支出中）用来购买食物的支出比例则会下降，也即低收入居民家庭的平均收入中用于购买食物的支出所占比例应较大。根据广西调查总队的调查数据，计算近二十多年城镇低收入居民家庭的恩格尔系数见表4：

表4　全自治区城镇低收入居民恩格尔系数表

年份	消费支出	食品支出	恩格尔系数	年份	消费支出	食品支出	恩格尔系数
1995	2498.79	1518.48	0.61	2003	2513.64	1378.56	0.55
1996	2533.38	1612.43	0.64	2004	2449.62	1485.61	0.61
1997	2498.84	1451.28	0.58	2005	2620.17	1509.13	0.58
1998	2400.18	1420.17	0.59	2006	3033.50	1687.40	0.56
1999	2465.13	1359.47	0.55	2007	3587.89	2072.07	0.58
2000	2392.92	1281.53	0.54	2008	4275.70	2534.47	0.59
2001	2353.49	1276.11	0.54	2009	4830.79	2610.73	0.54
2002	2353.08	1292.88	0.55				

由表4可以看出，1995年至2009年广西低收入居民的恩格尔系数均在0.5以上。按照国际上通用的标准，一般认为：如果EC>0.6，说明居民的消费水平处于绝对贫困的状态；如果0.5<EC<0.6，说明居民的消费水平已处于温饱阶段；如果0.4<EC<0.5，说明居民的消费水平处于小康水平；而如果EC<0.4，则表明居民的消费水平已经达到富裕状态；也即广西城镇低收入居民的消费水平长期处于温饱阶段，其消费支出中有一半以上是食品支出，可支配收入中用于购买食品的支出所占的比例较大。

四、消费结构处于转型初期

消费结构是衡量各项消费支出占家庭消费支出总额的比重，它反映了人们对各类商品的需求结构，在其发展过程中呈现出不同阶段性特点。根据广西调查总队的2009年抽样调查的调查数据显示，低收入居民的消费支出为4830.79元，其中食品、衣着、居住、家庭设备、医疗保健、交通通讯、教育娱乐和其它商品等各项支出的具体情况详见图11：

由图11可以看出，2009年低收入居民的消费支出中食品仍占据了较大部分，为54%；其次是居住，占据了12%；而交通通讯及教育文化则并列占据了第三位，为8%；这四项共占据了低收入居民消费支出中的82%。同时也发现低收入居民的消费结构由原来的“衣食住行”为主体转化为“食住行教”，食品、居住及交通通讯仍然为主体，教育文化娱乐服务方面的消费替代了衣着消费的地位，这主要是因为经过了这些年的经济发展，居民的基本

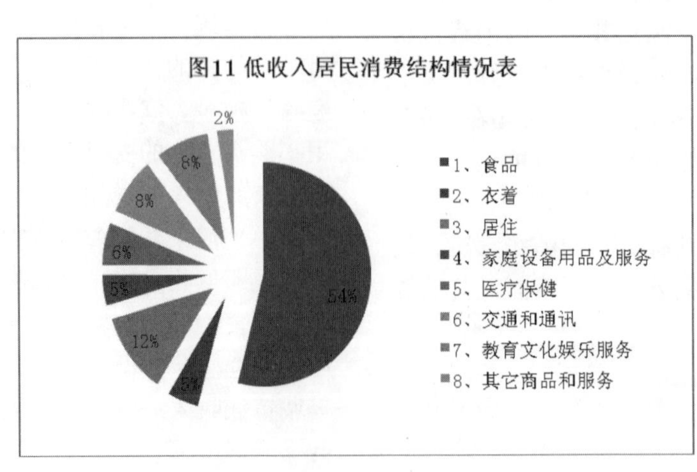

温饱问题已得到解决，而家庭小孩接受教育问题则成为了其新面临的重要问题，消费支出中有相当部分的支出用于小孩的教育；此外，由图11还可以发现低收入居民的医疗保健消费所占的比例也略比衣着消费高。下面对近二十多年低收入居民家庭消费结构的趋势进行研究，根据广西调查总队的抽样调查数据，将食品、衣着、居住、家庭设备、医疗保健、交通通讯、教育娱乐和其它商品等各项支出占消费总支出的比重进行计算，具体结果见表5：

表5　全自治区城镇低收入居民消费结构比重表

年份	食品	衣着	居住	家庭设备	医疗保健	交通通讯	教育文娱	其它
1995	60.77	6.96	8.12	5.97	2.46	1.62	11.46	2.65
1996	63.65	6.17	9.72	3.69	2.91	1.95	9.22	2.70
1997	58.08	5.71	12.79	5.38	3.01	1.93	10.82	2.29
1998	59.17	4.16	14.63	2.71	2.91	3.07	10.39	2.97
1999	55.15	3.58	14.15	3.81	2.90	5.16	12.62	2.64
2000	53.56	4.54	17.24	4.53	4.00	4.78	8.67	2.68
2001	54.22	3.59	16.82	3.11	3.34	3.85	12.82	2.25
2002	54.94	3.75	12.00	3.49	3.76	5.04	15.11	1.90
2003	54.84	3.32	13.44	4.17	4.96	6.27	10.46	2.53
2004	60.65	2.50	12.50	3.14	3.57	5.88	9.75	2.01
2005	57.60	4.12	14.13	3.74	4.26	5.93	8.57	1.66
2006	55.63	3.89	18.14	3.78	3.67	4.68	8.07	2.13
2007	57.75	4.20	13.04	3.69	4.93	6.05	8.50	1.83
2008	59.28	3.49	12.49	3.21	5.16	6.97	7.71	1.69
2009	54.04	4.71	11.90	4.41	6.17	8.39	7.97	2.41

根据表5的数据做消费结构比重趋势图，如图12：

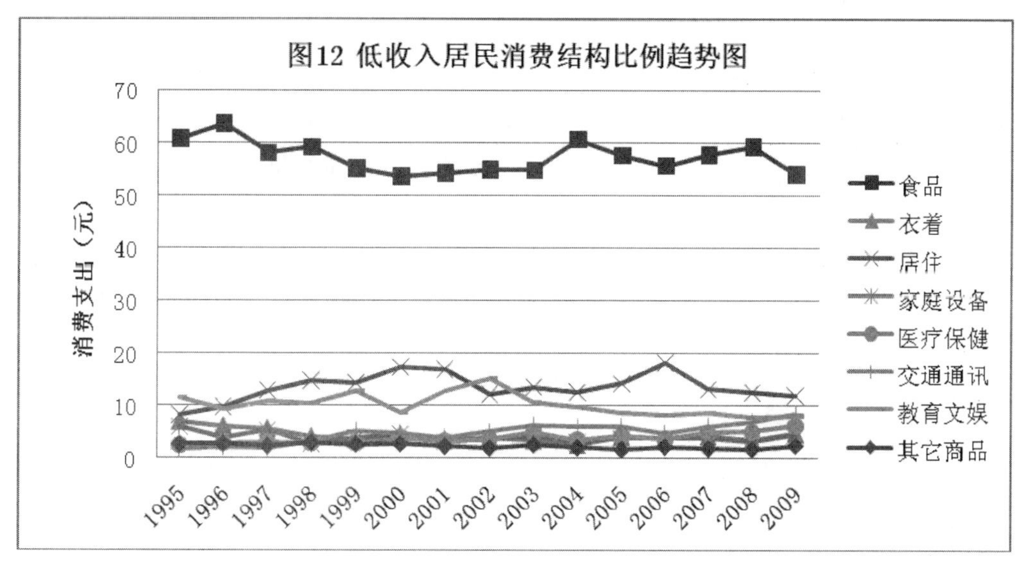

由表5和图12可以得出各项消费支出近二十多年来的趋势特征：

（一）食品支出仍处于较高水平

城镇低收入居民消费中代表基本生活需要的食品所占的比例自“九五”期间开始略有波动，但基本控制在50%~60%之间，相对其他收入阶层而言，低收入居民的食品支出仍然处于一个较高的水平，居民生活仍处于温饱阶段，这和前面关于恩格尔系数研究的结果一致。

（二）居住支出所占比重仍仅次于食品支出

住房是低收入居民最基本生活资料，它的变化与构成是人们生活质量提高的主要标志。由图12可以看出，城镇低收入居民居住及教育文化娱乐服务方面的支出呈现出交叉波动的情况，但总体上居住消费支出仍占据着总消费支出的第二位，基本控制在10%~20%之间，自2006年开始有下降趋势，主要是近几年国家为提高低收入居民的生活质量，出台了住房补贴，经济适用房等一系列的政策，有效的降低了城镇低收入居民关于居住方面的支出。

（三）教育文化娱乐服务方面的支出有所减缓

教育文化娱乐服务方面的支出仅次于食品、居住支出。说明低收入家庭非常重视子女教育，宁愿省吃俭用也要支持子女上学。对低收入家庭来说，孩子的教育是他们最担心的问题。现在的社会对于知识越来越重视，他们也明白对于他们的孩子来说，要脱离现在生活的困境，上学读书是唯一的出路，所以将有限的收入中很大一部分投入到孩子的教育中，成为他们不得不背负的重担。从图11可以看出，教育文化娱乐服务方面的支出自2002年开始逐年下降，不过下降的速度较为缓慢，主要是国家进一步强调义务教育阶段不能乱收费，而且国家对中西部地区教育减免政策也起到了一定的作用，使得低收入居民关于教育文化方面的支出得以减轻。

（四）交通和通讯用品及服务方面的支出呈现出递增趋势

由于交通通讯产品是一种既能为生活消费服务又能为生产服务的两用型产品，一般情况下，在人们的生存消费基本得到基本满足后，为了获得更多的收入和更好的生活就会加大该类消费的投入。近年来，随着交通和通讯事业的发展，它们已经越来越密切地融入到居民的生活中去，从而呈现出逐年递增的趋势。但由于低收入居民的收入较低，这方面的支出只是维持在较低的水平，除2009年达到8%以上，之前每年均在7%以内。

（五）医疗保健用品及服务方面的支出也呈现缓慢递增趋势

随着国家医疗体制改革，医疗保障制度的不断改善，城镇低收入居民有病不敢看，有病不敢治的状况逐渐得到了改变，从而致使这方面的消费也有了一定的提高，但其所占消费支出的比例仍然较低，除2009年达到6%以上，之前每年均在6%以内。

其他几项消费支出无论是从总量上还是所占比重都比较低，虽有一定的波动，不过波动的幅度较小，并且没有较为明显的趋势。

综上所述，全自治区城镇低收入居民对食、住等基本的生活支出仍占主导地位，交通和通讯，医疗保健方面的支出呈现出缓慢递增趋势，教育文化娱乐服务方面的支出虽然仍占据总消费支出比重的第三位，但近年的支出有所减缓。而由前面关于消费倾向的研究可知，城镇低收入家庭的收入基本上全部用于消费，除了基本的食品、居住、子女教育开支等必须开支的项目外，所剩无几，基本上没有享受性消费，家庭生活相当艰苦。他们抵御风险的能力相当脆弱，特别害怕生病遇灾，对物价波动反映敏感。如果食品等基本生活品出现价格上涨，他们的生活质量受到的影响最大。

第三部分：广西城镇低收入居民消费函数模型的建立

目前公认较为权威的消费函数理论主要有：凯恩斯消费函数理论、杜森贝利消费函数理论、莫迪利安尼和弗里德受消费函数理论，这些消费函数理论均是以消费者行为理论为基础的理论。从而，研究广西城镇低收入居民消费函数模型首先应研究其消费行为及其影响因素，然后选择合适的消费函数理论，并在此基础上建立广西城镇低收入居民消费函数模型。因此，本部分首先对各种消费函数理论进行阐述，分析各种消费函数关于消费者行为假定的异同，然后以各种消费函数理论对消费者行为的假定为参照系，针对广西城镇低收入居民消费者的消费行为，选择合适的消费函数理论，建立相应的消费函数模型并进行验证。

一、凯恩斯消费函数理论

（一）凯恩斯消费函数理论基本观点

英国著名经济学家凯恩斯在《就业、利息和货币通论》中认为，消费支出与实际收入之间保持着稳定的函数关系，消费支出主要决定于人们的现期可支配收入，随着收入的增加，消费也会增加，但消费的增加量小于收入的增加量，即边际消费倾向递减。数学表达式为：

$$C_t=f(Y_t)$$

$$\frac{\partial C_t}{\partial Y_t}<\frac{C_t}{Y_t}\left(\frac{\partial C_t}{\partial Y_t}\text{为边际消费倾向}\right)$$

$$0<\frac{\partial C_t}{\partial Y_t}<1$$

这被称为“基本心理学定律”。在这一理论假设一下，凯恩斯的消费函数表示为：

$$C_t=\alpha_t+\beta Y_t+\varepsilon_t$$

其中C_t为消费支出，Y_t为收入，α，β为待估计参数，经济含义是，α表示自发性消费，β表示边际消费倾向，$\alpha>0$；$0<\beta<1$；ε_t为随机扰动项。

（二）凯恩斯消费函数理论关于消费者行为的假定

凯恩斯本人并没有明确地、系统地阐述其理论假定的消费者行为基础，然而从其基本观点入手，可以推导出其背后隐含的消费行为假定。凯恩斯分析的是短期收入与消费的关系，在短期的约束下，消费主要取决于现期的收入水平。因此，就外部环境的假定而言：

1．预算约束是一期的或即时的，跨时的预算约束不予考虑。（预算约束是指消费者在购买商品时要受其收入的限制）。

2．是否存在流动性约束不在考虑范围之内。（流动性约束又称信贷约束，是指居民从金融机构以及非金融机构和个人取得贷款以满足消费时所受到的限制）。

3．短期内，不确定性以及与此相关的风险较小，不需要消费者有预期心理。（不确定性是指国家政策及相关制度改革等使居民未来的收入和支出所面临的不确定性）。

另一方面，就内在假定而言，凯恩斯的原始的消费者追求的是一期预算约束下的效用最大化。简而言之，这种“原始”的消费者是一种“短视”的，即只见眼前的消费者。

二、杜森贝利消费函数理论

（一）杜森贝利消费函数理论的基本观点

杜森贝利在《收入、储蓄和消费者行为》(1949年)提出了相对收入假说，他认为消费者的消费支出不仅受其自身收入的影响，而且也受周围人的消费行为及收入与消费之间相互关系的影响。

杜森贝利理论的核心是消费者易于随收入的提高增加消费，但不易随收入降低而减少消费，以致产生有正截距的短期消费函数。杜森贝利认为消费具有示范效应和不可逆性。示范效应是指在消费上人们会互相影响，相互攀比，就低收入家庭而言，它的收入虽然低，但因顾及它在社会上的相对地位，不得不打肿脸充胖子提高自己的消费水平，这种心理会使短期消费函数随社会平均收入的提高而整个地向上移动。消费具有不可逆性是指人们在某一时刻的消费不仅受当前收入水平的影响，而且受过去收入和消费的影响，特别是过去所达到的最高收入和最高消费的影响。如果目前收入低于过去的最高收入，人们宁愿动用以前的储蓄来维持已经达到的消费水平。对于消费的示范性来说，个人的平均消费倾向不仅与收入有关，而且与每个人所在团体的收入分布有关，在收入分布中处于低收入的个人，往往有较高的消费倾向。即：

$$\frac{C_t}{Y_t}=\alpha+\beta(\frac{\overline{Y}}{Y_t}) \qquad 其中：\overline{Y}=\frac{1}{n}\sum_{t=1}^{n}Y_t。$$

对上式做数学变换得到函数表达式：

$$C_t=\alpha Y_t+\overline{\beta Y}+\varepsilon_t$$

其中α，β为待估计参数，ε_t为随机扰动项。

对于消费的不可逆性来说，本期的平均消费倾向$\frac{C_t}{Y_t}$与本期与前期的相对收入有关，它是过去最高收入与本期收入的比率$\frac{Y_0}{Y_t}$的函数，即：

$$\frac{C_t}{Y_t}=\alpha+\beta(\frac{Y_0}{Y_t})$$

转化为计量形态为：

$$C_t=\alpha Y_t+\beta Y_0+\varepsilon_t$$

其中α，β为待估计参数，$\alpha>0$，$\beta>0$。在正常情况下，收入逐年提高，即为前期最高收入，上式可变为：

$$C_t=\alpha Y_t+\beta Y_{t-1}+\varepsilon_t$$

（二）杜森贝利消费函数理论关于消费者行为的假定

杜森贝利消费函数理论假定的消费函数基本上是在凯恩斯理论分析框架下衍生出来的，所以其消费者行为的外部环境假定和内在假定，基本上与凯恩斯消费函数理论中的消费者行为假定相同。

三、莫迪利安尼和弗里德受消费函数理论

（一）莫迪利安尼和弗里德曼消费函数理论的基本观点

美国经济学家米尔顿.弗里德曼的消费理论认为，消费者的收入可以分为两部分，一是消费者预期可以得到的收入，即永久收入；一是瞬间的、偶然性的收入，即暂时性收入。同样，消费也可以分为两部分，一是稳定的、计划中的消费，称为永久消费；一是非经常性的、计划之外的消费，即暂时性消费。

该理论认为，消费者的消费支出主要不是由他的现期收入决定，而是由他的永久收入决定。于是有：

$$Y_t=Y_t^p+Y_t^t$$

$$C_t=C_t^p+C_t^t$$

其中，C_t，Y_t为实际消费与实际收入；C_t^t，Y_t^t为暂时性消费与暂时性收入；C_t^p，Y_t^p为永久消费与暂时性消费。弗里德曼的消费函数理论的消费函数为：

$$C_t=\theta_1 Y_t^p+\theta_2 Y_t^t+\varepsilon_t$$

莫迪利安尼的消费函数理论将预算约束的期限扩展到人的一生，他认为，消费者会根据效用最大化原则来使用一生的总资源，安排其一生的消费，使各个时期的消费大体上均等。消费者一生的总资源包括现存的资产以及现在和未来能够赚取的总收入。

按照莫迪利安尼和弗里德曼的消费函数理论，消费者将尽量平滑一生的消费波动，在收入低时负债，在收入高时储蓄。

（二）莫迪利安尼和弗里德曼关于消费者行为的假定

关于消费行为的外部环境假定，莫迪利安尼和弗里德曼的消费函数理论与凯恩斯的消费函数理论有较大的不同，表现如下：

1．跨期预算约束。在凯恩斯的消费理论中预算约束是一期的，莫迪利安尼和弗里德曼的消费函数理论则不同，其认为

预算约束是跨时的，是终生跨时的预算约束。

2．不考虑流动性约束。在某一时点上，消费可能超过现期收入，这时，消费者如果没有可以利用的以前所得资产来弥补现期收入的不足，就必须具有不受约束的信贷能力，即没有流动性约束。

3．充分考虑“不确定性”。其消费函数理论把未来的预期收入作为一个重要的因素纳入分析框架，因此必须充分考虑不确定性。

消费者行为的外在环境假定不同，导致消费者行为的内在假定也与以前的消费理论有所不同：

（1）理性主体。凯恩斯的消费者是“原始的、短视的”消费者，杜森贝利的是“后顾的”消费者，而莫迪利安尼和弗里德曼的则是“精明的、前瞻的”消费者。

（2）追求效用最大化。凯恩斯和杜森贝利的消费者是追求一期的效用最大化，而莫迪利安尼和弗里德曼的消费者追求的是跨时效用最大化或一生效用最大化。

（3）规避风险。跨时预算约束，借贷消费和未来的种种不确定因素，使消费者的风险意识加强，风险预期和规避风险行为常规化。

（4）时间偏好。跨时预算约束和不确定性的引进，使有关利率预期的变化同消费有了相关性，使消费者的时间偏好成为一个重要的行为假定。

四、广西城镇低收入居民消费行为的特征

这部分群体主要是下岗职工、失业人员、靠打零工或摆小摊养家糊口的人、较早退休或内定退休的集体企业职工、停产或半停产企业职工以及领取最低生活保障的残疾人和孤寡老人。

下面分别从流动性约束、预算约束和不确定性三方面分析他们所面临的外部环境：

（一）流动性约束。由于我国私人消费信贷市场尚不发达，银行为规避信贷风险，人为地设置了许多信贷门槛，加上他们几乎为零的资产积累，致使低收入阶层面临很强的流动性约束。

（二）预算约束。这部分人群收入水平较低、收入在满足基本生活需求后所剩无几，资产积累极少，同时又面临非常强的流动性约束，因此其预算约束是一期的。

（三）不确定性。1992年之后，政府相继进行了国企改革及医疗、住房、教育、社会保障等各方面的改革，使居民对未来收入和支出的不确定性预期增大，但由于这部分人的收入较低，只能满足基本的生活支出，即便预期到不确定性的存在，也没有多余的钱为防范不确定性而进行储蓄。因此，不确定性对他们的消费并不会产生影响。

消费者面临的外部环境设定影响着其内在设定，从内在设定而言，该群体收入非常低，预算约束上没有什么回旋余地，在安排消费时，只能根据眼前的现期收入，是“短视的、原始的”消费者。

从以上分析可知，低收入阶层居民的消费行为非常符合凯恩斯消费函数理论对消费行为的假定，即当期收入是影响消费的主要因素。

五、广西城镇低收入居民消费函数模型的建立

由上面对广西城镇低收入居民消费行为特征的分析，得出影响广西城镇低收入居民消费行为的因素主要是现期收入，其消费行为近似于凯恩斯的消费函数理论，因此，可建立广西城镇低收入居民的消费函数模型为：

$$C_t=\alpha+\beta Y_t+\varepsilon_t$$

其中C_t为消费支出，Y_t为可支配收入α，β为待估计参数。

关于上述模型的求解，目前较为常用的统计方法是利用回归分析方法，通过最小二乘估计法对参数α，β进行估计，由表1、表2关于广西城镇低收入居民可支配收入和消费支出的相关数据作其趋势图如图13所示：

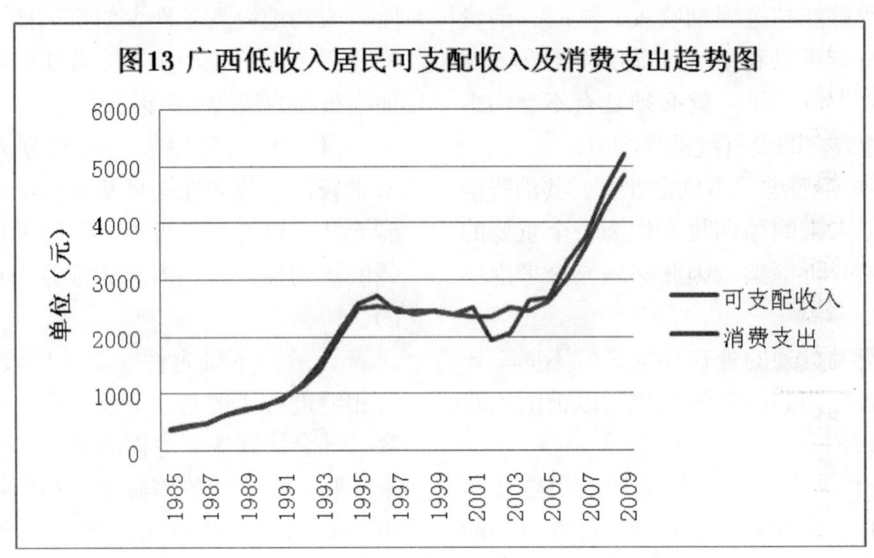

由图13可以看出，广西低收入居民可支配收入和消费支出带有明显的趋势特征，即为两个非平稳序列，而回归分析理论中要求模型的响应序列和输入序列均为平稳序列，因此，使用回归分析方法建立广西低收入居民可支配收入和消费支出模型将会产生“伪回归”问题，造成回归参数显著性检验时容易犯第一类错误（纳伪错误），以至于回归参数不能真实反映两者之间的相关性。从而，本部分考虑利用协整理论方法建立广西低收入居民可支配收入和消费支出模型。

（一）协整理论

协整概念是20世纪80年代由恩格尔—格兰杰(Engle—Granger)提出的，后来被众多计量经济学家发展成为协整理论(Cointegration Theory)和误差修正模型(error correction model，简称ECM)．协整理论认为，两个或多个非平稳时间序列的某种线性组合可能是平稳的。如果一组非平稳时间序列存在一个平稳的线性组合，那么这组序列就是协整的，这个线性组合被称为协整方程，它表示一种长期的均衡关系。针对两个时间序列变量，只有当它们是同阶单整时才可能存在协整关系。因此，协整分析的第一步就是进行单整性检验。进行单整性检验常用的方法有ADF检验和PP检验，若两序列X和Y的单整阶数相同，则可进行第二步，用EG两步法进行协整检验：

首先用最小二乘法(OLS)建立变量间的回归方程：

$$Y_t=\alpha+\sum_{i=0}^{l}\beta_i X_{t-i}+\sum_{i=0}^{l}\chi_i X_{t-i-1}+e_t$$

然后，检验方程的残差e_t的平稳性。若残差是平稳的，则两变量具有协整关系，否则就没有协整关系。

（二）误差修正模型

误差修正模型是一种反映具有协整关系变量序列的模型。其基本思路是：若变量间存在协整关系，即表明这些变量存在长期稳定的关系，而这种长期稳定的关系是在短期动态过程的不断调整下得以维持的。建立误差修正模型一般采用两步：第一步，建立长期关系模型，在这里运用的方法与协整分析的第一步是一样的。第二步，建立短期动态关系，即误差修正方程，是将长期关系模型所产生的残差序列e_t，各变量的差分形式$\triangle X_t$和$\triangle Y_t$，以及各变量的滞后项$\triangle X_{t-i}$和$\triangle Y_{t-i}$(通常滞后期i在

1，2，3中进行选择)引入到模型中，并利用回归法进行模型的建立：

$$\triangle Y_t=\alpha_0+\sum_{i=0}^{l}\beta_i\triangle X_{t-i}+\sum_{i=0}^{l}\chi_i\triangle Y_{t-i-1}+\sum_{i=0}^{l}\lambda_i e_{t-i}+\mu_t$$

传统经济计量模型通常假定所使用的时间序列是平稳或依靠差分后的数据来满足平稳性，而一般的经济时间序列往往是非平稳的，若利用差分后的数据来满足平稳性，将会导致长期变化趋势信息的丧失，而协整理论克服了这样的不足；误差修正模型同时综合了系统的短期动态波动和长期稳定关系，它们为经济分析和预测提供了一种可靠和有用的工具。

（三）广西城镇低收入居民消费函数模型的建立

1．广西低收入居民可支配收入和消费支出序列平稳性检验。

由图13可以看出广西低收入居民可支配收入（*SR*）和消费支出（*XF*）具有明显的趋势特征，初步断定为非平稳序列，因此，我们选用ADF单位根检验对两者的平稳性进行检验，结果如下表6：

表6　SR、XF序列的ADF单位根检验及结论

数据	检验类型(c，t，*)	ADF值	临界值	显著性概率	结论
SR	(0，0，0)	3.52	−1.95	0.99	非平稳
	(c，0，0)	1.34	−2.99	0.99	非平稳
	(c，t，5)	−4.25	−3.67	0.02	平稳
XF	(0，0，1)	1.15	−1.95	0.93	非平稳
	(c，0，1)	0.03	−2.99	0.95	非平稳
	(c，t，1)	−2.79	−3.62	0.21	非平稳
△*SR*	(0，0，0)	−2.04	−1.95	0.04	平稳
	(c，0，0)	−2.72	−2.99	0.08	非平稳
	(c，t，0)	−2.93	−3.62	0.17	非平稳
△*XF*	(0，0，0)	−0.78	−1.95	0.37	非平稳
	(c，0，0)	−1.46	−2.99	0.54	非平稳
	(c，t，0)	−1.66	−3.62	0.73	非平稳
$\triangle^2 SR$	(0，0，0)	−7.12	−1.95	<0.001	平稳
	(c，0，0)	−7.04	−3.00	<0.001	平稳
	(c，t，0)	−6.94	−3.63	<0.001	平稳
$\triangle^2 XF$	(0，0，0)	−4.22	−1.95	<0.001	平稳
	(c，0，0)	−4.19	−3.00	0.004	平稳
	(c，t，0)	−4.11	−3.63	0.02	平稳

注：*c*，*t*表示单位根检验模型中的常数和趋势项，*表示选择的滞后阶数(在这里利用Schwarz Info Criterion准则自动选择)；△表示一阶差分；检验均用eviews5.0相关程序进行；该表中临界值的显著性水平为5%。

由表6可知，原始序列*SR*和*XF*在各种类型下均是非平稳的，而其二阶差分序列在各种类型下则均是平稳的，并且$SR\sim I(2)$，$XF\sim I(2)$，即*SR*和*XF*是同阶单整的，从而，*SR*和*XF*有可能存在协整关系。下面用*EG*两步法对序列和进行协整检验。

2．广西城镇低收入居民可支配收入与消费支出的回归模型。

在单整性检验的基础上，进一步检验*SR*和*XF*之间是否具有协整关系。对*SR*和*XF*进行协整回归，由最小二乘法（OLS）

得回归模型及其检验结果为：

XF_t=118.7121+0.922413SR_t+e_t

s=(61.68529)(0.025123)　　(1)

t=(1.924480)(36.71551)

R^2=0.983224　F=1348.028

DW=1.472539　$S.E$=156.0179

由模型(1)可以直接得到残差序列e_t，下面检验残差序列e_t的平稳性，若残差序列e_t是平稳的，则SR和XF具有协整关系；否则就没有协整关系。采用ADF检验，检验结果如表7：

表7　e_t序列的ADF单位根检验及结论

数据	检验类型(c，t，*)	ADF值	临界值	显著性概率	结论
e_t	(0，0，0)	−3.67	−1.95	0.0008	平稳
	(c，0，0)	−3.59	−2.99	0.01	平稳
	(c，t，0)	−3.61	−3.61	0.05	平稳

由表7可见，在5%的显著性水平下，残差序列e_t的ADF值均小于相应临界值，从而拒绝原假设，表明残差序列不存在单位根，是平稳序列，从而说明SR和XF之间存在协整关系，即广西城镇低收入居民可支配收入和消费支出之间存在长期稳定的均衡关系，本期收入对本期消费有显著的影响；而在此模型中，回归系数0.922413是边际消费倾向，即收入每增加1元，消费增加0.922413元，我们将模型（1）称为广西城镇低收入居民长期消费函数模型。根据模型（1）计算消费支出拟合值及其残差，结果见表8：

表8　消费函数模型拟合值及其残差表

年份	消费支出实际值	消费支出拟合值	残差
1985	395.41	457.82814	−62.41814
1986	452.42	521.70526	−69.28526
1987	505.80	569.88291	−64.08291
1988	644.59	709.98826	−65.39826
1989	744.18	786.02279	−41.84279
1990	776.93	851.91999	−74.98999
1991	955.89	957.31493	−1.42493
1992	1125.10	1202.28945	−77.18945
1993	1416.25	1541.27633	−125.02633
1994	1985.85	2043.36432	−57.51432
1995	2498.79	2499.60838	−.81838
1996	2533.38	2631.84555	−98.46555
1997	2498.84	2360.40699	138.43301
1998	2400.18	2390.68059	9.49941
1999	2465.13	2392.43318	72.69682
2000	2392.92	2337.43890	55.48110
2001	2353.49	2433.31454	−79.82454
2002	2353.08	1917.52870	435.55130
2003	2513.64	2032.31381	481.32619
2004	2449.62	2563.33791	−113.71791
2005	2620.17	2596.91375	23.25625
2006	3033.50	3172.66567	−139.16567
2007	3587.89	3576.16614	11.72386
2008	4275.70	4344.97916	−69.27916
2009	4830.79	4918.31435	−87.52435

根据表8的数据做趋势图如图14：

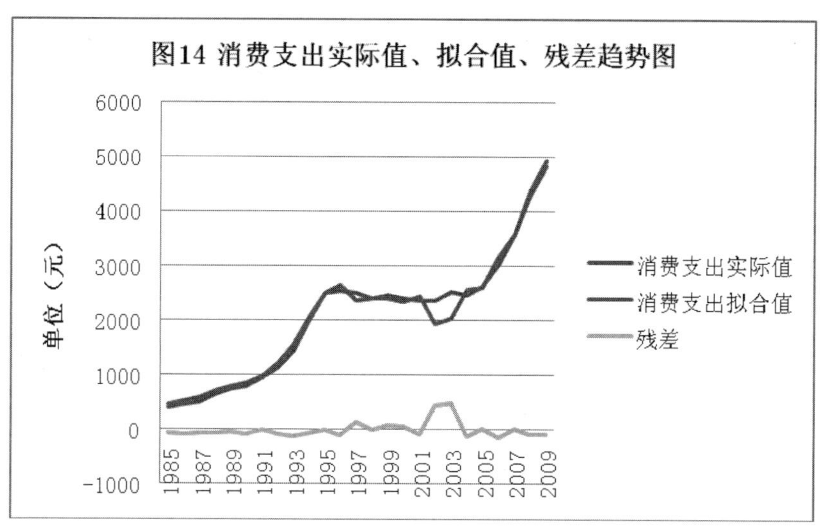

由图14可以看出，在2002年和2003年这两年实际消费支出与估计消费支出之间存在较大差异，2002年的实际消费支出为2353.08元，估计消费支出为1917.5287元，相差了435.5513元；2003年的实际消费支出为2513.64元，估计消费支出为2032.31381元，相差了481.32619元；到2004年后基本恢复均衡。造成这一原因主要是因为2002年和2003年的城镇低收入居民的可支配收入比突然降低，数据详见表1，而广西城镇低收入居民长期消费函数模型（1）反映的是可支配收入与消费支出的长期均衡关系，无法对两者的短期波动关系进行解释。因此，下面考虑建立两者见的误差修正模型，以反映两者见的短期波动关系。

3．广西城镇低收入居民可支配收入与消费支出的误差修正模型。

虽然广西城镇低收入居民可支配收入和消费支出之间有着长期均衡的关系，但是从短期来看，可能会出现失衡的情况，如2002年和2003年的可支配收入低于消费支出。为了研究消费支出的短期波动特征，我们利用$\triangle XF$、$\triangle SR$及模型（1）中得到的残差序列e_t作为解释变量，建立误差修正模型为：

$$\triangle XF_t=0.710868\triangle SR_t-0.679049e_{t-1}+\mu_t$$

$s=(0.073159)\quad(0.177419)\qquad(1)$

$t=(9.716723)\quad(-3.827378)$

$P<0.001\qquad P<0.001$

$R^2=0.708436\quad DW=1.753763$

$S.E=130.809$

在误差修正模型（2）中，各变量的回归系数都通过了显著性检验。其中误差修正项系数为负，调整方向符合误差修正机制。回归系数表明，在短期内，可支配收入的当期波动对消费支出的当期波动影响为正，影响系数为0.710868，可见短期内收入对消费的影响程度要小于长期。此外，均衡误差项e_{t-1}的系数为负，符合反向修正原则：如果$e_{t-1}>0$，即上期真实支出比估计支出大，则这种误差反馈回来，由负的反向修正系数，将导致本期支出做出适当的压缩；如果上期$e_{t-1}<0$，即上期真实支出比估计支出小，则这种误差反馈回来，由负的反向修正系数，将导致本期支出做出适当的增加。这说明城镇低收入居民可支配收入和消费支出之间存在的长期稳定关系制约着这两个变量的变化，并促使它们走向均衡。反向修正系数绝对值决定了均衡恢复的速度，在(2)中其系数为−0.679049，这说明长期均衡误差项对均衡偏差的调整幅度为67.9%，当误差反馈回来后，要重新走向均衡，至少要调整一期以上。从图14可以较好的理解上述反向机制，如2002年出现较大误差后，反向修

正系数开始起作用，经历了2003年和2004年两期的调整后，重新回到了均衡状态。因此，我们将模型（2）称为广西城镇低收入居民短期消费函数模型。

综上所述，我们在凯恩斯消费函数理论的基础上分别建立了广西城镇低收入居民的长期和短期消费函数模型，分别指出了城镇低收入居民的可支配收入和消费支出间的长期均衡关系和短期误差修正关系。

第四部分：改变低收入居民生活现状，扩大消费需求的政策建议

消费、投资和净出口是拉动我国经济增长的“三驾马车”。然而，在当前国际金融危机的影响还没有完全消失的情况下，外需下降极大地影响商品的出口，我国经济还临着严峻的挑战。消费需求作为拉动经济增长的最终力量，正对我国经济发展产生着越来越重要的影响。因此，在外需萎缩的情况下，努力扩大国内需求，提高居民消费是我国经济发展的长期战略和现实选择。

对于广西来说，本课题的分析研究表明，目前广西城镇低收入居民的生活现状及消费需求主要表现在：收入来源仍以工资性收入为主，收入增长缓慢，但与其他阶层居民收入相比仍存在较大的差距。而家庭人口众多，就业者的负担系数较高，可支配收入基本上全部用于消费，且主要用于食品、居住及教育等方面消费支出。因此，基于本课题上述的分析结果，结合目前广西的具体实际，我们针对性的以“改变低收入居民生活现状，扩大消费需求”为基本思路，仅在宏观方面提出相关的政策措施。

一、加快城镇社会保障制度的改革步伐，保障城镇低收入者的基本生活

社会保障制度的完善，是城镇居民基本生活保障的主要途径。我国的城镇社会保障制度改革已取得了长足的进展，但相对于整个经济体制改革和社会发展的需要，却显得相对滞后。因此，不可避免地出现了城镇居民低收入群体扩大，贫困化程度有所加深的问题。因此，必须通过建立健全城镇社会保障制度，促进社会公平。第一，扩大社会保障的覆盖面，逐步使所有城镇居民都能享受基本的社会保障。第二，建立多层次、多形式的社会保障制度，包括养老、失业、医疗、工伤、生育和住房等方面。第三，改革保险费用的统筹渠道。按照国家、企业和个人三方共同负担的原则，实行多渠道筹资。第四，改革保险的管理方式，逐步做到保险基金化、管理社会化。改变过去保障费用作为日常开支项目列支的做法，实行基金制，逐步积累，以丰补歉，自我平衡，使社会保障具有稳定可靠的物质基础。第五，重视最低生活保障线核定制度的规范化，注意将城镇最低生活保障水准与经济增长和社会收入水平挂钩，加大失业保险金筹措的力度，增大基金规模，落实国有企业下岗职工基本生活保障资金，并加强保险金的管理和审计，防止挪用资金问题的出现。

二、建立和完善对低保户的教育扶助体系，防止贫困的代际传递

贫困的形成，从其根源上来说是由于文化素质过低，不能适应现在工作岗位对技能的需求。帮助贫困家庭子女获得较高层次的教育是防止贫困代际传递的重要手段之一。当务之急是建立和完善对低保

户子女的教育扶助体系，从根本上提高低收入家庭成员的整体素质，使低保户走出“贫困—无法上学—失业—贫困”恶性循环的怪圈。

广西已实行免交义务教育阶段学费的政策。但非义务教育阶段特别是大学教育，沉重的教育费用使贫困家庭生活更为困难。目前各部门对贫困大学生的救助行动各自为政，往往缺乏长远的规划。政府部门需要制定一个全区统一的教育补助体系，以帮助贫困学生完成学业。这一体系应该包括社会捐助的专项基金，银行的助学贷款以及学校的勤工俭学。在高校，应该把银行助学贷款和勤工俭学作为发展的方向，培养贫困学生依靠自身的努力完成学业的能力。

三、健全保障型住房的准入审核机制

要使保障型住房的福利能够真正落实在中低收入的居民需要上，必须针对保障型住房订立严格的申请机制，避免中低收入居民的福利被富人侵占，使得住房福利能真正发挥其作用。

要订立严格的申请机制，建立严谨的收入审核机制是十分必要的。我国居民收入存在多样性，税收制度在收入审查力度上的缺失，居民收入申报意识不强，导致存在居民的收入申报的非透明化，加大了收入的审核难度。在收入审核制度上，首先必须严格按照准入标准，规范审核程序。建立起市、区、街道三级联动审查制度，通过收入、住房情况初审、公示、复核等手段层层把关，并对申购对象(包括申购家庭成员)逐户查阅、核实商品房备案系统和房地产权属系统，确保政府优惠落实到应保家庭。其次，结合税务部门，联合开展收入调查工作。对隐瞒申报收入行为加大处罚力度，并在再次申请保障型住房时加以限制，避免经济适用住房的住房被富人占用。切实做到解决城镇低收入居民家庭的住房问题。

四、促进充分就业，从源头上解决社会贫困根源

低收入家庭之所以收入低，就业负担系数高，主要是因为其文化水平低，劳动技能差，导致就业困难。因此，应在大力发展第三产业，支持中小企业和非国有经济发展，提高就业容量的同时，加强就业指导，发布就业信息，加强免费职业培训，提高其就业能力，促进充分就业，从源头上解决社会贫困根源，使低收入家庭早日过上小康生活。

五、在物价上涨或制定与人民生活相关的调价政策时，应充分考虑到对低收入家庭的保护

对由市场进行调节的价格上涨时，应适当对低保户进行补贴。对水、电、气等由政府部门制定的与人民生活息息相关的调价政策时，应充分考虑到对低收入家庭的保护。水、电、气是日常生活所必须，这一部分成为低收入人群的硬性支出。水、电、气价格上涨将对低收入居民生活产生较大且长期的影响，因此，这些产品价格上涨，应充分考虑到低收入居民的承受能力，对他们可以实行一物二价，即对普通居民可以实行正常调高价格，对低收入居民可凭借低保证等享受较低的价格，以保证低收入居民生活不因调价而更拮据。

六、加快消费信贷步伐，减轻流动性约束的限制

从经济发展的角度来讲，消费信贷可以把远期需求转化为现期需求，把潜在需求转化为现实需求，支撑经济持续、快

速、稳定、健康的增长，发挥消费对生产的促进作用。

加快消费信贷步伐应以创造消费信贷良性循环的外部环境为重点，主要从以下方面着手：一是转变居民的传统消费观念，要大力宣传新的消费观，使人们逐渐认识和接受信贷消费；二是要加强诚信体系的建立，为消费信贷提供良好的软环境；三是完善和创新消费信贷工具，可以扩大消费信贷的产品品种；四是加快消费信贷体系的建设，建立健全与信用消费有关的法律法规。

主要参考文献：

1. 赵兴，我国居民收入分配对消费需求的影响分析，湖南大学硕士论文，2004。

2. 盖立晓，转型时期中国城镇不同收入阶层消费特征差异与影响因素研究，山东大学硕士论文，2009。

3. 李光辉，广西农村居民消费需求研究，广西大学硕士论文，2007。

4. 李睿，基于扩大内需的我国居民消费需求分析，商业经济，2010 (5) 。

5. 王嘉玮，低收入家庭生活现状和差异产生的原因，消费经济，2005。

6. 河南省调查总队课题组，物价上涨对城镇低收入居民生活的影响，2007 (12) 。

广西农产品价格波动对CPI的影响研究

课题组成员：梁开光 彭金娥 李佳勋
陈天录 黄岚兰 杨宁琳

【摘 要】 本文对三十年来，广西农产品收购价格与居民消费价格的资料进行研究，并分成六个时期，具体概述二者的影响程度和影响过程，通过建模等方式，找出二者的数理关系，并对如何调控CPI提出了建议。主要内容和观点如下：

1．农产品价格与居民消费价格之间存在着较强的相关性

2．农产品价格对居民消费价格的影响越来越大

3．调控CPI重点是调控农产品价格，而调控农产品要着重调控好粮油和肉禽类

【引言】 通过分析CPI上涨的结构因素，我们发现，食品价格大幅上涨对CPI的影响比较大，而食品价格上涨又主要源于粮、油、肉、菜、水产品等重要农产品价格上涨。可以说，近年来CPI上涨就是以农产品为主的食品价格大幅上涨所推动。因此，分析研究农产品价格波动状况和趋势，对于全面准确把握CPI的运行趋势，找准物价调控的重点有着极其重要的意义。此课题的研究目的，就是从农产品价格与CPI变动的关联度出发，深入分析农产品价格对CPI变动的影响程度，提出稳定农产品价格及CPI的建议。

一、居民消费价格与农产品价格波动情况概述

（一）改革开放以来，CPI波动的几个阶段概述

改革开放三十年来，伴随着价格体制改革、宏观调控等一系列政策的实施，广西居民消费价格涨幅几度大起大落（如图1），其中有两次严重的通货膨胀和一次通货紧缩。具体可分为以下六个阶段：

1．第一阶段（1979—1984）：市场物价开始活跃起来。

在此期间，为解决农副产品价格长期偏低问题，大幅度提高了农副产品收购价格、提高八类主要副食品销售价格和逐步放松了一些工业品的价格控制。这一时期，对价格的大幅调整和管理体制改革使得市场物价上升较多。同时，由于价格管理的放松，市场变相涨价、哄抬物价的情况突出起来。与上年相比，1980—1984年，广西市场物价总水平（CPI，下同）分别上升12.6%、2.7%、4.1%、3.0%、3.3%，累计上升28.1%，年均上涨5.1%。

2．第二阶段（1985—1989年）：价格大幅波动阶段。

从1985年开始，我国价格改革迈开了较大的步伐，改革的基本方式已转为价格放开，主要特征是“以放为主，调放结合”。对国家定价的商品和劳务价格进行较大幅度的结构性调整，基本完成由高度集中的政府定价向市场定价过渡。由于经济过热引发的投资、消费双膨胀和货币超量发行带来的信贷膨胀，以及多年来积累下来的社会总需求大于总供给的矛盾加剧，使隐性通货膨胀在需求的拉动下爆发出来，进入了建国以来第一次真正意义上的通货膨胀周期。1985年，广西物价水平首次达到了两位数增长，为13.0%，1988年和1989年涨幅加大，分别高达20.8%和21.1%。这一阶段，广西居民消费价格涨幅均在6.0%以上运行，年均涨幅高达13.7%，为改革开放以来的第一个历史高点。

3．第三阶段（1990—1991年）：价格

平稳回落阶段。

面对巨大的通胀压力，中央迅即做出反应。1989年开始采取“治理整顿，深化改革”的方针，提出用3年或更长一些时间基本完成治理整顿任务，采取大力度的调整措施，包括压缩投资规模、提高银行存贷款利率、严格控制消费基金的过快增长、暂缓调价方案出台、对主要农业生产资料实行专营等。严重的通货膨胀迅速得到控制，价格涨幅明显回落，1990年和1991年广西居民消费价格总水平分别上涨1.1%和2.8%，涨幅与改革初期相当。

4. 第四阶段（1992—1996年）：第二次通货膨胀阶段。

这一时期，国家相继出台实施财政、金融、外汇、价格、工资等多项重大改革措施，一方面，由于改革深化、新旧体制交替伴随着经济增长所引发的矛盾，以及固定资产投资规模在1991—1993年迅速扩大，对市场形成较大压力；另一方面，由于市场发育的不完善，多年积累的深层次矛盾没有得到解决，加之价格改革政策出台较集中，从而引发市场物价强劲上涨。这一轮物价上涨，食品涨价成为物价上涨的领头羊，食品价格上涨主要因副食品及粮价的先后全面放开和全民下海从商而导致整个物资短期困乏所致。1992年至1996年，广西居民消费价格总水平累计上涨105.3%，年均上涨15.5%，成为改革开放以来最严重的通货膨胀时期。其中，1994年上涨26.0%，达到这一时期的顶峰。通货膨胀再一次成为经济运行中的重大问题。随即，政府采取了一系列稳定物价的措施，成功实现了经济的“软着陆”，1996年广西居民消费价格涨幅回落至6.5%。

5. 第五阶段（1997—2002年）：通货紧缩阴影阶段。

1997—2002年，处于通货紧缩阴影阶段。由于这一时期世界经济不景气，东南亚又爆发金融危机，我国的对外贸易受到影响，再加上国内需求低迷。90年代中期开始，随着相关行业投资的高速增长，生产资料生产能力的增长速度快于需求的增长，产能利用率下降，部分生产资料产品出现产能过剩，生活资料特别是耐用消费品也同样存在产能过剩情况，库存增加，价格下降，出现了通货紧缩迹象。1997年，广西居民消费价格涨幅从上年的上涨6.5%迅速回落至0.8%，其中粮食价格率先下跌，降幅达7.7%。其后五年，价格水平持续低位徘徊，并出现四年的负增长，各年的居民消费价格总指数分别为97.0、97.7、99.7、100.6和99.1。

图1　1979—2008年广西居民消费价格指数变动情况

（以上年价格为100）

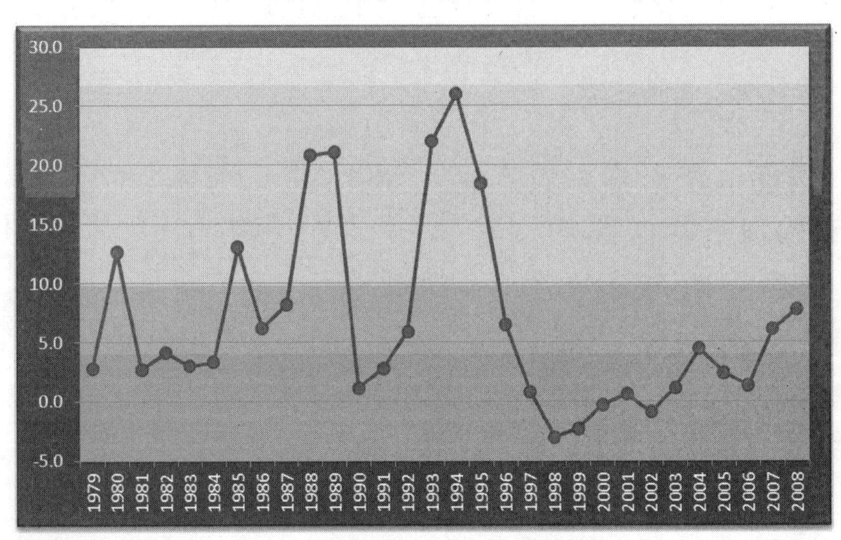

6. 第六阶段（2003年至2009年）：价格平稳上升阶段。

2003年以来，经济进入新一轮增长周期，固定资产投资需求旺盛，工业化、城镇化建设步伐加快。经济增速的提高和投资力度的加大，带动了投资品价格和土地、劳动力等要素价格上涨。同时，居民消费结构升级加快，住房和汽车需求升温。在此期间，2003年发生的“非典、2006年因疫情影响生猪出现短缺，以及国际市场初级产品价的格持续上涨，对国内对物价上涨都产生了重要推动作用。2003—2008年，广西居民消费价格总水平同比分别上升1.1%、4.4%、2.4%、1.3%、6.1%和7.8%；2009年，受金融危机影响，下降2.1%；2010年，在食品价格上涨的引领下，居民消费价格延续上年底的走势，呈现出稳步上扬趋势，其中1—10月上涨2.5%。

（二）农产品价格波动与CPI走势基本保持一致，但波动幅度更大。

三十年来，广西农产品收购价格（由于方法制度变化，1979—2000年用为农产品收购价格，2001年数据缺失，2002年后为农产品生产价格）与居民消费价格走势基本同步。图2为农产品收购价格与CPI时间序列的对比图，其中X序列为农产品收购价格年度同比指数，CPI为居民消费价格年度同比指数。从图2的两序列实际走势状态可见，农产品收购价格波动与居民消费价格走势基本保持一致，且农产品收购价波动的幅度比居民消费价格波动幅度大。

图2　1979—2009年广西居民消费价格与农产品收购价格变动情况（以上年价格为100）

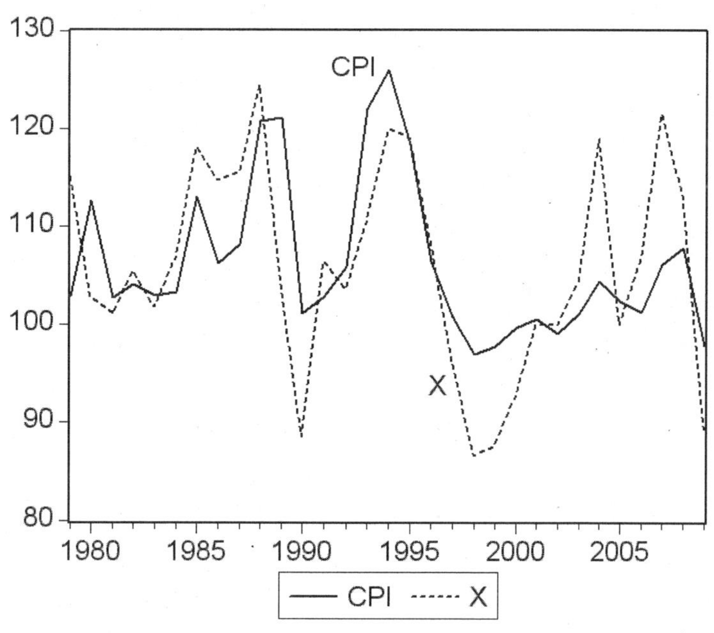

（三）CPI与农产品收购价格指数存在较强相关性，说明农副产品收购价格对CPI具有较大影响。

我们从收集到的数据看到，农产品价格的波动与CPI有着较大的影响。通过使用1979年至2009年的居民消费价格年度同比指数与农副产品年度同比价格指数建立模型，用于分析对居民消费价格与农副产品收购价格之间的相关影响关系，模型设定为：

$$CPI_t = C+\alpha X_t+\beta CPI_{t-1}+\varepsilon_t$$

因变量CPI_t为居民消费价格年度同比指数；自变量X_t为农产品收购价格年度同比指数；CPI_{t-1}为上年居民消费价格年度同

比指数；ε_t为其他随机干扰项；C为常数项；α、β为需要估计系数，表示自变量对因变量的影响程度。

对模型用Eviews5.0软件进行参数估计，常数项C统计检验不显著，调整模型结构为：

$$CPI_t=\alpha X_t+\beta CPI_{t-1}+\varepsilon_t$$

估计结果：

$$CPI_t=0.473772X_t+0.528529CPI_{t-1}+\varepsilon_t$$

(5.791628)　(6.507265)

[0.000000]　[0.000000]

$\bar{R}^2=0.648423$

通过模型估计结果可知：

1．从农产品价格与CPI出现的峰值来看，CPI与农产品收购价格序列之间的相关系数值为0.749604，两者的关联性更为直接（相关系数，如表1）。

表1　CPI与农副产品收购价格指数相关系数

	Cpi	X
Cpi	1.000000	0.749604
X	0.749604	1.000000

2．调整系数 $\bar{R}^2$表示，模型中自变量能够解释的因变量所包含信息量的部分，即模型的拟合程度。调整系数一般取值在0到1之间，越接近1表示模型拟合程度越好，越接近0表示模型拟合程度越差。模型调整系数 $\bar{R}^2=0.648423$，虽然没有达到0.9以上，但是时间序列拟合模型的调整系数达到0.6以上已经效果不错。

3．括号（）和【】中的数值分别为系数显著性检验的t统计量和伴随概率。模型以系数不显著假设为基础（即农副产品收购价格（X）和上期居民消费价格对本期居民消费价格影响不显著）。对模型进行系数显著性t检验，当t统计量大于给定临界值（相当于伴随概率小于0.05）时，小概率事件发生，有理由认为模型原假设不成立，即模型系数不显著的假设不成立，则系数显著性检验通过。本模型中，α、β的显著性检验统计量分别为5.791628，6.507265，对应的伴随概率都为0.00000，小于0.05，模型系数通过显著性检验。表明农产品收购价格与上年居民消费价格对本年居民消费价格存在影响。

4．农产品收购价格指数（X）系数为0.473772，上年居民消费价格系数为0.528529。反映了模型中在农产品收购价格和上年居民消费价格对本期居民消费价格变动的影响程度。

这表明，农产品收购价格的波动影响着居民消费价格发生变动，农产品价格的升降是影响居民消费价格的重要因素。反过来看，当居民消费价格大幅度上涨时，农村的各项商品价格尤其是农村工业品价格和农业生产资料价格会大幅度上涨，从而引起农业生产成本的增加，导致农产品价格的大幅度上涨。

二、各阶段农产品价格波动对CPI的影响分析

（一）1979—1984年：农副产品收购价格大幅提高，推动价格总水平迅速上升

改革开放以前，农副产品短缺现象极为严重。1979年，国家大幅度提高18种主要农产品收购价格。同年底，提高了猪肉、牛肉、羊肉、禽、蛋、水产品、蔬菜、牛奶等八种主要副食的销售价格，以其为原料的产品也相应地提高了销售价格。这一年，广西的猪肉、牛肉、活鸡、活鸭和鲜鸡蛋价格分别提高了26.17%、39.2%、36.9%、36.1%和32.28%。1980—1981年，又提高了棉花、大豆等农产品收购价格。1982—1984年，对茶叶、油料等部分农产品收购价格进行了有升有降的调整。经过大幅度提高农副产品价格，极大调动了农民的生产积极性，促进了农业生产的发展，粮、棉、油、猪等主要农副产品的产量大幅度增加。1979—1984年，广西农副产品收购价格提高了37.1%。经测算，这一时期农副产品价格上涨对居民消

费价格的影响达55%左右。

（二）1985—1989年：农副产品价格的波动对居民消费价格的影响从高转低

这一时期，农副产品价格的波动对居民消费价格的影响从前期的近80%，下降到后期的30%左右。因为1988—1990年这一阶段，价格管理的不断弱化和工业企业自主权的扩大，使长期处于短缺状态的工业消费品和农业生产资料的供求矛盾显现（如1988—1989年工业品零售价格上涨25.8%和23.4%）。农产品价格虽然也大幅上涨（1985年上涨18.2%，1986年上涨5.4%，1987年上涨15.7%，上涨24.4%），但从1988年开始，工业消费品价格迅速上涨并超过了农产品价格上涨的幅度，1988年至1989年工业消费品上涨对CPI的影响占到50%以上，农副产品上涨对CPI的影响仅占30%左右。

（三）1990—1991年：农副产品价格回落对物价的平稳回落发挥重要作用

这一阶段，农副产品收购价格开始下降，对居民消费价格的平稳回落起到了重要作用。1990年，农副产品收购价格下降11.4%，使得当年居民消费价格总水平只上涨1.1%。1991年，农副产品收购价格和居民消费价格分别上涨6.5%和2.8%，涨幅与改革初期相当，实现了价格的平稳回落。

（四）1992—1996年：农产品与工业品价格齐声共涨，带动价格总水平结构性大幅度上涨

这一阶段，农副产品价格波动对居民消费价格影响达50%左右。这一时期，国家相继提高了粮食、棉花、民用燃料、铁路货运、统配煤炭、钢材、生铁等价格，并对粮食、肉、禽、蛋和调味品等基本生活必需品价格以及日用品、服务项目价格放开，农副产品收购价格和工业品零售价格上涨幅度均比较大，食品涨价成为物价上涨的领头羊。1993—1996年，农副产品收购价格分别上涨10.6%、20.0%、19.0%和8.4%。其中粮食类收购价格1993年和1994年分别上涨39.3%和50.1%。这一阶段，居民消费价格总水平大幅度上涨，成为改革开放以来最严重的通货膨胀时期。

（五）1997—2002年：粮食价格持续下滑，抑制物价的上涨，这段时间物价保持低位运行

这一阶段，农产品价格下降对物价上涨起到了抑制作用，广西市场物价总水平总体保持低位运行。这一时期，东南亚爆发了金融危机，世界经济发展不景气；国内供求关系发生了根本性转变，需求低迷，农副产品价格持续下滑，出现了通货紧缩迹象。1996年，农产品收购价格涨幅从上年的19.0%回落到8.4%，1997—2000年连续四年负增长。1997年，广西居民消费价格涨幅迅速回落至0.8%，其中农副产品价格下降下拉居民消费价格1.3个百分点。其后五年，价格水平持续低位徘徊，并出现四年的负增长，各年的居民消费价格总指数分别为97.0、97.7、99.7、100.6和99.1。同期，以农产品为主的食品类价格降幅分别为1.7%、5.8%、4.1%、3.4%、1.5%和0.1%。

（六）2003年至今：农产品价格上涨再唱主角，价格平稳上升阶段

2003年以来，农产品价格上涨成为CPI上涨的主角。经测算，以农产品为主的食品类对居民消费价格的影响程度，除2006年为36.5%外，其他各年均达到79%以上。

这一时期，工业耐用消费品价格连续负增长，价格变化对CPI影响不大。而在农产品方面，为了保护种粮农民利益，调动农民发展粮食生产的积极性，我国从2004年以来实行粮食最低收购价政策，连续提高小麦和水稻的收购价格，收购价格的提高相应带动了粮食市场消费价格的攀升。与此同时，随着人口的持续增长和城市化、城镇化的进程加快，以及经济的发

展和生物燃油对粮食的巨大需求，形成了粮食爆炸性增长的需求，都不同程度地推动了粮食价格的上涨。粮食价格的上涨又带动了相关产品价格的上涨。

三、主要结论

（一）农产品价格与居民消费价格之间存在着较强的相关性。

农产品价格与居民消费价格的相关系数达0.75，表明二者有较强的线性相关关系。从历史的数据可见，农产品价格的波动影响着居民消费价格的变化，其波动幅度大于居民消费价格。

（二）农产品价格对居民消费价格的影响越来越大。

在上述分析中我们看到，除了个别时期农产品价格的波动对居民消费价格的影响在30%左右外，其他大部分时间影响度均在50%以上，特别是近年来，随着工业品的产能过剩，农产品的价格上涨对居民消费价格上行的作用达80%左右。农产品价格对居民消费价格的影响越来越大，越来越明显。

（三）调控CPI重点是调控农产品价格，而调控农产品要着重调控好粮油和肉禽类

通过定量和定性分析我们可以看到，农产品价格的变动对CPI的影响十分显著，从历次广西物价波动情况来看，无论价格涨跌的原因有何不同，粮食以及肉禽蛋等主要食品价格的变动始终起到重要作用。无论在物价上涨时期还是物价低迷时期，食品大都是领涨或领跌的龙头，而居民食品类支出占生活消费总支出的三成左右，在消费结构中所占比重大，食品价格对于整个市场物价往往起到牵一发而动全身的作用，其中粮食、肉禽蛋、蔬菜等价格变动又成为影响食品价格波动的主要因素。粮油及肉产品价格的较快上涨也必然会对整个CPI走高产生明显影响。市场物价大幅度上涨甚至出现暴涨，往往是因为农产品供给首先出现问题，继而影响相关市场供应不稳定而造成的。所以说，调控CPI重点在于调控农产品价格，而调控农产品价格要着重调控好粮油和肉禽、菜类的价格，保证供应稳定，防止价格的大起大落。三十年来的价格波动充分证明，食品价格的重要性不仅在于对CPI数值的影响，更在于它切实关系到居民的生活质量。肉禽、菜等需求具有一定刚性的农产品价格的波动，显示工业经济的通货膨胀已经转移到农产品市场，并将直接作用于市场终端。只有重视农业，解决好农产品的周期性问题，才能给整个经济的发展创造良好的环境。保护农民利益、确保农业生产稳定、保障农产品市场供应，始终是确保市场物价稳定的关键问题。

四、建议

（一）减少流通环节的涨价，兼顾农民增收和普通居民生活的承受力。

三十年来的实践表明，农产品价格上涨的最大受益者是流通环节并非生产者，农产品价格上涨所带来的利润很大程度上被处于加工流通环节的经纪人、加工商、销售者所获得。以猪肉为例，在肉价最高的时候，活猪的收购价每公斤也仅13～14元，除去养猪的每公斤10～12元左右成本，农民获利仍在合理范围之内。但是，通过收购商、批发商、屠宰、零售等一系列中间环节以后，等最后到消费者手上，每公斤猪肉已经超过了20元。我们再看流通环节账，一般超市要在批发价的基础上加收10%左右，农贸市场加价在20%左右，平均下来，批零环节每头猪赚15%。养一头猪需要5个月左右时间，而杀和卖一头猪却只需要一天的时间，流通环节和农民养猪两者利润差距还是很明显。再看稻谷。2009年广西稻谷平均收购价为108元，比上年同期上涨5.67%。按说，收购

价上涨了，农民收益应水涨船高。可事实上，最大受益者还是中间商。据自治区物价局农本队抽样调查，2009年，全自治区农民每50公斤早籼稻总成本达87.4元，纯收益只有22.35元。而粮商从农民手中收购粮食销往福建、广东等省市，除去保管、储藏、运输等开支，每50公斤纯收益为却远高于农民。以上案例说明，农产品价格上涨的收益很大程度被处于加工流通环节的经纪人、加工商、销售者所占有，流通环节是农产品价格上涨的最大受益者。看来，农产品涨价，农民受益很少，中间商受益很多，而替中间商买单的是消费者，难怪农产品涨价成了众矢之的。治本的关键是，要让供给方和需求方权利平等，政府扶持弱势一方获得市场权利。北京、上海等城市的经验值得借鉴：以城市居民、机关、厂矿职工和学校师生中入股社员为主体，以社区为载体，兴建城市消费合作社，合作社与农民专业合作社结成产销同盟，以产定需，即农民生产合作社生产的农产品，决定消费合作社社员可购买的产品。产销直接见面，抑制了中间商乱用定价权，农民分享了农产品的更多收益，消费者又买到了价格合适的放心农产品。

（二）必须认识到农产品温和上涨具有一定的合理性。

农产品价格的上涨基本上属于恢复性上涨，是对农产品价格长期被低估的纠正。其涨价的原因是多方面的，一方面，现阶段农产品的价值与价格长期背离。农产品生产过程中利用了土地、水、能源等大量资源，在价格上却根本得不到体现。另一方面，农产品消费量的增长也要求价格相应上涨。随着农产品消费的增加，农产品价格上涨是一个长期的趋势。农产品价格适度上涨，是促进农民增收、缩小城乡差距的客观要求。实践证明，农产品价格指数每上涨1个百分点，农民年人均增收幅度将增加0.6个百分点。同时，农产品价格适度上涨，能以最直接的方式缩小工农产品剪刀差，达到工业反哺农业、城市支持农村的政策目标，提高农业比较效益。

合理适度的农产品价格上涨在一定程度上有利于稳定种养业规模，保证粮食安全。粮食以及肉蛋奶等相关农产品的价格在很大程度上影响农民从事种植业和养殖业的信心，关系到种植业、养殖业以及农产品加工业的规模和经济效益。多年来，由于农产品价格偏低，与其他工业品、服务产品的价格“剪刀差”不断增大，一定程度上打击了种植户和养殖户的生产积极性，甚至在部分地区出现了耕地撂荒、养殖规模缩小的状况，影响到粮食安全和市场物资储备。农产品价格上涨，可以增加种植户和养殖户的经济效益，有利于进一步稳定种养殖规模，保证粮食安全，增强农民从事种养业生产的信心，保障经济协调发展。

无论是从过去几年我国粮食生产健康发展的经验来看，还是立足于未来的环境要求来看，粮、肉产品价格的稳中有升是保证其生产持续增长的主要动力，但必须指出的是，我们需要的是渐进的、温和的上涨，而不是短期的暴涨，后者的出现不仅损害消费者利益，带来了被夸大的恐慌，对产业的发展也同样危害巨大。

（三）稳定农业的基础地位，提高农产品综合生产能力

在工业品供过于求成为长期趋势后，农产品价格将是导致通胀发生的最大潜在因素。因此，要抑制通胀的发生，就要始终稳定农业的基础地位。

一是加强耕地资源保护，稳定农产品播种面积。要正确处理建设用地和保护耕地的关系，加强对基本粮田的保护和建设，努力提高耕地质量；正确处理农民增收与发展农产品生产的关系，提倡种养结合，提高耕地资源利用率，优化农产品品种，实现增产增收。

二是增加投入，夯实农业基础。要增加财政对农业的投入，特别是加强对农田

水利建设的投入，同时要引导各类资本增加对农业的投入，改善农业生产条件，全面提高农业的抗灾能力和生产能力。

三是加快农业科技进步，增强农业发展后劲。改革耕作栽培技术，努力规避自然灾害；加快种子培育更新步伐，培育抗灾、抗病能力强的优良品种，不断提高农产品品质；建立健全农业灾害监测预报网络，及时预报灾情，科学防灾抗灾。

（四）完善农产品服务体系。

一是建立健全农产品价格监测体系。建立农产品价格信息报告制度或调查制度，随时监控农产品价格和市场供求的变化，提高信息的真实性和及时性。

二是建立农产品价格预警机制。农产品价格预警体系要以城乡重点集贸市场和初级农产品批发市场的价格为基础，以主要区域性农产品批发市场的价格信息为核心，以期货交易市场价格为先导，通过价格监测体系构建市场农产品价格预警预报的信息载体，为政府宏观调控及时提供可靠依据。

三是建立农产品价格信息发布制度。要把农产品价格信息服务纳入农业社会化服务体系建设范围，通过定期公布农产品价格行情与市场供求信息，指导农户生产和经营，并正确引导和稳定全社会对农产品价格的预期。

四是进一步扩大“菜篮子”相关产品政策性保险的覆盖面，分散农业经营风险。

五是鼓励配套建设冷藏保鲜和流通加工设施，延长生鲜食品的供应周期。

（五）充分运用市场经济杠杆，做好宏观调控。

稳物价，稳预期，一方面要继续坚持宏观调控政策不动摇，同时也要注重针对性与灵活性，综合运用财税杠杆和市场手段。如果属于长期因素造成的供需失衡，政府需要通过增加长期稳定供给的方式来解决，包括加大补贴力度、提高科技投入等，来稳定农产品种植面积，提高产量。如果是劳动力、农药、化肥、农用机械等综合因素造成的结果，那就需要多方入手来化解这个问题。近期粮价、菜价上涨是上述多个因素同时作用的结果，综合性的政策组合拳才能发挥更好的作用。管理好通胀预期，政府可有更大作为，该出手时就出手。把握好农产品收储、投放的节奏和时机。管好“菜篮子”，必须更加注重和利用“两个市场、两种资源”；完善包括中央、省、市在内的多级调控体系；对于储备产品的调控则应根据市场需求变动，进一步优化品种、规模；收储、投放要把握好节奏、时机，不能等出现上涨再投放、出现下跌才收储。把这些调控手段用足、用好、用活了，可以减缓农产品的价格波动，最终让农民生产不吃亏、市民消费不吃力。

（六）完善价格补贴机制，加大对弱势群体的保护力度，覆盖更多困难人群

目前，国内很多地方都建立了价格上涨的补贴机制，比如，只要CPI涨幅连续3个月超过3%，就要按低保标准的25%向城乡低保对象发放物价补贴。2009年食品价格接连上涨，各地纷纷发放补贴。此外，山东、江苏、浙江等7省年内已先期试点建立低保、最低工资、基本养老金与物价水平相关联的动态调整机制，最低工资将不再一年一调，而是随物价涨落频繁地调整，确保低收入群体基本生活不受影响。然而，按目前的价格补贴政策，非户籍人口往往享受不到居住所在地的补贴，数量众多的外来农民工被排除在外，加上房租上涨、部分企业工资下调等因素，使农民工成为受涨价冲击最大、受政策保护最少的人群。城市里还存在大量的“低保边缘户”——那些家庭收入水平虽高于城市低保线，但实际生活水平却低于享受了专项救助低保对象的城市居民。在城市低保制度逐步完善后，低保边缘户成为新的突出贫困群体。如何加大对他们的政策帮扶，也值得各方关注。

参考资料来源：

1．张树忠、李天忠、丁涛：2006.农产品期货价格指数与CPI关系的实证研究.金融研究.2006（11）：103～115。

2．曹慧、韩一军.2008：近年来我国主要农产品价格变化及其对CPI的影响.AO农业展望.2008（4）：12～15。

3．《城乡巨变 数说辉煌 广西60年调查资料汇编》2009。

广西规模以下工业企业固定资产与产值的关系研究

课题组成员：杨锡虹　杜雪勇　肖静月

规模以下工业企业虽然产值不大，但数量众多，在国民经济和社会发展中的地位越来越重要。2008年第二次经济普查数据显示，广西约有规模以下工业企业1万7千多家，整体数量大，分布广，数据不易收集，对其了解和研究也不多，但规模以下工业企业在推动经济发展、缓解就业压力、活跃市场、改善民生和保持社会稳定等方面具有重要作用。本文试从定性分析和定量分析两个角度对广西规模以下工业企业的固定资产基本情况及固定资产与工业总产值之间的关系进行研究，分析规模以下工业企业目前的经营情况和未来发展情况，以期让社会各界多了解和关注规模以下工业企业的经营发展，并加以支持。

一、规模以下工业企业指标内涵及数据实证分析

（一）规模以下工业企业固定资产和工业总产值的内涵

2011年前，按照调查范围划分，规模以下工业企业是指年主营业务收入（产品销售收入）500万元以下的工业企业。但在实际调查过程中，也会涉及一些年主营业务收入原处于500万元以下，后来上升到500万元以上但未列入规模以上工业统计的工业企业。

按照国家统计局的规模以下工业抽样调查统计报表制度，工业总产值指标是指以货币形式表现的，工业企业或个体经营单位在报告期内生产的工业最终产品或提供工业性服务的总价值量。固定资产指标是指固定资产净值、固定资产清理、在建工程、待处理固定资产损失所占用的资金合计。在规模以下工业企业的实际经营中，固定资产主要是涉及企业已持有的固定资产净值及在建的厂房等。

固定资产是企业进行物质生产的基础，是完成企业运转的物质保障，在企业经济活动中处于十分重要的地位。为了了解当前广西规模以下工业企业的固定资产基本情况及其与企业工业总产值的关系并做出详细分析，国家统计局广西调查总队随机抽取了145家规模以下工业企业进行了走访调研，就调研中取得的数据做了分析研究。

（二）广西规模以下工业企业的固定资产与工业总产值关系的实证分析

1．变量的选择和处理

本文有两个变量，分别是工业总产值（cz）和固定资产（zc），选用此次调研的数据进行分析，一共145家企业在2009年的工业总产值和固定资产（单位：万元）。其中有1个特例是有工业总产值但固定资产为0的企业，摒除该特例企业，所以实际使用的数据是144家企业的数据（见表1）。因数据是截面数据，均为2009年的数据，所以价格因素不需考虑。而数据的自然对数变换不改变变量之间原来的关系，并能削弱不确定因素对数据的影响，因此对变量的数据进行对数形式变换，即用Lncz和Lnzc，分别表示进行对数变换后的工业总产值和固定资产。本文使用计量软件Spss13.0和Eviews6.0对数据进行分析。

表 1　144 家企业的工业总产值（zc）和固定资产（zc）

序号	工业总产值（cz）	固定资产（zc）	序号	工业总产值（cz）	固定资产（zc）	序号	工业总产值（cz）	固定资产（zc）
1	140	70	37	39	10	73	198	90
2	46.7	12	38	196.3	93	74	71	20
3	69.9	21.15	39	79	26	75	68	20
4	68	20	40	58.2	16.95	76	335	250
5	95	40	41	73	23.14	77	247	135
6	37.6	9.57	42	15	4	78	61	17
7	156	75	43	69.5	18.65	79	310	197
8	96.4	38	44	23	6.2	80	450	630
9	211.7	111	45	93	36	81	73	25
10	13	4	46	121	51	82	478	700
11	181	96	47	223	117	83	375	310
12	58	14.2	48	8.2	2.23	84	130	62.8
13	50	14.15	49	70	20	85	227	120
14	102	45	50	8.58	1.97	86	486	680
15	178	90	51	101.8	43	87	90	35
16	459	480	52	122	60	88	48	13
17	473	800	53	642.03	1036.2	89	236	125
18	96	40	54	470	850	90	129.8	63.88
19	180	90	55	71	20	91	100	40
20	346	260	56	416	400	92	128.6	62.8
21	124.4	62	57	470	545.3	93	15.3	4
22	410	400	58	301.4	175.98	94	306	180.8
23	7	1.1	59	174	89.6	95	67	18
24	20	5.03	60	75	25	96	256	150
25	28	7.6	61	470	572.3	97	568	900
26	80	26	62	448	630	98	58	15
27	56	15	63	166	82	99	115	50
28	380	350	64	135.6	69.66	100	110	50
29	474	518	65	85	31.8	101	337	250
30	126.5	55.39	66	317	210	102	108	45
31	321	210	67	460	761	103	110	50
32	221.4	118	68	633.74	1007.2	104	19.2	5
33	60	15.5	69	57.3	16	105	75	20.4
34	36.8	9.69	70	7.5	1.2	106	120	50
35	221	116.45	71	96	35.7	107	138	68
36	86	30	72	116	50	108	82.8	30

续表

序号	工业总产值（cz）	固定资产（zc）	序号	工业总产值（cz）	固定资产（zc）	序号	工业总产值（cz）	固定资产（zc）
109	18.6	5	121	611.3	974	133	58	15
110	40	10	122	580	880	134	42.2	10
111	42	10	123	298.6	173.98	135	70	20
112	46	11	124	508	900	136	380	350
113	41.6	10	125	488.6	600	137	112	57
114	446	420	126	583	950	138	286.5	172
115	485	510.2	127	433	409	139	420	504
116	83	30	128	396	385	140	43	10
117	47	12	129	488	684	141	200	100
118	131.9	69.3	130	365	289	142	281	170
119	423.5	400	131	259	150	143	158	75
120	75	25	132	120	60	144	265	150

使用 Spss13.0 对数据进行相关分析，得结果如下：Correlations

		产值	资产
产值	Pearson Conrrelation	1	.938**
	Sig.（2-tailed）		.000
	N	144	144
资产	Pearson Correlation	.938**	1
	Sig.（2-tailed）	.000	
	N	144	144

**.Correlation is significant at the 0.01 level

由结果可以看出，判定系数为0.938，两个变量之间存在相关关系。而由图1可以看出这144家规模以下工业企业的工业总产值和固定资产间还有一些差距，而图2显示，经过对数变换后，这144家规模以下工业企业的工业总产值和固定资产间的差距有所缩小。

2. 单位根检验

经典线性回归模型要求序列是平稳的。但是，许多数据表现出非平稳性。若变量的数据生成过程是非平稳的，那么对这两个非平稳的序列做回归，则可能会引

图 1　144 家规模以下工业企业工业总产值（cz）和固定资产（zc）折线图

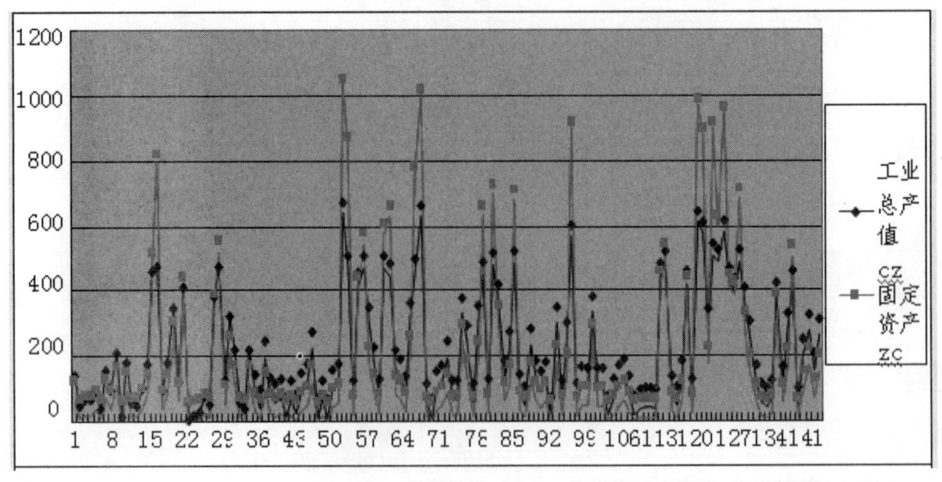

图 2　144 家规模以下工业企业工业总产值（cz）和固定资产（zc）取对数后的折线图

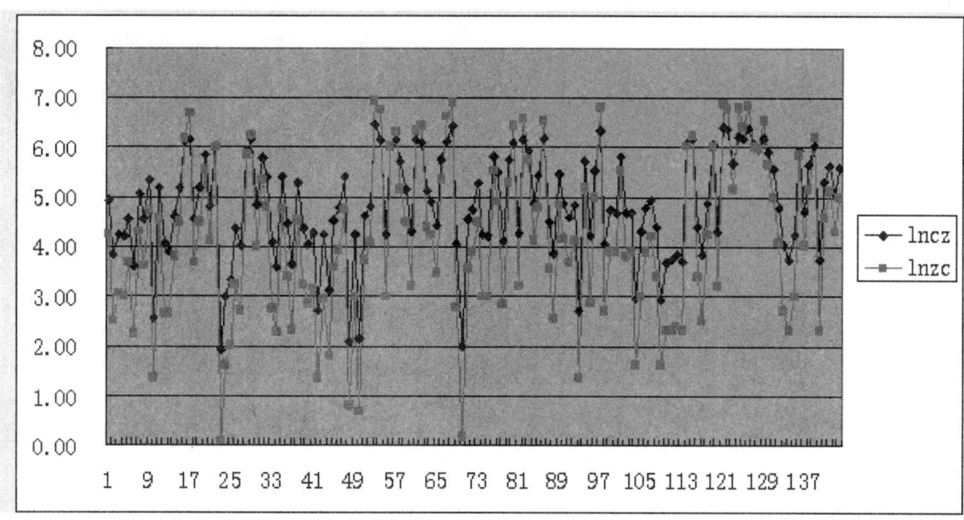

起虚假回归。因此，在进行两个序列数据的回归检验之前，必须对序列的平稳性进行检验。

为了消除非平稳序列的异方差性，对序列里的数据进行对数变换，分别用Lncz和Lnzc来表示取对数后的工业总产值和固定资产。本文使用单位根检验来确定变量的平稳性，具体采用ADF检验法，即对变量Lncz和Lnzc和变量的一阶差分形式△Lncz和△Lnzc进行单位根检验，采用（C，0，P）的检验形式，即含有常数项、没有趋势项，滞后阶数根据AIC准则来确定，显著性水平5%，确定Lncz和Lnzc单整阶数。检验结果见表2。

表 2　ADF 检验结果

变量	检验形式	ADF检验值	临界值	Prob*
Lncz	（C，0，8）	−0.41	−2.88	0.9038
Lnzc	（C，0，10）	1.23	−2.88	0.9982
△Lncz	（C，0，7）	−3.84	−2.88	0.0033
△Lnzc	（C，0，9）	−5.08	−2.88	0.0000

注：ADF检验值>临界值，变量非平稳；ADF检验值<临界值，变量平稳。

变量Lncz和Lnzc的ADF检验值都大于5%显著水平下的临界值，变量为非平稳的序列；而变量△Lncz和△Lnzc的ADF检验值都小于5%显著水平下的临界值，变量为平稳的序列。变量Lncz和Lnzc都是一阶单整的，则变量的线性组合可能是平稳的，即变量之间存在稳定的长期关系，接下来利用协整分析讨论变量是否存在长期稳定的关系。

3．协整分析

经济理论指出，某些经济变量间确实存在着长期均衡关系。这种均衡关系意味着经济系统不存在破坏均衡的内在机制。如果变量在某时期受到干扰后偏离其长期均衡点，则均衡机制将会在下一期进行调整以使其重新回到均衡状态。

若两个非平稳变量之间存在协整关系，那么变量的非均衡误差必须是平稳序列。比如两个I（1）变量y_t和x_t存在如下关系：

$$y_t=\alpha+\beta x_t+\mu_t \qquad (1)$$

其中μ_t是I（0）序列。一般来说，μ_t包含序列自相关，但并不影响最小二乘法参数估计量的一致性，则y_t和x_t存在长期均衡关系，μ_t是非均衡误差，它是变量y_t和x_t的一个线性组合：$\mu_t=y_t-\alpha-\beta x_t$；进行协整分析的关键就是对离差进行平稳性检验，如果离差平稳，那么变量存在长期均衡关系，反之，不存在长期均衡关系。

采用EG两步检验法对变量Lncz和Lnzc进行检验，判断两变量是否为协整，其步骤是：

第一步，用OLS方法对变量Lncz和Lnzc进行线性回归，用Eviews6.0软件计算得回归模型为

$$Lncz=2.1807+0.6448\times Lnzc \quad (2)$$

(29.78)　　(21.93)

$R^2=0.977$，DW=0.11，

F-statistic=5964.7

回归模型的判定系数为0.977，比未取对数的工业总产值和固定资产的相关分析判定系数要高一些。回归参数通过了显著性检验，模型拟合的较好。

第二步，检验残差序列e_t的单整性，即对残差序列et进行ADF检验，检验结果见表3。

表3　残差序列 et 的单整性检验结果

		t-Statistic	Prob.*
Augmented Dickey-Fuller test statistic		-2.925971	0.0450
Test critical values:	1% level	-3.479656	
	5% level	-2.883073	
	10% level	-2.578331	

ADF检验值为-2.93，小于5%显著水平下的临界值-2.88，因此残差序列e_t为平稳序列，表明变量Lncz和Lnzc是（1，1）阶协整，变量存在长期稳定的关系，即广西规模以下工业企业的工业总产值和固定资产之间存在长期均衡关系，固定资产每增加1%，企业工业总产值将可能增长0.6448%。规模以下工业企业的固定资产对企业本身生产有很大的影响。

4. 误差修正模型

以上协整分析结果表明，序列Lncz和Lnzc存在长期均衡关系，而误差修正模型是用来研究协整变量Lncz和Lnzc短期变动关系，误差修正模型的误差修正项用ecm_{t-1}表示，以协整方程的残差序列et为基础。建立可解释工业总产值与固定资产的短期动态关系的误差修正模型如下：

$$\triangle Lncz=0.4984\triangle Lnzc-0.0886ecm_{t-1} \quad (3)$$

(8.11)　　　　(-3.02)

从变量显著性检验来看，所有变量通过t检验。短期固定资产的变化将引起工业总产值同方向变化，Lncz和Lnzc的短期弹性为0.4984，即短期内企业的固定资产变动1%，将引起企业工业总产值同方向变化0.4984%。误差修正项，即ecm_{t-1}的系数反映了对偏离长期均衡的调整力度，ecm_{t-1}系数为-0.0886，意味着上一年度的非均衡误差以0.0886%的比率对本年度的工业产值做出反向修正。

5.结论

协整分析结果显示广西规模以下工业企业的工业总产值和固定资产之间存在着长期稳定的均衡关系，固定资产对工业总产值的增长有较强的推动作用。固定资产增加1个百分点，广西规模以下工业企业的工业总产值将可能增长0.6448个百分点，固定资产对规模以下工业企业的推动作用很高。误差修正模型显示短期内，固定资产对工业总产值增长的作用较为明显，固定资产每变动1%，将会引起工业总产值同方向变动0.4984%，而当短期波动偏离长期均衡时，误差修正项的收敛作用并不是很明显，即对上一年度的非均衡误差只以0.0886%的比率对本年度的工业总产值做出反向修正。

这些数据分析得出的结论都是符合广西规模以下工业企业的生产经营特点。首先，按照生产函数理论来说，企业的生产营利受实物资本、人力资本、技术等因素的影响，所不同的只是这些因素对企业生产经营的影响程度。如果按照全社会固定资产投资和GDP（国内生产总值）的关系来说，全社会固定资产投资对GDP的影响是长期的。而规模以下工业企业的固定资产对企业本身的生产影响也是较为长期的，推动作用也较高，所以固定资产增加1个百分点，规模以下工业企业的工业总产值将可能增长0.6448个百分点。其次，规模以下工业企业本身固定资产少，产值不高，处于边际效益递增时期，增加固定资产的短期作用也很明显。所以误差修正模

型得出短期内，规模以下工业企业的固定资产对工业总产值增长的作用较为明显，固定资产每变动1%，将会引起工业总产值同方向变动0.4984%。再次，按照生产函数理论来说，企业的生产营利既然受实物资本、人力资本、技术等因素的影响，那么将固定资产视为其中的实物资本因素的话，还有其他因素的影响，而且实际生产经营中，不确定因素也很多。所以当短期波动偏离长期均衡时，误差修正项的收敛作用并不是很明显，即对上一年度的非均衡误差只以0.0886%的比率对本年度的工业总产值做出反向修正。由以上结论得出对广西规模以下工业企业来说，企业的固定资产与工业总产值间有很大的关系，对企业的生产有很大的影响。

二、广西规模以下工业企业的固定资产基本情况

（一）广西规模以下工业企业的固定资产投资情况分析

1．广西规模以下工业企业所持有的固定资产价值不高

目前，广西规模以下工业企业普遍存在的现象是投资较少、产值不高，很多属于劳动密集型企业，所以广西规模以下工业企业所持有的固定资产价值也不高。据调研数据显示，持有固定资产价值低于50万的广西规模以下工业企业约占47.6%，持有固定资产价值低于100万的企业约占63.4%，而持有固定资产价值低于500万的企业约占85.5%。

2．广西规模以下工业企业所持有的固定资产内容单一

因为生产技术不复杂，对生产设备技术要求不高，所以广西规模以下工业企业持有的固定资产内容也不丰富，多为企业相关生产设备、办公设备之类，部分企业会拥有供生产用的厂房和土地。据调研数据显示，只有约27.5%的规模以下工业企业拥有供生产所用的厂房、土地及生产设备，不过企业对生产很重视，约有97%的规模以下工业企业拥有属于企业的生产设备，这说明企业对于保证生产的机器设备较为关注，也有1个特例的企业所有的固定资产包括厂房、生产设备都是租赁来的，这也是规模以下工业企业的一个特色，就是门槛低，容易创立开展生产，对于自主创业的企业投资者来说是赚取第一桶金的好机会。

3．广西规模以下工业企业的本土化明显

广西的规模以下工业企业很多都是本土生产本土销售，走本地化特色路线，所以投资者多为广西本土人。据调研数据显示，广西规模以下工业企业的投资者近八成为广西人，这也就意味着只有约两成的企业投资者来自广西以外。广西规模以下工业企业的本土化非常明显，这对广西规模以下工业企业的发展利弊兼具。

4．大部分广西规模以下工业企业目前的固定资产能满足企业的生产所需

虽然广西规模以下工业企业所持有的固定资产价值不高，内容也并不丰富，但因为企业的生产规模不大，大部分企业投资者认为目前的固定资产情况已经能够满足企业的生产所需。据调研数据显示，74%的企业投资者认为企业现今所持有的固定资产可以满足目前的生产所需，但近70%的企业投资者认为，企业想要进一步发展就必须增加固定资产，尤其是生产设备，才能扩大生产规模。

5．政府对广西规模以下工业企业的固定资产投资情况较为关注，但优惠政策较少

据调研数据显示，政府对规模以下工业企业的固定资产投资情况颇为关注，近60%的企业投资者觉得政府关注企业的固定资产投资情况，但认为政府对企业的固定资产投资有优惠政策的企业投资者不到30%。

6．广西规模以下工业企业的投资者固定资产投资意愿强烈

据调研数据显示，广西规模以下工业企业的投资者对加大固定资产投资的意愿强烈。如果政府对企业的固定资产投资有优惠政策，有91%的企业投资者表示愿意加大固定资产投资；如果行业前景看好，则有95%的企业投资者愿意加大固定资产投资。这表明广西规模以下工业企业的投资者的投资意愿非常强烈。

（二）目前广西规模以下工业企业的固定资产投资情况对企业的影响

1．阻碍规模以下工业企业扩大生产规模和持续发展

由于只有27.5%的规模以下工业企业拥有供生产所用的土地，所以大部分规模以下工业企业生产所用的土地是租赁而来，如果租赁不到土地，企业生产就不能继续，被迫停止。有部分规模以下工业企业不敢扩大生产规模，也是因为土地租赁问题。而规模以下工业企业因为规模小，关注度低，所以要解决生产所需土地也很难。曾有意向投资创立规模以下工业企业的投资者表示，为解决企业生产所需的土地，他曾多次奔走申请，但迟迟批不下来。也有规模以下工业企业投资者表示，在解决企业生产所需土地的时候，手续非常繁琐。所以受企业生产用地的限制，规模以下工业企业生产规模难以扩大。

另据调研数据显示，除了只有27.5%的规模以下工业企业拥有供生产所用的土地外，也只是约55.9%的规模以下工业企业拥有供生产所需的厂房，这表明约有将近一半的规模以下工业企业的厂房是租赁而来，调研中还出现了所有固定资产均为租赁而来的特例企业。这些情况显示将近一半的广西规模以下工业企业持有的固定资产不多，生产基础薄弱，对规模以下工业企业的持续发展非常不利，所以规模以下工业企业的关停并转情况严重。近几年的广西规模以下工业企业抽样调查数据显示，约有30%的规模以下工业企业关停并转。除了因为经济环境和市场原因外，也有因为生产基础薄弱，竞争力不强，而关停转让或被收购合并。

2．影响企业资金周转，进而影响企业的生产经营

因为很多规模以下工业企业的固定资产价值不高，很多使用的固定资产还是租赁而来，企业没有所有权，所以当企业需要资金周转时，很多规模以下工业企业的固定资产不能用于银行抵押，以此获得贷款。据调研数据显示，已经申请到银行贷款的规模以下工业企业不到20%，正在申请贷款的规模以下工业企业不到6%，申请过贷款但是没有得到批准的规模以下工业企业为7%，而超过67%的规模以下工业企业没有向银行申请贷款。近80%的规模以下工业企业投资者觉得向银行申请贷款困难，其中有近一半的规模以下工业企业投资者认为向银行申请贷款困难的原因是因为企业现有固定资产少价值低，不能用于抵押。

因为规模以下工业企业本身资金就不多，且现在企业销售过程中三角债情况时有出现，企业在生产过程中遇到资金周转困难时，又难以申请到贷款，所以企业的生产经营会受到影响，有时连订单都不敢接。

（三）影响广西规模以下工业企业投资者增加固定资产的因素

1．资金因素

规模以下工业企业生产规模不大，工业产值不高，产品技术含量较低，所以利润也不高。想要扩大企业生产规模，促进企业的发展，就要增加固定资产，但很多规模以下工业企业投资者表示，资金问题是影响广西规模以下工业企业增加固定资产的主要因素。

据调研数据显示，约66%的规模以下工业企业投资者认为制约企业投资固定资产的主要原因是资金短缺。企业资金短缺除了企业自身资金不足外，贷款难也是一个原因。而企业固定资产少，价值不高，影响了企业的贷款，从而间接的影响了企业增加固定资产的资金。这就形成了恶性

循环，使得规模以下工业企业难以扩大生产规模，难以有进一步的发展，难以获得上升的空间。

2. 行业因素

95%的规模以下工业企业投资者表示，如果行业前景看好愿意加大固定资产投资，多于因为有政府优惠政策而愿意加大固定资产投资的规模以下工业企业投资者。这说明行业因素也是一个影响规模以下工业企业投资者增加固定资产的重要因素。

据调研数据显示，有18%的规模以下工业企业投资者认为制约企业投资固定资产的主要原因是还不清楚企业所在行业的发展前景，要待行业发展前景向好再加大投资。追逐利润是投资者创立企业的目的，所以如果企业所在行业前景不明或暂时不好，企业实现利润不易，企业投资者必定不愿意加大固定资产投资。

3. 企业自身因素

据调研数据显示，约16%的规模以下工业企业投资者认为目前制约企业投资固定资产的主要原因是企业自身因素，主要是诸如目前没有政府优惠政策；或是企业刚增加了固定资产，能满足企业目前生产所需，暂时不需添加；或是企业投资者对于目前企业稳定的经营发展较为满意，不打算扩大企业生产规模，暂时不想增加固定资产。这需要外部环境例如政府一定的优惠政策、新增的市场订单等刺激。

三、建议

目前广西规模以下工业经济处于上升状态，全球金融危机影响在减弱。但是，规模以下工业发展基础不牢固，运行情况仍处于不稳定状态，小型企业抗风险和自然灾害能力较弱，如2008年的冻灾、城乡清洁工程、环保问题、生产安全问题等经常使小企业面临整顿、停产状态。2010年的干旱对广西规模以上工业企业影响不大，但对灾区规模以下工业企业影响比较明显，为此建议：

（一）将规模以下工业企业纳入县域经济的整体规划，发挥其整体优势

当前，规模以下工业是广西县域经济的主力军，但长期以来规模以下工业企业缺乏引导，各自经营，因其自身的资金短缺、固定资产缺乏、生产不能完全开展等问题，导致资源不能有效整合利用，抗风险灾害能力弱，整体优势得不到发挥。促进规模以下工业经济发展，可以以县为单位以市场为导向、科技为支撑、资源开发为基础的产业结构，正确引导辖区内的小型工业企业因地制宜、合理布局，做到区域布局的产业化、优势工业的特色化发展，使资源得到合理配置。随着城镇化建设的加快，可在交通便利、人口密集的地方建立小型工业行业基地，把点多面广，分散经营的同行业小型工业企业引入基地，采取优势互补，资源共享，达到产业规模化的生产水平。同时也容易解决环保、生产安全等问题，随着大环境的改善，企业的抗风险灾害能力也得到增强。

（二）大力支持广西特色本土化规模以下工业企业发展

广西规模以下工业企业的本土化，实际是因为广西有很多传统优势手工业如编织业、纺织品、宝石加工业、木材加工业等，以及一些广西特色农副产品加工业。这些特色本土化的规模以下工业企业在市场上有很大的优势。大力发展传统优势手工业，从资金、技术上支持企业改良制作工艺，提高传统工艺技术水平，帮助这些产品走出去，就能充分发挥广西规模以下工业企业的本土化优势。大力发展特色农副产品加工业，利用本地农副产品资源优势，建立产、供、销一条龙的加工基地，引导企业主对农副产品进行深加工和精加工，提高市场竞争力。

（三）在企业用地和贷款上放宽政策，加强对规模以下工业企业的扶持

广西规模以下企业大多以租赁土地建厂或租赁厂房生产，交通运输等也以租赁为主。在企业用地上，一方面，由于企业规模小，经济效益不明显，难以获得政府用地支持；二是企业资金有限，无法花费过多资金购置土地，因此只能维持现有场地现有规模生产。在资金方面，因为企业产值不高，固定资产不多，价值不高，申请贷款难批。因此，扶持规模以下工业企业，在用地上也要予以关注，简化审批手续，寻求可提供给企业所用并可长期租赁的工业用地，助企业尽快投入生产，扩大生产。在资金上，尽快推进建立用于小型工业企业的信用担保体系，联合金融机构加大对规模以下工业企业贷款支持，建立针对企业特色的贷款种类，简化贷款手续，缩短贷款时间，让企业能加快资金周转，加大固定资产投资，扩大企业生产规模。

（四）加强对规模以下工业企业的运行监测，切实做好服务工作

目前部分地方政府眼睛总是盯着规模以上大企业，在土地使用、资金贷款等方面给予很多便利和优惠政策，对小型工业企业不关心不过问，小型工业企业本就家底薄，资产少，得不到扶持，发展步履更为艰难，一些小型工业企业甚至处于自生自灭状态。因此建议企业管理服务部门，加强对中小型企业尤其是规模以下工业企业的运行监测，及时了解掌握企业生产情况，认真解决企业生产中遇到的困难和存在的问题。

（五）继续关注广西规模以下工业企业的固定资产投资情况，采取适当的激励政策鼓励规模以下工业企业投资者增加固定资产投资

根据调研情况，政府对规模以下工业企业的固定资产投资情况颇为关注，这表明政府对规模以下工业企业的经营较关心，但认为政府对企业的固定资产投资有优惠政策的企业投资者不到30%，而如果政府对企业的固定资产投资有优惠政策，有91%的企业投资者表示愿意加大固定资产投资。那么适当的激励政策，可以鼓励规模以下工业企业投资者增加固定资产，促进企业的生产发展。这些适当的激励政策可以反映在税收优惠、贷款政策、贷款利率优惠等方面。

（六）多宣传贷款政策，鼓励规模以下工业企业申请贷款，提高企业信用等级，增加授信额度

目前，很多银行都推出了针对小型企业的贷款品种，例如广西北部湾银行的微小企业贷款、邮政储蓄银行的微小企业贷款等，减少了一些审批手续，缩短了等待时间，且可以实现无抵押贷款。但可能目前银行提供的贷款额度对于一些规模以下工业企业来说尚不够满足企业资金需求，但通过宣传，鼓励规模以下工业企业通过先申请小额度的贷款逐步提高企业的信用等级，增加企业授信额度，将来就可以满足企业资金需求，解决企业增加固定资产的资金短缺问题，形成良性循环。

2009年广西公众对城市环境保护满意率调查报告

郝　渭

一、广西主要城市公众对环境保护满意率总体评价情况

受国家环保局委托，广西调查总队在2009年12月，对全自治区南宁等23个城市开展2009年度“公众对城市环境保护满意率”调查。2006年国家第一次开展环境保护满意率调查时，广西只有4个城市要求参加，而2009年广西参加市县已达到23个，体现广西各级政府对环保工作日益重视。本次调查范围包括：公众对本市空气质量、水环境质量、噪声治理、环境卫生、环保教育和投诉解决渠道等六个方面的评价。在国家城市环境综合整治定量考核指标体系中，城市环保公众总满意率得分达到85分以上为优秀。调查表明：2009年广西公众对城市环境保护满意率明显提高，但与国家优秀门槛仍存在差距。

（一）二十三个主要城市环保满意率评价得分情况

2009年广西参加全国“城考”的二十三个主要城市环保满意率评价得分如下（括号内分数为“城考”总体系中所占分数）：

桂林市环境保护公众满意率评价为86.29分，在“城考”总体系中得到满分3分，横县78.97分（2.67），平南县75.67分（2.49），崇左市74.97分（2.45），柳州市74.86分（2.45），南宁市73.77分（2.39）、凭祥市71.69分（2.27），河池市69.14分（2.13），东兴市67.81分（2.06），宜州市66.81分（2.01），钦州市66.75分（2.00），北海市65.42分（1.93），梧州市63.32分（1.82），大新县62.65分（1.78），百色市62.27（1.76），昭平县61.5分（1.72），玉林市60.36分（1.66），藤县59.45分（1.61），象州县58.62分（1.61），防城港市58.04分（1.53），来宾市57.00分（1.47），贺州市53.99分（1.31），贵港市53.91分（1.30）。

从各市公众对当地满意率评价得分情况可划分为3档次，属于自然条件好的城市，如桂林市、横县、平南县、崇左市、柳州市、南宁市和凭祥市列为第一档，公众评价得分在70分以上。桂林市继续保持国家优秀标水平，同时横县、平南县、崇左市、柳州市、南宁市、凭祥市等城市环境保护满意率正逐步缩小与国家环保模范城市标准差距。这些城市要再接再厉，争取继续保持或早日跨入85分国家优秀标准门槛。河池市、东兴市、宜州市、钦州市、北海市、梧州市、大新县、百色市、昭平县和玉林市列为第二档，评价得分超过60分。这些城市还需继续努力，扎实推进环保建设工作，力争年年有改善、有进步。藤县、象州县、防城港市、来宾市、贺州市和贵港市列为第三档，评价得分在50～60分左右。这些城市，在经济发展时尽量避免“先污染，后治理”的发展模式，否则，将来再要治理污染，事倍功半。

（二）公众对城市环境保护满意率明显提高

2009年广西城市积极落实科学发展观，加大环境保护建设力度，同时在轰轰烈烈创建全国和自治区级文明城市的群众运动推动下，环保工作取得较大的成绩。

1．评分指标达到国家优秀水平的城市有所增加。据调查，2008年，公众对环保评价得分达到国家水平的城市只有桂林市。2009年，桂林市总体综合评分继续保持国家优秀水平，崇左市、柳州市、凭祥市、平南县、横县等5个城市也在部分单项评比中得分达到国家优秀水平，希望这些城市再接再厉，在保持原有优势的基础上争取早日达到总体综合评价得分达到国家优秀水平。

2. 按可比城市调查数据（因08年广西只有15个城市参加调查），09年公众对城市环境保护满意率明显提高。据调查，09年玉林市、崇左市、宜州市、南宁市、河池市、来宾市、贺州市、贵港市、东兴市、凭祥市和柳州市等城市满意率有不同程度的提高。玉林市比08年提高9.12分；崇左市比08年提高8.14分；宜州市比08年提高6.80分；南宁市比08年提高5.43分；河池市比08年提高5.12分；来宾市比08年提高4.94分；贺州市比08年提高4.74分；贵港市比08年提高4.39分；东兴市比08年提高3.29分；凭祥市比08年提高2.93分；柳州市比08年提高2.28分。

但同时也应看到广西其余城市环境保护满意率与国家环保模范城市标准还是存在一定差距，随经济发展，部分城市甚至出现倒退现象。广西环境保护工作仍然任重道远，当务之急是要固化城乡清洁工程成果，继续扎实推进广西环保建设工作。

二、公众认为政府在环保教育宣传、环境卫生治理等环节成效显著

（一）公众对政府环保教育宣传工作的综合评价提高

2009年公众对政府环保教育宣传工作的综合评价有很大提高，反映广西各城市政府对环境保护宣传教育工作颇有成效。据调查，2009年可比的15个城市环保宣传教育综合得分为78.63分，比2008年提高了16.53分；从全区参评23个城市看，2009年全区环保宣传教育方面综合得分为78.36分。

据调查，2009年广西六个城市环保宣传教育综合评价得分达到全国环保模范城市标准，分别是横县91.57分、凭祥市87.82分、桂林市86.98分、平南县86.88分、柳州市86.85分和崇左市85.24分。四个城市环保宣传教育综合得分接近85分，分别是：南宁市84.01分、河池市82.35分、钦州市80.13分和大新县78.59分。这些城市要再接再厉，争取早日跨入85分国家环保标模范城市标准。

其他城市环境卫生评分高低排序如下：百色市77.92分、昭平县77.63分、宜州市77.46分、东兴市77.19分、玉林市75.39分、北海市74.96分、梧州市74.28分、来宾市70.9分、防城港市70.64分、贺州市70.41分、贵港市69.08分、象州县68.36分、藤县67.56分。

（二）公众对政府治理环境卫生效果满意率明显提高

2009年公众对政府治理环境卫生脏乱差效果满意率明显提高，反映广西开展城乡清洁工程的成效。据调查，2009年可比调查数据显示，广西15个城市环保宣传教育综合得分为75.50分，比2008年提高了11.59分；从全区参评23个城市看，全区环保宣传教育方面综合得分为75.08分。

2008年15个参评城市中，仅桂林市治理环境卫生公众满意率达到全国环保模范城市；2009年参评23个城市中，五个城市治理环境卫生公众满意率达到全国环保模范城市标准，分别是：横县88.23分，平南县86.47分，桂林市86.01分，凭祥市85.62分和崇左市85.20分。五个城市环境公共卫生接近全国环保模范城市标准，分别是：河池市82.68分，柳州市82.59分，大新县81.10分，南宁市81.00分，东兴市80.79分。这些城市今年再接再厉，将有望达到全国环保模范城市标准。

其他城市环境卫生评分高低排序如下：宜州市77.73分，钦州市76.36分，百色市72.57分，玉林市71.96分，北海市71.13分，昭平县68.61分，梧州市68.05分，藤县65.77分，防城港市64.79分，贺州市63.83分，象州县63.64分，来宾市61.98分，贵港市60.82分。

（三）水污染治理初见成效，饮用水质量得分显著提高

2009年，按可比调查数据显示，公众对政府治理水污染方面的评分为76.17分，比2008年提高了10.12分。全区情况按参评23个城市综合，该项得分为76.84分。2009年参评23个城市中，有四个城市公众对政府的水污染方面的评分达到或者接近全国环保模范城市，分别是：桂林市86.29分，柳州市85.70分，平南县85.32分和横县84.38分。

其中，各城市公众对与生活密切相关的“饮用水质量”评分高低排序如下：平南县89.75分、柳州市86.02分、桂林市84.93分、横县83.96分、崇左市83.93分、南宁市80.82分、北海市79.95分、藤县79.72分、东兴市79.28分、宜州市78.8分、梧州市78.71分、河池市77.88分、百色市77.42分、玉林市75.55分、防城港市75.36分、昭平县73.18分、大新县72.15分、钦州市70.59分、来宾市69.86分、象州县69.81分、凭祥市68.87分、贵港市66.67分、贺州市64.06分。

三、存在差距

国家环保总局从2007年起，在全国所有城市正式开展城市环境综合整治定量考核，编制《国家城市环境管理和综合整治年度报告》，并评选出全国环保模范城市。广西在2009年公众对城市环保满意率调查中，也有多项指标达不到国家标准，反映比较突出的问题是：

（一）噪声污染及治理是公众反映环境保护方面最突出的问题。

按国家标准，公众对噪声污染方面综合评分达到85分为优秀。09年公众对噪声污染的综合评价得分在所有调查项目中得分最低，反映广西噪声污染及治理是环境保护方面最为突出的问题。据调查，公众对噪声污染方面综合评分为58.77分，比08年仅提高了1.5分（按可比城市调查数据计算）；从全区参评23个城市看，该项得分为58.47分。除桂林外，噪声污染综合评价指标得分无一达到优秀标准，各城市噪声污染综合评价得分高低排序如下：桂林市86.15分，横县73.95分，柳州市69.01分，平南县68.27分，河池市66.28分，凭祥市65.06分，南宁市63.08分，象州县59.75分，钦州市58.74分，崇左市58.62分，东兴市58.58分，宜州市57.19分，梧州市56.9分，昭平县56.02分，北海市54.55分，贵港市53.29分，大新县53.03分，防城港市49.76分，百色市49.61分，玉林市49.39分，贺州市46.91分，藤县45.76分，来宾市44.99分。除桂林市外，广西其他城市在噪音污染方面评价与国家优秀水平相差较远，主要集中在40—60分之间。这

图1　噪声污染类型分布图

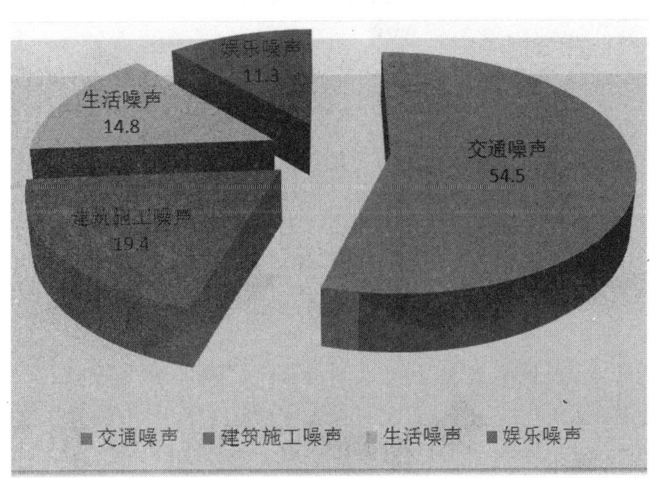

说明政府在治理噪声污染方面与市民期望有较大差距，控制、降低噪声力度亟需加大。

1. 影响广西城市居民生活的主要噪音污染是：交通噪声。

从噪声污染类型分布情况可知（如图1所示），在各类型噪声中，对市民生活产生影响的噪声最主要的是：交通噪声。在交通、建筑、娱乐、生活等四项噪声污染来源中，交通噪声对市民生活的影响高达54.5%。可见，要提高公众对噪声污染治理的满意，首当其冲的问题，就是必须解决交通噪声污染问题。只有明确噪声治理主要方向，下大力推进噪声污染治理工作，才有可能提高市民对噪声治理情况的满意度，否则很难达到国家考核标准。

2. 公众对政府治理噪声污染效果评价不高

公众对政府治理噪声污染效果评价不高，与国家优秀水平存在较大差距。公众对政府治理噪声污染效果评价得分高低排序如下：桂林市87.06分，平南县79.62分，崇左市74.18分，横县73.64分，柳州市73分，南宁市70.28分，凭祥市66.53分，钦州市66.12分，河池市66.08分，东兴市65.91分，北海市60.52分，象州县60.41分，宜州市59.92分，梧州市59.36分，昭平县58.84分，百色市56.93分，大新县55.94分，防城港市52.18分，贵港市50.5分，藤县49.62分，玉林市49.51分，来宾市49.19分，贺州市47.78分。除桂林市外，广西其他城市在噪音污染方面评价与国家优秀水平相差较远，主要集中在40—60分之间。

交通噪声污染是广西目前噪声污染的最重要、也是最主要的噪声源，想要在噪声污染治理方面有所建树，只有明确噪声治理主要方向，下大力推进噪声污染治理工作，否则很难达到国家考核标准。

（二）公众对治理空气污染评价与国家优秀标准存在较大差距。

按国家标准，公众对空气污染方面综合评价评分达到85分为优秀。据调查，公众对空气污染方面综合评价得分为62.70分，比08年仅提高了4.91分（按可比城市调查数据计算）；从全区参评23个城市看，该项得分为62.19分，除桂林市、横县、崇左市和平南县等四个市县评价得分达到或接近优秀标准外，其他城市空气污染综合评价得分主要集中在60～50分之间，与国家优秀标准存在较大差距。

公众对工业废气和汽车尾气的控制效果评价得分，是空气污染方面评价得分最低的项目。按可比城市调查数据计算，该项得分为58.05分，按2009年23个参评城市调查数据计算得分为57.71分，与国家标准均差距较大。随着各城市经济不断发展、工业化进程和城市建设化进程的不断推进，居民生活水平日益提高，工业废气和汽车尾气的排放量将随之增加。建筑施工扬尘、工业废气和汽车尾气排放量对空气污染治理的压力逐步凸显。

治理空气污染的工作千头万绪，要求有关部门了解治理的重点，做到有的放矢，在尽可能短的时间内做出成绩。建立模型分析、寻找影响“市民对政府治理空气污染满意度评价”的关键因素，明确治理方向、改善治理方式、加大治理力度，才有可能提高市民对空气污染情况评价的满意度。

由于“建筑施工扬尘”和 “工业废气和汽车尾气”与“市民对空气改善情况的评价”三项指标是离散型、排序的指标。分析这类型指标之间的关系，及指标间影响的程度，常选择多维排序选择型的罗吉斯特（logistic）回归分析。logistic回归的主要用途：寻找影响某事件发生的重要（或关键）因素。模型中各因素对应的回归系数，为各因素对事件发生情况的影响程度，即某因素x的回归系数越大，表明所该因素在对因变量y的影响程度越大。

本文采用logistic回归明确“建筑施工扬尘”和 “工业废气和汽车尾气”两个因素中，哪个因素是影响“市民评价空气污

染情况”的关键因素。谁的系数越大，则该因素对“市民对空气污染情况评价”的影响越大。logistic回归标准化回归系数如表1所示。

表 1　logistic 回归标准化系数表

指标	标准化回归系数
建筑施工扬尘的控制效果（v1）	0.610
工业废气和汽车尾气的控制效果（v2）	0.389

从回归分析的结果看，因素V1对应的标准化系数为0.61大于因素V2对应的标准化系数，即：市民对建筑施工扬尘控制效果的评价对空气污染方面情况满意度的影响力大，“建筑施工扬尘控制效果”是目前影响“市民对空气污染治理改善状况评价”的关键因素。即：政府如果能够对建筑施工扬尘的做到较好的控制，则空气质量就会有较大的好转，市民对政府环保方面的满意度就会有较大上升。

（三）遇到环保问题知道解决途径的人数偏少，应引起重视。

在调查中不少市民反应遇到环保问题投诉无门，知道解决途径的人数偏少，应引起重视。据调查显示，接受调查公众中知道环境投诉热线为12369的比例非常低，仅仅为32.31%(按可比城市调查数据计算)和27.30%(按今年参评城市调查数据计算）。各城市居民遇到环保问题，知道解决途径的比率：桂林市85.5%，南宁市53%，崇左市46.83%，北海市35%，东兴市34.5%，来宾市34.39%，玉林市31.5%，梧州市26.83%，百色市25.67%，钦州市24.79%，大新县24.5%，贺州市24.21%，河池市24.17%，横县20.75%，防城港市20.5%，柳州市20.33%，宜州市20.25%，凭祥市17.25%，藤县17%，贵港市12.5%，昭平县12.5%，象州县9%，平南县7%。

调查发现，市民认为政府比较重视环境保护工作，环保宣传教育工作开展情况也较好，市民环保意识较大提高的同时，存在“知道环保热线的市民寥寥无几”的情况，从另一个角度凸显了政府环保宣传方面还有不到位。这样情况的存在需引起高度重视：一是宣传工作的力度、内容等方面还不到位；二是出现突发的环保事件，市民无法及时反映，政府无法及时处理；三是无法真正形成有效地市民监督机制。

（四）公众反应比较突出的问题

①对公交车、工地车尾气排放监管不到位；对建筑施工扬尘的控制力度不够，工地车掉泥块，城乡结合部交通路口灰尘大；②企业废气、废水排放仍然严重、公交车排放黑烟，影响行人健康、医院焚烧医疗废品烟气污染周边居民；③生活污水、养猪猪粪不经过处理直接排放到河流的现象；加强湖泊、河流、城市内河、饮用水源的监管力度，控制水产养殖面积；③汽车乱鸣喇叭，工地违法施工、超时施工，商业网点使用高音喇叭宣传城市噪声污染情况严重；④治理生活垃圾、环境卫生、生活污水和建筑垃圾工作有待进一步加强；多建公共厕所；生活垃圾收集的时间不合理，垃圾收集站夏天臭气太重；宠物狗太多，随地大小便，夜里狗叫；要经常开展灭鼠和下水道杀虫工作。城中村、老城区、城乡结合部卫生要加强监管；⑤夜市炒卖、烧烤摊、啤酒摊噪声、油烟污染扰民。

希望各级政府在开展环保工作中，以“城考”指标为目标，结合广西开展的城乡清洁工程和文明城市创建工作中寻找差距，提高城市环境管理水平，改善环境质量，促进城市可持续发展。

2010年广西投资环境调查报告

孔　杰

【编者按】2010年，国家统计局广西调查总队在广西开展了投资环境及企业投资成本收益状况监测调查。调查采用“与样本单位规模成比例的概率抽样”（PPS抽样）方法，抽取全广西范围内2645家企业样本，样本分布于各经济类型、各类行业、各种规模、各城市的企业中，样本企业的经济总量约占广西企业总体经济总量的60%，具有较强的代表性。现以系列报告的形式向自治区党政领导提供调查结果和调查数据。

2010年3—5月，国家统计局广西调查总队在全区14个地级市开展了投资环境及企业投资成本收益状况跟踪监测调查，调查采用“与样本单位规模成比例的概率抽样”（PPS抽样）方法，抽取全自治区范围内2645家企业样本，分布于各经济类型、各类行业、各种规模、各城市的企业中，样本企业的经济总量约占全自治区企业总体经济总量的60%。调查内容包括企业对投资环境、投资风险的评价和企业对未来投资者投资的推荐意见等方面。调查结果表明，全自治区投资环境继续改善，投资风险度下降，企业给未来投资者的投资推荐度保持在较高水平并持续上升。但仍存在一些较为突出的问题，值得引起关注。

一、整体投资环境持续趋于优化

2010年，企业对广西整体投资环境满意度为78.41，位于较高满意区间，与前年和上年相比分别提高0.56、0.41。其中，外商及港、澳、台商企业对广西整体投资环境满意度为78.85，与上年相比提高0.24。

1. 多数企业认为投资环境有改善。有0.72%企业认为当地近几年投资环境变化趋势是明显恶化，6.3%企业认为有变坏的趋势，30.44%企业认为没什么变化，41.4%企业认为有改善，但仍不令人满意，21.14%企业认为有明显改善。

2. 多数企业认为当地投资环境对投资信心有影响。有5.87%企业认为当地投资环境状况对投资信心是决定因素，18.55%企业认为有较大影响， 66.19%企业认为有一定影响、但可以解决，9.39%企业认为投资环境很好、不存在影响。

3. 多数企业认为当地投资环境与其他地区有差距。有14.55%企业认为当地投资环境状况与其他地区相比差距很大，41.68%企业认为有一点差距，24.33%企业认为是差不多，16.26%企业认为是略好，3.18%企业认为好很多。

4. 绝大多数城市的投资环境满意度位于较高满意区间。企业认为整体投资环境最好的城市是南宁、柳州、钦州和桂林四个城市，满意度分别为80.32、79.68、79.24和78.84，均在全自治区整体水平以上。投资环境改善最大的是河池市、防城港市、梧州市，企业对上述三个城市整体投资环境的满意度比上年分别提高1.25、1.09和1.04。

各城市企业对投资环境的满意度及排位

	投资硬环境				投资软环境				总体投资环境			
	满意度		排位		满意度		排位		满意度		排位	
	2010	2009	2010	2009	2010	2009	2010	2009	2010	2009	2010	2009
南宁市	81.46	80.63	1	2	79.83	78.81	1	4	80.32	79.36	1	2
柳州市	80.95	80.75	2	1	79.14	79.75	3	1	79.68	80.06	2	1
桂林市	79.85	79.90	3	3	78.40	77.70	5	9	78.84	78.36	4	5
梧州市	79.11	77.73	5	8	78.06	77.17	9	10	78.38	77.34	6	10
北海市	79.53	78.79	4	4	77.04	76.24	12	12	77.79	77.01	10	11
防城港市	77.81	76.50	9	11	78.14	77.14	8	11	78.04	76.95	9	12
钦州市	77.99	78.59	8	5	79.77	78.95	2	3	79.24	78.85	3	4
贵港市	78.04	77.87	6	6	78.37	78.01	6	6	78.27	77.97	7	7
玉林市	77.37	77.11	11	10	77.74	77.99	11	7	77.63	77.73	11	8
百色市	78.04	77.81	7	7	78.22	79.47	7	2	78.17	78.97	8	3
贺州市	75.45	73.72	13	13	76.30	75.68	13	13	76.05	75.10	13	13
河池市	73.34	72.60	14	14	75.15	73.68	14	14	74.61	73.36	14	14
来宾市	77.47	77.63	10	9	78.78	78.36	4	5	78.39	78.14	5	6
崇左市	77.05	76.38	12	12	77.85	77.91	10	8	77.61	77.45	12	9
全自治区	78.65	78.19			78.31	77.91			78.41	78.00		

二、投资硬环境满意度保持在较高水平且持续提升

2010年，企业对包括自然环境、基础设施、公共设施等在内的投资硬环境的满意度为78.65，比上年提高0.46。其中，外商及港、澳、台商企业对广西投资硬环境满意度为78.98，与上年相比提高0.25。

1．自然资源环境。企业对广西自然资源环境的满意度为81.55，比上年提高0.46。分别来看各项自然资源环境因素，一是生态地理环境，企业对生态地理环境与企业发展适合程度的满意度为82.04，比上年提高0.85。二是水资源，企业对淡水资源保障程度的满意度为83.97，比上年提高2.42。三是电力资源，企业对电力资源保障程度的满意度为85.03，比上年提高了0.76，企业公共供电系统平均停电次数由上年的6.47次降到5.17次。四是基础能源，企业对煤、燃油等能源保障程度的满意度为80.83，比上年提高了2.38。五是土地资源，企业对土地资源保障程度的满意度为78.56，比上年提高了3.54。

2．基础设施环境。企业对广西基础设施环境的满意度为78.61，比上年提高2.42。分别来看各项基础设施环境因素，一是交通运输，企业对海、陆、空交通运输便利程度的满意度为78.94，比上年提高1.04。二是城市配套设施，企业对城市配套设施的满意度为76.81，比上年提高0.62；三是发展规划，企业对未来总体发展及建设规划的满意度为80.65，比上年提高0.5。四是商业设施，企业对物流、仓储、流通相关商业设施完备程度的满意度为78.17，比上年提高0.75。五是通讯条件，企业对电信、资讯设施、网络等通讯条件完善程度的满意度为81.99，虽然比上年下降0.2，但仍位于较高满意区间。企业销售总额中通过互联网方式订购所占比重由2008年的24.1%上升到2009年的27.54%。六是污水及废弃物处理，企业对污水及废弃物处理设施完善程度的满意度为74.23，比上年提高1.53。

3．公共设施环境。企业对广西公共设施环境的满意度为75.81，比上年提高0.49。分别来看各项公共设施环境因素，一是食衣住行，企业对食、衣、住、行便利程度的满意度为81.55，比上年提高0.42。二是医疗设施，企业对医疗、卫生、保健设施完备程度的满意度为77.13，比上年提高0.17。三是教育设施，企业对学校、教育设施完备程度的满意度为78.32，比上年提高0.24。四是科研机构，企业对科研机构完备程度的满意度为71.55，比上年提高0.62。五是商务环境，企业对银行服务、商旅等商务环境便捷程度的满意度为78.35，比上年提高0.4。六是城市国际化，企业对城市建设国际化程度的满意度为68.92，比上年提高0.67。

各城市企业对投资硬环境的分项满意度及排位

	自然资源环境				基础设施环境				公共设施环境			
	满意度		排位		满意度		排位		满意度		排位	
	2010	2009	2010	2009	2010	2009	2010	2009	2010	2009	2010	2009
南宁市	82.85	81.81	5	5	80.96	80.35	2	2	80.73	79.84	1	1
柳州市	82.87	83.02	4	3	81.50	81.03	1	1	78.30	78.11	2	2
桂林市	83.50	83.46	2	1	79.00	78.83	4	6	77.32	77.77	3	3
梧州市	82.19	80.63	6	9	78.88	77.84	5	8	76.34	74.66	4	6
北海市	83.50	83.29	2	2	79.57	79.17	3	4	75.50	73.77	5	9
防城港市	84.23	81.55	1	6	77.18	77.41	10	10	72.23	70.23	12	14
钦州市	80.87	82.64	9	4	78.70	79.49	6	3	74.17	73.33	9	11
贵港市	81.25	81.07	7	7	78.63	78.84	7	5	74.03	73.36	10	10
玉林市	79.38	79.22	13	12	77.63	77.44	9	9	75.00	74.52	7	7
百色市	81.22	80.12	8	10	78.26	78.06	8	7	74.57	75.15	8	4
贺州市	80.29	77.67	12	13	75.67	73.33	13	13	70.33	70.29	14	13
河池市	75.50	75.35	14	14	73.53	71.98	14	14	70.94	70.68	13	12
来宾市	80.47	80.91	11	8	76.85	77.15	12	11	75.29	75.00	6	5
崇左市	80.50	80.07	10	11	77.03	75.33	11	12	73.63	74.10	11	8
全自治区	81.55	81.09			78.61	78.14			75.81	75.32		

三、投资软环境进一步改善

2010年，企业对包括社会环境、政策环境、法制环境、政务环境、经济环境、经营环境等在内的投资软环境的满意度为78.31，比上年提高0.4。其中，外商及港、澳、台商企业对广西投资硬环境满意度为78.79，与上年相比提高0.23。

1．社会环境。企业对广西社会环境的满意度为78.36，比上年提高0.69。分别来看各项社会环境因素，一是社会治安状况，企业对社会治安状况的满意度为74.03，比上年提高1.55，是2006年以来最高值。二是民众文化素质，企业对民众文化素质及文明程度的满意度为74.43，比上年提高0.22。三是社会风气状况，企业对社会风气状况的满意度为75.84，比上年提高0.56。四是民众道德诚信，企业对民众

道德诚信程度的满意度为77.66，比上年提高0.48。五是欢迎外来投资态度，企业对民众及政府欢迎外来投资设厂态度的满意度为84.37，比上年提高0.02。

2．政策环境。企业对广西政策环境的满意度为80.20，比上年提高0.41。分别来看各项政策环境因素，一是政策法规一致性，企业对行政政策法规与国家法律法规一致性程度的满意度为81.63，比上年提高0.63。二是投资优惠政策，企业对相关投资政策优惠条件的满意度为79.6，比上年提高0.52。三是实现投资承诺，企业对政府对外来投资承诺实现情况的满意度为80.67，比上年提高0.6。四是政策透明度，企业对政府政策透明度情况的满意度为78.44，比上年提高0.39。五是政策稳定性，企业对政府政策稳定性情况的满意度为81.37，比上年提高0.21。六是知识产权保护，企业对知识产权保护情况的满意度为79.51，比上年提高0.11。

3．法制环境。企业对法制环境条件的满意度为79.09，比上年提高0.48。分别来看各项法制环境因素，一是秉持公正执法，企业对政府与执法机构秉持公正执法态度的满意度为79.30，比上年提高0.75。二是解决纠纷渠道，企业对解决纠纷渠道完善程度的满意度为77.45，比上年提高0.86。三是落实环保法规，企业对政府落实环保政策法规情况的满意度为80.11，比上年提高0.29。四是公正公平公开，企业对司法环境体现公正、公平、公开程度的满意度为78.72，比上年提高0.58。五是合法权益保障，企业对在投资经营过程中，合法权益得到法律保障的满意度为80.92，比上年提高0.23，在与企业有关的全部贸易纠纷或其他纠纷中，企业合法合同或财产权能够得到法律有效保护的比例由上年71.03上升到79.51。

各城市企业对投资软环境的分项满意度及排位（1）

	社会环境				政策环境				法制环境			
	满意度		排位		满意度		排位		满意度		排位	
	2010	2009	2010	2009	2010	2009	2010	2009	2010	2009	2010	2009
南宁市	80.11	79.69	2	3	81.37	80.91	1	4	79.74	79.07	4	6
柳州市	79.62	80.10	3	2	81.06	81.61	4	2	79.94	80.85	3	1
桂林市	81.82	80.81	1	1	80.48	79.57	5	8	79.57	78.66	5	7
梧州市	78.41	77.66	6	6	80.21	79.63	7	7	78.97	78.35	10	10
北海市	75.60	74.90	12	12	77.90	77.64	13	13	76.72	75.97	13	13
防城港市	76.50	77.45	11	7	80.48	79.39	5	9	79.48	78.38	12	8
钦州市	79.50	76.89	4	9	81.21	81.09	3	3	80.28	79.79	2	4
贵港市	77.28	77.99	9	5	80.02	80.25	9	5	79.08	79.21	9	5
玉林市	77.15	76.67	10	10	79.65	79.29	10	11	77.98	77.42	11	11
百色市	78.38	78.38	7	4	80.13	79.89	8	6	79.51	80.01	6	3
贺州市	74.96	73.46	13	13	79.43	77.72	11	12	77.69	76.16	12	12
河池市	74.31	72.90	14	14	77.44	74.98	14	14	76.51	74.26	14	14
来宾市	77.74	74.97	8	11	81.37	81.80	1	1	80.49	80.52	1	2
崇左市	78.83	77.30	5	8	79.27	79.35	12	10	79.19	78.34	8	9
全自治区	78.36	77.67			80.20	79.79			79.09	78.61		

4．政务环境。企业对广西政务环境的满意度为79.44，比上年提高0.04。分别来看各项政务环境因素，一是贯彻行政许可法，企业对行政机关贯彻落实《行政许可法》的满意度为81.07，比上年提高0.62。二是服务意识，企业对政府部门服务意识的满意度为79.12，比上年提高0.21。三是工作效率，企业对行政机关工作效率的满意度为76.87，比上年下降0.12。四是办事公开，企业对行政机关办事程序公开的满意度为78.57，比上年提高0.95。五是治理三乱，企业对行政执法机关在行政执法中存在乱摊派、乱收费、乱罚款情况的满意度为78.96，比上年提高0.77。六是清正廉洁，企业对各级官员操守清廉程度的满意度为78.02，比上年提高0.18。

在列入评价的28个管理部门中，按满意度高低排序，居前三位的是，税务部门、工商管理部门和财政部门、商务部门（并列），居后三位的部门是，城管部门、交通管理部门、土地规划部门（并列）和物价管理部门。详见下表：

企业对政府各管理部门行政效率的满意度及排位

	满意度		排位			满意度		排位	
	2010	2009	2010	2009		2010	2009	2010	2009
发展与改革部门	79.71	79.43	10	8	教育部门	78.68	78.10	20	20
物价管理部门	77.80	77.68	25	23	卫生管理部门	78.13	77.48	24	24
土地规划部门	77.58	75.31	26	27	外事侨务部门	79.61	79.55	13	6
环保管理部门	78.58	78.65	22	17	对台部门	79.66	79.36	12	9
交通管理部门	77.58	76.67	26	26	工商管理部门	80.92	79.36	2	9
财政部门	80.61	80.46	3	2	税务部门	81.59	80.91	1	1
商务部门	80.61	80.03	3	3	外汇管理部门	80.32	79.79	5	4
农业管理部门	79.71	79.20	10	12	检察院	79.61	78.53	13	18
海洋渔业管理部门	78.88	79.10	18	13	法院	78.73	78.07	19	21
旅游管理部门	79.03	78.78	17	16	公安部门	78.60	77.47	21	25
科技部门	79.33	79.26	16	11	城管部门	76.68	74.90	28	28
社会保障部门	79.58	78.48	15	19	消防部门	80.32	79.56	5	5
技术监督部门	79.90	79.02	9	15	海关部门	80.09	79.45	7	7
文化市场管理部门	78.33	77.84	23	22	检验检疫部门	80.06	79.09	8	14

5．经济环境。企业对广西经济环境的满意度为77.38，比上年提高0.55。分别来看各项经济环境因素，一是人民生活水平，企业对当地人民生活水平相比较于国内一般水平的满意度为75.43，比上年提高7.49。二是经济发展水平，企业对当地商业及经济发展相比较于国内一般水平的满意度为67.91，比上年下降0.03。三是金融体系建设，企业对金融体系完善的程度的满意度为75.05，比上年提高0.58。四是资金汇兑便利，企业对资金汇兑及利润汇出便利程度的满意度为76.35，比上年提高0.54。五是贷款难易程度，企业对资金贷款取得难易程度的满意度为66.91，比上年提高1.31。六是获利影响程度，企业对经济环境对投资者经营获利影响程度的满意度为75.08，比上年提高0.72。七是经济发展潜力，企业对所在城市未来具有经济发展潜力情况的满意度为81.27，比上年提高0.86。八是改善投资环境，企业对当地政府改善投资环境态度的满意度为81.63，比上年下降0.13。九是融资政策，企业对当

地的融资政策的满意度为75.52，比上年提高1.12。十是经济开放程度，企业对所在城市经济开放程度的满意度为77.69，比上年提高0.69。

6. 经营环境。企业对广西经营环境的满意度为77.04，比上年提高0.36。分别来看各项经营环境因素，一是劳动力供应，企业对当地劳动力供应充裕程度的满意度为79.08，比上年下降2.44。二是劳动力技能，企业对当地劳动力技能满足企业发展需要的满意度为74.14，比上年下降1.32。三是技术人才供应，企业对当地技术人才供应充裕程度的满意度为72.19，比上年下降1.12。四是管理人才供应，企业对管理人才供应充裕程度的满意度为73.43，比上年下降0.32。五是发展内贸内销市场，企业对当地环境适合投资者发展内贸内销市场的满意度为76.97，比上年提高0.53。六是劳资关系，企业对劳资关系和谐程度的满意度为77.89，与上年相同。七是厂房设施成本，企业对厂房与相关设施成本合理程度的满意度为76.72，比上年下降0.19。八是上下游产业供应链，企业对当地有利于形成上下游产业供应链完整程度的满意度为75.43，比上年下降0.53。九是技术研发水平，企业对当地整体产业技术研发水平的满意度为72.82，比上年提高0.36。十是市场发展潜力，企业对当地市场发展潜力的满意度为79.40，比上年提高0.72。十一是行业间竞争，企业对同行业间公平竞争情况的满意度为76.23，比上年提高0.65。十二是企业自主创新，企业对政府鼓励企业自主创新情况的满意度为79.86，比上年提高0.22。

各城市企业对投资软环境的分项满意度及排位（2）

	政务环境				经济环境				经营环境			
	满意度		排位		满意度		排位		满意度		排位	
	2010	2009	2010	2009	2010	2009	2010	2009	2010	2009	2010	2009
南宁市	80.53	79.34	3	8	80.01	78.62	1	4	78.40	77.07	1	6
柳州市	79.97	81.08	5	2	78.60	78.71	3	3	77.53	78.09	5	2
桂林市	78.62	78.31	9	10	76.36	76.11	11	9	76.52	75.48	10	10
梧州市	80.31	78.97	4	9	76.69	75.29	8	11	75.94	75.47	12	11
北海市	77.87	77.50	13	13	77.57	74.66	5	12	76.60	76.83	9	7
防城港市	78.59	77.73	10	12	77.86	76.95	4	6	77.50	75.18	6	12
钦州市	81.03	80.58	2	5	79.57	79.01	2	2	78.30	77.65	2	5
贵港市	79.44	79.59	8	7	77.31	76.60	6	7	78.06	76.46	3	8
玉林市	78.23	79.70	12	6	77.25	77.16	7	5	77.23	77.81	7	3
百色市	79.63	81.03	7	3	76.55	79.24	9	1	77.06	78.62	8	1
贺州市	78.54	78.29	11	11	74.75	74.19	13	13	74.75	75.08	13	13
河池市	76.66	75.48	14	14	73.66	71.86	14	14	74.16	73.34	14	14
来宾市	81.24	81.45	1	1	76.41	75.80	10	10	77.62	77.70	4	4
崇左市	79.67	80.73	6	4	75.90	76.53	12	8	76.27	76.30	11	9
全自治区	79.44	79.40			77.38	76.83			77.04	76.68		

四、投资软环境存在的问题

企业认为在法制环境、政务环境等投资软环境方面仍然存在一些亟待解决的问题，企业认同率较高的问题主要有：

1．行政执法部门存在的问题：50.29%企业认为是“行政执法不透明、不规范”，34.98%企业认为是“多头检查、频繁检查”，29.77%企业认为是“不严格依法行政”，15.77%企业认为是“乱摊派、乱收费、乱罚款”。

2．法制环境存在的问题：77.40%企业认为是“办案程序不规范、不公开”，29.71%企业认为是“贪污腐化，办人情案”，27.64%企业认为是“法院判决或仲裁结果得不到有效执行”，27.40%企业认为是“司法人员水平低、素质差”。

3．企业与各政府部门交往中遇到的问题：62.22%企业认为是“推诿扯皮、效率低下”，42.47%企业认为是“只有收费、检查、处罚时才见到人，企业有困难时却坐视不管”，20.33%企业认为是“政务不公开，搞暗箱操作”，15.47%企业认为是“以部门名义要求赞助”。

4．党政机关工作人员存在的不廉洁行为：41.79%企业认为是“以权谋私”，41.21%企业认为是“办事不公”，24.05%企业认为是“吃拿卡要”，23.82%企业认为是“行贿受贿”。

5．行政执法和管理方面存在问题最多的政府部门层级：45.69%企业认为是“县级部门”，27.82%企业认为是“市级部门”，26.49%企业认为是“乡（镇）级部门”，没有企业认为是“省级部门”。

6．投资软环境存在的问题：42.81%企业认为是“开放意识不强，改革措施不到位”，42.70%企业认为是“企业营运成本较高”，31.10%企业认为是“审批办事手续繁琐”，28.21%企业认为是“政策法规不配套”，28.17%企业认为是“人才资源缺乏”，21.83%企业认为是“政府行政管理效能低下”，21.37%企业认为是“产业配套能力薄弱”。

五、企业对当地投资风险的评价

调查显示，2010年，综合了社会、法制、经济、经营风险四个投资风险方面的各项因素，企业评价广西整体投资风险度为56.51，位于中度偏低风险区间，比上年下降0.8，各方面因素投资风险度均普遍呈现下降趋势。

1．社会风险：企业评价广西社会风险度为53.67，比上年下降1.77。分别来看各项社会风险因素，一是劳资纠纷，企业评价发生员工抗议，抗争事件频繁的风险度为49.81，比上年提高0.14，发生劳资或经贸纠纷不易排解的风险度为53.7，下降1.24。二是社会治安：企业评价发生治安不良事件造成社会秩序不稳的风险度为56.17，比上年下降0.95，人身财产安全受到威胁的风险度为53.67，下降1.24。

2．法制风险：企业评价广西法制风险度为52.13，比上年下降0.43。分别来看各项法制风险因素，一是政策法规：企业评价政府政策法规经常变动的风险度为51.6，比上年下降0.71，政府违反对投资者承诺的风险度为51.38，下降0.96，官员对政策法规执行不一致的风险度为52.86，下降0.94。二是政府执行力：企业评价与政府难以协商的风险度为52.24，比上年下降1.19，政府调解，仲裁纠纷对投资者不公平程度的风险度为52.28，下降0.95，当地政府以不当方式要求投资者回馈的风险度为49.16，下降0.83，三是司法仲裁：企业评价当地机构无法有效执行司法及仲裁结果的风险度为52.52，比上年下降1.5，当地常以刑事方式处理经济案件的风险度为48.69，下降1.3。

3．经济风险：企业评价广西经济风险度为55.43，比上年下降0.82。分别来

看各项经济风险因素，一是投资成本：企业评价原材料等经营成本上涨的风险度为66.59，比上年下降0.48，地方税赋政策变动频繁的风险度为53.14，下降0.5。二是政府行政：企业评价政府对投资者优惠政策无法兑现的风险度为53.98，比上年下降1.66，政府收费、摊派、罚款项目繁多的风险度为53.97，下降1.19。三是金融服务：企业评价外汇严格管制及利润汇出不易的风险度为52.14，比上年下降1.24，投资者筹措资金困难的风险度为62.28，下降1.88。四是经济秩序：企业评价投资企业在当地发生经贸纠纷频繁的风险度为53.52，比上年下降1.24，当地政府保护主义浓厚影响企业获利的风险度为52.16，下降0.69。

4．经营风险：企业评价广西经营风险度为55.24，比上年提高0.07。分别来看各项经营风险因素，一是能源原料：企业评价水电、燃气、能源供应不稳定的风险度为51.31，比上年下降0.52，配套厂商供应不稳定的风险度为55.07，下降0.93。二是交通运输：企业评价物流、运输、通路状况不易掌握的风险度为52.77，比上年下降0.14，跨省运输不当收费频繁的风险度为55.16，下降0.03。三是人力资源：企业评价适用人才及员工招募不易的风险度为57.49，比上年提高1.48，员工缺乏忠诚度而造成人员流动频繁的风险度为58.37，提高0.43。四是市场秩序：企业评价开拓市场渠道困难的风险度为58.79，比上年下降1.43，企业信用不佳欠债追索不易的风险度为58.98，下降1.31，经营企业维持人际网络成本过高的风险度为56.94，比上年提高0.14。五是行政干预：企业评价政府干预投资企业经营运作的风险度为51.27，比上年下降0.11，投资者因经营、税务纠纷被羁押的风险度为50.71，下降0.02，投资企业货物通关时，受当地海关行政阻扰的风险度为48.17，下降0.92。

六、企业给未来投资者投资的推荐意见

2010年，企业针对各方面状况给未来投资者的投资推荐度均普遍提高。调查表明，企业对广西的整体投资推荐度为80.42，比上年提高0.69。

1．总体的投资推荐度。分别来看，一是竞争力，针对广西竞争力状况，企业给未来投资者的投资推荐度为78.14，比上年提高1.24。二是投资环境，针对当地投资环境状况，企业给未来投资者的投资推荐度为79.19，比上年提高0.8。三是投资风险，针对广西投资风险状况，企业给未来投资者的投资推荐度为78.55，比上年提高0.82。

2．发展前景的投资推荐度，分别来看，一是发展潜力，针对广西发展潜力状况，企业给未来投资者的投资推荐度为81.01，比上年提高0.67。二是与国际接轨程度，针对广西与国际接轨程度状况，企业给未来投资者的投资推荐度为74.98，比上年提高0.71。三是内销市场前景，针对广西内销市场前景状况，企业给未来投资者的投资推荐度为78.29，比上年提高1.01。

3．收益保障的投资推荐度，分别来看，一是投资效益，针对广西投资效益状况，企业给未来投资者的投资推荐度为79.14，比上年提高0.76。二是投资者权益保护，针对广西对投资者权益保护状况，企业给未来投资者的投资推荐度为79.9，比上年提高0.37。三是政府行政效率，针对广西政府行政效率状况，企业给未来投资者的投资推荐度为79.38，比上年提高0.26。四是生活品质，针对广西整体生活品质状况，企业给未来投资者的投资推荐度为79.42，比上年提高0.6。

各城市企业给未来投资者的投资推荐度及排位

	竞争力				投资环境				整体方面			
	投资推荐度		排位		投资推荐度		排位		投资推荐度		排位	
	2010	2009	2010	2009	2010	2009	2010	2009	2010	2009	2010	2009
南宁市	80.10	78.96	3	3	81.64	81.34	3	2	82.50	81.63	3	2
柳州市	80.07	79.11	4	2	80.63	80.10	4	3	81.82	80.74	4	4
桂林市	76.50	76.57	11	7	77.56	77.60	12	8	78.50	79.52	11	7
梧州市	76.37	75.55	12	9	77.72	77.29	10	10	78.40	79.32	12	10
北海市	78.20	74.50	6	11	78.37	78.20	7	6	79.20	79.50	9	8
防城港市	81.91	77.55	1	5	82.18	78.18	2	7	83.00	79.86	2	5
钦州市	81.87	83.64	2	1	83.73	83.64	1	1	84.87	84.90	1	1
贵港市	77.66	77.69	7	4	77.69	78.80	11	4	80.41	80.86	6	3
玉林市	77.43	77.09	8	6	78.58	78.67	6	5	79.85	79.47	7	9
百色市	76.76	73.85	10	12	77.79	74.47	9	13	79.85	76.56	7	12
贺州市	76.88	75.04	9	10	77.88	76.75	8	11	78.92	78.29	10	11
河池市	73.00	72.73	14	14	74.16	73.73	14	14	76.72	75.81	14	14
来宾市	79.47	75.98	5	8	80.32	77.44	5	9	81.24	79.72	5	6
崇左市	75.00	73.23	13	13	77.27	75.47	13	12	77.87	76.27	13	13
全自治区	78.14	76.90			79.19	78.39			80.42	79.73		

【注】1．满意度：是指事前期望与实际得到感受的相对关系，通过评价分值的加权计算。按照国际通行的民意调查满意度计算方法，即赋值加权计算法，其计算公式为：满意度=“非常好”比例×100＋“好”比例×90＋“一般”比例×75＋“差”比例×50＋“非常差”比例×0，满分为100分。划分标准为，0为完全不满意，0～55为低度满意，55～75为一般满意，75～90为较高满意，90～100为高度满意。

2．风险度：是指实际损失与预测损失之间的相对关系，通过评价分值的加权计算。按照国际通行的民意调查满意度计算方法，即赋值加权计算法，其计算公式为：满意度=“完全无风险”比例×100＋“低度风险”比例×90＋“中度风险”比例×75＋“较高风险”比例×50＋“高度风险”比例×0，满分为100分。划分标准为，0为完全无风险，0～55为低度风险，55～75为中度风险，75～90为较高风险，90～100为高度风险。

3．推荐度：是指推荐事物与希望被接受的相对关系，通过评价分值的加权计算。按照国际通行的民意调查满意度计算方法，即赋值加权计算法，其计算公式为：满意度=“高度推荐”比例×100＋“较高推荐”比例×90＋“一般推荐”比例×75＋“勉强推荐”比例×50＋“完全不予推荐”比例×0，满分为100分。划分标准为，0为完全不予推荐，0～55为勉强推荐，55～75为一般推荐，75～90为较高推荐，90～100为高度推荐。

4．认同率：是指认同提问观点的人数占被调查人数的百分比。

第七届中国—东盟博览会参会人士满意度调查报告

孔　杰

国家统计局广西调查总队在第七届中国—东盟博览会（以下简称“博览会”）期间开展了参会人士满意度专项调查。调查结果表明，参会人士对本届博览会的总体评价在上届较高水平的基础上略有降低，但仍保持较高的满意度，境外参会人士的评价则普遍比上届提高。

一、调查基本情况

本次调查采用了非概率配额抽样调查方法，现场问卷调查了能够代表总体的各种不同身份类别、国家、地区、行业的人士共1052人，调查样本主要分布是：

1．从境外来看：境外人士328人，占总体31.2%，其中：东盟10国人士305人，港、澳、台人士和其他国家人士23人。在东盟10国当中：泰国55人，越南51人，马来西亚51人，缅甸48人，柬埔寨30人，印度尼西亚23人，菲律宾3人，老挝34人，文莱5人，新加坡5人。

图 1—1：东盟 10 国的调查样本构成图

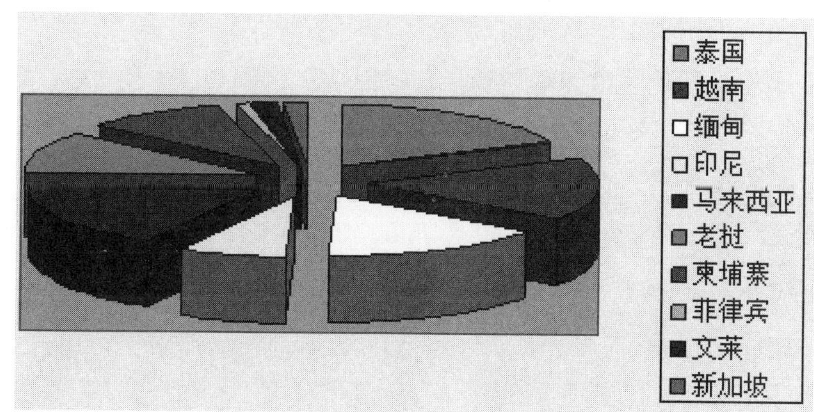

2．从境内来看：境内人士724人，占总体的69.8%，其中：广西205人，除宁夏、青海、内蒙、甘肃、吉林外，其他省市区均有调查样本分布。

3．从调查对象的身份看：参展商790人，其中境外有255人；采购投资交易商175人，其中境外有37人；政府官员44人，其中境外16人；新闻记者42人，其中境外有19人。

4．从参展商的行业类别来看：农林牧渔业48人，采矿业42人，制造业320人，电力及水生产及供应业61人，建筑业72人，交通运输仓储和邮政业19人，批发和零售业163人，房地产业9人，金融业7人，社会服务业26人，信息传输、计算机服务和软件业16人，住宿和餐饮业7人。

5．从参加历届博览会的情况来看：参加了一届博览会的人士为539人，占51.2%；参加了二届博览会的人士为216人，占20.5%；参加了三届博览会的人士为109人，占10.4%；参加了四届博览会的人士为55人，占5.2%；参加了五届以上博览会的人士为133人，占12.6%。

二、对博览会组织工作的评价

本届博览会配套服务持续优化，服务模式不断完善，博览会组织工作已走上正轨，工作质量得到参会人士的充分肯定，对组织工作各方面满意度均稳定保持较高水平。

1. 对接待工作的评价。参会人士对本届博览会接待工作的满意度为93.9%，比上届提高1个百分点，其中，境外人士满意度为96.7%，提高0.8个百分点；参展商满意度为92.5%，提高0.8个百分点。

表 2—1：对历届博览会接待工作的满意度（%）

	参会人士	境外人士	东盟10国	国内人士	参展商	采购商	政府官员	新闻记者
第一届	86.7	92.1	90.5	85.0	85.6	85.5	90.9	89.5
第二届	87.1	90.6	90.3	85.7	83.9	92.4	92.9	97.6
第三届	92.0	93.4	92.9	91.6	90.3	96.7	92.6	100.0
第四届	92.9	97.7	97.6	91.3	91.6	98.2	98.1	96.4
第五届	94.1	96.8	96.6	92.6	93.0	97.3	98.7	97.9
第六届	92.9	95.9	94.8	91.6	91.7	93.0	98.5	96.4
第七届	93.9	96.7	98.2	92.7	92.5	97.7	97.7	100.0

2. 对博览会会展服务工作水平的评价。参会人士对本届博览会会展服务工作水平的满意度为93.5%，比上届降低0.2个百分点，其中，境外人士满意度为97.0%，提高0.5个百分点；参展商满意度为91.8%，降低1.0个百分点。

表 2—2：对历届博览会会展服务工作水平的满意度（%）

	参会人士	境外人士	东盟10国	国内人士	参展商	采购商	政府官员	新闻记者
第一届	84.0	87.4	86.6	82.9	80.1	88.4	90.6	97.4
第二届	86.0	88.9	88.4	84.6	83.9	90.3	80.4	92.9
第三届	91.5	93.8	93.8	90.8	90.1	94.0	94.1	98.4
第四届	92.1	96.6	96.5	90.6	90.7	97.3	98.1	98.2
第五届	93.4	96.1	96.1	91.9	92.4	95.6	98.7	97.9
第六届	93.7	96.5	97.5	92.4	92.8	92.2	97.7	100.0
第七届	93.5	97.0	97.0	91.9	91.8	97.7	100.0	100.0

3. 对博览会运输服务的评价。参会人士对本届博览会运输服务的满意度为92.4%，比上届提高2.3个百分点，其中，境外人士满意度为95.5%，提高4.5个百分点；参展商满意度为92.4%，提高3.6个百分点。

表 2—3：对历届博览会运输服务水平的满意度（%）

	参会人士	境外人士	东盟10国	国内人士	参展商	采购商	政府官员	新闻记者
第一届	84.9	88.5	89.2	83.7	83.7	85.3	93.8	81.8
第二届	85.0	85.0	84.3	84.2	81.7	91.0	85.7	97.2
第三届	86.7	90.1	90.0	85.5	84.8	88.4	92.6	96.8
第四届	89.8	95.1	95.3	88.0	88.1	95.5	98.1	96.4
第五届	89.9	94.7	94.9	87.2	88.0	95.3	97.5	97.9
第六届	90.1	91.0	93.9	89，7	88.8	90.6	93.2	100.0
第七届	92.4	95.5	95.7	91，0	92.4	95.5	95.5	95.2

4．对博览会口岸通关服务的评价。参会境外人士对本届博览会口岸通关服务的满意度为93.1%，比上届提高3个百分点，其中，东盟10国人士满意度为95.1%，提高4.8个百分点；参展商满意度为91.8%，提高0.9个百分点。

表 2—4：对历届博览会口岸通关服务水平的满意度（%）

	境外人士	东盟10国	参展商	采购商	政府官员	新闻记者
第一届	89.8	87.3	88.0	86.5	100.0	91.4
第二届	90.2	90.3	90.5	89.5	90.0	100.0
第三届	94.8	94.6	97.3	83.3	87.5	100.0
第四届	94.3	94.1	94.1	91.7	100.0	100.0
第五届	95.4	95.1	95.2	96.2	94.1	100.0
第六届	90.1	90.3	90.9	100.0	81.6	100.0
第七届	93.1	95.1	91.8	97.4	93.8	100.0

5．对博览会提供交流和沟通服务的评价。参会国内人士对本届博览会提供交流和沟通服务的满意度为90.5%，比上届降低0.3个百分点，其中，参展商满意度为87.9%，降低1.5个百分点；而采购商满意度为98.6%，提高8.9个百分点。

表 2—5：对历届博览会提供与外商交流和沟通服务的满意度（%）

	国内人士	参展商	采购商	政府官员	新闻记者
第一届	80.0	75.4	86.5	100.0	91.4
第二届	87.6	84.5	92.8	91.7	94.9
第三届	90.3	87.9	96.1	100.0	94.8
第四届	89.6	88.1	94.3	93.5	96.4
第五届	92.7	91.4	96.9	97.8	96.4
第六届	90.8	89.4	89.7	96.4	98.0
第七届	90.5	87.9	98.6	92.9	100.0

6. 对博览会宣传工作的评价。参会人士对本届博览会宣传工作的满意度为95.3%，比上届降低1.8个百分点，其中，境外人士满意度为93.1%，降低5.7个百分点；参展商满意度为94.7%，降低2.7个百分点。

表 2—6：对历届博览会宣传工作的满意度（%）

	参会人士	境外人士	东盟10国	国内人士	参展商	采购商	政府官员	新闻记者
第一届	94.8	97.4	97.6	94.0	93.6	95.7	100.0	92.5
第二届	94.8	97.0	97.2	93.9	93.7	96.5	98.2	100.0
第三届	97.0	98.8	98.8	96.4	96.4	98.0	98.6	100.0
第四届	97.0	99.2	99.2	96.3	97.2	99.1	96.2	90.9
第五届	95.8	97.7	97.8	94.8	95.2	98.0	100.0	91.7
第六届	97.1	98.8	99.4	96.3	97.4	94.5	97.7	96.4
第七届	95.3	93.1	95.1	94.2	94.7	97.2	100.0	92.9

7. 对博览会安全保卫工作的评价。参会人士对本届博览会安全保卫工作的满意度为93.2%，比上届降低2.3个百分点，其中，境外人士满意度为96.4%，降低0.4个百分点；参展商满意度为92.7%，降低2.6个百分点。

表 2—7：对历届博览会安全保卫工作的满意度（%）

	参会人士	境外人士	东盟10国	国内人士	参展商	采购商	政府官员	新闻记者
第一届	83.1	82.3	79.5	83.4	79.1	89.9	87.9	94.7
第二届	89.4	87.6	87.5	89.9	87.7	93.1	91.1	92.9
第三届	91.4	92.2	92.1	91.1	90.1	95.3	92.6	95.3
第四届	93.3	95.8	96.1	92.4	93.6	94.6	94.2	85.5
第五届	95.9	97.7	97.8	94.9	95.5	97.3	96.2	100.0
第六届	95.5	96.8	97.0	94.9	95.3	96.1	95.5	96，4
第七届	93.2	96.4	97.2	91.7	92.7	93.8	95.5	97，6

8. 对博览会信息通讯服务的评价。参会人士对本届博览会信息通讯服务的满意度为94.1%，比上届提高1个百分点，其中，境外人士满意度为97.0%，提高2.5个百分点；参展商满意度为93.1%，降低0.2个百分点。

表 2—8：对历届博览会信息通讯服务的满意度（%）

	参会人士	境外人士	东盟10国	国内人士	参展商	采购商	政府官员	新闻记者
第一届	94.1	95.5	95.1	93.6	92.6	97.1	96.8	92.3
第二届	95.0	93.6	93.5	95.5	93.3	98.6	100.0	97.6
第三届	95.4	94.5	94.6	95.7	94.7	97.3	95.7	98.4
第四届	95.2	97.7	97.6	94.3	95.0	96.4	92.3	98.2
第五届	94.4	96.8	96.6	93.1	93.4	100.0	95.0	95.8
第六届	93.1	94.5	94.8	92.5	93.3	92.2	91.0	98.2
第七届	94.1	97.0	97.6	92.8	93.1	97.2	100.0	95.2

9．对博览会重大活动安排的评价。参会人士对本届博览会重大活动安排的满意度为94.9%，比上届降低1.5个百分点，其中，境外人士满意度为96.7%，降低2.1个百分点；参展商满意度为94.4%，降低2个百分点。

表 2—9：对历届博览会重大活动安排的满意度（%）

	参会人士	境外人士	东盟10国	国内人士	参展商	采购商	政府官员	新闻记者
第一届	95.4	93.9	94.1	95.9	94.2	95.6	96.9	97.5
第二届	96.3	97.0	96.8	96.0	95.3	97.9	96.4	100.0
第三届	96.9	99.2	99.2	96.1	96.6	95.3	100.0	100.0
第四届	94.8	99.2	99.2	93.3	94.3	97.3	98.1	94.5
第五届	96.8	98.6	98.5	95.7	96.2	97.3	100.0	100.0
第六届	96.4	98.8	98.8	95.3	96.4	93.8	98.5	98.2
第七届	94.9	96.7	97.4	94.1	94.4	94.4	100.0	100.0

10．对博览会住宿条件的评价。参会人士对本届博览会住宿条件的满意度为92.9%，比上届降低1.5个百分点，其中，境外人士满意度为94.6%，降低2.8个百分点；参展商满意度为92.0%，降低1.7个百分点。

表 2—10：对历届博览会住宿条件的满意度（%）

	参会人士	境外人士	东盟10国	国内人士	参展商	采购商	政府官员	新闻记者
第一届	86.1	90.4	90.5	84.6	85.0	84.1	86.7	97.0
第二届	92.1	90.6	89.8	92.6	90.2	95.8	94.6	100.0
第三届	94.1	95.3	95.9	93.7	92.8	96.6	97.1	100.0
第四届	93.0	97.7	97.6	91.4	92.1	97.3	94.2	96.4
第五届	94.7	97.9	97.8	92.8	93.4	98.7	98.7	100.0
第六届	94.4	97.4	98.1	93.0	93.7	96.1	97.7	92.9
第七届	92.9	94.6	96.4	92.1	92.0	94.4	95.5	100.0

11．对博览会饮食安排的评价。参会人士对本届博览会饮食安排的满意度较低，为79.4%，比上届提高9.8个百分点，其中，境外人士满意度为84.9%，提高7.3个百分点；参展商满意度为75.2%，提高10.7个百分点。

表 2—11：对历届博览会饮食安排的满意度（%）

	参会人士	境外人士	东盟10国	国内人士	参展商	采购商	政府官员	新闻记者
第一届	67.2	73.5	72.6	65.1	61.7	73.5	86.7	86.5
第二届	85.2	94.0	93.5	81.8	83.0	88.9	82.1	100.0
第三届	81.3	88.4	88.8	78.9	78.1	84.8	92.8	95.3
第四届	77.9	86.4	85.8	74.9	75.4	90.2	80.8	87.3
第五届	80.9	86.0	86.2	77.9	78.1	88.7	91.2	93.7
第六届	69.6	77.6	80.9	65.9	64.5	75.0	88.7	82.1
第七届	79.4	84.9	85.2	76.9	75.2	92.1	88.6	95.2

12．对博览会卫生环境的评价。参会人士对本届博览会卫生环境的满意度为96.2%，比上届提高0.6个百分点，其中，境外人士满意度为96.1%，提高1.9个百分点；参展商满意度为95.6%，提高0.5个百分点。

表2—12：对历届博览会卫生环境的满意度（%）

	参会人士	境外人士	东盟10国	国内人士	参展商	采购商	政府官员	新闻记者
第二届	97.0	97.0	96.7	96.9	96.2	98.6	98.2	100.0
第三届	97.7	96.5	96.3	98.1	97.6	100.0	95.7	95.3
第四届	97.2	98.1	98.0	96.9	96.7	100.0	98.1	98.2
第五届	98.0	97.5	97.3	98.3	97.8	99.3	96.2	100.0
第六届	95.6	94.2	94.6	96.3	95.1	95.3	98.5	96.4
第七届	96.2	96.1	95.4	96.3	95.6	97.7	97.7	100.0

13．对博览会组织工作便利高效的评价。参会人士对本届博览会组织工作便利高效的满意度为90.3%，比上届提高1.8个百分点，其中，境外人士满意度为94.3%，提高1.9个百分点；参展商满意度为89.0%，提高2.3个百分点。

表2—13：对历届博览会组织工作便利高效的满意度（%）

	参会人士	境外人士	东盟10国	国内人士	参展商	采购商	政府官员	新闻记者
第二届	84.7	91.0	91.2	82.1	83.0	88.2	82.1	88.1
第三届	88.3	93.0	92.5	86.8	86.7	90.1	94.1	95.3
第四届	90.0	96.6	96.5	87.8	89.0	95.5	96.2	89.1
第五届	89.9	95.2	94.9	86.8	88.3	95.3	96.2	97.7
第六届	88.5	92.4	93.1	86.7	86.7	90.6	96.2	91.1
第七届	90.3	94.3	94.1	88.5	89.0	94.4	95.5	92.9

14．对博览会各项现场服务工作的评价。本届参会人士对各项现场服务工作质量的认可程度相比上届有高有低。

认同率高于上届的方面主要有：一是设置免费饮水点的认同率为55.2%，比上届提高8.3个百分点；二是增设出租车和公交车上落点的认同率为27.5%，提高3.5个百分点；三是餐饮多样化的认同率为25.0%，提高3.2个百分点。

认同率低于上届的方面主要有：一是增设洽谈区和休息室的认同率为24.0%，比上届降低10.1个百分点；二是为客商免费提供电脑租赁的认同率为21.0%，降低3个百分点；三是展馆增设电瓶车的认同率为12.9%，降低3个百分点；四是扩大安保现场区域的认同率为24.1%，降低2.9个百分点。

表 2—14：对历届博览会现场各项服务工作质量的认同率（%）

	第二届	第三届	第四届	第五届	第六届	第七届	
设置免费饮水点	37.9	62.0	50.2	55.4	46.9	55.2	8.3
增设洽谈区和休息室	37.6	46.5	35.4	39.5	34.1	24.0	−10.1
为客商免费提供电脑租赁	33.6	27.7	22.5	20.4	24.0	21.0	−3
增设出租车和公交车上落点	26.7	25.5	23.9	25.0	24.0	27.5	3.5
餐饮多样化	25.1	21.4	18.0	23.2	21.8	25.0	3.2
贵重物品保管	20.9	21.8	19.2	22.7	21.0	21.8	0.8
扩大安保现场区域	20.4	28.6	25.9	25.0	27.0	24.1	−2.9
免费看管半夜抵达展馆车辆	13.2	14.9	13.5	15.0	16.1	16.9	0.8
展馆增设电瓶车	8.4	10.4	10.2	19.7	15.9	12.9	−3
为方便客商进入而增设安检门	–	35.8	38.2	38.5	30.8	30.9	0.1
改进证件办理工作	–	37.4	33.2	30.3	24.1	25.4	1.3

三、对本届博览会取得成果的评价

参会人士对本届博览会提供经贸合作机会及取得成果的满意度比上届普遍有所降低。

1．对达到参加博览会预期目的评价：参会人士总的满意度为77.8%，比上届降低3.6个百分点，其中，境外人士的满意度为90.6%，比上届降低3.3个百分点；参展商满意度为73.2%，比上届降低2.4个百分点；采购商满意度为88.1%，比上届降低2.5个百分点。

图 3—1：历届达到参加博览会预期目的满意度（%）

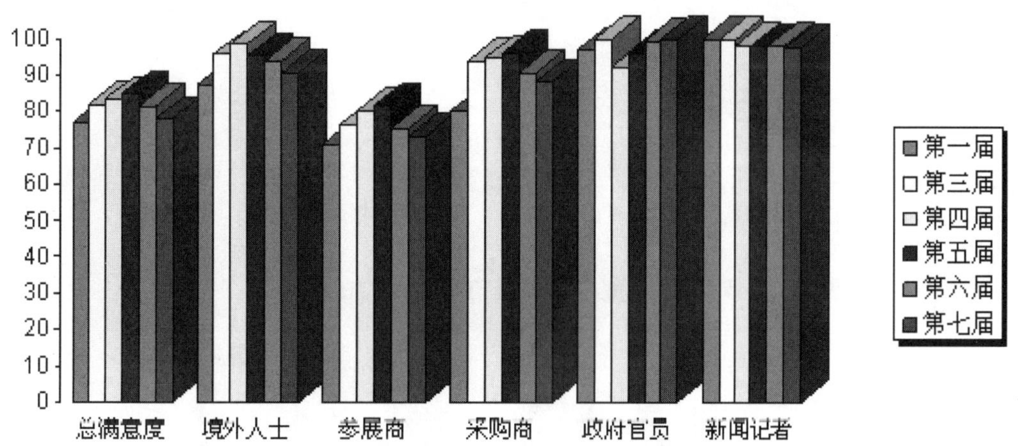

2．对博览会提供经贸合作机会的评价：参会人士总的满意度为84.7%，比上届降低3个百分点，其中，境外人士的满意度为96.4%，提高1.9个百分点；参展商满意度为80.9%，降低3.2个百分点；采购商满意度为94.3%，提高0.5个百分点。

图 3—2：对历届博览会提供经贸合作机会的满意度（%）

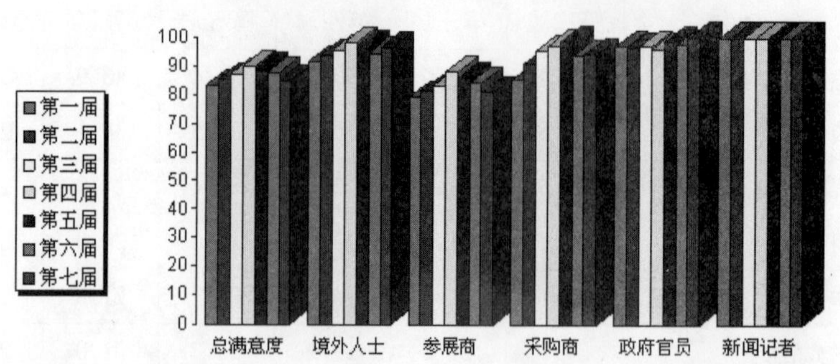

3．国内和东盟10国人士相互开展业务往来情况：本届博览会，有60.3%的国内和东盟10国人士进一步相互开展了业务往来，并取得了效果，其中有21.1%取得很好效果。有29.4%的人士虽然在本次博览会上没有相互开展业务，但已经有计划准备将要相互开展业务往来。有55.2%的国内和东盟10国的参展商在本次博览会进一步相互开展了业务往来，并取得了效果。

4．对本届博览会总体效果的评价：参会人士总的满意度为87.0%，比上届降低6.7个百分点，其中，境外人士的满意度为96.4%，降低2.1个百分点；参展商满意度为83.9%，降低8.7个百分点，采购商满意度为96.0%，提高3.0个百分点。

图 3—3：对历届博览会总体效果的满意度（%）

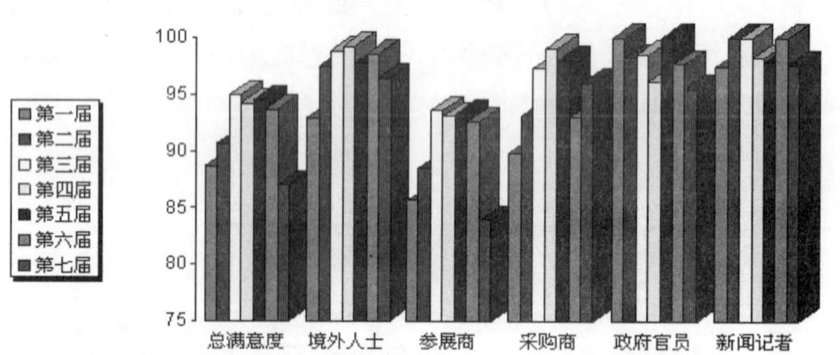

5．对展览内容更具市场针对性的评价：参会人士总的满意度为92.5%，比上届降低2.2个百分点，其中，境外人士的满意度为96.2%，比上届降低2.4个百分点；参展商满意度为90.8%，比上届降低3.1个百分点；采购商满意度为90.6%，比上届降低1.5个百分点。

图 3—4：对历届展览内容更具市场针对性的满意度（%）

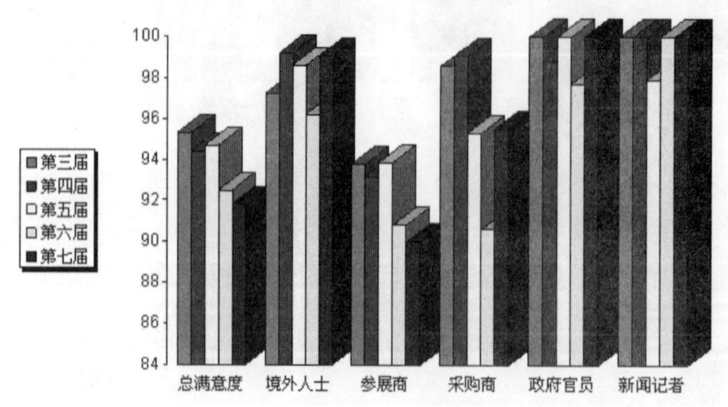

6．对体现经贸关系互补性的评价：参会人士总的满意度为93.7%，比上届降低1个百分点，其中，境外人士的满意度为97.9%，比上届提高0.2个百分点；参展商满意度为92.4%，比上届降低1.5个百分点；采购商满意度为96.1%，比上届提高3.1个百分点。

图 3—5：对历届博览会体现经贸关系互补性的满意度（%）

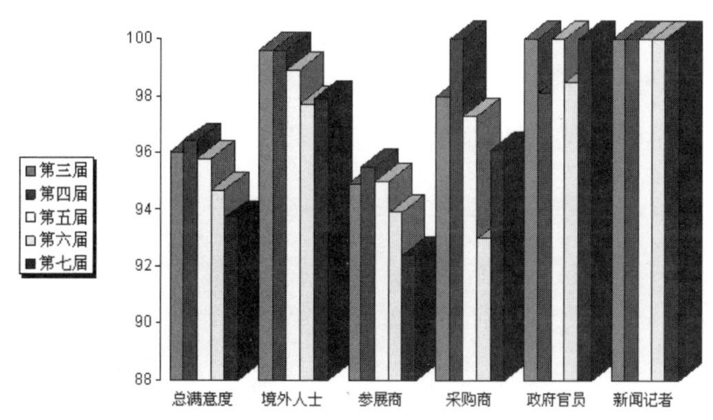

7．对贸易配对和项目撮合　方面的评价：参会人士总的满意度为89.2%，比上届降低3.3个百分点，其中，境外人士的满意度为95.5%，提高1.3个百分点；参展商满意度为87.0%，降低4.3个百分点；采购商满意度为94.9%，提高4.3个百分点。

图 3—6：对历届博览会贸易配对和项目撮合的满意度（%）

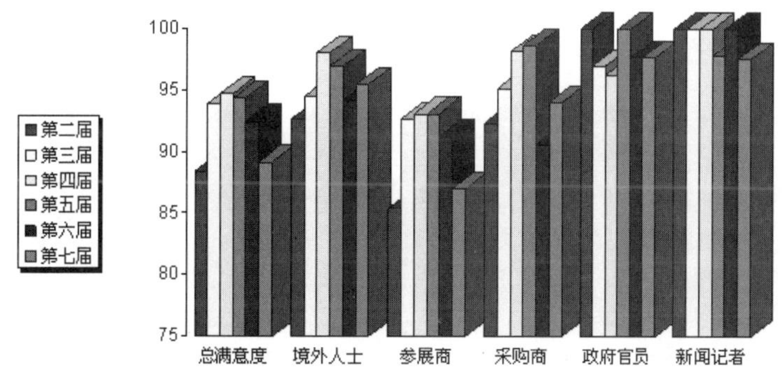

8．对商品成交量受关税互惠待遇影响的评价：参会人士总的认同率为88.1%，比上届降低5.4个百分点，其中，境外人士的认同率为91.2%，降低1.6个百分点；参展商认同率为85.8%，降低6.7个百分点；采购商认同率为94.4%，降低2.5个百分点。

图 3—7：对历届博览会商品成交量受关税互惠待遇影响认同率（%）

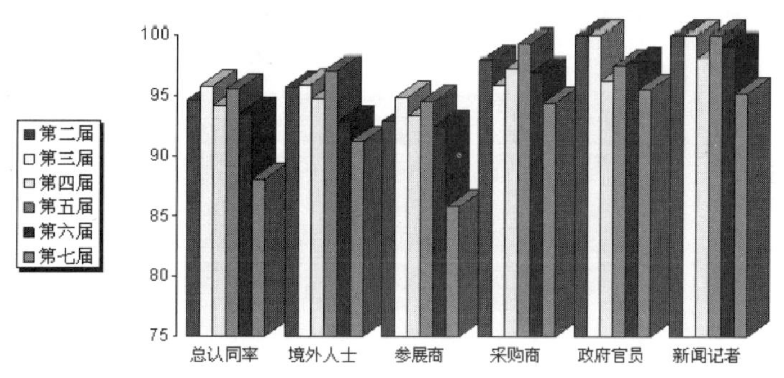

四、对本届中国—东盟博览会的总体评价

参会人士对本届博览会的总体评价在上届较高水平的基础上普遍有所降低，但仍然保持较高的满意度。

1．境外人士对本届博览会整体印象的满意度提高。参会人士总的满意度为86.6%，比上届略微下降0.4个百分点，其中，境外人士满意度为96.0%，比上届提高3个百分点；参展商满意度为83.8%，比上届提高0.9个百分点，采购商满意度为93.8%；降低0.7个百分点。

图 4—1：对历届博览会整体印象的满意度（%）

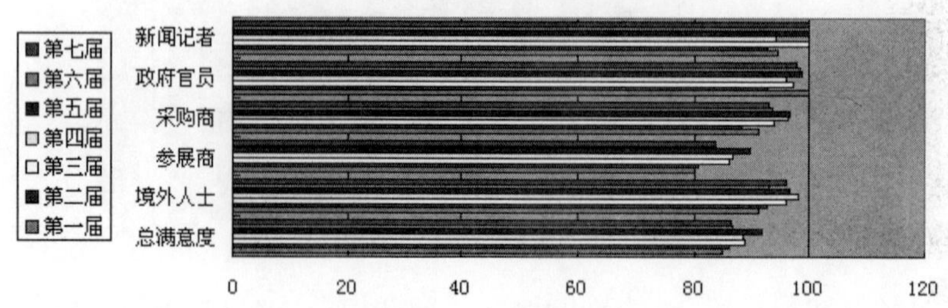

2．对博览会会展设施的评价保持较高水平。参会人士总的满意度为95.3%，比上届略降0.2个百分点，其中，境外人士满意度为98.5%，提高2.6个百分点；参展商满意度为94.3%，提高0.1个百分点；采购商满意度为98.3%，提高0.6个百分点。

图 4—2：对历届博览会会展设施的满意度（%）

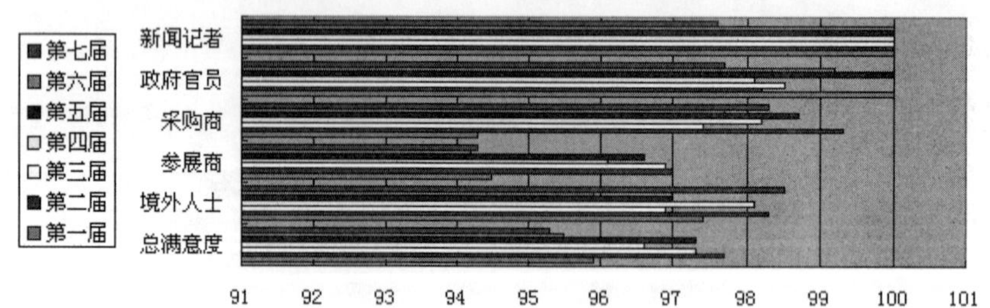

3．对在南宁举办博览会的满意度提高。参会人士总的满意度为97.2%，比上届提高0.4个百分点，其中，境外人士满意度为99.4%，提高0.6个百分点；参展商满意度为96.7%，提高0.6个百分点；采购商满意度为97.7%，提高0.8个百分点。

图 4—3：对南宁作为博览会举办地的满意度（%）

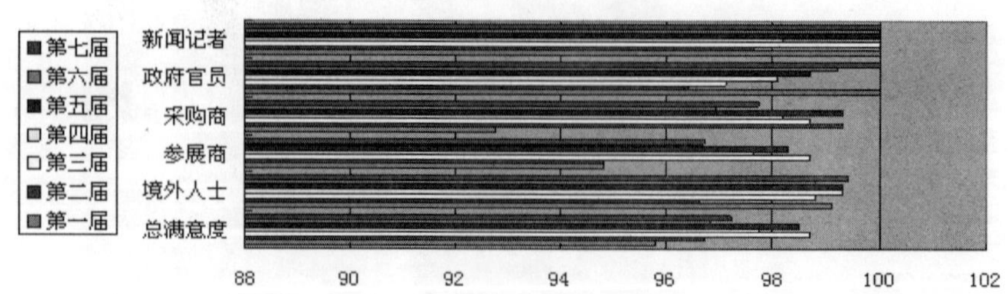

4．对本届博览会专业化程度的评价略有下降。参会人士总的满意度为87.8%，比上届略降0.2个百分点，其中，境外人士满意度为96.7%，提高3.1个百分点；参展商满意度为85.5%，提高0.7个百分点；采购商满意度为94.4%，提高0.6个百分点。

图 4—4：对历届博览会专业化程度的满意度（%）

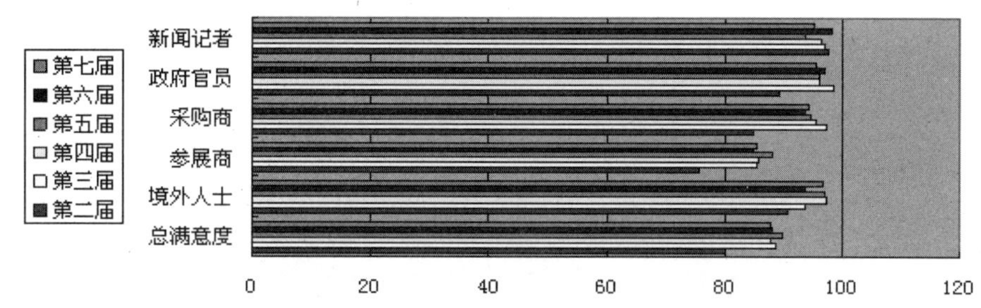

5．博览会对中国—东盟自贸区建设作用的认同率略有下降。参会人士总的认同率为95.8%，比上届下降0.6个百分点。境外人士认同率为98.5%，提高2.6个百分点；参展商认同率为95.2%，下降0.3个百分点；采购商认同率为97.7%，下降0.7个百分点。

图 4—5：对历届博览会推动自贸区建设作用的认同率（%）

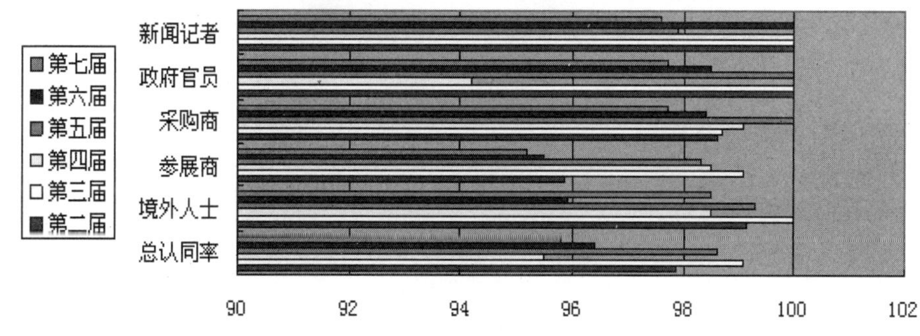

6．与前六届对比本届博览会的评价提高。参会人士总的满意度为92.7%，比上届提高1.1个百分点，其中，境外人士满意度为94.6%，提高0.7个百分点；参展商满意度为90.9%，提高1.1个百分点；采购商满意度为97.2%，提高3.4个百分点。

五、对今后办好中国—东盟博览会的展望

参会人士认为办好博览会需要改进的方面主要是，切实提高博览会经贸效果，完善对口接待联络机制，做好展览现场管理和服务工作。参会人士对办好博览会充满信心。

1．对博览会组织工作需要改进方面的评价：在参会人士认为需要改进的博览会组织工作方面，认同率高于上届的是：一是提高专业观众的数量和质量，认同率为50.9%，比上届提高10.8个百分点；二是进一步将安全与便利结合起来，认同率为33.0，提高3.9个百分点。认同率较高还有：一是切实提高博览会经贸效果，认同率为35.7%；二是加强信息披露与沟通，认同率为35.5%；三是做好展览现场管理和服务工作，认同率为29.9%；四是改善宾馆服务条件，认同率为29.5%。

表 5—1：历届博览会组织工作需要改进方面认同率（%）

	第二届	第三届	第四届	第五届	第六届	第七届
进一步将安全与便利结合起来	48.68	42.7	30.0	37.8	29.1	33.0
完善对口接待联络机制	43.18	37.5	33.8	32.7	34.3	'28.8
改善宾馆服务条件	34.21	32.4	33.0	31.8	30.9	29.5
加强信息披露与沟通	31.82	43.3	39.8	39.2	39.3	35.5
改进招商组展方式	25.12	37.4	36.1	30.0	29.2	28.4
做好展览现场管理和服务工作	23.56	38.6	33.7	33.6	35.1	29.9
切实提高博览会经贸效果	23.33	41.1	38.7	35.7	37.7	35.7
提高专业观众的数量和质量	–	54.7	54.3	51.8	40.1	50.9

2．对参加下一届博览会的预期：参会人士对参加下一届博览会总的期望值为97.8%，比上届提高1.4个百分点，其中，有35.5%的人士一定会参加，50.2%的人士可能会参加，12.2%的人士尚不确定。在境外人士中，有44.7%一定会参加，49.2%可能会参加，4.5%尚不确定。在参展商中，有33.2%一定会参加，49.9%可能会参加，14.7%尚不确定。

3．对中国—东盟博览会的信心程度：参会人士总的信心指数为98.1，比上届降低0.5个百分点。有54.7%的参会人士认为中国—东盟博览会一定会越办越好，比上届提高6.8个百分点。

第二部分 农村调查篇

2009年广西农村居民人均纯收入平稳增长

覃　飞

2009年，为了减少国际金融危机带来的冲击，广西各级党委政府积极贯彻落实中央保增长、保民生、保稳定和扩大内需、调整经济结构的宏观政策，积极挖掘潜力，采取多项有效措施和出台文件，力促农民增收。随着这些政策措施效应逐步显现，广西农村居民纯收入继续保持平稳增长。

农村住户调查结果显示，2009年广西农村居民人均纯收入为3980元，比上年增加290元，增长7.9%，考虑农村消费价格和农产品出售价格下行因素，农村居民人均纯收入实际增长10.6%。

一、农村居民纯收入增长特点：

1．工资性收入继续增长，收入来源出现新变化。2009年广西农村居民工资性收入人均1465.2元，比上年增加181.8元，增长14.2%，增幅比上年提高0.5个百分点，拉动广西农村居民人均纯收入增长4.9个百分点。随着农民工外出的增加和结构的变化，收入来源出现新变化，一是在非企业组织劳动得到收入大幅度增长，人均161.4元，比上年增加39.8元，增长32.7%；二是在本乡域内劳动得到收入人均535.6元，比上年增加64.6元，增长13.7%，其中从国家投资基建项目得到的收入增长47.9%，而在企业中劳动得到的收入略有减少；三是离乡外出从业得到收入人均768.2元，比上年增加77.5元，增长11.2%。

2．家庭经营继续发展，经营收入保持增长。2009年广西农村居民人均家庭经营纯收入2228.2元，比上年增加37.83元，增长1.7%。第一产业人均纯收入增长0.2%，第二产业人均纯收入增长11.3%，第三产业人均纯收入增长19.1%。

3．财产性纯收入保持上年水平。2009年广西农村居民财产性纯收入人均41.5元，与上年持平。其中土地征用补偿收入和转让承包土地经营权收入分别增长6.0%和11.9%。

4．转移性纯收入保持大幅度增长，成为2009年农村居民收入增长的有力推手。2009年农村居民转移性纯收入增长较快，人均245.5元，增加70.8元，增长40.5%，占农村居民人均纯收入的比重由上年4.7%提高到6.2%，拉动广西农村居民人均纯收入增长1.9个百分点。转移性纯收入增长主要来源于退税、报销医疗费收入和各项强农惠农政策补贴收入等。如农民人均报销医疗费增长1.3倍、退耕还林补助增长31.9%、粮食直补增长30.1%等等。

二、拉动2009年广西农村居民人均纯收入增长因素

1．地方政府出台多项激励保障措施，促进农村居民收入增加

（1）提高农村学校教师待遇。2009年9月自治区人民政府以桂政办发〔2009〕170号文件下发“广西壮族自治区人民政府办公厅关于印发广西壮族自治区义务教育学校绩效工资实施意见的通知”，10月1日前全自治区109个县（市、区）全部完成基础性绩效工资的预发兑现工作，使广西农村学校教师的工资收入得到较大提高。调查显示：2009年乡村教师收入使得农村居民人均73.6元，增长34.2%。

（2）提高农村干部待遇。2008年4月中共广西壮族自治区党委办公厅、自治区人民政府办公厅以桂办发〔2008〕13号文

件下发“关于提高村干部待遇，建立健全村干部激励机制的通知”，决定提高全区农村的村干部待遇。文件下发后，各地市根据各地的财政情况执行文件要求，但不少地方是从2009年起兑现。广西的村干部工资性收入得到进一步提高。调查显示：2009年乡村干部收入使得农村居民人均78.7元，增长42.3%。

（3）投资建设项目优先招用农民工。2009年9月自治区人民政府以桂政发〔2009〕59号文件下发“广西壮族自治区人民政府关于切实做好当前促进农民增收工作的通知”，文件的一项重要内容是要以项目建设年为契机，充分利用全自治区6000亿元项目投资，拉动农民增收。在交通、城市基础设施等项目建设中，建设单位要优先招用农民工。在农村基础设施建设和公益事业建设中，建设单位要优先吸纳当地农民参与建设。年内，优先对国家扩大农村危房改造试点范围的35个边境县（市、区）、少数民族自治县和国家扶贫开发工作重点县的8.3万户农村危房实施改造，每户补助15000元。新建20万座农村沼气池，每户补助1500元。项目建设单位要优先使用农民工，让农民从这些项目建设中既得到工资性收入又直接获得现金补贴。调查显示：从国家投资基建项目得到的收入增长47.90%。

（4）外出务工人数稳定增加，务工收入增长。2009年随着我国经济形势实现总体回升向好的发展，特别是下半年以来随着东部沿海地区经济的逐步恢复，农民外出打工不利的局面得到扭转，广西农村居民外出务工的数量增多，务工收入也得到了增长。

2. 各种惠农政策补贴落实到位，稳定农民增收。一是坚决执行国家和自治区出台的各项强农惠农政策，年内45.55亿元强农惠农资金发放到位；二是各地根据实际在原有补贴的基础上，提高补贴标准，拓展补贴范围。将粮食种植、生猪良种、农村养殖户生产用电、肉猪养殖、化肥淡季储备、林木良种、林机具、农资、桑杆食用菌生产机械、植树造林、农村医疗等列入财政补贴范围。

（1）稳定生猪生产，维护生猪养殖农户利益。2009年自治区人民政府发文进一步稳定生猪生产促进农民增收，要求在原来执行的能繁母猪补助政策的基础上，要“扩大生猪良种补贴范围，对列入良种补贴的母猪每头补助40元”。

（2）良种补贴、粮食直补提高。2009年广西早、中稻良种补贴资金18654万元，早稻每亩补贴标准由上年的10元提高到15元；粮食补贴标准在全自治区公布的收购价格基础上每公斤提高了约0.2元。

（3）农资综合直补力度加大。全年安排补贴资金18.89亿元，全自治区种植水稻、玉米的农户均享受补贴，全自治区平均每亩补贴47元左右。

（4）各种惠农政策实施，农民受益。据调查2009年广西农民人均粮食直补、农机补贴、良种补贴和生产资料综合补贴等农业政策补贴收入为70.1元，比上年增加13.2元，增长23.3%，成为农民增加收入的重要组成。

3. 农业生产丰收，大宗农产品出售数量增加支撑增收。2008年广西冰冻雪灾的自然灾害较严重，2009年广西气候条件总体较好，农业生产普遍获得丰收，农村居民人均出售稻谷、玉米、油料、蔬菜、瓜类、园林水果数量为128.1公斤、37.9公斤、4.4公斤、147.1公斤、69.6公斤和54.6公斤，分别比上年同期增长21.9%、6.5%、5.9%、24.5%、23.6%和34.6%；人均出售猪肉33.4公斤、人均出售家禽4.0公斤，分别增长15.0%和15.0%；出售水产品数量增长也超过10%。

4. 家庭经营非农产业蓬勃发展，比重提高。2009年广西农村居民家庭经营非农产业蓬勃发展，占人均纯收入的比重提高了0.5个百分点。

三、制约农村居民收入增长的因素

1．生猪价格一路走低影响牧业收入减少。受市场供需、甲型H1N1流感等因素影响，猪肉收购价格在低位运行。2009年农村居民出售生猪的数量比上年同期增加15.0%，但量增价跌，出售肉猪收入仍下减少了13.1%；据调查，农民出售猪肉平均价格每公斤15.0元，比上年同期下降23.4%，经测算仅猪肉一项价格下跌，使农村居民人均总收入减少约160元。

2．甘蔗出售量减少，种植成本增加。由于甘蔗是多年生作物，新种蔗只占30%，70%是宿根蔗，2008—2009年榨季的宿根蔗受冰冻影响，出苗率低，株数减少，生长缓慢，产量下降，糖份降低。2009年广西农村居民人均出售甘蔗1422.8公斤，减少280.4公斤，下降16.5%，导致农村居民出售甘蔗人均收入比上年同期减少77.4元，下降16.3%；而农民种植甘蔗成本却增加，平均每吨糖料蔗种植成本为213元，比上年实际增加24元，增长12.8%。

3．大宗农产品价格处于下行态势，对农民增收的拉动作用减弱。2009年广西农村居民出售油料、麻类、水果、茶叶、猪肉、羊肉及鱼类的价格分别下跌25.5%、9.6%、9.5%、47.3%、23.6%、3.1%和5.0%。

四、生产投资总体略有下降，但投资结构出现变化

2009年广西农村居民生产投资总体略有下降，人均1566.4元，下降2.4%，但投资结构出现变化：

1．种植业投资增长，投资比重提高。2009年广西农村居民人均种植业生产费用支出691.4元，同比增加26.7元，增长4.0%；种植业投资占家庭经营费用支出的比重，由上年的46.2%上升到49.2%，提高了3.0个百分点。

2．畜牧业投资减少，投资比重下降。由于生猪价格下跌，影响了农村居民养猪积极性，投资减少，特别是仔猪价格的暴跌，严重挫伤了农村居民养猪的积极性。调查资料显示，2009年人均牧业投资比上年减少52.0元，下降8.4%；其中一季度同比下降20.9%，二季度下降17.5%，三季度下降18.6%。牧业投资占家庭经营费用支出的比重，由上年的43.2%下降到40.5%，减少了2.7个百分点。

3．购买主要农业生产资料价格升少降多。2009年调查数据显示：稻谷种子价格涨9.2%、农业用电涨6.1%；氮肥回落9.7%、磷肥回落4.5%、复合肥料回落5.4%、剎虫剂回落6.3%、除草剂回落0.9%、农用薄膜回落1.0%、农用机油回落2.4%、农用柴油回落4.1%。

五、生活消费支出稳步增长

2009年广西农村居民人均生活消费支出为3231.1元，比上年增加246.1元，增长8.2%；其中生活服务性支出人均872.5元，比上年增加71.2元，增长8.9%。在生活消费八大类支出中，除食品支出略有下降外，其余七类支出同比呈增长的态势。

1．食品消费支出减少，恩格尔系数下降。随着生活水平的提高，农村居民食品消费注重膳食结构调整，人均谷物消费量减少，豆类、薯类、油脂类、水果类、肉禽及制品等消费量增加。调查资料显示，2009年农村居民人均食品支出1572.8元，比上年减少21.8元，下降1.4%。恩格尔系数由比上年53.4%下降到48.7%，下降了4.7个百分点。

2．家庭设备用品和居住消费支出涨幅较大。随着居民收入水平的提高，2009年农村居民人均家庭设备用品支出157.9元，比上年增长27.4%；年末，每百户农民家庭拥有洗衣机12.6台，增长26.3%；热水器16.1台，增长30.9%；电冰箱21.0台，

增长31.3%；空调机2.8台，增长75.0%。农民住房投资继续增加，人均居住支出677.9元，增加142.5元，增长26.6%。到2009年末，广西农民人均住房面积已达33.1平方米，比上年增加1.3平方米，增长4.2%，其中楼房面积人均20.4平方米，比上年增加1.6平方米，增长8.5%，占住房面积的比重由上年的59.3%提高到61.7%。

3．交通通讯和衣着消费支出继续增长。2009年广西农村居民交通通讯消费支出人均275.6元，增长5.2%；年末，每百户农民家庭拥有摩托车72.6辆，比上年增长8.5%；移动电话125.2部，增长23.6%。衣着消费支出人均91.8元，增长0.7%。

4．文化教育娱乐和其他商品服务消费支出稳步增长。随着物质生活水平的不断提高，精神生活也得到充实，农民购买书报杂志以及外出旅游增多，2009年农村居民文化教育娱乐消费支出人均192.5元，增长11.5%，年末每百户农民家庭拥有彩色电视机97.9台，比上年增长2.7%；家用计算机3.0台，增长1.1倍。同时农村居民更加注重生活的品质，购买首饰、化妆品及美容美发的支出大幅增长；2009年，其他商品服务消费支出人均为57.4元，增长12.9%。

5．医疗保健消费支出快速增长。2009年农村居民医疗保健消费支出人均为205.2元，比上年增加50.9元，增长33.0%。随着农村医疗保障制度的日益完善及全面普及，同时农村居民对自身健康及保健的意识大大增强，2009年农民人均药品支出和医疗费支出分别增长30.9%和36.6%。此外，农村居民老龄化也是医疗保健消费支出增加的一个因素。

2009年广西生猪供求状况分析

李小雯

2009年广西生猪生产延续上年强劲的发展势头，继续保持良好的发展态势，生猪出栏增多，市场猪肉供应充足，市场供需两旺，价廉物美，广大消费者充分享受了生猪产业发展带来的好处。纵观全年：上半年猪价下滑，养猪户步入亏损状态。下半年我国经济逐渐回暖，需求增加，猪价反弹，养猪亏损的状况有所缓解，部分管理水平较好的养殖户扭亏为盈。

一、生猪供求状况的新特点

1．生产快速发展，市场供应充足。受上年养猪行业“暴利”效应的影响，养殖户积极性大增，许多行业的老板纷纷改行加入养猪业，推动了广西养猪业的快速发展。据调查，2009年广西生猪出栏3119.9万头，比上年增长6.3%；猪肉产量232.3万吨，比上年增长6.4%。生猪生产快速发展，为保障猪肉市场供给、满足需求打下坚实的基础。

2．价格回落，调入肉猪减少。在邻近云南、贵州、湖南的一些山区县，畜牧业尚欠发达，在猪肉供应紧张的年份，有少量活猪从周边省调入，调剂余缺，满足消费需求。据有关部门反映，每年从周边省份调入的肉猪大约为80～100万头左右，由于2009年广西生猪发展较快，市场猪肉供给充足，境内活猪价较低，因此从周边省份调入的活猪比上年有所减少。

3．经济回暖，外销肉猪增多。广西是全国生猪生产大省（区）之一，正常年景，猪产品产量较大，完全能够满足城乡居民的日常生活需求，且有相当数量的活猪可供外调。广西生猪主要调往广东、海南、香港、澳门等地，每年调到外省的生猪约有900～1000万头左右，其中肉猪占60%。2009年随着我国经济逐渐回暖，特别是4月份以后，珠三角许多企业恢复生产，外出务工的人员增多，对猪肉的消费需求也随之增长。据调查，2009年广西调到外省的猪肉达48万吨左右，从周边省调入的猪肉6万吨左右，净调出量达42万吨左右，比上年大约增长10%。尤其贺州、玉林、桂林等地外调到广东地区的肉猪较多；广西良圻原种猪场调到外省的肉猪32826头，比上年增加136%；陆川县美坡养殖场调到外省的肉猪14015头，比上年增长64.4%。

4．城乡居民消费大幅度增长。2009年广西境内生猪屠宰量大增，价格下跌，本地消费量明显增多。据畜牧部门统计，2009年1—11月全自治区通过正规屠宰场屠宰上市的肉猪（不包括自宰和外调部分）比上年同期增长17.5%。另据调查，2009年广西农民人均出售猪肉33.41公斤，比上年增长15.01%；人均消费猪肉为13.32公斤，比上年增长20.43%；城镇居民人均消费猪肉31.17公斤，比上年增长7.15%。

5．餐饮消费迅猛发展。随着人们生活水平的不断提高、城市流动人口增多和生活节奏加快，城乡居民外出就餐的人数越来越多，在外饮食消费支出不断增加。据调查，2009年城镇居民人均在外饮食消费支出为809.17元，比上年增长8.97%；另据统计数据，2009年1—9月全自治区住宿和餐饮业零售额245.96亿元，同比增长20.1%。

6．猪肉加工逐渐增多。随着畜牧业发展进程的加快，近两年来广西各地陆续招商引资，加大建设畜产品加工企业，加工的数量也随之增多。如陆川县投资建设广西元安元食品发展有限公司、广西神农王集团陆川猪肉食品加工有限公司等，2009

年已经开始进行陆川猪的加工，加工产品已经面市，且销量不错。

二、猪价变动情况

1．活猪、猪肉价格大幅度下跌。由于生产恢复，供给充足，2009年广西猪价大幅度下跌，全年猪价环比呈前跌后涨的趋势。总体来看：2009年活猪、猪肉平均每公斤价格为11.38元和18.11元，分别比上年下跌25.03%和25.46%。从月度来看：2009年1—6月活猪每公斤平均售价分别为13.28元、12.98元、12.53元、11.20元、10.30元、和9.60元，环比速度为-12.6%、-2.3%、-3.5%、-10.6%、-8.0%和-6.8%，活猪价格呈现持续下滑的趋势；特别是在4—5月份“猪流感”暴发，猪肉消费量有所下降，活猪价格加速下跌，是全年猪价跌幅最大的两个月。下半年，外出务工人员增加，消费增加，猪价反弹，7—12月活猪每公斤平均售价分别为9.68元、10.83元、11.25元、11.38元、11.50元和12.08元，环比分别上升11.9%、3.9%、1.2%、1.1%和5.0%，随着猪价的回升，养猪亏损的状况有所缓解，一些管理水平较好的养殖户扭亏为盈。

2．仔猪价格跌幅最大。与活猪、猪肉价格相比，2009年广西仔猪价格下跌幅度最大，全年平均出售价格为13.77元/公斤，比上年下跌了33.92%，比活猪下跌幅度多8.89个百分点，比猪肉下跌幅度多8.46个百分点；全年12个月中有8个月的环比价格下跌，仅有4个月的环比价格上涨。

3．猪价变动相对滞后。价格是市场供求关系变动的“晴雨表”和“风向标”，2009年广西生猪生产快速发展，供应充足，价格变动则滞后于全国；据国家农业部对全国470个集贸市场畜禽产品和饲料价格定点监测调查，去年北方猪价在5—6月份时开始反弹，全国活猪平均价格在6月中旬止跌上涨，由于广西生猪出栏量较多，供给充足，活猪价格在7月中旬才止跌回升，猪肉价格在8月份才开始反弹，比全国平均水平慢了1—2个月。

4．猪价波动频繁，波幅大周期短。据调查，本轮猪价从2006年6月开始上涨，2008年4月达到最高价，周期为23个月，比上一轮猪价变动周期少了7个月，活猪价格由6.55元/公斤上涨到18元/公斤，涨幅为174.8%，比上一周期的涨幅多114个百分点。2008年5月份后，猪价开始回落，活猪价格由17.28元/公斤下滑到2009年6月份的9.60元/公斤，历时14个月，跌幅达44.4%；猪价呈现出波动频繁，波幅大周期短的特点。

三、生猪供求关系中需要解决的一些问题

1．生猪稳定有效供给的问题。目前生猪生产过程中仍受一些政策、疫病、价格等因素的影响，生猪生产波动较大，有些年份生产下滑，猪肉供应紧张，有些年份生产快速增长，猪价迅速下滑，养猪户亏损严重，造成市场供给不稳定。因此，应建立一个生猪产业科学发展的机制，促进生猪生产平稳发展，保障猪肉稳定有效供给。

2．市场猪价波动过大的问题。猪肉市场历经多次波折，价格波动已成常态，特别是从2006年下半年开始到现在，全自治区猪价上演“过山车”行情，令养猪户心有余悸，影响了全自治区生猪生产平稳发展。

3．畜产品加工“短腿”的问题。广西生猪产量虽列全国前列，但以猪肉为原料的食品加工却是“短腿”，直接影响生猪产业的发展，影响生猪饲养户的收入；另外，生猪加工业欠发达，市场无法消化过多的生鲜猪肉，也影响到市场的平稳供给，造成价格波动，影响生产生活。因此，解决畜产品加工“短腿”的问题迫在眉睫。

4．利益分配不合理的问题。生猪供求关系的实现涉及生猪饲养环节，生猪运输环节、生猪屠宰加工环节和猪肉销售环节等，这些环节各应获得怎样的合理收益才能有利地推动生猪产业的稳定发展？目前还没有很好的利益分配机制。特别需要强调的是，生猪饲养者在养殖过程中要承担生猪疫病以及市场价格带来的双重风险，而其他环节特别是猪肉零售商几乎不承担任何风险，不管是猪肉“供不应求”或“供过于求”，他们都有稳定而且相当可宽的利润。

四、2010年生猪生产及价格展望

1．当前全自治区能繁母猪存栏量依然较高，养殖户养猪积极性不减，假如2010年畜牧业生产条件正常，国家的政策得当，且没有重大疫病发生，预计2010年广西畜牧业生产仍将保持平稳发展的态势。

2．鉴于当前国内国际经济发展形势尚未明朗，各种自然灾害频繁发生，城乡居民增收难度加大，产品消费增长乏力，预计2010年猪价下行压力仍然较大，但由于饲料价格以及各种费用的上涨，预计猪价下滑的幅度不会很大。

2009年广西农村居民外出务工显现新态势

蒙洪萍

2009年，为应对国际金融危机冲击导致的农民工失业潮，各级党委、政府及时迅速地实施了一系列稳定农民工就业的措施，根据在广西32个市县2310户农户中开展的农民工监测调查数据显示，2009年广西农民外出务工人数较上年回升2.1%。农民外出务工形势稳定，稳定就业措施发挥了积极作用。

一、农村居民外出务工基本情况

1. 三分之一农村劳动力外出务工。调查的2310户农户共有整半劳动力7851人，其中，2604人年内曾外出务工，占从业劳动力的33.2%。

2. 以广东为首的东部地区是广西农村劳动力的主要输出地，占比73.1%；中部地区、西部其它省份及国外占比1.6%；广西区内吸纳了25.3%的农村外出劳动力。

3. 制造业是外出农民工从事的主要行业。外出农民工从事的行业中，一、二、三产的比例分别为1.5%、72.2%、26.3%。第二产业中，制造业从业人数占总外出务工人数的61.0%；其次是建筑业，占9.5%。

4. 农民工外出方式以亲朋好友介绍和自发为主，劳动部门组织输出比例低。由亲朋好友介绍和自发外出的分别占外出劳动力的55.6%、39.7%，通过政府机构组织的仅占0.7%，通过中介组织介绍的占1.2%，通过其它渠道外出的占2.8%。

5. 农民工劳动强度大，收入水平有所提高。外出农民工每天工作超过8小时的占比47.2%。其中，8～10小时的农民工占10.5%；10～12小时的占33.1%；工作12小时以上的占3.6%。

农民工月工资水平较上年有所提高但仍偏低，月收入600以下的占2.2%；600～800元的占8.7%；800～1200元的占47.8%；1200～1600元的占30.0%；1600以上的仅占11.3%。（见表1）

表1：农村居民外出务工月工资收入

单位：%

月平均工资	2008年	2009年
600元以下	4.6	2.2
600～800元	11.9	8.7
800～1200元	44.7	47.8
1200～1600元	28.1	30.0
1600元以上	10.7	11.3

6. 外出农民工权益仍缺乏有效保障。受访的2604名外出农民工中，54.0%没有签定劳动合同，82.8%没有养老保险，61.8%没有购买工伤保险，74.4%没有购买医疗保险，81.9%没有购买失业保险，82.5%没有购买生育险。从表2可以看出，享有“五险”的外出农民工比例较上年均有一定幅度的提高。

表2：农村居民外出务工劳动保障情况表

单位：%

项　目	2008年	2009年
未签订劳动合同的	49.6	54.0
未购买养老保险	87.7	82.8
未购买医疗保险	83.3	74.4
未购买工伤保险	68.7	61.8
未购买失业保险	91.5	81.9
未购买生育保险	92.5	82.5

7. 被迫返乡比例大幅下降。至12月末，剔除回家过年的返乡农民工人数，2009年外出务工农民返乡比率为8.7%，较2008年末的16.0%下降近半。其中，因原服务企业关停和裁员而失业返乡的比例是

11.1%，而上年同期因原服务企业关停和裁员而失业返乡的比例则高达40.8%。由此可见，2009年，被迫返乡农民工比例大幅下降。

二、农村居民外出务工新态势

虽然2009年农村居民外出务工人数与上年相比变化不大，形势稳定。但监测数据反映，农村居民外出务工“择地”、“择业”方向均显现新态势。

（一）选择务工地区：倾向就近择业，省内就业比例增加

国际金融危机爆发后，东部沿海不少外贸企业因为订单大减而大规模辞退员工，去年下半年出口订单恢复以来，很多企业用工缺口很大。然而就在沿海地区遭遇“用工荒”的同时，农村外出人口在中西部地区就业的比重却在稳步上升。

从2009年前三季度监测结果看，一季度广西农村居民外出后在省内务工的占比23.8%，二季度占比24.9%，三季度占比26.2%，比例呈逐季上升趋势。全年平均，外出到省外的占比为74.7%，较2008年降低3个百分点，而在乡外省内务工的达25.3%，同比增长3%。这还未包含直接在本乡地域内从事本地非农务工和本地非农自营的离土不离乡的农村转移劳动力数量的增长。

（二）选择务工行业：从制造业向服务业转移

2009年，外出农民工从事的行业中，一、二、三产的比例分别为1.5%、72.2%、26.3%。上年分别为1.3%、74.4%、24.3%。在第二产业中，制造业就业比例从2008年的64.2%下降至2009年的61.0%，降幅为3.2%。相应的，第三产业用工比例总体增长2%，其中，各类居民服务与商业服务业用工增长1.8%。

三、广西农村居民外出务工形势变化主要原因

（一）外出从业工资水平地区间差异缩小

以三季度为例，广西农村居民在乡内本地务工平均月工资水平为991.4元；外出到乡外省内务工平均月工资水平为1178.2元；外出到省外务工平均月工资水平为1154.9元，工资水平地区间差异缩小。外出到乡外省内务工的农民工三季度人均寄带回现金比外出到省外务工的还多185.7元。

对于农民工来说，工资水平接近或稍低，他都愿意在当地就近务工。因为就近就业，无需支付路费等成本，房租、生活消费成本也相对较低，可以少备预防性储蓄，最重要的可以更多的照顾家庭，兼顾农忙，因此在就近务工的幸福感会增强。

博白县调查显示，该县66%的外出省外打工者月工资水平为1000～1200元，而在县内打零工每天能赚60～80元，往往还管饭，在家门口就业，既可增加收入，又可照顾家庭和兼顾农忙，一举多得，因此该县的本地劳务方兴未艾。

（二）广西区域经济建设蓬勃发展，区内用工吸纳能力增强

随着东盟和北部湾经济圈的蓬勃发展和带动，广西区域经济得到了长足的发展。且2009年广西区政府启动“项目年”建设，全年基础建设投入完成5706.7亿元，各类固定资产投资项目遍地开花，拉动了务工需求，区内用工吸纳能力大大增强。

随着农村产业结构的调整和农民经营理念的转变，农业规模化、集约化经营风行，种养大户农忙时节对劳动力需求旺盛。此外，由于大量农村青壮年外出务工，当前农村家庭劳动力不足的矛盾日益凸现，劳动力十分短缺。

扶绥县部分返乡民工正是瞅准这个“商机”，自发组建“农业家政”服务

队，专门给种养大户和一些缺劳力的家庭提供有偿服务，闯出再就业新天地。如柳桥镇卜毿村村民程绍伯原来是一名“打工族”，2008年11月因企业裁员从广东返乡后召集该村7名返乡民工组成“农业家政”服务队，他们机动灵活，随叫随到，采取钟点工、日工等多种形式为本村或邻村缺劳力的农户或种植大户提供砍蔗、装车、种蔗等农业服务，每人每天劳务报酬在40至60元之间。从2008年11月份至今，他组建的“农业家政”服务队几乎每天都有活干。

（三）用工需求旺盛，农民工择业观发生变化

2009年末至今年初，部分用工大省出现“民工荒”现象。10月在广西柳州、玉林两市抽选的50家当前有用工需求的企业中开展的企业用工需求情况的一次性快速专项调查数据显示，广西企业也普遍遭遇了“招工难”。

50家企业中平均每家企业10月份计划招工34人，而每家企业平均实际招工人数仅为21人，企业实际招工人数仅占计划招工人数的61.8%，用工需求存在较大缺口。

调查显示，造成企业缺工的主要原因一是应聘者认为企业开出的工资低，二是工作条件低于期望。

监测数据显示，14.5%的外出务工人员是2009年第一次外出打工。这些新生代农民工多为80后，甚至有90后，因为受教育程度有所提高，有文化懂法律，除工资薪酬外，开始关心福利保障水平，注重对职业前景的选择，且把就业地区环境、就业企业工作场所环境及周边生活环境列为就业选择考虑的条件。低工资、无保障、恶劣的生活环境，很难吸引这部分新生代农村务工人员进入工厂坐在流水线前加班加点。

四、农村居民务工形势变化带来的危与机

农村居民务工形势的变化是经济发展模式转变的必然结果，金融危机下的“民工荒”再次凸显依靠低廉劳动力发展外贸的经济增长模式已经走到了穷途末路，依赖廉价劳动力和低端制造业快速富裕起来的沿海地区必将历经转型的阵痛。对广西而言，农村居民务工形势发生的新变化“机”大于“危”。一方面，“用工荒”压力必将吸引部分制造业转移劳动力资源丰富地区，有利于招商引资，大力发展地区经济。另一方面大量具有一定技能和经验的劳动力回流区内，有利于改善农村日益严重的“3861”现象，解决留守老人、留守儿童等不稳定社会隐患，并极为有利于发展农村产业经济。

但是我们也不能忽略全自治区农村劳动力总体上仍供过于求这一压力，仍需要科学有序的引导农村剩余劳动力转移。在危机中发掘发展潜力，加快地区经济发展是根本途径。

2009年广西农户固定资产投资情况分析

莫敏健

据抽样调查，2009年广西农户固定资产投资在广西开展“项目建设年”的推动下，完成303.5亿元，同比增加67亿元，增长28.3%，广西农户固定资产投资与上年同期相比保持快速增长势头。

一、农户固定资产投资的主要特点

1. 建房投资保持快速增长，生产性投资继续平稳增长。在2009年广西完成的303.5亿元农户固定资产投资中，农户建房投资220.1亿元，占总投资额的72.5%，同比增长35.2%；农户生产性投资83.4亿元，占总投资额的27.5%，同比增长13.2%；广西农户建房投资在农户固定资产投资中所占比重较大，农户建房投资的变化对农户固定资产投资总量的变化影响很大；2009年农户建房投资的快速增长也拉动了农户固定资产投资总额的快速增长。

2. 农户固定资产投资资金来源仍以自筹资金为主，国内贷款有较大幅度的增长。从投资的资金来源分布看，2009年广西农户固定资产投资中，自筹资金为272.9亿元，占总投资额的89.9%，同比增加42.3亿元，增长18.4%；国内贷款投资额为21.8亿元，同比增加18.7亿元，增长6倍，但其投资额仅占总投资额的7.2%；从上述数据可以看出，广西农户固定资产投资的资金绝大部分是农户自筹的资金，而国内贷款投资量相对较小。

3. 第一产业和第三产业投资保持较快增长，第二产业投资比重较小。从投资方向看，2009年广西农户固定资产投资中第一产业投资41.8亿元，占总投资额的13.8%，同比增加13.2亿元，增长45.9%；第二产业投资6.4亿元，占总投资的2.1%，同比减少12.7亿元，下降66.7%；第三产业投资255.3亿元，占总投资的84.1%，同比增加66.6亿元，增长35.3%。从调查数据可看出，广西农户第二产业固定资产投资占投资总量比重较小。

4. 农户生产性固定资产投资保持平稳增长。2009年广西农户固定资产投资完成额中，生产性投资83.4亿元，同比增加9.7亿元，增长13.2%；　2006年至2009年，广西农户生产性固定资产投资额分别为43.3亿元、62.1亿元和73.7亿元、83.4亿元，呈逐年稳步增加的趋势。

二、农户固定资产投资保持快速增长的原因分析

1. 广西自治区政府抓投资、促经济发展的政策为农户固定资产投资的快速增长提供了良好的投资环境。2009年广西自治区党委政府决定在全区开展“项目建设年”活动，力争完成2009年广西全社会固定资产投资6000亿元的目标任务，全力保持广西经济平稳快速发展势头。广西党委和政府对农村的投资也相当重视，决定从2009年至2011年，利用3年时间，集中人力物力，组织实施广西贫困地区的农村危房改造试点，以解决和改善农村贫困群众的住房困难，同时促进广西农村经济的平稳较快增长。由于当地农户得到政府的资金补助，大大提高了建房和改造住房的积极性，住房投资比上年大幅增加。

2. 2009年全自治区新农村建设和灾后重建，拉动了农户建房投资的快速增长。近几年，广西新农村建设步伐加快，各地政府对农民建房给予政策和资金的扶持，农民建房数量不断增加，住宅的建筑

标准也有较大的提高，农村住宅投资保持快速增长的态势；而2009年广西部分地区水灾后，各级政府扶持当地农民进行灾后重建，也加大了农民建房的投资力度，这些因素拉动了全自治区农户建房的快速增长。

3．农民收入大幅增加为农户增加生产投资和建房投资打下坚实基础。据农村住户调查资料显示，2009年广西农民人均纯收入3980.4元，比上年增加290.2元，增长7.9%，农民收入的稳步增加，为农民生产投资和建房投资打下了坚实的资金基础。2009年广西农民建房投资220.1亿元，同比增长35.2%；生产性投资83.4亿元，同比增长13.2%；农户自筹资金272.9亿元，同比增长18.4%，自筹资金占总投资额的89.9%；可见农民收入的增加有利于农户固定资产投资的快速增长。

4．建材价格的回落引发农民建房热情，建筑标准提高成为建房投资额增加的因素。2009年受金融危机的影响，国内建筑材料的价格有较大的回落，农民抓住建材价格回落的时机进行建房，而近年来住宅标准的提升，也成为农户建房投入增加的因素之一，2009年广西农户建住宅的单位面积投资额由2007年的每平方米369元上升至467元，上升了26.5%。

5．生产性固定资产投资的稳步增长也是促使广西农户固定资产投资快速增加的一个因素。2009年广西农户固定资产投资完成额中，第一产业投资41.8亿元，同比增加13.2亿元，增长高达45.9%；生产性第三产业投资35.2亿元，同比增加9.3亿，增长35.9%，第二产业虽然比上年减少，但由于其总量只有6.4亿，对投资总量的影响较小。

三、目前农户固定资产投资存在的问题

1．农业生产缺少规模化经营，投资总量不大。近年来，全自治区农户虽然在国家三农政策的激励下不断提高生产积极性，不断加大对农业生产的投入，使农业生产性固定资产投资呈增加的趋势，但目前全自治区农村大部分农民的农业生产还处于个体经营的生产模式中，很少有产业化的规模经营，这在很大程度上制约了全自治区农户固定资产投资总量的增加，2009年全自治区农户在第一产业固定资产投资为41.8亿元，仅占投资总额的13.8%。

2．第二产业投资发展缓慢，投资环境需要改善。由于全自治区农村基础设施比较薄弱，农村的农产品加工业也不发达，最近几年虽然各级政府出台了相关的招商引资政策，使农村投资环境有所改善，但仍缺少较大的吸引力，因而目前全自治区农户第二产业固定资产投资仍停留在较低的水平上。2009年全自治区农户第二产业投资6.4亿元，仅占农户固定资产总投资额的2.1%。通过改善投资环境招商引资和鼓励扶持当地农户进行创业，是推动全自治区农户第二产业投资的当务之急。

3．农户固定资产投资需要得到各方面资金的大力支持。由于目前全自治区各地农户生产投资活动处在个体户为主的方式上，总体缺少产业化的规模经营，因此农户也就难以得到金融部门的有力支持来发展生产和扩大再生产，农民投资仍以自筹资金为主，国内贷款投资总量依然较小，2009年全自治区农户贷款投资为21.8亿元，比上年增长6倍，但其仅占总投资额的7.2%；资金缺乏成为制约农民进行产业化经营扩张的一个不利因素。

四、2010年促进广西农户固定资产投资增长的对策建议

2009年广西自治区党委和政府抓投资促经济发展取得了很大的成效，全自治区农户固定资产投资也比上年大幅度增长，但由于全自治区农村经济与发达地区相比发展速度还比较慢，要在2010年完成自治

区党委和政府提出的全自治区投资8000亿元的任务，采取有效的措施来促进广西农民的固定资产增长就显得非常有必要。

1．加大对农村投资的政策扶持力度，把促进农村投资的成效作为当地领导的政绩考核内容。党中央和自治区党委政府出台了不少推动农村经济发展的政策，但只有当地领导重视这些政策的落实才会对促进农村经济的发展起到关键的作用。目前全自治区农民投资规模占全社会投资总额的比例还比较小，还有很大的发展潜力，但也可能使一些领导对此不太重视，上级部门可把当地领导促进当地农民投资的成效作为考核政绩的内容，以提高当地领导对此项工作的重视。

2．加大资金支持力度，促进全自治区农户投资的增长。实施积极财政政策，在对“三农”进行投入时，进一步增加对农民投资的支持力度。要增强全自治区农村金融服务能力，制定鼓励当地金融机构新吸收的存款主要用于当地农业贷款的实施办法；加快发展多种形式的新型农村金融组织和以服务农村为主的地区性中小银行；鼓励和支持金融机构创新农村金融产品和金融服务，依法开展大型农用生产设备、林权、四荒地使用权等抵押贷款业务，让更多的农民可以通过多种方式贷到发展生产所需的资金。

3．改善投资环境，积极招商引资，发挥当地资源优势，提高农业投资效益。考虑到引进资金和新技术对促进当地农村经济发展的重要作用，地方政府要努力改善投资环境和充分落实招商引资的政策。政府部门要更新观念，转变职能，强化对投资者的服务意识，对投资项目的事前、事中和事后实行全过程服务，依法监督管理，创造宽松、高效的投资环境，以增强对投资者的吸引力。在制定当地经济发展规划的时候，要注意充分利用当地资源优势，培育和开发适合当地经济持续发展的特色产业；通过引进资金推进当地特色产业的规模化经营，反过来可以进一步促进当地特色产业的大发展。在特色农产品丰富的地方，还可以大力发展农产品加工业，鼓励生产基地与加工基地的合作经营，推动生产产业化，实现良性循环发展。

4．努力提高全自治区农民收入，结合新农村建设支持农民进行建房投资。2009年全自治区农户固定资产投资中住宅投资220.1亿元，占投资总额的72.5%，农民建房投资对拉动全自治区农户固定资产投资的增长起主要作用。要促进农民进行建房投资，首先要想方设法增加农民的收入，农民收入增加了，才有能力增加对建房的投入。各地方政府要及时把政府对农民建房的补助资金发放到位，并在行政服务方面给予充分的帮助。通过建房投资还可以消化当地剩余劳动力和带动第三产业的增长，从而使农民在收入和投资上起到良性循环的作用，有利于促进全自治区2009年农户固定资产投资继续快速增长。

2009年广西退耕还林（草）工程监测调查报告

罗天明

退耕还林（草）工程是党中央、国务院从中华民族生存和发展的战略高度出发，为合理利用土地资源、增加林草植被，再造秀美山川，维护国家生态安全，实现人与自然和谐共处而实施的一项重大生态工程。这项工程实施以来，加快了国土绿化进程，增加了林草植被，减少了水土流失和风沙危害程度。实践证明，退耕还林（草）工程对改善生态环境，改变不合理的生产方式，加快贫困地区农民脱贫致富，优化农村产业结构，促进农村经济发展发挥了积极的作用。2009年是国家开展退耕还林（草）监测调查的第三年，广西调查总队严格按照国家制度的要求继续对广西退耕还林（草）工程建设项目实施跟踪监测，现将调查结果报告如下：

一、基本情况

（一）退耕乡村与人口

广西84个退耕还林监测调查县（市、区）退耕还林（草）乡镇共有910个，退耕还林（草）村民委员会8633个，退耕总户数74.4万户，退耕总人口317.6万人。

	84个调查县合计	涉及退耕还林（草）的数量	涉及退耕还林（草）的比重
乡(镇)个数	971	910	93.7%
村民委员会个数	12423	8633	69.5%
年末总户数	11370967	744638	6.5%
总人口	38406132	3176459	8.3%

与2008年相比，退耕还林（草）工程的覆盖面和参与退耕还林农户的数量都稳步增长。

	退耕还林（草）乡(镇)个数	退耕还林（草）村民委员会个数	退耕还林（草）年末总户数	退耕还林（草）总人口
2008年	863	8208	729380	3073376
2009年	910	8633	744638	3176459
增长量	47	425	15258	103083
增长幅度	5.5%	5.2%	2.1%	3.4%

（二）土地面积与结构

1．耕地面积与结构。2009年，监测调查的84个县（区）年末耕地总面积为3428064.2公顷，占行政区域土地面积的16.1%。其中水田1517559.5公顷，占耕地总面积的44.3%。耕地面积中陡坡地268785.1公顷，占耕地总面积的7.8%；斜坡地479241.8，占14%；缓坡地2680037.3公顷，占78.2%（图1）。

图1　退耕调查县耕地按坡度分的比重

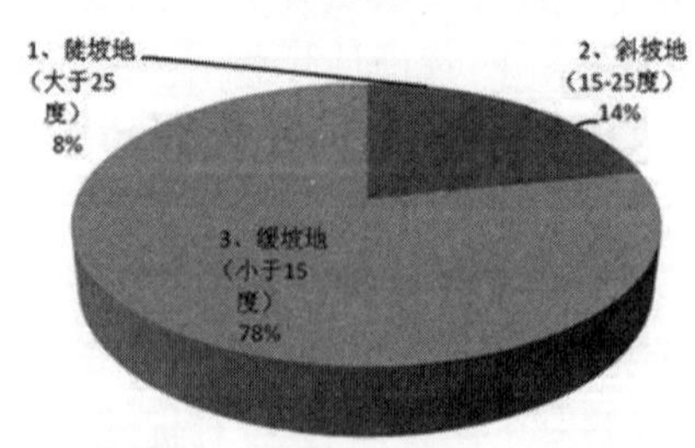

2．林地和牧草地。2009年，84个监测调查县林地面积为11611318.8公顷，占行政区域土地面积的54.4%。其中有林地面积8807025.7公顷，其他林地2804293.1公顷。牧草地面积为588119.86公顷，占行政区域土地面积的2.8%。

（三）退耕户生活与居住

2009年广西退耕农户人均住房面积为31平方米，其中砖混结构住房、钢筋混凝土住房的户分别占总数的38.1%和44.1%，

退耕农户住房情况如图2：

图2　退耕户住房情况

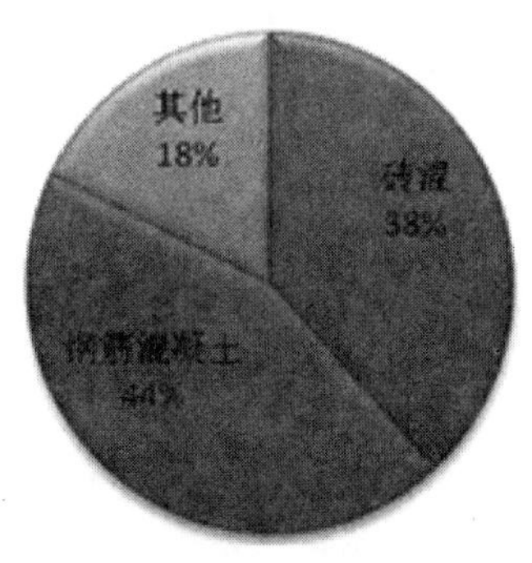

在被调查的3340个退耕户中，通电户占99.9%，以柴草为主要生活燃料的户占85.2%。

二、退耕还林（草）工程情况

（一）退耕还林工程建设稳步推进

2009年，广西退耕还林工作以党的十七大精神为指导，深入贯彻落实科学发展观，根据《国家发展改革委　国家林业局关于下达退耕还林工程配套荒山荒地造林2009年第四批扩大内需中央预算内投资计划的通知》（发改投资〔2009〕1713号）和《国家林业局办公室关于做好2009年省级退耕还林实施方案编制和审核工作的通知》精神和要求，紧紧围绕巩固和发展退耕还林成果这个核心，狠抓政策落实和工程质量，稳步推进退耕还林（草）工程建设。经监测调查，截止2009年，广西84个退耕监测县累计完成退耕还林面积1143万亩，其中：退耕地还林352.5万亩，荒山荒地造林667.5万亩，封山育林123万亩。2008年广西退耕还林（草）工程结构如图3：

图3　退耕还林工程结构图

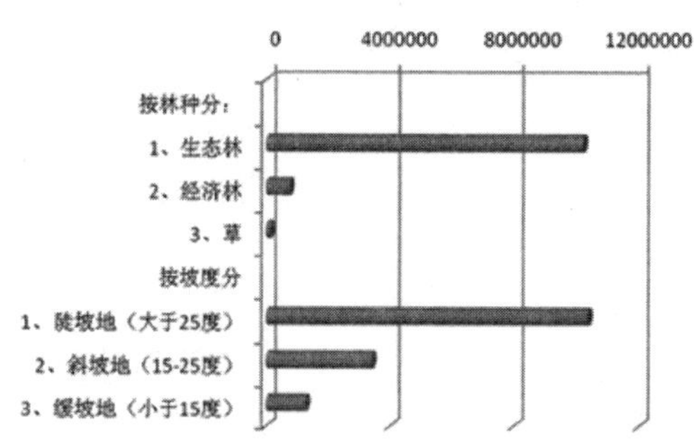

84个监测调查县2009年当年下发退耕还林（草）补助资金94532.7万元。其中：原政策到期补助资金为46155万元，完善退耕还林（草）补助资金13654.9万元，巩固退耕还林（草）成果专项资金28797.2万元，荒山造林补助资金2986.5万元，封山育林补助资金为1634.2万元。退耕还林（草）工程资金下拨结构如图4：

图4　资金结构

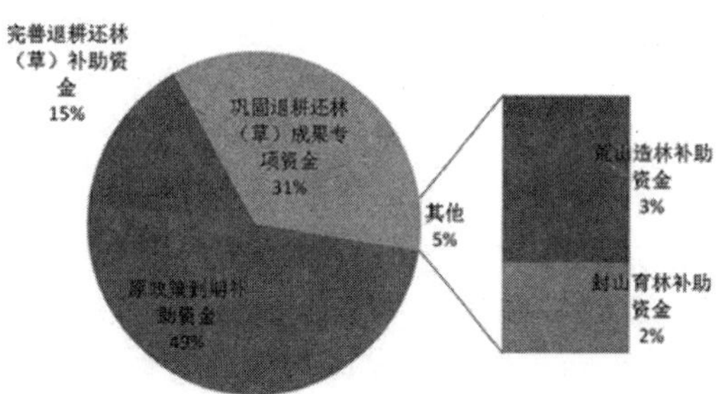

（二）广西退耕还林工程计划完成较好

据自治区林业局提供数据，2009年，国家安排广西退耕还林计划任务40万亩，其中荒山荒地造林30万亩，封山育林10万亩。据2009年12月31日造林进度统计，全区共完成2009年度退耕还林计划任务32.48万亩，占计划任务40万亩的81.2%，与上年同期相比，提高7.9个百分点。其中完成荒山荒地造林26.65万亩，封山育林5.83万亩。根据《国家林业局关于开展2009年度退耕还林工程退耕地还林阶段验收工作的通知》（林退发〔2009〕17号）要求，广西于2009年3月至5月组织开展了2009年度退耕还林工程退耕地还林全面检查验收工作。全面检查验收2001年度退耕地还生态林和2004年度退耕地还经济林面积保存、退耕地还林质量和工程管理等情况。验收范围涉及全自治区33个县（市、区）、189个乡（镇）、558个村、1660个林班、16773个小班。验收主要结果：全区各工程县完成上报2001年度退耕地还生态林面积和2004年度退耕地还经济林面积共77412.4亩，全面检查验收保存总面积73802.1亩，保存率95.3%。其中：2001年度生态林保存面积57266.4亩，保存率96.9%；2004年度经济林保存面积16535.7亩，保存率90.4%。保存面积中，成林面积67499.7 亩，成林率91.5%。验收结果为国家拨付完善退耕还林政策补助和广西兑现完善退耕还林政策补助提供了依据。同时，有助于全面掌握退耕还林建设成效、总结工程建设经验和问题、进一步提升工程建设质量。

三、工程实施效果

（一）环境得到改善，生态效益明显

广西2001年启动退耕还林工程以来，取得了显著的成效。加快了国土绿化进程，大幅度增加了森林面积，水土流失和石漠化危害强度明显减轻，局部生态环境得到明显改善，全自治区的森林覆盖率提高了2.8个百分点，坡耕耕后泥沙流失量减少48.4%（自治区林业局数据）。其中梧州市通过推进退耕还林力创建国家级森林城市。2009年梧州市的森林覆盖率达74.4%，在全自治区居于首位。其中下辖的苍梧县、藤县、蒙山县、岑溪市也分别达78.5%、73.7%、76.1%、72.7%。丰富的森林资源为梧州市生态平衡发挥着稳定作用。2009年梧州市新增绿地13.8万平方米，改造绿地18.4万平方米，也进一步绿化美化了城市环境。得益于一系列注重生态建设的措施，梧州市2009年进行空气质量监测的364天里，335天为优，其余29天为良，优良率达100%。崇左市通过实施退耕还林工程，狠抓造林绿化和大力开发绿色旅游资源。如今崇左市已建成自然保护区7个，总面积176400公顷，占林地面积的18.3%。石山灌木林绝大部分被划定为生态公益林，全市生态公益林面积达469289.1公顷，还成立了崇左白头叶猴自治区级自然保护区，建立了广西龙峡山自治区级森林公园。

（二）促进了种植结构和产业结构的调整，促进农村经济发展

1. 种植业结构得到优化。退耕还林（草）工程的实施，促进了土地资源的利用效率。通过退耕还林工程的实施，将原来坡度大、路程远、水土流失严重的低产坡耕地转向植树造林，土地利用效率得到了大幅度提高，同时使节省下来的有限的生产要素(如灌溉用水、化肥、劳动力等)向其它优质耕地转移，使得投入产出比有了明显的提高。

2. 促进了退耕地区产业结构的优化。退耕还林工程建设的实施，改变了长期以来广种薄收的种植习惯，耕地的减少，使一部分劳动力从农业中解放出来通过劳动力转移重新就业。腾出的劳动力可从事多种经营和副业生产，有效的调整了农村产业结构，促进了二、三产业的发展，为农户开辟了新的经济增长点。退耕还林地区在大力发展速生丰产林的同时，通过在退耕地上种果树、间作套种等积极发展优质林果。特别是不少地区农民自己成立的合作经济组织，实行产销一体化，在较短时间内形成了具有地方特色的优势产业，扩大了退耕农民就业和增收渠道，促进项目实施区经济发展。例如：大力发展林产加工业，重点是松香、八角深加工，林产加工业呈现迅猛发展。至2009年底，全市共有木材加工企业400多家，年总加工能力80万立方米，年加工松香能力14.5万吨，林产工业产值9.7亿元，占林业总产值45亿元的22.56%，为全市社会经济的发展提供有力支持。

（三）切实增加了退耕农户的收入

1. 退耕还林地区农户根据实际情况，采取因地制宜多种经营相结合的模式，经济效益比较明显，退耕农户的生活水平稳步提高。据监测调查显示，广西退耕户人均纯收入为3606.7元，比2008年增加220元，增长6.7%。主要靠外出务工和二、三

产业经营收入的增加。其中，外出务工增加了297.5元，二、三产业经营收入增加了275元，退耕补助收入增加了17.61元，但是，受宏观经济影响，第一产业的经营收入是下降的。其中畜牧业减少了191.96元，种植业现金收入减少了36.13元。虽然种植业仍然是农户收入的主要来源，但是随着退耕后农户产业结构调整，大量的剩余劳动力转向第二、三产业，外出务工收入逐渐成为退耕家庭收入的重要部分。2009年退耕农户人均外出务工收入为557.7元，占本年人均纯收入的15.5%　。

2．退耕补助对稳定退耕农户生活起了重要作用。经调查，2009年广西退耕农户人均退耕还林补助收入为355.9元，占纯收入的9.8%。退耕还林补贴作为一项定期的补助收入，已经对保障农户退耕还林后的基本生活起到了重要作用。部分退耕户由于退耕还林面积较大，仅仅通过领取退耕补助就能获得可观的收入。以百色右江区为例，由于右江区退耕面积较大，2009年平均每户退耕还林补助收入高达5581.4元，退耕还林补助占被调查农户纯收入的22%。在被调查的120个退耕调查户中，年退耕还林补助总收入超万元的就17户。

四、退耕工程中存在的问题

退耕还林工程实施8年来，总体进展良好，经济效益和生态效益明显。但也存在诸多问题，影响着退耕还林工程的深入推进。

1．补助政策兑现比较慢，影响退耕还林成果的巩固。主要原因：一是基层(县、乡)林业部门技术力量薄弱，工作繁重，没能按时按质按量完成县级自查工作，影响了钱粮的及时兑现。二是从2007年开始，国家改变了政策补助资金拨付方式，造成部分工程县补助资金出现了缺口，同时当年国家拨款数与县级当年验收结果数不相对应，加大了兑现工作的难度。

2．退耕还林林权证发放工作进度缓慢。广西历年退耕地造林林权证发证率不到10%，绝大部分县发权工作还没有开始。主要原因是广西退耕还林地比较零星分散，地块面积小，地形复杂，基础工作、准备工作、现场调查核实工作量很大，而县林业部门人力、财力紧缺。同时有部分退耕还林地属于分田到户以后1998年以前的开荒耕地，退耕还林林权证发放工作遇到了群众阻力。加上机构改革后，一些基层林业机构特别是乡镇林业工作站技术人员不足或素质较低，难以胜任繁重的退耕还林工程管理工作，从而影响了林权证发放工作进度。

3．退耕户持续退耕积极性降低。现行农业补助政策和退耕还林补助政策相比较，退耕补助比较效益逐渐下降，在一定程度上影响了退耕农户持续退耕造林的积极性。退耕还林政策规定，退耕还林工程第一期补助标准为230元/亩·年，第二期在经济林期满5年，生态林期满8年后原则上补助125元/亩·年（粮食补助105元/亩·年和生活补助20元/亩·年）。但大部分农户均反映物价过快上涨，2002年一直沿用的230元/亩·年的补助过低，加上目前木材售价高，第一期种植的经济林又已成材，绝大多数农户不愿意继续育林，退耕还林的积极性不高，甚至有抵触情绪，阻碍了退耕还林工程的健康发展。

4．部分退耕农户技术欠缺。虽然相关部门会组织专家或退耕点村委会邀请专家给农户讲课，但由于次数少、时间短、授课农户接受能力差，大部分农户只掌握一些基本的种植管护技术，部分农户植树后不懂或不能正确地对树苗进行嫁接、施肥、防治病虫害等管护工作，部分退耕农户种植树苗过密，这些情况导致树苗瘦弱，长势缓慢，影响了林地的产量，可能会出现“广种薄收”的情况。

五、改进工作的对策与建议

针对如何继续巩固退耕还林成果、让

群众长期受益等问题，结合实际，提出以下意见：

（一）加大退耕还林政策的宣传力度

退耕还林是一项系统的复杂的社会工程，涉及千家万户和各部门。因此需要进一步广泛宣传，充分宣传国家各项退耕还林政策，通过政策宣传更新退耕户思想观念，引导退耕农户以新的主人翁姿态参与退耕还林，在追求经济利益的同时要认识到退耕还林工程对涵养水源、保持水土、防风固砂、净化空气、保护生物多样性、改善生态环境和生产环境方面的价值，让群众充分了解退耕还林的重要意义，乐于退耕还林，提高退耕还林的积极主动性。

（二）退耕还林工程与林业产业化相结合

退耕还林工程初始，主要从生态效益、社会效益考虑得较多，对于通过工程培植和发挥特色林业优势，促进林业产业化发展，从而促进区域经济发展的。因此，要积极思考和探索后续产业发展；大力提供政策、金融、科技支持；大力发展生态建设产业化、产业建设生态化，要组织建立专业合作社内联广大退耕农户，外联市场、龙头企业的新机制，保障退耕户经济作物的增长畅销，带动退耕农户增收。

（三）加大农村基础设施建设力度

要加大对退耕地区基础设施建设的投入力度，完善水利设施、乡村道路、沼气池等基础及配套设施建设，进一步改善农业生产条件，提高水利化、机械化程度，为促进农业增产和农民增收创造良好条件。

（四）加快退耕林地的林权认定速度

退耕还林的林权发证关系到退耕还林成果的巩固效果，关系到国家退耕还林政策的落实，更关系到退耕户的合法权益。有关部分要理清退耕林地权属关系，加快退耕林地的林权认定力度，进一步明确产权，及早发放林权证。大力推进确权发证工作。因此，各级政府一定要高度重视，精心组织，严格按照国务院、自治区人民政府要求，加大宣传、督查、指导工作力度，确保在明年底全面完成集体林权制度改革任务，进一步激发和调动林农的积极性。

（五）创造条件促进退耕地区剩余劳动力的转移

由于退耕还林后退耕户的耕地面积减少，剩余劳动力增多，应大力促进农村劳动力有序流动，逐步建立城乡统一的劳动力市场，为农村劳动力合理流动创造条件。以市场需求为导向，加快农村职业技术教育和培训的改革，突出实用型、应用型人才的培养，为农村劳动力转移提供智力支撑，提高农民外出务工的择业本领。

2010年一季度广西生猪生产形势分析

李小雯

在国家和自治区生猪发展政策的扶持下，广西生猪生产保持平稳发展的态势，特别是近两年来得到了较快的恢复和发展。2010年一季度，广西生猪存栏量高，出栏多，市场供应充足。但是，受供过于求、节后效应、口蹄疫传闻和特大旱灾等因素的影响，猪价下滑，养殖户亏损状况加剧，给生猪产业健康发展和农民增收带来较大压力。

一、当前广西生猪生产的形势

（一）猪产品产量稳步增长，市场供应充足

2010年一季度广西生猪发展形势良好，猪产品产量稳步增长，生猪存栏高，出栏量多，市场供应充足。据广西主要畜禽抽样调查评估推算结果，2010年一季度广西生猪出栏、存栏和肉产量为843.72万头、2386.28万头和62.73万吨，分别比上年同期增长4.15%、3.45%和4.08%。2010年一季度末，母猪存栏量仍然较高，尽管价格低迷，但市面上没有出现大量宰杀母猪的现象，扩大再生产的根基尚好。

（二）规模养殖比重提高，规模化进程加快

养殖业规模化已经成为今后养殖业发展的主流和方向，近年来，随着生猪市场价格的急剧波动，生猪生产方式快速转变，以规模求效益的生产管理模式更加明显和集中，规模养猪进程加快。据主要畜禽监测调查，2010年一季度，生猪规模户（年末存栏300头以上，下同）和生产经营单位的生猪存栏占全社会生猪存栏总量的比重为19.08%，比上年同期上升了2.02个百分点；生猪规模户和生产经营单位的生猪出栏量占全社会生猪存栏总量的比重为23.53%，比上年同期上升了2.1个百分点。规模养殖所占的份额在逐渐加大，规模化进程在加快。

（三）部分养殖户理性养殖，主动进行适应性调整

部分养殖户和养殖企业在多年的生产活动中积累了丰富的养殖经验，即规模养殖会随着市场行情的变化主动进行适应性调整，在生产急剧扩张时悄然调整了本企业（户）的养殖规模，适当调减或淘汰能繁母猪，以回避生猪或家禽因供过于求造成价格下跌而带来的不必要损失，理性养殖。据对广西建帮农业股份有限公司石康养殖场、北流市西琅养殖场和广西富民牧业有限公司等养殖企业的访问调查，这些企业对目前本公司的养殖情况均作一些控制和调减，不盲目扩大生产；目前，广西建帮农业股份有限公司石康养殖场存栏母猪3000头左右，比上年减少了3.5%；北流市西琅养殖场母猪存栏550头，比上年同期减少9.4%。据全区主要畜禽监测调查，2010年一季度，广西能繁母猪占生猪存栏总量的比重为11.83%，比上年同期下降0.23个百分点。

（四）猪价继续下滑，养殖户处于亏损状态

受节后效应消费下降和口蹄疫传闻的影响，2010年一季度广西主要畜禽产品价格出现下滑的趋势。据对广西武鸣、全州、桂平、陆川、博白、八步和兴宾等7个生猪调出大县的监测调查，2010年一季度生猪调出大县出售肉猪（水重，下同）平均价格为11.13元/公斤，比上年同期下跌8.38%，其中：1—3月平均每公斤出售价格分别为11.70、11.19和10.45元/公斤，分别比上年同期下跌6.88%、7.18%和

13.38%；据了解，3月份广东传有生猪口蹄疫，部分养殖户出现恐慌性抛售，导致生猪集中上市，造成3月份猪价急速下跌。据部分规模户反映，当前规模户养猪的保本价格大约为11元/公斤左右，目前猪价已经跌破养殖户的盈亏平衡点，养殖户已处于亏损状态。

（五）能繁母猪补贴未到位，母猪投保大幅度下降。

据了解，每年能繁母猪的保险费为60元/头，其中：国家负担48元/头，养殖户负担12元/头；前两年，在办理能繁母猪保险的过程中，一些地方征得养殖户同意，在能繁母猪补贴中扣除48元/头作为国家负担的那部分保费。但由于2009年能繁母猪补贴没到位，2010年是否还有母猪补贴？这些因素都影响了能繁母猪的投保，据主要畜禽监测调查，2010年一季度，已保险的能繁头数占整个能繁母猪的比重为35.48%，比上年同期下降了32.46个百分点，能繁母猪投保率大幅度下降。

二、干旱对广西生猪产业造成的影响

2009年8月以来，广西出现了罕见的秋冬春三季连旱，近期旱情已经有所缓解。这次旱灾持续的时间长，受灾面宽，受灾程度深，重旱区主要集中在广西的百色和河池两市，虽然这两个市不是广西畜牧业发达的地区，但干旱仍给当前广西生猪生产带来一定的影响。

（一）局部地区生猪等大牲畜饮水困难

随着特大旱情的持续蔓延和日益加重，干旱对畜牧业生产的影响日趋凸显，出现了牲畜饮水困难、生产成本增加、市场价格波动等情况，据广西畜牧部门统计，截至2010年4月6日，因旱导致饮水困难的生猪等大牲畜151.99万头，占全自治区猪牛羊存栏总量的比重为5%左右，受灾规模猪场、牛场、羊场3457个。

（二）生产成本提高

为了解决牲畜饮水问题，广西出动了大量的人力、物力来抗旱救灾，由于救灾工作面宽，工作量大，费用开支高，维持生产成本较高。截至4月7日，水产畜牧兽医部门给受灾规模养殖场送水1.9万车次，送水里程28.7万公里，累计送水5.7万吨，投入抗旱救灾经费3260多万元。另据巴马、凤山、东兰和靖西4县统计，3月15日—22日一周，四县共为饮水困难的牲畜规模养殖场送水车77车次，行程3616公里，共送水167吨，解困养殖户744个，解困牲畜46104头只，送水费用达13798元。另外，旱区粮食和青饲料短缺，也影响了养殖业正常生产需要。与正常年景相比，这些开支都加大了畜牧业生产成本。

（三）部分养殖户停止生产经营

持续的干旱，导致广西一些地方因饮水困难无法继续从事养殖业而出现停止生产经营的现象。据自治区水产畜牧部门统计，到3月底止，因饮水困难而停止生产经营的生猪、家禽、牛羊养殖场分别为56个、124个和112个，因停止饲养经营而出售的生猪、家禽和牛羊数量分别为23458头、249966只和7985头；因停止饲养经营而出售的能繁母猪、种禽、能繁母畜分别为2589头、7524只和1855头。

（四）一些规模场（户）停建或缓建

由于严重的干旱，原本正常建设的规模养殖场被迫停建或缓建。据自治区水产畜牧部门统计，到3月底止，在旱区因旱而停（缓）建的规模猪场（户）234个、禽场（户）166个、牛羊场（户）495个。

三、当前广西生猪生产面临的困难与问题

（一）生猪等大牲畜饮水困难，需及时有效解决

目前，在广西百色、河池和崇左等地

市，严重的干旱导致池塘干涸，水库、河流水位极度下降，人牲饮水困难。如果旱情继续发展，保证基本的人畜饮水供给将愈来愈困难，牲畜疫病、死亡的现象将会加剧，养殖户因干旱也将会放弃畜牧业的生产，这些困难如不能得到及时有效的解决，将会对今后全自治区畜牧业的健康发展带来诸多隐患。

（二）重大动物疫病防控形势严峻

由于周边国家动物疫情频发、复杂，边境防堵压力巨大；与此同时，广东等地传有生猪口蹄疫出现，我区一些地方也有猪病的传闻；4月5日笔者回乡过清明节，有2户亲戚反映因饲养的生猪出现病状而提前被宰杀；由于干旱缺水，许多养殖户减少了猪舍清洗的次数，给生猪养殖埋下疫病隐患；目前正值春夏之交，气候反复无常，气温变化较大，是疫病暴发的高峰期，重大动物疫情防控形势严峻。

（三）养殖户积极性受挫

当前，在猪价下跌的过程中，作为养猪主要饲料的玉米价格却稳中有升，据自治区畜牧部门监测调查，一季度，玉米平均价格为2100元/吨，同比上涨17.5%，小麦麸平均价格1950元/吨，同比上涨11.8%。一方面是饲料价格大幅上涨，另一方面是猪价持续低迷，导致全自治区的猪粮比值已经连续多周低于6：1的警戒线；据自治区物价部门监测调查，3月31日，广西猪粮比为4.91：1。饲料价格的上涨和畜禽产品价格持续低迷，使养殖户陷入亏损。假如猪价低迷的状况延续下去，养殖户有可能大量淘汰母猪，动摇生猪生产的基础，影响后期生猪生产。

（四）本轮猪价下跌有可能成为今后拉动CPI上涨的动力

养猪是一个生产周期较长的产业，生猪出栏大概需要5—6个月的时间，而当前市场猪价变动对于整个养猪业资源配置具有滞后性，养殖户会根据当期的价格来决定后期的产量，如果当前猪价较低，养殖户压缩生产规模，会导致后期的猪肉供不应求，从而使得猪肉价格再次大涨；由于广西食品消费在CPI构成中约占33%，而猪肉消费占食品消费大约为11%左右，猪肉在整个CPI中的比重为3.7%左右，猪肉价格的涨跌成为全自治区物价指数变动的重要原因，如果后期猪价大进幅上涨，那么下半年乃至明年面临着通胀的压力。

四、下半年生产及价格形势预测

（一）生产情况预测

尽管当前广西生猪生产严峻的形势，生猪后期生产的隐患因素仍然较多，但是目前广西生猪存栏量依然保持较高的水平，随着我国经济形势的逐步好转、国家和地方各项畜牧业发展政策的全面落实、市场调控机制的不断完善以及抵抗各种风险能力的提高，预计下半年全自治区生猪生产仍呈平稳发展的态势。

（二）后期猪价预测

目前全自治区生猪价格处于波动周期的低谷，如果猪价继续下滑，养殖户亏损面继续扩大，极有可能会出现大量淘汰或宰杀母猪的现象，从而导致生猪饲养量减少，出栏量萎缩，生猪生产进入低谷。下半年或更长一段时间，预计猪价有可能会随着出栏量的逐步减少而呈缓慢回升的趋势。

2010年广西糖料蔗生产情况调查报告

李小雯

为提前预警广西糖料蔗生产情况，为自治区人民政府和有关部门做好宏观调控提供决策依据。根据自治区人民政府有关文件精神，2010年5月，国家统计局广西调查总队在国家抽样调查的36个县（区）、258个行政村、2580户农户中开展了糖料蔗生产情况抽样调查，通过进村入户访问种蔗户及由种蔗户填报糖料蔗种植及长势情况，汇总推算结果如下：

一、2010年广西糖料蔗生产的特点

（一）全年种植面积增幅较大

据调查推算，2010年，全自治区糖料蔗种植面积约为1400万亩，比上年增长9%左右。在调查户所在的蔗区中，除百色、崇左两市的糖料蔗面积出现减少外，其它糖料蔗产区的面积增幅都在5%以上，其中柳州、北海、钦州、贵港、河池等5个市的增幅超过10%。

（二）新植蔗面积比重加大

据调查推算，2010年广西区新植蔗（包括挖蔸翻种和新植部分）面积为479万亩，比上年增长47.7%，新植蔗占糖料蔗总面积的比重达34.2%，比上年增长8.8个百分点。柳州市鹿寨县调查的70户农户中，有16户种植糖料蔗，种蔗面积为355.4亩，其中新植蔗面积96.2亩，比上年增加了2倍多。

（三）用水田种植糖料蔗的面积增多

2009年8月以来，广西出现了秋冬春三季连旱，部分农户调整种植结构，把无水利保证的水田改种糖料蔗，使得2010年广西区种在水田的糖料蔗面积增多，据调查，2010年种在水田的糖料蔗面积比上年增长了11.3%。如：扶绥县昌平乡平白村岜帽一组，因农田灌溉管理费用太高，农户不愿意交纳管理费，从2008年起，岜帽一组上协、下协、那麦大片等三大地片的部分水田已改种糖料蔗。

（四）新台糖系列成为全自治区糖料蔗生产的主要品种

据调查推算，2010年，新台糖系列品种、桂糖系列品种、粤糖系列品种和其他品种的种植面积分别为1209万亩、70万亩、102万亩和20万亩，占全部糖料蔗种植面积的比重分别为86.3%、5.0%、7.3%和1.4%，可见，新台糖系列成为广西糖料蔗的当家品种，种植面积也比上年增长6.3%。

（五）糖料蔗生产成本继续攀升

据种蔗户预计，2010—2011年榨季平均每亩糖料蔗的生产成本（土地成本未包括在内，下同）为945元，比上年实际增长20%，其中：物质成本486元，人工成本459元，同比分别增长24.3%和15.9%。在物质成本中，平均每亩消耗的化肥和蔗种分别为310元和104元，分别比上年增长15.0%和67.0%；人工成本中，农户投工投劳折价和雇请劳动力费用分别为238元和221元，分别比上年增长17.7%和14.0%。

（六）糖料蔗收购价格大幅度提高

据调查，2009—2010年榨季农民出售糖料蔗平均价格为346元/吨，比上一榨季的279元多了67元，提高24%。这个榨季开榨后2个月内广西糖料蔗价格实行了两次价格提前联动，原料蔗进厂价从开榨初期的260元/吨上涨到314元/吨（未包括品种加价），榨季后期为了控制糖料蔗外流，不少地方在本蔗区范围内自行实施第3次价格联动，大部份蔗区的糖料蔗价格上涨到340元/吨以上，一些蔗区出现抬价抢购风，个

别地区糖料蔗价格达到400元/吨。

二、糖料蔗面积增长的主要原因

（一）糖价飚升，甘蔗收购价大幅度提高，农民种蔗积极性高涨

2009—2010榨季，广西区糖价一路飚升，因此驱动自治区政府出台相关政策，指导制糖企业大幅度提高了糖料蔗的收购价格。到4月30日止，一级白砂糖含税平均售价4834元/吨，同比上涨了53.4%；与此同时，蔗农出售糖料蔗平均价格高达346元/吨，按上年平均亩产4.67吨来计算，蔗农出售糖料蔗每亩收入达1616元，扣除每亩864元的生产成本后，农民种植每亩糖料蔗的纯收益达752元，比种植水稻、玉米、木薯和花生的效益都要高。在利益的驱动下，一些种植户扩大糖料蔗种植面积。如环江县长美乡八福村八福屯，往年以种植玉米为主，今年由于道路交通条件的改善及糖厂出台了一系列惠农政策，部份农户将水利条件较好的田地改种糖料蔗，在该屯10户调查户中，有2户农户种了32亩的糖料蔗。象州县象州镇龙富村，村民覃辉承包了77亩的岭地种植糖料蔗，比上年增加了58亩。去年糖料蔗价格低，农民大幅度调减种植面积，而今年糖料蔗收购价格大幅度提高，极大地调动了广大农民种蔗积极性，糖料蔗种植面积在恢复中增长幅度较大。

（二）各地政府出台鼓励种蔗政策

糖业税收是广西区各地财政收入和农民收入的重要来源，因此各地政府纷纷出台鼓励种蔗政策，积极扶持本地区蔗农种植糖料蔗。如扶绥县出台了2010年糖料蔗扩种6万亩的工作方案，鼓励农民改造低产果园、开挖荒山扩种糖料蔗，凡是利用低产果园改种和开挖荒山扩种糖料蔗连片10亩以上的，每亩补助机耕费150元；扩种甘蔗面积采用政府规定的糖料蔗优良新品种的，每亩补助80元。象州县县委、县政府也出台优惠政策，凡是利用水田种植甘蔗的，每亩补助250元；利用钩机开沟的，补助机耕费250元/亩；其他作物改种的，每亩补助100元；翻蔸重种的，每亩补助50元；地膜覆盖的，每亩补助60元；蔗叶还田的，每亩补助40元；蔗稍留种的，每亩补助60元。另外，大新、鹿寨、浦北等县也都出台相关政策，鼓励农民多种蔗。

（三）制糖企业大力扶持农民种蔗

2010年各地制糖企业也加大力度，扶持蔗区及蔗农发展生产。据反映，浦北县的制糖企业加大扶持力度，对新种植户免费提供蔗种，从种剑麻、果树、香蕉等作物中改种糖料蔗的，每亩补偿100元，对新老种蔗户先垫付肥料，待收蔗后扣还。宜州市的制糖企业对在2010年1月15日播种糖料蔗的农户每亩补贴345元，1月15日后播种的农户每亩补贴200元。象州县制糖企业实行保价收购，并垫支农户种蔗肥料款，待甘蔗入厂后按原价扣除，免收利息，据了解，2010—2011年榨季，象州县的博华、东糖两家糖厂预计为蔗农垫支的各种款项高达1500万元，同比增加1100万元。另外，环江、扶绥、大新等县的制糖企业均采取一些措施加大扶持力度。

三、糖料蔗生产中的一些问题

（一）受两种“极端”天气的影响，当前糖料蔗长势不如上年

2010年糖料蔗生产的前期，由于受两种“极端”气候天气的影响，糖料蔗长势不如上年。据气象部门介绍，2009年8月以来，广西出现了罕见的秋冬春三季连旱，4月份全区气温偏低，影响了广西区糖料蔗的生长，糖料蔗枯死、出苗率偏低、分蘖少、生产季节推迟；5月—6月份，广西区大部地区出现强降雨过程，洪涝灾害严重，部分蔗地受灾被淹，对2010年广西区糖料蔗生产带来负面影响，据调查户反映，当前糖料蔗长势普遍不如上年。

（二）蔗农种蔗效益不稳定，糖料蔗生产不稳定

近年来，由于化肥、农药价格及人工费用上涨过快，糖料蔗生产成本逐年提高，但出售糖料蔗的价格在市场调节下波动比较大，因此蔗农种蔗的效益不稳定，影响了糖料蔗的稳定生产。据钦州调查队反映，2010年钦州市化肥及农药等农用生产资料价格仍在高位运行，如钾肥每50公斤的价格高达250元，比上年涨了近一倍；同时，钦州市砍收糖料蔗的人工费用高达100～120元/吨；前年糖价下跌，蔗农减少了种植面积，去年糖价上涨，蔗农又增加了种植面积。

（三）机械化程度低

近年来广西区用拖拉机耕犁蔗地的现象逐渐增多，机械化程度有所提高，但地块过于零散，不利于规模经营管理，不利于机械化耕作，甘蔗中耕、施肥、喷药、砍收、装蔗等大部分工作仍主要靠人工来完成，总体来说，目前广西区种植糖料蔗中利用机械化耕作的程度仍很低。据扶绥县调查队反映，该县昌平乡平白村岜帽一组，实行联产承包后，每户的田地多达30多块，不少地块面积不到0.1亩，机械化程度很低。

（四）如何进行宏观调控，防止糖料蔗生产大起大落是当前急需解决的问题

近年来，为了防止广西区糖料蔗生产大起大落，自治区政府和有关部门也采取了一些措施，以稳定广西区糖料蔗生产，如2009年初，为了防止糖料蔗面积大幅度增加，有关部门曾经出台了调减糖料蔗收购价格的预案，当年糖料蔗种植面积大减，2009年底糖料蔗开榨后，受国际市场糖价不断攀升的影响，有关部门又先后两次出台糖料蔗价格提前联动的预案，糖料蔗收购价格大涨，使得今年全自治区糖料蔗种植面积大增，糖料蔗生产出现了大起大落了的现象。对此，如何进行宏观调控？才能既保证全自治区糖业持续健康发展，又能保证蔗农有稳定的收入，这是当前全自治区政府和有关部门必须面对和解决的问题。

四、建议

（一）进一步提高单位面积产量

由于城镇化、工业化进程加快，耕地面积逐年减少，而粮食安全问题日益严重，在广西区，蔗粮争地问题将越来越突出。因此，进一步提高糖料蔗单位面积产量应该是全自治区糖业发展新的增长点。目前，广西区糖料蔗平均亩产不到5吨，而一些优良品种的亩产高达8吨以上，如能将广西区糖料蔗的亩产提高到6吨以上，那么广西糖料蔗的产量在目前有限的土地上也能多增1000多万吨。因此，建议有关部门加大糖料蔗优良品种的开发、研究和推广力度。

（二）提高糖料蔗生产机械化程度，发展糖料蔗生产专业合作社

随着土地流转进程的加快，糖料蔗规模化生产的趋势将会日益明显。因此，应加快甘蔗生产机械化技术的开发和利用，尽量减少人工投入，降低生产成本，提高蔗农种蔗效益。同时，通过发展和壮大糖料蔗生产专业合作社，整合利用好蔗农间的技术、资金、农业机械以及劳动用工等，以利于种植成本的降低，增加蔗农收入。

警惕广西水果再次出现“卖难”现象

陈天录

广西是我国水果重要生产基地之一，柑橘产量全国第一，香蕉产量全国第二，荔枝种植面积占全国38.5%，人均水果拥有量达160公斤。近年来，随着水果丰歉年度的交替，果价也彼此涨跌，并屡次出现“卖果难，果贱伤农”现象，很值得反思，寻求对策。

一、“卖果难”现象屡次发生

2009年广西香蕉出现前所未有的销售困难，运输受阻，价格一路下跌，最初上市的8月份每公斤3.4元，9月份2.0～2.6元，10月份1.2～2.1元，到11月份最低时仅0.4～0.8元。价格最低时，在一些主产区的乡村镇，1元钱可以买到5斤、8斤。香蕉卖难引起国务院的高度重视，胡锦涛总书记亲自批示，要求全国帮助广西解决香蕉卖难问题。

在出现香蕉卖难之前，2009年广西已经出现了春季的“柑橘”卖难和秋季的“秋西瓜”卖难现象，只不过没有香蕉那样引起轰动。其实每隔几年，广西都会出现某个鲜果卖难现象，如2004年的荔枝卖难，收购价格每公斤最低0.6～1.00元时，一些果农干脆不收摘，而是让果在树上自然烂掉，直到现在某些荔枝果农都没有从那场阴影中走出来。

2009年广西水果种植面积、产量比1990年增长5.6倍、7.4倍。其中柑橘产量全国第一，香蕉产量全国第二，荔枝的种植面积占全国的38.5%，人均水果拥有量达160公斤。据调查统计，2009年广西城乡居民人均鲜果消费量在55公斤左右，剔除15%～20%的加工产品，人均仍然有80～90公斤左右要到市场去找销路，鲜果的鲜销压力非常大。2009年农民对部分香蕉种植技术进行更新改造，每亩的产量比2008年增加了395公斤，2010年广西水果种植面积只要维持在2009年的水平，随着水果种植技术的更新，产量比2009年大幅度增加是肯定的，因此，我们必须警惕广西水果再次出现“卖难”现象。

二、“卖果难”现象的原因分析

1．产业带基本形成，但种植分散管理粗放。近年来，广西水果生产逐步向优势区域集中，基本形成了市县乡村的产业链，但在优势产区也存在品种分区不明确、熟期过于集中、种植分散、果园管理粗放等问题，导致水果种植面积大、单产低、质量不高，家庭经营规模小、品种多，管理落后，与现代水果大市场难以对接，是制约广西水果规模化、专业化、集约化发展的主要原因。目前，香蕉类占总种植面积的20.6%，产量在全国仅次于广东，排全国第二；柑桔橙种植面积和产量均居全国第一。荔枝龙眼的种植面积也排全国前列。

2．生产者结构调整盲目性大，缺乏针对性和预见性。据调查，广西水果大众品种仍占70%～80%的比例，优质品种占20%～30%，比重低，生产者都是看市场，今年市场什么好卖就种什么，追逐利益最大化，不考虑明年市场情况，缺乏针对性和预见性，卖得出去，得好价钱，卖不出去，就是严重亏本。“价高农富，果贱伤农”，往往造成恶性循环。

3．销售渠道功能不全、服务体系不完善等弊端，致使水果流通效率低下。广西水果成熟季节过于集中，除柑橘应市季节比较长，从每年的7月份到次年的5月份止，长达11个月，其他比较集中，大部分集中在5、6、7、8、9月上市，80～90%是走鲜货销售，而且大部分保鲜期比较短，都是当天摘，当天消费掉或者两三天内必须消费掉，否则坏、烂掉，鲜品销售压力特别大。而目前的流通渠道主要有：一是“果农——消费者”提蓝式的直销渠道。二是“果农——中间商——消费者”箩筐式的流通渠道。三是“果农——合作社(专业协会)——消费者”板车式的流通渠道。四是“果农——基地——龙头企业——消费者”现代流通消费渠道。主要又以“提蓝式”与“箩筐式”没有定单的流通销售方式为主。明显存在流通主体规模小、实力弱、产销关系松散、中间环节多、渠道功能不全、服务体系不完善等弊端，致使水果流通效率低下。

4．东盟各国水果对广西水果呈冲击态势。而广西出口数量少、市场占有率低。广西和东盟各国的气候条件差异较小，许多水果的生产上市几乎是同时的，如每年的4、5月份开始，广西上市的桃子、李子、荔枝和西瓜，但同期越南、泰国也有荔枝、榴莲、山竹、芒果等水果的进口，同质、同价，消费者有大量选择的余地，会对一种全新的水果有尝鲜的冲动。据海关统计，2010年1—4月份，广西与东盟干、鲜水果及坚果累计贸易48.1万吨，占同期广西与东盟农产品进出口总值的50.9%。而同时广西出口到东盟各国的鲜果只有3万吨，数量极少。东盟各国大量水果进来，而广西本地大量水果上市，相互冲击广西市场，鲜销压力加大，最终受害者是果农。2010年4、5月份从越南过来的山竹果，占了南宁市场的半壁江山，分流了大量的消费群体，严重地冲击着本地水果的价格，对农民增收影响最大。

5．精深加工落后和融资难

（1）水果精深加工显得非常落后。尽管近年来我国在研究水果种植、品种开发方面取得了巨大成效，但储存、榨汁技术、设备及工艺方面，都是较为落后的。即收现卖或以小作坊粗加工半成品出售为主，产品档次低，且在包装、冷藏、保鲜、运销等方面也相对滞后，广西的水果加工企业七成以上是年产不足千吨的小企业， 缺少科研人才和一流的管理人才，且产品质量差。例如，目前广西荔枝龙眼加工企业约有600多家，产品却多为荔枝龙眼罐头、果干等传统初级加工产品，生产荔枝龙眼果汁、果酒、果酱等深加工产品的企业寥寥可数。目前广西水果加工能力占水果总产量的比重15%～20%左右，低于全国平均水平的一半。由于加工不足，鲜销比重过大且上市时间过于集中，成为果多价贱的一个重要原因。目前北方的苹果深加工能力达30%以上；发达国家水果深加工能力已经达到60%~80%。与临近的水果生产大省之一的海南省相比，广西也是显得相对落后，海南省单一个安定县，果蔬深加工企业就有3家，年产14万吨。“春光牌”系列水果薄饼，囊括了海南省的荔枝、龙眼、芒果等众多水果产品，这些产品在广西市场售价比海南高25%～35%，作为旅游产品而大受游客喜爱。而广西桂林也有一些土特产，但水果类比较少，钦、防、北旅游带，除海产品外，大部分的深加工水果产品都是从越南过来，不能不引起广西人的深思。

（2）融资难。近年来，广西放宽了中小企业融资门槛，但由于绝大多数农产品加工企业以家庭为主的作坊方式经营，想要贷到一定的资金还是相当困难的。如家庭作坊较多的荔蒲县，在十几年前就有几百多家，但发展到今天，作坊还是十几年前的作坊，人员还是原来的人员，有些甚至已经出局，为何？资金难以筹集，难以扩大规模和技术的改进，同时外省外国好货源的冲击，内外夹攻，能发展起来吗？要么倒闭，要么在夹缝中生存。

6．政府服务缺失。农业部门在种养上大搞科技创新，使这几年广西农业得到了快速发展，而工业部门到处招商引资，又

苦于找不到商机，而政府又没有搭好工业与农业穿针引线的服务平台，使得大量的农产品资源浪费，不仅工业得不到发展，又阻碍了农业的快步发展。

三、探求发展思路，解决“卖果难”问题

从目前国际和国内农产品市场供求来看，初级农产品市场已近于饱和，不管是进入国际市场还是发展国内市场，都需要多方寻找鲜果的销路或加快水果加工的步伐，更是今后广西农业发展的必走之路。

（一）依靠科技，种植上推行：合作化、规模化；管理上：大力推行水果生产标准化，提高水果质量

一是地方政府有关部门，有计划、分片、分批的把分散的种植户，引导他们走“合作化、规模化”。二是推进“科技兴果”。大力推广普及水果栽培技术，全面改革落后生产管理方式。三是加强苗木管理。大力推广良种苗木管理，尽快形成“统一管理、统一标准、统一价格、统一供苗、专业经营”的良种繁育与供应体系。四是强化栽培管理。制定合理的产量标准，实施生物病虫害防治，确保丰产不降质。五是严格质量管理，建立全程质量控制体系。全面提升水果质量安全水平。

（二）树立“品牌”意识，注重品牌专利申请，造就水果产业特色优势

1．继续开发老“品牌”，大力推出新品牌。到目前为止，广西树立农产品品牌意识在逐步增强，但广西名牌水果不多，老牌的主要有桂平麻垌荔枝、北流的妃子笑、容县沙田柚、恭城月柿和鹿寨县的“桂鹿牌”柑、融水县的“玉融牌”沙田柚、浦北县的“通天牌”香蕉、平南“石峡牌”龙眼、田阳县的香芒、灵山县的香荔、合浦县的鸡咀荔、富川脐橙等少数几个品牌。近年来开发的有：金穗香蕉、阳朔金橘、柳江冬葡萄、荔浦芋头、恭城月柿、永福罗汉果、北流凉亭鸡、法国朗德鹅肝、梧州三鹤六堡茶等。树立品牌意识很重要，如2009年的香蕉滞销到批发价格只有0.2元/公斤时，“金穗香蕉”因品牌效应，每公斤价格高达1.8元。因此，要树立品牌意识，加大创立名牌力度，开发一个品牌，就申请一个专利。美国的新奇士和施格兰两大柑橘龙头企业，以其著名的“新奇士”和“施格兰”两大商标品牌和良好的运作机制，在世界30多个国家和地区经销美国的柑橘鲜果和橙汁。因其营销网络健全、贮运体系完善，赢得了货畅其流、快捷高效的物流效应。

2．大力开发特色水果、生态水果。要充分利用广西地处亚热带，气候适宜、果品资源丰富等优势，因地制宜，进一步强化农产品质量安全工作，大力推广农业标准化生产和清洁生产，使科技创新应用和生态农业、特色农业发展成效突出。积极发展有广西特色的名特优稀水果生产。如发展优质荔枝、龙眼、柚子、香蕉、芒果等名特优产品，发展优质、营养、安全、无公害的绿色果品，发展立体种养、优势互补、综合利用效果好的生态水果等。力求生产出来的产品满足消费者需要，卖得好价钱。

（三）建立适应市场需求变化的流通信息网络，构筑内外营销大市场

各地方有关部门，建立现代化信息网络，和东北、中南、西北等大城市的水果协会、超市、供销公司建立广泛的联系等，收集他们有关果业信息，是盘活水果市场流通，实现广西水果业增产增效的关键所在。因此，一要增加政府职能，以技术创新引导果农种植的同时，强化流通服务工作。建立、完善现代化的流通信息网络，以灵活多样的方式及时给农民提供市场供求信息，指导农民按市场需要发展生产，帮助农民寻找销路，促使农民增产增收。二要在政策上鼓励国家、集体和个人成立专业公司、企业，组织农民形成贸工农一体化、产加销一条龙的与市场紧密相连的生产经营单位，保持适度规模化，以

便化解市场风险，消除果农的后顾之忧，不断提高经济效益。三要对出口产品推行国际标准，强化种植质量管理，才能扩大出口的销路。

（四）大力推进广西水果深加工科技创新

1．大力推进果汁、果酱及果品系列产品的深加工生产，引进国内外先进的果汁生产线和生产果品的实力企业进驻广西，实现广西水果增值、工业增值、加快城镇化建设。中国的入世，使中国的热带果汁出口与巴西、菲律宾、南非、美国这些果汁出口大国站在了同一起跑线上，每吨浓缩果汁大约可提高100～200美元左右的竞争力。从而为中国热带水果果汁产业带来了极大的发展机遇。同是后发展国家的巴西，果汁加工达90%以上。广西的水果含水份极高，果汁生产得天独厚，市场需求量大，前景广阔。因此，一旦兴办果汁生产厂，果农可以先将靓果卖到市场、罐头厂，剩下的三流小的、次的水果再卖到果汁加工厂，增加了果农的收入，同时也扩大了就业，对加快城镇化建设起到举足轻重的作用。此外，热带地区的水果有些收获期季很长，例如香蕉、菠萝，几乎整年都可收获，橙子、酸杨桃的收获季节可达半年。正是由于品种繁多，收获季节长，使加工企业长年均可生产，产量大，机器使用效率高，从而有效降低生产成本，提高产品的竞争力。因此，只有对水果进行深加工，才能跳出水果“卖难”“果贱伤农”的怪圈。同时才能实现广西水果增值、工业增值、加快城镇化建设的作用。

2．大力开发果酒的生产。目前广西有些农业专家在果酒方面申请了专利，而且口感非常好，必须大力挖掘、开发。

3．国家尽快制定深加工果汁“标准”的出台。国家尽快制定浓缩果汁、果酒的行业标准或国家标准，改变目前各个企业各自参照国外同类产品标准进行生产的无序状况。目前最大的困境是，像统一鲜橙汁，由于国家没有统一果汁标准出台，为了获取最大的经济效益，仍然以生产带色素的低成本的饮料为主。阻碍着水果深加工业的进程。

（五）增加水果深加工经费和培养人才

政府应增加水果深加工研究的经费，力争在近年内解决香蕉、芒果、柑橘、西瓜、荔枝等水果生产加工中的难题，结束国内市场以色素饮料为主变果汁为主的市场导向，结束我国至今尚未能生产出上述水果浆汁符合出口标准的历史。和有条件的大学，开设果汁加工的课程，为该产业培训一批专家人才。

2010年一季度广西农村居民现金收支双增长

覃 飞

2010年以来，广西各级党委、政府继续认真贯彻中央1号文件，加大落实各项支农惠农政策，强化科技支农，推进新农村建设，扩大就业门路，全自治区农业生产稳定，农民就业形势改善，甘蔗、水果等大宗农产品已在干旱严重前基本收摘，农村居民现金收支保持较好增长。

一、农村居民现金收入呈现“三增一平”的态势

据农村住户调查显示，2010年一季度广西农村居民人均现金收入1328.0元，比上年同期增加177.1元，增长15.4%，增幅比上年同期提高12.8个百分点。现金收入增长的特点有：

1．工资性收入稳定增长。2010年一季度，广西农村居民人均工资性收入为422.7元，比上年同期增加75.3元，增长21.7%，拉动一季度农村居民现金收入增长6.5个百分点。其中：在非企业组织中劳动得到收入49.7元，比上年同期增长24.0%；在本乡区域劳动所得收入168.2元，比上年同期增长18.7%；外出从业所得收入204.9元，比上年同期增长23.7%。

2．家庭经营现金收入继续增加，比重下降。2010年一季度，广西农村居民人均家庭经营现金收入为803.8元，比上年同期增加86.3元，增长12.0%，拉动一季度农村居民现金收入增长7.5个百分点；占期内现金收入的比重由上年的62.3%下降到60.5%，回落1.8个百分点。农村居民第一产业现金收入人均697.6元，比上年同期增加69.8元，增长11.1%。其中：农业现金收入人均490.6元，比上年同期增加93.3元，增长23.5%；牧业现金收入人均178.3元，比上年同期减少34.2元，下降16.1%；林业现金收入人均16.4元，增长59.2%；渔业现金收入人均12.3元，增长60.5%。第二产业现金收入人均27.7元，增长16.4%；第三产业现金收入人均78.5元，增长19.2%。

3．转移性收入增长，财产性收入持平。2010年一季度，农村居民转移性收入人均90.6元，比上年同期增长20.9%；财产性收入人均10.9元，与上年同期持平。

二、农村居民收入增长因素分析

1．出售农副产品数量增多，拉动家庭经营收入增加。2010年一季度农村居民人均出售蔬菜39.0公斤、糖料蔗916.2公斤、园林水果18.4公斤、猪肉8.1公斤、鱼类0.6公斤，分别比上年同期有不同程度的增长。出售农副产品的现金收入人均700元，比上年同期增加72.9元，增长11.6%。

2．出售农副产品价格提高，拉动家庭经营收入增加。2010年一季度，广西甘蔗、水果、稻谷、油料、鱼类的价格均有不同程度的提高，农村居民出售糖料蔗的价格同比上涨21.4%、水果上涨25.5%、稻谷上涨6.6%、油料上涨50.3%、鱼类上涨2.8%。尤其是甘蔗，在2010年一月份广西政府发文《关于2009—2010年榨季糖料蔗收购价格实行再次提前联动的通知》里提前联动普通糖料蔗收购价格为314元/吨。据调查一季度农村居民出售糖料蔗由上年每吨280元上涨到今年的每吨340元，出售糖料蔗的收入人均312.6元，比上年同期增加63.5元，增长25.5%。使广西约占30%有种植甘蔗的农户明显受益。

3．农民工外出人数增加，本地务工的人数增多。随着经济向好发展，东部沿海

地区需要大量民工，部分地区“民工荒”后提高农民工工资水平和3月份后部分地方干旱变为严重等因素的影响，农民工外出人数增加，据农民工监测调查，一季度农民工人数同比增加1.1%。同时农民充分利用自己的优势和有利条件，务工不离田地，利用部分时间外出打零工—砍甘蔗、做泥水工等，据调查砍蔗工钱由上个榨季45元/天提高到现在60元/天，帮人装甘蔗上车由原来的每吨12元上涨到每吨15元，2010年一季度广西农村居民本乡地域提供劳务收入人均155.8元，增加23.9元，增长18.1%。

三、当前影响农民增收的不利因素

1．干旱严重。部分非农业主产区干旱严重在一定程度上影响春种农作物的播种，将影响今后的收成。

2．严重的旱情和粮价上扬加重了农户惜售存粮观望的心理，农民出售稻谷数量减少。去年8月以来，广西部分地区降雨明显减少，出现了不同程度的旱情，部分地区农作物受灾严重，市场粮价上扬农户存在惜售存粮观望的心理，出售粮食数量减少。据调查资料显示：农民家庭出售稻谷数量人均为19.3公斤，比上年同期下降20.0%。

3．生猪、仔猪和家禽出售价格继续下跌，农村居民牧业现金收入减少。受畜禽养殖的快速发展和部分“高热病”影响，当前生猪、仔猪、家禽等畜牧业产品价格继续下跌，出售肉猪价格同比下跌15.9%、仔猪价格下跌21.2%、家禽价格下跌8.8%；虽然农村居民人均出售肉猪的数量增长13.9%，但出售肉猪现金收入却下降4.3%。

四、农村居民生产费用支出增加

2010年第一季度农村居民人均生产费用支出313.5元，比上年同期增加41.5元，增长15.3%。由于甘蔗价格大幅度上扬，农民对种蔗信心倍增，从而加大投入，这是农民生产投资增加的主要原因。具体是：

1．家庭经营费用支出全面增长。2010年第一季度农村居民人均家庭经营费用支出275.0元，比上年同期增加33.7元，增长14.0%，第一产业生产费用支出增长13.4%，其中：农业生产费用支出人均156.9元，增长14.0%；牧业生产费用支出人均90.2元，增长15.5%。第二产业生产费用支出增长42.2%。第三产业生产费用支出增长12.5%。

2．购买化肥、农药等农业生产资料数量增加。2010年一季度全自治区农村居民人均购买化肥41.6公斤，比上年同期增长17.1%；购买农业用柴油量增长15.6%，购买农药增长2.0%。

3．购置生产性固定资产支出增加。一季度广西农民购置生产性固定资产人均支出38.4元，比上年同期增长26.1%，主要是农民购买役畜、产品畜以及运输机械支出大幅度增加。

五、农村居民人均生活消费现金支出增长

2010年第一季度农村居民人均生活消费现金支出726.3元，比上年同期增加139.3元，增长23.7%，呈现出消费需求全面增长，消费结构不断优化的良好态势。

1．家庭设备用品及服务支出和交通通讯支出增幅较大。2010年第一季度农村居民人均家庭设备用品及服务支出49.9元，增长40.8%，主要是购买家具及机电设备增加。交通通讯支出87.7元，增长49.9%，购买生活用汽车、摩托车增加。

2．衣着、食品、居住等保障消费支出增加。在食品消费方面，食品消费质量不断提高，营养结构不断改善，2010年第一季度农村居民人均食品消费支出255.9元，增长21.9%，购买蔬菜及制品、肉禽

蛋奶及制品、水产品及制品等均有不同程度的增长。在衣着消费方面，购买成衣服装增加，2010年第一季度农村居民人均衣着支出同比增长29.4%。在居住消费方面，居住环境的改善需求不断攀升，新建和新修住房的农户明显增多，购买水泥、砖、瓦等建筑材料增长，2010年第一季度农村居民人均居住消费支出171.0元，增长22.9%。

3．文化教育、医疗保健等消费也在增长。文化教育娱乐用品及服务消费支出人均54.7元，增长6.6%；医疗保健消费支出人均47.8元，增长9.6%；其他商品和服务消费支出人均26.4元，增长11.9%。

2010年一季度农业生产形势喜忧参半

杨明东

2010年一季度，广西出现了罕见的从2009年8月起的秋冬春三季连旱。长期干旱导致土地龟裂、小河断流、水库储水减少甚至干涸、庄稼萎黄枯死、出现人畜饮水困难的窘境，严峻旱情给广西灾区人民的生产生活带来了极大的挑战。但在自治区党委、政府的领导下，广西各地抗旱保春耕生产，最大程度地减少农业损失，广西抗旱及农业生产形势有喜有忧。

一、喜：

（一）各级领导和部门重视，灾区人民抗旱信心不断增强

广西严重的旱情，得到了党和人民的关怀与支持。2010年2月12日至13日，国务院总理温家宝来到广西河池市东兰县、巴马瑶族自治县，看望慰问受灾群众，指导抗旱救灾工作；自治区党委和政府审时度势，迅速成立自治区抗旱救灾工作领导小组，并开展全区抗旱救灾工作督促检查活动；同时，“情系灾区，爱润旱区”募捐活动如火如荼在全区各地展开，自治区四家班子领导带头向灾区捐款，各机关单位、社会团体、企事业单位、人民群众等也纷纷捐款捐物，奉献爱心；“齐心协力，抗击旱灾”，人民子弟兵、武警战士、消防、民政、水利、国土资源、地质矿产勘查、气象、和农业等部门的工作人员深入灾区，为灾区人民寻找水源、打井送水；给灾区人民送来了党的关怀和祖国人民的爱，极大地鼓舞了灾区人民战胜旱魔的信心和勇气。

（二）灾区人民不等不靠，积极开展生产自救

灾情发生后，广西区各地认真贯彻党中央、国务院领导同志重要指示精神和自治区党委、政府的决策部署，紧急行动起来，精心组织，提出了“春季损失全年补、种植业损失养殖业补、灾区损失非灾区补、农业损失非农业补”的“四补”总体要求和“保饮水、保种苗、保安全、保增长、保增收”的“五保”目标任务，积极落实“送资金、送物资、送种苗、送技术、送服务”的“五送”措施，结合深入开展强基惠农春季大行动，全力以赴组织开展抗旱救灾工作。灾区各地迅速行动起来，开展各种生产自救，崇左市江州区那隆镇王沙村都义屯屯长黄仁忠，因连日来带领村民们到处寻找水源、砌蓄水池，劳累过度而献出宝贵的生命。

（三）当前旱情逐步缓解，各地积极推进春耕春播春种生产进程

四月上旬，受冷暖空气影响，全自治区出现降雨天气过程。目前，局部旱情有所缓和或缓解，各地群众迅速耕地、耙田、播种、插秧，春耕生产进程明显加快。据了解，截至4月上旬，北海、玉林、防城港、贵港、崇左市早稻浸播种已完成，南宁、梧州、钦州、百色、贺州市的早稻种子浸播已超九成。

（四）非旱区春耕生产正常，形势向好

虽然广西局部地区长期干旱导致土地龟裂，出现人畜饮水困难的窘境，但桂林、梧州、贺州、玉林、贵港、钦州、北海、防港市等非旱区春耕生产正常开展，形势向好。3月7日，广西春耕生产现场会议在浦北县如期召开，拉开了广西春耕生产的序幕，据了解，非旱区春耕生产正常，形势向好。

（五）旱灾没有引发农产品价格大幅上涨

据国家统计局广西调查总队调查，2010年1季度广西农产品生产价格指数为

104.05，价格（比上年同期，下同）上升4.05%，其中种植业产品生产价格指数为110.10，比上年同期上升10.10%，提高甘蔗收购价格是导致种植业产品生产平均价格上涨的主要因素，牧业产品生产价格指数为90.99，价格回落9.01%，渔业产品生产价格指数为104.21，比上年同期上升4.21%。据反映，目前灾区物价水平基本正常，没有大涨大落的现象。

二、忧：

（一）旱区已播种的春种作物受灾严重，产量受影响

广西区受旱严重的地方，如南宁市、柳州市、百色市、河池市、来宾市、崇左市等市局部地区长期干旱导致土地龟裂，出现人畜饮水困难的窘境，严重影响了春耕生产的正常开展，已播种的春种作物受灾严重。据了解，农作物受旱面积较大的是柳州、崇左、百色、南宁、河池、来宾市，受灾面积共占全区受灾面积的84.7%。据国家统计局靖西调查队反映：由于干旱，靖西县春节前已经播种长苗的10万亩玉米全部枯萎；国家统计局都安调查队反映，由于干旱种下的玉米虽已出苗，但出苗率不理想，且苗根单薄，禾苗长势不佳。因人畜饮水都很困难，因此无法抗旱保苗，目前农作物死苗增多，同时干旱伴随的虫灾加速蔓延，尤其是青枯病，如果再干旱半个月，大部分玉米苗将进入枯死状态；宜州调查队反映：由于干旱，已播种的早中玉米发芽率仅有60%左右，并且生长缓慢，苗情约10公分高，又无法培土施肥。

（二）灾区早稻插秧进度慢，影响下半年粮食生产

由于干旱严重，旱区无水办田，早稻插秧进度慢。据农业部门农情统计，截至2010年4月8日止，全自治区水田295.55万亩缺水，旱地466.15万亩缺墒，247.81万亩耕地因旱未能播种，由于缺水迫使春耕生产进度放慢，全自治区犁耙田828.14万亩，同比少109.12万亩，减少11.64%，浸播种2349.12万公斤，占应播种子的94.22%，同比放慢4.82个百分点，同比少166.3万公斤，减少6.61%，早稻插秧448.68万亩，同比少235.72万亩，减少34.34%。尤其是受旱严重的南宁市、柳州市、百色市、河池市、来宾市、崇左市等市早稻插秧进度缓慢，已插面积分别为种植意向的22.42%、0.08%、21%、2.85%、2.17%、5.32%。据国家统计局上林调查队反映：该县5个农作物面积和产量调查村，只有三个村早稻已浸种播秧，但大田还没有水犁耙，那君村天福庄，由于干旱不知是否有水种早稻，目前村民还没有购买谷种。

三、建议

（一）加快灾区春耕生产进度

随着雨季到来，绝大部分地区的旱情将得到缓解或解除，各地应抓紧对受灾作物的管理养护，及时组织指导农民进行除草、培土、施肥和补苗，减少灾害造成的损失；同时，要加快灾区春耕生产进度，调整种植结构，完成春播任务。

（二）做好非灾区农业生产管理

旱情缓解后，农业生产的重点应转移到非灾区，确保非灾区农业生产管理特别是粮食生产的管理，确保非灾区粮食生产增产丰收，以免全区粮食产量出现因灾而大幅度波动。

（三）做好下半年农业生产特别是粮食生产计划

由于春耕进度因灾被迫放慢，春播结束时间可能较晚，做好下半年农业生产特别是粮食生产计划尤其重要，要因时制宜地准备各种良种、化肥等农业生产资料，为夺取下半年农业生产特别是粮食生产获得增产丰收提供物质保障，确保全年粮食产量基本稳定。

（四）集中力量开展乡村水利基础设施建设

由于广西旱区大部分位于石山地区，属于典型的喀斯特地貌，特点是地下溶洞多，地表难储水，雨天易涝，晴天易旱。因此，统一规划，分期分批，大规模建设永久性田头水柜、打井取水等方法是解决当地人畜饮水和农业生产用水的好办法，争取用几年时间基本解决石山地区用水的问题。

2010年上半年广西农村居民收入保持较快增长

蒙洪萍

2010年以来，广西各级党委、政府认真贯彻中央1号文件精神，积极落实各项支农惠农政策，加大农村各项基础设施的投入力度，推进新农村建设和农村经济结构的调整，扩大就业门路，实现了农业生产与农民就业双稳定。农村住户抽样调查显示，2010年上半年，克服了局部地区严重旱、涝灾害的不利影响，广西农村居民现金收入保持较快增长。

一、农民现金收入情况

2010年上半年，广西农村居民人均现金收入2605.5元，同比增加292.6元，增长12.7%，增幅比上年同期高5.5个百分点。

1. 工资性收入增长较快。人均工资性收入795.0元，同比增加130.0元，增长19.6%，占上半年农民现金收入增加额的44.4%。

其中，在非企业组织中劳动得到收入94.5元，同比增长19.2%；在本乡区域劳动收入309.3元，同比增长11.7%；外出从业收入391.2元，同比增长26.7%。

2. 家庭经营现金收入稳定增长。上半年，广西农村居民人均家庭经营现金收入1619.0元，同比增加160.3元，增长11.0%，占上半年农民现金收入增加额的54.8%。

在家庭经营现金收入中，第一产业人均现金收入1406.0元，同比增加122.8元，增长9.6%。其中，农业现金收入905.9元，增加114.3元，增长14.4%；牧业现金收入427.0元，减少10.2元，下降2.3%；林业现金收入37.4元，增长36.1%；渔业现金收入35.7元，增长32.4%。第二产业人均现金收入49.8元，增长16.5%；第三产业人均现金收入163.2元，增长23.0%。

3. 财产性收入小幅增长，转移性收入基本持平。上半年，农村居民人均财产性收入22.9元，同比增长6.5%；人均转移性收入168.7元，同比增长0.6%。

二、影响农村居民现金收入增长的因素

（一）不利因素

1. 干旱对各市县农民工资性收入和家庭经营收入影响各异。根据调查，旱灾对2010年上半年广西各市县农民现金收入中家庭经营收入和工资性收入的影响各异。重旱区主要农产品普遍减产，农户家庭经营收入普遍减少；中轻旱区却由于干旱导致的农产品市场价格上涨，而出现虽然主要农产品减产但家庭经营收入增长的现象。

部分重旱地区，如田林县，由于持续严重干旱，很多水田、旱地无法耕种，农村劳动力相对富余，这些劳动力临时外出务工或在本乡内做零散活，工资性收入同比增加，提供劳务收入人均121.3元，增长48.1%。而家庭经营现金收入人均224.43元，比上年同期下降13.1%，减幅较大。

同为重旱区的田阳县，却因干旱天气对该县秋冬菜生产影响不大，但对秋冬菜病虫害的发生有抑制作用，秋冬菜病虫害的发生大为减少，产量大幅度提高，出售量也随之增加，从而拉动了农民收入增长。调查资料显示，2010年上半年田阳县农民出售秋冬菜数量人均1377.2公斤，同比增加637.0公斤，出售鲜菜现金收入人均2145.1元，同比增加590.0元，增长37.9%。占2010年上半年农民现金收入的比重为56.0%。

受灾较轻的扶绥县，由于靠近左江，在干旱期可以利用水利设备抽水淋菜，也

因此受益于旱灾拉动的蔬菜价格上涨。

2．生猪疫情影响牧业收入。2010年上半年，受部分地区爆发的生猪“高热病”和畜禽养殖快速发展出栏量增大等因素影响，生猪、仔猪、家禽等畜牧业产品价格出现下跌，农村居民牧业现金收入下降2.3%。农民出售肉猪价格同比下跌13.3%，虽然上半年农村居民人均出售肉猪的数量增长了15.8%，但出售肉猪现金收入却仅增长0.4%。此外，出售仔猪价格下跌19.0%，致出售仔猪收入下降36.3%；家禽价格下跌3.1%，禽蛋类价格下跌27.1%。

3．农户惜售存粮降低出售收入。2010年上半年，严重的旱情和粮价上扬加重了农户惜售存粮观望的心理，农民出售稻谷数量减少，限制了上半年现金收入的增长幅度。调查资料显示，上半年，农民家庭人均出售稻谷数量为42.8公斤，同比下降19.2%；出售稻谷人均收入95.2元，同比下降12.6%。

（二）有利因素

1．主要农产品价格上涨拉动家庭经营现金收入增长。

（1）糖料蔗价格联动机制保障农民收益。去冬今春国际食糖价格上扬，2010年1月，自治区政府发文《关于2009—2010年榨季糖料蔗收购价格实行再次提前联动的通知》，提前联动普通糖料蔗收购指导价格为314元/吨，使种植糖料蔗的农户明显受益。调查显示，上半年农村居民出售糖料蔗数量下降了2.9%，但因平均出售价格由上年每吨280元上涨到每吨340元，农民出售糖料蔗人均收入437.3元，同比增加74.5元，增长20.6%。

（2）蚕茧价格上涨幅度大。2010年上半年，蚕茧价格大幅度上扬，农户出售蚕茧价格平均达30.2元/公斤，增60.2%。农民出售蚕茧人均收入82.4元，同比增加25.7元，增长44.6%。

（3）粮食、水果、油料、鱼虾等出售价格均有不同程度的提高。2010年上半年，广西农民出售粮食、水果、油料、鱼虾的价格均有不同程度的提高，农村居民出售粮食价格同比上涨10.1%、水果上涨11.9%、油料上涨37.6%、鱼类上涨39.6%、虾类上涨18.9%。农副产品出售价格提高，拉动家庭经营收入增加。

2．工资性收入出现恢复性上涨。2009年初，受金融危机影响，农民工返乡潮爆发，随着经济回暖和向好发展，2010年农民外出务工人数及收入水平均出现恢复性上涨，带动了工资性收入增长。

（1）外出务工人数增加，工资水平上涨。年初以来，东部沿海地区用工需求激增，部分地区甚至发生“民工荒”，企业纷纷提高招工工资标准，改善工作环境以吸引外来务工者。加之2010年上半年广西部分地区遭遇严重干旱，农业生产不能正常开展，农民外出人数增加，据在32个市县2310户调查户中开展的农民工监测调查数据显示，二季度末，广西农村居民外出务工人数同比增加3.2%。外出务工人员平均月工资收入1300元，较2009年二季度的1123.2元上涨15.7%。外出人数增长与外出工资水平提高，促使上半年广西农民人均外出从业收入达到391.2元，同比上涨26.7%。

（2）本地非农务工工资水平上涨。农民充分利用自己的优势和有利条件，务工不离田地，利用农闲时间在本地提供劳务，拉动了工资性收入的增长。据对河池、宜州、来宾等11个县市调研反映：2010年以来，广西各地农村人工费大幅上涨。由于农村剩余劳力大部分外出，导致留守劳动力价格上涨。如百色市芒果种植农场喷药工的工资从上年平均每天30元涨到今年的45元；砍蔗工钱由上个榨季45元/天提高到现在60元/天；种菜的人工费上年为每天40元，2010年涨到60~70元；北海和钦州的水产品养殖场，2010年以来的平均工资上涨10%~15%，一些工作强度大的工种上涨幅度更大，如翻塘工的工资从上年平均每天50元左右上涨到今年的80元，

有时还请不到工人。

本地非农务工收入水平的上涨拉动了工资性收入的增长。上半年广西农村居民本乡地域提供劳务收入人均283.7元，增加25.2元，增长9.7%。

（3）政策向基层干部、教师倾斜。近两年，自治区党委、政府下发《关于提高村干部待遇，建立健全村干部激励保障机制的通知》、《关于印发广西壮族自治区义务教育学校绩效工资实施意见的通知》等政策文件，随着政策在各地逐步实施，乡村干部、教师工资收入同比增长较大。上半年，村干部工资增长18.0%，而乡村教师工资增幅达30.6%。

三、农民人均现金支出情况

2010年上半年，广西农村居民人均现金支出2086.9元，同比增加185.9元，增长9.8%。

（一）生产费用支出下降

2010年上半年农村居民人均生产费用支出684.9元，同比减少12.5元，降1.8%。农林牧渔业生产投入“两增两减”。上半年，农民人均家庭经营费用支出612.5元，同比增加23.0元，增长3.9%。其中，第一产业生产费用支出增长3.1%，第二产业生产费用支出增长20.6%，第三产业生产费用支出增长13.6%。第一产业生产支出中，农林牧渔业生产投入“两增两减”：农业生产费用支出人均365.5元，增长4.9%；林业生产费用支出人均5.4元，降26.0%；牧业生产费用支出人均184.3元，降1.8%；渔业生产费用支出人均11.5元，增长81.8%。农业生产费用支出增多主要是由于糖料蔗价格大幅上涨，政府收购指导价能及时跟进市场价格变化，收益有保障，农民加大种蔗投入，购买化肥、农药等农业生产资料数量增加。此外，农业生产资料价格上涨也造成了生产费用的增加。上半年，农民购买农药支出涨5.0%，购农业用饼肥价格涨16.8%、薄膜涨12.3%，燃料涨19.6%。

农民的牧业生产投入减少的主要原因是上半年来，生猪价格一路走低，农民养猪积极性受挫，造成农民购买牧用生产资料（如仔猪、粮食饲料和配合饲料等）支出减少。上半年，农户购买仔幼畜等生产资料支出下降17.2%。

渔业生产费用增加也是由于今年来渔业产品如鱼虾价格上涨，养殖收益较好，农民增加投入，2010年上半年，农户购买渔业用生产资料和饲料支出分别上涨31.2%、272.6%。

（二）生活消费现金支出增速较高

2010年上半年农村居民人均生活消费现金支出1311.9元，同比增加186.4元，增长16.6%，八大项生活消费需求全面增长，消费结构优化。

1. 家庭设备用品及服务支出和交通通讯支出增幅较大。2010年上半年农村居民人均家庭设备用品及服务支出92.7元，增长27.1%，主要是购买家具及机电设备增加。交通通讯支出156.2元，增长35.9%，主要是购买生活用汽车、摩托车增加。

2. 衣着、食品、居住等保障消费支出增加。在食品消费方面，食品消费质量不断提高，营养结构不断改善，2010年上半年农村居民人均食品消费支出474.5元，增长12.1%，一方面是购买蔬菜及制品、肉禽蛋奶及制品、水产品及制品的数量有所增长，另一方面是这些食品价格均有所上涨。在衣着消费方面，购买成衣服装增加，2010年上半年农村居民人均衣着支出同比增长17.2%。在居住消费方面，居住环境的改善需求不断攀升，建房、购买商品住房和装修住房的农户增多，2010年上半年农村居民人均居住消费支出321.0元，增长20.3%。

3. 文化教育、医疗保健等消费也在增长。文化教育娱乐用品及服务消费支出人均71.1元，增长1.4%；医疗保健消费支出人均106.2元，增长8.5%；其他商品和服务消费支出人均41.9元，增长9.0%。

四、2010年全年农村居民收入增长趋势分析

2010年上半年农民现金收入的增长额中，家庭经营现金收入与工资性收入增加额占了99.2%，而家庭经营现金收入和工资性收入的增长在很大程度上是依赖糖料蔗等大宗农产品价格上涨和农民外出务工恢复性收入增长来推动的。2010年下半年，这些拉动上半年农民现金收入的增长点面临诸多变数：

1．农产品价格易波动。除了糖蔗这一大宗农产品是政府定价外，其它农产品价格均易受市场影响产生波动。受东盟自由贸易区全面放开带来的东盟各国廉价农产品的冲击，广西农民出售农产品价格难以持续上扬，农民的家庭经营性收入中种植业收入增收空间小。

2．生猪价格低迷的态势不能乐观。生猪价格一直是影响广西农民家庭经营性收入的重要因素，生猪价格恢复增长的迹象尚未显现，前景并不乐观。

3．旱涝灾害的部分滞后效应将在2010年下半年显现。2010年上半年来，全自治区先旱后涝，气候不佳，对农业生产的影响因滞后效应在2010年下半年将逐步显现。年初因干旱各种农作物如烤烟和早玉米不同程度受灾和迟播，甚至有些作物因旱改种；5月份以来，又出现了连续强降雨天气，日照普遍偏少，部分地区发生洪涝淹泡灾情，对农作物生长发育不利，对全年度农业收成可能造成较大影响。

4．宏观调控压力增大，农民外出就业形势不明朗。目前广西农村居民外出务工从事的主要行业是制造业与建筑业。2010年以来，中央为避免恶性通货膨胀风险，宏观调控压力增大，制造业与建筑业景气度受到影响，农民外出务工形势不明朗。

5．糖料蔗、烤烟种植面积减少。年初，自治区相关部门分别下文对糖料蔗、烤烟种植面积进行了调控。对特色产业种植面积的调控有利于产业的长期健康发展，但短期内会影响到收入的同比增长幅度。尤其是糖料蔗收入对广西农民家庭经营收入影响很大，种植面积减少，将在一定程度上影响农民收入增长幅度。

五、促进农民持续增收的几点建议

1．建立完善农产品和农资价格监控调节机制。建立健全农产品供求价格分析预测预警机制，不断完善主要农产品最低收购保护价制度，避免农产品生产价格大起大落。加强农产品价格监测和信息服务工作，建立覆盖乡镇、农业产业化龙头企业、农产品批发市场、经营大户的价格信息服务网络，及时向农民提供价格信息咨询服务，引导农民应用新技术调整生产结构，促进农村经济健康发展。加强农产品成本调查工作，全面真实地反映农业生产成本效益情况，为制定农村经济、农业补贴和农产品价格政策提供科学依据，并通过成本收益对比分析，帮助农民找到提高效益、增加收入的新途径。

2．加大农业基本建设投入与农业科技指导力度。要抓好农田水利基本建设，切实加大公共财政对农田水利基本建设的投入力度；鼓励和吸引社会资本参与农田水利基本建设，大力发展国有资本、集体资本和民营资本参股的混合所有制农田水利工程；加大对农村的科技指导投入，加大抗旱节水等先进农业科技推广力度，普及和引导滴灌技术、套种技术等，切实提高农业抗御自然灾害和市场风险的能力，确保农民收入持续稳定增长。

3．建立生猪生产的信息发布和预警机制。生猪养殖在广西农业生产中起举足轻重的作用，以生猪收入为主的牧业收入对农民收入的变动趋势影响很大。各级各部门应建立健全生猪产销信息网络和预警预报体系，合理引导农民养殖，准确调控生猪市场；积极引导养殖户与龙头企业建立

稳定的合同关系和利益联合机制，共同承担生猪市场风险，防止“肉贱伤农”。

4．采取积极措施稳定和促进农民工就业。积极在区内扶持中小企业、发展服务业，增强本地区就业吸纳能力；完善与主要劳务输出省区的对接机制，有针对性的开展培训与有组织输出，引导农民工有序就业；加强农村劳动力转移就业服务信息网络建设，建立及时快捷的用工信息发布渠道，及时提供有效岗位信息；做好农民工社会保障和公共服务工作，切实保障返乡农民工土地承包权益。

广西夏粮收购稳步推进　存在问题有待解决

王　飞

“民以食为天”，粮食问题是关系国计民生的头等大事。为了解全自治区当前夏粮收购的进展情况和存在的困难，近期国家统计局广西调查总队对全自治区部分地区进行了专题调研。调查结果表明：2010年自治区政府加强了广西夏粮收购工作的统一管理，全自治区的夏粮收购工作正在稳步推进，但是整体形势不容乐观，还存在一些值得关注的问题。

一、夏粮收购情况

1．收购工作稳步推进，但收购进度相对缓慢。2010年全自治区粮食收购工作正在稳步推进，自治区政府有关部门在7月7日给各市政府、财政局、粮食局、物价局和农发行等下发了《关于确定2010年储备粮直补订单粮食收购价格等有关问题的通知》（桂财企二〔2010〕32号）文件，对全自治区2010年的粮食收购工作加大了管理力度。但是粮食收购进度比往年推迟。一是早稻插秧期间受到干旱影响，插秧比往年推迟，导致收割时间也有所推迟，加上后期连续的雨水天气造成晒谷困难，稻谷不能及时凉干，收购导致入库时间被推迟；二是农民种植早籼稻面积比往年有所下降，给粮食收购任务造成一定影响。

2．农民存在惜售心理。农民送售订单粮手续仍然比较麻烦，农户售粮的积极性不如往年。据一些县调查队反映，广西区2010年订单粮中早稻谷的收购价为96元/50公斤、晚稻价102元/50公斤，加上直补贴12元，分别为108元、114元，而目前市面上早稻价为103元、晚稻价113～115元，晚稻价几乎与市场价持平，早稻价格比市场上高出5元，去年是高出10元。据农户反映：送售粮所的订单粮质量要求高，领出直补款手续麻烦，差价又不大，还要花运费和人力，因此群众的积极性不如往年，不少农户认为留粮比卖粮心里更踏实。

3．个体粮商较为活跃。粮食购销体制全面放开后，为个体、私营粮商提供了公平竞争的平台。各地个体粮商在粮食收购中都采取较为灵活的措施，交易十分活跃，同时，由于他们在收购过程中采取了程序简易、价格适中、上门服务等灵活方式，个体粮商都是上门收购，这样对农户来说既方便、又快捷，有时候还可与粮商进行讨价还价，比卖给国有粮食收购部门更实惠和省事。因此，部分农户更愿意将粮食出售给个体粮商。目前在全自治区，个体户收购市场看好，成为粮食收购市场的一支生力军。

二、当前粮食收购存在的主要问题

1．2010年广西区农民种植早籼稻总面积减少，使夏粮收购压力加大。据调查，由于早稻种植受天气影响，一些农民被迫放弃了早稻，只种晚稻。或者在早春选择种植其他经济作物，比如甘蔗和桑树、蔬菜等。据国家统计局钦州调查队反映，钦州市钦南区那丽镇、那思镇、那彭镇有相当部分的农民种植了辣椒、黄瓜、玉米等。加上粮食种植比较效益较低，年富力强的青年人则选择外出打工，使一些耕地被弃耕或丢荒。由于早籼稻总面积减少，使夏粮收购压力加大。

2．收购网点减少，交通不便，农民卖粮难。因粮所改制后大量减员，人员少，大部分粮所不下设收购点，农户卖粮不方便。另外，即使想出售，现在农村留在家

里的大多是妇孺人员，没有能力把粮食运输到当地粮所出售。在一定程度上影响了收购进度。

3．购粮订单合同不够完善，手续烦琐，所需时间长。主要是购粮订单中规定要500公斤以上才能签订购粮合同，而很多农户有卖粮意愿，但又没有达到500公斤的要求。农户反映购粮订单条款过于刻板，不够灵活。另外《粮食直补农户售粮证》需要负责储备粮订单粮食收购的单位认真验明确认，再送乡镇政府加盖公章，之后张榜公示7天才生效，整个过程所需时间较长。目前正逼近夏粮收购旺季，粮食收储工作势必行事仓促、被动。

4．订单粮食履约率普遍不高。随着订单收购粮食的不断推行，订单粮食显现履约问题。一方面是农户履约意识淡薄，延误粮食收购时间。由于订单收购粮食价格稳定，手持订单的农民并不急于履约出售，而是处于观望态度，谁价格高就卖给谁，使粮食收储单位迟迟不能完成任务。另一方面粮食收储单位难以履约收购粮食。由于有订单粮食的种粮大户不一定依约出售粮食，为了及时完成收购粮食任务，收储单位通过谷贩子走家串户收购非订单户的粮食，等收储任务完成之后，则以其他理由拒绝收履约。这种双方皆有违约的行为，最终导致订单合同成为一纸空文，并对双方合作和周围舆论产生不良影响，不利于下一步推广该管理模式。

5．谷贩子利用订单粮食的漏洞牟利。订单粮食收购政策本意是确保国家粮食安全，鼓励和奖励农民积极种粮、多种粮，让农民真正享受国家的惠农政策。由于订单粮食是采取“一次收购、二次结算”办法，如大谷第一次结算价格1.92元/公斤，第二次结算为国家财政补贴0.24元/公斤，由于结算手续繁琐，耗费时间长，同时收购旺季也正是农忙时节，农民没有时间运送粮食出售，谷贩子趁机代收订单粮食牟利。

三、对粮食价格的后期预测

在八月底前，正值早稻收购高峰期，一方面是晚稻基本定局，农民该不该卖粮心中已有数；另一方面是八月底九月初，正是学生开学缴费时期，农民将出售余粮筹集学费；再一方面是收购企业也对今年的收购形势大体已有一个比较清醒的认识，可能会加大力度进行收购。如此会形成一个小高潮，价格也有可能出现小幅上涨。2010年全自治区粮食价格由于受全国粮食价格的影响呈上扬趋势，但由于今年化肥等农用生产资料价格同比上涨，导致种植成本大幅提高，农民对目前收购价格水平并不满意，惜售心理增强，持货待涨。粮食经营企业则担心短期价格波动，感到价格风险增大，收购谨慎，力度减弱，不敢贸然抬价收购，观望心理加重，与农民惜售现象形成了明显对峙，打破这种局面还需要一段时间。

四、对当前粮食收购的几点建议

1．进一步加强政策引导。目前种粮比较利益仍然偏低是不争的事实，为了稳定粮食生产规模和产量，需要加强政策引导。一是建议政府根据优质杂交水稻种子涨价幅度，增加对农户的良种补贴，缓解农户购买良种的压力；二是进一步提高粮食最低收购指导价格，让种粮农民真正得到实惠，变被动种粮为积极主动种粮；三是建立粮食安全补偿基金，由中央财政向粮食主销区收取补偿基金，再根据粮食主产区调出粮食的数量，通过转移支付手段，增加对粮食主产区的投入。

2．增加粮食收购工作的透明度，让农民明明白白售粮。严肃查处粮食收购企业压级压价、随意克扣等坑农害农行为，严厉打击哄抬粮价、囤积居奇、无照经营、超范围经营等扰乱粮食市场的各种违法经营行为，保证粮食收购工作正常进行，维护种粮农民的切身利益。

3．进一步增强服务意识，充分发挥粮食市场主渠道作用。国有粮食企业，价格公道，操作规范，在长期的粮食收购中，给农民留下了较好的形象。在此次调查中，有大多数农民希望国有粮食企业能上门收购粮食。因此，发挥国有企业主渠道作用，也是为了保护农民的利益。

4．积极做好对粮食流通的监督检查工作。要加强粮食收购、销售、储存、运输、加工等一系列经营活动的监督检查。确保各个环节都规范经营，严厉打击各类扰乱粮食市场流通秩序的违法、违规行为，维护正常的粮食流通秩序。

2010年前三季度广西农村居民现金收支双增长

蒙洪萍

农村住户抽样调查显示，2010年1—3季度，广西农村居民现金收支均保持较快增长。

一、农民人均现金收入情况

2010年1—3季度，广西农村居民人均现金收入3752.1元，同比增加424.3元，增长12.8%，扣除物价因素实际增长9.7%。

1．工资性收入增长较快。人均工资性收入1202元，同比增210.8元，增长21.3%。其中，在非企业组织中劳动得到收入142.5元，同比增长21.7%；在本乡区域劳动收入465.3元，同比增长15.9%；外出从业收入594.2元，同比增长25.7%。

2．家庭经营现金收入平稳增长。人均家庭经营现金收入2262.6元，同比增182.2元，增长8.8%。其中，第一产业人均现金收入1941.1元，同比增128.2元，增长7.1%；第二产业人均现金收入70.1元，增长9.5%；第三产业人均现金收入251.4元，增长23.6%。

在第一产业现金收入中，农业收入1135.6元，增83.8元，同比增长8.0%；林业现金收入82.2元，增长68.0%；牧业现金收入660.5元，同比下降1.3%；渔业现金收入62.8元，增长46.2%。

3．转移性收入快速增长，财产性收入小幅下降。人均转移性收入249.1元，同比增长14.9%；人均财产性收入38.4元，下降2.7%。

二、农民人均现金支出情况

2010年1—3季度，广西农村居民人均现金支出3081.6元，同比增加247元，增长8.7%。其中，人均生产费用支出1006.7元，同比减少11.9元，降1.2%；人均税费支出1.7元，降53.5%；人均生活消费支出1935.9元，同比增加229.4元，增长13.4%。

1．生产费用支出下降。2010年1—3季度，虽然农民人均家庭生产经营费用支出898.3元，同比增加29.7元，微增3.4%；但农户生产性固定资产投资同比下降41元，降幅27.4%，使生产费用现金支出微降。

其中项的变化情况见下表1：

表1：　　　　（单位：元）

	2010年1—3季度	2009年1—3季度	增加额	增幅（%）
生产费用现金支出	1006.7	1018.6	−11.9	−1.2
（1）家庭经营费用	898.3	868.6	29.7	3.4
A、第一产业	827.0	807.0	20.0	2.5
农业	522.2	501.2	21.0	4.2
林业	7.1	8.2	−1.1	−13.8
牧业	276.9	284.3	−7.4	−2.6
渔业	20.9	13.4	7.5	55.9
B、第二产业	17.3	17.2	0.1	0.6
C、第三产业	53.9	44.3	9.6	21.7
（2）固定资产投资	108.4	149.4	−41.0	−27.4

2. 生活消费现金支出增速较高。2010年1—3季度，农村居民人均生活消费现金支出1935.9元，同比增加229.4元，增长13.4%，八大项生活消费需求全面增长，见下表2：

表2：（单位：元）

	2010年1—3季度	2009年1—3季度	增加额	增幅（%）
生活消费现金支出	1935.9	1706.5	229.4	13.4
食品	699.4	626.6	72.8	11.6
衣着	64.5	55.5	9.0	16.2
居住	436.5	386.6	49.9	12.9
家庭设备、用品及服务	141.5	114.6	27.0	23.5
交通、通讯	216.4	173.3	43.1	24.9
文化教育、娱乐	156.7	152.1	4.6	3.1
医疗保健	170.2	151.5	18.6	12.3
其他商品及服务	50.7	46.3	4.4	9.5

三、农村居民现金收入影响因素

1. 主要农产品价格上涨拉动家庭经营现金收入增长。2010年1—3季度，主要农产品出售价格的上涨使农民现金收入在旱灾、水涝的双重不利影响下保持较快增长，物价因素影响明显。

（1）糖料蔗价格联动机制保障农民收益。去冬今春国际食糖价格上扬，自治区政府发文《关于2009—2010年榨季糖料蔗收购价格实行再次提前联动的通知》，提前联动普通糖料蔗收购指导价格。调查显示，虽然受旱情等因素影响，农村居民出售糖料蔗数量下降0.8%，但因平均出售价格由上年每吨280元上涨到每吨340元，农民出售糖料蔗人均收入438.3元，同比增加72元，增长19.6%。由于糖蔗为广西种植业支柱产品，糖蔗收入占农业收入和家庭经营收入的比重高（见下表3、4），因此收购价大幅上涨拉动农民收入作用非常明显。

表3：（单位：元）

年度	出售糖蔗现金收入	农业现金收入	占比%
2004	227.1	590.1	38.5
2005	216.2	758.2	28.5
2006	307.1	920.3	33.4
2007	412.9	1094.4	37.7
2008	474.6	1193.3	39.8
2009	397.2	1296.9	30.6

表4：（单位：元）

年度	出售糖蔗现金收入	家庭经营现金收入	占比%
2004	227.1	1641.5	13.8
2005	216.2	1989.0	10.9
2006	307.1	2155.9	14.2
2007	412.9	2480.9	16.6
2008	474.6	2723.2	17.4
2009	397.2	2744.9	14.5

（2）蚕茧价格上涨幅度大。2010年以来蚕茧收购价格大幅上扬，农户出售蚕茧价格平均达30.1元/公斤，增52.9%；因此虽然出售量下降了3%，农民出售蚕茧人均收入却增加了53.1元，同比增长48.2%。

（3）粮食、蔬菜、油料、水果、鱼类、蛋类等农产品出售价格普涨。2010年1—3季度，广西农民出售粮食、蔬菜、油料、水果、鱼类、蛋类产品的价格均有不同程度的上涨：粮食同比涨6.7%、蔬菜涨1.9%、油料涨32.2%、水果涨9.8%、鱼类涨34.2%、蛋类涨16.9%。其中，蔬菜、水果、蛋类产品的出售量还分别增长12.8%、2.2%和1.5倍。

农副产品出售价格提高，拉动家庭经营收入增加。

（4）生猪出售价格回升，牧业收入下降幅度缩小。2010年上半年，受部分地区爆发的生猪“高热病”和畜禽养殖快速发展出栏量增大等因素影响，生猪、仔猪、家禽等畜牧业产品价格同比均出现下跌，农民牧业现金收入下降了2.3%。到3季度，由于出栏量减少，生猪价格、仔猪价格均有所回升，农户出售生猪和仔猪价格分别比上半年上涨9.7%、1.6%，缩小了牧业收入的降幅。

据测算，主要农产品价格上涨引致2010年1—3季度农民现金收入增加了129.7元，占现金收入增加额的30.6%，物价因素的影响作用凸显。

2．工资性收入现恢复性上涨。2009年，受金融危机影响，农民工返乡潮爆发，随着经济回暖和向好发展，2010年农民外出务工人数及收入水平出现恢复性的上涨，带动工资性收入同比快速增长。

（1）外出务工人数增加，工资水平上涨。年初以来，东部沿海地区用工需求激增，部分地区甚至发生“民工荒”，企业纷纷提高招工工资标准，改善工作环境以吸引外来务工者。加之上半年广西部分地区遭遇严重干旱，农业生产不能正常开展，农民外出人数增加。调查数据显示，2010年第三季度末，广西农村居民外出务工人数同比增加4.6%，且外出务工人员平均月工资水平达1335.2元，较2009年的1146.6元上涨16.4%。

外出人数增长与外出工资水平提高，促使2010年1—3季度广西农民人均外出从业收入达到594.2元，同比上涨25.8%。

（2）本地非农务工工资水平上涨。农民充分利用自己的优势和有利条件，务工不离田地，利用农闲时间在本地提供劳务，拉动了工资性收入的增长。据国家统计局广西调查总队对河池、宜州、来宾等11个县市地调研反映：2010年以来，广西各地农村人工费大幅上涨。由于农村剩余劳力大部分外出，导致留守劳动力价格上涨。如百色市芒果种植农场喷药工的工资从上年平均每天30元涨到今年的45元；砍蔗工钱由上个榨季45元/天提高到现在60元/天；种菜的人工费上年为每天40元，今年涨到60～70元；北海和钦州的水产品养殖场，今年以来的平均工资上涨10%～15%，一些工作强度大的工种上涨幅度更大，如翻塘工的工资从上年平均每天50元左右上涨到今年的80元，有时还请不到工人。

本地非农务工收入水平的上涨拉动了工资性收入的增长。2010年1—3季度，广西农村居民本乡地域提供劳务收入人均465.3元，增加63.8元，增长15.9%。

（3）村干部、乡村教师享受政策福利，收入大幅增加。近两年，自治区党委、政府下发《关于提高村干部待遇，建立健全村干部激励保障机制的通知》、《关于印发广西壮族自治区义务教育学校绩效工资实施意见的通知》等政策文件，随着政策在各地逐步实施，乡村干部、教师工资收入同比增长较大。2010年1—3季度，村干部工资同比增长22.8%，而乡村教师工资增幅达29.3%。

3．转移性收入增长。2010年1—3季度，家庭非常住人口寄带回和无偿扶贫扶持款增长较大，引起转移性收入人均增长32.4元，增14.9%。无偿扶贫款主要来源于政府部门给予的种植补贴，如烤烟补贴、旅游区种植补贴等。

4．不同的地理位置和农产品种植结构受旱灾影响各异。调查显示，2010年初发生的干旱灾害，各市县因受灾程度不同或农产品种植结构不同，农民现金收入中家庭经营收入和工资性收入遭受的影响各异：重旱区（桂西、桂北）早春农作物如早稻、玉米普遍减产，农户家庭经营收入增幅普遍下降。中轻旱区却因干旱和其他因素导致的农产品价格上涨，而出现“减产增收”的现象。如扶绥县、合浦县等受益于旱灾拉动的蔬菜价格上涨，收入增加。重旱区部分市县，如田林，由于持续严重干旱、田地无法耕种，农村劳动力相对富余，这些劳动力临时外出务工或在本乡内做零散活，工资性收入因此增长较大。

四、农村居民现金支出变动特点

1．农民家庭经营费用支出“两增两减”。由上表1可知，2010年1—3季度，农民家庭经营费用中，农业与渔业投入呈增长趋势，林业与牧业投入出现下降。原因主要有：

（1）农业生产费用支出增多主要是由于糖料蔗、蔬菜等农产品价格大幅上涨，种植收益好，农民加大种植投入，购买化肥、农药、薄膜、燃料等农业生产资料数量增加。此外，农业生产资料价格上涨也造成了生产费用的增加。2010年1—3季度，农民购买农药支出涨4.9%，购农业用饼肥价格涨37.5%、薄膜涨13.6%，燃料涨16.2%。

（2）渔业生产费用增加也是由于2010年以来渔业产品如鱼虾价格上涨，养殖收益较好，农民增加投入，农户购买渔业用生产资料和饲料支出分别上涨38.2%、101.6%。

（3）虽然3季度以来生猪出售价格有所回升，但受上半年生猪价格持续走低的影响，农民养猪积极性受挫，造成农民购买牧用生产资料（如仔猪、粮食饲料和配合饲料等）支出减少。

（4）受干旱灾害影响，林业生产条件不佳，因此生产费用投入减少，种苗购买支出均下降。

2．生产性固定资产投资下降。由于牧业生产（尤其是生猪生产）收益不佳，2010年1—3季度，农户购置生产用建筑材料和生产用房的人均固定资产投资费用支出下降了19.1元，降幅达70.7%。此外购置运输机械的费用也下降了30.2%。

3．建房支出减少，改善型居住支出大幅增加。2010年1—3季度，农户居住支出人均增加49.9元，增长12.9%，其中，购买建筑用生活用房材料支出同比减少了3.6%，但购买维修和装修用建材的支出分别增加13元、15元，增长61.8%、47%，支付维修用房雇工工资支出增加28.6元，增长59.7%。农村居民维修装修材料支出快速增长的同时，购买家庭设备及用品的支出也出现较大增长，其中，家具、冰箱、空调、彩电、家用计算机等的消费支出分别增长40.3%、68.9%、82.5%、53.4%、48.6%，反映出农村居民在居住及居住配备方面的消费由初级建设消费向改善型消费转换。

4．生活消费支出全面上涨，生活成本增加。除居住、家庭设备支出外，衣着、食品、交通通讯、文化教育与娱乐、医疗保健等生活消费支出全面上涨。其中，农民购买食品类商品普涨，粮、油、菜、禽、蛋、水产品及烟、酒价格均不同程度上涨，分别同比上涨9.1%、12.6%、14.8%、7.7%、5.1%、0.8%、8.2%、7.8%，农村居民基础生活成本上升。

五、促进农民持续增收的几点建议

2010年1—3季度农民现金收入增长

12.8%，其中，家庭经营现金收入与工资性收入增加额占92.6%，而家庭经营现金收入和工资性收入的增长主要依赖糖料蔗等大宗农产品价格上涨和农民外出务工恢复性收入增长来推动。鉴于目前各类农产品价格持续高位运行，且农村转移劳动力就业形势稳定，预计全年农民人均纯收入形势向好。

但也要注意不利因素的存在，如旱涝灾害的滞后效应。今年来全自治区先旱后涝，气候不佳，对农业生产的影响因滞后效应将逐步显现。尤其是对收入占比很大的糖料蔗2010—2011年榨季产量影响。同时，农产品价格、劳动力成本以及生产资料价格等上涨将对农业生产纯收益产生影响。要促进农民持续增收，需要加强几方面的工作：

1．建立和完善农产品和农资价格监控调节机制。建立健全农产品供求价格分析预测预警机制，不断完善主要农产品最低收购保护价制度，避免农产品生产价格大起大落。加强农产品价格监测和信息服务工作，建立覆盖乡镇、农业产业化龙头企业、农产品批发市场、经营大户的价格信息服务网络，及时向农民提供价格信息咨询服务，引导农民应用新技术调整生产结构，促进农村经济健康发展。加强农产品成本调查工作，全面真实地反映农业生产成本效益情况，为制定农村经济、农业补贴和农产品价格调控政策提供科学依据，并通过成本收益对比分析，帮助农民找到提高效益、增加收入的新途径。

2．加大农业基本建设投入与农业科技指导力度。要抓好农田水利基本建设，切实加大公共财政对农田水利基本建设的投入力度；鼓励和吸引社会资本参与农田水利基本建设工程；加大对农村的科技指导投入，加大抗旱节水等先进农业科技推广力度，普及和引导滴灌技术、套种技术等，切实提高农业抗御自然灾害和市场风险的能力，确保农民收入持续稳定增长。

3．建立生猪生产的信息发布和预警机制。生猪养殖在广西农业生产中起举足轻重的作用，以生猪收入为主的牧业收入对农民收入的变动趋势影响很大。各级各部门应建立健全生猪产销信息网络和预警预报体系，合理引导农民养殖，准确调控生猪市场；积极引导养殖户与龙头企业建立稳定的合同关系和利益联合机制，共同承担生猪市场风险，防止“肉贱伤农”。

4．采取积极措施稳定和促进农民工就业。积极在区内扶持中小企业、发展服务业，增强本地区就业吸纳能力；完善与主要劳务输出省区的对接机制，有针对性的开展培训与有组织输出，引导农民工有序就业；加强农村劳动力转移就业服务信息网络建设，建立及时快捷的用工信息发布渠道，及时提供有效岗位信息；做好农民工社会保障和公共服务工作，切实保障返乡农民工土地承包权益。

2009年南宁市退耕还林工程监测调查报告

张善海

退耕还林工程是党中央、国务院从中华民族生存和发展的战略高度出发，为合理利用土地资源、增加林草植被、再造秀美山川、维护国家生态安全，实现人与自然和谐共进而实施的一项重大生态工程。是党和国家领导人着眼于经济和社会可持续发展全局，审时度势，面向新世纪作出的重大战略决策。近几年的实践证明，退耕还林对改善生态环境、改变不合理生产方式、加快贫困地区农民脱贫致富、优化农村产业结构、促进农村经济发展发挥了积极的作用，被群众称为“民心”工程、“德政”工程。

一、退耕还林（草）工程建设成效高

南宁市自2002年开始实施退耕还林工程以来，范围涉及全市除西乡塘区外的所有县区，由于措施得当，工程建设进展顺利，各项合格保存率均达到比较高的水平。2009年，南宁市退耕还林工程的合格保存面积总共7.43万公顷，占计划任务的96.97%，其中退耕地造林1.32万公顷，完成89.1%，荒山荒地造林5.78万公顷， 完成98.78%，工程封山育林0.33万公顷，完成100%。监测调查的数据显示，南宁市的退耕还林工程建设累计完成面积占耕地面积的12.54%。目前，南宁市林地面积和牧草面积共80.98万公顷（其中：林地面积77.31万公顷，牧草面积3.67万公顷），占到全市土地总面积221.12万公顷的36.62%。就是说，经过7年的退耕地造林和封山育林等综合生态建设，不但奠定并巩固了南宁市可持续发展的坚实基础，很大程度上强化了“中国绿城”的美誉度，大大改善了南宁市人居环境和投资环境，为南宁市争创“联合国人居奖”和“全国文明城市”奠定了坚实的环境基础。

（一）加快了国土绿化进程，改善了全市的生态环境

南宁市通过广泛宣传和工程的实施，使广大基层干部群众进一步认识到了国家以粮食换生态的重要性，了解了“退耕还林、封山绿化、以粮代赈、个体承包”的政策，广大农民群众和各种社会力量参与退耕还林和其他生态工程建设的积极性大大提高，加快生态环境保护和建设、遏制水土流失和风沙危害已成为全社会的共识，广大群众逐步由“要我退”变为“我要退”，真正成为退耕还林的实施主体。退耕还林工程全面启动后，随着南宁市退耕任务的逐年增加和各项退耕政策的逐步落实，几年来，新增合格保存面积总共为7.43万公顷，大大提高了南宁市的森林覆盖率，水灾明显减少，农村的生态状况明显改善。荒山秃岭变成了层林尽染，山清水秀，一些地方还呈现出远看青山绿，近看荔枝红的美好景象。2009年，全市森林覆盖率达到42.78%，比2001年的38.47%提高了4.831个百分点，进一步改善了南宁市的生态环境、人居环境和投资环境。

（二）增加了农民收入，加快了脱贫致富步伐

通过大面积实施退耕还林，有力促进了农业结构调整，改变了过去倒山种地，广种薄收的落后生产方式，把广大农民引向了优质、高产、高效现代农业的新路子。农村面貌也由此发生了深刻变化，农民收入得到实实在在的增加。一方面，至2008年，南宁市已全部兑现完退耕农户应得的各项补助（国家粮食补助210元亩/年、生活补助20元亩/年，种苗50元/亩的一次性补助）共29841.12万元，大大增加了退耕农户的现

金收入，提高了退耕农户的生产生活水平。另一方面，经过几年的积极管护，不少退耕地上种植的速生按已长成二十多米高、直径二十多厘米的大树，据林业技术人员按目前的市场价格估算，长得好速生按每亩价值已不低于3500元，这大大增加了退耕农户的家庭财富的积累，为今后生活的进一步改善打下了比较坚实的基础。

（三）加快了农业结构调整和农村剩余劳动力转移

退耕以前，山区农民广种薄收，农业产业结构单一，许多潜力没有发挥。退耕还林后，一方面工程区林地保土和涵养水源的能力逐年增强，水土流失和自然灾害大大减少，另一方面退耕还林补助政策的稳定也使农民吃了定心丸，加之坡地退耕后，促使农户把更多精力和肥力投入到口粮田和其他经济作物生产上，多年来的广种薄收和“越垦越穷、越穷越垦”现象基本得到遏制；同时，地少了，农活也少了，剩余的劳动力又能够外出打工挣钱。

二、存在问题

（一）不少地方种植的树种欠妥

据调查，南宁市自从实施退耕还林工程建设以来、无论是承包大户规模造林，还是退耕地面积农户小快造林，绝大多数是种植速生桉树。据反映，速生桉树虽然有生长快，成材快，成材率高、能够在短期内获得可观利益的优点。但种植速生桉树的弊端也非常明显，因为速生桉树的生长快，它就需要吸取大量的水分、养分，从而严重影响了其它植物的生长，因此，凡是大面积种植速生桉树的地方植被就严重退化，涵养水源的功能就荡然无存，小溪、小河正一条接一条地消失。去冬今春的大旱，南宁市出现近百座水库干涸，大量水田因无水灌溉而被迫改种旱地作物，同时还出现了大面积的人畜饮水严重困难，这与几年来大量种植速生桉树不能说不无关系。

（二）部分群众退耕还林的积极性低

1．管护工作不到位。退耕农户树种下后，第一、第二年退耕农户还是施肥除草，但是到第三年以后，就很少施肥除草，有的户甚至连第一第二年也不施肥料。

2．群众不愿意补植补造。不少农户的退耕还林地块小，验收不合格，需要补植的地块更小，群众不愿意补植补造。同时，由于退耕农户外出打工比较多，他们一般对不合格的退耕地弃之不理。

3．病虫害防治不到位。目前不少地方退耕地上的林木都程度不同的出现虫灾，可是退耕农户不喷药灭虫，而由其蔓延。

（三）群众看不上目前国家的补助金

目前退耕农户造林大部分是种植桉树，早种的已有8年，迟种的也有5~6年了，而他们还要等8年才能砍伐，而一些不是退耕还林，自主种植的树木只用4年就采伐获利了。尤其是国家的第二期退耕还林补助金已比第一期限减少了不少，相对于农民工现在的打工收入和目前的市场物价，因此，时过境迁，国家的这点补助金，群众已看不上了，不少农户表示，宁愿退回原来领取的补助金，也不愿意再等8年才可砍伐退耕地上的树木。

（四）巩固退耕还林成果工作进程差强人意

为进一步改善退耕农户生产生活条件，逐步建立起促进生态改善、农民增收和经济发展的长效机制，促进退耕还林地区经济社会可持续发展。2007年，国务院出台了《国务院关于完善退耕还林政策的通知》（国发〔2007〕25号），并决定在未来的几年内将2000亿元投入到巩固退耕还林成果工程项目中，从而再次吹响了退耕还林工程建设的战斗号角。《通知》下达后，全国各级各部门积极响应，不少地方的巩固退耕还林成果工作已经开展得如火如荼。

但是，据了解，由市发改委牵头组织开展的南宁市巩固退耕还林成果工作的组织还比较松散，部门间缺乏一个行之有效的协调、考核和督办机制，特别是多数县区、部门对此项工作的重要性认识严重不足，行动非常迟缓，工程进度非常缓慢，至今还没有一个县区能够完成2008年度和2009年度的计划任务，就连行动比较快、工作进度比较好的县区如横县和良庆区也仅实施了2008年度工程计划的部分内容，而有的县区虽然上报的项目已获市发改委审批，项目资金也已下拨到位，但并没有付诸实施，有的县区甚至连工程项目都没有上报。因此，从总体看，全市的巩固退耕还林成果工作进程差强人意。

三、对策建议

（一）树立可持续发展观，走生态与经济相结合之路

《退耕还林条例》第四条规定“退耕还林必须坚持生态优先。退耕还林应当与调整农村产业结构、发展农村经济，防治水土流失、保护和建设基本农田、提高粮食单产，加强农村能源建设，实施生态移民相结合”。鉴于上述的大量种植速生桉树短期内见效快，获利可观，但从长远看，却与生态优先、可持续发展的科学发展理念完全相悖的事实，在今后的退耕补植、补造和荒山造林中，要尽量少种或不种植速生桉。

（二）适当提高补助标准，明确补植、补造的相关政策和要求

为进一步巩固、提高退耕还林成果，一方面，对于补植、补造部分，国家要明文规定如何补助和补助时间界限，只有这样，才能充分调动农户补植、补造积极性，使之自觉自愿补植补造。对于一些不愿意补植、补造的，可采取大户承包或个人异地补植补造。另一方面，如前所述，相对于目前农民工外出打工收入，多数群众认为，国家对补植、补造和管护补助金太少，为进一步提高广大群众退耕还林补植、补造和管护的积极性，进而达到切实巩固退耕还林成果的目的，国家应适当提高补助金。

（三）加强管理

针对目前县区、部门普遍存在的对巩固退耕还林成果工作比较冷淡、消极的情况，中央、自治区、市都应成立相应监督机构，并尽快制定出强有力督促和监督措施，促使各县区及相关部门坚决、彻底、及时地贯彻落实国务院有关文件，把巩固退耕还林成果工作当作自己的日常和重要的工作来抓，并抓出成效。

（四）应加大支持西部地区的力度

结合西部地区地方政府财力普遍薄弱的实际，建议中央财政进一步加大对西部退耕还林地区基本口粮田建设的投入力度，提高项目中央补助标准，减少或取消配套资金，充分调动地方各级政府和部门实施工程的积极性。

退耕林地富了农民　绿了大地

——2009年桂林市退耕还林监测调查报告

蒋华春

据国家统计局桂林调查队对桂林市退耕还林工程监测调查和对阳朔县、全州县、兴安县、平乐县的340户退耕农户跟踪调查结果显示：2009年末，桂林市退耕还林工程累计完成面积7.54万公顷，同比增加8.15%，工程提高桂林市森林覆盖率2.8个百分点，退耕还林地区生态得到明显改善；2009年退耕林地亩产值达到439.1元，同比增长201.3%，经过几年的管护，退耕林木正陆续成为农户的重要收入来源。

一、退耕还林工程稳步推进

（一）参与户数和人数继续增加

退耕还林工程为广大农民带来了很好的经济效益，受到了大家的拥护和支持。调查数据显示，2009年底桂林市126个乡（镇）中，有136.8万户住户，共计435.8万人。其中123个乡镇开展退耕还林工作，占全市乡镇数的97.6%；有13.7万户农户68.3万人参与退耕还林工程，同比分别增加2.5%和6.3%。

（二）工程完成率高

2002—2009年，自治区下达桂林市退耕还林工程任务累计为7.69万公顷（退耕地造林2.53万公顷，荒山造林3.53万公顷，封山育林1.63万公顷），其中2009年计划任务为0.5万公顷。截止2009年底，桂林市退耕还林工程累计完成面积7.54万公顷，完成率高达98%。

（三）退耕造林合格保存率继续提高

据对阳朔县、全州县、兴安县、平乐县340户农户调查显示：2009年末退耕还林累计完成面积合计为824亩，合格实际保存面积合计为815亩，保存率为98.9%，同比增加两个百分点，退耕还林工程成果得到了有效的巩固。

（四）补助力度继续加大

2009年，桂林市出台了退耕还林工程种苗补助、粮食补助、延长补助期等文件，有效保证了工程的顺利开展和成果的巩固。调查结果显示，2009年退耕还林补助资金为10424万元，同比增加15.6%；2009年桂林市政府为退耕农户提供种苗1018万株，同比增加43.06%。

（五）退耕还林后续产业发展良好

为了确保退耕还林工程的连续性，保障群众的退耕积极性，桂林市在退耕还林工程实施过程中，根据当地的实际情况，发展具有本地特色的经济林，如恭城的柿子，阳朔的金橘，临桂的柑橘等，它们都形成了一定的产业，对当地农村收入起到了重要的作用。同时，各县还引导农民大力开发观赏树种、优质水稻、蔬菜、水果、油茶等产业，为桂林市的退耕还林后续产业发展注入了新的活力，并且公司+基地+农户等产业模式已初显成效，在盘活和巩固退耕还林成果的同时，也让退耕农民得到了实实在在的好处，他们的“钱袋” 逐渐鼓了起来，实现了生态效益、经济效益、社会效益三赢。

二、退耕还林工程成效显著

（一）有效改善了生态环境

退耕还林主要针对水土流失比较严重的坡耕地，工程实施8年来，成功减少15度以上的坡耕地5.6万公顷，有效遏制了水土流失，改善了桂林市生态环境状况。据兴安县调查点退耕监测户反映，当地过去下雨后江水浑浊，数天难清。现在大雨过后很少有洪水，雨后几个小时江水就变清了。

（二）退耕农户收入明显提高

调查结果显示，2009年退耕农户人均总收入为5188.9元，同比增加8.0%，其中人均纯收入4010元，同比增加15.0%。

1．退耕地收入大幅增加。退耕地基本是比较贫瘠的土地，农作物产量低，收入少。退耕后，大部分农户根据实际情况选种经济林，并采取套种农作物模式增加收入。据调查，套种农作物收入加上退耕补助收入就比单种植农作物收入增加了许多。经过几年的管护，经济林陆续进入生产期，为退耕农户带来了可观的收入。调查结果显示，2009年退耕林地每亩产值达到439.1元，同比大幅增长201.3%，其中干鲜果产品每亩产值达到416.5元，同比大幅增长211.0%。比如兴安县兴安镇南源村委志木村农民张维义家有1.6亩旱田靠近山边，由于没有水源，每年只能种一季稻谷，亩产只有500斤左右，收入也就500多元。2002年，他响应退耕还林政策号召，将这块旱田种上南方蜜桔，经过八年的管护，目前产量已超过2500公斤，收入高达8000多元，是种植水稻收入的16倍。

2．第二、三产业和外出务工收入显著增加。退耕还林（草）工程的实施，改变了退耕农户以往广种薄收、靠天吃饭的局面，有了较稳定的收入，同时也解放了束缚在土地上的大量劳动力，促使其向二、三产业转移，外出从业收入也逐年提高。调查结果显示，2009年退耕农户外出务工人均收入1018.2元，同比大幅增长112.9%。同时，2009年退耕户第二、三产业生产经营人均收入合计为299元，同比增长41.8%。

（三）退耕农户生活水平明显提高

1．住房更宽、更舒适。调查结果显示，退耕农户人均住房面积达到30.5平方米，比上年增加6.4%；80.6%的退耕农户使用自来水和深井水，同比增加11.4%；99.7%的退耕农户用上了电，同比增加0.3%。

2．生活条件明显改善。随着收入不断增加，大部分退耕农户都购置了大件耐用消费品，改善生活条件。调查结果显示，退耕农户户均拥有电视机、热水器、电冰箱、洗衣机、移动电话、摩托车分别为1台、0.1台、0.3台、0.2台、1.7部和0.5辆。在调查的340户退耕户中，有1户购买了家用汽车，3户购买了家用电脑，5户购买了摄像机。退耕农户生活水平明显提高了。

三、退耕还林工程中存在的一些问题

（一）重退耕、轻管理现象依然存在

主要表现在：一方面退耕还林工程已实施了八年，各地在退耕还林政策宣传、政策执行等方面存在不同程度的弱化。在调查中了解到，各地基层组织由于人员少，工作任务重，人员变动大，退耕还林工作经费少，加上持续时间长，因此部分地方组织在完成上级布置的退耕还林任务后，没有把监管林地苗木生长情况当作一项重要的工作来做，出现政策宣传、指导退耕农户等工作不到位的现象。另一方面退耕林地生长期长，要几年才能产生经济效益，因此部分退耕农户管理粗放，只注重国家给的补助，为验收合格，应付性的进行补种，再加上退耕农户管理技术落后，所以退耕林木生长质量不高。

（二）退耕农户林产品销售渠道狭窄

据调查，退耕农户主要通过外地老板收购的方式销售林产品，销售方式被动，产品定价权掌握在收购商手中，直接影响林产品收益。

（三）退耕农户增收渠道不多

退耕还林地区一般是贫困地区，农民

文化程度不高、思想落后、技能单一，收入来源主要是第一产业，收入大大低于全市农民平均收入水平，据调查，2009年退耕户人均纯收入为4010元，桂林市农村人均收入为4833元，退耕户人均纯收入仅为桂林市农村人均收入的83%。

四、巩固退耕还林成效的几点建议

（一）加强抚育管理

一是加大对退耕农户指导，引导农户对退耕林木进行正确的施肥、修枝、病虫害防治等管理工作，提高林木生长质量。二是建立专家技术指导的长效机制，退耕农户遇到病虫害等问题时可以请到专家帮助解决。三是及时组织退耕农户对自然、生物灾害等原因造成保存率未达到国家验收标准的退耕还林地、配套的荒山造林地进行补植补造。

（二）加强市场管理

一是对林产品市场价格进行监控，对不法商贩控制价格、损害农户利益的行为进行严厉打击；二是加强对退耕农户林产品销售的指导，积极帮助农户联系收购商，保证广大农户（特别是退耕农户）的产品能卖得出、卖得好。

（三）进一步搞好农业产业结构调整

推进退耕还林工程区域的农业结构调整和产业化进程是增加退耕农民收入的主要途径，建议各级政府要通过合理规划布局，在退耕还林区域尽快形成优势产业区域化、规模化、品牌化生产，做大做强一批优势农业产业，继续大力发展特色产业，实现资源优势向经济优势的转化。同时，要因地制宜，巩固和发展退耕还林成果，宜林则林，宜果则果，充分结合本地实际，栽培适宜品种的林木，在获得良好社会效益的同时，提高其经济效益，让青山绿水换来更多的收益。

（四）提高退耕农户的综合素质

强化退耕农户的市场竞争意识和创新意识，加强科技教育和思想教育，对退耕农户进行科技培训，促使其在家能务农，出外能挣钱，增强他们对市场的预测能力，开辟新的增收点，积极巩固退耕还林成果。要以市场为导向，以体制创新、机制创新和技术创新为动力，依托林木资源大力发展种植业和养殖业。要通过政策引导，本着有利于树木生长、有利于农民增收原则，因地制宜、科学合理地发展林草间种、林药间种、林下养殖等产业，积极推进产业化、现代化进程。

经济文化双落差　心理压抑难消化

——梧州市农民工问题现状调查分析

潘　榕

随着城市经济的发展，由农村转移到梧州市区务工的农民工已成为本地经济建设一个不可或缺的庞大群体和中坚力量，但由于城乡人口之间的经济文化等差异无法从根本上消除，日渐酝酿出了种种社会矛盾，并危及到社会稳定。针对各地频频发生的伤害幼童和深圳富士康公司员工“十二连跳”事件，梧州调查队面向全市各行业随机抽取了50名外来民工进行走访调研，探究在梧农民工的各种问题现状。调查发现，农民工普遍收入较低、生活单调空虚，对未来前景缺乏信心；而物质和精神文化的空缺恰恰是造成心理压抑的两大因素。因此，目前进城农民工存在的问题不容忽视。

一、在梧农民工基本情况

据了解，目前在梧州市工作的农民工60%以上来自周边县市或近郊农村。受本地经济特色影响，民工就业主要分布在餐饮娱乐、搬运家政、美发美容等服务行业和人造宝石加工等制造业。按在梧工作和生活地域，大致可将民工划分为“市内零散从业者”和“工业园集中生产工人”两部分。从年龄上看，“80、90后”作为新生代民工逐渐成为主体，占在梧农民工群体人数的60%以上；但整体文化程度较低，初中及以下文化的民工占总数82%，高中及大专文化占14%，本科以上文化仅占6%。

（一）民工工资未达城镇人均可支配收入水平

虽然去年以来出现的“民工荒”凸显了劳动力资源在经济发展中的重要地位，但目前在梧务工的农民工收入大大低于城市水平，城乡差异仍然难以消除。2009年梧州市城镇居民月均可支配收入为1218元，最低月工资标准为670元。但据调查结果显示，在梧农民工有74%月收入低于1200元，其中14%月收入低于700元；仅有26%的调查对象月收入高于1200元，其中6%高于2000元。

据分析，从事搬运、零售等行业的民工收入普遍较低，其次是餐饮娱乐及美容美发等服务行业，建筑业与制造业因行业需求量大和计时计件统薪方法而报酬稍高，从事交通与通讯行业的民工薪酬最高。

（二）仅34%民工享受“八小时工作制”

根据国家相关法律规定，职工每天标准工作时间为8小时，每周工作时间不超过40小时，每周至少休息一天。但据调查结果显示，民工的平均工作强度大大超出了国家规定：仅有34%民工每天工作时间为“8小时及以下”，每天工作“8～10小时”和“10～12”小时的民工分别占30%和22%，更有14%的民工每天工作时间达12小时以上。工时最长的民工集中在美发美容业和制造业。且据调查得知，除大企业受雇员工每周可休息一天外，其他每天均从事高强度工作的民工却很少有固定的休息时间，平均每月只有2～3天休息，每周工作时间远远超出国家规定的40小时。

（三）岗位流动性不强

在珠三角等工业发达地区，因待遇等因素工人频繁出现跳槽，使得雇主的稳定生产难以得到保证。但据调查结果显示，在梧务工的农民工岗位流动性不强，调查

对象中从事目前这份工作不到3个月的仅占16%，已从事3—12个月的占22%，有52%的调查对象已在本岗位上就业1年以上。

（四）46%的民工基本没有业余活动

丰富精彩的业余文化生活是调剂工人高强度、枯燥工作的最好润滑剂，但46%的调查对象表示，每天下班后或因身体已疲累不堪，或因生活条件所限，基本上没有任何娱乐活动，过着简单的两点一线的生活。24%的民工选择上网吧或游戏机室打发时间，14%的民工喜欢约朋友老乡逛街散步，其余16%的民工则参与打扑克棋牌等其他文娱活动，业余活动普遍较简单。

在调查中了解到，很少有民工渴望通过读书、学习、旅游等方式补充精神食粮，对学历、户籍的自卑感和对前途的茫然容易使他们停下自我增值的脚步。

二、在梧农民工打工信心情况

一个城市对外来务工者的包容性是影响打工者心理素质的重要因素，因而对所在城市和岗位的信心丧失往往是使外来民工产生压抑心理和怨恨情绪的导火索。据调查，目前在梧农民工生活感觉尚算良好，但对未来普遍感到茫然。

（一）近半数农民工在梧州生活感觉良好

在调查对象中，有48%对打工生活感到“充实、开心”，认为目前的工作条件和生活质量都比较符合自己期望；有16%被调查者感觉目前的生活“压抑、孤独、不快乐”，对生活和待遇感到不满，心理状况较差；另外36%的被调查者则感觉在梧生活“一般，平平无奇”。有18%的民工在打工过程中因身份、户籍等问题遭受过当地人的歧视或不公平待遇。

（二）劳动报酬提高最能提升民工信心

劳动工资和社会保障是民工工作和生活的坚实后盾，民工普遍渴望提高目前过低的劳动报酬。在“什么最能提高您在梧州打工的信心”一项的调查中，有36%的民工希望劳动报酬得到提高，28%的民工渴望拥有爱情或天伦之乐，24%的民工渴望得到当地人的尊重和理解。选择后两项的民工为数不少，证实当代民工生活存在孤独、寂寞的现象，且很渴望消除城乡人口间经济文化差异、得到身份上的尊重和理解。另有12%的民工选择“其他途径”，如工作经验提高、居住环境改善等等。

（三）向往自由、稳定的职业

由于目前收入的偏低和不稳定性，进城民工大多希望从事自由、稳定的职业，但具体目标不甚明确。在问及“有何理想职业”时，有40%的民工表示从来没有考虑过自己最想从事的职业；其余60%的民工为将来设想过，其中34%表示要自由创业做老板，但具体做什么生意未有打算；有10%表示只需有一份收入稳定、有社保的工作即可；只有14%的民工提出了具体的设想如公务员、白领、教师、导游、软件开发师等。

（四）三分之一民工打算以后留在梧州

尽管实现户籍城市化不是容易办到的事，但有34%的被调查者选择以后扎根梧州，成家立业或将家人迁到梧州。这部分调查者普遍对梧州感觉较好，认为此地适宜自己生存和发展，并打消了回农村的念头。有24%的被调查者选择“赚够钱后回家乡生活”，这部分被调查者多数为上了年纪、有家庭留在农村的原农民，在经济环境充裕如供完子女读大学后通常愿意回到家乡重操农牧旧业。有12%的被调查者觉得梧州的工作条件和生活环境不甚理想，准备到外地发展。另34%的被调查者对未来暂时没有打算，未考虑过出路问题。

三、关注农民工经济和心理状况

5月26日晚，深圳富士康公司发生今年以来第十二起员工坠楼事件，民工生活状况和心理素质隐患由此引起政企和舆论的广泛关注。梧州目前尚无“富士康”般规模大、生产工人密集的大型企业，但随着工业园的规模壮大和“工业强市”计划的部署，在梧农民工将逐渐增多，各种类似的社会矛盾不排除会逐渐酝酿、激发。充分关注农民工的经济和心理状况，提前发现问题、堵截问题发生的源头，将是避免各种危害社会稳定事件发生的最佳途径。

（一）劳动价值低，生活成本高

1．岗位劳动工资分配不公。按统计数字分析，制造业工人工资并不算低，过半工人月收入超过了1300元水平。目前生产企业的劳动工资一般按计时或计件方法统筹，计划内产品件数或正常两班工作制是工人必须完成的工作任务。据了解，按一般正常工作时间，工人每月只能获得600～800元左右的保底工资，很多工人主动要求加班、超负荷工作，以获取更高的劳动报酬。一位月收入1800元、从事纺织生产的民工表示，为了多赚点钱，他经常主动要求每天工作16个小时甚至“三班倒”（一天上三个班次）。但即使如此高强度地工作，月收入通常不及同一企业里的中层管理人员，劳动价值非常低。

2．拖欠工资时有发生。建筑业是发生拖欠工人工资事件最多的行业，在年初，梧州市三家建筑施工企业因为拖欠工人工资近200万元而受到惩处。在调查市区内的一个房地产施工工地时了解到，该工地的工头已经两个多月没有给工人发放工资。由于建筑工人大多是外来民工，除了依附施工队外在本地生活没有着落，又缺乏有效的讨薪途径，通常只好忍气吞声或采取极端维权行为。今年以来梧州市已发生了数起建筑工人以跳楼、拦路示威等方式向雇主讨薪的事件，应引起有关部门足够重视。

3．生活成本高。据了解，在工业园工作和在市内从事餐饮娱乐业的工人基本上都有食宿保障，但居住环境较差，条件简陋；而其他没有食宿保障的民工，每个月则需要为此开销大笔生活费用。按普通临时工月收入800元算，每月租房花销300多元，伙食费10元/天*30天=300元，除去水电等其他零散花销外所剩无几，已无能力缴纳养老医保社会保障等费用。因此虽然农民工在城市的打工收入比在农村种地高，但城市较高的生活成本一样使他们的开支捉襟见肘，生活质量低下，难以真正实现在城市买房、安居、养老的梦想。

（二）精神生活空虚，与社会交融困难

1．生活单调，娱乐生活贫乏。在调查中了解到，目前农民工的业余生活分为三类，一类是虽有精神渴求但碍于条件所限，无法活动，如在远离市区的工业园工作的大批新生代民工。据了解，目前工业园内尚未建有公共的娱乐设施和大型消费场所，虽然少数大企业在厂区内为职工设置了康体娱乐设施，但资源毕竟有限，无法满足大多数工人需求。第二类为上了年纪、娱乐需求不高的老一代民工，他们业余生活更为空白，下班后或休息或打牌，或通过上街回收垃圾、帮人照顾小孩等赚取更多收入。第三类为在市区内打工的年轻民工，交通便利和娱乐设施的充足使他们能更充分接触外界，享有更多文化资源。但他们最常接触的网吧、赌博性游戏机室等低俗文化场所给予他们精神上的荼毒比无娱乐活动更大，这些场所也因隐藏了种种不稳定因素而通常成为各类社会刑事案件的高发地，值得引起重视。

2．“被边缘化”形成心理落差。由于现行体制存在漏洞，中国城市居民在居住、教育、医疗等方面都比农民享受着更优越的条件，由此导致的城乡居民之间的经济文化差异也并没有因为农民工开始大量涌入城市而消除，农民工仍然因为生活

习惯、口音、户籍等问题被歧视、边缘化，难以真正融入城市社会，成为一个孤独的群体。不少从事家政、搬运的民工反映，雇主经常会嫌他们“手脚不干净”、把家具弄脏；而大多数服务行业、商品零售业的雇主都会对非城镇人口的雇员有所顾忌，要求雇员在营业时完全摆脱农村形象、甚至实行城乡雇员之间同工不同酬的制度。

同时，有关部门在实行各项民生政策时也倾向于城市贫困人口，较少考虑到同样低收入的农民工的需求。如最近梧州市的廉租房政策虽一再放宽，但“城镇人口”这一条件始终是进城民工难以逾越的一道坎；各种医疗、教育体制也无法实行城乡人口平等化，使得被边缘化的农民工难免产生心理落差和积怨。

3．缺乏心声倾诉渠道。农民工除了要应对各种工作生活上的困难，还需要一个心声倾诉渠道，纾解心理落差、精神郁结和了解维权方法，但据了解，目前这一方面还相当空白。政府有关部门经常以举办农民工专业技能培训、召开现场招聘会等多种方式尽力解决农民工就业问题，但往往忽略了其精神上的空乏和需求。很多民工一点也不了解政府的相关政策，也不知道如何通过法律途径维护自身正当权益。

企业也很少能真正倾听员工心声，了解他们的想法和需求。在我们的走访调查中，不少被访者对本企业管理制度提出了异议，如工时计算、工人管理、交接班制度等，但在企业内部并没有专门的意见接纳部门，也没有员工心理咨询室，企业和员工之间缺乏必要的沟通，从而酝酿了矛盾。

在缺乏沟通桥梁的情况下，效仿和走极端便成为了走投无路的民工们表达自身诉求的流行方式。

四、对策和建议

（一）切实保护农民工合法权益

尽快制定出台为农民工量身订造的《农民工权益保护法》，通过法律和信息网络监督企业工资发放、员工的劳保福利，对侵害民工权益的企业进行严厉惩处和曝光，切实保护农民工合法权益。同时根据经济运行情况适时调整最低工资标准，使民工在梧生活得到有效改善。

（二）加快户籍制度改革，消除歧视

进一步放宽农民工在城市落户的门槛，让进城务工达到一定年限、有固定职业和收入的农民工成为城市人口，使其在教育、住房、医疗、就业、政治权利等方面享受与梧州市居民同等待遇。同时建议出台专门面向农民工的廉租房政策，满足来梧务工者的需求，降低其生活成本。

（三）搭建心理咨询平台，倾听农民工心声

政府部门和企业工会都有必要成立专门的农民工心理咨询和维权机构，主动和农民工沟通，了解他们在生活上和心理上的困扰，倾听他们对城市发展、企业管理的想法，帮助其解决心理问题，指导其用正确的途径维护自身合法权益。

（四）增加公共娱乐设施

在农民工聚居地特别是工业园区，有必要加强公共娱乐设施和交通设施建设，丰富民工业余生活。据了解，目前梧州市工业园区有工人上万，但尚无成型的商业街、休闲公园、卡拉OK厅等能满足农民工业余文化生活需求的设施，且公交线路较少，出入市区不方便。

（五）积极提升农民工形象

一方面，通过举办各种培训提高农民工技能和素质，使他们意识到自己也是城市的一份子，要注意自身形象和公共卫生，尽快融入城市大家庭中；另一方面，通过电视、网络等媒体大力宣传农民工的正面形象及其为社会建设贡献的巨大力量，使市民了解并同情农民工在工作中的辛劳和报酬的低廉，消除对农民工的偏见。

（六）组织社区联谊活动，加强信任沟通

各街道社区可定时组织本辖区内的外来民工与当地居民进行联谊活动，使两者之间建立共同的文化生活，加强沟通，增进信任，消除隔阂；同时，帮助农民工在社区里组织联络同乡会，使其在梧州的打工生活有家的感觉，吸引更多外来务工者参与到梧州的经济建设中来。

2009年钦州市农民增收呈现“五大特征”

谭向霜

2009年，钦州市紧紧围绕“保增长、保民生、保稳定”的目标，加快发展特色现代农业，扎实推进新农村建设，认真落实中央和自治区政府出台的一系列惠农政策措施，保证了农业和农村经济的平稳较快发展和农民的持续增收。

一、农民增收情况及其影响因素

据调查，2009年钦州市农民人均总收入为5818.99元，比上年的5136.81元增加682.18元，增长13.28%；农民人均纯收入4182.83元，比上年的3785.57元增加397.26元，增长10.49%。农民收入呈现“三增一减”的态势，即工资性收入、家庭经营收入及转移性收入继续保持增长，而财产性收入却有所下降。

1．工资性收入增长22.87%。2009年人均工资性收入1580.47元，同比增加294.19元，增长22.87%。其主要有利因素：一是国家对行政工资尤其是乡村教师的工资进行了调整，乡村行政事业人员的福利得到了保障，还补发了去年的增资费。2009年钦州市人均乡村教师收入为61.53元，比上年的20.83元增加40.70元，增长195.36%。人均乡村干部收入79.35元，比上年的51.76元增加27.59元，增长53.29%。二是钦州市继续加大农业生产结构调整力度，大力发展沿海养殖业和水果生产，抓住海水产品价格稳步上升的有利时机，开发浅海滩涂进行海水养殖，农民靠替养殖场主打工取得劳务报酬；而随着山上钦州开发力度的进一步加快，农民在集体、个体经营的果场打工逐渐增多。2009年农民人均劳务收入1091.62元，比上年的980.48元增加111.14元，增长11.34%。三是在全球性金融危机的影响下，中央和各级地方政府采取各种有针对性的措施积极应对，各地取得了明显的效果，农民外出从业人数不断增多，外出从业得到收入大幅度增加。2009年农民人均在省外国内从业得到的收入273.64元，比上年的186.58元增加87.06元，增长46.66%。

2．家庭经营收入增长8.46%。2009年农民人均家庭经营收入为4032.79元，比上年同期增加314.71元，增长8.46%。其中：第一产业收入人均3705.31元，同比增加268.30元，增长7.81%，第三产业收入人均327.48元，同比增加46.42元，增长16.52%。其主要影响因素：一是2009年钦州市气候温和，风调雨顺，没有恶劣天气影响，适合香蕉、荔枝等园林水果的生长，也比较适宜番茄、辣椒、马铃薯等蔬菜作物的生长，香蕉、荔枝及蔬菜作物既增产又增收，全年农民人均园林收入为403.22元，比上年同期增长1.08倍。仅香蕉一项，人均收入就达343.51元，比上年同期增长158.68%；荔枝收入也增长了1.91倍，人均蔬菜收入达到123.18元，增长63.07%。二是肉猪及家禽产量明显增多，加上出售价格比较理想，牧业收入呈现增长势头。2009年农民人均牧业收入为1270.10元，比上年的1071.26元增加198.84元，增长18.56%。三是2007年以来，钦州市鼓励沿海农民大力开发浅海滩涂，把低产咸酸田改成虾塘、鱼塘进一步发展海养业及放养文蛤、大蚝等，进一步发展海养业，取得了显著效果。但由于受到恶劣天气的影响，对虾及大蚝发病比较严重，死亡率很高，收入受到很大的影响，加上沿海过量捕捞比较严重，渔业资源遭受掠夺性的破坏，使得沿海渔业资源日益枯竭，2009年的“海势”相对往年差了不少，从而造成捕捞产量明显下降，渔业收入受到影响。2009年农民人均渔业收入仅为677.63元，比上年的822.0元减少144.08元，下降17.57%。四是第三产业收入大有起色，批零贸易业、服务业及交通运输业均有不同程度增长。农民人均第三产业收入为327.48元，比上年的281.06元增加46.42元，增长16.52%。其中批零收入增长32.85%，交通运输增长18.02%。

3．转移性收入增长77.2%。随着农民家庭非常住人口寄回带回收入和农村亲友赠送收入的不断增多，农民转移性收入大幅增长。2009年农民人均转移性收入为169.96元，同比增加74.05元，增长77.2%；家庭非常住人口寄回带回收入和农村亲友赠送收入分别增长164.72%和353.64%。

4．财产性收入下降2.09%。农民在转让承包经营权及土地征用补偿取得收入与上年相比有所减少，农民财产性收入也随之下降。2009年农民人均财产性收入为35.76元，比去年同期减少0.76元，下降2.09%。

二、农民增收呈现“五大特征”

1．农民收入处于增速回升期。2007年以来，各级政府高度重视“三农”问题，采取一系列有力措施支持农业、农村经济发展，农业、农村经济呈现出可喜局面，粮食生产出现恢复性增长，主要农产品产量增长，农民务工环境明显优化，民营经济持续活跃，为农民增收创造了有利条件，进入新的快速增长期。农民人均总收入增幅由上年的4.67%一跃到今年的13.28%。

2．农民收入结构发生积极变化。随着国民经济的发展，农民收入结构也发生了积极变化。农业收入比重增长缓慢，非农收入比重增长较快。2009年，随着非农务工人数的增加，农民务工收入较大幅度增加；而相反，上年支撑农业收入增加的农产品价格的增收作用相对减弱，引致农民收入结构发生变化。工资性收入人均1580.47元，所占比重由上年的25.04%上升到今年的27.16%，增加2.56个百分点；而第一产业人均收入3705.31元，在农民收入中仍占据主导地位，但所占比重已由上年的77.16%下降到今年的72.13%，下降5.03个百分点； 第三产业人均收入为327.48元，所占比重已由上年的6.31%上升到今年的6.38%，增加0.07个百分点。

3．农民收入市场化程度提高。随着市场经济的发展和农业结构的调整，农民收入的市场化程度逐步提高。2009年，农民现金纯收入3232.83元，增长16.32%，占农民纯收入的比重77.29%，比上年提高3.87个百分点。这表明，农民参与市场程度进一步增强，农民收入的内在质量不断提高。

4．蔬菜水果成为农民增收的支柱产业。蔬菜水果不仅是钦州市种植业中的支柱产业，也是农民增收的支柱产业。2009年，人均出售蔬菜123.18元，比上年同期增长63.07%；人均园林收入为403.22元，比上年同期增长108.16%。在产量稳定增加的基础上大力发展精、特、优、高品质蔬菜和水果，蔬菜水果质量明显提高，价格也随之上升，拉动农民收入较快增长。

5．畜牧业生产良好发展促进了农民增收。2009年，由于畜牧产品价格在高价位上平稳运行，农民养殖效益增加，增强了农民的养殖积极性，全市畜牧业生产发展良好，产品产量较快增长，农民人均牧业收入为1270.10元，比上年的1071.26元增加198.84元，增长18.56%。其中：农民人均肉猪出售量比上年同期增长31.16%；家禽出售量比去年同期增长46.84%；出售肉猪收入比上年同期增长22.55%；出售家禽收入比上年增长49.23%。

三、农民增收面临的问题

1．农业生产成本大幅上升，抵消了农产品价格上涨为农民带来的收益。首先农资价格上涨较快，2009年钦州农业生产资料价格不断上涨，各种肥料价格均不同程度上涨，有的甚至成倍上涨，致使农民生产费用成本增加。由于近年来瓜菜种植收益较高，一些农户开始租地种植瓜菜，土地的租金也呈现逐年升高的趋势。另外大量农村劳动力外出务工，导致本乡本土的劳动力不足，尤其是到瓜菜和水果收获旺季，农户只能出高价雇工，这些都增加了农户的经营成本。

2．农户抵御风险能力差，农产品附加值低，农业产业化水平有待提高。目前钦州农业生产模式仍是以一家一户为主的小规模经营为主，虽然也成立了部分农民专业合作社，但目前这种农民自发成立的合作组织规模还比较小，缺乏统一管理和有效指导，面临着资金技术不足和组织管理松散等问题，还无法带领农民走上产业化经营道路。单独经营既无法实现规模效应和品牌效应，也加大了农业生产的风险性。农户生产面临的风险主要来自于自然风险和市场风险，目前农村的自然灾害预警机制和农业保险体系还很不健全，广大农民的风险防范意识也比较弱，基本抱着靠天吃饭的思想，一旦遭受自然灾害便无能为力，需要承受很大损失。农户的市场分析能力较差，生产过程中不可避免的会有盲目性和滞后性，农户通常以种植上一年度价格较高的农产品或者按照一直以来的种植习惯进行种植，而且都是等到农产品收获之后再去寻找市场，一旦农产品市场价格发生变化，农户将承受重大损失。

3．非农产业发展滞后对农民增收贡献较小。尽管钦州市民营经济发展较快，但仍表现出生产实力较弱、发展后劲不足、产品档次较低、缺乏支柱产业、融资较为困难等问题，影响了非农产业的稳定发展，对农民增收没有起到明显助推作用，对农民纯收入的拉动作用较小。

4．农民外出务工面临双重制约。尽管农民外出务工总体环境优化，但仍面临一些困难制约农民外出务工。从外出务工环境看，主要是一些用人单位工作环境较差；部分外出务工人员仍不能及时足额得到工资；缺少外出就业信息和务工组织；外出务工工资水平较低。从外出务工者本身看，主要是劳动力自身素质较低，出现外出劳动力供给结构与行业需求结构不衔接矛盾。这种双重因素的制约，使农民外出务工人数难有大幅度增加。

四、实现农民持续增收的建议

1．加强价格监管力度，保持农产品价格稳定增长，控制农业生产资料价格过快上涨。2009年农产品价格的上涨成为农民家庭经营收入稳步增长的重要支撑，在稳定农产品价格的同时，应当控制农业生产资料价格过快上涨，加强对农资价格的检查力度，防止哄抬农资价格，降低农业生产成本，减少农民家庭生产费用的支出。相关部门应该贯彻落实好各项惠农政策，共同采取有效措施，抑制农业生产资料价格上涨，降低农业生产经营成本，使农民在享受到政策优惠的同时，收入得到实实在在的提高。

2．加大对设施农业和农业产业化经营的扶持力度，继续鼓励发展特色的设施农业和观光农业。继续在资金和政策上鼓励有实力的企业与广大农户合作，壮大“设施农业＋产业化”和“龙头企业＋农民专业合作社＋农民”的合作方式，降低农户面临的市场风险。对于农户自发组织的生产合作社政府除在基金上予以扶持外，还应在管理模式和发展方向上予以引导，为其提供充足的市场信息和一定的技术支持和服务，使其朝着市场化、产业化方向发展。农村信用机构要在资金上予以倾斜，壮大农民专业合作社的规模，鼓励其进行农产品的深加工，提高农产品附加值，充分挖掘市场潜力，并注重发展特色经营，争创钦州农产品知名品牌，提高在国内外市场的知名度。

3．不断完善农村服务体系。农业服务体系不但要扩大其服务的覆盖面，为更多的农户提供服务，同时要强化其服务职能，对下要详细掌握农民生产情况和面临的困难，对上要时刻关注市场信息和动态，结合二者实际情况给农民以实实在在的服务和指导，保证农民信息通道的畅通，紧紧围绕农业生产产前、产中、产后服务，加快构建以生产销售、科技、信息等服务为主体的新型农村社会化服务体系。在安置农民就业方面，既要针对市场需求及时对农民进行培训，同时积极主动拓宽省内外就业市场，建立农民工培训档案，加强与外部劳动力市场的联系，全方位、多角度收集用工信息，主动与用人单位和相关部门联系沟通，做好农村剩余劳动力的输出工作，拓宽农民就业渠道，促进农民增收。

4．加强农业基础设施，提高农业防灾能力。针对我市农村基础农业设施落后、抗旱排涝能力不强的突出问题，进一步加大对农田基本建设的投入，尽快改善农田水利设施和农村电力设施，增强农业抵御自然灾害能力，提高生产能力，降低农民生产投入成本和费用支出，为农业增效、农民增收提供必要保障。

5．发挥政府服务职能，加大劳务输出力度。外出务工作为农民增收直接而有效的途径，要使作用得到充分体现，政府应在劳务输出方面进一步发挥服务职能。首先，继续开展好提高转移劳动力技能的“阳光工程”，全面提升转移劳动力的素质，增强适应能力和竞争能力；二是完善劳务输出的服务机制，提高劳务输出的组织化、规范化、系列化程度，增大转移数量；三是扎实推进“春风行动”，为农民外出务工提供良好的就业环境和必要保障。

6．促进民营经济发展，增强非农增收作用。民营经济的发展，促进了农民收入来源的多元化，对农民增收的支撑因素增多，尤其在农产品价格下跌时，应该起到稳定农民收入增长的作用。但从现在的情况看，非农产业经营收入的增长不尽人意，对农民增收作用贡献较小。因此，要大力发展农村民营经济，一要优化发展环境，放宽民营经济进入门槛，增强金融支持，减轻民营经济负担。二要加强引导扶持，政府管理部门要做好引导扶持工作，做好市场、信息、投资方向的服务。

新农村建设促进固定资产投资快速增长

——2010年一季度钦州市农村固定资产投资分析

谭向霜

2010年以来，钦州市委、市政府全面贯彻落实中央“一号文件”精神和有关措施，以农民增收为核心，以新农村建设为主线，以发展现代农业为重点，以改革为动力，扎实推进“三农”工作，呈现农业增效、农民增收的好形势。2010年一季度农民人均现金收入以两位数快速增长，新农村建设得到稳步开展，村容村貌有所改观，农民生活得到改善，农村固定资产投资继续保持快速增长的好势头。据调查资料显示：2010年农村固定资产投资完成额为428.40万元，比上年同期289.50万元增加138.90万元，增长47.98%。

一、农户固定资产投资的主要特征

1．住宅投资仍为主体。随着农民生活水平的提高，农户把改善居住环境条件作为首选目标。2010年一季度，农户住宅投资为415.40万元，比上年同期的289.50万元增加125.90万元，增长43.49%，占全部投资完成额的96.96%；施工住宅面积为8204平方米，比上年同期的5757平方米增加2447平方米，增长42.5%。

2．生产性投资快速增长。在投资住宅的同时，农户也加大对生产性的投资，以适应扩大生产和减轻劳动强度的需要，2010年一季度，住户调查中用于农、林、牧、渔业等生产性投资为0.24万元，比上年同期增长24%。

3．农户自筹资金仍占投资来源的主导地位。2010年一季度，农户自筹资金为428.40万元，比上年同期的289.50万元增加138.90万元，增长47.98%，自筹资金占投资来源的100%。

二、农户固定资产投资增长的主要因素

1．新农村建设的推动。2010年以来，全市把新农村建设融入到加快北部弯经济开发区中心城市建设的发展大局中，科学定位、统筹发展。一季度，市级财政拨出专项资金用于造福工程和新农村建设，每个新农村试点示范村100万元左右，分期下拨，通过对部分新农村试点示范村的建设，来达到实现新农村建设的目的。在新农村建设过程中，对周边的村庄也具有示范效应，特别是沿海的村庄，村民呈现较高热情，这些因素对农户投资建房起着关键性的带动作用，加大了农村固定资产的投入，加快了新农村基础设施建设的步伐。

2．支农惠农政策的拉动。国家不仅对粮农实行种粮补贴，而且对“机电下乡”也给予财政30%的补贴，促进了农户加大对农田水利基础设施和扩大再生产的投入。2010年一季度，市财政就开始发放农业机械购置补贴、种粮农资综合补贴、良种补贴等支农惠农补贴，减轻了农民对农业的投入以及对农机具等设备的投资支出，也直接拉动生产设备工器具的购置，使生产性固定资产投资快速增长，增幅高达24%。同时，政府相继出台了一系列鼓励农民工返乡创业的优惠政策，一些在外见过世面、具备一定技术、资金有了积累的农民工回到家乡投资创业。

3．农民收入持续增长。随着农民收入水平的提高，有了积蓄首选消费是住房建设，在住房建设过程中，户型结构越来越好，建房质量不断提高。一季度，农民人均现金收入为1291.81元，比上年同期的

1139.52元增加152.28元，增长13.36%。收入的持续快速增长是农户建房投资增长的基础因素。

4．农村社会保障加强。调查反映，过去农民要防病、防老，有钱不敢花，现在农村社会保障功能进一步完善，种田有补贴，看病有医保，小孩读书免费，老人养老有保险，后顾之忧逐步解除，农民的消费观念随之发生重大改变，由存钱转变为投资，注重提高生活质量、改善生产生活条件。

三、农户固定资产投资存在的主要问题

1．投资结构不合理。农户固定资产投资中，大部分是住宅投资，而用于农业生产和其他行业的投资比重偏低。建房面积越来越大，新建住宅使用效率低，往往是三、四口之家新建房屋使用面积达200~400平方米，造成投入资金的浪费。2010年一季度，虽然农户投资大幅度增长，但农户将积累的资金全部投放到住房建设，一定程度上影响了农村社会经济的全面可持续发展。

2．投资资金来源渠道单一。全市农村是以农户家庭经营为基础的农村经济，具有高度分散、生产技术水平和组织化程度低的特点，农户缺乏有效的抵押、担保手段，与金融机构防范风险的要求差距较大，虽然涉农金融机构作出许多努力，大力发展农村小额信贷，但是真正能贷到款的农户还是不多，农户投资资金来源主要还是依靠自我积累。2010年一季度，农户投资中自筹资金占投资来源的100%。

3．部分农村建房无序发展，缺乏统一规划。一是总体规划滞后。乡村总体规划已经不适应新农村建设和农村经济快速发展的要求，部分村委一级组织缺乏规划意识。二是有规划不落实。有的虽然有初步规划，但土地已经私有，集体难以调节控制。三是违规建房行为屡禁不止。比如有的私下买卖土地，有的在道路两边随意搭建，影响日后道路改扩建，有的农户建房“见缝插针”、占道建设已成为一大隐患。

四、农户固定资产投资的对策建议

1．加强政策引导，促进合理投资。政府应出台政策和激励机制，鼓励社会资本、民间资本参与农村基础设施建设，特别是想方设法提高农民投资农村基础设施的积极性、主动性和效益性。一是在规模经营、集约化经营方面多找信息，多出点子，多加引导。二是积极扶持农村各种经济合作组织，形成农户联合体，大力发展农产品加工业，延长农产品增值链条，多培育象钦北区大寺镇那桑示范村一样的新农村。三是积极发展农村二、三产业，着力发展规模企业配套产业和农村服务业。

2．拓宽融资渠道，破解资金约束。目前大部分农户的房屋只有地产证而没有房产证，不能申请抵押贷款，而社会筹资利率高，自筹资金又有限。因此，制定和完善适应农户投资特点的贷款政策、农村投资信用担保政策及银行信贷部门在贷款方面向农民倾斜政策。一是加快制度创新、体制创新，制定适应农户投资特点的贷款政策和管理办法。二是继续完善和发展为农村投资服务的信用担保机构和担保基金。三是培育农村民间金融机构，探索农村分散资金集中使用的有效方式。四是加大金融机构进入农村市场的力度，在融资渠道上，针对农村特点，制订出与理财相配套的金融扶持措施，便于农户筹资。

3．加强基础设施建设，改善投资环境。强化政府投资基础设施所引发的联带效应，起到促进农村经济发展和吸引农村固定资产投资增长的双重作用。一是应以推进新农村建设工程为载体，加快推进城乡基础设施一体化进程。按照基础设施城乡衔接、城乡共建、城乡联网、城乡共享

的思路，继续加大农村道路、交通、供水、供电、通信、垃圾处理等基础设施建设。二是应调整建设资金的投向和结构，财政性建设资金重心向农村倾斜，推动生产要素和各种资源在城乡之间合理配置，加速农村面貌的变化、社会民生的改善和农民生活质量的提升。三是确保规划中农村基本建设投入比重以及支农支出占财政总支出的比重逐年提高。

4．加强乡村建设规划，促进有序发展。只有科学规划，才能减少农村房屋建设的盲目性和随意性。一要坚持“注重长远，有序推进；合理用地，集约发展；生态优先，突出特色”的村庄规划设计理念，科学安排农村居民点数量、布局、范围和用地规模，按照生产、生活、生态等不同功能实现合理分区，积极引导农民向中心村集聚建房。二要依照村庄规模大小、基础条件、地理位置，分类编制村庄建设规划，使农村房屋布局更加合理，农民生活更加方便，地域特色更加鲜明。三要对农村无人居住的破旧楼房和旧宅基地，进行合理整合开发利用，提高土地利用率，有效提升村庄建设水平，促进新建和旧改协调有序发展。

农村小额贷款难问题急需解决

——钦州市农村住户小额贷款现状调查报告

谭向霜

当前，农村信用社开展小额贷款业务，为农村住户自主创业，发展当地特色产业提供一定的资金保障，有效地支持了农村住户对农业生产的资金投入，对实现农业增效、农民增收和农村稳定，起到了一定的推动作用。但是，由于各种因素的综合影响，一部分农村住户还是很难贷到款，制约农业增效、农民增收和农村经济发展的资金问题还没有得到根本解决。为了解当前农村住户小额贷款情况，2010年2月中旬我们对钦州市农村住户网点的100户农户开展了专项调查，并走访了钦州市农村信用合作社。现将调查结果报告如下：

一、农村居民收入水平较低，信贷问题仍难以解决

钦州市是传统的农业大市，目前农业还是弱势产业。近年来，农民生产经营资金需求日益扩大，特别是社会主义新农村建设，加大了资金的投入，农民对资金需求十分强烈，但由于收入水平低，农村生活比较贫困，自筹资金能力较差，无法创业和扩大投入，以致增收无望，生活水平提高缓慢。据调查资料显示：2009年农村居民人均纯收入为4182.8元，比上年的3785.57元增加397.26元，增长10.49%。而全自治区农村居民人均纯收入为3980元，比上年增加290元，增长7.9%；全国农村居民人均纯收入为5153.20元，比上年增加392.20元，增长8.2%。通过对比，钦州市农村居民人均纯收入高于全自治区平均水平，但和全国的水平相比还有很大的差距。

2008年以来，钦州市农村信用社把握市场定位，树立“以农为本”的经营理念，以支持“三农”为主要方向投放，从改进贷款服务方式，改善信用环境入手，积极推行小额信用贷款。2009年全年累计发放农户小额贷款56380万元，比上年增加23880万元，增长73.5%。其中：小额贷款占全年累放贷款的27.83%，比2008年同期的25.83%多了2个百分点。虽然小额贷款近几年来逐年提高，但钦州市农村居民家庭共有658267户，只有40578户农村居民家庭得到农村信用社贷款支持，仅占全市农村居民家庭的6.16%，这远远不能满足传统农业生产资金的需求，特别是在我们调查的100户农村住户中，有70.3%的农村住户都反映贷不到款，贷款难，甚至有少部分人还说不知道有这种贷款，不能根本上有效地解决发展农业生产的资金问题。

二、当前农村信贷工作存在的主要问题

1. 宣传教育力度欠佳，认识不到位。由于农村信用社宣传教育引导不力，以及农民自身诚信意识不足等原因，导致部分农村住户对小额贷款的认识误差。据调查，在我们调查的100户农村住户中有20.5%的农村住户认为小额贷款就是救灾款、扶贫款、救济款，人人有份。看到别人能贷，自己有“不贷白不贷”的心理，有16%的农村住户认为这种贷款可以不还，可以不付利息，甚至有12.5%的农村住户还说不知道有这种贷款。另外，对部分赖债户、逃债户、钉子户的催收措施软弱，也间接助长了农村信用环境的恶化。较差的信用环境给农村信用社经营形成了很大的风险，农村信用社中坏账、死账累

积，致使农村信用社往往是“收回多少，贷出多少”，　农民信用观念差、贷款风险大、不良贷款偏多，从一定程度上影响到农村小额贷款的持续发展。

2．缺乏贷款风险保障机制。近年来随着信贷管理机制的不断完善，不良贷款责任追究力度加大，使信贷员在发放农户小额贷款时，更关注信贷风险，再加上贷款的对象是信用程度普遍较低的农民群众，特别是农村住户贷款受自然条件和市场制约，增加了小额贷款的风险成本，小额贷款投放越多风险越大，因此信贷人员对发放农村住户小额贷款顾虑重重，不敢轻易发放。另外，由于信贷人员力量不足，教育培训不到位，加之农村住户居住地分散，从业情况千差万别，也很大程度上影响农村住户小额贷款投放。

3．小额贷款利率偏高。目前农村信用社农村住户贷款利率根据国家的利率上浮一点，各个信用社根据各自的信用度掌握上浮的利率，但还是在国家规定的范围内。而小额贷款的借款人大多是经济相当困难的弱势群众，利率上浮超出了多数农村住户的承受能力，部分农村住户望而却步。在我们调查的100户农村住户中100%的农村住户都不赞成农村信用社利率上浮，而应该按国家给定的利率发放小额贷款。

4．信贷员对小额贷款缺乏热情。由于小额贷款的对象是特定的，以经济困难的纯农村住户为主，部分贷款发放后，借款人不及时归还，形成不良贷款攀升，农村信用社信贷员无法及时完成不良贷款双降任务，因为贷款任务跟信贷员的工资挂钩，每年农村信用社按完成任务的多少对信贷员进行考核，还跟效益率挂钩，影响了职工的收入，导致部分信贷人员怕承担责任，存在”畏贷”的心理，直接制约了农村信用社的小额贷款投入。

5．小额贷款审查不到位。农村信用基础较差，部分村农村住户资信评估存在形式主义现象。目前，农村住户小额贷款审查和信用评级主要依靠农村信贷员，农村信贷员作为土生土长的当地人，难免掺杂一些人情关系等成分，使资信评估工作带有一定的随意性和片面性。

三、对进一步搞好农村信贷工作的建议

1．加强小额贷款式管理，改进支农服务水平。一是要重新确立”立足三农，为农服务”的思想，彻底转变工作作风，切实改进小额贷款服务，深入基层，深入农户，帮助农民解决生产、生活中的资金困难；二是要按照灵活、方便、安全的原则，修改完善小额农贷管理办法，简化贷款手续，适当放宽授信额度和服务范围，及时满足农民多方面的合理资金需求，有效支持农民增加收入；三是完善小额农贷管理机制，杜绝各种违章贷款、人情贷款、以贷谋私等行为发生；四是建设一支高素质信贷职工队伍。加强对小额农贷业务人员的教育培训，为小额农贷业务的健康发展奠定坚实的基础；五是坚持择优发放的原则，促使农村产业结构调整，农业增产，农民增收，以求得农村信用合作社和农村住户“双赢”。

2．固本强基，增强信用社支农资金实力。一是广泛开展优质文明服务，采取多种手段和方法，积极吸收农村闲置资金，壮大农村信用社资金实力；二是拓宽农村信用社筹资渠道，取消和废除一切不利于农村信用社组织资金的文件规定，国家专项支农资金、扶贫资金以及县、乡两级财政预算外资金要存在农村信用社，适当吸收邮政储蓄机构资金用于支农贷款；三是加大不良贷款清收力度，盘活沉淀贷款，增加有效资金。

3．创建良好的农村信用环境，维护农村金融秩序。一是要建立完善农户贷款信息档案系统，加强对小额农贷的跟踪管理服务；二是要深入开展“信用户、信用村、信用乡（镇）”创建活动，树立诚实

守信的良好风尚，提高农民的信用意识；三是要严厉打击金融诈骗、恶意拖欠和逃废债行为，净化农村信用环境，维护农村信用社的合法权益；四是各级政府部门和法院、检察院要积极协助农村信用社清收逾期贷款，盘活不良资产，提高农村信贷资金的使用效益；五是建立农户小额信用贷款的担保体系，积极推广农户联保、保证贷款，分散小额农贷风险。

4．加大对农户小额贷款的政策扶持力度。一是对发放支农贷款资金不足的信用社，人民银行适当增加支农再贷款额度。同时，由国家组织成立信用社不良资产专业处置机构，将难以收回的呆滞贷款和呆账贷款进行剥离，消化历史包袱；二是减免农村信用社营业税和所得税，对扶贫贷款和农民的种养业贷款，要实行财政贴息政策；三是在规范信用社业务和对其加强经营监管的基础上，相对其他金融机构，适当放开对信用社的利率管制，适当扩大信用社存、贷款利率浮动范围，扶持、引导资金充裕的农村信用社参加全国同业市场业务。

5．严格考核，实行责任追究。只有实行农村小额贷款奖励和责任追究相结合，才能形成一种激励机制，才能使小额贷款步入良性发展的轨道。一是进行定量考核，主要考核信用等级评定面、持证农村住户在授信额度内的贷款需求满足率、农村住户小额贷款当年到期收回率等主要指标。二是进行定性考核，主要考核辖区内诚信建设、农村信用社与当地政府及村委干部协调配合程度和是否开发风险小、效果好，深受广大农民喜爱的支农信贷新产品三方面的主要指标。三是凡考核不合格的，要进行处罚，特别对以权谋私、违规违制者更要加大处罚力度，才能使小额贷款步入良性发展的轨道。

2009年钦州市退耕还林工程实施监测调查报告

谭　明

退耕还林工程是国家实施西部大开发、实现经济社会可持续发展的重大战略决策。从2009年的钦州市退耕还林监测调查情况看，退耕还林政策执行良好，促进了退耕还林区农业结构调整，增加了退耕农户收入，生态环境明显改善，经济、社会、环境友好健康发展。

一、退耕还林工程实施情况

（一）退耕还林工作总体情况良好

截止到2009年底，钦州市两县两区退耕还林工程累计完成面积为32657.9公顷，其中：钦南区工程累计完成面积为10666.7公顷，钦北区工程累计完成面积为7861公顷，灵山县工程累计完成面积为4996.9公顷，浦北县工程累计完成面积为9133.3公顷。钦州市退耕还林工程侧重于荒山荒地的改造，有效地实现保护耕地和退耕还林的协调发展。截止到2009年底，钦州市退耕还林工程累计完成面积中有28727.6公顷是荒山荒地造林，占退耕还林工程累计完成面积的87.97%。

（二）退耕造林任务基本完成

钦州市2009年度实施的是2008年度的退耕还林配套荒山造林任务2万亩，2008年已完成1.3万亩，2009年实际实施完成0.7万亩，累计完成2008年度退耕还林荒山造林2万亩，占计划任务100%。目前，钦州市已基本完成退耕还林计划总任务量，2009年上级林业部门已不再下达退耕还林指标任务量， 2010年开始进入退耕还林后续管理、维护、巩固工作。

（三）政策兑现有条不紊

各级政府、部门按照有关政策要求，认真部署退耕还林工作，对有任务的县（区）、镇、村强化政策实施指导工作，积极宣传，广泛发动，充分调动农民群众参与的积极性。并在相关政策、技术、退耕生产等问题上对农民加以指导、培训及政策支持。在补贴兑现中严格把关，专款专人负责，并组成指导组、监督组，对补贴款项发放进行检查监督。2002—2008年退耕还林任务大部分补助款项已发放到位，小部分林地因种植较晚，审批材料未完善，有关部门尚未实地验收，部分补助款项未能及时发放，未发放比例仅占累计发放总量的6.38%。

（四）林地分级管护，责任层层落实

退耕还林工程项目造林不但要造上林，关键还是要管好林。为确保退耕还林工程项目造林成效，钦州市加大退耕还林工程项目造林的管护力度。2009年度，完成中幼林抚育面积23.2万亩，占年度计划任务的155%。对有任务的县（区），制定护林明细，划定责任区，镇、村实行生态防护林、水源林区挂点干部包干制定，与农户签订管护合同，并由当地林业站统一指导、监督，防止乱伐乱砍。并且把退耕还林政策和林权改革相结合，认真做好林权的确权到户，保障林农的长久收益。对损毁山林及时补种，加强护理，专人巡查，强化山林防火。

（五）退耕还林工程投入力度减缓

随着退耕还林总体任务数量的逐步完成，2009年退耕还林需完成量较少，投入有所减少，为1153.08万元，相比2008年减少了809.64万元。目前，退耕还林工程已累计完成投资额达9592.5万元，其中粮食等实物折合现金为6827.2万元，退耕还林户补助为619.8万元，种苗造林费补助为2145.5万元。

二、实施退耕还林取得的成效

（一）森林覆盖率逐年提高，生态环境明显改善

通过退耕还林工程的实施，钦州市森林覆盖面积不断扩大，生态环境大为改观。据监测调查年报显示：2009年，钦州市行政区域面积1076086.2公顷，林地面积499559.8公顷，森林覆盖率达46.42%，比2008年上升了0.99个百分点。其中：钦南区行政区域面积为246521.5公顷，林地面积95777公顷，森林覆盖率为38.85%；钦北区行政区域面积为221716.9公顷，林地面积104906公顷，森林覆盖率为47.32%；灵山县行政区域面积为355754.5公顷，林地面积159068.9公顷，森林覆盖率为44.71%；浦北县行政区域面积为252093.3公顷，林地面积139807.9公顷，森林覆盖率为55.46%。经过近几年的造林工程和综合治理，土地资源得到充分利用，钦州水土流失现象得到了有效控制，空气质量明显提高，野生动植物种类和数量不断增加。目前，在林业工程项目建设带动下，钦州森林资源结构不断朝科学、合理、和谐的方向发展。

（二）带动经济、社会、环境共同健康发展

1. 林业经济运行态势良好。2009年，钦州市的林业经济得到很好的发展，全市林业产值7.7亿元，同比增长10.4%。全年完成采伐蓄积量58.7万立方米，出材量41.4万立方米。同比分别增加66.5%和67.7%。林浆纸项目完成投资11亿多元，累计完成投资39亿多元。全市完成造林20.1万亩，占年度任务的100.7%。其中海防林造林10.11万亩，退耕还林造林1万亩。

2. 产业发展，农民收入增加。由于农业经营管理模式的转变，还林户逐步从单一、低效的坡地、山地农业种植中走出，向经济效益较好的二、三产业转移。在充足劳动力的支持下，二、三产业得到了发展，农民收入也得到了增加。据统计，2009年钦州市退耕还林农户人均纯收入3613元，比上年增长3.20%；人均外出务工收入1163元，比上年的1094元多69元，增长6.31%。如钦北区那蒙镇四维村退耕户潘振齐退耕后发展小型养殖并开办木材加工厂，家庭年纯收入达5万多元，生活大为改观，并带动了当地农民群众创收，成为了当地的致富带头人。

3. 农村新能源加速。随着退耕还林工作的不断深入，在各级地方政府的大力宣传引导下，广大农民逐渐转变传统的能源消耗方式，接受清洁、高效的清洁能源。据统计，2009年，钦州市完成沼气池20354座，分别占自治区和市下达任务的169.63%和101.8%。

三、退耕还林工作面临的问题

（一）退耕还林（草）农户经济收入仍处较低水平

退耕还林工程实施以来，退耕还林户生产生活得到较大改善，但和普通农户相比，部分退耕还林农户仍相对贫困。据统计，今年钦州市退耕还林农户人均总收入4711元，比同期普通农村住户的5818.99元少1107.99元，低了19.01%；人均家庭经营收入为2486元，比同期普通农村住户的4032.79元少1546.79元，低了38.36%。

（二）补助资金发放进度缓慢，林木收益周期较长

退耕还林（草）工程是一项浩大的利国利民的“安邦工程”，各级政府都很重视，因此，对该项工作抓得较严，其工程验收环节较多。补助往往要到春节后才能发放，但部分退耕农户收入来源比较少，而且政策规定种植的林木砍伐周期较长，收益短期不见成效，大部分退耕农户知识技术水平较低，无法开

拓新的经济来源，生活较为困难，2007年度项目补贴资金2009年5月份才发到农户手中，在一定程度上影响了农民退耕还林积极性。

（三）后续产业薄弱，退耕地经济效益收效缓慢

由于地方在政策理解、树种选择认识上的偏差，导致生态林建设过多，高效经济林区营造少，政策兑现结束后，部分退耕农户增收仍然困难，要想以林养农，还需要巩固很长一段时间。建议及时更换劣质树苗，抓准国家完善退耕还林政策再延长一个周期的机遇，结合旅游、农林产业链建设，科学合理的选择树种，最大限度的发挥长远的经济效益，切实解决广大退耕农户的长远生计。

（四）管护经费难解决，后期管理难度大

按现在国家在造林上的投入，除造林后2～3年内，有一定的幼林抚育费和划为封山管理的管护费外，其他造林是没有管护经费的。退耕还林是营造的生态林或长期(10年，甚至几十年)得不到收益的用材林，社员就不愿出钱出力管护，要使退耕还林，特别是以生态效益为主的生态林达到满意的造林还林效果，就要解决管护经费。对林木的管护上的投入不够，导致病虫害、鼠害严重，雪灾冰冻自然灾害损失严重，部分退耕地是有苗无林，有树无果，农户想靠退耕还林脱贫致富，目前还有困难。建议加强对造林地的后期管理，同时搞好封育管护工作。

四、对退耕还林工程发展的建议

（一）多渠道筹措资金投入工程项目造林

由于退耕还林工程项目造林国家仅补助种苗费，还需要大量的资金投入造林，为此，应该鼓励造林业主、造林大户等多渠道筹措资金投入退耕还林工程项目造林，既解决退耕还林资金投入不足，又确保了造林由分散管理发展到集中管理，由种植大户带动群众造林，不断提高群众造林积极性，保证造林各项工作正常开展，确保工程项目造林质量，维系工程后期健康发展。

（二）严格工程项目管理，建立项目数据库

实施退耕还林工程项目造林，严格按照国家基本会计制度，建立起项目单独的财务核算体系，对中央预算内资金实行封闭运行，做到专户存储，单列帐户，专款专帐，专款专用。整个项目实行项目法人制，行政领导第一责任制、竣工验收制。严把实施方案、作业设计质量关，经常组织县、镇林业技术人员深入到项目所在镇检查项目造林实施情况，并及时组织工程技术人员对项目进行全程跟踪指导服务及检查验收。把退耕还林工程项目档案管理作为工程项目实施的一项重要内容纳入工程管理的全过程，切实做细做好。牢固树立“无档则乱”的思想，建立退耕还林管理信息系统和数据库，建立档案资源信息库，全面提高工程档案信息管理的水平和效率。

（三）强化技术培训，拓展农民增收渠道

以巩固现有造林成果为出发点，加大对退耕还林区农民技术知识培训力度，特别是对传统农民种养进行技术知识指导，改良作物种植、牲畜饲养品种，营造地方品牌，打开地方特色农畜产品市场。对富余劳动力实行就业技能培训，使其在外延式创收道路上有一技之能。大力发展加工、旅游等经济，促使农村劳动力向第二、第三产业转移，减轻农民对土地的依赖程度，增加退耕还林区农户家庭收入，拉近与普通农户之间的经济差异。

（四）增强造林抚育管护

退耕还林工程项目造林不但要造上林，还要让农民有积极性，共同管好林。

为了确保退耕还林工程项目造林成效，加大退耕还林工程项目造林的管护力度，各级部门要发动好农民群众共同参与。一是鼓励造林大户投入资金，加强对幼林除草松土追肥等抚育管理，促进林木快速生长；二是采取措施及时补植；三是加强护林力度，防止森林火灾的发生。

规模养殖不断发展　存在问题不容忽视

——2010年上半年玉林市生猪生产形势调查报告

陈　楣

随着国际金融危机影响的逐渐消退，国内消费市场的恢复、国家对生猪养殖各项补贴的不断加大，以及地方政府对发展生猪生产的高度重视，2010年上半年，玉林市的生猪生产养殖总量不断扩大，规模养殖迅速发展，养殖的科技含量不断提升，相关配套产业不断发展，生猪生产呈现了良好的发展态势。但在生猪生产得到不断发展的同时，也存在着一些突出问题，如生猪疫病频发、生产成本过高、价格低迷等，在不同程度上阻碍生猪的持续健康生产。

一、生猪生产主要特点

1．存、出栏量有所提高。玉林市是全自治区最大的畜牧生产大市，下辖7个县（市、区）中有5个全国生猪调出大县，据禽畜监测调查数据显示：2010年上半年，玉林市生猪存栏398.6万头，比上年同期增加40.6万头，同比增长11.3%；能繁母猪存栏54.8万头，比上年同期增加3.2万头，同比增长6.2%；出栏肥猪148.4万头，比上年同期增加15.6万头，同比增长11.7%。存、出栏数量增长较快，产能不断提升。

2．规模养殖继续发展壮大。2008年以来，玉林市生猪养殖经历了一个恢复补栏、扩充、规模发展阶段，规模养殖逐渐成为养殖的发展方向。调查数据表明，2010年玉林市生猪规　模养殖场（户）数量达到2481个，比上年同期增加780个。规模化养殖快速发展，主要原因有五方面：一是本地的丘陵地理特征适合规模养殖业发展，排污、防疫等自然条件好；二是玉林市的畜禽养殖历史悠久，具有丰富的养殖经验和良好的养殖技术；三是具有如陆川县猪等优质品牌生猪品种，竞争优势明显；四是得益于国家的生猪标准化规模养殖场补贴、生猪良种、母猪等补贴、疫苗免费提供以及地方政府对返乡农民工养殖创业进行补贴等优惠政策；五是规模养殖具有明显的竞争优势。

3．生猪生产产业链得到延伸。玉林市大力发展饲料生产、畜产品深加工等项目，延长产业链条推进相关产业发展。如：玉林富英制革公司年加工猪皮出口产值超亿元；新建成的广西元安元食品公司、陆川神龙王集团的猪肉产品加工企业都已经投入试产，预计投资超过2亿元，年加工生猪能力达到160万头，年加工产品16000吨以上。生猪生产产业链的延伸，使产品加工项目建设取得了突破。

4．科学养殖技术水平不断提高。不少大型养殖场扩大投资，引进新型生产管理理念，发展新型养殖业。如容县富来康原种猪生态养殖基地，占地600亩，总投资超过1亿元，猪场从规划、种猪引进、猪舍设计和建设到繁育仔猪等一系列的过程都经过科学规划，重点突出科学化和人性化管理，科学养殖技术不断升级优化，产能不断提升。

5．抗市场风险能力明显增强。目前，玉林市累计成立生猪养殖专业合作社400多个，合作社辐射带动养猪农户达1万多户。通过专业协会，调查研究生产市场行情，并根据市场发展形势建议养殖户扩大或缩减养殖规模，应对市场变化，稳定生产、增强养殖户市场竞争力、提高抗风险能力。

6．肥猪出栏价格低。2010年以来，玉林市生猪价格持续走低，上半年出栏肥猪的平均价格为10.5元/公斤，比上年年初的平均价格12.5元/公斤降16%；其中，2010年一、二季度的肥猪平均出栏价格分别为11.3元/公斤和9.8元/公斤，环比下跌13.3%，呈不断下跌的态势。生猪价格下跌的主要原因：一是市场供需不平衡。近几年玉林市养殖总量逐年上升，市场供给量大。春节过后，随着夏季来临，肉类消费进入淡季，需求减少造成供需不平衡，价格有所下降。二是受生猪疫病影响。去年底以来发生了生猪疫病，出现有病猪死猪现象，部分消费者对猪肉消费存在恐慌心理，减少猪肉消费。三是外销减少。受广东三角洲地区的“用工荒”影响，企业开工不足，肉类消费缩减，加上广东畜牧业养殖在近年也得到了快速的发展，从而当地减少了对玉林市生猪供应的需求。

7．养殖效益受市场价格变动影响明显。2010年上半年，生猪价格持续走低，单月同比跌幅最高超过20%。同时，玉米、豆粕等主要饲料价格继续上涨。上半年玉米价格上涨了1.74%，养殖成本增大，养殖收益下降甚至出现亏损。

二、当前影响生猪生产的不利因素

1．生猪疫病的影响。2009年年底以来，玉林市部分地区出现了生猪疫病，局部地区病死猪现象严重，给养殖户造成了较大的经济损失，同时，使群众对猪肉的消费产生恐慌心理，造成猪肉消费量下降。

2．养殖成本过高，猪粮比价悬殊。2010年上半年，猪粮比价基本处在5.5∶1，已低于6∶1的预警线，养殖户出现严重亏损，据调查，在猪价最低迷的时候，一般养殖户平均每出栏1头肥猪亏损100～200元；规模养殖户和养殖公司平均每出栏1头肥猪亏损50～100元。

3．散养户受价格影响大。目前玉林市生猪散养部分仍占据不小比例，这些散养户缺乏有效信息指导，其养殖行为往往有盲目跟风和反应滞后的特点，收益受生猪市场价格波动影响大，不利于生猪养殖产业的合理化布局和生猪市场的稳定发展。

三、生猪市场走势预测及建议

从总体看，2010年上半年，玉林市生猪规模投资仍在扩大，且没有出现卖猪难现象。受生猪的存栏数量仍处于高位、能繁母猪比重仍偏高以及生猪市场的周期特性等因素影响，预计年内生猪生产将有所调整，生猪收购价格基本平稳或出现小幅回升。为此建议：

1．进一步完善产业链，推进生猪养殖产业化进程。玉林市作为畜牧生产大市，畜牧生产产业链在本地健全和完善具有坚实基础。畜禽产品的深加工是畜牧业生产再增值的过程，可以形成罐头、香肠、熏卤味、药用食物等更高价值的畜禽产品制成品，增加农民收益、提升畜牧产业的经济贡献率。因此，在本地成立大型肉类加工厂、开发制成新产品、健全各类配套措施是非常有必要的。在这个过程中，政府相关部门的政策支持和舆论引导仍至关重要。

2．树立产业品牌，进一步扩大知名度。玉林市的畜牧生产产业在本地及周边地区已经拥有一定的知名度，可以在政府及有关部门的支持引导下，树立玉林市畜牧产业品牌，借助东盟博览会、玉林市中小企业商机博览会等平台，把相关生产、加工、销售的龙头企业推向全国，在更大的市场空间里发展。

3．加强疫病防控。目前玉林市生猪存栏量大，饲养密度较高，容易滋生和感染生猪传染病，影响生猪生产。因此要将疫病预防放在首要位置，坚决贯彻“预防为主，防重于治”的方针，增强防疫观念。同时，根据猪场实际，制订猪场药物保健

计划，预防疫病的发生，并对猪场、猪舍、猪群实行严格的消毒和隔离。

4．加强政策扶持，逐步建立长效的产业扶持机制。政府应建立扶持和保护生猪生产相关并举的长效机制：一是控制生猪产销平衡，着力解决供求的矛盾，通过政策引导生猪产业的布局发展和区域发展的合理化；二是通过加强宏观调控，进一步降低生猪销售、屠宰环节的利润，尽量维持生猪出栏价格，保护农民利益；三是充分发挥政府职能作用和行业协会的作用，合理调控生猪生产到流通环节之间的利润分流，着力解决市场风险、疫病风险都由生产者来承担的问题。

5．建立预警预报机制，加强畜牧信息网络平台建设。建设畜牧信息网络平台，通过互联网向生猪养殖户发布养殖市场行情，并进行业务技术咨询活动。一是加强预警分析。行业主管部门要建立生猪生产的预警预报机制，定期向社会发布生猪生产信息、疫病情况、诊疗方案。二是加强行业信息引导。指导养殖户，合理安排生产，适度扩大养殖规模，规避市场风险，引导农户适当增加生猪养殖规模的同时，避免农户一窝蜂都养猪，造成生产过剩而蒙受损失。

6．治理养殖污染问题。目前局部地区还存在着生猪养殖只重经济效益不重社会效益、忽视生态环境保护的现象，特别是一些中小规模的生猪养殖户没有配备排污设施，猪粪未经处理便排放，造成严重的环境污染。有关部门应该通过多方面渠道提高生猪养殖户的环境保护意识，治理生猪生产过程中产生的环境污染问题。

贵港市采取措施促进养猪业规模化和专业化发展

——2009年贵港市生猪生产情况分析

李子旺

发展生猪生产、稳定物价、促进农民收入增长，是各级党政领导较为关心的问题。本文根据2009年和2008年两年的生猪生产动态监测调查、农村住户调查、物价调查和相关部门的统计资料，对养猪业的发展现状和发展前景及社会效益进行分析，供参考。

一、养猪业生产发展的特点

据统计：2009年贵港市生猪出栏333.12万头，比2008年增加20.84万头，增长6.67%；猪肉总产量254907吨，比2008年增加15925吨，增长6.66%；年末生猪存栏244.71万头，比2008年末增加12.76万头，增长5.5%。养猪业发展有以下几个特点：

1．养猪业以规模化和专业化生产为主。近年来，贵港市政府和有关部门从政策和信贷上加大力度扶持规模户和生产单位发展生猪生产，目前贵港市养猪业的规模化和专业化约占55%，散养约占45%。根据对13个调查小区、53个规模户和12个生产单位的生猪监测调查结果：2009年底13个调查小区（散养户）生猪存栏1049头，同比下降15%，53个规模户生猪存栏52735头，同比增长17%，12个生产单位生猪存栏125207头，同比增长11%。可见，养猪业已经从农户散养为主发展为规模化和专业化生产为主。

2．养猪收入仍然是农民增收的主要渠道之一。据农村住户调查资料显示：2009年，贵港市农村住户人均生猪产量是0.44头、31.77公斤、收入529.49元，占农民人均总收入9.52%；2008年，贵港市农村住户人均生猪产量是0.28头、20.57公斤、收入432.56元，占农民人均总收入8.7%。可见，养猪收入占农村居民总收入的比重接近十分之一，而且比重有增大趋势。

3．养猪成本提高，效益下降。据调查，2009年生猪养殖户出售活猪平均每头收入1205.56元，仔猪平均价格是225.63元/15公斤头、小猪饲料平均价格是3.4元/公斤，以料肉比为2.8：1计算，每头猪饲养成本是1105.75元，生产利润很低，只有99.81元；2008年生猪养殖户出售活猪平均每头收入1550.23元，仔猪平均价格是338.75元/15公斤头，小猪饲料平均价格是3.18元/公斤，以料肉比为2.8：1计算，2008年每头猪饲养成本是1153.11元，生产利润是397.12元。同时，2009年养猪户出售活猪的平均单价是11.22元/公斤，比2008年的14.56元/公斤减少了3.34元/公斤，减22.94%。可见，由于活猪价格下降，饲料价格上升，2009年与2008年相比饲养每头猪利润减少297.31元，养猪效益明显下降。

二、发展生猪生产的主要措施

1．大力推进生猪品种改良工作，促进养殖业增效农民增收。2009年，贵港市以实施生猪良种补贴项目为契机，大力推进生猪品种改良工作。到2009年11月底，已发放良种猪精65万瓶，配种30万窝次，生猪良种覆盖率达95%以上。生猪良种化提高了养猪效益。据调查，使用生猪良种补贴项目猪精液实行人工授精的母猪，平均窝产仔猪达11.2头，比使用社会种公猪本

交窝产仔猪增加1.5头以上，同时仔猪的杂交优势也有所提高，具有体形好、初生体重大、生长速度快的特点，15公斤体重仔猪的售价要比其他同类仔猪每头高出70～100元，全年可为养猪户增收4～5亿元。

2．扶持养殖业农民专业合作社建设，推进产业化发展。截止2009年11月底，贵港市已在工商部门注册登记、取得法人资格的水产畜牧养殖业农民专业合作社共有190家。其中2009年新成立的就有127家。养殖业农民专业合作社的快速发展，有力地促进了农村产业结构调整，推进了养殖业产业化发展。

3．深入开展助农增收大行动，促进农民增收。通过开展“大宣讲，大培训，大服务”活动，为返乡农民工提供创业就业机会，为客商投资发展养殖业提供全方位优质服务。整个活动期间，贵港市水产畜牧兽医系统共出动工作队员2275人，深入村屯2113个次，举办技术培训班161期，举办主题宣讲活动12次， 培训农民11500人次，印发各种技术资料30.2万份，帮助农民办实事、解决问题246件，帮助2096名返乡农民工成功创业，活动取得预期效果。

4．强化执法，确保水产畜牧产品质量安全。一是加强检疫工作。切实加强产地检疫、屠宰检疫工作，确保人民群众吃上“放心肉”。对检出病死猪进行无害化处理，无害化处理率达100%。二是开展产品安全整治及执法年活动。全年共抽检饲料兽药经营企业485家、养殖企业560家，规模猪场203家，抽检饲料样品203个，兽药样品106个、猪肉和猪肝100批次；检测“瘦肉精”、莱克多巴胺等违禁药品607批次、确保了畜牧产品质量安全供给。

5．动物防疫工作效果显著，动物疫情平稳。截止11月底，贵港市免疫注射猪口蹄疫156.89万头，免疫密度为99.8%；免疫注射高致病性猪蓝耳疫苗69.81万毫升、猪瘟疫苗222.10万头份，两者免疫密度达到99.8%。

6．大力推广养殖新技术，促进农民增收。2009年贵港市依托龙头企业，大力推广“猪——沼气（零排放发酵床）——蔗（果、菜）”、“草——鹅——草”等循环养殖经济模式。目前，温氏、扬翔等公司已发展规模养猪场100个，存栏猪35000多头，种植果、林、甘蔗、蔬菜15000多亩；港北区六乌年桔专业合作社发展27个养殖户开展“猪——沼气——果”模式养殖，存栏生猪1000多头，种植果林2100亩；港南区已建设“零排放”发酵床3万多平方米，采用“零排放”养猪达15万头；通过大力发展养殖循环经济模式，有力地促进了农村经济的发展，促进了种养业的发展，促进农民增收。

7．项目建设进展顺利，促进水产畜牧业健康稳定发展。目前，贵港市水产畜牧业固定资产投资保持高位运行。据统计，截至12月15日，贵港市累计完成投资39759.6万元，占年度任务的102%。其中项目投资完成23815.8万元，占任务23580万元的101%。此外，还引进了一批新项目，其中：亿元以上项目3个，千万元以上项目28个，总投资达14.1亿元。招商引资工作的推进，为全市水产畜牧业的平稳发展发挥了重要作用。

三、影响生猪生产发展的主要因素

贵港市养猪业取得了较快的发展，但仍存在一些影响发展的不利因素。主要有以下几方面：

1．市场竞争激烈、生猪外销不畅、猪肉内需供大于求，生猪养殖效益不高。据有关部门统计，2009年贵港市屠宰生猪105.09万头，其中市外购入屠宰35.03万头；2008年贵港市屠宰生猪84万头，其中市外购入生猪28万头。也就是说，2009年贵港市的消费市场容量扩大了25.11%，但本市生产的生猪所占市场份额并没有增加，外地猪占领了贵港三分之一的猪肉消费市场，说明外地猪的价格更低，市场竞争激烈。受金融危机影响、甲型H1N1流感等因素影响，畜禽水产品供过于求。据有关部门统计，贵港市生猪的外销地区主要是广东省，2009年贵港市生猪市外销售为19.49万头，比2008年减少11.31万头，减少36.72%。其主要原因：一是广东省本地生猪产量增加，二是其他地区生猪发展也很快，生猪价格比贵港市的下降速度较快而且降幅较大。生猪养殖效益不高。据调查，仔猪利润每头在20～30元，肉猪利润长期计算每头只有50元左右，还属于大部分养猪户可以接受的程度。养殖效益的下跌，在一定程度上制约了养殖业持续发展，部分养殖户持观望态度。

2．尚有部分支农惠农补贴奖励资金不到位，下达缓慢。2009年末贵港市能繁殖母猪存栏33.66万头，但能繁母猪补贴不见下达（而2007年能繁母猪和后备母猪每头补贴50元、2008年能繁殖母猪每头补贴100元）。仅得到能繁母猪保险补贴111583头、495.43万元（其中中央财政补贴334.75万元，自治区财政补贴160.68万元），尚有22.5万头约999万元的补贴项目资金未下达。此外，资金补贴范围不够大，一些具有一定养殖规模需要补贴的养殖户因未达到补贴标准而没能获得补贴。

3．用地难、贷款难问题仍是制约贵港市水产畜牧业发展的重要瓶颈。建工厂、规模养殖场（小区）都需要土地，但因用地指标有限，因此很难满足需求。此外，养殖场没有办理房产证，活畜活禽又不符合金融部门的抵押条件，由于无抵押物，无法向金融部门贷款。

4．动物防疫体系薄弱，基层队伍不稳定、财政投入不足、设备落后等因素仍然是制约贵港市水产畜业持续健康的主要原因之一。近期天气严寒，仔猪护理难度加大，有些地方已经病死许多仔猪，影响养猪业的健康发展。

5．生猪生产和流通领域的利润分配不合理。2008年，生猪饲养每头利润可达397.12元，零售商每宰卖一头猪利润少说也有180元；而2009年生猪饲养每头利润只有99.81元，零售商每宰卖一头猪利润低估也有150元；2009年与2008年两者对比，生产者利润下跌74.87%，而屠宰零售商利润只下跌16.67%。生猪养殖户无奈的说：养猪的不如宰猪的赚钱多。

四、对2010年生猪生产形势的预测

1．能繁母猪存栏量增加，发展后劲较足。据统计，2009年末，贵港市能繁殖母猪33.66万头，比2008年末增加1.66万头，增长1.66%。因为养殖母猪比养殖肉猪效益要好，2010年贵港市能繁殖母猪还会继续增加，而母猪的增加就决定养猪规模会继续扩大。贵港市把发展养猪业作为实现“三年赶超目标”的重要项目，2010年计划生猪出栏同比增10%。

2．生猪存栏量和出栏量将继续增长。养殖户表示，会继续坚持养猪，不会淘汰（至少目前不会淘汰）产能正常的能繁母猪，不会减少能繁母猪的受孕次数，会继续饲养母猪产下仔猪，可见养殖户养猪积极性仍然很高。部分养殖户因为自繁仔猪销售困难，只好加大投入扩建猪舍，对仔猪加于育肥，养殖规模自然要扩大了。预测2010年生猪存栏量和出栏量同比增10%。

五、发展养猪业的几点建议

1.发展养猪业一定要坚持稳健原则，切忌大起大落。发展规模养殖和专业化生产，仍是发展养猪业的关键，要加快养猪特色化、规模化、良种化、标准化、产业化、法制化、科技化、生态化步伐，也要注意适时调整政策支持力度。

2．养殖户要加强市场调研、密切关注市场动态，尊重市场规律，确保效益优先，不能盲目扩大生猪生产规模。规模养殖户和专业生产单位更应把准市场脉搏，

随机应变，要继续降低饲养成本，努力拓宽生猪销售市场，不断提高养猪效益。

3．政府和畜牧兽医部门要加大生猪的生产和销售的服务力度，做好优良猪种的推广和科学饲养技术的普及，严格控制生猪疫情的发生和发展，特别是仔猪疫病的控制和防治。建立生猪促销队伍，到外地寻找市场，帮助养殖户扩大生猪销路。

4．工商和交通等部门要做好工作，继续保持“绿色通道”，促进市场流通，设法让养猪利润在生产和流通两个主要环节中合理分配。

2009年贵港市农民增收呈现三大亮点

苏玉怀　李子旺　祝伟敬

解决“三农”问题，增加农民收入，是全党、全社会高度关注的大事。贵港市党委、政府高度重视增加农民收入，集思广益、群策群力，制订力争三年农民人均纯收入赶超全国平均水平的目标，采取措施促进农民收入增长。根据对贵港市100户农村住户调查网点的调查结果，2009年贵港市农民人均纯收入增长11.50%，呈现三大亮点。但农产品价格走低、农产品生产成本较高等制约农民增收的因素仍然存在，农业发展水平的基础不够牢固，滞后因素影响有待改进，应变能力有待提高，实现预期目标尚需努力。

一、农民收入基本情况

调查结果表明，2009年贵港市农民人均纯收入为4226.06元，比上年增加435.87元，增长11.50%。其中：工资性收入为893.19元，增加133.07元，增长17.51%；家庭经营纯收入为2583.15元，增加263.15元，增长11.34%；财产性纯收入为108.78元，减少10.56元，减幅8.85%；转移性纯收入为640.94元，增加50.21元，增长8.50%。2009年贵港市农民人均现金纯收入3139.74元，比上年增加380.85元、增长13.8%，现金纯收入占总纯收入比重为74.29%，比上年增加1.5个百分点。说明贵港市农民纯收入增加的含金量提高。

二、农民增收呈现三大亮点

1．外出创业务工收入大幅增长，成为农民增收最大亮点。调查数据显示，2009年100户农民人均工资性收入为893.19元，上年比增长17.51%，对全年农民人均纯收入增长的贡献率是30.53%，拉动全年人均纯收入增长3.51个百分点，工资性收入占全年纯收入比重为21.14%，比上年增加1.09个百分点。从外出务工人数上看，100户中外出务工人数144人，比上年增加33人，外出从业得到收入人均增加112.07元，增长35.55%，对全年农民人均工资性收入增长的贡献率是84.22%，拉动全年人均工资性收入增长14.75个百分点。说明农民外出创业、务工是缓解农村剩余劳动力压力的好办法，也是农民增收最重要的有效途径，值得政府及有关部门继续予以重视。

2．家庭经营主导地位牢固，农、林产品增产增收。2009年100户农民家庭经营纯收入人均2583.15元，占全年人均纯收入比重达61.12%，同比增长11.34%。主要是以下三个方面的拉动：

一是稻谷产量增加，出售收入增加。调查数据显示，2009年100户农户，人均稻谷生产617.11公斤，与上年比增加105.32公斤，增长20.58%，人均出售稻谷289.43公斤，增长18.07%，收入820.56元，增长23.66%，对农业收入增长的贡献率是71.16%，拉动农业收入增长9.72个百分点；出售稻谷收入占家庭经营收入31.76%。

二是蔬菜产量增加，出售量增加，收入增长82.13%。调查数据显示，2009年100户农户，人均蔬菜生产135.05公斤，与上年比增加4.1公斤，增长3.13%，人均出售蔬菜19.06公斤，增长113.2%，收入38.59元，增长82.13%，拉动农业收入增长1.08个百分点。

三是林业产品收入增长79.86%。2009年贵港市造林12.28万亩，商品林采伐蓄积66.794万立方米，林业总产值43.95亿元，其中木材加工产值19.22亿

元。100户农村住户调查结果表明，2009年贵港农民人均林业收入76.72元，增长79.86%。

3．收入增长速度高于全国平均水平。2009年贵港市农民人均纯收入比上年增长11.50%，增长速度比全国平均水平高3.3个百分点，比全自治区平均水平高3.6个百分点。扣除价格因素，农民人均纯收入实际增长14.7%，比全国平均水平高6.2个百分点，比全自治区平均水平高4.1个百分点。

三、影响农民增收的主要因素

（一）有利因素

2009年贵港市认真执行党在农村的各项方针、政策，把农业增效、农民增收作为党委、政府一项重中之重的大事来抓，注重特色农业的发展，加快优势产业的布局，农村经济朝又好又快发展，使促农业增效、农民增收。

1．市委、市政府高度重视粮食安全，确保粮食连年增产增收。近年来，贵港市委、市政府把粮食生产作为农业稳定的民生大事来抓，认真落实粮食生产行政首长负责制，大力推广农业先进技术，主攻提高单产、质量和效益，推广超级稻和优质玉米等良种面积达380.9万亩，推广水稻免耕抛秧面积168.4万亩，推广马铃薯稻草覆盖栽培技术面积30.03万亩，推广测土配方施肥面积241.2万亩，推广“三避”技术面积65.9万亩。据实割实测调查结果：2008年贵港早稻、晚稻亩产分别是340.45公斤、346.92公斤，同比分别增长1.17%、1.69%；2009年早稻、晚稻亩产分别是351.22公斤、351.77公斤，同比分别增长3.16%、1.46%。100户农村住户调查表明，　2009年农户人均粮食产量766.41公斤，同比增长16.08%；人均粮食收入1692.9 5元，同比增长18.21%。

2．着力优化农业结构，培育壮大优势产业。一是大力培育壮大优势特色产业，2009年优质稻、冬种马铃薯、优质蔬菜、中药材、桑蚕、木薯等优势产业总产值达到54.8亿元，同比增9.1%，占种植业产值的比重达到74%，其中优质稻占水稻总面积90%，同比增加1.9个百分点；桑蚕和木薯产值分别增长47.2%、47.3%，食用菌、水果、中药材总产分别增长23.4%、11.5%、9.5%。二是大力扶持以生猪生产为重点的养殖业，2009年全市生猪出栏333.12万头，同比增长6.67%；猪肉总产量254907吨，同比增长6.66%；年末生猪存栏244.71万头，同比增长5.5%。

3．农村经纪人和合作经济组织助农增收。由于农户分散，不可单打市场，农村经纪人的出现，为解决农民产品卖难，起到积极推动作用；合作经济组织的建立，标志着农村服务方式的转变，农民闯市场，有了一个集体的组织。

4．大力扶持中小企业发展，积极支持农民工创业就业，增加农民收入。据调查，贵港市有中小企业6000多家，用工40多万人，多数是农民工。2009年，贵港市把扶持中小企业发展作为发展经济特别是增加农民收入的关键来抓，加大对重点企业、特别是重点农产品加工企业的扶持力度，重点抓好中小企业投融资担保体系建设，给予政策优惠和资金扶持。确保中小企业发展稳定不裁员，以扩大农民就业渠道，实现劳动力从农业向非农业转移，增加农民收入。

为了缓解大量外出务工农民返乡的就业压力，积极应对金融危机，2009年，贵港市财政共拨付返乡农民工创业就业基金3333万元，通过多种补贴方式帮助返乡农民工创业就业。一是创业补贴。返乡农民工初次创业，所涉及有关的行政事业性收费由财政给予补助；从事规模以上种植业、养殖业的，给予一次性补贴2000元。二是就业补贴。用人单位吸纳农民工就业，且与其签订劳动合同半年以上的企业和单位，按每用工一人补贴1000元。三是给予贷款贴息和小额贷款担保。返乡农民工开展规模种养、新创办经济实体给予贷款贴息和小额信贷担保，财政按一年期限银行贷款基准利率给予一年贴息。四是创业培训补贴。免收培训费、学杂费和食宿费，并给予培训补贴。

5．加工业发展较快，促进农产品商品化助农增收。近年来，贵港市委、市政府积极采取有效措施，鼓励农产品的加工增值、助农增收。100户农户调查表明，2009年，贵港市农民人均农、林、牧、渔加工手工业产品收入22.05元，同比增3.55元，增长19.29%。

6．高度重视农村基础设施和社会保障制度建设。农村基础设施是农民持续快速增收的有力保障。2009年，贵港市投入水利建设资金5.94亿元，完成中小型水库除险加固26座，完成灌区节水改造和硬化渠道129公里，新增、恢复和改善灌溉面积31万亩，建成农村人饮工程187项，解决43.67万农村人口饮水不安全问题；投入农村交通道路建设资金16.4亿元，完成通乡通村水泥路58条共370公里，其中通村水泥路17条114公里；投入水库移民基础设施建设资金4560万元，建设通屯道路、移民新村等项目136项；推进农村生态建设，全年新建沼气池8460座；依托农机购置补贴政策推动农业机械化，全市农民投入购机资金5899万元，购置农机具数量比上年增长5倍，农业耕种收综合机械化水平、水稻耕种收综合机械化水平超过全区平均水平。

农村社会保障制度是农民增收的根本保障。2009年，贵港市农村低保标准和补助标准进一步提高，全市纳入低保的人数达到21万人；新农合制度巩固发展，全市参合农民393万人，占农业人口91.1%；扎实推进扶贫开发工作，第二批整村推进的29个村通过了自治区验收，减少贫困人口4.1万人。

（二）制约农民增收的主要因素

2009年，贵港市农民人均纯收入虽然是大幅度增长，但农村还有许多增收困难户和生活困难户。从表面上看，农民增收困难主要是农产品价格走低、农产品生产成本较高等原因造成，但从实质上分析，农民增收难是国民经济发展长期累积的一些深层次矛盾的集中表现。通过调查和分析，我们认为当前制约贵港市农民增收的主要因素是：

1．产业化水平和组织化程度偏低。产业化水平的高低，对农民收入的增长起着极为重要的作用。尽管近年来贵港农村经济不断发展，农业产业化经营水平有了很大的提高，衍生了一些农业龙头企业和专业合作社，但从总体上来看，产业化程度还不高，农产品加工能力仍然较弱，带动力不强，农户分散经营、劳动生产率不高的现象尚未得到根本改变。一方面农产品加工业滞后，农产品优势未能真正转化为经济优势，农业整体效益没有大变化；另一方面农业组织化程度低，农民在市场经济竞争中，处于劣势地位，千家万户的小生产难以应对千变万化的大市场，难以获得社会平均利润率，农民收入难以提高。据贵港市港北区庆丰镇都炉村的果农反映，村里虽然有农业专业合作社，但是发挥作用不大，特别是水果销售问题更为突出，有些“社员”只顾及自己的利益，根本没有考虑果农的利益。水果销售价贱和困难，成为果农的一块心病。

2．滞留于农业的劳动力数量偏多、年龄偏大且素质偏低。从100户农户调查的数据看，100户有劳动力368人，从事农业的有217人，占劳动力的58.97%，其中106人是50岁以上，占从事农业劳力的48.85%；小学、初中文化分别是95人，各占从事农业劳力43.78%，小学和初中文化的劳动力，占农业劳力87.56%。由于文化水平低、年龄偏大，导致在非农产业部门就业的竞争力较弱，给农民收入的增长带来较大的影响。部分农民文化素质低，观念陈旧，综合素质不高，存在“小富即安”的思想，在农村经济结构调整过程中，适应新形势的能力偏弱，而且普遍存在缺技

术、缺信息、缺销路的问题，农业结构调整无门，收入难以增加。而农民自身素质偏低，又给农村劳动力就业带来很大的制约。

3．收入增加面临着市场变化和气候变化的双重压力。农村经济进入新阶段后，农产品已由卖方市场过渡到买方市场，市场竞争加剧，而以分散经营农业为主的农户，面对千变万化的信息和瞬息万变的市场，应对能力偏弱，基本上是市场价格的被动接受者和市场变化的最大受害者，农产品难卖出去，商品率难提高，农民收入难增加。如贵港市港北区庆丰镇都炉村覃禄锁户，2008年生产年桔3600公斤，每公斤价格5元，经营收入18000元。2009年生产年桔7500公斤，产量翻了一翻，增长108.33%，每公斤价格只有2.4元，由于价格下跌，收入也只是18000元，出现增产不增收现象，大大打击果农的生产积极性。同时，由于生态环境遭受严重的破坏，气候变化多端，多种恶劣和异常的天气越来越频繁，特别是洪水、旱灾、冰冻灾害等，对农户生产和农民增收造成严重威胁。

四、当前促进农民增收的主要途径和建议

农民增收是一项系统工程，是一项艰巨的长期任务，是“三农”问题的重点和核心，从长远看，农村教育、医疗、社会保障、惠农政策等投入要加大，着力提升农村劳动素质；从近期看农业产业化、农村工业化的步伐要加快。农民增收是实现小康社会的战略性任务，农民要努力，社会要尽责，政府要做事。

1．加快传统农业向现代化农业转型，打造农民增收的新平台。农业现代化建设是现阶段农业发展的方向，也是新时期“三农”工作的一个重要奋斗目标，更是农民增收的新平台。以城乡一体、富裕农民为目标，积极支持粮食、生猪发展等各项政策措施，保护农民的生产积极性。在确保粮食播种面积和产量的同时，坚持以市场为导向，大力发展食用菌、木薯、水果、中药材、蚕桑、花卉、蔬菜、林木、生猪、家禽、名优水产品等优势产业，力争在扩大规模、提升档次、增加效益上有新突破，进一步推动农业优势产业向规模化、集约化、标准化发展。按照“一个产业抓一两个核心企业、培育一两个优势品牌”的思路，整合涉农财政资金，落实扶持政策，集中扶持发展一批农业产业化龙头企业，加快推进落实一批农业产业化项目，培育一批市场占有率高的知名农业品牌。继续发展畜牧水产业，扩大以黄沙鳖、乳鸽等为重点的特色养殖规模。

2．坚持工业发展第一方略，进一步促进农村劳动力的转移。充分发挥贵港市得天独厚的区位、交通、资源优势，因势利导，城乡统筹，促进农村非农化，推进农村劳动力转移，不断增加农民工资性收入。一方面加大招商引资力度，大力发展民营经济，努力保持非农产业加快发展势头，为大量吸纳农村劳动力专业转移提供载体。二是加快农村城镇化进程，安排农村劳动力就地转移。加快小城镇建设，提高农村工业化、城镇化水平，通过农村城镇化，改善农村投资和生活环境，让第三产业向小城镇集中，实现农民职业和空间的转移。三是大力发展运输业、商业、旅游业、物流业及家政服务业等新兴行业，不断扩大就业容量，为农民提供更多的就业岗位，增加农民收入。

3．大力发展短平块项目，促进农民收入快速增加。要以市场为导向，以提高效率为中心，以提高产品质量为重点，充分发挥各种农产品的比较优势，大力发展资源优势型、传统特色型、劳动密集型农产品。根据贵港人多地少的现状，大力推广间种套种和立体种植技术、提高土地的产出效益。畜牧业以“优良品种”为重点。结合贵港市的产业优势、市场优势，建立一批有规模的养殖基地。

4．落实相关扶持政策，改善农村基础设施。积极落实扶持农业农村的相关政策，是增加农民收入的重要途径。一是扶持发展各类农业合作经济组织，搞活农产品流通。二是加大财政支农力度，建立健全财政支农资金稳定增长机制，大力调整财政支农结构，加大安排各项财政支农资金和农村社会事业支出力度，全面支持经济和各项社会事业发展，重点加强对农村水利、特色农业、农业科技、农业综合开发等农业基础设施建设的投入。三是提高农民生活保障。重点对农村低保、合作医疗等项目加大投入，为农民生产、生活提供切实保障。

5．抓好职业技术培训，提高农民就业本领。搞好职业技术培训，使每个农民至少掌握1—2门实用技术，提高农民创收能力，是开启农民致富之门的“金钥匙”。政府要采取必要措施，调动职业学校和农业、科技部门等社会资源，采取多形式、多途径，组织农村富余劳动力进行定向培训和对口培训。使他们无论是外出务工还是本地就业都具备一定技能。

6．加强市场信息指导，增强农民市场观念。要加快县、镇两级信息服务站建设步伐，构建农业科技信息网络，使农业信息网络向乡村特别是运销大户以及农民专业协会、农业龙头企业延伸、建立农民信息员队伍，发挥他们连结广大农户的作用，通过媒体将市场信息及时传递给农户，增强农民的市场观念。

2010年上半年贵港市农村居民收支同步快速增长

覃乾富　苏玉怀

2010年以来，贵港市市委、市政府紧紧围绕农业增效、农民增收的目标，加大调整和优化农业产业结构的力度，特别注重优势产业和特色农业的发展，积极引导农村富余劳动力的转移就业、创业，农村经济实现快速发展。据国家统计局贵港调查队对百户农村居民住户调查结果，农村居民收入实现快速增长，生活消费支出增速较快。

一、农村居民收支快速增长

（一）农村居民收入增长的特点

2010年上半年，贵港市农村居民现金收入2213.91元，同比增长19.61%，从收入渠道来看，“四大项”收入全面增长，其中家庭经营现金收入是拉动农村居民现金收入增长的主要动力。

1．农民工恢复就业，拉动农村居民工资性收入快速增长。2010年以来，去年失业的农民工逐渐重新走上岗位，拉动了农村居民工资性收入快速增长；同时伴随着城乡一体化的推进，本地区能够为农民工提供更多的就业岗位，为亦农亦工的农民在自己家乡就业创造了机会。2010年上半年，贵港市农村居民人均工资性收入452.95元，同比增长14.51%，其中在本乡地域内劳动人均得到收入216.79元，同比增长16.18%，外出从业人均得到收入192.76元，同比增长11.59%。

2．随着农产品价格的不断提高，家庭经营现金收入大幅增长。国家对农产品价格高度关注，为了确保农民增产增收，出台了一些保护农产品价格政策，为农民增收提供了保证。2010年上半年，贵港市农村居民家庭经营人均现金收入1210.92元，同比增长20.82%，其中出售农产品人均收入543.62元，同比增长62.02%，占家庭经营现金收入的44.89%。农业优势产业、特色产业的收入更显突出。2010年上半年农民出售稻谷、蔬菜、甘蔗、白鸽、蚕茧、水果、中药材等优势产业和特色产业的人均收入分别是170.66元、32.81元、79.67元、84.86元、17.03元、64.52元、146.85元，同比分别增长48.24%、205.67%、70.05%、91.75%、79.36%、69.18%、233.10%。

3．农村经济发展加速，居民财产性收入增长提速。随着产业结构调整和优化力度的加大，特色产业优势体现，贵港市农村经济得到了迅速发展，农村居民拥有财产数量增加，促进了农村居民财产性收入的快速增长。2010年上半年，贵港市农村居民人均财产性收入68.2元，同比增长25.6%。

4．转移性收入大幅增长。随着金融风暴影响的减弱，许多企业的生产得到了恢复，农民工的工资收入得到了提高，非常住人口寄回和带回的收入极大地拉动了转移性收入增长；同时，随着收入的提高，农村居民有条件让老人、小孩生活的更好，赡养费支出有所增加。2010年上半年，贵港市农村居民人均转移性收入481.85元，同比增长20.82%，其中家庭非常住人口人均寄回和带回364.59元，同比增长9.16%，农村亲友人均支付赡养费30.54元，同比增长6.5倍。

（二）农村居民生活消费支出的特点

随着收入的不断提高，农村居民生活消费支出也不断增多，生活质量在稳步提高。2010年上半年，贵港市农村居民人均生活消费支出2093.61元，同比增长85.81%，其中服务性人均支出583.71元，同比增长38.62%。消费中“八大项”除衣着出现下降外，其他七项都有不同程度的增长，如下表：

贵港市农村居民消费性支出表

（单位：元）

指标	2010年上半年	2009年上半年	增幅（%）
生活消费支出	2093.61	1126.72	85.81
其中：服务性支出	583.71	421.07	38.62
（1）食品	494.61	359.88	37.44
（2）衣着	34.44	41.32	−16.67
（3）居住	807.35	308.2	161.96
（4）家庭设备用品及服务	121.23	73.33	65.32
（5）交通和通讯	313.73	107.23	192.58
（6）文化教育、娱乐用品及服务	148.34	89.04	66.6
（7）医疗保健	123.08	114.82	7.19
（8）其他商品和服务	50.85	32.9	54.55

从调查结果来看，随着农村居民收入的不断提高以及社会保障制度的进一步完善，农村居民消费热情高涨，从“八大项”消费看，更能了解农村居民的生活质量。

1．农村居民对食品质量要求提高，肉、禽、蛋等食品越来越多走上农村居民的餐桌，带动了食品消费支出增长。随着收入的提高，农村居民已经不再满足于粗茶淡饭的生活，肉、禽、蛋、水产品等变成了农村居民的日常消费必需品；同时随着饮食业的快速发展以及农村居民生活节奏的加快，方便快捷的在外饮食受到了农村居民的追捧，在外饮食支出明显增多。2010年上半年，贵港市农村居民人均食品消费支出494.61元，同比增长37.44%，其中，肉、禽、蛋、奶及制品人均支出183.63元，同比增加45.01元，增长32.47%；在外饮食人均支出112.62元，同比增长14%。

2．农村居民不断改善居住环境，拉动了居住消费支出的迅猛发展。随着农村居民外出机会的增多，更多的人见识了城市宽敞明亮的居住环境，加上收入不断增加，有不少农村居民把原来居住的土坯瓦房拆掉，开始努力改善自己的住房环境，农村居民居住消费支出迅猛发展。2010年上半年，贵港市农村居民人均居住支出807.35元，同比增长161.96%，其中，人均购买居住消费品支出612.95元，同比增加387.18元，增长171.50%；人均居住消费服务性支出194.4元，同比增长135.83%。

3．农村居民对家庭设备需求的增加，推动了农村居民家庭设备、用品及服务消费支出大幅增长。随着农村居民收入提高和生活环境的改变。空调、电冰箱等享受性家庭设备已经逐渐走入了寻常百姓家，为新房子配备实用、漂亮的家具也成为农村居民的一种共识。2010年上半年，贵港市农村居民人均家庭设备、用品及服务支出121.23，同比增长65.32%，其中机电设备支出57.21元，同比增长53.76%，家具类支出26.37元，同比增长257.6%。

4．交通和通讯工具大众化，拉动了农村居民交通和通讯消费支快速增长。“十一五”期间，随着村村通公路的进一步推进，一条条水泥路、柏油路给农村居民出行带来了很大的方便，加上汽车下乡政策的实行，小汽车已经开始走进普通农民家庭，摩托车更成了家庭的必备交通工具；另外随着信息技术的快速发展和应用，现代化的通信服务已形成巨大的消费市场，特别是通讯工具换代升级和价格持续走低，使居民家庭通讯工具拥有量持续上升，农村居民通讯支出不断增加。2010年上半年，贵港市农村居民交通和通讯人均支出313.73元，同比增长192.58%，其中人均购买交通和通讯用品支出238.94元，同比增长361.51%。

5．农村居民对身心健康关注度提高，娱乐用品消费增加，推动了文化教育、娱

乐用品及服务消费支出的快速增长。农村居民物质生活不断得到提高的同时，对于娱乐用品投入更加慷慨，电视更新换代加速、电脑进入普通家庭；同时自身文化学习和子女教育也在进一步加强。2010年上半年，贵港市农村居民人均文化教育、娱乐用品及服务支出148.34元，同比增长66.6%，其中购买文化教育、娱乐用品支出62.47元，同比增长354.99%，教育服务消费75.08元，同比增长7.05%。

6．医疗保健消费支出平稳增长。随着新型医疗合作制度的推广和农村药品市场的逐步规范，农民看病难、就医难问题得到有效地改善。2010年上半年，贵港市农村居民人均医疗保健消费支出123.08元，同比增长7.19%，其中人均药品支出21.81元，同比增长40.59%，人均医疗费支出98.84元，同比增长0.72%。

7．农村居民攀比心理加重，拉动了其他商品和服务支出高速增长。近年来，农村居民攀比心理不断加重，在办红白事的时候喜欢讲排场，拉动了其他商品和服务支出高速增长。2010年上半年，贵港市农村居民人均其他商品和服务消费支出50.85元，同比增长54.55%。

二、制约农村居民收支增长因素

（一）影响农村居民增收主要因素

1．农民工素质偏低，工作待遇不好。农民工外出就业是增加农村居民收入的有效途径，但是目前贵港市许多农民工由于文化程度偏低、不具有专业技术等原因，所从事工作既辛苦待遇又不好，工资增长缓慢，制约了农村居民收入的可持续增长。

2．农业基础薄弱，农民增收缺乏保证。“十一五”期间，虽然各级政府都加大了农业投入，但投入力度仍显不足，农业基础依然非常薄弱，特别是水利设施建设更显突出。如水利设备老化失修，积病成险、运行管理不善等，给农业生产带来严重的影响，有灾之年，农业收入缺乏保证。

3．二、三产业发展滞后，城乡一体化进程缓慢，导致农民现金增收的后劲不足。一、二、三产业发展不平衡，特别是二、三产业发展滞后，农民现金增收的后劲显而不足。从2010年上半年抽样调查来看，第二产业中的工业收入为0，第二产业只靠建筑业来支撑，使农民人均收入与去年同期比只增加8.11元，第三产业出现了负增长。

（二）影响农村居民消费需求因素

1．预期收入不确定，制约了农村居民的即期消费需求。虽然从2006年开始在政府减免农业税、发放良种和农机具购置补贴等政策性增收因素的支撑下，贵港市农村居民收入逐年增长，但总体上支撑农村居民持续增收的亮点依然不多，农村居民收入预期收入不确定，决定了农村居民总是为未来多做打算，制约了农村居民即期消费需求。

2．社会保障制度不够完善，阻碍了农村居民即期消费。随着新型农村合作医疗制度的实施，贵港市农村居民在医疗方面得到了一定的保障，但是新农合对农民医疗支出的报销额度十分有限，很多药品不在报销范围之列，治疗小病或靠长期吃药才能维持的慢性病所需的费用，都是自费；另外农村新型养老保险制度还处于试点阶段，离全面推广实施还有一段时间，农村居民不得不增加储蓄为自己的将来做打算。

3．物价的波动不定，农村居民消费信心不足，制约了农村居民即期消费。2010年以来农资比较稳定，而且略有下降，但农产品的价格和建筑材料价格波动不定，让农村居民有理由相信未来支出会继续增长，导致了他们消费信心不足，制约了他们即期消费。

4．高中以上教育成本增加，农民接受较高教育消费负担依然沉重。虽然贵港市取消了农村中小学学杂费，相对减轻了农民教育负担，但高中和大学阶段教育费用增加很快，农村居民不得不承受着巨大的教育费用压力。

5．农村商品流通服务体系不健全，限制农村消费市场发展。虽然2005年商务部推出的 “万村千乡市场工程”活动使得超市进入了农村，缓解了农民购物难问题，但流通业规模小的问题仍然没有得到有效解决，大件耐用消费品仍然需要到城里购买。在购买商品的同时，不能跟城镇居民享受诸如送货上门、安装调试、上门维修等售后服务，影响农民的购买意愿。

三、增加农村居民收支的几点建议

（一）增加农村居民收入建议

“三农”问题的核心是农民问题，农民问题的核心是增收问题，如何增加农民收入，仁者见仁、智者见智，难于言尽。下面谈几点笔者的意见：

1．加大农民工培训和就业扶持力度，保障农民充分就业、自主创业。要积极探索建立政府扶助、面向市场、多元办学的农民教育培训机制，提高农民的综合素质；同时要鼓励农民自主创业，对农民创业贷款要给予优惠，手续要方便简捷。

2．加强农业基础建设，为农民增收作保证。增加农业投入，加大农业基础设施建设力度，提高农业物质装备水平，强化发展现代化农业的基础设施支撑。

3．加强第二、三产业的发展，拓宽农村剩余劳动力的就业渠道。从2010年上半年调查看，贵港市农村工业化和城镇化进程比较慢，对广大农村的带动辐射作用较弱，难以提高吸收农村剩余劳动力的能力。因此，政府应进一步制定有关保护农村乡镇企业发展的优惠政策和措施，鼓励农村集体、个人、联户一起上，利用本地劳动力多和资源丰富的优势，引进人才，技术和资金，发展“劳动密集型”、“资源型”、“农、矿产品初级加工型”和“传统手工艺型”的企业，增加劳动力的就业容量。

4．要确保农资价格稳定，避免国家惠农政策带给农民的实惠被抵消。“十一五”期间，国家惠农政策接二连三出台，极大的鼓舞了农民种田积极性，农民得到了很大实惠，但是随着农资价格的不断上涨，农业生产成本不断加重，要警惕过快上涨的农资价格抵消国家惠农政策带给农民的实惠。

5．要确保农产品价格稳中带升，避免出现农民增产不增收现象。近年来，农民增产不增收的事例屡见不鲜，比如2010年初的香蕉获得了大丰收，但是价格却跌入了谷底，许多农民宁愿让香蕉烂在地里也不愿意花人工去摘，损失惨重，农民种植香蕉的积极性受到了严重的打击。要保证农村居民收入的持续增长，就必须避免农民增产不增收现象，保持农民种植的积极性。

（二）增加贵港市农村居民生活消费支出建议

投资、出口、消费是拉动经济增长的“三驾马车”，而消费的最大市场是在农村，因此增加农村居民生活支出不仅是改善农村居民生活质量的必由之路，更是推动经济发展的重要推力。增加农村居民生活消费支出，拉动贵港经济发展，应解决以下问题：

1．提高农村居民收入是增加农村居民生活消费支出的前提。社会经济的发展与农村居民收入的提高是相辅相成、相互作用的，随着社会经济的发展，农村居民的收入也会随之提高，收入提高才能推动居民生活消费支出增长，消费的增长又会促进社会经济的发展。

2．完善的社会保障制度是农村居民敢于消费的必要条件。要改变“中国人花昨天的钱”的陈旧观念，必须消除居民的后顾之忧，因此建设完善的社会保障制度是拉动居民生活消费支出的必由之路。

3．要改善农村消费环境，健全农村商品流通体系。要加强农村消费市场的检查监督力度，杜绝假冒伪劣产品坑农事件的发生；同时要加快城乡一体化步伐，让农村居民能够与城市居民享有同样方便快捷的免费送货上门、免费安装调试、上门维修等完善的售后服务。

4．保证物价的平稳，降低农村居民预期消费支出增加的压力，增加即期消费。物价的过快上涨，不仅增加了居民生活成本，而且居民的预期消费支出增加的压力会加大，影响居民的消费信心，减少即期消费。

2009年百色市生猪生产形势分析与走势预测

钟思晴

生猪生产是当前社会经济热点话题，生猪价格保持合理水平，对稳定市场供需关系，增加农民现金收入，促进农村经济发展具有重要意义。据对百色市10个县（区）的26个乡镇35个村35个调查小区2252户农户、以及27家畜禽养殖单位和46家规模养殖户进行抽样调查的资料显示，2009年百色市生猪养殖规模持续扩大，生猪价格低位徘徊，养殖效益明显下滑，规模养殖步伐加快。由于生猪存栏较高和消费需求回暖的共同作用，预计2010年生猪价格小幅上扬，市场将进入平稳调整时期。

一、生猪生产总体状况

（一）养殖规模持续扩大

抽样调查数据显示，2009年一至四季度调查户生猪存栏同比分别增长23.0%、19.5%、15.6%、-4.0%，全年平均增长12.4%。显然，2009年生猪养殖规模持续扩大，但增幅已明显放缓，且有减少的迹象，在养殖规模大幅扩大的同时，肥猪出栏数迅猛增加。（如表1）

表1：调查户生猪存栏与出栏数变化情况表　　（单位：头）

	年份	一季度	二季度	三季度	四季度
生猪存栏数	2009	37792	39497	40561	39348
	2008	30720	33052	35087	40986
肥猪出栏数	2009	12980	12245	13254	18226
	2008	4952	4898	7393	10439

（二）生猪价格持续低迷

从2008年下半年开始，生猪市场供求关系持续失衡，市场价格大幅下滑；进入2009年，生猪市场继续低迷，猪肉和猪仔价格均出现较大降幅。据统计，2009年一季度猪肉（半肥瘦）和猪仔平均价格分别为21.2元/公斤、19.6元/公斤，到三季度分别跌至16.9元/公斤、15.2元/公斤，虽然四季度价格有所回升，但与一季度相比仍分别下降17.5%、14.8%。（如表2）

表2：2009年1—4季度猪肉与猪仔价格变化情况表

	单位	一季度	二季度	三季度	四季度
猪肉（半肥瘦）价格	元/公斤	21.2	17.7	16.9	17.5
猪仔价格	元/公斤	19.6	18.5	15.2	16.7

（三）养殖效益逐渐下滑

持续低迷的市场价格是造成养殖效益不佳的主要原因，而养殖成本的增加更是加剧了养殖户的经营困难。据了解，目前百色市乳猪料价格每公斤售价在3.6元～4元，生猪每公斤的养殖成本约花费10.1元～12元，而2009年上半年生猪收购价格经历了从13.2元/公斤下滑到9.35元/公斤的过程，尽管下半年生猪价格有所回升，但到4季度末生猪收购价格仅为11.8元/公斤，如扣除人工、水电和检疫等费用之后，生猪生产经营效益仍然很低甚至利空。

（四）产能缓速平稳调整

生猪价格低位徘徊和养殖效益较低推动着生猪市场缓速平稳调整，下半年养殖户开始有计划地淘汰部分效益不高的能繁母猪，但由于养殖结构得到进一步优化，生猪仍然保持较高产能。调查数据显示，2009年年末调查户能繁母猪存栏数量为5900头，比一季度增长9.1%，但与二、三季度比则分别减少2.9%、0.2%。（如表3）

表3：2009年1—4季度抽样调查能繁母猪数变化情况表

	单位	一季度	二季度	三季度	四季度
能繁母猪数	头	5406	6078	5910	5900

（五）规模化养殖步伐加快

产能调整为规模化养殖提供了发展契机，部分抗风险能力较差、经营能力偏低的养殖户被淘汰出局，同时普通农户养殖生猪的愿望不强，规模化标准化养殖的市场空间很大。规模养殖步伐明显加快，中等规模养殖户和单位户逐步扩大生产规模，发挥其在降低养殖成本、抵御疫病风险、市场销售环节等方面的优势，对稳定生猪市场有不可替代的作用。

二、生猪生产存在的问题

（一）生猪养殖成本明显增加

饲料价格持续上涨，是生猪养殖成本明显提高的主要因素。据统计，2009年百色市饲料价格比上年上涨11.9%，涨幅势头不减。尽管后期生猪收购价有所回升，但远不及上年同期价格水平，受此影响，养殖户尤其是散养户收益非常低，生猪养殖积极性受挫。

（二）疫病和保险意识不强

近几年来，生猪疫情频繁出现，防控形势相对严峻，能繁母猪投保更显重要，而部分养殖户疫病防控和保险意识仍然不强，疫情隐患犹存，养殖风险较大。一旦出现疫情，养殖户将会损失惨重，同时也为疫病的大面积传播埋下隐患。

（三）资金缺乏难以扩大养殖规模

据了解，部分生产水平低的养殖户已逐步退出市场，但中等规模的养殖单位户需要扩大规模生产，却普遍缺乏资金。虽然国家政策已经明确对生猪产业的扶持，但养殖户难以获得贷款，且厂房不能作为抵押，融资比较困难。

（四）环节多造成市场信息不对称

肉猪经过生产、贩运、屠宰、批发、零售等5个环节才能到达消费者手中，各个环节利润差异十分明显，其中零售收益最高，而养殖效益较低。环节多造成市场信息的不对称，许多养殖户特别是农户不能及时获取市场信息，导致生猪生产的盲目性，造成养殖效益较差，同时也严重挫伤养殖户积极性。

（五）缺乏预警和应对机制

生猪养殖业信息体系不健全，不能及时、准确地向养殖户提供有关的市场信息和跟踪服务，在行情看好时不能做出客观预警，在行情较差时缺乏应急措施，反应比较滞后，对养殖户根据市场变化调节生产和规避风险的政策性指导较少。

三、预测2010年生猪市场走势

尽管2009年生猪价格已显示小幅回升，但后市涨幅也存在较多的不确定性，存栏的减少有利于增加生猪价格上涨的空间，但难以被消化的较高产能又将其引入下行通道，随着消费需求逐步回暖，预测2010年生猪价格小幅上涨，市场将平稳调整。

主要依据：经过较长时间的消化，生猪存栏数已开始呈现减小态势，供求矛盾在一定程度上有所缓解，供求关系逐步转向，增强了生猪价格继续上扬的动力，而目前养殖户普遍存在惜售待价的复杂心理，生猪生产能力仍然保持较高水平，很可能拉低市场价格，但肉类消费需求增加将促使市场进行调整，生猪价格上涨压力明显。

四、对策与建议

生猪生产形势不容乐观，主要表现生猪价格持续低迷，不利于养殖户和农户提高收入，给稳定市场增加较多压力。为此，建议有关部门大力发展集约化养殖、加大信贷扶持力度和做好活猪储备以及深加工、加强落实生猪政策的督查，推动生猪生产的健康发展。

（一）大力发展集约化养殖

散养户和小规模户缺乏对市场行情的了解，把握不了市场预期，生猪生产规模很不稳定，抗风险能力差；而规模户资金周转快、技术水平高、养殖成本低、市场信息灵通，规模化养殖效益高，且生产规模比较稳定，有利于于市场预测和调控，从而避免盲目性生产。为防止生猪产业大起大落，建议有关部门大力发展集约化养殖，促进生猪生产的健康发展。

（二）加大信贷资金扶持力度

生猪行业投资周期较长、回报率较低，自身发展能力不足，养殖企业资金链断裂问题时常发生。因此，建议从农业综合开发项目统筹划入部分资金扶持养猪生产，建立生猪风险（发展）基金；商业银行、农村信用联社适当放宽贷款政策，对确需贷款的生猪规模养殖场，给予资金扶持。

（三）积极做好猪肉储备和深加工

生猪市场价格不稳定，甚至出现大起大落的情况，主要原因是生猪生产储备和产业深加工的短缺。目前的销售方式是白条肉上市，这也是消费习惯所决定的；供求关系有点偏紧，猪价的波动就会比较大。为此，建议实施冻肉储备、肉猪深加工等措施，防止生猪价格的大幅波动，同时建立县级的活猪储备库。

（四）加强落实生猪政策的督查

近两年，生猪市场价格波动很大，农户生猪养殖规模不够稳定，而能繁母猪补贴和保险政策发挥着较强的保障作用。为进一步增加农户生猪养殖收入，建议有关部门加强对能繁母猪补贴和保险及赔付落实的督查，确保国家扶持生猪养殖的各项政策落到实处。

提升消费能力 推动消费增长

——百色市四县农村住户生活消费调查分析

钟思晴

近几年，农业种植效益越来越好，外出劳务收入大幅增加，农民纯收入增长较快，农村居民消费信心增强，消费能力进一步提升，同时由于家电下乡和汽车下乡的政策推动，农民消费意愿更加强劲，推动2009年农村居民生活消费支出快速增长。据对百色市田东、田阳、靖西和田林等四县240户农村居民调查显示：2009年农民人均生活消费支出3750.60元，比上年增长20.5%。受农村建房支出后期乏力、食品消费张力不足等因素的影响，预测2010年农村生活消费支出增幅将明显减缓。

一、农民生活消费快速增长

随着惠农政策不断深入，农民收入持续较快增长，消费需求日益旺盛，消费观念逐渐改变，改善居住条件、注重健康饮食、加强医疗保健等消费需求增长较快，至此，多种因素共同推动农民生活消费支出快速增长。百色市四县调查数据显示，2009年农村居民人均生活消费支出3750.60元，比上年增长20.5%。

（一）居住消费大幅增长

收入逐年提高夯实了农户“家底”，农民对居住环境的要求开始日益提高，不断提升建房档次、扩大建筑面积和装饰美化房屋，并拉动居住消费支出迅猛增长。据调查，2009年农村居民人均居住消费支出874.23元，比上年增长76.2%，对生活消费支出增长的贡献率高达59.3%。据了解，居住消费支出大幅增长的主要原因有：一是新农村建设激发了农民的建房欲望，农民的潜在购买力转变为现实的消费需求；二是建筑材料价格相对较低，为建房提供了有利契机；三是在外务工遭遇困难，正好回乡建房。

（二）食品消费小幅增长

农业生产效益和外出务工收入逐步提高，农民开始注重饮食营养，改善食品消费结构，果蔬类消费量增长较快，肉、禽、蛋类消费量明显减少，带动食品消费进一步增长。据调查，2009年农村居民人均食品消费支出1632.68元，比上年增长5.2%，对生活消费支出增长的贡献率达12.7%；食品消费占生活消费支出的43.5%，比重较上年缩小了6.3个百分点，充分说明农民生活水平得到进一步提高。

（三）医疗保健消费迅猛增长

在新农村合作医疗政策的推动下，大病统筹和门诊报销等优惠政策刺激了农民医疗消费需求，提高了农民参加新农合积极性，农民逐渐改变以往“小病不出门、大病不出村”的观念，越来越注重疫病防治结合，推动医疗保建消费迅速增长。据调查，2009年农村居民人均医疗保健消费支出252.92元，比上年增长38.4%。

（四）文娱教育消费显著增长

随着生活消费水平稳步提高，农民消费观念发生了积极的变化，学文化、学技术意识逐渐增强，对子女和自身教育培训舍得投资，同时农村娱乐生活也越来越丰富，娱乐方式逐渐文明健康，拉动农民文娱教育消费大幅增长。据调查，2009年农村居民人均文娱教育消费支出242.21元，比上年增长21.0%。

（五）家庭设备消费较快增长

家电下乡惠农政策深入实施，下乡产

品从刚开始的冰箱、彩电延伸到目前的空调、热水器，品种越来越丰富，市场价格相对较低，农民购置家电和升级换代的热情高涨，推动家庭设备消费较快增长。据调查，2009年农村住户人均家庭设备用品消费支出184.86元，比上年增长18.5%。

（六）交通和通讯消费增幅明显

通过近几年基础设施建设大会战，百色市基本实现“村村通公路、屯屯通网路、家家通电路”，基础设施逐渐完善，刺激了农民购买交通和通讯工具的热情，受此影响，交通和通讯消费小幅增长。据调查，2009年农村住户人均交通和通讯消费支出360.46元，比上年增长6.0%。

二、消费支出快速增长的原因分析

据分析，2009年农民生活消费支出快速增长的原因：收入较快增长是基石，政策层面扶持是契机，消费结构升级是驱动力，消费信心增强是推动力。

（一）收入较快增长夯实了消费支出的基础

2009年，种粮补贴和良种补贴等惠农政策不断深入，农业种植业效益较好，同时外出劳务收入明显增加，两者共同推动收入较快增长，为拉动生活消费支出奠定了坚实的基础。百色市四县调查数据显示，2009年农村住户人均纯收入3475.87元，比上年增长10.5%。

（二）政策扶持为消费支出带来发展性机遇

2009年广西出台家电下乡政策，实施财政补贴降低家电市场价格，刺激农民购买和更新家庭设备需求。在家电下乡政策的拉动下，农民新配置家电和升级换代愿望得到实现，同时摩托车下乡政策在一定程度上也刺激了农民消费需求，带动交通消费支出增长。据统计，2009年百色市家电下乡零售额1.65亿元，对全社会消费增长的贡献率达10.5%。

（三）消费结构升级驱动了消费增长热点

居民生活水平进一步提高，生活消费结构升级加快，有效地拉动消费支出快速增长。从消费类别来看，农村自建房和外出购置商品房消费支出迅猛增长，是农民消费的一大亮点；教育培训消费支出明显加大，逐渐成为农民消费的新趋势；农村经济繁荣活跃，通讯、网络等消费支出成为新的增长点。

（四）消费信心增强持续扩大即期消费率

农村社会保障制度逐渐完善，义务教育免收学杂费、新农村合作医疗大病统筹、民政扶助救济范围拓宽等措施有序开展，“幼有所教、老有所养、病有所医”的保障水平进一步提高，农村社会保障层面逐渐拓展，农民消费信心明显增强，即期消费率提高较快。

三、当前影响农村消费增长的不利因素

（一）生活消费支出习惯影响消费率

农村居民消费习惯比较谨慎，基本坚持“收支持平，年年有余”的传统消费观念，节约即期开支，增加预期消费支出（建房、教育和婚丧事），尽可能地增加存款来获取“安全感”，高储蓄必然带来低消费，这一定程度上削弱了当前居民消费倾向。

（二）满足农民消费需求的产品较少

由于农村消费率较低和产品研发成本高的双重影响，部分商品生产方和销售方轻视农村市场，对农村商品开发投入不够，满足农民消费的商品不够丰富，农村销售服务网点较少，存在有钱无处花的现象。

（三）生活消费快速增长的基础不牢

2009年消费增长的基础主要是建房拉

动和政策带动，建房和家电设备消费支出具有很强的阶段性，在较长时间内不可能重复建设或购买，但建房和家电消费支出都依赖于收入持续增长，而农民人均纯收入增速明显放缓，由此及彼，生活消费快速增长的基础不牢。

四、预测2010年农村生活消费支出

在居住和食品消费支出的拉动下，2009年生活消费支出快速增长，然而建房支出后期乏力、食品消费张力不足、刺激消费的政策效应作用有限，预测2010年农村生活消费增幅将明显减缓。主要依据：

一是生活消费明显"透支"。消费习惯决定了消费行为，农村居民通常量力而行，然而2009年生活消费支出大于纯收入，透支幅度较大。据调查，2009年农村居民人均生活消费支出3750.60元，比人均纯收入多274.73元，透支7.9%。

二是建房支出后期乏力。近几年，农民新建或装修房屋比率很高，居住消费支出较大，从住房结构变化来看，2009年百色市钢筋混泥土结构面积比上年增长7.0%，而砖瓦平房面积比上年减少23.1%。由此可知，前期居住消费支出增速较快，农村居住条件明显改善，但后期消费增幅将明显放缓。

三是政策效应作用有限。百色市农村是边远山区，经济发展相对落后，家电下乡和汽车下乡政策深入推广，富裕起来的农民首先考虑购置家电和摩托车，一定程度上拉动了农村消费，而大多数生活水平较低的农民仍然没有能力享受到优惠政策。

五、扩大农民生活消费需求的建议

激活农村消费市场是扩大内需的突破口，而提升农民消费能力和合理解决消费顾虑是扩大农民生活消费的主要手段。建议有关部门多项举措促进农业增产增收，最大限度地转移剩余劳动力，逐步完善农村社会保障制度，提高商品质量，稳定市场价格。

（一）努力提升农民消费能力

提升消费能力的关键在于增加农民收入，而收入的提高主要依赖于促农增收和扩大就业。建议从提高农业生产效益和解决剩余劳动力两方面入手，增加农民纯收入，夯实扩大农民生活消费的基石。

1．促农增收，稳步提高农业生产效益。建议加大财政支付力度，兴修水利设施，积极推广农业生产新技术，搞好农作物免耕和避寒避雨避晒技术和测土配方施肥；积极调整农业生产结构，形成各具特色的农业产业发展区域，同时培育和发展农产品销售加工龙头企业，形成一批具有本地特色的产业品牌，稳步提高农业生产效益，增加农民收入。

2．扩大就业，解决剩余劳动力问题。建议加强农村劳动力转移及技能培训力度，提高劳动者素质；进一步拓展就业空间，开辟多渠道转移途径；加强区域协调机制，指导农村剩余劳动力的合理流动。

（二）合理解决农民消费顾虑

社会保障制度不完善和农村商品价高货假是农民消费顾虑的主要因素，农民普遍存在节约本期开支、增加预期消费的观念，即期消费明显不足。建议合理解决农民消费顾虑，促进农村生活消费持续增长。

1．完善农村社会保障制度。建议扩大农村低保范围，适当提高补助标准，重新启动农村养老保险制度，强制性征收养老保险金，特别是失地农民和农民工的参保，努力提高农村医疗卫生水平，增强农民参加新农合积极性，同时建立健全农民工维权的法律依据。

2．提高农村商品质量，稳定商品价格。农民生活消费支出主要考虑商品的质量和价格，更加倾向于质量高价格低的商品。建议有关部门加强对农村商品质量和价格的监管，确保乡村商品无假货、价格波动小。

扩大销售网点 简化补贴手续家电下乡取得成效

——2009年百色市家电下乡政策执行情况调查分析

赵宗焕

扩大国内需求，促进消费增长，最大的希望在农民，最大的潜力在农村。百色市大力实施家电下乡政策，惠及农村居民，不断撬动农村消费市场。据调查，2009年百色市销售家电下乡产品9.33万台（部），发放补贴资金2027.96万元，销售额高达1.65亿元，对全社会消费品零售总额增长的贡献率达10.50%。

一、家电下乡政策执行情况

（一）产品种类逐渐丰富

家电下乡产品从最初的冰箱、彩电到后来的空调、热水器，产品种类逐渐丰富，各类型号越来越贴近农村消费需求。截止2009年12月底，家电下乡产品达到9种，型号2000多个，基本涵盖了农村家庭所需电器的主要种类，能够满足农村居民转变生活方式、提高生活水平的现实需求。

（二）销售网点布局到位

据了解，家电下乡销售网点的设立自上而下，步步推进，所有销售网点均经过严格的资格审查和公开招标，属于当地规模大、信誉好的销售企业。据统计，截止2009年12月底，百色市共设立家电下乡销售网点563个，基本覆盖了百色市12个县（区）133个乡镇及主要行政村，并且呈现不断扩大态势。

（三）补贴手续逐步简化便捷

初期，由于财政补贴手续繁琐，家电下乡产品销售不太理想，2009年7月百色市适时调整补贴发放程序，将办理主体由农村居民转变为商（厂）家，让惠民政策变得更加便民，农村居民凭户口本在购买商品时可以直接领取13%的财政补贴资金。

（四）产品质量比较过硬

家电下乡企业经过商务部招标认可，中标企业为海尔、联想、长虹、康佳等国内一线厂家，中标产品均严格执行国家节能、3C认证等生产标准，属国内知名品牌商品，型号也紧随农村市场需求，实行动态调整，及时更新和补充。

（五）大件消费热情高涨

农村居民对冰箱、洗衣机、彩电等“三大件”电器消费热情高涨，冰箱的销量和销售额均属第一，洗衣机、彩电也量价齐升。据统计，2009年百色市冰箱、洗衣机、彩电等家电下乡产品销量分别是44769台、17516台、15670台，销售额分别达到8791.49万元、2694.20万元、2461.10万元，三大件销售额占家电下乡产品总销售额的84.0%。

（六）消费升级趋势明显

农村消费市场结构升级趋势日渐明显，空调、计算机、热水器、微波炉、电磁炉等电器受到农村居民喜爱和追捧，加速进入农村家庭，特别是空调需求旺盛，2009年实现销量5652台，销售额达到1478.22万元，占家电下乡总销售额的9.0%。

二、存在问题及原因

（一）“三大”顾虑比较普遍

一是消费顾虑，由于养老、防病、教育等支出仍然沉重，大部分农村居民即期消费率不足；二是价格顾虑，家电下乡产品销售价格较低，但从长期来看，家电下乡产品价格存在偏高的现象；三是质量顾

虑，部分农村居民一叶障目，听到个别违规销售案例被查处或曝光后，以偏概全，甚至怀疑所有家电下乡产品的质量。

（二）基础条件抑制消费增长

目前大部分农村基础设施还不完善，部分边远山区的村屯道路、通讯设施、供电网络等基础设施相当滞后，使得农村居民即使有购买家电下乡产品的经济能力，也因此放弃购买愿望。比如：公路通达率低影响家电配送，电压不稳定、供电负荷不足影响冰箱和空调消费支出，集中供水率低抑制洗衣机消费支出。

（三）消费结构不平衡

从地域上看，消费水平的地域不平衡特征非常明显，排在第一位的平果县家电下乡产品销量和销售额分别达到16916台（部）、3168.74万元，而排在最后一位的乐业县销量和销售额则仅1478台（部）、224.65万元，两县销量和销售额相差分别高达10.4倍、13.1倍。从产品种类上看，消费需求的类别不平衡特征也非常明显，销售额排在第一位的冰箱达到8791.49万元，而手机仅为22.77万元。

（四）监管工作跟不上

据农村居民反映，个别销售网点还存在产品价格虚高、以次充好等现象，影响家电下乡惠民政策的整体形象，主要原因在于家电下乡活动涉及面广，而众多职能部门之间的沟通渠道不畅，信息交流不及时，未形成强而有效的合力，致使监管工作还存在空白点和盲区。同时，个别商家的社会责任意识不强，机制约束缺位，导致其想方设法规避法律和政策规范。

（五）产品种类不全

目前，家电下乡政策实行限定产品种类和最高价格原则，缩小了选择范围，导致可供选择的家电产品种类、型号不够丰富，在一定程度上影响了农村居民的消费愿望，未能完全释放农村市场消费需求。

（六）售后服务不同步

商（厂）家在抢占市场、强化销售的同时，售后服务仍然跟不上，普遍采用了销售网点兼顾售后服务的模式，导致服务水平低、效果差。同时，由于百色市地域广，居住分散，有关政府部门在考虑网点建设时，未严格要求将售后服务网络同步延伸至乡村一级，造成了先设立销售网点，后建设售后服务网点的被动局面。

三、建议及对策

（一）强化领导，创新宣传方式，不断提高家电下乡惠民政策的认知度

2009年来，家电下乡活动取得了良好的成绩，但也暴露了许多新的问题和不足亟待解决。因此，建议有关部门要以形成合力为着力点，进一步加强领导，健全组织领导机构，充实工作力量，畅通沟通联系、信息共享渠道，努力形成同心协力、共同推进的良好局面；以提高宣传成效为抓手，不断创新宣传方式方法，充分利用各种载体和媒介，加大宣传力度，特别要引导商（厂）家主动参与宣传，不仅要让农村居民了解和懂得，还要让他们掌握和运用好家电下乡政策，切实消除销售企业和消费者的诸多顾虑。

（二）强化互动，创新营销模式，不断提高家电下乡政策对农村消费的拉动作用

家电下乡活动启动后，形成了以政府为主导、企业为辅助的模式，推动了该项惠民政策的贯彻落实，但也出现了政府与中标厂家、中标厂家与销售企业、销售企业与消费者之间良性互动不足的情况，造成了各主体之间未能完全理解，不能提供及时足够的支持。因此，建议有关部门要更加注重打造以市场为导向、企业为主体、消费者为核心、政府职能部门为督导的新模式，强化各环节的良好互动，鼓励和引导商（厂）家创新营销模式，加快物流配送体系建设，积极推行“农事村办”服务点预约，商家送货上门的销售模式，进一步拓宽销售渠道；不断健全市场反馈机制，更加准确和深入地了解群众的消费

需求变化及趋势，大胆放开产品种类、型号、价格的限制，尽量满足不同层次的消费需求和扩大商（厂）家的利润空间；根据不同的消费层次，制定灵活、浮动的补贴标准，尝试根据产品价格区间确定具体的补贴标准，如日常生活家电实行较高的补贴，而享受性高档家电则实行较低的补贴，以此进一步拓展家电下乡活动的内涵，更加有力的撬动农村消费市场。

（三）强化终端，创新服务方法，不断提高农村居民对家电下乡产品的满意度

实践中，除质量问题外，售后服务政府基本管不着，加上个别商家的经营理念落后，服务意识较差，特别是区别对待不同消费群体，对农村居民采取推诿、拖拉等消极的应对办法，影响了农村居民对家电下乡产品的满意度。因此，有关政府部门要高度重视终端消费者的感受，在销售网点大力倡行精品服务意识，多提供送货上门服务，努力将优质服务网络与销售网络同步延伸至乡村一级，以优质服务来达到扩大市场、增加销售与惠民、便民的互利双赢；积极督促商（厂）家建立健全售后服务体系，科学规划、合理布局售后服务点，努力降低和避免因产品质量问题及其他因素的负面影响，努力做到售后服务及时、到位，确保农村居民满意、高兴；加快农村基础设施建设，突出抓好电网、路网及集中供水网络等重点建设，进一步提高供电质量、公路通达率和集中供水率，为农村普及家电营造良好的外部环境。

（四）强化监管，创新维权机制，确保家电下乡惠民政策不褪色

健全的监管机制既能未雨绸缪、防患未然，又能及时纠正偏差、改进失误，减少或避免负面影响。因此，建议各级家电下乡活动领导小组的各成员单位，务必要正视不法商户确实存在的情况，进一步加强监管，严格执法，全面把好进货渠道、产品质量、产品售后服务“三关”不放松，切实消除当前监管工作的盲区，严防地方保护、市场垄断、欺行霸市、恶性竞争、坑农害农，以及骗取补贴资金等违纪违规行为的发生；结合百色农村地域广、居住分散的特点，努力创新思路、措施和办法，加快构建农村居民消费维权的长效机制，将家电下乡产品消费维权工作纳入全市的“农事村办”工作，开通并向社会公布维权专线电话，努力构建消费者电话投诉、“农事村办”服务点受理代办、商（厂）家限时核实处理、有关政府部门跟踪监督的模式，确保家电下乡惠民政策不走样、不变形。

百色市外出农民工呈现新生代特点面临问题与期盼希望能改善

钟思晴

进城务工是农村剩余劳动力转移的主要渠道，在农村社会稳定和经济繁荣方面发挥着至关重要的作用，外出农民工的发展状况逐渐成为社会焦点。据对百色市田东、田阳、靖西和田林等四县240户2009年外出农民工监测显示，新生代农民工特点显著，收入水平明显提高，但居住条件和社会福利仍然较差，社会保障制度比较滞后。

一、外出务工新生代特点显著

外出农民工主体悄然发生变化，80、90后已经成为进城务工的重要群体，新生代特点比较显著。与“第一代”外出农民工相比，主要变化有：一是从打工目的来看，不再只是为了贴补家用，更多的是为了改变生活方式和寻求发展机会；二是从打工手段来看，由以出卖苦力为主，逐步转向技术操作工种转变；三是从择业方式上看，由注重选择报酬多的单位，转向选择尊重人格的单位，强烈希望被他人尊重和社会认可。

（一）外出农民工以初中文化的青年为主

据调查，从年龄来看，16~18岁的外出农民工占总数的5.8%，19~30岁占78.1%，31~50岁占16.1%；初中以下文化程度占6.6%，初中文化程度占78.8%，高中及以上文化程度占14.6%。显然，外出农民工主体是农村青年劳动力，80、90后已经成为农村剩余劳动力转移的主要群体，同时由于他们受教育程度相对较高，自身发展视野已经超出了挣钱、就业等基本生存问题的要求，更加向往城市的现代生活。

（二）外出以广东为主，工种趋向技术化

从就业方向来看，沿海地区经济发展水平高，广东省仍是百色市农民工主要就业方向。据调查，在广西区内从业的外出农民工占总数的16.8%；外出广东从业占75.2%。从行业来看，外出农民工主要集中在以电子、服装为代表的劳动力密集型产业，但操作技术要求高，据调查，从事第二产业的外出农民工占总数的81.0%；85.4%的农民工工作在各工种的生产第一线。

（三）固定外出人员增多，渴望融入城市发展

前些年，农民工在城乡之间双向流动，即所谓“亦工亦农、亦城亦乡”，呈季节性 “候鸟式”务工，目前，固定长期务工已逐渐将其取代。据调查，外出从业2年以下的农民工占总数的24.1%；2~5年占28.5%；5年及以上占47.4%。农民工经过多年的闯荡，在城市中逐步站稳脚跟，同时第二代农民工更加渴望并开始融入到城市经济发展之中，逐渐成为一个不容忽视的群体。

（四）外出务工仍然存在着自发性和盲目性

据调查，47.4%的外出农民工通过亲朋好友介绍或推荐获得工作机会，38.0%的外出农民工自发寻找工作。由此可知，靠亲友介绍或帮带依然是进城务工的主要渠道，因为这种就业方式的成本低且成功率高，然而，仍有比较多的农民工外出是自发性的，获取就业信息渠道较少，寻找

工作存在着诸多的盲目性，这说明外出农民工对政府（单位）组织外出缺乏了解，对社会职业中介机构的认同感低。

（五）外出农民工逐渐关注自身发展

在经过常年务工和经商磨练后，外出农民工视野逐步得到开阔，思想观念逐渐转变，初步完成了从刚开始的挣钱糊口到提高生活水平再到关注个人发展的转变，新生代农民工更是选择利于自身发展的行业，开始规划未来的发展方向。据了解，部分外出农民利用闲暇时间学习技术和管理，不断充实自己。

二、外出农民工的生活现状

（一）收入明显提高，收支节余趋好

2009年，外出农民工自身发展较快，收入水平明显提高，收支节余状况趋向良好。据调查，月收入800元以下的外出农民工占总数的6.6%；800~1200元占40.9%；1200~1600元占39.4%；1600~2400元占13.1%；每月人均居住和生活消费支出490.8元。大多数外出农民工收入减去基本生活和居住消费后，仍然能够给家庭一定的经济支持。据了解，大多数外出农民工定期寄钱回家贴补家用。

（二）居住条件较差，住房空间较小

据调查，从住所类型来看，在单位住宿的农民工占35.0%；在生产经营场所居住占19.0%；与人合租住房占19.7%。由此可知，外出农民工居住条件仍然较差，通常群聚单位宿舍，或住在简陋的生产经营场所，或与他人合租分担房租，私人活动空间狭小，不利于自身的发展。

（三）社保制度滞后，福利待遇较低

由于政策局限和劳务市场关系不平衡，民营企业为农民工参保意识低，甚至不签订用人劳动合同，大多数农民工养老更是没有保障。据调查，54.0%的外出农民工与用人单位没有签订劳动合同；94.0%的用人单位不上交养老保险；56.9%的用人单位不上交医疗保险。同时，单位福利较差，住房和伙食补贴仍然不高。据调查，仅有66.4%的用人单位提供住宿；52.6%的用人单位提供伙食或补贴伙食。

三、外出农民工面临的主要问题

（一）工资水平和工作环境有待改善

一是与企事业单位职工相比，外出农民工收入水平普遍较低，部分企业甚至拖欠工资；二是许多企业没有配备必需的安全防护设施和劳保用品，也不对农民工进行必要的岗前安全培训，使农民工成为了职业病和工伤事故的高危群体；三是由于大多数企业实行计件工资制，为完成工作定额，农民工必须加班加点地工作，但却不能享受加班工资。

（二）城市提供的公共服务仍然较少

一是进城子女义务教育费用高，虽然政府取消了针对农民工子女的借读费，但一些公立学校将其变成择班费，继续向农民工子女变相收取；二是居住条件还有待提高，大多数租房居住的农民工承租在城乡结合部廉价的出租房，环境卫生、食物安全等条件较差，甚至是危房。

（三）“进城下乡”的现实困惑

随着农村经济逐渐趋好，农村土地和房屋的保障程度越来越高，而外出农民工渴望融入城市，面临着现实的困惑：一方面希望能够像城市人口一样享受养老、医疗、子女入学、廉租房等社会保障，另一方面又不愿意用宅基地和土地承包经营权来换取城市居民身份。

（四）社会保障仍然不健全

一是工伤保险参保率比较低，只有

30.7%的农民工参加工伤保险；二是养老保险基本没有，97%的农民没有参加养老保险，农民工虽然眼下吃“青春饭”，养老问题不尖锐，但沉重的包袱却留给了政府、社会和家庭。

（五）农民工维权比较困难

一是维权成本太高，农民工在遇到侵权时，向有关部门申诉或诉诸法律，所需费用太高，因此大多数农民工在遇到侵权时放弃维权。二是农民工面对企业处于弱势，农民工大多在劳动密集型的私营企业工作，很多就业岗位会随着产业更替和市场周期而频繁流动和变化，许多农民工面临随时被解雇的风险，根本不敢提签订劳动合同的问题。

四、外出农民工的期盼

（一）渴望融入城市生活

“第二代”农民工具有历史的特殊性，受教育文化程度高，更加适应城市生活，对农业生产比较陌生，不愿意回到农村，渴望融入城市发展。据调查，近一半的外出农民工长期固定在城市打工，没有回乡搞农业生产的念头。

（二）希望能申请廉租房

进城务工人员大多居住在单位宿舍和生产经营场，或与人合租居住，居住面积相对较小，活动空间十分有限。据了解，外出农民工希望降低专业技术门槛，能够凭着工作申请到廉租房指标，逐渐改善居住环境。

（三）期盼能参加养老保险

目前，农村没有养老保险，外出农民工又不能参加城镇居民养老保险，且用人单位也不愿意为其参保，“青春饭”过后不知所措。据了解，大多数外出农民工希望就地参加养老保险，并且希望养老保险可以异地转移，真正实现“老有所养”。

（四）希望提高子女受教育水平

部分公立学校向进城子女变相收取借读费，教育负担较重；农村留守儿童缺乏良好教育，辍学、失学现象时有出现。据了解，外出农民工希望充分利用现有教育资源，均衡提高教育水平，重视解决农村“留守儿童”问题。

（五）渴望确保工资不被拖欠

近几年，拖欠农民工工资的行为逐渐减少，但仍有少部分企业存在拖欠行为，同时也有较多的民营企业变相拖欠农民工工资，比如：扣压工资押金等。据了解，外出农民工渴望工资不被拖欠或变相拖欠，希望自身的合法权益能够得到切实保障。

农户收入持续增长　区域差距逐年扩大

——2010年上半年田阳农户收入情况及走势分析

何朝伟

2010年上半年，田阳县认真贯彻落实中央有关农村工作精神，在全县范围内组织学习胡锦涛、周永康、习近平等中央领导同志对田阳视察工作时的重要指示，组织1000名干部下乡对中央以及广西制定的有关支农、惠农政策进行宣传和落实，结合新农村建设和农村社会综合治理，将农村稳定、农民增收、农业增效作为农村工作的重心，加大农村基础设施的投入力度，进一步推进农村经济结构的调整。克服局部地区旱、涝灾害等自然条件不利影响，实现了农民收入的继续稳定增长。

一、农民现金收入增长情况

据农村住户抽样调查资料显示，2010年上半年田阳农村调查户人均现金收入为3830.18元，比上年同期3465.81元增收364.37元，增幅10.51%；比2008年同期2927元增收903.18元，增幅30.86%。具体构成对比如下表：

调查农户人均现金收入对比表

单位：元/人

指标名称	2010年上半年	2009年上半年	2008年上半年	2010年比2009年		2010年比2008年	
				增量	增幅（%）	增量	增幅（%）
人均现金总收入	3830.18	3465.81	2927.00	364.37	10.51	903.18	30.86
其中：工资性收入	437.47	415.11	240.00	22.36	5.39	197.47	82.28
家庭经营收入	3231.83	2766.44	2595.00	465.39	16.82	636.83	24.54
财产性收入	2.78	32.19	24.00	−29.41	−91.36	−21.22	−88.42
转移性收入	158.10	252.07	67.00	−93.97	−37.28	91.10	135.97

上表数据表明：2010年上半年，构成农民家庭人均现金收入的四项收入中，农户从事家庭一、二、三产业经营获得的收入在人均总收入中比重最大，2008年以来比重分别高达89%、80%、84%，年均现金收入增长幅度10%以上。

二、农民收入增长的主要特点

（一）工资性收入恢复增长

2010年上半年农户得到的工资性收入人均437.47元，人均增加22.36元，增长5.39%。其中，在本乡地域内务工收入人均156.56元，增长2.94%；外出从业得到收入280.91元，增7.43%。工资性收入增加是继民工返乡潮后实现的阶段性恢复增长，主要原因是：①随着全局经济企稳回升态势，本地工矿企业开始扩大用工数量；②由于重体力行业如砍甘蔗、建筑业等劳动报酬相应提高；③由于旱灾各级政府开展石漠化治理、人畜饮水、水库加固除险、村道维护等工程增加导致了乡内务工人次的增加，从而提高收入。

（二）种植西红柿促进家庭经营收入增长

2010年上半年调查农户得到的经营性收入人均3231.83元，比上年同期增加465.39元，增长16.82%；比2008年的2595.00元增636.83元，增长24.54%。其中农业现金收入的增长是关键，农业现金人均收入为2476.48元，与2009年同期相比，人均增加530.44元，增长27.26%；主要是由于出售西红柿得到的收入继续增加。

据调查，2006年以来农户人均出售西红柿收入不断增加，2010年与2006年比，上半年人均收入增加850元，其中种植西红柿收入占农户现金收入比重近五年来平均达到一半比例；2010年上半年，农户人均出售西红柿1377.17公斤，收入2145.11元，同比分别增加637公斤增收590元，增长幅度分别为85.95%和37.92%，农户出售西红柿收入占现金总收入56%。详见下表：

调查户上半年出售西红柿收入占同期现金收入比重表

单位：元/人

指　标	2006年	2007年	2008年	2009年	2010年
人均出售西红柿收入	1295	1184	1489	1555	2145
上半年现金总收入	2242	2510	2927	3466	3830
占现金总收入比重（%）	57.76	47.17	50.87	44.86	56.01

近年来，随着农业产业化的发展，西红柿作为南方农业特色产品品牌更加突出和鲜明，蔬菜种植特别是西红柿种植的收益将不断明显，由于西红柿出售价格波动上升，田阳右江河谷地区农户出售西红柿收入占同期现金收入比重也在平稳增长。2009年西红柿总体呈量少价高波动态势，而今年总体呈量大价中趋高态势，目前田阳县年总产35万吨圣女西红柿多是销往全国各地，农户依靠种植西红柿收入将不断提高。

（三）财产性收入、转移性收入减少

2010年上半年调查农户得到的财产性收入、转移性收入人均共计160.88元，同比减少123.38元，减幅43.4%。主要表现在：农村“红白喜事”场量少，农村亲友赠送比例下降、大病住院减少新农合报销费降低、受政策影响征地费，拆迁费等大项转移性收入的减少。

三、农户收入结构分析

1．从收入来源来看，80%以上现金收入来源于家庭经营。据调查资料显示，2010年上半年农户人均家庭经营现金收入3231.83元，占同期现金总收入的84%。

2．从产业结构来看，农户七成收入来源于第一产业。2010年上半年第一产业人均现金收入2800.14元，占现金总收入73.1%，同比增长15.58%，第一产业现金收入继续保持增长势头；农村餐饮零售等产业收入也增长82%。

3．从具体增收项目来看，西红柿收入占总收入一半。据调查，2010年上半年，农户人均出售西红柿1377.17公斤，收入2145.11元，同比分别增加637公斤增收590元，增长幅度分别为85.95%和37.92%，农户出售西红柿收入占现金总收入达到56%。传统种养项目畜牧业和甘蔗种植，由于旱灾以及价格因素影响收入分别下降39.28%和36.71%。

4．从增收地域来看，右江河谷一带农户增收幅度较大。田阳右江河谷平原地区共有5个乡镇10多万人口，每年种植西红柿20多万亩，年总产35万吨。由于具有良好的灌溉条件，较为成熟的种植技术，较完备的市场营销体系，西红柿实现产业化、基地化、规模化，面对今年严重的旱灾，周边及外省等产地蔬菜量大量减产，右江河谷区域农户遇到良好的气候条件和市场机遇，西红柿每公斤平均收购价达1.56元，虽与上年同比2.10元低，但由于灌溉条件以及气候条件良好，去冬今春西红柿苗成好、病害少、果型佳、产量高、价格优，种植户收入大大增加。据对凤马、那塘、四联3村30农户调查发现，在河谷地区农户，上半年出售西红柿户均收入1.7万元，高的达4万多元。半年增收人均普遍超过1000元，增收幅度创历史最好水平。见下表：

田阳河谷调查户 2010 年上半年出售西红柿情况表

单位：公斤/人、元/人

	2010年销售数量	2010年销售收入	2009年销售数量	2009年销售收入	出售增量	收入增量
那塘10户	4123.53	7159.32	2565.00	5644.03	1558.53	1515.29
凤马10户	2664.35	3640.30	1070.56	2537.92	1593.79	1102.38
四联10户	2224.52	3213.00	1263.36	2019.06	961.16	1193.94
全县60户	1377.17	2145.11	740.59	1555.30	636.58	589.81

5．从种植品种看，小番茄生产成为农民增收拳头产品。引进新品种圣女小番茄系列，如金币、千禧等，果型美、甜度好、口感适中，同时由于好管理、抗病强、产量高、耐运输、易包装，非常适宜右江地区亚热带气候条件下种植，多年种植实践表明，一般亩产平均在3000～5000公斤，产值在1～3万元左右，有的农户种植大果西红柿，产量最高可达10000公斤，亩产值在1.5～2万元左右。兴城村许多农民由于种植技术好，大多有十多年的经验，村里有70多户到外地承包水田种植西红柿，年收入在10多万元以上。

四、不同地势农户收入扩大的原因分析

纵观田阳农业收入发展情况可见，2010年上半年由于有甘蔗、西红柿等大宗农产品出售，又有冬菜、芒果、西瓜上市，加上农村有宰售大猪过年习俗，全年2/3收入多集中在此，上半年收入状况决定着全年收入基本走势。从近年的情况看，由于田阳县具有河谷平原、南部石山区、北部丘陵土山区等不同的地势和经济结构区域，各区域有着不同的产业结构和收入来源，从而造成区域收入巨大差异，虽然总体上收入继续增加，但区域差距越来越明显。如下表：

田阳县不同地域农户上半年人均收入差异对比表

（元/人、%）

	河谷平原地区30样本调查户人均				山区丘陵地区30样本调查户人均				山区户人均收入比平原低
	2010年上半年	2009年上半年	2008年上半年	3半年平均	2010年上半年	2009年上半年	2008年上半年	3半年平均	
现金总收入	5809.10	5008.19	4193.70	5003.66	2196.08	2192.18	1863.51	2083.92	−2919.74 −140%
家庭经营收入	5347.51	4207.53	3925.75	4493.60	1484.79	1576.46	1477.95	1513.07	−2980.53 −197%
第一产业收入	5347.51	4207.53	3925.75	4493.60	696.63	948.84	1148.89	931.45	−3562.15 −382%
农业收入	5061.69	3676.70	3295.61	4011.33	341.73	516.95	568.89	475.89	−3535.44 −743%

由上表可见：山区农户由于自然条件恶劣、经济基础薄弱、产业结构单一、市场反应滞后等原因，使得该区域农户收入普遍和各种发展条件相对较好的河谷平原农户差距越来越大，两区域农业收入差距比达到1：8左右。如果外出劳务收入和牧业收入继续减少，外部环境在一定时间内没有得到较大的改善，收入差距将越来越大，越来越明显。造成差距的主要原因是：

1．山区地区传统支柱产业受到前所未有的冲击，增收难度大。该区域集中全县5个石山乡镇的18万人口，约占全县人口比例一半。去冬今春，因遇到罕见干旱，目前又受洪涝等影响，收入增长十分缓慢，有的甚至下降。长期以来，该区域以粮食、甘蔗、林业、畜牧业为主导产业，部分人口农闲外出务工副业增加收入。但近年来，由于气候、价格等多因素影响，粮食、甘蔗、畜禽饲养等管理成本增加，利润连年下降，经济危机使得外出务工机会减少，而且增收十分困难。如甘蔗收入是该区域收入主要来源，集中于南北山区的20万亩甘蔗受旱严重，据南华糖厂统计，本榨季全县入厂甘蔗已由上个榨季70万吨下降到59万吨，下降15.71%，榨季迫于3月22日较往年提前结束。

2．河谷平原具有明显的区位、灌排、气候和市场优势，进一步加大收入差距。田阳县分布着河谷平原、南部石山区、北部丘陵土山等类型地势。各地产业结构、经济基础差异很大，河谷农村以种植西红柿、芒果、粮食为主；石山区以畜牧养殖、种甘蔗、外出劳务为主；北部丘陵地区农户以种植甘蔗、油茶、林业、外出务工为主。山区丘陵地区这种区位优势的缺失性，决定其在市场经济条件下，依靠风险大、利润小的农业增收、创收，很难缩小与产业化、多元化的经济发达地区差距。

3．养猪积极性回落，饲养户减少，畜牧业收入下降，山区收入差距进一步加剧。从差异表可见，河谷农户3年平均有11%现金收入来自于林牧渔业等非农业收入，而同期山区农户这方面比例高达49%。畜牧业收入对山区户收入至关重要。但由于水源、粮食、青饲料、畜价，以及外出劳务比较效益等因素，该县广大农村生猪散养户特别是山区养户日益减少。据对8个村8个普查区的抽样调查，今年2季度末，8个普查区共有农户482户，其中养猪户233户，饲养户仅占48%；饲养率比上年同期下降10个百分点。如街道所在地古美村、坡丹村养猪户分别占25%（上年同比−12%，下同）和27%（−11%）；蔬菜产区龙河村、九合村分别为55%（−3%）和66%（−17%）；移民搬迁村尚兴村48%（平）；甘蔗种植村桥业村74%（−4%）；外出务工较多村朝马村33%（−18%）。此外一些农村留守老弱病残幼的农户因为缺乏粮食、青饲料、劳动力等均不养或少养猪。农户抽样调查显示：上半年农户人均牧业现金收入281.05元，与上年同期467.45元比，下降39.88%。在调查的482户农户中，上半年出售大小生猪120头，户均不到0.25头。表明了生猪饲养量、存栏量减少，出栏重量小，牧业收入下降使山区户收入差距更大。

4．年轻劳动者劳务观差异有可能造成长期的区域收入差距。目前，右江河谷农村城乡总体规划建设速度加快，基础设施建设进一步完善，农业产业化比较发达，由于气候、排灌条件好，交通便利、市场临近，商贸发达，种植果菜，收入较高，比较稳定，农村基本没有剩余的劳动力，许多人在家务农收入有的比出去打工还高，该区域青壮年外出务工比例相对较少。山区地区由于土地、产业、生活条件制约，剩余劳动力相对增加，该区域青壮年外出打工意愿非常强烈。但是，作为新生代农民，独生子女，许多人不愿务农、不愿在家务农，不愿返乡务农。年轻时候在城市、工厂、企业打工赚钱，然后在城市安家立业，永远脱离贫瘠的山区是大部分人的劳务观、人生观，“宁要城市一张床，不要农村一间房”。许多人留下父母、耕地和山林，甚至把年幼小孩也留下托父母管养。收入差别、城乡差别使不少农村人口盲目涌入中小城镇，留下农村的多是老、弱、病、残、妇、幼等素质不高的人口和劳动力。当前石山区农村留守人口和劳力对振兴农村经济非常不利。

五、对提高农户收入水平的建议

1．巩固基础，进一步提升区域农业基地化、产业化水平。右江河谷地 区具有良好的农业发展条件，必须始终坚持农业基础地位，以农民增收为核心，大力发展现代特色农业，狠抓粮食、芒果、蔬菜、甘蔗四大主导产业，继续建设芒果、蔬菜标准园，建设超级稻基地和甘蔗良种基地，搞好示范辐射作用，继续保持平原区域经济发展，农民增收、农户生活进一步提高的排头兵作用。山区地区要大力推广种养业，大力发展甘蔗、兔业、林下养鸡、圈养山羊、标准化养猪，进一步提高收入，缩小差距。

2．加强科技交流水平，引进适合本区域农业发展的高效农业品种和技术。以中国—东盟（百色）现代农业示范园区落户本县为契机，依托展示交易中心为平台，加强农技交流和农业新产品的引进、推广和合作开发，为农民增收创造必要条件。

3．继续加强农田水利设施建设，确保农民增产增收。旱灾使右江河谷地区农民深切感受到农田水利建设对农业增产、农民增收发挥巨大的作用；同时也反映出该县在进一步解决山区特别是人畜饮水困难地区的迫切性，严峻性。目前，山区许多村屯农田水利失修、水利基础设施建设滞后、人畜饮水工程建设资金缺口大的问题仍然非常突出。各级政府，应该调整财政政策，向石山区、石漠区、移民区的贫困村屯进行必要的资金倾斜，并限期重点解决水利设施、人畜饮水等民生问题。

4．加快石山区综合治理力度，大力改善区域生产生活条件。由于各种原因，山区不少地区生态环境受到不同程度的破坏，植被减少、石头裸露、水土流失严重。要坚决执行中央关于石漠化综合治理的有关精神，对石山区进行封山造林、退耕还林，为切实减轻农民生产生活负担，建议实行农村生活用电补贴，建设沼气池补贴，房屋装修补贴，限制木材加工企业发展。引导农户尽量少伐树木，实行“整村推进”，综合治理，消灭茅草房、实现村村通水、通电、通油路、通有线电视目标，逐步建设经济发展、交通便利、生态优美、居住良好、生活富足的和谐新农村。

5．实施品牌战略，一村一品，突出产业发展，促进农民增收。山区地区农民增收是提升全县农民收入、缩小收入差距的关键。目前山区主要是种植甘蔗、养猪、外出劳务等，收入来源单一，而且甘蔗增收空间有限，养猪市场风险较大，外出劳务收入不稳。要使山区农户获得较为持续、稳定的收入，必须走调整结构，改变增长方式上，一村一品，一户一业，多种经营，以工补农、以商养农，突出地方特色以适应市场需求，促进农民增收。

6．全面落实国家对“三农”的补贴政策。建议国家加大支农惠农政策并向山区丘陵区中的贫困村户进行倾斜，增加农民转移性收入；加强劳动力培训和转移就业工作，提高山区农民劳动技能，增加山区农民就业机会，努力增加农民工资性收入。

7．大力推进农村社保建设，全面消除贫困人口。目前田阳县已经开展农村社会养老保险试点工作，参保人数不断增加，减轻了部分老人的后顾之忧，也进一步减少老年人的贫困问题。但是由于每个60岁农村老人每个月只领到50元养老金，补贴数目相对较少，仅够买粮食，目前在国家财政充盈情况下，建议以此为基础，

适当提高补助标准，政府每月再增加油盐费50元，在具备条件的乡村进行老人集中养护；进一步扩大农村低保范围，根据物价上涨因素适时提高农村低保户、困难户供养水平；提高农村新农合大病住院治疗费报销比例，对80岁以上农村老人免费护治；建议政府实行城乡一体的社会福利制度，改变城乡人口福利保障差异局面。

8．以科学发展观为统领，建立农村金融服务和政府服务新机制。农村经济要取得持续、稳定、全面的发展，必须正确贯彻落实中央的方针政策，同时要加大政府以及金融等部门的综合服务工作。要进一步推进“农事村办”工作，健全机构，优化网点，规范服务，提高效率，减少农民办事成本；积极探索农村金融服务方式，改变金融政策不当影响低收入农户投资和收入结构，努力发展农村中小银行，如农行、信用社、邮政银行、担保银行、农村合作银行、私人银行等。允许农民利用土地、山林、房屋、企业、小山塘、小鱼塘等进行抵押融资，盘活农村资产，引导更多城市资本向村屯、农户的有序流动，提高农村经济活力和农民收入。

9．引导部分山区农民向市民转变。改革开放30年来，越来越多的农村人口进城务工经商，有的已经安家落户，促进了当地经济和社会发展。目前，山区农村不乏有高收入者，他们有技术、有门路、会经营，长期在外打工，已经融入当地城镇生活，政府应及早制定、完善相应政策如统一城乡社保制度、教育制度等，鼓励农民进城务工经商、安家落户，共同推进农村城镇化进程。

2009年河池市退耕还林（草）监测调查报告

韦国震

退耕还林（草）是我国林业建设史上涉及面最广、政策性最强、群众得实惠最多的生态建设工程。九年来，河池市超额完成了自治区下达的退耕还林（草）工程任务，并探索总结出既符合国家建设要求，又切合当地实际的退耕还林（草）工程管理机制，走出了一条生态环境建设与经济发展相结合、农业种植结构调整与农民增收相协调的新路子。2010年春节期间，温家宝总理来到河池市东兰县和巴马县视察旱情时欣然题词“山青水秀生态美，人杰地灵气象新”，充分肯定河池市实施退耕还林（草）工程后取得的良好生态环境。

一、退耕还林（草）工程完成情况

在国家退耕还林（草）政策扶持下，2001年，河池市在东兰县开始实施退耕还林（草）工程试点工作。2002年，退耕还林（草）工程在河池市11个县（市、区）全面铺开。2001年至2008年河池市共计完成退耕还林（草）面积209.5万亩，其中退耕地造林80万亩，配套荒山造林103万亩，封山育林26.5万亩。

2009年，自治区下达给河池市的退耕还林（草）计划任务是4.5万亩，其中配套荒山造林1.5万亩，封山育林3万亩。2009年河池市共完成退耕还林（草）工程面积9.35万亩，完成任务的207.8%。其中配套荒山造林面积3万亩，完成任务的200%；封山育林面积6.35万亩，完成任务的211.7%。

2009年底，河池市累计完成退耕还林（草）工程总面积达218.85万亩，其中经济林6.3万亩，生态林212.2万亩，超额完成自治区下达给河池市退耕还林（草）总任务。

2009年河池市还做好退耕还林（草）工程督促检查和退耕还林成果巩固工作，并按国家要求制定好退耕还林补助到期后的后期续补工作。河池市退耕还林（草）工程管理工作逐渐步入规范化、程序化、优质化轨道。

二、退耕还林（草）成效显著

（一）生态效益

河池市根据当地地形、地貌、地质、气候、土壤等特征，立足山区实际，抓住国家实施退耕还林（草）政策的机遇，树立“大林业，大发展”理念，认真实施珠江防护林、石漠化治理、生态公益林、野生动植物保护、生态能源建设等工程，因地制宜调整林种结构，大力发展生态林和经济林，探索了一套比较好的生态和经济相结合的退耕还林模式。一方面，河池市依托退耕还林（草）政策，加大石漠化治理工作。通过“封、育、造、退、沼、柜、移、加”等综合治理，在不同类型的石山上，种上竹子、任豆、香椿、山葡萄、金银花等，不仅改善了生态环境，而且促进了大石山区农民的脱贫致富。另一方面为解决群众燃料问题，减少森林资源消耗，河池市把沼气池建设作为重要工作长抓不懈，积极发展生态能源建设，实现资源保护和农村发展双赢的目标。河池市大力推广“养殖——沼气——种植”生态农业模式，推进沼气池与改厨、改厕、改圈、改水、改路等相结合的生态家园建设步伐。2001年至2008年，河池市新建沼气池22.92万座，2009年新建沼气池2.31

万座，目前河池市累计建有沼气池32.24万个，入户率达到42.0%，占可建池农户的56.6%。所建的沼气池在正常运转情况下，每年可节约薪柴24.17万吨，保护林地面积23.69万亩，同时每年还可提供800万吨沼液沼渣优质有机肥料，为农业增效和农民节支约3.86亿元。

都安瑶族自治县澄江乡万茂村，过去由于森林资源破坏严重，四周山头一片光秃秃，“大雨大灾，小雨小灾，无雨旱灾”，近年来通过大力发展石山种竹，现全村已种植竹子1000多亩，完成封山育林1万多亩。过去光秃秃的山头披上了绿装，森林覆盖率达到51.0%，水土流失现象得到了根本性遏制，极大地改善了农业生产条件，提高了农业综合生产能力。

2009年河池市林地总面积达到3759万亩，比1999年增加983万亩，增长35.4%；森林面积达到1646万亩，比1999年增加120万亩，增长7.9%；森林覆盖率已由1999年的43.96%提高到现在的52.95%，增长了9个百分点，明显高于世界平均31.0%、全国平均20%的森林覆盖率水平。

森林覆盖率有了较大提高后，水土流失得到有效遏制，生态环境得到了明显改善。近几年来，冰雹、霜冻、洪涝和干旱等自然灾害发生的频率逐年降低，自然灾害造成的损失逐年减少。

（二）经济效益

河池市紧紧抓住国家实施退耕还林（草）的良好机遇，结合实际情况，提出了“退得下、还得起、稳得住、能致富、不反弹”的林业发展思路，结合退耕还林（草）政策大力发展农村经济，加强规划，合理布局，把退耕还林与农村产业结构调整相结合，发展河池市特色林业，优先选用优良乡土树种和利于本地农业结构调整战略的树种。河池市八角、油茶、核桃、山野毛葡萄、金银花、黄腊李、柑桔等一个个基地如雨后春笋般应运而生，部分林产品走出山门、国门，国家和自治区有关部门冠以东兰县“中国板栗之乡”、罗城县“中国毛葡萄之乡”、天峨县“中国油桐之乡”、环江县“中国兰花之乡”、凤山县“广西八角原产地域产品保护地”、巴马县“广西油茶基地”等荣誉称号，树立了农林土特产品品牌，经济效益显著。

退耕还林（草）工程的实施，给河池市大石山区带来了希望，河池市林业也随之发展，取得巨大的经济和社会效益。2004年以来，河池市共引进投资1000万元以上的木材加工企业17家，总投资6亿多元。目前，河池市拥有各种形式和类型的林业生产、加工（经营）等企业800多家，从业人员近1万人，年加工木材约90多万立方米，年产值12亿元。初步形成了以生产纤维板、胶合板、细木工板、山茶油、桐油等为主导的林产化工工业体系。2009年河池市林业总产值达43亿元，逐步成为河池市工业体系的重要组成部分。

（三）退耕还林（草）工程促进山区农民脱贫致富

国家实施退耕还林（草）工程，给退耕农户补助现金和种苗，退耕农户因地制宜在退耕地上种植任豆、山葡萄、金银花、八角、板栗等果树或竹子、速生桉树等经济林木。退耕农户从广种薄收中解脱出来从事其他产业和劳务输出，发展多种经营增加收入。因此，近几年来，退耕还林农户家庭经济收入不断增加，生活水平不断提高。退耕还林（草）工程涉及河池市11个县（市、区）138个乡镇1450个村委会，24.57万农户108.66万人直接从退耕还林政策中受益，这几年来人均年增加现金收入116元。

据635户退耕还林农户抽样调查统计，2009年退耕还林农户人均纯收入达3181元，比上年增加195元，增长6.5%；人均生活消费支出1996元，比上年增加163元，增长8.9%。居住砖混结构和钢筋混凝土结构住房的退耕农户达77.5%。

凤山县平乐乡六往屯，全屯利用退耕还林政策把所有坡地全部种上八角，因此，全屯人均拥有八角地20多亩，2004年以来仅八角一项户均年增收近10000元，目前全屯90.0%以上的农户都建起了楼房。

退耕还林（草）工程的实施促进河池市农村农、林、牧、副业协调发展，产业结构得到了合理调整，保护了生态环境，提高了森林覆盖率，促进了农村经济的发展，实现了生态效益和经济效益双丰收，被群众誉为“民心”工程、“德政”工程。

三、各级政府退耕还林（草）政策的执行情况

（一）2009年退耕还林（草）补助政策兑现情况

2009年度，河池市应兑现种苗补助资金395万元，实际兑现种苗补助395万元，完成任务100%；应兑现前期现金补助1563.1万元，实际兑现现金补助1563.1万元，完成任务的100%；应兑现前期粮食补助资金15218.2万元，实际兑现粮食补助资金8506.8万元，占计划任务的56.9%；应兑现后期管护补助58.85万元，现已兑现20.9万元，占计划任务的36.0%；应兑现后期生活补助309.13万元，现已兑现110.17万元，占计划任务的36.0%。

（二）退耕还林（草）工程幼林抚育管理情况

目前，河池市已进行抚育护理的退耕还林面积136.86万亩，其中退耕地造林67.73万亩，配套荒山造林69.13万亩；落实管护责任的面积156.37万亩，其中退耕地造林面积78.75万亩，配套荒山造林77.62万亩。管护面积占退耕造林总面积的66.43%。河池市退耕还林封山育林面积26.5万亩，全部设立有封山育林标牌，制定护林公约，划定责任区，落实管护人员，并签订了封山育林管护合同，实行封山禁牧。

（三）退耕还林（草）地林权证发放情况

河池市退耕还林（草）地共发放林权证面积达26.78万亩，其中退耕地造林16.98万亩，配套荒山造林9.80万亩。林权证发放率为13.12%。林权证发放工作进度缓慢，林权证发放率很低。主要原因是林权证发放工作涉及面广工作量大，工作难度也大，特别是各户的造林面积一般都在几亩之间，最小达几分，户与户之间的界线不够明显，退耕地现场勘查难度大，很难在地形图上准确界定退耕还林各户地块面积，导致退耕地林权发放工作难以按时完成。

（四）作业设计编制及审批情况

河池市历年退耕还林实施总面积206.31万亩，有作业设计面积206.31万亩，作业设计率100%；经自治区林业局审核通过并批复实施的退耕还林作业设计面积206.31万亩。

（五）工程档案管理情况

河池市各县（市、区）县级都配有退耕还林档案管理人员，大部分县市退耕还林档案图表文齐全，分类清楚，内容齐全，归档整齐，全市各县（市、区）都设有退耕还林档案专用柜。但也有个别县档案材料不够完整，管理混乱，没有专人管理，管理人员不稳定，导致退耕还林档案查询困难，特别是乡级档案管理比较混乱，无专人负责。

（六）工程培训情况

据统计，实施退耕还林（草）工程以来，河池市共开展各种培训班4期，培训人数达600多人，培训内容有退耕还林外业作业设计技术规程，退耕还林政策法律法规，退耕还林营造林技术，退耕还林检查验收技术，退耕还林工程档案管理等等。通过一系列培训工作，不断提高县乡两级退耕技术人员的政策水平和业务工作能力，更好为退耕还林工作服务。

四、退耕还林（草）工程存在的主要问题

退耕还林（草）工程实施9年来，市、县（市、区）政府针对退耕还林（草）工程中出现的突出问题，采取各种措施加以整改，取得了一定的成效，但仍存在一些问题。

（一）“重造林、轻加工”，林产工业发展步伐较为滞缓

退耕还林后续产业发展还跟不上，致使林产品加工业发展与林业资源发展不能同步，造成林产加工业“短腿”现象。群众种植的林产品大多数都是以原料形式出售，新产品附加值不高，价格不稳定，极大的挫伤了林农的积极性，不利于退耕还林成果的巩固和林业可持续发展。

（二）作业设计粗糙，规划不科学

一些地方不能完全按作业设计造林，造林地点、树种变换较多，形成了同一退耕区没有统一退耕还林，而且品种零星多样，不成规模，影响了退耕还林的生态效益和经济效益。

（三）退耕还林（草）粮食补助资金兑现进度缓慢

一是退耕还林粮食补助资金缺口大，影响政策兑现。2007年和2008年度河池市粮食补助资金缺口2244.32万元，给河池市粮食补助兑现工作造成了极大的困难，群众意见很大，信访案件有不断增加的趋势。二是退耕还林是个极为庞大和复杂的系统工程，涉及面广任务繁重，工作量大工作难度也大，要耗费大量的人力和时间，而基层退耕工作几乎全由林业部门的营林站来担负，工作人员几乎都是身兼多职。这两年来各县都全力以赴搞林改，使得退耕还林的补助兑现工作更加滞后，退耕还林补助资金兑现进度更缓慢。三是退耕工作经费严重不足，导致工程的督促指导、检查验收和政策兑现等工作不能正常开展。

（四）退耕还林（草）工程管理债台高筑

退耕还林（草）工程涉及面广、任务量大、工程要求高，从工程规划、作业设计、工程监理、检查验收、政策兑现、表卡印制、方案编制、信访查处、档案管理、会议培训及接待等工作环节都需要大量工作经费，而这部分经费国家只有极少的前期工作经费，大部分由地方财政承担，但由于地方财政困难，没有列入财政预算予以补贴，为保证工程建设健康有序开展，林业局不得不举债运作，压力很大。

（五）林权发证进度缓慢

主要原因有三：一是缺乏经费；二是技术力量不足；三是确权发证工作牵涉到千家万户，具体操作中要求明确四至范围，往往一块退耕地涉及众多农户，各户面积有的小到几分，地块形状又不规则，户与户之间界线也不明显，很难在地形图上准确界定各户地块面积，很容易产生纠纷，退耕地现场勘查难度大，导致退耕地林权发放工作进展缓慢。

（六）退耕户普遍认为当前粮食折款补助标准太低

这几年来，退耕还林补助均按2002年退耕还林每亩补助稻谷150公斤，折价每亩补助现金210元（按当时市场价每公斤1.40元计），现在稻谷价格不断上涨，已达每公斤2.00元，上涨幅达42.8%，群众普遍认为当前补助标准太低，很不合理，应适当提高折价补助标准。

（七）巩固退耕成果任务艰巨

个别地方干部群众的思想意识依然十分落后，到处浪牛浪马，所有村规民约都是纸上的东西。一些村屯的一些地块年年造林不见林，年年补苗不见苗。群众对退耕还林工程建设缺乏主动性、积极性，致使不少地方管护工作跟不上，牛马残踏和人为破坏严重，经上级林业主管部门多次检查发现，有少数地块退耕不还林，杂草丛生，荒芜一片，保存率很低。

五、退耕还林（草）工程几点建议

（一）加大退耕还林（草）政策宣传力度。

进一步加大退耕还林（草）政策宣传力度，树立“大林业、大发展”理念，形成全民都来关注和参与退耕还林工作的良好氛围，让退耕农户积极配合和自觉参与退耕还林工作，从而提高退耕还林工程建设的质量和成效。

（二）进一步巩固提高退耕还林（草）工程建设质量

一要用好用活巩固退耕还林成果的政策。重点是认真组织编写和实施《河池市巩固退耕还林成果专项规划》，全面兑现退耕还林农户的后续补助政策，抓好退耕还林的基础设施建设和后续产业的发展，全力巩固来之不易的退耕还林成果。二是继续坚持退耕还林工程各级政府首长行政负责制，市、县（市、区）、乡镇层层签定目标责任状，把退耕还林工程管理纳入对各级政府班子政绩考核的重要内容。进一步完善质量控制体系，严格执行工程质量监理和责任追究制度，千方百计保证建设质量。切实抓好后期管护，创新管护体制，完善管护办法，健全村规民约，明确管护职责。积极推广联户互管、出资代管、大户承包管理等有效管护方式。对退耕还林的新增任务，认真落实“规划先行、突出重点、适地适树”的要求，严格按规划设计，按设计施工，按标准验收。相关部门要进一步加大科技培训、技术指导的力度，确保工程建设质量。

（三）及时兑现退耕还林（草）政策，调动群众的积级性

为保护农民群众的利益，充分调动群众退耕还林的积级性，各县（市、区）始终要抓好政策兑现工作，把兑现政策作为退耕还林工程的关键工作来抓，及时与退耕农户签订合同，林业部门每年要组织技术力量核查验收退耕还林面积和造林质量，严格按“先验收、再公示、后兑现”的程序，做到验收标准、验收结果、补助政策、兑现情况“四公开”。及时将国家的补助兑现到农户手中，保护障农民利益，激发农民群众积极参与退耕还林的热情，加快工程建设步伐。

（四）根据当地独特资源优势，重点培育特色林业经济

长期以来，河池市地都形成了具有一定特色的林产品，如凤山山区八角以香味纯正而闻名，东兰山区板栗以色美味香而畅销，天峨山区油桐以油质光亮而倍受青睐等，许多产品已经畅销区内外。因此，河池市要立足于当地原有独特资源优势基础上，借助退耕还林政策按照“一县一品”模式进一步扩大其种植规模，通过技术更新改造，提高产品品质，形成其独特品牌，逐步打通国内外市场，加快山区群众脱贫致富步伐。

（五）加大林种结构调整力度，做大做强林业特色产业

利用实施珠江防护林工程、封山育林工程、石漠化治理工程、退耕还林工程、生态效益补助工程、速丰林工程等国家或自治区林业重点生态工程，注重抓好林种结构调整，按照“一县重点一品”发展思路，努力做大做强特色林业。大力发展以桉树为主的速生丰产用材林，加大特色经济林基地建设力度，使传统的具有乡土特色的，如凤山的八角、巴马的油茶、天峨的油桐、东兰的板栗、罗城的山野葡萄等特色经济林基地面积不断扩大，成为地方特色产业。通过基地建设带动林产加工业的快速发展。同时，加大龙头企业培育，着力发展林产品加工业、生态旅游业和生态种养业，促进各产业协调健康发展。

（六）要加大退耕还林后续产业的发展，巩固好退耕还林成果

要进一步加大退耕还林工作后续产业发展工作力度，除了营造良好的法制环境、服务环境和经营环境外，在资金扶持、林业税费政策等方面也要营造合理优

惠、高度透明、公平规范的政策环境，大力引进资金、技术、人员等来加快相关林产工业发展，促进当地财政增收和农民致富。

（七）正确处理好保护生态和农民增收的关系，保护好人民群众的根本利益

全面建设小康社会的重点、难点在农村，解决“三农”问题是我们党和政府长期的一项重要任务。“八山一水一分田”是河池的特点，林业部门在解决“三农”问题中要发挥重大作用。如果只能“绿山”，而不能“富民”，林业发展就会失去根基。为此，在退耕还林、珠江防护林等林业重点工程建设中，在保护林农的生产、生活出路中，要始终坚持以人民群众的利益为重，引导农民群众营造生态经济兼优的树种，划定经营范围、合理利用，在确保生态目标的同时，实现增收致富，激发广大群众投身林业建设的热情，以达到“农民得利，国家得绿”的目的。

2010年上半年河池市畜牧业生产情况调查报告

韦国震

2010年上半年，河池市以畜牧业产业稳定发展、农民收入稳步增加为目标，努力克服历史罕见特大旱灾及重大洪涝灾害等不利因素的影响，加大工作力度，切实抓好特色规模养殖、产业强化优化、动物疫病防控、国家强农惠农政策落实、项目基础建设等工作，畜牧业保持稳定发展。同时，由于受到饲料价格上涨、生猪价格持续下跌、高致病性猪蓝耳病疫情发生等影响，生猪养殖再度出现严重亏损、甚至破产倒闭现象，给畜牧业产业健康发展和农民增收带来较大压力。

一、畜牧业发展的主要特点

1．畜牧业保持稳步增长。据统计，2010年上半年河池市出栏肉猪103.40万头、肉牛8.01万头、肉羊33.24万只、家禽798.18万羽，同比分别增长3.8%、4.43%、5.93%和5.2%；6月末河池市生猪存栏150.78万头，同比增长2.99%，其中能繁殖母猪存栏21.60万头，同比增长3.65%；大牲畜存栏59.42万头，同比增长1.19%；羊存栏63.14万只，同比增长6.84%；家禽存栏847.80万羽，同比增长4.33%。2010年上半年全市肉类总产量10.41万吨，同比增长4.08%；畜牧业产值30.01亿元，同比增长2.37%。

2．养殖结构调整成效明显。在政策扶持、科技辐射带动下，牛、羊、兔等草食动物发展保持较快发展势头，在肉类结构中所占比重呈上升趋势。目前牛、羊、兔等草食动物肉产量已占肉类总产量14%以上，同比增长2.53%。

3．四大特色养殖基地建设持续较快发展。香牛、香猪、山羊、瑶鸡、六画山鸡、乌鸡等四大特色养殖基地持续较快发展。据统计，2010年上半年全市香猪饲养量40.50万头、出栏24.50万头；南丹县瑶鸡饲养量400万羽，出笼300万羽；东兰县乌鸡饲养量40万羽，出笼22万羽；天峨县六画山鸡饲养量45万羽，出笼20万羽。特色优势畜禽饲养量和出栏（笼）量同比分别增长2.01%和2.35%以上。

4．动物疫病防控措施得到有效落实，养殖风险降低。各级党委、政府高度重视，各有关部门克服各种困难，重大动物疫病防控各项措施得到有效贯彻落实，畜禽免疫密度和免疫质量进一步提高，禽流感等重大动物免疫密度常年保持在90%以上，抗体监测合格率保持在70%以上，重大动物疫病防控能力得到加强，全市无重大动物疫情发生，逐步降低了畜牧业生产的风险。

5．行业执法力度加强，畜牧业生产安全。全市畜牧业产品质量安全监管和执法工作力度进一步加大；工商部门加强对屠宰场及肉食市场监管工作。因此，河池市没有发生畜牧产品质量安全等事件，确保城乡人民群众吃上了“放心肉”。

6．科技培训力度加大，助农增收成效明显。结合强基惠农春季大行动、农村党员大培训等活动，全市开展形式多样、内容丰富的养殖技术和法律法规培训，进一步提高了养殖户科学养殖技术水平，促进了农民增收。2010年上半年河池市农民人均现金收入2073元，同比增长8.71%，其中农民人均畜牧业现金收入537元，同比增长8.9%。

7．招商引资、行业社会固定资产投资完成较好。2010年上半年，美国艾格菲、澳门等外商积极参与河池市畜牧业开发，实际完成投资2272万元。河池市累计行业固定资产投资完成1.34亿元，完成全年任

务目标2.68亿元的50.12%。

二、主要工作措施及成效

1．抓好特色规模养殖，进一步推进产业结构调整步伐。一是按照“生猪调优、家禽调强、牛羊调大”工作思路要求，通过重点扶持，项目带动，继续抓好香牛、香猪、山羊、瑶鸡、乌鸡、六画山鸡四大地方特色禽畜基地建设，进一步提高特色优势畜禽肉类比重。据统计，2010年上半年河池市牛饲养量为57.06万头，出栏8.01万头；香猪饲养量40.5万头、出栏24.50万头，其中环江香猪饲养量25万头、出栏16万头，巴马香猪饲养量15.5万头、出栏8.5万头；南丹瑶鸡饲养量400万羽，出笼300万羽；东兰乌鸡饲养量40万羽，出笼22万羽；天峨六画山鸡饲养量45万羽，出笼20万羽。全市特色优势畜禽饲养量和出栏（笼）量同比都有较大提高。二是狠抓项目的争取和实施工作，带动特色规模养殖，推进养殖业内部结构调整步伐。河池市把项目建设示范作为加快带动特色规模养殖、推进产业结构调整的一条重要途径，先后争取得到发展香猪、香牛等特色优势产业和生猪标准化规模场（小区）建设项目资金800多万元，建设特色优势产业项目5个，年出栏生猪500~999头规模养殖场（小区）18个。三是加大无公害产地认定和产品认证工作力度，提高安全、优质畜牧产品质量。按照无公害产品认证的有关规定，加强培训力度，及时指导各县（市、区）开展无公害产地认定和产品认证工作。目前河池市有无公害产地25个，无公害畜禽产品7个。四是充分发挥养殖业农民专业合作社的积极作用。通过政策引导，资金扶持，技术指导等措施，积极引导养殖业专业合作社在推进规模养殖、促进产业结构调整中的作用。河池市现有养殖业农民专业合作社（养殖协会）25个，成员总出资6799.14万元，涉及畜牧生产及销售等各个领域，其中天峨县山鸡产业专业合作社、天峨县仿生态种草养兔专业合作社、南丹瑶鸡开发研究协会、环江香猪菜牛商会等多个颇具特色的农民专业合作社（养殖协会）的建立，对促进河池市特色产品的开发做出了巨大的贡献。河池市现有畜产品加工企业35家，主要为牛肉、猪肉加工企业。畜产品加工企业的建立，促进了产品结构的优化，提高了产品的价值，增加了养殖业的收入。

2．加大动物疫病防治工作力度，确保河池市无重大动物疫情发生。按照自治区人民政府及业务主管部门的工作部署和要求，河池市认真贯彻落实重大动物疫病防控各项工作措施，进一步创新工作机制，狠抓专业技术队伍和动物防疫体系基础设施建设，全面落实动物防疫工作责任制，切实抓好应急物资储备和后勤保障，加强动物疫病监测、疫情排查以及动物、动物产品检疫监管、加强消毒灭源等工作，确保免疫密度和免疫质量，防范旱灾、洪灾等自然灾害引发动物疫情，确保全市动物疫病不流行、不成灾。据统计，截至2010年6月30日，河池市生猪口蹄疫已免疫115.21万头，猪瘟已免疫129.45万头，猪高致病性蓝耳病已免疫75.26万头，牛口蹄疫免疫54.22万头，羊口蹄疫免疫41.32万只，家禽禽流感免疫512.25万羽，鸡新城疫免疫411.16万羽，应免畜禽免疫密度均达到100%，为畜牧业的健康发展打下坚实基础。

3．大力开展科技兴牧工作，全面提升农村养殖人员素质，促进农民增收。2010年以来，河池市将提升养殖者技术水平作为一个重要工作来抓，并结合强基惠农春季大行动、农村党员培训等活动，全市水产畜牧兽医系统投入培训资金76.17万元，举办培训班157期，其中以农村党员为主的培训班40期，共培训农民11060人次，发放培训资料21872份。通过广泛开展畜牧科学养殖及疾病防治技术、畜禽品种改良技术、养殖业无公害标准化生产技术、绿色食品生产技术、种草养殖技术、畜牧兽医有关法律法规宣传和饲料兽药质量安全管理等技术培训，收到良好效果。如南丹县建设专门的生产实习基地供学员学习实际的生产操作技术；金城江区实施《畜牧业科技入户示范县建设项目》，预计2010年年内发展示范户500户，共有25名技术人员进村入户进行技术指导；南丹县继续实施退耕还林后畜牧业技能培训项目，2010年上半年已投入培训资金28.48万元，培训人数超过1000人。科技兴牧工作的开展，为全市畜牧业持续快速发展、农业增效、农民增收奠定了坚实基础。

4．加大畜牧业执法力度，维护畜牧业正常发展。一是加强畜牧业法律法规的宣传，提高依法治牧的意识。组织全市广大技术干部以及聘请的专家教授，深入生产第一线，对各生产经营企业和规模养殖户广泛开展法律法规知识的培训。二是切实加强畜牧产品安全整治工作。认真组织开展畜牧产品和饲料专项整治、兽药和兽药残留专项整治等专项整治活动，组织执法人员在全市范围内开展拉网式大检查，开展市场督查和市场产品质量监测工作。三是强化动物防疫监督管理工作。通过加大产地检疫力度，强化屠宰检疫，推动全市动物防疫、检疫、监督工作逐步走向“以检促防、以防保检、以监促检”的发展格局，有效保证了畜产品质量安全，确保人民群众吃上“放心肉”。四是加强饲料和兽药管理力度，严厉打击假、冒、伪劣产品，净化兽药市场，规范市场秩序及用药行为，有效确保全市畜牧业生产的有序和安全。

三、当前畜牧业生产存在的主要问题

当前，河池市畜牧业生产虽然保持稳定发展的态势，但也存在不少的问题和困难。

1．资金投入不足，基础设施薄弱，产业化程度不高，畜牧业生产方式比较落后，群众抗灾自救能力差，灾后畜牧业恢复生产难度很大。

2．养殖业结构性矛盾仍然突出，耗粮型畜禽的比重偏大，主要表现为猪、禽的比例较大，草食动物的规模化发展程度较低。

3．饲料价格上涨，生猪价格下跌，养殖户严重亏损，散养户明显减少。2010年年以来，生猪价格连续下跌，粮价及饲料价格却一直缓慢上涨。据主要畜禽监测调查网点调查，1—3月份玉米平均价格为每公斤2.15元，同比上涨了13.2%；4—6月份玉米平均价格为每公斤2.30元，同比上涨了15%左右。一季度，肉猪出栏平均价格为10.97元/公斤，比上年同期平均价格13.60元/公斤下跌19.34%；二季度肉猪出栏平均价格为9.37元/公斤，比上年同期平均价格10.04元/公斤下跌6.67%。饲料价格上涨，进一步加大养殖成本，再加上生猪价格下跌，目前饲养每头肉猪亏损200~300元，养殖户严重亏损，因此，散养户也明显减少。据调查，2010年第二季度主要畜禽监测调查小区散养户生猪出栏数为801头，同比减少817头，下降50.49%；6月末散养户生猪存栏数为3663头，同比减少554头，下降13.14%；6月末散养户种猪存栏数为483头，同比减少209头，下降30.20%，其中6月末散养户能繁母猪存栏数为479头，同比减少175头，下降26.76%。

4．高致病性猪蓝耳病疫情十分严峻，已严重威胁生猪养殖业发展。2010年入夏以来，宜州等地部分养猪场暴发高致病性猪蓝耳病，防不胜防，有的养猪场生猪死亡率高达70%以上，给养猪户造成了严重的经济损失，有的猪场因此已破产倒闭。宜州市怀远镇甘村村思秧屯规模较小的养猪户蓝培忠饲养的生猪因暴发高热病，死2头母猪，赶紧溅卖10头母猪给屠户，每头仅得300元，溅卖19头75公斤左右肉猪给屠户，每头仅得500元，溅卖13头55公斤左右中猪给屠户，每头仅得220元。目前该养猪

场仅剩下1头病母猪和20多头小猪，几年来养猪收入全部赔光。甘村村甘村屯黄旭书等3个规模养殖场因暴发生猪高热病，经济损失更加惨重，共亏损五十多万元。

5．个别养殖户法律意识淡薄，随意丢弃死猪，造成环境污染。6月份以来，宜州市德胜镇群众最先在德胜镇桥头水库路口发现死猪，随后，火车站、东门塘、北方庙、环江路口、德胜酒厂老路口附近接连发现被丢弃的死猪，而且数量一次比一次多。因天气炎热，这些死猪已腐烂发臭，引来大量蝇虫。接到举报后，当地政府派人对死猪做无害化深埋处理。但这样的现象屡禁不止，严重污染环境，并容易造成各种畜禽疫情蔓延扩大趋势。

6．高热病病原主要为多种病毒和细菌、寄生虫的混合感染和继发感染引起生猪死亡的，一些地方群众有恐慌心理，不敢买猪肉吃，改吃其它肉类，因此，猪肉市场销量有所减少，加上生猪价格连续下跌，群众出售母猪和肉猪提前出栏的现象比较普遍。

四、对当前畜牧业生产发展的建议

为了保护畜禽养殖户的生产积极性，促进畜牧业产业持续健康发展，保证市场价格相对稳定，维护生产者和消费者的利益，提出几点建议：

1．按照“生猪调优、家禽调强、牛羊调大”的工作思路进行畜牧业结构调整。围绕主导产业，走规模化，专业化发展之路。促进规模化养殖，推进标准化无公害生产，提高畜牧业产品质量，提高市场竞争力。

2．贯彻落实国家给予的各项优惠政策，确保政策尽快落实到基层、落实到养殖场户，重点扶持和培养生猪规模养殖大户。针对当前生猪价格下滑，猪粮比价低于盈亏平衡点的困难局面，进一步指导养殖户调整猪群结构，淘汰土杂猪种，加强饲养管理，适时出栏，渡过难关。

3．解决好当前贷款难的问题，给予养殖户资金上的扶持。金融机构应扩大贷款规模，把规模养殖场（户）作为信贷的重点，简化贷款程序，改进担保方式，放宽抵押条件，在资金上给予养殖户大力扶持，帮助他们渡过难关。

4．加快发展林下养殖和种草养殖，在短平快项目上下功夫。切实抓好林下养鸡、种草养兔、养鹅、养鸽等项目，通过抓示范，树典型，千方百计推进养殖短平快项目的发展，努力培育畜牧业经济新的增长点。

5．加强动物防疫和检疫监督工作，加强动物疫病防控，确保防疫质量。按照“政府保密度，部门保质量”的要求，切实加强禽流感、牲畜口蹄疫、猪高致病性蓝耳病等重大动物疫病的防控，确保免疫密度达100%。切实加强疫情监测、应急储备、卫生消毒、检疫监督、病害处理等工作，确保灾后动物疫病不流行、不成灾。

6．发展畜牧业生产合作社规避养殖风险。鼓励、支持农户在自愿的原则下组织起来，成立养猪协会等组织。成员通过交流市场信息、技术信息，共同享有大规模经营所带来的低成本效应和价值增值效应，增强抗击风险的能力。

7．采取综合调控措施，促使生猪养殖产业健康发展。为稳定生猪生产和保持合理的价格水平，防止“猪贱伤农”，政府应采取综合调控措施，促使猪粮比价、仔猪价格、生猪存栏、能繁母猪存栏等指标保持在合理范围内。在充分发挥市场机制调节作用的基础上，加强政府调控，缓解生猪生产和价格的周期性波动，　切实保护生产者和消费者的利益。

2009年崇左市实施退耕还林工程监测调查报告

赵苑君

退耕还林工程是国家的一项重点生态建设工程，是党中央、国务院从长远战略高度出发，为维护生态安全，实现人与自然和谐而实施的一项重大战略工程。它为调整农村产业结构、促进地方经济发展和增加农民收入创造了契机，崇左市经过8年退耕还林工程的实施，全市生态状况得到明显改善，农村面貌发生了深刻变化，取得了明显的生态、经济和社会效益。

一、退耕还林工程完成情况

退耕还林工程大部分布局在25度以上的坡耕地、石漠化地区及其它水土流失严重、生态地位重要的地方，重点安排在等级公路两旁或库区周围的坡耕地，面积相对集中连片。崇左市实施退耕还林工程的有江州区、扶绥县、天等县、大新县、龙州县、宁明县和凭祥市7个县（市、区），由于凭祥市有退耕任务但没有符合标准的退耕地，未开展退耕还林工作。因此，除凭祥市外，退耕还林工程涉及了全市其他6个县、共涉及78个乡镇、602个村、1337个村民小组、45903个农户。2008年，2009年没有退耕还林任务。

崇左市于2002年启动退耕还林工程，经自治区调整任务后，2002年至2007年，自治区下达崇左市退耕还林工程累计总任务56.3万亩，其中退耕地造林21.6万亩，配套荒山荒地造林28.7万亩，封山育林6万亩。截止2009年底，全市累计完成退耕还林工程总任务55.3846万亩，占总任务的98.37%，其中：退耕地造林21.5118万亩，占任务的99.5%，配套荒山荒地造林27.87万亩，占任务的97.1%，封山育林6万亩，占任务的100%。2009年兑现任务4143.5万元，其中粮食补助3772.3万元，现金补助359.2万元。截止2009年12月30日，2009年度补助还未兑现。

二、退耕还林工程取得的成效

退耕还林工程的顺利实施，为构筑绿色生态屏障，遏制水土流失，改善生产生活条件，加快农业结构调整，推进劳务经济，促进畜牧业发展和增加农民收入等方面起到了极大作用。

（一）生态效益

通过实施退耕还林工程，促进了林业发展。近年来，崇左市坚持以科学发展观为统领，始终坚持生态优先的理念，围绕建设山水园林城市的要求，狠抓造林绿化，强化资源管护，发展林产工业，林业建设取得了显著成效。2009年崇左市大力推进城乡绿化，中心城区绿地率达38.64%，全市完成新造林15.4万亩，占自治区下达任务102.7%。截至2009年底，全市森林面积893787.8公顷，比建市之初的2003年增长了22.75%；森林覆盖率达51.53%，比2003年增加了5.62个百分点；森林蓄积量2655.5万立方米，比2003年增长77.03%。

崇左市已建成自然保护区7个，总面积176400公顷，占林地面积的18.3%。石山灌木林绝大部分被划定为生态公益林，全市生态公益林面积达469289.1公顷，还成立了崇左市白头叶猴自治区级自然保护区，建立了广西龙峡山自治区级森林公园，森林公园建成将集中体现崇左市山水园林城市特色，代表崇左市形象，提高城市品味；将为改善崇左城市环境提供都市“绿肺”；将为崇左市民提供一个集自然风光、游览观赏、科普教育为一体、充满

城市生机活力的绿色休闲娱乐活动场所。因此，项目建设产生的经济效益、社会效益和经济效益不可估量。

生态文明取得新的成效。在植树造林的同时，崇左市强力推进沼气池建设，使之发挥了巨大的生态效益、经济效益和社会效益。2009年崇左市完成沼气池建设14407座，占自治区下达任务100.77%，累计建池27.0117万座，入户率达73.86%，居全自治区第二位。建成的这些沼气池如都能正常运转年可提供优质燃料1亿立方米，能源开发量约折合标准煤7.2万吨，近120多万农民受益，每年可少砍薪柴50万吨，有效保护森林资源，每年还可提供200万吨沼液沼渣优质无公害有机肥料，使农民增收节支约2.26亿元。另外，沼气池普及率高的村屯，卫生状况也大为好转。可见，崇左市沼气能源建设促进了区域生态环境的良性循环与可持续发展，不仅经济效益明显，生态效果也非常明显。

（二）经济效益

造林树种多样性，拓宽收入渠道。崇左市以退耕还林、封山育林、农村能源等重点林业生态建设为龙头，多项目相结合，综合治理，走出了一条生态重建和农民增收的“双赢”路子。项目实施后，造林树种呈多样性，树种除了生长迅速、经济效益较好的良种桉外，还有八角、任豆树、肥牛树、甜竹、山黄皮、山葡萄、金银花等，还建立了多树种混交模式，如任豆树+肥牛树+牧草混交、乔木树种+中草药混交、林+果混交等模式，在树种上实现生物多样性，有的地区还带动了畜牧业的发展。通过“造、种、养”三结合措施，增加了森林资源，石漠化得到了治理，生产得到了发展，生态得到了改善，农民实现了增收。

退耕还林工程的实施，林业的发展带动了经济的发展。目前，崇左市已建成水果、经济林、水土保持林、水源林及用材林等生产基地，按照“以森林资源培育为基础，以精深加工为带动，以科技进步为支撑的林业产业发展新格局”的要求，大力发展林产加工业，重点是松香、八角深加工，林产加工业呈现迅猛发展的势头，林业生产尤其是林产品在全自治区来说起到了举足轻重的作用。至2009年底，崇左市共有木材加工企业400多家，年总加工能力80万立方米，年加工松香能力14.5万吨，林产工业产值9.7亿元，占林业总产值45亿元的22.56%，为全市社会经济的发展提供有力支持。

三、退耕还林工程存在的问题

（一）政策落实不尽完善，兑现进度较慢

2007年底，市、县两级按照自治区林业局的统一部署，于2007年底开展了退耕还林自查整改工作，并按照有关规定进行了整改。但有些问题，由于缺乏具体整改的指导性文件，一些问题没有得到根本解决。崇左市林业局将这些问题向上级汇报以后，直到2009年2月（文件为1月23日，实际到达各县为2月份），自治区高级人民检察院、自治区林业局才下发《关于印发《自治区人民检察院　自治区林业局第二次联席会议纪要》的通知》（桂检会〔2009〕1号）对问题进行了统一明确，各工程县按照会议纪要的要求开展整改和完善工作，目前仍未取得新的进展，兑现进度仍较慢。

（二）工作经费严重不足，导致工程管理问题的出现

退耕还林工程在林业重点工程中号称“五个之最”，即涉及面最广、政策性最强、工序最复杂、群众参与度最高、农民得实惠最多。因此，工程的后续管理尤为重要，而这些工作如检查验收等均由林业部门来完成，在需要大量的人力物力同时，必须保证足够的工作经费，但是这些工作经费没有解决，大部分工程县只靠林业部门来单独承担，压力大，在时间紧，

任务繁重的情况下，出现了验收工作不到位等问题。

（三）退耕还林工程的个别地方管护较薄弱

由于个别乡镇对退耕还林政策宣传不到位，一些退耕农户全家外出务工，幼林抚育缺乏管理，形成重栽轻管；一些退耕农户对退耕地林只造不管，未及时抚育管护，影响退耕还林林木生长。

（四）复耕现象普遍存在

经过一系列的调查整改，部分不符合政策规定的地块，要求暂时停止发放补助，因此，造成部分农户自行复耕，另一个原因是退耕还林涉及面广，涉及农户多，管护不到位，一些农户为了眼前的利益，自行复耕。

（五）退耕还林林权证发放工作缓慢

2009年11月份，崇左市首次对已完成集体林权制度改革任务村屯的村民发放林权证，截止2009年12月份，发证到户面积55.33万亩，涉及4050户，仅占退耕农户8.82%。没有林权证林农无法拿林权抵押贷款，影响林农保护、管理山林的积极性，也妨碍了山林的开发和建设。

（六）政策兑现慢，滞留补助资金

2008年是执行退耕还林整改后的第一年，对整改出现的问题还有大部分没有解决，存在争议的问题没有从根本上解决，2008年度的补助基本没有发放。兑现较慢，截止目前，兑现情况为：2007年计划补助资金4657.8万元，实际完成兑现1844.4万元，占任务的39.60%。2008年计划补助资金4080万元，实际完成兑现707.2万元。2009年计划补助资金4313.5万元，实际完成兑现0万元。截止2009年12月，共滞留补助资金13521.4万元，钱粮补助无法及时足额发放到农户手中，影响了农民管理的积极性，不利于巩固退耕还林成果。

四、建议和对策

1．加大宣传力度，消除退耕农户的顾虑。进一步深入宣传退耕还林政策和有关法律法规，使广大群众真正理解国家实施退耕还林的重要意义，提高积极性，依法推动退耕还林工程建设进程。同时，通过把林改与造林致富相结合，积极开展集体林权制度改革工作，围绕“山定权、树定根、人定心，贯彻落实党和国家土地承包政策，促进农村经济发展、增加农民收入”的中心，加快退耕还林林权证的发放进程，让林农领到一本经得起历史检验的铁证。并树立典型示范，推行传、帮、带激励机制，营造良好的补植补造氛围。

2．安排后续管理工作经费，保证工程稳定建设。认真落实国务院下发的《关于完善退耕还林政策的通知》（国发〔2007〕25号）精神，将退耕还林工作经费纳入县级年度财政预算内，安排退耕还林工作经费，保证年度检查验收、钱粮兑现、案件查处等工作的正常开展。

3．制定有效措施，加强造林后期管理与管护。要采取有力措施，防止在退耕还林林地上实施林粮间种、抚育翻耕，对一些种苗成活率低的要尽快进行补植，以退耕还林、恢复植被，改善生态环境。通过加强补植补造的实施，提高造林成活率和保存率，杜绝砍树复耕现象发生，确保退耕还林成果得到巩固。充实乡镇林业站技术力量，同时加强退耕林地管护，对退耕户加强技术培训。

4．加大对退耕还林后续产业发展的扶持力度。把发展后续产业同林副产品开发加工结合起来，培育对退耕农户带动力强的企业，并在政策、资金、信息、技术和服务上给予帮助，鼓励发展“公司+基地+农户”模式的林产品加工企业，促进退耕还林后续产业的发展。

5．做好补植工作，及时检查验收，兑现政策补助。对造林不合格或自查后发

现不合格的部分造林地，应采取补植造措施，合格后给予兑现政策补助，不要截留政策资金。同时，政府要协调好财政、金融、林业等部门，各司其职，对经调整并验收合格的退耕地要及时兑现政策补助。

2009年来宾市退耕还林监测调查报告

韦后姬

来宾市自2002年实施退耕还林工程以来，工程建设进展顺利，成果显著，对加快生态建设，改善投资环境，增加农民收入和促进社会经济可持续发展发挥了重要作用。本文将结合来宾市260户退耕农户监测调查资料，从工程的完成情况、取得的成效和存在的问题等方面着重分析退耕还林工程对社会经济的影响，并提出促进退耕还林工程顺利开展的一些建议。

一、退耕还林工程完成情况

（一）退耕还林工程计划完成较好

2002—2009年自治区下达来宾市退耕还林计划任务是78.16万亩，其中人工造林面积65.16万亩（退耕地还林20.26万亩，配套宜林荒山荒地造林44.9万亩），封山育林面积13万亩。据调查资料显示，2009年全市退耕还林工程累计完成面积75.9万亩，占计划任务的97.1%。其中，退耕地还林完成19.8万亩，占计划任务的97.7%；配套宜林荒山造林完成43.1万亩，占计划任务的96.0%；封山育林完成13万亩，占计划任务的100%。

（二）农户退耕与管护现状

来宾市虽然土地资源丰富，但自然灾害较多。现退耕还林工程涉及全市5个县（区）、63个乡镇、585个行政村，涉及农户2.72万户。

2009年受西南地区持久干旱天气影响，全市总降水量仅为1102.1毫米，同比减少514.2毫米，下降31.8%，对造林的质量形成不利影响。

同时，由于乡（镇）政府还没有与农户续签退耕还林合同，经济林满5年、生态林满8年后无法兑现钱粮补助，农户怨言较多。

二、退耕还林工程取得的成效

（一）生态效益

2002年来宾市实施退耕还林工程以来，市委、市政府高度重视，并认真贯彻落实国家退耕还林政策，加强营林造林质量管理工作，改善了过去森林植被遭到破坏，生态环境不断恶化，自然灾害频繁发生，水土流失日益加剧的状况，使全市造林质量和造林成效有了明显的提高。2009年全市森林覆盖率从建市之初的43.3%提高到现在的47.3%，提高了4个百分点，昔日的荒山秃岭现已变为绿洲，形成了很好的植被。

（二）经济效益

实施退耕还林后，农民收入显著提高。据调查资料显示：2009年来宾市退耕还林农民人均纯收入3823元，同比增加276元，增长7.8%。其中，退耕还林补助收入659元，占纯收入的17.2%；退耕地林产品总值153元，占纯收入的4.0%，退耕还林钱粮补助和林产品生产已经成为农民增收的新亮点。

来宾市在突出生态效益的前提下，科学地选择和发展了一些生态、经济效益兼优的树木品种，通过多种形式还林，多模式配置，实现规模经营。如在兴宾区、忻城县的石山地区发展以任豆为主的速生丰产林基地，现已初具规模；兴宾、象州、武宣等县（区）将退耕还林和发展速丰林良种桉相结合，并形成速生丰产林基地；忻城、象州县将退耕还林和发展桑蚕产业相结合；金秀县将退耕还林与发展八角相结合；忻城县将退耕还林和发展金银花生产相结合；象州县将退耕还林和发展茶叶种植相结合；在兴宾区的桥巩乡吉林村还

着力培育柑桔、李子等经济林产业，良塘乡的来国村着力培育龙眼、柿子等产业，在不影响生态效益发挥的情况下，获得了较高的经济效益，农民生活日趋向好发展。

（三）社会效益

来宾市退耕还林工程实施以来，获得了良好的社会效益。

1．提高了全社会的生态环境保护意识。退耕还林工程涉及面广、群众参与程度高，通过全面实施退耕还林，使全社会了解并参与生态环境建设。尤其是广大的农村居民，在享受优惠政策的同时，参与工程的建设和管理，履行自己的责任和义务，从传统的开荒种地转变为现在的退耕还林，对生态环境建设和保护的认识有了很大提高。

2．实施退耕还林后，腾出的劳动力可从事多种经营和副业生产，外出务工人数也大幅增加。2009年来宾市退耕还林农户人均外出务工收入630元，占纯收入的16.5%，广大农民群众在工程实施当中得到了实实在在的好处。

3．优化农村经济产业结构。退耕还林工程通过合理的林种、树种配置，促使农村经济产业结构进一步得到优化，种植农户从中获得了较高的经济收益，从而也促进了农村经济快速发展，在维护农村的社会稳定中发挥了重要作用。

三、政府退耕还林政策的执行情况

调查资料显示：2009年来宾市到位退耕还林补助资金5200.7万元，其中，原政策到期补助资金1650万元，完善退耕还林补助资金1493.2万元，巩固退耕还林成果专项资金1857.5万元，荒山造林补助资金200万元。为确保国家退耕还林资金真正用在退耕还林上，来宾市严格按照“严管林、慎用钱、质为先”的要求，做到了“专户存储、专款专用、单独核算”。财政、审计、监察部门还把退耕还林工程资金使用、管理作为年度审计任务来安排，有效地防治在工程资金使用上的挪用、串用等违纪违规行为发生，保证了工程建设资金的正常运行。同时，还向全社会公布了监督举报电话，自觉接受社会监督，并及时公示验收结果，财政部门根据林业部门提供的退耕农户名单进行审核。据调查，2009年还生态林未满8年（包括8年）的农户已在2010年春节前领到230元/亩的退耕还林补助资金。

四、退耕还林成果巩固情况

来宾市实施退耕还林工程以来，得到市委、市政府高度重视和相关部门的大力支持，共举办各类培训班200多期，培训人数1.26万人，为巩固退耕还林成果打下良好的基础。2009年建成的沼气池13331个，总容量102628立方米。据林业部门统计，2002—2006年度自治区下达来宾市退耕地还林计划任务是20.26万亩，2009年年底检查验收结果表明，退耕还林保存合格面积17.43万亩，占计划任务的86%。2009年全市种苗供应量250万株，累计补植退耕还林工程造林面积11550亩。

五、实施退耕还林工程中存在的问题

退耕还林是党中央、国务院提出的改善生态环境，实现可持续发展和增加农民收入的一个战略举措，它涉及方方面面的利益关系，是一项政策性、技术性很强的系统工程。来宾市退耕还林工程实施8年来，虽然取得了一定的成绩，但仍存在以下几个方面的问题：

（一）续补资金未落实

退耕还林工程第一期补助标准为230元/亩·年，第二期在经济林期满5年，生态林期满8年后原则上补助125元/亩·年（粮食补助105元/亩·年和生活补助

20元/亩·年）。但据林业部门反映，由于乡（镇）政府尚未与农户续签退耕还林合同，第二期续补资金目前还无法兑现。2008年大部分农户均反映物价过快上涨，从2002年一直沿用的230元/亩·年的补助过低，要求提高补助标准。而2009年第一期期满的农户，其125元/亩·年的补助都无法兑现，农户怨言颇多，造林育林的积极性很有可能因此下滑，甚至加剧复耕现象，阻碍了退耕还林工程的健康发展。

（二）复耕现象较突出

来宾市属亚热带季风气候，有着得天独厚的农业生产条件，盛产蔗糖、蚕丝、茶叶、大米、八角、金银花、水果等农产品。现一些农产品市场收购价格明显上涨，如甘蔗现亩产可达5～8吨，进厂价是350元/吨，纯收入最少也可达1500元/亩·年；种桑养蚕虽较为辛苦，但除去成本，纯收入也可达6000元/亩·年，经济效益非常可观。与种植树木相比，甘蔗种植、种桑养蚕经济收益来得更快、更明显，而现大部分经济林已过盛产期，收益不高，在经济利益驱动下，部分退耕还林地出现复耕现象。据统计，2008年来宾市退耕还林复耕累计面积4850亩，其中以经济林居多。

（三）农户管护不到位

由于部分农户造林资金投入不足，抚育追肥、管护工作不到位，加上自然灾害、人畜危害时有发生，导致部分生态林造林质量不理想，经济林没有达到预期收益效果。

（四）林权改革纠纷多

随着集体林权制度改革的整体推进，使一些沉寂多年的山林所有权纠纷和山林边界纠纷明显增多，由于退耕还林地涉及面广、时间跨度大，分山到户牵涉到多方农民群众利益，许多农民群众不愿意配合，工作难于开展，稍有处理不及时或处理不当都会引起群体性事件。

六、措施及建议

（一）公示验收结果，及时兑现补助资金

严格执行公示制度，做好林地检查验收工作，及时兑现政策补助资金是退耕还林工程“退得出、稳得住、不反弹、能致富”的基本保证。各级党委、政府和相关部门要按照退耕还林的工作要求，严格执行“退前公示，退后公示”的要求，对无异议的退耕还林农户及时兑现钱粮补助。

（二）加大宣传、执法力度，巩固退耕还林成果

建议有关部门加强退耕还林政策的宣传力度，加强对现有的退耕还林资源进行保护，加大退耕还林的执法力度，严厉打击乱砍滥伐林木行为，特别要注意防止退耕还林政策执行到期后农户复耕，加强引导农户提高补苗的积极性，有效杜绝和减少“退而不还，还而不退”的现象。

（三）加强苗木培育、调配和技术指导工作

一是加强种苗基地建设，鼓励农户就近繁育种苗，以便于苗木供应调度和节约购苗成本。二是加强退耕林地管护，要对退耕还林农户加强技术培训，必要时政府部门成立退耕还林技术服务组织，全程参与管护，提高造林质量，加强抵御自然灾害的能力。三是在不破坏林木及土壤的情况下，推广林下作物栽植，增加退耕林地产出。

（四）调解林权纠纷，推进林权改革工作

建议有关部门加强调解林权纠纷的培训，及时向上级党委、政府汇报纠纷情况。当出现纠纷状况，应及时到现场稳定好群众的情绪，并及时疏散群众，深入现场调查，收集好证据，找准解决纠纷的突破口，灵活调解纠纷，并要求双方及时签定调解书，通过座谈调解的方式，不断推进林权改革进度。

（五）加快发展后续产业，促进农民增收

退耕还林工程的持续和稳步推进，必须有强劲的后续产业支持，而来宾市退耕还林以生态林居多，后续产业配套措施跟不上，将直接制约着退耕还林工程的协调和可持续发展。建议要以生态优先、产业发展、农民致富为原则，以增加农民收入为核心，以科技创新和体制创新为动力，切实加快后续产业发展，有效巩固和扩大生态建设成果，促进区域经济的持续、快速、协调发展。

2009年贺州市退耕还林工程实施监测调查报告

陈 检

实施退耕还林工程，是党中央、国务院为加强生态环境建设作出的重大决策，是调整农业结构，增加农民收入的重要举措。实践证明，退耕还林（草）工程实施以来，加快了贺州市绿化进程，增加了林草植被，减少了水土流失和风沙危害程度，对改善贺州生态环境，改变不合理生产方式，加快贫困地区农民脱贫致富，优化农村产业结构，促进农村经济发展发挥了积极作用。

一、退耕还林工程基本情况

2009年贺州市（不含部分平桂管理区的乡镇，下同）退耕还林（草）共涉及39个乡镇，占全市乡镇数的78%。各县区退耕还林基本情况调查结果如表1所示：

表1：2009年贺州市基本情况表

基本情况	单位	合计	八步区	富川县	昭平县	钟山县
（一）乡（镇）个数	个	50	14	12	12	12
其中：退耕还林（草）乡镇个数	个	39	10	12	12	5
（二）村民委员会个数	个	587	185	137	152	113
其中：退耕还林（草）村民委员会个数	个	289	26	109	143	11
（三）年末总户数	户	485569	186427	82636	116344	100162
其中：退耕还林（草）总户数	户	19304	18	4925	12026	2335
（四）总人口	人	1822830	655540	321096	422320	423874
其中：退耕还林（草）总人口	人	95405	90	24625	60130	10560
（五）乡村从业人员数	人	870502	314419	155583	194500	206000
其中：农林牧渔业	人	591664	202206	108258	148100	133100
其中：外出务工	人	167106	109535	30191	17100	10280
（六）地区生产总值	万元	1868465	822661	264833	349315	431656
其中：第一产业增加值	万元	458932	173416	95160	97558	92798
其中：林业	万元	48272	19739	2270	18233	8030

自2002年开始实施退耕还林工程以来，至2009年止，贺州市退耕还林造林总任务合计为45.4万亩，其中2009年荒山造林2.8万亩，合格面积2.37万亩。具体调查结果如表2所示：

表2：贺州市退耕还林各年任务表

年　份	单位	各年合计	2002	2003	2004	2005	2006	2007	2008	2009
退耕造林	万亩	13.6	3	7.5	1	2.1				
荒山造林	万亩	31.8	2.5	7.5	7.5	4	3.5	3	1	2.8

二、退耕还林工程取得的成效

贺州市通过实施退耕还林工程，加快了农村产业结构调整步伐，推动了农业增效、农民增收目标的实现，取得了初步成效。

1．改善了生态环境。退耕还林工程不但能够保持水土，减少土壤侵蚀，还可以涵养水源、保护农田、固岸护路、减少雨季洪水、泥石流、滑坡的危害。2009年贺州市森林覆盖率达61.4%，比自治区平均森林覆盖率高出近7个百分点，万元生产总值能耗下降3%，二氧化硫排放量控制在3.98万吨以内，化学需氧量排放量控制在3.2万吨以内。目前一个森林资源结构日趋合理，功能逐步完善，生态、经济、社会效益兼顾的贺州森林生态网络体系正在逐步建立，退耕还林工程为贺州市打造“森林之城、田园都市”起到越来越重要的作用。

2．退耕农户收入增加。生态环境的改善，为地方经济的发展创造了条件，而退耕还林工程的实施，更为农村经济的发展和农民的增收开辟了美好前景。以八步区为例，农户退耕后虽然耕地面积减少，但通过发展畜牧业养植，农户由此走上了致富路，部分乡镇的退耕农户，仅畜牧业一项的收入就高达几万元，2009年八步区退耕农户的畜牧业收入占到家庭经营现金总收入中的比重达77.34%，同比增长了10.68%。退耕农户已深深体会到退耕还林（草）工程所带来的实惠。

3．促进了农村产业结构调整。通过实施退耕还林（草）工程，减少了粮食作物的播种面积，带动了林业经济和相关产业的发展，使大农业内部结构发生了新的变化。退耕还林项目实施后，种上经济林、速丰林的农户，仅用8年的时间就可获得较好的经济效益。速生丰产林第8年即可进行第一次采伐，每亩产木材约6～8立方米，木材价格按500元/立方米计算，每亩可获林业效益3000～4000元。同时，退耕还林造林全部为人工造林，营造人工林的同时，带动了一个很大的苗木市场、劳务市场及肥料市场、运输业及其他相关产业，也带来了可观的经济效益。另外，通过实施退耕还林工程，把农民从土地上解放了出来，摆脱了土地的束缚，促进了农村二、三产业的发展。

三、退耕还林成果巩固情况

1．林业生态建设带动了贺州旅游发展。贺州市把加强生态环境保护和建设作为实施林业生态建设的切入点，以构筑“两江”生态屏障，再造秀美山川为目标，实施退耕还林、生态公益林、珠防林、封山育林等工程建设，林业生态建设得到显著加强。2009年贺州市完成造林2.8万亩，进一步增加了林地面积。贺州市统筹规划，整合资源，林业生态建设显著加强，环境迅速改善。“森林之城、田园都市”带动了旅游业的发展。2009年全市接待游客总人数424.13万人次，同比增长14.4%；实现旅游总收入27.74亿元，同比增长25.36%。

2．退耕还林后续产业发展成效显著。为了确保退耕还林工程“稳得住，不反弹，能致富”，贺州市在退耕还林工程实施过程中，把生态建设与解决“三农”问题紧密结合起来，与市县乡财政增长农民增收紧密结合起来，引导农民大力开发优质水稻、蔬菜、马蹄、水果、烟叶、茶叶、奶水牛、淡水鱼等产业，建成了以优质无公害蔬菜、马蹄、茶叶、烟叶、红瓜子、青梅、三华李、沙田柚、脐橙、瘦肉型猪和优质肉牛为主的优势农产品商品基地。同时通过引导退耕农民改变传统生产习惯，走标准化生产、产业化经营的路子，形成了“生态品牌”、“特色品牌”、“原产地品牌”等独具贺州地方特色的规模化生产格局。芳林马蹄、贺州香芋、富川脐橙、昭平茶叶等名优产品驰名海内外，为贺州市的退耕还林后续产业发展注入了新的活力，公司+基地+农户等产业模式已初显成效，并向纵深发展。在盘活和巩固退耕还林成果的同时，也让退耕农民得到了实实在在的好处，他们的“钱袋”鼓了起来，实现了生态效益、经济效益、社会效益三赢。

四、退耕还林工程存在的问题

经过7年的实施，广大干部群众对实施退耕还林（草）工程的重要性认识有了不同程度的提高，工程建设初见成效。但在调查中，我们也发现退耕还林（草）工作还存在许多深层次问题，制约和阻碍着工程建设顺利进行。

1．林权证发放进展缓慢。林权证涉及到农民的切身利益，由于退耕还林地块面积小，零星分散，林权证发放工作开展相对困难，进度比较缓慢。

2．抚育和管理工作跟不上。由于退耕户对造后抚育管护意识较差，树种选择不当，致使部分乡镇的退耕地是年年补植年年死，或者成为小老头树，达不到预期效果。另外存在套种农作物现象。

3．一些政策有待进一步完善。国家为了鼓励农民积极投入退耕还林（草）工程，制定了一系列优惠政策，这些优惠政策的确具有很大的吸引力，对退耕还林起到了极大的推动作用。但有些也不尽合理。如长期政策不明确，到期后退耕地后续管理国家没有具体要求，桉树林地、果树经济林等如何改造没有相关政策，因而干部群众还存有较大疑虑。

4．工作人员力量不足，经费短缺。虽然市县两级都成立了退耕还林办公室，但是人员不足，许多人都是临时抽调过来的。除了林业技术力量不足外，从事基层林业技术推广的人员，知识老化、陈旧，素质偏低，难以给农民提供有效的技术指导，给退耕还林工作带来了一定的障碍。工作经费也比较困难，市一级的退耕还林工作经费市一级财政有一定的工作经费划拨，但县一级财政由于政府经费相对紧张，部分县（区、管理区）未能在实施退耕还林后每年安排退耕还林专项工作经费，在一定程度上影响了退耕还林的后续管理、检查验收等工作。

五、对退耕还林（草）工程发展的几点建议

1．继续加大宣传力度，加快退耕还林林权证发（换）证工作进度。按照个体承包的政策要求，依法办理退耕还林后的土地用途变动手续，及时发放林权证，明晰产权，解除后顾之忧。把退耕林权证发（换）证工作和林改结合起来，大力推进集体林权制度改革，完善退耕还林政策，进一步调动全社会参与林业建设的积极性。

2．切实抓好造林管护工作。“三分造，七分管”，要巩固退耕还林（草）成果，更艰巨的任务在于管护。实践证明，放松管护，年年造林不见林的局面还会再次出现。为此，应高度重视管护工作，按照“谁退耕、谁管护、谁受益”的要求，将政策补助与管护成效挂钩。同时，要适当提高荒山造林的管护费用，提取的管护费坚决不准挪作它用，要实实在在用在林木的管护上。

3．实行生态效益补偿机制。通过实行生态效益补偿机制，发放生态效益补偿费，解决群众对8年后经济效益的顾虑，避免套种甚至反弹，从而能够有效促进退耕还林顺利进行。实行生态效益补偿机制要有一整套完整的程序和严格的标准。退耕还林后，经检查验收，达到国家标准的，由政府予以确认发证。

4．切实加强组织领导。市县各级应坚持把退耕还林工程做为重点工作来抓，坚定不移贯彻各项政策，精心组织，加强领导，务求实效。建议明确退耕还林（草）

办公室的规格和编制，配齐人员，保证工作的连续性和完整性；加强林业技术队伍建设，鼓励大中专毕业的林业专业技术人员直接到林业技术单位工作，同时，也可以聘请一些高级专业技术人员以充实和壮大林业技术队伍，尽快适应林业现代化建设和退耕还林（草）工作需要；市县应把退耕还林（草）工程纳入财政预算，安排一定的经费，保证该项工程顺利开展。

生猪生产势头良好
存栏增长过快的问题应该重视

——2010年前三季度贺州市生猪养殖形势分析

廖　益

生猪生产在保障贺州市场供给、外调周边省份，促进地方肉禽加工业发展和农民增收上发挥着重要的作用。据国家统计局贺州调查队对369户规模户、19个生产经营单位、30个小区的3262户散户生猪监测调查的情况显示：2010年以来生猪生产势头良好，但存在上半年价格低迷，疫病较多，养殖户信心受挫问题；三季度猪肉价格反弹后存栏增长过快，对市场过度反应等问题，对今后的生猪产业发展和养殖户增收产生的影响不容忽视。

一、目前生猪生产情况

（一）生猪存、出栏出现增长，规模户和生产单位涨幅较大

2010年前三季，贺州市生猪存栏增速放缓，但增幅仍然较大。贺州市统计局数据显示：全市生猪存栏114.5万头，同比上升6.43%，其中能繁母猪14.22万头，同比上升7.4%；1—3季度生猪出栏112.52万头，同比上升5.39%。从主要畜禽监测调查结果来看，规模户和生产经营单位增长最快：三季度末，规模户和生产单位的调查户生猪存栏247664头，环比上升4.3%，同比上升58%；其中：待育肥猪存栏量159844，环比上升4.9%，同比上升66.3%；能繁母猪存栏量32653头，环比下降8.6%，同比上升46.6%；15公斤以下仔猪存栏量为54289头，环比上升13.6%，同比上升50.5%。1—3季度规模户和生产单位共出售肥猪头数247174头，同比上升43.1%。

三季度末存栏量升幅过快说明目前生猪养殖户特别是规模户对市场的反应过度，三季度市场猪肉价格带动的存栏量大幅度上升，极有可能出现明年二季度猪肉过量供应的问题，应引起重视。

（二）生猪养殖效益仍不乐观，养殖户积极性低落

从2010年2月份开始，贺州生猪价格快速下滑，至6月末滑至谷底，生猪价格至8月份才回稳。据所监测的规模养殖户和生产单位数据显示，二季度出售肥猪均价为8.8元/公斤，毛猪最低出售价格为7.2元/公斤，8月回升到11元/公斤左右，比4月份最低的9.5元/公斤上升15.8%。目前，出栏一头100公斤的瘦肉型肥猪盈利100元左右，扭转了上半年连续3个月大面积亏损的局面。但从1月至8月的平均价格水平测算，猪粮比价仅5.5：1，整体上仍然亏损。生猪养殖业正在面临行业寒冬，特别是小规模养殖户破产难以避免，退出养猪产业将成为趋势。在调查走访的20户规模户中，60%的养殖户对生猪养殖前景表示不乐观；30%的养殖户对养殖前景持一般态度，持观望态度继续养殖。生猪市场价格波动已成为制约生猪养殖的首要问题。

（三）生猪养殖模式新变化

以生猪调出大县八步区为例（八步区三季度生猪出栏38.96万头，占贺州市生猪存栏的34%），在国家政策扶持和市场价格上涨利润较高的共同作用下，带动了较多社会资本的投入，规模户在生猪生产中所占比重逐步上升。主要有四个方面：

1．散户养殖逐渐减少，规模户数量逐年递增。从八步区（不包括平桂管理区）21个抽样小区来看，2008年共有散户1653户，至2010年下降到1468户，减少185户。

规模养殖户由2008年的119户扩大到2010年的182户，增加63户。2009年以前，八步区生猪养殖主要集中在靠近市区的乡镇，如今已经发展到10个乡镇，拥有21个规模养殖村；特别是莲塘、贺街、桂岭3个乡镇发展迅猛，2008年这3个乡镇年末存栏300头以上的规模养殖户只有58户，2010年上升到92户，增加了34户，占2010年总规模养殖户182户的50%；规模养殖成为这3个乡镇农民增收的亮点，也成为了这3个乡镇的一个支柱产业。

2．传统养殖向标准科技型养殖转变。莲塘、贺街、里松等乡镇从今年开始计划投资1.1亿元，兴建四十万头瘦肉型猪标准化养殖示范基地。计划建核心种猪场2个，存栏种猪6000头，年产二元杂母猪5万头，商品肉猪90万头；骨干种猪场10个，存栏母猪1万头，年出栏肉猪18万头；发展规模养殖户300户，存栏母猪1万头，年出栏肉猪18万头。

3．由基地化向集约化方向发展，生态循环养殖出现端倪。集约化主要体现在两大项目：一是位于黄田镇新面村的合宝养殖场。该猪场规模实行标准化养殖，目前项目总投资为4000万元，占地300亩，存栏在10000头左右，其中能繁母猪1500头。是贺州市生猪养殖业的龙头企业；二是广东温氏在富川县新华和麦岭两地的种猪场今年已基本建设完毕，实行公司+基地+农户的产业化养殖模式项目。该项目总投资为2亿元，大约占地1300亩，建设有饲料厂、技术服务部、销售部和相应的办公、生活配套设施。目前，种猪场母猪在7000头左右；桂岭镇的东海生态立体养殖场，按照规模化、集约化发展原则，项目占地面积188亩，总投资750万元，实行“养猪—沼气—养鱼—种菜”生态循环养殖经营模式。

二、当前生猪生产存在的主要问题

1．规模化程度低，受市场波动影响养殖积极性低。由于养殖规模化程度不高，散养户、小型规模户受市场冲击较大，严重打击了养殖户的积极性。近期虽生猪价格总体呈现升势，但是养殖户对猪肉价格未来走势没有把握，补栏积极性不高，出现宰杀母猪的现象。

2．生猪养殖户抵御风险能力差，缺少资金的有力支持。生猪养殖业前期投入大，生产周期长、风险较大。价格波动时间短，落差大，使新跟进的众多养猪户猝不及防，损失较重。尽管国家出台了生猪最低收购价格，但仍不完善，仍难以稳定生猪养殖。许多养殖户自有资金仅能满足前期投入，缺少后续资金投入，持续生产能力差。调查中，缓解流动资金压力是养殖户的最大诉求。

3．防疫能力薄弱，政府免费疫苗供应品种较少。据了解，2010年上半年爆发的口蹄疫病和下半年的高热病是疫病的变种升级，病死现象严重。在被监测的19家生猪生产单位和369户规模养殖户中，只有不到10%聘用专职兽医从事防疫工作，而且流动性还很大。90%以上的养殖户都是由业主或饲养员搞防疫，缺少专业防疫知识。散养户面对突如其来的疫情根本束手无策；畜禽防疫部门免费供应疫苗品种较少，而要做到生猪全面防疫还需要自行购买很多疫苗，这就给疫病防治留下了隐患。同时了解到很多散户和规模户对畜禽防疫部门提供的免费疫苗不放心，而选择自行购买，造成了部分免费疫苗资源的浪费。

4．生猪销售渠道不畅、加工产业滞后。大部分养殖户都没有议价能力，生猪销售利润过多的集中在销售环节，没有利用好贺州生猪量大的优势，发展地方特色食品加工，附加值低。没有建立加工工业和生产者之间的联系，形成风险共担、利益均沾的合作关系。

5．小型生猪养殖环境污染严重。平桂区黄田镇几乎家家都养猪，但都是以家庭小规模养殖为主，位于城镇中心就有很多养猪厂，生态环境污染严重，达不到人畜饮用水的标准。对周边群众生活造成非常大的影响，居民对此表示无奈。

三、对发展生猪生产的几点建议

（一）优化畜禽产业发展结构，走循环发展道路

大力发展规模化和标准化养殖，扶持和壮大已有的规模养殖企业。继续扩大规模养殖企业厂房、更新设备、提高疫病防治能力等软硬件设施配备，使现有的规模养殖企业趋于标准化。着力扶持绿色循环养殖模式，因地制宜实施“畜—沼—植”生态工程技术、促进生猪生产走循环发展的路子。

（二）发展集体养殖模式，改善养殖小区环境

鼓励散户较多，有一定养殖规模的小区，在当地相关部门的指导帮助下成立相应的养殖集体，提高市场风险的抵抗能力。在有条件的情况下，应该把养殖场从生活区撤走，在相应的地方重新建立集体猪场，减少对环境污染。

（三）完善相关机制，解决融资难的问题成为养殖户的急盼

规模户建议，相关部门应出台政策通过银行等渠道解决养猪大户的流动资金问题。特别是在价格低谷时、对规模养殖户和生产单位，注入能够维持再生产所必须的流动资金，避免养猪大户在低谷时受资金困扰抛售，采取积极的保护措施，保证生猪生产的均衡发展。

（四）加强疫情防控

近两年来，每次疫情的发生对生猪养殖户都是一次严重的打击，加强生猪疾病防控显得尤为关键。畜牧兽医部门加强与养殖户的沟通，帮助养殖户恢复信心，消除部分养殖户对畜牧部门的不信任，积极提供对口咨询和信息服务，指导养猪场科学养殖、做好消毒和免疫基础性工作，增强抗风险能力。做好生猪常见病和多发病的防控，及时搞好疫病净化，在疫病爆发期割断传染源。

（五）做好生猪销售工作，提高生猪附加值

一是建立一个反映灵敏生猪生产及价格预警监测体系，定期发布生猪的供求总量和价格信息，并让所有的养殖户均能通过相关平台获得信息。二是发挥行业协会的作用，加强信息交流，提高养殖户议价能力和应对市场风险的能力，鼓励有条件的养殖户联合进入鲜销市场，参与到生猪销售环节，提高养殖收益。加强对外联系，通过招商引资等方式，吸引大型生猪加工企业来贺投资建厂，也可以鼓励集体经济建立小型食品加工厂，积极探索生猪食品加工的新路子。

回眸博白2009年生猪价格看2010年生猪生产走势

熊伟青

博白县是广西生猪调出大县，生猪存栏300头以上的规模养殖户占全自治区生猪规模养殖户的三分之一。据调查，2009年生猪年底存栏量258万头，其中能繁母猪35.4万头，年内出售肉猪178.4万头，出售肉猪重量19801.6万公斤，出售金额227412.9万元，分别比上年增7.53%，6.26%和减少18.99%；出售肉猪平均价格11.48元，比上年减3.58元，减幅达23.77%。出售中小猪减少648.6万头，生猪猪苗价格下半年止跌回升，期末价格呈平稳状态。

一、2009年生猪生产发展形势

（一）生猪生产由跌到升快速增长

博白县生猪养殖，2007年受疫情影响生产跌入低谷，广大养殖户受到严重的打击，多数养殖户产生亏损，据博白县畜牧部门统计全年生猪饲养量仅有373.52万头。2008年在国家促进生猪生产发展的政策扶持下，生猪生产得到了快速恢复和发展，全年饲养量达415.37万头，比2007年增长了11.2%，年末生猪存栏也比2007年增长了24.39%。2009年上半年由于受到H1N1流感的误导和国际金融风暴的影响，生猪出现外销受阻，猪肉消费需求量减少，肉猪价格下降，农户担心养殖受挫，一度出现饲养量下降的趋势；但进入下半年，随着H1N1流感影响减小，国际经济回暖，生猪外销增长，加上国家有效地进行猪肉储备，加大了对生猪生产规模户的扶持力度，同时县内加强对养殖户资金扶持和技术指导，生猪生产又得到了迅速发展，据统计2009年全年生猪饲养量达491.97万头，比上年增长18.44%，年末生猪存栏量增加到258万头，比2008年增长8.31%，生猪生产成为博白县农村经济发展举足轻重的主导产业。

（二）建立生猪生产规模发展模式和推广科学项目措施改善生猪养殖环境

1．建立生产基地和“公司+农户”的产业链发展形式。博白县在多年的养殖生产中，积极实施“短、平、快”养殖产业，实行公司带动农户，农户联营公司的“公司+农户”生产方式，建立了“年出栏瘦肉型猪155多万，杂交猪苗225多万头”的生产基地，有效改良了全县生猪品种，2009年年末能繁母猪存栏达35.4万头，为广大养殖户提供充裕的猪苗，有效地拉动了全县生猪生产的发展。据统计2009年全县年出栏20头肉猪或猪苗100头以上的养殖场26835个，其中生猪存栏300头以上的规模养殖户1437户，比上年新增规模养殖户347户，建成万头猪场21个，全年出售肉猪178.4万头，外销和提供中小猪苗648.6万头。

2．实施生猪良种猪精补贴项目，加快生猪良种养殖。2009年博白县实施生猪良种补贴项目，发放良种猪精36万份，配种母猪180051头次，受益农户158217户，配种受胎率90.20%，使每窝增加1.2头，提高了农民养猪的经济效益。

3．推广酵床（零排放）养殖综合技术。博白县为了改善生猪养殖环境，2009年加大资金投入，在全县中推广酵床（零排放）养殖技术。2009年落实196万元资金用于推广发酵床养猪，组织技术骨干对养殖户进行一对一的技术指导，举办发酵养殖技术培训班106人次，在20个乡镇建立示范点76个，实施发酵床养猪108家，促进发展生态养猪。

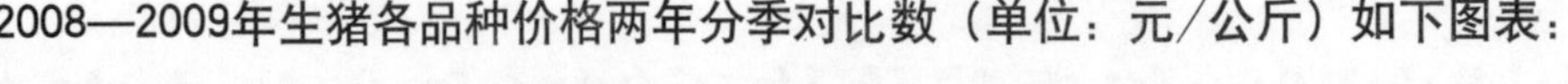
2008—2009年生猪各品种价格两年分季对比数（单位：元/公斤）如下图表：

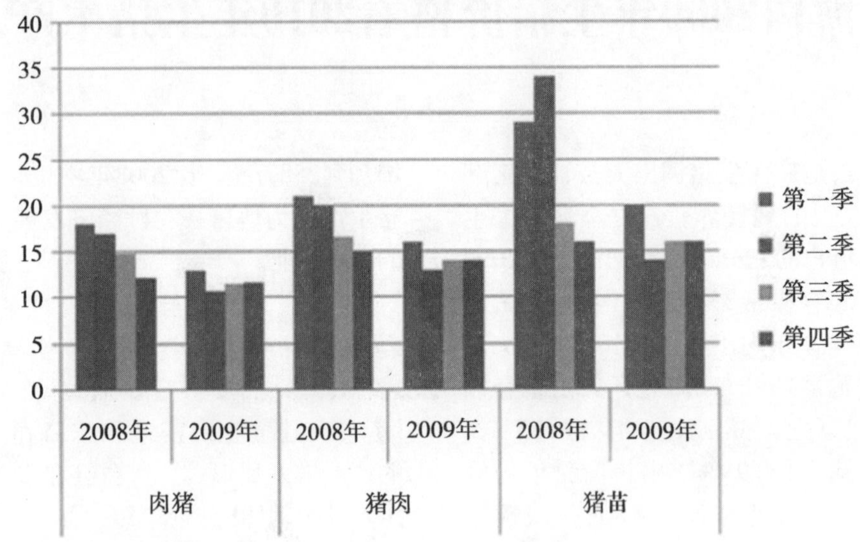

二、2009年生猪销售价格呈波浪式发展态势，销售价格下降

（一）出售肉猪价格2009年期内由降到升的态势，月份跌幅较大，整季对比较平稳

从2009年全年的走势来看，一季度农户出售肉猪价格平均每公斤售价13.00元，第二季开始下降为10.70元，其中5月至6月中旬下降至每公斤9～9.50元；第三季又上升为每公斤11.50元；第四季肉猪价格相对稳定，没有发生较大的波动，平均每公斤保持在11.60元，比2008年同期12.20元下跌0.6元。而2008年农户出售肉猪平均价格则一路下跌，由一季度的平均每公斤售价18.00元，到第二季度下降到17.00元，第三季度则下降到14.80元，第四季度继续下跌至12.20元。

（二）猪肉市场销售和农户出售均呈下降转升状态

2009年度猪肉市场销售价格同2008年相比呈降势状态，价格走势由下跌再到微升。2009年首季精瘦猪肉平均每公斤售价32元，一刀切每公斤24元，比2008年首季精瘦肉平均每公斤售价34元，一刀切每公斤26元下降2元，下降幅度为6.25%和7.69%；第二、三季下跌为精瘦肉平均每公斤售价20元，一刀切17元，与上年第二、三季精瘦肉平均每公斤售价31元，一刀切25元对比下跌了11元和8元，下降幅度较大为35.48%和32%；第四季度在全球经济形势回暖和国内企业生产逐步开工的拉动下，猪肉市场售价有所上升，精瘦肉平均每公斤售价回调到24元，一刀切17元，达不到上年同比价格，仍比上年平均每公斤精瘦肉售价26元，一刀切18元分别下降了2元和1元。

在农户中出售猪肉价格2009年第一季度平均每公斤为16.00元，与上年同比平均每公斤减少5元，减幅23.81%；第二季度平均售价13.00元，同比减少7元，减幅35.00%；第三、四季度农户出售猪肉价格在12～15元之间上下波动，平均为14.00元，同比减少1.5元，减幅9.68%。

（三）猪苗销售价格2009年走势与活猪和猪肉市场基本相同

第一季度养殖户中销售价格平均每公斤20.00元，与2008年第一季度平均每公斤29.00元对比减少9元，减31.03%；第二季度猪苗价格跌至每公斤14元，与上季对比减6元，减30%，但与上年同比每公斤减了20元，减幅达58.82%；第三季度市场有所好转，价格回升为每公斤16元，与上年价

格对比减2元减11.11%；第四季度猪苗售价与第三季度保持平稳态势，每公斤16元，并与上年价格持平。猪苗销售价格两年相比，价格明显呈下滑式状态，2009年总体价格比不上2008年，但2009年期内价格相对平稳。

（四）引起生猪价格波动的主要成因

受H1N1流感的影响，2009年4、5月份，全球盛行H1N1流感，人们对猪肉产生误解，消费量减少，引起肉猪销售困难，养殖户再次担心养猪亏损，减少养殖量，致使肉猪猪苗价格下降。第三季度起，H1N1流感的影响渐渐消除，肉猪销售量增大，价格得到上涨，生猪养殖迅速发展，带动猪苗价格上浮。

纵观2009年生猪价格波动呈现新的特征：价格波动周期短，涨跌上下幅不大，饲养户应对市场价格变动能力增强，生产恢复快，没有出现宰杀母猪现象。

三、2010年生猪生产发展和价格走势

（一）博白生猪规模养殖户发展势头迅猛，总量增长快

据2009年12月底主要畜禽监测的摸底调查年底存栏量达258万头，其中待育肥猪122万头，能繁母猪存栏35.4万头；生猪存栏300头以上的规模养殖户达1437户，其中新增规模养殖户347户。据年初存栏量和规模户的发展情况分析，2010年全年可为社会提供生猪总量约900万头，比上年增多近100万头。

1．肉猪。由于2007年以来年猪苗市场价格出现大起大落变化较大，滞销压栏现象较为频繁，而饲养肉猪风险性相对减少，利润增加，部分规模养殖场的新建和原有规模场的扩大，一部分养殖户转向增加饲养肉猪的数量。预计2010年全年可为社会提供肉猪数量230万头左右，比2009年增加约50多万头，增幅在25%～30%区间。

2．猪苗。预计猪苗市场2010年一季度供需比较平淡，主要是寒冷季节，母猪生产低潮期，又是正值春节期间散养户对猪苗的购买力减弱；而二、三季度是去年新增猪场母猪的预产时期，而且是母猪生产的高潮阶段，估计供应量较大；四季度供求又趋于平稳。因此预计全年增幅在10%左右。如在年内没有发生较大疫情和没有出现大量淘汰母猪的正常状态下，全年可提供猪苗交易量约700万头左右。

（二）预计2010年肉猪销售价格一季度回升速度快，二季度呈下降状态，三季度下降幅度稍大，四季度可回调到2009年一季度价位

从价格走势判断：2010年肉猪销售价格同2009年价格走势相似，由升到降然后保持平稳价格运行。第一季度价格首先提升，主要是在第一季度春节期间生猪销售价格会比平常提高30%左右；再有2009年12月至2010年1月北方地区受冰雪灾害的影响，南下肉类相对会减少，并且需要一定量的补充；还有随着国内企业用工增多，消费的需求量增大，因此，生猪销售价格在一季度会达到平均每公斤14元。第二季度随着需求量的稳定而缓慢下降。第三季度是生猪生产周期性发展旺季，估计跌至每公斤11元；第四季度末预计缓慢回升到上年一季度13元的价格。

（三）猪苗市场价格扑朔迷离

博白多数养殖户都是以出售猪苗为主的，而猪苗价格受外界因素影响较大，涨跌较快，波动幅度大，造成猪苗销售价格跌、涨的主要因素是受疫情的影响。从2008年和2009年猪苗销售价格的走势来看，2010年应是一个平稳年，由于2009年没有发生较大范围的疫情和其它灾害因素给本年带来影响，预计2010年猪苗销售价格能保持2009年平均每公斤18～20元左右。从季节性来看：第一季度是生猪养殖淡季，销售价格将在2009年年末平均每公斤16元的价格波动。第二季度由于天气转暖，母猪容易繁殖，大量猪苗上市，价格

下跌，养殖的前期成本减少，养殖户往往都是在这个季节大量购买猪苗养殖，也因需求量大，往往造成价格暴涨，因此第二季度猪苗价格波动性最大。第三季度价格会拉升至每公斤20元。第四季度将缓和下降到平均每公斤18元。

四、当前存在问题和建议

（一）创建肉类深加工生产企业，稳定销售价格，提升肉类产值

博白是一个生猪养殖大县，2009年全县规模养殖户发展达1437户，全年出栏活猪178.4万头，肉产量达19.8万吨。但全部出售都是活猪，存在着一定的市场风险，容易受到市场价格的影响，造成经济损失。建议政府从引导本县经济能人入手，在本县创建肉类加工企业，对肉产品进行冷冻和深加工，推出自己的品牌，能在市场价格下跌时规避风险，为加工业保持或提升肉类产值，从而确保牧业收入平稳增长，农民收入稳定提高，同时还可安置本地的失业人员，增加农民工就地从业机会。

（二）成立市场信息监测组织协会，及时为养殖户提供生猪市场价格和流通信息

养殖户一直以来都是各自经营为主，对整体养殖规模还不十分了解，只是按照自己的经济实力安排养殖数量，不注意市场流通形势，曾出现养殖过多过滥，造成价格下跌现象，养殖户经济受到重创。为此，建立市场信息监测组织协会，及时反馈生猪流通情况和价格行情信息，宏观调控养殖规模，有计划安排养殖生产数量，防止市场过于饱和，价格下跌。

（三）建立建全生猪疫情防控体系，防止生猪发生瘟疫病情，流通受阻，造成价格失调

2006和2007年生猪价格暴涨，是因为生猪发生猪蹄疫情和蓝耳病，大量生猪被清理宰杀，市场供应脱节，一方面致使价格直线上涨，另一方面养殖户损失严重。因此，要充分发挥县级和乡镇兽医畜牧站的功能，落实责任制，切实加强生猪防疫和疫情监控，防止生猪疫情发生，养殖户受到巨大损失。

创新模式推动现代农业发展

——博白县三滩镇农业发展状况调查

熊伟青　陈焕兴

三滩镇是博白县农业产业比较发达的乡镇之一，地势平坦，水资源丰富，十分适合农业产业化基地建设。目前已基本形成果蔗、法国豆、莲藕、淮山、优质水果、优质瓜菜、瘦肉型猪养殖、桂圆肉加工等颇具地方特色的八大生产基地。2009年创农业总产值43634万元，比上年同期增长10.07%，农民人均纯收入4169元，比上年同期增长9.31%，农业产业促进了地方经济的不断发展。

一、创立农业发展新模式，引领农业经济发展

三滩镇根据全镇10个村各自的区位优势和资源优势，先后在7个村形成了有一定特色的优势农业产业生产模式。

（一）连片规模开发，建立产业化生产基地

三滩镇面向市场需求选定发展品种，通过调整种养业产品结构，搞农业生产基地化建设。一是建立年产30万头的猪苗生产基地。2009年全镇外销猪苗35.20万头，存栏11.51万头，销售收入6500多万元，人均养猪收入1240元，成了三滩镇一大支柱产业。二是建立万亩果蔗生产基地。每年种植面积稳定在1万亩以上，2010年种植1.50万亩，预计总产量12万吨，总收入6400万元，人均1206元。三是建立1.30万亩龙眼生产基地。2010年种植龙眼面积达到1.30万亩。

该镇发展的经济作物种植，每一项目的面积都上规模上档次，其中最大规模为优质高产果蔗，种植面积达1000公顷；其次是龙眼种植，全镇种植面积868公顷，形成连片开发，规模经营，促进效益的提高。

（二）实施“一村一品、一户多业”的发展模式

全镇根据各村的农业特色，引导农民面向市场，搞“一村一品、一户多业”的特色农业经济。先后在学田村建立发展夏阳白、辣椒等高产优质蔬菜；白中村则种植莲藕、大蒜；大旺村搞猪苗养殖，建中村种植淮山，良茂、那秀两村种法国豆，三滩村种芦笋，充仓村种杨梅等。这样既成规模，又有特色，市场十分走俏。

（三）实行“间种、套种”立体种植模式

在农业种植特色的基础上，各村发展了各种立体种植模式，采用轮作、间套种、测土配方施肥技术等科学耕作方法，提高复种指数，提高农业种植结构层次，利用农作物生长的时间和空间差异，实现一田多种，一田多熟，一年多收的农业种植效果。在果蔗生长初期间种辣椒、法国豆、黄瓜等生长周期短、收获快的经济作物，使农业生产实现一年多熟，增强农作物复种指数，提高土地利用率，提升农业种植经济效益，加快农业增产、农民增收成效。2010年学田、良茂村果蔗套种春辣；那秀、三滩村果蔗套种法国豆；建中、大旺村的果蔗套种黄瓜；学田、建中、大旺村果蔗套种豆角，各具规模，形成特色。

（四）生产、加工一体化，提升农产品附加值

龙眼成熟期，全镇不但利用自己生产的龙眼加工桂圆肉，还调入外地优质龙眼回来进行加工桂圆肉。加工桂圆肉时三滩

镇采用自己独特的生晒方式，生晒桂圆肉既保持龙眼原有的香甜风味，还利于保存原有的清黄色色泽不会变黑，提升了龙眼的价值，又提升了品质，在市场上打出了声誉。

(五) 实现农业生态良性循环

通过推广实施“生态家园富民计划”，搞“养殖——沼气——种植”三位一体良性循环的立体生态农业，保持禽畜养殖规模不断扩大的同时，通过利用沼气池，对禽畜粪便进行科学综合治理，变废为宝，减少污染，实现农业生态良性循环。现阶段良茂村建了沼气池758座，大旺村建了130座，其他村、屯逐步推广使用。全镇目前共建设沼气池2500多座，总容积为100048立方米，通过建设沼气池并以沼气发酵为纽带的生态运行模式，全镇禽畜规模养殖基本上实现了粪便无害化处理，群众解决部分燃料，减少开支，达到了增收节支的目的。

二、产业化促进农业经济发展

三滩镇充分发挥区位优势和资源优势，发展特色优势农业产业生产模式，不仅促进了农业经济上新台阶，也带动了地方经济的发展，取得良好的效果。

2009年全镇农作物播种面积4880公顷，其中经济作物播种面积3500多公顷，占总播种面积的75%，农林渔业总产值4.36亿元，农民人均纯收入4169元，分别比去年同期增长10.07%和9.31%。

2009年全镇生猪出栏达25.23万头，存栏14万多头，其中瘦肉型猪母猪年出栏7.6万头，存量达4000头；家禽出栏10.3万羽，比上年同期增长22%。

2009年全镇农副产品优良品种种植面积由上年的340公顷，增加到1500公顷，其中改良果蔗1.13万亩，龙眼品种改良面积达140公顷。2009年全镇黑皮果蔗产量达11.30万吨，产值1.10亿元，共有6100多户农户加工桂圆肉650吨，新增产值3800多万元，加工桂圆肉农户占全镇总户数54%。

三、农业发展的成功经验和实效

(一) 以生产基地带动全镇发展

通过生产基地的发展方式，以点带面，首先规模生产推出特色农产品，引来客户满足客商的需求，再逐步推广提高，引导各村进行种养。按规模经营、连片开发的种植格局，推行“公司+农户”、“工厂（市场）+经纪人+农户”的经营方式，实现全镇农业经济发展。

(二) “间种、套种”让农民获得实惠

三滩镇的套种方式已达到90%，推广到一年四季，在果蔗地里套种蔬菜，春天就可以卖蔬菜，等到秋天又能卖果蔗，真正取得了双增收。在果蔗地里间种法国豆等经济作物，利用果蔗刚种下来未能爆生前的3个月时间，在蔗地陇里间种促生型作物，如法国豆，生长40天便可收获，收菜期一般30天左右，收完法国豆后，将法国豆苗埋入蔗根部，将法国豆的肥土培植到甘蔗里，充分利用肥力，减少种蔗成本，改变土壤结构。农民通过果蔗套种豆类等作物，每亩豆类可收入1500元至2500元，果蔗亩产量8吨，可收入4000元左右，仅套种豆类一项每亩收入可达6000元至6500元。种植经济作物与水稻比较，按亩产水稻2000斤计算，亩产值900元，水稻单产值仅占果蔗产值的15%，经济收益十分明显。

农民在果蔗地里间种套种辣椒或者法国豆，辣椒平均亩产2吨，单价3元/公斤，产值6000元，法国豆亩平均亩产2吨，单价4元/公斤，产值8000元。按照今年的价格，间接春种辣椒或法国豆这一项每亩农民便可收入6000～8000元左右。果蔗平均亩产10吨，单价0.8元/公斤，产值8000元，农民套种一亩收入高达14000～16000元，“间种、套种”能让农民获得更大的经济效益。

（三）“一村一品”经营促使全镇经济均衡发展

三滩镇农业推广发展面大，涉及到的村多，使到各村都有发展项目，全镇各村农业经济达到均衡发展。2010年全镇果蔗种植面积约15000亩，全部分片套种经济作物，主要有以学田、良茂村为主的果蔗套种春辣椒面积约5000亩，以那秀、三滩村为主的果蔗套种法国豆面积约3000亩，以建中、大旺村为主的果蔗套种黄瓜面积2500亩，以学田、建中、大旺村为主的果蔗套种豆角面积约2500亩，以建中、大旺村为主的黑皮冬瓜种植面积约2000亩。另外，在白中村形成超级稻高产示范面积100亩，形成了一村一品的种植格局，各村有自己的发展项目，有稳定的经济收益。

四、2010年的发展思路

（一）壮大基地，强化现代农业的辐射能力

在2009年发展基础上，加大力度发展以种养加工为主的经济结构的规模化、市场化、基地化。一是要种植业保持稳产增收。全镇耕地面积3.47万亩，其中水田面积2.58万亩，要通过间种、套种技术实现农作物播种面积6万亩，其中经济作物面积达4.7万亩，力争达到全镇播种面积80%；粮食作物播种面积保证在1.3万亩左右，保持占全镇播种面积20%。二是加大养殖业发展力度。在建中、大旺、学田村等优势行政村形成的年产20万头猪苗规模基地，在白中、亚桥、良茂、守育扶持形成家庭式瘦肉型猪场，全镇300头母猪规模猪场，30头母猪小猪场，10头以上母猪家庭猪场要分别比上一年度增长12%以上。三是传统农产品加工业发展保持旺盛势头。2010年全镇加工桂圆肉量争取超过800吨，创收超4500万元，加工桂圆肉农户要占到全镇总户数60%。

（二）加大农业基础投入，强化现代农业的可持续发展能力

1．抓好交通设施建设。充分利用学三公路辐射带动作用，大搞村屯道路建设，通过力争上级拨款、发动群众自筹等方式硬化学田、三滩、建中、良茂、那秀、大旺、白中、亚桥等村屯公路25.2公里，争取学田、良茂率先实现屯屯通硬化路的目标。更要把握玉铁高速、玉合铁路经过三滩，特别是把火车站设置在三滩镇白中村与博白镇大良村交界处的大好优势，把综合农贸市场列入发展规划。

2．加强水利设施建设。投入人力、物力和财力维修一批陂坝，重点做好守育六广肚水库和六司水库筑堤蓄水排灌工程，确保水利设施安全，确保人民群众的生活用水和农业用水。认真贯彻“城乡清洁工程”，大力搞好圩镇街道的清洁卫生和圩街的各项配套设施建设，全力推进城镇化建设，从而加快农业的发展。

（三）调优品种结构，强化现代农业的市场竞争力

通过全面实施“农业富镇”战略，坚持走“城郊型”农业发展道路，充分发挥三滩镇的资源优势和区位优势，发展特色农业，进一步调整农业产业结构，加快农业企业化建设步伐，确保农民增产增收。一是调整品种结构，增加适销对路、附加值高、名特优新产品的生产。在巩固原有果蔗、桂圆肉加工、水果、瓜菜、淮山和猪苗生产等的基础上，引导农民大力发展黑皮冬瓜，大力推广马铃薯种植，同时在良茂村建立无公害果蔗、蔬菜生态示范园。二是调整农业内部产业结构，发展畜牧水产业和林果业，努力提高畜牧水产业和林果业在农业中的比重。争取在良茂、建中一带大力发展莲藕种植的同时，引进易养易长的鱼苗，混合种养，提高经济效益。在三滩村、充仓村发展对土壤无损伤的速生丰产林3000亩。

（四）科技支撑，强化现代农业的技术含金量

继续引进和推广良种和先进耕作技术的工作力度，实行一田多种、一田多收、一年多熟，同时按“一村一品”、“几

村一品”、规模经营、连片开发的种植格局，推行“公司+农户”、“工厂（市场）+经纪人+农户”等经营方式，大力实施“万元田”建设。通过农技人员指导充分利用作物生长的时间差和空间差，发挥土地利用率，从中达到获得更佳经济效益。

五、存在问题和建议

1．打响果蔗品牌，稳定销售渠道。博白三滩黑皮果蔗以皮薄清甜出名，但一直以来都是由农户零散型销售，只有少数中介者组织外销，知名度范围不广，产销过程中容易受到天气和价格影响。希望能扩建大棚生产基地，打响自己的品牌，做大企业，组织多方面的销售渠道，保品质保产量快速促销。

2．完善本地猪苗和蔬菜批发市场。目前缺少自己的批发市场，猪苗批发市场过小，蔬菜一般在地头进行交易，没有形成产销一条龙服务，销售线路经常脱节，容易产生滞销。需要完善果蔬批发市场，组织民间经纪人北上调运，加强销售渠道。

3．建立规模桂圆肉加工企业。桂圆肉加工目前属零星分散型加工，没有形成集约经营。政府部门需要加强引导，牵头本地罐头厂，把零散的加工产品集中统筹，由单一化转向集约化经营，形成多样化的果脯加工基地，既缓解本地销售难的问题，又解决水果销售时间的局限性，提升产品的价值，增加农民的收入。

4．构建政府主导的信息服务平台。不管是蜚声区内外的三滩桂圆肉，还是皮薄清甜的果蔗，都是通过单一的农产品经纪人跑腿到外地拉客户来完成生产转到销售这一环节。三滩的桂圆肉和果蔗名声在外，有一定的口碑基础，政府通过整合资源把三滩的名特优产品通过信息平台第一时间向全国的客户反馈，有利于销售抢早，使农民能摆脱能产不能卖的困境，更有利于把整个三滩打造成现代农业强镇。

2009年扶绥县退耕还林实施情况调查报告

滕寿华

扶绥县退耕还林工程从2002年开始正式启动，重点对县内水土流失严重，土壤日趋沙化，地力衰竭的地区实施。项目规划实施单位为十一个乡镇。到2009年底，共完成退耕还林任务4.93万亩，其中退耕造林2.74万亩，宜林荒山荒地造林2.19万亩，惠及退耕农户1920户，退耕人口8382人，退耕还林工程项目总投资1112.15万元。通过8年时间的实施，退耕还林工程对该县经济社会发展产生了广泛而深远的影响。

一、退耕还林工程实施取得的效益

（一）退耕还林取得了显著的生态效益

通过实施退耕还林，扶绥县净增有林面积4.93万亩，森林覆盖率比2002年提高1.8个百分点，森林资源的整体质量和绿化水平有较大提高，并在减轻自然灾害，保障农业稳产高产及保护生物物种资源等方面起到了积极的推动作用。据有关资料表明：通过造林，1亩森林每年可增加蓄水25立方米，保土4吨，按扶绥县目前完成退耕还林4.93万亩计算，每年可涵养水源123.25万立方米，减少泥土流失19.72万吨；退耕还林前干旱出现频率为61.3%～62.9%，退耕还林后旱涝灾害频率降到46.5～48.1%。由此可见，退耕还林工程在水土保持、防治风沙、抑制旱涝灾害等方面取得了明显的生态效益。

（二）退耕还林产生了一定经济效益

在实施退耕还林工程的过程中，坚持生态优先，因地制宜发展了一批经济林，并采取多种种植模式和经营模式，已产生一定的经济效益。通过采取加大造林密度，改变造林方式等办法，加大了柑桔、板栗等生态经济林的造林比例。扶绥县农户2.74万亩退耕还林面积中经济林面积就占了0.42万亩。据对65户退耕农户进行抽样调查，2007年农民人均从退耕地出售林产品（包括干果、鲜果）中得到现金收入379.7元，占年内现金总收入的8.9%。2009年农民户均从退耕地出售林产品（包括干果、鲜果）中得到现金收入为46元。

（三）退耕还林带来了广阔的社会效益

国家对退耕还林工程的投入，不仅带动了林木种苗产业的发展，还带动了林果业、林产品加工业、畜牧业等相关产业的发展，而且促进了农村产业结构的调整，开辟了新的生产门路，拓展了新的创收渠道，促进了农村经济社会的稳定和可持续发展。

二、退耕还林工作存在的问题

（一）发展退耕还林树种单一，林树树种缺乏多样化

目前，退耕还林树种的主要品种大多为速丰桉，有关林业专家和学者对此存在意见分歧，有的专家和学者认为速丰桉原产澳大利亚，属于外来树种，适合沿海雨量充沛的地区发展，如海南、广东等地，但是并不适合内陆干旱的山地发展，如云南、贵州和广西，普遍都认为速丰桉是“抽水机”和“抽肥机”；持相反观点的专家则认为，种植速丰桉造成干旱和生态恶化，是经营者管理不善造成的，特别是经营者采取少施肥或不施肥等进行掠夺性生产造成。有关专家指出，每合成1千克

生物量（干重），松树要消耗1000升水，相思、黄檀、香蕉、咖啡需要800升水以上，而桉树只需要510升水，可见桉树的水分利用率高，桉树生长快。尽管有关专家和学者所持观点分歧大，但从退耕还林户种植了6～7年的速丰桉树林来看，在速丰桉树林周围，寸草不生，土地肥力严重下降，种在耕作区域内速丰桉树周围的农作物受到严重影响却是不争的事实。由于种植速丰桉效益好，有的农民将低产的甘蔗地改种速丰桉，发展种植速丰桉较早的村屯，满山遍野都是郁郁葱葱的速丰桉。从生态学的角度来讲，某一地区或局部地区都是单一的速丰桉树是不符合改善环境、发展生物多样化的目的。

（二）职能部门监督缺位，退耕还林政策落实不到位

退耕还林的最终目的是防沙固土、提高植被、增加土壤的水分含量，从而达到调节生态，改善生态环境的目的。按照国家退耕还林政策的规定：对达到国家验收标准的退耕还林地实行一次性补贴种苗50元，生态林连续前8年每亩补贴现金210元，20元生活补助费，后8年（后续补助）每年补助125元/亩；经济林连续5年每亩补贴现金210元，20元生活补助费，后5年（后续补助）每年补助125元/亩。扶绥县退耕还林工程从2002年开始启动，至2008后或2009年已经有6～8年的时间，所种的速丰桉已经长大成材，很多农户不遵守退耕还林的有关政策，在未经林业等部门办理砍伐手续的情况下，从2008年到今陆续整片出售退耕还林木材，而林业部门却无法监控这种乱砍滥伐的现象，这在一定程度上纵容了退耕还林户乱砍滥伐现象的发生。据该县中东镇淋和村黄支书反映：仅该村的退耕还林户就有80%的农户整片出售退耕还林木材。在该县类似现象在其它村屯都有不同程度的发生。

（三）农户对退耕还林政策产生抵触情绪，使政策难以落到实处

在刚开始实施国家退耕还林政策的时候，由于职能部门对退耕还林的政策理解不透，定位不准，只是简单地为了完成上级下达的退耕还林的指标，从而批准一些不符合规定的耕地进行了退耕还林，并与农户签订林权合同，发放补贴款。2006年该县检察院根据国家退耕还林政策的规定，对违规发放补贴款的相关涉案公职人员进行了立案起诉，并追究了责任。为此，该县的退耕还林补贴从2006年至2008年被停发，2008年再重新验收，到2009年6月才补发2006年至2008年（共三年）退耕还林补贴款，由于国家的补助政策不及时落实到位，给退耕户的生产生活带来了很大的影响，退耕户对有关职能部门落实退耕还林的补贴政策发生了动摇，质疑政府的公信力。该县退耕还林户自2002年种植速丰桉至今，所种植的速丰桉树已长大成材。目前，市场收购木材价格550～650元/m^3，薪木250～280元/吨，每亩产值高达4000～5000元。由于砍伐林木利益巨大，一些退耕还林户（特别是困难户）便开始出售退耕还林木材，木材贩运商承诺：只要你愿意出售木材，其它办证、运输等环节他们全部搞定。由于多方面的原因致使退耕还林户在2008年和2009年私自出售木材达到高峰期。

（四）退耕还林地与农作物耕地发生争肥、争水的矛盾和退耕还林户与农户之间的矛盾日益突出

扶绥县的退耕还林种植树都是速丰桉树，随着速丰桉越长越大，对土地的肥、水等营养物质的摄入量越来越大，速丰桉旁边约10米以内的农作物长势很差，出现了歉收或失收的现象，农户对此意见很大。受深害的农户要求村委会出面协调解决问题，如中东镇淋和村村民黄子参一家4人，劳动力4人，由于妻子婚前属于外村人，他们结婚生小孩后，村里一直没有重新分配耕地，她和儿女三人至今仍无耕地可耕，全家仅靠老黄一人分得的耕地（面积为8亩左右（含父母送给的）来维持生计，由于目前其耕种区旁边的其他农户种

植上速丰桉，导致其家农作物连年歉收，生活陷入极端困难，为此他强烈要求村委给予解决此问题。村委会先后召开了两次村民代表会议，主要的议题是村民以后不能在农作物耕作区域内种植速丰桉，但每次会议都没有形成一致的意见，导致问题至今没有得到有效解决。由于种植速丰桉利润高，有的村民全家外出打工，全部在耕作区域内种植速丰桉，目前，退耕还林农户与农作物户的矛盾日益突出，引发的农村新问题亟需关注。

（五）木材收购企业收购木材原料不规范，有关职能部门监管缺位

扶绥县砍伐的木材主要销往南宁等地，木材贩运商在办理木材准砍证时采用少报多砍的方法，或不办证等方法，大部分退耕还林木材砍伐后被运往南宁等地，可在途中又没有受到职能部门的执法检查，一路畅通无阻，加上木材加工企业受利益的驱使，在收购木材时，只是简单的查阅准砍证，或不看就直接违规收购。以上二大因素导致该县退耕还林木材被无序砍伐的主要成因。

三、对策与建议

（一）职能部门要认真履行职责，切实做好退耕还林政策的落实

退耕还林是我国为了防止土壤沙化，防止水土流失，改善生态环境，是一项功在当代，利在千秋的基本国策，为此有关职能部门应履行职责做好以下工作：一是加强退耕还林法律法规的宣传，全面了解、掌握扶绥县无证砍伐退耕还林的面积，采取措施严禁农户无证砍伐林木行为；二是严厉打击木材贩运商私自收购退耕还林木材的违法行为；三是应加强木材加工企业的管理，严禁收购无证砍伐的木材，从源头上杜绝退耕还林乱砍滥伐现象的发生。

（二）林业职能部门和财政部门应该做好退耕还林补贴款的管理工作，防止退耕还林补贴款被贪污、挪用等职务犯罪的发生

据调查了解：扶绥县林业部门对退耕还林户违规出售木材后，没有下发对农户的相关处罚文书，只是停发该户的退耕还林（2006年—2008年）补贴款。而国家已经下拨退耕还林补贴资金，地方有关部门没有发放给退耕农户，为了防止国家退耕还林补贴款被贪污、挪用等职务犯罪的发生，为此建议应成立退耕还林工作小组，认真核查退耕还林补贴资金，实行规范管理。

（三）制定相关措施，化解退耕还林农户与农作物耕作户之间的矛盾

速丰桉种在农作物附近争肥、争水、争阳光已是不争的事实，如果在农作物耕作区内种植速丰桉，速丰桉长高长大后，会导致附近的农作物歉收或失收，造成农户之间的纷争，为此建议乡政府和村委会成立退耕还林工作小组，做好以下工作：一是制定相关政策和条例，禁止在农作物耕作区域内种植速丰桉，从而化解群众矛盾；二是对退耕还林农户在耕作区域内已经种植速丰桉的，通过请示等方法，解除退耕还林合同，并动员农户进行复耕；三是对在耕作区域内种植速丰桉主动复耕的农户，造成的经济损失，由县财政给予一定的资金补贴。

（四）林业职能部门加强检查力度，防止木材贩运商以少报多，或乱砍盗伐的发生

林业部门应加大执法力度，上路稽查，规范木材收购商的行为，防止木材贩运商采取以少报多，或者申请砍伐非退耕还林木材，却偷砍伐退耕还林木材等现象的发生。

南宁市邕宁区退耕还林工程监测调查报告

韦作添

退耕还林是一项既环保又利民的民心工程，它有利于加强地方的生态环境保护，维护生态安全；也有利于改善农村生产生活条件，对推进社会主义新农村建设等具有重要意义。

一、退耕还林工程实施现状

南宁市邕宁区党委、政府对退耕还林工程高度重视，始终把退耕还林工作放在重要的位置，精心组织，狠抓落实，扎实稳妥地推进退耕还林工作。截至2009年底，南宁市邕宁区累计共实施退耕还林工程造林30581.75亩，占计划任务100%，其中：退耕地造林9640.8亩，配套荒山造林20940.95亩。2009年全年共完成造林任务9000亩，无退耕地还林造林任务。

1. 退耕还林以种植速丰林为主。南宁市邕宁区2002年开始实施退耕还林工程，2002—2009年上级下达给邕宁区退耕还林工程任务30581.75亩，其中：退耕地造林9640.8亩（有100亩在江南区实施），配套荒山造林20940.95亩，至2009年底，落实完成计划100%。造林工程中南宁市邕宁区认真编写工程实施方案，按要求进行检查验收，合格面积100%，基本上以种植速丰林为主。

2. 退耕还林大户是退耕还林工程的主力。至2009年底，南宁市邕宁区共有退耕还林大户20户，占退耕还林总户数的10.99%，完成退耕地造林7549.60亩，占总退耕还林面积的79.13%。

3. 退耕还林补助兑现工作相对滞后。根据《退耕还林条例》及相关政策规定，2002—2009年南宁市邕宁区应兑现退耕还林补助（粮食补助和现金补助）为1443.2万元，只兑现了83.63%。主要是由于邕宁县撤县设区后，农业、林业、水利等单位的撤并致使退耕还林工作部门人手不足、以及职责模糊等原因，到2009年底仍有粮食补助和现金补助236.2万元未能按时补助到位。

二、退耕还林工程的主要成效

南宁市邕宁区退耕还林工程的实施，既增加了农民收入，提高了生活水平，同时也改善了生态环境、调动了社会各界造林的积极性，取得了明显的综合效益。

1. 退耕还林工程符合当地环保要求、利于改善生态环境。南宁市邕宁区造林地基本上是丘陵、低山地，均沿着等高线进行带状整地、抚育，充分考虑到环保要求，避免水土流失，有利于耕地改良，促进了生态环境的改善。

2. 充分调动社会各界造林积极性，群众的环保意识有所提高。南宁市邕宁区政府通过印发资料、举办培训班、派出工作组、悬挂宣传标语、树立固定宣传牌等多种形式进行宣传，大力宣传植树造林的重要性和必要性，充分调动社会各界参与造林的积极性，同时也提高了广大群众的环保意识，使社会各界积极参与植树造林。

3. 鼓励大户相对集中连片造林，提高造林成效。南宁市邕宁区通过宣传发动，吸引了不少造林大户到城区投资造林，造林大户有资金、有技术，不仅确保了造林资金的投入，提高了造林科技含量，而且加快了造林进度，提高了造林成效，同时也雇佣当地群众造林与管护等工作，为当地群众提供获取劳务收入的机会。

4．通过退耕还林工程项目建设，既迅速提高了城区的森林覆盖率，也取得了良好的生态效益和经济效益。（1）保持土壤价值：按每年固土替代价值7.3元/亩计，30581.75亩有林地每年保持土壤价值为22.18万元；（2）保育土壤肥力价值：按每年保肥替代价值29.1元/亩计，30581.75万亩有林地每年保肥价值为80万元；（3）净化空气效益：按每年净化空气替代价值57元/亩计，30581.75亩有林地每年净化空气效益价值为174.1万元；（4）固氮制氧效益：按每年固氮制氧效益替代价值32元/亩计，30581.75亩有林地每年固氮制氧效益价值为97.6万元。项目建成后，30581.75亩有林地每年产生生态效益的替代价值为382.5万元。

5．退耕还林农户收入增加，工资性收入（含外出务工收入）占纯收入的比重提高明显。据对南宁市邕宁区65户退耕还林农户的监测调查，2009年退耕还林农户人均纯收入达5116.11元，比上年增长13.57%，其中：工资性收入人均1772.59元，占人均纯收入的比重为34.65%，比非退耕还林农户高出19.1个百分点。工资性收入占比的大幅提高主要得益于：一是林业生产周期慢长，且期间不需投入太多的人力物力进行养护，退耕户造林完成后，剩余劳动力可以选择外出务工或者从事其它非农工作；二是邕宁区的退耕还林工程大部分是由大户承包，退耕农户除了收取承包地租金外，还可以受雇于承包大户从事造林及养护工作，获得劳务收入。因此，退耕户的工资性收入增长较快，占纯收入的比重呈逐年提高的趋势。

6．退耕还林农户的生活水平进一步提高。监测调查结果显示，2009年底退耕农户人均住房面积达26.67平方米，每百户拥有的电视机、电冰箱、电脑、移动电话和摩托车分别为104.61台、41.53台、3.08台、212.31部和55.38辆，生活水平显著提高。

三、退耕还林工程存在的问题

1．造林质量和投资环境有待加强。由于部分造林户不掌握速丰林生产技术，在观念上存在“重造轻管”思想，片面认为林业同农业生产相比，省工、省力，一旦造林，就等于有了收益，就可以放任不管，只等收获，忽视幼林抚育管理工作，缺少必要的资金和人力投入，苗木长势不好，造林成效不显著。同时南宁市邕宁区山地开发多年，连片宜林荒山荒地逐年减少，零散的林地达不到规模经营，较大的造林企业和公司不愿对零散的林地投资，缺少必要的资金和人力投入，造林前景不容乐观。

2．农产品价格上涨对退耕还林造成了一定影响。由于近几年来，旱坡地一年能收获的农作物如甘蔗、木瓜、木薯等因产品价格上涨因素，收益逐年提高，相应农民种植的积极性有所提高，而林木成长周期较慢，加上造林技术培训和指导工作不到位，使得部分造林地造林质量不高，造林比较效益低，退耕户造林积极性下降，对退耕还林工程有负面影响。

3．受利益驱动影响，部分林地经营权纠纷依然存在，造林地落实难度大。由于南宁市邕宁区集体林区存在林地分户经营的现实，各林地经营者对出租林地造林意见不一，致使成片林地因少数农户不同意而不能统一发包，给成片开发造林带来较大难度。加上在经济利益的驱动下，林地权属纠纷问题日益凸显，给造林地的落实带来较大难度。

4．退耕还林管理工作不到位。一是城区退耕办承担了非常繁重的任务，在日常工作中，既要负责全城区退耕还林工程的作业设计、技术指导、统计监测，又要对各乡镇退耕还林实施情况进行逐村、逐坡、分户检查验收，还要做好病虫害防治监测工作。在人力、经费有限的的情况下，难以对营造林质量进行有效监控。二是作为基层林业管理第一线的乡镇林业站的工作经费由乡镇财政负担，在乡镇财政普遍吃紧的情况下，仅有的工作经费只能保证林业站工作人员的工资，森林管护、防火、监测工作难以开展，设备无法购置，导致部分应由乡镇林业站担负的职责难以落实。

5．采伐问题。南宁市邕宁区2002—2009年退耕还林几乎是营造速生桉，而速生桉5年左右将进入经济采伐期，部分业主已口头向退耕办提出采伐，如果同意采伐退耕林地，则与政策相抵，若不同意采伐，则影响业主收入。

四、对退耕还林工作的几点建议

1．采取多种形式，加强对造林户的种植技术指导，提高造林者的整体素质。加强实施造林目标管理责任制，实施造林项目所在地的地方党政领导要负总责，相关技术部门（如林业部门）加强对造林户进行技术培训、现场技术指导和监督，要求造林户做好管护工作，确保造林施工按作业设计要求进行，保证造林质量，巩固退耕还林成果。

2．深入继续开展解放思想工作，提高农民参与造林积极性。深入基层做好发展速丰林的有关宣传工作，使农民认识到造林能确保当地水土流失，利于耕地改良，使农作物生产环境得到改善，农业生产效益显而易见，充分调动农民参与造林积极性。

3．加大落实造林地力度。建议政府引导对存在有林地分户经营的地区，鼓励当地经济能人或有能力的农民集中承包经营，并规范流转制度，对土地年租金进行有效监控，严防产生损害双方利益的现象，确保造林工作不断发展。

4．政府坚持以经济效益为原则，落实农户的权利，在5年左右应给农户有砍伐权，使农户减少经济损失而获得最大的经济效益。

统筹城乡发展促进农村固定资产投资快速增长

——2010年上半年象州县农村固定资产投资分析

张爱芬

2010年以来，象州县委、县政府认真贯彻落实中央“一号文件”精神，加大统筹城乡发展的力度，以城乡风貌改造为突破口，加大对农村基础设施的投入，以“保粮食、稳桑蚕、扩甘蔗”为主线，促进农民增产、增收，上半年实现农民人均现金收入20.09%的速度增长。农村基础设施建设稳步推进，村容村貌有了新的变化，农民生活得到进一步改善，农村固定资产投资继续保持快速增长的好势头。据抽样调查资料显示：象州县2010年上半年农户固定资产投资完成额为461.62万元，同比增加130.61万元，增长39.46%。

一、农户固定资产投资的主要特征

1. 以住宅投资为主，占96%的比重。随着农民生活水平的提高，农户把改善居住环境条件作为首选目标。2010年上半年，农户住宅投资为445.60万元，同比增加133.40万元，增长43%，占全部投资完成额的96.53%；施工住宅面积为9885平方米，同比增加3197平方米，增长47.8%。

2. 整个农户固定资产投资增长大，而生产性投资却大幅度下降。由于住宅投资是农户投资的主体，占用了大量的资金，因此农户用于生产性的投资资金严重不足，造成生产性投资规模下降。2010年上半年，在住户调查中，用于农、林、牧、渔业等一、二产业的生产性资金投资为18万元，同比减少14万元，下降43%。

3. 农户自筹资金仍占投资来源的主导地位，但所占比重在不断下降。从资金来源看：2010年上半年，农户自筹资金为270万元，占投资的比重为58.5%，投资比重比上年的69.8%下降了11.3个百分点，投资比重下降说明了农民的投资观念正在改变，更多地由个人资金投资转到借助外来资金扩大投资规模上来。

二、农村固定资产投资增长的主要因素

1. 农民现金收入持续增长，给农村固定资产投资的增长奠定了基础。从2005年以来象州县农民收入水平在持续稳定的提高，农民手上有了资金，首选的消费项目就是住房建设，而且在住房建设过程中，不但讲究户型结构合理，同时也注重房屋的建设质量。2010年上半年，该县农民人均现金收入为3081元，同比增加515元，增长20.09%。收入的持续快速增长为农村建房投资增长奠定了基础。

2. 新农村建设和城乡风貌改造拉动投资增长。2010年以来，象州县把新农村建设和城乡风貌改造融入到统筹城乡发展的大局中来，做到科学定位、统筹发展。2010年上半年，县级财政共拨出155万元专项资金用于新农村建设和城乡风貌改造，通过对部分新农村试点示范村的建设，来带动象州县新农村建设，从而推动农户固定资产投资增长。

3. 各项支农惠农政策的推动，缓解了农民在资金投入上的不足。从2006年以来国家不仅对粮农实行种粮补贴，而且对购买农机、农资、汽车、家电等商品也给予了一定的补贴，促进了农户加大对住房和农田水利基础设施等方面的投入。2010年上半年，县财政共发放农业机械购置补

贴、种粮农资综合补贴、良种补贴等支农惠农补贴3850万元，减轻了农民对农业的投入以及对农机具等设备的投资支出，一定程度上也直接拉动生产设备工器具的购置。

4．农村社会保障功能的不断加强和完善，减轻了农民的部分后顾之忧。过去农民有钱不敢花，要留钱防病、防老，现在农村社会保障功能正在进一步地加强和完善，种田有补贴，看病有医保，小孩读书免费，老人养老有保险，后顾之忧在逐步解除，农民的消费观念随之发生重大改变，由存钱转变为投资，到注重提高生活质量，改善生产、生活条件。

5．金融部门扩大信贷规模，大力支持新农村建设。农村经济的发展离不开金融部门的支持，2010年该县金融部门不断创新体制、机制和完善各项服务功能，农村信贷规模不断扩大。据统计，截止2010年5月末，各项贷款17.41亿元，比年初增加2.57亿元，增长17.32%；其中农户贷款户3.23万户，贷款金额6.05亿元，贷款户数和贷款金额同比分别增长24.7%和29.8%。信贷规模的扩大为农户固定资产投资的增长起到重要的推动作用。

三、农户固定资产投资存在的主要问题

1．投资结构不合理，住宅投资比例过高，生产性投资长期不足。农户固定资产投资中，大部分是住宅投资，占96%的投资比重，而用于一、二、三产业方面的生产性资金的投资比重偏低，仅占4%的投资比重。投资结构的不合理性会造成两大矛盾，一方面会造成投资浪费，另一方面又会造成投资不足。表现在农户新建的房屋面积越来越大，但使用的效率并不高，往往是三、四口之家新建房屋两层有的甚至三层，使用面积达200平方米以上，占用大量的资金，造成投入资金的浪费。因此出现：2010年上半年，农户固定资产投资大幅度增长，增幅达43%，而恰恰相反生产性固定资产投资却出现大幅度下降，下降幅度达41%。很明显农户将资金绝大部分投入到住房建设上，一定程度上影响了农村社会经济的全面可持续协调发展。

2．农户融资困难，投资资金来源渠道单一。从目前的情况来看，农户投资的主要来源是依靠自身的积累，但农民的积累却十分有限，远远满足不了投资强劲增长的需求。近年来，尽管金融部门加大了信贷投放的力度，但由于目前农村体制因素的制约，农村以户为主的经营体制，抵御市场风险的能力低，收入不稳定，同时对农户投资的项目贷款存在抵押担保难、监管难和债权维护难等问题，与金融机构防范风险的要求差距甚远，虽然涉农的金融机构也作出了许多努力，通过发展农村小额信贷来发放贷款，但是真正能贷到款的农户还是少数。2010年1—5月获得贷款的农户数只有3.23万户，占全县农户的40.8%；贷款金额6.05亿元，占全部贷款余额的34.7%。农户融资困难，投资资金来源渠道单一已成为制约农户固定资产投资增长的一大因素。

3．农村房屋建设缺乏科学的规划管理，无统一规划建设的问题仍十分突出。《城乡规划法》明确规定：城乡规划包括城镇体系规划、城市规划、镇规划、乡规划和村庄规划。村庄规划作为城乡规划的组成部分，理应得到重视和加强，但由于种种原因农村无统一规划建设的问题仍十分突出。一是总体规划滞后。目前村庄规划缺乏，农村房屋建设相当大一部分没有经过统一规划，房屋选址基本上由农户自己说了算；二是有规划难落实。有的虽然有初步规划，但难以落实，因为土地使用权掌握在个人的手里，加上受到封建思想的影响，建筑房屋讲究“风水”，村级组织难以调济控制和按规划实施；三是违规建房行为屡禁不止。由于缺乏科学的规划管理，农村违规建房的现象时常发生，

农户想建就建想搭就搭，从而引发宅基地纠纷时有发生，给农村社会的稳定带来隐患。

四、对农户固定资产投资的建议

1. 稳定甘蔗和蚕茧两大支柱，发展特色产业，促进农民收入快速增长。抓住甘蔗和蚕茧价格上涨的有利时机，加大投入，加强管理，提高产量。象州县土地肥沃，农业基础设施配套，发展特色农业具有得天独厚的条件，因此政府应在政策上加大对特色农业产业发展扶持的力度，促进农民增收，从而更有利于农户固定资产投资的增长。

2. 加强政策引导，促进合理投资。仅仅依靠农户自身、政府和金融部门的资金来投资还是不够的，政府还应出台政策和激励机制，鼓励社会资本、民间资本参与农村基础设施建设，提高他们投资农村基础设施的积极性、主动性和效益性。着力抓好农村发展环境的建设，加大在现代农业中的投入，不断提高农村和农业的发展潜力。

3. 拓宽融资渠道，解除资金“瓶颈”。目前大部分农户的房屋只有土地使用证而没有房产证，同时土地的性质大都是“集体”，不能申请抵押贷款。因此，各金融部门要及时制定和完善适应农户投资特点的信贷政策，切实解决农村经济发展中的资金“瓶颈”问题。

4. 加强农村的规划建设和管理，使农村建设上规模、上水平。政府要拿抓城市规划建设力度一样来抓好农村的规划制定和管理，在科学制定和完善规划的基础上，狠抓规划的落实，在规划制定、建房报批和事后监督等方面层层把关，彻底改变过去无统一规划乱建设的局面。

好政策战胜灾害年　稳经济实现双增长

——2010年上半年平乐农村经济运行分析

唐纯德

2010年上半年广西先是遇上了历史上罕见的上年秋冬旱连春旱，后是遭遇长达近月的强降雨带来的洪涝灾害，先旱后涝，农业生产不利，农民增收难度加大。按老百姓的话说：今年年头不好，旱又旱死，涝又涝死，灾年难获好收成。但是，在自然灾害面前，平乐县各级党委、政府迎难而上，认真贯彻落实中央1号文件精神，把各项支农惠农政策落到实处，采取强化科技支农，推进新农村建设，扩大农村剩余劳动力的就业门路，提高农业综合生产能力等一系列措施，确保大灾之年农业增产、农民增收，促进了农村经济运行稳定发展。

一、农业生产和农民收入形势良好

（一）夏粮生产丰收在望

1．粮食播种面积下降。春播粮食播种面积为219763亩，同比下降3.89%。其中：早稻播种面积因春旱，部分农户把望天田改种中稻或其它经济作物，早稻面积只有167369亩，同比下降2.34%、早玉米播种面积为37760亩，同比增长2.13%。

2．夏粮单产可望优质高产。

（1）早稻生产形势良好。面对去年秋冬旱连今年春旱，广大农户仍然积极进行春耕备耕工作，为抢上种植季节，多采用旱地育秧，属保水田的及时犁翻好田块，下好基肥。到3月下旬和4月1号这几天的零星小雨和中雨，旱情明显得到缓解后，平乐县所有农户基本上完成了浸种育秧，到4月13日—20日连续降雨，部分农户也陆续开始插秧。进入5月份雨水趋于正常，早稻基本上全部插上。田间管理正常，禾苗长势良好。进入6月中旬的强降雨，给田间管理带来了一些不利影响，但总体上强降雨没有给平乐的农业生产带来太大影响，平乐县沿河两岸没有遭受洪涝灾害，只是出现的高温高湿气候，加大了农户对病虫害防治的投入，因农户防治及时病虫害没有形成大的危害，现在早稻早熟品种已杨花勾头，中迟熟品种正在孕穗扬花，禾架长势好过往年，生产丰收在望。

（2）玉米生产形势喜人。农户种植的玉米多以高产质优的品种为主，加上2010年中后期雨水好，非常有利于玉米生长。根据近期调查，玉米体大穗长，粒度饱满，产量应高于往年，丰收成数已定。

3．蔬菜类的支柱产品春蕃茄丰收，淮山长势很好。商品类的春蕃茄2010年种植面积达1万亩以上，二塘镇茶林村委无公害蕃茄基地种植百利、比斯塔、格雷等品种5000亩，平均亩产6000公斤，平均收购价1.4元/公斤，亩产值8000元～9000元；平乐镇中华村委种植保得利998、得赛利008、农得利588等品种4000亩，亩产值达万元；二塘镇的乐塘、九龙和二塘村委在茶林村委的带动下也种下百利等品种春蕃茄3000亩，亩产值达8000元。

在春蕃茄喜获丰收的同时，平乐县淮山种植面积由2009年的1万亩扩大到4万亩，目前长势良好，如价格能保持2009年5元/公斤的价位，淮山将丰产增收。

4．桃、李等水果价格收购提高，农民收入从中获益。据水果部门统计：2010年，平乐县桃子挂果面积2.5万亩，产量26125吨，与2009年同比增长11.7%；李子挂果面积1.7万亩，产量16510吨，与2009

年同比增长2.9%；杨梅1685吨，与2009年同比增长15.4%；以巨丰为主的葡萄0.4万亩，2010年可望大丰收，目前正在成熟应市，预计产量8000吨以上。由于产量提高和价格上扬，桃子的平均出售价格2.17元/公斤，同比提高27.65%；李子的平均出售价格4元/公斤，同比提高17.6%；农民人均水果收入365.5元，与2009年同比增16%。

（二）畜牧业生产发展稳定

1．出栏量增大，牧业收入提高。据主要畜禽监测调查，半年来，散养户出售肉猪头数同比增长34%、出售仔猪头数下降76%；规模户出售肉猪头数增长32%、出售仔猪头数同比增长115%。另据全面统计数据：1—6月份全县出栏肉猪头数同比增长5.78%、仔猪出售头数同比增长5.36%。农民人均从牧业生产获得收入403.29元，同比增长61.56%。

2．存栏量稳中有长。在生猪养殖中，散养户显逐年下降态势，规模户逐年上升，生猪规模养殖成为主流。据主要畜禽监测调查数据，半年来，散养户下降了23%，规模户上升了8.5%。散户大幅下降主要是因为6月份阳安、青龙、桥亭乡、张家镇四乡镇出现严重的生猪高热病疫情，生猪死亡多，养殖户现空栏观望。规模户的防疫力度相对效大，虽然也有个别养殖场出现了疫情，但大多没有发生，所以规模户逐步成为该县生猪发展的主体。据全面统计数据：2010年上半年全县生猪存栏数同比增长5%。

（三）农村居民现金收支同步增长

据农村住户调查显示：2010年上半年农村居民期内现金收入2162元（人均，下同），同比增加284元，增长15.14%；期内现金支出2601元，同比增加326元，增长14.31%，灾害之年农村居民实现收支双增长势头，呈现出新的特点。

1．农民收入以家庭经营和外出务工收入为主。2010年上半年农村居民人均家庭经营现金收入1474元，同比增加309.2元，增长26.6%；财产性收入47.8元，同比增加18.6元，增长63.4%；工资性现金收入513.4元，同比减少5.5元，下降1.1%，属持平略减态势、转移性收入为126.8元，同比减少38元，下降23.0%。四大收入呈现“两增一平一减”态势。

2．生活消费增长，生产投入下降。2010年上半年，农村居民人均生活消费支出1679.7元，同比增加477.7元，增长39.7%；转移性支出167.5元，同比增加42.8元，增长34.3%；生产费用支出750.7元，同比减少197.5元，下降20.8%，主要是农户生产用房投资比上年减少。

3．对全年农民收入形势的基本判断。依据上半年农村经济发展形势，农民现金收入的增幅情况，预计2010年平乐县农民人均纯收入增长幅度在12%左右。其增长的有利因素：一是外出务工人员有所增加，并且劳务输出省份都定有最低工资标准，务工工资水平有所提高；二是依据农民对生产的极积性高涨势头，生产投入总体稳步增长势头、三是进入6月底气候正常，雨水调匀，对各项生产非常有利。

二、当前农村经济运行中存在的突出问题

（一）粮食生产总量难以达到全年目标任务

1．自然灾害影响，种植面积减少。部分原先计划种植早稻的田块，由于受到去年秋冬旱连春旱的影响，没能及时插上早稻，造成早稻播面没有完成计划目标，原计划种植早、晚稻两季的计划落空，晚稻播种面积也将减少，加上上半年农户因旱改种淮山、春蕃茄等面积扩大，全年粮食总量难以完成目标任务。

2．农资价格仍处于上涨的高位运行，农民生产成本提高，对粮食生产产生负面影响。据2010年上半年春耕备耕生产资料价格调查数据显示，早稻种子价格区内制售的良种平均涨幅15%，区外制售的良种平均涨幅达30%、玉米种子平均涨幅

达50%；3月份每50公斤进口复合肥比2月份前涨40元，涨幅28%；国产复合肥涨20元，涨幅17%；尿素涨10元，涨幅10%；碳铵涨8元，涨幅20%；磷肥涨6元，涨幅25%；农药中的杀菌剂、杀虫剂、除草剂都有5%左右的涨幅，农用薄膜有10%的涨幅。农资价格高位运行，在不同程度上影响农民对种粮的投入，也在不同程度抵消了农民人均纯收入的增长幅度。

3．外出务工无序发展，农业生产人员年龄偏大，撂荒和粗耕粗种现象严重。现在农村青壮年外出务工多，有的家庭青壮年不顾家庭有无农业生产人员，一律外出，造成在家从事农业生产的大都是年龄偏大的劳动力，体力上不足，外加肩负着照看幼儿的任务，农忙时节劳动力严重不足，无力精耕细作，有的出现撂荒，有的出现粗耕粗种，种下收得多少算多少，严重影响了农民收入增长。

（二）农民增收受制约因素加大

1．政策性因素制约。因该县财政收入薄弱，农业基础设施投入和农业生产科技投入资金不足，强基惠农政策资金缺口大，总体进展不够平衡等问题，农业产业化水平不高，农业生产增收能力比较薄弱，影响到农民增收速度。

2．生产投入大幅增长因素制约。俗语说：有投入就有产出。2010年上半年农民人均家庭经营费用支出增长23.56%，增长幅度高于收入增长幅度8.42个百分点，我们说投入就是成本，成本提高在一定程度上抵减了农民人均纯收入的增长幅度。

三、对促进当前农村经济发展的建议

1．切实落实好各种扶农、助农政策，确保农民增产增收。按照各种强基惠农政策，县委、政府应加大配套资金的财政资金投入，强化宣传，拓展成果，充分调动农民的积极性，加强基础建设，推进农业产业化发展进程，提高农业高产增效能力，促进产业增效，农民增收目的。

2．充分发挥有利因素，促进农民收入加快进度。利用沿海地区经济发展势头，务工人员工资保障基本建立的优势，加大外出务工人员的劳动技能培训力度，引导农村剩余劳动力健康有序地外出务工，确保工资性收入的稳步增长；充分发挥农民高昂的生产积极性，引导农民发展高能增效的产业，促进农民收入效果。

3．克服不利因素，加大农民增收途径的引导作用。针对春旱、3月霜冻、6月强降雨对农业生产造成的影响，利用当前有利的气候条件，一是引导农民增加粮食作物晚玉米、晚黄豆、马铃薯等种植面积，确保粮食总量稳定增长。二是加大对秋收水果沙田柚、月柿、板栗、柑橙等水果的管护力度，确保水果增产，农民增收。三是加大畜牧业生产疫病疫情的监护力度，组织力量扑灭生猪高热病的漫延，做好疫病消毒工作，引导农民适时补栏，加大生猪饲养量和存栏量，实现全年农民人均纯收入增长目标。

2010年上半年南宁市邕宁区农业生产形势分析报告

梁秉波

2010年上半年，南宁市邕宁区农业生产经受了前旱后涝等自然灾害的严峻考验，在城区党委、政府的领导下，积极开展抗旱防涝促增收工作，取得了可喜的成效，农村经济运行总体趋势良好，农民人均收入进一步提高，农业生产结构调整趋于优化，但存在问题不容忽视。

一、基本情况

1．农作物播种面积稳中有增，农产品价格上涨支撑农民现金收入增长。（1）春播春种时节虽然受到严重旱情影响，但由于相关部门及广大农民采取了应对措施，及时调整农作物种植结构，使实际种植面积增加。据农业部门农情统计，2010年上半年（以下简称上半年）农作物总体播种面积稳中有增，其中：粮食播种面积同比增长2.1%、油料减少3.3%、水果增长3.4%、桑园增长3.4%、糖料蔗持平。（2）部分农产品生产价格强劲上涨，农民从中得到实惠。据对30户农产品生产者价格调查，上半年农产品生产者价格涨多跌少，其中：糖料蔗、大白菜、辣椒、香瓜、鲜蚕茧等农产品价格同比分别上涨了18.18%、60.00%、46.30%、24.77%和69.92%。农村住户调查资料显示，上半年农民人均现金收入4548元，同比增长14.80%，主要是得益于占农民现金收入比重较大的农产品价格上涨。

2．农村集贸市场农产品供应充足，粮食、蔬菜和水果价格稳中有升，部分农产品价格波动较大，生猪价格持续下跌。据农村集贸市场月度跟踪调查，6月份，南宁市邕宁区集贸市场粮食价格总体稳中有升，水产品、蔬菜和水果价格波动较大。与1月份相比，籼稻、玉米、籼米平均价格分别上涨3.64%、5.26%，3.45%；草鱼、鲤鱼、链鱼和带鱼价格分别上涨16.67%、16.0%、24.0%和33.33%；大白菜、菜椒价格分涨8.33%和50%；香蕉价格上涨66.67%；黄瓜、西红柿价格分别下跌了50.0%和16.67%。而自2010年初以来，活猪、仔猪价格逐月下跌，尤其是进入二季度以后活猪、仔猪价格回落幅度较大，据调查，活猪、仔猪上半年平均价格分别为11.53元/公斤和12.77元/公斤，分别比上年同期下降7.98%和0.47%。

3．农作物种植品种受市场价格强力牵引，农业种植结构调整频率加快。据国家统计局邕宁调查队2010年110户农户农作物种植预计调查结果显示：全年农作物种植结构调整的幅度较大，在粮食、油料种植面积因灾略减的情况下，糖料蔗、蔬菜和瓜果面积保持了稳步增长，同比增幅分别为10.1%、0.2%和7.8%，其它农作物面积也有不同程度的增加。主要原因是当前农业种植结构调整与农产品市场价格密切联系，农民扩大种植何种农作物主要是视市场价格而定，今年价格好、经济效益高的农作物如甘蔗、瓜果、蔬菜等种植面积增幅较大。

4．恶劣气候对农业生产影响大。上半年前旱后涝，对农业生产带来了不利影响，据农业气象资料：去冬今春的干旱，南宁市邕宁区降雨偏少，春种粮油播种期比正常年份推迟了10天左右，播后出苗慢，缺苗较多，长势差，扬花、授粉困难，造成春种农作物单产均呈下降趋势。而4月份气温偏低，阳光缺乏，明显影响了粮油和瓜类作物的营养生长，导至苗弱。5月份瓜果类又因天气长期阴凉，雨水偏多，开花少，昆虫活动传粉少，结瓜结果少，单产明显下降。5月、6月份降雨天气频繁，阳光偏少，对粮油作物幼穗分化，开花授粉和灌浆充实不利。据农业部门统计，上半年早稻耘田追二次肥15.8万亩，占实插面积的100%；病虫害防治面积14.45万亩，占病虫发生面积的97.0%。早稻禾苗生长较为正常，一、二类禾苗面积达70.2%，与上年基本持平，早稻单产预计393.6千克，比上年减少5.8千克，减少1.45%。

二、存在问题

1. 春耕备耕农资价格仍在高位运行，农业生产成本增加。据邕宁调查队2010年农用生产资料准备情况调查，2010年春耕备耕农民实际购买农业生产资料价格升多降少。分品种看，价格比上年同期上升的有：国产尿素升13.9%，国产复合肥升8.3%，超级稻种子（特优175）升50.0%，其它杂交稻种子（如特优63）升41.2%；价格比上年同期下降的有：进口钾肥降5.7%，国产磷肥降16.67%，国产碳铵降12.3%。农户在农业生产中使用量多的农资价格升多降少，造成农业生产成本增加，不利于农业生产发展。

2. 生猪价格持续下跌，养殖户生产积极性下降。一是上半年肉猪出栏价格逐月下降，维持相对较低价格（目前均价9元/公斤），规模经营户和生产单位肉猪出栏后以观望为主，没有扩大或积极补栏意愿。据国家统计局邕宁调查队2010年上半年畜禽监测调查，六月末畜禽监测生猪存栏24405头，比一月初存栏25148头减少了3.0%。二是“猪高热病”等疫情时有发生，饲料价格小幅上扬，造成养殖成本增加，散养户养殖处于亏本状态，与外出务工、本地劳务、种桑养蚕、种瓜果菜等收入相比，比较效益低，且收益难以确定，养猪缺乏吸引力，养猪户的生产积极性下降，尤以散养户比较明显。

3. 抗旱防涝基础设施薄弱，农业抵御自然灾害的能力不强。主要表现在：（1）干旱影响春播春种时节，春种粮油播种期比正常年份推迟了10天左右，播后出苗慢，缺苗较多，长势差，扬花、授粉困难，造成春种农作物单产均呈下降趋势。（2）5、6月份，南宁市邕宁区持续降雨，特别是6月20日凌晨至21日8时遭受强降雨袭击，全城区普降大雨到暴雨，其中中和乡降了特大暴雨，降雨量达170.3毫米，全城区水田受淹6640亩，有部分甘蔗、玉米被水淹或倒伏，虽然降雨过程来得快去得也快，多为隔夜水，水田受淹时间较短，对早稻产量的影响不明显，但仍有少部分处于低洼地的粮食和其它农作物因排水不及时而失收。

三、对全年农业生产和农民收入的基本判断

1. 农作物总播种面积将保持稳定，种植结构进一步优化。根据国家统计局邕宁队对2010年农户全年农作物播种面积预计调查结果判断，秋粮播种面积将有所减少，蔬菜、果用瓜等农作物将略有增长。粮食产量方面，由于秋粮单产和产量受气候影响较大，目前还难以判断，但由于目前各水库蓄水水位相对较高，如果2010年下半年没有遭遇寒露风等天气，秋粮生产则比较乐观。

2. 农民收入将持续平稳增长。主要理由：一是农产品生产价格上涨支撑农民增产增收，糖料蔗、蔬菜、辣椒、果用瓜、蚕茧等主要农产品价格的大幅度上涨，使农民的现金收入增加，农民的生产积极性进一步提高；二是随着农村劳动力价格的不断提高，农民的工资性收入呈持续增长的态势，2010年以来由于企业用工、农业季节性雇工数量的增加，农民从事劳务的机会增多，工资性收入增长较快；三是2010年下半年农业生产资料价格回落趋势明显，农业生产成本降低，可以进一步提

高农民人均纯收入。

3．生猪生产仍将持续低迷。养猪业因价格持续下跌面临亏损，“猪高热病”等疫情危害的风险还存在，以及规模户受资金等因素产生后劲不足、生产模式转换滞后等问题，2010年下半年养猪业不容乐观。

四、几点建议

1．切实加强对三夏“双抢”工作的支持力度，确保早稻成熟收获进仓，加快晚稻插秧进度，稳定秋粮播种面积，确保2010年粮食稳产增收。

2．建立和完善物价管理与价格动态调查监管机制，及时、准确掌握农产品价格变化，稳住农业生产资料价格，降低农业生产成本，提高农业生产积极性。

3．继续加大农田水利设施投入力度。重点是加强对农田水利主干渠周边小水渠的建设、维护力度，提高抗旱防涝能力，全面增加水田的旱涝保收面积。

4．继续加强对畜牧业生产的技术指导力度，努力推进畜牧业生产稳定健康发展。一是进一步强化基层兽医系统人员公益性服务功能，不断提高队伍业务水平；二是加强对畜禽养殖户的技术培训，全面提高农户畜禽养殖的技术水平。通过集中培训、远程网络咨询、技术入户、现场指导等渠道与方式进行培训，切实提高农民养殖技术和管理水平，推动畜牧业健康发展。

2010年上半年南丹县农民收支情况分析

王　欢

2010年以来，南丹县遭遇了干旱、暴雨等自然灾害等影响，但县政府积极响应“千方百计确保粮食生产不滑坡，农民收入不徘徊，农业农村的好形势不逆转”的工作要求，采取一系列措施拓宽农民增收渠道，整个经济局面比年初预期要好，呈现出持续稳定增长的势头。据调查显示，上半年南丹县农民人均现金收入1956.89元，同比增长14.5%；农民人均现金支出1579.36元，增加8.9%，收入和支出均呈现增长的态势。

一、农民收入的基本情况

1．工资性收入有所增长。上半年农民人均工资性收入为796.96元，同比增长10.96%，占现金性增长的31.72%。其中在非企业组织中劳动得到收入下降5.73%，在本乡地域内劳动得到收入增长25.35%，外出从业所得收入增长3.93%。

2．家庭经营收入增长。本期人均收入为1029.90元，同比增长51.27%。其中第一产业、第二产业、第三产业本期人均现金收入分别为418.51元、62.39元、548.99元，同比分别下降6.4%、增长49.3%、185.7%。第一产业人均现金收入中：农业为159.14元，同比下降15.36%；林业为69.63元，是去年同期的3.28倍；牧业为189.74元，同比下降21.80%。第二产业中工业人均收入为62.39元，同比增长49.3%。第三产业服务现金收入为548.89元，是去年同期的1.86倍，其中：交通运输邮电业收入为211.64元，同比增长13.32%。

3．转移性收入大幅增加，人均转移性收入为130.03元，与去年同期相比减少177.75元，同比下降57.75%。

二、农民支出的基本情况

1．生产费用支出人均502.80元，同比增长42.5%。其中：家庭经营费用支出人均为355.54元，同比增加23.5%；其中第一产业174.80元，同比减少32.8%（农业减少2%、林业减少96.9%、牧业减少36.8%）；第二产业同比下降26.2%，第三产业生产费用支出是去年同期的5.64倍。生产性固定资产人均支出147.26元，是去年同期的1.26倍。

2．生活费用支出人均1058.91元，同比减少0.17%，基本持平。其中，食品消费支出469.61元，增长11.20%；衣着支出74.44元，增长12.83%；居住支出76.47元，减少51.47%；家庭设备用品及服务支出65.28元，减少1.04%；交通和通讯支出163.25元，增长22.43%；文化教育、娱乐用品及服务支出69.47元，增长13.90%；医疗保健支出85.76元，增长57.71%。

3．转移性支出人均17.65元，同比下降50.43%。

三、影响农民收入与支出的主要因素

（一）影响农民收入的主要因素

1．持续干旱天气影响，农业生产受阻，农民外出打工，工资性收入增长。据部门统计，2009年8月至2010年3月全县降水量仅为914毫米，同比下降46.42%，不但人畜饮水非常困难，更使春耕生产受到严重的影响。一些农民不愿在家赋闲，年后纷纷出去打工，并基本上都与雇主形成了稳定的劳务关系。尤其春节过后，“民工荒”局面进一步扩大，其波及范围也越

来越广，已经从珠三角到长三角，再到中西部地区。这种供不应求的关系必然使外出农民工的待遇有所提高，激发了农民外出打工的积极性。与此同时南丹县政府加大对农民的培训力度，2009年11月15日至2010年2月中旬，南丹县统一开展了“城乡就业援助百日帮扶”活动，帮扶就业困难人员实现就业179人，组织就业困难人员参加培训1133人，落实培训补贴资金77.22万元。2010年上半年农民人均工资性收入的增长是本期现金收入增长的主动力之一，占现金性增长的31.72%。

2．售木材，采矿石，搞运输，增加收入。退耕还林周期接近尾声（2002年开始至2010年结束八年的周期），农户开始陆续出售一些木材，本期林业收入是上年同期的3.28倍。随着采矿采石业的回暖，农户不仅出售工业产品增加收入，也带动运输业的发展，本期农户出售工业产品收入较去年同期增长68.97%，运输业上涨13.3%（占第三产业的收入比例达38.6%）。

3．猪价下跌，饲料价格上涨，影响牧业收入。据调查显示，南丹县第二季度肉猪的出售量大幅下降，生猪均价为每公斤8.43元，同比下降29.75%；猪饲料均价每公斤2.3元，同比上涨35.3%。出售的生猪主要来自南丹县巴定乡的巴定柿果场，第二季度巴定柿果场出售生猪仅10头左右，而第一季度出售70多头，由于生猪价格大幅下降，猪饲料价格上涨，巴定柿果场的负责人说：“这10只猪是最后一批，以后一段时间内不再养猪了，饲料太贵，生猪价格太低，每头猪都要亏二三百块，都是赔钱。”

（二）影响农民消费支出的主要因素

1．种子价格上涨，养猪积极性下降。据调查，2010年上半年，玉米种子均价为35.64元/公斤，同比上涨39.38%；稻谷种子均价37.56元/公斤，同比上涨20.12%。同时，由于退耕还林的树木目前属于生长后期或者收获期，所以其生产费用支出大幅下降，同比下降96.94%。由于生猪价格的持续走低，许多农户不再购买猪崽补栏，存栏的几头猪也主要是供自家消费，因此本期牧业生产费用支出同比下降36.79%。

2．农机补贴促进农户添置农机具，生产性固定资产投资增长。据调查显示，由于国家实行农机补贴和本期二季度处于春耕季节的带动，有些农户购置了耕田机、拖拉机等等，拉动固定资产投资的增长。

3．劳动力外出，建房暂缓，居住费用支出下降。虽然本期生活消费支出基本与去年同期持平，但农户居住费用支出却大幅下降，降幅达51.47%。其主要原因是：2010年一季度干旱严重，春耕无法正常进行，一些劳动力外出打工，使得村内缺乏劳动力，给建房带来困难；而进入二季度以来，雨水较多，给农户建房造成很多不便；去年危房改造的一期工程已基本完成，享受国家危房改造补助的农户已基本建成房屋，而第二批危房改造工程还没有开始实施，以上三个主要原因使得本期建房支出同比下降。

四、对确保农民增收的几点建议

1．稳定粮食生产，拓宽农业种植品种类别。近年来，南丹县粮食连续丰收、供应比较宽裕，在这种情况下比较容易出现放松农业、放松粮食生产的倾向。因此，政府部门要严格落实国家粮食补贴政策，例如粮食直接补贴、良种补贴、生产资料综合补贴等，并按时按量把补贴发放到位，确保农民种粮的积极性；定期派农业专家进行实地考察调研，发现问题及时与农户联系，并进行相应的指导，使科学种粮落到实处；在稳定南丹县原有优势种植品种的基础上，因地制宜的引进一些优质高产，促进农民增收的农产品，科学种植优化产业结构，拓宽收入的渠道。

2．突出当地优势种植品种，提升产品竞争能力。优化品种结构，面向市场，积极推进南丹县优势产区经济作物的种植。依靠科学技术，加强对农户农业知识的培训，多种渠道拓宽作物的附加值。例如黄腊李产于罗富、小场镇一带，是南丹县特有的李果品种，它的种植有着千年的历史，近年来黄腊李出现供不应求的局面。但目前黄腊李的生产和销售还存在许多问题，作为南丹县的拳头产品应加强宣传，加强其在市场上的知名度，拿出产品广泛向沃尔玛、华联、南城百货等各大超市进行尝试性的销售。通过以上渠道充分利用产地优势，积极提升黄腊李的市场竞争力，使农民增产增收。

3．抓住民族特色整合旅游资源，增强“大旅游”意识。旅游业不是一个孤立的产业，它关系到衣、食、住、行、游、购、娱等等方面，需要依靠南丹县政府、相关部门及全社会这个大环境来共同支持。早在明代，大旅行家徐霞客就把南丹的奇山秀水定论为“第一奇胜”。而最能让南丹名扬海内外的是其拥有“中国最神秘的部落”之称的白裤瑶，白裤瑶民族旅游产品堪称世界级品牌，符合旅游者求新、求异、求知、求乐的需求趋势，具有很强的吸引力。加之，南丹县地处桂黔交界，临近世界闻名的国家5A级景区贵州荔波大小七孔旅游胜地仅50公里左右等优势。因此，要增强“大旅游”意识，抓住“民俗走廊”这一优势，把旅游业构建成为最具活力的经济增长点，使旅游业成为第三产业的龙头和农村经济发展的新亮点。

4．拓展农民工外出务工渠道，抓住机遇积极创业。据调查显示，2010年上半年，南丹县外出务工农民主要从事于制造业、采矿业、建筑业，工资收入水平大都在1000～1500元以内，工资总体偏低，每季寄回带回的现金仅有1600～2400元；原因在于农民工文化和技术水平较低，没有“一技之长”，只能从事技术含量较低的工作。随着国家对劳动力市场的规范和职业准入法规的逐步推进，用工单位对务工人员文化、思想、专业技能等方面的素质要求越来越高，外出务工人员综合素质低、专业技能差，已越来越成为制约农村劳动力转移、农民收入增加的突出问题。尤其面对当前农村劳动力结构的新变化，我们应站在统筹城乡发展的高度，加强农民和农民工的职业教育和技能培训。同时，广泛利用国家及地方的财税金融政策，例如妇女小额信贷、农民工返乡创业优惠政策等等，积极开辟适合农民既不离土又不离乡的就业环境，鼓励和支持一部分农民成为有素质、有能力的现代农业的建设者。

南丹县发挥资源优势发展黄腊李生产

王　欢

黄腊李是南丹县十大特色农业品牌之一，主要产于该县罗富乡，是生态环境中形成的地方稀有李子品种，它的种植有着千年的历史，据史料记载，黄腊李为明清时期的贡品。由于独特的地理环境影响，形成了南丹黄腊李独特的风味和品质，农业部授予南丹县"中国黄腊李之乡"的称号。近年来，黄腊李的种植已成为农民增收的一项重要产业，每到黄腊李成熟期，果品销售火爆，许多外地群众慕名而来，产品供不应求。

一、黄腊李生产发展情况

南丹县委、政府按照"做强做大第一产业，调整发展第二产业，加快发展第三产业"的总体工作思路，为进一步立足资源优势，打造特色品牌，走生态农业之路，创名优果品基地，实现果品规模化生产和产业化经营，县政府大力抓好黄腊李基地建设，大力促进黄腊李产业的发展壮大。除县财政每年投入一定的资金扶持以外，还争取到自治区科技扶贫专项资金100万元。

南丹县政府近年来计划逐步实现以罗富乡全区和城关镇部分村屯为项目区域，新种黄腊李15000亩，其中罗富乡13000亩，覆盖贫困村18个，贫困农户5216户，21300人；城关镇2000亩，覆盖贫困村2个，贫困户500户，1100人。项目区域黄腊李总面积达到20000亩以上。

南丹县水果办近年来也针对影响黄腊李结果丰产的诸因素进行了较系统的调查研究，并开展了有关试验。提出了种植方面的解决办法：一是移植或高位嫁接授粉树；二是做好病虫防治；三是加强技术培训，指导群众搞好肥水管理和树体的整修剪工作。同时，利用自治区和县里的扶持资金，全面开展成龄果园的低产改造：通过实施高接换冠配置授粉树5000亩，每亩扶持资金40元，计划投入20万元；实施移植成年大树授粉树1000亩，每亩配置4株，亩扶助资金100元，投入10万元；实施病虫综合防治2000亩，每亩扶助40元，用于购买农药、器械等，共投入8万元；配套生产技术培训经费共投入5万元。

2006—2010年全县黄腊李种植面积分别为6500亩、7000亩、7500亩、8036.5亩、8536.5亩；产量分别为450吨、400吨、5吨、950吨、997吨；每公斤均价为20元、8元、40元、11元、12元。下图一、二、三分别为近五年南丹县黄腊李种植面积、产量、价格的走势图。

图一：种植面积（单位：亩）

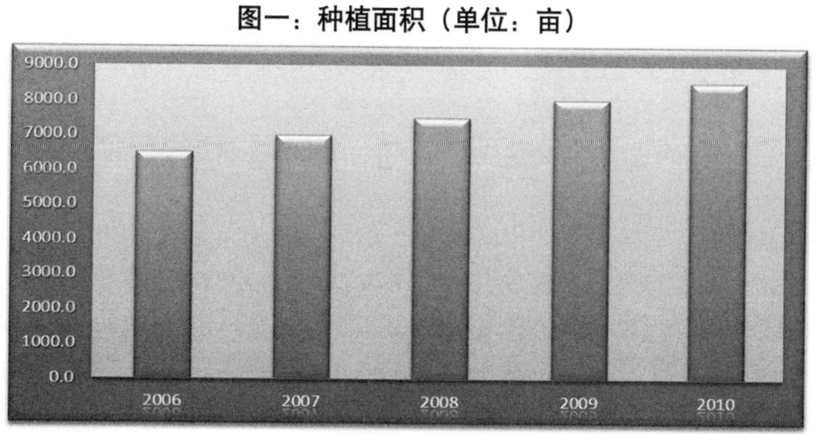

图二：产量（单位：吨）

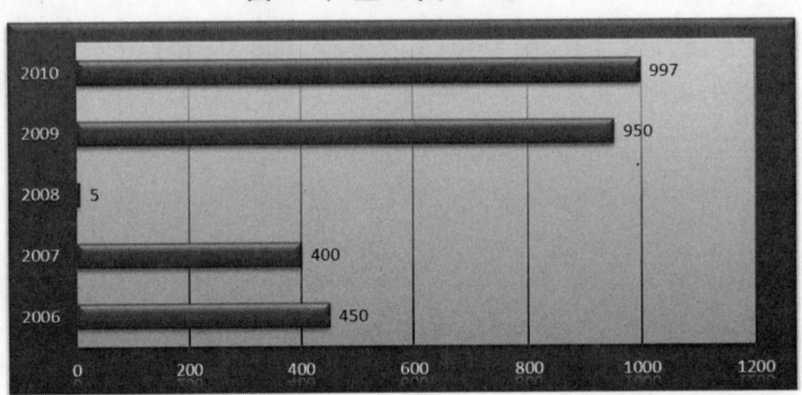

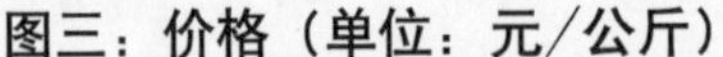
图三：价格（单位：元/公斤）

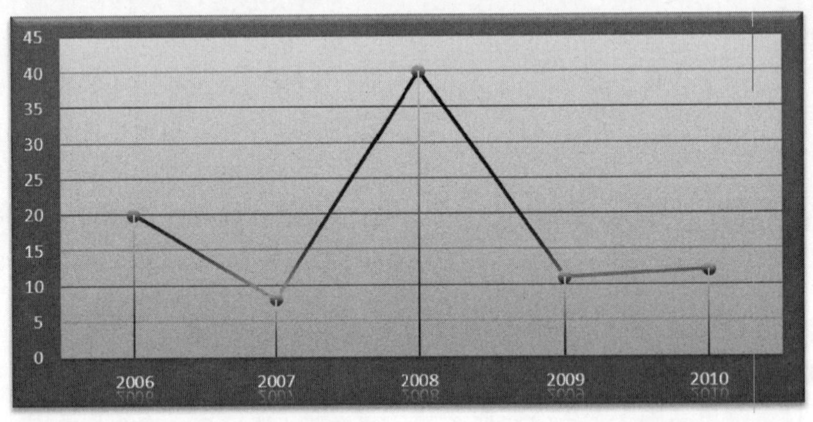

通过以上三个图可以看出近五年南丹县黄腊李的种植面积呈逐年上涨的趋势，从2006年的6500亩上升至2010年的8536.5亩，五年内上涨31.33%。产量随之也呈现出上涨的趋势，由于2008年南丹县发生冰冻灾害，黄腊李减产达到最低点5吨后，一路快速上涨至2010年的997吨，五年内上涨121.56%。在价格方面，近五年呈现出大起大落的现象，2006到2007年价格呈现下降趋势，并在2007年达到近五年最低点均价每公斤8元，随后至2008年由于受到冰冻灾害大幅减产的影响，价格一路飙升至均价每公斤40元。2008年—2009年呈现下降的趋势，恢复到正常价格，2009年—2010年价格呈现小幅上涨的态势。从图中可以看出，近年来南丹县黄腊李的产量没有随着种植面积的不断扩大而增加，价格近年来也呈现大幅不规则的上下浮动，走入增种不增收的怪圈。

二、黄腊李生产销售中存在的问题

在黄腊李热销的同时我们还可以看到，也存在着许多问题制约其生产、销售和价格的发展。

1. 单产较低，价格下降。一是授粉树缺失是最根本的原因。群众对黄腊李自花结果能力低，需要其它品种李树作为授粉树这一规律的认识不足。认为其他李树经济价值低，有意无意中毁掉，造成授粉树严重不足，影响了黄腊李的受精结果。目前南丹县黄腊李种植面积1.5万亩，投产面积8536.5亩，由于当初不注重配置授粉树，因此进入投产期的树很多不挂果，实际有果面积约为0.5万亩，今年产量只有997吨左右。二是花期入遭遇霜冻或低温阴雨等灾害性天气，造成李花冻坏和授粉受精不良，结果率降低。近几年来自然灾害

频繁，尤其是2008年的冰冻灾害对黄腊李产生了很大的影响。三是虫害严重。李实蜂、蚜虫、桃蛀螟等害虫危害严重，群众一般是未能察觉，或是无所适从。长此以往，不防不治造成严重的损失。经调查，虫害严重的果园，仅李实蜂和桃烛螟危害幼果就高达80%～90%，致使产量损失30%～50%，喷洒农药，又会影响黄腊李的原生态环保品质。

2．收获期集中，保质期短。黄腊李摘果期集中在每年的六月中旬至六月底这15～20天左右，采后4～5天便发生软腐，鲜果供应期短，七月以后基本没有黄腊李的出售了。保质期短，没有完善的保鲜技术导致市场销售受地域限制很大，目前大部分南丹县黄腊李绝大部分于河池地区销售，运到省内其他城市销售的很少、无法拓展到省外及国外的市场，制约了规模化种植的空间。

3．种植没有形成规模。小生产经营难以与社会化大生产、大市场相对接，农民在市场竞争中处于弱势地位。加之大部分黄腊李没有自己的品牌优势，更没有配套的黄腊李深加工的产业项目，无法形成完备的产业链条来提升商品的价值空间。

4．宣传力度不足，市场认知度不够。南丹县已有“黄腊李之乡”品牌，被自治区农业厅认证为无公害农产品，但宣传促销力度不够，没有形成应有的品牌效益。同时，没有发展起与黄腊李产业配套的采摘等旅游业。

三、提升产品竞争力，确保农民增产增收

1．以优质为根本，以特色为重点，全力打造精品黄腊李果业。一是依托得天独厚的地域优势，科学统筹黄腊李出口基地建设，大力推行果品标准化栽培。在实现果品无公害化生产的同时，充分利用国家确定为无公害果品生产示范基地县的有利时机，全面推行农业标准化生产，加快名特优农产品的申报、认证、商标注册，提高农产品的市场竞争力，真正使广大农民得到实惠。二是积极开展出口黄腊李生产基地认证工作，把出口黄腊李，提高该产品的经济价值，推动黄腊李又快又好发展作为新的奋斗目标。三是进一步抓好标准化生产技术的推广，全面提升果品的综合质量。努力实现果品增值、果业增效、果农增收的大好局面。

2．拓宽思路，整合现有资源，优化配置，着力解决黄腊李保鲜的难题。黄腊李价格逐年下滑，没有科学的保鲜技术无疑是一个重要的因素。没有保鲜技术，农民只能集中出售果品，无法推后时间进行反季节水果的销售，更无法打开外部市场，进行长途运输。政府应增加专项资金投入，加强重视，充分利用财税金融等部门的力量，拓宽思路，依靠科学技术。由县水果办、科技局与区外科研院所合作开展黄腊李保鲜难题，组织专家着力攻破制约保鲜的各个因素。例如可以通过考察引进布朗李、提子等水果的保鲜方法，再根据黄腊李的特点加以分析研究；通过向社会招投标的形式，公开寻求黄腊李的保鲜项目，给予一定数额的奖励资金，充分调动单位个人的积极性，充分利用社会整个资源。目的在于使黄腊李推迟销售时期和保障果品的长途运输，增加农民的销售收入。

3．科学整合资源，实施品牌战略，拉长果品产业链。一是给产品注册商标，提升产品竞争力，增强产品知名度。二是努力探索黄腊李的深加工项目，由政府扶持鼓励农民创业，在当地建成有一定规模的黄腊李深加工企业。三是注重产品的包装效果、分级售果。可以把果品制成干果蜜饯、罐头、果汁等商品，并注册品牌。由此拉长果品的产业链，提升产品的附加值。

4．加强宣传，拓宽产品的销售市场。一是要抓住每年各级、各部门举办农展会、博览会等机会，大力展示宣传和推

介黄腊李。把其作为南丹县的拳头产品加强宣传，加强其在市场上的知名度。二是拿出一部分产品广泛向各大超市，例如沃尔玛、华联、南城百货等进行尝试性的销售。三是充分利用产地优势，积极提升黄腊李的市场竞争力，打开国内外市场。

5．勇于创新，拓展农民增收渠道。一是在发展黄腊李果业的同时，要抓住机遇，勇于创新，着力发展与黄腊李产业配套的果园采摘等“农家乐”项目。二是黄腊李产业与旅游业相结合，产生新兴的旅游项目，对促进旅游业，加快农业市场化进程将产生良好的经济效益，从而真正实现“果品增值、果业增效、果农增收”。

番茄生产已发展成为田阳县农民增收的重要途径

黄进军

为促进田阳农民增收，田阳县政府采取了各种有效措施，如优化农业种植结构，实施农业产业化、规模化，以种植良种番茄为突破口，以“农产品批发市场”为营销载体，大力发展番茄生产，农民增收效果显著。据调查资料显示，农民人均纯收入从2005年的2198元，提高到2009年的3808元，这主要是大力发展番茄生产所取得好收益。如何进一步巩固和发展番茄生产，挖掘番茄生产潜力，尽快提高田阳农民的收入水平值得探讨。

一、番茄生产现状及特点

据统计资料显示：2009年田阳县秋冬种植番茄面积13.22万亩，2010年上半年番茄市场交易量为39.42万吨，交易金额达69066.54万元。从农村住户调查资料来看：2010年上半年农民人均现金收入3830.18元，其中番茄出售人均现金收入2142元，占人均现金总收入的55.9%；种植番茄的农户户均现金收入18435.43元、人均现金收入4963.38元。由此可见番茄种植收入在田阳农民人均收入中占有较大比重，番茄种植的重要性、实惠性确实明显，发展番茄生产确是提高农民收入的好路子。

1．河谷地区消灭冬闲田目标既现，冬闲田变成冬忙田。1995年以前，由于未开发种植番茄等蔬菜，田阳县的农田在每年收完晚稻后至次年春前的冬季，全处于闲置状态，耕地生产资料利用率和产出率较低。针对这一问题，田阳县委、县政府号召广大农民积极发展冬季农业，引进和推广大小番茄、四季豆、西葫芦等高效益蔬菜品种，利用冬闲田进行种植，经过多年的努力，冬菜生产特别是番茄生产，取得了显著成果。如今番茄种植给田阳县农村带来了翻天覆地的变化，番茄种植由起初的几十亩发展到现在十多万亩，过去农村每年冬季是田闲、地闲、人闲，如今是田地忙来人更忙，在田阳境内的右江河谷凡能种植番茄的田地，都被农民种上了大小番茄等蔬菜作物，好一派繁忙的景象。

2．农民种植技术和管理水平差异较大。田阳县发展番茄生产已有十多年的历史，农民在番茄种植实践中积累了不少经验。有文化善管理的农民，种植技术娴熟，管理得心应手，从产品质量到产品产量、直到经济收入都高人一筹，如田州镇兴城村就不乏番茄种植能手，有亩产“双万”（即每亩产番茄万斤、收入万元）的农户，有的农户外出承包土地种植，年收入达到十几万、几十万元不等。但同时也存在较多农户由于技术、管理水平低，导致番茄产品产量和质量差、效益低，收入水平只及兴城番茄种植能手的一半，甚至更低。

3．不同地势耕地利用率差异大，平原地区较高，山区较低。据统计资料，田阳县现有耕地面积31万亩，其中水田面积13.8万亩，旱地面积17.2万亩。可供发展种植番茄的面积达17万亩以上，目前已开发种植番茄近14万亩，有80%是利用水田种植，20%是利用旱地种植。水田利用率比较高，如境内的右江两岸，耕地多地势平坦，水利基础设施较好，排灌较方便，气候条件非常适宜番茄种植，该区域的98%水田面积已经被利用；山区乡镇的田地由于水利设施较差，排灌能力低，抵御旱涝灾害能力更差，导致番茄生产发展缓慢，种植番茄面积只有2120亩，仅占山区乡镇水田面积的4.5%，占全县番茄种植总面积的2%。

4．农业比较效益显现，番茄产值比较高。田阳县农业生产的大宗农产品主要有：稻谷、玉米、甘蔗、芒果、番茄等。据统计资料：2009年县稻谷种植面积17.21万亩，总产量67582吨，产值13178.49万元，平均亩产值995.25元；玉米种植面积12.89万亩，总产量33778吨，产值4762.70万元，平均亩产值691.40元；甘蔗种植面积22.83万亩，总产量958475吨，产值23003.40万元，平均亩产值1007.75元；芒果种植面积10.73万亩，总产量40392吨，产值12925.44万元，平均亩产值1204.70元；番茄种植面积13.22万亩，总产量395560吨，产值60125万元，平均亩产值4548元。上述数据显示（产值用全区统一的现价计算），番茄单位面积产值比粮食、甘蔗、芒果都要高，给农民带来较高的收益。

二、当前制约番茄生产发展的主要因素

1．耕地资源有限，发展有难度。尤其在平原地区的乡镇，耕地利用率已经比较高，凡水利排灌方便的耕地，除了易涝田块、无水源保证的耕地以外，大多已被农民开发种植番茄，耕地的利用率已经较高。农民要在上年的基础上发展番茄生产，使家庭收入有所增加，难度越来越大。

2．水利排灌条件差，部分田地难以开发利用。南北山区目前尚有适宜种植番茄的耕地近4万亩，由于水利条件差，排灌不方便，即使农民有开发种植番茄、想尽快致富的念头，也无法实施。还有右江河谷平原乡镇的一些排灌能力差的农田，也还没有被开发利用。

3．农户生产技术和管理水平仍然较低。相当一部分农户还没有掌握番茄生产技术，管理较粗放。如底肥施放少、肥料种类不对路、病虫防治不及时、喷花授粉握不准、田间管理不到家等等，导致单位面积产量低，影响了地力的发挥。

4．自然灾害、病虫害时常威胁着番茄生产。番茄的生产过程需要4—5个月，在这期间，不免会受到自然灾害如旱灾、涝灾、冻灾，病虫害的时常影响，成为制约农民增产增收的不利因素。如2008年田阳县的番茄种植，期间先遇下雨渍涝，后遇冰冻灾害，末期又遇病害，致使产量严重下降，菜农收入受到一定程度的影响。

5．农业生产资料价格上涨，影响农民的积极性。番茄生产需要投入较多的化肥、种子、农药、汽柴油等农业生产资料，投入产出比在1：3以上。据调查，2009年田阳县农业生产资料价格普遍上涨，如进口复合肥260元/袋、国产复合肥170元/袋，同比分别上涨13%和17.24%。番茄种子更是逐年涨价，如千禧、金币亩用种量5克，每亩需要投资600元，同比上涨10%。农业生产资料价格的普遍上涨，影响了农民种番茄的积极性。特别是资金缺乏的农户，投入不足，产量不高，产品商品率低，生产效益低。

6．产品销路还不够宽广，番茄深加工能力差。市场销售渠道有待拓宽，不然就会造成农民增产不增收。番茄深加工是扩大番茄产品销售市场的另一个有效途径，也是稳定番茄市场价格的好办法。但是番茄深加工项目在田阳才刚起步，加工能力很有限，还谈不上能够影响番茄市场的价格。据调查，目前田阳县投入番茄深加工的企业，只有福民食品有限公司一家，年深加工能力不过七、八百吨，不及田阳番茄总产量的0.2%。

三、对番茄生产发展的几点建议

1．加强水利设施建设，增加番茄种植面积，扩大农民增收群体。除了现已开发种植的田地，田阳县还有较多耕地可以开发利用。如南北山区的水田和平原的易

涝田，应加强水利设施建设，增强排灌能力，解除农民对旱、涝灾害的忧虑，使更多冬闲田地得到充分利用，从而扩大农民增收群体。引导山区农户改种番茄，种植反季节蔬菜。

2．加强市场销售渠道建设，不断壮大经纪人队伍，稳定市场销售价格。加强销售经纪人的培训，不断壮大经纪人队伍，扩大市场销售渠道，使番茄种得下、产得出、销得出、效益增。搞好农产品批发市场硬件建设，合理布局收购摊位，拓宽购销通道，尽量减少因菜农销售排队、以及因此造成给收购老板压级压价的可趁之机，保持市场收购价格的稳定性。加强市场建设和管理，扩大摊点数量、降低摊租、减少扣杂、打击吃秤头、假秤砣行为，维护市场公平交易，保障农户收入。

3．大力引进和扶持番茄深加工企业，增加市场容量。大力引进番茄深加工企业，并将其做大做强，消化更多的番茄鲜产品，给番茄生产提供新的市场销路，增强销售市场的活力。

4．加强对农资价格调控，抑制农资价格增长。由政府组织相关部门采取有效措施，经常对化肥、农药、种子等农资市场进行整顿和监管，建立农资储备制度，调控农资市场，抑制农业生产资料价格的增长，降低番茄生产成本，提高生产效益，增强农民投资种植番茄的信心。

5．加强自然灾害和病虫害的预警，指导农民增强抵御自然灾害和病虫的危害。农业技术部门、气象部门应加强病虫灾害、自然灾害的预报预警，指导农民抵御自然灾害、病虫害对番茄生产的侵袭。农业技术部门应加强番茄生产技术的指导，规范生产技术操作，规范农药的使用，使田阳番茄产品既保持无公害标准，又达到高产优质，为番茄增产、农民增收提供技术保障。

发展兴安柑桔特色农产品的思路和对策

黄本忠

“柑桔”，又称“柑子”或“桔子”，是该两种产品的统称，属亚热带湿润季风气候区域的一大著名农业经济作物，具有较高的食用和营养价值。兴安县的柑桔远销区内外，是兴安县农村经济支柱产业，在农村经济发展中发挥着重要作用，同时也是农民创收的一大途径。因此，如何发展“柑桔”这一特色农业生产，尽快帮助其走出生产困境也就显得格外的重要。

一、“柑桔”生产的现状

兴安县位于广西桂东北地区，地处东径110°14′－110°56′，北纬25°17′－25°55′之间，属亚热带湿润气候区域，年平均气温17.5℃，年均降雨量为1802毫米，年均无霜期达293天，最适宜发展种植“柑桔”产品。

兴安县具有种植“柑桔”产品的传统习惯，栽培历史悠久，产品遍布全县大部分地区。“十一五”几年来，兴安县通过政策引导、资金及技术扶持等一系列措施，积极引导农民调整改良种植结构，对患有“黄龙病”等病化了的果树，及时进行改良换代，进一步确保了“柑桔”这一特色农产品的稳定发展和优质高效。至今，兴安县拥有“柑桔”种植面积7.1万亩，年产量为5.5万吨，产值8500万元，农民人均270多元。目前正在实施“柑桔”产品改良，虽然种植面积、产量和产值有所减少，但随着产品质量的不断提高，生产效益将会不断增加。

二、“柑桔”生产存在的问题

1．产品价格一直在低价位上徘徊，造成果农心中不稳。近年以来，兴安县的“柑桔”产品价格一直在低价位上徘徊，“果贱伤农”现象时有发生，严重抑制了果农的生产积极性。近5年，兴安县“柑桔”产品上市时，其产地平均价格仅为1.2元/公斤。

2．管护技术差，投入少，致使大部分果树长势差、抗病虫害能力弱，柑桔“黄龙病”等病化面积蔓延迅速。长期以来，果农对“柑桔”果树的管护工作都不够重视。由于果农缺乏科学的管护经验和技术，对果树的管护如施肥、修枝、防病虫等均带有较大的盲目性和随意性，严重影响了果树的健康成长，造成产品质量下降，在竞争激烈的社会市场中时常处于被“压级压价”的被动局面。例如：大面积肆虐“柑桔”果树的“黄龙病”，为当今“柑桔”生产的头号杀手，被农民形象的称为“柑桔”癌症，一旦发生，就十分难以防治，且传播蔓延迅速。近年来，兴安县因患“黄龙病”被毁掉的果树面积已达3.5万亩，占总面积的40%。

3．品种改良工作滞后，优质率较低，老化现象严重。目前，兴安县种植的“柑桔”果树大部分树龄都在10年以上，有的甚至达到了20年，全县果树中50%左右为常规老品种，产品优质率不足40%。果树过分老化与“黄龙病”等果病的发生有着直接的原因。

4．因农资价格上涨，生产效益下降。近年来，化肥、农药等农业生产资料价格持续上涨甚至暴涨，调查显示，近年农资价格均以10%的增幅上升，尤其2010年其增幅达到16%以上，加上燃油价格的大幅上涨和运输限载措施的出台，致使产品外运困难加剧，从而造成“柑桔”生产成本大幅增加，生产效益下降，调查显示，

“柑桔”种植农户中赔本的占30%，保本的占30%，只有40%的农户赚钱，严重挫伤了农民的积极性。相当部分的农户已对“柑桔”生产失去信心而打算放弃投入甚至砍掉。

5．产品保鲜技术相对落后，绝大部分产品在收购时被商贩故意压级压价。目前，对“柑桔”产品的保鲜仍停留在十多年前的“药水洗涤”式简易保鲜上，产品保鲜效果差，保鲜日期短。由于保鲜技术滞后，“柑桔”产品绝大部分只能靠“现打现卖”的原始销售方式来进行交易，在收购时被商贩故意压级压价。

6．产品加工企业少，且加工档次较低，难以形成出口创汇之势。目前，兴安县还没有一家上规模、上档次的专业加工“柑桔”产品出口创汇的大型企业，有的只是些低加工兼营型的粗放经营企业，根本无法提升“柑桔”产品的附加值来增加果农的收入。

三、发展“柑桔”生产的对策建议

1．加强宣传工作，提高思想认识。

2．加强宏观政策引导，抑制农资价格上涨。尽快制定出有利于“柑桔”生产的发展措施，诸如“柑桔”生产中的成片开发、资金投入、科技技术以及销售、税收等方面的优惠政策，为“柑桔”生产创造宽松的社会环境氛围。

3．加强对果树的管护工作。大力开展“柑桔”生产的管护技术培训工作，充分发动广大科技人员下村入户进行技术指导。既要加强对已挂果树的施肥、杀虫防病等管护，又要不失时机的对幼小果树进行修枝整形和培护，以确保果树的健康成长。

4．加大对产品的改良换代工作力度，积极推广种植优良新品种。随着市场经济的建立完善和“柑桔”种植业生产的发展，其产品在市场上的竞争将会日趋激烈。应下大力气加强对产品的改良换代工作，及时培育出优质、高效的香、甜柑橙和香、甜、脆柑橘等产品品牌。

5．加大对“黄龙病”等“柑桔”病虫害的综合防治工作。由于危害“柑桔”生产的头号杀手“黄龙病”，具有难治、易传播等特点。因此，在目前还没有防治“黄龙病”特效药问世的前提下，在防治上应采取群防、群治和及时铲除病树等措施，严格控制该病的不断发生和传播蔓延；农业科研部门应尽快研制开发出防治该病的药品。

6．采取长短结合的经营方式，积极发展果树间种作物，以增加其短期收入。“柑桔”产品是一项生长期较长的生产，一般都要3年以上才能出产品有收成。因此，要积极引导果农在“柑桔”果树尤其是幼小果树中发展种植矮化、早结、高效的经济作物，如花生、西瓜、蔬菜、薯类等作物。这样既可以增加果农收入，又可以弥补对果树长期投入的资金不足。

7．加大对产品的促销力度。采取得力措施，下大力气疏通“柑桔”产品流通渠道，继续开通鲜活农产品道路运输“绿色通道”，营造一个宽松的社会销售环境。同时，制定一些有利于“柑桔”产品销售的优惠政策和服务措施。既维护广大果农的切身利益，又创造条件给果商们有钱可赚。

8．根据市场要求，研制开发长效保鲜剂产品。针对目前还没有“柑桔”长效保鲜剂的现状，采取措施尽快组织科研人员研制开发“柑桔”长效保鲜剂，以适应市场的需要。

9．加快产品的开发利用，积极发展“柑桔”产品加工企业，以提升“柑桔”产品附加值，促进果农增收。应加快对“柑桔”产品的开发利用，及时研制开发出适销对路尤其出口创汇型的加工新产品，尽快建成1～2个上规模、上档次并具有技术力量强、管理水平高的“柑桔”产品专业加工企业，将“柑桔”加工产品打入并占领国内外市场，出口创汇。同时，通过该加工企业的形成，组建“柑桔加工企业集团公司”，集产、供、销于一体，实行“柑桔”生产一条龙服务，并集中人才、资金及技术优势，迅速提高企业及其产品在市场上的竞争力，促成该县的“柑桔”产品由资源优势向经济优势转变，进而促进全县农村经济的快速发展。

第三部分 城镇生活篇

2010一季度广西城镇居民收入平稳较快增长消费支出增势强劲

谢　胜

在宏观经济转好和国家政策拉动下，2010年一季度广西城镇居民收入继续保持平稳较快增长，人均可支配收入达到4830元，同比增加495元，增长11.4%，增速比上年同期快3.6个百分点；扣除价格上涨因素，实际增长9.2%；人均消费性支出3200元，比上年同期增加491元，增长18.1%，增速比上年同期快16.4个百分点；扣除价格上涨因素，实际增长15.8%。

一、政策性增资拉动收入的平稳较快增长

据分析，2010年一季度广西城镇居民收入保持平稳较快增长的主要原因是：

1．国家实施的义务教育阶段老师绩效工资政策，对老师收入增长较大。自治区人民政府办公厅2009年9月5日发出了《关于印发广西壮族自治区义务教育学校绩效工资实施意见的通知》，按国家规定执行事业单位岗位绩效工资制度的义务教育学校正式工作人员，从2009年1月1日起实施绩效工资。规范后的义务教育教师津贴补贴平均水平不低于当地公务员平均工资水平。各地大都从2010年初落实政策并基本补发到位。根据调查资料测算，由于落实老师绩效工资政策，拉动一季度全区城镇居民人均增加收入86元。

2．一些地方提高公务员津补贴标准，增加了城镇居民收入。据了解，贺州市从2009年1月份起提高公务员津补贴标准，并在2010年第一季度补发。其他一些地方也提高了公务员津贴补贴，拉动了当地城镇居民收入的较快增长。

3．一些地方出台奖惩或福利性政策，公务员收入增加。2009年广西一些县（区）政府机关对公务员实行风险金或绩效奖政策，并在今年初兑现，地方公务人员得到了一笔数额不小的收入。个别地方按正常工资三倍标准给职工发放工休假奖励工资，并在春节前发放。

4．随着宏观经济形势转好，企业经济效益提高，一些单位、企业给职工发放年终奖金，居民收入增加。

5．提高企业离退休人员基本养老金标准，离退休人员收入增加。根据自治区桂人发［2010］32号文“关于2010年调整企业退休人员基本养老金有关问题的通知”，每人每月增加50元基本养老金，并于2010年2月13日前落实到位。据调查资料测算，由于提高企业离退休人员基本养老金标准，拉动一季度广西城镇居民人均增加收入39元。

二、汽车消费拉动消费性支出强劲增长

一季度广西城镇居民人均消费性支出3200元，比上年同期增加491元，增长18.1%，增速比上年同期快16.4个百分点；扣除价格上涨因素，实际增长15.8%。平均消费倾向（消费性支出占可支配收入的比重）为66.3%，比上年同期的62.5高出3.8个百分点。在八大类消费中，六类消费增加，两类消费减少。其中，食品支出1170元，增长5.5%；衣着类支出275元，增长6.4%；居住类支出284元，增长8.5%；医疗保健支出130元，增长31.8%；交通通讯支出710元，增长76.8%；教育文化娱乐支出360元，增长

22.2%；家庭设备用品支出197元，下降5.2%；其他商品支出74元，下降4.2%。

一季度城镇居民消费中，突出亮点是汽车消费大幅增加。2010年一季度广西城镇居民百户汽车购买量达到1.2辆，同比增长1.3倍；人均购买汽车支出380元，比上年同期增加250元，增长1.9倍，仅购买汽车一项，拉动一季度消费性支出提高9.2个百分点。另购买汽车燃料和零配件和交纳车辆使用税人均增加28元，拉动消费性支出提高1个百分点。

三、食品消费基本稳定

一季度广西城镇居民人均食品类消费支出1170元，同比增加61元，增长5.5%；扣除价格上涨因素，实际增长0.3%；恩格尔系数（食品消费支出占生活消费支出比重）为36.6%，同比降低3.5个百分点，符合国际公认的恩格尔定律（随着人们生活水平的提高，食品消费所占比重逐步下降）。

在食品类消费中，除粮油类消费支出下降外，其他各类消费支出保持平稳增长。人均粮油类消费支出125元，同比下降1.7%；蔬菜类支出100元，增长22.4%；调味品类支出10元，增长4.6%；糖烟酒饮料类消费支出109元，增长6.4%；干鲜果类消费支出83元，增长17.4%；糕点及奶制品类消费支出57元，增长11.8%；其他食品类支出23元，增长5.9%；在外饮食支出212元，增长5.8%。

从主要食物消费量变化来看，大米消费量下降7.0%，食用植物油下降25.3%，动物油下降11.4%，猪肉增长3.0%，鸡肉增长3.0%，水产品增长5.7%，蔬菜增长2.7%，鲜果下降6.4%，奶及奶制品增长13.8%。

从上述分析看出，虽然一季度我区食品类价格有所上涨，但对城镇居民生活影响不大，居民食品消费基本保持稳定。

四、低收入居民生活仍较困难

占总调查户数10%的城镇低收入居民2010年一季度人均可支配收入1480元，比上年同期增加185元，增长14.3%，增速比全区平均高2.9个百分点；人均消费性支出1477元，同比增加308元，增长26.4%。

近年来广西城镇低收入居民收入虽然保持较快增长，但收入水平低，家底薄，生活困难，存在的问题仍不容忽视：

1. 贫富差距仍然较大。2010年一季度广西城镇低收入居民人均可支配收入与全区平均的差距为3350元，比上年同期差额扩大了311元，扩大10.2%。

2. 收入只能维持日常基本生活，没有能力应付伤病和小孩上大中专学校等大笔开支。一季度城镇低收入居民人均可支配收入1480元，而消费性支出为1477元，消费倾向（消费性支出占可支配收入比重）高达99.8%，比全区平均高出33.5个百分点。人均结余仅有3元，没有多余的钱用于储蓄和增加财富积累。

3. 消费水平低，生活仍较艰难。一季度城镇低收入居民人均消费支出1477元，仅为全区平均水平的46.2%。其中，人均食品消费支出756元，为全区平均水平的64.6%；恩格尔系数（食品消费支出占生活消费支出比重）为51.2%，比全区平均高出14.6个百分点；衣着类支出87元，为全区平均水平的31.6%。城镇低收入家庭生活仍处于解决温饱阶段。

2010年上半年广西城镇居民收入与消费平稳增长

谢　胜　史　进

2010年以来，广西城镇居民收入继续保持平稳较快增长态势，1—6月人均可支配收入达到8721元，同比增加805元，增长10.2%，增速比上年同期快1.3个百分点；扣除价格上涨因素，实际增长7.7%；人均消费性支出5703元，比上年同期增加621元，增长12.2%，增速比上年同期快8.6个百分点；扣除价格上涨因素，实际增长9.7%。今年上半年广西城镇居民收支有以下几个特点：

一、政策性增资是居民收入稳步增长的主要动力

1．提高公务员津补贴标准，增加了居民收入。2010年初，广西部分地方提高了公务员津贴补贴标准；一些地方出台奖惩或福利性政策，对机关职工工作实行风险金担保；个别地方按正常工资标准3倍给职工发放工休假奖励工资。另外，自治区人民政府办公厅2009年9月5日发出了《关于印发广西壮族自治区义务教育学校绩效工资实施意见的通知》，按国家规定执行事业单位岗位绩效工资制度的义务教育学校正式工作人员，从2009年1月1日起实施绩效工资。规范后的义务教育教师津贴补贴平均水平不低于当地公务员平均工资水平。各地从2009年10月开始执行，各地基本从2010年初落实政策并补发到位。这些政策的实施，使得广西一些地方机关和事业单位职工工资有了较大的提高。2010年1—6月，广西城镇居民人均工资性收入6233元，比上年同期增加509元，增长8.9%，工资性收入占可支配收入的比重高达71.5%。工资性收入增加对可支配收入增长贡献6.4个百分点。

2．社会保障水平提高是居民收入增长的重要因素。养老金或离退休金增加是拉动转移性收入增长的主要原因。近年来，各级政府和广大人民群众越来越重视养老保险制度，“健全社会保障体制”、“让养老保险惠及所有人”已成为人们关注的话题，各地政府也加大了社会保障制度建设力度，提高养老金发放标准，扩大居民统筹养老覆盖面，使居民家庭养老金收入普遍提高。提高企业离退休人员基本养老金标准，离退休人员收入增加。根据自治区桂人发［2010］32号文“关于2010年调整企业退休人员基本养老金有关问题的通知”，每人每月增加50元基本养老金，并于2010年2月13日前落实到位。2010年1—6月，广西城镇居民人均转移性收入2326元，比上年同期增加384元，增长19.8%。其中养老金或离退休金收入1973元，比上年同期增加372元，同比增长23.2%。养老金或离退休金收入增加，拉动可支配收入提高4.7个百分点。

3．经营性净收入和财产性收入基本持平。2010年以来多数经营者持观望态度，寻找发展机遇，1—6月广西城镇居民人均经营性净收入709元，比上年同期减少10元。同比下降1.4%。股市低迷，投资渠道减少，受其影响，上半年广西城镇居民财产性收入289元，与上年同期基本持平。

4．收入增速前高后低。由于一季度教师绩效工资兑现及公务员风险金发放，以及企业发放年终奖，居民收入增长较快，一季度广西城镇居民人均可支配收入增长11.4%，二季度增速降为8.7%，二季度增速比一季度回落2.7个百分点。如果下半年各地不出台新的增资政策，预计下半年居民收入增速可能还会继续回落。

二、居民消费八大类支出全面增长，汽车消费增长强劲

1—6月广西城镇居民人均消费性支出5703元，比上年同期增加621元，增长12.2%，增速比上年同期快8.6个百分点；扣除价格上涨因素，实际增长9.7%。平均消费倾向（消费性支出占可支配收入的比重）为65.4%，比上年同期提高1.2个百分点。

上半年城镇居民消费有以下几个特点：

1．八大类支出全面增长。1—6月，城镇居民人均食品支出2188元，同比增长4.5%；衣着类支出481元，增长7.6%；居住类支出545元，增长11.7%；家庭设备用品支出416元，增长5.4%；医疗保健支出284元，增长3.6%；交通通讯支出1004元，增长40.8%；教育文化娱乐支出604元，增长21.6%；其他商品和服务支出181元，增长3.4%。

2．恩格尔系数降低。1—6月广西城镇居民人均食品类消费支出2188元，食品消费支出占生活消费支出比重（恩格尔系数）为38.4%，比上年同期降低2.8个百分点。

3．自然灾害影响了农作物收成，也影响了居民消费。2010年上半年，受极端气候影响，鲜菜和新鲜瓜果产量下降，价格上升，城镇居民消费数量有所下降，而消费支出却有较大幅度增加。1—6月，广西城镇居民人均鲜菜类消费量49公斤，比上年同期下降0.4%，而人均消费蔬菜支出182元，比上年同期增长20.0%；人均消费新鲜瓜果24公斤，比上年同期下降了9%，而消费支出124元，比上年同期增长11.6%。

4．交通和通讯增长迅猛，汽车消费成为新的亮点。1—6月广西城镇居民人均交通和通讯支出1004元，比上年同期增加291元，增长40.8%，增幅居八大类之首。其中交通类支出680元，比上年同期增长64.7%；通讯类支出324元，增长7.9%。2010年1—6月广西每百户城镇居民家庭汽车购买量达到1.3辆，比上年同期增长28.6%；人均购买汽车支出395元，比上年同期增加220元，增长1.3倍。仅购买汽车一项，就拉动1—6月居民消费性支出增加4.3个百分点；人均购买汽车燃料、零配件和交纳车辆使用税支出129元，同比增长34.4%，拉动居民消费性支出增加1.4个百分点。

三、低收入家庭收入增长快，但生活仍较困难

近年来，关注民生一直是社会关注的焦点。在政府和社会各界的关心支持下，广西城镇低收入家庭收入一直保持较快的增长，基本生活保障能力得到进一步增强。2010年1—6月，占调查总体10%的城镇低收入居民家庭人均可支配收入为3082元，比上年同期增加853元，同比增长38.3%，增幅比全区平均增幅高28.1个百分点；人均消费支出2718元，比上年同期增长367元，同比增长15.6%，比全区平均增幅高3.4个百分点。城镇低收入家庭收入增长迅速的主要原因是：

1．低保收入及社会救济收入等增加。近年来，广西各地不断提高城市低保补助标准，对受灾低保边缘家庭和低收入家庭给予临时性救助，增加了低收入家庭的收入来源。1—6月低收入家庭人均得到最低生活保障收入25元，比上年同期增长30.4%；人均得到社会救济收入49元，增长6.8%；得到失业保险收入12元，增长56.0%；得到捐赠收入58元，增长2.6倍。

2．政府重视和鼓励低收入家庭人员就业。增加就业人口是摆脱家庭贫困的最有效方法之一。一些地方由政府出资补助，鼓励用工单位优先安排低收入家庭和下岗职工再就业，鼓励城市低收入家庭人员自谋职业，政府给予政策优惠，想方设法增加城镇低收入家庭人员就业面。2010

年1—6月，占调查总数10%的城镇低收入家庭平均就业人口为1.53人，比上年同期增长8.5%；上半年低收入家庭人均得到经营净收入357元，比上年同期增加85元，增长31.3%；人均得到工资性收入2265元，比上年同期增加256元，增长12.8%。

虽然低收入家庭收入有所增加，但他们的生活开支主要用于解决温饱问题，没有多余资金用于储蓄和资产积累，抵御风险和灾害能力弱，存在的问题不容忽视：

（1）低收入家庭是弱势群体，需要政府和社会的大力扶持。低收入家庭大多是老弱病残人员或下岗职工，家庭成员文化水平不高，下岗、有病者居多，缺乏劳动技能，就业难度大，生活保障能力较差。

（2）贫富差距仍然较大。1—6月占调查总体10%的低收入家庭，人均可支配收入与全区平均的差距为5638元；与占调查总体10%的高收入居民家庭人均可支配收入差距为17436元，高低收入比值为1：6.7。

（3）捐赠支出数额大，负担重。占总体10%的低收入家庭1—6月人均捐赠支出188元，比上年同期增加24元，增长14.4%。现在普通随礼一般都在100元左右，这笔支出几乎等于低收入家庭一个人一个月的伙食支出，可为了面子，那怕饿着肚子也要把礼随上。贺州有一户低收入家庭，今年2月全家收入只有1524元，而春节封包和酒席送礼等捐赠支出就达到1296元，这里我们可以看出低收入家庭的艰辛与无奈。

2010年前三季度广西城镇居民收入稳步增长 内需拉动成效明显

史 进

2010年以来，广西各级党委、政府继续以稳定就业、提高人民收入为目标，在行政机关和事业单位职工增资和企业提高离退休金等因素的共同推动下，广西城镇居民收入继续保持平稳较快增长的态势，居民消费增长较快，内需拉动成效明显。

一、城镇居民收入稳步增长

据调查资料显示，2010年前三季度广西城镇居民人均可支配收入达到12769元，比上年同期增加1196元，增长10.3%，增速比上年同期快1.1个百分点；扣除价格上涨因素，实际增长7.6%。人均消费性支出8541元，同比增加908元，增长11.9%，增速比上年同期快7.5个百分点；扣除价格上涨因素，实际增长9.2%。

2010年前三季度广西城镇居民收支有以下三个特点：

1. 政策性增资是居民收入增长的主要动力。

（1）工资性收入增加是城镇居民收入增长的主要来源。从居民家庭收入构成来看，工资收入是城镇居民家庭收入的主要组成部分。据了解，今年广西各地普遍提高公务员津补贴标准，机关和事业单位公务员收入稳步增加；一些地方对职工实行奖惩或福利性政策，职工风险金收入增加；有的地方职工工休假期间按正常工资标准3倍发放奖励工资；今年以来各地学校绩效工资政策逐步落实到位，确保教师津贴补贴平均水平不低于当地公务员平均工资水平；自治区人民政府通知把全区最低工资标准在原来基础上提高了22.4%。这些政策的实施，使得广西职工工资水平有了较大的提高。住户调查资料显示，今年前三季度广西城镇居民人均工资性收入9114元，比上年同期增加756元，增长9.1%，工资性收入占可支配收入的比重高达71.4%。工资性收入增加对可支配收入增长贡献6.5个百分点。

（2）转移性收入提高是居民收入增长的另一重要因素。社会保障水平提高，养老金或离退休金大幅度增加，是拉动转移性收入增长的主要原因。近年来，各地越来越重视养老保险制度，“健全社会保障体制”、“让养老保险惠及所有人”已成为政府的工作目标，各地加大了社会保障建设力度，扩大居民统筹养老覆盖面，提高养老金发放标准，自治区桂人发[2010]32号文“关于2010年调整企业退休人员基本养老金有关问题的通知”，每人每月增加50元基本养老金，并于2010年春节前落实到位。住户调查资料显示，2010年前三季度广西城镇居民人均转移性收入3457元，比上年同期增加504元，增长17.1%；其中人均养老金或离退休金收入2980元，同比增加527元，增长21.5%。

（3）经营性净收入基本持平，财产性收入增长平稳。2010年前三季度广西城镇居民人均经营性净收入1047元，比上年同期增长0.4%。受股市回暖和出租房屋收入增加的影响，2010年1—9月广西城镇居民人均财产性收入404元，比上年同期增长2.6%。

二、居民消费“增多减少”，内需拉动成效明显

2010年1—9月广西城镇居民人均消费性支出8541元，比上年同期增加908元，增长11.9%；平均消费倾向（消费性支出占

可支配收入的比重）为66.9%，比上年同期提高0.9个百分点；食品消费支出占生活消费支出比重（恩格尔系数）为38.1%，比上年同期降低2.3个百分点。居民消费的基本情况是：

1．八大类消费支出七增一减。今年1—9月广西城镇居民人均食品消费支出3252元，同比增长5.4%；衣着类支出644元，同比增长6.3%；居住类支出843元，同比增长14.5%；家庭设备用品支出629元，同比增长12.6%；医疗保健支出456元，同比增长13.6%；交通通讯支出1465元，同比增长33.1%；教育文化娱乐支出1009元，同比增长13.2%；其他商品和服务支出244元，同比下降3.8%。

2．受自然灾害等因素影响，一些主要食品价格上涨，居民消费受到制约。今年以来受极端气候影响，鲜菜和新鲜瓜果产量减少，价格飚升，城镇居民消费受到制约，而消费支出却有较大幅度增加。2010年1—9月广西城镇居民人均鲜菜消费量77公斤，比上年同期下降0.2%，而人均购买鲜菜支出284元，比上年同期增长20.1%；人均消费新鲜果30公斤，比上年同期下降了7.9%，而购买水果支出170元，比上年同期增长12.1%。

3．家庭用品更新快、家用电器需求旺盛。随着扩大内需、促进消费政策的实施，各种惠民措施也不断出台，刺激了城镇居民对家用电器的需求。2010年1—9月广西城镇居民人均家庭设备及服务支出629元，比上年同期增加了71元，同比增长12.6%。到9月末，广西城镇居民每百户家庭已经拥有洗衣机98台、电冰箱97台、彩色电视机136台、家用电脑79台、空调器112台。从数据显示看出，城镇居民家电拥有量已基本饱和，目前消费热点主要是以家电更新换代为主。

4．交通和通讯消费增长迅猛，汽车消费成为新的亮点。2010年1—9月广西城镇居民人均交通和通讯支出1465元，比上年同期增加364元，增长33.1%，增幅居八大类之首。其中交通类支出982元，增长52.4%；通讯类支出483元，增长5.8%。2010年1—9月广西每百户城镇居民家庭汽车购买量达到1.7辆，比上年同期增长25.6%；人均购买汽车支出563元，比上年同期增加283元，增长1.3倍。仅购买汽车一项，就拉动前三季度城镇居民消费性支出增加3.3个百分点。

三、最低工资标准提高，但部分低收入家庭生活仍较困难

在政府和社会各界的关心支持下，近几年来广西城镇低收入家庭收入一直保持较快增长，基本生活保障能力得到进一步增强。住户调查资料显示，2010年1—9月占调查总体10%的城镇低收入居民家庭人均可支配收入为4632元，比上年同期增加1033元，同比增长28.7%，增幅比全自治区平均增幅高18.4个百分点；人均消费支出4093元，比上年同期增长558元，同比增长15.8%，比全自治区平均增幅高3.9个百分点。

虽然低收入家庭收入有所增加，但他们的生活开支主要用于解决温饱问题，没有多余资金用于储蓄和资产积累，抵御风险和灾害能力弱。低收入家庭大多是老弱病残人员或下岗职工，家庭成员文化水平不高，下岗、有病者居多，缺乏劳动技能，就业难度大，生活保障能力较差。家庭成员的病痛是家庭最大的负担。医疗保健是低收入家庭最关心的问题之一，也是造成部分家庭脱贫后又重新返回贫困线下的主要原因。2010年1—9月低收入家庭人均医疗保健支出91元，比全自治区平均水平少支出365元。并不是低收入家庭人员不生病，相反，由于低收入家庭成员大多是老弱病残，他们的病痛比普通家庭更多，但由于没有钱看病治疗，他们只有到药店买些便宜的药吃，或是睡在床上硬挺。百色市就有一四口之家，因家庭生活困难而无钱医治，不得已将患精神病的小孩长期

锁在家中。人情往来支出也是低收入家庭的一个重要负担。目前普通人情往来随礼一般是100元，这是低收入家庭的一笔不小开支。低收入家庭怕别人请到自己，但更怕别人看不起自己，借债过日子的情况时有发生。前三季度低收入家庭人均捐赠支出292元，比上年同期增加90元，增长44.2%。

居民收支稳步增长　生活消费差距扩大

——2009年南宁市城市住户调查报告

覃宏珍

2009年，在国家一揽子促进经济平稳较快发展的政策实施下，南宁市经济稳健回升，城市居民收入稳步增长，居民消费也保持持续增长的态势。据调查，2009年南宁市城市居民人均可支配收入达到16530.58元，比上年增长10.3%；人均消费性支出达到11120.05元，增长8.3%。

一、收入稳步增长

（一）政策性调资及财政转移支付成为居民收入增长的重要因素

1．政策性调资成为拉动居民人均工资收入增长的重要因素。2009年，南宁城市居民人均工资性收入为14244.72元，比上年增长6.9%，占家庭人均总收入比重为74.3%。在工资性收入中，人均工资及补贴收入为13960.59元，比上年增长7.2%。主要是南宁市兑现义务教育阶段教师绩效工资，并从2009年元月份起开始补发；同时，部分参照公务员管理的事业单位在2009年也开始实行规范津补贴，而且补发时间从2007年下半年算起，使收入普遍增加。

2．企业和机关单位提高养老金或离退休金。2009年，养老金或离退休金人均达到3212.06元，同比增长17.7%。主要是从2009年元月份起，企业退休人员退休金平均每人每月约增加100元左右，机关单位的退休人员领取补贴比例由同级在职职工的70%提高到90%。

（二）收入来源多元化助推居民收入稳步增长

改革开放30年，部分居民家庭积累有较多的财产，一些居民家庭通过资本运作，使家庭财产实现保值增值。随着2009年股市楼市双双上扬，居民在股息与红利、出租房屋及其它投资收入等均有较好的收入，使居民家庭财产性收入大幅增长。据调查，2009年南宁城市居民人均财产性收入425.25元，比上年增长100.7%。

（三）家庭经营净收入大幅增长

2009年，南宁市政府全面落实促进非公有制经济发展政策，不断优化投资软环境，非公有经济得到进一步的发展。同时，国家扩大固定资产投资规模，推出鼓励消费政策措施，拉动内需，使投资需求和居民消费需求稳定增长。2009年南宁市城市居民人均经营净收入924.05元，比上年增长53.9%。

（四）不同层次居民收入增长差别较大

按相对收入不等距分组，将总体分成最低收入组占10%、低收入组占10%，较低收入组占20%，中间收入组占20%、较高收入组占20%、高收入组占10%、最高收入组占10%。调查资料显示，与2008年相比，最高收入组人均可支配收入增长23.5%、低收入组增长14.4%，而最低收入组人均可支配收入仅增长0.3%，其余各组人均收入分别增3.9%到8.1%之间。只有两个组占总体20%的居民户收入增长在平均水平之上。进一步分析发现，最高收入组户数虽然只占总体的10%，但其收入增长却拉动总体收入增长3.5%。由此可见，绝大多数家庭（约80%）收入增长达不到平均增长水平，有一些家庭收入甚至出现下降。

（五）高低收入户的收入差距呈扩大之势

2009年最高收入户与最低收入户的人均可支配收入分别为43635.45元和5064.15

元，最高收入户与最低收入户收入比由2008年的7：1扩大到8.6：1。从最高收入户的收入结构看，收入增长主要来源于经营净收入及财产性收入，这两项收入同比分别增长114.6%和525.8%。

二、八项消费“七增一降”

2009年南宁市城市居民人均消费性支出达到11120.05元，比上年增长8.3%，人均消费性支出连年保持增长。除医疗保健和个人用品支出下降外，其余支出均保持增长。其中人均食品消费支出增长2.5%，衣着支出增长10.9%，居住支出增长13.4%，家庭设备用品及服务支出增长78.0%，交通和通讯支出增长2.0%，教育文化娱乐服务支出增长9.9%，其它商品和服务支出增长0.2%。

（一）食品消费结构不断优化，消费水平不断提高

2009年南宁市城市居民人均食品消费支出4316.86元，比上年增长2.5%，增长速度明显低于消费性支出增长速度，食品消费支出占消费性支出的比重（恩格尔系数）由2008年的41%下降到2009年的38.8%。传统的食品如粮油类、猪肉等消费支出分别下降5.6%和8.5%。主要原因是部分食品价格的下降及居民消费结构的变化，如猪肉人均消费量虽然同比增长7.2%，但由于价格下降，消费支出额反而下降8.5%；食用植物油人均消费量下降13.9%、消费单价下降18.2%，使食用植物油人均消费支出下降29.6%；大米人均消费量同比下降3.7%。相比之下，营养低脂、方便快捷的食品类消费支出增长较快，其中，水产品类人均消费支出280.71元，增长6.0%；干鲜瓜果类人均消费支出292.36元，增长7.4%；糕点、奶及奶制品人均消费支出254.34元，增长5.9%；在外饮食人均消费支出860.82元，增长14.5%。居民食品消费结构日益丰富合理，消费水平不断提高。

（二）家用电器成为消费支出增长亮点

2009年，随着居民消费需求的增长及国家鼓励消费政策的落实，居民的消费欲望得以激活，居民在家用电器方面的消费支出增长较快。2009年南宁市城市居民人均家庭设备耐用消费品支出469.74元，比上年增长155.6%；人均文化娱乐用品消费支出395.1元，增长5.9%。到2009年末，平均每百户居民家庭拥有洗衣机94台、电冰箱101.5台、彩色电视机139台、家用电脑92台、组合音响32.5套、微波炉80台、空调器150.5台、沐浴热水器99台。

（三）交通和通讯消费支出依然占较大的比重

随着居民收入的持续较快增长，特别是中高收入户数量的增加，购买家用汽车的家庭增多，以家用汽车为代表的交通和通讯依然保持旺盛增长。2009年南宁市城市居民人均交通和通讯消费支出1814.96元，比上年增长2.0%，交通和通讯消费支出占消费总支出的比重达到16.3%，在八大类消费支出中居第二位。2009年末南宁市平均每百户居民家庭家用汽车拥有量达到11辆，比2008年的9.5辆增加了1.5辆，增长15.8%。汽车拥有量的增长带动相关消费支出的增长，2009年南宁市人均车辆用燃料及零配件消费支出225.67元，增长20.2%；交通工具服务支出120.55元，增长4.4%。2009年人均通信消费支出717.49元，增长0.2%。

（四）服务性消费支出稳步增长

2009年南宁市城市居民生活社会化程度不断提高，休闲娱乐服务消费支出稳步增长。人均服务性消费支出2925.96元，比上年增长9.0%。其中，在外饮食服务人均消费支出861.38元，增长14.5%；居住服务人均支出69.83元，增长12.0%；家庭服务人均支出69.57元，增长6.6%；文化娱乐服务人均支出458.77元，增长24.2%；其它服务人均支出133.92元，增长4.6%。

（五）高低收入户消费差距进一步扩大

2009年最高收入户与最低收入户的人均消费性支出分别为31418.25元和5281.49元，消费支出比由2008年的5：1扩大到5.9：1。从分组资料看，中等收入户、较低收入户及低收入户的消费支出呈现下降或消费增长幅度明显低于平均水平，与最高收入户的消费支出差距同样进一步扩大。

三、非消费性支出增速大于消费性支出

1．非消费性支出比上年增长10.1%。2009年在非消费性支出中，人均转移性支出1284.06元，增长10.1%；社会保障支出2349.22元，增长18.8%；购房与建房支出1061.89元，增长219.1%。

2．低收入户社会保障支出高于高收入户，但生活压力增大。2009年，最高收入户人均社会保障支出达到3308.08元，比上年下降6.3%；高收入户人均社会保障支出达到3090.96元，增长15.5%。而最低收入户人均社会保障支出2297.97元，增长97.8%；低收入户人均社会保障支出1325.17元，增长34.1%。从缴纳社会保障支出的绝对数额看，高收入户仍然大于低收入户，但从增长速度看，低收入户明显高于高收入户。增长过快的社会保障支出虽然保障了低收入家庭以后的生活，但同时也加重了低收入家庭的负担，在收入水平偏低，收入增速跟不上平均增速，有些家庭收入甚至下降的情况下，增长过快的社会保障支出必定会挤占低收入家庭当期的消费性支出，影响了低收入家庭生活水平的提高。

2010年一季度南宁市城市居民收支增长强劲生活质量明显改善

莫 然

2010年以来，南宁市经济回升向好态势明显，居民收支双双增长，生活质量明显改善。据国家统计局南宁调查队对南宁市200户市区居民家庭抽样调查资料显示，2010年第一季度南宁市城市居民人均可支配收入为4991.79元，比2009年同期增长12.3%；人均消费性支出3473.64元，比2009年同期增长15.8%。

一、居民收入稳定增长，工资性收入仍占主导

从各项收入构成情况来看，除经营性收入下降21.8%外，构成总收入的工资性收入、财产性收入和转移性收入较上年同期均有不同程度的增长，居民收入来源的多元化特征日益明显，收入渠道不断拓宽。

（一）工资性收入较快增长

工资性收入仍是居民家庭收入的主要来源。调查资料显示，2010年一季度南宁市居民人均工资性收入4125.55元，占可支配收入的82.6%，同比增长8.7%。拉动居民总收入增长6.5个百分点，对总收入增长的贡献率为54.7%。居民工资性收入增长的主要因素：一是经济回升继续向好，户均有收入的人数增加。抽样调查资料显示，2010年一季度南宁市居民户均有收入者人数比2009年同期增长1.8%；二是企业效益好转，居民工资性收入增加。调查资料显示，随着经济回升，部分单位效益明显好转，职工工资、年终奖金和福利补贴等均有所增长；三是事业单位工资改革。随着事业单位工资改革的推行，南宁市中小学校等事业单位补发了绩效工资，在一定程度上也推动工资性收入的增长。

（二）财产性收入大幅增长

随着居民财产增值投资意识增强，居民投资理财观念发生积极变化，投资行为活跃。在股市和房市回暖的积极影响下，南宁市民在股票、基金等的投资回报额明显增加；同时房价上涨带动居民出租住房收益大幅上升，成为居民增收亮点。2010年一季度南宁市居民人均财产性收入130.62元，比2009年同期增长78.3%。拉动可支配收入增长1.3个百分点。其中人均股息与红利收入50.85元，同比上涨124.4%；人均出租房屋收入60.33元，同比增长83.7%。

（三）转移性收入快速增长

受部分离退休人员补发退休工资影响，2010年一季度南宁市居民人均转移性收入达到1175.6元，比2009年同期增长31%，拉动可支配收入增长6.3个百分点。其中人均离退休金收入为938.45元，同比增长27.9%，成为影响转移性收入增长的主要原因。

二、居民消费支出快速增长，恩格尔系数下降

2010年以来南宁市居民消费需求日趋多样化，居民生活质量得到进一步提高，消费性支出呈现快速增长态势。一季度，南宁市城市居民人均消费性支出为3473.64元，比上年同期增长15.8%。其中，服务性消费支出人均792.15元，同比增长11.7%。八大类消费呈五升三降的格局（详如下表）。

南宁市城市居民消费性支出对比表

	2010年一季度（元）	2009年一季度（元）	同比增长（%）
人均消费性支出	3473.64	3000.7	15.8
（1）食品	1201.32	1134.76	5.9
（2）衣着	270.01	233.09	15.8
（3）居住	248.45	314.86	-21.1
（4）家庭设备用品及服务	221.96	242.28	-8.4
（5）医疗保健	156.61	92.62	69.1
（6）交通和通讯	911.4	585.98	55.5
（7）教育文化娱乐服务	395.27	321.45	23
（8）其它商品和服务	68.63	75.65	-9.3

（一）食品消费支出小幅上涨，恩格尔系数下降

2010年一季度南宁市城市居民人均食品消费支出1201.32元，比上年同期增长5.9%，占消费性支出的34.6%。恩格尔系数比上年同期下降3.2个百分点。其中，粮油类支出141元，同比增长2.7%；肉禽蛋水产品类支出471.47元，同比增长1.6%；蔬菜类支出117.34元，同比增长26.9%；糖烟酒饮料类支出78.83元，同比增长14.4%；干鲜瓜果类支出79.27元，同比增长21%。

（二）衣着支出增加

随着经济的发展，南宁市民收入水平不断提高，消费观念也不断更新，更加注重提高生活质量。衣着消费观念也从穿暖穿好逐步向追求品牌化、高档化、时装化、个性化观念发展。2010年一季度，南宁市城市居民人均衣着支出270.01元，比2009年同期增长15.8%。市民在选择衣着时更加注重潮流与时尚因素，一季度人均服装支出209.3元，占衣着类支出的77.5%，比2009年同期增长20.7%。

（三）家用水电、燃料支出较快增长

2010年一季度，南宁市城市居民用水电、煤炭燃气支出快速增长。其中，人均用水支出为29.55元，比2009年同期增长7.8%；人均耗电支出为98.01元，比2009年同期增长10.6%；居住用燃料支出人均59.34元，比2009年同期增长31%。主要原因：一是居民生活用水、煤炭和液化石油气价格上调；二是家用电器拥有量增加，耗电量增长较快。

（四）医疗保健支出大幅增长

随着居民医疗保健意识的逐渐增强，此类开支也在增加。2010年一季度南宁市城市居民人均医疗保健支出156.61元，比2009年同期增长69.1%。其中人均医疗费支出68.5元，比2009年同期增长208.8%；人均滋补保健品消费支出25.74元，同比增长142.6%。

（五）交通通讯类支出增长快速

随着汽车逐步走进市民家庭，以及互联网、电信等相关服务费价格下降，有效刺激了市民对交通与通讯的消费欲望。特别是今年汽车购置税优惠政策的延续，带动居民家庭的交通支出持续上升。2010年一季度南宁市城市居民人均交通和通讯费用支出911.4元，同比增长55.5%。其中人均交通支出705.27元，同比增长79.7%。随着市民收入的稳步增加，私家车进入家庭速度逐步加快，市民购车档次也越来越高，一些中高档车也开始进入了普通百姓家庭，一季度调查样本居民所购置的汽车均价为158000元。季度末居民家用汽车拥有量每百户为13.5辆，比上年同期增长35%。

调查资料显示，一季度南宁市居民家庭每百户接入互联网的计算机为69台，比2009年同期增长12.2%。随着越来越多家庭使用电脑等信息化产品，市民通讯支出也随之增加。一季度南宁市民人均通信支出206.13元，比2009年同期增长6.6%。人均电信费支出175.65元，比2009年同期增长5.4%，其中人均上网费用28.08元，增长64.8%。

（六）家庭设备、文化娱乐用品支出涨幅超50%

一季度，南宁市居民人均家庭设备消费支出79.83元，比2009年同期增长50.5%。每百户居民中洗衣机的购买量比去年多1.5台、电冰箱的购买量比去年多1.5台、微波炉的购买量比去年多2台、空调的购买量比去年多0.5台。市民人均文化娱乐用品消费支出141.87元，同比增长53.5%。表明市民生活质量进一步提高。

（七）服务性消费支出升温，休闲旅游支出增多

随着物质生活的逐步改善，南宁市民“花钱买享受”的生活观念正在形成，居民服务性支出也不断增加。一季度南宁市民人均服务性支出792.15元，比2009年同期增长11.7%，占居民消费性支出的比重达22.8%。

1. 休闲旅游支出增加。公共交通的日趋发达，私家车拥有量逐步增多，给市民家庭的外出旅游带来了便利。越来越多的市民选择外出旅游，旅游消费逐渐成为人们假日闲暇的乐事。一季度南宁市民人均参观游览支出15.53元，同比增长67.2%；人均团体旅游支出71.33元，同比增长13.1%。

2. 文化娱乐支出增长32.5%。随着人们生活条件的改善，更加注重文化娱乐消费，再加上各种文化娱乐设施的不断完善，丰富了市民的业余生活。一季度南宁市民人均文化娱乐服务类消费支出139.34元，同比增长32.5%，文化娱乐消费已成为居民消费的一个重要组成部分。

（八）美容成为消费新热点

人民生活水平的不断提高和美容业的进一步规范，美容消费逐渐呈现专业化、品牌化趋势，美容消费人群和消费产品迅速扩张，美容正在成为继房地产、汽车、通信和旅游之后的又一消费热点。一季度南宁市民人均购买化妆品24.74元，同比增长32.4%；人均美容费支出16.32元，同比增长29.2%。

三、低收入居民家庭收入增长加快，收入差距仍然较大

2010年一季度，南宁市调查样本中10%最低收入居民家庭人均可支配收入增长速度在不同收入水平居民家庭中增长最快，高低收入户居民收入差距有所缩小。

（一）最低收入家庭收入增速大于最高收入家庭

调查资料显示，2010年一季度，各占10%的最高和最低收入城市居民家庭人均可支配收入分别为13829.71元和1639.14元，同比增长14.1%和20.3%。10%最低收入居民家庭的收入增长速度大大超过10%最高收入居民家庭，两者收入差距由上年的8.9∶1缩小为8.4∶1（以最低收入居民家庭收入为1）。

（二）最低收入居民家庭负担仍较高

虽然第一季度最低10%低收入居民家庭收入大幅增长，与高收入水平居民家庭收入差距有所缩小，但由于低收入家庭人口多，就业人口少，负担系数仍然较高。2010年一季度，10%最低收入居民家庭平均每户3.45人，比全市平均水平高14.2%；户均就业人口1.55人，比全市平均水平低7.7%；户均负担系数2.23，比全市平均水平高0.43。人均可支配收入仅为全市平均水平的32.8%，人均消费性支出仅为全市平均水平的40.2%。由此可见，10%最低收入居民家庭在收入和消费方面明显低于全市平均水平。此外，最低收入居民家庭恩格尔系数为55.8%，比全市平均水平高21.2个百分点。因此，提高低收入居民家庭生活水平，改善低收入居民家庭生活质量仍然值得关注。

收入好于预期　消费需求旺盛

——2010年上半年南宁市城市居民收支情况调查报告

蒋秋明

据调查资料显示，2010年上半年，南宁市城市居民家庭人均总收入10480.36元，与上年同期相比增长6.5%，其中人均可支配收入为9201.27元，比上年同期增长8.3%，虽然增幅比上年下降1.7个百分点，但仍较高。人均家庭总支出8852.96元，同比增长5.0%，其中，人均消费性支出6461.79元，同比增长16.7%，增幅比上年同期高7个百分点。

一、城市居民家庭收入稳步增长

（一）构成家庭总收入的四大项“二升二降”

从构成家庭总收入的工资性收入、财产性收入、转移性收入和经营性收入四大项来看，增长的有工资性收入和转移性收入，下降的是经营性收入和财产性收入。主要表现在：

1．三因素推动工资性收入增长。2010年上半年，南宁市城市居民人均工资性收入为7605.01元，同比增长3.7%，拉动可支配收入增长3.2个百分点。主要原因有三：一是教育部门等事业单位实施规范性补贴带来的影响，大部分学校教师补发了去年津贴；二是各行业的年度奖金均集中在2、3月发放，上半年工资性收入出现相对集中的增长；三是随着国家在收入分配制度上的改革，一些原本收入较低的行业或岗位，在一定程度上提高了职工的工资水平。

2．得益于政策性因素转移性收入稳定增长。上半年南宁市城市居民家庭人均转移性收入2255.43元，同比增长30.1%，拉动家庭可支配收入增长6.1个百分点。一是国家逐年提高离退休人员退休金政策的影响。特别是2010年，国家再次提高了离退休人员离退休金的标准，使得南宁市民人均养老金及离退休金收入比上年同期上涨了25.7%。二是捐赠和赡养收入增加。2010年上半年居民家庭人均捐赠收入135.52元，比上年增长12%；人均赡养收入达到69.94元，比上年增长146.2%。这两项收入占转移性收入的9%，推高了转移性收入。

3．财产性收入受其它投资性收入增加的影响下滑。2010年上半年，南宁市城市居民人均财产性收入下降29.4%，影响家庭可支配收入下降1.0个百分点。主要是居民投资理财的理念和行为发生了新的变化。今年房地产市场受政策因素影响，一部分居民购房意愿放缓，扩大了对出租房的需求；一些投资房地产的居民把准备出售的房子转而出租，导致其它投资收入大幅度下降，但出租房屋收入同比却增长76.3%。部分居民还在金融市场进行投资，赚取股息红利增加家庭收入，股息与红利收入同比增长55.5%。各类储蓄性保险在带来保障的同时也成为一个投资的领域，许多居民开始逐步涉足保险投资获取受益，保险收益同比增长293.4%。

4．经营性收入连续两年出现下降。由于国际金融危机的影响仍在继续，加上2010年国内部分地区遭遇旱灾、洪涝灾害的影响，一些微小、微利行业在劳动用工、原材料成本、融资贷款方面出现不同程度的困难，一部分经营者甚至选择暂停营业、歇业或转行等方式规避经营风险。受此影响，2010年上半年南宁市居民经营性收入同比下降了14.4%，成为可支配收入增长的主要下拉因素。

（二）工资性收入仍然是居民家庭收入的主要来源

从收入构成来看，工资性收入占家庭总收入的72.6%，转移性收入占21.5%，经营净收入占3.9%，财产性收入占2%，工资性收入仍是城市居民家庭总收入的主要来源。

（三）高低收入居民家庭的收入差距略有缩小

调查数据显示，2010年上半年按收入水平五等分组，20%最高收入家庭人均可支配收入为19233.28元，同比增长1.8%；20%最低收入家庭人均可支配收入为3726.81元，同比上升28.0%；高收入组和最低收入组家庭的人均可支配收入差距为4.2倍，比上年略有缩小。

（四）低收入居民家庭收入大幅增长

2010年上半年南宁市最低10%低收入居民家庭可支配收入3169.01元，与上年相比增长60.3%，与高收入水平居民家庭收入差距略有缩小。上半年，南宁市最低收入居民家庭就业人口有所增加，但由于低收入家庭人口多，负担系数仍然较高。数据显示，1—6月，10%最低收入居民家庭平均每户3.25人，比全市平均水平高7.6%；户均就业人口1.7人，比全市平均水平高1.8%；户均负担系数1.91，比全市平均水平高0.11。人均可支配收入仅为全市平均水平的34.4%，人均消费性支出仅为全市平均水平的44.3%。由此可见，10%最低收入居民家庭在收入和消费方面明显低于全市平均水平。此外，最低收入居民家庭恩格尔系数为60.3%，比全市平均水平高出25.3个百分点。低收入居民家庭生活水平仍有待提高。

二、城市居民消费活跃，支出特点显著

随着居民收入水平的稳步提高，政府扩大内需措施进一步落实，城市居民消费信心不断提升，南宁市民消费性支出呈现快速增长。分月看，人均消费性支出除2月份同比下降14.1%外，其余5个月同比分别上涨20.9%、64.0%、10.0%、16.9%、27.2%。1—6月，南宁市城市居民家庭人均消费性支出6461.79元，同比增长16.7%，增幅比上年高7个百分点。从构成消费性支出的八大项看同比呈现“七升一降”的格局。上升的是：人均食品类支出2262.93元，升3.9%；人均衣着类支出472.22元，升15.8%，人均家庭设备用品及服务类支出603.76元，升19.7%；人均交通和通讯类支出1269.01元，升41.3%；人均医疗保健类支出330.8元，升39.9%；人均教育文化娱乐服务类支出729.88元，升22%；人均居住类支出607.25元，升16.3%；分别拉动消费性支出增长1.5、1.2、1.8、6.6、1.7、2.4、1.5个百分点。下降的是：人均其他商品和服务支出185.94元，同比下降3.8%，拉动消费性支出下降0.1百分点。

1．食品价格上涨导致食品支出小幅增长。2010年上半年南宁市食品价格同比上涨4.7%，居民在保持原有食品消费水平的前提下支出相应增加。调查结果显示，1—6月，南宁市城市居民食品类消费人均支出2262.93元，同比增长3.9%。其中，蔬菜类支出与上年同期相比增长21.2%，主要是受旱灾及洪涝灾害等不利天气的影响，蔬菜价格同比上涨27.5%；干鲜瓜果类价格同比上涨了21.1%，影响干鲜瓜果类的支出同比增长17.2%；绿豆是南方地区主要的消暑产品，进入3月份以来，绿豆及干豆类制品价格逐月走高，豆类及制品支出同比上涨了17.8%，带动了居民食品类的消费支出。

2．住房条件改善拉动了居住服务消费。一是因为近年来，南宁市民购房置业不断增多，居住条件大幅改善，带动了房屋装潢支出增长，调查资料显示，1—6月南宁市民人均住房装潢支出191.31元，同

比增长26.3%。二是水电及燃料方面的支出增多所致。2010年南宁市提高了居民生活用水的价格，罐装液化气每瓶价格一直保持在100元左右，两者共同提高居民在燃料消费方面的支出，上半年南宁市居民人均水电燃料及其他支出373.17元，同比增长16.9%。

3．家庭设备用品及服务支出增长较快。2010年上半年，南宁市城市居民家庭耐用消费品人均支出340.21元，同比增长31.3%，其中，家具人均支出141.54元，同比增长75.5%，床上用品人均支出43.22元，同比增长15.3%，家庭日用杂品人均支出173.38元，同比增长49.4%。

4．交通和通讯支出增长迅猛。2010年上半年，南宁市城市居民交通和通讯类人均消费支出1269.01元，同比增长41.3%。一是居民汽车拥有量的增长。近几年，汽车消费一直是居民消费的热点，在国家拉动内需政策鼓励下，至6月底，南宁市城市居民每百户家庭拥有汽车14.5辆，与上年同期相比增加了4.5辆。随着汽车拥有量的不断增加，居民家庭用在汽车上的费用也同步增长，上半年南宁市城市居民的人均车辆使用税费支出为47.4元，比上年同期增长65.1%；人均维修费用16.01元，同比增长101.9%；人均车辆燃料支出108.6元，同比增长8.6%。汽车给人们及家庭带来生活便利的同时，也不同程度的增加了家庭的经济负担。二是上网的计算机增多。至6月底，南宁市城市居民每百户家庭接入互联网的计算机69.5台，与2009年同期相比增加7.3台，上网费支出增长73.8%。

5．医疗费支出增长，滋补保健品受青睐。2010年上半年南宁市城市居民人均医疗保健类消费支出330.8元，同比上涨39.9%。主要是住院人数的增加，相应的用于医疗费人均支出128.28元，与2009年同比增长71.9%。生活水平的提高，人们更关注自身的健康，今年以来有关养身的电视节目热播，书店里有关养身保健的书籍大卖，滋补保健品人均支出59.12元，与上年同期相比增长了181.1%。

6．旅游文化娱乐支出增长明显。每年1—6月份是节假日相对集中的时段，在收入增加的同时，人们也会更多的选择出游或其他休闲娱乐方式以丰富自己的业余生活。2010年上半年，南宁市城市居民人均文化娱乐服务消费支出282.56元，同比增长49.8%，人均参观游览支出24.39元，同比增长31.3%；人均团体旅游支出176.23元，增长60.8%。

2010年前三季度南宁市居民收入差距分析

梁仕琮

近几年，南宁市经济持续、快速、健康发展，综合经济实力不断提升，城市居民家庭人均可支配收入稳步增加，生活质量和消费结构显著改善，居民家庭高低收入差距过大的矛盾有所缓解，但差额仍然较大。

一、高低收入户收入差距仍然较大，生活质量差异明显

调查资料显示，2010年前三季度南宁市城市居民人均可支配收入达到13420.84元，与上年同期相比增长8.1%。其中，占调查总户数20%的高收入户人均可支配收入27283.59元，增长2.7%；而20%的低收入户人均可支配收入为5569.69元，增长20.3%；高低收入户的收入差距比由上年的5.7：1降到4.9：1。但两者的差距仍然达到21713.9元，两者的生活质量差异依旧明显。

（一）消费水平差异扩大

调查数据显示，2010年前三季度，高收入家庭人均消费支出21413.43元，比上年增长30.5%；低收入家庭人均消费支出4728.6元，增长16.6%，高低收入户消费支出比由上年同期的4.0：1扩大为4.5：1。

（二）消费结构差异明显

从衡量居民贫困或富裕程度的恩格尔系数来看，2010年前三季度高收入户为20.6%，低于平均数13.2个百分点，生活已进入了富裕阶段；而低收入户为54.8%，高于平均数21.0个百分点，生活还处在温饱阶段。

表1：2010年前三季度南宁市城市居民高低收入家庭消费支出及结构表

消费支出类别	高收入家庭（20%）		低收入家庭（20%）	
	支出（元）	比重（%）	支出（元）	比重（%）
消费支出合计	21413.43	100.0	4728.6	100.0
1．食品	4418.22	20.6	2592.57	54.8
2．衣着	1562.91	7.3	158.81	3.3
3．居住	1433.04	6.7	520.07	11.0
4．家庭设备用品及服务	2229.18	10.4	203.92	4.3
5．医疗保健	1333.38	6.2	306.23	6.5
6．交通和通信	6616.65	30.9	436.2	9.2
7．教育文化娱乐及服务	3157.03	14.9	478.52	10.1
8．其它商品和服务	663.01	3.0	32.29	0.8

从上表的八大类消费支出中可以看出，在消费比重上，食品和居住类高收入户低于低收入户34.2和4.3个百分点，衣着、家庭设备用品及服务、交通和通信、教育文化娱乐及服务以及其它商品和服务类高收入户高于低收入户4.0、6.1、21.7、4.8和2.2个百分点，医疗保健支出比重大致相当；但从八大类消费支出绝对额看，高收入户的支出额大大高于低收入户。

表2：2010年前三季度南宁市高低收入家庭每百户拥有耐用品数量及人均住房面积表

耐用品名称	高收入户	低收入户	耐用品名称	高收入户	低收入户
洗衣机（台）	117.5	77.5	移动电话（部）	260	187.5
彩电（台）	190	110	摄像机（架）	10	2.5
电冰箱（台）	122.5	82.5	健身器材（套）	15	2.5
固定电话（部）	80	50	家用汽车（辆）	35	2.5
空调（台）	270	65	人均住房面积（平方米）	39.3	22.6
电脑（台）	127.5	75			

（三）拥有耐用品及住房差异显著

上表可以看出，不论是摄像机、健身器材、家用汽车等高档享乐型耐用品，还是空调、电脑、移动电话等较大价值的耐用品，甚至是洗衣机、彩电、电冰箱、固定电话等家庭普及型耐用消费品拥有量高收入户都要远高于低收入户。

在住房方面，从人均住房建筑面积看，高收入户人均39.3平方米，几乎是低收入户的两倍；从住房的建筑式样看，高收入户二居室以上的套房占95.0%，低收入户为85.0%；从现有住房市场估值看，高收入户住房每户约40万，低收入户约22万。

（四）社会保障支出两重天

2010年前三季度南宁市高收入户人均社会保障支出2547.15元，是低收入户的3.3倍，其中个人缴纳的养老基金高收入户人均364.01元，是低收入户的1.2倍；住房公积金、医疗基金、失业基金、其它社会保障支出，高收入户分别是低收入户的5.3倍、3.1倍、2.0倍和1.5倍。

二、造成高低收入家庭收入差距大的原因分析

（一）负担差异悬殊是直接原因

2010年前三季度南宁市城市居民户平均家庭人口3.26人，平均就业人口为1.67人，就业面55.3%；高收入户平均家庭人口为2.66人，平均就业人口为1.72人，就业面为64.7%，就业者负担系数（含就业者本人）是1.55；而低收入户平均人口为3.26人，平均就业人口为1.62人，就业面为49.7%，就业者负担系数是2.01。低收入户就业者的负担系数相对太高，负担过重。

（二）工资性收入差距是主要原因

居民家庭收入的主要来源是工资性收入，不同行业职工工资水平差距扩大成为收入差距拉大的重要原因。调查资料显示，2010年前三季度南宁市高收入户人均工资性收入21410.75元，是低收入户的4.7倍，绝对差额16817.73元。在工资性收入仍占主体地位的前提下，工资性收入差距已成为高低收入户之间收入差距的主要因素。

高收入户家庭就业成员主要来自于收入比较高的垄断性行业、机关事业单位，工资性收入较高。而低收入户家庭就业人员主要供职于工资比较低的一些传统的行业，如制造业、批发零售业、住宿餐饮业、居民服务和其他服务业等，企业效益大多不好，使得高低收入家庭工资性收入差距较大。

（三）经营性收入悬殊是形成收入差距的重要因素

调查数据显示，高低收入户的经营性收入和财产性收入相差悬殊，2010年前三季度南宁市高收入户人均经营性收入和财产性收入分别为2096.56元和471.11元，低收入户则分别为138.99元和179.46元，高低差距分别为15倍和2.6倍。两项合计形成的高低收入差额为2249.22元。

（四）离退休人员养老金收入水平是造成收入差距的又一原因

调查资料显示，2010年前三季度南

宁市平均每个家庭有离、退休人员0.56人，家庭人均来自养老金收入为2903.8元，养老金收入已占家庭人均可支配收入的21.6%。其中，高收入户养老金收入为4745.9元，低收入户为1184.8元，差距比为1∶4.01。高收入组家庭离、退休人员大部分来自效益较好的企业和机关事业单位，养老金都比较高；而低收入组家庭退休人员主要是住宿和餐饮业、建筑业中的企业，效益比较差，养老金的基数较低，一些单位存在自筹部分不能按时发放的情况。

2010年上半年梧州市城镇居民消费呈现八大亮点

潘 榕

随着国家宏观经济政策效应不断增强，国民经济运行持续快速健康发展，梧州市的消费市场明显回暖，居民消费进入平稳高速增长的轨道，并不断显现出新的消费亮点。2010年上半年，梧州市100户城镇居民的人均消费支出为5655.6元，同比增长21%。扣除物价涨幅和个别特殊大额支出后，消费支出实际同比增幅达15.2%，且消费增幅比同期人均可支配收入高出6.9个百分点，增速明显，成为梧州市国民经济可持续发展的一大动力。

一、居民消费八大亮点

随着居民生活水平及质量显著提高，梧州市居民的消费结构日趋优化，消费亮点不断涌现，消费市场活跃。2010年上半年梧州市城镇居民的八大类消费支出七升一降，除教育文化娱乐类支出同比下降7.1%外，其余七大类均有不同程度增长，以饮食、衣着、住房和高档用品为主的四大消费是2010年上半年城镇居民消费的突出亮点。

（一）食品类支出仍占重要地位

受两广地区生活习惯的影响，梧州市居民家庭在食品方面的支出一向占消费的最重要地位。据调查，2010年上半年居民人均食品类支出占总消费支出的49%，比上年同期略降1个百分点，仍居八大类消费支出之首。同时，由于2010年市场的粮油和蔬菜等基本食品价格的增长幅度较大，一定程度上导致居民在食品类的花费增长。扣除不可比因素后，2010年上半年居民人均食品类支出为2653.2元，同比增长18.3%。

同时，由于梧州市饮食文化的不断推陈出新，加上本地居民有在酒楼享用早夜茶、加强与亲朋沟通的习惯，使得在外就餐支出成为食品类消费较快增长的另一个凸显因素，2010年上半年人均在外就餐消费同比增长了35.5%，就餐次数同比增长51.5%。

（二）居民衣着品位提高

随着居民可支配收入的不断提高，居民对衣着的需求量提高，对样式、质量等方面也有了更高层次的要求，更趋向于追求时尚化、个性化和品牌化。2010年上半年，梧州市城镇居民人均衣着类支出为359.4元，同比增长21.9%，其中购买服装、鞋类、其他衣着用品和加工服装等四类的消费支出同比分别增长19.2%、27.7%、36.3%和27.3%，且各种衣着用品、材料的单价和数量均呈不同程度增长。

（三）市民美化家居欲望增强

受上年购房热影响，市民掀起了一波装修新房、美化家居的热潮。2010年上半年，人均居住支出为585.7元，同比增长45.6%，其中包括房屋装潢支出在内的住房支出达上年同期的5.5倍。

同时，居民对家居生活要求的提高还体现在对家庭设备需求的增加上。2010年上半年，梧州市城镇居民人均家庭设备用品及服务类消费为381.3元，同比增幅达56.1%，其中增长最为突出的是以家电为主的家庭设备。随着家庭设备用品更新换代加快、各层次消费品层出不穷，刺激了居民购置新的家庭用品，美化家居提高生活质量。2010年上半年各类家庭设备人均消费为184.4元，同比增长86.2%。

(四) 交通、通讯工具消费市场活跃

随着市政道路和网络通信的日益完善和配套消费品全面进入普通市民生活，近年来交通、通讯工具消费市场更显活跃，无论是高档次的汽车还是贴近百姓生活的助力车均成为市民热捧的消费对象；而手机更成为如今市民日常生活中必不可少的沟通工具。2010年上半年，梧州市城镇居民人均交通和通讯类支出为623元，同比增长10.3%，交通和通讯工具的消费增长是拉动该类支出的重要因素。其中市民购买助力车和手机的花费同比分别增长了26%和28.2%；百户居民的汽车、助力车、手机拥有量同比分别增长了57.5%、13%、和7.2%。

(五) 市民注重自身医疗保健

随着收入趋于稳定和生活水平提高，市民日益重视自身身体的保养；而如今市场上层出不穷的保健产品无论从包装还是功效上均尽力迎合不同层次消费者的需求，使得保健品市场日益红火，同时也促使居民医疗保健类消费快速增长。据调查，2010年上半年市民人均医疗保健支出为414元，同比增长30.3%，其中人均滋补保健品支出为39.3元，比上年同期增长29.4%，反映出市民在养生保健方面的消费欲望增强。

(六) 文化娱乐用品消费需求明显增加

随着各种高科技娱乐用品的普及，家用电脑已不能给市民带来新鲜感，各种高级照相机、电子词典、健身器材等成为新的文娱用品消费点。2010年上半年人均购买文娱用品支出136元，同比增长23.3%。百户居民家庭拥有电脑、组合音响、照相机、中高档乐器的数量同比分别增长了16.8%、13.2%、21%和57.5%。但钢琴、高级健身器材等更高档而缺乏庞大消费群的文娱用品仍未能在大多数普通百姓家庭中普及，消费市场有待进一步开拓。

(七) 金银珠宝饰品、美容热潮持续升温

随着居民消费能力增强和消费观念转变，普通衣食住行的消费已不能满足居民对高质量生活的追求，高档次消费品和享受日渐成为新的消费热点，居民穿戴饰品和美发美容热潮持续升温。2010年上半年城镇居民在其他商品和服务方面的人均消费支出为146.5元，同比增长39.2%，其中金银珠宝饰品、化妆品、美容的消费同比分别增长191.8%、87.3%和137.6%，增长迅速势头明显，预计未来几年在居民收入稳定的前提下该类消费达到饱和的可能性小，市场拓展空间巨大。

(八) 网购成为时尚

随着消费方式和消费观念的更新换代，如今消费者通过互联网足不出户即可以随心所欲地选购品种新颖齐全、价格低廉的商品，网购因而成为了一种新的消费时尚。据了解，目前梧州消费者网购商品以衣服、美容品、数码产品等为主，且这一消费方式在不同的消费群体中逐渐得到了普及。2010年上半年，100户城镇居民人均通过互联网购物或享受服务花费了9.7元，而上年同期这一数字还是空白，体现了网购的发展势头迅猛。

二、居民消费支出增长的其他因素

据分析，除梧州市城镇居民消费品位提高、消费市场健康发展等原因导致消费品供需量平衡互利地增长外，还存在五大因素刺激了居民的消费欲望，拉动消费支出增长。

(一) 居民消费信心增强

“十一五”以来，洛湛铁路等多条穿越梧州的铁路干线接连开通，结束了梧州无铁路的尴尬历史，梧州成为连接珠三角和北部湾经济圈的枢纽城市的步伐明显加快，城市建设日新月异，多项经济指标增速居全区前列；加上千亿吨黄金水道的加

快建设以及目前在建的或已开通的多条高速公路将大大增强梧州未来的经济实力，一系列利好消息大大增强了本地居民对梧州经济前景的信心，刺激了居民的消费意欲。

（二）政策性因素拉动居民收入稳定增长

2010年上半年，梧州市城镇居民人均可支配收入为8225.3元，同比增长8.3%，其中，增长最为突出的是工资性收入和转移性收入，同比分别增长了9.6%和19.4%，体现了政策对经济的拉动作用和对民生的扶持作用。而另一方面，近年来城镇居民社保制度也逐渐完善，参保人数越来越多，从而在一定程度上免除了居民的后顾之忧，促使居民潜在的消费欲望，尤其表现在购买家电、美容护肤等满足较高档次生活享受方面。

（三）食品价格攀升

由于2010年上半年南方地区发生了多次自然灾害，导致多种农作物因洪涝或病虫害出现不同程度的失收，本地多种基本居民消费品尤其是蔬菜粮油等食品供应因而紧缺，价格出现了较大幅度攀升，而食品类消费一向是市民家庭消费的重中之重，因而食品价格增幅的居高大大拉升了居民家庭的消费支出。据调查，2010年上半年居民食品类消费支出为人均消费支出的增长贡献了9.2个百分点。

（四）股市和房市转入低迷

由于受外围经济低潮和宏观政策收紧等因素影响，2010年上半年中国股市和房地产市场先后遭遇熊市，金融市场交易量下降，居民对上年还炙手可热的房地产纷纷呈持币观望态度，可投资渠道相对减少，促使居民手里的一部分闲钱能转而投入到即期消费中，繁荣消费市场，拉动消费增长。

（五）节庆盛事营造消费氛围

除春节清明等传统节假日能促使居民把钱包打开外，2010年适逢四年一度世界杯足球赛举办，使居民的消费更具临时性需求。不少商家抓紧这一商机以各种方式迎合消费者的不同需求，如推销家电、啤酒、体育用品、与足球有关的文娱用品等，消费市场异常活跃。据某大型家电商场负责人介绍，世界杯举办期间，该商场部分家电如彩电、空调、电脑等在世界杯期间很受消费者青睐，其中大屏幕的高清液晶电视机的日均销量比平日上涨了50%以上，体现出节假日和体育盛事对居民消费的强大拉动作用。

2010年上半年贵港市城市居民收支特点及全年预测

覃乾富

2010年贵港市委、市政府继续执行“保增长，促消费”方针，社会经济发展势头良好，居民收支双双实现快速增长。上半年，贵港市城市居民人均可支配收入7312.7元，同比增长18.98%；城市居民人均消费性支出4826.23元，同比增长25.72%。

一、居民可支配收入增长提速

2010年以来，随着金融风暴影响的逐渐减弱，企业效益得到恢复提高，财政收入快速增长，居民收入增长提速。2010年上半年，贵港市城市居民可支配收入同比增长18.98%，同比增速提高了18.78个百分点。从收入渠道来看，工资性收入是拉动居民可支配收入快速增长的主要原因。贵港城市居民收入构成特点如下：

1．工资性收入占可支配收入比重超九成，增长快速。随着义务教育阶段绩效工资落实到位、部分公务员实行风险金制度，再加上部分企业发放不菲的年终奖金，拉动了居民的工资性收入大幅度增长。2010年上半年，贵港市城市居民工资性收入6732.93元，同比增长29.63%，对居民可支配收入增长的贡献率达到131.92%；工资性收入占可支配收入的92%，同比增加8个百分点。

2．养老金提高，离退休人员收入增加，居民转移性收入大幅增长。随着社会保障制度的完善，居民社会保障程度越来越高，同时调整企业人员养老金政策的落实到位，拉动了居民转移性收入大幅增长。2010年上半年，贵港市城市居民人均转移性收入899.42元，同比增长13.91%，对居民可支配收入增长的贡献率为9.42%；其中离退休人员养老金达到695.13元，同比增长73.08%，离退休人员的生活质量得到了更好的保障。

3．受股市暴跌影响，居民财产性收入略有下降。随着居民投资方式的多元化，居民财产性收入在股市暴跌与房租租金暴涨双重影响下略有下降。2010年上半年，贵港市城市居民人均财产性收入130.84元，同比下降8.89%，对居民可支配收入增长贡献率为-1.1%。其中受股市暴跌影响，居民股息与红利收入锐减，居民人均股息与红利收入仅为19.87元，同比减少62.95元、减少76%；同时受房租租金暴涨的影响，居民人均房租收入76.24元，同比增加28.63元、增长60.13%。

4．经营性收入出现大幅下降。2008年底开始的全球金融风暴，对企业造成了巨大的打击，对小本经营者的打击更是致命。调查显示，去年贵港每百户中有21人从事经营活动，到2010年上半年止从事经营人数减少到14人，经营人数的减少直接导致居民经营净收入大幅下降。2010年上半年，贵港市城市居民人均经营净收入447.06元，同比下降25.4%，制约了居民可支配收入的更快增长。

二、居民消费性支出高速增长

居民可支配收入的快速增长，是居民消费增长的坚实基础。调查显示，2010年上半年贵港市城市居民人均消费性支出4826.23元，同比增长25.72%，其中服务

性消费支出1018.61元，同比增长8.67%，城市居民生活质量得到明显改善。从消费构成“八大项”看，除了医疗保健、教育文化和娱乐服务消费下降外，其余六项均出现较大幅度的增长。如下表：

贵港市居民人均消费支出（单位：元）

指标	2010年上半年	2009年上半年	增幅（%）
消费支出	4826.23	3838.77	25.72
其中：服务性消费支出	1018.61	937.32	8.67
（1）食品	1915.85	1820.13	5.26
（2）衣着	361.25	293.08	23.26
（3）居住	385.23	296.85	29.77
（4）家庭设备用品及服务	288.21	207.22	39.08
（5）医疗保健	197.42	264.44	−25.34
（6）交通和通信	1099.37	411.18	167.37
（7）教育文化娱乐服务	413.9	416.94	−0.73
（8）其他商品和服务	164.99	128.92	27.98

如表所示，居民消费从务实消费型向享受消费型转变，呈现八个“亮点”：

1．食品消费既重质量，更重营养搭配，强调养生饮食。2010年上半年，贵港市城市居民人均食品消费支出1915.85元，同比增长5.26%，其中肉禽蛋水产品类消费人均支出753.22元，同比增长4.11%，蔬菜类消费人均支出为210.95元，同比增长19.95%。

2．衣着追求美丽、时尚、高档。居民在衣着方面已经不再满足于遮羞御寒，对衣着的品质要求也是越来越高；同时网络购物的盛行，满足了年轻人追求美丽、时尚的心理需求。2010年上半年，贵港市城市居民人均衣着支出361.25元，同比增长23.26%，其中服装类平均单价达到75.99元/件，同比高10.6%，鞋子类平均单价达到75.67元/双，同比高39.4%，通过网络购物人均也达到了14.77元，而上年同期还是0。

3．居住特别是水电消费增加较多。随着水电煤气燃料价格的不断上涨，加上居民物业管理费用不断增加，居民的居住费用也在不断增加。2010年上半年，贵港市城市居民人均居住支出385.23元，同比增长29.77元，其中水电燃料支出353.89元，同比增长34.87%，物业管理费支出11.4元，同比增长43%。

4．家庭设备更新换代加快。居民对生活的质量要求越来越高，家庭设备更新换代速度也在提速，特别是2010年炎热的天气，推动了空调器的消费，拉动了居民家庭设备用品及服务消费。2010年上半年，贵港市居民人均家庭设备用品及服务消费288.21元，同比增长39.08%，其中空调器人均消费达到48.05元，而上年同期人均消费为0。

5．汽车消费成为特大亮点。养路费取消、汽车价格不断下降等利好因素的影响，引起汽车消费成为居民消费的特大亮点，同时也拉动了车用燃料及零配件、交通工具服务支出消费。2010年上半年，贵港市居民人均交通类支出803.16元，同比增长327.6%，其中人均车辆用燃料及零配件支出135.56元，同比增长62.7%，人均交通工具服务支出91.76元，同比增长289.64%。

6．化妆品消费逐渐成为热点。端庄得体的妆容既能给自己带来自信同时也能给人带来赏心悦目的感觉，化妆品消费逐渐成为居民消费的热点。2010年上半年，贵港市城市居民其他商品和服务消费164.99元，同比增长27.98%，其中人均化妆品消费38.69元，同比增长106.13%。

7．注重滋补和保健。由于医疗费用居高不下，居民小病不上医院、自行购药治疗已经成为一种共识；同时居民的保健意识在不断加强，保健品逐渐走俏。2010年上半年，贵港市居民人均医疗保健支出197.42元，同比下降25.34%，其中药品费人均支出78.08元，同比增长17.43%，医疗费人均支出101.49元，同比下降46.4%，滋补保健品人均支出16.93元，同比增长161.7%。

8．文化娱乐增多。随着教育收费的进一步规范，居民教育费用在不断下降，同时居民越来越重视自身身心健康，希望能通过文化娱乐活动减轻巨大的工作压力。2010年上半年，贵港市居民人均教育文化娱乐服务支出413.9元，同比下降0.73%，其中人均教育费用支出118.11元，同比下降23.45%，人均文化娱乐服务支出135.77元，同比增长61.48%。

三、制约居民收入增长的因素

2010年上半年，贵港市城市居民可支配收入在工资性收入、转移性收入增长带动下取得了快速增长，但是，居民可支配收入持续快速增长仍存在以下制约因素：

1．经营市场管理乏力，经营成本加重。由于对经营户经营缺乏统一的市场管理、经营混乱，再加上经营成本加重、竞争加剧等因素影响，居民经营净收入提高难度加大。

2．政府对居民投资理财技术支持不够。随着居民投资理财意识的提高，居民对投资理财知识的渴求更加迫切，然而政府在这方面的投入极少，对居民投资理财方面的培训支持力度明显不足，仅靠居民个人很难在市场讯息万变下取得较好的投资收益。

3．居民就业尚不充分，就业者负担系数仍较大。调查显示，2010年上半年贵港市居民就业者负担系数为1.74，同比下降2.25%，就业者负担系数仍有下降空间，通过增加居民就业人数拉动居民可支配收入增长仍是一条可行之路。

四、制约居民消费的因素

2010年上半年，贵港市居民消费性支出实现了高速增长，居民生活得到了极大的提高，但同时仍存在以下因素制约着居民的消费支出：

1．收入水平偏低，仍是制约居民消费支出的最重要因素。近年来，贵港市居民收入在逐年提高，但与全区其他地市相比，收入水平还是处于低位，只有加快经济发展步伐，增加居民的收入水平，才有可能实现居民消费的可持续增长。

2．居民未来支出预期上升，影响到居民的即期消费。贵港目前房价未有下降迹象、医疗费用居高不下、名目众多的择校费等，让居民有理由相信未来支出是上升的，影响居民的即期消费。

3．物价上涨较快影响居民消费。2010年上半年贵港市居民消费价格上涨3.6%，物价上涨幅度较大，加上预期物价通胀压力的存在，居民感觉生活压力明显加重，影响了居民的消费支出。

4．社会保障制度尚不完善，居民消费信心不足。社会保障体系覆盖范围以及保障力度不足，对居民的即期消费带来巨大的影响。

五、全年居民收支预测

贵港市于2010年实施的“三百工程”，将在未来一段时间内极大推动贵港经济发展、增加政府财政收入与居民收入，但由于上述制约居民收入增长因素的存在，2010年下半年居民可支配收入增幅会略有下降，预计2010年全年贵港市居民可支配收入增幅为15%，达到14323元；受收入下降影响，贵港市居民消费性支出也会放缓增长，预计全年居民消费性支出增长20%，达到9574元。

生活得到改善 压力仍然较大

——2010年上半年贵港市低收入居民生活状况分析

覃乾富 苏玉怀

“十一五期间”，贵港市委、市政府积极采取措施，提高低收入居民（按相对收入等距五组分最低20%户，下同）收入，不断扩大社会保障覆盖面，增强了低收入居民消费信心，使低收入居民收支实现同步增长，生活质量得到了明显改善。但受金融危机给就业带来的冲击等不利因素影响，低收入居民的生活压力仍然较大，要进一步提高他们的收入水平，还需要政府、社会各界和居民自身的共同努力。

一、居民收支增长，社会保障增强

随着贵港市社会经济不断发展，政府转移支付资金逐年增多，低收入居民在就业、医疗、住房、教育等方面的扶持力度得到不断加强，享受经济发展带来的实惠逐渐增多，收支得到同步增长。据国家统计局贵港调查队调查显示，2010年上半年，贵港市低收入居民人均可支配收入2796.7元，同比增加333.5元，增长13.5%；人均消费性支出2296.6元，同比增加255.8元，增长12.5%。呈现以下三个特征：

1. 收入快速增长，但来源渠道单一。2010年上半年低收入居民可支配收入实现了快速增长，但从其收入构成来看，工资性收入占可支配收入81.0%，经营净收入、财产性收入、转移性收入仅占可支配收入19.0%。表现出低收入居民家庭自主创业能力较弱，理财意识比较淡薄，大多收入依赖务工得到，收入来源比较单一。

2. 就业负担下降，消费支出增加。就业者负担系数是指每一个就业者需要负担的人数，包括就业者本人，随着公益性岗位以及免费就业技能培训的增多，低收入家庭就业人数增多，就业者负担系数下降。据调查显示，2010年上半年低收入居民就业者负担系数为1.85，同比下降1%，但其面临的生活压力较大，主要表现在住房、医疗、教育等方面支出增加，同比分别增长37.0%、331.5%、66.0%。目前，低收入家庭恩格尔系数达58.2%，同比虽然下降10.5个百分点，但还是仅处在温饱阶段，比高收入组高26.7个百分点。

3. 社会保障力度得到加强。政府不断扩大社会保障覆盖面，社会保障制度宣传逐渐深入人心，低收入居民参保热情得到提高，社会保障支出增加，低收入居民社会保障力度得到加强。2010年上半年，贵港市低收入家庭人均社会保障支出179.8元，同比增长63.4%。

二、贫富差距拉大，就业负担较重

2010年上半年，贵港市低收入居民状况虽然得到了一定程度的改善，但是仍然存在一些问题不容忽视：

1. 收入增长较慢，贫富差距在拉大。“不患寡而患不均”，这是我们必须正视的一个严重问题，贫富差距拉大不利于构建和谐社会。2010年上半年，贵港市高收入居民人均可支配收入达到15396.2元，同比增长17.6%，比低收入居民增速快4.1个百分点，高低收入差距也从去年的4.3倍提高到4.5倍。

2. 就业负担较高，生活压力较大。

要提高低收入家庭居民的收入，就要增加他们的就业人数，降低就业者负担系数。2010年上半年，贵港市低收入居民就业者负担系数为1.85，同比减少0.02，高收入居民就业者负担系数为1.51，同比减少0.13，低收入居民就业者负担系数比高收入居民就业者负担系数高0.34，低收入居民生活压力仍然较大。

3．边际消费倾向比重偏高，收入仅能满足日常消费。居民边际消费倾向（指增加的消费支出占增加的收入比重）是衡量居民改善生活质量能力的一个重要指标，居民边际消费倾向过高，说明居民增加的收入大部分用于日常消费支出，应对未知风险能力有限。2010年上半年，贵港市低收入居民边际消费倾向为76.7%。

三、生活存在担忧，抗压能力较弱

调查资料显示，目前贵港市低收入居民75%都是居住在祖上留下的普通楼房内，房子年月已久比较陈旧，大都没有能力装修。其收入大部分用于日常消费支出，更有甚者是入不敷出，对于未来生活，他们存在以下五方面的担忧：

1．物价上涨加重经济压力。民以食为天，对于收入相对较低的居民来说，他们认为生活费用增加是目前最主要的压力，尤其近年来事关民生的生活必需品价格飞涨，引发生活费用剧增，使得在温饱线上徘徊的低收入家庭倍感经济重压，比如2010年暴涨的绿豆价格，就让许多低收入居民“望豆兴叹”。2010年上半年，贵港市居民消费价格同比上涨3.6%，许多低收入居民生活倍感压力。

2．担心家庭成员生病住院。低收入居民普遍担心家庭成员生病住院，承担不起昂贵的医药费，他们小病自己上药店，大病拖着不住院。但低收入家庭老、弱、病、残人员较多，加上居住环境差，饮食条件欠佳，各种疾病不时伴随着这些低收入居民。2010年上半年，贵港市低收入居民人均医疗保健支出62.7元，同比增长3.3倍。

3．担忧非义务教育费攀升。对低收入居民来说，望子成龙、望女成凤之心比普通市民更加迫切，都希望子女考上大学，将来能找到一份稳定工作摆脱贫困生活。但面对高昂的学费又显得一筹莫展，许多低收入家庭除了满足生存而必须消费食品外，大部分开支用于孩子教育，为了供孩子上大学，许多低收入家庭负债累累。

4．困难家庭成员就业压力大。由于低收入居民受教育程度偏低，缺乏专业技能与特长，综合素质较低等原因，低收入居民就业不被用人单位青睐，就业竞争力弱，使得就业压力愈发严重，加重了低收入居民的贫困。

5．承受来自社会的压力。照顾病人、赡养老人等，都让低收入家庭感到十分辛劳，而生活贫困造成的夫妻不合、亲朋鄙视等亦不在少数，低收入家庭更需要社会的温暖关怀与疏导。调查还发现，日益沉重的人情债往来也给低收入家庭带来很大的经济压力，按照惯例，贵港市的人情“红包”一般在100元以上，关系较好或关系较近的亲戚“红包”数字远不止这个数目，这对经济拮据、入不敷出的低收入户来说是一笔很大的开支，一些家庭甚至不得不为此举债。2010年上半年，贵港市低收入居民人均赡养费支出51.9元，同比增长107.6%；人均捐赠支出137.9元，同比增长14.2%。

四、收入需要提高，生活有待改善

提高低收入居民收入、缩小贫富差距，是构建和谐社会的重要一环，最终实现共同富裕则是我们的一项长远目标。根据贵港市的实际，提出以下四点对策：

1．加快经济发展，改革收入分配体制，增加低收入居民的收入水平。加快经

济发展速度，是增加居民收入最有效的措施，而改革收入分配体制则是低收入居民能享用经济发展成果最直接的方式。

2．政府应加大低收入居民就业扶持力度，增加低收入家庭就业人数与收入。就业是民生之本，有就业就有收入，就能逐步改变低收入家庭的命运。政府应设立更多公益性岗位，满足文化程度低、年龄大、综合素质较低的低收入居民就业；同时应对低收入家庭子女缺乏就业技能人员实行免费的职业技能培训，减轻低收入家庭对子女教育培训费用不断增加的压力，提升他们的就业竞争力，增加低收入居民家庭收入。

3．平稳物价，特别是关乎民生的消费品价格。每一轮食品价格上涨，低收入居民都不得不减少或者改变消费项目来应对，生活质量受到较大影响；而水、电、煤气等日常必需品的每一次调价都能牵动低收入居民紧张的神经，因此政府在做出调价决定前，必须进行严格的论证与听证，拟定对低收入家庭补贴方案，以提高低收入家庭对价格上涨的承受能力，维护社会稳定。

4．完善社会保障制度，减少低收入居民后顾之忧。改革和完善以养老、失业、医疗为重点的多层次社会保障制度，扩大社会保障体系覆盖范围，最终实现居民老有所养、病有所医，降低低收入居民的后顾之忧，让他们能将有限的收入用于改善和提高生活质量。

收入全面增长　消费持续攀升

——2009年百色市居民家庭生活收支情况简析

覃文筠

2009年，百色市围绕“保投资、保民生、保稳定、保持良好发展势头”的发展目标，以增加居民收入、改善消费结构为着力点，大力调整和优化经济结构，最大限度地减弱和消除了国际金融危机的负面影响，居民收入保持较快增长，生活质量有了较大提高。据调查，2009年百色市居民人均可支配收入14219.37元，比上年增长9.5%；人均消费性支出10268.33元，比上年增长13.1%。百色市区居民收入与消费同向增长，总体运行呈现健康平稳的良好态势。

一、收入全面增长，人均净增1200元左右

随着中央和地方应对国际金融危机的措施全面落实，政策效应逐渐显现，宏观经济逐步企稳回升，居民收入结构不断改善，市民收入稳步提高。据调查，2009年百色市居民人均可支配收入14219.37元，比上年增加1235.25元，增幅达9.5%。虽然增速较上年回落1.6个百分点，但百色市居民收入渠道进一步拓宽，四大类别收入齐头并进、全线增长。

（一）工资性收入增长一成

2009年，随着部分企业经营效益逐渐好转，劳动供求关系偏紧，导致劳务工资水平得到提高；与此同时，事业单位的绩效改革也相应提高了工资待遇，两者共同拉动工资性收入呈现较快增长。据调查，2009年百色市居民人均工资性收入12122.60元，比上年增长10.1%，占可支配收入的比重为85.3%。

（二）经营收入增速稳健

随着城市多种所有制经济繁荣发展，社会就业渠道逐步拓宽，市民经营性收入得到提高，再加上国家政策的扶持，停止征收个体户工商管理费和集贸市场管理费，致使个体经营者和私营企业的经济效益明显提高，经营净收入稳定增长。据调查，2009年百色市居民人均经营净收入640.91元，比上年增长9.6%，占可支配收入的比重为4.5%。

（三）财产性收入大幅增长

随着市民投资渠道多元化的发展，利息收入和房屋租赁收入逐步成为财产性收入的主要来源。据调查，2009年百色市居民人均财产性收入305.5元，比上年增长88.4%，占可支配收入的比重为2.1%，其中，百色市居民人均房屋租赁收入253.99元，增长136.5%，占财产性收入的比重为83.13%。财产性收入增长的原因有：一是百色市城区商品房价格不断上涨，房屋租金水涨船高；二是百色市城市建设项目多，尤其是拆迁房屋多造成出租房屋存量减少，租金也相对偏高。

（四）转移性收入持续增长

随着社会养老保险体系逐渐完善和覆盖面的逐年扩大，养老金、离退休金、失业保险金和最低生活保障金等发放标准得到提高，促进了居民转移性收入持续增长。据调查，2009年百色市居民人均转移性收入2933.65元，比上年增长5.6%，占可支配收入的比重为20.6%，其中，人均养老金和离退休金收入2606.50元，增长5.3%。

二、多因素拉动消费持续攀升

居民收入持续平稳增长，市场物价

低位运行，以及国家大力实施扩大内需、刺激消费等政策，有力地推动居民消费进一步增长。据调查，2009年百色市居民人均消费性支出10268.33元，比上年增长13.1%，增幅较上年提高2.1个百分点，消费支出占可支配收入的比重为72.2%。

（一）交通支出拉动消费增长的贡献率最大

近几年城市化步伐加快，特别是2009年百色市以纪念百色起义80周年为契机，市政建设的力度不断加大，道路交通的逐步完善，市民购车需求相对旺盛，家用汽车消费不断升温，促使交通消费支出迅猛增多。据调查，2009年百色市居民人均交通支出891.37元，是上年的2.1倍，对消费性支出增长的贡献率达50.5%，其中，人均家用汽车消费支出465.60元，占交通消费支出的52.2%。

（二）家电和服装的降价刺激了消费需求

收入的提高为扩大消费奠定了基础，而随着家电和服装类价格的下滑以及商品更新换代步伐加快，更是刺激市民对家庭设备和衣着商品的消费。

1. 家庭设备消费增长较快。随着家庭设备市场价格的下滑，市民消费热情高涨，家电消费品更新换代步伐加快。据调查，2009年百色市居民人均家庭设备用品及服务支出743.07元，比上年增长69.5%，对全年消费支出增长贡献率达25.6%。

2. 衣着消费持续较快增长。随着市民对品牌和档次更加注重，衣着消费支出“水涨船高”。据调查，2009年百色市居民人均衣着支出918.68元，比上年增长11.6%，继续保持较快增长态势，其中，人均服装支出699.50元，增长14.9%；此外，衣着加工服务费支出增长22.1%、鞋类支出增长3.9%、其它衣着用品支出增长9.9%。

（三）医疗消费支出增幅明显

随着生活水平不断提高，市民健康消费观念逐渐强化，越来越注重医疗保健，大幅增加医疗保健消费支出。据调查，2009年百色市居民人均医疗保健消费支出570.53元，比上年增长9.3%，其中，保健器具支出增长190%、药品费增长17.4%、滋补保健品支出增长57.6%、其它医疗保健支出增长6.1%。

（四）食品消费支出稳中有降

受价格变动及饮食观念变化的影响，食品消费支出稳中有降，据调查，2009年百色市居民人均食品支出3826.31元，比上年下降0.5%。从消费构成上看：肉禽类食品支出下降明显，而干鲜瓜果、鲜菜、牛奶等食品支出则呈现较快增长，在外饮食支出增幅势头不减，百色市居民人均肉禽蛋水产品支出1394.35元，比上年下降14.1%；干鲜瓜果蔬菜支出271.76元，增长32.9%；糕点、奶及奶制品支出185.69元，增长13.9%；在外饮食支出863.48元，增长29.7%。

（五）教育文化娱乐消费明显减少

义务教育学杂费的免除及消费结构的变化，致使教育文化娱乐消费支出明显减少。据调查，2009年百色市居民人均教育文化娱乐服务支出1119.75元，比上年下降11.9%，其中，教育支出484.23元，下降28.7%；文化娱乐用品支出215.07元，下降62.3%；文化娱乐服务支出286.38元，下降23.8%。

三、购房支出增长两倍

为改善居住条件和扩大固定资产投资的双重需求影响，购房支出持续强劲增长。据调查，2009年百色市居民人均购房支出1988.74元，比上年增长两倍。购房支出迅速增长，还带动相关产业的发展，并促进建材、家居装饰等消费热情不减。

四、社会保障支出显著增长

随着社会保障体系覆盖面的不断扩大，困难企业职工退休无条件领取养老金等办法的实施，社会保障支出显著增长。

从构成上看，社会保障支出内部结构差异明显，养老金和住房公积金占绝大部分。据调查，2009年百色市居民人均社会保障支出1683.75元，比上年增长20.5%。其中，个人交纳养老金、住房公积金、医疗基金、失业基金等支出占社会保障支出的比重分别为31.2%、56.5%、9.7%和2.4%。

五、当前存在的一些问题

（一）高低收入相差近6倍

尽管百色市委、市政府出台了一系列惠民政策，加大对低收入群体的扶持力度，虽然2009年高低收入差额有所缩小，但差距仍然非常大。据调查，10%最高收入家庭人均可支配收入35836.24元，而10%最低收入家庭人均可支配收入5250.14元，绝对差额达30586.10元，较上年缩小了4.7%，而高低收入户的收入差距比例仍达6.8：1。这说明在经济持续增长、居民收入明显增加的同时，低收入家庭的收入水平仍然偏低，需要政府和有关部门继续给予高度关注。

（二）收入结构需进一步改善

从收入结构看，百色市居民收入中工资性收入的比重偏高，而经营净收入、财产性收入的比重较小，非工资性收入对可支配收入的贡献率明显偏低。据调查，2009年人均工资性收入占人均可支配收入的比重85.25%；经营净收入和财产性收入所占的比重为4.5%和2.14%。由于工资性收入取决于国家增资政策和企业经济效益，因此，迫切需要进一步改善收入结构，提高投资理财等非工资性收入占市民收入的比重。

（三）低收入户生活水平低

据测算，百色市10%最低收入家庭的恩格尔系数为49.95%。这反映低收入家庭基本没有能力追求高层次的消费需求，因而不敢负债或超前消费。同时，由于对住房、医疗、教育等预期支出继续增加的忧虑，许多低收入家庭不敢轻易花费有限的收入，抑制了家庭的即期消费能力。

收入增长明显加快　消费支出增幅减缓

——2010年一季度百色市民生活收支状况分析

李炎子

随着国家宏观经济政策效应不断增强，国民经济运行持续快速健康发展，促使市民收入进入平稳较快增长轨道。据国家统计局百色调查队对市区居民家庭的抽样调查显示：2010年一季度百色市居民人均可支配收入4591.81元，同比增长8.5%；百色市居民收入的增多，带动着消费支出持续增长，2010年一季度百色市居民人均消费支出2872.50元，同比增长4.2%。尽管百色市居民收入和消费支出双双增长，但两者差异比较明显，表现在：收入增长明显加快，而消费支出增幅减缓。

一、收入增长明显加快

2010年以来，随着国民经济逐渐向好，百色市居民收入稳步提高、增速明显加快。据调查，2010年一季度百色市居民人均可支配收入同比增长8.5%，增幅较上年同期提高了6.0个百分点。从收入渠道上看，市民收入构成的四大项全面增长，其中，财产性收入和转移性收入快速增长，成为拉动市民增收的重要因素。

（一）工资性收入仍是市民收入的主要来源

随着就业渠道的拓宽，居民其他劳动收入明显增多，促进了百色市居民工资性收入小幅增长。据调查，2010年一季度百色市居民人均工资性收入3700.02元，同比增长1.9%，占人均可支配收入的80.5%，仍然是百色市居民家庭收入的主要来源，尤其其他劳动收入人均341.28元，同比增长85.7%，对人均可支配收入增长的贡献率高达43.6%。说明百色市居民在重视第一职业收入不断增加的同时，对第二职业的开拓意识日益增强，利用业余时间经商或从事一些劳务性工作，致使其他劳动收入逐渐成为居民收入增长的重要组成部分。

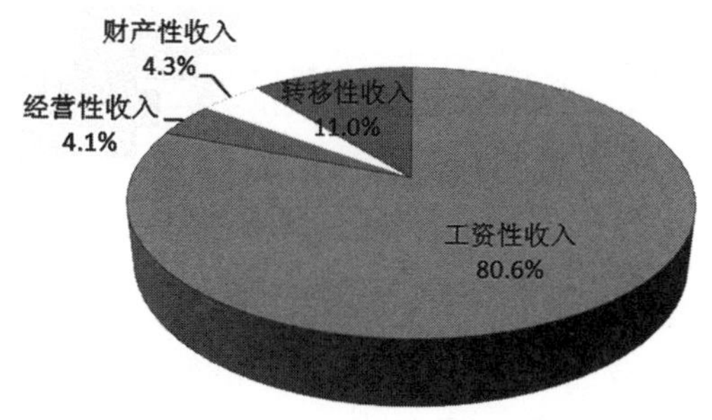

图1：可支配收入中四大项收入比重分布图

（二）财产性收入快速增长

受利息收入、出租房屋收入较快增长的影响，加上投资市场逐步回暖的推动，百色市居民财产性收入保持快速增长。据调查，2010年一季度百色市居民人均财产性收入195.89元，同比增长76.0%，增幅居四大收入之首，其中，基金股票市场投资形势较好给市民带来了一定的收益，2010年一季度百色市居民人均股息与红利收入比上年同期增加111.51元，对人均可支配收入增长的贡献率达31.0%。

（三）转移性收入大幅增长

2010年以来，失地农民纳入城市社会保障、提高离退休人员退休金等政策大力实施，社会保障覆盖范围不断扩大，社会保障程度越来越高，推动百色市居民转移性收入大幅增长。据调查，2010年一季度百色市居民人均转移性收入1099.99元，同比增长45.3%，其中，人均捐赠收入104.39元，同比增长58.0%；而人均离退休金收入819.46元，增长26.7%，对人均可支配收入增长的贡献率达47.9%，说明离退休人员生活保障水平得到进一步提高。

（四）经营性收入由降转升

随着国民经济健康平稳较快发展，社会工作岗位明显增多，就业压力有所缓解，个体经营者感到生意开始转好，销售额比上年同期高出很多，经营性收入扭转了下降局面，呈现增长态势。据调查，2010年一季度百色市居民人均经营净收入188.52元，同比增长4.9%，而上年同期则是下降31.6%。

二、消费支出增幅减缓

在百色市居民收入提高较快的同时，百色市居民消费性支出增幅则明显减缓。据调查，2010年一季度百色市居民人均消费性支出2872.50元，同比增长4.2%，增幅较上年减少6.1个百分点。从消费构成来看，除交通和通讯、杂项商品及服务支出下降外，其余六大类消费支出均有不同程度的增长。

（一）消费结构变化明显

“衣、食、住、行”支出是居民基本的生活消费，其结构变化是衡量市民生活水平改善的重要标志。调查显示，从所占比重来看，百色市居民消费排名序列由上年同期的食品、交通通讯、教育文化娱乐服务、衣着、居住、医疗保健、家庭设备用品及服务、杂项商品及服务转变为食品、教育文化娱乐服务、衣着、交通与通讯、居住、医疗保健、家庭设备用品及服务、其他商品及服务；在百色市居民生活消费中，食品、交通、其他商品及服务支出比重均有不同程度的下降，其中，降幅最大的是交通通讯，由上年同期的19.2%降至10.2%。此外，食品比重由上年同期的37.2%下降到36.9%、其他商品及服务比重由上年同期的4.0%下降到2.8%。

表1：八大类指标占消费性支出比重表

指标名称	占消费性支出比重		比重增减（%）
	2009年一季度（%）	2010年一季度（%）	
食品	37.2	36.9	-0.3
衣着	9.5	12.2	2.7
居住	6.4	8.0	1.6
家庭设备用品及服务	5.4	6.1	0.7
医疗保健	5.8	7.4	1.6
交通与通讯	19.2	10.2	-9.0
教育文化娱乐服务	12.7	16.5	3.8
其他商品及服务	4.0	2.8	-1.2

（二）消费“亮点”频现

1．食品消费比重继续下降

食品消费是最基本的生存条件，其消费比重变动反映着市民生活水平的变化。据调查，2010年一季度百色市居民人均食品消费1061.30元，同比增长3.6%；食品消费占消费性支出的比重为36.9%，比上年同期下降0.3个百分点。恩格尔系数微幅下降，说明市民生活水平有所提高。

2．衣着类消费快速增长

由于百色市居民收入增长较快，购买服装热情较高，更加趋向于新、美、舒适的个性消费，拉动衣着类消费快速增长，并且成为消费支出的一大亮点。据调查，

2010年一季度百色市居民人均衣着消费支出为350.70元，同比增长33.8%，对消费总支出增长的贡献率达76.5%，其中，人均服装消费支出同比增长33.3%，而人均衣着材料消费支出同比减少75.2%。

3．居住类消费势头不减

2010年以来，居住型购房消费快速增长，致使市民装修、美化居住条件的愿望不断增强，同时，装修材料价格持续上扬，两者促使住房装潢费用大幅增加，从而推动市民居住类消费迅速增长、所占比重不断扩大。据调查，2010年一季度百色市居民人均居住支出228.80元，同比增长30.3%，其中，住房装潢支出同比增长1.8倍；与此同时，居住支出占消费性支出的比重也由上年同期的6.4%扩大到8.0%。

4．家庭设备消费大幅增长

由于家电设备更新换代步伐不断加快，百色市居民越来越注重家电能耗、功能和款式，再加上以旧换新政策的不断推广，百色市居民购买家用电器的热情较高，拉动家庭设备消费支出大幅增长。据调查，2010年一季度百色市居民人均家庭设备用品消费及相关服务支出75.30元，同比增长18.8%，其中，用于家庭日用杂品的支出增长较快，增幅达29.9%。

5．医疗保健消费增长迅速

随着医疗保健日益受到重视，百色市居民医疗消费愿望较强，而药品费和医疗费持续走高，促使医疗保健消费快速增长。据调查，2010年一季度百色市居民人均医疗保健消费支出212.00元，同比增长33.6%，其中，药品费支出137.60元，同比增长19.1%；医疗费支出67.30元，同比增长1.5倍。据了解，在药品价格虚高的同时，百色城区药店“遍地开花”。

6．教育投资力度逐步加大

随着家长对子女教育的重视，家庭教育投入向多元化发展，课外家教的拓展、各种技能培养等费用逐渐列入家庭支出的预算。据调查，2010年一季度百色市居民人均文教娱乐及服务支出472.90元，同比增长35.4%，其中，人均文化娱乐用品消费支出143.00元，同比增长26.9%；教育消费支出为220.80元，同比增长52.8%；同时，越来越多的成年人也在通过学习来提升自己，学电脑、学英语、学驾驶等已成为许多市民的选择。调查显示，2010年一季度百色市居民人均成人教育消费支出为34.60元，同比增长2倍。

7．服务型消费深受市民喜爱

随着城市生活节奏逐步加快，市民生活观念日趋更新，追求健康、享受性的消费方式逐渐得到认可。据调查，2010年一季度百色市居民人均服务性消费支出为784.5元，同比增长20.2%，占总消费支出的比重由上年同期的23.7%上升到27.3%，提高了3.6个百分点。说明家庭服务社会化趋势更加明显，同时也标志着市民生活水平得到明显改善。

8．交通和通信消费大幅减少

2009年百色市居民购车热情高涨，带动交通和通信消费支出大幅增长，进入2010年以来，市民交通类消费回归平淡，从而促使交通和通信消费支出大幅减少。据调查，2010年一季度市民人均交通通信支出292.00元，同比减少44.8%，其中，交通消费支出减少72.0%。

当前百色市民收入增长面临新问题

钟思晴　李炎子

2010年以来，百色市各级政府采取多项措施，继续推动事业单位绩效工资改革，切实提高退休人员养老金标准，大力扶持个体户和工商企业扩大投资，努力提高城乡居民就业水平，与此同时，百色市居民更加重视财产收益，积极增加财产性收入。总体而言，2010年以来市民收入继续稳步增加，但增幅明显少于2009年。据百色城区100户抽样调查户资料显示，2010年1—9月百色市居民人均可支配收入为11781.14元，比上年同期增长7.9%，增幅较上年下滑2.0个百分点。百色市居民收入增长存在诸多难点。

一、家庭收入增长较快，但实际状况不如上年

2010年前三季度百色居市民家庭人均总收入为13335.04元，同比增长8.6%。但扣除居民消费价格因素的影响后，实际增长仅为4.8%；而上年同期人均总收入同比增长11.2%，实际增长则是9.6%。由此可见，2010年前三季度百色市居民收入实际增长水平仅仅是上年同期的一半。

主要原因：一是百色市居民收入经过近几年的较快增长后，已经达到一个相对较高的基点，尽管收入绝对增加额没有减少，但反映在增长幅度上，2010年与上年的差异逐渐显现出来；二是2009—2010年百色市居民消费价格变化呈两个截然不同的方向发展，2010年前三季度百色市居民消费价格是上涨2.8%，而2009年同期则是下降1.6%，两者一加一差所产生的差距就更大；三是部分百色市居民增收政策产生的效果相对偏慢，比如百色铝工业发展的很好，对市级财政贡献巨大，但它对百色市居民收入增长的贡献一直都不是很突出。

二、各项收入全面增长，增幅差异较大

前三季度百色市居民收入实现了全面增长，但各项收入增幅差距比较明显，有很强的层次感，占人均家庭总收入比重最大的工资性收入小幅增长，占比重第二大的转移性收入实现了较快增长，而所占比重最小的经营性收入和财产性收入大幅或迅猛增长。

（一）工资性收入小幅增长，所占比重有所下降

2010年前三季度百色市居民工资性收入为9647.04元，与上年同期相比增长3.3%，拉动总收入增长2.4个百分点，影响程度达到27.9%。但增长幅度、所占比重等指标与上年比较，出现一些新的状况：

1. 增幅较上年下降较快。2010年事业单位工资改革基本属于收尾阶段，工资及补贴收入增长幅度有限，增幅较上年差异很大，2010年前三季度百色市居民工资性收入为9647.04元，比上年同期增长3.3%，但增幅较上年下降8.1个百分点。由此可见，未来人均工资及补贴收入增幅有限，对总收入增长的贡献将不会很大。

2. 所占比重有所下降。2010年前三季度百色市居民工资性收入占家庭总收入的比重为72.2%，较上年同期下降3.8个百分点，说明近两年来市民收入增长过于依靠工资性收入增加的程度有所缓解，同时也释放其他各项收入所产生积极作用的明显信号。

（二）转移性收入增长较快，政策因素尤显重要

2010年1—9月百色市居民人均转移性收入为2788.13元，比上年增多556.39元，

增长24.9%，占家庭人均总收入的比重为20.9%，所处位置仅次于工资性收入。从转移性收入构成来看，主要表现两大特点：

1. 政策性因素占重要位置。2010年政府继续出台提高企业退休人员基本养老金政策，调整发放标准，月人均基本养老金增加10%左右，2010年1—9月百色市居民人均养老金或离退休金收入2342.57元，绝对额增加397.73元，同比增长20.5%，所占转移性收入的比重为84.0%。

2. 百色市居民捐赠收入增幅较大。大额捐赠收入较上年明显增多，个别亲戚间捐赠数额更是达到上万元，从而拉动人均捐增收入出现较大幅度增长，2010年前三季度百色市居民人均捐增收入达到139.14元，较上年同期增长41.4%。

（三）经营性收入大幅增长，贡献率偏低

随着个体户和工商业经营环境逐渐向好，2010年市民经营性收入扭转上年下降态势，呈现大幅增长的良好局面，2010年前三季度百色市居民人均经营净收入544.17元，比上年同期增长16.2%，而上年则是下降0.7%。百色市居民经营性收入大幅增长，政策方面起到的推动作用比较突出，但其对家庭总收入增长的贡献率仍然很低。

1. 政策作用明显。2010年，面对较为复杂的经济环境，有关政府部门减免个体户办证费用和税费，对个体工商业的发展有很大的促进作用，在市民收入方面集中反映出来。

2. 产生的作用有限。由于经营性收入所占的比重很低，尽管其大幅增长，但所产生的作用仍然很有限，2010年前三季度百色市居民人均经营性收入增加额75.87元，所占人均家庭总收入的比重也只有4.1%。

（四）财产性收入迅猛增长，增长支点截然不同

2010年前三季度百色市居民人均财产性收入为355.70元，所占家庭总收入的比重为26.7%，同比增长46.4%。然而，与上年指标相比较，可以发现以下突出两点：

1. 近两年增幅都比较大。百色市居民对财产收益的重视程度越来越高，更加懂得理财，投资呈现多元化发展，收益也逐年大幅增加，加上财产性收入基数较低，显然，增幅就比较大，2010年前三季度人均财产性收入同比增长46.4%，而上年则是增长1.0倍。

2. 增长的支点不一致。财产性收入增幅主要得益于股息与红利收入的快速增长，股息与红利收入逐渐成为转移性收入的重要组成部分；而上年则是依靠利息收入和出租房屋收入迅猛增长。尽管增长的支点不一致，同样反映市民逐渐重视财产收益，未来的增幅仍然可观。

三、预测全年市民收入增长，但增幅减缓

如果考虑到个别行业增资和离退休金标准提高，以及百色市落实绩效工资等因素，可支配收入仍将持续平稳增长态势；从2010年各月累计人均可支配收入增幅情况看，增长幅度比较平稳，持续呈现较快增长势头；从单月人均可支配收入来看，除个别特殊月份外，其它各月基本维持在1200元左右，按照这个收入状况进行推算，全年可支配收入将达到15000元左右，增幅在8.5%左右，低于2009年1个百分点，低于2008年2.6个百分点。

四、当前收入增长面临的新情况、新问题

1. 在物价上涨的背景下，收入较快增长形势不容乐观。

从数据看，与上年同期相比，2010年前三季度百色市居民人均可支配收入增长7.9%，而居民消费价格上涨了2.8%，百色市居民人均可支配收入实际增长仅为5.1%；从市场看，“蒜你狠”、“豆你

玩”等网络新词涌现，切实反应了部分商品价格涨的过快，市民普遍感觉生活成本不断上升，实际收入并没有增长，说明当前调控物价、提高收入等形势仍然比较严峻。

2. 百色市居民收入增长过于依赖政策性拉动，后劲明显不足。

在四项收入中，对家庭总收入增幅贡献较大的有两个，一个是工资性收入增长，源于绩效工资改革，另一个是转移性收入增长，源于企业退休金标准的提高。由此可见，两大引擎均来自政策方面，说明市民收入的增长过于依赖政策性拉动，这样就显现出一个问题，市民收入增长缺乏内在的动力，后期张力肯定不足。

3. 工资性收入所占比重较大，不利于市民收入较快增长。

工资性收入具有很强的刚性，它的变动幅度非常有限，一般情况下年度增幅在2~5%。从前三季度数据看，占家庭总收入的比重达到百分之七十多的工资性收入，仅为家庭总收入增长贡献2.4个百分点。所占家庭总收入不到百分之三十的转移性、经营性和财产性收入，却为其贡献了6.2个百分点，影响程度高达72.1%。

4. 市民收入增幅放缓，折射出若干提高百色市居民收入的问题。

据调查，与上年同期相比，2010年1—9月百色市居民家庭人均总收入同比增长8.6%，增幅较上年下降2.6个百分点。由此可见，市民收入增幅明显放缓，折射出几个问题：

一是如何在百色市居民收入基数较高的情况下，继续稳定较快增长势头，从理论上看，必须积极寻找市民收入的增长极，大幅提高收入的绝对增加额；从实践上看，近两年工资上涨的呼声越来越大，建筑、机械等行业工资水平也出现明显上涨，有关部门应该积极提高最低工资标准，有必要出台新一轮增资计划。

二是如何在物价明显上涨的情况下，保持实际收入的平稳增长，从方法上看，平抑市场物价涉及面很广，难度也很大，但可以调控当前市民的“菜蓝子”、“住房子”等价格，降低普通市民的生活成本；从措施上看，加强对重要商品价格的监测，积极组织货源，防止不法商贩牟取暴利。

2010年上半年贺州市城镇居民收支稳步提高

李　辉

2010年以来，我国宏观经济运行出现了积极变化，经济总量快速增长，自治区政府抓住有利时机，出台一系列相关政策，贺州市城镇居民也因此受益，收入不断增长，消费水平更是上了一个台阶。

一、城镇居民收入不断提高

据调查资料显示，2010年上半年，贺州市城镇居民人均可支配收入8847.63元，同比增加1275.7元，增长16.8%，增幅高于全自治区平均水平。从分项情况看，四项收入两增两减。

1．工资性收入增长。2010年上半年居民人均工资性收入6014.65元，比上年同期增加997.54元，增长19.9%，拉动可支配收入增长11.0%。主要原因有：①公务员津补贴增加。从2009年1月份起，贺州市及各县区公务员增加规范性津补贴（补贴由原来人均1.8万元/年提高到2.1万元/年）。且在2010年上半年补发。部分职工去年绩效工资也在2010年上半年兑现。②教师（占有收入人数的8.6%）也从2009年11月开始规范津补贴，使工资有较大幅度增加。③就业人数增加。在调查户中，本季度有3名住户子女学成毕业参加工作，且有2名住户退休后再就业，工资有所增长。④其他劳动收入增加。2010年上半年居民人均其他劳动收入为278.72元，比上年同期增长17.1%，这也是拉动工资性收入增长的原因。

2．转移性收入增幅明显。2010年上半年居民人均转移性收入2841.78元，比上年同期增加380.96元，增幅为15.5%。其中人均养老金或离退休金2348.32元，比上年同期增加298.19元，增幅为14.5%。居民人均养老金增加的主要因素是国家2010年1月份上调了退休金。而且2010年上半年离退休人员与上年同期相比有所增加，使得退休金总量也有相应增加。

3．经营性净收入和财产性收入小幅下降。2010年上半年经济形势不太明朗，多数经营者持币观望，寻找更好的投资方向。2010年上半年贺州市居民人均经营性净收入366.32元，比上年同期减少57.04元。同比下降13.5%。受政策影响，股市动荡，上半年贺州市城镇居民财产性收入378.24元，同比小幅下降4.2%。

二、居民消费水平稳步提高

据调查，2010年上半年，贺州市城镇居民人均消费支出5649.57元，较上年同期增加1189.26元，增长26.7%。消费水平以及增幅均上一个新的台阶。

八大类消费增长情况

项目	消费额（元/人）	增幅（%）
消费支出	5649.57	26.7
（1）食品	1979.16	6.8
（2）衣着	456.74	7.2
（3）居住	995.68	81.4
（4）家庭设备用品及服务	489.57	10.2
（5）医疗保健	349.01	25.2
（6）交通和通信	677.36	83.3
（7）教育文化娱乐服务	591.51	46.9
（8）其他商品和服务	110.55	−18.7

1．食品支出增速平稳。2010年上半年，贺州市城镇居民人均食品消费性支出1979.16元，同比增长6.8%。其中蔬菜类、干鲜瓜果类消费较上年同期分别增长31.7%和27.2%，这与年初以来蔬菜水果价格上涨有直接关系，也从另一方面说明贺州市居民已经从饮食上追求营养均衡了。

2．家庭设备用品及服务增长较快。2010年以来，国家继续实施家电下乡、家电以旧换新、节能产品惠民工程等政策，千方百计拉大内需，洗衣机，电冰箱等家电下乡产品纷纷降价促销。2010年上半年贺州市城镇居民家庭设备用品和服务类人均消费支出489.57元，同比增长10.2%，其中家庭耐用品消费增长14.5%。

3．居住类消费大幅增长。2010年上半年贺州市城镇居民人均居住类消费支出为995.68元，同比增长81.4%。居住类消费支出增长的重要原因是新建房的装修支出大幅增长，2010年上半年城镇居民人均建筑材料支出为393.83元，同比增长549.3%。由于贺州市地处较为偏远的地区，房价与全国水平比较不算高，因此国家出台的抑制房价政策对房地产市场还没造成太大影响，人们买房热情依然不减。

4．文教娱乐成为消费支出新增长点。2010年上半年贺州市城镇居民人均教育文化娱乐支出591.51元，增长46.9%。其中文化娱乐服务支出210元，增长67.4%；旅游支出92.86元，同比增长90.2%。反映了居民生活水平逐步提高，在追求物质文明同时，也已注重精神文明。教育支出方面，参加培训班的增多，反映了居民对教育的重视。

5．交通工具消费大幅增长。随着人们生活水平的提高，人们对交通工具的要求也越来越高，不仅购买摩托车，而且还购买小汽车代步。这使得上半年城镇居民交通通信服务费增长83.3%，成为贺州市消费支出新的亮点。

6．医疗保健支出上涨明显。2010年上半年贺州市城镇居民医疗保健人均支出为349.01元，同比增长25.5%。主要为医疗器械以及保健品支出大幅增加，说明随着人们生活水平的提高，对身体健康的重视程度也越来越高了。

7．其它商品和服务支出下降。2010年上半年贺州城镇居民人均其它商品和服务支出110.55元，同比下降20%。其中购买金银珠宝饰品支出下降70%，购买其他杂品和化妆品支出分别下降44%和48%。

8．衣着类支出有所增长。2010年上半年在国家扩大内需政策影响下，衣服类商家纷纷开展促销活动，加强促销力度。使得居民衣着类支出同比上涨7.2%。而服装类与鞋类支出分别增长11.9%和11.1%，购买的数量却同比下降5%和7%。说明随着生活水平的提高，贺州市居民在购置服装和鞋类时更注重质量与品牌了。

三、居民收入差距拉大，工资依赖较强

虽然居民收入与消费水平均大幅增长，但是仍存在许多问题。主要为以下几个方面：

1．收入增长人群较为集中。2010年上半年主要收入增长人群基本集中在公务员，教师，退休人员等人群，而其他有收入人群收入基本不增长。收入人群过于集中容易造成收入的两极分化，拉大高收入与低收入人群之间的收入差距。

2．城镇居民收入过多的依赖工资性收入。2009年上半年贺州市城镇居民收入构成：工资性收入占60.5%，经营性收入占5.1%，财产性收入占4.8%，转移性收入占29.7%。2010年上半年，城镇居民收入四类构成：工资性收入占62.6%，经营性收入占3.8%，财产性收入占3.9%，转移性收入占29.6%。（见下表）

城镇居民收入构成情况表

收入构成	2010年上半年	2009年上半年	占家庭总收入的比重（%）	
			2010年上半年	2009年上半年
家庭总收入	9600.99	8295.98	100	100
其中：工资性收入	6014.65	5017.11	62.6	60.5
经营净收入	366.32	423.36	3.8	5.1
财产性收入	378.24	394.7	3.9	4.8
转移性收入	2841.78	2460.82	29.6	29.7

表明贺州市城镇居民收入水平过分的依赖于国家政策性调资，也就是说行政机关和事业单位工作人员和离退休人员增加工资，居民收入就增加，增加的幅度大小取决于调资的幅度高低，缺乏有效的增长机制。

3．经营环境有待提高。2010年上半年经济形势不太明朗，多数经营者持币观望，寻找更好的投资方向。而交通不够便利，物流水平欠发达，市政建设滞后，社会治安状况较差等因素使得贺州市经营者面临巨大经营压力，收入下降。

四、加大扶持力度，确实提高居民收入

2010年上半年，城镇居民收入大幅增长主要受增资补发影响。进入2010年下半年，虽然行政事业单位增资因素的影响将逐渐减弱，但离退休人员增资等因素的影响将延续，同时总体经济形势向好对居民收入的推动，居民收入仍呈增长态势。为此建议：

1．加大对中小企业和自主创业者的扶持力度，营造更为良好的经济发展环境，提高城镇居民收入水平。金融危机下，贺州市经济受到了一定影响，但目前情况投资环境已逐步好转，因此政府应在金融、税收等方面采取有力措施，加大对中小企业和自主创业者的支持力度，培育城镇居民新的收入增长点，提高居民收入水平。

2．继续完善社会保障体系。社会保障制度作为一种收入再分配手段，是缓解收入差距扩大的趋势，保障低收入户群体的基本生活来源，维护社会稳定的重要途径。应继续完善城镇居民最低生活保障制度，完善企业职工基本养老保险制度，扩大企业职工基本养老保险制度覆盖面。

3．改善经营环境，优化居民创业环境。改善交通、治安环境，加大市政建设投入力度，适当通过税收优惠政策优化居民经营创业环境，从而改善经营环境，给经营者信心。

第四部分 价格调查篇

2009年广西农资价格呈现近十年来最大跌幅

陈天录

据国家统计局广西调查总队调查，2009年广西农业生产资料价格比上年下降5.8%，为近十年来最大跌幅。其运行特点：

调查的十个大类，呈现“五升五降”态势。上升的五个大类分别为：农用手工工具类、饲料类、机械化农具类、其他农业生产资料类、农业生产服务类，分别比上年上升7.8%、2.5%、0.8%、3.9%、2.6%；下降的五个大类分别为：化肥类、产品畜类、农机用油类、半机械化农具类、农药及农药械类，分别比上年下降12.8%、17.4%、4.9%、3.1%、1.3%。

各月农资价格走势由高往低走，到第四季度降幅略有缩小。与上年同期相比，1、2月分别上升7.4%、4.3%，3至12月分别下降0.8%、5.8%、8.6%、10.6%、10.8%、10.9%、9.5%、9.9%、7.4%、4.1%。

一、农资价格下降的主要原因

农业生产资料价格下降，受市场供求关系和成本下降的影响比较明显，同时受国际国内市场原油、煤炭能源供应缓和等因素影响所致。

1．农业生产资料成本下跌。2009年广西化肥类价格同比下降影响农资价格下降4.23个百分点，占总降幅的72.9%。世界石油、煤炭、碳氨、硫磺等能源原材料价格全面下降，导致农业生产资料价格下降。据调查，2009年广西部分化学肥料生产企业原材料、燃料、动力购进价格下降8～35%。化学肥料制品出厂价格下降9%左右。

柴油价格在国际市场油价的影响下，各月环比上下波动，6.7月分别上升5.3%、8.1%，8月、10月分别下降2.7%、2.3%。2009年广西农机用油价格同比下降4.9%，影响农资价格下降0.35个百分点。

2．畜产品市场供大于求，导致价格下降。2009年产品畜价格同比下降17.4%，影响农资价格下跌2.1个百分点，占36.2%。产品畜价格下跌主要是受市场周期波动的影响。

2008年国家和广西针对市场生猪价格上涨过快、过高，出台了一系列的鼓励措施，给能繁殖母猪上保险、并予以补贴。2009年加大对生猪生产的扶持力度，由2008年的每头50元调到100元，给生猪养殖大户低利率的贷款、给养猪户环保补贴等等，使广西的生猪生产得到较快发展。2009年二季度末，全区能繁母猪存栏量为279.9万头，比上年同期增加3%。

与此同时，从2008年下半年开始，仔猪价格就逐月下降，15公斤重仔猪，2008年3、4月份的每头500元至1000元，2009年由于存栏量的增加，特别是甲型H1N1流感负面影响，造成猪肉零售价格连续4个月呈现下滑态势，产品畜价格5—7月份环比连续下降，6、7月份仔猪价格每头已下降到180～300元，已跌到2007年上半年的实际价格。8、9月份由于国家增加猪肉的冻储量，同时市场需求量的增加，仔猪价格呈现止跌回升态势，8、9月环比分别上升5.9%、4.8%。到11、12月份，由于市场供求关系的影响，环比、同比均呈现上升态势。从全年大部分月份看，受市场周期波动的影响，仔猪价格的大幅度下跌拉动产品畜价格大幅度下降。

二、农资价格下降带来的影响

1．2009年广西农资价格下降5.8%，同期农民人均家庭经营支出用于种植业的生产费用下降了3.2%。据田阳调查队对60户农户调查统计，2008年户均购买化肥1092公斤，比2007年少215公斤2009年广西农资价格下降5.8%，同期农民人均家庭经营支出用于种植业的生产费用下降了3.2%。据田阳调查队对60户农户调查统计，2008年户均购买化肥1092公斤，比2007年少215公斤，户均购买化肥支出比2007年多277元。而2009年由于农资价格的下降，在农民户均购买化肥量比2008年多出60多公斤的情况下户均支出却比2008年减少了153元。农资支出减少，农民收入增加。

2．农资价格下降，激发了农民生产积极性。近几年由于国家各种惠农政策的实施，吸引了部分外出务工农民回乡耕种。据贺州、贵港等调查队调查，由于农资价格的下降，种植利益增加，许多荒芜了多年的土地，2009年都种上了农作物。

3．农资价格下降，带动农民生产投入增加。如贺州市八步区2009年上半年农民购回了13台联合收割机，同时享受了中央农机购置补贴资金26.3万元。

4．农资价格下降，国家直补政策的效果显现。以玉林为例，2009年发到农民手中的补贴：每亩种子补贴为22.5元，比2008年的16.5元增加6元，增长36.4%，据广西物价局成本队调查，2009年农户每亩的种子费用支出为29.25元，农民只支出6.75元；每亩的粮食补贴为100元，比2008年的85元提高了15元，比2007年的35元提高了65元。

三、目前农资价格存在的问题

1．饲料价格连续上涨，对发展养殖业不利。2009年饲料价格从4月份起就连续上涨，目前仍然保持着上升的趋势，增加生猪饲养成本。占60%的猪饲料量的玉米价格每公斤由年初的3.6元～3.8元，上升到现在的4.0元～4.6元，在产品畜价格同比下降17.4%的同时，饲料价格同比上升2.5%。拉高了养殖业成本，不利于养殖业的发展。

2．农用柴油价格的频繁变动，拉高了农业生产服务收费的成本。自2007年以来随着国际市场价格的不断波动，我国汽柴油价格也在不断的变动，但柴油价格高涨时，农用运输、机械农耕收费不断上提。目前广西许多地方都是机耕打田，每亩收费达80～100元，收割60～80元，农忙时有时部分市县农村收费达到每天120元。2009年农业生产服务价格同比上升2.6%，比2005年上涨30.4%，其中请雇工收费上涨1倍以上，加大了农民的支出，减缓了农民增收的步伐。

3．农业生产成本仍然在高价位上。尽管2009年产品畜、化肥价格出现大幅度下降，但这是在高价位上的下跌。相对于2005年而言，2009年广西农资价格上涨了33.5%，其中：农用手工工具上涨49.6%、饲料上涨26.6%、产品畜上涨50.5%、化学肥料上涨26%、农用机油上涨47.6%、农业生产服务上涨30.4%、机械化农具上涨24.3%。上涨幅度比较小的是农药及农药械，也比2005年上涨了4.6%。以国家调查监测点百色监测的进口钾肥（含钾60%）为例：2007年4月份、12月份每公斤分别为2.2元、2.6元；2008年4月份、12月份分别为3.27元、3.6元；2009年4月份、12月份分别为3.9元、3.3元，也即2009年化肥价格的大幅度下降，只是指数的下降，实际价格和改革开放以来的2008年最高时是相当的，有些规格品的价格甚至略高于2008年的实际价格。而仔猪价格（15公斤左右），通过广西各市县调查，目前每头在350元～400元之间，因此2009年农资价格下降只是指数的下跌。

四、2010年农资价格运行预测

据分析，2010年农资价格运行将以上升为主。值得注意的是，由于部分市县陆续提高水价，第四季度提高工业用电价格，只要工业品出厂价格和原材料购进价格上涨，农业生产资料价格必涨。从目前农资价格运行的态势看，2009年11至12月份工业品出厂价格和原材料购进价格上涨，化肥环比价格连续两个月出现上涨趋势。目前农资价格上行的因素仍然比较多：一是受钢材价格上涨的影响，农用手工工具类、机械化农具、半机械化农具、农药械仍然呈现上升趋势，但升幅不大。二是受粮食价格上涨的影响，饲料价格继续上升。三是受资源性成本价格助推的影响，化肥价格、农机用油价格已经在2009年的11至12月份出现上升趋势。四是农用科技的发展，新培养农用种子价格上涨。五是农业服务收费一般是刚性的，只要上涨了就很难降得下来。因此从以上各方面的情况分析，2010年广西农业生产资料价格将会出现上升趋势。

2009年广西农产品生产价格运行情况及走势判断

杨明东

根据对全自治区37个县（市、区）816个农业生产经营户（其中农户750户，非农户66户）的调查结果：2009年广西农产品生产价格总指数（以上年为100，下同）为89.25，即农产品生产价格比上年同期下降10.75%。其中，牧业下降19.48%、渔业下降3.11%、种植业微降1.87%、林业上升4.52%，可以看出：牧业产品生产价格大幅度下降是拉动全区农产品生产价格总指数下行的主要因素。

一、农产品生产价格运行特点

1．受牧业产品生产价格影响总指数同比大幅下降。2009年农产品生产价格总指数为89.25，是2002年以来的最低点位，与上年（下同）指数112.99相比，下降23.74个百分点，其中牧业产品生产价格指数下降42.68个百分点。

2．农产品价格总指数长时间持续回落后出现连季反弹。分季度看，农产品价格总指数从2007年四季度开始逐季回落，持续回落至2009年二季度，时间长达7个季度，期间没有反弹。直至2009年三季度才出现首次回升，三季度农产品价格总指数为85.2，比二季度上升2.47点，四季度农产品价格总指数为95.56，比三季度上升10.36点。

3．农产品生产价格上升的品种略多于下降的品种。2009年调查户出售农产品品种共164个，其中价格上升的品种80个，占48.8%，下降的品种为74个，占45.1%，但主要农产品下降的品种居多，如活猪生产价格等等。

4．活猪生产价格指数大幅下降。在牧业产品中活猪生产价格指数为79.07，即活猪生产价格比上年同期下降20.93%，活猪生产价格影响农产品生产价格总指数下降10.05个百分点。

二、农产品生产价格变动原因分析

农产品生产价格运行既受国际金融危机的影响，比如出口加工业的影响，但主要受国内市场供求关系的影响。

1．种植业价格升少降多，总体拉动全区农产品生产价格总指数下降。

一是粮食收购价格持续上升。受国际粮食价格和国家粮食最低收购价格提高的影响，2009年稻谷最低收购价比上年提高0.26元/公斤，早籼稻最低收购价达到1.8元/公斤，中晚稻最低收购价达到1.84元/公斤，带动粮食价格整体提高，保持平稳上升态势，在2009年调查户出售的农业产品中，稻谷价格达到2.11元/公斤，稻谷生产价格指数为104.79，稻谷价格同比上升4.79%。二是甘蔗价格上升。2008—2009年榨季我区甘蔗收购指导价为275元/吨（含良种补贴），受市场供求关系和国家食糖收储的影响，2009—2010年榨季提前联动普通甘蔗收购价首付为284元/吨。据调查，2009年调查户出售甘蔗价格维持上升态势，达到276.63元/吨，甘蔗生产价格指数为100.6，价格微升0.6%，其中第四季度调查户出售甘蔗价格达到289.03元/吨，甘蔗生产价格指数为102.18，价格上涨2.18%。三是大部分农业产品价格指数呈现下降态势。由于没有国家政策扶持，受市场供求关系的影响如玉米、油料、豆类、烟草等价格下降，其他一些属于季节性较强的生鲜农业产品，如烤烟、叶菜类、丝瓜、苦瓜、四季豆、豇豆、葱、西红柿、辣椒、青椒、生姜、蘑菇、香蕉、荔

枝、桃子、李果、芒果、西瓜、绿毛茶等农业产品，波动较大，价格指数升少降多；虽然个别产品如八角得益于“甲型H1N1流感”的影响，价格上涨幅度较大，达92.81%。但总体而言，2009年种植业产品生产价格总水平同比（下同）下降1.87%。

2．林木资源减少，导致林产品生产价格与上年同期相比上升4.52%。主要原因：一方面是上年冰冻雪灾导致部分林木被冻伤或死亡后，不得不砍伐上市交易，一些生产者急于交易而低价抛售，另一方面是林木经上年砍伐后，一些生产单位林木资源减少，价格有所上涨。同时，国家出台4万亿投资计划和十大产业规划对内需的拉动，也促使林产品价格回升。

3．多重因素导致牧业产品生产价格同比下降19.48%。主要原因有：①活猪价格大幅度下降。活猪是广西重要的大宗畜牧产品，今年活猪生产价格指数为79.07，价格比上年同期下降20.93%。活猪价格回落主要因素分析：一是受金融危机影响，农产品国际市场价格从高位回落，走向价值回归，间接影响国内农产品市场价格走势；二是供给大幅增长。2007年以来，活猪出售价格持续上涨，2008年初我国南方地区由于遭受冰冻雪灾影响，活猪出售价格上涨到历史最高价位，2008年活猪出售综合平均价格达到14.53元/公斤，猪出栏价格大幅上涨，养殖效益显著提高，同时国家鼓励养猪，出台了母猪补贴、保险和奖励生猪生产大县等政策，大大刺激了养殖户的生产热情，促进社会资源涌向养猪业，不仅新增了许多规模养殖户，而原来的老饲养户也纷纷扩大了养殖规模，生猪生产得到快速恢复和发展，供给大幅增长。三是受“甲型H1N1流感”和“瘦肉精”事件影响，不少养猪户加速出栏，导致猪价下跌。从价格调查户活猪出栏情况看，本年活猪出售量为286.44万公斤，比上年增长1.24倍，是2006年以来的最高水平。②其它畜禽产品价格升少降多。牛、羊、活鸡、鸡蛋和活鸭等生产价格指数分别为105.03、102.59、100.21、100.06、103.11，价格分别上升5.03%、2.59%、0.21%、0.06%、3.11%，马、鸭蛋生产价格指数分别为93.33、95.95，分别下降6.67%、4.05%。在金融危机的影响下，社会需求总体上偏弱，大多数畜禽产品价格趋向疲软，今年调查户出售的活鸡、鸡蛋和活鸭价格同比略有上升，但出售量却大幅下降，下降幅度分别24.70%、19.06%、44.07%，而鸭蛋不仅价格下降，出售量也大幅下降，下降幅度为60.02%。

4．供给增长影响今年渔业产品生产价格同比略降3.11%。主要原因：一方面是调查户出售海产品产量同比增长23.41%，价格仅升4.84%；另一方面又受国际金融危机蔓延和供给增长的影响，淡水养殖产品供应偏旺，价格偏软，调查户出售淡水养殖产品产量同比增9.92%，价格下降5.51%。

三、2010年农产品生产价格走势判断

广西农业产业结构中种植业与畜牧业独具优势，而在种植业与畜牧业中甘蔗与生猪又处于特殊地位，其产品产量大，商品率高，是农产品生产价格总指数构成中的权重产品，其价格波动对农产品价格总指数运行走势具有主导作用。当前，在国际金融危机影响趋向缓和，国际糖市价格出现回升的情况下，一方面政府适时出台2009—2010年榨季提前联动普通甘蔗收购价首付为284元/吨，促使今年甘蔗收购价格有所回升；另一方面生猪生产价格虽然出现反弹，但仍然处在回落后的次低位，2009年三、四季度活猪出售平均价格分别为11.16元/公斤、12.7元/公斤，分别比二季度上升0.9%和9.18%，低于一季度13.28元/公斤和2008年三季度14.98/公斤的水平。由此判断，2010年一季度农产品生产价格总指数回落幅度将继续收窄，上半年农产品生产价格总指数运行出现持平或回升走势。

2009年广西房价调整结束　重新快速攀升上涨

陈　钧

2009年，在国家应对国际金融危机，稳定房地产市场的各项调控政策显效，购房需求逐步释放后，房地产市场逐渐回暖，广西房屋销售价格指数（南宁、柳州、桂林、梧州、北海五市，下同）结束调整触底回升，再次进入上行区间，重新快速攀升上涨。

一、房地产价格运行情况

1．2009年全年房价水平比上年略高，涨幅为历年新低。2009年广西房屋销售价格比上年仅上涨1.4%，涨幅是自2001年以来最低水平。

2．分月房价同比指数先降后升，呈两头高中间低的触底回升态势。1—12月广西房屋销售价格同比指数分别为101.0，100.4，100.2，99.6，99.6，99.7，100.0，101.1，101.5，103.0，104.2，106.8。1—3月逐步回落，4、5两月最低，之后逐步回升，四季度涨幅快速扩大，12月达到全年最高。

3．分季度看，2009年广西房价走势呈现了较强的季节变化。第一季度上轮价格上涨的后滞影响逐步消失，房屋销售价格同比指数持续回落；第二季度广西房价连续多年上涨走势结束，进入了短暂的下降调整阶段；第三季度在国内经济形势好转，购房需求释放和通胀预期投资保值的心理作用下，广西房价结束了短暂的下降调整阶段，再次上涨；第四季度市场呈现供销两旺，量价齐升的景象，房价快速攀升。

4．广西房价只升不降的历史宣告结束，但降幅有限。二季度广西房屋销售价格连续3个月同比下降，多年以来广西房价只升不降的历史结束。4月广西房屋销售价格同比下降0.4%，为近8年来首次当月同比下降。但在强烈的刚性需求，北部湾经济区良好前景以及房市“小阳春”的支撑下，二季度各月降幅保持在0.5个百分点之内，下降幅度有限，房价相对坚挺。

5．新建房价格稳定，二手房价格持续上涨。在国家减免商品房交易契税、二手房交易营业税等刺激房市的措施作用下，2009年广西新建房销售价格同比上涨0.5%，二手房价格同比上涨6.2%。新建房中，新建住宅上涨0.9%，新建非住宅下降0.1%。二手房中，二手住宅同比上涨6.2%，二手非住宅同比上涨10.8%。

6．新建住宅价格调整期较长，普通商品住宅价格连续7个月下降，普通高档住宅价格连续14个月下降。2009年1—7月广西普通商品住宅价格连续7个月呈下降走势。其中，普通高层住宅价格同比下降0.1%，1—8月连续8个月下降。普通高档住宅因总价高需求少，价格持续低迷，同比下降5.8%，自2008年10月起连续14个月呈下降走势。

7．土地交易价格平稳，涨幅创新低。2009年广西土地交易价格同比仅上涨1.2%，与上年同期相比涨幅减少了7.7个百分点，创2005年以来新低。其中，居住用地同比上涨1.0%，工业用地同比上涨0.3%，商业营业用地同比上涨2.2%。

二、房地产价格走势原因分析

1．持续低迷的房市和国际金融危机影响是上半年广西房地产价格回落的主要原因。上半年，受上年以来房地产市场持续低迷的影响，广西商品房销售不畅，存量房积压。在国际金融危机的影响下，广

西房地产开发商对当前房价的信心有所松动，为加快回笼资金，促进存房销售，对价格进行下调。潜在购房者在观望一年后，原本打算购房的因金融危机爆发，房价及收入的预期发生变化，继续保持观望。原本打算对房市“抄底”的投资客在金融危机爆发后退缩，房地产市场的投资需求难以恢复。尽管部分城市出现了房市“小阳春”现象，房屋销售有所好转，但商品房供过于求，尤其是多层大户型存量过多、销售困难的市场状况下，在市场调节作用消化存房的过程中房价必然有所回落。

2．经济形势好转，市场供应相对减少，国内房市回暖和通胀预期四大因素使下半年广西房价结束下行调整再次进入上涨周期。在国家各项应对金融危机措施逐步实施后，国内经济渡过金融危机爆发后的最困难阶段，呈现出回稳向好的态势。政府的宣传和经济增速的逐渐回升，也给房地产市场带来了信心。逐渐乐观的收入预期令潜在购房者消除了顾虑，出手购房。由于前期房屋销售的好转和开发商押后新盘、新房销售，下半年市场所剩的存量房大多为品质差或总价过高难以销售的房源，与不断释放的购房需求相比，房地产市场的正常供应已有所减少，各地开始出现不同程度的房源紧缺。随着国内房地产市场的进一步回暖，一线城市地王频出的消息传开，第四季度潜在购房者在“买涨不买跌”的购房心理作用下，不得不加快购房脚步。加上政府连续大量增发贷款带来的通胀预期影响，在投资保值的心理作用下房地产市场的投资需求也有所增多。在经济形势好转，市场供应相对减少，国内房市大环境回暖及未来通胀预期四大因素的作用下，下半年广西房屋销售价格由降转升，结束了仅持续3个月的下行走势，并于三季度恢复上涨，四季度快速上升。

3．房地产开发商的营销策略是全年房价先降后升的直接原因。上半年，由于市场尚未真正回暖，多数开发商采取了加大打折力度，延长旧房销售周期，把新盘、新房押后到下半年开盘等策略，对即将推出的房源以预定加送折扣等形式进行提前宣传和推广，在销售环节优先出售残次的存量房，而将好房源押后销售。在这种营销策略影响下，市场上存量房被降价出售，上半年房价逐步回落。下半年在房源逐渐减少，新盘迟迟不开的情况下，市场出现了供销两旺的井喷式购销现象。旧盘推新房，新开楼盘集体上市，大多取得良好销售量。如南宁市荣和大地一期引发“万人订购”，柳州、桂林等地新开楼盘开盘便多数售罄，梧州、北海两地房屋交易量也均达到去年以来新高。房屋热销使开发商看好市场提高房价，购房者“买涨不买跌”的心理也从另一个方面推动了房价的上升，使得下半年广西房价恢复上涨，进入新一轮上行周期。

三、房价上涨过快，房屋供应结构性矛盾突出

下半年再次恢复上涨后，广西房地产市场积压了两年的刚性需求爆发。加上投资投机需求的增多，广西房价的上涨速度不断加快。特别是四季度，每月同比涨幅较上月都在扩大。到12月，房价同比涨幅比7月增加了6.8个百分点，上涨速度之快已接近2007年房价快速上涨水平。

由于房价上涨，无论自住型购房者还是投资性购房者都更加偏好中小面积户型，导致大户型商品房由于总价过高需求量远低于中小面积户型。目前广西房地产市场中小面积商品房供应难以满足市场需求，而大户型房屋及高档住宅销售困难且前期的存量积压，供应相对过剩。这种房屋供应的结构性矛盾导致了大面积户型及高档住宅无人问津，中小面积户型推出即告售罄的现象。房价上涨加上投资投机需求大增，无疑将使中小面积户型更受欢迎，大户型更加难以销售，在房屋供应结

构短期难以改变的情况下形成恶性循环，不利于市场及房价的稳定。

四、2010年走势预测

2009年下半年，国内房地产市场呈现房价快速上涨态势，土地交易市场“地王”频出。广西房价也经历了三季度回升，四季度上涨加快的走势。尤其是四季度，在通胀预期投资保值和“炒房”收益的驱动下，房地产投资需求大增，助推房价上涨。为此，2009年12月至2010年元月，国务院连续五次调控房地产市场，提出个人住房转让营业税征免时限由2年恢复到5年，开发商拿地首付至少50%，“二套”房贷首付款比例不得低于40%，已取得预售许可的房地产开发企业要在规定时间内一次性公开全部房源，严格按照申报价格明码标价对外销售等具体措施，进一步规范房地产市场，抑制投资投机性购房需求，稳定房价。在这些政策作用下，囤地、捂盘将受到打击，投资投机性购房需求将有所减少，市场行为将变得更加理智。但在当前利率维持较低水平下，房地产行业向好趋势不会改变，房价上行走势短时间内不会改变。预计2010年上半年广西房价仍将延续2009年四季度的上涨走势，但上涨速度将有所放缓。

2009年广西工业品出厂价格运行情况分析及今年走势判断

蒋志华

2009年，广西通过深入开展“项目建设年”、“服务企业年”、“党组织服务年”活动，以非常办法、非常措施、非常力度、非常政策，应对国际金融危机，取得明显成效，经济发展保持良好势头。随着经济的回升，广西工业品出厂价格也随之回升，年底已恢复正增长。

一、工业品价格变动分析

1．从总水平看：2009年广西工业品出厂价格经历了下降、见底、回升的过程。上半年工业品出厂价格总水平同比降幅逐月扩大，并于6月创出新低，其中1月下降6.2%、2月下降8.1%、3月下降9.8%、4月下降10.6%、5月下降11.1%，6月下降11.5%；随着国家一系列刺激经济政策的逐步实施，7—10月底部形成并且逐月抬高，7月下降11.0%、8月下降8.9%、9月下降7.4%、10月下降4.8%；当国家刺激经济政策取得明显效果时，经济逐渐回暖，11月工业品出厂价格开始回升1.5%，12月继续回升9.4%。虽然12月回升的幅度较大，但是1—10月都处于下降态势，2009年全年平均工业品出厂价格总水平下降6.5%。

2．从轻重工业看：轻工业产品出厂价格回升的时间比重工业快，回升的幅度大大超过重工业。（1）轻工业产品出厂价格同比：2009年1月下降5.6%，2月下降7.1%，是全年最低的点，底部形成；3月下降7.0%，次低点；4—8月底部逐月抬高，4月下降4.8%、5月下降2.8%、6月下降3.6%、7月下降3.3%、8月下降1.2%；9月回升1.6%；10、11月继续回升，分别上升4.2%、8.1%；12月快速上升了15.2%；（2）重工业产品出厂价格同比1月至6月降幅逐月扩大，1月下降6.5%、2月下降8.3%、3月下降11.2%、4月下降13.4%、5月下降15.2%；6月下降15.5%，已经见底；7、8月在底部徘徊，7月下降14.2%；8月下降12.4%；9月下降11.8%、10月下降9.2%、11月下降1.7%，底部逐月抬高；12月开始回升，上升6.5%。（3）从轻重工业回升时间的快慢来看，轻工业产品价格回升的时间比重工业快三个月。12月轻工业产品价格回升的幅度比重工业多8.7个百分点；全年轻工业产品出厂价格平均仅下降0.6%，而重工业下降达9.5%。

3．从大类行业看：超过五成的工业行业大类产品出厂价格回升。在调查的36个工业行业大类中，全年出厂价格上升的有19个，占大类行业总数的52.8%；全年出厂价格下降的有17个，占大类行业总数的47.2%。其中：上升幅度最大是水的生产和供应业，全年平均上升14.4%；其次是家具制造业，全年平均回升9.5%。

4．从广西的支柱产业——制糖业看：制糖业出厂价格不仅回升快而且幅度大。制糖业出厂价格在2009年1月、2月处于大幅下降态势，由于食糖产量减少和国家加强糖储备，4月后回升。从其价格走势来看，制糖业出厂价格在2009年1月（−17.4%）就已经见底，2月（−14.4%）、3月（−6.1%）底部抬高；4月以后逐月上升，4月上升0.6%、5月上升9.4%，6、7、8月以后涨幅均达到两位数，分别上升11.8%、14%、22.7%；9月后，由于甘蔗购进价格上升和食糖产量减少以及国际食糖供应不足，导致其价格大幅上涨，9月上涨31.7%、10月上涨35.7%%、11月上涨35.8%、12月上涨50.7%。

5．从重要的金属行业看：有色金属出厂价格回升快，黑色金属出厂价格已有回升迹象。有色、黑色金属在广西工业品占有较大的比重，其价格走势对总水平有较大的影响。

（1）有色金属矿采选业、有色金属冶炼及压延加工业出厂价格四季度回升快。受国际金融危机的影响，2009年上半年有色金属矿采选业、有色金属冶炼及压延加工业产品出厂价格大幅下降，同比下降28.3～42.3%，3、4月创出全年新低，5、6月构筑底部，7、8、9月底部逐渐抬高；随着国家增加部分有色金属的战略储备和提高行业出口退税率等政策的影响下，刺激了有色行业的回暖，10、11月开始回升，12月快速回升：①10、11、12月有色金属矿采选业的产品出厂价格同比分别上升16.6%、42.0%、99.7%；②11、12月有色金属冶炼及压延加工业产品出厂价格同比分别上升13.6%、27.1%。但是从全年平均来看，下降幅度仍较大，有色金属冶炼及压延加工业产品出厂价格同比下降18.5%，有色金属矿采选业产品出厂价格下降10.7%。

（2）黑色金属冶炼及压延加工业产品出厂价格有回升迹象。受国际金融危机的影响，2009年上半年黑色金属冶炼及压延加工业产品出厂价格同比大幅下降，1—4分别下降16.2%、18.4%、25.4%、31.7%、5月下降38.1%，创出全年最低；6、7月分别下降36.9%、37.4%，在底部徘徊；8、9、10、11月分别下降30.1%、29.9%、27.1%、12.3%；随着国内经济的回升，12月有回升的迹象，仅微降0.6%。由于1—10月下降幅度大，全年平均黑色金属冶炼及压延加工业产品出厂价格下降25.3%。

二、工业品出厂价格由跌转升的原因

1．国内经济逐步回升。受金融危机的影响，我国经济出现了下滑，但随着刺激经济政策的出台和实施，以及实施的效果逐步显现，经济逐步回升。2009年，国内生产总值从一季度的6.1%，逐季加快，迅速回升到年末的近9%。随着宏观经济三驾马车的加速前进，中国经济V形反转的态势已成定局。随着国内经济的回升，广西工业品出厂价格也由下跌到回升。

2．区内经济回升带动工业品价格回升。从投资看，为扩大内需，广西提出全年完成全社会固定资产投资6000亿元工作目标。据统计，2009年前三季度广西GDP增长13.7%，城镇固定资产投资增长54.3%，增幅居全国第二位；1至11月广西出口额同比增长1.8%，增幅排名全国第一。从消费看，广西消费市场持续活跃。前三季度全自治区社会消费品零售总额2027.64亿元，同比增长18.9%，增幅比上半年提高0.2个百分点。其中，城市消费品零售额1207.91亿元，增长18.4%；农村消费品零售额819.73亿元，增长19.5%。投资和消费的增长，有力地促进广西经济的发展，从而也促使广西工业品出厂价格由跌转升。

3．重要行业产品出厂价格回升带动总水平回升。食糖、有色金属在广西工业品占有较大的比重，其价格走势对总水平有较大的影响。（1）制糖业出厂价格是影响广西工业品出厂价格总指数涨跌的主要因素之一。从2009年4月开始出现上升后连续上涨，12月上涨了50.7%。制糖业出厂价格的连续上涨对总水平的回升起到了带头作用。（2）11、12月有色金属矿采选业、有色金属冶炼及压延加工业出厂价格回升是总水平回升的重要力量。

三、2010年工业品价格走势

2009年12月中央经济工作会议将“调结构”放到了经济工作更为显著的地位，这意味着2010年经济增长将更强调质量和持续性，在调结构力度加大的同时，我国经济也将继续保持平稳较快发展，为工业

品价格的上升提供宽松的环境。在广西工业品出厂价格中占有较大比重的有色金属矿采选冶炼及压延加工业、黑色金属冶炼及压延加工业、制糖业产品出厂价格有望延续回升态势的情况下，2010年广西工业品出厂价格将呈上升态势。

1．有色金属冶炼及压延加工业产品出厂价格有望延续回升态势。2009年，随着国家增加部分有色金属的战略储备和提高行业出口退税率等政策的影响下，有色行业有所回暖，11、12月回升较大。2010年，全球经济将逐渐回升，我国经济也将继续保持平稳较快发展，国内外对有色金属的需求不会减少。因此，2010年，有色金属冶炼及压延加工业产品出厂价格将继续上涨。

2．黑色金属冶炼及压延加工业产品出厂价格将逐步回升。一是目前国际市场钢材价格持续回升，这有利于国内钢铁产品出口；二是房地产销售也将带动相关消费，汽车、家电等消费刺激政策有望延续，有助于化解钢铁、水泥、玻璃等行业的过剩产能，促进钢材价格回升；三是国际铁矿石价格将继续上涨，钢材价格将随之上升。初步预计，黑色金属冶炼及压延加工业产品出厂价格在2010年3—5月以后回升，全年是上升态势。

3．食糖价格可能维持高位震荡后逐渐下移。（1）我国食糖已经连续两个榨季减产，食糖市场供不应求的局面依然存在。（2）2009年上半年，食糖价格还一直保持低位运行的态势，再加上进口食糖的冲击，食糖的产销率不高，而随着食糖出现缺口以及国内用糖高峰的来临，国内食糖价格从下半年开始大幅的上升。（3）2009年以来，国内食品饮料行业一直保持着良好的运行态势，这在一定程度上助推了食糖价格的稳定和上涨。（4）国际糖业组织和一些糖业权威分析机构预计，继2008—2009年榨季出现1570万吨缺口后，2009—2010年榨季全球糖市仍将有900万吨的缺口。由此预计，2010年上半年食糖价格可能维持高位震荡，下半年价格在高位上逐渐下移。

2009年广西工业原材料购进价格呈降势但回升势头明显

苏小玲

2009年上半年，受国际金融危机蔓延的影响，出口大幅度下滑，工业生产放缓，原材料需求下降，广西经济发展也经受了严峻考验，工业企业原材料、燃料、动力购进价格上半年降幅进一步扩大；下半年由于国家加大投资、扩大消费等一系列政策成效显现，广西经济回升步伐加快，工业生产实现较快增长，原材料需求量明显加大，降幅逐步缩小，虽然全年购进价格仍呈降势，但四季度已由跌转涨，回升势头明显。

一、广西工业原材料购进价格变动特点

1．原材料、燃料、动力购进价格全年仍呈降势，但回升势头强劲。从总水平来看，原材料、燃料、动力购进价格上半年同比降幅进一步扩大，1—6月降幅分别为：1月下降3.7%，2月下降5.6%，3月下降7.6%，4月下降8.4%，5月下降8.5%，6月下降8.4%；下半年价格同比降幅逐步缩小，11、12月呈现出强劲的上涨势头，7—10月价格分别下降8.4%、7.9%、6.1%、4%，11—12月则分别上涨1.3%、8.5%；但由于1至10月价格下降的影响，全年广西工业原材料、燃料、动力购进价格仍呈降势，比上年下降4.9%。

2．九大类原材料购进价格降多升少，但2/3的类别年底回升势头明显。从九大分类购进价格看，全年价格同比下降的有七大类：有色金属材料和电线类、黑色金属材料类、木材及纸浆类、化工原料类、纺织原料类、建筑材料及非金属矿类，分别比上年下降18.8%、17.2%、15.7%、14.2%、5.9%、3.9%；上涨的有农副产品类、燃料、动力类、其它工业原材料及半成品类，分别上涨1.7%、0.8%、0.2%。年底回升势头明显的六大类别有：有色金属材料和电线类、其它工业原材料及半成品类、农副产品类、木材及纸浆类、燃料、动力类、纺织原料类，12月同比分别上涨20.9%、18.3%、7.9%、7.4%、3.7%、1.9%。

3．价格呈现“低进高出”的良好势头。2009年，广西工业品出厂价格和原材料购进价格高进低出现象依然存在，上半年原材料购进价格降幅小于工业品出厂价格2个百分点以上，下半年原材料购进价除7月降幅小于工业品出厂价格2.5个百分点外，8—10月均小于工业品出厂价格2个百分点，分别为0.9、1.3、0.8个百分点；而11—12月则呈相反，工业品出厂价格呈涨势，且涨幅大于原材料购进价格0.2和0.9个百分点，呈现出近年来少有的“低进高出”的良好势头。

4．价格降幅小于全国平均水平。从全国各省价格看，2009年广西工业原材料、燃料、动力购进价格下降幅度小于全国平均水平3.8个百分点，排在全国第21位，比降幅最大的省份少10.6个百分点。

5．从具体品种看：钢材价格及有色金属铝产品下降幅度大，回升势头迅猛。全年钢材价格同比下降16.8%，11、12月降幅大幅减少，12月比10月减少了12.5个百分点，其中下降幅度最大的有：中厚钢板下降22.9%、普通大型钢材下降22.3%、薄钢板下降19.6%、无缝钢管下降19%、优质型钢材下降19%、普通中型钢下降19.5%、普通小型钢材下降15.5%、线材下降

14.3%、焊接钢管下降13.4%。而有色金属铝产品全年价格下降幅度较大的有：氧化铝下降27.1%、普通铝锭下降21.1%；11—12月价格则呈大幅度上涨态势，氧化铝分别上涨8.1%、19.2%，普通铝锭分别上涨2.6%、15.2%。

二、广西工业原材料购进价格波动的影响因素

1．国际金融危机蔓延的影响。2009年上半年，国际金融危机的进一步蔓延，使国内经济出现较大的下滑，出口萎缩，给对外贸易、工业生产带来较大影响。上半年，全国进出口总额同比下降23.5%，其中出口同比下降21.8%，降幅比一季度扩大2.1个百分点，产能过剩的问题严峻。广西经济也不例外，特别是重工业受到的影响最大，上半年全区规模以上工业增加值同比增长15.1%，增幅同比回落9.8个百分点；重工业增加值增长15.6%，增幅同比回落9.4个百分点。上半年全区规模以上工业盈亏相抵后实现利润总额同比下降51.7%，降幅同比扩大58.2个百分点。受此影响，重工业原材料需求量大幅度下滑，从而影响原材料、燃料、动力购进价格下降。

2．四万亿投资拉动作用明显。针对次贷危机引发的国际金融危机迅速蔓延影响，国家实行积极的财政政策和适度宽松的货币政策，并快速出台了以“四万亿”投资为核心的一揽子经济刺激方案，投资拉动作用效果明显。2009年全国投资持续快速增长，全年全社会固定资产投资比上年增长30.1%，增速比上年加快4.6个百分点；而广西全区全社会固定资产投资比上年增长50.8%，增速比上年提高23.6个百分点。从而带动建筑、房地产等行业的发展，加大了建筑等一系列材料的需求，促进工业原材料购进价格上涨。

3．国家十大行业刺激政策出台的影响。2009年初，为了应对金融危机、保持经济增长，国务院制定了重点产业钢铁、汽车、纺织、装备制造、船舶工业、轻工业、石化产业、电子信息业、有色金属和物流业十个行业的调整振兴规划，由于十个行业的涉及面广、关联度高，对消费的拉动作用十分明显，各行业的原材料需求不断加大，需求带动工业原材料购进价格逐步回升，下半年尤为明显。

4．2009年基期价格大起大落的影响。由于2008年原材料购进价格1—3季度大幅上涨，而4季度又大幅下跌，形成的过山车走势对2009年影响很大，从而出现工业原材料购进价格同比下滑的滞后影响。

5．原材料、燃料、动力购进价格的“低进高出”加快了企业的复苏。2009年广西工业原材料、燃料、动力购进价格同比下降，并呈现“低进高出”的良好态势，企业产成品价格回升幅度逐步大于原材料价格，企业成本压力减少、利润上升，这对企业快速走出金融危机的阴影、加快复苏起着十分重要的作用。

三、2010年广西工业原材料购进价格走势分析

随着世界经济逐步复苏，国际市场需求增加，我国出口将不断加大，国内市场供需矛盾将进一步缓解，生产回缓，原材料、燃料、动力的需求将不断加大，从而带动价格的上涨，但由于世界经济复苏仍不稳定决定了价格的波动性，预计2010年上半年工业原材料、燃料、动力购进价格将逐步回升，并呈波动性上涨。主要理由有：

1．国家继续实施积极财政政策的影响。2010年我国将保持宏观经济政策的连续性和稳定性，继续实施积极的财政政策和适度宽松的货币政策，扩大居民消费需求。同时，国家把加快城市化进程作为重点，基础设施建设和房地产将成为拉动建筑材料需求的引擎，在房地产新开工和基建投资的带动下，建筑材料需求将继续保

持旺盛。同时，居民消费需求的提升将令汽车、家电等耐用消费品行业具有较好表现，从而推动钢材产品的需求向好，预计未来建筑材料及钢铁需求的回升将推动建筑材料及钢价上行。

2. 经济复苏使原材料价格随之上涨。各国政府为抵抗金融危机而大规模介入，国际需求好转将带动国际产能上升，随着世界经济逐步复苏，国际市场需求增加，有利于我国产品的出口，从而有利于缓解国内市场供需矛盾，对原材料的需求也随之水涨船高，原材料市场将迅速回温。

3. 国际大宗商品上涨的影响。大宗原材料价格在全球需求增长，通胀压力增加的环境下，总体上价格将呈不断攀高的趋势。还有我国外矿供给将相对偏紧，受国际大宗原材料价格的影响更为明显，国际上铁矿石等原材料价格的上涨，将不断推高企业的成本以及产品市场价格。

4. 产能过剩的影响。受金融危机影响关停产能将逐渐重启，然而在世界经济缓慢复苏环境下，需求增长有限，而产品产能陆续恢复将导致供需失衡加剧；由于供给仍然过剩，且恢复中的需求难以承受过高的成本转嫁，因此原材料价格波动性加大。

2010年一季度广西农业生产资料价格分析

彭金娥

据国家统计局广西调查总队调查数据显示，2010年一季度广西农业生产资料价格总体呈现小幅下降态势，与上年同期相比，下降2.0%，但部分农资仍在高位上继续上行。

一、农业生产资料价格涨幅呈现的主要特点

（一）环比逐月上涨，但同比略低

随着春耕生产深入，农业生产资料需求迅速升温，农资价格呈现环比小幅上涨态势。1—3月各月环比分别上涨0.2%、0.3%和0.3%。与上年同期相比，一季度农资价格下降2.0%，略低于去年。

（二）调查的十大类农资价格呈“三升六降一平”态势

从调查的十大类农业生产资料价格变动情况看，与上年同期相比，一季度农资价格呈现三类上升六类下降一类持平态势。其中上涨的有：农用机油类上涨22.0%、饲料类上涨7.7%和农用手工工具类上涨1.2%；下降的有：产品畜类下降9.6%，化学肥料类下降9.4%，其他农业生产资料类下降1.8%，半机械农具类和机械化农具类分别下降2.5%和2.0%，农药及农药械类下降0.8%；农业生产服务类价格与上年持平。

（三）种植业生产压力有所减缓，畜牧养殖利润明显降低

总体上看，农资价格小幅回落，一定程度上缓解了农业生产的压力，促进了农民生产积极性的提高，从农业生产上看，种植业生产压力有所减缓，而畜牧养殖利润则明显降低。

1. 种植业生产压力有所减缓。今年一季度，与种植业生产有关的八大类农资价格呈现“二升五降一平”的运行态势，其中化肥、农药及农药械、其他农业生产资料、机械化农具和半机械化农具价格略有下降，有效地缓解了种植业生产的压力，但由于农用手工工具和农用机油等其他农业生产资料的价格依旧上涨，还是给种植业的生产带来一定的负面影响。

（1）化肥价格低于上年同期。由于干旱，我区部分耕地都无法种植，从而导致化肥的需求减少，再加上化肥的生产成本下降，供给比较充裕，化肥价格较上年同期有所下降，一季度全区化肥类价格下降9.4%，其中氮肥、磷肥、钾肥和复合肥价格分别下降5.7%、10.0%、23.3%和7.4%。据了解，在农业种植成本中，化肥的费用约占50%左右，因此，化肥价格的下降有效地降低农业种植成本、提高农民种植积极性。

（2）农业机械价格有所下降。由于钢材等价格有所下降，部分农业机械企业特别是机械化农具生产企业，产能过剩，造成农业机械价格有所下降。与上年同期比，机械化农具和非机械化农具价格分别下降2.0%和2.5%。农民对机械化程度较高的农具需求量增加，但普及率仍较低，农业机械的价格下降有助于机械化程度的普及。

（3）种子价格环比逐月上涨，但整体价格低于上年同期。虽然农用种子品种多样，选择余地较大，但受收购价格提高、企业制种成本增加，以及随着进入购种高峰期，部分品种供应偏紧等因素影响，农用种子价格呈现逐月上涨，1—3月，农用种子连续三个月环比上涨，且涨幅逐月扩大，特别是3月份，单月环比上涨幅度达到6.1%，同比上涨1.6%，在去年高位水平上继续上行。一些耐旱作物的种子上涨比较

大，由于受干旱的影响，农户将水源相对减少的耕地改种经济作物，花生是附加值价值较高的作物，效益较好，是农民的首选，所以需求量大，价格升高。如博白县花生种子，与上月相比，上涨幅度达50%以上。与上年同期比，一季度农用种子下降1.3%，略低于上年价格水平。

（4）农用薄膜因供需关系影响，价格回升。由于今年干旱，对覆盖于农田土壤表面，用于农田保湿保滴的地膜需求较大，由于供求关系偏紧，农用薄膜价格回升较快，2—3月，农用薄膜环比分别上涨4.5%和0.7%，与上年同期相比，3月份农用薄膜上涨1.9%，高于上年同期水平。但由于前期价格较低，一季度农用薄膜同比下降2.9%。

（5）农用机油价格涨幅明显，价格处于历史高位。受政策性调价因素影响，成品油价格一涨再涨，并带动农用机油价格强劲攀升。与上年同期比，全区一季度农用机油价格上涨22.0%。

2．畜牧业生产利润明显降低。随着畜牧业生产规模的逐步恢复，供给量增加，畜牧产品的价格相对平稳，而与此同时，饲料价格则在不断上涨，致使养殖户的生产利润空间被大大压缩。

（1）粮食价格持续高位运行，是饲料价格继续居高不下的主要原因。与上年同期比，一季度全自治区粮食价格平均上涨11.2%，在此带动下，一季度饲料价格上涨7.7%，3月份当月同比上涨9.3%。饲料价格持续居高不下，对农户养殖积极性冲击不小。

（2）幼禽家畜需求不旺盛，价格有所走低。其主要原因是家禽和生猪价格较上年同期降幅较大，而饲料价格则居高不下，强劲上行，再加上近期广西部分地区出现猪五号病，农户养殖热度有所减弱，养猪户生产积极性受到打击，导致对幼禽家畜的需求不旺盛，价格有所走低，一季度幼禽家畜价格同比下降了9.6%，3月份同比下降10.7%。

二、农业生产面临的新问题

1．农户种养结构不平衡。从种植业方面看，近两年来农资价格连续快速上涨，挤占农民的利润空间，再加上种植成本高，效益低导致部分农民退出种植业，化肥、农药等农资价格因需求不足而走低。从畜牧业方面看，前年肉猪价格高涨，一大批规模养殖企业及种植户涌入，造成去年生产过剩，同时又遭遇市场需求不足，猪仔、鸡仔等价格因此持续走低，由于种植的减少，粮食价格上涨，饲料价格增加，养殖成本又被提高。种养结构的不平衡，形成恶性循环，农户应当适当的增加种植和减少养殖规模。

2．畜牧业生产利润被过度挤压，生猪价格低迷，养殖成本高。由于玉米和豆粕价格连续几个月上涨，加上旱灾等因素增强了饲料价格进一步上涨的预期，致使本已处于亏损状况下的养殖户急于将肥猪出栏又不敢补栏，肥猪和仔猪价格出现双双大幅下跌的状况。据调查数据显示，3月上旬广西生猪价格大幅下跌。肥猪（生猪）价格10.58元/公斤，环比下跌8.24%。其中，桂平生猪价格8元/公斤，下跌20%；全州生猪价格10元/公斤，下跌10.71%。广西仔猪价格12.03元/公斤，月环比下跌7.32%，其中，玉林和桂平仔猪价格分别下跌22.28%和15.38%。与上年同期比较，广西生猪和仔猪价格分别下跌16.56%和19.3%。以柳州市为例，目前肉猪出栏价格不断下跌，价格一直运行在10.4元/公斤至11.4元/公斤的区间，比2009年肉猪出栏价在11元/公斤至13元/公斤有较大幅度的下降。而玉米、豆粕、成品饲料比2009年下半年分别上涨幅度约30%、18%和8%，常用消毒水、猪药价格也分别上涨50%和10%，加大了生产成本。当前养肉猪成本1100~1200元/头（不含人工费）来计算，利润为−78元至110元之间。

3．农机用油价格高，为农机作业及抗旱埋下了阴影。受农用机油的价格不断上

涨的影响，一季度排灌费比上年同期上涨0.3%，随着春耕生产的深入，农用机油的上涨，农业排灌费、机收作业费、机播作业费等费用开销均会继续有不同程度的增长。一方面，高油价压缩了农机手和广大农户的利润空间，更成为农业机械业普及的瓶颈；另一方面，高油价导致的高农业生产服务费，让农民抗旱成本增加，打击农民种植的积极性，不利于农业生产，也不利于农民增收。国家针对成品油价格上涨，对农用柴油、农药、化肥等农资实行了直补。对农民进行直接补贴的惠农政策，它减少了中间环节、节约了管理费用,让农民直接得到了实惠。但针对现行的补贴政策,部分农机手提出疑问:同样是成品油涨价与补贴,在城市的出租车行业,政府补贴的对象是出租车车主,而不是市民;但对农机田间作业用油补贴,补贴的对象却是农户，而不是直接购买高价柴油的农机手，事实上部分农民并没有将燃油补贴用于农机作业。现行的补贴政策与农机用油没有任何关系,如何采取更好的补贴方式，值得有关部门改进。

4．自然灾害给农业生产造成影响，应当加大开展农业科技指导抗旱的力度。2010年以来，西南五省遭受罕见大旱，对农业生产正常开展带来不利影响。由于降水偏少，今年农业春耕春种有所滞后，化肥和种子销量下降。如贵港，由于蓄水量不足，贵港武思江水库放水灌田比往年推迟10天，致使农作物种植比往年推迟。农民出于对干旱的担心，种植积极性也大大降低，3月份农用种子的销售量比上年同期大大减少，价格较上旬回落。如正大619玉米种销量比上年同期减少50%左右，中优838稻种销量也比上年同期减少50%左右。

推广抗旱农业技术，先进农业技术和节水技术，促春耕保生产，已成为促进农民增产增收的法宝。如推广节水的集中育苗方法培育种苗办法。这种精确而集中的育苗方式有很多好处，一是适合石山地区土地分散稀少的特点；二是节水，集中培育可以节水，使用保温棚同样可以减少水分蒸发；三是成活率高，节约种子，以前每亩需要1.5公斤种子，用这种方式只需1公斤种子，可节约18元钱。再如普及和引导滴灌技术、套种技术等。

三、农资价格走势预测

从农资价格运行情况和目前国内农资生产经营情况来判断，主导农资价格下行的因素远多于推动农资价格上涨的因素，预计今年上半年全区农资价格将呈现稳中小幅下降态势。主要表现在：

1．国家宏观调控措施显效。由于国家对农资价格及原材料价格实行了干预措施，在农资生产环节上给予了厂家能源价格等各种优惠，并对农资的生产、批发、经销等各个环节进行检查，不断加大对农资市场价格的监测、监管力度，确保了农资市场价格的稳定。

2．化肥供大于求的格局短期内较难改变。由于国内氮肥、磷肥和复合肥过剩均在20%以上，如果没有出口拉动，供大于求的格局无法改变。即便国际化肥价格大幅上涨，化肥出口有利可图，但为了保证国内供应，稳定化肥价格，保护农民利益，国家也会适时调整化肥出口关税，控制化肥出口，维持化肥价格稳定。

3．农业生产淡季的冲击。一季度后，将进入农业生产淡季，农资需求量将进一步减少。由于需求不足，将促使农资价格继续下降。

广西固定资产投资价格回升建筑领域问题凸现

林春波

2010年以来，国内外经济形势趋于好转，固定资产投资稳步上升，广西进一步加强基础设施建设，加快建设综合交通运输体系，重点新开工项目增多，建筑材料需求不断加大，建筑材料价格上涨，广西固定资产投资价格一改2009年全年下降的局面，呈现回升态势；面对建筑材料价格变化的全球化，施工项目的大型化，建筑领域问题凸现，应引起广泛重视。

一、固定资产投资价格呈现回升势头

2010年一季度广西固定资产投资价格同比上涨1.7%，涨幅比去年同期增加了3.9个百分点。其中：建筑安装、装饰工程上涨1.3%，设备、工器具购置上涨1.2%，其他费用上涨3.4%。其主要特点为：

1．人工费价格小幅上涨。受国内外经济复苏的影响，用工趋向紧张，人工费呈现小幅上涨态势，2010年一季度人工费价格同比上涨2.5%。其中工程管理人员人工费上涨2.2%，工程技术人员人工费上涨4.2%，普通工人人工费上涨2.4%。

2．主要材料费价格全面回升。2010年一季度主要材料价格由于化工材料、钢材等价格回升的影响呈现上涨势头，同比上涨1.2%；七大类材料费价格全面上涨，上涨幅度比较大的有：化工材料、地方建筑材料、水泥价格，分别上涨6%、1.9%、1.3%；而2009年一直呈下降态势的钢材价格开始呈现回升，同比上涨0.6%。

(1）化工材料价格上涨幅度较大。受不断上涨的石油价格的影响，化工材料价格上涨幅度较大，2010年一季度化工材料价格上涨6%，其中：汽油上涨12.4%，柴油上涨7.6%。

(2）地方建筑材料价格呈上涨态势。受辅助建筑材料价格上涨的影响，2010年一季度地方建筑材料价格同比上涨1.9%，其中：石膏制品上涨10.3%、瓦上涨8.3%、防水卷材上张6.7%、粉煤灰及其制品上涨4.6%、石子上涨4%。

(3）水泥价格小幅上涨。受建筑项目建设持续的影响，2010年一季度水泥价格小幅小涨，上涨了1.3%，其中通用水泥上涨1.5%。

(4）钢材价格开始回升。受经济回升及固定资产投资持续上涨的影响，2009年一直呈下降态势的钢材价格开始回升，2010年一季度钢材价格同比上涨0.6%；特别是铁及铁制品、中厚钢材、铁丝、钢丝及其制品、螺纹钢上涨幅度比较大，分别上涨了5.6%、4.8%、3.9%、3.2%、1.3%。

3．其它费用价格上涨幅度较大。受房地产市场趋旺的影响，土地购置价格上涨幅度大，从而拉动其它费用价格的上涨，2010年一季度其它费用价格同比上涨3.4%，其中土地取得费上涨12.8%。

二、经济趋暖成投资价格回升主因

1．国际、国内经济逐步回暖的影响。2010年以来，国际经济复苏趋势日益明显，国际大宗商品价格回升。国内经济好转，2010年1—2月份，规模以上工业增加值同比增长20.7%，比上年同期加快16.9个百分点；出口大幅增长，产品出口货值同比增长22.5%，增速比2009年12月份加快10.1个百分点，出口价格上扬。随着国际、国内经济持续复苏，全球钢铁等产品需求不断增大，价格上涨态势明显。

2．4万亿投资拉动效应持续显现。随着国家4万亿投资持续拉动，固定资产投资保持快速增长，1—2月全国城镇固定资产投资同比增长26.6%，房地产开发投资同比增长31.1%；2010年以来广西进一步加强基础设施建设，加快建设综合交通运输体系，构建连接周边省份和东盟国家的铁路、公路、水运和航空综合交通运输网络，广西基本建设投资平衡增长，房地产市场产销两旺，2010年1—2月广西固定资产投资同比增长33.5%。建筑材料需求继续大幅上升，建筑材料价格回升。

2．成本上升推动价格走高。随着世界经济回暖和全球钢铁业复苏，铁矿石需求量大幅增加，进口铁矿石价格持续上涨，还有通货膨胀趋势抬头以及炼焦煤价格上涨等因素的推动，近期原材料价格涨幅明显超过钢价涨幅，导致钢铁厂的利润明显下滑，钢材受成本影响价格不断上扬，各大钢厂纷纷上调出厂价格。

3．人工费价格上涨的影响。随着国家和区内重点项目的不断增多，对施工工人的素质要求也相应加大，由于高素质人才的匮乏，人工费价格呈不断上涨势头。

4．石油产品价格不断上涨。受国际石油价格波动的影响，国内成品油批发市场价格也在不断上扬，由于2009年金融危机影响石油价格大幅下降，因此受石油产品基期价格低落的影响，石油产品同比价格上涨幅度比较大，从而拉动相关产品价格的上涨。

5．基期价格较低的影响。受金融危机的影响，2009年基期价格比较低，从而拉高2010年的固定资产投资同比价格。

三、建筑领域问题凸现

近年来，西部大开发及北部湾开发开放使广西基础建设进入一个新发展时期，国家及区内重点建设项目不断增多，建筑行业得以迅速发展，面对建筑行业竞争的全国化，建筑材料价格变化的全球化，施工项目的大型化，广西建筑领域企业基础薄弱、市场竞争力低等问题逐步凸现，应引起广泛的重视。

1．大宗材料价格波动过大，企业成本提高。钢材等大宗材料近两年来波动非常大，企业施工中很难把握采购量，很被动，从而造成施工成本的提高。

2．缺乏有施工经验和履约能力强、讲诚信的劳务队伍。行业竞争激烈，工程项目增多，项目管理遇挑战；企业有素质、有水平的人才缺乏、职员待遇低，技术及设备更新跟不上，而目前企业扩张较快，综合管理能力较强的骨干人才尤显匮乏。

3．企业间存在拖欠、垫资工程款现象。目前企业间拖欠、垫资工程款现象比较普遍，业主资金不按时到位，拖欠现象时有发生，企业资金紧张，造成部份工程项目被迫停工或取消合同。还有企业中标的工程要交3.5—5.5%的保证金，若公司中标三—四个工程项目，企业无形中就把资金垫资在这些未开工工程上，无形中使企业流动资金紧张，这种现象给企业造成较大压力，而中标的工程项目未能及时开工，又造成企业资金回笼困难。还有拆迁的不及时，也是造成工程项目停留时间较长，施工缓慢，无法及时竣工验收，资金回笼时间长，影响企业的资金流动。

4．本地企业基础薄弱、市场竞争力低。市场开发形势严峻，本地企业包袱重、改制工作难以取得新的突破。规模发展不够快，内部发展不够平衡，注册资本偏低，资质范围受限，体制基础管理工作不够扎实，管理创新和服务意识有待提高。近两年国家大幅度加大对基础建设的投资，工程项目特别是大项目的增多，对项目部的组织管理，安全生产、资金管理、人力资料的配置及风险管理等也提出了更高的要求；外省建筑企业来邕竞争激烈，现在施工中的项目，大部分是均带有“中”字头的施工单位，区内企业基础薄弱现象凸现。

四、2010年上半年投资品价格趋势分析

2010年上半年随着国际、国内经济形势的逐步好转，固定资产投资的加大，基建施工进入旺季，投资的拉动使钢材、水泥投资品需求不断回升，受钢材、石油、水泥等大宗产品价格继续大幅上涨的影响，广西固定资产投资价格总水平将呈上涨态势。

1．钢材持续上涨。2010年上半年，国际钢材市场需求趋向好转，我国钢材出口明显回升，特别是随着二季度建筑施工的逐步开工，钢材消费旺季的到来，建筑市场对钢材的城求将不断增大；还有铁矿石现货价格创新高，进口铁矿石价格持续上涨，大钢厂纷纷提高钢材出厂价格，因此，2010年上半年广西钢材价格将持续上涨。

2．石油价格坚挺。随着世界经济继续复苏，石油需求加大，而目前石油主产国仍然限制石油产量，国际油价将继续上涨。受影响，2010年上半年中国石油产品价格将依然坚挺。

3．水泥价格继续上涨。随着二季度房地产等投资的加大，落后产能的淘汰，建材下乡等拉动效应的显现，水泥需求的不断增长，将推动水泥价格继续上涨。

2010年一季度广西工业品价格运行情况分析

苏小玲

2009年，因受国际金融危机的影响，全自治区工业产品价格下滑较多，但在国家一系列刺激政策措施的作用下，国内工业品有效需求逐步增加，工业经济企稳回升，四季度以后，全自治区工业品价格逐步回升，2010年一季度则出现快速上升的势头，估计这种上升动力将逐渐增强，并延续半年时间。主要情况如下：

一、工业品价格（PPI）运行基本情况

（一）涨幅强势上行，逐月上扬态势明显

2009年上半年，全自治区与全国一样，工业品出厂价格持续下跌，但下半年随着国内经济的逐步回暖，全自治区工业品价格指数降幅逐月收窄，于11月开始回升。2010年一季度则出现快速上升的势头，并连续3个月保持两位涨幅数。一季度PPI上涨12.3%（其中，1月上涨11.7%，2月上涨12.4%，3月上涨12.7%）。

（二）行业结构性上涨特征突出

本轮PPI价格快速上涨主要以行业性结构上涨为主，尤其是全自治区的三大主要产业价格上涨势头强劲，表现在：

1．食糖价格大幅攀升。在经历了两年多的连续下跌之后，2009年4月全自治区食糖出厂价格开始回升，9月后呈现大幅上涨态势，2010年一季度呈快速上涨势头，涨幅高达60.9%。一季度末，白砂糖平均出厂价格达4325.8元/吨（不含税价，下同），同比上涨60.4%，价格超过了2006年的历史高点（4237元/吨）。

2．有色金属价格呈现强劲的回升势头。在国际金融危机的影响下，国内外有色金属产品市场需求锐减，价格急剧下挫，2009年上半年有色金属矿采选业出厂价格降幅高达39.3%，有色金属冶炼及压延加工业价格降幅达33.3%。随着国内外经济形势的逐步好转，下半年这种下降的势头得到初步遏制，2010年出现强劲的回升势头。调查资料显示，2010年一季度有色金属矿采选业出厂价格上涨83.8%；有色金属冶炼及压延加工业价格上涨40.9%。

3．黑色金属价格升势明显。黑色金属矿采选业和黑色金属冶炼及压延加工业的产品价格虽然波动较大，但自2009年11月份之后出厂价格持续上升，2010年一季度黑色金属矿采选业产品上升13.7%，黑色金属冶炼及压延加工业产品上升6.6%。

食糖、黑色金属和有色金属作为全自治区工业的三大主要行业，一季度合计拉动工业品出厂价格上涨7.5个百分点，影响程度为59.5%，成为拉动全自治区工业品出厂价格总水平上涨的主要动力。

（三）超过八成的工业行业大类产品出厂价格回升

在调查的35个工业行业大类中，出厂价格上升的有30个，占大类行业总数的85.7%，其中，涨幅超过30%的有：有色金属矿采选业（上升83.8%），有色金属冶炼及压延加工业（上升40.9%），石油加工炼焦及核燃料加工业（上升39.7%），农副食品加工业（上升31.6%）。

（四）工业品价格实现进出“顺差”，企业效益显现

一直以来，全自治区工业产品“购销价格倒挂”的现象比较普遍，但自2009年12月之后，这种现象开始逆转，出现了“高出低进”，这意味着企业的成本压力减小，企业利润空间增大。据调查，2010年一季度，原材料、燃料和动力购进价格

上涨幅度比工业品出厂价格低3.7个百分点。在35个行业中，“高出低进”的行业有18个，占51.4%。

二、工业品价格快速上涨的原因分析

工业品价格快速上涨是多因素作用的结果，既有国内外宏观政策措施作用的影响，也有国内外市场因素的影响，既有经济回暖向好的影响，也有原材料成本推动的影响。主要有：

（一）金融危机影响减弱，国际市场大宗产品价格逐步走高

2009年初，由于国际金融危机对经济实体的冲击，经济大环境形势不景气，国际大宗产品需求迅速减弱，价格急剧下跌，国内市场需求也随之大幅降低，工业品价格持续下降。进入下半年，随着国际金融危机影响的逐步减弱，国际经济运行环境的好转使得国际原油、铁矿石、有色金属等大宗原材料价格开始回升，加上近几个月来由于流动性充裕推动一些基础性产品价格明显反弹，并传导至国内，影响工业品价格持续回调，带动工业品价格回升。

（二）国内政策措施效果显现，经济出现持续回暖

随着宏观经济政策的稳步实施，国家应对金融危机，保增长、促内需的一系列宏观调控政策措施的作用日渐显现，较快扭转了经济增速明显下滑的局面，实现了国民经济总体回升向好，2009年经济增长8.7%。工业产销衔接状况良好，工业企稳回升的态势进一步确定，固定资产投资增速加快，由此带来基础原材料需求迅速增加，工业品价格回升。

（三）全自治区经济快速发展的有力支撑

在全国经济稳步回升带动下，自治区党委、政府坚持以科学发展观为指导，结合自身实际积极贯彻落实国家一系列宏观调控措施，通过加快北部湾经济的发展以及整合资源配给，合理产业布局，淘汰落后产能等措施，加大对优势产业的扶持力度，充分发挥自治区的资源优势，进一步提高对资源的有效利用，对自治区工业企业有效地应对金融危机，稳定和恢复生产，取得积极有效的成果，2009年全自治区经济增长12.8%。2010年1—2月，全自治区工业延续去年持续向好的态势，回升的基础进一步增强。工业经济的快速发展活跃了工业品市场，增加了工业品的需求，由此拉动了工业品价格的上涨。

（四）原材料成本推动工业品价格上涨

自2009年11月全自治区原料购进价格回升后，一直不断攀升，2010年涨势加快，一季度原材料购进价格上涨8.6%，九大类原料价格有8大类全面上涨，由于原料购进价格的持续大幅上涨直接增加了企业的生产成本，成为推动燃料动力、有色金属、化工、建筑、纺织品等价格上涨的重要因素。

（五）上年市场价格低位运行

受国际金融危机的影响，2009年一季度我区工业品出厂价格处于价格低位，价格总水平只有91.9，价格低基数必然会拉高今年的工业品价格。

三、工业品价快速上涨对全自治区经济的影响

PPI的快速上涨显示了全自治区工业企业生产开始恢复，工业需求增加，对全自治区未来经济增长起到有力地推动作用，但如果上涨幅度过快过猛也会对经济带来不利的影响。

（一）有利影响

1. 推动工业经济快速增长。工业品价格稳步上升是工业经济转暖的重要标志，为其快速发展提供有利的发展空间。2010年，在工业品价格稳步上升的支撑下，全自治区工业生产增速继续加快，1—2月全

自治区工业实现增加值403亿元，同比增长25.1%，增幅同比加快10.2个百分点。在全自治区38个工业行业大类中，33个行业增加值同比增长，占行业面的86.8%。其中有色金属冶炼及压延加工业、交通运输设备制造业、通用设备制造业、专用设备制造业等4个重点行业同比增幅分别提高32.2、50.9、63.0和36.0个百分点。

2．为企业带来新的发展机遇。首先，企业生产能力得到恢复。去年初因金融危机影响，全自治区企业停产、半停产情况比较严重，2010年，随着工业品价格快速回升，企业生产迅速恢复，尤其是钢铁、有色金属、糖业等支柱产业复苏态势明显。如柳州钢铁股份有限公司2009年一季度开工率仅为50%；2010年1—2月开工率已达100%，产量比上年同期增长了10%；河池市各有色金属采矿开工率达到80%；平果铝业开工率也达到100%。基本摆脱了金融危机期间停产半停产的状态。其次，企业产销状况良好。2010年1—2月，全自治区规模以上工业销售产值1046.00亿元，同比增长44.9%，比上年同期提高43.5个百分点。出口交货值33.78亿元，同比增长41.2%，比上年同期提高67.3个百分点。产销率86.8%。第三，企业经济效益明显提高。上年初，全自治区工业整体出现亏损的情况比较严重，2010年情况大有改观。1—2月全自治区规模以上工业盈利59.4元，38个大类行业实现盈利31个，盈利面达81.6%，其中盈利较多的是汽车制造业（盈利13.3亿元）、制糖业（盈利12.1亿元）和有色金属冶炼业（盈利5.5亿元）。

3．有助于行业调整和产业提升。食糖、有色金属及黑色金属产品价格的不断上涨，给全自治区工业行业调整和产业提升带来了机遇。可通过有色金属、钢铁、食糖等行业调整及振兴规划作为全自治区工业发展空间平台，着力培育大型企业和企业集团，进一步提升工业企业，从而打造一批拥有比较优势和自主知识产权的产品，推动产业升级。

4．可以提供更多的就业机会。经济回暖，企业开工率充足，用工数量必然增多，这将为市场提供更多的就业机会。

（二）不利影响

1．工业品价格的快速上涨必然会推高企业生产成本，导致原材料购进价格大幅上涨，直接影响企业经济效益，这将不利于企业的长期经营和发展。

2．能源和基础性原材料价格上涨过快，会影响经济发展的速度。全自治区能源和基础性原材料比较缺乏，为求得工业生产发展，必须通过大量购进原辅材料来满足生产需求。当能源和基础性原材料价格上涨过快，一方面给生产企业造成一定的资金压力；另一方面也会影响经济的快速发展。

3．工业产品价格快速上涨会产生因产能过剩带来的“滞胀”隐忧。随着经济环境的不断好转，部分行业加快扩大生产规模，不排除再次出现通胀或滞涨的可能。

4.生产资料如饲料、化肥等出厂价格的上涨，会使农民的生产成本提高，给农民增收带来一定的负面影响。

四、2010年上半年全自治区工业品价格走势判断

2010年是“十一五”规划的最后一年，也是制定“十二五”规划的关键一年。当前，国家保增长、促内需的一揽子宏观调控政策已初见成效，经济增速回暖、工业生产企稳回升的态势进一步明显，可以预见，2010年内全自治区工业品价格将进入上升通道，继续保持上升的运行态势，上半年工业品价格涨幅将超过10%。

新政出台对广西房地产市场影响情况简析

陈　钧

国务院《关于坚决遏制部分城市房价过快上涨的通知》（国发〔2010〕10号）出台后，房地产市场震动较大。目前，各项房地产新政正处于贯彻落实阶段。调查发现，新政对房地产市场供需关系的影响较大，对房价的影响尚不明显。

一、广西房价仍呈上涨走势，但环比涨势放缓

1．环比继续上涨。2010年4月广西房屋销售价格环比上涨0.7%，连续14个月环比上涨，房价仍呈上涨趋势。分城市看，2010年4月全自治区14个地级市中，有13个市环比上涨，1个市环比持平，无一下降。

2．环比涨势有所放缓。2010年1—3月广西房价环比分别上涨0.9%，0.7%和1.2%。4月涨幅有所放缓，仅相当于全年中市场最淡的2月，低于1月和3月。

3．同比涨幅进一步扩大。在房价连续上涨及翘尾因素的影响下，2010年4月广西房屋销售价格同比上涨11.2%，涨幅较上月扩大0.7个百分点。分城市看，14个市同比全部上涨，涨幅超过两位数的有5个。

4．新建商品住宅涨幅高于总水平。2010年4月广西新建商品住宅价格环比上涨0.9%，同比上涨11.9%，涨幅均高于总水平。其中，新建高层商品住宅环比上涨1.0%，同比上涨12.1%；新建多层商品住宅环比上涨0.6%，同比上涨11.9%。

5．二手房小幅上涨。2010年4月二手房价格环比上涨0.4%，其中二手住宅价格环比上涨0.4%。

二、近期政策对房价影响不明显的原因分析

1．新政推出时间尚短，企业态度以观望为主。由于政策出台时间不长，对市场的影响还不明显。企业仍在观察市场变化情况，没有贸然降价。

2．企业资金相对充裕，降价套现的压力很小。2009年下半年以来，广西房地产市场“量价齐升”，企业利润实现大幅增长，手中资金充裕，基本没有降价套现的压力。

3．房价成长性上升空间较大，企业对房价信心强。企业普遍表示目前房价合理，随着房地产行业的发展房价会继续上升。广西大部分市房地产行业发展正处于起步或加速发展的阶段，各地购房消费也不再仅限于满足基本居住要求而开始追求更高的房屋品质，房价成长性上升的空间较大。

4．市场以刚性需求为主，房价泡沫成分小。目前广西房地产市场的购房需求仍是以自住需求为主，投机、投资性购房相对较少。房价主要构成仍是成本因素，房价中地价和造价的比重非常大。加上基数水平较低，房价泡沫成分很小。投资型购房较多的南宁、北海两市，其房价中的投资成分与国内一线城市相比也小得多。

5．成本提高房价降价空间小。由于地价不断上涨，建材价格上涨，劳动力成本提高，项目开发成本不断提高。广西各地房价基数低，成本因素大，在成本推动下房价降价的空间很小。

三、近期房地产市场的变化情况

1．观望气氛骤增，新一轮市场博弈开始。政策出台后各市房地产市场观望气氛骤增，购房者房价下降期望强烈，只看不买的现象普遍存在，政策出台成为市场成交量分水岭。由于目前房地产企业资金充足，市场刚性需求依然强劲，买卖双方的新一轮博弈开始。

2．政策“误伤”多，普通民众购房能力大减。由于90平方米以上户型首付提高，购房者一次性支付压力大大增加。而90平方米以下户型不仅房源少而且居住和使用上也不如中等面积户型，目前难以成为市场主流。这导致许多潜在购房者无力或推迟购房。众多有改善住房意愿的普通民众更是因二套房贷政策调整失去购房能力。外来打工者则因为没有缴纳社保证明而失去贷款机会，无力购房。

3．房贷政策约束时限不清引发退房纠纷。由于政策没有明确规定约束时限，各地银行从严执行，导致多数市都出现了因政策出台前签约但未办理、办结贷款手续，政策出台后按照新政执行，首付和利率大增而引起退房纠纷的现象，对购房者和开发商都造成了损害。

4．多数投资者退出新建房市场，商业用房或将成投资热点。据了解，不少来自温州等地的投资客已经不太关注新建房市场，因为手中房产已不少，贷不到款让他们对新建房产投资望而却步，开始考虑转向投资商业地产。区内各县乡有到中心城市投资购房意愿的潜在购房者也因没有缴税和交纳社保的证明而打消了购买商品房的打算。而商业用房不受政策约束，或将成为投资者的“新宠”。

5．开发商举措不一。尽管国家连续出台调控政策，但4月下旬南宁、柳州等地部分开发商没有回避政策冲击大胆开盘，且销售也较为理想。多数开发商或“以静制动”，或延迟开盘。在“五一”房博会上，不少开发商采取了展而不卖的策略。此外，也有少数开发商不顾政策调控提高房价，理由是房屋热销。据了解，由于政策出台，企业普遍下调了销售计划和利润期望，将研究新的销售模式应对政策。

四、房地产企业的主要看法

1．多数企业支持政府调控。调查走访中，多数房地产商认为就目前的形式来说，国家对房地产价格进行调控是有必要的，是为了房地产行业的健康发展。房地产市场的过热，价格过高，必然会导致房地产泡沫，破坏国家的金融体系，认为国家采取适当的调控是非常有必要的。

2．政策调控应更有针对性。对目前政策“一刀切”做法，企业普遍表示应将一、二线城市与后发展城市区别对待。调控应有针对性地开展，把一、二线城市的高房价降下来，自然就能减少其它城市追高的现象。广西目前主要仍以自住购房为主，“一刀切”的做法反而抑制了本地居民刚性需求的合理释放，不利于市场稳定。

3．应多方面调控，增加税收调控政策。国家应该从土地供应、建设项目、市场环境、市场管理等多个方面调控，同时加快推出具体的住房税收政策，对购房量、拥有量多的业主征收不同税率。目前由于缺乏具体的税收政策，使“新政”略显不足。

4．新政短期不会令房价下跌。各地房地产商普遍表示短期内房价不会因为政策调控下跌，对本地房地产行业发展的信心较强。梧州、百色、贺州、河池、崇左等区内二三线城市企业对房价上涨的预期尤为强烈。

五、新政执行中存在的问题

1．各地商业银行对二套房贷的认定标准不一，影响了新政实施效果。二套房认定由以往的“以银行信贷记录为准”改为“以借款人家庭实际持有房屋数量为准”，但相关实施细则尚未出台，导致银行各自为政，自行设定标准。部分市甚至暂定了房贷业务的受理，等待施行细则推出。

2．银监局提出新二套房界定标准操作上存在相当难度。目前各地房屋登记管理部分所使用的系统不尽相同，而且相互独立，并未建立一个全国联网的房产查询系统。要建立全国联网的房产查询系统须对房产进行重新登记，操作难度大，花费时间长。同时银行业并未与民政的户口查询系统对接。因此如何查询、核实房产套数、确定家庭成员是个难点。

3．新政可能催生“假离婚”购房的怪现象。部分家庭为优惠购买二套房，先离婚，房产分给一方，另一方可以按照首套房的优惠政策贷款买房后再复婚。如果不出台政策对此现象进行约束，将有可能引发社会道德危机。

4．投资任务难以完成，政策执行有可能打折扣。2010年自治区城乡建设工作会议，明确提出了2010年全区要完成建设行业固定资产投资1800亿元的目标，并将任务分解到各市。房地产新政推出后，房地产企业资金回笼速度大减，后续项目的开发投资势必放缓，全市投资任务一旦难以完成，政策的执行可能就会打折扣。

5．各部门职能需要进一步明确界定。稳定房价的责任主要放在地方政府的同时，也给了地方政府和相关管理部门更高的市场干预权力、市场规则制定权，以及采取临时性措施的权力。在行使职权的过程中，规划局、住建局、物价局、国土局等各有关部门的职能任务还需进一步明确界定，避免职能交叉，管理混乱。

六、未来房价走势预计

由于政策因素的影响程度不可预测，市场陷入观望僵持阶段后，房价走势很难预计。在前期上涨的惯性作用以及翘尾因素的影响下，短期内广西房价仍将保持同比上涨的态势。随着政策作用生效，房价回调在所难免，但大幅下降的可能性很小。

2010年上半年广西房价先扬后抑

陈 钧

2010年上半年，以国家调控政策出台为分水岭，房地产市场由热转冷，广西房地产价格走势呈现先扬后抑态势，1—4月快速上涨，5—6月上涨速度急剧放缓，涨幅回落。由于翘尾因素影响及政策调控作用的滞后性，上半年广西房屋销售价格同比上涨10.2%，涨幅仍然达到两位数。

一、房价走势基本情况

1．同比涨幅达两位数，走势先扬后抑。2010年上半年广西房屋销售价格同比上涨10.2%，其中，1—4月涨幅不断扩大，分别上涨8.5%，9.4%，10.5%和11.2%，11.2个百分点是22个月以来最高涨幅。5—6月政策作用显现，涨幅有所回落，分别上涨10.9%和10.4%。

2．环比涨势呈现“急刹车”。2010年年初，广西房价延续上年火爆走势，房价不断攀升，环比涨幅扩大。1月环比上涨0.9%，2月虽受春节长假影响但环比仍上涨0.7%，3月环比上涨1.2%，为2010年上半年最高涨幅，政策出台后涨幅开始迅速回落，4月环比上涨0.7%，5月环比上涨0.3%，6月环比仅上涨0.1%。

3．同比涨幅低于全国水平。2010年1—5月全国房屋销售价格同比上涨11.4%。一线城市中北京、上海、深圳分别上涨12.4%，10.2%和18.7%，西南主要城市重庆，成都，贵阳，昆明分别上涨10.8%，5.8%，9.7%和8.8%。与上述城市相比，广西同期涨幅低于全国总水平和一线城市，高于重庆外的西南主要城市。

4．政策出台，遏制房价快速上涨作用即刻显现。新“国十条”出台后，5月广西房屋销售价格环比上涨0.3%，创13个月以来新低，房价上行趋势明显减缓。同比上涨10.9%，涨幅较4月缩小了0.3个百分点，自2009年6月以来同比涨幅连续扩大的走势结束，当月首次涨幅收窄。

5．新建房住宅价格涨幅较高。2010年上半年广西新建房住宅价格同比上涨10.9%，2010年1—6月分别上涨9.6%，10.6%，10.8%，11.6%，11.8%和11.2%，有5个月涨幅达到两位数。政策出台后新建房住宅价格依然坚挺，仅6月涨幅稍有回落。

6．二手房住宅价格受政策影响显著。2010年上半年广西二手房住宅价格同比上涨7.0%，2010年1—6月分别上涨7.8%，8.3%，7.3%，7.3%，6.0%和5.2%，政策出台后涨幅显著回落。

7．分城市看，2010年上半年广西十四个地级市房屋销售价格同比全部上涨。按涨幅排名依次是：柳州市15.8%，北海市11.6%，玉林市11.5%，百色市11.3%，梧州市10.8%，贵港市9.4%，钦州市8.7%，来宾市7.4%，南宁市6.8%，桂林市6.7%，崇左市6.6%，防城港市5.5%，河池市4.2%，贺州市0.2%。

8．土地交易价格小幅上涨。2010年上半年广西土地交易价格同比上涨2.9%，一、二季度分别上涨2.3%和3.5%，上涨幅度相对较小。

二、房价走势原因分析

1．需求不断释放，市场交易持续活跃是2010年上半年房价快速上涨的主要原因。2010年以来，广西房地产市场延续上年的火热行情，购房需求不断释放，市场交易持续活跃，呈供需两旺的态势。2010年1—4月广西商品房销售面积704.08万平方米，同比上涨30.5%，商品房销售额244.87亿元，同比上涨50.5%，增速均达到2007年以来同期最高水平。刚性需求较强的柳州、梧州、玉林、百色等市涨幅均达到两位数，贵港、来宾等市涨幅也较高。在市场行情持续火热的情况下，房地产商信心不断增强，利润期望越来越高，房价随之持续攀升。

2. 理财手段匮乏，房产投资增长推动房价上涨。随着我国经济不断回暖向好，居民收入持续增长。但随着上年保增长政策的四万亿投资逐步落实到位，引发国内货币流通量过大的忧虑。食品等物价水平的提高又使得通胀预期越来越强烈。由于目前民众理财手段匮乏，在强烈的通胀预期下，民众理财投资更倾向于选择房价不断攀升的房产而非低迷的股市等金融产品。据了解，今年上半年大量外地人投资购房及本地县乡一级民众到中心城市购房明显增多。房价快速上涨给投资者带来的信心驱使更多的人投资炒房，加剧了供求矛盾，使得房源更趋紧张，进而推动房价上涨。

3. 国内房价上涨对广西房价上涨起到造势和带动作用。政策出台前国内房地产市场涨声一片，1—4月全国房屋销售价格同比分别上涨9.5%，10.7%，11.7%和12.8%，5月也达到了12.4%，各月涨幅均高于广西同期水平。2010年1—5月70个大中城市房价全部上涨，北京、天津、上海、南京、杭州、长沙、深圳等大城市分别上涨12.4%，10.9%，10.2%，11.3%，14.5%，10.7%和18.7%，涨幅均达到两位数。投资热潮下的海口和三亚上涨幅度更达到48.5%和46.7%。国内房价全面持续的快速上涨，海南等地掀起的房地产投资热潮，都对广西房价的上涨起到了造势和带动作用。在国内房价不断上涨的环境下，广西潜在购房者不再犹豫出手购房，跟风购房者，投资客炒房团不断介入，加剧了供需矛盾，使房价快速上涨。

4. 楼盘开盘前的预约制度为房价上涨推波助澜。目前广西绝大多数楼盘都采用开盘前接受预约，预约给予相应折扣等类似手段接受购房者的“订购”。预约订购时往往以比市场低的房价对外宣传，吸引购房者前往预约订购。由于开发商通过预约对有购买意向的购房者数量有所了解，当楼盘真正开盘时，往往根据预约人数与开盘房源数的对比情况提高开盘价格，并借此制造哄抢房源的效果，为下一步提高房价作好铺垫。在房价上涨时期，开发商这一手段屡屡奏效，为提高房价起到推波助澜作用。

5. 调控政策生效，遏制房价过快上涨作用显现。2010年4月中下旬连续出台的各项房地产调控政策，使持续火热的房地产市场骤然转冷。贷款门槛的提高，极大打击了依靠银行资金炒房的投资客，房贷首付提高也使得普通民众的购买力有所削弱，购房需求被压制，市场观望气氛骤增，民众的房价下降预期强烈。面对政策出台，房地产商大多采取“按兵不动”的观望态度，除少数尾盘销售的项目提价外，不再贸然提高房价。2010年1—5月商品房销售面积881.03万平方米，增长21.4%；商品房销售额313.66亿元，增长39.3%。商品房销售面积、销售额增幅分别比1—4月回落9.1和11.2个百分点。在政策作用下，市场销量下降，房价快速上涨势头被遏制，呈现出一副量跌价滞的景象。

6. 房地产商资金充裕及项目开发成本因素等制约使得房价未见明显下跌。到6月为止政策的影响主要体现在市场观望，销量骤减上。但由于前期销售状况较好，房地产商回笼了大量资金，因此短期内降价销售的压力很小。加上开发商在开盘时基于楼盘各方面开发成本及开发利润的综合考量，不会轻易降低房价。此外，出于稳定市场，避免降价引发的退房或其它纠纷的目的，房地产商一般只会采取一定的促销优惠活动，价格实质下调的幅度很小。综上所述，是政策出台后广西房价保持坚挺未见明显下跌的主要原因。

三、政策出台后可能出现的困难和问题

1．新二套房界定标准操作上存在相当难度。目前各地房屋登记管理部分所使用的系统不尽相同，而且相互独立，并未建立一个全国联网的房产查询系统。要建立全国联网的房产查询系统须对房产进行重新登记，操作难度大，花费时间长。同时银行业并未与民政的户口查询系统对接。因此如何查询、核实房产套数、确定家庭成员是个难点。

2．可能催生“假离婚”购房的怪现象。部分家庭为优惠购买二套房，先离婚，房产分给一方，另一方可以按照首套房的优惠政策贷款买房后再复婚。如果不出台政策对此现象进行约束，将有可能有引发社会道德危机。

3．投资任务难以完成，政策执行有可能打折扣。2010年自治区城乡建设工作会议，明确提出了2010年全自治区要完成建设行业固定资产投资1800亿元的目标，并将任务分解到各市。房地产新政推出后，房地产企业资金回笼速度大减，后续项目的开发投资势必放缓，全市投资任务一旦难以完成，政策的执行可能就会打折扣。

4．土地出让可能再次陷入困难。由于土地增值税预缴税率提高，土地出让金可能再增加10%，企业拿地门槛进一步提高。加上政策出台后房地产市场陷入萧条，资金回笼速度大大放缓，企业资金将日趋紧张。土地出让可能再次遭遇前两年市场冷遇，企业拿地欲望降低，成交量减少，出现流拍现象等。

四、下半年走势分析预测

由于政策出台时间不长，其影响的滞后性使得目前市场处于购销双方的僵持“博弈”中。短期内市场行情或难好转，房价进一步上涨可能性低。由于新出台的政策近期不会改变，在市场观望气氛浓重，销售低迷的情况下，房地产企业不会贸然涨价。而购房者的房价下降预期心理会愈加强烈，这将导致市场持续的萧条，房地产市场将进入与2008年类似的缩量盘整阶段，房价缺乏上涨的动力。随着翘尾因素的消失以及市场的持续冷淡，预计下半年广西房价涨幅将会逐步回落。政策执行的持续力度将成未来房价走势的决定性因素。

2010年上半年广西工业原材料购进价格快速上涨

吴　佳

2010年上半年，在国家和政府的一系列刺激经济政策措施持续作用下，经济复苏的势头明显，我国工业品的需求增加，广西工业逐步走出了经济危机的阴影，产品价格逐渐回升。受此影响，上半年广西工业原材料、燃料、动力购进价格呈较快上涨趋势，同比上涨10.9%，涨幅比上年同期扩大18个百分点。

一、工业原材料、燃料、动力购进价格运行情况

（一）从总水平来看

广西工业原材料购进价格自2009年11月已经连续8个月正增长，2010年1—5月同比涨幅逐月提高，6月份稍有回落；1—6月价格同比分别上涨6.21%、8.54%、11.08%、13.23%、13.88%和12.47%。其中1—4月原材料、燃料、动力购进价格一直低于工业品出厂价格，呈现出“低进高出”的良好态势，随着原材料价格的快速上涨，原材料购进价格逐渐接近出厂价格，5月首次出现“高进低出”的态势。

2010年上半年广西PPI和IPI（%）

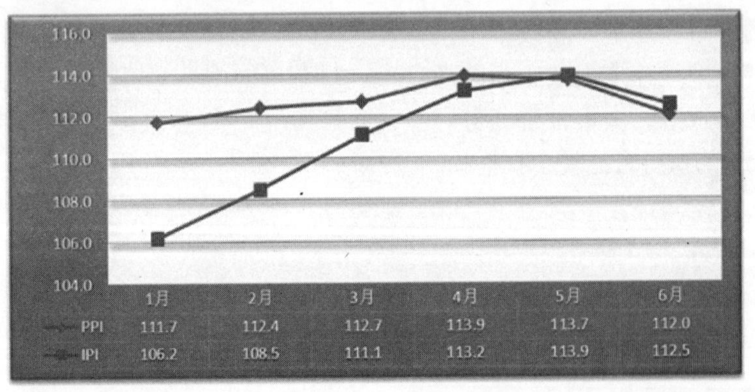

（二）从九大类原材料来看

上半年工业原材料、燃料、动力购进价格上涨范围逐渐扩大，上涨面广。一季度九大类原材料呈现同比“八升一降”格局，二季度九大类原材料全部上涨，上涨面达到100%。其中：有色金属材料和电线类涨幅最大，同比上涨38.8%。其次是农副产品类，上涨15.5%；纺织原料类上涨14.7%；燃料动力类、其它工业原材料及半成品类、建筑材料及非金属矿类、木材及纸浆类和化工原料类涨幅均在8%—10%之间。黑色金属材料类涨幅最小，上涨0.8%。

（三）从行业来看

36个行业上半年价格上涨的有32个行业，上涨面达到88.9%。其中涨幅达到两位数的有12个行业，分别是燃气生产和供应业、有色金属冶炼及压延加工业、石油加工、炼焦及核燃料加工业、木材加工及木、竹、藤、棕、草制品业、纺织业、烟草制造业、电气机械及器材制造业、造纸及纸制品业、黑色金属冶炼及压延加工业、食品制造业、塑料制品业和农副食品

加工业，上半年同比分别上涨24.25%、20.83%、16.02%、13.33%、13.20%、13.05%、12.98%、12.1%、11.57%、11.30%、10.7%、10.43%。

（四）从主要产品来看

主要产品购进价格的大幅上涨，成为支撑上半年原材料、燃料、动力购进价格的主要力量。受经济回暖确定性进一步增强的影响，煤、电、油价格持续上涨；有色金属价格高位运行。受灾害性天气的影响，甘蔗收购价格持续走高。

1．煤、电、油价格持续上涨。

年初，受北方雪灾和南方持续低温的影响，电煤供应紧张，加之油价上涨拉高运输成本，煤炭价格表现出“淡季不淡”，随着逐渐进入用电高峰期，受西南干旱影响，部分电厂开始夏季储煤，煤炭需求增加；以及近期国际市场煤价上涨的影响，上半年无烟煤价格同比上涨4.02%。

天然原油价格保持高位运行，上半年同比上涨67.75%；随着国际油价的走高，广西汽油、煤油、柴油价格均持续上涨，上半年分别上涨19.13%、28.79%、19.21%。

由于执行枯水期电价，一季度工业用电价格上涨4.82%；随着丰水期的到来，电价环比虽有所回落，由于去年基期价格较低，工业用电价格依然呈上涨态势，上半年同比上涨5.13%。6月1日起，广西开始调整高耗能企业的用电价格，加大差别电价政策实施力度，坚决取消对高耗能企业优惠电价的行为，对能源消耗超限企业实行惩罚性电价。受政策影响，部分高耗能企业的电价将持续走高。

2．有色金属价格高位运行。

2010年有色金属价格高开，并且一路走高，持续保持在高位运行。受上年同期价格低迷和目前正处于铜铝消费旺季的双重影响，铜精矿粉、铅精矿、锌、氧化铝和铝涨幅均保持在两位数，上半年同比分别上涨84.42%、69.79%、23.89%、28.82%和11.91%。

3．甘蔗价格持续上涨。

受今年干旱的影响，甘蔗产量下降，由于甘蔗的减产和质量不佳，机制甘蔗糖的产量也大幅下降；随之而来的洪涝灾害和7月的持续高温，无疑再次给甘蔗的生产带来极大的影响；机制甘蔗糖价格预计将持续走高，甘蔗收购价格也将“水涨船高”；上半年甘蔗和机制甘蔗糖的购进价格分别上涨19.8%和46.7%。

（五）从全国来看

2010年以来，广西工业原材料、燃料、动力购进价格与全国和其他各省的走势一致，均呈加速上涨的走势。1—5月广西工业原材料购进价格平均上涨10.6%，涨幅比全国低0.2个百分点，在全国31个省市区中涨幅排在第12位。在西南五省中，广西涨幅最大，涨幅比四川、贵州、重庆、云南高5.8、1.8、4.3和1.4个百分点。

2010年1—5月全国和广西原材料、燃料、动力购进价格同比指数

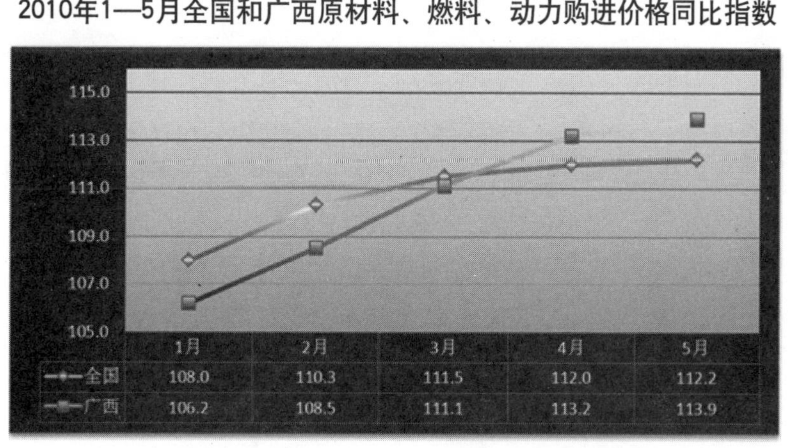

2010年上半年西南五省原材料、燃料、动力购进同比价格指数（%）

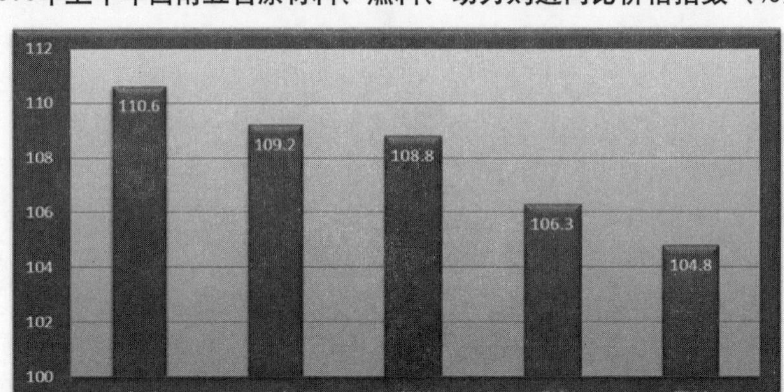

二、工业原材料购进价格上涨的主要因素

（一）经济复苏势头明显，投资拉动原材料价格上涨

我国针对金融危机采取的一系列强而有力的政策措施，尤其是一揽子计划的实施，效应逐渐显现。随着市场回暖信号的逐渐加强，我区经济企稳回升的态势明显。随着市场的活跃，原材料的需求也逐渐增加，价格也开始上涨。上半年全自治区固定资产投资的新开工项目较多，投资增速也维持在较高水平。一季度完成了全自治区固定资产投资工作全年目标的13.9%，投资增速达到37.4%。一季度全区城镇新开工项目3453个，同比增加504个，其中投资亿元以上的项目就有124个。由于全自治区目前的经济增长主要靠固定资产投资拉动，新开工的项目多、投资额大，对原材料的需求会大幅增加。

（二）国际大宗商品价格上涨的拉动

全球经济复苏引发的企业补库存的行为将持续，国际市场需求旺盛，引发工业原材料价格仍然呈现向上的趋势。

一是我国钢材需求持续旺盛。随着我国钢材产能的扩大，对进口铁矿石的需求也进一步扩大，加上我国对铁矿石的对外矿依存度高，如2009年我国铁矿石对外矿依存度达到69%，必然导致铁矿石价格上涨。

二是纺织原料类的购进价格快速上涨。2010年二季度开始，全自治区纺织原料类购进价格快速上涨，上半年同比上涨14.71%。棉花是快速上涨的主要动力。受多年市场疲软的影响，纺织业复苏势头迅猛；印度禁止棉花出口导致国际市场供应偏紧，灾害性天气也导致棉花大幅减产，上半年棉纱价格同比上涨19.33%，涨幅比去年上半年扩大28.07个百分点。

三是国际原油价格经历了一轮快速上涨以后，近期价格回调。受欧元区国家经济走势不明朗影响，国际油价下半年上涨空间受到一定抑制，但是美国和中国等主要石油消费市场进入消费旺季，这将对原油价格形成一定支撑，我国经济回升向好的势头支撑了我国石油市场需求的复苏增长，在我国油价与国际间接接轨的情况下，油价下调预期增强。

（三）基期价格较低的影响

2009年1—6月全部原材料价格同比分别下跌3.75%、5.64%、7.58%、8.45%、8.52%和8.39%。由此看出，2009年1—4月购进价格跌幅逐渐扩大，4月达到最低，下半年开始跌幅逐渐收窄，11月转正。所以，基期较低是影响原材料购进价格上涨的重要原因之一。

（四）工业品出厂价格快速上涨的影响

2010年上半年广西工业品出厂价格保持快速上涨的态势，1—6月分别上涨11.73%、12.42%、12.65%、13.85%、

13.7%和12%。工业品出厂价格的快速上涨刺激了原材料价格的上涨。

（五）灾害性天气的影响

受2010年干旱的影响，甘蔗产量下降，随着而来的洪涝灾害和7月的持续高温，无疑给甘蔗生产带来极大的影响；机制甘蔗糖价格预计将持续走高，甘蔗收购价格也将“水涨船高”；同时湿热的天气也给蚕业带来病害威胁，由于全国棉花因干旱大面积减产和纺织业的加快复苏，预计桑蚕丝的价格将继续走高。除此以外，松油、绿豆、中药材、烟叶也因灾害性天气受到不同程度的影响，购进价格大幅上涨。

2010年上半年部分产品购进同比价格指数（%）

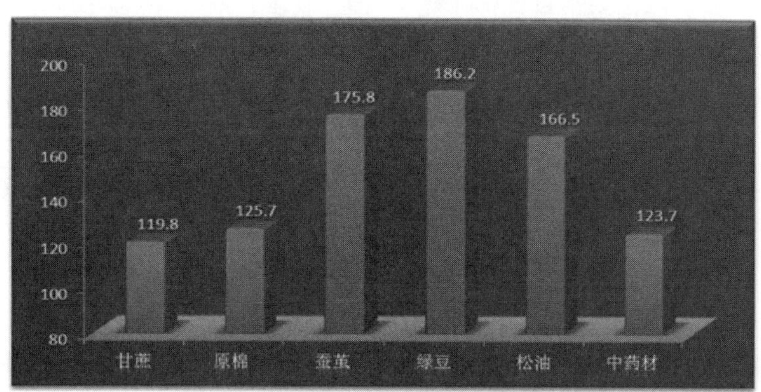

三、下半年工业原材料购进价格运行预测

国家发改委自今年年初以来，已经多次表示2010年将稳步推进石油、电力、天然气的资源性产品的价格改革，资源性产品价格的上涨将直接拉动原材料、燃料、动力购进价格上涨。

2010年1—5月广西工业原材料价格一路加速上涨，6月涨幅虽比上月有所回落，但仍保持两位数增速。下半年随着我国重工业复苏势头明显，国际大宗商品的市场需求持续旺盛，预计全年原材料购进价格将保持在高位运行。

但是我国工业消费品供大于求的总体格局仍未改变，产能过剩的问题持续存在；加之上年第三季度原材料购进价格跌幅逐渐减小，11月转正，12月同比上涨8.5%，基期价格的逐渐恢复和产能过剩的双重影响，预计广西工业原材料购进价格同比涨幅不会太大。

1—9月广西居民消费价格温和上扬　涨势趋稳

黄岚兰

2010年以来，在食品价格上涨的引领下，广西居民消费价格延续上年底的走势，呈现出稳步上扬，总体涨幅仍属温和。2010年1—9月广西居民消费价格同比上涨2.5%，涨幅较上年同期高出5.3个百分点。其中：城市上涨2.4%，农村上涨2.8%。

一、居民消费价格运行的主要特征

（一）呈现波动性上涨

2010年以来，居民消费价格延续上年12月同比正增长的走势，连续九个月呈现同比上涨。分月份看，1—9月分别上涨1.3%、3.3%、1.8%、2.3%、2.8%、2.6%、3.0%、2.8%和2.8%，呈现波动性上涨。

（二）八大类消费价格呈现五升三降态势

2010年1—9月广西CPI的八大类指数与上年同期相比呈现五升三降态势。其中食品类上涨6.0%，涨幅居首，居住类上涨5.5%，烟酒及用品类上涨1.6%，医疗保健和个人用品类上涨1.0%，交通和通信上涨0.4%；衣着类下降0.4%，娱乐教育文化用品及服务价格下降1.7%，家庭设备用品及维修服务类下降1.3%。

（三）食品类价格上涨左右CPI的上涨速度

2010年以来，随着广西食品类价格上涨速度的变化，CPI呈现波动性上涨。2010年1—9月广西食品类指数涨幅为6.0%，影响消费价格总水平上涨2.0个百分点，占CPI涨幅的80.0%。分月看，1—9月与上年同期相比分别上涨2.5%、7.8%、4.5%、5.6%、6.3%、5.8%、7.1%、7.3%和6.0%。构成食品类价格指数的16个基本分类全线上涨，其中上涨幅度大的品种如下：鲜菜价格上涨26.6%、食糖价格上涨18.8%、干鲜瓜果价格上涨11.0%、水产品上涨7.6%、粮食上涨5.6%和蛋类上涨4.2%。部分品种上涨更是疯狂如干豆价格同比上涨40.2%，薯类价格上涨34.9%。猪肉价格从7月份开始出现较大幅度回升，当月全区猪肉价格环比上涨6.1%，同比上涨5.0%，是今年以来同比首次出现上涨态势，8—9月价格继续攀升，同比分别上涨10.0%和7.2%。

（四）居住类价格对CPI有一定的上推作用

2010年1—9月居住类价格较上年同期上涨5.5%，拉动总指数上涨0.8个百分点。居住价格主要受水、电、燃料类价格走高，以及以木材和玻璃为首的建材价格上涨影响。今年以来，广西各市县陆续提高居民用水价格，水类价格上涨7.1%，再加上由于国际成品油价格持续走高，其传导效应也开始显现，推动液化石油气价格同比上涨29.3%，二者共同作用使水、电、燃料类价格上涨9.3%。再加上去年下半年以来各地房地产升温，建房及装修材料价格回升，与上年同期相比，建房及装修材料类价格上涨4.2%，涨幅最大的属玻璃和木材，分别上涨11.1%和13.5%。

（五）耐用消费品价格走低

由于国内外制造业产能过剩及产品更新换代速度的加快，市场竞争日益激烈，耐用消费品价格一直处于下降态势，与上年同期相比，2010年1—9月家庭设备价格下降2.7%、文娱用耐用消费品下降4.3%。交通工具下降1.1%，通信工具下降9.5%，合计拉动总指数下降约0.3个百分点。

（六）上涨幅度低于全国水平

据国家统计局反馈的数据显示，2010

年1—8月中，与全国对比来看，除2月份，广西涨幅高于全国0.5个百分点外，其它各月均低于全国，幅度在0.2～0.6之间，1—8月累计涨幅低于全国0.3个百分点。分八大类看，除交通和通信类和娱乐教育文化用品及服务类价格走势与全国相反外：交通和通信类广西上涨0.5%，而全国下降0.2%，涨跌落差为0.7个百分点；娱乐教育文化用品及服务类广西下降1.8%，全国上升0.5%，涨跌落差达2.3个百分点，其他六大类走势与全国一致，但有几大类虽然走势一致，涨跌幅仍有明显区别，主要表现为：食品类中，主要食品除鲜菜和鲜果涨幅大于全国及肉禽及其制品跌幅高于全国外，其他如粮食、蛋、水产品等涨幅均低于全国平均水平，特别是粮食价格涨幅低于全国近5.2个百分点；医疗保健和个人用品类，虽然都为上涨趋势，但是幅度低于全国约2个百分点；居住类涨幅高于全国1.5个百分点。

二、影响价格变动的主要因素

（一）翘尾因素影响

2009年下半年，尤其是第四季度广西居民消费价格总水平的平稳上升，对2010年的CPI总水平产生了一定幅度的正翘尾影响。据测算，2009年广西居民消费价格总水平的变动，对2010年各月的居民消费价格总水平均产生正翘尾影响，其中，以5、6、7、8四个月影响最大，其影响幅度均在2个以上百分点，据测算，在1—9月居民消费价格总水平同比上涨2.5%中，翘尾因素占总涨幅的80.0%。全年平均，产生的正翘尾影响达1.6个百分点。

（二）持续上涨的粮价

自2006年以来，广西的粮食价格持续上涨，2006—2009年，分别上涨1.5%、6.0%、11.9%和6.2%。2010年连续9个月同比涨幅均在4.0%以上，1—9月比上年同期上涨5.6%，拉动CPI上涨0.1个百分点。与2005年相比，粮食价格累计上涨了37.2%。从影响程度看，后期影响大于当期。粮食安全是一切安全之首，我国粮食市场平稳安全的发展对于国民经济的安全运行十分重要。粮食价格上涨，从历史数据看，尽管每次引发通货膨胀的原因不尽相同，但有一个现象值得引起高度重视：高通胀时期，粮食价格涨幅要明显高于居民消费价格总指数的涨幅。1985年CPI上涨13.0%，粮食价格上涨23.9%；1994年CPI上涨26.0%，粮食价格上涨63.7%；2008年CPI上涨7.8%，粮食价格上涨11.9%，从长期看，作为基础产品的粮价的持续上涨必然使成本推动价格上涨的压力增大，其他农产品价格也会相应上涨，从而推动整个居民消费价格的上扬。

从上涨原因看，是政策影响、需求因素、成本推动、上涨预期、国外资金运作共同作用的结果。

（1）政策的推动。为了保护种粮农民利益，调动农民发展粮食生产的积极性，我国从2004年以来实行粮食最低收购价政策，2008年2月到2009年1月，国家三次提高小麦和水稻的收购价格，2010年再次提高小麦和水稻的收购价，收购价格的提高相应带动了粮食市场消费价格的攀升，来自国家发改委的最新数据显示，8月份稻谷、小麦、玉米三种粮食加权平均收购价格同比上涨11.72%，涨幅大大高于上年同期。

（2）需求持续增加。随着人口的持续增长和城市化的进程以及经济的发展，对粮食爆炸性增长的需求。再加上生物燃油对粮食的需求巨大。今后全世界范围内能源和人类争夺粮食的情况将会进一步恶化。

（3）生产成本上涨推动粮价上升。粮价的上涨可以说是生产成本上涨推动下的必然结果。一方面表现为粮食生产成本的大幅提高，2007年至2008年，连续二年广西农业生产资料价格上涨，分别上涨13.5%和25.1%，2009年和今年略有回落，但农资价格总体上是保持在高位。与2005年相比，农资价格上涨33.5%,其中化肥价格累计上涨20.7%，农药上涨6.1%，农用机油上涨50.4%，种子涨29.4%，排灌、机械作业等农业生产服务费用上涨31.4%，粮食生产成本的增加，必然会推动粮价的提升。另一方面是零售企业进货成本上升，受近期市场主体粮食收购积极性高涨，“北粮南运”运输补贴政策导致东北粳稻价格居高不下，国储小麦拍卖底价不断提高等因素影响，小麦和粳稻价格全面上涨，加工企业提高了米面出厂价格。

（4）上涨预期。目前粮食的消费比较稳定，影响粮价的主要是供给，由于粮食生产很大程度上是“靠天吃饭”的，从国内看，2010年春季，我国西南数省大旱，造成夏粮减产。入汛以来，我国南方、北方多个粮食主产区遭遇水灾，早稻生产受影响。从国际上看，北半球多个国家今年夏天遭遇极端天气，欧洲重要产粮国俄罗斯、乌克兰遭遇持续高温和森林大火，影响小麦和玉米生产；亚洲重要产粮国印度、巴基斯坦遭遇严重洪水灾害，影响水稻产量，全球粮价高涨的狂潮席卷而来，所以下半年粮食上涨的趋势已定，对粮食生产的影响显而易见，各界对后期的粮价上涨预期加强。应该承认，我国的粮食价格长期以来一直处于低位运行的状态。“剪刀差”的长期存在，农民种粮收益不高，生产积极性颇受影响。种粮农民看到难得的粮价上涨的契机下也存在着可以理解的“惜售”心理，这些都加大了粮价上涨的预期。

（三）“过山车”式的猪价

近年生猪价格起伏跌宕，波动幅度之大超过以往任何时候，有人称之为像坐“过山车”。生猪价格从2006年6月开始上涨，2008年4月达到最高价，活猪价格由6.55元/公斤上涨到18元/公斤，涨幅为174.8%；2008年5月份后，猪价开始回落，活猪价格由17.28元/公斤下滑到2009年6月份的9.60元/公斤，跌幅达44.4%；2010年年初广西生猪价格又一路下跌，6月份跌到阶段底部，由12.8元/公斤跌到9.40元/公斤，7月份开始强劲反弹，8月份广西7个生猪调出大县出售肉猪平均价格为11.93元/公斤，同比增长11.3%，环比增长11.4%.在消费市场方面，猪肉价格这几年来，也经历着过山车式的变化，如2007年猪肉价格累计上涨了47.6%，2008年上涨21.1%,2009年下降21.7%,2010年从2月份开始逐月下降，猪价“跌跌不休”，养殖户持续亏损，上半年累计下降8.3%，从7月份开始，猪价又开始恢复性上涨，7月广西猪肉价格同比上涨5.0%，同比涨幅22个月以来首次为正。其环比涨幅为6.1%，创2009年9月份以来新高。8月—9月价格继续上扬，同比分别上涨10.0%和7.2%。目前猪肉价格比上年12月上涨6.1%,与2005年相比，上涨了38.8%。

猪价大幅波动背后的原因主要体现在：

（1）生猪饲养方式的不稳定性使市场供需关系更难把握。近年来，广西生猪生产规模化趋势总体上在不断增强。以养殖大市玉林为例，2010年玉林市生猪规模养殖场（户）数量达到2481个，比上年同期增加780个。规模化养殖快速发展。规模户的生产行为与传统的散养户生产行为是有区别的。面对生猪价格的下跌，规模户可能表现得更为理性也更为无奈，毕竟要考虑到其它固定资产的投入等问题，该扛着的时候面临亏损也得扛着，不能像散养户一样轻易说不养就不养。如今年一季度，尽管猪价跌跌不休，但全区生猪生产仍稳定增长，而其中主要是规模户的生产稳定增长。

（2）疫情频繁爆发是生猪价格波动的导火索。生猪养殖是个高风险行业,时常会受到疫情灾害的侵袭。近年来,生猪疫情不时发生，口蹄疫、猪链球菌、蓝耳病、高热病等对生猪养殖都造成了严重影响，给生猪生产安全带来威胁，给居民消费带来阴影。在生产和消费行为异常变化的共同

作用下，极有可能导致生猪价格短期的大幅波动。据调查中获悉，养殖户尤其是一些规模养殖户最担心的不是猪价的下跌，而是疫病的发生。价格下跌导致的损失还可以通过降低成本来弥补，而疫情的发生有时会造成血本无归。大规模的疫情破坏了正常的生猪出栏量和存栏量，这是造成近年猪肉市场供不应求、价格暴涨和暴跌的重要原因。今年区内及周边省份疫情形势及气候异常因素也是此次广西猪价快速上涨的主要原因。

（3）市场失灵也导致价格大幅波动。信息不对称是市场失灵的重要原因。我国的生猪养殖仍以农村为主，而农村地区生猪养殖大多各自为政、粗放经营，与市场联系不紧密，大多没有形成产业链，对市场信息反应比较迟缓，容易造成决策失误。同时，暴涨暴跌的生猪市场本身也加剧了市场投机行为。2007年火爆的猪肉行情吸引了大批资金进入到生猪养殖行业，包括房地产商、企业集团、甚至高盛集团都先后加入到养猪队伍中；2008年来，受金融危机影响，大批返乡的农民工也有部分人盲目加入生猪养殖大军。大量资金的涌入必然导致供给过剩，猪肉市场供求失衡成为必然趋势。2009年，全国各地继续加强对生猪产业的扶持，加大财政投入及政策扶持，各地生猪生产都得到了充分的发展，出现了生猪产能过剩的情况。与此同时，今年2月，一些地区又发生了区域性生猪口蹄疫即生猪5号病疫情，为规避风险，出现了生猪提前出栏、集中出栏的现象，生猪供给激增，导致价格连续下降。

（四）脆弱的“菜篮子”

2010年年初受西南旱情、气候异常、季节性变化等多重因素影响，菜价开始上涨历程，天热了菜价涨，连阴雨菜价涨，十天半月不下雨菜价涨，节日菜价还是涨，1—9月，各月同比均呈二位数上涨，除3月和9月涨幅略低于20%外，其他7个月的涨幅均在20%之上，特别是2月份，同比上涨达50.3%，1—9月鲜菜价格上涨了26.6%，总体仍呈高位运行态势。

蔬菜上涨原因主要有：

1．蔬菜面积减少，菜源不足。菜园子是“菜篮子”的基础。然而，近年来，随着城区建设步伐的不断加快，规模不断扩张，蔬菜基地面积却在逐年锐减。以百色市为例，当地大旺村是该市的蔬菜基地，原来1000亩蔬菜基地，因城市扩张，征地了200亩以上。种植面积不断减少，且仍有减少的态势。

2．天气影响，减产严重。今年开春后“倒春寒”天气持续，3、4月份又连续出现低温阴雨天气，导致本地菜发生大面积烂根、死苗现象，夏季各地不断出现异常天气，有些地方暴雨成灾，有些地方却干旱少雨，均对蔬菜成长不利，在广西百色、贺州市等地对鲜菜生产基地进行调查，大都存在减产的情况，菜农普遍反映鲜菜减产严重，部分菜农甚至减产了一半以上。

3．生产和流通成本增加。2010年以来，燃油价格持续上涨，1—9月汽油同比上涨17.2%，柴油上涨18.6%，蔬菜运输成本明显攀升。同时人工费用大幅上涨，由于农村剩余劳力大部分外出，导致留守劳动力价格上涨，如种菜的人工费，从去年的每天40元，涨到了每天60～70元。生产和流通成本的持续上升，也是导致蔬菜价格上涨的主要原因。

4．流通环节多，中间利润大。蔬菜从田间地头或批发市场经过层层分销、多级流通，等到了百姓的餐桌上，每斤批零差价已经达到了1至2倍，甚至更高。老百姓承受着高菜价，菜农们并没有增加多少收入，中间流通环节却赚取了大部分利润。

（五）商品价格传导凸显

2010年以来，受上游价格上涨，成本推升部分商品及服务价格传导显性化，突出表现在：

1．棉花、干茧、生丝涨价，衣着材料价格上涨。受上游棉花、干茧、生丝价格上涨影响，1—9月，衣着材料价格上涨

2.3%，其中棉布价格上涨3.5%，棉混纺布、化纤布价格分别上涨2.8%和3.1%。

2．金价向上带动首饰类价格上涨。由于欧洲债务危机、全球通胀预期增强，避险资金大量涌入使黄金价格走强，进而影响首饰价格上涨。1—9月首饰价格上涨15.8%。

3．糖价上涨传导到下游。原糖价格上涨不仅使白糖、红糖等价格上涨，还逐渐传导到下游产品，引发糖果、糖类小食品、液体饮料、奶制品等涨价。1—9月食糖价格上涨18.8%，糖果价格上涨1.9%，糖类小食品价格上涨1.4%，巧克力制品价格上涨2.1%，固体饮料价格上涨2.9%，奶粉价格上涨3.4%。

4．人工费用及燃油价格上涨，导致部分服务项目价格上升。2010年以来，部分服务项目价格陆续出现上涨，涨价项目涉及房屋装修、家庭服务、个人服务、教育培训、文化娱乐等多个类别。一是人工费用价格上涨推动部分服务价格上涨，如景点门票上涨14.6%、托幼费上涨9.2%、家庭服务价格上涨4.5%、旅游价格上涨3.9%、理（烫）发价格上涨3.9%、健身活动价格上涨4.1%、车辆修理服务费上涨4.9%及物业管理费用上涨3.1%。二是燃油等价格上涨助推交通费价格上，如出租汽车价格上涨2.8%和长途汽车价格上涨4.2%。

三、需要关注的问题

1．粮价上涨对其他农产品价格的影响。受国家出台的各项利农政策、粮食需求的刚性增长以及近期国际市场粮价的恢复性上涨等因素影响，促使2010年广西粮食价格将保持升势。西南五省区市发生特大旱灾和近期不断出现的强降雨，可能对全年粮食、甘蔗等农作物生产和供应带来影响，特别是随着国际小麦等粮食的减产，国际粮价上涨对国内市场会产生一定的刺激，2010年后几个月食品类价格上涨的压力将主要来自于粮食价格。由于我国前几次通货膨胀的都是以粮食价格上涨为主要动因，粮食价格的上涨将会增加通货膨胀预期。肉、禽、蛋等副食品价格因受粮价上涨的影响，2010年也会呈上涨态势，但因畜牧业生产增势平稳，因此，将不会出现2007—2008年那样大幅上涨的现象。

2．2010年异常天气增多，农产品价格变动频繁，对物价上涨压力加大。蔬菜价格受季节因素及天气影响，将呈波动性上涨态势，且一定时期内对CPI总水平的变动产生较大影响。但因为蔬菜生长期较短，持续大幅上涨的可能性都不大。

3．国际市场原材料价格上涨对居民消费价格的上拉。随着国际需求回暖，国际油价及大宗商品价格上涨带来输入型通胀的威胁，但由于2010年世界经济面临衰退的恢复期，基本面不可能根本改观，因此，持续大幅上涨的可能性不大，不会引起CPI总水平快速上涨。

4．政策性调价对居民消费价格走势将发挥重要作用。近年来，国际市场的原材料价格飞涨，我国资源性产品的原材料成本与产成品价格倒挂现象日益突出，资源性产品价格改革的步伐逐步加快，水、电等价格改革与上调纷纷纳上了议事日程。各地陆续实施水、电、气、排污费等资源性产品价格改革，必然会传导到消费价格。可以预见，2010年，资源性产品价格政策性上调，将是拉动广西居民消费价格总水平上涨的一大要素。

5．劳动力成本增加对物价的影响。2010年政府提出加快收入分配制度改革，具体包括，努力增加农民收入，扶持低收入群体、提高职工工资收入、加强个人收入调节等。从广西人力资源和社会保障厅了解到，从9月1日，广西职工最低工资标准提高，不同类别适用地区增加了115元～150元不等，平均增长幅度为22.4%。人力成本的不断提高，将继续推升劳动力成本占比较大的商品及服务价格。

6．人民币升值预期增加，对价格也存在一定的助推作用。中国是国际市场大宗资源性商品最大的销售市场之一，人民币升值将增强中国购买力，扩大国际商品的需求，可能助推国际市场上大宗商品价格上涨，从而最终带来国内商品价格的上涨。

四、对全年物价的初步研判

目前我国乃至广西物价仍呈现温和的结构性上涨，但种种迹象表明，一方面经济增速放缓，减轻了物价上涨压力，另一方面，一些推动价格上涨的因素又在一定程度上强化了通胀预期，使未来物价走势存在不确定性。

从目前掌握的情况看，广西物价总体走势将呈逐步回暖温和上涨态势。预计在正常的社会经济环境下全年平均同比涨幅将在2.5%～3.0%区间运行。

2010年1—9月广西房地产价格走势分析

陈　钧

一、房价走势基本情况

2010年1—9月，以国家调控政策出台为分水岭，房地产市场由热转冷，广西房地产价格走势呈现先扬后抑态势，1—4月快速上涨，5—8月上涨速度急剧放缓，涨幅落。9月在“金九银十”传统旺季到来的影响下，环比止跌回升，但同比涨幅继续回落。

1．同比走势高开低走。2010年1—9月广西房屋销售价格同比走势先扬后抑，其中，1—4月涨幅不断扩大，分别上涨8.5%，9.4%，10.5%和11.2%，4月份是22个月以来单月最高涨幅。5—9月受房地产新政的影响，涨幅有所回落，分别上涨10.9%、10.4%、9.3%、7.8和7.2%。

2．环比走势波峰波谷形成。2010年年初，广西房价延续上年火爆走势，房价不断攀升，环比涨幅扩大。1月环比上涨0.9%，2月虽受春节长假影响但环比仍上涨0.7%，3月环比上涨1.2%，为上半年最高涨幅，形成波峰。政策出台后涨幅开始迅速回落，4月环比上涨0.7%，5月环比上涨0.3%，6月环比仅上涨0.1%，7月已转为下降0.4%，走势形成第一个波谷。8月环比继续下降0.2%。9月旺季来临价格略微回升，环比上涨0.2%。

3．政策遏制房价快速上涨作用显著。新“国十条”出台后，5月广西房屋销售价格环比上涨0.3%，创13个月以来新低，房价上行趋势明显减缓。同比上涨10.9%，涨幅较4月缩小了0.3个百分点，自2009年6月以来同比涨幅连续扩大的走势结束，当月首次涨幅收窄。7月房价出现松动，自2009年2月以来首次环比下降；同比涨幅回落至个位数。8月环比继续下降，同比涨幅大跌2.5个百分点。9月环比虽微涨0.2%，但创下2005年以来九月旺季的最低环比涨幅。

4．新建房住宅价格涨幅较高，但三季度回落明显。1—9月广西新建房住宅价格同比分别上涨9.6%，10.6%，10.8%，11.6%，11.8%，11.2%，9.7%，8.0%和6.9%，上半年有5个月涨幅达到两位数。政策出台后新建房住宅价格连续回落，三季度同比涨幅再次回到一位数。9月涨幅已比6月回落了4.3个百分点，回落趋势明显。

5．二手房住宅价格受政策影响显著，但在三季度趋稳定。1—9月广西二手房住宅价格同比分别上涨7.8%，8.3%，7.3%，7.3%，6.0%，5.2%，4.9%，4.2%和4.2%，政策出台后涨幅显著回落，但三季度已趋于稳定。

二、三季度房价出现松动

受国家房地产调控政策影响，房地产市场持续萧条，广西房地产价格总水平呈现松动迹象，开发商开始采取降价销售策略应对销售不佳的状况。7月广西房屋销售价格时隔16个月后再现环比下降的趋势，环比价格下降了0.4%，8月继续下降0.2%；9月虽然借旺季之势环比止跌回升，但仍创下2005年以来九月旺季的最低环比涨幅。三季度各月同比价格分别上涨9.3%，7.8%和7.2%，政策出台后连续五个月涨幅回落。主要迹象和表现有：

1．房价环比价格下降。4月调控政策出台以来，4—6月广西房价环比涨幅虽然不断回落，但仍旧保持小幅上涨走势。在连续数月销售萎靡，成交量趋低的情况下，为在三、四季度完成年度销售任务，企业开始加大打折力度，甚至直接降价销

售。7月广西房价出现自2009年2月以来首次环比下降，8月环比继续下降。9月虽然环比止跌回升，但创下2005年以来同期最低涨幅。

2．新建商品住宅价格下调力度大。7月广西新建商品住宅价格环比下降0.6%，其中普通住宅环比下降0.6%，高档住宅环比下降0.1%。8月新建商品住宅环比下降0.3%，其中普通住宅环比下降0.3%，高档住宅环比持平。两个月新建商品住宅价格环比降幅均大于房价总水平。7月新建商品住宅价格环比下降也是自2009年2月以来首次出现。

3．投资性较强的城市领降。随着国家政策的出台，投资购房者撤出市场，广西投资性较强的南宁市、北海市房价率先出现下调。7月南宁市房屋销售价格环比下降0.5%，其中新建商品住宅价格环比下降1.3%，降幅为全区最高；北海市房屋销售价格环比下降0.4%，连续第二个月环比下降。8月南宁市房价环比继续下降0.4%，北海市下降0.2%。同时桂林市和钦州市也开始转为下降，分别下降0.3%和1.5%。

三、受房地产新政的影响大，但不是十分突出

1．影响大。与全国总水平，广西房价受政策影响转变的特征更明显。5月至9月全国房价环比分别为上涨0.2%，下降0.1%，持平，持平和上涨0.5%。广西5月环比上涨0.3%，6月环比仅上涨0.1%，7月已转为下降0.4%，8月下降0.2%，9月上涨0.2%。

2．不是十分突出。与一线城市和西部部分省会城市相比，广西房价受政策影响下降趋势明显弱于一线城市，但强于西部部分省会城市。从环比看，政策出台后，5—9月一线城市房价下降走势较强：北京房价环比分别为下降0.1%，下降0.4%，持平，持平和上涨0.2%；上海分别为持平，下降1.4%，下降0.6%，下降0.1%和持平；南京分别为下降0.5%，下降0.6%，下降0.5%，下降0.3%和上涨0.1%；杭州分别为下降0.5%，0.6%，上涨0.1%，下降1.4%和上涨0.3%；广州分别为下降0.4%，下降0.1%，下降0.5%，下降0.3%和上涨0.5%；深圳分别为下降0.3%，下降0.9%，下降0.4%，下降0.2%和上涨1.0%。而西部部分省会城市房价下降趋势则弱很多：5—9月重庆房价环比分别为上涨0.2%，下降0.3%，持平，上涨0.6%和上涨1.1%；成都分别为持平，持平，下降0.5%，上涨0.1%和持平；贵阳分别为上涨0.5%，上涨0.3%，上涨0.4%，上涨0.3%和上涨0.4%；昆明分别为持平，上涨0.3%，上涨0.4%，上涨0.3%和上涨1.2%。广西与上述城市相比，下降趋势不如一线城市，但比西部部分省会城市强。

四、房价走势原因分析

1．需求不断释放，理财手段匮乏，国内市场影响及企业预约制度致房价上涨。政策出台前，广西房地产市场延续上年的火热行情，购房需求不断释放，市场交易持续活跃，呈供需两旺的态势。在市场行情持续火热的情况下，房地产商信心不断增强，利润期望越来越高，房价随之持续攀升。由于目前民众理财手段匮乏，在强烈的通胀预期下，民众理财投资更倾向于选择房价不断攀升的房产而非低迷的股市等金融产品。房价快速上涨给投资者带来的信心驱使更多的人投资炒房，加剧了供求矛盾，使得房源更趋紧张，进而推动房价上涨。政策出台前国内房地产市场涨声一片，广西潜在购房者不再犹豫出手购房，跟风购房者，投资客炒房团不断介入，加剧了供需矛盾，使房价快速上涨。目前广西绝大多数楼盘都采用开盘前接受预约，开发商通过预约对有购买意向的购房者数量有所了解，当楼盘真正开盘时，往往根据预约人数与开盘房源数的对比情况提高开盘价格，并借此制造哄抢房源的

效果，为下一步提高房价作好铺垫。在房价上涨时期，开发商这一手段屡屡奏效，为提高房价起到推波助澜作用。

2．调控政策生效，遏制房价过快上涨作用显现。4月中下旬连续出台的各项房地产调控政策，使持续火热的房地产市场骤然转冷。贷款门槛的提高，极大打击了依靠银行资金炒房的投资客，房贷首付提高也使得普通民众的购买力有所削弱，购房需求被压制，市场观望气氛骤增，民众的房价下降预期强烈。在政策作用下，市场销量下降，房价快速上涨势头被遏制，呈现出一副量跌价滞的景象。三季度出于改善销售状况，借楼市旺季加快完成年度销售计划的想法，不少开发商加大宣传促销政策，给予更低折扣，甚至直接降价。房价在三季度出现了松动迹象。

3．刚性购房需求对房价的支撑，房地产商资金充裕及项目开发成本因素等制约使得房价未见大幅下跌。目前广西各地城市化进程加速推进，大工业项目进驻使得人口更进一步向城市集中。虽然政策对需求进行了限制，但广西多数城市投资性需求较少，仍以刚性需求为主，这对房价形成了一定的支撑。由于前期销售状况较好，房地产商回笼了大量资金，因此短期内降价销售的压力很小。加上开发商在开盘时基于楼盘各方面开发成本及开发利润的综合考量，房地产商一般只会采取一定的促销优惠活动，即使调整价格，其幅度也有限。综上所述，是政策出台后广西房价虽有所松动，但未出现大幅下跌的主要原因。

五、四季度房价走势仍不明朗，政策影响将是决定性因素

2010年前三季度房价走势高开低走，政策因素在其中起到了决定性的作用。三季度广西房价一度出现松动。随着旺季来临9月止跌回升，市场人气也有所回复。但9月底国家再次出台政策，对贷款购房进行了更进一步的限制。四季度及明年上半年房价走势难以预测。政策对进入销售旺季的楼市仍将产生决定性影响。

2010年1—9月广西工业品价格变动分析

蒋志华

进入2010年，国内经济对工业品需求增加，广西工业品价格持续回升且幅度较大，1—9月广西工业品出厂价格同比上升11.7%，原材料、燃料、动力购进价格上升10.8%。

一、工业品价格变动特点

1．总水平变动特点。

2010年，1—4各月广西工业品出厂价格总水平同比分别上升11.7%、12.4%、12.7%、13.9%，涨幅逐月扩大；5、6、7、8、9月总水平同比分别上升13.7%、12%、10.6%、8.4%、9.5%，涨幅高位回落。1—8月平均，广西工业品出厂价格总水平同比上升11.9%，比全国平均高6.3个百分点。

2．两大部类产品出厂价格回升幅度均超过两位数。

（1）2010年1—9月生活资料产品出厂价格同比上升17.2%，涨幅高位运行。主要原因是受机制甘蔗糖等产品的出厂价格大幅度上涨的影响所致。在甘蔗减产、食糖产量减少和食糖需求量增大的情况下，制糖业产品出厂价格继续大涨，1—9月同比上涨44.8%。

（2）2010年1—9月，生产资料产品出厂价格同比上升10.1%。主要原因是：①由于锌原矿、锌精矿等产品需求有所增加，有色金属矿采选业产品出厂价格继续大幅上涨，1—9月同比上涨55.9%；②黑色金属矿采选业产品出厂价格出现恢复性上升，1—9月同比上升23.0%；③由于铅、锌、锡、铝等产品需求有所增加，有色金属冶炼及压延加工业产品出厂价格恢复上涨，1—9月同比上涨29.6%。④1—9月黑色金属冶炼及压延加工业的产品出厂价格同比上升10.9%，涨幅达两位数。其中：钢压延加工同比上升11.4%；铁合金产品价格同比上升11.2%。

3．行业上涨面广。

从大类行业看，超过九成的工业行业大类产品出厂价格回升。2010年1—9月，在调查的35个工业行业大类中，出厂价格上升的有31个，占大类行业总数的88.6%；出厂价格下降的有4个，占大类行业总数的11.4%。出厂价格同比上升幅度超过25%的有：有色金属矿采选业上升55.9%，有色金属冶炼及压延加工业上升29.6%，石油加工炼焦及核燃料加工业上升28.4%；出厂价格同比上升幅度超过20%～25%的有：农副食品加工业上升24.2%，纺织业上升23.2%，黑色金属矿采选业上升23.0%。同比下降幅度最大的是通信设备计算机及其他电子设备制造业，下降11.1%。

4．广西的支柱产业——制糖业涨幅逐月回落。

制糖业出厂价格从回升速度快幅度大到涨幅逐月回落。制糖业出厂价格从2009年4月回升后，至6、7、8月以后同比涨幅均达到两位数；9月后，由于甘蔗购进价格上升和食糖产量减少以及国际食糖供应不足，导致其价格大幅上涨，9—12月涨幅均超过30%。进入2010年涨幅从高位逐月回落，1月同比上涨67.3%，达到了回升以来的最高涨幅，2、3月，涨幅高位回落，分别为64.4%、51.0%；4、5、6、7、8、9月涨幅继续回落，分别为46.4%、36.6%、34.2%、35.5%、34.9%、33.7%；2010年1—9月平均涨幅为44.8%。

5．原材料、燃料、动力购进价格变动情况。

广西原材料、燃料、动力购进价格自2009年11月回升以来，已经连续11个月回升。2010年1—5月原材料、燃料、动力购进价格同比涨幅逐月提高，1、2、3、4、5月分别上涨为6.21%、8.54%、11.08%、13.2%、13.9%；6月份后稍有回落；6—9各月分别上涨12.5%、11.4%、10.0%、10.4%；1—9月平均上涨10.8%。1—8月平均上涨10.9%涨幅比全国高0.8个百分点。

（1）从九大类原材料来看：2010年1—9月平均九大类原材料价格全部上涨，其中：有色金属材料和电线类涨幅最大，同比上涨32.5%；其次是纺织原料类上涨16.9%；再次农副产品类上涨15.4%；建筑材料及非金属矿类、木材及纸浆类、其它工业原材料及半成品类、燃料动力类和化工原料类涨幅均在9%~11.2%之间，黑色金属材料类同比涨幅最小，上涨2.4%。

（2）从行业来看：2010年1—9月，36个行业中价格上涨的有33个，上涨面达到91.7%。其中：同比涨幅超过20%的有燃气生产和供应业、有色金属冶炼及压延加工业，分别上涨22.2%、20.4%；涨幅在10%～15%的有：纺织业、石油加工业、木材加工及木竹藤棕草制品业、烟草制造业、造纸及纸制品业、电气机械及器材制造业、黑色金属冶炼及压延加工业、食品制造业、纺织服装鞋帽制造业、农副食品加工业、饮料制造业等。

二、工业品价格回升，重点行业贡献大，工业企业利润大幅增长

1．工业品价格回升，重点行业贡献大。

2010年1—8月，在全自治区38个工业行业大类中，有34个行业增加值同比增长，占行业面的89.5%。从重点行业看，电力热力的生产和供应等12个重点行业仍然是拉动工业增长的主要力量，1—8月实现工业增加值1172.8亿元，占全部工业比重的66.4%，同比增长26.4%，比全区平均水平高出4.2个百分点，对工业增长的贡献率达77.2%。从月度对工业的贡献率看，1—8月六大高耗能行业累计贡献率比1—4月回落了6.3个百分点，是造成12个重点行业贡献率降幅较大（回落7.0个百分点）的主要因素。

2.工业品价格回升，工业企业利润大幅增长。

工业企业盈利水平良好。2010年1—7月，工业企业盈亏相抵后实现利润总额232.1亿元，同比增长168.6%。扣除2009年度由于受国际金融危机冲击的因素（基数影响）后，2010年1—7月与2008年同期相比，年均增速仍达到27.0%，分别比产值、增加值和主营业务收入年均增速高出4.7个、8.1个和3.9个百分点。

三、工业品价格上升的主要原因

1．国内经济继续回暖带动工业品价格回升。

受金融危机的影响，2009年我国经济曾经出现下滑，随着刺激经济政策的出台和实施，以及实施的效果逐步显现，2009年四季度经济逐步回升，2010年1—9月加大调整经济结构力度，我国经济继续保持平稳较快发展，为工业品价格的上升提供宽松的环境。

2．区内经济继续回暖带动工业品价格回升。

进入2010年，广西经济继续发展。从投资看，固定资产投资保持较快增长。2010年以来，广西固定资产投资在上年高速增长的基础上继续保持较快增长。2010年1—8月，全自治区城镇固定资产投资4170.43亿元，比上年同期增长39.8%，增幅比1—7月提高1.3个百分点，比全国1—7月份高0.1个百分点，比全国（18.2%）快0.7个百分点。投资和消费的增长，有力地促进广西经济的发展，从而也促使广西工业品出厂价格的回升。

3．部分重要行业价格上升影响总水平

上升。

黑色金属矿采选业、有色金属矿采选业、有色金属冶炼及压延加工业、黑色金属冶炼及压延加工业、制糖业等出厂价格的上涨带动总水平上升。2010年1—9月平均，影响总水平上升6.2个百分点，影响程度为53.1%。

4．受金融危机扩大的影响，2009年1—9月广西大多数产品出厂价格处于下降态势，基期价格较低。

四、四季度广西工业品出厂价格走势预测

1．国内经济增速回落中趋稳。

（1）投资增速的跌幅将逐渐趋缓。2010年以来，由于国家淘汰落后产能、货币政策收紧以及强力的房地产打压政策，使得固定资产投资增速持续下降。2010年1—8月城镇固定资产投资完成额仅为24.8%，比1—7月份回落0.1个百分点。而去年同期则达到33.0%。虽然去年存在经济危机带来的国家超量投资因素，但较之2008年以来28.2%的平均增速，仍有一定程度的下降。有关部门预测，1—9月份的城镇固定资产投资同比增长速度很可能与1—8月份大体持平。预计2010年四季度城镇固定资产投资同比增长23%，增速的跌幅将逐渐趋缓，企稳的主要因素在于国家产业扶植政策所带来的部分行业的投资机会以及房地产开发投资水平上升。

（2）消费增幅稳中趋升。2010年上半年我国社会消费品零售总额同比增长18.2%；7月，我国社会消费品零售总额平稳较快增长，社会消费品零售总额12253亿元，同比增长17.9%，比6月份回落0.4个百分点。8月份社会消费品零售总额12570亿元，同比增长18.4%，比7月份加快0.5个百分点。今年前8个月，我国社会消费品零售总额累计实现97492亿元，同比增长18.2%，与1—7月持平。社会消费品零售总额增速持续上升，4季度将延续前期良好态势。

（3）出口增速将存在不确定因素。2010年上半年以来，随着外围经济的逐渐走出金融危机的泥潭，中国出口出迅速回暖，在短短两个月内就从2009年同比下降16%转而上升到2010年2月份的同比增长31.4%。之后虽有所反复，但同比增速始终保持在38%以上的高位。到2010年8月份，当年累计出口增速已达35.5%，当月出口金额也继续保持在1400亿上下，基本回到了历史的高位。但是，4季度的出口也面临一些问题，如央行进一步汇改下人民币的升值、出口结构调整等，这也使得4季度出口增速存在着不确定的因素。

（4）我国GDP增速在回落中趋稳。2010年1季度我国GDP增长11.9%，2季度经济增长率为10.1%，3、4季度将分别9.5%和10%，全年GDP增速将达到10%。四季度广西工业品价格涨幅将随我国的经济增速的回落而回落。

2．重要行业对广西工业品出厂价格总水平的影响。

在广西工业品出厂价格中占有较大比重的有色金属矿采选冶炼及压延加工业、黑色金属冶炼及压延加工业、制糖业等的产品出厂价格涨幅在四季度将出现逐月回落，受其影响，四季度广西工业品出厂价格总水平涨幅将逐月回落。

3．基期的影响。

受世界金融危机的影响，2009年1—10月广西工业品出厂价格一直在下降之中，随着金融危机的影响逐渐减弱，11月开始回升，12月回升幅度较大。因此，2010年11月工业品出厂价格总水平将小幅回落，12月回落幅度较大。

综上所述，2010年10月后广西工业品出厂价格和原材料燃料动力购进价格总水平同比涨幅每月将以1.5至2个百分点的速度回落，10月后的涨幅将低于全年平均，全年工业品出厂价格总水平涨幅约9.9%，原材料燃料动力购进价格总水平涨幅约9.4%。

2010年上半年广西农业生产资料价格运行情况及走势分析

陈天录

2010年以来，广西农业生产虽然受到前旱后雨灾害的严重影响，但在自治区党委、政府的领导下，农业生产资料市场货源充足，部分农资价格受季节性影响出现波动，大部分农资产品价格比较稳定，对农业生产的发展、农民增收起了促进作用。

一、农资价格运行基本情况

2010年上半年广西农资呈现前低后高走势。1—5月份各月同比分别下降2.2%、2.1%、1.8%、1.9%、0.4%，6月份开始出现由负转正增长的态势，上升0.9%。上半年同比下降1.3%。从调查的十大类商品看，呈“六升四降”态势。其中：饲料类价格上涨8.2%，农机用油类价格上涨21.1%，农用手工工具类价格上涨1.6%，其他农业生产资料类价格上涨1.3%，机械化农具类价格上涨0.3%，农药及农药械类价格上升0.2%，产品畜类价格下降11%，化学肥料类价格下降8.3%，半机械化农具类价格下降0.9%，农业生产服务类价格下降0.1%。许多农资价格恢复到了2007年上半年的价格水平，农资价格复归到正常态势。

从各月环比看，上升或下降的幅度较小。1—6月份各月环比分别上升0.2%、上升0.3%、上升0.3%、下降1.2%、下降0.4%、下降0.2%，即一季度各月是上升，二季度各月是下降的，上升与下降的区间在-1.2%～0.3%之间，各月波动幅度较小，说明整个农资价格经过2007—2009年的波动后趋于比较平稳的走势。

二、当前农业生产资料价格运行的特点

（一）饲料价格大幅度上涨，产品畜价格呈现季节性下跌，猪粮比价扩大，养猪效益日益低下

1. 饲料价格大幅度上涨。1—6月各月同比饲料价格分别上涨6.8%、7.2%、9.3%、9.4%、9.0%、7.8%。据养猪户反映，从去年下半年开始玉米价格一路上涨，到今年每公斤由上年10月份的1.6～1.7元再到1.8～1.9元上升到今年2.2到2.4元，上涨幅度达20%～30%，而广西一季度生猪的存栏量比上年同期上升3.5%，呈现逐步增长。养殖业的发展，需要更多的饲料，而饲养生猪的饲料，玉米占60%左右，其他豆饼、麦糠、添加剂等占40%左右，据粮食部门反映，广西市场猪饲料的玉米，60%以上是从外省调运进来，从而促使市场玉米价格的上升。上半年广西饲料价格比上年同期上涨8.2%，其中混合饲料上涨6.5%、其他饲料上涨15.2%。

2. 产品畜价格呈现大幅度下降，其中季节性下跌比较明显。1—6月份各月，产品畜同比价格分别为-6.3%、-11.6%、-10.7%、-16.2%、-13.3%、-8%，价格一直在跌，4月份最低，主要是经过2007年和2008年又一轮的养猪热，广西无论是肥猪存栏，还是母猪或仔猪存栏，都超过历史存量，达到一定的规模，同时今年5、6、7月份为猪肉消费淡季，天气转热、生猪容易生病，加上粮食价格上升造成饲料价格上涨，养猪成本加大，养猪户不愿意存栏，猪肉市场供大于求的局面加剧，猪肉价格大幅度下降，造成仔猪价格下跌的季节性波动。上半年幼禽家畜价格同比下

降11%，各市县的仔猪价格均以下降为主。据贵港市调查，15公斤瘦肉型仔猪价格，1月份是440元，2、3月份为390元，4—6月份为330元，各月降幅在10%～15%之间，普通型仔猪每头在160元之间，每头价格下降50元左右。

3．饲料价格的上涨和仔猪价格及市场猪肉价格的下跌，加剧了生猪产业的困境。玉米价格与麦麸、豆粕等价格的上涨，给广西养殖业带来严重影响。据调查，一些养猪大县6月上旬猪粮比价最低时为4.1∶1，为几年来新的低点，按照《防止生猪价格过度下跌调控预案》有关规定，为价格重度下跌区域，6月下旬开始，国家大量进口玉米投放市场，启动冻猪肉储存预警，猪粮比价有所回升，但仍然在亏损临警线，目前生猪规模户、散养户均在亏损，许多养殖户选择减少生猪养殖、减少母猪存量，部分宰杀母猪等，但上年5、6、7月份出现猪粮比价严重危害养殖户的现象，今年同样出现，都将对养殖户带来一定程度上的担忧。同时也对我国庞大的生猪存栏提出预警。

（二）化肥价格大幅度下降

1　6月同比化肥价格分别为-9.3%、-8.7%、-10.2%、-9.6%、-7.9%、-4.0%，上半年同比下降8.3%。从市场调查情况来看，受旱情的影响，今年广西春种春播时间比去年同期晚10～15天。但由于货源充足，市场肥料出现不断降价的现象，并低于去年水平。如50公斤装硫酸钾每袋价格降到230～240元，回归到2007年价格水平。

（三）农药、种子、农膜、农机具价格均是一季度下降、二季度需求增多，价格升幅较大

1．农药价格1—6月各月同比为-0.5%、持平、-0.4%、1.0%、1.4%、2.1%。各月环比均以上升为主。上半年累计同比上涨0.6%，主要以杀虫剂、杀菌剂价格上升为主。今年上半年，广西天气特别异常，先干旱后又连续暴雨影响，特别是进入4月份后，果树、秧苗、痘苗、蔬菜中叶菜等农作物病虫害均比往年多，农药需求有所增加。同时新的病虫不断出现，新的农药不断上市，价格上涨。也增加种植成本。

2．农用种子价格有升有降，以升为主。1—6月各月同比为-3.1%、-3.6%、1.6%、3.7%、6.7%、7.1%。上半年同比上涨2.2%。贵港中优838早稻种子售价24元/公斤，较去年同期每公斤高出8元；鹿寨三香714水稻种子上涨20%，但玉米、花生种子比较平稳。

3．农用薄膜价格1—6月各月同比为-8.3%、-1.9%、1.9%、1.9%、4.8%、4.8%。上半年同比上升0.4%。从同比、环比看，1、2月份是农忙淡季，其他月份价格上涨。

4．农用手工工具1—6月各月同比分别上升0.5%、1.3%、1.7%、1.3%、2.5%、2.4%；机械化农具1—6月份各月同比分别下降3.4%、下降2.2%、下降0.4%、上升1.3%、上升3.4%、上升3.0%，半机械化农具价格同比，一季度各月是下降的，分别下降4.1%、2.7%、0.7%，二季度各月是上升的，分别上升0.5%、1.2%、0.7%。各种农机具价格上涨的原因主要是受人工费、钢铁价格上涨等成本上涨影响所致。

（四）农村劳动力价值增长

2010年上半年，请人帮工收割、或插秧或收甘蔗等价格比上年上涨0.6%。扶绥县插秧每天160元，其它调查市县在60～80元居多，比2005年增长1倍多。据调查反映，一些乡村年轻外出打工人数占60%～80%，由于农村劳动力严重缺乏，造成农村劳动力价值大幅度上涨，在目前种田效益不高的情况下，很多农民花大价钱来请人种田，成本的不断提高，就有可能造成农田抛荒的现象。

（五）柴油价格上涨幅度大

受国内汽柴油价格上调的影响，农用机油价格1—6月各月同比分别上

涨20.6%、23.2%、22.1%、21.9%、23.5%、15.6%。

（六）价格指数与全国比，上半年排名处于下游

据国家统计局数据反馈，上半年全国农资价格上涨1.1%，广西下降1.3%，广西比全国低2.4个百分点。从十大类别看，5月份广西农机用油价格比全国高5.8个百分点，其他农业生产资料价格比全国低4.4个百分点，农业服务低全国4.1个百分点，其他类别走势一致。

三、当前农业生产资料市场存在的主要问题和建议

1．假冒伪劣化肥、农药多。据调查反映，目前市场上以次充好，含肥量不足、过期农药或无效农药等产品充斥市场，同时一些不法商贩为虎作伥，假冒伪劣化肥以磷肥、复合肥为主；少数经营农资的商贩在出售商品时，搭配假冒伪劣产品，而目前工商管理部门查处的结果是“罚款”，达不到清理假冒伪劣化肥、农药产品出市场的目的。农民误工、误时、误收。损失是无法估量的。因此建议：净化农资市场。红盾行动要以法律为武器，对出售假冒伪劣农资产品的商贩，按出售假冒伪劣产品的销售金额多少，处以罪名，只有这样，才能净化农资市场。

2．农药说明复杂烦琐，许多农民看不懂，商贩又说不清。据一些农户调查反映，有一种农药，注明：一公顷用量多少克，本来买一瓶可以用许多次了，农民不懂一公顷是多少，有一农民家里只有两亩地，但在半个月内买了两瓶；再有一个就是名称太多，如“好易”牌农药，也叫代生猛新，也叫代生，农民难以理解和接受。建议：药厂对农药说明要简单明了

3．劳动力成本增加过快，增加了农业成本。如扶绥插秧一天收费150～160元，玉林市、贵港市犁耙田一天收费100—110元，处在相当高的价位，大大超出了农民的承受力。

4．农村级农业技术员，有理论，但没有实际经验，缺乏实际技能，起不到推动农业生产发展的作用。因此对乡村级农村技术员要多培训，多下乡指导。

四、农业生产资料价格走势预测

2010年国家对农资价格比较关注，特别是对化肥，农药市场加大了监督管理力度，但农资市场价格波动仍然较大，总体走势呈现温和上升态势。预计全年广西农业生产资料价格指数在98%～100%之间。

1．农用手工工具、半机械化农具、机械化农具价格以升为主。主要是钢材价格上升的幅度比较大，影响到以铁为原材料的农用工具价格的上涨，同时人工费用上升，成本增加。

2．饲料价格仍然以升为主。原因①今年来国家提高粮食收购价格；②广西60%玉米由外省调进，加上运输费用等成本影响，价格下降的可能性不大；③玉米受国际市场价格影响较大。

3．农用种子、农用薄膜、农业服务价格维持在当前水平。近年来新的病虫害不断出现，新农药特别是杀虫剂和杀菌剂的价格是上升的，但升幅不大。

4．化肥价格仍然以降为主。今年以来，市场化肥价格已经恢复到2007年水平，下降的空间不大，维持目前比较稳定态势。

5．农机用油价格受国际市场因素影响变动频率比较大。

6．2009年价格翘尾因素影响约为0.3个百分点。

房价触底反弹　呈V型走势

——2009年南宁市房地产价格走势分析

李祖沛

2009年，南宁市认真贯彻落实国家“保增长、扩内需、调结构、保民生”的各项政策，出台多项措施促进房地产市场稳定发展。调查资料显示：全年南宁市房屋销售价格比上年上涨4.6%，土地交易价格上涨0.1%，房屋租赁价格上涨1.9%，物业管理价格上涨0.2%。从房地产运行情况看：消费信心由弱趋强，市场需求由淡转旺，交易恢复活跃，量价齐升，房屋销售价格先降后升，呈V型走势。

一、房地产价格运行特点

（一）2009年房价同比增减幅度呈V字型走势，总体平稳

2009年，南宁市房屋销售价格上半年先下降，下半年再上升，6月份为最低，之后触底反弹，全年呈现V字型走势，总体态势比较平稳。前十个月价格波动幅度在2.0个百分点以内，进入11和12月，房价持续上涨，同比涨幅超过2.0个百分点以上。1—12月份各月同比指数分别为100.5、99.9、100.1、99.5、99.3、99.0、99.2、100.0、100.4、101.6、102.4和104.6。

（二）房价环比连续九个月上涨，但升幅少

2009年南宁市各月环比指数分别为99.7、99.5、100.0、100.3、100.3、100.3、100.3、100.8、100.8、101.0、100.8和101.0。除了1—2月价格下降外，从3月份起南宁市房屋销售价格环比指数处于企稳回升的趋势，连续九个月房屋销售价格环比指数上涨，12月份达到最高，为101.0。

（三）房地产价格走势与全国、广西基本一致

2009年，南宁市房屋销售价格与全国70个大中城市、广西房屋销售价格平均水平的走势基本一致，指数比较接近。（详见下表一和图一）

表一：南宁市房屋销售价格同比指数对比表

单位	分月同比指数					
	一月	二月	三月	四月	五月	六月
南宁	100.5	99.9	100.1	99.5	99.3	99.0
全国	99.1	98.8	98.7	98.9	99.4	100.2
广西	101.0	100.4	100.2	99.6	99.6	99.7
	七月	八月	九月	十月	十一月	十二月
南宁	99.2	100.0	100.4	101.6	102.4	104.6
全国	101.0	102.0	102.8	103.9	105.7	107.8
广西	100.0	101.1	101.5	103.0	104.2	106.8

图一：2009年房屋销售价格同比、环比指数走势图

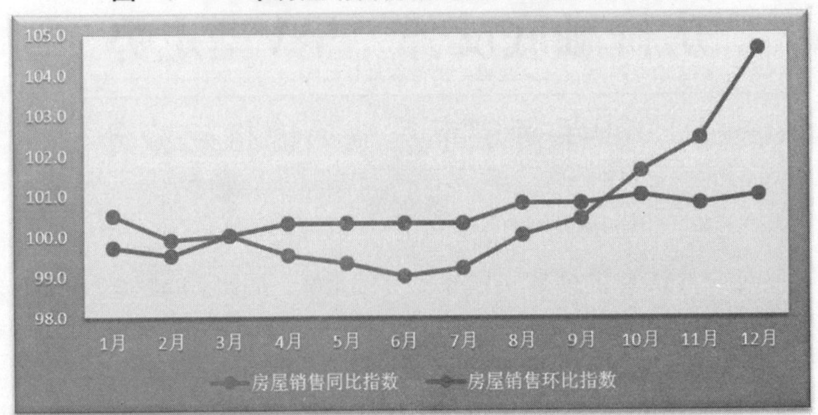

（四）多层住宅房价上涨

经过2009年1—7月的连续下降后，南宁市普通商品住宅价格逐渐回暖，率先带动房地产市场企稳向好。其中，多层住宅因房源稀缺，适宜居住而广受购房者的欢迎，推动价格上行。进入12月份，多层住宅同比房价上涨7.4个百分点。

（五）二手房价高位运行，涨幅高于新建房

南宁市二手房同比价格指数均在4.0个百分点以上，新建房价格止跌回升。2009年各月南宁市二手房同比指数分别为109.2、108.6、108.6、106.3、106.2、106.2、105.9、106.0、105.4、106.4、104.0和104.9，涨幅最低的11月份也有4.0个百分点，涨幅最高的是1月份有9.2个百分点。另外，2009年12月中旬，国家对购房政策进行调整，个人住房转让营业税征免时限由2年恢复到5年，市民争赶“末班车”，促使二手房市场出现成交热，成交量增、价涨。从南宁市房产局二手房交易情况看，2009年10、11和12月二手房成交面积分别是8.92、14.96和25.79万平方米，12月比11月二手房成交面积上涨72.4%。其中二手住房成交面积分别为7.15、14.36和24.13万平方米，12月比11月二手住房成交面积上涨68.0%。

新建房价格指数在2008年1月达到最高的117.6后开始下降，至2009年6月达到最低点，7月份起开始反弹，全年各月份南宁市新建房价格同比指数分别为98.2、97.5、97.8、97.6、97.4、97.0、97.4、98.4、99.0、100.3、102.0和104.6。

2009年二手房销售价格涨幅高于新建房屋，成为推动南宁房价上涨的重要因素。（见表二）

表二：2009年各月二手房、新建房销售价格同比指数表

	1月	2月	3月	4月	5月	6月	7月	8月	9月	10月	11月	12月
二手房	109.2	108.6	108.6	106.3	106.2	106.2	105.9	106.0	105.4	106.4	104.0	104.9
新建房	98.2	97.5	97.8	97.6	97.4	97.0	97.4	98.4	99.0	100.3	102.0	104.6

（六）房屋销量大增

2009年度，南宁市商品房销售面积为731万平方米，比上年增长50%；商品房销售额333亿元，增长74%。其中，期房销售面积652万平方米，增长46%；销售额298亿元，增长72%。

（七）土地交易价格比较稳定

2009年一至四季度，南宁市土地交易同比指数分别为100.0、100.0、100.0和100.1。土地交易价格平稳。

（八）房屋租赁价格和物业管理价格小幅微涨

受住宅类年初新签合同提高租赁价格的影响，2009年南宁市房屋租赁价格比上年上涨1.9%。其中，住宅类房屋租赁价格上涨2.4%。各季度租赁价格同比指数分别

为102.0、102.1、101.3和101.9。

2009年物业管理价格比上年上涨0.2%，各季度物业管理价格同比指数分别为100.6、100.7、99.2和100.2。

二、房价上涨因素分析

（一）宽松的房地产调控政策导致需求集中释放

2008年美国次贷风波引发的金融危机蔓延全球，房地产市场持续低迷，为提振市场信心，国家和地方政府相继出台了一系列优惠政策，如贷款利率下调、首付比例下降、购房税费减免等，南宁市也出台了一系列房地产新政促进房地产市场健康发展。在宽松的房地产政策作用下，压抑许久的刚性需求和改善性需求集中释放，投资性需求也陆续入市。因而，2009年3月份以来，房地产市场持续升温，是有关政策实施得到显著反映的结果。

（二）刚性需求拉动房价上涨

影响房地产价格的因素虽然包括国家的调控政策、房地产市场供求状况、开发成本等诸多方面，但从长期发展趋势看，刚性需求是影响房地产价格变动的最重要因素。目前，我国的城市化水平仅为45%，南宁市城市化水平仅为42%左右，与欧美发达国家的70%以上相比尚有相当大的差距。随着城市化进程的不断加快，南宁市对房地产的刚性需求仍不断增大。

（三）环境改善吸引外来购买力

南宁市作为中国—东盟博览会永久举办地，广西北部湾经济区核心城市、天下民歌眷恋的地方，世界宜居城市，全国文明城市，已经成为中国投资置业的热点城市之一。南宁市的投资环境逐渐改善，城市基础建设也得到很大发展。年初，南宁市人民政府下发《关于进一步拉动内需促进房地产市场平稳较快发展若干措施的通知》规定：凡在南宁市购买商品住房，可申请办理南宁市城镇常住户口。这项政策的出台吸引众多外来者到南宁落户和发展，从而扩大了对房地产市场的需求。

（四）市场供应不足推动房价持续上涨

推动房价持续上涨的另一个重要因素是供应。由于2008年市场不景气，很多开发商经济拮据，再加上对市场前景不看好，很多项目停工。2009年以来，虽然楼市开始回暖，但是新开工量仍然不及购买量，市场上依然以消化库存为主，供给量始终处于紧缺状态。一些优质的楼盘更是一房难求，经常是还未开盘就已经有上千人在等候。在市场供求失衡的情况下，开发商利用购房者“买涨不卖跌”的心理，不断将上调价格作为刺激销售的一种策略，推动了房价持续上涨。

（五）通胀的预期心理推动房价上涨

为拉动内需，国家推出了四万亿经济刺激计划，国内货币市场流动性加大，一定程度上加重了居民对通货膨胀的预期。在这种情况下，许多居民将购置房产作为保值增值的重要手段之一，面对日益上扬的房价，开始由持币观望转为主动购房，进一步推动了房价上涨。

三、当前房地产市场存在的主要问题

（一）土地购置下降

2009年，在房屋销售价格上涨之时，土地购置面积反而比2008年有所下降。2009年，南宁市土地购置面积为136万平方米，比2008年下降51%。

（二）政策性住房仍供应不足

受房地产开发周期较长、前期新批准项目尚未开工建设等因素，目前南宁市保障性商品房的比重仍然较低，市场供应明显紧俏。2009年，经济适用房开发投资4.6亿元，比上年下降9.1%；经济适用房施工面积88万平方米，比2008年下降5.6%；经济适用房新开工面积8.9万平方米，比2008年下降71%；经济适用房竣工面积6万平方米，比2008年下降83%。

（三）利用外来资金减少

房地产开发企业感到资金周转的压力，在房地产市场回暖的情况下，加剧了供需双方的矛盾，引起价格的波动。2009年，虽然企业自筹资金和其它资金有所增加，但利用外资仅1964万元，同比下降87%。

（四）各区域房价不均衡

各城区由于开发和发展速度不一样，而且商业服务设施、文化、医疗、教育设施及交通道路等的建设也不一致，影响了消费者的购买决定，也影响房地产价格的均衡。目前，青秀区、兴宁区、西乡塘区的楼盘价格相对较高，而邕宁区、良庆区、江南区则相对较低，均价每平米相差1000—3000元不等。

四、2010年南宁市房地产价格预期

从目前来看，影响2010年房地产价格走势的不确定因素依然较多。在宏观经济企稳看好的大背景下，受中央经济工作会议的利好因素与后续调控楼市的利空因素等多重影响，当前整体市场政策的收紧信号强烈。但由于受到刚性需求的支撑，买卖双方观望博弈将成为当前市场的主旋律。预计2010年上半年房价将维持高位，但涨幅回落，随着下半年供应量增大，房价将逐渐趋于稳定。

（一）房价回落的因素

从2009年11月以来，政府密集做出一系列动作重拳出击升温的房地产市场，第一是二手住房转让营业税复位；第二是“国四条”出台，即增加供给、抑制投机、加强监管、推进保障房建设等四大举措遏制房价飙涨、投机过度行为；第三是五部委出台规范土地市场，规范地方政府的土地出让和遏制开发商圈地称王的行为；第四是“国十一条”促进房地产市场平稳健康发展。从这些政策，我们可以看出当前调控的主调依然是遏制房价过快上涨。

（二）保持房价稳定的因素

一是2010年全球经济缓慢复苏，中国经济将持续回暖。中央经济工作会议明确提出要继续实施积极的财政政策和适度宽松的货币政策，这无疑有利于房地产行业的继续发展。同时，中央经济工作会议还提到“积极稳妥推进城镇化，提升城镇发展质量和水平”，“放宽中小城市和城镇户籍限制”，随着这些政策的落实，城市化进程进一步推进，越来越多的人涌入城市，对住宅的需求会进一步提高。二是2009年楼市的狂飙突进，让开发商资金充裕，不会主动降价，同时，购房者对住房保值增值的预期也依然存在，因此，短时间内房价缺乏下调的动力。

2009年南宁市工业品出厂价格运行平稳

罗　莎

2009年，在全球金融危机的背景下，需求下降、市场疲软，导致企业面临销售不畅、出口受阻、流动资金不足、成本压力增大等困难，南宁市工业品出厂价格大部分出现下跌。随着国家拉动内需政策的逐步落实，金融危机影响得到有效缓解，年末工业品出厂价格逐渐回升，接近年初水平，但全年仍呈下降趋势。

一、价格变动情况

总体上看，2009年南宁市PPI运行比较平稳，全年工业品出厂价格指数为97.85，各月波动范围在96.14～98.31之间。前8个月受金融危机以及翘尾因素的影响，工业品出厂价格指数从1月份的98.31下行到8月份的96.14；9月份起，随着投资力度的加大，降幅逐步减小。从主要产品来看：

（一）食糖价格持续上升

2009年，南宁市食糖出厂价格从1月份的2554.04元/吨，经过十一个月的连续上涨，12月份涨到3586.99元/吨，上涨幅度达40.44%，创历年新高，全年平均价格指数达114.86。其主要原因：一是2月份以来，受各国食糖减产消息的影响，国际糖价走高，直接带动食糖进口成本的大幅度上升；二是在本市食糖大幅减产的情况下，进口数量依然受到限制，新糖供应量相当有限，导致市场需求缺口扩大；三是粮食价格持续上涨，导致糖料作物种植面积减少。在季节性糖源不断减少的影响下，食糖价格大幅上升。

（二）植物油和猪肉价格大幅下跌，拉低以农副产品为原料的工业品出厂价格

随着全球金融危机不断蔓延和扩散，植物油消费需求受到明显抑制，进而制约价格上涨，食用油价格始终在低位徘徊，虽然最后两个月有上涨，但难消2008年的高价基数，全年植物油出厂价格指数为79.82，下降幅度较大。猪肉价格前期受禽流感和生产周期影响，连跌了6个月，最后4个月虽然每吨累计上涨2300多元，但由于前期价格走低，指数仅为82.86，难见起色。在产业链的作用下，猪肉价格下跌，对饲料价格的影响已经显现，饲料加工产品的出厂价格指数为95.80。虽然谷物磨制产品因粮食价格抬高而价格略涨，以及水产品因季节原因价格上涨，但由于植物油、肉类、饲料及其他农副产品加工的出厂价格指数均在下跌，2009年农副产品加工产品的价格指数为94.65，呈下降趋势。

（三）化肥和农药需求不足，价格低迷

2009年，受金融危机的影响，农资市场低迷，需求不足，加上外地企业低价竞争，导致市场萎缩，产品价格竞争已经到了无序的状态。全年南宁市化肥出厂价格指数仅有87.45；同时，由于本年的病虫害较少及农药出口受阻，农药市场出现旺季不旺、淡季更淡的状况，导致库存量高、价格持续下跌，许多农药厂在6、7月份就已停产，全年南宁市农药出厂价格指数为95.65。

（四）基础化学原料价格跌幅加大

2009年，南宁市基础化学原料出厂价格总指数为85.3。其中，盐酸因为产能过剩，而下游行业需求萎缩的影响，其价格由1月份的375元/吨，下降到12月份的245.5元/吨，降幅超过五成；氢氧化钠则因为出口严重受阻导致量、价齐跌，价格由1月份的2430元/吨，下降到12月份的

1481元/吨，降幅达64%。2009年5月份硫酸出厂价格为9336.5元/吨，一路下挫，10月降至8743.5元/吨。

（五）造纸及纸制品价格低位运行

调查数据显示，2009年造纸产品的价格指数为89.92，纸制品的价格指数为99.81。虽然部分造纸企业的产量比2008年有所增加，年底造纸产品及纸制品价格略有回升，但是其成本、售价和利润指标均比2008年同期不同程度下降，且产品价格下降幅度大于原料价格下降幅度。其主要原因：一是市场低迷，销路不畅，低价销售；二是库存产品量大，影响销售价格上升；三是订单不足，不能做到以销定产，一定程度上影响了生产计划。

（六）燃气价格低开高走

2009年南宁市燃气呈现低开高走的状况，年初受到金融危机影响，厂商不得不降低售价，1—10月，液化石油气平均购进价格为4100元/吨、天然气为4803元/吨。11月份起，我国部分地区出现大范围雨雪天气，燃气需求量大幅攀升，加上资源紧缺、交通运输不畅等原因导致南宁市燃气供应价格上涨，半个月内天然气的出厂价格平均每吨暴涨500～1000元，平均涨幅超过20%，到2009年11月底，天然气价格达6650元/吨，供不应求。但是由于2008年价格过高，导致2009年燃气价格指数仍在低位运行，其出厂价格指数为76.82。

二、价格运行主要特征

2009年南宁市工业品出厂价格运行比较平稳；环比指数小幅振荡波动上涨；同比指数从1月份开始下滑，至7月份后，呈现出大幅上涨趋势（详见下图）。

2009年南宁市工业品价格指数走势图

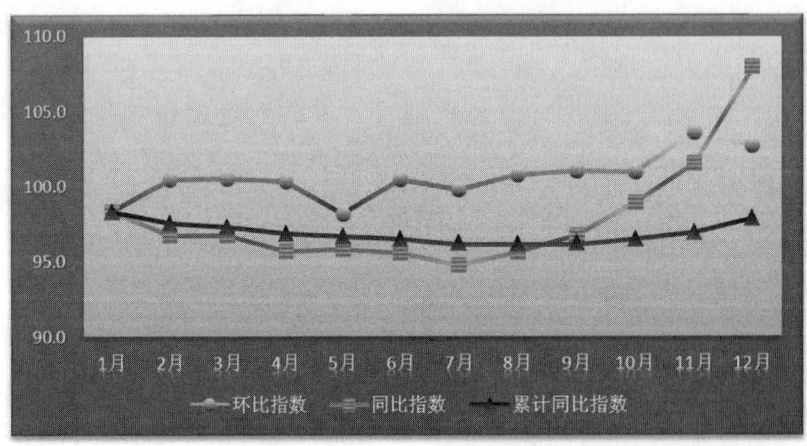

（一）轻工业产品价格持续略涨，重工业产品价格出现下跌

受农产品涨价的影响，2009年轻工业产品的价格指数为100.12，仍维持在上升空间；其中，以农产品为原料的轻工业产品价格指数为100.82，以非农产品为原料的轻工业产品价格指数为98.22。而重工业产品价格受到金融危机影响和翘尾双重因素的影响，其价格指数仅为93.73，比2008年的107.75下降13.78个百分点。其中，采掘业产品价格指数最低，仅为88.99，比2008年的99.82下降10.83；加工业产品价格指数89.48，比2008年的111.55下降22.07；原料业产品价格指数为95.53，比2008年同类指数下降10.48。

（二）生活资料出厂价格小幅上涨，生产资料出厂价格全线下跌

2009年南宁市的生活资料出厂价格指数在食品类出厂价格指数（105.18）的拉动下，上涨4.21%。其它衣着类、一般日用品和耐用消费品类生活资料出厂价格分别为98.17、98.82和99.61。生产资料的

出厂价格总指数为94.68，其中采掘类产品出厂价格下跌11.01，原料类产品出厂价格下跌5.05，加工类产品出厂价格指数下跌5.44。

（三）五成以上大类产品出厂价格下跌

在统计的32个大类产品中，有17个大类产品出厂价格指数下跌。其中，燃气和有色金属类跌幅最大，受到原油价格下挫的影响，燃气出厂价格指数仅为76.82。国际市场萎缩则导致有色金属冶炼压延加工产品价格逐月下跌，2009年有色金属冶炼压延出厂价格指数为80.49。黑色金属冶炼压延加工产品出场价格指数为82.05。

三、需关注的问题

调查发现，不少企业存在一些亟待解决的问题，严重困扰着企业的生产和销售。

（一）企业成本压力有所增大

受煤炭涨价、运力紧张等因素影响，成本压力成掣肘，不少企业生产形势更加严峻。同时，在市场逐步回暖的状态下，电价上涨，煤价也因为北方雪灾天气运输困难的原因，每吨上涨了近百元，各种原材料价格还在不断上调，而产品价格的回升却相对滞后。加上国家治超力度加大、运能受限，企业产品的外运受阻，库存增加，管理费用上升，利润空间缩小。

（二）流动资金不足制约企业发展

流动资金是否充足，直接影响到企业的经济效益和其在市场中的竞争能力，不仅影响企业的正常生产，也是制约企业发展的重要瓶颈。尤其是在现阶段市场萎缩，订单下降，外向型的中小企业遭受了沉重打击。同时，在产品库存高，销售乏力的情况下，企业间相互拖欠现象仍比较严重，有些企业甚至是靠拖欠其他企业款来维持资金周转。企业的流动资金不能及时回笼，导致企业无法满负荷开工，机器闲置，更无从考虑进行技术研发、开发新产品来拓宽销路，严重影响企业的正常生产和发展。

（三）市场低迷，产品出口受阻

金融危机的影响导致各国市场低迷，经济萎缩势必引发对就业的担忧，从而引发贸易保护，南宁市很多行业的产品出口均受到了影响。南南铝业的铝型材和铝门窗因为外加工量的减少，出口额减少了近50%。南化股份有限公司也因受全球市场需求萎缩、外盘烧碱价格急速下跌的影响，液碱出口一度出现负增长。在国内市场低迷，国际市场不畅的情况下，出口受阻加剧了企业的销售难度。

（四）产能过剩矛盾日益突出

在产品面临市场低迷，出口受阻的情况下，产能过剩的问题暴露无疑。在2008年度，国外市场对国内产业的需求量大，造成国内很多行业所释放的产能激增，形成了充分的市场竞争，大幅度降低了产品价格，不少企业因为缺乏周期规律认识而盲目扩大生产，新增产能盲目扩张，而随之出现的金融危机引起国内外需求急剧收缩，导致已经扩增的产能无法继续。另一方面，出口转内销的产品难以同国内需求真正对接，产能难以消化。

（五）价格竞争成主流

在严峻的形势下，企业的竞争手段偏重于价格竞争。不少企业面对竞争，优先采取的措施一般是选择改进技术、降低生产成本来降低产品价格，以便赢得竞争。不少企业为了抢占市场，不惜以低于成本的价格销售产品，以此打压对手。这表明大部分企业尤其是中小企业，由于其技术水平和经营水平的限制，在面对竞争时只能趋向于选择单纯和初级竞争方式，即降低价格。

2010年一季度南宁市工业品出厂价格调查报告

龚建峰

2010年一季度南宁市工业品出厂价格大幅上涨。生产资料和生活资料产品出厂价格都有较大涨幅，其中生活资料产品价格在食品价格带动下，涨幅远远高出生产资料价格涨幅；在食糖、纸浆、纺织产品价格推动下，超过七成大类和六成中类的产品价格上涨。受旱情影响，化肥、农药等农业生产资料出厂价格下跌。预计二季度南宁市工业品出厂价格还有上涨空间。

一、工业品出厂价格运行特点

（一）价格连续三个月上涨

与上年同期相比，2010年一季度南宁市工业品出厂价格上涨11.63%。分月看，各月同比涨幅均超过10%，其中，以2月份涨幅最大，达到12.35%，1月份次之，上涨11.79%，3月份最小，上涨10.97%。从环比来看，涨幅逐月减少，分别为1.62%、0.55%、0.32%。

（二）生活资料产品出厂价格涨幅高于生产资料

2010年一季度，在调查的全部工业品中，生产资料和生活资料产品价格均呈上涨趋势，同比分别上涨7.65%和19.19%。生活资料产品价格涨幅比生产资料涨幅高出11.54个百分点。生活资料产品价格大幅上涨，主要是食品类高涨所致。一季度南宁市食品类产品价格涨幅高达22.89%。其他类生活资料产品价格小有下降。其中，衣着、一般日用品、耐用消费品价格，同比分别下降1.82%、0.65%、0.24%。本季生产资料类的采掘、原料、加工类均有较大幅度上涨，同比分别上涨20.90%、10.36%、6.11%。

（三）七成多大类工业品出厂价格上涨

2010年一季度，在调查的32个大类中，有23个大类价格同比上涨，上涨面达71.88%。其中，涨幅最大的3个大类依次是纺织产品类、农副食品加工产品类、有色金属矿采选类，分别上涨38.89%、29.22%和29.07%。有8个大类产品价格下降，其中降幅较大三类依次是皮革、毛皮、羽毛绒及其制品类，黑色金属冶炼及压延加工产品，仪器仪表及文化、办公用机械，同比分别下降19.07%、5.36%和5.36%。

（四）六成多中类工业品出厂价格上涨

2010年一季度，在南宁市现有96个中类工业产品中，有59个中类产品价格同比上升，上涨面达61.46%。其中涨幅最大的分别是：糖制品、专用化学用品、丝绢纺织品及精加工产品、酒精，同比分别上涨63.96%、55.91%、54.77%、51.43%。32个中类产品价格下降，占33.33%。降幅最大的是生物制品、皮革鞣制加工产品、化学药品原药，分别下降39.85%、25.28%和22.15%。

（五）糖制品、饲料加工、造纸及纸制品等相关行业对本季工业品出厂价格上涨带动作用明显

2010年一季度，南宁市糖制品出厂价格同比上涨63.96%，饲料加工上涨9.49%，造纸及纸制品上涨9.92%。

（六）需求减少致化肥、农药出厂价格下降

3月份，南宁市肥料价格同比下降6.67%，降幅比2月份扩大2.29个百分点；农药价格同比下降7.77%，降幅比2月份扩大2.46个百分点。前两月，南宁市农药、

化肥环比价格均呈正增长，但到3月份两者均转负。其中肥料下降2.06%，农药下降1.9%。主要是持续干旱影响春耕生产，农民使用化肥、农药减少，需求减少所致。

二、影响因素分析

1. 国家积极扩大内需，固定资产投资规模继续保持快速增长势头，以及国内市场出现了以汽车和房地产为代表的消费热点等因素有力拉动了有色金属和钢材等基础产品的市场需求，对生产资料产品价格的上涨产生了积极作用。

2. 国际市场有色金属、原油等生产资料价格均出现回升势头，期货价格稳步攀升，受此影响，国内有色金属矿采选出厂价格出现了较大幅度的上涨。同时，钢材价格也出现明显上涨趋势。

3. 主导行业及产品带动明显。

（1）食糖价格大幅攀升，是拉动工业品出厂价格攀升的主导原因。2010年一季度，南宁市食糖价格逐月攀升，屡创年内新高。2010年一季度各月南宁市食糖出厂价格分别为4487.18元/吨、4615.38元/吨和4871.79元/吨，比上年同期的2521.37元/吨、2816.24元/吨和3226.50元/吨分别上涨77.96%、63.88%和50.99%。甘蔗减产导致食糖产量减少是糖价逐月上涨的主要原因。如南宁市某糖业公司一季度榨蔗量为249.87万吨，比2009年同期减少74.543万吨，减少22.97%。再加上广西和云南两省区作为我国食糖主产区，持续的干旱势必影响下一榨季的食糖产量，推动全国食糖价格上涨预期，食糖价格还有进一步上涨的可能。在食糖价格上涨的带动下，蔗渣浆、酒精价格同步上涨，酒精出厂价格高达4871.79元/吨，同比上涨42.50%；蔗渣浆出厂价格3076.92元/吨，同比上涨48.15%。

（2）桑蚕丝价格连续走高。据调查，目前南宁市桑蚕丝价格较往年有较大上升。主要原因有二：一是原料蚕茧产量减少导致供给减少，价格逐步上涨。受国际金融危机影响，去年桑蚕丝的价格跌入低谷，茧丝绸市场低迷，养蚕的经济效益降低，严重挫伤了蚕农的生产积极性，导致去年桑蚕的发种量下降。二是随着经济环境的好转，消费需求逐渐复苏，丝绸行业价格回暖所致。

（3）干旱天气导致松香价格暴涨。受2010年寒冷天气及持续干旱的影响，松香采割量减少、价格暴涨。松香价格从1月份的9600元/吨上涨到3月份的11800元/吨，2个月上涨了22.9%；松节油价格也从1月份的15650元/吨上涨到3月份的18500元/吨，上涨18.21%。

（4）造纸业回暖纸浆价格上涨。随着造纸业回暖，对纸浆需求增加，纸浆出厂价格大幅上涨。2010年一季度，纸浆出厂价格持续走高。1月份同比上涨30.30%，2月份上涨27.99%，3月份上涨38.13%。1季度在纸浆、造纸产品共同上涨的带动下，造纸和纸制品出厂价格上涨9.92%。

（5）纺织产品价格月月攀升。2010年来纺织市场转暖，纺织产品价格月月攀升。2月份，棉花原料价格上升到14159元/吨高位后，3月份再飙升800元/吨，达到14867.26元/吨。种植面积减少，棉花产量下降是导致棉花价格大幅上涨的主要原因。同时，年初纺织系统由于工资太低而出现招工难现象，职工工资增加，成本上升，也推动纺织产品价格上升。一季度，棉、化纤纺织及印染精加工产品类出厂价格同比上涨18.93%，丝绢纺织品及精加工产品出厂价格上涨54.77%。

三、南宁市工业品价格形势展望

从2009年10月份开始至今，南宁市工业品出厂价格同比和环比均呈上涨态势。说明南宁市乃至我国经济复苏的基础日趋坚实，向好势头明显。展望2010年后三个季度，南宁市工业品出厂价格将持续上行。影响因素主要有：

1．国内经济恢复较好，增速加快，国内经济形势的积极变化将继续促使工业品出厂价格持续回升。总体上，当前全国经济开始企稳回暖，股市、楼市财富效应催生消费市场稳步增长，特别是经济振兴计划的刺激，有力地促进了市场需求，撬动民间投资热情，从而促使工业品出厂价格回暖。

2．西南持续旱情，将对粮食、食糖等出厂价格带来上行压力。一是由于旱情严重，春耕生产受到影响，以猪肉、粮油为主的农副食品加工产品出厂价格将逐渐上升。3月份，南宁市农副食品加工产品出厂价格同比上涨23.92%；1—3月累计上涨29.22%。由于旱情影响，农副食品加工产品需求将进一步增大，其价格仍将保持增长。二是食糖做为南宁市的支柱产业，由于受广西持续干旱的影响，新榨季蔗源将受到影响，甘蔗生长质量下降，含糖量将降低。预计2010年下个榨季糖产量减少，食糖价格还呈上涨趋势，将拉动南宁市工业品出厂价格上涨。

综上所述，可初步判断二季度南宁市工业品出厂价格将呈现小幅上涨的总体态势。

南宁楼市依旧火爆　新政调控效果尚待观察

龚建峰

2009年12月以来，为应对自2009年7月起我国部分城市房价飞涨的形势，国家密集出台了促进房地产市场平稳健康发展的一系列宏观调控政策，要求大力增加保障性住房和普通商品住房供给，继续鼓励居民自住和改善性需求，抑制投机性需求，加强房地产市场监管，完善房地产市场制度，综合运用土地、金融、税收等市场调整手段来稳定房地产价格。特别是2010年4月，国务院又出新政，从坚决抑制不合理住房需求、实行更为严格的差别化住房信贷政策、发挥税收政策对住房消费和房地产收益的调节作用、增加住房有效供给等方面入手，以更大力度遏制高房价。对此，南宁市楼市有何变化呢？现将调查结果报告如下。

一、新政效果未显现，房价仍呈上涨态势

2010年4月份，新政出台后，南宁市房价逆势而动，房价不仅没有止住上涨势头，同比涨幅还呈进一步扩大之势。从调查数据可以看出，今年 1—3月，南宁市各月新建住宅销售价格同比分别上涨7.0%、8.1%、8.4%，涨幅逐月上升。4月份国家新政出台后，房价未能得到有效遏制，新建住宅销售价格同比上涨9.0%，涨幅比上月扩大0.6个百分点。从环比看，1—4月涨幅在0.3%～0.6%之间波动，1月、2月份均环比上涨0.6%，3月份涨幅有所收窄，环比上涨0.3%；4月份新政出台后，环比涨幅又抬头，上涨0.5%，比上月扩大0.2个百分点。二手住宅销售价格走势与新建住宅基本一致，1—4月各月同比分别上涨4.0%、4.2%、4.6%、5.8%，环比上涨0.7%、0.4%、0.9%、0.4%，呈现同比逐月上涨，环比呈倒“N”型走势。

据分析，新政出台后，南宁市房价涨势未能遏制上涨势头，仍然上行，主要有以下七个方面因素：一是土地交易价格居高不下，助推房价上涨。二是新开工、竣工楼盘少，房源缺少。三是银行收紧房贷优惠，二手房成交活跃，拉动整体房价。四是西南干旱提升价格预期，使建筑成本增高，导致房价上升。五是货币流动性过剩，投机者炒房。六是保障性住房供应不足，加剧了供求矛盾。七是南宁市良好的居住环境确保了南宁市房价有上升空间。

在房价上涨的因素中，土地交易价格居高不下扮演着重要角色，是房价上涨的主要推动力。数据显示，2010年第一季度，南宁市国有建设用地使用权招拍挂出让成交价款合计47.49亿元，同比增长547.79%，环比增长56.48%。土地招拍挂平均成交单价为395.93万元/亩，同比增长284.40%，环比增长285.97%。据了解，土地交易价格成倍增长主要有三方面原因：一是市场需求仍未得到有效满足。二是受南宁市良好发展态势烘托，房地产企业仍普遍看好南宁市房地产市场投资前景，对南宁市房地产市场有着较高的预期。三是商品房销售价格持续大幅上涨，进一步推动土地价格的持续上涨。

尽管目前正值中央调控房地产时期，但由于2010年4月以来，南宁市尚未向房地产市场推出新的招拍挂出让房地产用地，新政出台对南宁市土地市场影响程度究竟有多大，仍有待近期推出新的招拍挂出让用地后，方能显现。预计2010年南宁市土地市场在加大用地供应及市场调控并存的情况下，成交量仍将保持增长，但随着中央调控政策的落实到位，土地价格将会理

性回落，市场总体将趋于理性、平稳。

二、新政下房地产市场面面观

据对南宁市部分楼盘以及“五一”房地产博览会走访了解，自4月17日国家颁布新政策后，南宁市房地产市场基本保持平稳，尚未出现部分一线大城市房价大范围立即下降的情况，有些楼盘房价还有所上升，而有些楼盘下半月房价有所下降，但幅度不大；购房者看房热情依然不减，但观望情绪浓厚。整个楼市出现“拉锯战”，各方心态不一：

购房者：热情不减，但观望情绪逐渐浓厚。据调查，4月24日，新政出台10天后，南宁市多个楼盘开盘，现场仍呈现火爆景象。如云星·城市春天当天推出的近200套单位售罄，开发商循众需求紧急加推。大嘉汇·东城迎来首次开盘共推出300多套房源，一期预约人数达1000多人。荣和山水推出将近800套房源，总共抽出1000个预约号，但是预约人数近三万人。同样，在近300家企业参展的2010年广西（南宁）房地产博览会上，也呈现出火爆景象。据有关部门统计，3天来，共有28万人次参展房博会，参展楼盘意向成交金额12亿多元。房博会举办期间，累计运送3万多人次购房者前往楼盘看房。如普罗旺斯3天时间就接待了2000多人次购房者看房，并成交了90多套房子。但在国家频繁的调控政策的出台下，更多的购房者选择了观望，部分刚性需求者甚至推迟了购房计划。不管是在开盘现场，还是在房博会，不少客户仅是来探探市场行情，看多买少。在调查中，包括刚性需求者在内的许多人表示，目前南宁大多数楼盘的价格依然很高，现在买房还不是最佳时刻，还可以再“等等看”。

投机客：投资性购房被抑制，部分投资者考虑退出市场。据业内人士估计，南宁市房地产市场过半的房子都在炒房客手上。这些人“见风使舵”随市场形势变化很快，行情好时疯狂买房，风向转变就赶紧抛售。房贷新政出台后，投机性购房将在很大程度上被抑制。特别是“新国十号”通知：“对不能提供1年以上当地纳税证明或社会保险缴纳证明的非本地居民，暂停发放购买住房贷款。”在与看房团中的外地投资客交流中，他们表示现在由于没有纳税证明，贷不了款，因此准备退出市场，静观市场走势，再行决策。据某温州投资客反映，受银行信贷的影响，投资客开始淡出一手房市场，而转向投资商业地产，或者二手房市场。据了解，来自温州等地的投资客已经不太关注一手房市场，因为他们手上一般都有超过三套房子，银行贷不到款让他们对一手房产投资望而却步。

房地产商：灵活应对，或延迟开盘，或展而不卖。去年年尾国家连续出台相关调控楼市的政策措施，楼市却背道而驰。房产新政出台后，在市场观望气氛凝重的情况下，不少房地产企业都采取措施积极应对。如南宁市西部时代房地产开发有限责任公司就组织公司所有员工学习国发〔2010〕10号文件，要求各个部门将文件精神落到实处。同时，调整营销思路，将国发〔2010〕10号文件的重大举措融入公司的销售实践之中，调整销售中的不足，以积极的态度面对市场，接受市场的检验。而部分房地产企业在新政的“威慑”作用下，为了规避市场的快速反映，而选择了延期开盘。更多的房地产开发商也处于观望阶段，不轻易降价，出“底牌”。在五一房博会上了解到，虽然有63个楼盘参展，其中有近30个楼盘首度亮相。不过，调查发现，虽然参展楼盘不少，但今年多数楼盘推销新房源的积极性相比往年有所下降。在房博会上开盘上市销售的楼盘屈指可数，而上市销售的楼盘均用打折等各种优惠来吸引购房者。同时，相当部分楼盘只展不卖，有的甚至连销售价格也不愿意透露。更多的商家把精力重点放在

了向购房人推荐楼盘品质及产品亮点上。

三、南宁市多举措落实房产新政

新政出台后，南宁市全面落实国家有关政策，通过加大保障性住房用地供应，严格土地出让合同管理等措施，确保房地产市场的稳定，主要做法有：

一是加大保障性住房用地供应。2010年计划供应市本级住房建设用地222.34公顷，其中保障性住房用地85.47公顷，棚户改造用地4.47公顷，中小套型商品房用地65.70公顷，确保上述三类用地占全市全年住房建设用地供应量70%。

二是加强房地产住宅用地的有效供应。组织力量加快推进土地招拍挂出让进度，以形成房地产用地有效供应，缓解供需紧张关系。同时规定今后实施招拍挂出让的房地产住宅用地，须严格明确90平方米以下住房面积占住宅开发建设总面积的比例，并写入土地出让合同。

三是严格土地出让合同管理。明确要求在土地出让成交后10个工作日内签订土地出让合同，并约定受让人须在出让合同后1个月内缴纳出让价款50%的首付款，余款最迟付款时间不得超过一年。

四是加大闲置土地处置力度。对已出让房地产用地进行专项清理，主要是对2009年9月30日以前已供地项目的开、竣工情况进行了专项清理，下一阶段将对调查发现的闲置土地进行处置。

五是银行严格按照国务院的新规定执行，90平米以上首套房首付30%；二套房贷首付50%，按基准利率1.1倍执行。

四、新政执行过程中存在的突出问题

1．挑战房地产企业现有销售模式。新政策出台后，南宁市楼市尚不明朗。许多购房者选择观望，因此如何把握购房者消费心里，给房地产企业销售带来一定挑战。

2．增加毁约风险。一是部分预定的客户，如按新政策办按揭或首付，因额度提高将导致购房失败，从而带来毁约风险。二是部分购房者因预期房价会降而毁约。

3．影响部分自住型或改善型购房者因首付及利率问题购不了房。特别是对那些以结婚为目的而买房的刚性需求者。

4．导致购房者以“假离婚”钻政策空子。一对夫妻名下若有一套房，哪怕贷款已付清，再买房将视为二套房。但如果离婚，名下无房者再买就可享受首套房政策。据反映，有售楼小姐为了卖房，给已婚购房者出这种“馊主意”。

5．影响一些想在城市购房的农民工。他们属于异地购房范畴，但是他们当中的不少人没有缴纳社保，也拿不出一年的纳税证明，因此他们被挡在“房门之外”。

预计，在国家调控房地产的一系列“组合拳”效应下，以及目前房地产企业资金充足、刚性需求依然强劲等因素影响下，买卖双方较劲仍将持续，楼市的新一轮博弈更加明显，南宁市房价调控效果将会在新政实施后的3个月至半年之后显现。

CPI总体走势平稳　涨幅低于全国和全区

——2010年上半年南宁市居民消费价格简析及展望

蓝　岚

2010年上半年，南宁市居民消费价格走势平稳，各月涨幅均低于全国和全自治区水平，食品类和居住类价格是拉动居民消费价格上涨的两大主力。预计下半年，在国内外经济复苏势头不断增强，以及食品类、资源类价格不断上涨的共同作用下，居民消费价格仍面临上行压力，但出现大幅上涨的可能性较小。

一、居民消费价格运行的基本情况

（一）总体走势平稳，八大类商品及服务价格同比呈“四升三降一持平”格局

1．2010年上半年南宁市居民消费价格上涨1.8%，涨幅比上年同期高出4.2个百分点。单月同比延续了2009年11月份以来的正增长势头，连续7个月上涨。

2．八大类商品及服务价格与上年同期相比呈“四升三降一持平”态势。上涨的有：食品类价格上涨4.7%、烟酒及用品类上涨0.6%、交通和通信类上涨1.0%、居住类上涨6.6%；下降的三类为：衣着类价格下降4.3%、家庭设备用品及维修服务类下降1.6%、娱乐教育文化用品及服务类下降2.1%；医疗保健和个人用品价格与上年同期持平。食品和居住两大类商品共同拉动总指数上涨约2.5个百分点。

（二）受粮食、干豆、鲜菜鲜果的拉动，食品类价格持续上扬

1．粮食类价格连续18个月环比上涨（即从2009年1月至2010年6月）。2010年上半年粮食类价格同比上涨8.2%，其中大米、面粉和粮食制品比上年同期分别上涨9.2%、6.8%和4.8%。粮价的持续小幅上涨是政府提高最低收购价政策调控的结果，以及受今年西南旱灾等因素的影响。

2．干豆类价格异军突起。受种植面积减少、产量减少等因素影响，从2009年8月至2010年5月干豆类价格已连续9个月上涨，2010年上半年平均涨幅达45.9%。其中2010年5月份干豆类价格单月环比涨幅达到13.3%，至6月份才回落1.3%。预计在2010年10月份左右，新豆上市之前，干豆类价格仍将维持在高位。

3．鲜菜鲜果价格高居不下，远高于上年同期水平。2010年以来，全国蔬菜和水果普涨，除了受西南严重旱灾和北方雪灾等天气因素的影响外，人工费、化肥费、农药费、排灌费等生产成本和运输成本的上涨，也使得蔬菜、水果价格难以回落到往年水平。6月份，大量时令蔬菜、水果的上市，才使得鲜菜、鲜瓜果类价格环比分别下降4.3%、8.6%。上半年鲜菜类、鲜瓜果类价格比上年同期仍分别上涨30.9%和22.9%。

4．肉禽及其制品类价格走低。上半年肉禽及其制品类价格同比下降3.1%，其中猪肉的降幅较大，平均降幅为9.3%；牛肉价格较平稳，平均下降0.6%。导致猪肉价格大幅下跌的因素主要有：一是季节因素，每年春节过后，随着天气渐热，猪肉消费进入一个相对缩量的时期；二是受前期五号病疫情的影响，为规避风险，一些地区出现生猪提前出栏、集中出栏的现象，加大供大于求的矛盾。

（三）居住类价格居高不下，是拉动CPI上行的又一主要因素

上半年，南宁市居住类价格较上年同

期上涨6.6%，主要受水、电、燃料类价格走高，以及以玻璃为首的建材价格上涨影响。2010年元月1日起，南宁市居民用水价格从1.88元/立方米上调到2.28元/立方米，上涨21.3%。由于国际成品油价格持续走高，其传导效应也开始显现，推动液化石油气价格同比上涨29.7%，使水、电、燃料类价格同比上涨11.3%。另外，2009年下半年至2010年一季度，南宁市房地产升温，建房及装修材料价格回升，1—6月份建房及装修材料类价格同比上涨4.9%，涨幅最大的是玻璃，上涨22.9%，其余建材如木材、砖、水泥、胶合板、钢材分别上涨12.5%、0.7%、4.6%、7.6%和12.1%。

（四）上年“翘尾”因素是拉动价格总水平上升的主动力

2009年下半年，尤其是第四季度物价上涨对2010年的滞后影响较大，据测算，上年“翘尾”因素对南宁市1—6月消费价格的影响达1.9个百分点左右。

（五）工业消费品和服务项目价格有所下降

1．服装价格逐月下降。春节过后是服装促销旺季，尤其是夏装上市之后，为占领更大的市场份额，各商家打折、买赠促销活动此起彼伏，打折力度不断加大，与上年同期相比，服装类价格下降5.4%。

2．耐用消费品价格走低。由于产品更新换代速度的加快，市场竞争日益激烈，耐用消费品价格一直处于下降态势，与上年同期相比，家庭设备价格下降4.5%，文娱用耐用消费品下降3.7%，交通工具下降1.2%，通讯工具下降1.4%。

3．服务项目价格对CPI起到下拉作用。1—6月，服务项目价格总体较上年下降0.6%。主要是教育费用和交通费用下降所致。从今年春季开学开始广西取消部分高中收费项目，使非义务教育学杂费价格下降13.5%。

二、物价运行趋势分析

（一）刺激物价上行的因素依然存在

1．食品类的拉动作用不容小视。

（1）粮食价格继续稳中略升。据调查，2010年年初早稻粮库出库批量成交价是1.90元/公斤，6月份涨至2.10元/公斤，涨幅达一成。从集贸市场监测调查的3个大米品种看，半年间零售价的涨幅在2.2%～8.5%之间，从目前的趋势看，粮食价格下降预期还不明显。另外从全国的大环境来看，粮食价格下降的可能性也较小。一是国家提高了小麦、稻谷最低收购价政策，支撑粮价不会出现大幅回落；二是粮食生产受气候影响较大，下半年自然灾害和病虫害对粮食生产的潜在威胁因素不可低估，目前南方部分地区又出现了洪涝灾害，这些都是促使粮价上涨的不确定因素。

（2）猪肉价格将触底回升。据南宁市某屠宰场统计数据显示，2010年6月份，边猪批发价为12.6元/公斤，与1月份14.80～15.20元/公斤相比下跌了两成左右；屠宰量约为23100头，与上年同期基本持平。从零售价格看，6月份瘦肉、腿肉平均零售价分别为20.50元/公斤、15.38元/公斤，比1月份分别下跌了9.1%和10.0%；比上年同期分别下降5.4%和3.0%。据悉，南宁市猪源主要由本地和云南供应，受前期旱灾影响不大，猪源供应充足，且目前南宁市郊的农村生猪养殖统一购销的方式延长了资金回笼的时间，降低了养殖风险。目前整猪收购价为8.60元/公斤，较年初11.60元/公斤下降了25.90%，养殖户基本上已亏本，价格还有上升的空间。

另从我国消费结构来看，夏季猪肉消费量少，七、八月份又正值学生放假阶段，消费能力降低；同时受上半年高饲料价格、低猪肉价格的影响，很多养猪户的养猪规模已经缩减，下半年生猪存栏量可能会偏紧；此外，2010年饲料玉米的价格较上年平均上涨近30%，这一趋势将持续到9月份秋粮丰收，也将推高猪肉价格。

（3）蔬菜价格受天气影响波动大。据南宁市农业局的监测数据显示，大部分蔬菜的产量较去年同期均有所下降、价格普遍偏高。随着天气逐渐转好，南宁市周边蔬菜供应地坛洛、五塘、武鸣等地上市量逐渐增加，蔬菜价格在7、8月份夏伏旱到来之前将处于平稳回落的态势。入冬后蔬菜价格将有所回升，在不发生较大自然灾害的情况下，不会出现暴涨的行情。

2．居住类价格的普涨刺激物价上涨。一是2010年房地产调控新政效果完全发挥还有一段时间；再加上2010年4月，银行提高购房贷款利率，这一新涨价因素也对居住类价格起到拉升作用。二是资源类价格改革将使物价继续上行。

2010年国家和广西、南宁市有可能选择适当时机推进资源性价格改革，在一定程度上也给物价带来上行压力。一是2010年1月南宁市居民用水价格已经上调，估计年内将再次进行上调。二是国家发改委年内也将对电价进行调整，实行阶梯电价收费制度。三是成品油市场供需面临多种不确定因素，随着金融危机影响的减弱，需求回暖，国际、国内成品油市场价格将有所上涨，必将带动下游产业的价格上涨，如液化气价格、天然气价格及煤炭价格。

3．政策性调价带来的新涨价因素。一是2010年南宁市提高城市居民生活垃圾处理费。二是受2010年春季开学开始广西取消部分高中收费项目所带来的财政补贴的不足影响，有关部门在着手对学费进行改革，届时会造成教育费用的上涨。三是广西将从今年秋季学期起，规范公办幼儿教育收费标准，规范后的价格与原收费有较大涨幅。

（二）下行因素将抑制物价过快上涨

1．工业品和服务项目价格的下拉作用难以缓解。由于国内外制造业产能过剩及产品更新换代的加速，家用电器、纺织服装、一般日用消费品、通信工具等均呈现供大于求的状态，这种格局将抑制工业消费品价格的上涨。

2．财政部和国家税务总局联合下发通知，明确从2010年7月15日起，取消部分钢材、医药、化工产品、有色金属加工材等商品的出口退税。此次调整力度大、范围广，将对钢铁、有色金属、医药等行业造成较大影响，推动部分本应出口的产品转内销并增加国内供给，最终可能导致上述行业的国内价格面临较大下行压力。

3．随着国家楼市新政措施的逐步见效，房市和股市的持续下跌，将抑制人们的部分消费需求，建房及装修材料市场也会稍微降温。同时，下半年我国依然存在的钢铁、水泥、平板玻璃、煤化工等多个行业产能过剩的格局，在宏观上已经制约了物价大幅上涨的可能。

综上所述，从涨价范围看，上半年构成居民消费价格的八大类商品及服务项目并没有出现全面上涨，而主要集中在食品类和居住类。食品类方面，预计下半年，受粮食收购价提高的影响，粮食价格将呈上涨态势，但由于国内粮食储备充足，涨幅不会太大；伴随着天气好转、农产品大量上市，由蔬菜、水果引发的新涨价因素将有所减弱；居住类方面，资源性价格的调整和看涨、房贷利率的调整会进一步促进居住类价格的高位运行。进入三季度，由于翘尾因素的逐渐消失，CPI同比涨幅会逐渐回落。预计2010年下半年南宁市价格总水平总体将呈温和上涨走势，全年居民消费价格总水平涨幅在2.0%～2.5%以内，仍将低于全国平均水平。

新“国十条”对柳州房地产市场影响大

苏　悦

2010年4月17日国务院发出《关于坚决遏制部分城市房价过快上涨的通知》，提出新“国十条”。这次“史上最严厉调控”对柳州房地产市场产生重大影响。

一、柳州楼市观望情绪浓厚

以新“国十条”为分水岭，柳州楼市总体呈现前热后冷行情。4月中上旬柳州多数楼盘延续一季度热销行情，房价继续大幅攀升。但新政出台后，尤其是部分银行严格执行首付及利率差异化政策后，市场观望氛围浓厚，很多房开销售遇冷，不敢再上调房价，柳州房价整体终于平稳下来。

1．新建住宅成交量骤降。由于新政规定二套房首付提高至5成，且贷款利率不得低于基准利率的1.1倍，购房门槛和成本大大增加，很多改善型购房者和投机投资者不得不推迟甚至放弃购房。据柳州市房屋登记管理中心统计，4月柳州市新建商品住房合同备案套数1731套，比上月下降20%；合同备案面积19.18万平方米，比上月下降16%；合同备案金额8.53亿元，比上月下降11%。

4月底在位于名校学区的兴佳·清华坊调查发现，看房客户较少，且购房热情不高，观望明显。4月下旬看房客户每天维持在约40组，与3月每天约60组相去甚远；4月成交住房27套，虽比3月多出2套，但3月主推130平方米以上大户型，而4月主推80、90平方米的小户型。在位于大龙潭风景区的大美天第调查发现，由于该楼盘客户以二次以上置业的居多，所受影响更为明显，4月仅成交约14套住房，而3月成交达40套，且有10多户提出退房请求。据了解，如果新政未出台，2010年“五一”柳州楼市是热闹的，很多项目都打算在这个节点推售新产品。然而“五一”期间，楼市总体冷清，以二套房居多的河东新区，其所受打击更为明显。“五一”推盘的河东项目并不多，除了兴佳·清华坊、北大阳光两大楼盘在“五一”期间推出新产品外，原打算在“五一”期间推盘的项目纷纷延迟。

2．二手房成交量激增。据柳州市房屋登记管理中心统计，4月柳州市二手住房买卖转移登记套数678套，比上月上涨43%；成交面积4.57万平方米，比上月上涨43%；成交金额12251.59万元，比上月上涨40%。主要有两方面原因：一是新政出台引发很多投机投资者大量抛盘，同时不少出售二手房的市民看到行情突变，也纷纷在4月出手；二是很多市民担心国家会马上出台物业税，成本将加大，于是也趁早脱手。

3．房价趋于平稳。在房产新政出台后，各个在售项目不同程度受到了影响，甚至有的出现退订、退房的现象，立竿见影的效果，让许多开发商措手不及。因此大部分房开商不敢再提价，“五一”期间甚至有部分楼盘推出各种促销优惠活动。

4．在楼市整体冷清的背景下，仍有个别楼盘表现抢眼。4月17日，柳州阳光100摩尔城开盘，虽然房价高达每平方米9000元，但购房者并没有被3天前颁布的“楼市新政”影响，开盘现场依旧火爆，当天约有500多市民到场咨询，销售额达到8000万元，销售率85%。据调查，这些购房者中首次置业占7成，且自住型购房者居多，投资者很少。4月25日，尔海·南山御景盛大开盘，数千名预约客户来到现场，在短短一个小时，开盘首推房型就被抢购一空，直至下午4时，一再加推仍不能满足购房需求，当天该盘销售额已经过亿元。

二、保障性和普通住房计划用地超七成

4月中旬《柳州市2010年度住房和保障性住房用地供应计划》通过柳州市政府批准执行，2010年柳州市（含所辖六县）计划供应住房用地面积共计7735亩，其中超过七成用地用于保障性和普通住房。2010年柳州市本级计划供应住房用地面积达3210亩，其中保障性住房用地399亩，棚户区改造用地378亩，中小套型普通商品房（套型建筑面积在90平方米以下住房）1507.5亩，其他住房（套型建筑面积大于90平方米住房）925.5亩，比2009年增加住房土地供应1422亩。其中，保障性住房、棚户区改造和中小型普通商品房建设用地占住房建设用地供应总量的71%，符合国土资源部在《关于加强房地产用地供应和监管有关问题的通知》中，对确保保障性住房、棚户改造和自住性中小套型商品房建房用地不得低于住房建设用地供应总量70%的要求。

为落实新“国十条”，全面了解和掌握房地产用地供应和开发利用情况，严格清理房地产开发中的各种违法违规用地行为，柳州市将在5—7月的三个月中，开展房地产用地专项整治工作，重点清理去年12月31日以前，已签订出让合同和划拨决定书，尚未竣工、尚未开工的房地产开发项目中存在的闲置土地、囤地炒地、向别墅供地，以及保障性住房用地未经批准擅自改变用途等违法违规行为。同时，整治工作还将对地方政府和国土部门不规范供应房地产用地，合同和划拨决定书重要条款缺失，对违法违规和违约行为处理不及时、不到位等问题进行清理。

三、各商业银行严格执行新政

新政出台后，各商业银行总行于第一时间纷纷出台相应住房信贷政策，严格执行住房首付成数、利率标准。据调查，柳州市各商业银行均接到了总行文件，严格执行新的住房信贷标准。

1．工行对新政前审批住房贷款、中行对存量贷款实行新政要求的首付和利率标准。工行对新政前审批的住房贷款严格按照最新的信贷政策标准执行：贷款成数不符合新政标准的，要求购房者补足首付款；贷款利率执行不符合新政标准的，与购房者协商更改贷款合同内容，实行最新的利率浮动标准。中行根据与客户合同中的约定，在利率调整方式到期时将存量首套、二套、三套及以上的房贷利率浮动比例分别调整至基准利率的0.85倍、1.1倍和1.2倍。其他商业银行对新政前审批未发放贷款及存量贷款均实行原来的标准。

2．对于首套住房贷款，柳州市各商业银行根据住房面积90平方米限定要求确定首付成数，严格对90平方米以上住房实行三成首付执行标准。对于首套住房贷款执行利率标准。据调查，除了浦发银行、交行以外，各商业银行均取消了住房贷款7折优惠利率。交行区别客户类型以及收入还贷比的标准对各客户群体实行不同的利率浮动标准。特别是对沃德财富客户可以实行最低7折的优惠利率；农行区分普通客户、vip客户以及首付成数缴纳比例、住房面积、住房价格分别实行不同的利率浮动标准。对于二套房以上贷款，各商业银行均按新政要求执行首付5成以上、利率上浮10%以上的首付成数、利率浮动标准。

3．由于国家对“认房不认贷”的新认定标准并未出台具体文件，目前柳州各商业银行对二套房认定仍以银行信贷登记系统为准，并未与房屋登记管理中心接触。

四、新政执行中存在的问题

1．柳州部分商业银行对二套房贷的认定标准不一，影响了新政实施效果。如交行

是以家庭为单位，只要曾经贷款购房即认定为二套以上，不论是否结清；而建行的标准是只要家庭单位首套房贷款已结清，再购买第二套住房就算首套住房贷款。

2．银监局提出的“认房不认贷”的界定标准目前操作存在相当难度。目前各地房屋登记管理部门所使用的系统不尽相同，而且相互独立，并未建立一个全国联网的房产查询系统。要建立全国联网的房产查询系统须对房产进行重新登记，操作难度大，花费时间长。同时银行业并未与民政的户口查询系统对接。因此如何查询、核实房产套数、确定家庭成员是个难点。

3．目前柳州各商业银行对二套房认定仅以银行信贷登记系统为准，存在一些问题。一是过去不少装修等房屋抵押消费贷款被当做住房贷款记入了银行征信系统；二是过去一些写字楼项目为了促销，与银行达成以住房利率销售的协议，从而在征信系统上留下记录，但其实购房者购入的只是写字楼而并非住房，如谷埠街国际商城项目。

4．“认房不认贷”仍然存在“炒楼”漏洞。按目前认定二套房的标准，只要某购房者购买第一套房，都可享受优惠。那么这个购房者就可利用房产登记交易部门的统计数据时间差来买房。比如，在房产交易部门出具一份无购房的证明，然后买5套房，每套房向不同银行贷款，由于银行记录有一定滞后期，该购房者很有可能顺利享受首套房的优惠政策。

五、房地产企业、群众等相关方的反应

新“国十条”并不是为了打压房地产，而是以抑制投资投机为基调，要“保持房地产市场的平稳健康发展，遏制部分城市房价过快上涨”，根本在于“有保有压”。而柳州属于三线城市，住房自住型需求明显，投资成分不多。因此，总体上看，新“国十条”对柳州楼市会形成较大影响，但不会有北京、上海等一线城市，以及南宁等二线城市那么强烈。然而客观上，新政对房地产企业的销售和盈利预期造成了较大冲击，也对改善型需求产生巨大影响。

1．各房地产企业普遍受到较大影响，但“伤筋不动骨”。一是由于新“国十条”对首次置业尤其是90平方米以下的购房需求影响不大，而柳州首次置业的刚性需求巨大；二是目前仅有中行、交行对三套及以上住房停贷，大部分商业银行还是可以放贷，对很多资金实力雄厚的投资者并未造成“灭顶之灾”，也不至于引起大范围的退房潮；三是大部分房地产企业在2009年赚的盆满钵满，现金流充裕，一两年内不至于造成资金链断裂。

2．各房地产企业采取各种措施积极面对新政。一是不再调高房价或减少涨幅；二是观望为主，延迟推盘时间；三是调低全年销售任务，降低销售压力；四是对于提出退房申请的客户，一般不允许退房，但可延长3个月的时间，给客户筹款。

3．尽管成交量应声而下，不少房地产业内人士对此次调整并非悲观。大美天第何经理就表示，此前房价涨幅过快，对国家、开发商及购房者都是极其危险的，放慢脚步，更有利于市场的健康发展。

4．改善型购房者处境尴尬。二套房首付提高到50%，让不少改善型购房者改变了购房计划，其中不乏退订退房者。在兆安·现代城已经签订合同的张小姐，现在正面临着重新选择。因为首付比例提高，需要重新签订合约，她正四处找人借钱凑首付，她表示，如果凑不到，暂时就不买了。一位70后购房者表示，当初由于手头紧，只能买一套两房小户型作为婚房，现在好不容易存够了首付，想换一套大一点的房子给家人改善一下居住条件。“本来房价就很高了，现在首付还要五成，想都不用想了！”可以说，二套房新政，给不少欲改善住房条件的刚性需求者泼了一把冷水。

翘尾影响逐月增强　食品价格助推上涨

——2010年上半年柳州市CPI形势分析及走势预测

苏　悦

受翘尾因素和严重旱灾、洪灾的影响，延续2009年下半年的上涨态势，2010年上半年柳州市CPI出现较大涨幅。调查统计显示：2010年上半年柳州市CPI同比上涨3.4%，高于全区涨幅1.1个百分点，在5个主要城市中排名第一。

一、CPI总体运行情况

（一）八大类消费品呈现“六升两降”格局

八大类消费品中，食品类价格涨幅最高，达到8.1%；衣着类价格次之，为6.1%；烟酒及用品类、医疗保健和个人用品类价格、交通和通信类、居住类价格同比分别上涨2.9%、0.9%、0.2%和4.3%；家庭设备用品及维修服务类、娱乐教育文化用品及服务类则分别下降0.6%和2.9%。

（二）各月CPI波动明显

从同比来看，受春节消费的强力拉动，1、2月柳州市食品价格上涨，推动CPI不断冲高，但进入3月，随着食品供应的逐步恢复，CPI结束从2009年5月以来连续10个月走高的势头，出现小幅回落。4、5月受粮食、蔬菜、绿豆等主要农产品价格大幅上涨的影响，CPI再度攀升，6月则略有回落。统计显示：1—6月柳州市CPI同比分别上涨2.1%、3.8%、2.7%、3.7%、4.1%和3.8%。从环比来看，CPI在结束连续8个月的正增长后，在3月出现负增长，但4月又略有上涨，而5、6月则连续下降。

（三）CPI上涨原因

1．上半年柳州市CPI上涨的原因首先是翘尾因素影响。2009年柳州市物价总水平呈U型走势，2009年下半年，尤其是第四季度物价的较快上涨，对2010年CPI产生了较大的正翘尾影响，且对上半年的影响程度逐月增强。统计显示，翘尾因素拉动CPI上涨2.9个百分点，占CPI上涨幅度的85.3%。同时受春节消费和严重旱灾、洪灾的影响，上半年新涨价因素拉动CPI上涨0.5个百分点，占CPI上涨幅度的14.7%。

2．从八大类消费品来看，食品类价格仍是推动CPI上涨主动力。统计显示，上半年柳州市食品类价格同比上涨8.1%，并由此拉动CPI上涨2.7个百分点，占CPI上涨幅度的79.4%，成为影响CPI上涨的主要因素。

二、CPI运行主要特点

（一）食品类价格总体大幅上涨

从同比来看，在16类食品价格中，上半年仅有肉禽及其制品类价格下降，其余15类价格全部上涨，其中菜类、糖类、在外用膳食品类、干鲜瓜果类和干豆及其制品5类价格涨幅达到两位数。

1．旱灾引发1—6月柳州粮食价格连续上涨。从柳州市农业局了解到，柳州为非粮食产区，2009年粮食总产量为80万吨，远远不能满足自身市场的需求，粮食市场以外调粮为主，其中小麦、面粉主要从河南、河北和湖北调入，稻谷主要从湖南、江西调入，少部分大米、玉米从东北调入。由于3月以来，中国南方及柳州各地均发生不同程度的旱灾，其中三江、融安、融水、鹿寨和市区属重旱，柳城县和柳江县属中旱，对粮食生产造成较大影响。截止3月19日统计，柳州市农业受旱面积140

万亩，成灾面积33.7万亩，绝收面积0.2万亩，造成直接经济损失超过7000万元（其中粮食作物受旱4.3万亩，成灾1.8万亩；经济作物受旱135.7万亩，成灾31.9万亩），因旱造成水库干涸23座。严重旱灾导致粮食大面积歉收，农民预期今年收成不好，也不敢多卖，留存较多，从而造成市场大米供应减少，市场收购价出现上涨。统计显示：上半年柳州市粮食价格同比上涨5.6%。

2．菜类价格大幅上涨。从柳州市农业局了解到，上半年柳州市蔬菜种植面积为47.2万亩，产量到达76.5万吨，产值为12.2亿元，同比分别增长6.5%、0.8%和3.5%，共建设集约化育苗基地300亩，推广应用节水灌溉基地7000多亩，农作物间套种面积20.5万亩。虽然上半年产量略有增加，但市民对蔬菜需求持续增长，以及严重洪灾的影响，促使上半年蔬菜价格与去年同期相比大幅上扬。6月以来，连续的暴雨过程，给柳州农业生产造成重大的损害。据初步统计，截止6月20日，柳州全市因洪涝灾害造成直接经济损失约26511万元，农作物受灾15.11万亩，六县71个乡镇不同程度受灾，受灾人口39.61万人。据调查，柳州叶菜类蔬菜供应以本地产为主，连续暴雨引发洪水，柳州周边及菜篮子基地的叶菜被洪水过度浸泡，根被泡烂，生长受到一定影响，6月中下旬以来叶菜批发零售价格普遍大幅上涨。统计显示：上半年柳州市菜类价格同比上涨34.3%。

3．水果价格大幅上涨。统计显示：上半年柳州市干鲜瓜果类价格同比上涨14.2%。主要原因为：（1）春节前后，受团购、送礼等因素影响，市场鲜瓜果销量大增，价格涨幅明显。在柳邕农副产品批发市场了解到，春节前夕北方水果如苹果、梨子等每天进场交易量都达600吨以上。在旺销的带动下，柳州绝大部分水果价格都出现了不同程度的上涨。（2）严重旱灾对本地水果生产产生较大影响，据调查，3月柳州香蕉和果蔗均价分别为每公斤3.3元和2.3元，分别比上月上涨了13.0%和9.0%。

4．4、5月绿豆价格大幅上涨，其中5月柳州绿豆平均价格为17.4元/公斤，环比上涨25.3%，从而促使上半年柳州干豆类及豆制品价格同比上涨13.7%。柳州市绿豆价格上涨的原因主要有：（1）绿豆产量大幅下降。2009年东北绿豆主产区在夏季生产期遭遇严重旱情，致使东北绿豆单产明显降低，目前柳州批发市场上的东北绿豆基本断档，无货可进，而2010年春季的西南大旱，又给了本地的绿豆产量一记重创。接踵而至的旱情使东北绿豆和本地绿豆价格突飞猛进。（2）国际绿豆出口价格上涨，绿豆出口量大增，部分农户出现惜售的心理，导致国内流通量减少，进一步拉高绿豆价格。（3）民间资本大肆炒作，哄抬价格。但从6月起，在国家干预下，绿豆价格开始逐步回落。

5．糖类价格大幅上涨。统计显示：上半年柳州糖类价格同比上涨18.1%，其中1月食糖价格环比大涨23.1%。主要原因为：柳州甘蔗的主要产地柳城等县所种植的春季蔗和秋季蔗分别受到上年7、8月和12月的旱情影响，甘蔗后期长势较差，蔗颈较短，粗度变细，出糖率低，导致1月柳州各制糖企业的甘蔗购进价格分别比上月上涨了11%～12%不等。受其影响，1月柳州市场上销售的白砂糖、红砂糖和冰糖价格全线上涨，分别比上月上涨了24.0%、20.0%和25.0%。

6．在原材料价格和店铺租金上涨的拉动下，在外用膳食品类价格去年上涨较快。受其翘尾影响，上半年在外用膳食品类同比上涨了16.0%。

（二）工业品类价格小幅上涨

上半年柳州工业品类价格呈现小幅上涨的态势。统计显示，上半年工业品同比上涨1.7%，对CPI影响微弱。主要变化有：

1．酒类价格小幅上涨。统计显示，上半年酒类价格同比上涨3.6%，其中白酒价格同比上涨5.5%。主要原因为：（1）2009年8月1日起实施《白酒消费税最低计税价格核定管理办法（试行）》，对计税价格偏低的白酒核定消费税最低计税价格，柳州市白酒价格从8月起开始上涨，翘尾影响较大；（2）春节前后，受消费、送礼等因素影响，白酒销量大增。

2．衣着类价格大幅上涨。统计显示，上半年衣着类价格同比上升6.1%，其中服装类和衣着材料类价格同比分别上涨7.8%和4.9%。主要原因为2009年冬季来得较早，温度偏低，冬装上柜时间较上年有所提前，保暖类衣物价格涨幅明显，同时今年寒冷天气时间较长，服装换季时间有所推迟，导致冬装价格下降缓慢。

3．虽然上半年柳州液化石油气价格平稳，但受上年年底液化石油气价格快速上涨的翘尾影响，上半年柳州液化石油气价格同比涨幅高达37.8%。

4．4月成品油价格上调，虽然6月价格又有所回落，但受2009年成品油价格大幅波动的翘尾影响，上半年柳州车用燃料及零配件价格仍然同比上涨15.7%。

（三）服务项目价格有所下降

受政策性调价和翘尾因素影响，上半年柳州市服务项目价格小幅回落，统计显示，上半年柳州市服务项目价格同比下降1.2%。

1．上半年柳州非义务教育学杂费同比下降4.4%，原因为从2010年春季学期起，广西区内取消了非义务教育阶段的杂费收取，柳州市示范性和非示范性高中停止收取水电费、校园安全管理费、自行车保管费、微机费和内膳生工友费。

2．受翘尾因素影响，上半年柳州公共汽车票同比下降4.6%。

3．4月国家出台新“国十条”，商业银行房屋贷款利率折扣有所降低，但受翘尾因素影响，上半年柳州房屋贷款利率仍然同比下降3.3%。

（四）猪肉价格大幅回落

受肉猪存栏充足和消费疲软的影响，上半年柳州猪肉价格大幅回落。统计显示：上半年柳州猪肉价格同比下降8.7%，3—6月猪肉价格连续四个月环比下降，其中3月价格大降8.9%。

从柳州市水产畜牧兽医局了解到，上半年柳州市生猪出栏量为86.1万头，同比增长8.5%。由于生猪存栏出栏量充足，猪肉市场处于供大于求的局面，2010年以来柳州猪肉价格大幅回落，批零价格已处于近年低谷。猪肉价格走低主要有几方面原因：（1）补贴政策促使生猪供应充足。从柳州市生猪养殖协会了解到，过去两年，国家出台的对能繁母猪补贴政策，使能繁母猪存栏数量大增。正常情况下，能繁母猪数量占总存栏量8%至10%，但去年柳州市养猪场能繁母猪数量已经占到生猪总存栏量的12%，对今年市场供应产生积极影响。春节前后10天，柳州市区及柳江县的几家屠宰厂日均宰杀生猪3500头（不含私宰），市场供应充足；（2）前两年疫病较多，这两年政府加大了防疫力度，病疫高发期已过；（3）柳州生猪养殖已逐步从分散养殖向规模养殖过渡，产量不断增加；（4）“南风天”导致猪肉消费疲软。据了解，春节前夕本是猪肉消费的黄金时期，很多家猪养殖散户原打算节前销售，偏巧柳州遭遇“南风天”，气温高达30多度，消费遭遇梗阻，只能在节后再出栏抛售。但春节期间市民使用肉禽类、腊肉较多，节后猪肉消费不强，造成猪肉价格节后跳水。

在猪肉价格走低的同时，生猪养殖成本却不断上升，2010年以来玉米、豆粕等原材料价格持续上涨，当前生猪养殖企业面临着巨大的成本考验。一般来说，猪粮比价维持在6比1时，处于盈亏平衡；但目前已远低于该比例。

三、下半年CPI走势预测

下半年柳州重要商品价格的预测为：

1．南方地区经受春旱夏涝，对2010

年夏粮生产造成不利影响，同时国家提高粮食收购价格，粮食价格可能继续小幅上扬。而粮食价格的上涨，必将引起饲料价格联动，加大养殖成本，扩大食品类价格上涨的涉及面。

2．下半年柳州市生猪产量将继续增加，预计涨幅约为8%，全年产量约为180万头。生猪价格将继续下跌态势，但到国庆之后价格将可能回升，原因有三：（1）天冷之后，生猪消费量会增加；（2）柳州市2010年继续实行生猪储备制度，1—4月储备存栏生猪1万头，下半年收储力度将会加大；（3）市场将会自动进行供求调节。

3．从柳州市水产畜牧兽医局了解到，上半年柳州市水产品产量达30504.5吨，同比上涨4.6%。由于产量的增加，从3月起水产品环比价格已连续4个月下降。预计2010水产品全年产量将比2009年增加4至4.5个百分点，下半年水产品价格有进一步走低的可能。

4．6月暴雨过后，柳州周边菜农会及时补种，预计半个月后，叶菜类蔬菜价格将出现回落。进入7、8月后，气温升高，是本地叶菜生长旺季，届时菜价还将继续下降。

5．近期从柳州市物价局了解到，柳州水价从6月13日起实行工业与商业同价，税前价格为每立方米1.12元（不含排污费），但生活用水年内不调价；管道液化气价格已举行过听证会，柳州暂时不调价。

综上所述，考虑到2009年柳州市CPI整体呈现U型走势，参考2009年物价上涨对今年翘尾的正影响因素和2010年各月新涨价因素，预计随着翘尾影响的逐步减弱，下半年柳州市CPI涨幅将呈现逐步缩小态势，全年表现为小幅上涨。

2010年上半年桂林市居民消费价格波动上扬

刘宇波

据国家统计局桂林调查队调查，因受经济复苏、原材料价格上涨和上年翘尾等多种因素影响，2010年上半年桂林市居民消费价格（简称CPI）比上年同期上涨1.8%。随着经济的逐渐起稳回升且继续向好发展，原材料价格上涨，预计下半年桂林市CPI将呈平稳上涨趋势，但也存在诸多不确定性因素。

一、CPI变动主要特点

（一）各月同比波动上涨

桂林市上半年CPI同比呈现上涨、下降、再上涨的波动上涨趋势。各月同比指数分别为100.8、102.4、101.8、101.3、102.1、102.3，除1月、4月涨幅在1%左右外，其它四个月涨幅均在2%左右，今后还有进一步上涨的趋势。

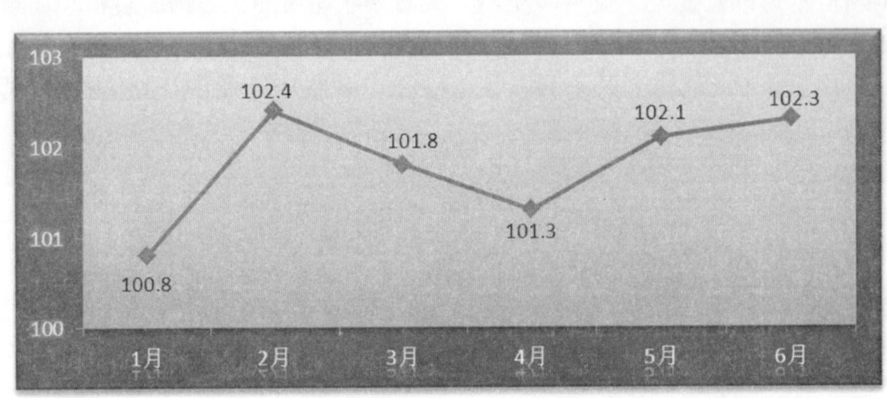

各月CPI同比运行图（以上年同月为100）

（二）较上年12月小幅下降，但依然高位运行

虽然2010年上半年CPI同比都在100以上，但与2009年12月的价格相比，各月价格水平都与其基本一致，6月份的价格总水平较2009年12月下降1.0个百分点。虽然上年全年的价格指数为负，但是由于下半年物价上涨速度较快，使得年底价格处于一个较高的位置。

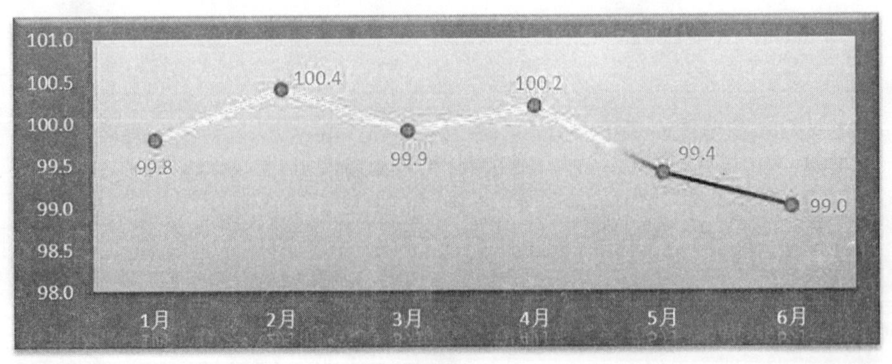

与2009年12月对比运行图（以上年12月为100）

(三) 居民消费八大类呈现“四升四降”格局

2010年上半年桂林市居民消费八大类总体呈现“四升四降格局”，与上年同期相比，价格水平呈上涨趋势的是食品、医疗保健和个人用品、娱乐教育文化用品及服务、居住四类，分别较上年同期上涨4.9、0.6、0.8、4.9个百分点。呈下降趋势的有烟酒及其用品、衣着、家庭设备用品及维修服务、交通和通信四类，分别较上年同期下降0.7、3.6、3.0、0.9个百分点。食品和居住类依然成为拉高CPI的两大动力。

(四) 纵向对比桂林低于全国及全区水平

据调查数据显示，2010年1—4月份桂林居民消费价格同比上涨1.6%，涨幅低于全国0.8个百分点，低于全自治区0.6个百分点，涨幅位列全自治区14个地级市中的第11位。

二、影响价格变动的主要因素

(一) 食品成为拉高CPI的最大动力

2010年1—4月份的干旱、5—6月份的连续强降雨天气，在很大程度上影响了桂林本地农作物的正常生长，导致以鲜菜鲜果为代表的食品类价格出现较大幅度上涨。2010年1—6月份各月同比分别上涨1.9%、6.5%、4.8%、4.3%、6.0%、6.0%。各月同比除1月份较低外，一直处于高位运行。2010年1—6月份食品类价格较上年同期上涨4.9%，拉动CPI上涨1.6个百分点。

1. 鲜菜、鲜果成为拉高食品的主要动力。

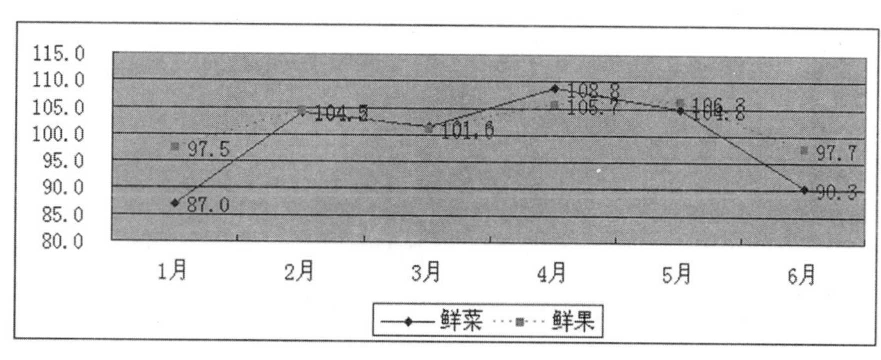

鲜菜、鲜果环比变动情况（以上月为100）

如上图所示，2月份受春节影响，鲜菜、鲜果价格均有较大幅度的上涨。进入3月份，鲜菜、鲜果并没有在春节过后出现价格下降，而是受旱情影响，价格呈上涨趋势。4月份价格更是出现了较大幅度的上涨，鲜菜类环比达到108.8%，鲜果达到105.7%。4月中旬的强降雨在一定程度上缓解了旱情，同时却打落了大量处于开花期的果树花朵，在一定程度上影响到今年本地水果的产量。5月下旬，随着本地大量蔬菜的上市，使得高位运行的鲜菜出现了价格的较大回落。6月份，即使连续遭受了几场强降雨，但蔬菜价格并未出现大幅度的上涨，只是较降雨前上涨一成左右。从同比来看，今年鲜菜、鲜果一直处于高位运行。特别是鲜菜，进入2月份以来，同比一直处于110%以上，5月份时更是达到峰值的129.2%。因天气的影响，2010年1—6月份桂林市鲜菜价格同比上涨15.7%，鲜果价格同比上涨5.0%，两者拉高消费价格总指数上涨0.5个百分点。

2. 粮食价格稳步上涨。由于2010年1—3月底、4月初桂林市依然处于干旱状态，部分水田无法按时播种。农民因怕影响到正常的春耕生产，对手中余粮采取了惜售行为，出现了粮贩难以从农民手中收到粮，但零售市场并未出现抢购现象，市民冷静看待粮食的小幅上涨。同时北方的小麦价格略有上涨，导致面粉价格也出现了小幅上涨。2010年1—6月粮食类价格上涨2.7%，拉高消费价格总指数0.1个百分点。

3．猪肉价格持续下降。2010年1—6月份食用禽肉及其制品价格较上年同期下降4.6%，其中猪肉价格下降最为明显，从3月份开始，猪肉价格连续4个月呈现下降趋势，3、4、5三个月的降幅都在5%左右。造成猪肉价格下降的主要原因有：一是春节过后，随着天气逐渐变热，猪肉的消费量逐渐减少，价格也会出现一定程度的下降；二是春天为各种疫情易发时节，部分猪场怕感染疫情，大量活猪集中出栏；三是活猪的出栏价格降低，零售价格随之下降。据市商务局根据全市四家屠宰场提供的数据显示，2010年2月生猪收购价为11.25/公斤，5月份生猪收购价降到了9.6/公斤。量多价降因素的影响，导致今年1—6月份猪肉价格同比下降5.8%，拉低总指数0.2个百分点。

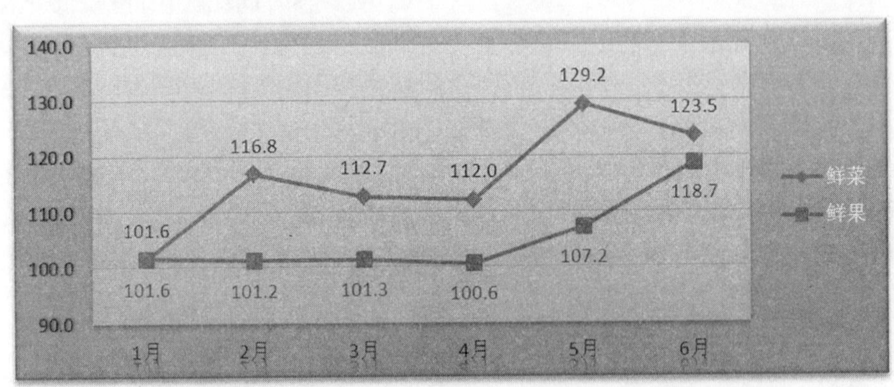

鲜菜、鲜果同比变动情况（以上年同月为100）

（二）居住类价格成为拉高指数的第二动力

2010年1—6月份居住类价格同比上涨4.9%，拉高消费价格总指数0.7个百分点。造成居住类价格上涨主要有两个因素，一方面是经济回暖、钢材涨价等造成建材价涨、新政致贷款利率折扣力度变小造成实际住房利率上升等因素的影响；另一方面是水、电、燃料的影响。其中水、电、燃料的价格上涨，拉高消费价格总指数上涨0.6个百分点。

（三）工业品及服务类价格基本稳定

1．服装价格逐月下降。4月份以来，为占领更大的市场份额，各商家打折、买赠促销活动此起彼伏，打折力度不断加大，与上年同期相比，服装类价格下降3.6%。

2．耐用消费品价格走低。由于产品更新换代速度的加快，市场竞争日益激烈，耐用消费品价格一直处于下降态势，与上年同期相比，2010年1—6月家庭设备用品及维修服务类价格下降3.0%、文娱用耐用消费品及服务下降3.0%。交通工具下降1.0%，通讯工具下降13.1%。

3．服务项目价格总体小幅上涨。2010年1—6月桂林市服务项目价格总体较上年上涨0.6%，主要是用工成本增加，企业相应的增加了部分服务业的价格。同时，自治区有关部门出台相关学费减免政策，从2010年春季开学开始我区取消部分高中收费项目，使非义务教育学杂费价格较上年同期下降3.6%。

（四）滞后影响使得CPI居高不下

桂林市上年CPI全年价格走势为先高速下降，再高速回升的“U”型结构；致

使2010年上半年CPI受去年的翘尾影响非常严重，经测算，2010年1—6月份因翘尾因素，拉高消费价格指数2个百分点。上年价格的翘尾因素分别拉高今年1—6月份单月指数1.0、2.0、2.0、1.1、2.7、3.3个百分点，2009年上半年价格持续处于下降过程，2010年上半年价格在上年年底的高位上持续拉升，故两者相比，消费价格指数居高不下。

三、居民消费价格走势预测

从涨价范围看，构成居民消费价格的八大类商品及服务项目并没有出现全面上涨，而主要集中在食品类和居住类。食品类方面，预计2010年下半年受粮食收购价提高的影响，粮食价格将呈上涨态势，但由于国内粮食储备充足，涨幅不会太大；伴随着天气好转、农产品大量上市，由蔬菜、水果引发的新涨价因素将有所减弱。居住类方面，资源性价格的调整和看涨、房贷利率的调整会进一步促进居住类价格的高位运行。进入三季度，由于翘尾因素的逐渐消失，CPI同比涨幅会逐渐回落。预计2010年下半年桂林市价格总水平总体将呈温和上涨走势，对全年居民消费价格总水平实现涨幅控制在3%以内的目标保持乐观。

（一）刺激物价上行的因素

1．食品类的拉动作用不容小视

（1）粮食价格继续稳中略升。由于2010年年初的旱情影响了正常的春播，同时粮食部门小幅提高了粮食收购价格，粮食零售价格处于温和上涨状态，同时粮食生产受气候影响较大，下半年自然灾害和病虫害对粮食生产的潜在威胁因素不可低估，6月南方部分地区又出现了洪涝灾害，这些都是促使粮价上涨的不确定因素。从目前的趋势看，粮食价格没有降价的预期。

（2）2010年下半年猪肉价格将触底回升。从我国消费结构来看，夏季猪肉的消费量少，冬季进入消费的高峰期；同时由于现在的活猪屠宰价在8.95元/公斤（6月18日全市4家屠宰场均价），已经低于农民的养猪成本，加之近期的疫情影响，使得生猪的存栏数，能繁母猪的存栏数都出现了不同程度下降，据市商务局调查数据显示：15家参与桂林市市级生猪活体储备的单位，2010年1月底生猪存栏数为19855头，截止4月份底这个数已下降到15219头，这可能导致下半年猪肉供应下降，从而致使猪肉价格触底反弹。此外，2010年饲料玉米的价格较上年平均高近30%，这一趋势将持续到9月份秋粮丰收，这也将推动猪肉价格继续上涨。

（3）鲜菜、鲜果价格受天气影响大，价格波动大。由于2010年年初不仅本地受到旱情影响，连桂林外地蔬菜重要供应地的云南等地也遭受了旱灾影响，加上本地5月份后又连续遭受强降雨天气，多因素影响桂林蔬菜价格，使其一直处于高位运行。6月份已经出现大幅回落，但后期的天气对鲜菜的影响程度还很难把握，即使后期不再上涨，就目前来看依然要比上年同期高出很多。由于2010年年初干旱，4月份在果树开花的季节，又遭受强降雨天气，打落了不少果树花朵，这可能会影响到今年夏、秋两季的水果产量，从而直接导致鲜果类价格上涨。

2．居住类价格的普涨也刺激着物价指数的上涨

居住价格在居民消费价格中的比重列食品类之后，在八大分类指标中权重位居第二。居住价格包括建房及装修材料价格，水、电及燃料价格，两个主要项目。

（1）2010年国家抑制房地产价格过快增长的政策将发挥作用，有利于租房价格的相对稳定。但政策作用的发挥尚有滞后，前期房价的过快上涨是租房价格上涨的诱因，影响将维持一定的时间。2010年4月，银行购房贷款利率优惠折扣幅度缩小，使实际利率上升，这一新涨价因素也

对居住类价格起到拉升作用。

(2) 资源类价格改革将使物价继续上行。煤、电、气、水等要素价格长期被管制和扭曲的矛盾开始释放。2010年国家和自治区、桂林市有可能选择适当时机推进资源性价格改革，在一定程度上给物价带来上行压力。据市物价部门介绍，预计2010年下半年将对水价进行调整。受国内外政治、经济环境影响，成品油市场供需面临多种不确定因素，国内成品油市场受国际市场原油价格影响较大，随着金融危机影响的减弱，需求回暖，国际、国内成品油市场价格将有所上涨，必将带动下游产业的价格上涨，如液化气价格。

(3) 随着楼市新政措施的逐步见效，房市和股市的持续下跌，会对人们的需求产生较大的抑制作用，建房及装修材料市场也会稍微降温。同时，下半年我国依然存在的钢铁、水泥、平板玻璃、煤化工等多个行业产能过剩的格局，在宏观上已经制约了物价大幅上涨的可能。

3. 政策性调价带来的新涨价因素

一是2010年春季开学开始我区取消部分高中收费项目，非义务教育学费略有下降，但是部分民办教育学校因成本原因，学费却有不同程度的提高。二是在前两年物价水平比较高的情况下，国家抑制了很多景点门票的涨价，部分景点门票甚至十多年未曾变化，从上年年底开始，物价部门就逐渐对桂林市主要景点的门票进行上调，下半年会对一些近年都未作调整的景点作出价格上调。

(二) 下行因素的存在对指数起到缓解作用

1. 工业品和服务项目价格的下拉作用难以缓解。由于国内外制造业产能过剩及产品更新换代的加速，加之国外经济环境不乐观，部分原来出口的企业，也加快了内销的步伐，使得国内的家用电器、纺织服装、一般日用消费品、通信等行业均呈现供大于求的状态，这种格局将抑制工业消费品价格的上涨。

2. 政策影响。2010年春季入学的时候，自治区出台学费减免政策，下半年政府在医疗、教育等关系国计民生的重大项目上可能会出台相关减免政策，这些都可能拉动整个物价趋势下行。

四、稳定居民消费价格的建议

1. 做好防灾工作。加强当前的防汛工作，组织好农民进行补种、抢种以及做好防治病虫害工作，将灾害影响降到最低限度，同时做好相关重要农产品的储备、供应工作，防止不法商贩，利用灾情，哄抬物价，赚取暴利。

2. 保持市场稳定。继续加大农业扶持力度，保障市场供应。在保障农产品上面，不能仅仅从源头保障，更要做好产、供、销的监督保障，防止不法分子串通涨价、囤积居奇、哄抬物价等违法违规行为。

3. 把握好政策调价的时机和力度。尤其是与居民生活息息相关的调价项目，要多从居民的角度思考问题。

4. 建立健全大宗农产品的价格预警机制。加强应对突发事件的能力，保障市场供应。

消费信心不足　消费层次较低

——梧州市居民消费欲望调查分析报告

潘　榕

2009年，梧州市经济发展在金融危机等不利因素影响下仍逆势上扬，各项主要经济指标均继续保持高增长势头。据100户抽样调查结果显示，城镇居民人均可支配收入14617元，同比增长9.54%；而在经济预期乐观的同时，居民的消费疲软问题却日渐显现，城镇居民人均消费支出为9019.48元，同比增长仅3.94%，边际消费倾向低至0.3。为了解市民的消费欲望和束缚其消费的因素，国家统计局梧州调查队随机调查了120名市民，调查发现，梧州市民中普遍存在消费信心不足、消费层次较低等现象，将不利于扩大内需、促进梧州经济可持续发展。

一、消费层次低，消费结构有待调整

（一）食品支出比例高

据调查，2009年梧州市城镇居民人均食品消费为4357.81元，占消费支出的48.32%，而2004年这一比例为48.41%，变化甚微，且大大高于38%的全国平均水平。在访问调查中发现，61.67%的被访者家庭每月开支最多仍为食品类。33.30%的被访者认为食品等生活必需品近年来开支增幅最大。恩格尔系数高与梧州人喜好饮食的习惯有关，但加上边际消费倾向偏低这一信号则印证了居民的消费层次还有待提高。

（二）房贷、教育医疗费用负担加重

住房、教育、医疗支出是分流居民购买力的三项主要家庭负担，近年来居民对改善居住条件的要求越来越高，使得房地产的刚性需求信号越来越强烈，更凸显了购房支出在居民家庭开支中的重要性。据调查，分别有22.50%和10%的被访者认为房贷和教育医疗费用占家庭开支最大，而更有36.67%的被访者所负担的房贷超过了食品开支成为近年来增加幅度最大的家庭开支。且预计未来几年市民的房贷负担会继续增加——30%的被访者很肯定在近期有购房打算，29.17%的被访者则态度保留。为了蓄备购房成本和应付日益上涨的教育医疗费用，居民往往不得不削减其他消费项目开支，降低了对改善生活质量的追求。

（三）消费结构有待调整

从消费结构上看，梧州市民的消费有从即期消费向延期消费、远期消费转移的倾向。2009年，梧州城镇居民的居住、医疗保健和教育文化类人均消费支出同比分别增长了14.30%、42.03%和12.14%，而食品、家庭设备用品及服务、其他商品及服务等三类主要的即期消费支出则同比分别下降了4.36%、26.92%和13.68%，其中体现居民基本生活物质需求的在外用餐、耐用消费品购买支出同比分别下降9.92%和36.54%，体现较高层次需求的服务性消费则同比下降35.56%，而居民对奢侈品如金银珠宝饰品的消费更是下降了49.15%。居民各层次即期消费需求纷纷下降的趋势对梧州消费市场而言是一个比较危险的信号。

二、消费信心尚待提升

（一）收入掣肘消费预算

收入是居民消费的根本来源。对收入

的预期是居民家庭开支的主要考虑因素。

在调查“当下影响您消费预算的最主要原因”时，有48.33%的被访者选择了“收入”，选择“物价水平”、“商品质量”、“家庭负担”和“其他”选项的被访者分别占20%、0.83%、24.17%和6.67%。

表1： 影响不同收入层次的梧州市民消费开支主要因素表

影响因素 / 月收入	收入	物价水平	商品质量	家庭负担	其他	合计
①800元以下	68.75%	6.25%		18.75%	6.25%	100%
②800～2000元	40.91%	21.21%	1.52%	25.76%	6.06%	100%
③2000～3500元	35.88%	37.65%	0.00%	20.59%	5.88%	100%
④3500元以上	14.29%	42.86%	0.00%	28.57%	14.29%	100%

从上表分析发现，收入越低的居民，其收入对消费的影响程度越大；收入越高的居民越注重消费品价格；几乎没有消费者把商品质量作为消费前的首要考虑因素；而教育、医疗、社保支出等家庭负担则在各个收入层次的市民家庭开支预算中的地位几乎同样重要。

对于月收入在800元以下的相对低收入群体，因其劳动报酬低和社会保障制度缺失而普遍缺乏消费能力；对于月收入在800至3500元的中等收入群体，则因为有一定消费需求如教育、医疗、住房等，却被其价格连年高涨掣肘而缺乏消费信心和扩大消费的能力。而月收入在3500元以上的居民则大部分因为工作稳定，常有非现金收入等福利而对消费产生饱和，边际消费倾向较低。

（二）市民渴求高档家电和名牌服饰

为了解居民在有限的消费能力下对奢侈品的需求程度和种类，特向被访者假设高档名牌商品降价促销，调查结果发现，如果有能力消费，市民对高新科技电子产品如等离子液晶电视机、手提电脑等最为渴求，占31.79%；其次为名牌服饰，占22.56%；选择“名牌汽车”、“高档化妆品”和“昂贵滋补保健品”的分别占10.26%、9.74%和4.10%，选择“其他高档次商品”则占14.36%。这一调查结果说明了居民的消费信心略显不足，一旦居民的消费能力被释放，较贴近生活的高档家电和名牌服饰将是最大的消费市场，而汽车等高档次消费品的需求程度则较低，未能被广大居民家庭接受，但预计随着生活水平的提高，居民的“购车欲”会逐渐增长。

（三）四成市民少逛超市

超级市场是市民购物最方便、品种最齐全的消费场所，目前梧州市内大型的超市不下10家，但有四成市民很少逛超市。据调查，每星期去大型超市购物1次以下的市民占41.67%，1～2次和3次以上的分别占35.83%和22.50%。在调查中了解到，市民少逛超市的主要原因是“怕花钱”，即消费未成为乐趣而是一种负担。

三、其他信号暴露梧州市民消费疲软

（一）居民收入与财政收入增长不同步

据统计资料显示，2009年梧州市生产总值和财政收入同比分别增长17.50%和21%，增速在全自治区排位中靠前。但城镇居民的收入没有实现同步的大幅增长，人均可支配收入在广西地级城市中排

名靠后，且居民收入差距越拉越大。另一方面，全市固定资产投资大幅增加，同比增长66.60%，但居民人均消费增速只有3.94%，形成“高投资低消费”的格局。即使2009年全市社会消费品零售额同比增长达19.40%，但该统计数字包含了政府和企事业单位的采购额，而通常社会消费品零售额的增量中非居民消费的贡献值达到66%。即该增量由梧州城乡居民拉动部分只有6.4%。

居民收入与政府收入增长不同步、部分产能过剩都会在一定程度上导致居民消费需求不足、消费品供给饱和，进而影响到再生产的扩大和居民就业。

（二）居民消费空间受到挤压

据调查，2009年城镇居民人均家庭总支出为13890.56元，其中人均消费支出为9019.48元，占家庭总支出的64.93%，其比例与2004年相比下降了17.93%。与此同时，居民的人均社会保障支出和购房建房支出则同比分别增长了7.33%和19.86%，与2004年相比，占总支出的比例分别提高了2.65%和16.26%。五年来各项支出比例的对比变化说明了居民的社会保障负担和购房支出逐渐挤压了居民的消费空间，消费支出在居民家庭生活开支中的地位已经下降。近年来社保费用、房地产价格均大幅增长，更使得居民在这些方面的支出突增，从而即期消费受到影响。

（三）最终消费率较低

受“蓄谷防饥”的传统消费观念影响，居民对未来生活的顾虑和打算往往优于现实生活的享受。近年来梧州市城镇居民的可支配收入稳步增长，但居民储蓄存款也同步增长，最终用于消费用途的收入比率偏低。据调查，45%的被访市民每月约有20%的收入用于储蓄，选择“20%～50%”的被访者占21.67%，几乎没有储蓄的被访者占32.50%。而月收入800元这一组被访者中，几乎没有储蓄者占了50%，说明没有储蓄者大多因为收入较低，已被每月开支殆尽。被访的120位市民的平均最终消费率只有48.23%，比世界平均水平低约30%。

四、对拉动居民内需的几点建议

要刺激市民大胆消费，扩大内需，拉动经济健康发展，必须总结出制约消费的根本原因，提高居民的消费能力、改变居民的消费习惯、改善梧州的消费环境。调查得知，在 刺激消费的各种途径中，由消费者主观因素主导的占了头三位：几乎所有被访者都认为首先应增加收入，另分别有36.17%和26.81%的被访者认为应降低物价水平和减少税负社保负担来降低每月家庭支出，从而有更多的资金用于消费。

（一）扩大就业，增加收入

当前的家庭收入和财产会影响居民的消费能力，而对未来收支的不良预期则会使居民产生消费顾虑。扩大就业机会、稳定就业岗位、提高不同岗位人员收入是增加居民消费信心的首要动力。目前，梧州很多岗位出现劳动力短缺现象，但同时又因为劳动力供需错位，部分大学毕业生面临失业、“啃老”的局面，有关部门应加强对高校毕业生的就业指导，加大就业困难人员、城镇零就业家庭的就业援助力度，解决就业矛盾；同时加强对用人单位劳动工资发放情况的监督，严厉查处拖欠劳动工资、聘用工资低于最低工资标准和无福利保障的单位，保障劳动者的劳动收入。

（二）建立健全社保体系

虽然近年来政府不断致力于完善医疗、养老的社会保障体系，但改革的同时也将社保体系推向了市场化，社保费用因此连年上涨，使不少独力负担社保费用的市民感到相当吃力。同时，由于信息的公开程度不高，制度改革频率较快，造成市民对社保体系了解不全面，信心不足。因此，应建立费用居民能承受范围内的、稍向低收入群体倾斜的较完善的社会保障体系，并在一定时期内保持稳定，积极宣传有关信息和居民受惠政策使之公开化；同时，重视“老龄化”日益严重的社会问题，增加对老年人保障体系的财政投入，加强市内养老院、老年人保健中心等基础设施建设，免除市民对将来生活的后顾之忧。

（三）加强商品价格和质量监控

由于垄断经营和价格监督体系不健全，教育、医疗、水电燃料等行业的价格近年来一直走高，且随着商品质量问题日益暴露，消费者权益受到侵害的情况比比皆是，两者都大大打击了市民的消费信心。因此，必须加强对消费市场的监控，使市民放心消费。一方面，要引入竞争机制，打破行业垄断，建立价格监督体系；对密切关系居民日常生活如教育、医疗、居住等方面的费用进行统一调价时应公开，多渠道听取市民意见，减轻居民负担。另一方面，加大对生产假冒伪劣、以次充好产品的商家的打击力度，加强食品安全监督检验并曝光不合格商家，同时树立“质量放心”品牌，使商品质量成为竞争手段和消费者放心消费的保证。

（四）引导积极健康的消费观念，调整消费结构

传统保守的消费习惯和盲目跟风的投资均不利于扩大居民消费。与消费支出增长缓慢形成强烈对比的是，2009年梧州100户城镇居民购房支出为2008年的10.51倍，全市商品房销售面积和销售金额（不在城镇居民消费支出统计范围）同比分别增长了60.1%和89%。这些超常的增速显然并非居民渴望提高居住条件的正常需求，背负过多的房贷会挤占一个家庭正常的消费空间。因此，政府要加大宣传力度，呼吁市民从实际出发，理性分析住房需求，不要盲目跟风投资或一味追求大户型房子；同时鼓励市民积极消费、即期消费，引导市民增加衣着、家庭耐用品、文化娱乐等方面支出，使家庭消费结构趋向合理。

（五）加强配套设施建设，增加消费渠道

梧州作为一个后发展的城市，配套设施建设的不足束缚了市民的消费。如大型消费场所的停车位不足、市内主干道较窄影响车流等等。另一方面，如今市民的消费心态已趋于成熟，消费行为日益多元化、个性化和高级化，例如很多消费者尤其是年轻人渴望有更多的文化娱乐场所如高级电影院、图书馆、主题公园等，但目前梧州的消费场所和消费品的品种还比较局限，未能满足各层次消费者的需求。因此，在帮助消费者建立消费信心、增强消费能力的同时，亦要从客观的因素出发，通过加大招商引资力度拓宽消费渠道、加强大中型消费场所设施配套、增加消费品种和消费场所、打造特色商品交易市场、引入高档次名牌商品等手段，打造良好的消费环境，刺激不同层次市民的消费欲望，从而拉动内需，促进梧州经济健康发展。

楼市投放增加　房价小幅上涨

——2010年梧州市房地产市场走势预测

肖凤玲

面对2009年下半年以来全国房地产市场火爆、房价上涨迅猛的形势，2009年年底国家连续出台了一系列房地产调控政策，对房地产市场进行调控。为准确把握2010年本地房地产市场走势，2010年4月期梧州调查队在本市抽选了18家房地产企业进行问卷调查并走访调研了部分相关单位。调查结果表明：2010年梧州楼市开发规模扩大，推盘数量增加，房价有继续小幅上涨的趋势。

一、房地产开发建设情况

（一）房地产投资增大，楼市投放量增加

据初步统计，2010年梧州市房地产新开工和续建项目约165个，其中新开工项目93个，续建项目72个，计划总投资189.36亿元，总建筑面积1094万平方米。梧州市的房地产开发正稳步有序大力推进。本次调查显示：在企业开发房地产市场方面，55%的企业表示会扩大规模，2010年在房地产资金投入、住房开工面积、竣工面积、销售套数、土地购入面积计划都比上年有所增加。

统计数据显示：2010年1—3月，梧州市区房地产开发投资完成38716万元，同比增长30.5%。其中住宅完成投资35259万元，同比增长33.0%，占全市房地产开发投资的91.1%。商品房屋建筑施工面积231.69万平方米，同比增长4.5倍。

根据目前正在开发建设的商品房项目及其工程进度计划推断，将在2010年年内推盘的项目不下25个，梧州楼市将呈现大盘林立的特点。据了解，2010年月桂花城拟再征用15亩土地“扩容”、大正·峰景园将建20多万平方米生态房、灏景月城打造80万平方米大型生态社区、宝石花园有数十幢多层及高层、丽港华府拟建30幢25～30层高的高层建筑、日月明都将建22幢高层……丰业·香樟园、美景花苑、神冠豪都、聚福茗城二期、福兴时代广场、海峻达·幸福里天河·山海观等一大批新盘将在2010年推出，市民有更多的购房机会。

（二）红岭片区已成为本市房地产投资开发热土

2009年起，梧州在逐步推进老城区改造的同时，不断加大新城区的开发建设力度，尤其是红岭新区的开发建设，被当作2010年城市建设的第一要务，这无疑给蓬勃发展的梧州楼市注入了新活力。

在红岭片区基础建设大力推进的同时，用于房地产开发的商住用地出让步伐也在加快。2010年11月，梧州市国土资源局发布了位于红岭新区的6宗共300多亩商住用地使用权拍卖公告，至2010年底该区已有5块土地出让。在打造全新城区环境以及土地供量充足的双重利好下，红岭新区的房地产开发成了备受瞩目的热点片区，投资潜力被很多开发商和投资者看好。处于红岭新区的海骏达花园去年5月开盘以来的销售以及价格走势，恰好论证了这一观点。刚开盘时，海骏达花园的很多户型每平方米单价为2700元左右，而到了年底基本超过了3000元，一些较好的户型价格则更高。但价格并没有影响人们的购房热情，前去置业的顾客仍源源不断。

二、梧州市房屋销售情况

（一）楼盘销售相对冷清

根据我们走访本市各大楼盘发现，一季度楼盘销售相对冷清，全市仅推出了朗日花园、幸福里两个新楼盘。这除了一季度是传统销售淡季这个因素外，信贷收紧也使楼市观望加剧。2010年1月起中行率先上调了首付比例以及减小了贷款优惠利率，其他银行也纷纷跟进。受国家调控政策风向的影响，市场观望情绪渐浓。

一季度楼市的冷清还和很多项目的开发进度有关。2009年开工建设的很多新项目现还没有进入正式销售阶段，未能出现多个品质大盘同时展开市场营销攻势。另有企业反映，目前供给市场的房源多是去年推盘的项目，部分已经进入了尾盘销售阶段，可选户型、楼层不多。

（二）企业对本年楼市销售持乐观态度

尽管一季度梧州楼市相对冷清，但大部分房地产企业仍对2010年楼市销售形势持乐观态度。本次调查显示，55%的企业预计本公司的销售将比2009年有小幅上升；认为基本持平的占28%；认为销量下降的占17%。

被调查企业认为促使楼房销售上升的因素，首先是本地居民住房需求量增加，认同率为50%；其次是外来住房需求量增加，认同率为17%；第三是本地投资者增大投资，认同率为11%。另外，也有企业认为促使楼房销售上升的原因是楼盘地理位置较优越，房屋户型设计合理、新颖，布局好。目前梧州市的房地产市场仍属自住市场，这是保证本市楼房销售稳定的最直接原因。据梧州市房地产交易中心有关负责人反映，梧州市区商品房销售以本市居民为主，占80%，三县一市居民购房占12%，外地居民购房占8%。

（三）冰泉冲拆迁工程将拉动楼市销量增大

继2009年底梧州市完成了平民冲地质灾害综合整治工程，1700多户和企事业单位共5000多人得到妥善安置后，2010年3月1日起，梧州市政府又投入4.5亿元资金来对冰泉冲及毗邻地段的地质灾害进行综合整治。工程涉及居民及单位2600多户近万人、房屋1000多幢、建筑面积20多万平方米。由于涉及拆迁安置，促使不少市民寻找新住处。冰泉冲大批拆迁户进入交易市场，将对2010年梧州市的房地产交易市场起到极大的支撑作用。

三、梧州房价走势分析

梧州市房地产价格调查数据显示：2010年一季度梧州市房屋销售价格同比上升了10.6%。其中：新建房屋销售价格同比上升了10.5%，1—3月环比分别上涨1.0%、0.6%、0.9%；二手房价格同比上升10.7%，1—3月环比分别上升0.8%、−1.8%、2.2%。2010年初虽然受信贷收紧等一系列调控政策影响，一季度梧州楼市成交量减少，楼市观望气氛变得浓厚起来，但并没有使得房价有所下降，房价仍明显表现出稳中有升的势头。

对于2010年房价走势，有八成的企业预计梧州市的房屋销售价格比去年有小幅上升。主要依据是：

1. 成本上涨推动。企业对影响房价上涨的原因首先归结为建材价格上涨，人工费用增加，建设成本提高，认同率达40%。如钢材，由于2010年以来国内钢铁价格快速上升，从上年的低点到现在已经上升了20%～30%，按照钢材成本在房屋造价中的比例，建设成本大约将增加5%左右。在成本因素作用下，未来的房屋价格必然会出现上涨。

2. 房价起点低。梧州市房价整体水平低，上涨空间大，认同率为33%。不少企业认为，梧州市的房价起点本来就不高，目前梧州市楼盘房价在3500元左右，品质较好的楼盘房价达4500元，据悉柳州市房价已超6000元，梧州市房价在区内几大城

市中是最低的。而且由于2009年土地成本暴涨，2010年的房价下降空间有限。

3．购房刚性需求明显。随着城市规模的扩大，人口增多，消费者的刚性需求增强，认同率为28%。根据梧州市城市总体规划，2020年梧州城区人口规模将达到80万人，城区城市建设用地规模为79.5平方公里，这意味着未来10年，城市建设将大刀阔斧展开，人口的增加将给楼市带来庞大的购房客源。

4．投资性购买增多。购买第二第三套房投资、以及外地人的购房需求，刺激了房价的提高，认同率为33%。“炒楼”不仅是本市一些投资者热衷的行为，出于资产保值考虑而把钱投向了相对保险的楼市，外来投资者也开始增多。据了解，目前，来自广东的“炒家”相继进入我市。梧州城区人口中，有相当多的市民籍贯是广东的，一些来梧州探亲的广东人看到，梧州与广东交通日益便利，开始在梧州买房。

5．房价走高预期增强。地王出现，楼价上涨，消费者出现追涨心理，认同率为28%。由于梧州山多地少，土地价格上涨快，2009年8月梧州市原松脂厂地块以4.01亿元的总价成功拍卖，平均每亩281.6万元，成为梧州名副其实的“地王”。高地价助推高房价，加上近年来梧州市区内不少工厂退城进郊，未来两年商品房开发过于集中在西堤一线江景楼，必定出现楼价整体拉升。

据分析，尽管有成本推动等因素促使本年梧州市的房价上涨，但涨幅不会太大，主要有三个因素：一是2009年年底以来，国家连续出台了一系列房地产调控政策，且在2010年4月中旬国务院常务会议再次确定了四条严格限制炒房和投机性购房政策措施，国家的调控政策效应已逐渐显现；二是2008年起梧州市进一步加大投入建设保障性住房建设，2009年全市廉租房二期560套和经济适用房一期567套建成已交付使用；2010年全市已建成廉租房三期1065套并计划建设廉租房四期746套，经济适用住房建设也有增加。这对稳定梧州房地产市场、稳定当前房价有举足轻重的作用。三是梧州市居民收入总体水平不高，抑制了炒房欲望。

四、当前房地产企业开发经营遇到的问题

1．融资较为困难。2009年房价再创新高后，关于楼市调控的呼声不断，反映最为迅速的就是银行信贷。由于央行紧缩银根，融资规模和渠道受到限制，企业获得银行贷款的难度逐步加大，大多房地产企业普遍出现资金紧张的局面。另外，目前楼市销售相对下降，也造成企业资金周转困难。

2．费用增加。有企业反映，在项目开发过程中，行政收费减免优惠不明显的情况下，一些检测、检验的要求却在增加，向检测机构、审核机构所支付的费用也相应出现，如防雷评估、沉降观测等，使开发成本有增无减。

3．楼盘设计水平较低。有企业表示，开发建设的商品房面积及配置不好确定，难以把握消费者的消费心态及其需要，导致楼盘供需之间的矛盾。而且由于开发面积大幅增加，楼房销售竞争加剧。从另一个角度说，梧州市房地产从设计、理念、销售方式和购房观念等都有很大的提升和发展空间，这也是梧州房地产的商机和潜力。

五、促进房地产行业稳定发展的建议

本次调查显示，大部分企业对国家调控政策表示了肯定和支持态度，有61%的企业表示，就目前的形势来说，国家对房地产价格进行调控是很有必要的。在问及国家应从哪些方面调控房地产市场的发展这个问题时，调查企业依次选择的顺序

是：（1）土地供应方面，认同率为55%；（2）银行贷款方面、市场环境、市场管理方面，认同率为50%；（3）建设项目方面，认同率为28%；（4）政府干预方面、税收方面，认同率为17%。

1．改革和调整土地供应政策，降低土地价格。严格执行土地利用总体规划和土地利用计划，政府在制定土地供应计划时，增加普通商品住房、经济适用住房、廉租房的土地供应；改善实行土地供应方式，增加土地招标出让。在适度控制拆迁、适度放量土地的同时，规范土地市场、打击土地投机，从而间接调控住房价格。

2．希望政府提供更有效的税收、金融支持。政府应该适当减免房地产税费，从而降低住房价格。另外通过提高办事效率，减少办事环节，公开办事程序，公布税费标准，允许产权、规则、市政、交易等资料、信息公开查询等，这些方式不但可以大大提高开发商对开发项目的可控性，减少交易费用，降低开发成本，从而为降低房价提供有力的保证。

3．加强房地产市场的监管，强化对房地产信贷管理。加大对国有商业银行房地产贷款的检查力度，严格控制不合理的房地产贷款需求，防范贷款风险，对开发贷款从严审批，严厉打击少数不法开发商的囤积居奇、散布虚假信息等违规销售行为；另一方面，加强审核个人住房抵押贷款，对多次购房的可探讨实施抵押贷款递减制度。

4．进一步完善和落实购房者贷款政策，增加低收入群体的消费能力和消费信心。切实稳定居民的收入预期，激活住房消费市场，满足人们的住房需求。建议媒体尽量客观地预测房价的走势，准确引导市民转变住房消费的观念，从而使房地产市场健康、有序发展。

2010年上半年北海市居民消费价格运行情况及走势预测

陈文华

2010年上半年，随着国内经济的稳步复苏，居民消费预期趋向良好，社会有效需求明显增加，北海市居民消费价格延续2009年下半年回升态势，自2010年1月份由负转正后，连续六个月保持温和上涨的趋势。据调查显示，2010年上半年北海市居民消费价格上涨2.6%。其中：食品价格上涨6.7%，非食品价格上涨0.5%，消费品价格上涨3.2%，服务项目价格上涨0.5%。

一、居民消费价格运行特点及成因

2010年上半年，北海市居民消费价格从所调查的八大类按类别看，同比呈现“五升三降”的格局。其中上涨的是：食品类、烟酒及用品类、医疗保健和个人用品类、交通通讯类和居住类；下降的有：衣着类、家庭设备用品及维修服务类和娱乐教育文化用品及服务类（详见下表）。

居民消费价格指数分类构成及影响情况表

（均以上年同期价格为100）

项目名称	指数	拉动总指数（百分点）	影响程度（%）
居民消费价格总指数	102.6	2.59	100
（1）食品	106.7	2.24	86.8
（2）烟酒及用品	101.3	0.03	1.1
（3）衣着	99.2	−0.06	−2.4
（4）家庭设备用品及维修服务	97.6	−0.16	−6.2
（5）医疗保健和个人用品	101.8	0.17	6.5
（6）交通和通信	101.3	0.13	5.0
（7）娱乐教育文化用品及服务	97.7	−0.38	−14.8
（8）居住	104.2	0.62	24.0

从上表可以看出，2010年上半年主拉居民消费价格上涨的“两大引擎”依次是食品类和居住类，影响程度分别为86.8%和24.0%。以上两类价格上涨是导致CPI持续上涨的主要原因。消费价格运行主要特征有：

（一）食品类价格上涨是上拉CPI的主要力量

2010年上半年，北海市食品类价格普遍上涨，同比上涨6.7%，涨幅居八大类之首，带动CPI上涨2.24个百分点。从所调查的16个分类看，与上年同期相比，除淀粉、油脂和肉禽及其制品三个分类下降，蛋类扯平外，其余粮食、水产品和菜类等12个分类商品均呈上涨态势。其中，涨幅超过两位数的有干豆类及豆制品类、水产品类、菜类、干鲜瓜果类和其他食品类，分别上涨11.3%、15.0%、21.2%、

19.1%和14.1%。具体来看：

1．粮食价格持续上扬。2010年上半年北海市粮食价格同比上涨5.9%，上拉总指数0.13个百分点。其中粮食制品涨幅较大，同比上涨9.9%，大米和面粉分别上涨4.8%和6.3%。主要原因：一是2010年国家对农产品实行政策性保护，提高粮食收购价；二是雪灾、旱灾和洪涝等自然灾害频繁发生，诱发了粮食价格的上涨；三是成品油价格上涨，运输成本和劳动力成本提高导致粮食价格上涨。

2．干豆类上涨幅度较大，历年罕见。2010年上半年，北海市干豆类及豆制品价格同比上涨11.3%。其中，干豆类涨幅最大，同比上涨44.6%。干豆类中绿豆价格的快速上涨是推动干豆类价格上升的最主要因素，据所调查的三个农贸市场干豆类销售情况显示，绿豆价格涨幅最大，高峰期时东北散装一级绿豆均价卖到20元/千克，与上年同期相比，高出两倍多。造成绿豆价格大幅上涨的主要原因：一是绿豆主产区遭遇严重的伏旱天气，产量大减，豆农惜售导致货源紧张，收购价格上涨；二是2010年暑天提前到来，市场需求旺盛，带动绿豆价格上涨；一些经销商借西南地区旱情控货，导致价格上涨。由于绿豆价格的暴涨，政府有关部门加强了绿豆等杂粮价格监管，重点打击囤积居奇、哄抬操纵价格、捏造散布涨价信息等违法行为，对“游资”炒作小杂粮也加强了监督处罚，绿豆价格虚高部分被挤出，价格将逐渐回落。

3．水产品价格大幅上涨。2010年上半年，北海市水产品价格同比上涨15.0%，带动CPI同比上涨0.88个百分点。其中虾蟹类涨幅最大，同比上涨33.8%。水产品价格大幅上涨的原因：一是年初天气恶劣，低温冷雨，海上风浪大，大多数小渔船无法出海捕捞，至使海产品上市量锐减，价格大幅上涨。二是前期受气候不稳定，气温时高时低，加上干旱缺淡水，水产品养殖受阻，北海及周边地区水产品养殖规模大大萎缩；后期因成活率较低，病虾多，养殖户普遍收成不好，对虾上市量急剧下降，消费价格坚挺。三是随着国际市场经济的回暖，水产品出口需求量旺盛，北海水产品加工出口订单增加，水产品价格上扬。

4．菜类价格暴涨，鲜菜涨幅最大。1、2月份，由于受低温天气，给鲜菜的采摘和运输带来重大影响，加上正值春节，导致鲜菜价格呈现暴涨。进入3、4月份，随着天气转暖，鲜菜价格呈季节性回落，鲜菜价格受旱灾的影响并不明显，鲜菜价格上涨得到有所缓解。5月上旬以来，北海已进入高温季节，降雨天气也较多，对蔬菜生产不利，蔬菜产量有所下降，鲜菜上市量相对减少，需从周边省、市外调部份鲜菜作为补充。加上油价上涨，运输成本加大，直接影响北海市鲜菜的供给。6月份正是本土蔬菜成熟的时候，与北方南下的蔬菜同时上市，使得市场上的蔬菜品种齐全，货源充足，价格有所回落。但总体来说，上半年北海市菜类价格上涨幅度还是比较大的，全市菜类价格同比上涨21.2%，带动CPI同比上涨0.69个百分点。其中鲜菜类、干菜及菜制品和薯类分别上涨22.0%、15.8%和23.8。

5．鲜瓜果价格大幅上涨。2009年年底，由于南方雨雪天气，不便于水果运输，一些南方产水果滞销，而随着天气转暖，户外活动增加，消费者对鲜果的需求量也随之上升，加上春节市场需求量增加，导致鲜果价格大幅上涨。随着气温的上升，居民对水果的需求也逐步增加，由于2010年西南地区干旱水果产量锐减、入夏水果成熟晚等原因，市场货源供应相对偏紧，供求关系明显失衡，推动鲜瓜果价格大幅走高。上半年北海市鲜瓜果同比上涨18.9%，上拉CPI0.37个百分点。

6．食糖价格涨幅较大。2010年上半年，北海市食糖价格同比上涨19.0%。造成食糖价格上涨的原因：一是国际市场糖价大幅上涨；二是国内食糖进口量减少；三是广西糖料蔗主产地受气候影响，产量

下降，国内制糖业原材料价格上涨，导致制糖成本增加；四是成品油价格上涨促进酒精需求，导致糖料用途转移。由于油价在近半年内高涨，导致榨糖用甘蔗被大量用于生产酒精。

（二）居住类价格上涨是上拉CPI的次要原因

2010年上半年，北海市居住类价格较上年同期上涨4.2%，带动CPI上涨0.62个百分点。其主要原因是受人工费、水、电、燃料类价格走高影响。从2010年6月1日起，北海城市居民生活用水价格作调整，第一阶梯（一户一表月用水量≤32立方米/户）水费单价由原来的2.04元/方上调到2.37元/方（包含水资源费和污水处理费）；另外，由于国际成品油价格持续走高，推动液化石油气价格同比上涨25.2%，其他燃料价格上涨8.0%，水、电、燃料类价格也上涨7.9%。2010年上半年，北海市房地产持续升温，房地产开工项目增加，建房及装修材料价格回升，与上年同期相比上涨1.7%，木材、砖和水泥分别上涨7.9%、0.7%和1.1%。

（三）服务项目价格的上涨也对CPI产生上拉的作用

受居民消费需求增加的影响，服务类消费回暖态势显现，推动服务项目价格小幅上扬。据调查，2010年上半年，全市服务项目价格比上年同期上涨0.5%，从服务项目构成来看，家庭服务及加工维修服务上涨17.5%、宾馆住宿费上涨9.8%、车辆使用及修理服务费上涨3.3%、个人服务上涨1.2%；文娱费上涨8.7%，旅游上涨2.8%、房屋贷款利率上涨3.6%。

二、影响CPI走势的因素及预测

对于2010年下半年CPI的走势判断，从趋势上看，随着国内经济的进一步企稳回升，市场大宗商品价格的逐步提高，国内成品油价格的频繁上调，拉动价格上行的因素将会不断增多；从扣除翘尾因素后的新涨价因素看，2009年北海CPI真正的低点出现在中期，2010年7月北海市CPI将达到年内高点，然后随着翘尾因素的减弱而趋于平缓，在没有大的变化情况下，下半年的走势将是平稳增长的态势。

1．正翘尾因素。由于2009年CPI长期保持负增长，较低的基数水平给2010年物价指数留下了上升空间，对2010年上半年带来了正翘尾影响。据测算，在上半年居民消费价格同比上涨2.6%中，上年翘尾因素占总涨幅的62.3%。

2．新涨价因素的出现，在一定程度上推快居民消费价格总水平上涨速度。2010年年初以来，由于恶劣天气增多，自然灾害对市场价格水平的影响越来越明显、随着全球经济复苏，企业用工需求逐步增加，使得就业形势转好，劳动力成本将继续提高，从而拉动部分服务项目价格上涨、公用事业产品价格改革进一步深化、节能和低碳政策出台等因素不断出现，从而导致粮食类、鲜菜类、鲜瓜果类、水产品类、家庭服务类、个人服务类、木材、木地板、水泥、水、液化石油气等价格不断上涨，据测算，新涨价因素拉动上半年居民消费价格上涨0.70个百分点。

（1）推动价格上行的因素。一是粮食价格继续稳步上扬。由于国际粮食价格维持在较高水平，再加上国家大幅度提高粮食最低收购价政策及自然灾害的影响，预计粮食价格将继续保持稳步上扬的运行态势。二是猪肉价格在去年年底已走出低谷。随着国家猪肉调控预案的启动，2010年下半年猪肉下行的压力将有所缓解。三是政策性调价项目仍有上涨空间。为推进资源性产品价格改革，提高节能环保价格和收费标准，作为政策性调价项目的水、电、气等资源性产品价格仍有上涨空间。

（2）抑制价格上行的因素。国际市场大宗商品整体价格仍在低位徘徊，出口形势依然严峻，多数工业品供大于求，市场竞争激烈，将是影响价格下行的主要方面。同时，内需增长虽然较快，但持续性将受到考验。一是投资增长主要限于政府主导的投资增长，民间投资仍然低迷。二是居民消费的增长在很大程度上得益于政府实施消费政策的刺激，这种刺激仅对少数行业产生作用，而不是从根本上增加居民购买力以扩张消费，因而具有局限性，也没有可持续性。

因此，总体上看，上半年北海市居民消费价格上涨的趋势仍将延续，全年居民消费价格走势将会呈现一个倒“U”字形，第三季度北海市居民消费价格涨幅达到高点后将会有所回落，使CPI维持在一个稳定合理的区间范围内，预计北海全年价格涨幅将在3%可控范围内。

三、对保持当前物价平稳运行的几点建议

1. 加强价格监测，制定价格异动应急预案。健全和完善价格监测体系，认真开展对肉禽蛋、粮油、蔬菜、钢材、石油等商品的价格监测分析工作。严惩哄抬物价、垄断市场等违法行为，准确把握价格走向，及时发现问题，适时出台价格调整措施，控制价格上涨过快。

2. 应继续加强和改善宏观调控，继续贯彻落实好中央扩内需、调结构、促增长的各项政策措施，促进投资、消费、进出口均衡协调发展，力求降低物价上涨对城乡居民生活的影响。政府部门在制定与人民生活息息相关的调价政策时，应充分考虑城乡居民对价格上涨的承受能力，力求最大限度地降低物价上涨对生活带来的影响，确保城乡居民生活水平不断提高。

3. 要逐步完善弱势群众的保障机制。为缓解物价上涨与低收入家庭支付能力下降矛盾，建议进一步完善弱势群体的社会保障体系，认真落实贫困家庭的各项救助措施。广开就业门路，适时调整低工资标准，努力提高中低收入家庭的收入，增强广大居民对价格变动的承受能力，从整体上保证全市城乡居民生活水平不因物价上涨而降低，保持社会的和谐稳定。

广西北部湾建设提速 钦州房地产量价齐升

——2009年钦州市房地产价格走势分析及趋势预测

潘荫莉

随着广西北部湾经济区开放开发及钦州保税港区建设的深入推进，钦州房地产市场蓬勃发展，房地产业已成为地方经济发展的重要支柱产业。据调查资料显示，2009年钦州房价呈现先下跌、止跌回升、快速回升到加速上涨的态势。

一、2009年钦州楼市特点

2009年钦州市房地产固定资产投资265734万元，比上年增长25.64%，新开工面积1411292m^2，增长31.8%，现房销售面积88240m^2，增长20.5%，期房销售面积891852m^2，增长139.8%，创历史新高。

1．销售面积呈“N”型变化。钦州市新建房以商品房为主，2009年，随着国家各项刺激住房消费政策的实施，房地产市场回暖迅速，购房需求不断释放，销售面积不断增加，销售场面火爆。据统计，2009年四个季度的商品房销售面积分别为133792m^2、274802m^2、212097m^2、353401m^2，全年销售面积比上年增长21.31%，商品房销售面积呈“N”型变化（详见图表）。

项目	1季度	2季度	3季度	4季度
商品房销售面积	133792	274802	212097	353401

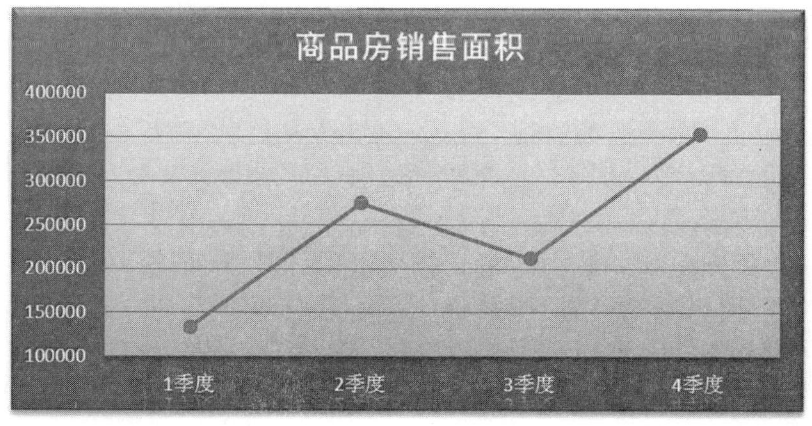

2．销售价格呈波浪式上升趋势。观察2009年各月的环比价格指数变化，1、2月份受金融危机持续蔓延的影响，钦州房价低迷，处于下跌状态，房屋销售价格环比指数分别为99.8和99.5；进入3月份，由于国家实行宽松的经济政策与货币政策，为房地产市场的复苏提供了良好的环境，房价开始回升，环比价格也由负转正；二、三季度房价一直在高位震荡，进入四季度，随着国内经济形势回暖的趋势增强，房价形成快速回升并加速上涨的走势，12月份环比价格指数冲到全年的最高点，达到102.8，同比上涨7.4%。房屋销售价格总体呈波浪式上升趋势。各月环比价格指数数据与图形如下：

项目	1月	2月	3月	4月	5月	6月	7月	8月	9月	10月	11月	12月
房屋销售总指数	99.8	99.5	100.3	100.9	100.1	100.1	101.6	101.2	100	100.9	100.3	102.8

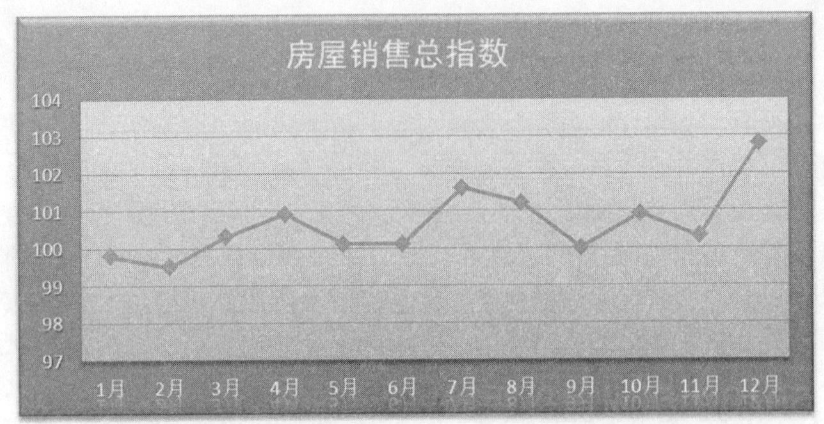

3．土地交易量上涨。2009年上半年，钦州市拍卖出让土地14宗，土地交易总面积43.10万平方米，下半年国家一揽子计划政策效益显现，经济迅速回暖，股市活跃，钦州市房地产市场表现出同步共振的走势，形势明显好转，下半年拍卖出让土地29宗，较上半年增长107.1%，土地交易总面积239.63万平方米，较上半年增长455.99%。

4．高档住宅创新高。2009年高档住宅销售成绩喜人，钦州市皇庭房地产开发有限公司开发的 “皇庭.御珑湾天悦府”高档住宅，共100多套住宅，9月底，首批开盘75套别墅，成交总计60套，销售率突破80%，销售均价达7689元/平方米，创造了钦州市高档住宅的新高，到12月，100多套住宅全部售完，成绩喜人。

5．高品质楼盘受青睐。随着人们生活水平的不断提高，人们对商品住宅的要求也逐渐提高。目前，钦州市开发的楼盘品质也不断提升，开发商在产品规划方面、物业服务方面、销售包装方面提升竞争力，赢得未来潜在购房者青睐。同时，楼盘品质的提高也拉动了房价的提高。从2009年第四季度到现在不少楼盘经多次提价，而一些地段好、品质优、价位高的楼盘也在第四季度频频上调房价，如中地置业、金泉房地产、钦州湾房地产销售的房屋价格上涨200～300元/平方米。

二、推动房价上涨的因素分析

1．刚性需求释放。由于2008年末2009年初，钦州整体楼市比较萧条，房价处于波动性下跌状态，大部分消费者都持观望态度，选择看看市场形势再决定买房，因此积累了一部分刚性需求。随着国家和钦州市政府各种购房优惠政策的出台，到了3月份，楼市逐渐复苏，房价开始上涨，部分刚性需求在这个阶段开始得以释放，钦州市楼市迎来了“小阳春”，成交量不断上升。

2．城市居民收入增加。近年来，钦州市城镇居民收入一路上涨，人均可支配收入从2004年的7998元上涨到2009年的16021.25元，平均增速16.59%。尤其是2007年，人均可支配收入增速达到19.55%。收入的增加，为居民购房提供了首要条件，居民购买能力随着增加。2009年，钦州市城镇居民购房人均支出达到204.42元。

3．地理位置优势明显。作为新兴临海工业城市的钦州市，随着广西北部湾经

济区开放开发已经上升为国家战略，成为中国区域经济发展的新亮点，是国际国内多区域经济合作中心，钦州市也将充分发挥区位优势和开放合作优势，加快推动钦州市的经济社会发展。中国—东盟自由贸易区的大环境将吸引更多有实力的房地产开发企业进驻钦州市，进一步带动北部湾地区商贸物流的不断发展壮大，尤其是东南、西南、中南及珠江流域的商贸物流往来给房地产行业商业多元化提供了更高的、更自由的贸易平台，房地产业已成为钦州地方经济发展的重要支柱产业。

4．房地产商提升经营策略。钦州市坚持“立足本土文化、提高城市品位”的方针，打造岭南古城、英雄故里、海豚之乡，建设成为具有岭南风格、滨海风光、东南亚风情的宜商宜居城市，提升了钦州市的城市品位，同时，随着消费需求的升级和多样化，钦州市人民对城市文化提出更高的要求。房地产商也全力打造高品位楼盘，2009年开工建设的八大公共场馆，总投资约为1.8亿元。包括：钦州市青少年活动中心、妇女儿童活动中心、科技馆、图书馆、博物馆、体育馆、游泳馆、大型体育场，项目用地300多亩。八大公共场馆布局在钦州市东站区市行政信息中心南面的规划绿轴一带，绿地率控制在50%以上，建成后将成为钦州市主城区的大型文化科技体育中心。而八大场馆附近周围的房地产如皇庭地产、中青体育基地、上元置业、合盛地产等开发楼盘价位在全市房价前列，未来两年也将有望突破5000元/平方米。

三、2010年钦州房价走势预测

1．房价高，居民压力大。目前钦州市的房价已处于历史高位。2009年钦州市的房屋均价为3245元/平方米，中心地带的房屋均价已高达4000元/平方米。而2008年钦州市城镇居民可支配收入仅为14105.68元，一个三口之家，全年可支配收入总和是42317元，如按照目前钦州市城区新建住宅价格均价3397元/平方米计算，购置一个100平方米的房子需要这个三口之家用8.02年的全部收入。近几年来，房价的增幅快于居民收入的增涨，这无形中加大了居民生活的压力，对于生活在中低层的人们来说，过高的房价只能望而却步。

2．楼市不会大起大落。对于近期部分城市房价上涨过快的问题，中央近期对房地产市场开展了密集调控，而此轮调控规定目标是支持刚性购房者，打击投资和投机性需求，进一步改善房地产市场调控，更稳定市场预期，促进楼市平稳健康发展。在当前贷款利率严格控制的情况下，房地产开发商不会改变地产行业向好趋势，钦州房价在调控下也不会出现大起大落的情况。

3．房价稳中有升。今后2～3年是北部湾经济区加快发展的关键时期，中国—东盟自贸区建成后，将给北部湾带来历史性发展机遇，2010年1月24日，自治区党委、政府召开加快广西北部湾经济区发展工作座谈会，自治区党委副书记、自治区主席马飚提出抓住“八大重点”，即加快推进北部湾经济区大产业、大港口、大交通、大物流、大城建、大旅游、大招商、大文化发展，体现了国家、自治区对北部湾的重视和倾斜，届时必然带来大量人流、物流，因此，房价在2010年内将会呈现稳步上升的走势。

2010年上半年钦州市居民消费价格运行分析及预测

陈小珲

2010年上半年，钦州市居民消费价格在有关调控政策、经济复苏、需求进一步增加、干旱暴雨恶劣天气等综合影响下，表现为温和上涨，比上年同期上涨2.5%。其中，非食品价格上涨1.8%，服务项目价格上涨2.8%，工业品价格上涨1.2%，消费品价格上涨2.5%。部分消费品种类涨跌明显。

一、居民消费价格变化特点

(一) 同比变动情况

从2010年上半年调查的八大类商品来看，呈“七升一降”的趋势，其中：食品、烟酒及用品、衣着、医疗保健和个人服务、交通和通讯、娱乐教育文化用品及服务、居住分别上涨4.2%、2.5%、1.5%、0.7%、0.3%、3.3%、3.2%；家庭设备用品及维修服务下降0.8%。食品价格是拉动居民消费价格上涨的主要因素。

1. 食品价格高位运行。2010年上半年，钦州市粮食价格比上年同期上涨4.3%，其中，大米价格上涨4.2%；菜类价格上涨29.0%；干鲜瓜果价格上涨14.7%；糖价格上涨10.9%，其中，食糖价格上涨27.3%。

2. 居住类价格小幅上涨。建房及装修材料价格比上年同期上涨5.9%，其中木材价格上涨24.2%，玻璃价格上涨11.9%；水电燃料价格上涨4.2%，其中，液化石油气价格上涨28.5%。

3. 肉禽及其制品价格降幅明显。肉禽及其制品比上年同期下降4.7%，其中猪肉价格持续下降，下降10.3%。

4. 部分耐用消费品价格下降。通信工具价格比上年同期下降6.9%，其中移动电话机价格下降8.7%；文娱消费品价格下降5.5%，其中，电视机价格下降10.6%，便携式音响价格下降12.2%。

5. 居民消费价格涨幅排全自治区第八位。从各月数据看，钦州市居民消费价格趋势波动与广西水平大体一致，涨幅比全自治区平均水平（1—5月）高0.2个百分点，排在全自治区十四个地市的第八位。

(二) 环比走势情况

从各月环比走势看，环比指数呈逐月下降走势。2010年1月受元旦前后消费需求趋旺的拉动影响，物价小幅攀升，环比上涨0.9%；2月，受春节等节日效应影响，各大商场对衣着类打折力度加大，虽然节日影响食品类价格环比上涨，但涨跌互抵后，居民消费价格环比上涨0.8%；3月，节后消费回落，衣着类商品恢复原价销售，食品类中粮食、干豆、鲜菜、调味品等类价格趋于平稳，使居民消费价格环比下降0.7%；4月，受粮食、水产等食品价格上涨影响，加上世博会前旅游价格小幅上涨，环比上涨0.8%；5月，进入丰水期，居民用电价格下降，同时，肉禽价格受生猪高热病影响小幅下降，居民消费价格环比下降0.2%；6月份，绿豆部分农产品炒作降温价格下降，加上文娱耐用品价格小幅下降，使居民消费价格环比下降0.6%。

(三) 各月同比走势情况

2010年上半年，居民消费价格各月同比呈现逐步上扬态势，各月同比分别为：1.4%、2.6%、2.1%、3.3%、3.4%、2.5%。同比上涨主要是受食品类价格波动

影响。

二、居民消费价格变动原因

（一）带动价格上涨因素

1．国际形势的好转。2009年下半年以来，世界经济逐渐走出衰退低谷，需求复苏，市场回暖，消费需求将逐步恢复，进口增速将有所回升，预计2010年我国对美、欧、日等主要经济体的出口逐步恢复，客观上将改善我国产能过剩的状况，从而对居民消费价格上行形成支撑。

2．国家宏观政策的调控作用。2010年国家对农业实行的各项保护政策对农产品市场的支撑作用明显增强。国内市场粮食价格持续上涨，近年来，国家对粮食实行最低收购价政策，且政策价格底部不断抬高。据国家发改委公布的2010年继续在小麦和稻谷主产区实行最低收购价政策，适当提高最低收购价水平，由此助推了粮价的上涨。

3．消费品市场供求格局的改善。扩大内需仍是2010年我国经济工作的首要任务。随着国家扩大内需的一揽子计划效果进一步显现，对需求形成较强支撑。同时，在不断增加居民收入，调整分配格局，着力提高居民消费能力，拓展消费空间和优化消费环境等方面加大力度，这些都有利于进一步促进消费需求持续较快增长。这些也将有利于拉动经济的增长，推动价格总水平适度上涨。

4．气候、自然灾害等因素的影响。从2009年以来，国际重要糖产区遭遇自然灾害引起全球食糖价格不断攀升，2009年东南亚遭遇旱灾拉升大米价格上扬，我国西南地区大面积持续干旱，加之地震、异常气候等因素直接影响了农产品的生长和流通，导致大部分农产品价格持续上涨，蔬菜、鲜果价格居高不下。由于世界愈来愈密切地成为一个“经济体”，市场商品、信息流通越来越快，相互关联，都在不同程度上影响着居民消费各类消费品的涨跌。

5．受种植面积减少、需求增加等因素影响。豆类价格一路走高，绿豆价格年初时为9.0元/公斤，5月豆类价格24元/公斤，达到最高，是年初的2.7倍。

（二）抑制价格上涨因素

1．上一轮肉禽生产周期调整后供应过剩的问题还没有得到根本解决，生猪存栏量仍然偏高；其次是因为近期猪瘟和各种猪疾病爆发，消费者对食用猪肉安全信心不足，消费量减少。

2．随着经济发展，高新技术的成熟，劳动生产效率不断提高，产品更新换代频率加快，市场竞争激烈，如通信工具、电视机、音响等消费品价格总体上呈下降趋势。

三、居民消费价格走势预测

2010年上半年，钦州市居民消费价格在降价因素与涨价因素共同作用下，呈现温和上扬的态势。下半年居民消费价格将在两股趋势的强弱对比中会有所攀升，但幅度不会太大，物价走势会继续平稳运行，预计2010年居民消费价格上涨2.8%。

1．粮食价格趋于稳定。随着天气好转以及政府打击农产品炒作工作的开展，前期上涨较快、较多的蔬菜和绿豆、大蒜等小品种农产品价格明显回落。5月底以来，前期上涨较快的玉米、粳稻价格已趋于平稳并略有回落。

2．鲜菜、鲜果价格小幅下降。上半年，西南地方旱情影响鲜菜、鲜果生长，带动价格大幅上涨，6—9月雨季以及台风天气将有可能影响部分鲜菜生长，鲜菜价格将再次出现短时间反弹，但随着强降雨天气减少，鲜菜产量趋于稳定，价格将有小幅下降。

3．生猪价格小幅回升。受上半年生猪高热病影响，下半年生猪产量减少，生猪价格将会小幅回升。

4．工业品价格温和上涨。2010年，受国际市场大宗初级产品价格持续高位运行，以及国内部分行业用工工资上涨影响，工业品价格将会出现上涨。另一方面，国内外制造业产能过剩，家用电器、纺织服装、一般日用消费品、通信等行业均呈现供大于求的状态，这种格局将抑制工业消费品价格的上涨速度。

四、对稳定当前物价形势的对策建议

1．应加强对重要消费品特别是食品供求状况和价格运行的监测。警惕由于气候异常或价格大幅波动等原因引起的食品供给不足，及时调整宏观政策，以准确把握和应对可能出现的风险。特别是，在当前粮食价格上涨的情况下，应增加粮食储备，保障充足供应，稳定粮食价格。

2．加大力度解决低收入群体的生活困难。从构建和谐社会的目标出发，切实保护低收入群体利益不受损害。积极开展价格上涨对不同收入水平居民生活影响程度的监测工作，加强政府对低收入家庭和特困人群的生活补贴救济工作。千方百计提高农村和城市居民的收入水平，增强居民消费能力，提高居民消费预期，进一步扩大内需，促进经济平稳较快增长。

3．加大公共服务项目价格监测力度。在关注通胀预期的过程中，尤其要关注低收入居民的生活状况，除粮食、食品等生活消费品价格外，水、电、燃气等价格也是一个重要的方面。为此，建议有关部门加大对水、电、煤气等重要公共服务价格的监测力度，切实做好相关价格监管工作，切实保障低收入居民的生活不受大的影响,维护社会稳定。

当前防城港市居民消费价格运行情况及走势预测

陈筱琳

据调查数据显示：2010年一季度防城港市居民消费价格上涨2.7%，对比上年同季CPI的负增长，明显反映出经济回暖迹象。受食品价格继续上扬以及上年正翘尾影响等因素的作用，1月市场物价承接了自去年下半年以来的上涨惯性，继续处于小幅上扬，2月在春节以及低温天气双重影响下，物价季节性增长拉动总指数突高，3月结束假日经济影响，市场物价逐步平稳回落。从构成CPI的八大类商品及服务同比价格看，居民消费价格呈“四升三降一平”格局。其中食品类价格涨10.3%，交通和通信类价格涨3.2%，居住类价格涨2.6%，烟酒及用品类价格涨1.9%，衣着类价格降13%，娱乐教育文化用品及服务类价格降3.1%，家庭设备用品及维修服务类价格降1.4%；医疗保健和个人用品类价格与上年同期持平。

一、食品类价格变动影响CPI走势

2010年一季度防城港市食品类价格同比上涨10.3%，并由此拉动总指数上涨3.4个百分点，是影响CPI变动的主要因素。在所调查的16类食品消费价格中，同比上涨的有12类，居涨幅前列的是干鲜瓜果类、菜类以及糖类，其涨幅分别达到79.3%、37.7%以及19.6%。

1．菜类价格冲高回落。1至2月份，菜类价格普遍大幅上扬。2月全市菜类价格环比上涨16.2%，同比上涨63.7%。鲜菜类价格上涨最为明显，其涨幅达到18%；薯类紧随其后，涨幅也高达15%；干菜及菜制品涨幅达到6%。在所调查的36个鲜菜类商品中，涨幅高于10%的就有19个，占所调查的鲜菜类规格品的53%。其中涨幅居前列的有香葱、芥菜、黄瓜、生菜及莲藕，其价格环比涨幅分别达到86%、50%、31%、30%及28%。春节节前冷空气南下气温骤降，市民晚餐喜好吃火锅，鲜菜需求骤增，春节期间部分菜贩停业过节，市场供应量大幅减少，导致鲜菜价格出现了大幅上扬。3月，节后供需两方逐渐恢复平衡，菜类价格得以小幅回落，价格环比下降2.3%。菜类中以叶菜类蔬菜降幅最为明显，其次部分根茎类菜和菌类价格都有不同程度的回落。但菜类价格回落幅度有限，仍未恢复到节前水平。

2．食糖价格持续上涨，季末首次回落。自2009年8月以来，防城港市食糖价格连续6个月持续攀升，平均月涨幅达到3.1个百分点。2010年1月份与上年8月份相比，白糖价格上涨24%，红糖价格上涨30.2%，冰糖价格上涨16.7%。2月份糖类价格环比继续攀升，涨幅达到5%，同比涨幅更达到了22%。至3月，糖类价格出现8个月以来的首次回落，环比降幅为1.6%，同比涨幅也回落到了20.8%，2010年一季度累计涨幅达到19.6个百分点。影响食糖价格变动的原因主要有：2009年的严重干旱使广西甘蔗的糖份含量明显下降，甘蔗的入榨数量减少，食糖产量减低。同时，2009—2010年度榨季全球和国内食糖仍呈供求偏紧状态，这将支持糖价高位运行。另外，石油价格上涨促进酒精需求，导致糖料用途转移。由于油价在近半年内高涨，导致榨糖用甘蔗被大量用于生产酒精。随着新榨季的展开，食糖供应在近期得到了一定补充，因此在本季末食糖价格逐步出现了回落迹象。

3．干豆价格涨幅较大。2010年第一季度干豆涨幅达到30%。自上年11月以来，防城港市干豆类价格出现较大幅度的增长，本季度依旧延续了这一涨价趋势，前三个月干豆类的同比涨幅分别达到21%、34.8%和35.8%，自上年11月以来干豆价格已连续5个月出现上涨。绿豆价格的快速上涨是推动干豆类价格上升的最主要因素，本月市场上一级散装绿豆的价格已上升到12.2元/公斤的高位，对比上年同期的7元/公斤，已经上涨了74%。据调查员对市场的走访了解，在绿豆涨价风中，主要原因是主产区产量大减，夏季绿豆主产地遭遇严重的伏旱天气，导致绿豆单产明显降低，而绿豆的减产导致豆农惜售，同时，市场上需求又增加，从而推动了豆价的上涨。此外，一些贸易商看好后市，大量囤货，也导致市场供应紧缺。

4．粮食价格略有上涨。2010年以来由于受西南旱情的影响，作为本市大米主要货源地的南宁以及桂北地区大米产量减少，导致大米价格略有上涨。本季度粮食价格上涨3.4%，其中大米价格上涨3.3%。

5．肉禽及其制品价格降幅明显。2010年一季度肉禽及其制品价格同比下降7%，其中猪肉价格下降14%，畜肉副产品价格下降5%。猪价下跌的最主要原因是上一轮生产周期调整后供应过剩的问题还没有得到根本解决，生猪存栏量仍然偏高。春节之后，进入猪肉消费的传统淡季，需求下降较多，生猪供求形势仍然十分宽松，有的地方生猪压栏惜售的情况突出，生猪价格可能会低位运行一段时间。

二、工业品及服务项目价格有跌有涨

1．受季节性因素影响，衣着类价格在2010年一季度持续下降，季末同比下降13%。尤其2月春节期间，商家为了提升销售业绩、增加销量，加之换季处理，打折促销。在所调查的60种服装产品中，有38%的产品均出现了不同程度的打折促销现象；一些知名品牌服装不断推出优惠活动，尽力将冬季服装尽快售空，加快资金回笼，为新季服装的购进做准备。包括大衣、羊毛衣、夹克衫、T恤、男长袖衫、裤子、羽绒服以及儿童服装等服装类价格下降明显，致使衣着类价格下降，环比降幅达到7%，拉动总指数下降0.34个百分点。3月份部分新装上市，但仍有部分冬季服装积压，打折活动持续，环比降幅达到1%。

2．城际交通费上扬。2010年一季度城际交通费同比上涨15.1%，其中火车票价格上涨37.5%，长途汽车价格上涨12.5%。防城港—南宁火车票价格于2009年下半年调整，由原来的12元/人调整至16元/人。而防城港市主要的城际交通工具为长途汽车，2010年2月春节前后返乡人潮大量增长，防城港汽车总站也自1月30日起调整了春运期间的班车价格，例如防城港—南宁的快班，以及防城港—北海的普快，均由原来的50元/人调整至55元/人；防城港—成都的普快，则从春节前的390元/人涨至520元/人。城市间交通费环比由此上涨16.4%。而火车票节日期间保持节前价格，没有出现上涨。节后，由于汽车公司将班车座椅更新升级，成本增加，防城港—南宁的快班调至53元/人，防城港—北海的普快调至59元/人，防城港—成都的普快调至511元/人，均比节前水平要高。

3．教育费用小幅下降，2010年一季度同比下降5%。本季末防城港市学校陆续开学，高等中学新学期的教材费用对比上学期有一定幅度的增长。语文、数学、化学课本的价格分别增长了14%、8%和31%，而英语课本价格下降了2%，但对比上年同期水平，教材价格仍下降了8.7%。新学期普通高中的学杂费则出现下降趋势，由于物价局规定免除了学杂费中包含的水电费及微机费，因此学杂费比上学期减少了30

元左右，比上年同期下降8.9%。

三、未来三个月物价走势预测

从整体经济形势分析，近年来国家各种刺激经济政策会产生后续影响，而且有的刺激措施仍在实施，国际经济环境也有趋好迹象，市场需求会进一步增加，成本的传导作用也逐步显现，这些因素结合在一起，势必推动价格水平继续恢复性上涨。然而此次金融危机导致的全球经济深度衰退，使我国出口市场减小，我国产能过剩问题日益显现，从而减小了物价全面上涨的风险，具体到农产品来说，我国粮食连续第六年增产，生猪、油料作物、棉花的生产能力均达到历史新高，食品供给保障能力进一步增强。工业品也是一样，工业生产资料国内供给能力偏大，而需求增长预计平稳，价格也不会大幅上涨。因此，短期内我国不会出现较大的通货膨胀压力。

2010年一季度防城港市CPI冲高回落主要受到食品价格波动的影响，2月份食品价格突高主要是受低温天气以及春节假日需求双重的影响，随着天气逐渐回暖，西南旱情也逐步缓解，蔬果供应充足，CPI已显现回落迹象。未来三个月若旱情能进一步缓解，无其他灾害发生，预计食品类将稳中趋降。夏季渐临，新一季服装陆续上市，衣着类价格将止跌回升。

防城港市生猪价格持续下滑

韦 昌

受价格和疫情等因素的影响，防城港市商品肉猪价格持续下滑，从2010年春节前的均价13元/公斤跌至最低时的9.8元/公斤，跌幅达24.6%，猪粮比连续处于3：1的成本调控目标以下。最新调查数据显示：2010年，3月份防城市肉猪出栏平均价格为10.6元/公斤，4月份价格为10.4元/公斤，5月份价格为9.8元/公斤。经过4月份两次收储中央储备冻猪肉后，目前防城港市生猪价格仍然没有回升迹象，生猪生产面临形势依然严峻，给今年畜牧业增效和农民增收带来较大压力。

一、当前生猪生产形势依然严峻

一是生猪价格仍在低位运行。据调查，2010年5月中旬防城港市普通肥猪、3元杂肥猪均价分别下跌至9.6元/公斤、10.2元/公斤，同比分别下跌了20%和23%；普通苗猪、3元杂苗猪均价分别下跌至8.0元/公斤和8.6元/公斤，同比分别下跌了28.6%和30.6%。

二是饲养成本偏高，养殖效益急剧下降，资金周转困难。2010年4月13日和20日，商务部会同财政部、发展改革委、中国农业发展银行公开竞价收储2010年第一批和第二批中央储备冻猪肉。受其影响，对全国生猪和猪肉价格止跌回升有一定作用。但生猪均价只在10元/公斤左右。而在生猪价格大幅下滑的同时，由于受国际粮食价格的影响，饲料价格不断上涨。据生猪养殖户老板们反映：2010年生猪养殖成本比去年同期上涨23%左右，主要原因是玉米、豆粕、麦麸等饲料价格分别比去年上涨26.3%、12.5%和25%。一头猪从出生养到100公斤出栏，成本增加将近200元。由于生猪价格持续低迷，养殖户只好待价出售，造成存栏量越来越多，平时100公斤左右出栏的肉猪现在130公斤才出栏，养殖周期延长一个月，养殖成本更高，资金周转更困难。

三是养猪积极性普遍受挫，恢复还有待时日。目前，生猪价格持续低迷。养殖户补栏的积极性严重受挫，养殖热情不高，尤其是小规模（出栏在20~100头之间）没有能力自繁自养生猪的养殖场更不想补栏。规模养殖户已经开始淘汰母猪。如果低迷局面继续延续，将有可能导致养殖户大量淘汰母猪，动摇生猪生产的基础，这不仅会影响农民增收，而且日后猪肉市场供应偏紧的状况可能重现。如果处置不慎、调控不力，就会引起生猪生产的大起大落。

四是养殖规模小，抗风险能力差。从近几年生猪市场行情分析，生猪生产每间隔3~4年均要出现生产周期性的价格波动，价格起起落落，一般养殖户没有心理准备，遇到价格下滑时就难以抗拒。防城港市生猪生产仍然以中小养殖户和散养户为主，对市场行情把握不准，一旦肉价上涨，有利可图，就一哄而上补栏；一旦养猪发生亏损，饲养量迅速减少，明显的表现为中小养殖户抗御生产周期性波动的影响能力十分脆弱。

五是标准化养殖程度不高。2007年以来，防城港市生猪规模养殖发展较快，2009年末年出栏肉猪300头以上的养殖户有210家，该市生猪标准化养殖场（小区）建设虽然得到了较快发展，有效提高了生产生猪规模化程度，但标准化程度仍然很低，生猪生产仍以散户和小规模养殖为主，基础设施落后，饲养管理粗放，饲养成本偏高，养殖风险增大，抗御市场风险和疫病风险能力弱，在一定程度上增大了

养殖成本。

六是缺乏现代畜牧业的人才支撑。随着农村劳务开发力度的加大，农村青壮年纷纷外出务工，部分从事养殖的养殖户文化素质不高，难以掌握现代养殖技术，集约化、科学化、良种化、信息化的现代养殖技术很难在农村推广普及，从而制约了现代畜牧业的发展。

二、“周期性现象”困扰生猪养殖业

自从2007年以来生猪价格暴涨暴跌的“过山车”行情已令不少养殖户“吃不消”。目前我国养殖业存在着“周期性现象”：生猪卖难——价格下跌——宰杀母猪——生猪减少——供应短缺——价格上涨——养殖增加——生猪卖难。据了解，由于养殖户把不准价格，生猪生产企业也普遍陷入了“一年赚、二年平、三年亏”的怪圈，生猪市场价格的频繁波动给生猪生产者、猪肉加工商、生猪贸易商都带来了沉重的损失。

2007—2008年猪肉价格急剧上升，当时的高价行情下，再加上政策层面采取生猪补贴等手段鼓励增加供应的调控思路，空前激发了养猪的热情，最终导致如今供过于求、猪价不断探底的局面。在2008年生猪价格行情好的时候，防城港市也掀起一股“养猪潮”，而且国家扶持生猪生产措施初见成效，生猪饲养周期的起伏，直接造成2010年来生猪出栏大量增加，形成了现在的市场供大于求的局面。据防城港市主要畜禽监测调查数据显示，2010年一季度调查点生猪期末存栏数为43572头，环比上涨11.51%，同比上涨6.70%。

三、后期生猪价格有望走出“波谷”

尽管防城港市当前生猪生产形势依然较为严峻，生猪后期生产的不确定影响因素仍然较多，但是随着宏观经济的逐步好转、扶持政策的全面落实和市场调控机制的不断完善，生猪产业后期仍呈向好态势。现在生猪养殖业进入周期性的“低谷”。这虽然是养猪业的周期性规律，但由于生猪市场整体仍是供大于求，短期内难以消化。2010年5—10月份生猪和猪肉价格维持低位徘徊的可能性依然很大，随着全国各地气温的逐步升高，肉类及其制品的消费淡季也即将来临，需求的相对萎缩加上生猪生产能力依旧处于高位，供求关系难以出现根本性逆转，也就是说“内需疲软”，生猪和猪肉价格在未来半年内维持低位徘徊的可能性很大。同时疫病风险不断积累，对生猪和猪肉价格的不确定性影响加大。虽然养殖环节很有可能已经形成“不亏钱”预期，但较低的盈利水平可能会使其降低投入、疏于管理，疫病风险不断积累。

冻肉收储政策一方面“实际性”地改变了供求关系，同时强化了养殖环节的盈利预期，目前防城港市虽未实施冻肉收储，但受其他地区收储的影响，生猪养殖户老板们认为，整个养殖业需要调整，同时市场上的猪肉价格也需要经过一段时间的调整，肉价低迷现象可能会持续到下半年。据调查分析，预计防城港市生猪和猪肉价格8月以后会停止下跌，生猪和猪肉价格再度企稳回升，生猪养殖业有望走出“低谷”。

四、建议

由于受生猪价格周期性波动的影响，生猪养殖已被视为高风险行业，抑制了农户养殖热情，养殖户不敢盲目投入，存在等待观望情绪，一定程度上影响了生猪生产发展。为此，政府应积极应对。

一是进一步完善各项生猪产业扶持政策，加大扶持力度。同时建立和完善生猪发展风险调节基金。当生猪生产处于生产盈亏平衡点出现亏损时，安排和启用市场风险调节基金，对具有一定规模的养殖场（户）给予适当补贴，增强养殖户抗风险能力，促进生猪生产有序、稳定发展，保障有效供给。

二是在当前形势下，加大收储中央储备冻猪肉力度，给市场提供具有指导作用的预期性价格，提供“先卖后养”机制，让农户和企业能提前锁定利润、规避价格风险，从市场机制层面解决“猪贵伤民”、“猪贱伤农”的问题。

三是保留对能繁母猪补贴，确保政策性补贴及时到位，落实母猪保险，避免“周期性现象”可能导致养殖户大量淘汰母猪，动摇生猪生产的基础。

四是加大对生猪标准化规模养殖场建设项目投入，促进规模养殖向标准化，无公害化发展。

五是加大农民技术培训的力度，提高养殖户现代养殖技术，科技兴牧，从而提高养殖效益。

食品价格上涨　推动CPI上行

——2010年上半年防城港市CPI运行情况分析

陈筱琳

受经济景气回升，消费需求增长，干旱暴雨恶劣天气灾害，以及上年正翘尾因素的影响，2010年1—6月份防城港市居民消费价格同比上涨3.6%。其中食品类价格上涨11.4%，非食品类价格下降0.4%，消费品价格上涨4.9%，服务项目价格下降0.9%。

一、居民消费价格运行主要特点

（一）同比高开高走，持续增长

上半年防城港市居民消费价格总水平延续上年趋势，呈现持续上扬势头。2010年1—6月同比涨幅分别达到1.0%、4.2%、3.0%、3.8%、5.0%和4.4%。自2009年12月开始同比首度出现正增长，随着经济恢复较快发展，居民消费价格指数连续6个月同比呈现正增长。

（二）八大类价格“五升三降”

从调查的八大类商品来看，2010年上半年居民消费价格同比呈“五升三降”态势，其中食品类价格上涨11.4%，烟酒及用品类上涨1.6%，衣着类下降11.9%，家庭设备用品及维修服务类下降0.8%，医疗保健和个人用品类上涨0.1%，交通和通信类上涨3.2%，娱乐教育文化用品及服务类下降2.4%，居住类上涨4.4%。

（三）食品类价格领涨

2010年上半年食品类价格同比上涨11.4%，影响总指数上涨3.8%。其中分类涨幅为：粮食5.8%，干豆类及豆制品5.1%，蛋3.0%，水产品8.1%，菜35.6%，调味品10.5%，糖15.6%，干鲜瓜果79.6%。食品类价格上涨涉及面广，影响大。

（四）环比指数小幅震荡上行

防城港市居民消费价格2010年上半年各月环比涨幅分别为0.7%、1.9%、−0.8%、0.4%、−0.5%和−0.3%。2010年6月比上年12月上涨1.4%。

二、居民消费价格变动原因分析

（一）食品类价格持续上涨是CPI上行的主要推动力

2010年上半年防城港市食品类价格同比上涨11.4%，并由此拉动总指数上涨3.8个百分点，是影响CPI变动的主要因素。在所调查的16类食品消费价格中，同比上涨的有12类，居涨幅前列的有干鲜瓜果类、菜类和水产品类，其涨幅分别达到79.6%、35.6%、8.1%。

1. 鲜菜鲜果价格持续高涨

2010年上半年以来南方大部地区先后遭受干旱及暴雨等自然灾害影响，鲜菜鲜果产量比2009年出现一定幅度下降。同时，由于2010年以来油价涨幅大，加之暴雨天气增大了运输难度，运费及人工费增加，使得从外地运进防城港的鲜菜鲜果成本大幅增加，致使2010年防城港鲜菜鲜果价格持续高涨。至6月份，鲜菜类价格同比上涨42.3%，鲜果类上涨91.2%。

2. 粮食价格小幅上涨

2010年上半年大米价格同比上涨6.1%。大米价格上涨的主要原因：一是国家3月份出台提高粳稻最低收购价政策，涨幅达10.53%，间接推动了粮食价格上涨。二是目前正值秋夏两季大米销售的中间时节，稻谷处于青黄不接期，存量减少，米厂加工不足，市场大米趋紧，价格有所上涨。三是2010年春季西南地区在早稻播种时期遭遇大旱，持续的干旱对西南水稻播种造成严重影响，并造成当地主要粮食减产，对广西粮食市场是很大的打击。西南旱区要从全国其他地方调粮食，是成为大米涨价的诱因。而防城港市本地出产大米有限，大部分靠从桂中北地区以及外省调运，因此，西南地区旱情的影响也直接影响了防城港市大米价格的波动。其中以外省运进的东北大米、湖北产大米以及广西桂林产大米涨价尤为明显，宾阳大米的购进价则相对稳定。

3．食糖价格涨幅明显

自2009年8月至2010年2月，防城港市食糖价格连续6个月持续攀升，直至3月份首度回落。截止2010年6月份，食糖价格同比上涨36.1%。影响食糖价格变动的原因主要有：2009年的严重干旱使广西甘蔗的糖份含量明显下降，甘蔗的入榨数量减少，食糖产量减低。同时，2009—2010年度榨季全球和国内食糖仍呈供求偏紧状态，这将支持糖价高位运行。另外，石油价格上涨促进酒精需求，导致糖料蔗用途转移。由于油价在近半年内高涨，导致原料蔗被大量用于生产酒精。随着新榨季的展开，食糖供应得到了一定补充，因此在第二季度食糖价格逐步出现了回落迹象。食糖价格的上涨也引发了糖果饼干等含糖类食品价格的上涨，由此综合推动糖类价格同比涨幅达到15.6%，拉动食品类总指数上涨0.12个百分点。

4．干豆价格涨幅较大

自2009年11月以来，防城港市干豆类价格出现较大幅度的上涨，截止2010年6月，干豆价格同比上涨38.9%。绿豆价格同比上涨了135.7%，是推动干豆类价格上升的最主要因素。据调查员对市场的走访了解，绿豆价格的迅速上涨主要原因是主产区产量大减，夏季绿豆主产地遭遇严重的伏旱天气，导致绿豆单产明显降低，而绿豆的减产导致豆农惜售。同时，近大半年来坊间部分养生学家吹嘘绿豆的保健功能，很大程度上推动了消费者对绿豆的消费欲望。此外，一些贸易商看好后市，大量囤货，甚至伺机炒作，也导致市场供应紧缺，价格奇高。

5．肉禽及其制品价格降幅明显

2010年上半年肉禽及其制品同比下降5.8%，其中猪肉价格下降11.7%，畜肉副产品价格下降6.3%，一定程度上抑制了食品类价格过快上扬。猪价下跌的最主要原因是，上一轮生产周期调整后供应过剩的问题还没有得到根本解决，生猪存栏量仍然偏高；其次是因为近期猪瘟和各种猪疾病爆发，消费者对猪肉安全信心不足，消费量减少。

（二）翘尾因素影响显著

2009年四季度市场物价有所回升，由此产生的翘尾作用比较明显。据测算，2010年上半年全市居民消费价格新涨价0.8%，翘尾因素致使CPI上升3.6个百分点，对居民消费价格的影响程度达78.0%。

（三）衣着、家庭设备用品、通信工具、娱乐教育文化用品及服务类价格均有所下降

随着经济发展，高新技术愈发成熟，劳动效率不断提高，产品更新换代频率加快，市场竞争激烈，如服装、家用电器设备、床上用品、通信工具等工业消费品价格逐步下滑。其中，衣着类价格下降趋势尤为明显，同比下降11.9%。

（四）部分服务收费进行调整

与上年同期价格相比，2010年上半年防城港市服务项目价格总水平下降0.9%，并由此影响居民消费价格总水平下降0.2%。

根据自治区《关于取消部分中小学收费项目和改变学生公寓直供热水收费性质的通知》要求，2010年春季学期起取消了公办普通高中的内膳生工友费、水电费、校园安全管理费、微机使用费和城市公办初中和小学的内膳生工友费等收费项目。因此上半年防城港市非义务教育学杂费同比下降6.4%。

城际交通费则出现了上涨。在今年

春节后防城港汽车公司将部分班车更新升级，成本增加，防城港—南宁的快班调至53元/人，防城港—北海的普快调至59元/人，防城港—成都的普快调至511元/人。城市间交通费同比上涨20.3%。

2010年1月25日起，中国银行率先取消了“首付两成、利率7折”的房贷利率优惠，提至8.5折。春节过后，光大、招行、兴业等银行纷纷跟进，收紧住房贷款利率优惠。4月1日起，最后一家维持着7折优惠利率的国有银行农业银行也将首套房优惠利率由7折调高至8折。四大国有银行（工商银行、农业银行、中国银行、建设银行）均已调整了“首付两成、利率7折”的政策。目前防城港市建行五年以上首套房个人房屋贷款最惠可以享受7折优惠，但提高了门槛，面积90以下，首付达到40%以上，才能享受7折优惠；90以下，首付20%可以得到8折利率，90以上，首付30%以上，享受7.5折利率，90以上，40%以上，同样可以享受7折最惠利率。防城港市房屋贷款利率同比上涨7.2%。

三、下半年CPI运行趋势预测

由于国家提高粮食收购价格，南方地区经受春旱夏涝，对今年夏粮生产造成不利影响，主要是粮食价格可能继续小幅上扬。粮食价格的上涨，必将引起饲料价格联动，加大生猪、家禽、水产品饲养成本，抬高肉禽蛋和水产品市场价格，扩大食品类价格上涨的涉及面，食品价格总体将维持上涨态势。资源、能源类价格上涨，工人工资预期提高，生产成本增加，工业消费品价格存在上涨的可能性。我国经济基本摆脱全球金融危机的影响，呈现快速回升态势，消费市场将持续增长，市场的繁荣将推动消费价格上涨。

2010年上半年，国家连续三次提高了存款准备金率，减少了市场流动性；及时出台重大调控措施，遏制房地产过度投资，防止经济过热，有效抑制了通货膨胀。据从有关部门了解，防城港市近期也不会出台调价政策，公共产品价格将保持稳定。上半年消费价格指数上涨，包含了去年的翘尾因素，新涨价因素没有看上去那么大，随着下半年的到来，翘尾因素的影响将逐步减弱。

综上所述，2010年下半年既存在可能的新涨价因素，也有抑制价格进一步上涨的较好条件，预计2010年下半年防城港市居民消费价格总水平将保持平稳上升的态势，CPI全年涨幅应在4.0%左右，低于防城港市5.0%的控制目标。

四、对策与建议

（一）关注粮食价格，防止过快上涨

手上有粮，心里不慌。今年全国自然灾害频发，特别是广西产粮地区受灾严重，对粮食生产造成不利影响，市场对粮食稳产、粮价稳定的预期降低，在当前粮食价格上涨的情况下，应增加粮食储备，保障充足供应，稳定粮食价格。

（二）保持公共产品价格稳定

公共产品价格政策的出台，具有较强的敏感性和示范效应。当前居民消费价格上涨较快，各级政府应暂缓或减少出台公共产品调价政策，以免引起价格的连锁反应，减轻价格上涨对居民生活特别是低收入群体生活的影响，减缓价格总水平上涨的压力。

（三）完善生猪补贴政策，稳定肉禽蔬菜供应

此轮CPI上涨的走势，虽然是由食品价格领涨，但肉禽价格并未上涨，反而还有较大的降幅。如果粮食、肉禽价格与蔬菜同步上涨，则将影响CPI大幅上涨。当前，生猪生产面临成本高、价格低、养殖亏本的问题，难以走出周期性亏损的轮回。进一步完善生猪补贴和收储政策，稳定肉禽生产，是保持价格总体稳定的关键。

2009年玉林市房地产价格走势分析

岑佳霖

2009年玉林市区房地产市场在经历了第一季度的较平稳运行之后，从第二季度开始房价逐月攀升，同比持续上涨。同时，房地产市场需求旺盛，楼市整体呈现量价齐升态势。

一、房屋销售价格走势特点

（一）房屋销售价格月环比均呈现上涨的走势

2009年，玉林市区房屋销售价格各月环比指数分别为100.5%、100.9%、100.3%、100.1%、102.9%、102.6%、100.9%、100.0%、100.1%、101.0%、102.3%、100.5%。环比数据显示，虽然12月份环比涨幅明显回落，但还是处于上升趋势，房屋销售价格总体仍呈现持续上涨态势。

从分月数据看，玉林市区房屋销售价格环比涨势在上半年逐月走强，环比涨幅由1月份的基本持平逐月扩大到5月份的2.9%，涨幅达到全年最高。但进入下半年后环比涨幅开始缩小，7月份环比涨幅与上月相比回落1.7个百分点，10月份开始进入第二轮涨价，环比涨幅增大，12月份价格趋于平稳。（详见图1）

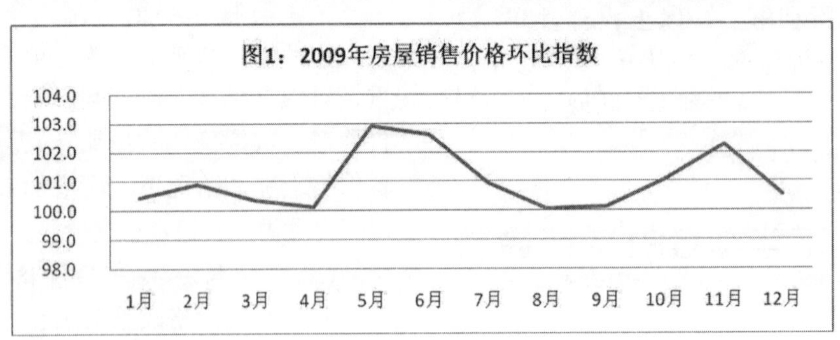

（二）房屋销售价格同比涨势逐月走强

2009年1—12月，玉林市区房屋销售价格平均上涨6.6%，涨幅比上半年扩大3.2个百分点。各月同比指数分别为103.4%、104.2%、102.9%、103.1%、102.0%、105.7%、106.5%、106.6%、109.8%、109.2%、112.6%、112.7%，同比涨势逐月走强。

从前五个月来看，房屋销售价格同比基本保持平稳的走势，各月差距不大；6月份开始迅速扩大，涨幅比上月提高3.7个百分点。下半年价格继续上扬，四季度同比涨幅直逼10%大关，12月份以12.7%的涨幅

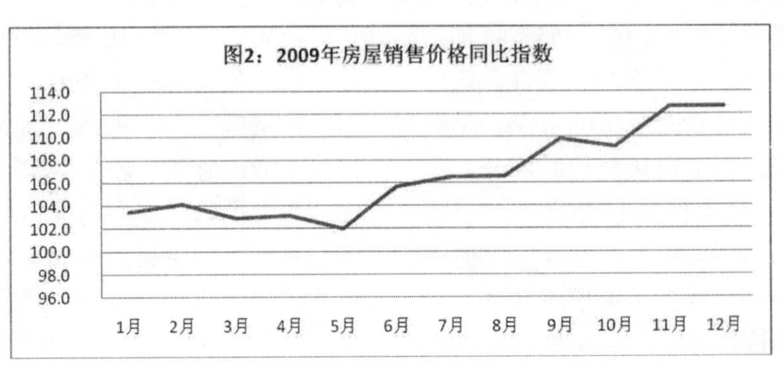

攀升到了全年的最高点。（详见图2）

（三）商铺价格差异较大

据调查资料显示，玉林市区不同类型的商铺价格差异较大，呈现高低互现状态。面向住宅小区的社区商铺均价集中在4000～6000元/平方米的范围内，而繁华地段商圈商铺的价格在10000元/平方米以上，且同一商业中心的不同楼层的商铺价格差距也十分明显，市中心某商业楼盘二楼商铺均价为10000多元/平方米，一楼则贵了近一倍，价格超过20000元/平方米。

二、房屋销售情况

（一）新建房销售量上半年连续增长，下半年继续放大

调查数据显示，2009年1月份玉林市区新建房屋销售量为1.4万平方米，而随着全国房地产市场逐步回暖，开发商借着玉林房展会的东风，纷纷选择在5月份推出新楼盘或者旧盘推新房源，也使得购房者将买房计划稍微推迟到5月份各大新盘推出以后。到6月份房屋销售量达到全年单月最高，共成交7.75万平方米，环比增加了98.22%，与1月份相比增加了453.57%。三季度起需求相对有所减少，原因在于：一是大部分新推楼盘在推出之初两个月已经基本上售完，下半年新开楼盘相对较少，销售量有所回落；二是二套房贷政策的严格执行抑制了部分投资型需求；三是高位运行的房价对部分刚性需求有所抑制，目前市区的房价已处于历史高位，中心城市新楼盘销售单价大都已经在3000元以上，不少楼盘已多次提价。但下半年销售情况与上半年相比，增长仍十分明显。（详见图3）

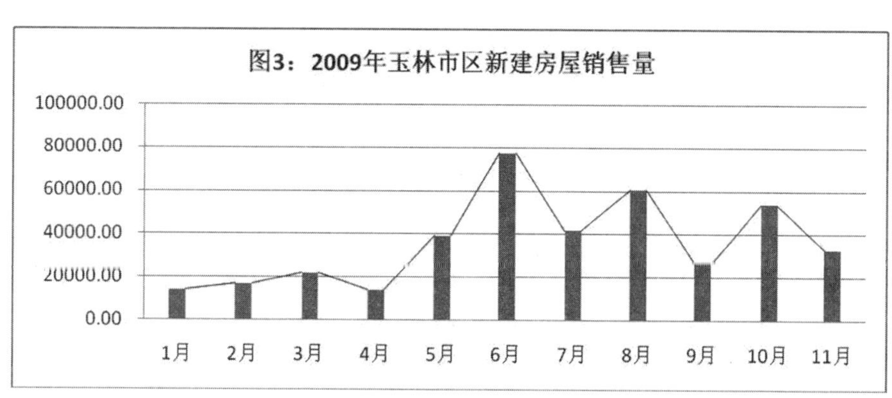

（二）高层住宅销售逐渐占主导地位

随着玉林城市建设的快速发展，市区土地资源日渐稀缺，高层住宅逐渐成为市场主流。2009年，玉林市区新建房屋销售中，高层住宅销售所占比重越来越大，其销售所占比重已由2008年12月份的29%上升到2009年11月份的57%，1—11月份高层住宅销售总量占新建住宅销售总量的75%。一、二季度高层住宅所占比重不大，原因在于当时在售的楼盘以旧楼盘为主，大多数旧楼盘都是多层住宅；而之后新开楼盘或旧盘新推房源也以高层住宅为主。（详见图4）

（三）楼盘品质进一步提升

在玉林市楼盘项目的开发中，产品本身的质量、环境、配套等越来越完善，开发商也越来越注重环境的打造。2009年亮相的大多数楼盘都十分重视对社区内的景观打造，即使推出的房源销售价格明显高于其他楼盘，仍得到了不少购房者的青睐。其余即将推出的楼盘也都十分注重内外环境的打造，使得玉林的楼盘品质得到进一步提升。

（四）投资性需求出现增长

随着住宅项目的热销，一些位置较好的品牌楼盘商铺也受到不少投资客的青睐。从调查数据来看，目前玉林市区房地

产市场刚性需求仍占主流，但投资性需求也出现增长，各家楼盘也看好时机，积极推出面向住宅小区的社区商铺，得到市场较好反馈，即使开发商趁势大幅提价，也丝毫不减投资热情，部分楼盘社区商铺仍旧供不应求。而繁华地段商圈的商铺即使价格超过20000元/平方米，销售依旧火爆。

（五）二手房成交量同比大幅增长

2009年玉林市区二手房成交量为18万平方米，同比增长34.60%。从各月成交情况看，剔除假期成交天数减少的因素，上半年成交量呈逐月递增的态势，下半年虽有所减少，但与去年同期相比，均有较大幅度增长。主要原因有两方面：一是政策调整，如营业税征收时限缩短、房产过户手续简化、契税调整、个人购房贷款利率降低等新出台的政策措施，都促使二手房交易量的上升；二是部分想改善居住条件的居民，对房市行情摸不准，一直处于观望状态，在出台一系列促进房地产市场稳定发展的政策后，楼市行情比较稳定，加之贷款条件比较优越，人们因购买新房逐渐开始卖掉旧房，从而使二手房交易量逐

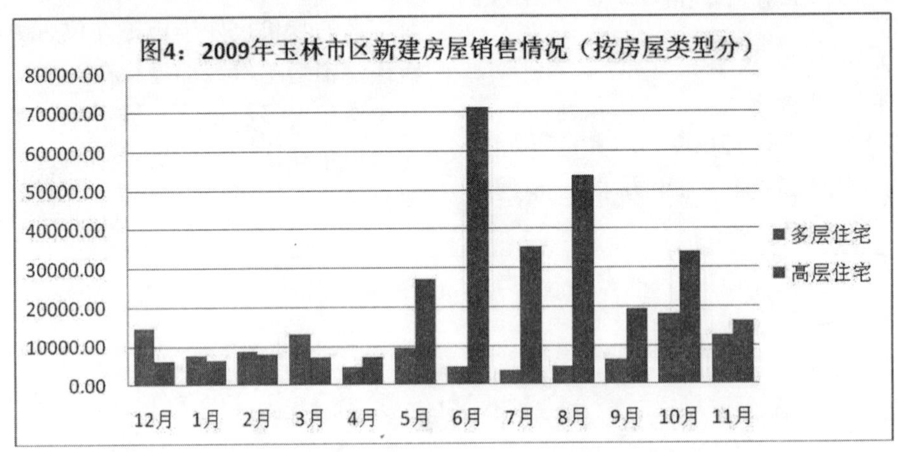

图4：2009年玉林市区新建房屋销售情况（按房屋类型分）

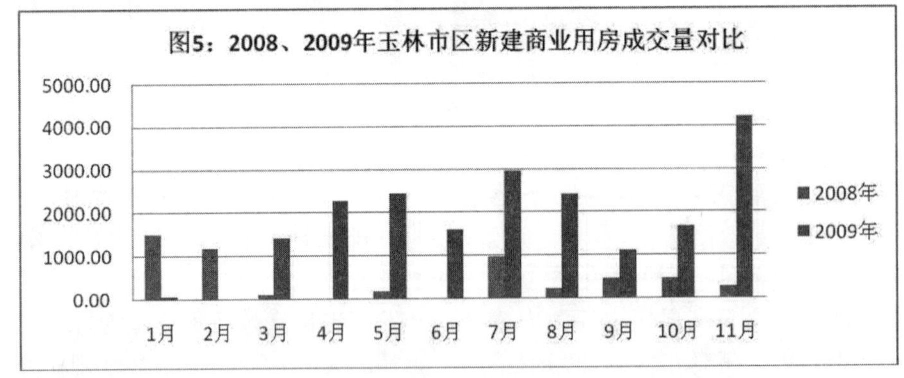

图5：2008、2009年玉林市区新建商业用房成交量对比

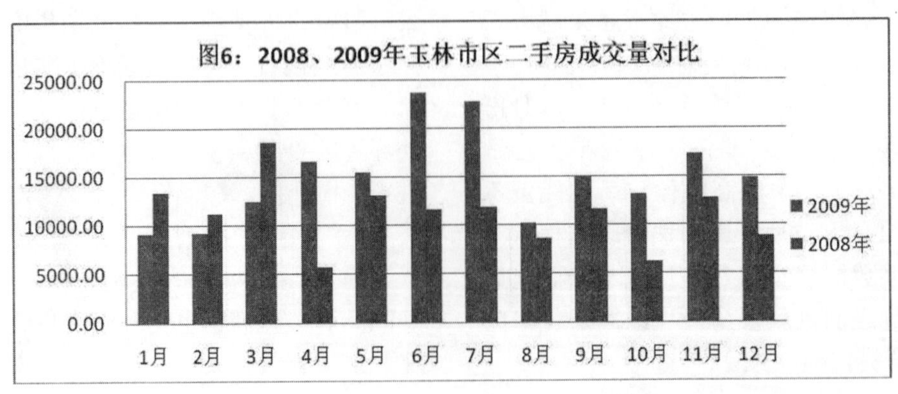

图6：2008、2009年玉林市区二手房成交量对比

步上升。（详见图6）

三、影响房地产市场价格的主要因素

房地产业作为国家的重要支柱产业之一，它的波动明显受国家政策影响。同时，作为一个相对开放的市场，房价的变动自然也受供求关系影响。分析2009年玉林市区房地产市场价格的持续上涨状况，主要有以下几个主要原因：

（一）政策刺激导致需求释放

2008年全国房地产市场整体步入了低谷，为提升市场信心，全国和地方都出台各种购房优惠政策，比如贷款利率下调、首付比例下降、购房税费减免等等，但这些政策存在明显的阶段性特点，受这些利好政策的导向，压抑已久的刚性需求和改善型需求在2009年初开始逐步释放，持续升温。

（二）需求旺盛促进房地产发展

目前玉林市房地产市场正处于需求旺盛时期，主要表现在四个方面：一是经济长期快速稳定的发展，城镇居民可支配收入持续增加带来的改善性需求；二是地理区域和人口结构变化、旧城改造、居民房屋拆迁等带来的刚性需求；三是周边县区的居民也成为玉林城区房屋的重要购房群体；四是玉林市正处于经济发展的重要时期，重点项目的纷纷落户，增加了住房需求；五是投资性需求有所增长。据了解，目前买房投资的人主要还是长期投资，他们会认为房子买来租出去有一定的收益空间，与投资股票、黄金相比，投资房地产风险也低很多。

（三）楼盘品质提升推动价格上涨

从全年玉林市区房屋销售情况来看，高层住宅逐渐成为主流，楼盘的品质也在不断提升，房地产开发在提高楼盘品质、改善居住环境等投入资金增加，造成成本增加。在成本的推动下，房价必然有所上涨。

（四）土地成交量增加，地价大幅提高

2008年房地产市场低迷时，房地产企业纷纷暂缓征地，土地市场“流拍”现象时有发生，而随着市场需求再度旺盛，消化速度加快，房地产企业积极性大增。相关数据显示，2009年市区挂牌推出的近20幅住宅用地全部成交，连2008年“流拍”的土地在2009年也全部成交。从国土部门了解，2009年成交的住宅用地共71.34万平方米，比2008年62.28万平方米增加了14.55%；平均地价1592.86元/平方米，比上年853.32元/平方米提高了86.7%。

四、近期房价预测

由于土地供应充足，今后较长一段时间内市区房屋的供给将较为充足，地价上涨、品质提升、成本提高等因素对房价上涨有很大的影响。如果政府房地产政策收紧，将会对房价上涨速度有遏制作用，具体影响还要看后续出台的具体细则及落实情况。因此基本判断是玉林市区的房价在近期内会维持一个平稳上升的态势。

价格指数持续上涨　成交量继续放大

——2010年一季度玉林房地产市场运行情况分析

岑佳霖

2009调查资料显示：2010年一季度，玉林市的楼市仍保持2009年下半年以来市场购销两旺的发展态势，房屋销售价格明显上涨，成交量继续放大。

一、房屋销售价格走势分析

1．房屋销售价格同比仍保持上涨态势。1至3月份，房屋销售价格同比分别上涨12.7%、11.8%、12.5%，继续保持2009年四季度以来超过10%上涨态势（详见图1）。其中：新建房分别上涨11.2%、11.2%、12.1%；二手房涨幅均为14.3%。

2．房屋销售价格环比出现上扬。1-3月份，各月房屋销售价格环比指数分别为100.5、100、101，平均上涨1.5%。玉林市房屋销售价格自2009年11月出现较大涨幅后，2010年1-2月份房价未出现大调整，房屋销售价格环比基本持平。由于2010年前两个月房屋销售仍保持较好状况，春节过后，一部分楼盘开始新一轮的价格上调，3月份房屋销售价格环比涨幅再度达到1%（详见图2）。

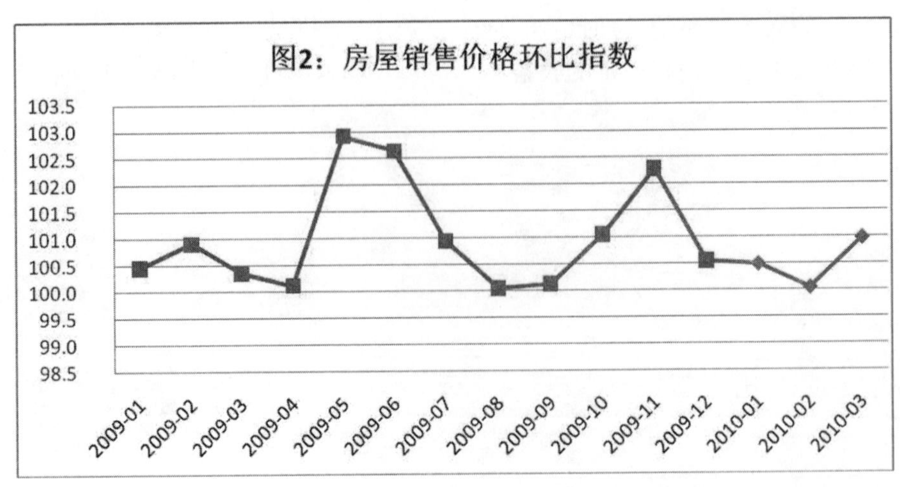

3．高层住宅价格上涨速度明显快于多层住宅。从房屋类型看，高层住宅与多层住宅上涨趋势均与上年基本一致，但高层住宅价格涨幅明显高于多层住宅。从各月数据看，高层住宅销售价格同比涨幅仍超过10%，分别上涨14.1%、13%、14.6%；多层住宅同比涨幅相对较小，分别为4.1%、3.5%、2.6%（详见图3）。

4．二手住宅销售价格平稳上涨。2010年1月份起，二手房营业税优惠期限到期，但是玉林市的二手住宅销售价格在新建住宅价格上涨的的影响下，仍呈平稳的上涨态势。1—3月份，二手房销售价格同比均上涨了114.3%；而环比指数分别为101.2、100、100，未出现明显波动（详见图4）。

5．商铺价格差异继续拉大。2010年一季度，住宅小区的社区商铺价格仍在4000～6000元/平方米之间，而繁华地段新开盘的商圈商铺最高价格已经从去年底的20000元/平方米上涨到30000元/平方米，个别位置较好的商铺价格甚至能卖到40000元/平方米。同一商业中心的商铺价格差距也十分明显，最低的有6000多元/平方米，最高的也达到30000多元/平方米。由此可见，商铺的价格差异越来越大。

二、房屋销售特点

1．新建房成交量继续放大。2010年以来，玉林市区新建房成交量继续放大，1月份成交面积为9.18万平方米，是近一年来单月成交面积最高值；而2月份适逢春节，大部分房地产企业在正月十五之后才收假，假期较长，使得交易时间较其它月份减少了三分之一甚至一半，但是成交面积也达到7.27万平方米，也是近一年来单月成交面积较大的月份（详见图5）。

2．高层住宅已经成为开发主流。玉林城市建设的快速发展，市区土地资源日渐稀缺，高层住宅已经成为市场主流。新建商品住宅中，高层住宅销售所占比重越来越大，2008年高层住宅销售总面积占商品住宅的53%，2009年占78%，而从今年1—2月份的商品住宅成交面积情况看，高层住宅销售面积已占商品住宅销售面积的90%（详见图6）。有关部门的资料也显示，今后新开发的楼盘或旧盘新推房源也以高层

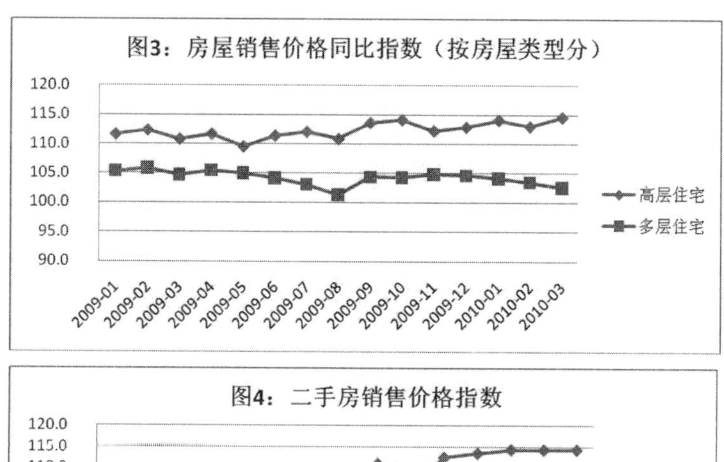

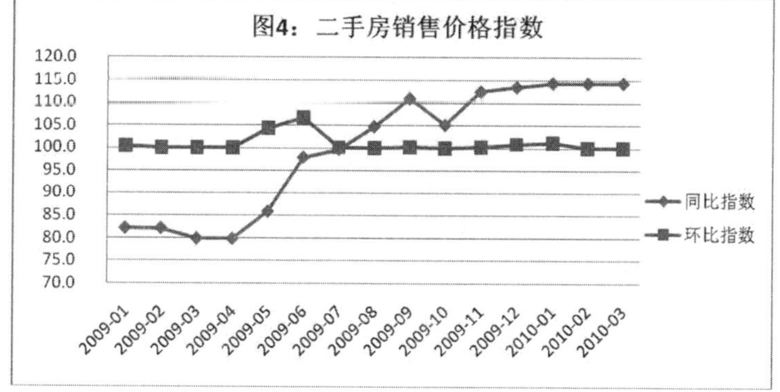

住宅为主。

3．新区开发置业渐成热点。随着玉林市房地产的不断发展，市中心可开发用地越来越稀缺，新的住宅楼盘已经向二环路以外扩张。而江南片区和玉东新区是玉林市未来几年的重点发展区域，越来越多的开发商将眼光投放到这两个区域（2010年一季度新挂牌成交的土地全部位于玉东新区）。目前在售或已计划开发的楼盘中，一半以上的楼盘集中在这两个区域，且销售状况良好，其成交量也占总成交量的50%以上。有关部门资料表明，从2009年1月至2010年3月，在已经挂牌成交的110.19万平方米的商住用地中，有93.10万平方米位于江南片区或玉东新区，所占比例达84.49%；计划建筑面积244.97万平方米，占总建筑面积的69.66%。

4．楼盘规模越来越大。城市规划设计的水平在不断提升，新推楼盘的规模和档次也有了明显的提高。前几年建筑面积比较集中在10万平方米左右，而近年来大楼盘已不断涌现，几个新兴片区如江南、玉东等，已经有多个50万平方米以上的大盘，目前在售的建筑面积在100万平方米以上的楼盘有3个，其中有一个楼盘超过200万平方米。大盘在规划设计、配套设施、物业管理、园林景观布置等方面，有了更大的优化空间。

5．二手住宅成交量环比有所下降，同比仍维持增长。2010年1月1日起，二手房交易营业税“2还5政策”正式实施，1月份玉林市区二手住宅成交面积为1.83万平方米，环比下降27.04%，同比增长100.95%；2月份成交面积为1.60万平方米，环比下降12.91%，同比增长73.37%（二手房成交量见图7）。二手住宅交易量同比增长的主要原因有：一是二手房价格低廉，较受中低消费者的青睐；二是各项政策调整，如房产过户手续简化、契税调整、个人购房贷款利率降低等政策措施，促使二手房交易量的上升；三是随着生活水平的提高，部分想改善居住条件的居民，因购买新房逐渐开始卖掉旧房，从而使二手房交易量逐步上升。

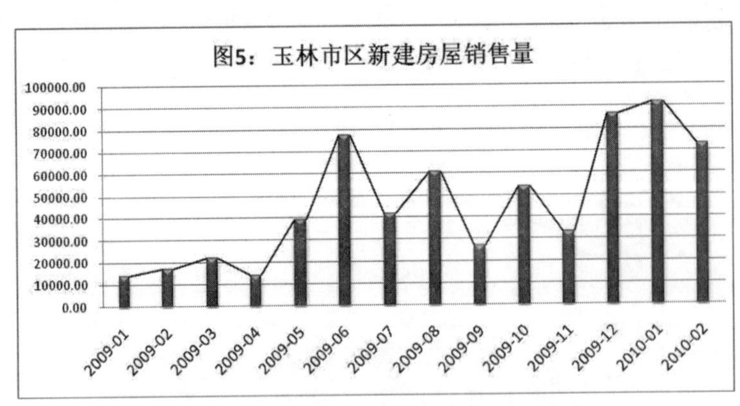

图5：玉林市区新建房屋销售量

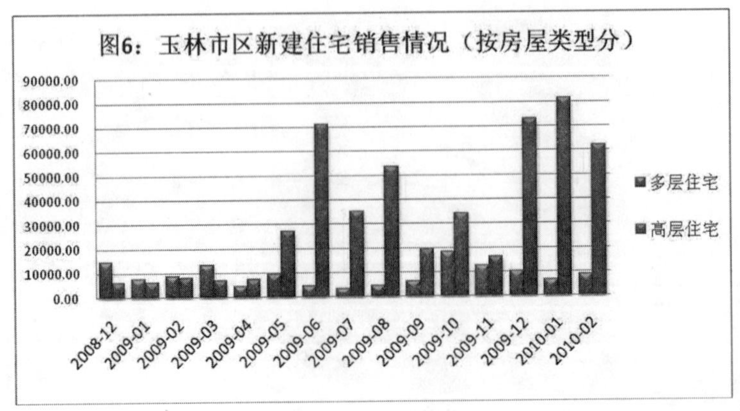

图6：玉林市区新建住宅销售情况（按房屋类型分）

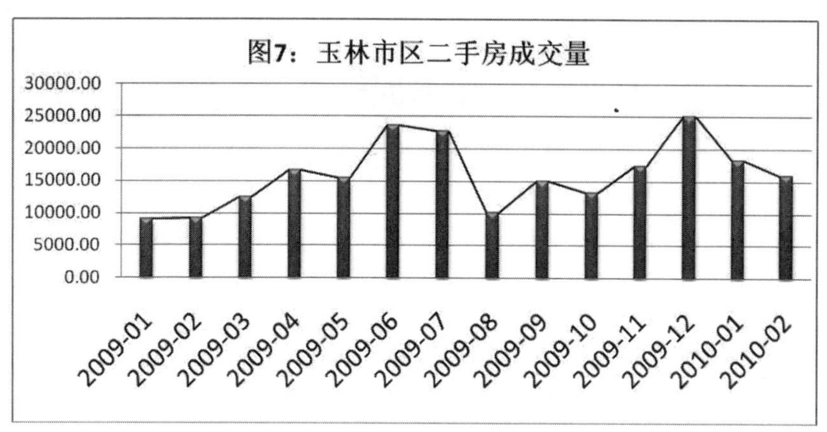

三、玉林市区房地产价格趋势展望

随着城镇化进程的加快，城镇人口快速增加，居民收入水平不断提高，住房的刚性需求及改善性需求仍将持续性增加。特别是在当前市场背景下，品质提升、地价上涨，成为近期拉动房价上涨的因素。而2010年国家抑制房价过快上涨的决心和态度十分明确，之后出台的相关政策会对玉林市区的房价过快上涨有一定的抑制作用。玉林市楼市经历了2009年快速上涨行情后，目前的价格已经上涨到一个较高水平，新开楼盘均价已经达到每平方米3000元以上，一些品质或位置较好的楼盘部分房源价格已经接近每平方米4000元，因此预计今年玉林市区房屋销售价格将保持平稳上涨的态势。

1．房地产新政将在一定程度上遏制房价过快上涨。根据2009年底中央经济工作会议精神，调控政策基调不变，“针对性、灵活性”增强，这意味着针对市场的变化，国家将出台不同力度的调控措施。如：2010年1月10日，国务院发布了《关于促进房地产市场平稳健康发展的通知》（简称“国十一条”），进一步加强房地产市场调控，也表明了政府遏制房价过快增长的决心和态度。如果之后新政策陆续出台，将在一定程度上遏制房价的过快上涨。

2．房价的稳定受制于土地价格的稳定。2009年，玉林市区挂牌成交的商住用地面积与往年相比明显增加，土地价格上涨幅度大，土地市场地王价格不断刷新，也迅速带动了周边房价的上涨。据了解，目前玉林相关部门已经着手检查清理闲置土地，打击囤地现象。2009年12月17日，财政部、国土部资源等五部委发布《关于进一步加强土地出让收支管理的通知》，明确今后在土地出让中，首付款缴纳比例不得低于全部土地出让价款的50%，分期缴纳全部价款的期限原则上不超过1年。这些措施能够从源头抓起，对遏制房价过快上涨，保持房价稳定起到了一定的作用。

3．需求旺盛仍是基本特征。在目前玉林市区房地产市场中，本地居民仍是主要购买力量，周边区县的富裕人群出于改善居住环境等需要及升值预期，开始进入中心城市购买房产，从而带来新的刚性需求。玉林属于三线城市，房地产市场正处于快速发展的阶段，城市的购房需求可挖掘的潜力很大。随着区域一体化的推进，城市化进程的加速，也为三线城市的发展注入了新的活力。各种因素使得玉林市区的住房需求在一段时间内仍将持续旺盛。

4．楼盘品质提升加速推动价格上涨。随着玉林房地产市场的不断发展，市民住房的要求也越来越高，众多楼盘的开发也越来越注重楼盘品质的提升。从房屋质量到楼盘环境，无论是硬件还是软件，都越来越完善。楼盘品质的提升，必然造成成本的增加。在成本的推动下，房价也就有所上涨。

贵港市房地产市场现状及发展前景

谭 锋

贵港市作为我国欠发达地区的三线城市，2009年积极应对全球金融危机的影响，房地产业较好较快发展，房地产市场呈现出房屋销售价格平稳走高、房屋销售面积开始回升、房地产开发投资增速较快的良好运行态势。

一、房地产市场运行基本情况

概括而言，2009年贵港市房地产市场运行情况主要表现为“二高一快”。

（一）房屋销售价格稳步走高

贵港市房屋销售价格在2008年有所回落后，2009年处于稳中有升的态势，涨幅仅在4%上下小幅波动，价格变动逐步趋于理性，有企稳回暖迹象。特别是二季度以来，房屋销量出现明显回升势头。全年房屋销售价格指数为106.5，上涨6.5%，其中：新建房上涨6.3%，住宅上涨6.2%，商品住宅上涨7.1%。各月的房屋销售价格同比涨幅分别为：7.9%、5.1%、4.3%、3.5%、2.8%、1.6%、2.7%、2.2%、2.6%、6.9%、5.9%、6.5%，涨幅呈两头高中间低的走势，具体说就是1—6月逐步走低，7月后开始回升。其主要原因：一是需求量仍然比较大，外来人口购房踊跃；二是投资获利的动机依然存在，部分投资者在预期贵港市房价上涨的情况下选择房地产作为投资手段。

（二）商品房销售面积创历史新高

2009年，贵港市房地产市场出现回暖，商品房销售面积扭转下降趋势，开始逐步增加。全年商品房销售面积116.06万平方米，比上年增长13.8%，销售面积绝对值创出了历史新高。商品房销售均价为2485.67元/平方米，比上年增长18.25%，其中：住宅均价为2356.30元/平方米、普通住宅为2433.22元/平方米、商业营业用房为4373.26元/平方米。全年商品房销售额28.85亿元，比上年增长33.9%。销售均价和销售量与2008年相比都有较大提高，出现价升量增的强劲增长走势。

（三）房地产投资保持较快增长

2009年下半年起，随着房地产价格不断上涨，商品房的开发数量、规模也不断扩大。全年房地产开发投资为33.56亿元，占全市固定资产投资的11.57%，比上年增长23.3%，其中，房屋施工面积403.05万平方米，比上年增长13.8%，新开工面积为136.5万平方米，同比增长0.4%。主要原因一是房地产市场逐步回暖，加上2009年建筑材料价格处于历史低位，有利于房地产开发投资；二是从2008年二季度起贵港市新开发的房地产项目明显增加，在2009年陆续进入投资高峰期，因此房地产投资一直保持快速增长。

二、房地产市场运行中存在的问题

贵港市房地产业总体发展是好的，但是也存在一些较突出的阻碍因素，主要表现在以下几个方面：

（一）住房供应结构不尽合理，盲目投资助长了价格的上涨

住宅需求是居民消费和投资并存的最基本需求之一。从目前情况看，由于供给方产品的单一、消费引导的偏差和投资渠道的单一，房地产投机需求热潮方兴未艾，造成房价虚高，同时也导致了销售面积上升与中低收入者购房愈加困难并存的现象。中高档住房供应量过

大，中低价位的普通商品房供应偏少。面对不断攀升的房价，广大中低收入者只能望楼兴叹，期盼能多推出经济适用房以及小户型楼房，以满足部分弱势群体的购房需求。

（二）房地产开发资金来源渠道单一，影响了房地产供应规模

房地产开发资金来源渠道过于单一，以银行贷款为主，其他金融方式所占比例较小。对银行资金的过度依赖一方面加大了金融风险，另一方面金融调控也会放大市场供应的波动。提高利率影响了房地产开发企业的投资成本，而提高存款准备金限制了银行的放贷能力，信贷额度的控制更加大了开发企业的资金获取难度，从而影响房地产市场的供应。近期受到国家房地产调控政策的影响，房地产金融支持力度已有所下降。

（三）供地比较紧张，土地供应机制有待完善

由于开发项目用地多，开发量大，目前贵港城区的建设用地比较紧张，已成为制约房地产业发展的“瓶颈”问题。由于缺乏资金等原因，土地一级开发进度缓慢，土地储备作为政府调控房地产市场的重要手段，未能发挥应有的作用。土地供应效率不高、完成土地供应计划的力度不够、出让后开发监管不力等因素，直接影响了住房的有效供应。对开发商“囤地、抬价、待价而沽”也缺乏有效的动态监测监管手段。土地资源供给紧张已经制约了贵港房地产业的发展和城镇化进程。

三、房地产市场发展前景良好

从长远来看，贵港市房地产业的发展有着更为广阔的空间，房地产市场长期的发展前景良好，其理由如下：

（一）经济平稳发展将使房价相对稳定

从国外房地产发展的经验看，地价或楼价一般会随着经济的迅速发展而有一定幅度的上升。目前，贵港市经济持续保持两位数增长。虽然国际金融危机产生一定影响，但在国家扩大内需的政策支撑下，经济增速将相对平稳，从而对房价稳定产生积极作用。房地产企业普遍认为，虽然一些大城市如广州、深圳等地房地产销售价格有下滑的趋势，但作为三线城市的贵港市的房地产价格仍能保持上升势头，房地产市场不会出现大幅滑坡的现象。

（二）城市化进程加快对房价起到拉动作用

根据2009年1月31日正式下发的《中共中央、国务院关于加大统筹城乡发展力度，进一步夯实农业农村发展基础的若干意见》，国家将深化户籍制度改革，加快落实放宽中小城市、小城镇特别是县城和中心镇落户条件的政策。这无疑有利于加速中小城市、小城镇的城市化进程，而城市化进程加速的过程中无疑将为该类地区的房地产市场带来新的购买力，也有利于稳定和扩大二、三线城市的房地产市场。贵港市目前正处于城镇化加速阶段，近年来城市面积逐步扩大，城市人口逐步增加，伴随而来的是房地产市场的持续繁荣。大批农民进城和城乡居民物质生活条件的改善将带动城市房地产业的发展。长期来看，巨大的潜在需求决定了房地产价格长期增长的趋势。

（三）供给减少和需求增加将促使房价稳步上涨

从供给方面看，土地资源的稀缺性将促进房价的稳步增长。土地资源的稀缺性、土地供应的有限性及区位的差异性，导致土地供应的相对不足，房地产价格构成中的土地成本部分将呈逐步上升的趋势。房地产商们珍惜现有土地资源，或放慢开发的步伐，或走精品、高档路线，以期在有限的土地上赚取更高的利润。从需求方面看，城镇居民改善居住条件的愿望十分强烈，有效需求的持续增长将拉动价

格稳步上升。

（四）居民购买房产的支付能力逐年上升推动房地产业发展

贵港市城镇居民人均可支配收入保持持续上升的态势，居民收入水平不断提高。2009年城镇居民人均可支配的收入为12455元，比上年增加1039元，同比增长9.1%，不断增长的收入水平和财富的积累提高了居民的购房能力，客观上促进了居民对改善居住条件的需求和投资需求，拉动房产价格走高。广大居民购房支付能力的逐步上升可以保证房地产市场的长期发展。

（五）优越的地理区位优势催生房地产发展

近年来贵港市加强港口、航运基础设施建设，全力打造对接珠三角、连通大西南、融入北部湾的便捷交通网络。随着珠三角地区新一轮产业结构调整，原有劳动密集型和资源密集型产业逐渐向周边生产成本低的地区转移，而贵港市承接东部发达地区产业转移的优势得天独厚，充分利用区位优势、资源优势、综合成本优势和西江黄金水道，适宜发展物流、建材、电子、服装等产业。随着产业转移会伴生相当数量的商品房需求，从而推动房地产业的长期发展。

四、促进房地产业可持续发展的对策和建议

（一）建立和完善信息系统，加强房地产市场监测

建立和完善土地市场动态监测制度，加强对建设用地供应、土地价格变动情况的监测分析，科学预测商品住房对土地的需求。加强对同地段、同品质房屋销售价格和租赁价格变动情况的分析，准确判断房价变动趋势。各有关部门要加强信息沟通与整合，适时披露土地供应、商品住房市场供求，以及土地和住房价格变动等信息。要加强舆论引导，增强政策透明度，稳定市场心理预期，促进市场理性发展。应该提高市场监控预测能力，准确把握房地产市场走势，及时发现市场运行中的新情况、新问题，提高调控措施的预见性、针对性和有效性。

（二）防范信贷风险、引导银行业实行差别化信贷政策

经过连续几年的快速上涨，房价涨幅已经很高，在当前整体经济形势不确定的背景下，房价出现短期波动的可能性进一步加大。商业银行等金融机构要提高风险意识，密切关注房地产市场变化情况，严格控制信贷风险。鼓励房地产企业进行多元化融资，分散信贷风险。坚持因地制宜、有保有压，引导商业银行根据当地的经济发展、市场需求、房价水平、建造成本、居民收入和地理环境等多种因素，实行差别化的信贷政策。

（三）切实完善住房供给结构，进一步增加保障性住房建设

国务院办公厅2010年1月7日发布的《国务院办公厅关于促进房地产市场平稳健康发展的通知》明确提出，要增加保障性住房和普通商品住房有效供给。目前，贵港市经济适用房、廉租房建设滞后，作为住宅消费主体的中低收入家庭的住房需求无法得到满足，应该充分考虑市场需求的多样性、层次性和阶段性，把满足中低收入阶层住房需求作为重点发展战略。首先加强经济适用房的管理，严格控制套型、面积、价格和销售对象，扩大经济适用房的建设规模。其次，全面落实廉租住房制度。加强住房保障对象的动态管理，合理确定保障标准和保障范围，建立健全多渠道筹措廉租住房建设资金的制度。

（四）科学规划城市用地，解决土地供应紧张问题

科学规划城市用地是政府调节地价的重要手段之一，通过规划，有计划有步骤的进行土地出让，规定开发商开发土地的时限和经营的种类，可以促进房地产市场

的健康运作，缓解供需结构矛盾，从而缓和房价上涨速度。首先，应进一步完善城市总体规划，着力改善土地的供应结构，科学合理布局，调整好城乡建设用地。第二，要加大闲置土地清理力度，依法处理违规囤地，加快盘活存量国有建设用地，提高土地利用效率，完善住房用地供应方式，优先保证保障性住房土地供应，增加普通商品住房土地供应。

百色市农资价格出现近十年最大降幅

——2009年百色市农资价格运行情况分析

钟思晴

2009年，百色市农资价格呈现由升转降、持续走低、降幅收窄的运行态势，其中3—12月呈现下降状态，甚至有4个月降幅跌破10%以上，与前两年农资价格高位运行、节节攀高的形势截然相反。调查资料显示：2009年百色市农资价格比上年下降6.6%，而2008年则是上涨23.2%，2007年上涨12.3%。农资价格由高走低，出现了近十年的最大降幅，反映出农资生产企业产能的震荡调整，各个类别的变动，也折射出种植业、畜牧业和农业产业化的不同发展状况。

一、农资价格运行基本情况

（一）农资价格运行“三个阶段”

2009年农资价格呈现由升转降、持续走低、降幅收窄等三个不同的发展阶段，主要表现在：1—2月农资价格涨幅逐渐回落，3月份由升转降后，降幅逐月扩大；而四季度出现了积极的变化，降幅开始收窄。据调查，1—2月百色市农资价格分别上涨3.9%、2.8%，3—12月份分别下降3.2%、6.1%、7.9%、10.1%、10.0%、11.5%、13.5%、11.1%、5.3%、4.9%，其中，6—10月跌幅达到10%以上，8—9月农资价格更是创下1998年以来单月最大降幅。

（二）十大类别价格“五升五降”

从类别上看，与上年相比，百色市农资价格由上年的“九升一降”转变为2009年的“五升五降”的运行态势，上涨面明显收窄，下降面迅速扩张。从各个层面来看，产品畜、半机械化农具、化学肥料、农用机油、农药及农药器械等五大类价格有不同程度的下降；农用手工工具、饲料、机械化农具、其他农业生产资料、农业生产服务等五大类有不同程度的上涨。

（三）农资结构特征变化显著

从结构上看，虽然农资价格总水平表现为小幅下降，但各大类之间存在大涨大跌的不同走势，其中幼禽家畜价格下降27.7%、化学肥料价格下降15.4%；而机械化农具价格上涨27.9%、饲料价格上涨11.9%、其他农业生产资料价格上涨8.4%，这充分说明农资价格内部变动差异非常明显，结构性特征变化显著。

二、农资价格运行主要特点

2009年农资价格主要有两种变动趋势，以化肥、幼禽家畜为代表的农资产品不断拉低价格总水平，而以饲料、机械农具为代表的农资产品则阻止价格总水平过度下降。同时，由于各类农资价格变动方向和程度各有不同，对农村养殖业、种植业和农业产业化发展的影响程度差异十分明显。

（一）化肥、幼禽家畜等类别拉低农资价格总水平

1．幼禽家畜价格下降迅猛。生猪市场经历了较长时间快速上涨后，社会资金大量流入生猪行业，产能过剩问题比较突出，加上受流感疫情的影响，零售市场消费需求不足，导致幼禽家畜市场发展受挫。据调查，2009年全市幼禽家畜价格下降27.7%，而上年则上涨29.3%，是拉低农资价格总水平的第一因素。近两年养殖业

效益大起大落，不利于农户巩固和扩大养殖规模，不利于稳定和提高养殖收入。

2．化学肥料价格持续下跌。金融危机后，遭遇外需紧缩和内需乏力的双重压力，供给远大于需求，产品积压库存过多，导致化肥价格一路走低。据调查，2009年有11个月化肥价格呈现下降状态，致使全年化肥价格下降15.4%，其中6—10月跌幅达30%以上。化肥价格的大幅下降，有利于降低农业生产种植成本，调动农民种植的积极性，对促进当地种植业的发展有较好的推动作用。

3．化学农药价格小幅下降。2009年，百色市农业生产受病虫害比较多、疫情比较重，特别是右江河谷地区，农药需求量比较大，但由于生产成本下行，农药价格呈现小幅下降的态势。据调查，2009年全市化学农药价格比上年下降1.7%。农药价格的小幅下降，在一定程度上减少生产投入，降低种植成本。

4．农用机油涨跌波动较大。国际市场原油涨跌波动频繁，基本上是先降后升，国家有关部门实行成品油定价机制，推动燃油税费改革，已九次调整油价，其中五次涨价、四次降价。据调查，2009年全市农用机油价格比上年下降1.7%。尽管农用机油价格调整的幅度都不大，但频繁波动使农户难以把握农用机油的市场行情，在很大程度上影响了地方的农业产业化进程。

（二）机械农具、饲料等类别阻止农资价格快速下降

1．机械化农具价格大幅上涨。近年来，中央财政不断加大农机购置补贴资金规模，在扩内需、调结构、促发展、保民生等方面发挥着积极的作用，然而百色机械化农具价格却大幅上涨，在很大程度上制约了农业产业化发展。据调查，与上年相比，全市机械化农具价格上涨27.9%。机械化农具价格的大幅上涨已消化甚至超过补助金额，严重影响农户购买农用机械投入生产的积极性，阻碍了农业综合生产能力的提高。

2．饲料价格继续高位运行。粮食保护价对刺激农民种粮的积极性、稳定粮食生产、促进农业增产增收等诸多方面起到了积极作用。受此影响，以粮食为主要原料的饲料价格节节攀高。据调查，2009年粮食价格同比上涨4.4%，带动着饲料价格上涨11.9%。

3．农用种子价格涨幅较大。2009年，百色市农业种植效益较好，农民种植积极性较高，引发农用种子需求旺盛，特别是优质农用种子，然而市场上农用种子供给偏紧，播种季节几度出现缺货的现象，致使农用种子价格大幅上涨。据调查，全市农用种子价格上涨17.5%。

三、农资价格变动的主要原因

据分析，农资价格总水平下降，是受生产成本降低、内外需求偏紧、部分产能过剩、粮食价格传导等诸多方面的影响，但这些都是市场规律自动调节的过程，只是涨跌幅度波动较大。

1．生产性要素成本较低。金融危机后，国内经济持续低迷，原油、煤炭等农资原材料价格处于相对历史较低水平，企业生产成本下行，有效地带动了化肥、农用机油价格的下降。

2．外需紧缩和内需乏力。受全球经济不景气因素影响，国际市场需求逐渐减弱，国内农资产品外销受阻，出口转内销，而国内需求相对乏力，造成农资市场产品供应大于需求。

3．部分农产品产能过剩。2008年肉禽类零售价格高位运行，吸引社会资金大量注入，促进肉禽生产能力大幅增加，致使2009年产品畜市场供给快速增长。然而，由于肉禽市场需求不足，使肉禽产能过剩问题显得相对严重，直接导致幼禽家畜价格大幅下降。

4．粮食价格上涨的传导。2008年以食

品为主的结构性涨价，粮食价格继续高位运行，受其传导，米糠、麦麸等饲料价格也相应发生大幅上涨。

5．价格的理性回归。近两年，农资价格出现了连续快速上涨的过程，农业利润受到过多挤占，挫伤了农民的生产积极性，甚至已到了阻碍农业发展的程度。因此，2009年价格出现理性的回归，也是市场规律自动调节的结果。

四、农资价格上升态势明显

2009年农资价格一直处于较低水平，但四季度价格降幅收窄较快，10—12月份价格同比降幅分别较上月减少了3.4、5.8、0.4个百分点，数据表明农资价格回升趋势显现，2010年农资价格上涨的压力仍然较大，主要依据有：

1．化肥价格上涨空间较大。国内经济回暖趋势增强，工业原材料价格将持续上扬，企业生产成本会逐渐增加；同时，2010年化肥用量预期增多，季节性储备增加明显。而目前的化肥价格处于历史的较低水平，还有较大上涨空间。

2．饲料价格上涨压力明显。饲料价格上涨的压力主要来自两个方面：一是原料价格的上涨，粮食价格持续高位运行，一直都是饲料价格涨势不跌的重要原因；二是养殖业效益回升，增加了饲料需求，从而带动饲料价格的上涨。

五、控价形势仍然严峻

自2009年3月份以来，农资价格经历了10个月的持续下降，降幅已达到近年来的最低点，由于农资价格基数偏低，部分农资价格的上涨压力明显，控价形势仍然严峻。

1．加强对化肥价格的监控。4季度经营户高储备化肥，以期满足明年春耕备耕季节销售，化肥价格可能会高于农户市场预期，不法商户甚至会哄抬化肥价格，有关部门应多加强对明年化肥价格的监控。

2．组织采购大宗型农产品。大宗型农产品价格的波动，影响着农民的增产增收，对种植业和养殖业的影响较大，有关部门应进一步提高农户对农资采购的计划性，适当减轻大宗生产资料价格上涨的压力。

3．引导农户合理调整产能。农业生产资料价格的起伏，根本原因是种植业和养殖业产能调整的过程，有关部门应结合市场经济合理引导农户调整各方面的产能，提高种养的科学性和合理性，积极应对生产性风险。

CPI持续低位运行 总体走势呈现U型

——2009年百色市居民消费价格运行分析及走势预测

钟思晴

2009年上半年国内经济增速放缓，农产品和工业品价格持续回落，市场物价低位徘徊，但随着国家政策效应显现，CPI逐渐走出谷底，下半年市场回暖态势显现明朗，居民消费价格有所回升，但并未改变全年的总体走势。据调查，2009年百色市居民消费价格比上年下降1.5%，较上年涨幅回落11.3个百分点。

一、全年CPI呈现U型

(一) 市场物价低位运行

百色市2009年物价经历由升转降、低位运行、由降转升等三个不同的阶段，基本显现U型回归走势，其中U型的底部较宽，说明低位运行的时间较长。从月度上看，与上年同期相比，1月份居民消费价格上涨2.7%，2—11月份分别下降2.9%、1.1%、2.0%、2.4%、2.1%、2.3%、2.3%、1.6%、2.2%、1.3%，连续10个月处于平缓下降态势，而12月份上涨0.1%。

(二) 八大类价格“五降二升一平”

从CPI构成上看，八大类别由上年的“六升二降”变为“五降二升一平”，表明居民消费价格结构变化明显，类别涨跌差异显著。其中，食品、衣着、交通和通信、文化教育娱乐用品及服务和居住等五大类价格均有不同程度的下降，降幅在0.2%—7.7%区间内；家庭设备用品及维修服务和医疗保健个人用品等两大类价格略有上涨；而烟酒及用品价格与去年持平。

(三) 各个层面呈现普降态势

按商品的分类属性进行比较，与上年相比，2009年百色市食品类价格下降2.7%、非食品类价格下降0.8%、消费品价格下降2.1%、工业品价格下降0.9%、服务项目价格下降0.2%。这充分说明商品与服务价格普遍下降，基本涉及到居民消费价格调查的各个层面。

二、部分商品钳制CPI走势

从大类来看，食品和衣着价格的下降对物价变动具有决定性的影响，两者共拉动总指数下降1.45个百分点，影响程度达96.4%；从小类来看，猪肉、油脂、液化气等商品价格的下降是钳制CPI走势的主要原因。

(一) 食品价格下降是主导CPI总水平下行的首要因素

与上年走势相反，2009年食品价格呈现小幅下降的趋势。据调查，全市食品价格比上年下降2.7%，拉动消费价格总水平下降0.89个百分点，影响程度高达59.4%，食品价格较上年涨幅回落了30.2个百分点，表明食品价格已由上年高位运行转到2009年低位运行。从各类别看，肉类、油脂等类别价格降幅显著，是食品价格下降的重要原因。

1. 猪肉市场一直低迷。由于上年生猪产能过剩问题比较突出，2009年猪肉市场持续低迷，价格萎靡不振。据调查，全市猪肉价格比上年下降21.4%，拉动价格总水平下降0.96个百分点，影响程度达64%。从月度数据看，猪肉价格连续6个月降幅收窄，生猪部分过剩产能已经被消化，这为猪肉价格进一步回升奠定了基础。

2．猪价下降的多米诺效应。猪肉作为食品中最具代表性的商品之一，对其它食品具有很强的替代性，影响程度较高，多米诺效应明显。在猪肉价格下降的带动下，禽、蛋、水产品价格出现不同程度降幅，其中，肉禽及其制品价格下降12.1%、蛋类价格下降3.2%、水产品价格下降5.6%，三项合计拉动消费价格总水平下降1.4个百分点。

3．油脂价格大幅下跌。受花生、大豆等大宗植物油原料价格下降的影响，油脂类价格几度下滑，虽然四季度价格有所回升，但并没有改变大幅下降的走势。据调查，全市油脂价格比上年下降27.5%，在调查代表规格品中同比降幅很大，拉动消费价格总水平下降0.44个百分点，影响程度达29.3%。

4．粮食价格高位回落。2009年广西遭遇较大旱情，粮食作物生长受到一定的影响，但由于有关部门积极组织实施抗旱，粮食仍然获得丰收，对促使粮食价格高位回落发挥了积极的作用。据调查，全市粮食价格比上年上涨4.4%，涨幅回落了7.2个百分点。

5．糖料价格继续上扬。国内食糖供应阶段性短缺，造成糖类价格小幅上涨。据调查，全市糖类价格比上年上涨3.2%，涨幅较上年扩大1.8个百分点。从构成类别看，与上年相比，食糖价格上涨7.1%、糖果价格下降2.4%。

（二）工业消费品价格呈普降态势

金融危机背景下，由于消费需求的不足导致众多行业产能过剩问题暴露出来，工业品价格下降较快，但随着国内外经济出现积极的变化，供求关系有所改善，部分工业品价格明显回升，但总体仍然呈现下降的态势。据调查，全市工业品价格比上年下降0.9%，其中液化气、通讯工具、服装等商品价格降幅显著。

1．液化气价格下跌幅度很大。2009年液化气价格基本呈现持续下滑、相对平稳、较快上涨等三个不同的阶段，虽然下半年价格回升势头较强，但由于上年基数较高，液化气价格出现较大跌幅。据调查，全市液化气价格比上年下降24.2%，而2008年上涨11.3%。

2．通讯工具价格大幅下降。随着通讯器材市场的逐渐饱和，消费性需求明显减少，而通讯器材生产成本的下行更是加速了市场价格的快速下滑。据调查，全市通讯工具价格比上年下降17%。

（三）服务项目价格基本平稳

2009年服务项目价格基本平稳，但结构变化比较明显。由于劳务成本的增加，以劳务为主的服务项目价格大幅上涨；而以政策性为主的服务项目价格则明显下降。据调查，全市服务项目价格比上年下降0.2%。从构成上看，与上年相比，个人服务价格上涨31.2%、家庭服务价格上涨25.5%、旅游价格上涨6.5%；而住房贷款利率下降33.5%、注射费价格下降4.6%、医疗保健服务价格下降0.5%。

三、“U”型走势的原因探析

百色市居民消费价格全年呈现“U”型走势，年度价格总水平小幅下降，主要原因有：

（一）国家政策的积极推动

随着宏观调控政策效应逐渐显现，国内经济环境趋好，对阻止CPI过快下降起到了很好的作用。一是成品油价格波动起伏。受国际市场原油价格变动和燃油税费改革的影响，2009年国内市场成品油价格波动较大，从而促使液化石油气价格上下起伏，对居民消费价格变动影响较大；二是随着国家经济刺激计划的不断推动，固定资产投资的持续加大，有力地拉动消费需求的增长，致使部分商品价格回升较快，这对阻止CPI下行有一定的推动作用。

（二）市场需求不足

受国际金融大环境影响，市场出现诸

多不乐观的情况，全球经济持续低迷，出口大幅减少，需求逐渐萎缩；而居民收入增速明显放缓，国内有效需求略显乏力。两者共同导致工业生产资料价格下跌，并传导居民消费价格，虽然三、四季度供需矛盾有所改善，但市场需求不足的总体格局尚未改变。

（三）翘尾因素的负拉动

2008年物价由高位运行到涨幅回落，降幅的翘尾因素影响到2009的物价指数，表现出负拉动的作用，对促使CPI下降有较大的影响。据测算，在2009年中有八个月出现翘尾的负拉动作用，全年累计新涨0.1%，负翘尾因素影响CPI较上年涨幅回落1.6个百分点。

（四）生猪高产能逐渐被消化

2007年猪肉市场价格的过快上涨，充分调动了养殖户的生产积极性，造成2009年较高的能繁母猪存栏数，高产能促使生猪市场供求关系失衡，供给远大于需求。随着生猪过剩产能逐渐被消化，生猪市场也释放出回暖的信号，但其价格水平仍然低位徘徊，对CPI的影响比较显著。

四、2010年预测物价走势温和上涨

目前信贷规模高速增长，资产价格加速上扬，尤其是肉、禽类产品为代表的商品价格明显上升，市民已形成了较强的通胀预期。随着经济逐步回暖，尤其是2009年下半年经济复苏势头强劲，2009年以来一直处于低位运行的价格总水平，在三季度也开始呈现止跌回升态势。据分析，在国家扩张性的货币政策和财政政策的持续作用下，2010年市场物价上行因素将大于下行因素，预计全年物价不会有太大波动，呈现温和上涨的态势。主要依据有：

1．国内经济将稳步回升。2010年，我国经济仍将保持较快增长势头，而随着国家多项有力措施的出台，内需得到有效地刺激，社会总需求将出现适当扩张，需求的拉动将进一步刺激市场物价的回升。

2．农产品价格存在上涨压力。一方面，饲料价格持续上涨将导致养殖成本的提高，且周期性波动很强的肉类价格已开始呈现上涨周期的走势；另一方面，国内政策导向决定的粮食收购价格仍将稳步上升，并促使市场粮食价格不断下行，而肉、粮价格上涨，将起连续反应，带动相关食品价格走高，从而拉动市场物价的回升。

3．工业品价格或将上涨。上游原材料成本开始增加，部分剩余产能已被消化，工业进出厂指数同比连续数月出现增速，并且目前的工业价格基数偏低，价格回升空间较大，供大于求的不利局面将有所改观，工业品价格或将上涨，对拉高CPI的作用比较明显。

2009年百色市工业品价格走势及2010年预测

钟思晴

受金融危机影响，2009年上半年国际市场需求疲软，国内经济增速放缓，工业品价格大幅下滑，但随着国家政策效应逐渐显现，2009年下半年开始，需求乏力初步缓解，经济回暖趋势明显增强，工业品出厂价格降幅逐渐收窄，糖料、建材等价格已出现明显涨幅，这充分说明目前百色市部分工业品价格走势已逐渐摆脱金融危机影响，正呈现经济复苏的良好局面。2010年工业品价格将持续回升，部分工业品价格明显上扬。

一、工业品价格变动及影响

2009年百色市工业品价格月度同比降幅逐渐收窄，月度环比明显回升，继续释放经济回暖信号，总体呈现企稳向好势头。从主要工业品价格走势来看，水电、食糖、建材等价格有不同程度的上涨，而以铝、铜为代表的有色金属和能源价格大幅下降。

（一）铝产品价格降幅最大，影响工业强市发展进程

撤地建市以来，百色市持续加大铝工业及配套产业发展力度，充分利用铝土资源优势，引进几家大型铝生产企业，使铝工业成为百色市支柱产业。2009年百色市铝产品价格大幅下降，铝工业企业经营状况不佳，对经济增长的负面影响很大，不利于巩固工业立市成果，影响工业强市发展进程。

1．铝产品价格大幅下降。随着铝工业产业发展不断推进，产能迅速扩大，但由于金融危机影响，市场消费需求疲软，供求矛盾进一步加剧，致使铝产品价格一路下滑，尽管2009年3月份铝产品价格止跌回升，价格月度环比持续小幅上扬，然而由于上年基数较高，2009年铝产品价格仍然大幅下降。据调查，尽管全市普遍铝锭和氧化铝出厂价格分别于11月份、12月份由负转正，但全年百色普通铝锭、氧化铝出厂价格分别比上年下降25.0%、31.4%。

2．电价上涨制约铝产业发展。铝工业号称“电老虎”，用电负荷较大。以氧化铝为例，每吨氧化铝需要3500千瓦时的电量，电价0.60元/千瓦时，仅电费一项，每吨氧化铝生产成本为2100元/吨，而2009年12月氧化铝出厂价格仅为2200元/吨。由于工业用电价格涨幅较大，严重制约铝工业发展。

（二）铜产品价格波动很大，制约矿产资源的综合开发

百色市坚持资源型发展路子，持续加大对有色金属的综合开发力度，铜、猛等工业发展较快，其中，铜业对百色市GDP、财政收入等指标贡献很大。但近两年铜产品价格波动很大，涨跌差异显著，影响了企业战略经营决策，不利于铜矿资源的开采和冶炼，并制约矿产资源的综合开发。

据调查，受国际市场低迷和消费需求减少的双重影响，2008年下半年铜产品价格下滑较快，随着国家政策不断推动，铜产品价格在2008年12月份触底反弹后，价格环比持续小幅回升，价格同比降幅逐月收窄，并于2009年4季度开始由负转正，但由于前三季度降幅很大，2009年铜产品价格仍然呈现大幅下降态势。调查显示，2009年百色市粗铜、铜原矿出厂价格比上年分别下降24.1%、29.5%。

（三）煤炭价格变动差异明显，不利于工业经济发展

作为基础性能源，煤炭在社会经济中

发挥着重要作用，煤炭价格波动直接影响到各类工业品价格。2009年百色市本地煤产品（褐煤和烟煤）价格变动差异明显，不利于促进工业经济发展。

1．煤产品价格由涨到跌。与上年走势截然相反，2009年煤炭价格经历了由升转降、降幅扩大的运行态势，煤炭出厂价格同比从5月起由上涨转为下降，到12月份褐煤价格同比下降15.2%、烟煤价格同比下降43.3%。

2．褐煤与烟煤价格变动差异明显。煤的品质以发热量为标准，百色生产的褐煤和烟煤品质差别比较明显，价格走势也不大一致。据调查，与上年相比，全年褐煤出厂价格上涨2.4%、烟煤出厂价格下降16.1%。

（四）水电能源价格走势相反，影响企业扩大投资

随着国家资源价格改革不断深入，新型水电能源价格机制逐步形成，各方面利益关系基本理顺，水电与成品油价格走势截然相反，水电价格大幅上涨，对用电需求量大的铝、猛、铜等有色金属开采和冶炼企业影响很大，而成品油价格降幅明显，一定程度上降低了企业生产成本。由于水电能源价格走势截然相反，谨慎性投资因素增强，并影响企业稳定生产和扩大投资。

1．水电价格涨幅较大。由于原材料成本上升的影响，火力发电出厂价格开始走高，带动工业用电价格大幅上涨，同时污水处理费的征收，也拉高了工业用水价格。据调查，与上年相比，2009年百色市火力发电出厂价格上涨10.1%、工业用电价格上涨13.6%、工业用水出厂价格上涨37.0%。

2．能源价格大幅下降。2009年成品油市场变化较大，经历了低位徘徊、由降转升、涨幅明显三个不同的阶段，到12月份成品油价格同比由负转正，但与上年高位运行相比，全年价格依然降幅较大。据调查，与上年相比，2009年柴油出厂价格下降16.5%、汽油出厂价格下降11.3%。

（五）食糖价格持续上升，促进甘蔗种植增产增收

食糖工业是百色市支柱产业，仅次于铝工业，食糖价格波动关系着数万蔗农利益。2009年食糖价格持续上涨，有力地拉动甘蔗种植业增产、农民增收。据了解，2009年甘蔗进厂收购价已由260元/吨提高到289元/吨。

由于国内食糖市场供给阶段性短缺，供求关系偏紧，糖价持续上涨，而糖料种植面积下降，也给糖价上升提供了一定的动力。据调查，2009年白糖出厂价格比上年上涨16.3%。从走势来看，食糖价格低开高走，与上年同期相比，1月份白糖价格下降13.0%，从3月份起，白糖的出厂价格由降转升，到12月份白糖价格涨幅高达55.3%。

（六）房地产投资升温较快，助推建材价格小幅上涨

居民购置固定资产热情较高，社会资金逐渐进入房地产领域，同时由于住房刚性需求大幅增加，房地产投资升温较快，带动了建材类价格上涨。从月度同比来看，2009年建材类价格高开低走，总体呈现小幅上涨趋势，钢材、水泥、砖等建筑材料均有不同程度的上涨。据调查，2009年钢材价格比上年上涨3.7%，水泥价格比上年上涨7.4%，多孔砖价格比上年上涨7.8%。

二、工业品价格变动因素分析

据分析，2009年工业品价格变动主要受政策效应、需求增长、成本增加、项目推动等因素影响。

（一）政策效应增强阻止工业品价格过度下跌

国家采取积极的财政政策和稳健的货币政策，逐渐加大宏观调控力度，经济增长好于预期，消费需求明显增加，有效地

阻止了工业品价格过度下降，部分工业品价格止跌回升。比如：一是电网建设和家电下乡，增加了铜产品消费需求；二是扶持汽车行业，拉动了钢材价格回升；三是房地产升温较快，缓解了铝产品需求不足的压力。

（二）生产成本回升导致工业品价格跌幅趋缓

从调查的62个工业品价格反映，基础性原材料价格回升明显加快，购进价格的回升增加了企业的生产成本，促使企业提高产品出厂价格，以此转移原材料价格上涨带来的压力，从而有效地阻止工业品出厂价格进一步下跌。

（三）投资需求明显增长拉动原材料价格回升

2009年下半年以来，投资性需求明显加大，固定资产投资增幅明显，尤其房地产投资快速增长，大幅增加了工业品消费需求，在一定程度上对工业品出厂价格走低起着明显的抑制作用，铝、铜等有色金属价格均有不同程度回升。

（四）城建项目推动建材类需求大幅增加

随着城市化进程步伐加快，大量资金投入到基础设施建设，在国家基础建设投资增加和百色市“城镇建设管理年”建设项目的拉动下，部分工业品供求关系逐步转向，市场状况逐渐好转，建材、水电等工业品出厂价格明显回升甚至呈现上涨态势。

三、工业品价格走势预测

由于固定资产投资的强力拉动，工业品价格回升速度较快，随着投资性需求逐渐增加，再加上2009年同期基数较低，预测2010年百色市主要工业品价格将持续回升，部分工业品价格明显上扬。主要依据：

一是2009年国内生产总值(GDP)按可比价格计算比上年增8.7%，增速比上年回落0.9个百分点；分季度看，一季度增长6.2%，二季度增长7.9%，三季度增长9.1%，四季度增长10.7%。说明国家政策效应明显，经济复苏势头较强，国内经济基本面较好，支撑着工业品价格逐渐进入上行通道，2010年基础性原料和能源价格将明显上升。

二是2009年百色市固定资产投资迅猛增加，在投资惯性的作用下，投资性需求增长较快，特别是房地产投资快速升温，继续推动工业品价格上行，2010年水泥、砖等建材类工业品价格将有一定的涨幅。据统计，2009年百色市全社会固定资产投资 532亿元，比上年增长63.3%，其中，房地产投资增长91.5%，对固定资产投资贡献力达8.8%。

三是部分工业品价格偏低，回升态势明显增强，翘尾因素作用明显，尤其是铝、铜等工业品价格上升空间较大，而投资性需求的增长更是助推有色金属价格持续回升。

居民消费价格涨幅持续扩大 上行压力仍然明显

——2009年前三季度百色市居民消费价格运行情况分析

黄　旖

由于国内经济持续较快增长，资源和基础工业产品价格逐步回升，部分农产品价格不断走高，以及劳动力等要素价格不断攀升等诸多因素的共同作用，物价上行压力较大。据调查资料显示：2010年前三季度居民消费价格总水平比上年同期上涨2.9%，延续2009年下半年以来的上升势头，涨幅持续扩大。

一、居民消费价格运行主要特征

（一）从同比看，涨幅逐步扩大

2010年前三季度百色市居民消费价格同比涨幅，可以描绘成一条上升的直线，除2月份由于春节因素，涨幅偏大的影响外，其它各月涨幅节节攀高，与上年同期相比，1—9月各月全市居民消费价格同比涨幅分别为0.4%、3.9%、2.0%、2.5%、2.7%、3.0%、3.6%、4.0%和4.1%。

（二）从环比看，价格以升为主

从环比来看，受春节消费的强力拉动，1、2月商品及服务价格呈现上涨势头，推动CPI不断冲高，但进入3月，随着季节性消费因素减弱，出现了小幅的回落，然而7、8月受部分食品价格大幅上涨的影响，再度回升。统计显示：在前三季度中，有6个月环比呈现涨势，仅有3个月下降。

（三）从类别看，呈现“六升二降”

从CPI构成看，八大类商品及服务价格水平由上年同期的“五升二降一平”变为“六升二降”，表明市场消费价格上涨面呈现扩大。其中，食品、烟酒及用品、家庭设备用品及维修服务和医疗保健个人用品、交通和通信和居住等五大类价格均有不同程度的上涨，涨幅在1.1～6.6%区间；衣着、文化教育娱乐用品及服务等两大类价格略有下降。

（四）从构成看，各个层面普遍上涨

按商品的分类属性进行比较，与上年同期相比，2010年1—9月百色市食品类价格上涨6.6%，非食品类价格上涨1.1%，消费品价格上涨3.2%，工业品价格上涨0.6%，服务项目价格上涨2.0%，商品与服务价格普遍上涨，基本涉及到居民消费价格调查的各个层面。

二、居民消费价格变动的主要特点

1．食品价格上涨明显。与上年同期相比，2010年1—9月百色市食品价格上涨6.6%，拉动居民消费价格总水平上涨2.17个百分点，影响程度达到74.6%，成为带动物价总水平上升的领头羊。从食品构成上看，除肉禽、糕点饼干外，其它14个中类价格全线上扬，其中油脂、鲜菜和瓜果类价格涨幅突出，对促使物价总水平上涨作用明显。

——鲜菜价格大幅度上扬。今年以来，干旱和强降雨接踵而至，鲜菜生产和供应存在较大的困难，致使鲜菜价格节节攀升，并持续出现大幅上扬的走势，与

上年同期相比，2010年1—9月份鲜菜价格上涨28.6%，拉动居民消费价格总水平上涨0.83个百分点，影响程度达28.5%，对价格总水平的持续走高起到较大的推动作用。

——油脂价格大幅上涨。由于花生、大豆等植物油原材料价格上涨，以及上年油脂价格基数较低的影响，油脂价格呈现大幅上涨态势，与上年同期相比，2010年1—9月份油脂类价格上涨18.1%，其中，食用植物油价格涨幅高达27.6%。

——鲜瓜果价格涨幅明显。受本地水果因旱灾减产的影响，市场货源供应相对偏紧，供求关系明显失衡，推动鲜瓜果价格大幅走高，与上年同期相比，2010年1—9月鲜瓜果价格上涨12.6%，拉动居民消费价格总水平上涨0.32个百分点。

——肉禽价格微幅下降。上半年猪肉价格虽然一直低位徘徊，但进入下半年出现了明显的回升，降幅在不断收窄，然而，前三季度肉禽价格仍然呈现微幅下降态势，与上年同期相比，1—9月肉禽及其制品价格下降0.9%，其中，猪肉价格下降2.9%、禽类价格上涨4.2%；而上半年肉禽及其制品价格则是下降4.9%。

——糖类价格大幅走高。由于国内糖类价格持续走高的影响，以及持续上升的劳动成本，且当地重度干旱，甘蔗减产致使食糖供应相对偏紧，促使食糖价格大幅走高，与上年同期相比，2010年1—9月糖类价格上涨12.7%，其中食糖价格上涨32.8%。

2．能源类商品价格涨势强劲。今年以来，国内经济形势逐渐向好，而国际资源类商品市场价格波动频繁，国家多次调整成品油价格，致使能源类价格继续呈现出强劲的上涨势头，与上年同期相比，2010年1—9月份汽油价格上涨17.6%、柴油价格上涨19.5%、液化石油气价格上涨29.9%。

3．工业品价格总体保持平稳。由于国内经济快速增长，社会需求明显增加，工业品价格稳中微升，与上年同期相比，2010年1—9月份工业品价格上涨0.6%，其中，建房及装饰材料价格上涨6.1%、医疗器具及用品上涨16.2%；而服装类价格下降3.5%、通信工具价格下降8.4%、文娱耐用品价格下降11.1%。

4．服务项目价格稳中有升。与上年同期相比，2010年1—9月份服务项目价格累计上涨2.0%，拉动居民消费价格总水平上升0.46个百分点，影响程度达15.8%；从服务项目构成来看，加工维修服务费上涨36.9%、美容费用上涨25.0%、技能培训费用上涨11.6%、托幼费上涨5.0%、维护修理费用上涨13.3%。

三、影响居民消费价格变动的主要因素

1．政策作用主导方向。今年国家针对农业发展实行各项保护政策，更加支持农产品市场发展力度越来越强，据国家发改委公布的2010年继续在小麦和稻谷主产区实行最低收购价政策，适当提高最低收购价水平，由此助推了粮价的上涨。同时，控制物价过快上涨的宏观调控措施所起的作用进一步显现，新涨价势头逐步得到控制。

2．成本推动作用强劲。成本推动就是表现在两个方面，一方面由于上游原材料价格上涨传导至下游各个环节，不断推高工业消费品价格；另一方面受人工费用和财务成本不断上升的影响，利率、房租、运费等其它生产要素价格上涨较快，增加了企业生产经营成本，以至相关商品和服务价格“水涨船高”。

3．消费需求得到刺激。随着近几年经济的较快发展，居民收入得到了较快提高，直接刺激了消费需求，居民更加倾向于商品和服务的品质消费，消费结构明显升级，进一步抬高了商品和服务价格。

4．翘尾因素作用明显。由于2009年下半年市场物价有所回升，由此产生的翘尾作用比较明显。据测算，2010年1—9月居

民消费价格新涨2.5%，翘尾因素致使CPI上升0.3个百分点，对居民消费价格的影响程度达11.5%。

四、全年价格走势预测

从前三个季度价格走势进行分析判断，2010年全年CPI温和上涨势头已成定局，然而其涨幅的多少，仍然要看今年四季度主要商品和服务价格的变动。总体而论，推动和抑制价格总水平上涨的因素较多，居民消费价格将在两股趋势的强弱对比中会有所攀升，但涨幅不会过大，预计全年涨幅将在3%左右。

1．国家进一步加强市场调控，强化通胀预期管理机制，部分“高歌猛进”的农副产品价格涨幅将进一步趋缓，甚至出现小幅度的下降。

2．居民收入实现较快增长基调已定，将拉动商品和服务消费持续升温。

3．肉禽价格短期内仍将保持恢复性上涨，大幅度回落的可能性不大。

4．煤、电、油、运等基础资源价格依然承受较大的上涨压力。

5．上游产品价格逐步向下游传导，工业品价格将温和上涨。

6．进入第四季度，翘尾因素基本消除，月度同比涨幅回落态势逐步显现。

五、对做好市场物价调控工作的几点建议

本次物价上涨持续时间长、涨幅大，回落缓慢，给百姓生活造成很大影响，为此，抓好物价稳定工作，争取将全年价格涨幅尽可能控制在相对合理的范围之内，是当前经济工作中的大事，建议抓好以下几项工作：

1．积极扩大生产、保障市场供应。大力促进农业生产，加快规模养殖、种植等食品生产基地建设和产业结构的优化，同时，增加基础设施投入，认真落实支农惠农的各项价格和收费政策，遏制农业生产资料价格过快上涨，着力形成粮油、肉禽蛋等农产品的持续生产能力，确保货源组织和供应，从而改善市场供需矛盾，有效促进价格的平稳。

2．关注低收入群体的生活。今年以来，粮油、肉禽等食品价格的过快上涨，一定程度上增加了居民的生活负担，尤其是部分低收入居民生活水平呈现下降，为此要落实好价格补贴措施，适当加大补贴力度，努力减轻他们的经济压力，切实保障低收入群体的基本生活不受影响。

3．继续加强市场价格监测和监管。继续加强对市场物价的监管力度，规范经营者价格行为，严厉打击不法商家囤积居奇、哄抬物价、串通涨价、搭车涨价、变相涨价等违法行为，维护市场正常秩序，保障市场供应和物价的基本稳定。

2009年崇左市居民消费价格运行状况分析及2010年走势预测

韦秋岑

随着“扩内需、保增长、调结构、抓项目、重民生、促发展”一系列应对国际金融危机、加强宏观调控政策的实施，在全球经济逐步复苏的大环境下，经济社会平稳较快发展。调查资料显示，2009年崇左市居民消费价格指数呈现前高后低、整体下降的趋势。

一、居民消费价格运行基本情况

2009年，崇左市居民消费价格总指数为96.9，与2008年相比下降3.1%。与全自治区平均水平相差1个百分点，为全自治区14个市最低。

从2009年各月环比看，1—6月涨跌互现，最高降幅为2.2%。7—12月缓慢上涨，最高涨幅为1%。全年有7个月份环比实现正增长，1个月持平。（见下图）

从2009年各月同比看，1月受元旦、春节的影响，CPI同比指数上涨1.1%，2—12月处于负增长的趋势，全年同比指数处于低位运行的态势。（见下图）

从价格构成的八大类看，价格变动

2009年崇左市居民消费价格环比指数

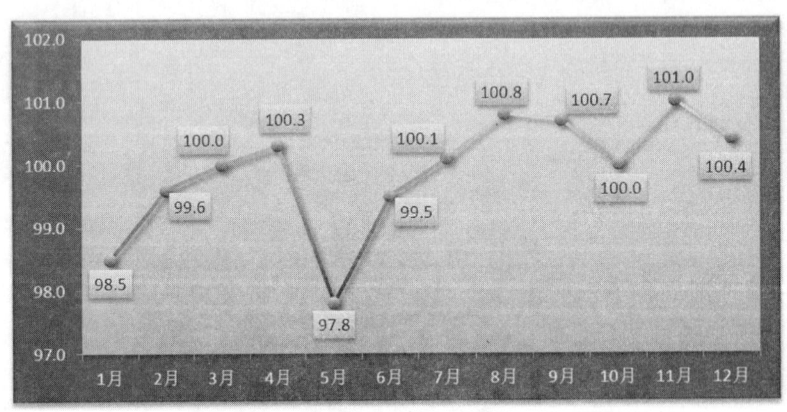

2009年崇左市居民消费价格同比指数

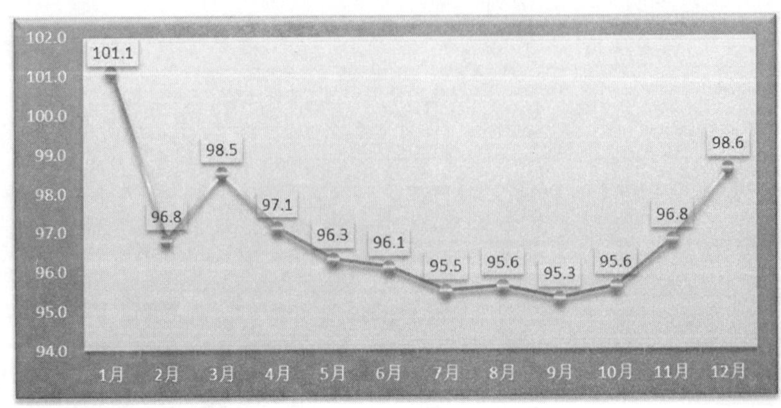

呈现“七降一升”的运行态势，降幅面达87.5%。其中，食品类、烟酒及用品类、衣着类、家庭设备用品及维修服务类、医疗保健和个人用品类、交通和通信类、居住类分别下降2.4%、4.9%、7.6%、0.3%、2.3%、2.3%、10%，娱乐教育文化用品及服务类上涨0.5%。从八大类商品价格的变化可看出，居民消费价格总水平出现负增长的趋势，主要是衣、食、住、行、个人用品及保健价格下降所致。

二、居民消费价格走势特点

各月CPI同比指数波动范围明显收窄。2009年崇左市CPI同比指数，1月涨幅最高，为1.1%，7月降幅最大，为4.5%，全年同比指数波动范围在5.6个百分点之间。而2008年，最高涨幅为15%，最低涨幅为3.8%，波动范围在11.2个百分点之间。与2008年相比，同比指数的波动范围明显收窄。

（一）食品类价格下降拉动CPI走低

2009年，崇左市食品类价格总体呈现下滑趋势，下降2.4%，与2008年相比下降24.1个百分点，拉动居民消费价格总水平下降0.8个百分点。

1．油脂类价格降幅最大。受国内大豆、花生大丰收，榨油原料价格下降，进口豆油不断增加等因素的影响，2009年油脂类价格下降23.5%，其中食用植物油下降23%，植物油制品下降24.4%。虽然在12月油脂类价格环比上涨4.6%，但全年平均仍呈下降趋势，拉动居民消费价格总指数下降0.28个百分点。

2．猪肉价格掉头低位运行。受国家扶持政策、甲型H1N1流感等因素的影响，2009年生猪产量逐渐增多，猪肉价格在2008年大幅上涨后，2009年掉头出现下滑的趋势。由于2008年猪肉价格偏高，导致2009年猪肉每月价格同比都是负增长，全年同比平均下降16.9%，拉动崇左市居民消费价格总水平下降0.61个百分点。

3．干豆类及豆制品类价格下降11.9%。1—3季度干豆市场供应充足，第四季度受北方豆类单产量的减少，出现了价格上涨的趋势。其中绿豆由年初7元/公斤上涨到11元/公斤。

4．鲜菜类价格降幅不明显。2009年鲜菜类价格下降0.4%。崇左市蔬菜多是从南宁市、大新县调入，便利的交通使得贩菜成本降低。本地蔬菜种植规模也逐渐扩大，蔬菜市场供大于求，蔬菜价格较同比有所下降。

5．粮食类价格有所上涨。2009年粮食类价格上涨2.3%，其中大米价格上涨1.7%，面粉价格上涨11.2%，粮食制品上涨3.8%，带动居民消费价格总水平回升。

（二）工业消费品价格小幅下降

受国际经济危机、国内供求关系制约、工业消费品更新换代速度加快等因素影响，多数工业消费品价格呈现下降的趋势。据统计，全年工业消费品价格下降4%，其中洗衣机、电风扇等家庭设备下降2.3%，个人饰品价格下降5%，交通工具和通信工具分别下降4.6%、18.4%，电视机、电脑等文娱用耐用消费品及服务下降11.4%。

（三）居住类价格下降明显，是促使居民消费价格处于低位运行的又一重要因素

2009年崇左市受液化石油气价格及水泥等建材材料价格下降的拉动，居住类价格同比降幅在2.1%~15.1%之间，全年下降10%，拉动全市居民消费价格总水平下降1.4个百分点。其中建房用的水泥价格下降8.6%，居民生活用的液化石油气价格同比下降23.5%。

（四）成品油调价频繁

成品油属于垄断产品，按理来说价格是只涨不降的。但2009年国家出台费改税政策后，及受国际原油价格下调的影响，汽油、柴油价格出现了不同程度的降幅，其中93号汽油、97号汽油调价八次，柴油

调价十二次。成品油价格的下降，相应的带动其他相关产品的下降。全年汽油价格下降7.2%，柴油价格下降11.3%，共拉动CPI下降0.1个百分点。

三、影响价格变动的主要因素

1．国家的宏观调控政策取得成效。2008年上半年，我国物价一路攀升，CPI指数只涨不降，为应对这一严峻的社会经济形势，国家相继出台了相关的价格、产业、涉农、货币等一系列宏观调控政策，确保物价稳定。

2．国际金融危机的影响不能忽视。受2008年国际金融危机的影响，国内需求减少，经济增长放缓，工业生产显著回落，导致对能源及原材料的需求减少。

3．受上年高价格因素的滞后影响。2008年上半年居民消费商品大多涨价，CPI指数处于高位运行的态势，下半年虽逐步回落，但在2008年上半年高价格的基础上，2009年上半年指数呈现明显下降的趋势，这一滞后因素影响了2009年全年的消费总指数。

4．居住类价格拉动指数下降明显。2009年居住类价格下降10%，八大类中降幅最大，拉动居民消费总水平下降1.4个百分点，影响力度高于食品类、衣着类，列居首位。

5．多因素使猪肉需求量减少。受甲型H1N1疫情，季节因素，政府惠农措施、养猪户增多，国际金融危机蔓延，国内经济增长放缓，消费者消费信心下降等影响，猪肉价格在持续五个月的下跌后于8月开始平稳上涨。

四、2010年市场价格运行走势预测

1．随着世界金融危机的影响减弱，国内经济增长逐渐回暖，房地产市场逐步复苏，居民人均可支配收入增加，居民消费信心逐步恢复，国内消费需求将会有所增加。

2．食品类价格不会出现大幅度上涨。我国粮食产量已经连续六年获得丰收，库存充裕，粮食市场的供应量是完全有保障的，使其他粮食制品的价格保持在平稳的状态。食用油价格上涨的空间有限，国家对大豆、油菜籽实行临时收储政策，对食用油市场的调控能力进一步增强，有利于保护市场价格的基本稳定，预计在春节期间有小幅上涨，但节后会继续回落。政府实施的养猪扶持政策、甲流H1N1影响的减弱、农民养猪积极性逐步增加，预计猪肉价格出现恢复性温和上涨的趋势。

3．居住类和服务类价格有上涨的趋势。水、电、成品油、气价、银行存款利率等受政府管理的价格如何进行调整，会促使2010年居住类价格、服务类价格小幅上涨，对居民消费价格总指数的回升有一定的拉动作用。

4．工业消费品保持稳定。受国际工业品市场相对平稳、工业品供大于求等因素的影响，国内消费品市场供大于求的格局基本不会改变，但是随着技术的进步、劳动生产力水平的提高，部分工业消费品价格会有所下降，若成品油、水、电价格有所调整，势必会造成工业生产企业成本的增加，这些不确定因素会使价格水平出现一定幅度的上涨。但是两者综合起来，预计整体价格水平是趋于平稳的。

综上所述，预测崇左市2010年居民消费价格总水平处于恢复性、温和上涨的态势。

五、建议和措施

1．进一步加强完善市场价格监控制度。严厉打击不法商家哄抬物价，串通涨价等行为，维护正常的市场价格秩序，保护消费者的合法权利。

2．重视农民增收问题。积极贯彻中央

的惠农政策，继续提高粮食最低收购价、提高对农民的补贴，大力加强崇左市农村基础设施建设，加强开展疫病防治、养殖技术指导，促进崇左市畜牧业健康、有序发展。农产品的充裕，有利于保障崇左市民生。

3．加大对医疗保健的投入。积极配合国家医疗制度的改革，着力解决居民看病难、看病贵的问题，减轻居民特别是低收入群体在医疗方面的开支。

当前崇左市房地产运行情况及发展趋势分析

韦长智

据崇左市房地产企业反映，自国家陆续出台“二套房贷首付不低于40%”等一系列遏制房价过快上涨政策之后，虽然对一线城市的楼市产生了一定的影响，但对崇左市房地产市场影响不大。调查显示，只有50%的企业认为国家有必要对房地产价格进行调控，只有37.5%的企业表示当前国家对房地产的调控起到遏制房价过快上涨的作用。

一、房地产市场运行情况

1. 从指数上看，房价同比涨幅较大，但逐月回落，环比指数有升有降，走势平稳。统计数据显示，1—3月，崇左市房屋销售价格同比涨幅分别为7.4%、6%、5.5%，涨幅逐月回落，回落幅度逐月减小；环比指数分别为100.9，99，100.6，二月份环比下降是由于“友谊茗城”搞促销所致，总体上房价维持平稳状态。其中，新建商品住宅同比指数分别为105.4、104、103.2，环比指数分别为100.9、98.8、100.5。

2. 从交易量上看，房屋销售同比量价齐升。虎年之春，受国家政策调整的影响，全国各大城市的楼市可谓“寒意阵阵”，成交量呈现低迷态势。然而，国家政策的调整并未使崇左楼市遭遇“寒流”。据江州区统计局统计，1—2月，城区商品房销售面积14002平方米，同比增加1060平方米，增加8.19%；销售金额3371万元，同比增加479万元，增加16.56%。调查结果显示，截至3月底，37.5%的企业的销售实绩与2009年同期相比上升。

3. 从完成投资额来看，房地产投资速度放慢，投资额减少。据江州区统计局统计，1—2月城区房地产完成投资4857万元，同比减少2151万元，下降30.69%。据了解，春节期间，绝大部分项目工程建设暂停。在这次调研中，八家企业有三家在今年没有开工意向，只有37.5%的企业表示2010年的资金投入计划比2009年多。

二、当前崇左房价难降的原因分析

随着国家各项调控政策的逐步落实到位，国内一线城市房地产市场纷纷出现倒春寒，成交减少市场冷淡。然而，与很多国内一、二线城市房价大幅下挫相比，崇左房价不仅没有下降，而且呈现稳中微涨的态势，这主要与崇左自住型的城市特点有关。

1. 对政策不敏感，被业内称为“世外桃源”。2009年全国楼市的火爆导致房价的虚高，催生了国家政策的调整。就最近的政策因素而言，多家银行春节前明确提高首付比例，取消个贷利率优惠，直接增加了房产交易成本。而银行存款准备金率的再次上调则引发了关于“信贷紧缩”的种种猜测，同样加剧了市场的观望气氛。在这样的大环境背景下，崇左房地产市场却别具一格，1—2月的成交面积比上年同期增加8.19%，销售金额增加16.56%，均价提高7.74%。在调研过程中，房地产商均表示，崇左房地产市场受国家调控政策的影响不大，就像一个“世外桃源”。例如提高首付比例，这个政策对投资者来说，会影响到要不要买房的决策。而崇左是以自住型的购房需求为主，这个政策只影响到购房者是买四房或三房的问题，对整个市场的需求量影响不大。

2. 住房的刚性需求使房价难以下调。

崇左作为一个新兴城市，购房者第一次置业的比重较大，附近乡镇居民进城买房的意愿也比较高，均表现为购房的刚性需求，本地市场受国家政策影响并不大，短期内价格下调可能性自然也不大。

3．土地、建材等成本上升，房价也是水涨船高。房地产价格主要是由成本决定的，这些成本主要包括土地、建材、人工等。据房地产企业反映，现在地价、建材等成本不断提高，新建房价格实难挤出下调空间。调查显示，62.5%的企业选择支撑2010年房屋销售价格上升的因素是“建材价格上涨，建设成本提高”及“劳动力成本提高”。

三、2010年崇左市房价走势预测

随着凭祥市综合保税区的设立和建设，以及中国和东盟各国联系的不断加强，作为中国—东盟陆路通道的崇左市未来发展极为看好，区域性中心城市的建设方兴未艾，目前也已初见成效，楼市发展前景比较乐观。调查中，75%的企业表示，崇左市的房价在2010年将比上年小幅上升，主要原因有：

1．新开楼盘助推房价上涨。一季度，崇左市房源供应量持续偏紧，房价平稳运行。而随着新房源的推出，下半年房价将面临新一轮涨价潮流。如“龙胤·财富广场”二期于3月27日开盘，均价已达2400元/平方米，比一期开盘均价高300元/平方米。“汇金现代城”将于五一左右开盘，“友谊茗城”的促销活动也将于五一过后结束，这都成为2010年房价上涨的主要动因。

2．居民收入提高，改善住房需求增强。据统计，2009年崇左市城镇居民人均可支配收入14051元，比上年增加1324元，同比增长10.4%。人均可支配收入增加，提高了居民的购房能力，客观上促进了居民对改善居住条件的需求，拉动房产价格走高。调查结果显示，62.5%的企业认为2010年房屋销售价格上升的主要原因之一就是“居民收入提高了，改善住房的需求增加”。从实际上看，新开发的“上上城”项目主推三房两厅在开盘当天预约就达九成。

3．区位优势突出，房价走高预期增加。崇左全力打造“一区两园三基地”建设，积极融入泛北部湾经济圈，崇左在广西中的地位有所上升，成为广西乃至全国通向东南亚国家的重要陆路交通枢纽。随着区位优势的日益重要，未来的房价将会有所上升。

4．土地交易、钢材与水泥等原材料价格上升，生产成本增加。去年全国房地产市场的火爆催生了全国土地交易价格、建材价格的快速上涨，崇左市也不例外。这就导致了房价在近期内不会下降，呈现小幅上涨的态势。

四、当前房地产市场存在的问题

崇左市房地产业总体发展是好的，但是也存在一些较突出的阻碍因素，主要表现在以下几个方面：

1．投资回收期过长，投资回报率较低。房地产行业是一个需要大量资金投入的行业，资金短缺将会影响到企业下一阶段的生产进度。企业一般通过缩短投资回收期来加快资金的筹集进度，从而确保生产建设的延续性。崇左市的经济发展水平较低，人民收入水平有限，相关基础配套设施仍较薄弱，缺少人气，这些在某种程度上都不利于房地产的发展，导致整个房地产行业的投资回收期相对较长。

2．基础设施等相关配套滞后。随着各大项目建设地加快推进，崇左城区的基础设施已有较大的改善，然而，现今的进度仍然无法满足房地产市场、广大市民的期望与要求。据调查，崇左市城南新区的各大基础设施，相关配套如商业、娱乐、银行、交通、通信或是空白，或是刚刚起步。基础设施的滞后极大地影响了崇左市房地产业的发展速度。

3．缺少人气，市区人口少。与其它发达城市不同，崇左市的社会经济发展水平仍然比较落后，人民收入水平较低，各种基础设施有许多的不足和不完善，种种条件的制约导致崇左市房地产缺少一定的人气，不能更好地吸引城镇居民和外地人员前来崇左投资置业。

4．金融机制不完善，企业融资较困难。崇左市的金融机制不像发达城市的那样比较完善，金融业不发达，金融机构缺少，融资渠道不多，程序繁琐，导致房地产企业融资比较困难。

五、促进房地产市场健康发展的建议

房地产业是崇左市继锰、糖之后的重要支柱产业之一，随着经济的发展和工资收入的增长，居民对住房需求的欲望逐步提高。为了稳定房地产市场价格，使房地产业健康持续发展，我们提出几点建议：

1．适当调整相关政策，鼓励本地房地产发展。国家运用土地、金融、税收等市场调整手段来稳定房地产价格，确实遏制了房价上涨的速度，但这主要对一、二线房产泡沫过大的城市而言。对于刚起步的房地产市场，当地政府应结合实际情况，在政策允许范围内，出台适合本市发展的政策，鼓励、扶持房地产的健康发展。

2．科学规划城市用地，合理制定土地价格。科学规划城市用地是政府调节地价的重要手段之一，通过规划，有计划有步骤的进行土地出让，规定开发商开发土地的时限和经营的种类，可以促进房地产市场的健康运作，缓解供需结构矛盾，从而缓和房价上涨速度。首先，应进一步完善城市总体规划，着力改善土地的供应结构，科学合理布局，调整好城乡建设用地。第二，要加大闲置土地清理力度，依法处理违规囤地，加快盘活存量国有建设用地，提高土地利用效率，完善住房用地供应方式，优先保证保障性住房土地供应，增加普通商品住房土地供应。

3．加快社会基础建设，完善相关配套设施。一是要以人为本，科学、合理地规划基础设施网点的分布。二是加大力度招商引资，通过制定相关优惠政策鼓励、支持更多的人前来投资相关行业。三是突出重点，优先加快对商业、餐饮、娱乐、交通、通信、银行、医院等社会基础设施的建设步伐。

4．拓宽融资渠道，完善融资机制，保障房地产企业的资金需求。对房地产企业的融资需求，政府相关部门和银行机构应结合本地实际敢于给予更多的优惠、便利政策，让房地产企业的发展没有后顾之忧。

5．政府出台相关政策鼓励更多的人前来投资置业。要加快房地产企业的发展，就必须鼓励更多的人前来投资置业，集结力量更好更快地发展。

6．加快经济发展水平，增加人气。经济是根本，只有经济发展上去了，人民收入水平才会提高，人气才会提升，从而推动房地产行业包括其他行业的健康发展。这不仅需要政府部门发挥主导作用，更需要全社会的共同力量。

房价依然保持高位　但涨幅有所回落

——2010年上半年来宾市房地产价格调查分析

胡军艳

2010年上半年，在国家连续出台一系列房地产调控政策的背景下，来宾市房地产价格依然保持高位运行，但涨幅有所回落。据调查显示：与上年同期相比，2010年上半年来宾市房地产价格上涨7.4%，涨幅较上年同期扩大4.1个百分点。

一、房地产市场及其价格运行特点

2010年上半年，来宾市房地产开发投资继续保持高增长的势头，房地产价格持续上扬，房屋销售价格同比上涨7.4%，其中新建住宅价格上涨9%，非住宅价格上涨3.3%。

1．房地产开发投资仍保持快速增长。据统计数据显示：2010年1—6月份，来宾市完成房地产投资10.59亿元，同比增长116%。商品房新开工面积65.95万平方米，同比增长313.7%，其中住宅52.74万平方米，同比增长264.5%。

2．商品房销售价量齐升。从销售价格看，2010年上半年来宾市房屋销售价格同比上涨7.4%。2010年1—6月来宾市商品房销售面积达35.96万平方米，比2009年同期的20.69万平方米增长73.8%，销售额也从2009年同期的4.14亿元增加为2010年的7.63亿元，增长迅猛。

3．房地产价格持续上扬，但环比涨幅有所回落。从房价走势上看，2010年上半年房屋销售价格各月同比分别上涨3.9%、5.3%、8.3%、8.3%、9.1%、9.4%，增幅持续上升；2010年1—6月各月环比涨幅分别为0.8%、1.4%、2.1%、0.3%、0.8%、0.3%，涨幅有所回落。

4．房价普遍上涨。调查发现，进入2010年以来，各种类型房屋价格普遍上涨。据统计，2010年上半年新建房销售价格同比上涨7.8%。其中，住宅类销售价格同比上涨9%，而非住宅类销售价格同比上涨3.3%。从小类看，2010年上半年各月多层住宅价格同比指数分别为106.1、109.8、111.9、114.1、114.6和114.6，平均上涨11.85%；高层住宅价格同比指数分别为104.3、104.3、107.8、107.8、108.0和108.0，平均上涨6.8%。

二、影响房地产价格上涨的因素

据分析，影响来宾市上半年房地产价格持续上涨的主要原因有以下几个方面。

1．住房刚性需求存在。2002年来宾撤县成市之后，行政事业单位、企业工作人员从外地调往来宾，形成了对住房的硬性需求；一些来宾市民的原住房小而旧，随着城镇居民消费结构升级，有买新换旧的强大改善性需求；旧城区危旧房屋改造造成的被动性住房需求；来宾城市化进程持续进行，市区向周边郊区扩展，周边居民拆迁造成的住房需求；另外随着城市经济的发展，外来人口增加均成为来宾市房地产市场持续走强的基础。

2．土地价格持续走高。近年来，来宾市大力实施“城建塑市”战略，目前开发的重心主要在城北新区，此地段为全市行政中心，也是未来的经济和政治中心，升值空间受到广大市民普遍看好。受政策性调价和土地出让方式变化等因素共同影响，来宾市挂牌出让的土地交易价格呈逐年上升之势。由于土地价格的上升，加大了商品房的成本，导致房地产价格持续走高。

3．住房投资增长拉动。据各金融机构和房地产企业负责人介绍，2009年以来在来宾市金融机构贷款的买房人群中，外地人群（主要是南宁市、柳州市及来宾市附近县域的人群）占了将近70%，且有一大部分人群已经拥有1～2套房，在来宾市长住的人员也不多。可见，这部分购房人群购房动机以投资为多。从商品房闲置面积的不断扩大也进一步说明了这个问题。来宾市市区目前新建商品住宅平均成交价格为2700元/平方米左右，而去年上半年房价仅为1700元/平方米左右，增幅接近60%，达到或超过发达省市的平均增幅，也已超出当地居民的消费承受能力，从而使商品房闲置面积进一步扩大。据统计数据，2010年上半年，来宾市房屋空置面积持续之前的大幅度增长态势，房屋空置面积绝对数仍处高位运行，且增速也较高。2010年1—6月，来宾房屋空置面积为14.31万平方米，同比增长125%。特别是住宅方面，2010年上半年住宅空置面积为10.04万平方米，比上年同期的3.14万平方米同比增长219.4%。

三、2010年下半年房地产价格走势判断

近几年来，来宾市城镇建设发展迅速，城镇固定资产投资增长明显，据统计：2010年1—6月，来宾市城镇固定资产投资总额为97.02亿元，比上年同期增长45.3%。随着投资迅速增长，城市可用土地也越来越少，土地资源趋于紧张而必然导致价格上升，因此从今后来宾市房地产需求和供应以及其他因素综合发展判断，2010年下半年房地产价格仍将保持稳中有升态势，但由于国家调控房价新政的影响，增幅将会有所放缓。主要依据是：

1．商品房交易“量价”保持稳中有升。据对辖区主要房地产开发企业调查显示，政策出台后的6月份，新建商品房平均成交价格约为2700元/平方米，比政策出台前略有上升，同时商品房销售的成交量非但没有下降，反而有所上升。当前来宾市房地产市场对政策反映较小的主要因素是：在政策出台前，主要商品楼盘基本销售完毕，下一阶段楼盘会集中在7、8月份方能出售，市场现状是政策出台后房地产市场可出售房源缺少，一定程度上稳住了房价；另一方面坚挺的房价不但没有抑制住房地产的销量，反而刺激了部分消费者的购房热情，促成了商品房“价格”的稳中有升。

2．预计未来新政策效应将显现，商品房“量价”将会有所下降。房地产调控政策的出台时间不长，产生效果必然有一个滞后期。据调查反馈看，来宾市房地产企业对未来房地产市场发展表示还是有些担忧。开发商认为6月以后，主要楼盘会陆续上市，但由于政策效果影响，对市场观望现象会逐渐增多，同时由于上调首付比例，部分购房者无法落实补交金额（按平均价格2700元/平方米计算，100平方米的住房需要多交27000元的首付），会出现退房现象。据一些楼盘的售房人员表示，政策出台后，看房人群流量较之前下降了30%～50%，看房气氛比较冷淡，购房者出现退房的人数明显增多，目前受调查企业均有人数不等的购房者办理退房手续，且有部分客户撤消备案。下半年商品房的销售在“价量”上将会出现一定的降幅。

四、对当前房地产发展的措施及建议

房地产业的发展状况直接关系到经济的正常运行，关系到老百姓的安居乐业，更关系到党和政府在群众中的形象。因此要充分认识到当前房地产市场存在的问题，采取切实有效的措施，确保房地产市场健康、有序发展。

1．加大政府对房地产市场的宏观调控力度。首先，全面落实央行的房贷新政策，并制定实施细则。既要防止金融风险的产生，又要避免房地产市场的大起大落。其次，尽快完善多层次住房供应体系，以适应城乡居民多层次住房需求。建立以商品房为主体，经济适用房和廉租房为补充的三位一体住房供应体系，引导开发企业增加中小套型住宅开发，解决低收入家庭的住房和城市拆迁安置房源。建造适量的经济适用住房，对拆迁户提供相应的安置住房；对低收入居民提供廉租房，解决他们的住房难问题。

2．建立健全土地储备与供应机制。充分发挥土地储备中心的“土地银行”职能，超前储备土地，提高供地时效，使土地推出后即可开发，保障土地有效供给；在制定土地供应近期和远期计划的同时，根据房地产市场的需求，适当调节土地市场的供应量；采取恰当的土地出让方式，适度控制土地交易价格，使地价水平和房价水平相适应；逐步推行完全意义上的净地出让，确保宏观调控目标的顺利实现。

3．建立健全房地产市场预警系统，引导市场理性发展。根据房地产经济周期波动的理论，建立起房地产景气指标系统，选择景气先进指标进行预警和预报。建立房地产市场协调机构，每季度召集政府有关部门、房地产开发企业、营销策划和中介企业，定期对来宾市房地产市场调查分析，及时、全面、准确地反映房地产市场的真实信息，并提出解决问题的对策措施。通过对房地产市场开发投资情况、商品住宅价格走向等信息的监测，分析房地产价格上涨、下跌原因；通过了解房地产供需状况、购房主体的变化，对开发企业进行适当引导，防止房地产市场“泡沫”的形成；及时向社会披露房地产市场信息，增加市民购房的理性化。

市场和政策性因素助推物价上涨

——2010年来宾市居民消费价格走势分析

覃斌灵

为了准确把握物价走势，给政府决策提供依据，国家统计局来宾调查队对来宾市城区包括3个集贸市场、2家大型超市、2家大型药品零售店等共150多个商场、商店进行了调查。结果表明：2010年以来，来宾市物价形势保持温和较快的上涨势头，预计全年涨幅将维持在2.9%左右。从前三季度的情况看，城镇居民消费价格上涨2.9%，其中食品价格上涨7.2%，非食品价格上涨0.8%。所调查的八大类商品和服务项目价格呈现“五升三降”的局面。

一、居民消费价格运行的基本情况

1．全年价格温和较快上涨。综观当前市场商品的价格走势，全年价格形势将保持温和较快的上涨势头，预计全年涨幅将维持在2.9%左右。

从2010年1—3季度居民消费价格的运行轨迹来看，环比数据：前9个月中有6个月消费价格表现出增长的态势，特别是进入三季度以来消费价格逐月攀升，9月份居民消费价格比年初上涨了1.6%。从单月同比数据看，前9个月消费价格均比上年同月高，各月与上年同月相比，最低涨幅为1.3%，最高涨幅达4.0%，有8个月的同比增幅在2%以上，有5个月的涨幅在3%以上。同比数据：1月份上涨1.3%，其余各月涨幅在2.4%到2.9%之间。

2．食品价格是居民消费价格上涨的主体。1—3季度食品价格对居民消费价格影响度达67.2%，拉动整个居民消费价格上涨1.9个百分点。总体上，食品价格几乎全面上涨，所调查的十六个中类的价格除淀粉、液体乳及乳制品价格分别下降3.4%、1.1%外，其余十四个中类价格全部呈现上涨的态势。其中价格涨幅超过5%的有：菜、蛋、干鲜瓜果、水产品、干豆类及豆制品，分别达到28.1%、16.0%、10.3%、8%和7.7%。

不同分组的食品有明显不同的涨势：一是不需工业加工的植物食品涨势强劲，如干豆、鲜菜、鲜瓜果价格分别上涨38.1%、29.7%和10.2%；二是动物类食品涨幅次之，蛋、水产品、禽、畜肉价格分别上涨16.0%、8.0%、7.6%、0.4%，其中牛肉价格上涨2%，羊肉价格上涨3.5%。当前猪肉价格也接近了2007年时的历史最高水平；三是加工类食品价格小幅上涨，大米、面粉、植物油制品、调味品、糖、茶及饮料价格分别上涨1.9%、2.5%、4.2%、3.2%、2.6%、2.1%。

3．居住类价格持续上扬。截止9月，居住类价格单月同比连续11个月呈现上涨的态势，前三季度居住类价格上涨6%，拉动居民消费价格上涨0.7个百分点。无论是居住用的材料、能源、资源等商品，还是居住服务项目的商品价格都有上涨，其中木材、砖、水泥、胶合板、玻璃、水、液化石油气、垃圾处理费、房贷利率和物业管理费分别上涨17.9%、8.9%、3.5%、4.5%、7.3%、17.2%、 22.3%、3.6%、24%和7.1%。

4．医疗保健价格已连续17个月上涨。自2009年5月份以来，医疗保健单月价格已经连续17个月保持上涨的势头。2010年前三季度，医疗保健和个人用品价格上涨2.9%，其中医疗保健上涨4.3%，个人用品及服务上涨0.5%。从品种上看，医疗

器具及用品、中药材、中成药、西药、滋补保健用品价格分别上涨8.6%、17.1%、7.9%、2.1%和8.0%。在西药中，呼吸系统用药、神经系统用药、消化系统用药价格分别上涨6.7%、4.7%、3.8%。

在个人用品及服务价格中，化妆美容用品、清洁化妆用品分别上涨0.7%、1.7%。

5．交通和通信价格、烟酒及用品价格涨幅不小。前三季度，交通和通信价格上涨1.6%，其中交通类价格上涨3.6%，通信类价格下降0.2%；汽油、柴油、驾驶证、长途汽车价格分别上涨17.3%、19.5%、2.7%、12.0%；酒类价格上涨2.3%，各类酒价格均呈上涨的态势，白酒、葡萄酒、啤酒价格分别上涨2.3%、1.1%和2.5%。个别牌子的卷烟价格也稍显上涨。

6．衣着价格持续大幅回落。前三季度，衣着价格下降6.8%，其中服装、鞋袜帽价格分别下降7.8%、3%。在服装中，男装、女装和童装的价格分别下降12.5%、5.8%和3.1%。

7．家庭设备用品及维修服务、娱乐教育文化用品及服务价格下降。前三季度，家庭设备用品及维修服务价格下降2.3%，其中耐用消费品、室内装饰品、家庭日杂用品价格分别下降3.8%、6%、1.3%。从调查的基本分类看，前三季度柜、床、椅、洗衣机和空调机分别下降6.6%、6.4%、6.8%、2.1%和9%。

前三季度，娱乐教育文化用品及服务价格下降0.1%。其中文娱耐用消费品及服务价格下降2.6%、教育价格下降6.3%、文化娱乐类价格下降0.4%。而与之相反，旅游价格却上涨了16.1%。从调查的情况类看，电视机、电脑降幅分别达4.8%、3%。

二、影响居民消费价格的主要因素

据调查结果分析，当前市场价格呈现上涨的态势根本原因是成本上涨所致，其次是2010年接连出现的异常天气改变了市场供给的局面，加快促使生产成本的提高“引渡”给消费者，三是今年实施的相关行政政策对市场价格的上涨起到助推作用。

1．成本因素的影响。近年来由于国际原油价格接连上涨，推高了农业生产所需的化肥、农药价格提高，受此影响最为明显的是蔬菜、瓜果生产成本和运输成本双双提高，前三季度来宾市场上述两类商品价格分别上涨29.7%、10.2%。直接或间接受油价上涨影响的还有长途汽车票价、旅行社收费、液化石油气价格分别上涨12%、18.4%和22.3%。鲜蛋价格则受饲料价格上涨拉动上涨16.0%。

2．农产品供应减少的影响。受异常天气影响：一是年初旱情拉高市场药材价格。2009年秋季到2010年春季，作为主要药材主产区的西南地区大面积持续干旱，严重影响了中药材的收成，并由此推高了市场药材价格，前三季度来宾市场中药材价格上涨17.1%。二是年中持续强降雨推高部分商品价格。6月初来宾遭受了严重的水灾，不少农田遭到水毁，庄稼减收绝收，尤其夏粮收获不佳。调查数据显示，前三季度，来宾市场大米价格上涨1.9%。强降雨还严重影响了建筑用砖生产，造成下半年全市大面积砖供应紧张。三是高温高湿天气引发猪疫推高肉类价格。进入6月份以后，高温高湿的异常天气酿成南方多省发生严重的猪疫，大量活猪感染受病，甚至死亡，来宾市猪肉行情也受到严重的影响，禽、鱼成为居民肉类消费的首选，需求扩大也拉动了价格上涨，市场禽、鱼类的价格一路飚升。7月中下旬，随着疫情减缓，肉猪供应偏紧，猪肉消费需求扩大的同时价格也开始上涨，目前市场猪肉价格基本恢复到了2009年初的水平，也接近一两年来的最高价位。前三季度鸡、鸭、鱼的价格分别上涨7.5%、7.6%和6.4%，均创下历史最高价位的记录。

3．行政行为和政策性调价的影响。今

年来宾市居民消费价格走高来自行政政策方面的影响也特别明显，其主要体现在以下几个方面：一是强力推进节能减排，部分行业企业关停整顿造成部分商品价格大幅上涨。上半年来宾市节能减排不达标，政府将实施更为严格、更为有效的方法方式达到节能减排的目标，由此也会给部分行业产品的市场供给造成一定的压力从而推高市场价格。目前市场上水泥、砖的价格上涨就是受到这方面的影响。二是水价政策分步实施，水价进一步上涨。9月份来宾市又进一步提高了居民用水的价格，其价格环比涨幅为6.3%。三是市场整顿，提高驾驶培训费。近期来宾市车辆管理部门整顿了驾驶培训市场，严格执行教练准入资格，促使9月份驾驶培训费用同比上涨15.9%。四是房贷利率上涨。为了防止投资过热、住房价格过快上涨，保持经济稳健增长，从年初起各大商业银行纷纷收敛宽松的货币政策，前三季度来宾商业银行房屋贷款利率上涨2.4%。

另外，前三季度奢侈消费品由于产品推陈出新、更新换代，价格均表现出下降的态势。

三、对稳定当前物价形势的建议

1．加快建成大规模蔬菜基地和果蔬批发市场从根本上保证供给稳定维持价格稳定。来宾市目前建成的蔬菜基地要么品种单一，要么以供应外地为主，没有建成专门供应城区的菜篮子基地。目前市场供应的蔬菜多以周边居民零星散种为主，或是从外地调入，菜源供应不稳定。遇上农忙时节，或不利于生产、不利于运输的天气，或是建设项目征用菜地，菜源紧张价格更是高得离谱。目前来宾市场上销售的北方蔬菜或水果大多是经从周边城市的再批发调入，而不是直接从生产基地获得。所以建立大型果蔬批发市场有利于减少流通环节，降低成本，降低价格。

2．大力发展生产加大供给确保需求高峰市场价格基本稳定。进入第四季度，项目建设、晚稻收割、甘蔗砍收、传统节日等等都是扩大食品特别是蔬菜、肉、禽类食品需求的因素。为此大力发展生产加大市场供给很有现实的意义：一是要充分利用好闲置农田资源加快着手秋冬蔬菜开发生产；二是发展好畜禽养殖；三是农业生产主管部门、气象部门要做好技术指导和天气特别是灾害天气的预报预警工作，确保秋冬农业生产稳步开展。

3．适度降低行政行为给市场价格带来的压力。进入秋季，适逢项目建设的高峰，如何处理行政行为与项目建设协调发展是值得有关部门思考的问题，特别目前建筑用砖、水泥供应特别紧张，值得有关部门关注。

4．进一步加强市场价格监测工作。目前整体上来宾市居民消费价格的上涨还处于相对温和的区间，但是与居民生活息息相关的食品和居住两大类价格增势强劲，这两大类消费品价格涨幅分别为7.2%和6%，这两类消费品价格对居民消费品价格上涨的影响度高达91.3%。由此会给广大消费者带来一定的生活压力，特别是给低收入家庭带来的影响更为明显，因此加强价格监测工作，有利于实施更有力有效的行政措施。

2010年上半年鹿寨县居民消费价格运行情况及走势预测

李学文

2010年上半年，鹿寨县经济走势继续保持积极的发展态势，整体运行良好，工农业生产保持快速增长，固定资产投资继续扩大，消费需求旺盛，财政金融运行平稳，居民生活水平继续提高。居民消费价格呈现稳步上扬的态势，与上年同期相比，价格总水平上涨0.8%。

一、居民消费价格总体运行情况

（一）同比涨幅稳步上扬，平稳运行

2010年上半年，鹿寨县居民消费价格总指数呈年初低位，然后逐月上扬态势，同比上涨0.8%。1月份受上年同期指数较高的影响（2009年1月为春节），使得本月指数为99，同比下降1个百分点；2月份受春节因素的影响，CPI呈现1.3个百分点的涨幅；3月份随着春节的结束及气温的回升，CPI呈现回落态势，总指数为100.2；4—6月份受粮食、鲜菜价格轮番上涨的影响，总指数呈现逐月稳步上扬的态势，CPI同比指数分别为100.9、101.9、101.7。

（二）环比指数窄幅波动

从各月价格环比来看，1—6月CPI环比指数围绕100这个临界点窄幅波动。2月份受因素的影响，CPI指数环比出现0.9个百分点的涨幅，为上半年的最高点，3月份春节因素的消失，环比指数为99，下降1个百分点，为上半年的最低点。其它各月价格环比涨幅较为平稳，均在100左右上下波动。总体而言，上半年CPI各月环比指数呈现窄幅波动的特征，峰谷和峰顶仅相差1.9个百分点。

CPI各月同比走势如下图所示：

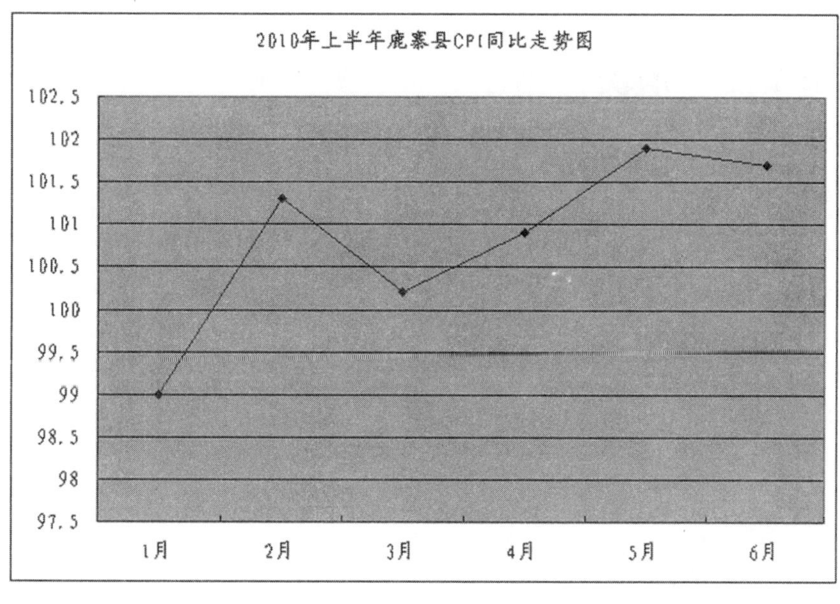

各月CPI环比走势如下图所示：

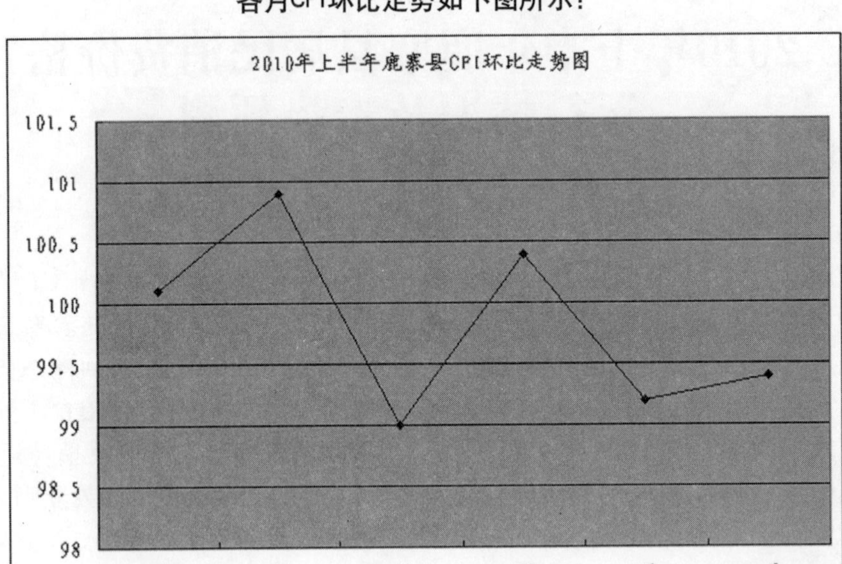

（三）八大类商品呈现“五升二降一平”格局

从调查居民消费的八大类商品看，今年上半年居民消费价格呈现出“五升二降一平”的格局，即：食品类、烟酒及用品类、家庭设备用品及维修服务类、交通和通信类、居住类价格较上年同期分别上涨1.8%、3.3%、0.9%、2.3%、5%；衣着类、娱乐教育文化用品及服务类价格较上年同期分别下降8.8%、2.8%；医疗保健和个人用品类价格与去年基本持平。

二、引发居民消费价格上涨的主要原因

（一）食品类价格持续走高

2010年上半年，食品类价格上涨1.8%，拉动CPI上行0.63个百分点，是推动CPI上涨的主要动力之一。1—6月份食品类各月价格同比指数走势与CPI走势基本一致，具体如下图所示：

在调查的16个食品类别中，除肉禽及制品、干鲜瓜果、在外用膳食品类价格有一定程度的下降外，其余均呈上涨态势。其中有3类食品价格的涨幅达到两位数，如：菜类上涨36.3%、糖类上涨15.9%、蛋类上涨12%。而油脂类上涨9.4%、干豆类及豆制品类上涨7.28%分居食品类涨幅的第四、第五位。

1．菜类价格大幅上涨。调查显示，在调查的34个鲜菜品种中，上半年均价只有3个品种价格下降，其余均上涨，涨幅为两位数的品种达26个，其中涨幅最大的是蒜头涨幅为97%。其主要原因是： 今年入春以来，先后经历了1—4月的持续干旱，5月份的暴雨，光照少；6月的高温、高湿等灾害性气候，严重的影响蔬菜的生产，产量下降，上市量减少，引起蔬菜供应相对不足，而外地蔬菜调入成本过大价格较高，导致鲜菜大幅上涨。

2．粮食价格稳中有升。2010年上半年，粮食价格与去年同期比上涨4.6%，其中：大米价格上涨4.8%，面粉价格上涨16.4%，粮食制品价格上涨0.4%。其主要原因是：2010年受前期大面积的干旱和5月份南方大部普降大雨而引发的洪涝灾害及6月份的高温天气的共同影响，使得粮食面临减产，粮食企业纷纷看好后市，屯粮待售，引发粮价上涨。

3．禽肉、蛋类水产品价格的一路上涨。2010年上半年，禽肉、油脂、蛋类、水产品价格较上年同期分别上涨11.2%、

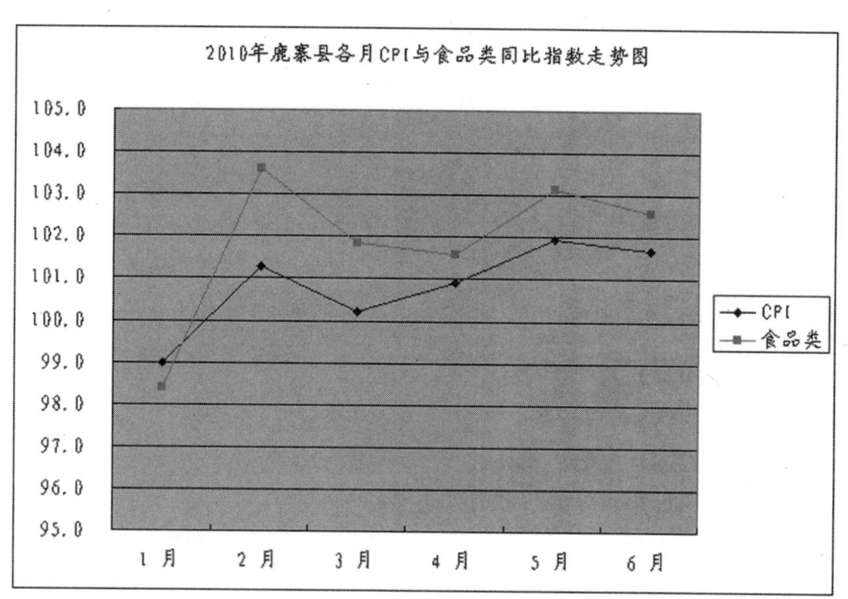

12%、16.1%。禽肉价格同比，除1月份上涨5.6%外，2—6月各月涨幅都在10%以上，其主要因素是：2010年以来我区猪高热病疫情不断扩大，使得群众对猪肉消费大量减少，转而增加了对禽肉、蛋类及水产品的需求。

4．油脂类价格由降转升。2010年上半年，油脂类价格同比上涨9.4个百分点。1—6月份价格同比涨幅分别为：-0.1%、-2.3%、15.1%、15.4%、12.9%、18.7%。由此可见，上半年油脂类价格从负增加逐步转为正增长，其原因：一是国家继续实施油菜子临时收储政策，收储价格由3.70元/公斤提高到3.90元/公斤。按照2010年国家3900元/吨的最低菜籽收储价格，以及国内部分代加工企业的新菜粕挂牌预售价格折算，加上200元/吨的补贴，菜籽油收储成本最低在8000～8100元/吨，这给国内油脂提供了底部强力支撑。二是2010年以来，遭遇特大干旱、强降雨、高温天气的影响，引发市场对国产油菜籽供应形势的担忧。

5．猪肉价格持续走低。2010年上半年猪肉价格继续走低，较上年同期下降11.1%。促使猪肉价格下跌主要有两大原因：

（1）由于前两年养猪效益可观，致使各养殖户纷纷扩大养殖规模，导致生猪养殖出现阶段性的供大于求，至2009年入冬以来，生猪出栏价格连续下跌。2010年1—6月份，鹿寨县各月猪肉（不分部分）价格分别为18.16元、17.59元、16.59元、15.92元、15.16元和14.25元。供求失衡是猪肉下降的一个重要原因。

（2）2010年以来，广西各地陆续出现了生猪高热病病例，市民猪肉消费产生了一定的心理影响，加上春节后各地逐渐进入猪肉消费淡季，这也是促使猪肉价格一路走低的一个重要原因。

（二）交通和通信类价格逐月攀升

2010年上半年，在国家多次上调成品油价格的基础上，交通类价格同比上涨4.5%，其中：车用燃料及零配件、城市间交通费价格同比分别上涨21.4%、2.1%。但交通工具价格受产品更新换代速度加快影响，同比下降1.9%。纵观1—6月份各月交通费价格同比呈现逐月攀升的格局，各月价格同比指数分别为101.3%、102.8%、102.7%、103.8%、104.5%、104.5%。

（三）居住类价格再度走强

2010年上半年，受全国范围内的房屋价格暴涨及能源类价格上涨影响，鹿寨县居住类价格同比上涨5个百分点，拉动CPI上行0.73个百分点，是推动CPI上涨的主要动力。其中建房及装修材料上涨1.3%，自有住房价格上涨4.2%，租房相关费用上涨1.1%，水、电、燃料类价格上涨11%。其中受国际原油价格上涨的影响，居民用液化气价格同比上涨40%、蜂窝煤价格上涨2.7%。

三、居民消费价格走势预测

2010年上半年，主要是食品价格和居住类价格两大“推手”推动CPI的上涨，预计进入三季度，食品价格涨幅将放缓，且有向下的趋势，对物价上涨的作用在逐步缩小，但是居住类价格仍然涨势逼人。从总体上看，下半年工业品的价格将稳中有升，农产品价格将基本保持稳定，居民消费价格涨幅全年有望控制在2%以内。下半年对CPI走势影响较大的主要有以下两方面因素：

1．市场调价因素的影响。从目前市场变化情况来看，我国资源性产品价格持续高位运行，如粮食、食用油、大豆等农副产品供应偏紧，价格会持续走高，但考虑到部分资源类产品目前已处于高位，所以上涨幅度会预计会有所放缓。

2．成本推动产品价格上涨的因素依然存在。在国际油价和资源类产品价格继续上涨的推动下，下半年原材料购进价格还将呈现稳步上涨的态势，企业的生产成本居高不下，仅靠技术进步提高劳动生产率来消化成本的上涨空间将越来越少，使得工业品出厂价格将会出现上升的趋势。

第五部分 企业调查篇

2009年广西服务业重点监测行业调查报告

郑月波

随着实体经济的复苏和北部湾经济区建设的逐步深入，广西服务业企业发展继续保持平稳增长的态势。据调查显示：2009年，广西服务业重点监测行业企业总体运行情况良好，规模进一步扩大，但还存在一些急需解决的问题。

一、调查基本情况

2009年，对服务业重点监测行业的抽样调查，抽取了包括11个服务业重点监测行业全部10615家企业中的1025家样本企业。

1.各行业样本企业的分布情况：装卸搬运和其他运输服务业77家，仓储业76家，计算机服务业173家，软件业60家，租赁业55家，商务服务业281家，科技交流和推广服务业55家，居民服务业61家，其他服务业97家，体育22家，娱乐业68家。

2.样本企业控股情况：国有控股企业160家，集体控股企业67家，私人控股企业574家，港澳台控股企业8家，外商控股企业8家，其他企业208家。

二、总体发展情况

2009年，广西服务业重点监测行业企业在国家各项宏观调控措施的影响下，经历了年初低速的增长后，下半年逐步恢复到较高的发展水平，1—11月各项经营指标均呈现上升态势。

1.企业规模扩大。调查企业的资产总计为752.90亿元，同比增长43.43%，固定资产原价134.74亿元，同比增长17.79%。其中，租赁业、商务服务业和技术交流和推广服务业的规模扩大最为明显，资产总计分别比上年同期增长9.7倍、59.67%和45.75%，固定资产原价则分别增长64.12%、54.84%和118.5%。

2.企业经营效率明显提高。企业在追求营业收入稳步增长的同时，加强了对成本和费用的控制，实现了营业利润和利润总额的高幅增长，企业经营效率明显提高。调查企业实现全部营业收入119亿元，同比增长9.33%；其中主营业务收入102.30亿元，同比增长5.58%；调查企业实现营业利润13.45亿元和利润总额16.79亿元，同比分别增长了132.59%和114.76%。营业利润占主营业务收入的比重达到13.15%。

3.职工收入水平有所提高。企业在收入分配上逐步注重员工的社会保障支出，除了支付给职工的所有劳动报酬有所增加外，为员工支付的保险费和住房公积金也增长较大。调查企业支付给职工的工资、福利、保险和住房补贴总额是9.97亿元，同比增长21.3%，其中保险费支出9931万元，同比增长17.58%，住房公积金和住房补贴4136.5万元，同比增长40.68%，两项支出分别占劳动报酬的12.4%和5.2%。从人均月工资看，部分服务业月人均工资为1722.4元，同比增长5.21%，其中，人均月工资最高的是仓储业企业，为2694.75元，最低的是体育服务业企业，为998元。

4.吸纳劳动力就业能力增强。调查企业共吸收就业人员42304人，比上年增长16.24%，平均每个企业吸纳就业人数41人，其中吸纳就业人数最多的是商务服务业，吸收就业人员19239人，同比增长39.55%。

三、各行业发展情况

2009年，广西服务业重点监测各行业

企业的发展各具特点。装卸搬运和其他运输服务业、商务服务业和仓储业三大行业的发展实力仍然凸显，1—11月，三大行业企业营业收入分别为44.86亿、40.31亿和22.39亿元，占全部重点监测行业企业营业收入的37.7%、33.9%和18.8%，其余8个行业仅占9.6%。

1.物流服务体系初具规模。近年来，随着北部湾经济开发区建设的逐步深入，以北部湾经济开发区为中心，向广西各地区不断延伸的物流服务体系已经初具规模。1—11月，广西运输代理服务行业调查企业资产总计达23.62亿元，同比增长33.5%，实现营业收入32.61亿元，同比增长12.86%，所调查的54家运输代理服务企业平均每个企业实现营业收入达6038万元，其中广西玉柴物流运输集团有限公司、中国外运广西公司、中国外运广西防城港公司和南宁车务联合物流有限责任公司四家企业的营业收入超过亿元，此外分布于百色、桂林、北海、钦州、河池和贵港的样本企业年营业收入也过千万，广西的物流体系已达到一定的规模。

2.商务服务水平提升较快。1—11月，广西280家商务服务业行业调查企业资产总计达532.75亿元，同比增长59.67%，实现营业收入40.31亿元，同比增长33.63%，其中企业管理服务业、广告业和职业中介服务三大行业的发展最为迅速，营业收入增幅都在30%以上，此外，市场管理调查企业营业收入增长10.37%、旅行社营业收入增长1.14%。调查企业中，广西投资集团营业收入达10.21亿元，还有3家企业管理服务企业营业收入超过亿元。

3.粮食仓储存在闲置现象。1—11月，广西76家仓储业调查企业实现营业收入为22.39亿元，同比减少了24.01%，其中谷物、棉花等农产品仓储服务业调查企业实现收入为13.89亿元，同比减少了18.99%。粮食仓储服务企业营业收入的减少，主要是部分地区国家储备减少，仓储存在闲置现象所导致。

4.新兴行业比重不足、层次较低。以知识密集型和技术密集型为代表的现代服务业企业规模偏小，所占比重较低。如计算机服务业、软件业、科技交流与推广服务业，调查企业的资产总计、固定资产原值、营业收入合计分别为8.3亿元、1.98亿元、4.44亿元，分别仅占全部重点监测行业企业的1.1%、1.5%和3.73%。一些科技含量大、附加值高的行业没有得到足够重视，潜力没有得到充分挖掘，据调查，1—11月广西软件业调查企业的营业收入同比还减少了2.17%。从事网吧、简单程序设计的技术服务业企业却占大多数，这些企业层次较低、规模和上升空间都很小。

5.面向民生的服务行业尚有较大的发展空间。1—11月，面向民生的居民服务业、其他服务业和娱乐服务业三个行业在提高居民生活水平和缓解就业压力方面贡献突出，企业营业收入分别比上年同期增长了10.73%、24.06%和11.67%，解决就业7086人，占调查企业从业人员的16.8%。但从服务附加值看，这三个行业企业人均创造营业收入的水平分别为8013元、8251元和9059元，三个行业资产总计、营业收入分别仅占全部调查企业的4.3%、5%。很多能提高附加值的面向居民的服务业如：家庭服务、上门服务、接送服务、养老服务、保健服务、文娱服务等还没有形成规模，面向民生的服务行业尚有较大发展空间。

6.机械设备租赁行业仍是朝阳企业。随着城镇化建设的稳步推进，机械设备租赁行业呈现出良好的发展势头，1—11月调查企业营业收入同比增长了26.84%，但企业发展水平仍然不高，调查显示，广西缺乏大型机械设备租赁服务企业，就连汽车租赁行业的发展也相对落后，所调查的53家设备机械租赁行业企业，平均每个企业仅实现营业收入136.6万元，其中汽车租赁企业平均实现营业收入23.5万元。

四、发展服务业的几点建议

广西服务业重点监测行业由于涉及领域广泛，而且是与老百姓日常生活联系最为紧密的行业，这些行业的健康快速发展无论是对进一步扩大内需、增加居民收入，还是拉动就业需求都有直接的推动作用。从服务业企业发展中反映出的问题，在一定程度上也制约了服务业的发展。针对存在的问题，对完善广西服务业重点监测行业的发展提出以下几点建议：

1.转变观念，加大对服务业的扶植力度。服务业是劳动密集性产业，其吸纳劳动力就业的能力要远远强于一、二产业。应大力发展居民服务业、体育业、娱乐业等为人民生活服务的行业，并与社区建设、加电下乡等政策相结合，增加服务业网点，采取灵活多样的就业方式，增加和创造就业机会。要进一步加大对私营服务业企业的扶持力度，特别是要做大做强新兴高附加值服务业，如科技服务、软件业等，使服务业企业不仅成为吸纳社会就业的主渠道，而且成为拉动内需，扩大居民消费的重要平台。

2.增强企业的融资能力，改变企业规模小，实力弱，抗风险能力差的局面。广西的服务业规模小，实力弱，抗风险能力差。调查显示，2009年，调查服务业企业平均年末从业人员41人，平均拥有资产177.9万元，固定资产31.85万元。调查企业中，资产过亿的企业仅有52家，占企业总数的5.1%，固定资产原值过亿的企业仅20家，占企业总数的2%，营业收入1亿以上的仅22家，占企业总数的2.1%。政府应当在信贷方面出台相关政策，为服务业的发展提供资金支持，鼓励做大做强。特别是对有发展潜力、高附加值的企业创造有利条件，拓展融资方式和渠道，在适当的时机尽快推出创业板，为有发展潜力、科技含量高、高附加值的企业上市融资提供平台。

3.积极引进具有先进管理水平的服务业企业，提升整体服务水平。积极改善投资环境，加大对服务业企业的招商力度，争取引进一批具有先进管理理念的服务业企业，在引进企业的同时也带来了服务业领域先进的管理模式、全新的经营方式和开辟全新的服务领域。在先进管理理念企业的带动下，使广西服务业重点监测行业中形成一定的行业规范，提升服务业行业的服务水平和市场竞争能力。

4.强化培训，确保部分服务业发展的人才需求。从广西目前的情况来看，无论是管理水平还是营销技术都与先进的地区存在一定差异，企业的管理也好，服务也好最终还是需要人才，要加强高层经营人才和专业人才的培养，同时拓宽人才培养途径，吸引和聘用高级人才，提高普通员工的专业素质，业务能力，是适应新形势下加快服务业发展的迫切要求。

5.解决地区发展不平衡的问题。南宁、柳州、桂林三市企业资产总计、固定资产原值、营业收入分别占全部调查企业的79.7%、46.7%和57.5%。而幅员广阔的农村和西部山区所占比重偏低，且分布的多为中小服务业企业。各地应重视服务行业的发展，在不断完善居民服务行业发展的同时，注重培养或引进商务服务、仓储和运输服务企业，使服务业企业为当地经济的发展做更大的贡献，解决地区间服务行业发展不平衡的问题。

2009年广西规模以下工业走势分析

邓维乐

据调查结果，2009年广西规模以下工业总产值为1819.9亿元，比上年增长5.8%，按可比价计算，实际增长8.9%，增幅比上年高出0.8个百分点。现将全年规模以下工业走势分析如下：

一、规模以下工业运行特点

（一）前三季度增速放缓，四季度回升

2009年广西规模以下工业总产值增速一季度为7.2%，前二季度为6.8%，前三季度为5.7%，全年为5.8%，呈现前三季度放缓、第四季度略有回升的特点，主要是随着广西区经济大环境的好转，中小企业受金融危机影响逐渐减弱，到了2009年四季度增速有所加快，其中企业运行速度快于个体，企业工业总产值现价增速比个体工业高出0.6个百分点。

（二）从业人员逐季增长，企业逐渐恢复生产

规模以下工业从业人数呈逐季增长趋势，从业人数二季度比一季度增长1.2%、三季度比二季度增长4.0%，四季度与三季度持平。据对669家规模以下工业企业调查表明，一季度企业停产面为16.9%、二季度为16.3%、三季度为15.2%、四季度与三季度持平，企业停产面呈现逐季缩小趋势。

（三）企业参加养老、医疗保险人数增加，比例提高

据对669个样本企业调查，2009年，广西规模以下工业企业参加基本养老保险人数比上年增长9.5%，参加基本养老保险人数占全部人数29.7%，比上年提高了0.9个百分点。参加医疗保险人数比上年增长20.1%，参加医疗保险人数占全部人数39.3%，比上年提高4.5个百分点。

（四）工资及福利比上年有所增长

调查的669家规模以下工业企业2009年人均工资及福利比上年增长12.1%，上缴社会保险费比上年增长33.3%。

（五）企业利息支出有所增加

2009年，广西规模以下工业企业利息支出比上年增长21.3%，其中银行借款利息支出比上年增长28.0%，民间借款利息支出比上年减少11.6%。应收账款、应付账款分别比上年减少27.1%和4.6%。

二、规模以下工业增长的有利因素

（一）受投资、消费的拉动

2009年，广西投资、鼓励消费力度很大，据统计，1—11月，广西城镇固定资产投资4448.48亿元，同比增长53.5%，增幅比上年同期提高27.8个百分点，社会消费品零售总额527.91亿元，比上年同期增长19.0%；规模以上工业1—11月份增加值1951.75亿元，同比增长17.5%，受到以上各方面的综合拉动，广西规模以下工业保持增长势头。如兴安县样本点的个体工业个数比上年增长10%，从业人数比上年增长12%。

（二）北部湾经济区开发建设潮带动

2009年，广西北部湾经济区开发建设迎来了高潮，各项重大项目纷纷在北海、钦州、防城港落户开工，其中房地产开发建设、城市交通道路建设、港口码头建设等等需要大量的建筑材料，促使北部湾经济区规模以下工业保持较快增长势头。仅

北海市样本点1—11月个体工业中建筑用材营业收入同比增长34.4%，其中建筑用石加工同比增长80.7%。如北海市红砖生产比上年同期增长30%以上。

（三）乡村建房热的拉动

2009年，广西乡村建房热仍然持续，乡村建房热拉动了规模以下工业发展。如扶绥县搬入新房的居民比较多，装修也较好，促使窗帘加工、采石及有关装修材料的发展，一些样本点的采石场的营业收入同比增长50%以上。大新县对农户建房给予适当的补贴，采石、制砖、木器加工等行业得到较快发展，该县样本点的木材加工业营业收入比上年同期增长93.40%，大部分石料、砖块供不应求。

（四）宽松的金融政策给规模以下工业注入发展活力

2009年，国家采取了宽松的金融政策。据统计，2009年1—11月广西金融机构累计新增本外币贷款2175.70亿元，是2008年同期2.76倍，新增贷款创历史最高水平。金融机构新增的放贷，其中有部分归属规模以下工业，从而使得规模以下工业贷款额增加，促进规模以下工业资金周转加快，解决了部分“三角债”问题，为生产发展提供一定的保障。2009年广西规模以下工业企业银行借款利息支出比上年同期增长28.0%，应收账款、应付账款分别比上年同期减少4.6%。

三、当前规模以下工业生产经营中存在的问题

（一）金融危机影响因素仍未完全消除

金融危机对广西规模以下工业产生持续影响，到目前影响仍未完全消除，使得2009年一些工业产品价格仍持续走低、市场低迷。如2009年钦州市规模以下冶矿业受市场需求和市场价格因素影响整体处于亏损经营状态，该市机械制造业市场疲软，产品价格有所下降，订单减少，个别机械厂工业总产值和主营业务收入比上年减少50%左右。岑溪市一些塑料加工厂订单减少，生产大幅度下降，个别塑料厂工业总产值下降56.25%。

（二）企业从业人员参保意识不高

由于规模以下工业从业人员流动性大、工资水平不高，为此参保热情不高，主要原因有：一是广西规模以下工业企业从业人员月收入1000元左右，如果还要被扣除200元左右的养老和医疗保险金，则发到手的现金大幅减少。二是规模以下工业具有规模较小、劳动强度较大、技术含量不高、从业人员流动性大的特点，员工对自己以后能否续交保费以及能否享受养老和医疗保险心存疑虑和担心。三是部分企业对参加养老和医疗保险的意义和作用认识不足，认为参加保险没有多大的意义，更甚者主观上不愿意每月给员工支付一笔费用参加保险。四是受现行养老保险制度的影响，员工的养老保险关系还无法做到转移接续，参保人员一旦离开本市工作，后续的养老保险难以进行异地衔接，导致部分员工退保。

（三）融资仍比较困难

2009年，尽管国家采取了宽松性货币政策，但是，规模以下工业贷款难问题仍然突出。目前金融机构贷款模式使得小型工业融资难、融资成本高。目前银行对申请贷款客户按信用等级进行评比，规模以下工业因固定资产价值不高，财务制度不健全，在信用评级中难以取得较高等级，成为融资的弱势群体。

（四）部分地方税费负担重

规模以下工业一些行业反映税费负担重。如扶绥县职能主管部门对个体酒坊的收费让其感觉不堪重负，其中一位个体酒坊业主反映：2009年缴费总额为6880元，其出示被收取清单费用如下：工商部门罚款2500元（理由是没有生产、销售许可证的，工商部门不给予办理工商营业执照，

没有工商营业执照，工商部分认定其属违规经营并依法罚款）、国税全年3960元、地税全年100元、卫生部门全年320元（办健康证）；技术监督部门待收费600元。对于农村一家个体小酒坊来说，每年的利润大概在1.5万元左右，而所缴交的税费占利润的比例高达45.87%。更令其感到最头痛的事情是目前办不了米酒酿制销售许可证年年被罚款的问题，而要办理一张米酒酿制销售许可证，需要投资数十万元资金，把酒坊的各项软件、硬件基础设施搞好，待验收合格后，方能办证。这个条件对于绝大部分农村个体酒坊业主来说，简直是可望而不可及的事。

四、几点建议

在目前这种经济环境下，2009年广西规模以下工业能有这样的增速实属不易。2010年能否实现较快的运行态势仍存在诸多不确定因素，是一个较大的挑战。为此提出几点建议：

1．继续加大规模以下工业扶持力度，优化良好小型工业经营环境，加强服务意识，杜绝“三乱”现象。

2．构建小型工业从业人员培训体系，加强从业人员的培训。

3．积极解决流动人口的民生问题，进一步完善医疗及养老保险体系，实现异地办理和享受的原则，积极解决流动人口吃、住难等问题。

4．继续拓宽融资渠道，制定灵活多样的贷款制度，充分发挥基层银行为中小企业服务的作用，切实解决规模以下工业融资难问题。

5．引导发展循环经济，从“资源—产品—废弃物”转向“资源—产品—再生资源”循环经济发展模式。

6．牢牢把握中国—东盟自贸区、北部湾经济区建设的优势，积极调整小型工业产业结构，提高出口产品竞争力。

7．利用广西农业优势，大力发展关联工业产业，利用广西农业品牌效应建立小型工业产品品牌，实现工农互动。通过农业促进工业，工业拉动农业，逐步建立生态农业、生态工业、生态工农一体化循环经济。

8．加快发展农村和城镇间的物流工作，取消不合理的过路、过桥费，降低工、农作业成本，大力改善农村生活环境，为小型工业开拓更大的发展空间。

从树立信心到拥有力量

——2009年广西企业信心和景气指数持续攀升综述

莫 林 陆玉秀

2009年，对于广西企业而言，是不平凡的一年。从2008年三、四季度开始，受国际金融危机影响，广西企业的生产经营状况陷入困境：内外需求不振、企业家信心低迷，对经济运行发展的看法不甚乐观。2009年初，温家宝总理提出了“信心比黄金更重要”的振兴经济发展口号，随后国家和自治区政府围绕“扩内需、保增长、调结构”等目标出台了一系列政策措施，并逐步收到成效。企业景气调查显示， 2009年一季度景气指数即逐渐反弹，并逐季顺势上行，此后一路高歌，至四季度两个指数分别攀升至128.7和121.6的“较为景气”区间（根据国际通行标准，景气区间的划分标准为：180以上为“非常景气”区间，180～150为“较强景气”区间，150～120为“较为景气”区间，120～110为“相对景气”区间，110～100为“微景气”区间，100为景气临界点，100～90为“微弱不景气”区间，90～80为“相对不景气”区间，80～50为“较为不景气”区间，50～20为“较重不景气”区间，20以下为“严重不景气”区间）。

纵观广西企业信心和企业景气指数从低迷、回暖到积极、乐观的变化和企业经营状况由微弱不景气、微景气，到相对景气、较为景气的运行轨迹，我们认为它一定程度上也体现了广西企业在宏观经济的大背景下，所走过的历程也是一个从树立发展信心到拥有经济增长力量的过程。

企业家信心指数、企业景气指数趋势

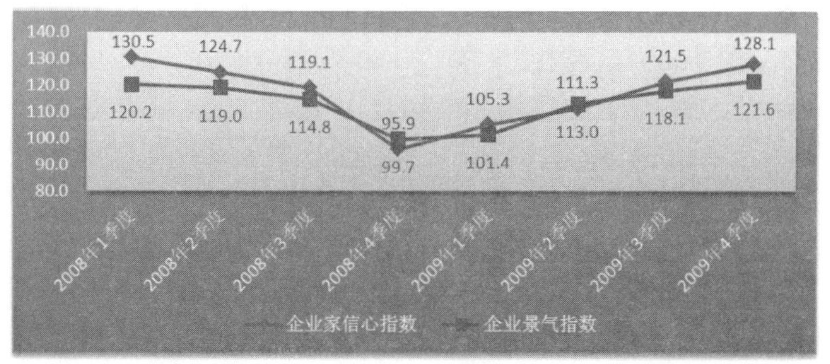

一、信心篇：从低迷到乐观

（一）企业家信心指数从低谷到连续四个季度攀升

2008年四季度，广西企业家信心指数由于受金融危机的影响，延续着2008年以来的下降走势，跌至95.5，落入“微弱不景气”区间，到达2006年以来最底部，同时也创下近年来企业家信心指数最低值。2009年一季度，企业家信心指数开始反弹，跃升至景气临界值（100）以上，为105.3。二季度，企业家信心指数继续回升，为111.3，对行业走势抱乐观态度的企业家明显增多。三季度，企业家信心指数继续上升，踏入“较为景气”区间门槛，为121.2；四季度再继续攀升至128。全年广西企业家信心指数共上升32.1个点。

分行业看，到2009年四季度，工业、

房地产业、社会服务业企业家信心度聚增。八个行业的企业家信心指数处在108.9～142.6的景气区间，其中房地产业、工业、社会服务业分别为142.6、125.3、138.9，分别比上年同期大幅提高51.7点、47点、42.5点。

从企业登记注册类型来看，四季度股份合作企业、股份有限公司增幅超过50点。企业家信心指数处在114.2～135.2的景气区间。其中股份合作企业、股份有限公司为121.2、135.2，与上年同期比较，提高54.9点、55.1点。

从企业规模来看，2008年四季度，受国际金融危机影响，各种规模企业家信心指数均跌至景气临界值以下，其中大型企业的企业家信心指数只有87，处在“相对不景气”区间。到2009年四季度，广西大中小型企业家信心指数处在较高的景气区间。其中，大型企业为131.2，比上年同期提高44.1点；中型企业为142.8，景气度居全部企业之最，提高43.5点。大型企业企业家信心指数的上行力度很大程度地拉动了全区企业家信心指数的整体提升。

（二）企业景气指数从微弱不景气到较为景气

2008年四季度，广西企业景气指数跌入低谷，为99.7，处在2006年以来的最低水平，处在“微弱不景气”状态。2009年

2008—2009年各季度分规模企业家信心指数走势

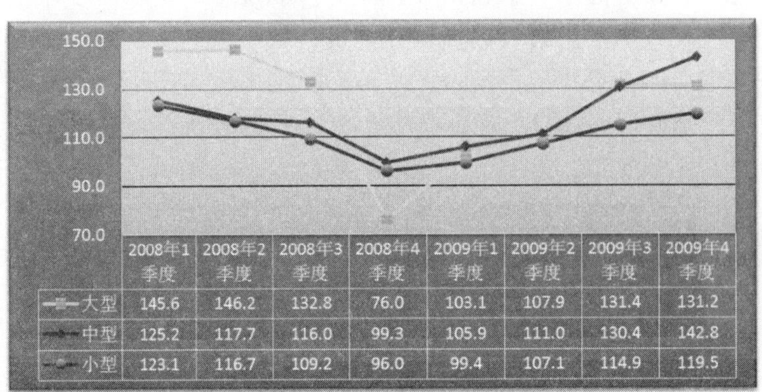

	2008年1季度	2008年2季度	2008年3季度	2008年4季度	2009年1季度	2009年2季度	2009年3季度	2009年4季度
大型	145.6	146.2	132.8	76.0	103.1	107.9	131.4	131.2
中型	125.2	117.7	116.0	99.3	105.9	111.0	130.4	142.8
小型	123.1	116.7	109.2	96.0	99.4	107.1	114.9	119.5

一季度，广西企业景气指数略有上升，为101.4；二季度，企业景气指数回升至“相对景气”区间，为113；三季度，企业景气指数再升5.1.点，为118.1；四季度，企业景气指数重新站上“较为景气”区间，为121.6。分行业看：

1. 工业企业景气状况持续改善。从时间序列来看，自2008年二季度以后，工业企业景气指数急剧下挫，四季度降至85.3，到达底部，而后呈逐季上升且升幅扩大的态势。2009年一季度，广西工业企业景气指数为90.5，比上年四季度上升5.2点；二季度升至景气临界值以上，为107.6，虽然还有部分生产经营指标位于景气临界值之下，但生产经营状况已有所改善；三季度为111.8，比二季度上升4.2点。四季度为118，接近“较为景气”区间。从一些分项指数来看，2009年，工业生产总量、产品销售和库存景气指数均呈上升之势，表明企业生产运行平稳，企业产品销售状况较好，库存较为理想，产销衔接良好。从订货指数来看，广西工业产品订货景气指数自2008年四季度跌入谷底后已连续四个季度呈上升之势，其中2009年一、二季度在景气临界值以下缓慢上升，表明产品订货虽有减少，但跌幅趋缓；三季度，升至景气临界值以上，订单指数止跌回升；四季度，订单指数进入“相对景气”区间，为118.8，比上年同期大幅提高50.7点，同时盈利景气指数也剧增48.6个点。从产品销售来看，2009年四季度工业产品销售景气指数为121.5，比上年同期和比上期分别提高47.3点和3.2点。整体来看，企业盈利情况好转主要靠国内

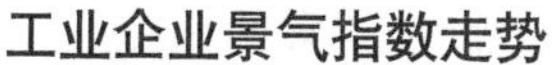

工业企业景气指数走势

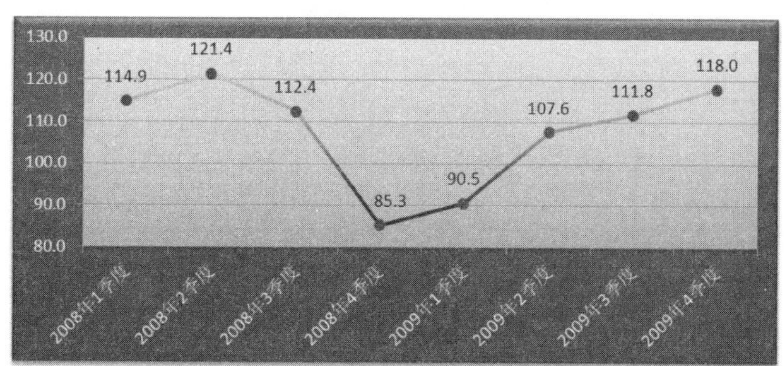

消费需求的上升带动产品销量的增加，而外需不足、原料成本过高和出厂价格相对低位是当前工业企业面对的三大压力。

2．建筑业企业景气指数坚挺于“相对景气”和“较为景气”区间。2009年，因政府投资力度的加大及房地产行业的强劲回暖，建筑业成为八大行业中景气度最为坚挺的行业，景气指数一直位于“相对景气”（景气指数110～120）和“较为景气”（景气指数120～150）区间运行。从四季度建筑业各项生产经营景气指数看，主要呈现如下特点：一是工程合同、建筑工程量、技术设备能力、工程进度、工程结算收入、盈利变化，以及劳动力需求景气指数均处于景气区域且不同程度上升；二是购进材料价格、工程结算成本和工程款拖欠景气指数一直处于景气临界值以下低位运行；三是建筑工程量景气指数一直处于景气临界值以上运行，而新开工工程量景气指数除二季度以外，均在临界值以下。建筑业的新开工工程量景气指数属于行业景气的先行指标，且与房地产业的新开工面积密切相关，应引起关注。

3．房地产业景气指数升幅迅猛。自2008年下半年以来，随着全球经济的放缓和资本市场的低迷，广西房地产企业进入调整期。2009年一季度，广西房地产业企业景气指数继续下探至2008年以来的最低值，为96.3，处在“微弱不景气”状态。其他指标也位于景气临界值以下，房地产业商品房销售景气指数仅为82.2。二季度，随着资本市场的回暖及购房刚性需求的释放，本市房地产市场呈现出供需两旺，成交活跃的销售格局，房地产企业景气指数出现强劲反弹，房地产业企业景气指数改变不景气状态，跃进“相对景气”区间，达到116.5，三季度，继续上升至125.4，四季度保持在“较为景气”区间，为125.8。

建筑业企业景气指数走势

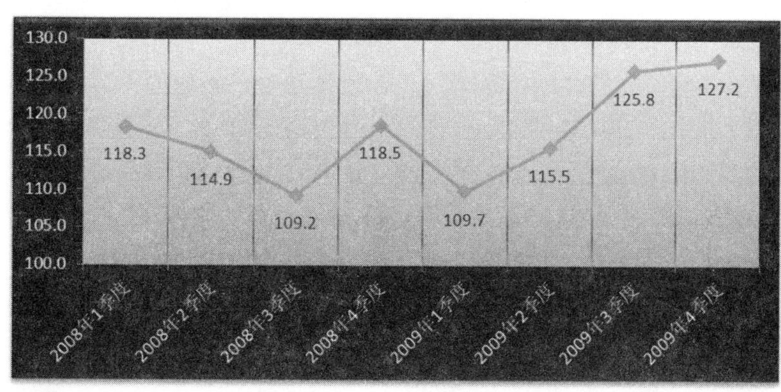

4．交通运输和仓储业影响微弱起伏不大。在国际金融危机冲击影响中，八大行业里受冲击影响较小、企业景气指数起

房地产业企业景气指数走势

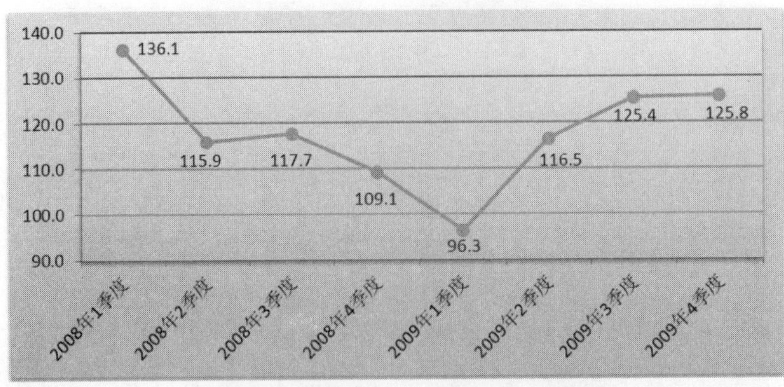

交通运输仓储业企业景气指数走势

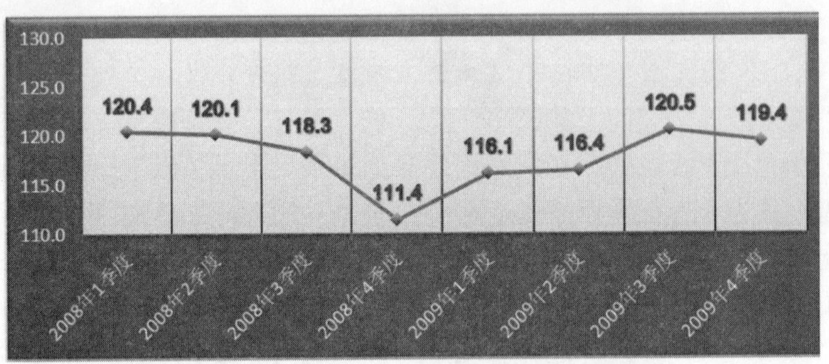

住宿和餐饮业企业景气指数走势

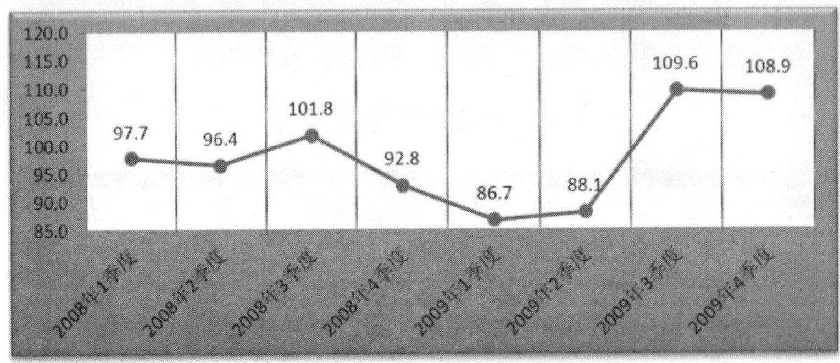

社会服务业企业景气指数走势

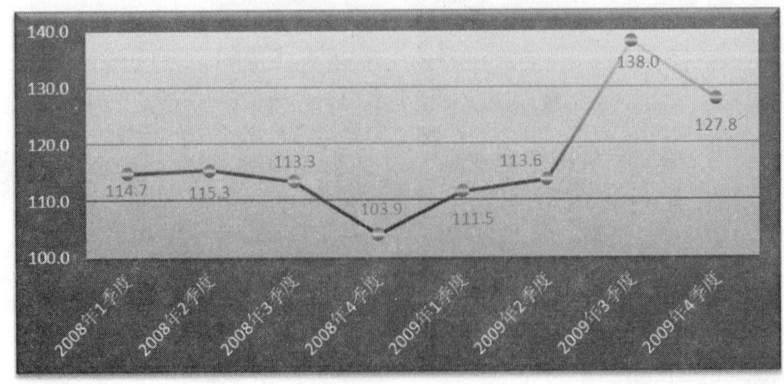

伏较小的是交通运输和仓储业，整个金融危机中，行业景气指数没有跌入不景气的状态。该行业企业景气指数自2008年初至2009年底，一直维持在110～120之间，处

在“相对景气区间”，其中行业形势低迷时期的2008年四季度，交通运输和仓储业企业景气指数一度下探到111.4，接近“微弱景气”区间，但自2009年始，该行业景气即温和上升。至四季度，景气指数升至为119.4，于2008年一季度120.7的景气指数水平相近。说明行业稳定，市场的回暖受益于国内经济的复苏和外部需求的阶段性增长均衡。

5．住宿和餐饮业受到影响最深，回暖较慢。八大行业中，住宿和餐饮业的企业景气指数一直以来都是处在“微弱不景气”的区间（景气指数90～100），2008年四季度分别为97.7、96.4、101.8和92.8。2009年，受国际金融危机和甲型H1N1流感蔓延的影响，广西住宿业企业生产运营状况不甚好，企业景气指数继续在景气临界值以下低位行走；餐饮业景气指数则一直处于不景气区域运行，一、二季度更是跌至86.7、88.1的“相对不景气”区间。但

批发和零售业企业景气指数走势

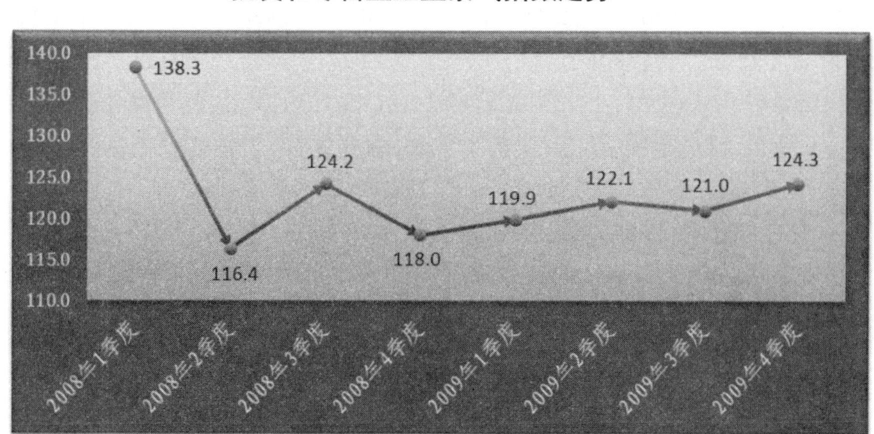

到了三季度，随着国家一系列扩大内需政策的刺激，以及甲型H1N1流感蔓延得到逐步控制，还有整体经济的回暖，广西住宿和餐饮业企业的景气状况也明显改善，三季度住宿和餐饮业的企业景气指数升至109.6，比二季度上升了21.5点，彻底改变了住宿和餐饮业行业景气长期低迷的状况。四季度该指数继续保持在108.9的点位，处在“微景气区间”上端。

6．批发和零售、社会服务等消费类行业景气指数受益于国家扩大内需的政策最显著。2009年，在国家一系列扩大内需政策的刺激下，批发和零售业、社会服务业等居民消费类企业景气指数全年均在景气区域平稳运行。四季度是零售业旺季，零售业企业景气指数达到全年最高，为124.5。在社会服务业中，三季度企业景气指数已大幅上升，从一季度的111.5跃升至138，比二季度和上年同期均高25点。处在2008年以来的最高水平。

二、力量篇：企业生产经营状况稳步向上

（一）企业生产总量增加，产品订货明显上升

2008年至2009年年初，受国际金融危机影响，许多行业出现了订单数量减少，生产大幅下滑的情况。一季度，广西企业生产总量景气指数为96.7处在不景气区间，企业产品订货景气指数为89.6，比上年同期下降17.2点，但从二季度开始，随着国内外经济的逐步复苏，企业接受订单数逐步增多，生产总量有所提升，企业订货景气指数也稳步上升。二季度，广西企业生产总量景气指数处在116.8的景气区间，比上期提高20.1点；企业产品订货开始增加，景气指数为102.4，虽比上年同期下降6.3点，但比上期提高12.8点。到四季度，企业生产总量景气指数为118.8，比上年同期提高31.7点，比上期下降1.5点。八

个行业处在108.9～120的景气区间，与上年同期比较，除建筑业下降1.6点外，其余均不同程度提高。其中，房地产业、社会服务业、批发和零售业、住宿和餐饮业分别提高24.4点、29.2点、29.9点、35.1点，特别是工业提高45.5点。

（二）*产品销售大幅回升，其中工业产品销售回升迅猛*

受金融危机冲击，广西企业产品销售一度大幅下跌。2008年四季度，广西工业产品销售景气指数仅为74.20，比上年同期和比上期分别下降46.26点和18.69点；批发和零售业商品销售为86.88，下降33.76点和16.36点；房地产业商品房销售为69.93，下降28.65点和17.75点。2009年一季度有所恢复，工业产品销售景气指数为93.8，比上期提高19.6点；批发和零售业商品销售景气指数为91.4，比上期提高4.5点；房地产业商品房销售景气指数为82.2，也比上期提高12.3点。但整个产品销售均处在不景气状态。从二季度开始，广西企业产品的销售逐渐回暖，并一路向好。特别是工业产品销售，二季度，工业产品销售景气指数为126.0，比上期提高32.2点，批发和零售业商品销售景气指数为98.1；房地产业商品房销售景气指数为103.9。四季度，工业产品销售景气指数为121.5，批发和零售业商品销售景气指数为116.5。广西企业产品销售走出了不景气的阴霾。

劳动力需求景气指数

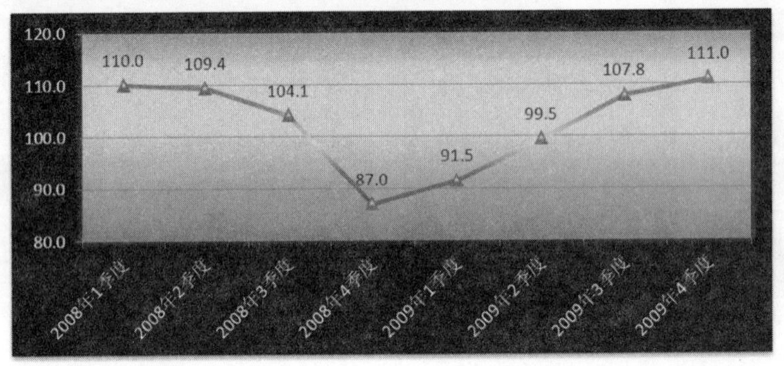

（三）*劳动力需求回归正常水平*

企业劳动力需求景气指数是受金融危机的冲击最直接，最敏感的指数。受金融危机的冲击，2008年四季度开始，广西企业劳动力需求即进入萎缩状态，企业劳动力需求景气指数为86.98，比上年同期和比上期分别降低23.85点和17.16点。除建筑业，信息传输、计算机服务和软件业为111.76，106.55处在景气区间外，工业，交通运输、仓储邮电通信业，批发和零售业，房地产业、社会服务业、住宿和餐饮业分别处在80.16，83.52，96.91，

经济效益景气指数

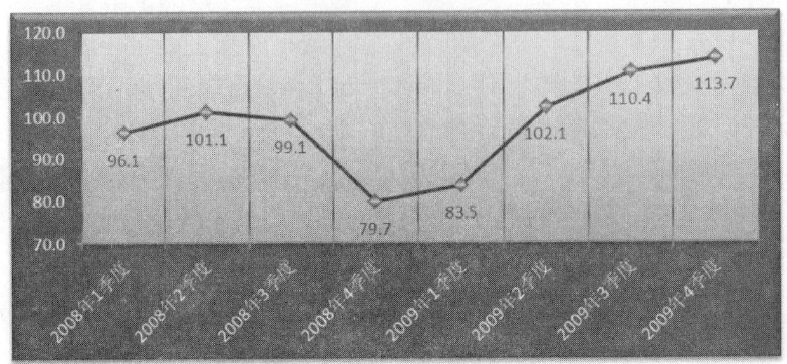

80.20，86.10，85.33的不景气区间。2009年一季度，企业劳动力需求有所回暖，景气指数为91.5，比上期增加4.5点，二季度企业劳动力需求景气指数为99.5，又比上期增加8.0点，但仍处在景气临界值以下。三季度企业劳动力需求景气指数为107.8，步入景气区间，表明劳动力需求微幅回升，直至四季度，企业劳动力需求继续回暖、回稳，景气指数达到111，比上年同期和比上期提高24点和3.2点，恢复到正常水平。

（四）企业经济效益逐季显现

广西企业的经济效益状况在2008年三季度以前，一直处在景气临界值的区间（100左右），2008年1、2、3季度分别为96.14、101.09和99.13，属于比较低迷的状态。金融危机的冲击，企业的效益状况受到重创，2008年四季度效益景气指数大幅跌至79.67，2009年一季度为85.3，处在“相对不景气”区间。直到二季度企业效益指数有了明显的回升，二、三、四季度逐季攀升，四季度企业盈利景气指数为113.7，分别比上年同期和比上期提高34点和3.3点。

（五）资金问题困扰企业

长期以来，广西企业经营都面临资金不足、融资困难等问题。金融危机发生后，这种状况也没有多大改变。从企业流动资金景气指数和企业融资景气指数来看，2008年、2009年大部分时期处在70～80“相对不景气区间”，其中企业流动资金景气指数在2009年二季度后恢复到80以上，企业融资景气指数在2009年二季度后恢复到70以上，但都是“较为不景气”的状态。说明广西企业所面临的资金难问题在相当长的时期将难以改变。

企业流动资金、融资景气指数

	2008年1季度	2008年2季度	2008年3季度	2008年4季度	2009年1季度	2009年2季度	2009年3季度	2009年4季度
流动资金	85.0	79.6	79.4	73.2	76.8	82.6	83.2	83.1
企业融资	77.4	74.0	70.0	68.5	69.3	74.5	74.0	74.4

企业信心增强　景气提升　生产经营继续向好

——2010年一季度广西企业景气调查报告

覃瑞潮

根据调查结果：2010年一季度，广西企业家信心指数为1999年开展企业景气调查以来的最好水平，企业景气指数、企业生产经营部分主要经济指标为2008年三季度全球金融危机以来的最好水平，表明经济延续上年平稳较快增长态势，并得到进一步巩固。

一、企业家信心指数达到历史最好水平

一季度，广西企业家信心指数达到135.2，比上年同期和比上期分别提高29.9点、7.1点，比历史上最好的2007年三季度的133.3还高出1.9点，为全自治区1999年开展企业景气调查以来的最好水平，表明企业家对宏观经济政策措施的信心进一步增强。

1．工业和房地产业企业家信心剧增。按行业门类划分，八个行业的企业家信心指数全部处在景气区间。除住宿和餐饮业在103.7为最低外，其余处在133以上。其中，社会服务业，房地产业，信息传输、计算机服务和软件业分别达到140，141.1，148.7。与上期比较，除个别行业下降外，其余均提高。与上年同期比较全面提高，其中房地产业提高36.7点，特别是受《关于做大做强做优广西工业的决定》的影响，工业企业家信心指数提高40.2点，列居榜首。

2．股份有限公司、股份合作企业的企业家信心增幅大。按企业登记注册类型划分，所有企业家信心指数均处在景气区间。与上期比较除个别行业下降外，其余均上升。与上年同期比较全部上升在12点以上，特别是股份合作企业为133.3，股份有限公司为143.2，分别提高41.2点、45.9点。

3．中型企业、上市公司企业家信心大幅度提高。按企业规模划分，大中小型企业家信心指数均处在景气区间。其中，中型企业家信心指数为144，比上年同期提高38.1点。按企业特殊分组划分，所有企业均处在景气区间，其中，上市公司为150，比上年同期提高98.6点，比上期提高13.5点。

二、企业景气指数为2008年三季度以来的最好水平

一季度全自治区企业景气指数为124.6，比上年同期和比上期分别提高23.2点和3点，为2008年三季度全球金融危机以来的最好水平，表明全自治区企业景气持续稳步提升。

1．房地产业、工业景气度大幅提高。从企业行业来看，八个行业的企业景气指数处在101.9～139.1的景气区间；与上期比较有升有降；与上年同期比较，除个别行业下降外，其余提幅在10点以上：交通运输、仓储及邮电通信业，批发和零售业，住宿和餐饮业，建筑业，社会服务业分别提高10.6点、12.6点、14.8点、16点、20.1点、尤以房地产业提高33.5点、工业提高31.1点为大。

2．股份合作企业、股份有限公司企业景气度大增。从企业登记注册类型来看，所有企业景气指数处在100～135.6的景气区间。与上期比较，除个别行业下降外，其余均上升。与上年同期比较，所有行业

均上升，其中，国有企业提高25点，有限责任公司提高21.1点，特别是股份有限公司、股份合作企业分别提高35.9点和41.8点为大。

3．中型企业、上市公司景气度大幅提高。从企业规模来看，大中小型企业的企业景气指数处在景气区间，其中，中型企业的企业景气指数为159.6，比上年同期和比上期分别提高59.7点和22.8点。从企业特殊分组来看，所有企业景气指数处在景气区间，其中，上市公司的企业景气度较高，与上年同期比较升幅大。

三、企业生产经营总体态势继续向好

一季度，企业生产经营主要经济指标为2008年三季度全球金融危机以来的最好水平，但有的指标仍在不景气区间并比上年同期有所下降，说明全自治区经济运行中还存在一些不稳定的因素。

1．生产总量稳步提高。企业生产总量景气指数为103.8，比上年同期提高6.3点，但比上期下降15.8点。八个行业中除工业为96.7，住宿和餐饮业为75.9不景气外，其余处在100.2～128.1的景气区间。与上年同期比较，除工业，信息传输、计算机服务和软件业下降1.2点、5.2点外，其余均持不同程度提高。其中，建筑业提高16.9点，批发和零售业提高22.5点，住宿和餐饮业提高26.2点。与上期比较，除交通运输、仓储及邮电通信业提高8.9点外，其余均呈降势，其中，社会服务业下降17.9点，建筑业下降19.5点，住宿和餐饮业下降33点为大。

2．产品销售有升有降。尽管汽车下乡和对农机具补贴的政策延续，但工业产品销售景气指数在91.9为不景气，分别比上年同期和比上期下降1.9点和29.6点。在家电下乡政策的延续下，加上春节黄金周旺销，批发和零售业商品销售景气指数达到113.9，比上年同期提高22.5点，比上期下降2.6点。受国家对土地使用政策调控的影响，房地产业商品房销售景气指数为86.9，比上年同期提高4.7点，比上期下降12.4点，处在不景气区间。

3．产品订货大幅提高。企业产品订货景气指数为103.7，比上年同期提高14.1点，比上期下降9.9点。建筑业，房地产业，住宿和餐饮业分别为91.5、89.8、78.1不景气。其余处在100.4～116.8的景气区间。与上年同期比较，除批发和零售业，信息传输、计算机服务和软件业下降外，其余均持不同程度上升，其中，住宿和餐饮业，工业，社会服务业分别提高25.6点，22点，19.8点。与上期比较，除交通运输、仓储及邮电通信业上升外，其余均持不同程度下降，其中住宿和餐饮业，信息传输、计算机服务和软件业，建筑业分别下降24.9点，27.7点，30.3点。

4．经济效益景气状况提高。企业盈利景气指数为103，比上年同期提高19.5点，比上期下降10.7点。除社会服务业，住宿和餐饮业为97.9、78.1不景气外，其余均处在100～113.5的景气区间。与上年同期比较，除交通运输、仓储及邮电通信业，信息传输、计算机服务和软件业下降外，其余均持不同程度上升，其中，建筑业，住宿和餐饮业，工业，房地产业分别提高12.2点，15.9点，29.4点，30.3点。与上期比较，除交通运输、仓储及邮电通信业上升21.5点外，其余均持不同程度下降，其中以工业下降17.6点为大。

5．劳动力需求激增。随着企业生产经营活动的继续向好，劳动力需求激增，一季度全自治区企业劳动力需求景气指数为115.8，比上年同期和比上期提高24.3点和4.8点，为2008年三季度全球金融危机以来的最好水平。八个行业处在102～121.1的景气区间。与上年同期比较全部上升，除信息传输、计算机服务和软件业上升在5.4点为最小外，其余都上升在15点以上，其中，批发和零售业，房地产业，住宿和餐饮业，工业分别提高20.1点，24.2点，

27.4点，29.2点。与上期比较，交通运输、仓储及邮电通信业，批发和零售业分别提高15.3点、11.7点为大。

6. 固定资产投资持续增长。在全自治区2010年力争全社会固定资产投资增长40%以上达8000亿元的带动下，企业固定资产投资景气指数为107，比上年同期提高7.5点，比上期下降7.6点。除建筑业为96.1不景气外，其余处在102.2～128.4的景气区间。与上年同期比较，除信息传输、计算机服务和软件业下降4.7点外，其余均持不同程度上升，其中，批发和零售业，社会服务业，房地产业，分别提高10.4点，12.2点，19.4点。与上期比较均呈全面下降，其中，交通运输、仓储及邮电通信业，社会服务业分别下降18.8点，18.1点。

7. 资金状况比较稳定。资金状态逐季提高，处在2008年三季度全球金融危机以来的最好水平。一是企业流动资金景气指数为87.1，分别比上年同期和比上期提高10.3点、4点；二是企业货款拖欠景气指数为104.1，与上年同期比较提高6.1点，与上期比较下降0.2点；三是企业融资景气指数为79.5，与上年同期比较和与上期比较分别提高11.7点和5.1点。

预计二季度，全自治区企业家信心指数和企业景气指数仍维持在137和134的向好势头。八个行业的企业家信心指数和企业景气指数均处在景气区间。企业生产经营的八个主要经济技术指标中，除企业流动资金、企业融资景气指数仍处在不景气区间外，其余均处在景气区间。

一季度广西规模以下工业生产经营形势分析

杜雪勇

2010年一季度，广西规模以下工业企业在面临国内外复杂的经济形势下，各级政府积极放宽政策、采取了刺激消费、加大投资拉动经济的模式抵制金融危机，各企业积极利用政府扶持措施，努力开拓市场，克服原材料价格上升幅度大、运输成本提高等不利因素，在部分区县遭受干旱情况下，一季度规模以下工业总产值达446.26亿元，增加值为168.78亿元；总产值比上年同期增长13.6%（现价），可比价增速为6.5%。现将一季度广西规模以下工业分析如下：

一、运行特点

1．就业人数增加。一季度，广西规模以下工业从业人数为147.64万人，比上年同期增加1.84万人，增长了1.26%。

2．企业产品销售收入、出口交货值、期末剩余订单额同比上升。一季度，广西规模以下工业样本企业的产品销售率为93.89%，比上年同期提高0.13个百分点；出口交货值比上年同期增长55.07%；期末剩余订单额比上年同期增长2倍以上。

3．企业生产能力提高，生产达到负荷的一半。一季度，广西规模以下工业企业生产能力比上年同期增长13.86%。生产能力利用率为56.76%，生产仍未达到负荷。

二、增长原因分析

1．金融危机影响减弱，订单同比增多。据调查了解，2010年一季度广西规模以下工业受金融危机影响减弱，订单同比增多。如南宁市某消毒制剂厂2010年接出口订单，扩大生产；某石油化工有限公司接订单增加，扩大生产。柳州市某仪器仪表企业和某橡胶厂2010年订单增多，员工加班加点，工业总产值分别比上年同期增长1.8倍和6倍。桂平市木乐村个体服装厂恢复生产个数比上年多了十几家，部分服装厂的订单已经安排到了7月。

2．政策刺激的后续影响。由于广西积极放宽各项政策、加大投资拉动经济的模式抵制金融危机。受宽松政策刺激的延续，2010年一季度，广西规模以下工业生产保持增长。如北海市某刨木厂工业总产值同比增长1倍，该企业从2009年下半年开始，生产规模不断扩大，销量大幅度增长；大部分砖瓦、高岭土等受政策刺激的延续，增速高达28%以上。又如南宁某铝厂2008年因受金融危机影响公司停产。2009年有新的投资人投入资金，使公司重新恢复生产。

3．受城市房地产价格影响，乡村掀起建房热潮。近两年，受城市房地产价格的拉动，广西乡村建房进入了前所未有的高潮。如浦北得益于国家刺激内需等一系列的宏观政策，居民住宅建设拉动大量建材业发展，大新县由于本地农户建房增多，石料、石砖需求加大，采石和石料加工行业营业收入比上年同期增长26.28%。马山县近年来农村和城镇基建用石头较多，农村增开了不少采石场，石头开采态势强劲，一季度采石增长1.26倍。合浦新平村因为本乡建房热而新增3个石场。

4．承接东部产业转移。受金融危机影响，沿海东部的一些高成本规模以下工业不断往广西迁移，当地政府积极承接产业转移。如桂平市对外来落户本地的企业在建厂方面给予了土地、资金等扶持，促使外来企业发展壮大。

5．管理模式的不断科学。规模以下工业经过不断的发展，管理模式不断科学，有效提高了工业发展的质量。如合浦先某农副特产企业采取了“公司+基地+农户”发展模式使得工业总产值比上年同期增长1倍以上。

三、制约原因

1．金融危机影响仍然存在。2010年一季度，广西规模以下工业仍受金融危机的影响。如南宁市某纸品企业受金融危机的影响，企业订单减少，无法正常生产；某扎钢厂因金融危机影响追收货款困难，没有资金生产。南丹县对规模以上工矿企业政策扶持力度大，目前已经开始恢复并正常生产。但是，规模以下工矿企业却没有这么幸运，由于自身资金的短缺、管理落后及政府对其生产的限制，许多仍维持停产状态。金融危机过后，小型工业面临贷款较难，资金紧缺、“三角债”恶性循环，一定程度制约了规模以下工业发展。

2．干旱气候影响。一季度，广西各地普遍出现干旱气候天气，受此影响，一些规模以下工业生产下降。如百色小水电站受旱情影响，有一半的水电站发电量比上年同期减少80%，有25%的企业完全不能发电。大新县降水量异常偏低，水库蓄水量大幅下降，一些发电企业产值比上年同期下降50%以上，生产能力（设备）利用率不足10%。

3．农村的碾米加工个数逐步减少。广西规模以下工业单位个数减少，主要原因是农村的个体碾米加工个数减少而致。目前，农户购置家庭用的小型打米粉碎机自行加工谷物逐年增加，迫使村委会对外开放的打米粉碎店经营趋于惨淡甚至关门倒闭：如来宾市小平阳镇古梦村委会的打米店营业收入比上年同期下降60%以上。大新县样本点的碾米加工营业收入比上年下降23.91%。

4．用工短缺制约规模以下工业发展。近些年，随着城市化、工业化的发展，广西多数农村青壮年到城里打工，使得乡村规模以下工业面临技术工人短缺的局面。如桂平市部分小型工业招不到技术工人，某服装厂计划招200多人，结果只招到了100多，影响了该厂的生产发展。

5．经营成本高压缩利润空间。目前，广西规模以下工业经营成本不断提高，逐步压缩利润空间，一定程度制约了规模以下工业发展。部分工业单位反映现在工人难请，尤其是熟练工人，工人请来了也难管理，工人跳槽现象比较普遍，给企业的稳定生产和经营带来一定影响，不少工业单位是通过提高工资和待遇招留工人，加之一些原材料价格上涨，导致经营成本增加，利润空间受压缩，影响扩大再生产。

四、建议

目前广西规模以下工业经济处于上升状态，全球金融危机影响在减弱。但是，规模以下工业发展基础不牢固，运行情况仍处于不稳定状态，小型企业抗风险和自然灾害能力较弱，如2008年的冻灾、城乡清洁工程、环保问题、生产安全问题等经常使小企业面临整顿、停产状态。今年的干旱对我区规模以上企业也许影响不大，但对灾区规模以下工业影响比较明显，为此建议：

1．将中小企业纳入县域经济的整体规划。规模以下工业是我国县域经济的主力军。促进规模以下经济发展，可以以县为单位以市场为导向、科技为支撑、资源开发为基础的产业结构，正确引导辖区内的小型工业因地制宜、合理布局，做到区域布局的产业化、优势工业的特色化发展。随着城镇化建设的加快，可在交通便利、人口密集的地方建立小型工业行业基地，把点多面广，分散经营的同行业小型工业引入基地，采取优势互补，信息共享，达到产业规模化的生产水平。同时也容易解决环保、生产安全等问题，随着大环境的改善，企业的抗自然灾害能力也得到增强。

2．增强品牌意识，提高市场竞争力。大力发展传统优势手工业，改良制作工艺，提高编织业、纺织品，宝石加工业等传统工艺技术水平，促进产品外销。大力发展农副产品加工业，利用本地农副产品资源优势，建立产、供、销一条龙的加工基地，引导业主对农副产品深加工和精加工，提高市场竞争力。大力发展服装、鞋、帽制造业、家具制造业等，提高手工制作技术水平，提高产品知名度，形成自己的品牌和产品特色，鼓励发展技术性的个体工业，如机械和电子产品等，注重提高企业生产水平和产品质量，走可持续发展道路。

3．继续采取宽松货币政策，加强对小型工业扶持。进一步创造适合小型工业发展的外部环境。必须坚持改善外部环境与引导企业进行现代化管理相结合，落实税费政策，减轻企业负担；落实中小企业融资政策，鼓励、引导银行、金融机构放开和扩大对中小企业的贷款，解决融资难问题；放宽民间投资领域，拓宽融资渠道，为民间投资营造宽松环境；逐步建立完善中小企业信用担保体系和中小企业信用制度。同时制定鼓励科技管理人员向中小企业流动的人才政策，提高中小企业的管理水平，促进产业升级。

4．各级政府切实做好服务工作。目前部分地方政府眼睛总是盯着规模以上的大企业，在土地使用，资金贷款等方面给予很多便利和优惠政策，对小型工业不关心不过问，一些小型工业处于自生自灭状态，还有些“一人生病集体吃药”，如个别企业出现安全事故，全体同行业停业整顿，一停就是数月，小企业家底薄难以承受长时间的停产。因此建议企业管理服务部门，加强企业运行监测，及时了解掌握企业生产情况，认真解决企业生产中的困难和存在的问题。

金融危机两年后广西企业生产经营景气状况调研报告

莫 林

自2008年下半年爆发全球金融危机以来，广西企业生产经营受到不同程度的冲击和影响。2009年，温家宝总理提出“信心比黄金更重要”口号，国家、自治区围绕“扩内需、保增长、调结构”等出台一系列政策措施，广西企业生产经营景气状况也逐渐走出低谷，并一路向好。至2009年四季度末，广西企业家信心指数和企业景气指数已攀升至128.7和121.6，达到“较为景气”区间。

2010年，广西企业的生产经营状况是否继续延续这种向好的态势，企业家信心怎样？在三月底，我们走访了南宁、防城港和崇左市的六家企业。这些企业，包含有集团公司，如南宁化工集团、南宁绿城水务集团公司，也有普通企业，如防城港大海粮油公司、湘桂糖业公司，有工业企业，也有服务性企业，如崇左市左江宾馆，有政府控股企业如绿城水务集团，也有民营企业，如防城港惠禹饲料公司。这些企业所提供的情况虽不是广西各行业企业生产经营景气状况的全貌，但可初步反映金融危机之后广西企业生产经营的基本状况和基本态势，能起到管中窥豹的作用。现整理出来，供参考。

一、基本情况：被调研企业普遍反映已走出金融危机的影响，生产经营恢复正常，多数企业看好未来

（一）多数企业生产经营向好并看好未来发展

在调研的六家企业中，有四家企业（南宁绿城水务集团公司，防城港大海粮油公司，防城港惠禹饲料公司、崇左湘桂糖业公司）反映，金融危机对企业影响已很小，生产经营完全恢复正常。其中，南宁绿城水务集团属于政府控股的带垄断性质的企业，其产品和服务（主要是为企业和居民供水）不存在竞争，因此即便是在金融危机期间，生产经营没有受太大的影响。防城港的惠禹饲料有限公司、大海粮油公司以及崇左市的湘桂糖业公司，均反映2008年金融危机期间，生产上不同程度受到影响，但经过2009年一年的调整，恢复正常生产，并取得较好的业绩。如惠禹公司，主要从事大豆油的生产加工，日产大豆油一千多吨，年加工150万吨，产品销往西南六省市，2009年产值达45亿。2010年，该公司对大豆油进行深加工，并新建棕榈油加工项目，准备开发海南、越南等地市场，因此对2010年发展非常看好。防城港大海粮油公司是生产食用油的大公司，其产品“金龙鱼”、“香满园”国内知名。据他们反映，2008年，该行业受金融危机影响较深，存在输入性通胀（原材料价涨），由于国家对该行业有要求，当年不得减产，所以2008年当年产值仍达98亿元，但危机影响在2009年凸现出来，当年产值86亿元，比2008年减少12亿，其中加工产值比2008年增了10%。但对2010年的走势，他们认为，随着企业产品市场覆盖面的扩大和老百姓对食用油需求上升（特别是欠发达地区百姓对食用油的需求上升），以及对东南亚市场的拓展，公司的发展前景也很广阔。崇左湘桂糖业有限公司是全国大型制糖企业之一，设计年榨蔗量超过130万吨。2009—2010

年榨季榨蔗92万吨，虽然产量下降，但由于糖价上涨（当前价每吨5050元），因此2009年业绩辉煌，实现销售产值5.4个亿。目前，该公司以大力发展甘蔗生产为己任，推行农业产业化经营，科技扶持甘蔗种植，同时兴建湘桂循环经济产业园，延伸甘蔗副产品的综合利用，年产30000吨活性干酵母项目、15万吨有机生态肥项目和9.8万吨/年蔗渣浆项目等拟建或在建。对2010年生产经营状况持乐观看法。

（二）少数企业对未来经营发展持谨慎乐观

在调研中，有两家企业由于行业自身原因，对未来发展持谨慎乐观的态度。第一家是南宁化工集团（以生产聚乙烯和烧碱等工业用品为主产品），在金融危机之前，该企业效益不错，2008年下半年开始，由于原材料价涨，下游企业开工不足、出货不畅，出售产品价格下跌，聚乙烯由原来每吨8000多元降至5800元，效益受损，2008年整个行业有半数以上企业出现亏损，该企业也在全国同行业排名中列末位。2009年，由于原材料（主要是电石）价格上升，尽管聚乙烯产品价格已回涨到7500元，但该集团企业毛利亏损仍接近一个亿，亏损状况在过去一年没有根本好转。因此对于2010年，他们认为，经济生产的复苏反映到本化工行业，仍需要一段时间。所以他们对行业的发展持谨慎乐观。

另一个企业是崇左市左江宾馆。据了解，2009年，该宾馆的两项服务主产品——住宿和餐饮营业收入925万元，比2008年虽有提高，但仍低于2007年的1115万元。尽管地方政府为服务业发展也作了诸多努力，但由于一些客观方面的原因，如市区人口过少、消费能力低（市区常住人口不到6万）、没有大的企业支撑、旅游资源不多，旅游业发展缓慢等影响，宾馆的经营状况短期内也难有大的突破。2009年该宾馆的入住率仅50%左右。

二、企业反映的一些问题值得关注

在走访调研的企业中，他们反映的经营生产过程面临的问题值得关注，主要是：

1．原材料供应问题。除前面提到的南化集团面临原材料价格上涨、生产成本上升外，防城港大海粮油公司、崇左湘桂糖业公司也反映了类似问题。据防城港大海粮油公司反映，在2008年金融危机爆发后，因为执行国家发改委不得减产要求，高价购进了很大一部分原料，所以2009年加工成本比上年上升了10%，2010年原料高成本的状况仍然存在。而崇左湘桂糖业公司反映的主要是原料蔗的供应问题。该公司目前拥有的榨蔗能力设计达到日产1.2万吨，年榨蔗量为130万吨，2009—2010年榨季完成榨蔗92万吨，比上榨季126万吨减少了四分之一。从趋势来看，尽管国际食糖价格是增长的，但受土地有限和种植成本上升、比较利益下降等制约，甘蔗的种植面积难有上升，因此原料的供给是该企业面临的一个问题。

2．运力不足问题。这是防城港两家企业反映的问题，且已成为两家企业发展的瓶颈。据两家企业反映，目前，铁路部门调运车皮已很难满足企业外运需要。如防城港大海粮油公司反映，该公司正常情况下每天需要70个车皮。但2009年一年只有三四次能满足这一需要。据他们说，由于运力不足，该公司去年损失有5个多亿的产值。因此尽快解决运力不足的问题，是他们强烈的呼声。

3．劳动力的供给结构问题。企业用工问题也是我们此次调研关注的重点。从走访的企业来看，我区企业的劳动力的需求基本上是能够得到满足的，整体上并没有出现类似珠三角地区“用工荒”情况。但从劳动力的供给结构及长期趋势来看，隐患犹存。一是一些企业因为薪酬低而导致员工流失。如南化集团公司反映，近两年员工流失比较多，主要是员工薪酬不高，因此要招到有技术，有经验，能独立操作的工人不容易；另据崇左市左江宾馆反映，当地人力资源缺乏，很多工厂、宾馆年初都招人，但年轻人不愿意在当地就业，而是到沿海发达地区找工。主要原因也是由于地方经济发展缓慢、本地待遇不高所致。二是怕吃苦。在防城港市两企业的员工，多以外地人为主，当地人很少。其除了觉得企业薪酬低，还觉得工作辛苦。如惠禹饲料公司，从装卸工人到业务技术骨干，90%来自区外，主要是云南、贵州和东北招来，当地人不愿意做；大海粮油公司也反映，当地人员更喜欢到珠三角一带找工作，所以该企业员工主要以广西其他地区人为主。

4．企业融资情况。在调研的企业中，有五家企业反映融资没有太大问题。其中南宁绿城水务集团因政府控股集团公司，融资环境比较宽松；防城港大海粮油公司因资信等级4A级，与国有四大银行都有很好的合作关系，融资环境比较好，但因利率上升，融资成本有所提高；防城港惠禹饲料公司因是集团下属子公司，资金主要依靠集团，当地银行所占不多；崇左市左江宾馆也感到融资渠道还是比较畅通，这得益于他们与广西中小企业担保融资公司有较好的合作关系；而湘桂糖业有限公司反映，2009年该企业有两个亿的授信额度，因此流动资金也不缺，但企业资产负债率高，达78%，企业利息负担比较重。只有南化集团，由于2009年亏损，企业资信等级下降，融资比较困难。

三、走势判断：2010年广西企业生产经营状况仍将处在较为景气的上升通道

从对几家企业的调研结果来看，尽管不同企业生产经营中仍然存在这样那样的问题，但总体上，我们可以判断，在当前宏观经济继续向好的大背景下，我区企业的生产经营状况仍将处在较为景气、继续向好的上升通道。另从已经得到的2010年一季度全自治区企业景气调查数据结果来看，全自治区企业景气状况也是继续向好的。据调查结果，2010年一季度全自治区企业景气指数为124.6，比上年同期和上期分别提高23.2点和3点，为2008年三季度全球金融危机以来的最好水平。企业家信心指数达到135.2，比上年同期和比上期分别提高29.9点、7.1点，比历史上最好的2007年三季度的133.3还高出1.9点，为全自治区1999年开展企业景气调查以来的最好水平。其中，生产总量景气指数为103.8，比上年同期提高6.3点，产品订货景气指数为103.7，比上年同期提高14.1点，企业盈利景气指数为103，比上年同期提高19.5点，企业劳动力需求景气指数为115.8，比上年同期提高24.3点，企业流动资金景气指数为87.1，分别比上年同期提高10.3点，企业融资景气指数为79.5，比上年同期提高11.7点。

以上调查数据都说明，全自治区企业生产经营状况正继续向好。

广西物流服务业发展状况简析

郑月波

近年来，随着北部湾经济开发区建设的逐步深入，西江、桂西等经济区的进一步发展，广西物流服务业迅速发展。国家统计局广西调查总队对156家物流服务业企业抽样调查结果显示，2010年广西物流服务业规模不断扩大，企业运行质量好，投资环境进一步改善，但也存在一些亟待解决的问题。

一、物流服务业呈发展亮点

物流服务业是物流服务资源产业化而形成的一种复合型或聚合型产业，这些资源产业化形成了仓储业、装卸业、包装业、加工配送业、物流信息业等物流服务行业。2010年以来，广西继续加大道路交通基础设施的投入，铁路、公路和港口等物流设施也进一步完善，物流服务业的发展逐步成为广西经济发展的一大亮点。

1．物流服务业规模不断扩大。2010年以来，广西的铁路、公路运输稳步发展，港口水运的建设发展迅速，物流业行业规模和企业规模均不断扩大。

一是物流服务行业发展较快。物流行业企业数量增长较快，2009年，广西共有装卸搬运及其他运输服务业企业651家、比2008年增长44%，其中，装卸搬运业企业187家，增长23%，运输代理服务业企业464家，增长55%。仓储业400家，比2008年增长0.8%，其中，谷物、棉花等农产品仓储业企业196家，增长0.5%，其他仓储业企业204家，增长26%。

二是物流服务企业规模迅速扩大。1—5月，装卸搬运及其他运输服务业企业资产总计121.4亿元，同比增长23.95%，固定资产原价总计62.4亿元，同比增长17.84%；仓储业企业资产总计62.8亿元，同比增长26.11%，固定资产原价总计20.7亿元，与上年基本持平。仅1—5月就有广西玉柴运输集团有限公司、中国外运广西公司、防城港务股份有限公司、防城港港务集团有限公司、伟航集运（深圳有限公司）南宁分公司、钦州市港口（集团）有限责任公司等6家企业营业收入过亿，而上年同期仅有4家。

2．物流服务业企业运行质量好。广西物流业企业呈现出增长速度加快、经营收益状况较好、发展后劲增强的良好态势。

一是企业经营增长速度加快。1—5月，装卸搬运及其他运输服务业企业实现营业收入26.2亿元，同比增长37%，其中主营业务收入25.4亿元，同比增长42.9%；仓储业企业实现营业收入13.8亿元，同比增长73%，其中主营业务收入10.9亿元，同比增长106.9%。

二是企业效益状况较好。1—5月，装卸搬运及其他运输服务业企业实现利润总额2.42亿元，同比增长63.24%，企业营业利润为2.45亿元，同比增长63.83%，营业收入利润率为9.6%；仓储业企业实现利润总额2689万元，同比降低2.58%，营业收入利润率为1.9%。

三是企业的贡献增加。1—5月，装卸搬运及其他运输服务业企业所得税2840.9万元，同比增长6.57%，安排就业人数呈上升趋势，平均每个企业解决就业128人，同比增长7.36%；仓储业企业所得税1711.3万元，同比增长116.1%，平均每个企业解决就业44人，同比增长9.23%。

3．企业对物流商贸流通设施完备程度的满意度进一步提高。调查显示：2010年，广西企业对物流、仓储、流通相关商业设施完备程度比较满意，满意度达到78.17，比上年提高0.75，其中，外商及港、澳、台投资企业满意度为76.89，制造业企业满意度为77.89，批发和零售业企业满意度为78.92。企业对物流、仓储、流通相关商业设施完备程度的满意度居于前4位的城市依次是南宁市（80.99）、防城港市（80.73）、柳州市（80.33）、钦州市（79.67）。

二、物流服务业发展存在的问题

虽然广西物流服务业的发展规模不断扩大，经营情况良好，但随着全社会经济发展水平的不断提高，不仅物流服务业企业总体规模小、专业化程度低、科技应用水平低、人才缺乏等老问题越发突出，而且还出现了物流基础设施跟不上，市场法律法规不健全、行业恶性竞争等新问题。

1．企业规模偏小、专业化程度低。广西物流业零星小型物流运输业户众多。由于缺乏引导，未能有效组合，实行资源优化整合，合理配置，致使这些零星分散的小型物流运输业户表现出一种较为分散、低效的物流组织形式，大多数物流企业从事单一功能的运输、仓储和配送，很少能提供物流策划、组织及深入到企业生产领域进行供应链全过程的管理。绝大部分企业缺乏现代增值服务，现代物流服务方式与水平还难以满足经济发展的需求。物流企业技术装备、管理手段、服务网络较为薄弱。物流标准化、集约化、现代化水平不高，货车箱式化、装卸作业机械化程度不高，远未达到现代物流的标准和要求，基本上还处于以简单货物运输为主要形式的传统物流业阶段。

2．物流信息技术应用水平低。虽然部分物流配货场所设立了网站，但并没有与生产销售等领域建立物流公共信息平台，在物流信息的应用和资源整合方面，依然使用传统落后的操作模式如采用电话或传真等方式进行业务信息联系，电子化、信息化手段运用程度低，远未形成一个布局完善的物流网络体系。物流的发展主要集中在公路运输等传统物流行业，现代电子商务、物流配送、大型连锁超市经营企业少，企业信息科技含量不高，缺乏现代化的以信息为主导的物流经营手段。

3．缺乏吸引人才的政策。广西地处西部欠发达地区，物流人才本就缺乏是制约广西物流业向现代物流业发展的主要原因，加之广西缺乏吸引人才的政策使得人才问题更加突出。如国内其他经济发达地区，对具备高新知识和能力的人才采取了入户、分房等行之有效的人才引进措施，而广西则缺少相应的人才引进措施，真正的人才在广西居住即没有归属感又缺乏人才发挥作用的舞台，致使有知识的人才难找、难留。

4．物流基础设施仍待加强。虽然近年来广西的铁路、公路和水路建设均得到了很大的改善，但是仍没有满足广西经济发展的需要。一是港口铁路建设不完善。当前北部湾港口的铁路建设还达不到投资企业生产经营的要求，防城港部分物流企业反映铁路运输不畅是继续制约企业经营发展的一个主要因素；二是物流规划相对滞后，如百色城东片区，由于百色火车站装载和运输能力有限，大量货车需停车待装，导致车辆大量阻滞，加上周边（火车站及城东一路拉域市场至百色港口之间）仅有的3家停车场空间偏小，根本无法满足大型车辆停车需求。

5．市场法律法规不健全、存在同行恶性竞争现象。当前广西物流行业竞争以价格竞争为主，由于相应的市场法律法规不健全，物流行业中恶性竞争现象比较严重。调查结果显示，89.3%的装卸搬运及其他运输服务业企业认为企业业务收费价格持平或降低；全区有32.26%的装卸搬运及其他运输服务业企业认同广西市场法律法规不健全，有51.61%的企业认为同行业恶性竞争是广西在市场秩序方面存在的突出问题。

三、对广西发展物流业的几点建议

1．依托高效、便捷、安全的综合交通运输体系，大力发展多式联运、结点运输、小件快运等高效运输组织形式，延伸服务领域，完善服务功能，实现运输服务网络化、快速化和信息化。构建物流信息平台，推广现代物流技术，改造提升物流组织和物流运行方式。

2．鼓励运输企业集团化，提高运输规模效应和服务质量。加快现有物流企业重组，鼓励与国内外大型物流企业合作，培育现代物流企业集团。

3．以交通枢纽、沿海内河港口、重要口岸及重要产业集聚区为重点，加强物流集中区建设。扩大物流业领域对外开放，加快推进南宁区域性国际物流基地、沿海保税港区、保税物流中心和边境物流园区建设，拓展出口加工区保税物流功能，大力发展国际采购、国际中转、国际分拨以及国际配送业务，形成网络发达、服务高效、开放度高的物流产业基地。

4．加快发展为汽车、钢铁、有色金属、石化、煤炭、水泥、食糖、粮食、农产品等生产服务的专业物流和供应链管理等物流业务。

5．大力发展第三方物流。所谓第三方物流是指生产经营企业为集中精力搞好主业，把原来属于自己处理的物流活动，以合同方式委托给专业物流服务企业，同时通过信息系统与物流企业保持密切联系，以达到对物流全程管理控制的一种物流运作与管理方式。也就是说，第三方物流是在物流供应一体化过程中由物流劳务的供方、需方之外的第三方（又称中间商）提供的服务，中间商以合同的形式在一定的期限内，提供企业所需的全部或部分物流服务。

2009年广西企业集团调查报告

宁　铭

根据国家统计局广西调查总队对全自治区80家企业集团的调查结果显示：2009年，广西企业集团改革与制度创新继续深化，运用企业改制、集团兼并重组等手段，通过增加技术投入，优化产业结构，公司治理结构日趋完善，经营规模进一步扩大，营业收入大幅度增加，利润总额稳步提升，出口销售平稳增长，科研投入和劳动报酬逐年提高，信息化建设成效明显。但企业集团规模偏小，总体实力不强，行业集中，传统产业居多，资金短缺，负债率偏高，技术创新动力不足仍是制约企业集团发展的重要因素。

一、企业集团的基本现状

随着改革开放与市场经济的发展，广西企业集团取得了长足发展，2009年底，全自治区被列入的调查企业集团共80家。

1．各市审批的企业集团较多。在80家企业集团中，由国务院审批的仅有1家，由国务院主管部门审批的有3家；由自治区人民政府审批的有18家，占22.5%，由自治区人民政府主管部门审批的有17家，占21.3%；其他各市审批的有41家，占51.3%。

2．主营业务主要集中在第二产业。企业集团涵盖了第一、第二和第三产业在内的多个行业门类。其中：第一产业4家，占5.0%；第二产业51家，占63.8%（工业48家，占60%；建筑业3家，占3.8%）；第三产业25家，占31.3%（交通运输、仓储和邮政业有12家，批发和零售业有5家，房地产业有4家）。企业集团主营行业分布形成以第二产业为主，二、三产业企业集团协同发展的格局。

3．国有控股集团主体形态突出。从母公司控股特征看，国有控股企业集团39家，私人和集体控股集团分别为33家和7家，港澳台商控股企业集团1家。从母公司登记注册类型看，国有企业4家；公司制企业76家。在公司制企业集团中，国有独资公司、其他有限公司和股份有限公司分别为23家、33家和18家。国有控股集团为企业集团的主体，对企业集团的发展起着重要的影响作用。

二、企业集团经济运行的亮点

2009年，广西企业集团发展呈现十个方面的亮点：

亮点一：资产规模继续扩大。广西企业集团通过资产重组，集团优化整合等多种形式，企业集团资产规模持续扩大。2009年全广西企业集团资产总计达3902.4亿元，较上年增长25.0%。集团户均资产48.8亿元，比上年增加9.8亿元。其中，资产总计超过100亿元的10家，资产规模增长30%；超过50～100亿元的7家，资产规模增长13.1%；5～50亿元的43家，资产规模增长16.4%；资产总计不超过5亿元的企业集团共60家，占企业集团总数的75%。

从母公司控股情况看，国有控股企业集团占48.8%，资产总计达3418亿元，比上年增长27.1%，占总量的87.6%；私人控股企业集团占41.3%，资产总计431.1亿元，比上年增长12%，占总量的11.1%。

亮点二：营业收入有较大增加。企业集团营业收入实现较大增长，达到2362.6亿元，比上年增长10%，平均每家企业集团实现营业收入29.5亿元，比上年的26.8亿元增加2.7亿元。从企业集团主营行业看，工业企业集团实现营业收入1811.2亿元，

占全部企业集团营业收入的76.7%。年营业收入超过百亿元的企业集团有7家，营业收入合计达1553亿元，占全部企业集团营业收入总额的65.7%，同比增长8.9%。

亮点三：利润总额大幅提升。企业集团实现利润总额95.9亿元，大幅上涨59.2%。平均每家企业集团实现利润总额1.2亿元，比上年的0.8亿元增加0.4亿元。从行业分布看，44家制造业企业集团利润总额55.03亿元，比上年增长59.8%；12家交通运输、仓储和邮政业企业集团9.59亿元，增长1.11倍。从经济类型看，39家国有控股企业集团利润总额66.64亿元，比上年增长56.6%；7家集体控股企业集团利润总额3.22亿元，增长18.6%；33家私人控股企业集团利润总额25.77亿元，增长74.7%。

利润总额超过亿元的企业集团24家，比上年增加3家，其利润总额达88.9亿元，占全部企业集团利润总额的92.7%，比上年增长64.4%。

亮点四：对外投资快速增长。企业集团累计对外投资达203亿元，比上年大幅上涨68.1%，年内对外投资达74.5亿元，增长1.48倍。

从行业分布看，48家工业企业集团累计对外投资56.04亿元，比上年增长56.8%，年内对外投资达13.43亿元，增长70.1%；3家商务服务业企业集团累计对外投资107.3亿元，增长36.4%，年内对外投资达28.66亿元，增长32.9%。

从经济类型看，39家国有控股企业集团累计对外投资197.3亿元，比上年增长69.7%，年内对外投资达72.11亿元，增长1.55倍；33家私人控股企业集团累计对外投资4.31亿元，增长41.0%，年内对外投资达1.05亿元，增长2.52倍。

亮点五：就业人员明显增加。2009年，80家企业集团就业人员43.43万人，比上年增长7.2%。平均每家企业集团就业人数0.54万人。从行业分布看，44家工业企业集团就业人员27.88万人，比上年增长4.6%；3家建筑业企业集团就业人数9.6万人，增长15.5%。从经济类型看，39家国有控股企业集团就业人数33.25万人，比上年增长5.9%；33家私人控股企业集团就业人数8.63万人，增长12.4%。

亮点六：对地方财政的贡献加大。企业集团总共上缴增值税、所得税、营业税金及附加、管理费用中的税金分别为72.45亿元、21.05亿元、22.14亿元、4.44亿元，四项税金合计120.09亿元，同比增长8.62%。国有控股集团上缴税金最多，上缴四项税金合计92.83亿元，占全部集团数的77.3%，显示国有控股集团对地方财政的贡献最大。

从行业分布看，48家工业企业集团上缴四项税金合计93.58亿元，占全部集团数的77.9%，比上年增长1.2%。

亮点七：研发水平进一步提高。企业集团投入研究开发费用14.14亿元，比上年增长12.8%。从行业分布看，44家工业企业集团投入研究开发费用14.08亿元，比上年增长13.1%。从经济类型看，39家国有控股企业集团投入研究开发费用11.92亿元，比上年增长14.3%。

48家工业企业集团新产品销售收入达到250.13亿元，比上年增长14.2%。从经济类型看，39家国有控股企业集团新产品销售收入为231.24亿元，比上年增长19.2%。

企业集团新产品销售收入与营业收入比率达到10.4%，比上年提高0.4个百分点。制造业企业集团新产品销售收入与营业收入比率达到18.4%，比上年提高1.7个百分点。

亮点八：投资收益有了很大增长。企业集团获得投资收益23.68亿元，比上年增长23.3%。平均每家企业集团实现利润总额2960万元，比上年增加559万元。

从行业分布看，48家工业企业集团获得投资收益8.05亿元，比上年增长11.2%；3家商务服务业企业集团获得投资收益14.6亿元，增长24.3%。

从经济类型看，39家国有控股企业集团获得投资收益20.87亿元，比上年增长28.0%；33家私人控股企业集团获得投资收益2.8亿元，增长3.8%。

亮点九：企业运营效率明显改善。由于企业集团利润的大幅度提高，运营效率明显改善，净资产收益率达5.5%，比上年提高1.2个百分点，资金利润率4.4%，提高1.3个百分点，总资产报酬率4.2%，提高0.4个百分点，净资产收益率5.5%，提高1.2个百分点，销售利润率4.1%，提高1.3个百分点，劳动生产率从上年的52.9万元/人提高到2009年的54.4万元/人，增加1.5万元/人，成本费用利润率4.2%，提高1.3个百分点。

亮点十：信息化应用水平明显提高。七成五的企业集团成立了信息化建设机构。企业集团在经营管理中多方面应用了信息化管理系统，其中，85.0%实现了财务管理信息化，77.5%实现了办公自动化，58.8%实现了人力资源管理信息化，45.0%实现了企业资源计划信息化，33.8%实现了客户关系管理，27.5%实现了电子商务信息化管理系统。66.3%企业集团建立了自己的商业网站，企业感受到信息化带来的方便与快捷和企业信息化的重要性。

企业实施信息化建设后，一是强化了企业内部管理。有70%的企业认为引入了先进管理思想，有65%认为树立了企业形象，有80%认为企业内部管理更加有效。二是为企业生产经营创造了条件。有18%的企业认为实施信息化管理后形成了新的购销渠道，有26.3%认为产品能够尽快满足客户需求，有25%的企业认为降低了销售成本，减少了企业库存，有28.8%认为降低了采购成本。

三、企业集团竞争机制处于良性运行状态

从构成企业集团竞争机制的制度、决策、激励、管理和创新等五大方面统计数据看，2009年，广西企业集团的竞争机制处于良性运行状态。具体表现在：

1. 竞争机制的制度方面。从组织形式与出资人方面看，企业集团已建立母子公司体制的比例为98.8%，企业集团登记注册类型为公司制的比例为95.0%，企业(集团母公司)出资人已明确的比例为100%，有改制比例及产权关系明晰的比例均较高。从组织机构方面看，企业集团成立股东会的比例达到100%，成立董事会的比例达到98.7%，成立监事会的比例达到82.9%。董事长与总经理不是由一人兼任的比例达到60%，企业集团更注重股东的权益和决策层职责的分明。

2. 竞争机制的决策方面。企业集团母公司进行统一决策事项有，98.8%是集团发展战略，95.0%是重大投融资项目，55.0%是涉外贸易和经济技术合作，57.5%是科研开发，86.3%是财务管理制度。从总经理职权、董事会职权、监事会职权执行方面看，企业集团执行三项职权的比例绝大部分在95%以上，可以说是处于比较理想的状态。

3. 竞争机制的激励方面。从奖惩制度方面看，企业集团“有奖惩制度，并且能严格执行”的比例达85.9%和88.7%，比例也是较高的。从分配方法方面看，实行“企业经营者年薪制”的比例达到72.5%；“岗位工资为主的工资制”的比例达到92.5%；97.5%已全面实行劳动合同制度，93.8%已实行全员竞争上岗，职工能进能出，86.3%内部管理人员实行公开竞聘，93.8%按照足额缴纳社会保险费。

4. 竞争机制的管理方面。通过ISO9000质量体系认证的企业集团比例达到71.3%；通过ISO14000环境管理系列标准认证的企业集团比例达到33.8%。在企业集团决策、监督制度建设方面，有93.8%有明确的重大事项决策程序制度，有62.5%有财务总监委派制度，有91.3%有预算管理制度，有52.5%有产权代表管理制度，有30.0%实行事业部制度。管理机

制逐年完善。

5．竞争机制的创新方面。建立技术中心的比例达到36.3%；技术中心国家级认定级别的比例达到27.6%，省级认定级别的比例达到51.7%；科研开发设施、研究经费和技术人员满足需要的比例达到93.1%。

四、企业集团发展中存在的问题

2009年，广西企业集团在经营中也存在着诸多困难和问题，主要表现为内部管理不完善，兼并重组阻力较大，规模优势不能充分发挥，经营领域单一化，政策导向多变性以及市场竞争力不强等问题，进一步制约了企业集团发展。

1．内部管理不完善，制约企业集团快速发展。企业集团内部管理还存在着诸多问题，主要表现：一是80%的企业缺乏对经营者的激励和约束机制；二是55%的企业母子公司体制不健全；三是42.5%的企业产权管理部门职能弱；四是32.5%的企业产权关系尚未理顺；五是25%的企业受上级行政部门干预较多。这些问题进一步表明，部分企业集团在母子公司职能定位还不明确，不能按照资本型或混合型母子公司构成关系进行界定各自的责权利范围；一些集团母子公司之间缺乏战略协同性、资源配置有效性、整体利益发展的驱动效应，没有达到集团整体发展效能；不健全的管理系统同时也加大了集团公司内部交易成本，这些因素都将会直接影响到企业集团的加快发展。

2．兼并、重组阻力仍然较大。企业集团在实施兼并、重组过程中，仍然存在着国有资产管理体制改革滞后等诸多问题和困难，一定程度上影响到企业发展。企业集团实施兼并重组的主要障碍是：一是有65%企业集团反映是国有资产管理体制改革滞后；二是有45%企业集团反映是无法安置兼并企业职工；三是有52.5%企业集团反映是反映资本市场、产权交易市场不健全；四是有51.3%企业集团反映是被兼并企业的银行历史欠帐；五是有37.5%企业集团反映是地区、部门条块分割；六是有12.5%企业集团反映是市场中介机构不完善。

3．资金短缺仍是影响企业集团生产经营的主要因素。有80%的企业集团认为资金短缺仍是当前影响企业集团生产经营的主要问题。其他影响生产经营的主要因素包括：一是有48.8%企业集团认为是科研开发能力弱；二是有36.3%企业集团认为是产品缺乏竞争力；三是有35%企业集团认为是企业债务沉重；四是有18.8%企业集团认为是技术设备陈旧；五是有16.3%企业集团认为是上级行政部门干预；六是有15%企业集团认为是企业富余人员突出；七是有13.8%企业集团认为是地区间贸易壁垒。

4．国家行业政策对企业集团影响很大。目前，各类国家有关政策均对企业集团有不同程度的影响，从影响面来看：一是98.7%企业集团认为国家货币政策有影响；二是96.2%企业集团认为国家行业政策有影响；三是98.7%企业集团认为国家税率政策有影响；四是91.2%企业集团认为国家汇率政策有影响；五是76.2%企业集团认为国家出口政策有影响。从影响深度来看，对于影响很大的国家政策有43.8%企业集团认为是行业政策，有31.3%企业集团认为是税率政策，有27.5%企业集团认为是货币政策。

5．企业在技术创新过程中所面临困难主要是研发能力不强。企业集团在技术创新过程中所面临困难，72.5%是缺乏研究人员、研发能力不强，66.3%是资金紧张、融资困难，51.3%是对市场前景把握不准，47.5%是缺乏战略合作伙伴，27.5%是风险大，13.8%是缺乏技术标准、难以通过国家认证。目前，面向企业集团技术创新的服务也存在不少问题，其中，67.5%存在体系不健全，47.5%存在面向企业宣传不够，46.3%存在服务能力有限，45%存在服务品种少，38.8%存在市场秩序不良，18.8%存在服务效率低，17.5%存在欺诈行为，16.3%存在收费不合理，3.8%存在服务态度不佳。

6. 企业信息化建设中存在的主要问题仍然是资金投入不足。企业集团在信息化建设中也存在不少问题，其中，48.8%存在资金投入不足，47.5%存在信息化技术力量弱，45%存在缺乏信息化建设规划，45%存在缺乏信息化建设人才，30%存在信息化意识不强，27.5%存在信息化技术服务市场体系不完善，20%存在缺乏信息化标准，12.5%存在企业基础管理水平较低，8.8%存在安全性不能保障。

广西规模以下工业发展前景不容乐观

邓维乐

2010年上半年，广西规模以下工业总产值为971.6亿元，现价增速为14.8%，可比价增速为6.4%，走势呈增长势头，但受多因素的影响，前景不容乐观。现将上半年广西规模以下工业走势分析如下：

一、规模以下工业运行特点

1．运行速度呈增长势头，企业快过个体。2010年上半年，广西规模以下工业总产值增速为14.8%（按现价计算），增速比上年同期的6.8%提高8.0个百分点，比2010年一季度的13.6%提高1.2个百分点。规模以下工业企业总产值增速为19.8%，个体工业总产值增速为12.4%，企业增速比个体高出7.4个百分点。

2．经济有所回暖。2010年上半年，广西规模以下工业企业一些经济指标有所回暖，除了工业总产值指标比上年同期增长外，其它一些指标如出口交货值、其末剩余订单额等指标均比上年同期有较大幅度增长，增速分别为70.4%和1.5倍。

3．八成以上的个体工业大类行业呈增长势头。2010上半年广西个体工业行业运行中，80%以上的大类行业总产值呈增长势头，其中增长较快的行业有金属制品业，非金属矿采选业，造纸及纸制品业，塑料制品业，交通运输设备制造业，家具制造业，皮革、毛皮、羽（绒）毛及其制品业，木材加工及木、竹、藤棕、草制品业等八大类行业，其总产值比上年同期增长超过12%。另外，个体工业行业整体增长同时，有五大类行业总产值比上年同期下降，分别是专用设备制造业，其他采矿业，化学原料及化学制品制造业，电力、热力的生产和供应业，有色金属矿采选业等。

二、促进规模以下工业发展的有利因素

1．宏观经济的好转。2010年1—5月份，广西规模以上工业总产值增速为41.3%（按现价计算），可比价增加值增速为24.0%，外贸出口总额增长50.6%，全社会电力消费比上年同期增长36.5%。以上数据表明广西宏观经济好转，给规模以下工业发展带来了机遇，工业企业出口交货值和订单均比上年同期增长70.4%和1.5倍。如上半年，桂林市某喷雾器厂首次将产品销售到非洲市场，北海市生产“下火乐”产品的某企业因宏观经济好转，产销两旺，总产值同比增长50%。

2．工业品价格上涨刺激工业生产。2010年1—5月份，广西工业品出厂价格同比上涨12.9%，工业产品出厂价格的上涨，刺激了工业生产。如钦州市铁矿石价格同比上升50%以上，规模以下铁矿石生产企业总产值比上年同期增长30%以上；博白县食用油价格提升，食用油加工单位产值普遍大幅上涨；象州县稻谷价格上涨25%，一些大米加工企业产值增长较快。

3．交通运输业发展的强劲带动。随着物流业的发展和车辆的增多，给规模以下工业相关产业发展带来了机遇。如防城港市某车船金属回收公司其废旧汽车拆解和金属废料加工处理业务量大增，上半年其工业总产值比上年同期增长29.6%；马山县增加了一些汽车维修企业，行业收入也相应增加。

4．技术改进的促进。一些有实力的规模以下工业企业通过技术改进，促进了企业的发展。如贵港市某中药有限公司，2010年上半年通过开发新产品扩大了市场，工业总产值同比增长2.3倍，经济

效益明显提高；贵港市某食品厂通过挖掘潜力、技术革新等措施，克服了原材料价格上涨带来的压力，保持公司出厂产品价格不涨而赢得市场，上半年订单额同比增长24%。岑溪市某木材加工厂进行技术改造，增加生产设备，扩大生产，其上半年工业总产值同比增长22.4%；合浦某饮料公司主要产品是西番莲（百香果）汁，该公司注重新产品开发和市场开拓，自主开发西番莲种植基地，带动其他农户一起种植西番莲，并与各地农户签约保价收购的模式，使公司今年的生产原料得到保障，企业效益明显提升，2010年上半年工业总产值比上年同期增长57.9%。

5．乡村建房热继续拉动规模以下工业相关行业发展。2010年上半年，广西各地的乡村建房方兴未艾，受建房热的积极影响，给规模以下工业相关行业带来了发展机遇。如北海市区的个体门窗加工同比上年增长1倍，木炭以及砖瓦的生产比上年同期分别增长93.3%和33.2%；博白县不少制砖企业工业产值比上年同期增长20%以上，一些胶合厂总产值比上年同期增长30%以上；大新县的石粉石渣产品营业收入与上年同期相比增长66.67%。

6．技术人才的回归。经过金融危机洗礼，广西小型工业技术人才逐渐回归。如桂平市外出广东等地打工的务工人员因金融危机影响逐渐回乡就业，其中木乐镇返乡在本地就业的人员比上年同期增长30%，这些工人大多在外面积累了技术和经验，给规模以下工业发展带来机遇。如当地某一服装厂吸纳了此类人员40多人，这类人员比其他人每天多生产6～10件服装。另外，一些有技术的外地人也陆续来广西打工。如岑溪市某芒编工艺厂以往招的工人是本地人，生产技术不够熟练且又怕辛苦，今年该厂开始招生产技术熟练又能吃得苦的外地工人，提高了生产效率，企业总产值增长36.0%。

7．政策的扶持。2010年上半年，广西不少地方政府出台政策扶持规模以下工业发展。如兴安县采取措施，加大力度扶持个体工业发展，给予贷款、减免税费等优惠政策支持。在贷款方面，兴安农村合作银行对该县农村个体企业进行信用评估，按信用等级给予不同数额的优惠贷款，即对持有“授信卡”的农村个体企业主，在核定的最高额度和期限内，使用“授信卡”在该行网点或通过网上银行办理农户小额贷款发放、还款等业务，实现一次授信、循环使用、随借随还，同时利率比平常的商业贷款低。减免税费方面，兴安县对农村个体豆腐厂、碾米厂、食品加工等小作坊全免国税、地税、工商管理费等税费。

三、制约规模以下工业发展因素

1．融资困难。融资困难是规模以下工业的老大难问题，一直困扰着规模以下工业的发展。据环江县某酒厂反映：金融危机过后，企业想扩大规模生产，需要投资十几万元，由于贷不到款，因此打算今年吊销营业执照不再经营。又据柳江县某针织厂反映：自1998年租赁场地建厂投产至今，企业规模一直扩大不了，关键是资金不足缺乏投入，且本企业金融信誉级别不高，可提供的抵押物少，获取银行贷款难度很大。再如博白县某编织工艺厂2009年尚有50万元货款没能回笼，因缺乏资金投入生产，上半年工业产值同比下降60.3%。

2．原材料影响。原材料的不足制约了规模以下工业的发展。如环江县某矿业有限公司因原材料不足而停产。邕宁区某茶厂因2010年本地茉莉花大幅减少，影响了茶叶的加工。另外邕宁区近年开采砂石较多，邕江沿线砂石储存量逐年减少，砂石场开采产值同比下降。

3．安全问题和环境问题。安全问题和环境问题一直制约规模以下工业发展。如环江某煤矿共有五口井，但目前只有二

个井口正常生产，另外三个井口因安全和环保评估原因仍没有得到批复而暂时不生产。又如防城区某布碎加工企业因环保问题已被当地勒令关闭；马山县某矿石开采企业因该矿山存在安全隐患，安监部门要求整改而停产；田阳县的年产值低于6万吨以下的煤矿不得开工生产而关闭等等。

4．旱灾影响。2010年上半年，广西各地遭遇了持续时间较长的旱灾天气，不少企业生产受到了严重影响。如百色市受旱灾影响，上半年水电厂营业收入比上年同期下降42.8%。河池市某复合肥厂受旱灾影响，化肥需求量大减导致工业总产值同比上年减少1倍以上。马山县某塑料生产企业因天旱无水，该厂3—5月份不能正常生产，并且该厂工人回家抗旱，到5月份才断断续续回厂上班，产值同比大幅度下降。大新县、藤县等地不少发电企业因旱灾工业产值同比下降两成以上。田阳县某钛铁砂矿因天旱无雨造成水源不足而洗矿不正常。

5．原材料、人工等成本费用上涨。原材料、人工等成本费用上涨压缩规模以下工业利润空间。如广西小水电站的经营成本逐渐上涨，而上网电价却没有变化，生产成本增加导致利润减少，不少小水电站选择待产观望或干脆关闭。印刷业因4月份原料纸张上涨，使得印刷行业利润竞争激烈，不少印刷厂订单减少产值下降。桂林市橡胶制品业因天然橡胶和合成橡胶价格成倍上涨，给橡胶制品企业生产经营带来了负面影响。博白县编织企业聘请的电焊、工艺品设计等技术工人费用由上年的平均每天50元上升到现在的平均每天65元，该企业在增加工资支出的前提下还要增加20%的工伤保险费用，因此不敢多招工人不敢多接纳订单。

四、短期走势预测

2010上半年，广西规模以下工业总产值现价速度比上年同期和2010年一季度都高，但从可比价速度来看，却比上年同期的9.7%下降3.3个百分点，也比一季度的6.5%降低了0.1个百分点。由此判断短期内规模以下工业运行有不稳迹象，甚至出现拐点的可能，后续发展不容乐观。主要是因为：一是国家对房地产的大力调控，房地产对规模以下工业拉动程度减弱；二是中国车市经过2009年爆发性增长后，步入2010年二季度后，销量开始掉头向下，增长量开始出现拐点的迹象，对规模以下工业拉动力度比以前减弱。三是2009年国家刺激经济政策力度过大，地方债务高筑，后续出台更有力的刺激性政策可能性不大。四是物价上涨，导致原材料购进和员工工资等费用增加，压缩利润空间，工业单位扩大再生产受制。

针对上半年广西规模以下工业发展情况和短期走势预测情况，建议将规模以下工业发展由“快”转变为“好”的方向发展，进一步优化规模以下工业产业结构，全面提升工业产能和产品质量，实现安全生产、环保生产、节能降耗，确保规模以下工业高质量运行。

企业景气较好　企业家信心较强

——2010年第三季度广西企业景气调查报告

陆玉秀

2010年以来，广西经济呈现平稳较快增长态势，广西企业家对经济发展环境的信心有所增强，企业运行向好。据国家统计局广西调查总队对1797家企业调查结果显示，三季度企业家信心指数为131.3，较上季度上升3.4点，比上年同期高出9.8点；企业景气指数为125.5，较上季度上升0.7点，比上年同期高出5.7点。两大指数均在 “较为景气”区间运行，反映出广西三季度企业生产经营情况较佳，总体经济发展健康稳定。

企业景气指数、企业家信心指数趋势

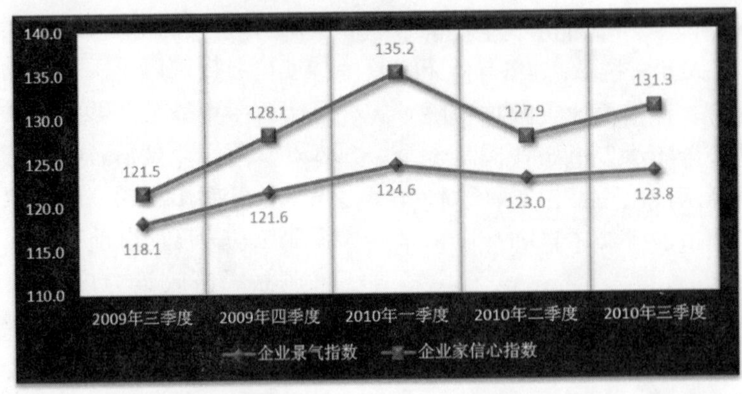

一、企业家信心有所增强

从对企业家的调查问卷来看：有39.8%的企业家对其所在行业总体运行状况持乐观态度，有51.7%的企业家认为运行状况变化不大，持不乐观态度的有18.5%。三季度企业家信心指数为131.3，较上季度上升3.4点，比上年同期高出9.8点。

1. 工业企业家信心稳步上升。受经济大局利好影响，工业企业家信心指数所攀升。调查显示，三季度工业企业企业家信心指数为133.4，比上季度提高5.0点，较上年同期高出13.1点。其中：采矿业信心指数为126.7，比一季度提高25点；制造业信心指数为131.8，比一季度提高4.1点；电力、燃气及水的生产和供应业信心指数为146.5，比一季度提高6.1点。

2. 房地产企业家信心指数在八大行业中上升幅度最大。八大行业企业家信心指数均在景气区间运行，呈“五升三降”态势。其中，受房地产市场回暖影响，房地产业企业家信心指数较上季度上升8.7点，上升幅度最大，但与上年同期相比，下降21.0点，表明房产新政对房地产市场仍具相当影响。此外，虽然建筑业、批发零售业和社会服务业企业家信心指数均较上季度有所下降，但仍均处于“较为景气”区间运行。

3. 股份有限公司和港澳台投资企业连续两季领跑企业家信心指数。按企业登记注册类型划分，所有企业家信心指数均在景气区间运行，其中股份有限公司指数为140.9，港澳台投资企业指数为143.1，分别比上季度提升3.6和2.4，继二季度后，持续领跑企业家信心指数。

4. 各规模企业信心度平稳增长。三季度广西大型、中型、小型企业企业家信

心指数分别为149.6、138.9和123.5，与上季度相比，涨幅在0.2～3.6之间，呈稳中有升态势。

二、企业生产经营稳定向好

从对企业的调查问卷来看：认为本季本企业生产经营状况“良好”的占34.5%；认为“一般”的占54.7%；认为“不佳”的占10.8%。企业景气指数为125.5，较上季度上升0.7点，比上年同期高出5.7点。

1．八大行业企业景气指数均处于景气区间，呈“六升二降”态势。其中，交通运输邮政业和住宿餐饮业景气指数分别为117.3和117.2，较上季度上升10点以上；信息传输、计算机服务和软件业则持续一贯的强劲态势，以景气指数141.2高位运行。景气指数有所回落的行业是工业和批发零售业，比上季度分别下降1.7和7.3点。

2．股份合作企业跌入不景气区间。三季度，股份合作企业景气指数为84.7，处于“相对不景气”区间，较上月下跌26.8点。其余各注册类型企业均在景气区间运行，指数与上季度相比各有涨跌，其中国有企业、集体企业和有限责任公司企业景气指数分别为123.6、116.7和122.5，涨幅分别为3.8、9.4和1.7；股份有限公司、私营企业、港澳台投资企业和外商投资企业景气指数分别为139.9、113.1、136.2和131.9，跌幅在1～3点内。

3．从企业规模来看，大型企业景气指数为161.6，较二季度回落1.4点，但仍处于“较强景气”区间内；中型、小型企业景气指数分别为133.6和115.2，分别比上季度上升1.2和1.3点。

三、各项经济指标平稳上升

三季度，除货款拖欠景气指数较二季度下降2.6点外，其余主要运营指标景气指数均有所回升，但制约企业生产经营的诸多不利因素和困难仍然存在，部分景气指数仍处于不景气区间，应值得关注。

1．产品订货景气指数拉升生产总量景气指数。三季度产品订货景气指数为112.3，较上季度上升7点，同比上升3.4点。订单量增多，拉动了生产总量的提升，三季度生产总量景气指数为116.1，较上季度上升2.3点，虽同比下降4.2点，但仍处于“相对景气”区间。

2．企业盈利状况有所改善。三季度全自治区企业盈利（亏损）变化景气指数为107.6，较上季度上升2点，同比下跌2.8点，仍在“微弱景气”区间运行。除工业、信息传输、计算机服务和软件业较上季度有所下降外，其余六大行业均有1—10点的涨幅，其中，受房地产市场回暖迹象的影响，建筑业和房地产业盈利变化景气指数分别较上季度上升10.6和3.6点。

3．流动资金紧张和企业融资难问题仍未得到有效解决。三季度企业流动资金景气指数和企业融资景气指数分别为90和77.6，位于不景气区间。八大行业中，仅有信息传输、计算机服务和软件业流动资金景气指数和企业融资景气指数双双运行于微弱景气区间。调查企业中，仅有8%的企业认为融资情况偏好，企业资金环境偏紧，融资困难的局面仍未改善，资金问题依然是制约企业发展的瓶颈。

4．企业用工需求继续保持平稳增长态势。三季度全区企业用工需求景气指数为114.3，比上季度微升1.6点，同比上升6.5点，劳动力需求增加明显的行业为交通运输、仓储和邮政业，劳动力需求景气指数分别比上季度和上年同期上升11.5点和12.1点。

5．固定资产投资平稳增长。三季度全区固定资产投资景气指数为112.8，较上季度上升1.5点。八大行业均在景气区间运行，与上季度相比，除交通运输、仓储和邮政业外，其余七大行业均有不同程度的上升，其中增幅最大的是住宿和餐饮业，达6.7点。

四、预期下季度企业经营状况持续向好

2010年上半年，虽然旱涝交替的局面给广西经济发展带来诸多不确定性，但广西经济仍然取得了可喜成绩。四季度，企业家持续看好广西企业运行发展态势。受调查企业对下季度宏观经济环境进行判断时，90.3%企业家选择“偏好”或“稳定”，企业家信心指数预计上升1.8点，达133.1；对下季度本企业综合生产经营状况进行判断时，93.2%企业家选择“偏好”或“稳定”，企业景气指数预计上升6.6点，为130.4。预期下季度企业经营状况仍持续向好。

五、当前值得关注的问题

1．主要原材料及能源购进价格居高不下，造成经营成本上升。从行业分类看，三季度工业企业生产成本景气指数为72.6，建筑业为69.2、交通运输仓储邮政业为57.6、批发和零售业为74.9、社会服务业为76.6、信息计算机软件业为59.7、住宿和餐饮业为60.2，都处在极不景气区间内。与上季度相比，除社会服务业生产成本景气指数呈1.8点小幅上升外，其他行业均有不同程度的跌幅，其中：批发零售业和交通运输仓储邮政业分别下降15.6和10.5点。

2．企业融资难、被拖欠货款、流动资金紧张这些长久以来困扰企业发展的问题，虽然得到一定程度的缓解，但是并未得到根本上的解决，仍然需要各方面全力配合落实中央和地方政府各项政策。行政执法部门要继续加大力度妥善解决好企业被拖欠货款、工程款问题，为企业营造一个良好的经营环境。

3．房地产市场尚不明朗。随着年初国家各类房地产调控措施的出台，房地产业过热现象得到了一定的遏制，三季度房地产业十六个景气指标与上年同期相比全线下跌，其中企业家信心指数、商品房销售和商品房销售价格三个指标降幅较大，分别降21点、20.5点和23.4点。但随着“新国十条”房地产调控政策影响力的逐步减弱和购房者观望意识的淡化，商品房预售和商品房销售两项指标较上季度分别上升13.8和14.3点，似有回暖迹象。而九月底新一轮调控政策已然出台，将暖未暖的房地产市场走势如何？或将在长期博弈后逐步趋于一种理性状态。

前三季度广西规模以下工业运行情况分析

杜雪勇

2010年1—9月份，广西规模以下工业总产值为1471.7亿元（按现行价格计算），增速14.4%。在运行中，规模以下工业出现一些积极变化，如企业缴纳社保意识增强、关停并转企业减少、专业村涌现、期末剩余订单增加等。但工业生产回升势头缓慢、资金不足、出口乏力、场地影响企业扩大规模等问题值得关注。

一、规模以下工业运行特点

1．实际增速快于上半年。2010年1—9月份，广西规模以下工业总产值现价增速为14.4%，比上年同期5.7%的增速提高8.7个百分点，比2010年一季度的13.6%的增速提高0.8个百分点，但比上半年的增速14.8%略低。主要是一季度部分行业受到旱灾的影响产值减少，增速较低，二季度规模以下工业的生产经营情况有所好转，所以上半年的增速较高，三季度规模以下工业的生产经营情况继续回暖。因价格因素，1—9月份的不变价增速7.0%，比2010年上半年高0.6个百分点。

2．单位个数有所增加，关停并转企业减少。2010年三季度，广西规模以下工业单位个数有所增加。样本村的个体工业数比一季度增加了81家，比二季度增加了55家，目录企业逐步恢复生产，关停并转企业减少，比一季度减少26家，比二季度减少4家。

3．绝大部分行业呈增长势头，工业企业各行业增幅较高。前三季度，广西规模以下工业80%以上的行业呈增长势头，这一比例比上半年略高，尤其是工业企业各行业增幅较高，煤炭开采和洗选业、医药制造业、塑料制品业、有色金属矿采选业、专用设备制造业、通信设备、计算机及其他电子设备制造业、燃气生产和供应业、食品制造业、其他采矿业、石油加工、炼焦及核燃料加工业、通用设备制造业等行业总产值现价均比上年同期增长25%以上。同时，工业企业各行业中有约19%的行业呈下滑趋势，这一比重与上半年持平。下滑的行业分别是纺织服装、鞋、帽制造业、工艺品及其他制造业、废弃资源和废旧材料回收加工业、化学原料及化学制品制造业、电气机械及器材制造业等，但下滑幅度并不高，均低于25%。

4．专业村涌现，提高业主收入。随着个体工业的快速发展，个体工业专业村不断涌现。个体业主们利用本土资源优势，形成特色的加工专业村。在调查的样本村 中，出现了诸如南宁市的皮袋加工村、化学原料制品加工村、竹编加工村、柳州市的草席加工村、采石村、桂林市的月柿加工村、梧州市的宝石加工村、米粉加工村、北海市的砖瓦加工村、木材加工村、钦州市的洗矿村、贵港市的羽绒加工村、编织村、玉林市的服装村、桂圆肉加工村、河池市的木材加工村、旱藕粉丝加工村、崇左市的辣椒加工村等，各种专业村的发展对提供就业机会、带动农民增收起到了积极的作用。

二、规模以下工业增长因素分析

1．宏观经济形势转好，期末剩余订单增加。2010年1—9月份，广西规模以上工业增加值可比价增速为23.1%，全社会固定资产投资5245.48亿元，同比增长42.5%，外贸进出口总额增长32.5%。以上数据显示广西宏观经济形势向好，这给规模以下工业发展带来了较好的发展机遇，使得规模以下工业的订单同比有所增长，促进了规模以下工业的发展。据样本数据显示，工业目录企业期末剩余订单额同比增长较大。如桂平市某电子有限公司，目前期末剩余订单额达到600万元，需今后4个月完成，要增加工人至少60人。

2．部分行业市场需求量增大，带动了生产的发展。前三季度，一些行业因为进入销售旺季，市场需求量增大，所以产销两旺。自从进入夏季后，炎热的气候使得各类企业和居民对水的需求不断增大，生产自来水、桶装水、凉茶等饮料的企业和个体工业产销两旺，样本村中供应水的个体工业营业收入总额同比增长了24%，而从事饮料制造业的目录企业工业总产值同比增长了22%，如北海市某制药厂生产的凉茶因夏季到来，且该企业在本地市场占有率较高，同比增长了45%。

3．产业和熟练工人转移，促进了工业的发展。目前全国都出现了一些产业和熟练工人转移的情况，随着土地成本和用工成本的增加，部分深受高成本困扰的产业逐渐向成本低的西部转移，如一些紧邻广东的市县吸纳发展了针织、制革、服装、食品加工、玩具等产业，使得当地的个体工业数增多。而随着外地生活成本的增加和家乡工资收入的增长以及家乡就业机会的增多，很多熟练工人愿意留在家乡就业。这对当地工业生产的发展十分有利。这些熟练工人技术技能优秀，不仅减少了企业的培训成本，还能促进企业的生产。如针织的盘工、挑工、绣花工等，这些工人一上岗就能熟悉岗位的要求，因此对产量产值的提高起到了十分重要的作用。据桂平市某镇企业站反映该镇返乡在当地就业的人员比去年增多了600多人，促进了当地生产的发展。

4．投资拉动了工业经济的发展。近年来，广西各级政府不断投资本地的基础设施建设，改善本地的投资环境。这些基础设施的建设促进了本地经济的发展。如2010年是广西马山县的项目建设年，县城周边大兴土木，还有一条铁路和一条高速公路待建，这给当地的采石业带来了极好的商机，现在有的采石业因需求旺盛，销量大幅增长而需要扩大规模，更新设备。

三、制约广西规模以下工业发展的原因

1．有效资金不足，企业难以扩大生产。规模以下企业很少申请银行贷款，主要是缺少有效抵押、信用等级不高等难以获得银行贷款支持，但依靠自身资金积累发展较为缓慢。如县区的小型糕点厂，如果要进一步扩大生产，开拓市场，按照要求需要办理QS认证。申办QS认证的资金要求高，申办需交给相关部门的费用约15万元，其中设计费用就高达5万元，加上生产流程的改动及增加的设备，最终要20多万才能完成申办。而规模以下企业中的小型糕点厂多面对当地客人，全部的资产不超过3～5万元，申请QS认证所需的资金要求使这些小型糕点厂望而却步。

2．场地限制影响企业扩大规模。规模以下企业大多以租赁土地建厂或租赁厂房生产，交通运输等也以租赁为主，主要是在企业用地上，一方面，由于企业规模小，经济效益不明显，难以获得政府用地支持，二是企业资金有限，无法花费过多资金购置土地，因此只能维持现有场地规模生产。如贵港市有个体户计划在家乡办一个玩具厂，生产一些动物模型玩具，需厂房面积300多平方米，但因手续繁杂，费用多，所以征地迟迟未办下，难以如期建厂开展生产。而食品制造类型企业要扩大规模，申请QS认证，场地要求也很高。QS认证体系中，对生产场地的厂区、生产车间和库房均有严格的规定，而规模以下食品制造类型企业多为前店后厂的模式，总面积不超过50平米，如要申办QS认证则必须扩大生产场地。场地不合格，没有申办QS认证的结果就是产品难以打入主流市场，产品销售不旺。

3．企业生产受自然气候影响大，抗风险能力低。规模以下工业一个最大的弱点就是受自然气候的影响较大，抗风险能力低。2008年冻灾和2010年一季度的旱灾对广西规模以下工业的影响有目共睹，2010年夏季广西多地又遭遇洪涝灾害和泥石流，对广西规模以下工业的生产也有很大影响。百色市一些水电企业还没从旱灾的影响中恢复过来就又遇上了洪灾，个别小水电损失多达30万元以上。

4．招工难影响企业的生产经营。2010年全国很多企业都面临招工难的老大难问题，规模以下企业也不例外。而且规模以下企业的就业环境、能负担的工资水平都比不上大中型企业，所以在招工问题上比大中型企业更难。如文章前面提到的有大量期末剩余订单的桂平市某电子有限公司8月计划招工30人，结果只招到10多个，影响企业的生产发展。

5．产品单一，可复制性强。规模以下工业的产品附加值不高，且产品单一，可复制性很强，市场竞争力不够。如南宁市的皮袋加工专业村，全村很多个体业主都是做皮袋加工，很多地方都是从该样本村购买加工后的产品，最近湖南省一些乡村就从该村学会了加工技术和了解了进货销售渠道后，抢占了该村很多生意，该村本期收入下降了4个百分点。

四、对策建议

1．重视对规模以下企业的引导和扶持。除了在资金、场地上对规模以下企业给予扶持，还要多引进和鼓励创办节能型、环保型、科技型的规模以下企业，逐步调整产业结构。

2．鼓励规模以下企业实行合作经营机制。规模以下企业规模小，资金少，分散经营，抗风险能力低，而实行联合或合作经营，则可集中资金，共同抵御风险，竞争力增强，有利于扩大生产，开拓市场。

3．建立畅通的信息渠道。建立畅通的就业、产品销售、原材料供应等消息，帮助企业寻求工人，充分了解市场需求变化，抢占商机。

4．开拓和宣传融资通道。为规模以下企业寻求合适的融资渠道，力求手续简单。多宣传政府扶持政策和银行信贷政策，鼓励业主积累信用等级，以求从无到有、由少到多，扩大自身的信用额度，为将来扩大生产申请贷款创造有利条件。

南宁市企业景气和信心继续保持回升向好势头

——2009年四季度南宁市企业景气调查报告

李进元

据企业景气调查资料显示，2009年四季度，宏观调控措施成效明显，企业景气指数和企业家信心指数继续保持回升向好势头，预计下季度仍将呈平稳上升态势。

一、企业宏观经济信心指数走出新高

2009年第四季度，国家为应对国际金融危机出台的一揽子宏观经济调控措施成效显现，企业家信心进一步增强，企业家信心指数为129.72，比第三季度上升6.61点，比第二季度上升13.37点，比第一季度上升23.96点，比上年同期上升27.96点。

1．投资增速再创新高，建筑业企业家信心高企。2009年，南宁市抢抓发展机遇，紧紧围绕“1180”投资目标，积极推进各类项目的落实，大力促进投资项目的顺利开展，促使全社会固定资产投资增速自2009年6月起连续保持50%以上增幅，建筑业企业家信心指数高达153.44（详见表一）。

表一：南宁市企业家信心指数对比表

	本　期	上　期	增　减	去年同期	增　减	预　期
总体状况	129.72	123.11	6.61	101.76	27.96	131.33
按行业门类分						
①工业	121.73	108.18	13.55	87.07	34.66	126.91
②建筑业	153.44	153.31	0.13	119.98	33.46	150.51
③交通运输、仓储和邮政业	133.38	136.67	−3.29	128.02	5.36	125.55
④批发和零售业	128.07	125.05	3.02	101.00	27.07	132.84
⑤房地产业	150.00	150.00		81.55	68.45	145.00
⑥社会服务业	139.39	135.29	4.1	105.88	33.51	142.42
⑦信息传输、计算机服务和软件业	88.56	119.54	−30.98	140.09	−51.53	83.30
⑧住宿和餐饮业	129.43	113.80	15.63	98.21	31.22	123.18

2．政策提升房地产企业家信心。为应对国际金融危机，国家实施积极的财政政策和适度宽松的货币政策，中央和地方政府相继出台了刺激住房消费的系列政策，房地产业获得恢复性发展。在居民家庭总收入增长和近期楼市持续热销的形势下，房地产业企业家信心继续走强。2009年四季度南宁市房地产业企业家信心指数150.00，与上季度持平，比上年同期高68.45点。

3．生产经营情况逐季向好，工业企业家信心逐季走高。随着国家四万亿投资和十大产业振兴规划等政策的贯彻落实，南宁市工业生产速度逐月加快，规模以上工业增速继续回升，工业企业家信心进一步增强。2009年四季度工业企业家信心指数达到121.73，比第三季度高13.55点，比第二季度高16.38点，比第一季度高28.19

点，比上年同期高34.66点。

4．住宿和餐饮业企业家信心再次进入景气区间。南宁市住宿和餐饮业企业家信心指数在连续4个季度跌入不景气区间后，2009年三季度首次进入景气区间。进入四季度后，随着大中小学开学，加上传统中秋佳节，国庆节等节日的到来，带动了旅游和聚会的热潮。逐步摆脱金融危机阴影的人们开始回到餐馆酒楼洽谈生意、改善生活，住宿餐饮企业进入旺季，住宿和餐饮业企业家信心得到进一步增强。2009年第四季度，南宁市住宿和餐饮业企业家信心指数为129.43，比第三季度高15.63点，比第二季度高37.50点，比第一季度高50.76点，比上年同期高31.22点。

二、企业景气指数进一步回暖

2009年四季度，南宁市企业景气指数为119.25，比上季度上升3.67点，比二季度上升11.01点，比一季度上升24.54点。

1．八大行业全面进入景气区间。调查数据显示，本季度南宁市八大行业企业景气全面回升，进入中度以上景气区间。其中，进入高度景气区间的有：房地产业企业景气指数134.82，社会服务业的景气指数130.30，住宿和餐饮业企业景气指数126.30，信息传输、计算机服务和软件业景气指数124.80，建筑业企业景气指数124.12，交通运输、仓储和邮政业景气指数120.69。进入中度景气区间的有：批发和零售业景气指数119.69，工业企业景气指数113.61（详见表二）。

表二：南宁市企业景气指数对比表

	本　期	上　期	增　减	去年同期	增　减	预　期
总体状况	119.25	115.58	3.67	104.36	14.89	121.97
按行业门类分						
①工业	113.61	107.50	6.11	93.12	20.49	118.20
②建筑业	124.12	130.28	−6.16	105.51	18.61	130.80
③交通运输、仓储和邮政业	120.69	117.24	3.45	118.04	2.65	110.34
④批发和零售业	119.69	103.34	16.35	97.36	22.33	124.45
⑤房地产业	134.82	134.82		111.61	23.21	144.91
⑥社会服务业	130.30	138.24	−7.94	120.59	9.71	139.39
⑦信息传输、计算机服务和软件业	124.80	119.54	5.26	134.94	−10.14	114.28
⑧住宿和餐饮业	126.30	116.93	9.37	114.34	11.96	99.48

2．从企业登记注册类型看，外商及港、澳、台企业景气指数最高，景气指数为155.93；股份有限公司景气指数次之，景气指数为144.65；私营企业景气指数排列第三，景气指数为117.55；国有企业景气指数排列第四，景气指数为117.10；股份合作企业景气指数排列第五，景气指数为114.29；有限责任公司排列第六，景气指数为114.23；集体企业景气指数最低，仅为104.76。

3．从企业规模看，大型企业景气指数最高，景气指数为155.35，处于高景气区间；中型企业景气指数次之，景气指数为124.14处于中景气区间；小型企业景气指数最低，仅为111.69，处于中低景气区间。

三、企业生产经营存在的突出问题

1．资金紧缺、融资难仍是制约众多企业生产经营的主要问题。2009年以来国家和地方政府陆续出台和落实了各项融资政策，企业的融资环境逐步改善，地方财政和银行等金融系统相继出台政策扶持有竞争力、有潜力的中小型企业度过难关，中小型企业融资难问题得到一定缓解。但从整体上看，资金紧缺、融资难仍是严重制约着多数企业生产与经营的主要问题。

2．经济复苏下的生产资料价格上涨和供应紧张增加企业压力。经济复苏助推全国CPI转正，PPI降幅正逐步收窄。生产资料价格温和上涨虽然有利于经济回暖，但上涨的传导效应将进一步增加企业成本负担。如南宁糖业股份有限公司制糖造纸厂区外煤炭的购进价格从2009年10月至2010年1月由538元/吨涨到610元/吨，涨幅约为13.38%；区内煤炭的购进价格从2009年7月285元/吨涨到2010年1月的410元/吨，涨幅约为43.86%。单是从煤炭价格上涨对该公司造成影响来看，该厂的纸产品成本就累计增大了约57.24%。另外，生产提速导致部分生产资料供应紧张，也间接增大了企业的采购成本。

3．经济增长内生动力不强，企业生产经营成本不断上升。在国家和地方政府一系列宏观调控政策的刺激下，南宁市经济运行的积极因素不断增多，呈现出较好发展势头。但经济增长的内生动力不强，靠政策拉动效应明显。同时，部分企业生产经营还未完全复苏，一些企业产品出厂价格难以在短期内实现大幅提升，而随着原材料价格及能源购进价格的上涨，生产成本不断上升，企业的生产经营环境仍不宽松。2009年南宁市工业企业生产成本景气指数全年四个季度分别为110.71、94.46、58.89、54.13，一季度以来持续下降达56.59点，全年除了一季度外均运行于不景气区间。此外，主要原材料及能源供应、主要原材料及能源购进价格景气指数全年分别持续下降8.85点、68.01点，其中四季度主要原材料及能源购进价格景气指数仅为37.74，比上年同期下降54.32点。除工业企业外，建筑业工程结算成本景气指数四个季度持续下滑52.83点，四季度为53.60，处于较为不景气区间；信息传输软件服务业、住宿餐饮业、交通运输、仓储和邮政业四季度营业成本景气指数均处于较为不景气区间。

四、几点建议

1．抢抓机遇，增强企业竞争力。当前全球金融危机影响尚未见底，我国经济运行正处在企稳回升的关键时期，国家一系列调控政策相继显现成效，要努力抓好2010年经济运行各项工作，把握发展机遇，增强企业竞争力，加大工作力度，确保实现目标，为全年任务目标的实现奠定坚实基础。

2．积极培育经济发展新的增长点。继续深入开展“项目推进年”和“企业发展年”活动，把抓投入、抓技改作为工作的着力点和发展的增长点，努力破解经济项目建设难题，把对项目的协调服务工作贯穿于项目建设的全过程，分类排队、责任到人，加快项目建设步伐。

3．围绕市场开拓调整产品结构。针对国外需求下滑、国内需求不足的情况，通过产品结构调整、产品市场开拓，把握国家拉动内需、扩大投资规模以及十大行业振兴规划实施的机遇，细分产品市场，提高产品档次；在巩固传统市场的同时，积极开拓新兴市场，积极稳妥地实施“走出去”战略，不断增强国内外市场竞争力。

柳州经济持续向好　企业景气不断攀升

——2009年柳州企业景气调查分析报告

贺敬雯

2009年，柳州市经济渡过金融危机爆发以来最困难的时期，走出谷底，逐步恢复。第一季度企业景气指数率先回到景气区间，为100.82点，企业家信心指数为99.84点，逼近景气区间。第二季度，柳州企业景气指数和企业家信心指数都回到景气区间。第三、四季度两指数均平稳上升，经济运行良好。（详见表1）

表1　2008年一季度到2009年四季度指数走势图

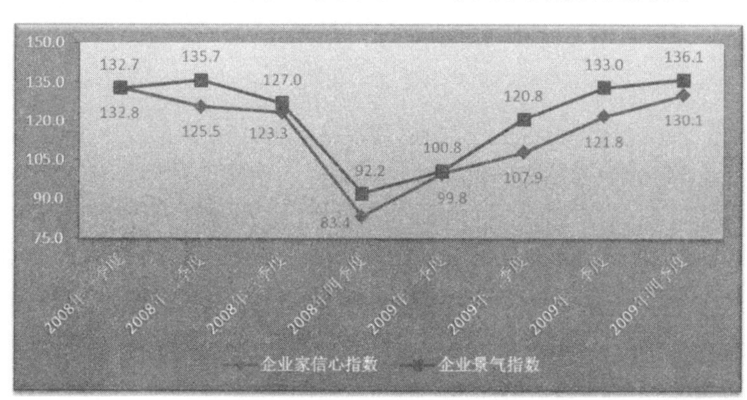

一、主要生产经营情况概述

1．企业生产经营逐步恢复，第二季度部分企业实现扭亏为盈，下半年平稳运行。2009年第一季度企业生产总量指数为119.83点，而2008年的第四季度该指数为77.78点，到第二季度该指数更进一步升高，到达130.71点。其中工业企业生产总量指数2008年第四季度为67.38点，2009年第一季度为133.51点，第二季度更是上升至140.68点。2009年第一季度企业盈利变化指数为79.37点，第二季度该指数为119.24点，回到景气区间，意味着企业的生产经营状况正在好转，开始实现盈利。第三季度该指数达到129.89点，第四季度基本保持不变，微降了三点。其中工业企业2009年第一季度盈利指数为72.41点，第二季度该指数升高54.58点，达到126.99点，第二季度是工业企业盈利能力恢复的重要时段，第三、四季度则保持在130点以上平稳运行。

2．主要原材料价格波动大，企业成本压力加剧。主要原材料，如汽油、柴油、钢材板材、有色金属、塑料、煤炭、焦炭等价格波动很大。特别是汽油、柴油，五月到六月的价格上升了近10%，年底全国范围的寒潮来袭又造成煤炭运输紧张，企业面临巨大的原料成本压力，表现在指数上，工业和交通运输业最为明显。第三季度二大行业的生产（营业）成本景气指数均下降了30点以上，都落在了不景气区间。第四季度，企业的成本压力仍在持续，工业企业生产成本指数为64.12点，交通运输业营业成本指数仅为39.43点。工业中汽车制造业、炼钢业等支柱行业都受到巨大影响，企业原材料、能源购进价格持续高位运行，企业盈利艰难。

3．产品订货增加，工业品销量、售价情况均大为好转。2009年第一季度柳州企业产品订货指数为107.91点，第二季度上升至124.37点，三、四季度持续上升，第四季度达到130.68点。工业产品第一季度销售指数为129.32点，销售价格指数为54.73点，第二季度这两个指数分别为142.83点和95.38点，表明第二季度企业不单产品销售量提高，产品的价格也得到了提升，进入一个较为能接受的价格区间。第三、四季度产品销售量指数略有波动，但仍保持在120点以上，产品销售价格指数保持上升，在第四季度进入景气区间。

4. 中小企业生产经营状况缓慢好转，企业融资环境虽有一定改善，但资金短缺依然是中小企业发展面临的首要问题。（详见表2）

表2　中小企业景气状况对比表

	企业家信心指数	企业景气指数	生产总量	盈利变化	流动资金	固定资产投资	产品订货	企业融资
2008年第4季	93.64	93.64	82.08	76.88	72.25	89.60	76.30	64.16
2009年第1季	106.59	97.80	98.35	81.87	71.98	95.05	90.11	69.23
2009年第2季	112.22	107.22	110.00	96.11	78.33	95.00	99.44	67.78
2009年第3季	125.00	114.44	112.78	108.89	74.44	101.67	111.67	70.00
2009年第4季	131.48	117.32	114.53	109.50	78.21	101.12	107.82	73.18

观察指数可以看到，中小企业生产经营各指数中最低的就是企业融资指数。通过查阅历史数据也可以看到，企业融资指数基本是在70点上下浮动，融资困难是制约中小企业发展的最重要因素。

2009年柳州市针对中小企业融资难问题也采取了一系列措施，如选择了柳州支柱的机械和汽车部件生产企业，从企业财务、资金、贷款、技术创新等方面提供免费的全方位服务；与柳州农信社签订捆绑式贷款协议，负责对贷款企业的把关，由担保公司担保，农信社提供贷款支持。

二、重点工业生产及恢复情况

作为广西的工业重镇，工业的逐步恢复带动全行业的经济复苏。柳州工业企业2009年第一季度景气指数为93.63点，比2008年第四季度的77.95点回升15.68点，第二季度企业景气指数为119.06点，又比第一季度上升了25.43点，第三季度工业企业景气指数为134.22点，第四季度为137.50点，已经维持在了一个稳定的区间。而另一个表现工业企业生产经营情况的重要指标——设备利用率指标也显示，工业企业的设备开工率在稳步提高。

制造业作为柳州市工业企业的主体，发展态势良好。2008年第四季度制造业企业景气指数仅为76.98点，2009年第一季度该指数为94.58点，第二季度为119.33点；生产总量指数2008年第四季度为65.65点，2009年第一季度为135.33点，上升69.68点，上升幅度超过了50%，第二季度进一步保持上升态势，达到141.28点。第三季度制造业景气指数为134.56点，比上季度上升15.23点，第四季度该指数微升3点，达到137.17点。

1. 代表柳州经济支柱的汽车制造业回升速度最快。特别是企业家对本行业的信心，由2008年第四季度的55.89点狂升至2009年第一季度的150.05点，上升幅度达到了62.8%，到第二季度维持在150点上，微升4.93点，到第四季度则上升到164.52点的高位。可见汽车行业的企业家在2008年年底对于本行业前景极其不乐观，而在

经历了一年的生产经营，通过政府陆续颁布各个利于汽车行业发展的新政策，市场方面也陆续传来利好消息之后，企业家们逐步找回了信心，开始对未来发展保持乐观态度。汽车制造业2009年连续三个季度景气指数都在150点以上，第四季度稍微下降至148.48点。观察各指数变化可看出：2009年前两季度汽车制造业产销两旺，第一季度产品售价过低的问题在第二季度也有所缓解，但从第三季度开始产销量指数有所下降，而产品销售价格指数该季度仅为65.75点，对比二季度下降了25.64点，第四季度这一指数有所回升，但仍处于不景气区间。观察各指数发现，产品售价不理想，原材料及能源购进价格上升，成本压力大是目前柳州市汽车制造业企业面临的主要问题（详见表3）。

2．由于钢材价格持续波动，电、煤、铁矿石等原材料涨价，柳州炼钢行业企业经营状况指数虽然有所回升，但形势仍不容乐观。黑色金属冶炼及压延加工业2008年第四季度景气指数为0点，2009年第一季度爬升至25点，到第二季度上升至75点。生产总量指数也回复较快，2009年第一季度达到了150点，第二季度该指数保持不变。盈利变化指数2009年第一季度对比2008年第四季度上升75点，第二季度该指数上升至150点，企业正在逐步实现扭亏。但在煤炭、铁矿粉涨价的情况下，生产成本压力最巨大的当属炼钢企业。能源、主要原材料购进价格长期居高不下，造成企业流动资金紧张，国内市场产能过剩导致企业产能一直无法完全释放。第三季度柳州市黑色金属冶炼及压延加工业企业景气指数为78.49点，生产成本指数为68.02点，流动资金指数为50点，生产总量指数也由上期的150点下降为100点。以广西柳州钢铁(集团)公司为例，该公司生产所用的六种主要原材料、燃料、动力价格七月、八月份连续上涨，炼铁用铁矿石价格在7月份环比上涨了9%的基础上8月份又上涨了12.93%，第四季度该类企业生产成本指数为46.51点，企业经营形势仍不容乐观。

表3　汽车制造业四季度主要景气指数对比表

景气指数	生产成本	生产总量	产品订货	产品销售	产品销售价格	盈亏变化	企业融资	原材料及能源购进价	原材料及能源供应
2009年第1季度	100.56	168.71	158.09	167.22	49.36	98.06	82.58	100.45	108.03
2009年第2季度	80.48	160.91	150.07	163.21	91.39	141.83	93.22	82.17	118.07
2009年第3季度	80.24	128.77	116.99	111.38	65.75	116.46	89.50	81.54	125.73
2009年第4季度	76.93	154.30	131.24	147.70	81.69	125.51	86.86	49.32	100.59

3．化工业企业微利经营，盈利压力日益增大。2008年第四季度，柳州市化学原料及化学制品制造业企业产品销售价格指数为35.46点。到了2009年一季度该类企业产品销售价格指数恢复到了96.66点，但第二季度该指数下降到了45.37点。柳州市化工类企业产品售价持续低迷，生产成本居高不下，企业利润大幅跳水，生产经营举步维艰，企业家信心受挫。化工类企业生产成本压力巨大，第三季度化学原料及化学制品制造业企业生产成本指数仅为57.37点，而在第二季度，这一指数为119.58点。以柳州化工股份有限公司为例，第三季度由于恰逢大旱天气，化肥产品尿素价格大跌，库存增加，公司仅靠少数几个化工产品盈利，化工、化肥产品价格持续走低，多种产品，如硝酸、尿酸等产品价格仅为上年同期价格的60%左右。第四季度，化工类产品的售价有所好转，产品售价指数回升至125.35点，企业家信心指数也恢复到景气区间。

4．制糖业企业受食糖价格波动影响，三、四季度价格重回历史高位。2009

年第一季度，由于受金融危机影响，大部分商家都持币观望等待食糖行情的好转，造成食糖产品滞销，库存增加，制糖企业景气指数仅为60.11点。以广西凤糖生化股份有限公司为例，至2009年2月为止，企业已亏损2407万元，利润总额同比下降169.28%，经济效益受到极大影响。而到第二季度，食糖价格开始上升，特别是红糖价格，以广西凤糖生化股份有限公司为例，该公司4月份红糖价格环比上升45.9%，对比上年同期也上升了37.93%。第二季度制糖企业景气指数大幅升至108.54点，上升了48.43点，企业家信心指数更是猛增至120.75点，仍以广西凤糖生化股份有限公司为例，公司自4月份开始扭亏，到五月份累计盈利1036万元。第三季度开始，制糖业企业产品售价提升，企业家信心大增，柳州市制糖企业家信心指数高达189.46点，而产品销售价格指数直接飙升至200点，第四季度这二大指数仍维持在相同高位，但是企业仍存在一些问题。以广西农垦糖业集团柳兴制糖有限公司为例，企业资产负债率较高，融资渠道相对较少，资金严重短缺现象没有实质性改变；上半年原料蔗大幅减产，企业原料蔗生产基地有待稳定与发展；公司市场营销水平不高，产品销售时机把握不准，严重影响了企业生产经营效益。

三、未来经济形势预期

柳州市今年一季度企业家信心指数、企业景气指数与去年第四季度对比变化不大，均维持在130点以上，经济运行情况将更进一步趋于稳定。而八大行业中，受即将到来的春节影响，交通运输业和批发零售业的企业家信心指数预期上升较多。

2009年是相对不平凡的一年，年初柳州企业景气指数率先从谷底回到历年平均水平，为全区企业景气恢复做出了巨大贡献，在新的一年，柳州经济将以更稳健的步伐继续前进。

柳州市汽车制造企业发展现状分析

武 艺

柳州是目前全国唯一同时拥有全系列整车制造企业的地级市，也是全国唯一同时拥有中国一汽、东风和上汽三大汽车集团整车企业的城市。柳州的汽车业到2009年已经整整发展了40年，取得了很多成果，而争取在尽可能短的时间里登上行业先进的舞台，应该是今后努力的目标和前进的方向。

一、柳州市汽车企业发展现状

统计数据显示，2009年，柳州市汽车整车及零部件生产企业410多家，总资产达318亿元以上（人民币，下同），从业人员约4.6万人。拥有各类整车企业9家，汽车工业已形成了年产微型车90万辆、载货车8万辆、多功能乘用车5万辆、专用车6万辆、低速车2万辆、发动机100万台的生产能力，总产出占全市的比重已超过40%，比2008年提高4个百分点，成为柳州市第一大支柱产业。汽车工业对柳州市经济增长的贡献率达到107%，对柳州市工业企业税增长贡献率达到118%。2009年全市汽车工业完成总产值755.83亿元（快报数，下同，数据来源：柳州市统计局），比2008年增长46.8%，汽车产量118.26万辆，比2008年增长69.3%，改装汽车产量6.15万辆，比上年增长74.6%。汽车产业高速增长，对柳州经济突围起到了巨大推动作用。

重点企业中：上汽通用五菱汽车股份有限公司（以下简称“上汽通用五菱”）全年营业收入超过100亿元，截至2009年12月15日，上汽通用五菱共计销售汽车102.64万辆，同比增长57.8%，单日最高销量接近5000辆，连续四年蝉联微车销量冠军。其中经典微客“五菱之光”销量达到57.6万辆，同比增长40.5%，以216万的保有量继续保持国内单一平台车型的销量记录。“五菱荣光”上市仅19个月，销量达25.6万辆，成为国内销量增速最快的车型。东风柳州汽车有限公司（以下简称“东风柳汽”）2009年全年产销汽车突破5万辆，产品销售收入超过70亿元，两项指标均创历史新高；同时实现产品出口20多个国家和地区，成功开拓阿尔及利亚等非洲国家市场，上半年出口非洲500多台高附加值产品，重型商用车出口比例高达85%以上；同时还扩大了公司及公司产品在东盟、中东等目标市场的知名度，并与30多个国家或地区的客商建立联系。2009年全年实现出口额3680万美元，其中向阿尔及利亚总共出口了M5重卡400辆，是2008年的5倍。全市汽车及零部件企业也在上汽通用五菱、东风柳汽、柳州特种汽车厂这三家整车企业的拉动下，形成了较为完整的产业链和聚集效应。

二、柳州汽车企业存在的不足

一是柳州市汽车企业规模小、实力弱、无法与跨国汽车集团相抗衡，不具备国际竞争能力。全市排名第一的整车生产企业上汽通用五菱公司2009年的生产总值也仅300多亿元人民币，距一些汽车企业动辄上千亿美元的生产值还有很大差距。虽然这些年来汽车企业发展迅速，也形成了一定知名品牌，但较小的生产规模导致汽车生产企业不能形成按专业分工、分层次合理配套的产业组织结构，直接影响了经济规模的形成，规模效益也无法体现。

二是技术水平不高，开发能力不强。

与国内外同档次汽车比较，柳州汽车在很多方面存在差距，三大整车生产的重点企业也只有两家成立了经国家认定的技术中心。这主要是因为柳州汽车企业技术开发能力不强，体现在：开发、试验设备少、种类不全、不配套，基础研究不够，资料、经验积累不多；缺乏有经验的掌握先进技术的人等。这些情况也造成了产品结构不合理，缺乏国际竞争力。

三是汽车零部件生产在一定程度上限制了汽车企业的快速发展。供应商规模跟不上企业发展速度。由于技术、资金、人才短缺制约，汽车零部件企业在开发能力、产品生产水平、生产规模等方面没有对汽车企业起到支撑作用。部分整车生产企业必须从外地大量购买汽车零部件，或者高价购买技术，使得汽车生产企业的生产很被动。异常火爆的商用车市场令生产厂家纷纷加班加点增加产量。上汽通用五菱的供应商一共500多家，2009年以来，随着生产规模的迅速扩张，这些供应商出现了规模、产能和质量跟不上的问题。以汽车的心脏——发动机供应为例：柳州五菱柳机动力有限公司是柳州主要的发动机供应厂商之一，2010年一季度该公司的开工率是正常水平的1.5倍，但目前的生产速度仍然无法满足需求。柳州几家大型的汽车整车生产厂家，如上汽通用五菱、东风柳州汽车有限公司等都表示在发动机、零部件等方面出现了供应紧张的现象。

四是原材料价格的不断上涨进一步挤压企业的利润空间。原材料价格持续上涨带来的巨大成本压力无法通过售价疏解。2008年以来，汽车最主要的原材料之一——钢材价格持续高位运行，并且预计2010年这一态势也无法得到好转。同时，由于橡胶价格上涨而带来的轮胎等原料的上涨，也将进一步挤压企业的利润空间。

三、抓住机遇，重点发展

随着我国加入世贸组织的不断深入，国外厂商的不断进入，毫无疑问将对我国汽车业带来巨大的压力和挑战，对汽车业的发展产生重大的影响。国家工业和信息化部日前公布第一批62个“国家新型工业化产业示范基地”，柳州被确定为汽车产业国家新型工业化产业示范基地，同时成为广西唯一入列62个基地的城市。这也客观上要求我们改进并加快柳州的汽车企业发展。

1．以企业为主体，推动产业重组，优化产业组织结构。支持企业通过联合、兼并、资产重组，加快集团建设。鼓励柳州市汽车企业参与跨区、跨部门组建“强强联合”的汽车大型企业集团。通过国有汽车企业的合并、联合，把现有的资产进行优化重组，并且在统筹规划的基础上对其重点资金投入和政策扶持，使其能够成为自主开发、自主生产、自主销售、自主发展的自主导向型汽车企业。

2．加快发展汽车零部件企业，发挥其支撑作用。零部件企业是汽车业的支撑，加快发展汽车零部件企业，既是汽车业发展的迫切要求，也是柳州汽车企业结构调整的客观需要。一是迅速扭转不能自主开发产品的被动局面，逐步形成产品自主开发能力；二是改变产业结构不合理的状况，实现按专业化分工，分层次的、合理的产业结构；三是改变零部件发展滞后的局面，实现与整车同步发展。

3．提高自主创新能力，增强汽车企业竞争实力。要加快以企业为主体的技术创新体系支持企业大力开发具有自主知识产权的关键技术，增强企业的研发能力。坚持先进技术的引进和消化、吸收、创新相结合，鼓励企业充分利用国内外先进技术资源，培育自主创新能力，不断提高汽车企业的科技水平。

4．大力发展新能源汽车。面对世界能源危机和环境污染，新能源车特别是电动汽车是全球汽车发展的方向。在2009年初国务院通过的《汽车产业调整和振兴规划》中，发展新能源汽车已上升到了国家

战略的高度。今后3年内我国要形成50万辆纯电动、充电式混合动力和普通型混合动力等新能源汽车产能，新能源汽车销量占乘用车销售总量的5%左右。2009年12月28日，国内首款电动微型货车已经在柳州五菱工业公司成功下线，柳州要利用这一契机加快探索发展新能源汽车，创建新的增长点。

最新的统计数据表明，2010年第一季度，柳州市汽车制造类企业延续上一年强劲猛增势头，持续产销两旺，该类企业企业家信心指数在上年第四季度164.52点的高位基础之上再爬升5.66点，来到170.18点（数据来源：国家统计局柳州调查队），对比历年数据，这也是2000年以来的历史最高位。相信在政府的支持和企业的不懈努力下，经过持续的调整和发展，柳州的汽车企业必将有一个更好的更高的发展前景和水平，成为带动全市发展的生力军，为社会的和谐贡献更大的力量。

柳州市规模以下工业经济运行现状及全年形势展望

韦国能

2010年以来，柳州市工业经济回升趋势加快，行业生产处于景气状态，规模以上工业经济保持高速发展，1—5月工业产值同比增长42.9%，在其拉动下，全市规模以下工业经济运行平稳。然而，柳州规模以下工业在生产经营过程中也存在一些值得关注和重视的问题。

一、当前规模以下工业经济运行主要特点

柳州规模以下工业总产值占全市工业总产值的比重为20%。调查的18个样本企业和322户个体工业经营单位，2010年1—5月完成工业总产值6489.1万元，增长9.1%，比规模以上工业增幅低33.8个百分点。其中样本企业户均产值57.2万元，人均产值3.8万元；个体工业户均产值19.9万元，人均产值3.3万元。调查数据表明当前柳州规模以下工业经济规模偏小、发展不快、劳动生产率较低。其生产经营的主要特点：

1. 营业收入保持较快增长。据调查，1—5月18家样本企业实现主营业务收入987.6万元，同比增长36.8%；14个调查样本村322户个体工业经营单位实现营业收入5459.0万元，同比增长8.1%。

2. 生产设备利用率和产品产销率同步提高。据调查，5月末18个样本企业生产设备利用率为68.4%，比一季度末提高7.6个百分点，比上年同期提高11.5个百分点；1—5月产品产销率达95.9%，比一季度92.5%提高2.9个百分点，比上年85.7%提高9.5个百分点。

3. 从业人数不断增加。调查数据表明，5月末18个样本企业从业人数同比增长3.9%，户均就业人员14.9人；322户个体工业经营单位从业人数1635人，比一季度末增加102人，户均从业人员5.1人，比一季度末增加0.3人。规模以下工业为社会提供了较多的就业岗位，已经逐步成为社会劳动力就业的重要渠道之一。

4. 能源消耗增长较快。1—5月，18个样本企业生产用电26.2万千瓦时，同比增长19.1%，用油15.5吨，同比增长13.7%；个体工业经营单位户均用电0.3万千瓦时，户均用煤5.8吨；综合能源消费总量3824.1吨标准煤，万元产值综合能耗0.6吨标准煤，比规模以上工业上年水平高出0.1吨标准煤。

二、制约规模以下工业快速发展的原因分析

工业在柳州社会经济发展中的主导地位不容质疑。然而投资乏力产业升级难、技术创新滞后、产品科技含量低、高素质人才缺乏等问题正成为制约规模以下工业经济提速发展的瓶颈。

1. 资金短缺，投入不足，制约企业做大做强。资金缺乏一直是困扰小企业发展的老难题，是制约企业做大做强的首要因素。据柳江县祥龙针织厂兰厂长介绍，自1998年租赁场地建厂投产至今，企业规模一直扩大不了，关键是资金不足缺乏投入。一方面是企业金融信誉级别不高，可提供的抵押物少，获取银行贷款难度很大；另一方面是“三角债”现象比较普遍，资金回笼慢，无形中造成企业流动资金减少。

2. 产品单一且含金量低，市场竞争乏

力，抗风险能力差。在18个样本企业中，16个企业的产品种类只有1～3样，且技术含量较低，大多产品是仅经过简单加工的初级产品。如柳州市郊区西江印花厂主要业务（产品）活动就是在校服上印染图案、柳州市创联橡胶厂只是加工橡胶三角带及塑料水管。由于投入少，科技创新滞后，导致产品含金量低，既缺乏深加工，又未能形成产业链，企业抵御市场风险能力较差。

3．管理粗放，观念陈旧，企业发展后劲不足。在调查的18个企业中，17个是私营企业，其管理人员以家族成员居多，而且高素质人才更是难觅踪影，同时缺乏先进的企业管理制度和管理理念。在调查中发现，一些企业老板容易满足于现状，“小富即安”的思想严重，只求企业维持现状，不愿投入更多的财力、物力、人力及精力进行扩大再生产，抱着“挣一笔是一笔”的思想谋求生存。投入不足势必导致发展乏力。此外，有相当部分企业很少应用现代化办公设备，企业负责人也很少关注新政策、新信息，企业信息滞后问题比较突出。

4．员工流动频繁，劳动力成本提高。据调查，柳州规模以下工业仍属劳动密集型企业集聚地，以加工、手工劳动为主，高新技术企业少，对劳动力需求依赖性较强。在宏发社区、鹏飞社区及塘头村委走访获悉，小企业员工稳定性差，企业不仅要面临新招员工的培训问题，还要承担更高的用工成本。据柳江县祥龙针织厂负责人介绍，2010年以来支付员工工资比上年提高20%～30%，日均工资40元/天～50元/天才能招（留）住工人，目前员工仅30多人，同比减少40多人。

5．生产要素价格上涨给生产经营带来困难。从全国及广西来看，上年四季度以来，原材料、燃料、动力购进价格呈环比持续上涨趋势，与此同时，原材料购进价格与工业品出厂价格的剪刀差现象依然存在。通过对18个样本企业的调查，83.3%的老板认为煤、电、钢材等原材料、燃料、动力价格上涨给企业的生产带来较大影响，利润空间收窄，企业经营发展步履维艰。

三、对全年规模以下工业经济运行走势的基本看法

（一）全年走势的基本判断

在走访调查发现，尽管当前柳州规模以下工业发展遇到的问题较多，但是大多业主对未来企业生产经营还是保持比较乐观的态度。他们认为国内经济企稳回升基础日益牢固势必对规模以下工业发展起到积极的推动作用，尤其是当前全市规模以上工业生产的快速发展，也必然带动其下游产品企业尤其是汽车零配件、机械制造等行业加快发展，2010年发展将呈现“前低后高”走势。

（二）推动规模以下工业较快发展的有利因素

从目前情况来看，推动规模以下工业较快发展的几个有利因素为：

1．规模以下工业经济发展机遇空前。2010年初，自治区党委、政府出台《关于做大做强做优我区工业的决定》及40个配套文件，以及柳州市委、市政府提出“创新调整、产业升级、三年四千亿、工业再翻番”的战略目标，不仅为规模以下工业经济发展提供了政策保障，更是让其发展又迎来了新一轮发展机遇，在利好政策的推助下，规模以下工业经济发展必将提速。

2．生产能力（设备）利用率逐步提高。自2010年初以来，企业生产设备运转状况逐步好转，利用率不断提高。据调查，1—5月18个调查企业生产能力（设备）利用率为68.4%，比一季度末60.8%提高7.6个百分点，比上年同期提高9.5个百分点，增长16.2%。

3．工业产品销售形势趋好，产销衔接水平进一步提升。产品畅销与否是影响规模以下工业生产的最主要因素。1—5月

18个调查企业产品销售状况比较理想，产品产销率达95.9%，比一季度末92.5%提高2.9个百分点，比上年同期85.7%提高9.5个百分点。

4. 规模以上工业拉动作用增强。2010年以来，全市规模以上工业效益呈现出强势回暖的态势，各项指标增幅均随着经济环境逐步转暖大幅攀升，经济效益保持良好发展势头。1—4月规模以上工业经济效益综合指数322.6点，同比提升95.2点，工业总产值增长42.0%，利税总额增长105.6%，利润总额增长477.2%，销售收入增长55.8%。规模以上工业的快速回升必然会有力拉动主要为之做配件加工的规模以下工业的生产，上游产业带动下游产业的效应将进一步凸显。

四、加快规模以下工业经济发展的应对措施及建议

紧紧抓住产业转移机遇，围绕全市优势支柱产业，进一步加大规模以下工业有效投入，加快建设一批管理水平先进、产品技术含量高、经济效益好、辐射带动作用强的中小企业，促进规模以下工业又好又快发展。

1. 要注重更新观念，提高企业管理水平。小型企业要在维护好原合作对象关系的基础上，进一步扩大产品销售渠道，诚信为本，打造良好的信誉度。切实更新经营管理理念，不要一味地认为熟人、亲属好而值得信任，抱着家族式管理不放，而要招聘有管理经验的人员，引进先进的管理模式，将企业管理向规范化推进。

2. 要注重技术创新，加大企业产品竞争力。要积极创新，将单一的产品优化创新成为系列产品，增大在市场上的竞争能力，能够在同行业中脱颖而出。同时引导以加工为主的小型企业向开发自身产品发展，拓宽企业生产经营的延续性。

3. 要加大政策扶持，重点培育创新型企业。政府要针对中小企业需求，出台一系列的扶持措施，尤其是大力扶持有发展前景的企业，并且重点对技术型企业进行帮扶，为其提供必要的财政资金补助，拓宽企业融资渠道，进一步增强企业自主创新能力，鼓励其开发研究新产品，提升企业核心竞争力。

4. 要加强内部管理，促进节能降耗。原材料、燃料、动力等生产要素价格刚性上涨不可避免，要引导企业加强内部管理，把节能降耗、提高效率作为缓解要素资源瓶颈制约，应对价格上涨的有效手段和途径，切实转变经济增长方式。

企业家信心回升　生产经营待改善

廖　静

据国家统计局桂林调查队的企业景气调查结果显示，2010年一季度，桂林市企业家信心继续增强，重返“较为景气”区间，但企业订货、生产总量、盈利水平等经营状况不理想，有待改善，预计下期回升。

一、企业家信心指数回升至“较为景气”区间

2010年一季度，桂林市企业家信心指数为121.97，较上季度回升6.17点，主要有三大“亮点”。

亮点之一：对行业走势抱乐观态度的企业家明显增多，八大行业企业家信心指数以回升态势为主。调查显示，有33.62%的企业家对当前的宏观经济持“乐观”态度，比上季度净增2.47点；54.75%认为“一般”；11.64%认为“不乐观”，减少3.71点，企业家信心增强。八大行业企业家信心指数除住宿餐饮业和信息传输、计算机服务和软件业比上季略有回调外，其他行业均不同程度上扬。其中，批发零售业企业家信心指数增幅最大，本期企业家信心指数为141.24，升幅达17.6点。

亮点之二：“三大节日”带动批发零售、交通运输行业回暖。在元旦、春节、元宵三大节日的带动下，桂林市消费市场繁荣活跃，吃穿用等消费品是消费持续增长的稳定动力。2010年一季度，批发业企业家信心指数为141.24，连续两个季度上升，且回升幅度增大，上升幅度分别为3.33点和17.6点。随着国家扩大内需政策的继续实施，批发零售行业企业家对未来消费市场充满信心，纷纷增加固定资产投资，如微笑堂商场在原有基础上新增一层，扩大了营业面积；喜洋洋等连锁经营超市也在加快扩张步伐，新店开设速度提升。2010年前三个月，探亲高峰和旅游高峰带来了交通运输行业的春天，尽管运输成本居高不下，但旅客数的激增给企业创造了可观的经济效益。该行业企业家信心指数升至131.25，与上季度比较增幅为13.31点。各分项景气指数中，业务预定、业务量、业务收费价格及盈利指数较上季度都有明显上升。

亮点之三：建筑业信心指数最高，主要受益于投资拉动。桂林紧紧抓住国家实施“增投资、扩内需、保增长”的历史性机遇，以“四个非常”推动投资项目建设，以交通、城市建设、电力和水利等基础领域重大项目建设为抓手，2010年桂林市安排第一批重点项目239个，总投资1350亿元。其中，续建重点项目86个，总投资811亿元，年度计划投资172亿元；新开工项目62个，总投资210亿元，年度计划投资40亿元；建筑业回升主要受益于政府投资的加大以及房地产行业的回暖，建筑业企业信心指数运行态势回升明显，运行于八大行业之首，本期企业家信心指数为147.92，比上季度回升14.69点，与上年同期相比上升49.53点。

二、企业景气指数回落，生产经营状况待改善

（一）企业景气指数回落

2010年一季度，桂林市企业景气指数为116.75，比上季度回落8.81点。

1. 八大行业景气指数多数回落。调查数据显示，本季度桂林市八大行业企业景气多数回落，回落幅度在1.37点～60.87点之间，其中社会服务业回落幅度最大（详见表一）。

表1：桂林市企业景气指数对比表

	本期	上期	增减	去年同期	增减
总体状况	116.75	125.56	−8.81	96.06	20.69
按行业门类分					
工业	111.21	125.1	−13.89	91.62	19.59
建筑业	125.00	127.20	−2.20	105.48	19.52
交通运输、仓储和邮政业	143.75	122.94	20.81	131.88	11.87
批发和零售业	140.91	142.28	−1.37	117.33	23.58
房地产业	127.27	92.86	34.41	50.23	77.04
社会服务业	88.89	149.76	−60.87	55.12	33.77
信息传输、计算机服务和软件业	137.05	156.99	−19.94	176.44	−39.39
住宿和餐饮业	76.92	76.01	0.91	100.00	−23.08

2．从企业登记注册类型看。股份有限公司和国有企业景气指数回落较大，别比上季度下降20.69点和15.47点，有限责任公司、股份合作企业、私营企业和集体企业都有不同程度的回落。

3．从企业规模看。大型企业景气指数回落幅度最大，比上季度回落39.31点，作为经济增长的重要支点和经济结构优化的主要载体，大型企业运营状况至关重要。

（二）当前企业生产运营的特点

1．企业订货情况不佳，生产总量下降。2010年一季度作为企业生产经营先行指标的产品订货景气指数为97.51，比上季度下降7.52点。生产总量景气指数为99.6，比上季度下降13.67点。工业企业产品订货和生产总量景气指数分别为98.08和88.82，比上季度分别下降6.66点和27.81点。社会服务业的业务量为55.56，比上季度回落32.6点。住宿餐饮业业务预定量和业务量分别为46.15和53.85，比上季度分别下降34.31点和39.9点。

2．企业盈利水平下降。桂林市企业盈利变化景气指数为97.57，处于景气临界值以下，比上季度下降22.42点。工业企业盈利变化景气指数为92.10，比上季度下降39.24点。原材料上涨，工业产品出厂价格下降，双重压力使得工业企业盈利空间被压缩。社会服务业盈利变化景气指数为88.89，比上季度下降25.4点，社会服务业竞争激烈，同质化程度越来越高，企业盈利情况不佳。住宿餐饮业盈利变化景气指数为38.46，比上季度下降42.79点，下降至“较重不景气”区间内运行。

3．固定资产投资减缓，货款拖欠增加。在经历了金融危机后，企业还处于恢复调整阶段，生产总量和订货情况都未恢复到危机爆发之前的状态，另外企业流动资金紧张、融资困难、盈利水平下降等因素使得企业放慢了固定资产投资的脚步。2010年一季度固定资产投资景气指数为108.55，比上季度回落11.39点。企业间货款拖欠情况有所增加，本期货款拖欠景气指数为98.67，比上季度下降5.63点，回落到景气临界值以下。

4．企业资金紧张有所缓解。2010年桂林市金融部门继续贯彻落实中央积极的财政政策和适度宽松的货币政策，加强对企业的信贷支持，企业流动资金和融资情况比上季度略有回升，分别回升了0.24点和5.85点，与去年同期比也分别上升11.34点和9.8点。

（三）当前存在的主要问题

2010年一季度企业经营情况多项指标出现回落，其中反映出来的一些问题值得重视。

1．主要原材料及能源购进价格不断

上涨，盈利空间缩小。景气监测资料显示桂林市工业原材料及能源购进价格景气指数从连续四个季度在不景气区间内运行，2010年一季度原材料及能源进购价景气指数回落到“较重不景气区间”，为42.62。2010年前三个月，桂林工业品出厂价格呈现持平或略微上涨态势，但价格上涨幅度远低于原材料和能源上涨幅度。桂林市五大行业之一的医药生产行业，由于中药材原料和蔗糖的价格上涨，大大压缩了企业的盈利空间，制约企业持续健康发展。

2．企业人才难寻，劳动力不足。企业景气调查显示，2010年一季度企业劳动力需求景气指数为110.29，比上季度回升0.06点，比去年同期上涨33.13点，表明企业劳动力需求上升。企业有需求但人才市场却供应不足，如桂林制造行业紧缺中级技工等人才，磨工、铣工、车工三大中级技术工人，总需求量达百人以上。由于招不满工，企业目前的开工率只有90%，无法满足一季度订单满满的需求。工业企业和高新技术软件企业人才缺乏问题尤为突出，企业“工荒”形成原因有二：一是教学脱节让本地企业难以招到人才，本市技校开设的专业与企业需求用工专业脱节。二是本地企业工资水平低，引进人才优惠政策少，难以吸引外地人才，人才流失严重。

3．桂林市投资环境有待改善，基础设施建设缓慢。近日，从企业反馈的信息了解到，新工业园区配套基础设施落后，企业污水处理、沟通平台建设、交通运输条件与企业发展不相匹配。如新搬迁至铁山工业园的桂林电力电容器厂，2010年2月已经完成整体搬迁，所有生产线已全部启动运行，当前迫在眉睫要解决的问题是：公司的生产污水排放急需接入到城市综合污水排放管网，希望政府能尽快建成铁山工业园综合污水排放管网，这样既有利于企业发展，又有利于保护环境。去年九月入驻桂林市场的沃尔玛超市，目前最主要的问题是：位置处于交通主干道，车辆多，行人多，交通混乱；超市停车场指引标识不明显。希望通过多方交涉能增设交通信号灯或架设人行天桥，保障行人安全，以及在超市附近的多个路口设立交通导航牌以告知顾客正确、方便的路线，避免交通混乱。

另外，调查结果显示，桂林市当前有89.99%的企业家对二季度经济稳步回升具有信心。从企业用工需求和订单等先行景气指数持续回升以及国际经济形势转好、国家一系列刺激经济复苏、拉动消费、扩大内需等多项财政支持政策与各地配套资金逐步到位情况来看，预计二季度企业景气指数和企业家信心指数分别为130.85和126.61，都比一季度有所回升。

景气状况稳步趋好　企业整装待发

——2010年一季度梧州市企业景气调查报告

陈映明

2010年一季度，国内外经济环境稳定发展，国家采取的各项促进经济增长的政策措施效应进一步释放，企业家对宏观经济发展的信心也继续增强，企业生产经营综合景气状况普遍继续向好，产销顺畅，效益提高，经济运行质量有所改善。调查显示：一季度梧州企业家信心指数和企业景气指数分别为131.01和127.33，继续保持在高位运行。反映企业生产经营已经步入正轨，平稳发展。

一、企业家信心指数稳步提升，持续有力

2010年一季度梧州企业家信心指数为131.01，比去年四季度上升1.33点，比上年同期上升23.81点。在调查企业中对未来经济形势认为“乐观”的占35.81%，比去年四季度下降4.27个百分点；认为“一般”的占59.38%，比去年四季度上升9.87个百分点；认为“不乐观”的占4.8%，比去年四季度下降5.6个百分点。持平项的大幅增加和“乐观”、“不乐观”的同时减少，反映出企业家对未来经济形势的看法趋于平稳。

1. 八大行业企业家信心指数均呈上升趋势。八大行业的企业家信心指数比去年四季度为五升一平二降，所有的行业都达到了120以上的中度景气区间，发展更加均衡。其中有工业企业家信心指数129.17，比去年四季度上升4.63点，大大拉动指数上升。另外，在140以上的高度景气区间的行业达到了3个，分别为：社会服务业企业家信心指数144.44，批发零售业企业家信心指数147.37，信息传输业企业家信心指数200。

2. 各种规模企业信心指数差距大。2010年根据新的规模划分标准计算出来的大、中、小型企业信心指数分别为200、148.00和121.84，反映出各规模企业的信心指数差距较大，而且规模越大的企业，其信心指数越高。

3. 不同注册登记类型企业趋于平衡。2010年一季度各个主要登记类型的企业家信心指数分别为：国有企业122.22，有限责任公司132.65，股份有限公司141.67，港澳台商投资企业138.10，外商投资企业135.29，各类企业的企业家信心指数差距缩小，趋于平衡。

二、企业景气指数高位调整运行

2010年一季度梧州企业景气指数为127.33，比去年四季度下降1.11点，比上年同期上升20.51点，目前处于高位调整运行。调查企业中认为综合生产经营状况“良好”的占35.27%，比去年四季度下降1.73点；“一般”的占56.79%，比去年四季度上升2.39个百分点；“不佳”的占7.95%，比去年四季度下降0.65个百分点。持平项的小幅增加和“良好”、“不佳”的同时小幅减少，反映企业生产经营的整体形势稳定。

1. 多数行业的景气指数运行于中度及以上景气区间。八大行业中，信息传输计算机服务和软件业企业景气指数150.00，在140以上的高度景气区间运行；工业企业景气指数131.85，批发和零售业企业景气指数131.58，房地产业企业景气指

数133.33，住宿和餐饮业企业景气指数133.33，这四个行业的企业景气指数均在120以上的中度景气区间运行；交通运输、仓储及邮政业企业景气指数100，建筑业企业景气指数116.67，社会服务业企业景气指数111.11，处于景气区间内。

2．工业是拉动企业景气上升的主要驱动力。2010年一季度梧州市企业景气指数比去年四季度下降了1.11点，而工业企业景气指数则上升了8.37点，增长态势强劲，表现突出。但是与此同时，其它行业则下降较多。其中，建筑业下降10.77点、交通运输、仓储及邮政业下降14.04点、批发和零售业下降14.17点、信息传输、计算机服务及软件业下降40.39点、社会服务业下降1.39点。

2010年一季度企业主要经济指标景气指数

	本　期	比上期±点	比上年同期±点	下期预计
生产总量	96.46	－32.43	14.42	129.98
盈利亏损变化	101.65	－20.39	28.22	121.61
流动资金	85.51	－0.76	20.75	84.49
货款拖欠	101.20	－0.34	9.51	105.18
劳动力需求	114.31	－1.71	18.67	120.82
固定资产投资	115.69	－8.10	12.73	123.35
产品订货	120.34	－0.42	40.57	128.16
企业融资	86.77	+1.49	15.39	87.31

3．各注册登记类企业发展均衡。按企业登记注册类型分，各主要类型企业情况分别为：国有企业景气指数122.22，有限责任公司企业景气指数122.45，股份有限公司企业景气指数129.17，港澳台投资企业景气指数128.57，外商投资企业景气指数152.45。除了新划分出来的外商投资企业外，其它类型企业的指数均在120到130之间，发展比较均衡。

三、企业运行质量分析

从2010年一季度企业生产经营主要经济指标的景气运行状况看，企业的订货增加，产销持平，经营的外部环境也有所改善，部分行业处于季节性调整阶段。

1．企业生产总量减少。企业生产总量景气指数为96.46，比去年四季度下降32.43点。企业生产总量指数不景气的主要原因是工业企业生产总量指数的大幅下降带来的。2010年一季度工业生产总量指数93.68，比去年四季度下降41.89点，回到了不景气区间。一方面，由于2010年一季度适逢春节，部分企业春节放假，生产时间减少，生产总量处于季节性低谷。另一方面，春节过后企业发生招工困难，劳动力的减少最终使得生产总量减少。如建欣（梧州）电子有限公司，虽然公司有足够的生产订单，但由于缺少工人，部分生产线被迫停开，不能充分发挥生产能力。

2．企业订单增加，销售形势良好。订货景气指数为120.34，比去年四季度下降0.42点，与上年同期受金融危机影响最大的时候比恢复性增长40.57点，处于高位运行。其中制造业订货景气指数为133.29，比去年四季度上升13.63点。工业的订单充足，与此同时，其它各行业的订单则是基本持平。2010年一季度工业产品销售指数为101.05，批发零售业的商品销售指数为127.22，表现良好。

3．企业盈利增加不明显。企业盈亏变化指数达到101.65，稍微略高于100，盈利增加不明显。从各行业的景气程度看，有5个行业处于100以上的景气区间，另外3个行业在100以下。由于2010年一季度各行业生产总量略减少，产品价格提升比生产成本增加慢，因此2010年一季度企业盈利空间有限，增加不明显。

4．固定资产投资季节性回落。企业固定资产投资指数为115.69，比去年四季度下降8.10点。其中主要为：工业固定资产投资指数为116.77，比去年四季度下降11.27点，其它各行业也有一定的回落。2010年一季度大部分时间天气较冷，且适逢春季，所以固定资产投资处于季节性回落阶段。

5．企业劳动力需求结构调整。企业用工需求景气指数为114.31，比去年四季度下降1.71点，总体需求稳定，但各行业间劳动力需求有差异。其中交通运输仓储及邮政业、社会服务业、住宿餐饮业的劳动力需求指数均有所上升，工业、批发和零售业、建筑业、房地产业、信息传输计算机服务和软件业等5个行业的用工需求景气指数则有一定程度下降。但是，工业企业的劳动力需求指数虽处于120.83的高位，但用工短缺现象依然存在。

6．企业资金需求加大。2010年一季度企业流动资金指数85.51，比去年四季度下降0.76点，企业融资指数为85.28，比去年四季度上升1.49点，反映出企业对资金的需求仍然较大。调查中，流动资金充足、一般、紧张的企业分别占20.85%、43.82%、35.35%，仍然有超过三分之一的企业资金短缺。

7．八大经济指标的预期指数。企业运行八大经济指标的预期指数比本季度指数普遍要高，尤其是生产总量、盈亏变化、产品订货、固定资产投资、劳动力需求等，这四个指数的预期指数比一季度指数分别上升33.52点、19.96点，7.82点、7.66点、6.51点，将上升到120以上中度景气区间。这反映了企业对下季度经济形势和经营情况的乐观。

四、对2010年一季度企业景气状况的分析

一季度企业景气调查的结果，一方面反映了梧州市企业家对经济的信心持续上升，企业经营状况持续好转，企业经营、经济运行的质量进一步调整；另一方面也反映了在经济持续恢复的过程中，梧州市企业所面临的一些新的情况。

一季度适逢春节，不少企业处于季节性低谷，各项指标回落。工业是梧州市经济发展的引擎，各个行业之中，工业表现突出，引领各行业发展。在企业家信心指数和企业景气指数以及八大指标之中，工业的指数都涨幅居前，遥遥领先。但是部分工业企业，尤其是劳动密集型企业，在全国经济回升的潮流中，由于工资待遇、工作环境等相对于经济发达地区来说，缺乏竞争力，因此出现招工困难现象。而由于成本等问题，企业又不能大幅提高工资以吸引务工者，陷入两难。

五、2010年二季度企业景气走势预计

在国内经济逐渐步入正轨的环境下，梧州市企业经营状况开始稳定发展。预计下季度企业家信心指数为126.14，企业景气指数为133.00，与本季度基本持平。

梧州工业生产经营状况好转 企业效益大幅提高

——梧州市工业企业生产经营状况调查报告

陈科利

工业经济是梧州市经济结构的重要组成部分，其生产经营状况如何直接关系到全市经济的发展。在国内整体经济回升的大背景下，梧州工业企业是否从中受益，生产经营状况如何？据梧州调查队2010年3月开展的调查结果表明，随着经济回升，梧州市工业生产经营状况好转，产品出厂价格稳步回升，企业效益大幅提高。

一、企业生产经营状况

经济形势好转带动梧州市工业企业走上正轨，企业经受金融危机考验后，更加适应市场，随着国内外需求的快速回升，企业生产经营形势好转，对未来信心充足，据景气调查显示，2010年1季度梧州市工业企业景气指数131.85，比上季度增加8.37点。

1．开工充足，生产能力发挥程度较高。经济的复苏带来市场需求的增大，企业为满足市场需求开足马力生产。如梧州神冠蛋白肠衣有限公司生产的胶原蛋白肠衣，由于市场需求旺盛，企业24小时不间断生产，产品仍供不应求，企业2010年计划再增加40条生产线以满足市场需求。调查显示，目前梧州工业企业中有13.0%的企业生产能力发挥程度达到100.0%，52.2%的企业达到80.0%，26.1%的企业达到70.0%，只有8.7%的企业生产能力发挥程度低于70.0%，平均生产能力发挥程度达到77.4%。

2. 需求回暖，产品销售良好。经济回升带动需求复苏，企业销售旺盛，2010年1—2月有79.2%的企业销售收入与去年同期相比出现增长，平均增幅56.4%；有47.8%的企业内销额与去年同期相比有20%以上的增长；有37.5%的企业出口销售额与去年同期相比有20.0%以上的增长；有91.3%的企业订单量与去年同期相比增加，平均增幅36.2%。

3．产品价格稳步回升。受金融危机的影响，梧州工业企业的产品价格曾大幅下降，有色金属、松香、钛白粉等产品最为明显，如铜精矿、铅精矿和锌精矿出厂价格月同比跌幅最高曾分别达到61.9%、53.0%、72.0%；钛白粉出厂价格曾从最高时的13000元/吨跌至最低时的7000元/吨，跌幅达46.0%；松香出厂价格降幅达到27.0%。产品价格大幅下跌，一度造成企业亏损严重，导致2009年上半年部分企业停产，但随着2009年四季度以来经济形势的好转，下游需求逐渐复苏，产品价格也开始上扬。2010年1月、2月、3月份铜精矿出厂价格同比分别上涨142.2%、170.9%、158.5%，铅精矿出厂价格同比分别上涨80.6%、89.4%、81.1%，锌精矿出厂价格同比分别上涨147.0%、140.6%、113.24%；钛白粉出厂价格在2010年3月份已经突破10000元/吨大关，同比上涨53.1%；3月份松香出厂价格同比上涨了48.4%，深加工产品树脂价格同比上涨69.3%、松节油价格同比上涨27.1%。目前随着市场的快速回暖，下游需求增多，企业订单充裕，效益转好，企业发展融入了新的活力。

4．利润增加，效益大幅提高。2009年的金融危机导致梧州部分企业亏损或者利润大幅下降，企业经营困难，但2010年形势大为好转，企业利润大幅增加，效益向好。2010年1—2月份有79.2%的企业利润与去年同期相比增加，平均利润增幅高达97.5%。特别是药品、钛白粉行业，平均利润增幅分别高达174.9%、117.7%。其中梧州中恒制药集团股份有限公司2010年1—2月份受市场需求复苏影响，以及公司加大营销力度，企业经营取得非常好的效益，利润同比增幅高达549.2%。

5. 对未来预期乐观。经济形势的好转和企业效益的向好，极大的增强了企业的市场信心。据景气调查数据显示，1季度梧州工业企业家信心指数为129.17，比上季度提高了4.63点。问卷调查也显示，企业对未来生产经营的预期比较乐观，62.5%的企业预测2010年效益增加10%～15%，8.3%的企业预测增加30%～50%，还有4.2%的企业预测增长100%以上，25%的企业认为和2009大体一致，没有企业预测2010年效益不如2009年。

二、当前梧州工业企业生产经营特点

1. 企业经营效益行业间差距大。调查显示，梧州有色金属、钛白粉、林产林化产业受经济复苏影响，下游需求快速增加，企业经营效益回升速度快，幅度大，而纺织行业下游需求仍然低迷，企业经营效益改善不明显。2010年1—2月份有色金属、钛白粉、林产林化企业销售收入与上年同期相比分别增长15.0%、128.4%、47.9%，企业利润与上年同期相比分别增长10.0%、117.8%、112.5%，而纺织企业销售收入减少1.9%，利润减少19.2%。行业间差距之大显而易见。

2. 产品销售由主要依靠出口外销转为国际国内市场并重。在金融危机之前，梧州企业产品如松香、钛白粉的销售主要依靠欧美和日本市场，因此遭受的冲击也比较大。面对效益下滑的严峻形势，企业及时调整经营策略和销售思路，大力开拓内地市场，加大国内销售力度，从而扭转了主要依靠国际市场销售的局面，如广西梧州日成林产化工有限公司2010年1—2月份新增订单中60%来自国内，40%来自国外；广西金茂钛业有限公司2010年1—2月份新增订单中70%来自国内，30%来自国外。企业销售市场结构趋于合理，抵抗风险的能力增强，为企业进一步发展奠定了良好的基础。

三、存在的问题

1. 原材料价格波动是目前企业最为担忧的问题。经济回升带来企业效益好转的同时，也带动原材料价格快速上涨。据梧州市工业品价格调查数据显示，2010年1—3月份，企业购进的白砂糖价格与上年同期相比上涨了53.7%，松香上涨了70.2%，棉纱上涨了23.8%，酒精上涨了42.3%。原材料价格上涨加大了企业的生产成本，也影响了企业的发展。当问到“今年制约贵企业发展的主要因素”时，有79.2%的企业选择了“原材料涨价”；当问及“贵企业对未来最忧虑的问题”时，有87.5%的企业选择了“原材料价格大波动”。企业对原材料价格波动（主要是价格上涨）的忧虑，主要是基于两个方面的考虑，一是2009年原材料价格较低，企业比较受惠，2010年快速反弹上涨，加大了企业的生产成本，企业刚经历金融危机的考验，又面临新的压力；二是目前市场需求在逐步回升，但并不巩固，国际市场金融环境仍旧严峻，人民币升值的压力增大，企业出口环境的未来预期不明朗，原材料价格快速上涨加剧了这种不稳定性。

2. 国内市场竞争加剧，需求有待扩大。经历过金融危机后，企业调整经营策略，大力开拓国内市场，加大营销力度，使国内市场的竞争更加激烈，市场同地化，产品同质化现象比较严重，往往一个优质客户，很多企业去争取。主要的原因

是目前国内工业产品的需求很大部分上仍是由政府固定资产投资拉动的，消费需求仍然比较疲软。

3．小企业融资难问题仍然存在。在市场经济中，资金是企业生存与发展的基础，近几年来随着梧州市“服务企业年”活动的开展以及政府对工业企业的大力扶持，企业的融资环境大为改善，融资渠道增多，金融机构放贷条件降低，企业利息负担减轻，承受能力增强，但仍有37.5%的企业认为资金状况缺乏，融资渠道狭窄。究其原因，一是企业资金来源单一，对银行贷款资金的依赖性大；二是金融机构防范风险意识增强，对财务数据良好，经济效益好的企业主动上门提供贷款，而对紧缺资金周转的小企业贷款审批严格，而这些小企业往往更迫切需要资金。

4．企业用工较为紧张，用工成本增加。用工紧缺问题在梧州市工业企业同样存在，但没有严重到影响企业生产的程度。目前企业用工存在的主要问题是人员流动性大，据梧州神冠蛋白肠衣有限公司反映，许多80后青年到企业做工觉得太累或者对待遇不满意，很快就离职，随意性比较大，造成目前一边企业不断的招人，另一边不断的在流失员工。另外，随着新《劳动法》的实施，企业对员工的福利待遇有所提高，用工成本也不断加大。

5．部分企业因用地问题与当地村民关系紧张。近几年梧州大力推进“项目建设年”活动，政府大力扶植企业上项目，促进经济大发展，在这一背景下有发展潜力的企业积极寻求扩大生产规模，投资厂房设备建设，部分企业在用地问题上与当地村民关系紧张。据梧州佳源实业有限公司反映，随着产能的扩大以及国家对环保要求的日益严格，企业用地需求增大，在征地问题上与当地村民由于补偿方式和金额无法达成一致而产生矛盾，关系日益紧张，多次发生冲突，当地政府也多次介入协调，但问题依然存在。目前，该问题已经成为影响企业进一步发展的头等大事，该公司迫切希望政府相关部门能出面予以有效的协调解决。

四、对策建议

1．以市场为导向，继续大力开拓国内市场。市场经济中企业的生产经营行为必须按照市场的需求“见风使舵”，不断的调整产品结构、经营策略以适应市场的变化。梧州的工业产品以传统产业为主，产品的市场成熟度和认可度都比较高，但相当一段时间内由于受交通、信息等一系列因素制约，梧州工业企业注重于出口市场和两广市场，对内地市场的关注较弱，金融危机中出口市场的萎缩促使部分企业开始进军内地市场，取得了明显的成效，如梧州龙山酒业公司和梧州中恒制药有限公司，开拓内地市场不仅扩大了产品的知名度，宣传了企业，而且优化了企业的市场分布，分散了市场波动的风险。随着梧州铁路的开通，交通条件日益便利，内地巨大的市场需求可以使梧州工业企业大有可为。

2．加强内部管理，减少能耗，控制成本。在日益激烈的市场竞争中，面对原材料涨价、人民币升值、用工成本增大以及环境保护力度加大等多种压力，企业的生产经营成本增大，在增加的成本无法通过销售有效的转嫁出去的时候，企业的内部管理就显得愈发重要。一方面通过企业内部的资源整合，节能减排，提高管理效率和水平，以达到控制成本，增加利润，促进企业发展的目的；另一方面，市场竞争的日益激烈，要求企业能够对市场变化及时快速的做出反应，企业高效的管理水平，往往在这个时候成为一种重要的生产力。

3．拓宽融资渠道。梧州工业企业的融资难问题主要存在于小企业，解决这个问题，一是引导金融机构加大对小企业的扶持力度，目前农业银行梧州分行、建设银行梧州分行均已经成立了小企业金融服务中心，着力解决小企业融资难问题。政府要大力支持，鼓励更多的金融机构参与进来。二是加快社会信用体系建设的步伐，建立起综合的企业信用信息平台。目前企业信用建设各自为政，缺乏统一评价标准，信息不能共享，导致信用评价市场混乱，金融机构无法快速有效的掌握企业的信用状况，制约了金融机构对小企业的信用贷款支持。有关部门要尽快的建立统一的信用评价标准和实施细则，与金融机构紧密合作，对符合信用标准的小企业给予大力的支持。三是引导和规范民间融资。政府要尽快出台相关的法律法规，规范民间融资行为，充分发挥行业协会的作用，引导和鼓励民间资本进入实体经济。

4．加强职业培训，转变用工管理方式。企业用工紧张的实质不是缺乏工人，而是人员流失大，企业留不住人。解决这一问题关键需从企业自身做起，一是企业要遵守《劳动法》，给予员工必要的社会保障，使员工的权益得到保障；二是加大员工职业培训的力度，通过培训一方面使员工有一技之长或技术水平得以提高，另一方面增强了员工对企业的认同感；三是企业需转变用人管理方式，要树立起以人为本的人性化管理理念，尊重员工，让员工感受到企业的温情和关怀，对企业产生归属感；四是营造和谐的企业文化，创造宽松和谐的工作和生活环境，增强员工对企业的忠诚度。

5．加大政府扶持力度，切实解决企业发展中存在的问题。梧州工业企业规模小，经济总量少，至今没有一家大型工业企业，因此发展空间广阔。要促进梧州经济的大发展，必须要扶植一批优秀的工业企业。近年来梧州开展“服务企业年”活动，成效显著，帮助企业解决了不少难题，但政府服务企业的长效机制尚未建立，因此，政府要积极探索，尽快建立起统筹企业发展的联席互动长效机制，各部门之间信息共享，密切合作，切实为企业解决发展中存在的问题，扩大经济总量，促进梧州经济又好又快发展。

两大指数双双上涨 生产经营持续向好

——2010年第一季度北海市企业景气调查报告

刘 成

随着宏观经济形势的持续好转以及国家一系列优惠政策的出台，2010年一季度北海市企业家信心指数与企业景气指数都有大幅提升，企业家信心指数首次突破140点，宏观经济形势继续改善。反映企业综合生产经营状况的企业景气指数也比上期有显著提高，环比上升超过20点，生产经营持续向好。

一、企业家信心指数创历史新高，首次突破140点

《国务院关于进一步促进广西经济社会发展的若干意见》的出台、“北海三年跨越发展工程”奋斗目标的提出以及北海市委、市政府把抓项目促投资作为推动经济社会跨越发展的核心举措，集中力量推进项目，不断完善北海的产业配套和服务体系，为企业、产业发展提供更广阔的空间，对北海市企业家信心指数的提升起到了刺激作用。2010年一季度北海市企业家信心指数达146.3点，环比上升17.5点，同比上升37.4点，创北海市企业景气调查信心指数历史新高，比2007年第三季度的原历史最高点高出7.1点，全市宏观经济运行状况良好。

（一）从行业分类来看

与2009年第四季度企业家信心指数相比，本期八大行业的企业家信心指数均有所提升。除交通运输、仓储和邮政业外各行业信心指数均比上期提升10点以上。上升幅度较大的有社会服务业、住宿和餐饮业、批发和零售业，企业家信心指数分别比上期上升35.5点、23.9点、21.9点。信心指数较高的行业为信息传输、计算机服务和软件业，房地产业以及建筑业，本季度信心指数都在160点以上，信息传输、计算机服务和软件业的指数达到200点，房地产业的指数为180点，建筑业的指数达到160点。本季度各行业企业家信心指数均在景气区间运行，各行业发展较为平稳。

（二）从企业登记注册类型分类来看

2010年一季度各类型企业信心指数均在景气区间内平稳运行。股份有限公司、私营企业和国有企业的企业家信心指数环比上升幅度较大，均超过20点。本季度景气指数分别为146.2点、142.9点和138.5点。有限责任公司和集体企业的景气指数分别为144点和140点，与上期相比也有小幅提升，分别上升5.7点和3.6点。各类型行业发展势头良好。

（三）从企业规模分类来看

大、中型企业企业家信心指数分别为200点和152.4点，环比分别上升59.7点和34.2点，同比分别上升77.5点和53.5点。而小型企业的企业家信心指数为139.7点，环比下降20.3点，同比上升27.9点。大、中、小型企业景气指数分别为200点、133.3点和120.7点。环比分别上升95.6点、23.1点和7.4点。环比分别上升98.2点、43.4点和20.7点。预计下季度景气指数分别为200点、138.1点和141.4点。

二、企业景气指数大幅上升，生产经营形势持续向好

2010年一季度北海市企业景气指数为129.4点，环比上升20.1点，同比上升39.4

点，预计下季度还将有所提升，达144.9点。八大行业中，有五大行业景气指数环比上升，七大行业景气指数同比上升，除住宿和餐饮业外的七大行业景气指数都在景气区间运行，生产经营形势持续向好。

（一）五大行业景气指数大幅上扬，发展后劲十足

2010年一季度，工业，交通运输、仓储和邮政业，批发和零售业，房地产业，社会服务业企业景气指数均处于景气区间，且均大幅上扬。

1．工业企业景气指数为115.5点，环比上升15.5点。一季度工业企业产品订货情况及资金情况都比上期有所好转，劳动力需求增强，直接拉动了景气指数的上升。预计下季度还将有所上扬，达141.4点。

2．交通运输、仓储和邮政业景气指数为135.7点，环比上升20.1点。2010年一季度恰逢春运时期，客流量和收费服务价格都比上期有所增加，带动了行业景气指数的上升。考虑到春运结束等因素，预计该行业景气指数二季度会小幅下跌至121.4点。

3．批发和零售业景气环比上升。批发和零售业景气指数为146.7点，环比上升40.5点，一跃升至“较高景气”区间，2010年一季度恰逢春节，企业的产品销售及销售价格都有所上升，企业经济效益趋好，景气指数上升。

4．房地产业景气保持高位运行。房地产业一季度景气指数为170点，环比上升30点。2010年一季度，该行业企业投资加大，商品房预售、商品房销售及商品房销售价格都比上期有显著增加，为房地产业景气指数的增长提供了保障。

5.社会服务业景气上升幅度最大。社会服务业景气指数为136.4点，环比上升56.4点，是2010年一季度景气指数上升幅度最大的行业，具体来看，服务预订、收费服务价格、业务量、营业成本、企业经济效益、流动资金、企业融资、劳动力需求指数分别比上期20.9点、39.1点、20.9点、0.9点。22.7点、20点、4点和37.3点，直接带动该行业景气指数的大幅增长。

（二）建筑业，信息传输、计算机服务和软件业发展较为平稳，经营状况良好

1．2010年一季度建筑业企业景气指数为130.0点，虽比上期下降10点，但与上年同期相比上升10点，依旧保持在景气区间，企业发展势头良好。预计下季度企业景气指数将有10点的上升。

2．信息传输、计算机服务和软件业稳本期企业景气指数为180点，与上期持平，与上年同期相比上升20点。2009年年底以来，北海的信息传输、计算机服务和软件业取得了重大进展，广西惟一专业化的电子信息产业园区——中电北海产业园开园，一批有实力的公司进驻北海，大型信息产业项目陆续开工，对该行业景气指数的高位运行起到了重要作用，预计下季度景气指数仍将维持在180点。

（三）住宿和餐饮业经营状况不甚理想，景气指数偏低

2010年一季度住宿和餐饮业企业经营状况不理想，为八大行业中唯一不在景气区间的行业，企业景气指数仅为70.6点，环比下降16.9点，同比与上年持平，处于低位徘徊。一方面，一、四季度历来为该行业经营淡季；另一方面，今年年初的天气给该行业的业务经营造成一定的影响。预计下季度该行业景气指数将有大幅反弹，达111.8点。

（四）与上年同期相比，企业生产经营形势大好

2010年一季度，除住宿和餐饮业景气指数与上年同期持平外，其余七大行业景气指数同比均有大幅提升。上升幅度较大的是批发和零售业、房地产业以及社会服务业，分别比上年同期上升74.3点、60.0点和36.4

点；上升幅度最小的建筑业也比上年同期上升10点。反映出金融危机影响逐渐散去后，北海企业的生产经营重新步入正轨。

三、各行业具体指标升降幅度不大，生产经营趋于平稳

（一）全市生产总量小幅下降，企业经济效益受到一定影响

1．2010年一季度全市生产总量景气指数为89.5点，环比下降14.6点，同比下降0.5点，跌破景气区间。全市生产总量的下降缘于建筑业、工业两大行业生产总量的下降。一季度建筑业和工业生产总量景气指数环比分别下降40点和35.4点，直接影响到全市生产总量景气指数。上升幅度较大的行业为信息传输、计算机服务和软件业，交通运输、仓储和邮政业以及社会服务业，生产总量景气指数分别上升35.1点、29.9点和20.9点。具体情况见下表：

2．2010年一季度全市盈利（亏损）变化景气指数为97.9点，环比下降3.1点，同比上升17.1点。从行业分类看，工业和建筑业经济效益景气指数环比出现下降，分别下降19.8点和40点。主要是受其生产总量下降的影响。房地产业经济效益景气指数与上期持平，其余五大行业经济效益景气指数均比上期有所提升，提升幅度最大的是信息传输、计算机服务和软件业，环比上升55.1点，同比上升17.5点。

生产总量景气指数表

行业	本期	上期	去年同期	环比增减（%）	同比增减（%）
全市	89.5	104.1	90.0	-14.6	-0.5
工业	69.0	104.3	81.2	-35.4	-12.3
建筑	100.0	140.0	120.0	-40.0	-20.0
交通	121.4	91.5	105.8	29.9	15.6
批零	93.3	100.2	72.4	-6.9	20.9
房产	110.0	120.0	110.0	-10.0	
服务	90.9	70.0	100.0	20.9	-9.1
信息	160.0	124.9	160.0	35.1	
住餐	82.4	68.8	70.6	13.6	11.8

（二）固定资产投资略减，流动资金仍较紧张

1．2010年一季度全市固定资产投资景气指数为115.3点，环比下降7.2点，同比上升15点。包括工业、批发和零售业、社会服务业在内的三大行业固定资产投资景气指数环比出现下降，降幅最大的是批发和零售业，环比下降28.3点。房地产业以及信息传输、计算机服务和软件业的指数与上期持平。住宿和餐饮业指数本期上涨29.8点，上涨幅度最大，主要原因是一季度恰逢该行业经营淡季，很多企业利用这一时机进行改造、装修，使得固定资产投资加大。

2．全市流动资金情况依旧较为紧张，2010年一季度流动资金景气指数为85.7点，环比下降5.4点，同比上升19点。工业、批发和零售业、房地产业流动资金景气指数环比下降，下降幅度均超过15点。交通运输、仓储和邮政业指数与上期持平，其余四大行业指数环比上升。上升幅度最大的是信息传输、计算机服务和软件业，环比上升57.5点，流动资金充足。

（三）产品订货加大，劳动力需求情况好转

1．本期全市产品订货景气指数为

112.9点，环比上涨6.8点，环比上涨28点，依然处于景气区间。本期产品订货下降景气指数幅度最大的是建筑业，环比下降60点，值得关注。除建筑业，信息传输、计算机服务和软件业外，其他六大行业指数均有上升。其中上升较大的是交通运输、仓储和邮政业，房地产业，住宿和餐饮业，社会服务业，分别比上期上升44.2点，30点，25.4点和20.9点。具体情况见产品订货景气指数表：

2. 2010年一季度北海市劳动力需求景气指数为114.5点，环比上升4点，同比上升18.5点，劳动力需求情况有所好转。本期需要关注的是信息传输、计算机服务和软件业用工需求，需求指数环比下降40点，为降幅最大行业。上升幅度最大的行业是社会服务业，用工需求指数环比上升37.3点，一跃升入景气区间。其他六大行业用工需求较为平稳，波动不大。

产品订货景气指数表

行业	本期	上期	去年同期	环比增减（%）	同比增减（%）
全市	112.9	106.1	84.9	6.8	28.0
工业	110.9	109.9	81.7	1.0	29.3
建筑	70.0	130.0	70.0	−60.0	
交通	135.7	91.5	83.1	44.2	52.6
批零	106.7	100.2	88.3	4.5	18.4
房产	130.0	100.0	120.0	30.0	10.0
服务	90.9	70.0	54.6	20.9	36.4
信息	160.0	162.5	160.0	−2.5	
住餐	94.1	68.8	35.3	25.4	58.8

（四）货款拖欠问题解决较好，企业融资较上期乐观

1. 2010年一季度北海市货款拖欠景气指数为114点，环比上升13点，同比上升14.7点，八大行业货款拖欠景气指数均处于景气区间。货款拖欠问题解决较好的是交通运输、仓储和邮政业以及批发和零售业两大行业，货款拖欠景气指数分别比上期上涨51.3点和20.4点。调查得知，一季度两行业在货款拖欠问题上做了很多工作，催收中长款，争取债权实现，解决三角债等，直接拉动货款拖欠景气指数的提升。而货款拖欠景气指数降幅较大的是社会服务业和房地产业，环比分别下降20.9点和20点。其余各行业波动幅度不大。

2. 2010年一季度企业融资景气指数为78.3点，环比上升2.5点，同比上升19.3点，融资情况较上期有所好转。八大行业中，房地产业以及信息传输、计算机服务和软件业处于景气区间，其余六大行业融资指数均不景气，近三成企业反映融资困难。具体来看，信息传输、计算机服务和软件业融资景气指数环比上涨20点，为最大涨幅。降幅最大的是建筑业，融资景气指数环比下降11.1点。其他行业升降幅度均在10点左右。

四、下季度展望

企业家对全市宏观经济走势比较乐观。预计二季度企业家信心指数为150.1点，比一季度上升3.8点，处于“较高景气”区间。反映企业综合生产经营情况的企业景气指数也将比一季度有所提升，预计二季度全市企业景气指数将达到144.9点，比一季度提高15.5点。从行业预计来

看，八大行业企业景气指数将呈现“五升一降二持平”的态势。除交通运输、仓储和邮政业小幅下降，房地产业以及信息传输、计算机服务和软件业与一季度持平外，其他五大行业企业景气指数均比一季度有所提升。升幅较大的是住宿和餐饮业、工业以及社会服务业，预计分别比一季度上升41.2点，25.9点和18.2点。综合各种因素，预计二季度北海市经济将继续保持平稳较快发展。

景气指数高位调整　宏观经济平稳运行

——2010年第二季度北海市企业景气调查报告

刘　成

2010年以来，北海市委市政府要求紧紧抓住新一轮西部大开发和中国—东盟自由贸易区建成的战略机遇，围绕北海三年跨越发展的大局，集中力量推进项目，完善配套设施和服务体系，为企业发展提供更广阔的空间，企业家信心和企业景气保持平稳运行，宏观经济形势较为乐观，企业的综合生产经营情况朝良性方向发展。

一、企业家信心指数稳中略降，宏观经济运行平稳

2010年二季度北海市企业家信心指数为139.61点，环比下降6.71点，同比上升24.39点，仅次于一季度的历史最高点，为历史第二高值。

（一）从行业分类来看

与第一季度企业家信心指数相比，第二季度八大行业的企业家信心指数呈现“二升五降一持平”的态势。除批发和零售业上升13.33点、住宿和餐饮业上升11.76点、信息传输、计算机服务和软件业与上期持平外，其余五大行业和上期相比均有所下降。降幅较大的是房地产业、建筑业和社会服务业，环比分别下降30.00点、20.00点和18.18点。本期企业家信心指数最高的行业仍然为信息传输、计算机服务和软件业，企业家信心指数为200.00点，与上期持平，为非常景气区间最高点。本季度各行业企业家信心指数均在景气区间运行，各行业发展较为平稳。

（二）从企业登记注册类型分类来看

二季度各类型企业信心指数均在景气区间内平稳运行。国有企业、集体企业、有限责任公司、股份有限公司、私营企业的企业家信心指数均比上期有小幅下降，分别下降7.69点、10.00点、12.96点、4.48点和4.76点，但与去年同期相比均有较大幅度提升，分别上升20.24点、11.82点、37.93点、11.25点和33.10点。预计下季度还将保持平稳发展态势，企业家信心指数波动幅度不大。

（三）从企业规模分类来看

二季度中、小型企业企业家信心指数分别为138.10点和135.65点，环比分别下降14.28点和4.01点，同比分别上升34.73点和12.12点。而大型企业的企业家信心指数为200.00点，与上期持平，同比上升71.21点。预计下季度大、中、小型企业企业家信心指数分别为200.00点、152.38点和140.00点。

二、企业景气指数小幅回落，生产经营趋于稳定

2010年第二季度北海市企业景气指数为125.62点，虽比上期下降3.78点，但与去年同期相比上升25.61点，仍处于较为景气区间。八大行业呈现“三升四降一持平”的态势，预计下季度将有10点左右的提升。

（一）住宿和餐饮业、批发和零售业景气指数涨幅明显，发展势头良好

二季度住宿和餐饮业景气指数为100.00点，环比上升29.41点，同比上升29.41点。主要原因是：二季度天气转暖，客房入住率有所提高，带动景气指数上涨。预计下季度还将有小幅上升。

二季度批发和零售业景气指数为

166.67点，继上期上升40.49点后，本期又有20.00点的提升。二季度恰逢清明、五一、端午三个小长假，许多商家推出促销活动，企业的销售额和盈利水平都比一季度有较大增长，对景气指数的上涨产生了一定的刺激作用。预计下季度将小幅上升至173.33点。

（二）社会服务业、房地产业以及交通运输、仓储和邮政业景气指数降幅较大

社会服务业企业景气指数本期仅为100.00点，环比下降36.36点，为本期八大行业的最大降幅。社会服务业受旅游的影响较大，今年3月份的干旱及近期的暴雨洪涝等自然灾害都对北海的旅游造成一定影响，游客及团队数量都较去年同期有所减少。历年“五一”都是北海旅游旺季的开始，但今年却没有往年的火爆场面，北海天马旅行社有限责任公司及北海康辉国际旅行社有限公司的负责人均表示，5月份是北海旅游旺季的开始，但今年5月份的客源与上年同期相比却有所下降，上海世博会的召开对北海的旅游市场产生了一定的冲击，相当一部分潜在游客选择了上海。几大因素叠加造成企业景气指数的下降，预计三季度将有18点左右的上涨。

二季度房地产业企业景气指数为140.00点，环比下降30.00点，同比持平。该行业受政策因素影响较大，4月，《国务院关于坚决遏制部分城市房价过快上涨的通知》发布，对北海的房地产热起到了一定的降温作用，潜在购房者和炒房者对楼市持观望态度，成交量有所减少。同时，近期北海市加大力度打击传销，大批传销人员离开北海，租房者相对减少，房租价格有所下降，一定程度上造成了房地产业景气指数下降。

二季度交通运输、仓储和邮政业景气指数为107.14点，环比下降28.57点，同比下降12.96点。二季度恰逢清明、五一、端午三个小长假，客源有所增加，但受燃油价格持续上升的影响，企业运输成本增加，利润减少。同时非法营运、拉客抢客等现象越来越严重，使得企业的经济效益不是很理想，导致该行业景气指数的下降。

（三）工业、建筑业景气指数变动不大，发展较为平稳

工业景气指数本期为115.79点，环比上升0.27点，同比上升20.68点。各项具体指标中，产品销售价格有所下降，企业融资、货款拖欠情况都较上期有所恶化，但生产总量上升、产品订货增多以及经济效益的增加还是使得工业景气指数保持稳中有升，预计下季度还将有14点左右的提升。

建筑业景气指数本期为120.00点，环比下降10.00点，同比下降10.00点，本期企业的流动资金、企业融资、工程款拖欠及经济效益景气指数都出现不同程度的下降，但工程合同、新开工工程量的增加及劳动力需求的加大使得该行业景气指数没有出现大的波动，预计下季度景气指数将上升至130.00点。

（四）信息传输、计算机服务和软件业景气维持高位运行

二季度信息传输、计算机服务和软件业景气指数为180.00点，环比持平，同比上升20.00点，继续保持在高位运行。自治区及北海市政府非常关注北海电子产业的发展，在资金、政策上都给予大力支持，一批电子信息产业龙头企业进驻北海，保证了该行业景气指数持续高位运行。

三、生产经营步入正轨，经济运行趋于平稳

2010年二季度北海市企业生产经营主要经济指标“三升五降”，涨幅最大的是生产总量景气指数，环比上涨18.63点，降幅最大的是货款拖欠景气指数，环比下降19.41点，其他经济指标升降幅度不大，经

济运行趋于平稳。详见主要经济指标景气指数表：

主要经济指标景气指数表

经济指标	本　期	环比增减	同比增减	预计下期
生产总量	108.11	18.63	-5.76	128.84
盈利（亏损）变化	93.12	-4.77	-2.58	109.71
流动资金	83.48	-2.25	5.18	83.17
货款拖欠	94.63	-19.41	-1.52	105.83
劳动力需求	120.36	5.82	12.94	124.92
固定资产投资	118.32	13.02	4.97	117.91
产品订货	112.32	-0.57	10.03	122.98
企业融资	67.87	-10.40	2.47	67.87

（一）固定资产投资加大，生产总量涨幅明显

二季度北海市企业固定资产投资景气指数为118.32点，环比上升3.02点，同比上升4.97点。八大行业中，工业指数环比上升12.25点，达110.53点，一跃进入景气区间，为本期最大涨幅。降幅最大的行业是住宿和餐饮业，本期指数为94.12点，环比下降29.41点，跌破景气区间，主要原因是：一、四季度为住宿和餐饮业经营淡季，企业主要在一、四季度进行装修、改造，而二季度已进入住宿和餐饮业经营旺季，相应的固定资产投资会减少，导致指数下跌。其他行业固定资产投资景气指数运行较为平稳，升降幅度不大。

二季度北海市企业生产总量涨幅明显，景气指数为108.11点，环比上升18.63点，同比下降5.76点。本期八大行业中，交通运输、仓储和邮政业，社会服务业以及批发和零售业的生产总量有所下降，生产总量景气指数分别下降28.57点、9.09点和5.57点，房地产业、住宿和餐饮业以及信息传输、计算机服务和软件业的指数与上期持平，工业、建筑业生产总量景气指数环比分别上升43.31点和20.00点，直接拉动生产总量指数的提升。

（二）企业产品订货有所减少，经济效益指数小幅下降

二季度北海市企业产品订货情况比较稳定，景气指数为112.32点，环比下降0.57点，同比上升10.03点。八大行业中，工业、建筑业、批发和零售业的订货情况较一季度好转，指数分别上升10.52点、10.00点和23.88点，社会服务业、住宿和餐饮业指数小幅下降，信息传输、计算机服务和软件业与上期持平，而交通运输、仓储和邮政业以及房地产业的产品订货指数则大幅下降，分别比一季度下降42.85点和40.00点，值得关注。

二季度北海市企业经济效益景气指数为93.12点，环比下降4.77点，同比下降2.58点。八大行业中，有五大行业经济效益景气指数较一季度下降，降幅最大的是房地产业，下降60.00点，主要受政策性因素影响。住宿和餐饮业经济效益较一季度有所好转，指数上升23.53点。社会服务业经济效益指数与一季度持平，其他行业经济效益波动不大。

（三）流动资金情况较为稳定，企业用工需求加大

二季度北海市企业流动资金景气指数为83.48点，环比下降2.25点，同比上升5.18点。工业、批发和零售业、住宿和餐饮业以及交通运输、仓储和邮政业的流动资金景气指数都有不同幅度提升，提升最

大的是住宿和餐饮业，环比上升23.52点。但受信息传输、计算机服务和软件业以及建筑业的指数分别较上期下降40.00点的影响，本期流动资金指数小幅下降。

二季度北海市劳动力需求景气指数为120.36点，环比上升5.82点，同比上升12.94点，企业用工需求加大。八大行业中，用工需求增加最多的是住宿和餐饮业，劳动力需求景气指数环比上升29.41点。工业、建筑业、房地产业用工需求指数也分别比上期提升10.68点、10.00点和10.00点。劳动力需求呈下降趋势的有社会服务业、批发和零售业以及交通运输、仓储和邮政业三大行业。劳动力需求指数较一季度分别下降18.18点、14.28点和6.67点。信息传输、计算机服务和软件业的用工需求与一季度持平，劳动力需求指数保持在100.00点。

四、下季度展望

企业家对全市宏观经济走势持谨慎乐观态度。预计三季度企业家信心指数为141.72点，比二季度上升2.11点。反映企业综合生产经营情况的企业景气指数也将比二季度有所提升，预计三季度全市企业景气指数将达到135.29点，比二季度提高9.67点。从行业预计来看，八大行业企业景气指数将呈现“六升二持平”的态势。除房地产业以及信息传输、计算机服务和软件业与二季度持平外，其他六大行业企业景气指数均比二季度有所提升。升幅较大的是社会服务业、工业以及建筑业，预计分别比二季度上升18.18点、14.03点和10.00点。综合各种因素，预计三季度北海市经济将继续保持平稳较快发展。

企业发展势头强劲 两大指数均创全年最好水平

——2009年四季度钦州市企业景气调查报告

李　固

2009年四季度，钦州市继续紧抓经济建设这条主线，积极推动有效投资快速增长，不断加快推进项目建设和工业园区建设，努力发挥钦州保税港区核心平台、发展引擎的作用，有效促进了经济结构调整，使经济发展保持了快速增长的良好态势。调查数据显示：四季度企业生产经营继续保持积极向上的发展态势，企业家信心指数为134.74，企业景气指数为131.39，均创全年最好水平。

一、宏观经济运行状况趋好，企业家信心逐季增强

调查资料显示：2009年，一、二季度，受金融危机影响，钦州宏观经济状况不佳，企业家信心指数分别为110.72、112.36，三季度上升至121.25，而四季度则达到134.74，呈现出一路走强的趋势，预计下季度企业家信心指数将达到143.84。

企业家信心指数走势图

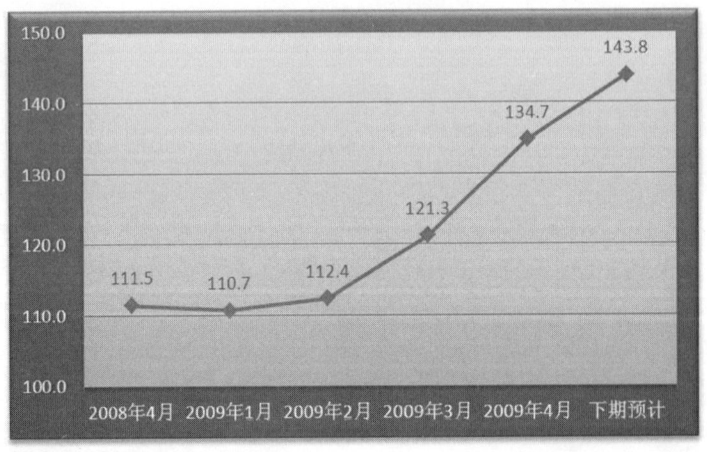

从行业分类来看，工业与交通运输、仓储和邮政业上升明显，建筑业、房地产业、社会服务业、住宿餐饮业、信息传输计算机服务和软件业五大行业保持了三季度较高的信心指数。详见下表：

二、企业生产经营情况继续好转，企业景气指数再创新高

2009年四季度，钦州市企业景气指数为131.39，比上季度上升2.26，比去年同期上升28.12点，达到全年最好水平。四季度，全市企业运行质量继续改善，其中企业盈利明显增加，劳动力需求和产品订货增多，对应景气指数分别为119.39、117.68、122.98，比上季度分别提升19.39、2.22、8.48，反映出钦州经济发展继续好转，整体经营状况走势趋好。

1. 房地产业依然强劲。四季度，房地产业景气指数为166.67，与三季度持平，保持了2008年以来的最高景气点。四季度房地产综合景气状况主要表现在新开工项

分行业企业家信心指数

行　　业	2009年三季度	2009年四季度
工业	121.25	134.74
交通运输、仓储和邮政业	140.00	154.72
建筑业	140.00	140.00
批发和零售业	100.00	100.00
房地产业	166.67	166.67
社会服务业	200.00	200.00
信息传输、计算机服务和软件业	200.00	200.00
住宿和餐饮业	142.86	142.86

目增加，商品预售和销售价格涨幅较大，企业盈利空间增大，对应景气指数分别为100、100、100、150，比上季度分别上升16.64点、16.64、40、35.91，反映出钦州房地产业强劲发展势头。带动钦州房地产业繁荣的原因除了国家积极的财政政策和适度宽松的货币政策外，也与钦州市政府在土地管理政策、税费优惠政策等方面分不开，更得益于钦州下半年经济发展逐渐趋好，尤其是钦州港保税港区的开发与建设力度不断加大，使得更多的人认识到钦州巨大的发展潜力，促使上半年回冷的投资性置业重新进入房地产市场，进一步刺激了钦州房地产业的发展势头。

2．建筑业景气指数继续飙升。四季度，受钦州保税港区的开发建设进程加快和钦州房地产业上扬等因素影响，建筑业继续向好的方向发展，突出表现在工程合同增加，工程款拖欠大幅减少，其中，工程合同景气指数为160，比上季度上升20点，工程款拖欠景气指数为140，比上季度上升49.18点。四季度，建筑业景气指数为169.18，比上季度149.18上升20，创下今年的最高景气点。

3．批发和零售业、住宿餐饮业上升明显。四季度，虽然受购进价格及运输成本上涨等因素影响，企业家信心不足，但由于国庆和中秋两大节日的带动，依然为批发零售及住宿餐饮业带来提升空间，表现在批发和零售业商品销售价格上升、商品销售增加，行业景气指数达到140，比上季度上升13.33点，比上年同期上升33.75点，处于相对景气区间内。住宿餐饮业景气指数为142.86，比上季度增加14.29点，

企业景气指数走势图

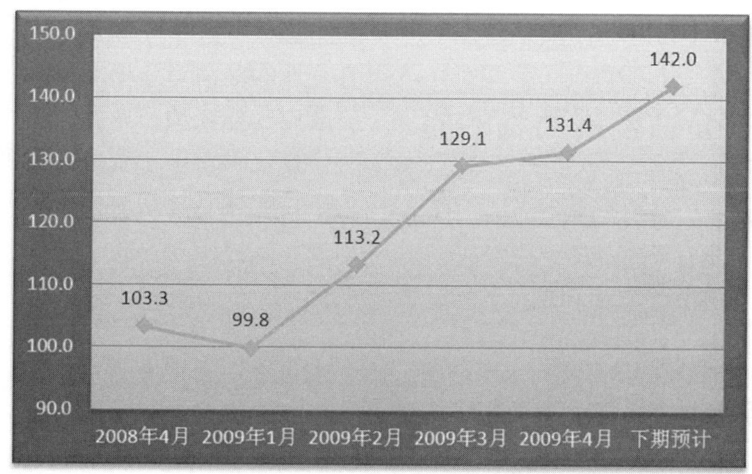

比上年同期增加高达71.43，达到2008年以来的最好景气水平。

4. 交通运输、仓储和邮政业保持高位运行，前景依然看好。四季度，交通、仓储和邮政业景气指数为140，处于相对景气区间。尽管受天气和运输成本上涨等因素影响，业务量有所减少，但业务收费价格上涨，为行业带来较好的盈利表现。单就钦州运输、仓储产业集中的钦州港来看，四季度运输仓储业提升明显，如钦州港某运输仓储公司，10月—11月，完成吞吐量132.3万吨，与去年同期相比，增长了88.46%，而10月—11月集装箱完成吞吐量比去年同期增长92.79%。12月23日，广西钦州保税港区一期正式通过国务院联合验收组的正式验收，标志着钦州保税港区即将进入全面封关运营的新阶段，这必将对以港口为基础的运输仓储业带来新的上升空间。预计下期交通运输、仓储和邮政业景气指数将超过四季度的水平，向更好的方向发展。

5. 工业运行平稳，预期走势看好。四季度工业景气指数为113.33，处于相对景气区间。资料显示：四季度工业原材料及能源购进价格上涨较快，如工业用电、煤炭等涨幅较大，带动了企业生产成本的上涨，但由于产品销售价格上涨及产品订货增加，企业盈利增长明显，产品销售价格、产品订货、盈利变化对应景气指数分别为119.39、119.24、107.78，比上季度分别上升13.22、9.46、19.79，这反映出工业整体经营状况正在向好的方向发展。

三、当前企业发展面临的问题

2009年四季度，钦州市宏观经济状况继续好转，企业发展势头强劲，经济运行质量比上季度、上年同期有了明显改善，但企业发展中仍面临不少问题。本季度企业反映的主要问题有：

1. 资金筹措困难。融资难是困扰企业发展的老问题，四季度，企业融资指数为86.84，比上季度下降1.37，处于相对不景气区间。这一问题主要集中在工业、交通运输仓储和邮政业、批发零售业、建筑业四大行业，对应融资指数分别为82.17、80、73.33、80，均处于景气临界点以下。这主要是由于企业筹集资金渠道较少，一般企业要获得银行贷款难度较大，使得企业在面临经营形势好转时不易把握机遇发展壮大。

2. 原材料及能源价格上涨过快，加剧企业成本负担。四季度，工业原材料及能源购进价格指数仅为37.54，比上季度68.38下降30.84点，表明四季度工业的原材料及能源购进价格比三季度涨势更加明显，如四季度煤炭、工业用电、矿产品等价格上涨较快，造成企业成本也迅速上涨。建筑材料购进价格指数仅为20点，处于较重不景气区间，尽管四季度建筑业发展势头迅猛，但是建材价格的上扬，加剧了工程成本，不利于企业稳定发展。

3. 市场行为有待进一步规范。港口企业反映，随着钦州港开发的深入，少数企业之间的恶性竞争现象仍然存在，主要体现在物流仓储业方面。

四、企业对政府及有关部门的期望

1. 继续加大对企业的扶持力度。企业迫切希望政府及相关部门采取积极有效的措施，继续给予政策上的支持，不断提升企业的经济竞争力。同时，中小企业希望政府在抓大项目，扶持大企业发展的同时，也能够对中小企业的发展给予一定的关心，尤其是在缓解中小企业资金紧张方面多一些理解和支持，帮助中小型企业发展壮大。

2. 加大力度改善企业外部经营环境。如港口企业希望政府能在积极推进港口管理体制和内部改革、完善基础设施建设、提高信息化程度、提高装卸服务质量、增

强港口对外集疏运能力等方面有新的突破，为企业发展壮大创造良好的外部环境。

五、下期展望

随着《北部湾经济区发展规划》的实施，钦州凭借其独特的区位优势，不断完善铁路、高速公路、水路等立体交通网，全面拓展保税港区的功能，在服务“三南”和“对接东盟”方面发挥着越来越重要的作用。钦州保税港区作为广西北部湾经济区开放开发的核心平台，对钦州经济整体实力的提升和拉动作用会更加凸显。伴随钦州下半年经济形势的逐步好转及钦州保税港区一期工程通过国务院联合验收组验收等利好形势，下一季度的经济走势依然强劲，预计下一季度钦州企业家信心指数为143.84，企业景气指数为141.99。

宏观景气状况平稳　企业生产经营向好

——2010年二季度钦州市企业景气调查报告

李　固

2010年二季度，钦州市继续抢抓发展机遇，坚定不移地推进“建大港、兴产业、造新城”，加快调整经济结构、转变经济发展方式，全面提高全市经济社会发展水平。据企业景气调查资料显示，全市宏观经济景气状况稳定，企业综合生产经营状况依然向好。反映企业家对宏观经济环境的信心和预期的企业家信心指数为138.33，比上季度下降2.83点，比上年同期上升25.97点；反映企业综合生产经营状况的企业景气指数为137.91，比上季度上升7.68点，比上年同期上升24.68点。综合来看，两大指数均处于较为景气区间，表现为企业家对经济发展形势普遍乐观，企业生产经营情况保持继续上升的势头，经济运行质量稳步提高。

一、企业家对宏观经济走势依然看好

2010年二季度，受季节性因素的影响以及房地产业政策性调整等因素所致，钦州市企业家信心指数为138.33，较上季度回落2.83点，但同比上年，企业家信心指数已有较大提高，上升25.97点。这表明，企业家对经济状况依旧看好，总的宏观经济走势依然良好。

从行业分类来看，八大行业企业家信心指数呈现四平四降的特点。建筑业、交通运输仓储和邮政业、信息传输计算机服务和软件业、住宿和餐饮业四大行业保持较高的企业家信心指数，分别为140、180、200、142.86，与上季度持平，比上年同期分别上升20点、60点、0点、42.86点。工业、批发和零售业、房地产业、社会服务业四大行业企业家信心指数分别为113.79、113.33、66.67、150，比上季度分别下降17.24点、17.92点、66.66点、50点。具体来看，工业、批发零售业企业家信心指数在相对景气区间运行，社会服务业在较为景气区间运行，表明这三大行业企业家信心指数虽比一季度有所下降，但企业家对行业走势依然看好。房地产业企业家信心指数比上季度下滑66.66点，比上年同期下滑100点，处于景气临界点以下，在较为不景气区间运行，这表明国家四月份出台的抑制房价过快上涨的一系列宏观调控政策效应显现，企业家对房地产业发展形势持谨慎态度。

二、企业综合生产经营情况继续好转

2010年二季度，钦州市企业景气指数为137.91，比上季度上升7.68点，比上年同期上升24.68点，在较为景气区间运行。这表明，全市经济在一季度的基础上继续快速发展，经营情况依然向好。

（一）从行业门类来看

2010年二季度，八大行业企业景气指数表现为一升三平四降的特点，企业景气指数除房地产业受政策调整影响处于景气临界点外，其他均在景气区间运行，表明企业整体经营形势运行稳健。

1．工业景气指数继续上升。工业是国民经济的主导产业，是全市经济的主导力量。今年，随着金融危机影响逐渐减小，工业整体经济运行趋势转好，尤其是钦州港临海工业呈现出强劲的发展势头，

如1—5月钦州港经济开发区国税局入库所得税收入同比增长12倍之多。景气调查数据显示，二季度工业景气指数为118.97，比上季度上升3.45点，比上年同期上升22.43点，连续三个季度呈上升势头。这表明，企业在全市实施“千百亿产业崛起工程”、“县域双倍增工程”等推进全市工业化建设的过程得到不断发展，增强了企业的市场竞争能力，提高了企业技术装备水平。

2．交通运输仓储邮政业、信息传输计算机服务和软件业、住宿餐饮业三大行业景气指数与上季度持平，企业经营状况保持较好的发展势头。交通运输仓储邮政业景气指数为180，比上年同期上升25.28点，这充分表现出此行业强劲的发展势头。主要原因，一是钦州港货物运输快速增长拉动产业的发展，如头5个月，钦州港集装箱吞吐量将近10万标准箱，同比增长327%，相当于去年全年钦州港集装箱吞吐量，首次超过防城港和湛江港；二是适逢“清明”、“五一”、“端午”等节日，人、货流量增加；三是钦州不断完善的交通网络奠定了良好的基础。信息传输计算机服务和软件业、住宿餐饮业景气指数分别为200、114.29，与上季度、上年同期持平，综合生产经营情况稳定。

3．建筑业、批发零售业、房地产业、社会服务业四大行业企业景气指数呈现下降趋势，整体经营状况稳定。建筑业、批发零售业、社会服务业景气指数分别为120、120、150，比上季度分别下降20点、5点、50点，但仍在景区区间运行。房地产业景气指数为100，比上季度下降16.67点，处于景气临界点，这主要是受国家四月份调控政策的影响，房地产企业面临市场变化进入自我调整阶段。据调查走访，大多企业认为待政策调整稳定后，房地产业仍有很大的发展空间。

（二）从具体指标来看

1．企业生产总量上升。2010年二季度企业生产总量景气指数为127.43，比上季度上升20.5点，其中有49.88%的企业生产总量增加。从行业门类来看，工业生产总量涨势明显，其指数为118.97，比上季度上升32.76，表明二季度钦州工业生产冲破一季度的临界点以下的颓势，在二季度得到了快速增长，也说明工业整体生产情况趋好。

2．固定资产投资力度加大，企业发展形势向好。2010年二季度，企业固定资产投资景气指数为128.68，比上季度上升19.1点，固定资产投资加大为企业持续健康发展创造了有利的条件。固定资产投资力度加大的行业有工业、批发零售业、住宿餐饮业、信息传输计算机服务和软件业，其景气指数分别比上季度上升1.72点、1.25点、14.29点、50点。

3．劳动力需求增大，企业发展步伐加快。在整体经济形势稳定的情况下，企业用人需求增加，表明企业经营状况趋好。2010年二季度，企业劳动力需求景气指数为129.83，比上季度上升6.2点，表明企业经营发展势头良好。劳动力需求增加明显的行业有建筑业、信息传输计算机服务和软件业，劳动力需求景气指数分别比上季度上升20点、50点。

4．企业盈利增加，融资困难缓解，流动资金增大，为企业发展带来活力。2010年二季度，企业盈利指数、企业融资指数、流动资金指数分别为118.55、101.58、112.93，分别比上季度上升6.33点、10.52点、13.87点，其中融资指数、流动资金指数冲破了一季度的临界点，表明企业的经营状况转好。流动资金是企业经营之根本，本季度流动资金的增大，也为下一季度企业经济的发展打下坚实的基础。

5．产品订货增加，企业发展后续有力。2010年二季度，企业产品订货指数为126.66，比上季度上升21.48点。产品订货增加是企业后继发展的动力，二季度产品订货明显增加是企业加大生产的基础，也是企业经营形势好转的表现。如工业企业有近三成的企业产品订货增加。

三、展望下期企业经济

2010年是钦州市实施“十一五”规划的最后一年，是新兴区域增长的机遇期和重大项目投产的收获期，随着市政府九大方面工作的陆续推进，一、二季度全市经济的发展呈现持续向好的态势。二季度，《钦州港石化产业链发展规划》、《钦州现代服务业发展规划》通过专家评审，《钦州市现代物流业发展规划》正修改完善，滨海新城紧锣密鼓推进，公路、铁路建设项目正在实施，钦州港区建设如火如荼等等这些彰显出钦州蓬勃的发展潜力和活力，使企业家对钦州经济发展形势十分看好，对企业的经济发展充满信心。预计，下季度企业家信心指数将上升至140.85，企业景气指数将上升至138.8。

四、企业发展面临的困难及建议

（一）资金紧张仍是困扰企业发展的难题

2010年二季度调查资料显示，企业流动资金较为宽裕，但货款拖欠使企业回笼资金缓慢，数据显示仅有17.36%的企业表示无货款拖欠。在企业融资方面，二季度景气指数刚刚越过临界点，表明整体融资环境还不是十分理想。为此，一方面企业要加强工作力度，减少货款拖欠周期，缓解资金压力，另一方面，金融部门应继续加强糖业、矿业、商业、建筑业等优势产业的融资支持力度，拓宽优质小企业的融资平台，围绕钦州港基础设施建设和石化产业链加大港口区产业集群企业的信贷力度，为钦州企业经济的快速发展提供支持与保障。

（二）企业招工困难现象开始显现

2010年二季度，企业经济发展活跃，用工需求增加，但受全国用工荒的影响，企业出现了招工难的问题。据调查，主要原因有三：一是从业者对钦州企业提供的待遇不是很满意而流向待遇稍好的广东等地；二是部分企业加班时间过长，而收入增加不明显，造成员工流动性大；三是二季度整体经济普遍好转，外来务工者有所减少。建议企业在抓生产经营时能多关心职工的待遇和生活，增强职工归属感和责任感；劳动保障部门能拓宽服务平台，加大宣传力度，减少企业招人难度；工会等部门能多走访企业，了解工人的期盼与诉求，为维护工人合法权益提供必要保障。

（三）房地产企业发展信心不足，经营状况不佳

2010年四月国家出台一系列房地产调控政策后，房地产企业经营状况急转直下，买卖双方观望情绪浓厚，买方市场迅速萎缩，房地产企业也减缓了开发力度和销售进度，相关部门应对房地产业予以正确的政策引导和市场监督，既要让其良性发展，又要防止其过热或过冷，推动钦州房地产业健康发展。

企业经济运行稳定 两大指数略有回落

——2010年二季度防城港市企业景气调查报告

米文婷

2010年二季度，防城港市在国家和自治区宏观调控措施作用和影响下，经济运行继续保持健康发展的态势，虽然受房地产业低迷影响，企业家信心指数、企业景气指数分别为114.15、121.78，与上期比有所下滑，但仍处于较高水平。

一、企业家信心理性回落

2010年二季度，企业家信心指数为114.15，环比下降33.19点，同比下降15.22点；其中房地产业的企业家信心指数大幅下降拉低整体信心指数。

从行业看，除批发和零售业企业家信心指数（140）与一季度持平外，各行业企业家信心指数均有所下滑，其中房地产业的企业家信心指数（83.33），环比下降83.34点，下滑到不景气区间，可见4月份出台的 “国十条”对房地产业造成极大的冲击，陷入低迷状态；交通运输、仓储及邮政业的企业家信心指数（120）同比下降20点，成品油价的波动影响企业家的信心；工业企业家信心指数114.29，比一季度略降1.63点。

从注册类型看来，私营企业家在企业家信心整体下降的大背景中对宏观经济走势仍保持较强信心，以166.67高位运行于较强景气区间，与一季度持平，可见加快发展非公经济，落实非公经济发展政策引导发挥极其重要的作用。除股份合作企业外，其他各种登记注册类型的企业对宏观经济形势的信心均有不同程度的下降。国有企业、有限责任公司、外商投资企业的企业家信心指数分别为114.29、100、120，环比下降28.57、46.15、60点。

从规模看来，大型企业家信心不如中小型企业的坚挺，大型企业的企业家信心指数为100，回到景气临界点，环比和同比分别下降37.5和69.12点；中小型企业的企业家信心指数113.33，尽管下降幅度达40点，但运行于相对景气区间。显然，中小型企业具有自身发展灵活的特性。

二、企业生产经营状况保持平稳发展

在30家被调查企业中，认为2010年二季企业生产经营状况“良好”的企业占33.3%，认为“一般”的占53.3%，认为“不佳”的占13.4%。据此计算的2010年二季度企业景气指数为121.78，继续运行于“较为景气”区间。调查表明，2010年二季度防城港市企业生产经营状况保持平稳发展。

1．工业景气指数微降。工业企业克服原材料价格上涨、资金紧缺等不利因素的影响，行业整体保持平稳发展态势。2010年二季度工业企业景气指数为128.57，环比微降7.14点，继续在“较为景气”区间运行。虽然产品销售价格景气指数（71.43）处于不景气区间，但是生产总量和产品销售数量明显增加，景气指数分别为121.43、150；因此带动企业盈利能力上升，盈利（亏损）变化景气指数为128.57。

2．交通运输、仓储和邮政业景气指数高位平稳运行。2010年上半年，成品油价格变动频繁，交通运输企业巧妙应对，企业景气指数（140）保持与一季度持平。其主要特点如下：业务成本、盈利变化等主要指标景气指数保持稳定。

3．房地产业景气指数高位回落，主要分项指标下降明显。受国家宏观调控政策效应进一步影响、居民持币观望等因素的影响，2010年二季度房地产业企业景气指数为83.33，下跌至不景气区间运行。从各分项指标看，除了流动资金、货款拖欠外，其余各指标均比一季度恶化，商品房预售、销售和销售价格景气指数均大幅下滑至不景气区间。

4．批发和零售业景气指数下降至临界点。尽管"五一"、"端午"小长假带来消费市场的回暖，但是企业景气指数回落明显，本季指数（100）保持在景气区间，但是比一季度回落40点。主要是受盈利变化（80）、货款拖欠（80）景气指数影响，加上商品销售（100）、产品竞争能力（100）景气一般。尽管商品销售价格景气指数（140）上升，无法带旺该行业发展。

三、企业主要经济指标景气指数多处于景气区间

2010年二季度景气调查结果显示企业生产总量、产品订货、盈利等主要经济指标景气指数均在景气范围，但比一季度有升有降，说明企业生产经营的微观经济基础良好，同时在市场供求、国家政策措施影响下需要进一步加强。

1．企业生产放缓，生产总量景气下降。由于生产季节、企业改制等因素，生产速度放慢。本期企业生产总量景气指数为114.69，环比下降1.32点、同比上升4.28点。尽管工业生产总量景气指数（121.43）、交通运输、仓储和邮政业生产总量景气指数（120）环比分别上升10.84点、20点、但是批发和零售业生产总量景气指数（100）、房地产业生产总量景气指数（83.33）分别下降20点、66.67点，拉低总体生产总量指数。

2．市场消费徘徊波动，各行业产品订货不均衡。本期企业产品订货景气指数为104.76，环比上升0.06点、同比下降3.59点。工业订货指数（107.14）与一季度持平。批发和零售业和交通运输、仓储和邮政业指数分别为100、120，环比均有20点提高。而房地产业市场低迷，商品房预售指数由一季度150下降至50。

3．企业盈利总体好转，但是经济效益增幅不高。2010年二季度景气指数为122.09，环比、同比分别提高9.95点和29.06点。虽然工业景气指数（128.57）环比有21.4点增长，交通运输、仓储和邮政业景气指数（160）也保持高位运行，但是批发和零售业景气指数（80）和房地产景气指数（66.67）运行于不景气区间，压缩盈利变化景气指数上升空间。

4．企业劳动力需求略有减少，吸纳劳动力空间缩小。2010年二季度景气指数为107.4，环比、同比分别下降7.06点和7.97点。部分企业因改制、转产以及技术设备的更新，而精简部分富余人员，辞退临时工人，用工减少。

5．投资意向上扬，固定资产投资增加。2010年二季度景气指数为126.02，环比、同比分别提高17.6点和7.19点。主要是交通运输、仓储和邮政业生产规模扩大，拉动了企业投资上升，该项行业固定投资景气指数（180）比一季度猛增40点；工业投资回升，主要用于生产设备的更新改造，生产规模扩大，指数为121.43，环比升高21.43点。

四、企业生产经营中存在的问题及对策

2010年二季度，尽管宏观调控政策使企业发展的制约因素有所缓解，但企业生产经营中深层次的矛盾和问题带来的影响有所显现，通过问卷调查及实地走访调查了解一些企业生产经营中存在的问题及来自一线企业的呼声。

（一）企业生产经营中存在的棘手问题

一是企业资金依然紧张。流动资金景气指数为100，处于景气临界点，环比、同比下降2.86点、2.82点。造成目前企业流动资金紧张的主要原因，一方面是原材料价格的持续上涨，企业正常生产需要更多的资金来保证必要的原材料储备；另一方面是动力能源和运输成本增加了企业的生产和销售成本，产成品占用资金增加。

二是企业融资困难。企业融资景气指数为89.27，环比下降了1.63点，但同比上升3.05点，继续处于不景气区间。银行贷款门槛较高，特别是中小企业融资最为困难，部分中小企业看好的项目因资金不足，设备老化，影响了生产规模的扩大，造成企业发展后劲不足。

三是劳动力需求下降。劳动力需求景气指数为107.4，处于景气临界点，环比、同比分别下降7.03点、7.97点。近年来，劳动力的成本逐年上升，加上防城港城市基础配套不完整，造成人才流失严重，劳动力问题成为企业扩大规模生产问题之一。有些企业因为缺乏本地劳动力，只能减少用工计划，造成部分企业开工不足，生产设备未能完全利用的局面。

（二）企业家提出的建议

一是企业自身要进一步提高精细经营、精准的营销水平，使企业持续快速发展，加快科研步伐，实现技术创新、产品创新，不断促进本系统产业结构优化升级。

二是要建立行业信息平台，弱化同行恶性竞争弊端，构建良性发展的氛围，建议政府有关部门，加强对市场的监管，对于市场价格进行合理指导，创造公平竞争的良好环境。

三是要立足长远发展。建议政府应在资金、人才、科研技术等资源配置方面给予大力倾斜，全方位、多角度实施引智工程。

五、三季度景气趋势预测

随着对国家新的宏观调控措施的适应和认同，企业家对宏观经济发展的信心将趋于增强，进而会努力促进企业生产经营健康稳定的发展。

企业家对2010年三季度宏观经济环境的预期显示：三季度，企业家信心指数会略有上升，信心指数将保持在120左右。其中，工业信心指数将继续上扬；交通运输仓储和邮政业、房地产业信心指数将与本期持平；批发和零售业信心指数将有所回落。与此同时企业景气指数略有下降，但不会出现大的波动，景气指数将保持在118左右。其中，交通运输仓储和邮政业、批发和零售业、房地产业景气指数与本期持平，工业景气指数将有所回落。

企业生产经营不断向好
企业家信心指数创新高

——2010年一季度玉林市企业景气调查分析

杨　明

国家统计局玉林调查队调查结果显示：2010年一季度，玉林市企业家信心指数为132.4，比上年同期（以下简称“同比”）提高了18.4点，处于较好的景气区间运行；企业景气指数为121.3，同比提高了5.7点。两大指数实现稳步回升，企业生产经营状况不断向好，企业家信心指数创下近年来新高。

一、企业家信心指数不断攀升

2009年以来，面对国际金融危机的严重冲击和极其复杂的国内经济形势，市委、市政府紧紧围绕“保增长、保民生、保稳定、保持良好发展势头”目标，采取积极有效措施，玉林市经济保持平稳较快发展，企业家信心不断攀升，2010年一季度企业家信心指数达到近一年来的最高值（见图1）。

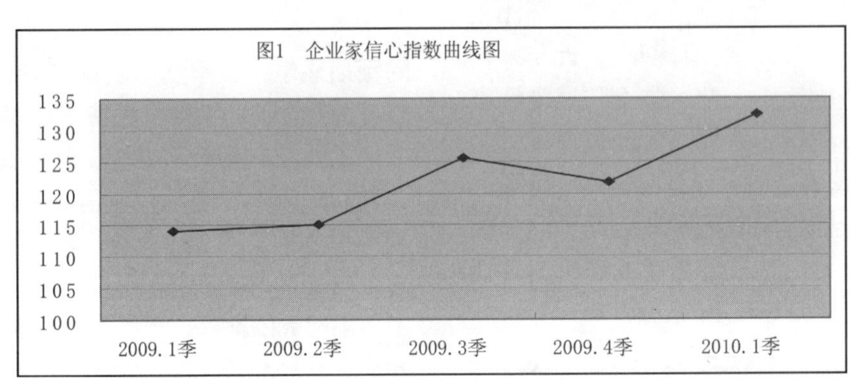

1．工业企业家信心明显增强。随着玉林市工业经济效益的逐步回升，工业企业家信心明显增强，2010年一季度信心指数为127.2，同比提高了19.5点，处于较好的景气区间。工业企业家信心指数大幅提高，改变了过去一年一直徘徊在较弱景气区间运行现状。

2．建筑业企业家信心高位调整。玉林市建筑行业一直以来表现良好，企业家信心指数保持较强的景气状态，且高于全市平均信心指数。在2009年第四季度达到161.6后，2010年一季度继续维持良好的景气状态，企业家信心指数为161.5，比2009年第四季度下调了0.1点。

3．交通运输、仓储和邮政业信心逐步回升。上季度由于交通运输业成本压力大，企业家信心略显不足，通过政府管理部门对运输行业的整改，特别是对线路牌的规范管理以及简化办证程序，加上春运期间客货源的增加，交通运输业企业家信心逐步回升。2010年一季度该行业企业家信心指数为114.3，比2009年第四季度提高了23.7点，同比提高了9.4点。

4．批发和零售业继续保持在较好景气区间。随着统筹城乡发展的推进，市场体系进一步健全，宏进农副产品批发市场正式开业、银丰国际中药港进入快速发展轨道，玉林市的商贸业得到了加速发展。调

查资料表明，2010年一季度批发和零售业继续保持在较好的景气区间运行，企业家信心指数为128.3。

5．房地产业企业家信心连续提升。虽然国家出台多项房地产行业的调控政策，但玉林市在房地产市场中处于三线城市，由于房地产行业起步较晚，经过近几年的开放开发，目前房地产行业正处于一个良性发展阶段，浙江、福建及广东等地的投资商更加看好玉林房地产的发展前景，纷纷前来投资，使得房地产企业家信心不断得以提升。自2009年第四季度房地产业企业家信心指数大幅上升40个点后，今年一季度该行业企业家信心十足，企业家信心指数为150，比2009年第四季度提高了30点，同比飚升70点，处于良好景气状态，并创下了2007年以来房地产行业企业家信心指数的新高。

6．信息传输、计算机服务和软件业信心强势回升。近几年IT行业一直保持较快的发展势头，但是由于受金融危机的影响，2009年上半年该行业信心受挫，企业家信心指数跌出景气区间，下半年逐渐回升到景气区间。2010年一季度强势回升到良好景气状态，企业家信心指数为150，比2009年第四季度提升25点，同比大幅提升了59.3点。

7．社会服务业连续保持良好信心状态。随着旅游行业收入不断增加，游客逐年增多；机动车辆的大幅增加，维修行业“水涨船高”；各大专业市场不断完善和发展，物流行业迅速拓展和增收，进一步促进了全市社会服务行业日趋旺盛，企业家保持较高的信心。2010年一季度玉林市社会服务业企业家信心指数为150，已经连续五个季度保持在150以上，表现出较强景气状态。

8．住宿和餐饮业企业家信心在较景气区间运行。2010年一季度玉林市住宿和餐饮业企业家信心指数为126.1，同比回落了13点。

二、企业景气平稳回升

近一年来，玉林市企业景气指数保持平稳且逐步回升，2009年一季度企业景气指数为115.6，三季度达到122.7；2010年一季度企业景气指数为121.3，保持在较景气区间运行（见图2）。从图2的曲线走势的情况可以看出，玉林市“强柴兴玉”战略的实施，“统筹城乡发展，推进三个集中，促进三化联动，创建三个示范”城乡一体化建设的不断深入，全市的企业生产经营状况不断向好。

1．社会服务业景气度表现最强。八大行业中，社会服务业景气度表现最强，企业景气指数达到150，同比提高了16.7点，与该项行业的企业家信心指数一致，景气度均表现出较强劲的势头。

2．交通运输、仓储和邮政业景气指数小幅上涨。随着交通运输业的有序竞争、物流仓储业的崛起和邮政业的改革及业务拓展，通过不断挖掘行业潜力，该行业经营状况有了明显的提高，企业景气指数为

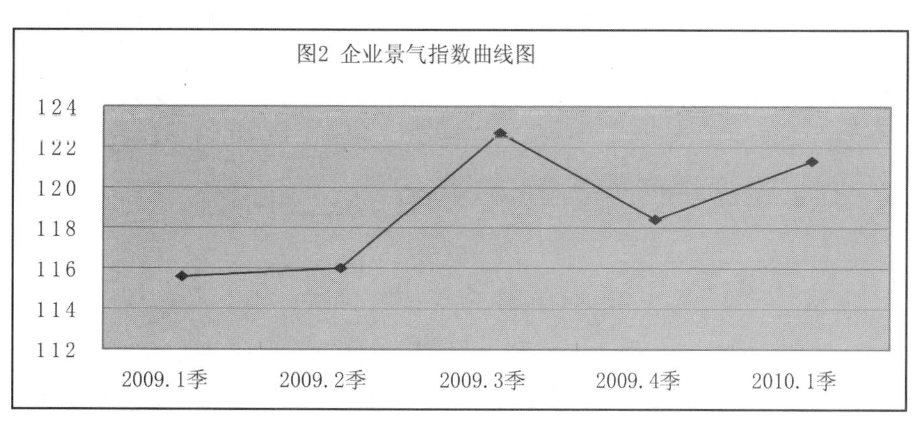

128.6，同比提高了4.7点，景气度达到了近年来的最高点。

3．房地产业景气指数创近四年新高。房地产业景气指数从2008年二季度至2009年四季度一直运行于相对景气区间，2009年一季度降到了最低点80；2010年一季度出现了强劲的反弹，且创下了2006年三季度以来近四年的新高，企业景气指数达到了130，同比大幅提高了50点。

4．批发和零售业、住宿和餐饮业景气指数保持在较景气区间。一季度批发和零售业、住宿和餐饮业景气指数分别为126.4和126.1，同比分别下调了5.3和8.7点，但仍保持在较景气区间。

5．工业、建筑业企业景气指数略有上涨。一季度，工业和建筑业企业景气指数分别为116.6和115.4，同比分别提高4.9点和0.6点。由于春节长假期间，职工放假影响了部分工业和建筑的生产经营，企业景气指数处于相对景气区间，但从企业家信心指数来看，这两个行业的信心指数均高于企业景气指数，表明企业家对企业的发展信心十足。

6．信息传输、计算机服务和软件业景气与信心指数出现分化。与信息传输、计算机服务和软件业企业家信心强势回升形成鲜明对比，该行业2010年一季度景气指数只有100，同比下降15.7点。随着手机、电脑、网络的普及，加上该行业的经营者越来越多，IT业已经告别高利润时代。此外，原材料、工资等成本不断上升，造成了行业景气度不高。但由于电子产品不断更新换代以及机电下乡政策的实施，电子产品逐步向农村拓展，形成新的利润增长点，给IT行业提升了信心度。

三、企业经营生产状况整体良好

1．生产总量（业务量）平稳增加。2010年一季度，企业生产总量（业务量）景气指数为118.3，同比提高了11.5点，生产总量指数达到了近五个季度来的最高。其中：交通运输、仓储和邮政业业务量景气指数最高，达到了157.1，同比提高了28.5点；社会服务业业务量指数为150，与同比持平；建筑业业务量指数为146.2，同比提高了61.1点，三大行业都处于较强景气状态。住宿和餐饮业业务量为87，是八大行业中气度最低的，处在相对不景气区间。

2．企业盈利水平逐步提高。一季度企业盈利（亏损）变化景气度创下了近三年来的新高，指数为118.2，同比提高了8.2点，其中工业企业盈利（亏损）变化景气指数为122.6，提高了20点；建筑业为146.2，达到了较强景气状态，提高了42.4点；信息传输、计算机服务和软件业最差，企业盈利（亏损）变化指数为50，处于很不景气状态。

3．企业产品订货（业务预订）不断增加。随着经济的继续回暖，企业接受订单数逐步增加，一季度全市企业产品订货景气指数升至119，连续六个季度保持上升，且从不景气区间跃进相对景气区间，订单增加促进企业产销良性循环。

4．企业融资状况逐步改善。在中小企业担保体系的不断完善的有利条件下，全市企业融资状况有了明显改观。一季度企业融资景气指数为79，虽还处于不太景气状态，但已经创下了近期新高，同比提高了17.8点。

5．企业用工需求量增加。玉林市经济企稳回升，企业生产经营逐步向好，企业用工意愿得到了恢复。2010年一季度劳动力需求景气指数为121.4，同比提高了34.2点，企业用工需求量明显增加。

四、企业生产经营过程中存在的主要问题

1．部分企业内部管理水平低，市场竞争激烈。部分信息传输企业内部管理水平的提升与企业快速发展不适应，人才资源的储备不足；市场竞争激烈，面对来自同

行业的竞争，如何开拓蓝海市场，并在竞争中实现差异化营销与服务，体现新的价值优势已经值得企业进一步研讨和探索。

2．原材料价格上涨加大了企业的生产成本压力。2010年一季度，玉林市工业企业原材料、燃料、动力购进价格呈不断上涨态势，1—3月份原材料购进价格同比分别上涨1.23%、6.54%、10.13%，环比分别上涨2.7%、3.25%、2.98%，平均上涨5.97%。3月份铜价上涨72.29%、紫铜板上涨74.36%、松节油上涨49.52%、乙烯上涨33.64%、铅上涨29.23%、生铁上涨25.47%。原材料购进价格不断上升，进一步加大了企业的生产成本压力。

3．个别行业面临不同程度的困难。公交行业面临着乘车保持“低票价”而经营成本按“市场价”的不对等现状，企业需要承担公益性免费乘车却没有得到财政补贴，资金紧张；石油行业原油价格不断上涨，炼油厂成本不断增大，市场上非标油较多，严重影响了企业的经营。

五、2010年二季度企业景气走势预测

从预期指数看，2010年二季度全市企业景气将保持平稳状态，企业家对宏观经济发展信心十足，信心指数将维持在130以上，景气指数也将保持在120左右，国民经济八大行业整体运行稳定，不会出现大起大落情况。

企业信心逐步提升　景气状况平稳向好

——2010年上半年玉林市企业景气调查分析

杨　明

国家统计局玉林调查队企业景气调查结果显示：随着玉林市经济发展不断趋好，2010年上半年企业家信心指数保持平稳回升的趋势，一、二季度企业家信心指数分别为132.4和127.7，同比分别上升了18.4点和12.6点，一季度信心指数创出了近两年来新的高点；企业生产经营状况良好，一、二季度企业景气指数分别为121.3和117.5，同比分别上涨了5.7点和1.5点，景气指数保持在较景气区间。

一、企业家信心逐步提升

调查资料表明，2008年三季度受国际金融危机影响，企业家信心指数滑入低谷，指数为111.5；随着国家宏观经济政策一揽子计划实施的效果显现，国内经济的不断向好，企业家信心得以逐步提升，2009年下半年提升到120以上；2010年一季度再次突破130大关，二季度有所调整，但也达到了127.7的高点位，整体已恢复到金融危机前水平。

1．工业企业家信心明显提高。随着玉林市工业化、城镇化的不断推进，全市工业效益的稳步回升，工业企业家的信心倍增。2010年上半年工业企业家信心指数分别为127.7和119.7，基本保持在120左右，同比分别提升了19.5点和8.6点，改变了近年来在100的景气临界点徘徊状态，工业企业家信心有了明显提高。

2．建筑业企业家继续保持较强信心状态。玉林市建筑行业一直以来表现良好，随着行业的管理不断规范，企业的发展得到不断完善和壮大，很多建筑企业已经向外地包括外省拓展业务，业务范围不断扩大。从企业景气调查结果看，2010年一、二季度建筑业企业家信心指数分别为161.5和169.2，同比分别上涨了7.2点和20.3点，连续三个季度保持在160以上的较强景气状态，是八大行业中表现最好最稳定的行业。

3．社会服务业企业家信心指数达到最高点。2010年二季度，社会服务业企业家信心指数达到最高点200，比一季度大幅上涨了50点，同比上涨了33.3点，连续6个季度保持在150以上的较高景气状态。社会服务业企业家信心大幅上扬，主要原因有四方面，一是企业的营业成本有所减少、盈利能力增强，劳动力需求不断增加；二是近年来玉林市不断举办具有较大影响力的玉博会、药博会等会展业，全市旅游行业收入不断增加，游客逐年增多；三是随着机动车辆的大幅增加，维修行业的收入也“水涨船高”；四是各大专业市场的不断完善和发展，相应物流行业也得以拓展和增收，使得整个玉林社会服务行业日趋旺盛。

4．批发和零售业延续较好的信心状态。今年以来，玉林市加快推进城乡一体化的发展步伐，城乡商贸业加快发展，如宏进农副产品批发市场正式开业、银丰国际中药港进入快速发展轨道，特别是近期成功举办第二届中药博会，带动了周边城市、农村的经济发展，给玉林的商贸业带来了无限商机。上半年批发和零售业延续较好的状态，一、二季度企业家信心指数分别为128.3和120.8，同比分别上涨0.3点和5.2点，继续保持着较好的景气状态。

5．交通运输、仓储和邮政业企业家信心有待提升。由于近年来交通运输业成本

压力大，企业家信心指数略显不足，通过政府管理部门对运输行业的整改，特别是对线路牌的规范管理以及简化办证程序；另外，由于仓储业的迅速发展及邮政业的平稳发展，使得该行业的企业家信心逐步回升。2010年一、二季度企业家信心指数均为114.3，同比均上升了9.4个点，处于一般景气状态，企业家信心有待提升。

6．住宿和餐饮业信心处于调整状态，需再度提升。2010年上半年相对于住宿和餐饮业属于淡季，特别是二季度，但2010年包含春节的一季度没有表现出很强的信心状态，企业家信心指数只有126.1点，同比下降13个点，二季度比一季度更是全面下调，信心指数为117.4，同比却提升了8.7个点，可以说半年来住宿和餐饮业信心指数基本处于相对景气状态，与玉林的特色饮食文化不相匹配，下半年需要各企业加强内部管理，调整产品结构，再度提升行业信心。

7．房地产业企业家信心指数有所回落。今年以来，国家不断出台房地产调控政策，企业家信心有所回落，但是由于玉林的房地产业起步较晚，目前仍以刚性需求为主，投资商对房地产业的发展仍保持较强的信心。2010年一季度企业家信心指数为150，二季度回落到120，比一季度回落了30点，但同比提高了20点，仍处于较好的景气区间。

8．信息传输、计算机服务和软件业信心强势回升。近几年IT行业一直保持较快的发展势头，但是由于受金融危机的影响，2009年上半年该行业信心受挫，企业家信心指数跌出景气区间，下半年逐渐回升到景气区间。2010年一季度强势回升到良好景气状态，企业家信心指数为150，二季度保持在125，同比分别大幅提升了59.3点和34.3点。

二、企业景气状况平稳向好

1．社会服务业景气度表现最强。八大行业中，2010年一、二季度社会服务业表现最强，企业景气指数分别为150和133.3，与该项行业的企业家信心指数表现一致，信心度与景气度均表现出较强劲的势头。

2．房地产业景气指数创近四年最高。房地产业景气指数从2008年二季度至2009年四季度一直运行于相对景气区间，2009年一季度降到了最低点80；2010年一季度出现了强劲的反弹，且创下了2006年三季度以来近四年的新高，二季度继续保持良好状态，上半年两个季度的企业景气指数都为130，同比分别大幅提高了50点和40点。

3．批发和零售业、住宿和餐饮业保持较好景气度。2010年一、二季度批发和零售业景气指数分别为126.4和124.5，均保持在较好景气区间运行。住宿和餐饮业一、二季度景气指数分别为126.1和117.4，二季度景气状况有所回落，但仍处于较好的景气状态。

4．工业、建筑业企业景气指数略有上涨。2010年上半年，工业一、二季度的企业景气指数分别为116.6和116.7，同比分别上涨了4.9点和5.8点。建筑业一、二季度企业景气指数分别为115.4和123.1，比上年同期分别微涨0.6点和下降23.1点。一季度由于春节长假期间，职工放假影响了工业和建筑业的生产经营，二季度景气度有所提升，但还处于相对景气区间，两大行业景气指数明显弱于企业家信心指数，表明企业家对企业的发展信心十足。

5．信息传输、计算机服务和软件业和交通运输、仓储和邮政业两大行业景气指数表现疲软。2010年一季度，交通运输、仓储和邮政业创了近期新高点128.6后，二季度由于受到气候变化的影响，又回落到景气临界点100，同比下降了23.9点，上半年该行业总体表现疲软，稳定性差。同样，信息传输、计算机服务和软件业景气指数自一季度下挫40个点跌到景气临界点

100后，由于行业的低收益率，二季度还是没有出现反弹，景气度继续保持在100，同比下降了15.7点，从上半年看，由于企业不断开拓市场，调整战略，使得该行业信心度比景气度高出30多个点，企业高管对未来也是充满希望。

三、企业经营生产状况整体良好

1．生产总量（业务量）平稳增加。2010年上半年大部分行业的生产总量（业务量）都在平稳增加，一、二季度生产总量（业务量）景气指数分别为118.3和122.7，同比分别上升了11.5点和23.8点。其中：工业二季度生产总量景气指数为130.4，比一季度上升了21.4点，同比上升了21.1点；建筑业一、二季度业务量景气指数分别为146.2和153.9，同比均大幅提高60点，保持较强的景气状态；其他行业也有不同程度的增加。

2．企业盈利水平逐步提高。自2010年一季度企业盈利（亏损）变化景气指数达到118.2并创下近三年来的新高后，二季度延续良好状态，景气指数为115.4，两个季度同比分别提高了8.2点和11.8点。一、二季度，工业企业盈利（亏损）变化景气指数分别为122.6和128.8，分别比上年同期提高了20点和23.5点，二季度该项景气指数创出了新的高点；社会服务业盈利（亏损）变化景气指数分别为133.3和150，达到了较强景气状态，同比分别提高了16.6点和33.3点。

3．企业产品订货（业务预订）不断增加。随着经济的逐步复苏，企业接受订单数逐步加大，2010年一季度玉林市企业产品订货景气指数升至119，连续六个季度保持上升，且从不景气区间跃进相对景气区间；二季度有所回调，产品订货景气指数为108.4，仍同比提高了11.8点。

4．企业融资状况逐步改善。在中小企业担保体系逐步完善的有利条件下，玉林市企业融资状况有了明显改观。2010年一、二季度企业融资景气指数分别为79和75.9，虽然还处于不太景气区间，但已经创下了近期新高，同比分别提高了17.8点和11点。

5．企业用工需求量增加。玉林市经济企稳回升，企业生产经营逐步向好，企业用工意愿得到了恢复。2010年一、二季度劳动力需求景气指数分别为121.4和113.2，同比分别提高了34.2点和21.6点，企业用工需求量明显增加。

四、企业生产经营过程中存在的主要问题

1．企业货款拖欠未能有效解决。据调查了解，2010年上半年企业货款拖欠还是未能有效解决，部分企业由于货款未能及时回笼，极大程度影响了企业的资金周转。一、二季度货款拖欠景气指数分别为106.7和118.6，同比分别下降了7点和微涨0.1点。

2．企业固定资产投资增长缓慢。从2010年上半年一、二季度看，企业固定资产投资不足，其景气指数分别为109.5和104.4。其中：二季度工业固定资产投资景气指数跌出了景气区间，指数为98.5，同比下降了20.7点；社会服务业也处在景气临界点100，同比下降16.7点，交通运输、仓储和邮政业的固定资产投资景气指数上半年两个季度都只有85.7，处于不太景气状态。

3．企业流动资金明显不足。据企业反映，大部分企业流动资金一直处于紧张状态，虽然玉林的企业融资有所改善，但未能有效解决资金紧张问题。2010年一、二季度总体流动资金景气指数分别为89.7和87.8，同比分别增长7.7点和下降2.6点，处于不景气状态。八大行业中，只有房地产业、社会服务业、信息传输计算机服务和软件业三个行业处于微景气状态。

五、2010年三季度企业景气走势预测

从预期指数看，2010年三季度全市企业景气指数将保持平稳状态，企业家信心指数保持在127的较好景气状态，企业景气指数预计为117.8的相对景气状态，波动幅度不大，保持上半年的发展态势，与宏观经济平稳发展相吻合。

企业景气运行良好　经济前景依然明朗

——2010年一季度百色市企业景气调查报告

苏建红

2010年一季度，由于固定资产投资的强力拉动和社会有效需求的大幅增加，国内经济运行总体向好，资源型工业企业发展较快，推动百色市经济呈现良好发展势头，企业景气指数明显上升。主要表现有：企业生产总量和盈利水平双双提高，经济效益明显改观，企业经营形势呈现勃勃生机和充足活力，企业家信心明显增强。数据显示，2010年一季度百色市企业景气指数为121.8，处于较为景气区间，与上年同期相比攀升了44.1点，但低于上年四季度8.9点；企业家信心指数为118.1，比上年同期攀升了49.5点，高于上年四季度4.4点；90.5%的企业认为综合生产经营状况“良好”或“一般”，仅9.5%的企业认为综合生产经营状况“偏差”，说明百色市经济前景依然明朗。

表1：百色市企业景气和企业家信心指数走势图

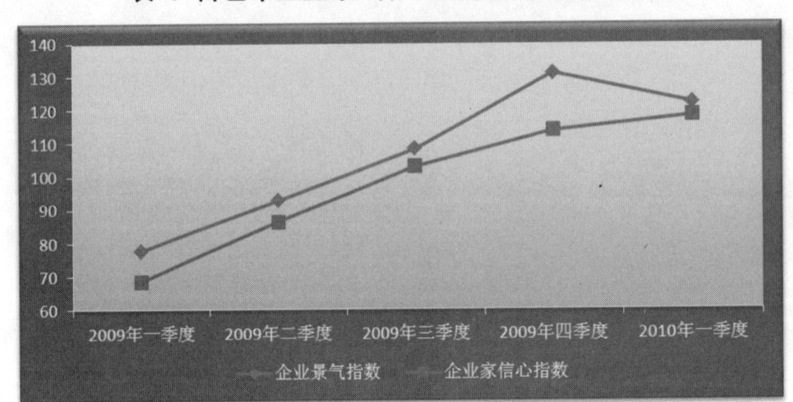

一、企业景气运行良好

经济发展速度折射出企业景气程度。一季度百色市经济发展势头良好，资源导向型产业优势明显；从行业、经济类型、企业规模等方面分析，各类景气指数差异比较明显，总体运行良好。

（一）从行业来看，产业景气指数差异明显

1．支柱工业发展总体向好。工业是经济增长的支柱，也是经济发展的核心动力。年初以来，百色市工业经济实现了较快增长，工业景气指数在行业排名中较高。据调查，2010年一季度百色市工业景气指数为135.7，处于较为景气区间，比上年同期上升64.6点；其中，采矿业经济效益较高，对工业发展影响较为显著，景气指数最高，处于较强景气区间；而制造业和电力、煤气及水的生产和供应业发展形势稍为逊色，但同样处于较为景气区间。

2．房地产业景气指数居高不下。房地产业是新兴产业，逐渐成为经济结构中不可或缺的基础产业。受住房刚性需求和投资高收益的双重驱动影响，百色城区地价和房价一路走高，投资回报率大幅增加，房地产行业持续被看好，景气指数居高不下。据调查，2010年一季度百色市房地产业景气指数为150.0，处于较强景气区间，与去年同期持平，位居各行业首位。

表2：一季度百色市工业各行业景气指数对比表

	2010年一季度	2009年四季度	2009年一季度
工　业	135.7	135.2	71.1
采矿业	166.7	166.7	166.7
制造业	133.3	138.8	61.6
电力、煤气及水的生产和供应业	125.0	103.3	100.0

3．交通运输、仓储和邮政业平稳发展。交通运输、仓储和邮政业是国民经济的重要行业，它不仅是国民经济发展的起点和基础，而且还为社会提供公共产品，是保障人民生活和社会全面发展的重要的基础性行业。年初以来，百色市交通运输、仓储和邮政企业固定资产投资增幅较大，但经济效益比较滞后，产业发展形势仍然不被看好，景气指数继续平稳运行，其中，邮政行业资金运作相对偏紧，对当前业务发展十分不利。据调查，一季度百色市交通运输、仓储和邮政业景气指数为100，处于景气临界点。

4．批发和零售业市场相对饱和。近几年，交通基础设施条件得到逐步完善，推动着百色市批零行业快速发展，大型购物超市和批发企业逐渐入驻百色，日用品、药品等连锁经营更是迅速发展，零售市场趋于饱和，而消费层次的提升空间仍然有限，景气指数相对偏低。据调查，一季度百色市批发和零售业企业景气指数为100，处于景气临界点。

（二）从经济类型来看，港澳台企业投资预期较好

港澳台企业具有较强的投资活力，投资收益持续被看好；有限公司和私营企业认为当地投资前景广阔，景气指数处于较为景气区间；而国有企业投资成效不容乐观，景气指数明显下滑。据调查，2010年一季度百色市港澳台投资企业景气指数为150，处于较强景气区间，比去年同期上升50点，位居各经济类型榜首；有限责任公司景气指数为127.2，处于较为景气区间，比上年同期上升74.5点；私营企业景气指数为133.3，处于较为景气区间，比上年同期上升39.0点；国有企业景气指数为118.1，比上年同期下降11.4点，处于相对景气区间。

（三）从企业规模来看，大中型企业竞争优势明显

规模决定竞争，优势引导发展。目前，百色市资源导向型的大中型企业竞争优势比较明显，比如：铝、猛等产业，而中小型企业发展稍为逊色，但由于依靠大产业而形成的产业链，发展前景仍然被看好。据调查，按企业规模划分，大型企业景气指数为138.4，处于较为景气区间；中小型企业指数为130.3，同样处于较为景气区间，比上年同期下降7.8点。

二、企业经营状况依然向好

企业经营状况主要依赖于生产总量和盈利水平两大指标，其变动幅度决定着企业投资成效，从而影响着企业经营景气指数。一季度百色市企业生产总量形势较好，对盈利水平持积极乐观态度，再加上固定资产投资的拉动，企业经营状况依然良好。

（一）企业生产总量形势较好

生产总量是衡量社会生产能力的重要指标，对判断经济总体形势有着决定性作用。据调查，2010年一季度百色市企业生产总量景气指数为115.5，处于相对景气区间，比上年同期上升50.8点。企业产品生产总量迅猛增加，景气指数大幅上升，充分说明百色市经济形势总体较好，更多的企业愿意保持较高的产量，以满足市场有效需求。

（二）企业盈利水平明显上升

产品订货和货款拖欠两大指标决定着企业盈利水平，产品订货和货款拖欠景气指数越高，盈利水平就越高。据调查，2010年一季度百色市企业产品订货和货款拖欠景气指数分别为102.9、121.9，比上年同期分别上升18.8点、8.9点；企业盈利水平景气指数为102.7，比上年同期上升21.6点，说明百色市企业逐渐加强产品研究和市场信息对接，努力提高经营业绩，盈利水平明显上升。

（三）固定资产投资略显疲软

由于上年经济刺激的惯性作用，固定资产投资仍然较大，后续和配套项目逐渐得到落实，但投资增幅有所减缓，景气指数相对偏低。据调查，2010年一季度百色市企业固定资产投资景气指数为99.8，比上年同期上升31.2点，但仍处于微弱不景气区间。

表3：百色市企业经营各项指标景气状况对比

	2010年一季度	2009年四季度	2009年一季度
生产总量	115.51	147.88	64.74
盈利（亏损）变化	102.72	157.60	81.16
流动资金	69.64	78.53	76.21
货款拖欠	121.90	118.94	113.05
劳动力需求	110.35	114.38	77.73
固定资产投资	99.81	112.59	68.65
产品订货	102.90	97.11	84.08
企业融资	74.06	66.44	50.90

（四）企业发展信心较足

企业预期经营成效影响着企业发展信心，而目前企业发展信心明显增强，有利于促进社会化扩大再生产。据调查，2010年一季度百色市企业家信心指数为118.1，处于相对景气区间，比上年同期上升49.5点。说明企业家对目前的经济形势保持乐观态度，投资发展的信心较足。

三、当前存在的主要问题

（一）基础原料价格上涨压缩利润空间

煤、油等基础原材料价格明显上扬，企业生产成本大幅增加，盈利空间进一步缩小，部分企业生产经营面临较大困难。据调查，一季度百色市工业企业主要原材料及能源购进价格景气指数为39.2，比上年同期下降51.3点，比上年四季度下降6.2点，处于较重不景气区间。

（二）企业流动资金继续偏紧

高速度的固定资产投资必然带来流动资金的缺乏，而资金短缺又严重制约企业发展，从而导致产业发展后劲不足。据调查，2010年一季度百色市企业流动资金景气指数为69.6，比上年同期下降6.6点，比上年四季度下降8.9点，处于较为不景气区间，说明企业流动资金继续偏紧。

（三）中小型企业融资困难

近几年，有关部门多方采取有力措施，企业融资难问题初步得到缓解，但中小型企业融资问题仍然比较突出，其景气指数长期徘徊于不景气区间。据调查，2010年一季度百色市企业融资景气指数为74.1，比上年同期上升23.2点，其中，中小企业融资景气指数为54.5，低于平均景气指数19.6点，融资难问题很可能导致部分企业的项目、工程建设不能如期开工或竣工。

（四）企业创新能力不足

技术创新是企业增强竞争能力的有效途径。由于工业企业投资所需资金巨大，技术创新资金有限，导致创新能力和动力明显不足，往往出现企业技术能力与发展规模明显不相适应的现象。据调查，一季度百色市工业企业科技创新指数89.2，处于相对不景气区间。

2010年上半年百色市规模以下工业发展遇阻

苏建红

2010年以来，国家逐渐加强宏观经济调控，对一些过热的产业进行结构性调整，特别是楼市“新政”，多重组合拳出击，深度影响相关规模以下工业，以砖为代表的建材行业发展受挫；重度区域干旱又使百色具有代表性的小型水电站发电量明显不足，生产效益大幅下滑；农副产品加工业受制于农产品价格上涨，虽然产品销路较好，但生产效益较低，发展前景未见可观。调查显示，2010年上半年百色市规模以下工业发展形势颇为复杂，总体呈现负增长态势。据调查，2010年1—5月6家目录企业主营业务收入为442.5万元，比上年同期减少80.2万元，下降15%；期末从业人数138人，比上年同期增加8人。

一、规模以下工业发展状况

（一）小型水电站效益大幅下滑

持续8个月的区域重度干旱，致使百色水利工程有效蓄水明显不足，2010年3月份尤为严重，部分水库甚至干涸见底，导致水力发电机组开工不足，发电量呈现大幅下降态势。据调查，2010年1—5月调查样本内的两家水电站主营业务收入96.8万元，比上年同期下降42.9%。调查中还发现，3月份百色市右江区练乡水电站几乎停产，发电量仅为2730千瓦时，营业收入只有1200元。

（二）建材行业发展明显受挫

1．砖厂效益不容乐观。由于国家房地产“新政”调控和农村建房需求基本饱和的双重作用，建房用砖需求明显减少，导致砖厂生产能力大幅过剩，促使红砖出厂价格持续下滑，砖厂积压库存过多，生产效益明显下降。据百色市田东宝利建材有限责任公司水埠砖厂负责人反映，一级红砖批发价从年初的0.42元/块下降到近期的0.35元/块，逼近生产成本价格，且市场销路受阻，目前积压库存100万块砖，同时还透露附近其它8家砖厂也遇到类似的情况。

2．沙场经营状况不佳。由于房地产政策的连带影响，再加上旱情使河道水位下降，采沙船无法在水上进行作业，采沙量节节下降，沙场经营状况明显不佳，主营业务收入大幅减少。据对样本内3家沙场调查了解，2010年1—5月3家主营业务收入9.1万元，比上年同期下降12.5%；沙产量比上年同期下降16.6%。

3．碎石场前景较好。尽管建房所需沙料明显减少，但由于百色市交通基础建设如火如荼，多条高速公路、云桂铁路等工程对石料需求巨大，碎石价格持续走高，碎石场效益明显向好。据华玉建材公司相关负责人反映，片石销售价格从3月份的18元/平方米上涨到24元，涨幅达33.3%；碎石销售价格从25元/平方米上涨到35元，涨幅达40.0%。

（三）农副产品加工前景不明朗

1．木材加工效益偏低。由于国内包装木制品消耗巨大、需求旺盛，木材加工行业前景广阔，然而目前受制于原材料供应不上，规模化生产水平偏低等因素，木材加工效益仍然偏低。据田林县闽兴木材加工厂负责人反映，该厂方木销路较好，市场货源供不应求，上海、浙江等地均有驻厂代表，但由于原材料供应衔接不上、板材销售价格上不去，加工利润不到200元/平方米。

2．桐籽加工波动较大。近几年油桐树种植面积明显减少，再加上干旱天气持续较长，油桐树结籽率大幅下降，以致桐籽

市场货源明显紧缺。据了解，上半年桐籽收购均价为6.4元/公斤，比上年同期上涨400%。由于桐油加工企业收购桐籽存在困难，榨季较早结束，桐油产量明显下降。据对田林县17家桐油厂调查，往年桐籽榨季一般是在10月至次年5月份，而目前70%的厂家桐籽收购与榨油均已在春节前完成。

二、当前阻碍规模以下工业发展的主要原因

上半年百色市规模以下工业发展遇阻，是由多种因素共同导致的。产品层次低和行业产能过剩是长期存在的问题，短期内很难解决，而天气影响和政策变动是导致上半年规模以下工业发展受挫的重要因素。

1．重度干旱制约部分行业发展。持续干旱给许多行业造成诸多不利的影响，主要表现有：一是工业用水偏紧，用水量大的规模以下工业发展受阻；二是水库蓄水明显不足，水电站发电量大幅下降；三是农副产品受灾减产，致使原材料供应偏少，木材、特色农业等加工发展受到制约。

2．相关依存度高，部分行业受冲击大。今年以来，与房地产密切相关的建材业受到较大冲击，新开工楼盘较少，楼市观望氛围较浓，以砖为代表的建材类价格大幅下滑，生产效益大不如去年，水泥、钢材等建材价格更是低位徘徊，发展前景依然不够明朗。

3．产品层次低，效益不可观。由于规模以下工业企业大都属高耗能、粗放型的初级产品加工企业，要求的技术水平低，生产附加值不高，伴随着生产要素成本不断上涨，经营利润不断被压缩，尽管部分初级产品比较热销，但生产效益并不是很可观。

4．部分行业产能过剩。由于规模以下工业进入资金门槛低，生产技术要求不高，酿酒、烧砖等行业过度发展，生产能力明显过剩，造成供过于求的局面长期存在，一些生产效率低的规模以下工业企业处于亏损边缘。

三、当前规模以下工业发展面临的问题

1．设备利用率不足。据调查，2010年1—5月百色市电力生产业能力（设备）利用率只在22%～30%以内，特别是3、4月份电力生产业能力（设备）利用率仅为10%，建筑材料制造业能力（设备）利用率50%～67%。设备利用率低反映企业开工不足，相对于初级加工的规模以下企业，如果产量上不去，生产效益可想而知。

2．竞争过于激烈。从调查情况看，被调查的样本企业行业分布是水力发电、建材等几大行业，同行竞争过于激烈，经济增长速度较低，尤其是建材、工业氧气制造业。据了解，在被调查企业中，66%的企业反映行业内部过度竞争，比如：右江区和田阳县交界处有十来家砖厂，规模相差不大，但烧砖工艺差别很大。

3．融资依然困难。由于生产规模小，抵御市场风险能力弱，规模以下工业融资成为“老大难”。据调查，多数企业认为小企业贷款难，融资渠道较窄，生产发展资金除自有资金外，多数求助于民间借贷，承担更多的贷款利息，不利于企业发展。

4．员工素质偏低。规模以下工业企业生产效率稳定性差，留住高素质人才的优势欠缺，而另一方面由于职工的流动性比较大，再加上资金不足，企业不愿在培养员工方面有更多消耗，造成规模以下工业企业员工的素质普遍偏低，深度制约企业的长期发展。

5．抗风险能力弱。规模以下工业企业自身发展欠缺，各方面能力不健全，遇到风险时，自救能力差，一旦产品滞销，出现亏损，转产和停产倒闭的可能性很大，抗风险

能力比较弱，不适合市场规模化竞争。

四、对当前规模以下工业发展的建议

（一）建议政府加大支持力度

1．加大资金扶持力度，为中小企业渡过难关提供融资保障。进一步完善中小企业贷款抵押及担保办法，适当放宽中小企业贷款条件，降低交易成本，按照择优扶强原则，选准有市场、有效益、有发展前途的优势中小企业，继续加大扶持；向中小企业提供信息咨询、资产评估等全方位服务，拓宽融资渠道和服务空间，建立健全适合中小企业发展的金融服务体系。

2．强化政府服务意识，为中小企业发展提供制度保证。建议政府有关职能部门加强调研，针对全市中小企业存在的问题，出台相应的政策法规，为企业的生存和发展提供制度保证；进一步做好“牵线搭桥”作用，将规模以下工业企业与本地的支柱产业有机地联系在一起，共同科学发展，最终使他们进一步“做大”、“做强”，促进中小企业持续健康发展。

（二）建议企业强化内部管理

1．加强企业管理，提高职工业务素质。严格按照现代企业制度要求，加强企业内部管理，特别是质量、成本、营销等管理；加快技术创新步伐，促进企业技术设备、产品的更新；加强职工技术培训，提高职工业务素质，增强企业生存能力，抗风险能力。

2．继续搞好搞活产销对接。积极拓宽营销市场，解决好产品销路问题，集中依托于大集团或特色经济，有针对性地搞好产销对接，更加注重资金的预算管理，把赊欠资金及时回笼，为下一轮生产打下良好基础，确保生产正常运转。

河池市有色金属企业开始走出金融危机阴影 企业生产经营状况好转

王芳姿

河池市被誉为“中国有色金属之乡”和“中国锡都”，所辖11个县（市、区）均发现有多处优质矿脉，目前已发现的矿有46种，潜在价值达700多亿美元。据国家统计局河池调查队的专项调查资料显示，有色金属产业作为河池市的第一大支柱产业，经过了金融危机的洗礼，随着全球经济的回暖，正以更加昂首的姿态走在复苏的大道上。

一、金融危机对河池有色金属企业的影响

2008年，全球金融风暴让河池有色金属产业遭受到较大冲击，主要工业品价格大幅下跌。金融危机前后，河池市主要有色金属产品之中锡、铅、锌的最高价格分别为2008年8月的121681元/吨、2007年9月的21375元/吨、2007年6月的21148元/吨，均于2008年12月降至历史最低点，分别为64956元/吨、7200元/吨和1792元/吨，附属产品硫酸的价格从近2000元/吨暴跌至160元/吨，跌速之快、跌幅之大前所未有。受此影响，各有色金属企业陆续出现停产和不同程度的压限产现象。河池市有色金属行业2009年1—2月总产值仅为6.5亿元，同比下降48.25%。

二、经济复苏，企业生产经营情况好转

（一）主导产品价格上涨

对样本企业的工业品价格调查显示，2010年3月，有色金属矿采选产品大类环比上涨1.63%，同比上涨83.61%。有色金属冶炼及压延加工产品大类环比上涨3.77%，同比上涨49.86%。除铅以外，锌、锡、锑的价格已经达到或接近金融危机前水平，河池市有色金属冶炼企业的企业家认为，推动价格恢复的主要因素有三方面：

1．需求旺盛，从上年的经济衰退转为经济复苏，是影响今年有色金属行情的最大背景。在国际上，国际货币基金组织估计，2010年世界经济将由上年的下降1%～2%，转为增长。前不久公布的数据还显示，美国4季度经济增长大大超出预期，全球三大贸易出口国，德国、中国和美国的出口数据也比去年衰退高峰时期显著改善。在国内，汽车、工程机械、农机具、家用电器、机电设备、住宅等下游终端需求的旺盛增长及其预期导致有色金属的需求急剧增加。此外，一些优惠政策，包括家电、农机具、摩托车下乡政策的实施和2010年的继续保留，对于有色金属产品锌、铅、锡等的销售将有较大的刺激作用。目前，河池产的锌锭基本不出口，主要供给广东佛山等地的镀锌企业，锡主要销往上海、广东等地，而铅则销往蓄电池厂较多的江苏等地，另有部分出口。

2．投资炒作，有色金属价格回升之后，还有大量抄底资金的涌入，甚至有国家行为的资源抄底。投机资本的推波助澜，在一定程度上也会放大需求效应。

3．美元走势对有色金属价格存在负相关性，目前美元整体走弱，以美元计价的全球大宗商品市场价格走强，特别是有色金属价格受其影响明显。虽然近期有所上扬，对市场造成一定动荡，但有色金属价格上涨的基本支撑面还在。

（二）企业开工率大大提高，用工情况良好

产品价格迅速上扬，企业家信心上

涨，河池各有色金属企业开足马力，加大生产。目前有色金属采矿企业的开工率达到80%，而冶炼企业的开工率也达到了50%～60%，彻底摆脱了金融危机期间停产半停产的状态，大部分企业家表示，随着丰水季节的到来，开工率将进一步提高，争取达到100%。

开工率的增加给企业带来了新用工问题，2008年和2009年上半年，由于企业生产时断时续，员工流失情况严重，特别是农民工流失最多，以南丹县五一矿为例，2009年全年培训农民工1800人次，到年末仅有300多人，充分暴露了农民工流动性大，缺乏有效的约束模式的弊病，管理难度极大。进入2010年，随着有色金属企业开工率的加大，用工量也随之增加，其中，所调查的国有企业用工量同比增长10%，其他企业用工量普遍比上年同期增加20%～30%，为此企业采取了多项措施解决用工难题：

1．严格落实国家政策，免费为农民工进行职业病健康检查。根据国家安监局的相关要求，在县级安监局建立职工健康档案，对农民工进行免费体检，重点预防、控制和消除职业病危害。此项措施不仅有利于农民工的身体健康，使他们得到实惠，也有利于企业进一步加强内部管理。据了解，以前很多企业对临时工的管理投入较少，档案不全，有的甚至连人数都难以统计，通过执行职业病防治相关政策，企业开始建立起规范的农民工档案，逐步加强对农民工的管理。此外，对双方都有预警作用，在进岗前，在岗中和离岗前都进行检查，不仅可以有效地减少职业卫生事故，同时也为解决此类问题提供法律依据。

2．工作环境改善，安全系数增加。河池市各级领导高度重视安全生产，并对采矿企业的安全生产许可证进行严格审查，通过2009年的大力整改，企业不仅将粉尘检测仪器、气体浓度检测仪器等陆续搬进矿山，还花大价钱改进矿井通风系统，以达到降温的效果，通过改善生产条件和工作环境，提高职工的工作积极性和劳动效率。南丹大虎楼矿区的职工反映，以前在矿井工作时，因为井内温度高达37度～40度，拉一两趟矿就要去冲一次凉，现在通风系统改善，温度降下来了，省下了冲凉的时间，提高了劳动效率。在安全方面，河池境内的矿山大多地质条件较好，水温条件简单，与煤矿矿山相比不易发生透水事故，也没有瓦斯的潜在危险，矿井内主巷道宽敞，叉道监管严格，意外事故发生机率较以前大大减少。

3．工资按时足额发放。2009年由于开工不正常，工时较少，造成农民工工资普遍偏低。进入2010年，大家看到有色金属行业形势好转，企业效益扭亏为盈，就业职位增加，同时虽然工价没有上涨，但开工时间延长，所以与2009年相比农民工收入有所增加，年人均收入达到2～3万元。

（三）循环用水为企业抵御旱灾起关键作用

自2009年8月份起，河池市遭受了持续200多天的干旱少雨天气，全市平均降雨量仅为255.7毫米，比历年同期偏少5.7成，人畜饮水都成了难题。但通过对有色行业调查企业的走访调查，企业有关负责人均表示大旱目前尚未给企业的生产、经营造成明显影响，这主要得益于企业的循环用水系统。河池市地处山区，地下水资源丰富，以前各企业都直接把采矿时从矿井抽出的大量地下水排放到就近的河流，而冶炼时又通过抽水机从附近水库或者河里抽水上来，造成了很大的浪费。现在通过环保设施循环用水，将矿井的水通过处理输出给冶炼厂和职工日常生活使用，不仅节省了电费，也合理利用了资源，消除了旱灾对企业生产经营活动的不利影响。

三、影响当前生产经营的不利因素

1．电价上涨，成本增加。广西相关部门对电价进行了调整，从2009年11月30日

起，工业用电平均销售价每千瓦时提高2分钱，虽然提价幅度仅为几分钱，但对于用电大企业，尤其是高耗能企业而言，却需增加数十万甚至上百万的开支。以广西金河矿业股份有限公司为例，该公司每生产1吨电解锌需消耗4000度电，电价上涨后，每吨成本增加80元，以目前平均每天产量160吨来计算，每天需增加12800元电费，每月增加384000元，令企业一时难以消化。

2．硫酸价格持续低迷。硫酸价格从接近2000元/吨的高位暴跌至150元/吨左右，并一直徘徊不前，经过一年时间的调整，目前仍然在250元/吨左右浮动。硫酸是有色冶炼企业为了避免冶炼过程中产生的二氧化硫直接排空污染环境而回收的副产品，故只要进行冶炼生产就不可避免地产出硫酸。但它又属于易腐蚀易挥发的危险品，既不便于长期库存，又不能随意遗弃，因而它的价格更易受供需关系影响。一方面国内用酸企业受金融危机影响出口受挫，被迫减产停产，另一方面受到来自韩日等国进口硫酸大幅倾销的冲击，造成国内硫酸价格锐减。目前硫酸用量虽然有所增加，但市场供大于求的局面仍然存在，河池有色金属冶炼企业的硫酸常常处于滞销涨库的状态。

四、集团作战，共创河池有色金属美好明天

目前，有色行业总体趋于平稳，河池各有色金属企业在度过危机之后，开始重新思索未来的发展之路。河池有众多的矿产资源，众多的有色金属采选、冶炼企业，但规模不一，产业集中度低，且条块分割、体制不顺、重复投资、无序竞争严重，严重制约着河池矿产资源优势转化为产业优势。经过金融危机的洗礼，更加暴露出河池有色金属企业竞争力总体仍不够强的现状，河池不能单纯承担资源输出的角色，必需有自己的造血功能。近期，华锡集团在河池市注册，广西有色金属集团已就联合重组事宜与金河矿业等有色金属企业进行协商，企业可以以被收购或者入股的形式进入到集团中，该项工作预计今年上半年完成。通过进一步优化资源配置，促进规模开发和深加工，有效地提高适应全球化和市场变化的能力、抗风险能力和病痛修复能力，最终谋求在国内甚至世界矿产界的话语权。因此，集团作战将是未来河池有色金属产业发展的必然趋势。

崇左市非公有制经济发展现状问题及对策

王　飞

非公有制经济是社会主义市场经济的重要组成部分，它在满足人民多样化的需要，增加就业，促进国民经济发展起着积极作用。自崇左建市以来，非公有制经济从无到有、由弱变强，在经济发展中的比重日益变大，目前已占据全市经济的“半壁江山”，在带动县域经济发展、推动全市经济增长、增加就业、创造税收、扩大投资需求、繁荣城乡消费市场、促进经济结构调整和优化等方面发挥着越来越重要的作用。非公经济已是当前崇左市加快发展的重要战略支点。

一、崇左市非公有制经济发展现状

建市几年来，崇左市不断加快基础设施建设，完善各项配套服务措施，通过政策引导和优化服务，营造良好的投资环境和氛围。如今，崇左城市工业园、广西中国—东盟青年产业园、凭祥边境经济合作区等已经成为崇左市承接东部产业转移的基地和经济发展的新高地。东亚纸业、安琪酵母等大型企业纷纷落户园区并投入生产。园区建设为崇左市招商引资工作搭建了良好的平台。在产业集聚效应不断凸显的同时，崇左重点优势产业中的企业快速扩张，涌现出一批综合实力较强的企业。其中有5家企业进入广西盈利企业51强。

建市前崇左市锰加工企业规模最大的广西大锰公司产值也不过2亿元左右。建市后中信大锰公司、新振锰品公司等充分把握市场机遇，通过扩大投资、收购兼并等方式，迅速成长，跻身全国锰产品加工生产企业前列。崇左市锰业产值超过2000万元的企业有31家，超亿元企业有10家，其中中信大锰公司达12.7亿元，新振锰品公司达6.7亿元。这些企业都成为崇左市非公经济的龙头企业。

目前，崇左市非公有制经济取得了长足发展，已形成了农、工、建、运、商、服等行业门类齐全，个体、私营企业同步发展的格局。据统计，全市非公有制经济主体达59715户，注册资金48.86亿元，非公有制经济完成地区生产总值136.11亿元，占全市生产总值的45.3%；完成工业增加值66.77亿元，占全市工业增加值的82%；完成固定资产投资133.34亿元，占全市全社会固定资产投资的62.8%；上缴税金16.7亿元，占全市税收的68.3%，崇左市非公有制经济共容纳劳动力12.07万人，比上年增加1.41万人；非公有制经济安排城镇从业人员占全市的比重达55.4%。非公有制经济已成为推动全市经济社会发展的重要力量，增加地方财政收入的重要来源，扩大社会就业的重要载体，县域经济的主体和全市经济的重要组成部分。

二、非公经济运行特点

1. 产业集群初具规模，集群效应初步显现。

众多的非公有制企业围绕关联产业，进行着专业化分工、协作和生产，初步形成了产业集群。崇左市是全国产糖大市，利用得天独厚的资源优势，初步形成了一批具有龙头带动效应的产业集群。东亚纸业公司代表性企业，公司每年把50多万吨的蔗渣变废为宝，生产出各种高附加值的文化用纸，实现产值5.3亿元。锰也是崇左的优势产业，世界锰业巨头法国埃赫曼康密劳集团投资4.6亿元人民币，在崇左市成立广西埃赫曼康密劳化工有限公司，依

靠中信大锰、埃赫曼等龙头企业，推动锰矿加工企业兼并重组。现崇左大力发展以糖、锰为基础的产业集群，努力实现2010年的“三百亿”工程目标。一批具有区域特色的产业集群迅速发展，促进了规模经济，延伸了产业链，对非公有制经济发展的支撑和带动能力日益增强。

2．发展势头迅猛，成为推动全市经济发展的引擎。

近年来，崇左市各地紧紧抓住非公有制经济发展的战略机遇，主动承接发达地区产业转移，不断优化发展环境，积极强化和落实发展非公有制经济的各项措施，非公有制经济得到快速发展。2009年非公有制经济完成地区生产总值136.11亿元，比上年增长13.7%，占崇左市生产总值的45.3%，非公经济已成为引领各产业发展的主导力量。从分经济成分看，个体私营经济完成地区生产总值79.09亿元，比上年增长16.3%，占全市生产总值的26.3%；港澳台经济和外商经济完成地区生产总值52.59亿元，比上年增长8.4%，占全市生产总值的17.5%。随着崇左市对外开放程度的逐步深入以及投资环境的不断改善，港澳台和外商经济发展较快，成为非公有制经济发展中的新生力量，为整体经济发展注入了新的活力。

3．提供就业岗位增多，促进居民增收效果明显。

非公有制经济创造了大量就业机会，不仅吸收了社会新增就业人员，也吸纳了从国有企业和集体企业分流出来的再就业人员和农村剩余劳动力，对增加城乡居民收入、促进社会稳定和提高人民生活水平发挥着重要作用。2009年末，崇左市非公有制经济共容纳劳动力12.07万人，比上年增加1.41万人；非公有制经济安排城镇从业人员占全市的比重达55.4%，成为吸纳劳动力的主渠道。2009年，农村居民人均工资性收入由上年的696.97元增加到800.51元，占全年人均总收入的比重由11.32%上升到12.73%，农村居民的工资性收入大部分是依靠在非公有制经济中就业取得。

4．投资大幅增长，发展后劲增强。

随着崇左市投资环境的改善，非公有制企业投资日趋活跃，已成为社会投资的重要来源，也是支撑全市固定资产投资快速增长的重要力量。完成固定资产投资133.34亿元，占全市全社会固定资产投资的62.8%；上缴税金16.7亿元，占全市税收的68.3%，非公有制经济的快速发展，增强了经济发展后劲。

5．创造大量税收，对财政收入贡献加大。

在财政收入上，国有和集体企业缴纳税收比重逐步下降，而非公有制经济在自身蓬勃发展的同时，为财政提供了越来越多的税收。2009年崇左市非公经济税收16.7亿元，占全部税收的比重为68.3%。从发展趋势看，在以后相当长时期内，非公有制经济将是财政收入越来越重要的税源。

三、非公有制经济发展过程中存在的问题

非公有制经济发展从总体看是令人满意的，但也存在着一些不容忽视的问题，主要表现在以下几个方面：

1．企业规模小，产品层次低。从企业规模上看，全市非公有制企业中，个体工商户共占企业总数的八成，户均注册资本不超3万元，职工人数一般不超过10人。从工业产品和服务产品上看，非公企业由于规模偏小，导致企业不注重形象和品牌的塑造，使非公企业严重缺乏自主开拓市场的能力，不利于企业市场地位的确立。

2．人才缺乏，科技素质低下。大多数非公企业的经营权、管理权、决策权都集中在企业投资者一个人手上，加上企业老板文化素养的制约，凭经验，靠感觉进行决策，企业经营决策的风险比较大。企业生产经营和一线生产职工，大多只有高

中以下的文化水平，导致企业管理水平不高，科技素质低下，技术开发和运用均存在着严重不足。

3．融资困难仍然是非公企业发展的瓶颈。地方非公企业融资难，贷款难的问题一直十分突出。主要原因有三点，一是信用担保机制不健全，政府扶持资金少，担保规模小；二是银行的贷款门槛提高，企业可提供的贷款抵押资产有限，制约着贷款手续的申办；三是非公有制经济发展基金少，发挥不了政府对企业的鼓励、支持和引导作用。

4．公共管理仍有制约企业发展的因素。其一是兴办取得土地仍有很多障碍，从一定程度上制约了企业规模的扩大；其二是企业市场主体地位仍然无法得到充分地保证。

5．大部分非公有制企业难以吸引人才。

当前大部分私营企业借政策和环境的春风正处于快速发展阶段，缺乏人才却成为制约其发展的一大障碍。现在人们普遍的就业观是找有实力、规模大的单位，对规模小、实力弱的单位特别是个体私营单位因各种想法不愿意去，这就让处于发展期急于招募人才的个体私营单位十分为难。

四、促进非公有制经济可持续发展的建议

1．引导和鼓励非公有制企业进行二次创业。放低个体户向私营企业和有限责任公司转换的注册资金门槛，让有条件的个体工商户向规模化发展。同时，按照非禁即许的市场准入政策，将法律、法规未明令禁止的行业领域向所有民营资本开放。

2．公平各类政策待遇。政府应制定切实可行的政策，让非公有制经济在分配和争取专项扶持资金、投资核准、融资服务、土地使用、人才培养和引进、享受公共服务、申报计划项目、取得许可证和资质证书等方面享有公平待遇，其他优惠政策方面也能够公平享受。让非公有制经济在发展的过程中能够更加充满信心。

3．健全信用担保体系，加大资金扶持力度。建立健全中小企业融资担保体系，拓宽担保范围，加大担保比例，规范担保行为，积极寻求协作银行，切实为非公有制企业提供信用担保，缓解企业贷款难的问题。以支持企业生产经营和重点项目的技术改造。同时，充分发挥企业协会组织的协调作用，积极开展企业间资金拆借和互助贷款担保等机制，加大民间资本的筹集力度，通过各种形式，为发展壮大非公有制经济提供强有力的资金支持。

4．强化政府服务职能，拓宽服务领域，促进非公有制企业发展。一是加大培训力度，为企业培训急需的经营管理人才；二是发挥政府桥梁作用，为企业牵线搭桥，引进外来合作资金，改善现有企业的投资结构，让非公企业做大、做强。三是利用各种机会和渠道，加大对企业的宣传力度，帮助企业塑造良好的企业形像。

5．建立非公有制企业人才库。建立各行各业的人才库，形成电子档案。通过比较详细的人才库建立计算机的评估系统，建立信息反馈系统，通过人才库加强对人才的管理，通过有效渠道向中小企业开放，实现人才资源的合理配置，使这些高智力资源力求发挥最大效能。

第六部分 区域发展篇

南宁市民是如何看待当前生活的?

苏　霓

为了解金融危机对市民的心态、生活和工作的影响状况，以及国家制定的保证经济平稳较快发展的一系列政策措施对居民心理的影响程度。近期国家统计局南宁调查队对南宁市辖的青秀、西乡塘、兴宁、江南、邕宁、良庆6个城区200户城市居民开展了专项调查。调查显示，当前大多数居民能从容面对金融危机，对未来发展感到乐观；部分居民认为物价的涨跌对生活有影响、感到工作压力增大、消费支出趋向保守、投资行为更趋谨慎。

一、大多数居民从容面对金融危机，对未来发展感到乐观

据调查显示，有55.0%的受访居民关注到此次金融危机，有57.5%认识到其危害的严重性，有45.5%的受访居民认识到其危害的深远性（含同意、非常同意）（见表1），但是市民能够从容面对金融危机。受其影响而产生不良情绪的受访居民不到三成（含同意、非常同意），对于金融危机感到不安、紧张、担忧、害怕的居民分别仅为29.5%、16.5%、25.5%、12.0%，说明危机下南宁市居民普遍以积极的心态去应对。（见表2）

表1：居民对金融危机影响程度的看法（N=200）

对以下说法的认同程度	同意程度				
	非常不同意	不同意	一般	同意	非常同意
1．金融危机的危害严重	4.00%	14.50%	24.00%	46.00%	11.50%
2．金融危机的危害深远	7.50%	16.00%	31.00%	37.50%	8.00%

表2：居民对金融危机下心态描述的看法（N=200）

对以下说法的认同程度：(多选性问题)	同意程度				
	非常不同意	不同意	一般	同意	非常同意
1．您对金融危机感到不安	8.0%	21.0%	41.5%	26.0%	3.5%
2．您对金融危机感到紧张	5.5%	29.5%	48.5%	14.5%	2.0%
3．您对金融危机感到担忧	7.0%	23.5%	44.0%	21.5%	4.0%
4．您对金融危机感到害怕	10%	39.5%	38.5%	9.5%	2.5%

本次调查显示，49.0%的受访居民认为经济形势趋稳，不会进一步恶化，对于未来经济发展感到乐观；42.0%的受访居民持中立态度；只有9.0%的受访居民认为金融危机尚未见底，经济形势将会进一步恶化而持不乐观态度。虽然对于目前经济是否已经复苏难有定论，但大部分受访居民对未来的发展还是非常有信心的（见图1）。

图1：居民对于未来经济社会发展看法
(N=200)

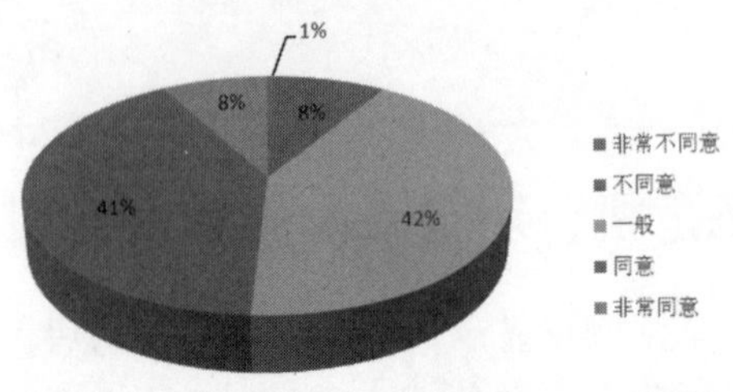

图2：物价指数的下降对居民心理的影响
(N=200)

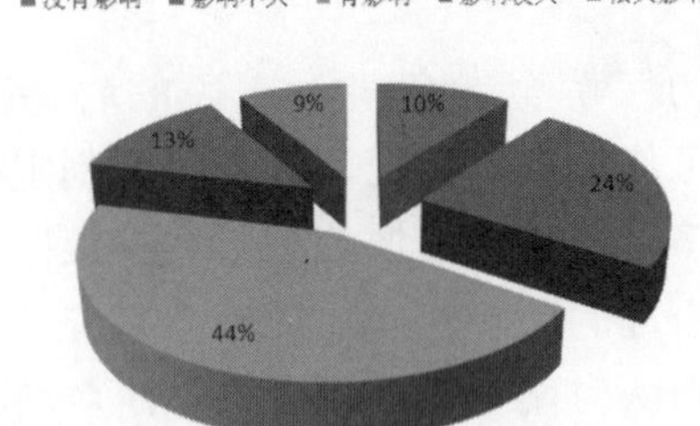

二、南宁市民当前的心理状态

(一) 超过六成的市民认为物价的涨跌对生活有影响

物价关乎民生，一直是居民最关注的问题之一。物价指数下降，则消费者的购买能力相应的提高，但也反映出经济的不够景气。对于物价指数的下降，大部分居民表示对个人的心理状态有影响，一方面为生活成本降低感到高兴，但是另一方面也为伴随着经济复苏后物价可能过快上涨感到担忧。如图2所示，南宁市居民有六成以上的受访居民认为物价的涨跌对生活有影响。

(二) 过半居民认为就业问题对自己心理影响较大

就业一直与宏观经济紧密相联，当前金融危机早已由虚拟经济波及到实体经济，就业形势日益严峻；另一方面，工薪收入是居民收入来源的主要部分，有工作是居民正常生活的保障，所以就业问题对受访居民的影响尤为突出。调查显示，认为金融危机所造成的一些公司裁员、公司倒闭或破产、就业率下降等问题，对个人心理均有一定影响，其中就业率下降影响面最大，达66%。其次是有61.5%的受访居民担心公司裁员，有55.5%的受访居民担心公司倒闭或破产。

表3：就业问题对居民心理的影响 (N=200)

以下事件对您的影响：(多选性问题)	影响程度				
	没有影响	影响不大	有影响	较大影响	很大影响
1. 公司裁员	15.00%	23.50%	28.50%	17.50%	15.50%
2. 公司倒闭或破产	22.50%	22.00%	33.50%	7.50%	14.50%
3. 就业率下降	12.00%	22.00%	28.00%	23.00%	15.00%

调查还显示，金融危机发生后有超五成的受访居民在工作合同、超时工资的发放、工作的稳定性、劳资关系上受到影响。其中影响最大的是工作的稳定性达到58.5%，其次是超时工资的发放也占到57.0%。

表4：对居民工作在以下几个方面的影响 (N=200)

对在以下方面的影响：(多选性问题)	影响程度				
	没有影响	影响不大	有影响	较大影响	很大影响
1. 工作合同保障	22.50%	26.00%	26.50%	15.00%	10.00%
2. 超时工资发放	25.00%	18.00%	31.50%	16.50%	9.00%
3. 工作稳定性	22.00%	19.50%	32.00%	17.00%	9.50%
4. 劳资关系	25.00%	21.00%	30.5%	12.00%	11.50%

（三）七成受访居民认为政府应对金融危机的经济刺激政策起作用

金融危机来临后，国家出台了一系列的刺激经济发展的政策和措施，用以扩大内需、保持经济平稳较快发展。近期经济数据也表明，这些举措在应对金融危机冲击，保持经济平稳发展已经有了显著效果。对于政府一系列刺激经济发展的措施，72.5%的受访居民认为政府政策应对金融危机已经起到了一定的作用。

图3：居民认为政府调控金融危机政策的影响程度

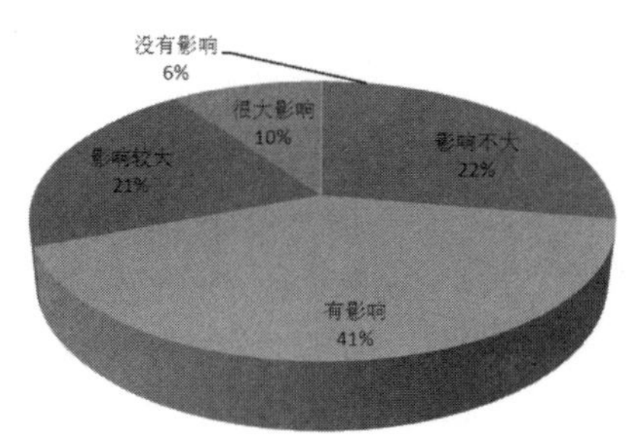

除了财政政策，在利率政策方面，60.0%的受访居民认为利率政策对调控市场需求有影响。

图4：居民认为利率下降对市场调控的影响程度（N=200）

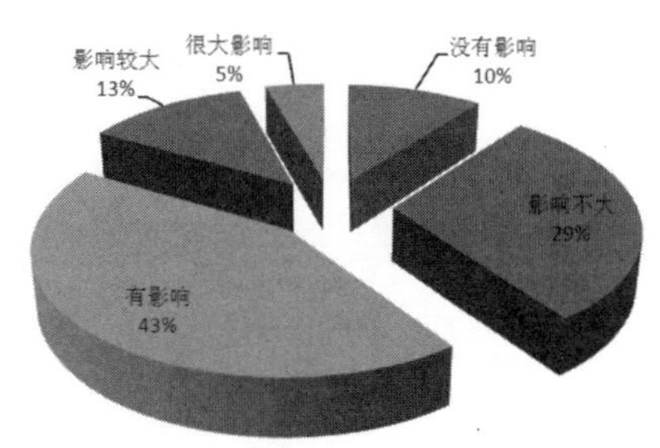

三、居民对当前工作的评价

（一）近四成居民感到工作压力增大

调查显示，相对于金融危机前，感到工作压力增大或有些增大的居民占全部受访者的38.0%（图5）。

图5：金融危机前后居民工作压力变化（N=200）

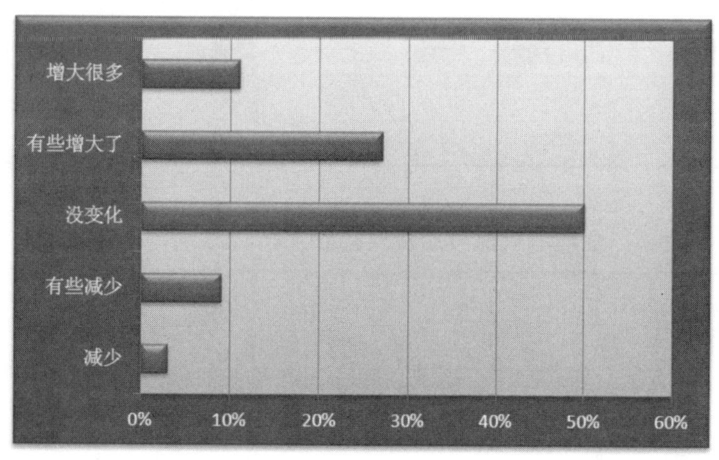

（二）居民对现有工作整体评价满意（最高分5分）

虽然金融危机增加了就业压力，带来了更激烈的职场竞争，但是并未导致职场人际关系的过分紧张。调查显示，对于上下级关系，受访居民满意度评价的平均分为3.3分，而对同事关系的满意度评价平均分则达到了3.6分，均处于中等偏好的程度。另外，受访居民对工作安全性的满意度评价也较好，平均分为3.3分；对于工作环境及工作稳定性，受访居民满意度评价分别为3.2分和3.3分。综合上述各个方面，本次调查结果表明，南宁市居民对现有工作整体情况比较满意，满意度评价平均分为3.2分。

图6：居民对目前工作情况的满意度评价平均分

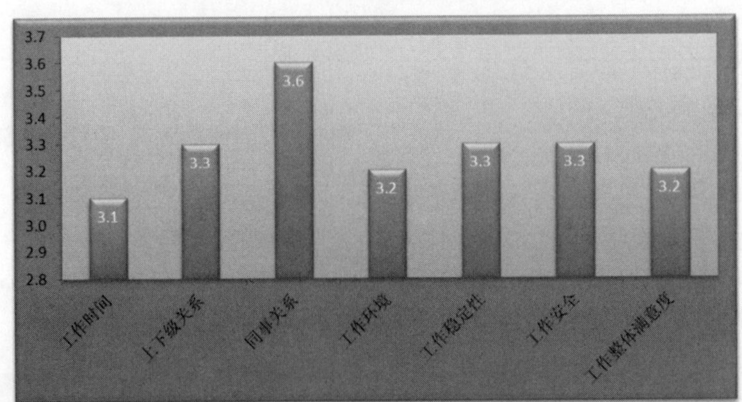

四、金融危机前后居民生活安排的变化

（一）居民整体收支情况受到一定影响，对目前工资、福利待遇不够满意

本次调查显示：金融危机一定程度上影响到部分居民收入下降，相对于金融危机前实际收入减少和略有减少的居民占受访者总数的36.0%。居民对于工资水平的满意度评价显示，有52.8%的受访居民对工资水平不够满意；对于福利待遇有39.0%的受访居民表示不够满意（表5）。对工资水平和福利待遇进行满意度评分（由差到好，用1～5分作出评价，超过3分为满意，下同），受访居民对工资水平满意度评价平均给分仅为2.4，福利待遇给分仅为2.7。金融危机对居民的工资水平和福利待遇的影响较明显。促使部分居民降低收入预期，从而调整消费习惯，削减当期支出，以应对未知风险，有35.0%的受访居民表示在金融危机后减少了日常消费。

表5：居民对目前工资福利评价情况

评分	1分（不满意）	2分（较不满意）	3分（中性情）	4分（较满意）	5分（最满意）	平均分
工资	18.5	34.3	32.3	14.4	0.5	2.4
福利	16.9	22.1	36.9	22.6	1.5	2.7

表6：金融危机前后居民实际收入及日常消费的变化

相对金融危机前，您的生活在收入和消费方面的变化	变化程度				
	减少	有些减少	没变化	增多	有些增多
实际收入	13.5	22.5	55.0	8.5	0.5
日常消费	10.5	24.5	39.5	21.0	4.5

调查还表明，金融危机下南宁市居民的消费观念较为保守。近八成受访居民表示同意“开支应该量入为出”、“花钱应该细水长流”等说法（含同意、非常同意）。87.50%的受访居民对“生活应该今朝有酒今朝醉”这种享受今日不顾明日的生活态度表示不同意（含不同意、非常不同意）。50.5%的受访居民赞成“有钱应该存银行”的做法（含同意、非常同意）。（见表7）

（二）居民投资行为更趋谨慎

金融危机对股市、房地产业都有一定的冲击，有38.5%的受访居民表示因金融

表7：金融危机下居民的消费观念（N=200）

对以下产法的认同程度（多选）	同意程度				
	非常同意	不同意	一般	同意	非常同意
开支应该量入为出	2.5	6.0	11.0	56.0	24.5
节俭有助于养成好的德操	2.0	3.5	8.5	48.0	38.0
花钱应该细水长流	1.5	9.0	13.5	50.0	26.0
有钱应该存银行	1.0	16.0	32.5	38.5	12.0
生活应该今朝有酒今朝醉	39.0	48.5	7.5	4.5	0.5

表8：金融危机前后居民资产及个人投资变化（N=200）

相比金融危机前后，生活在以下的变化	变化程度				
	减少	有些减	没变化	有些增多	增多
你的资产	21.5	17.0	56.0	5.0	0.5
个人投资	22.5	20.5	53.0	3.0	1.0

危机而导致个人资产减少，这对居民投资造成了不小的影响。43%的受访居民表示已经减少了投资，53.0%的受访居民表示将谨慎行事，不再增加投资，仅有4.0%的受访居民表示会增加投资。从目前持有股票的居民（占受访者总数的27.5%）的情况来看，其中89.5%的股民觉得投资的输赢会对自己的心情造成影响。

（三）大部分居民的日常生活没有受到太大影响

调查显示，本次金融危机对我市居民日常生活的影响并不太大。相对于金融危机前“与家人相处的时间”、“与朋友相处的时间”、以及花在“休闲活动上的时间”没有变化的居民分别占受访者总数的66.0%、56.5%、55.5%。而且，大部分居民的身心健康没有受金融危机影响，分别有75.0%和69.0%的受访居民认为自己的身体及情绪健康保持着金融危机前的水平。

五、对策建议：

（一）稳定就业，提高收入。金融危机发生后，就业形势更加严峻，尤其是一些以出口为主的外资、合资企业的就业形势更加不乐观。应出台有针对性的政策和措施以应对这一特殊时期，扩大就业面，提高就业机会，让居民有一份稳定的收入。

表9：金融危机前后居民休息时间安排及身心健康变化（N=200）

相比金融危机前后，生活在以下的变化	变化程度				
	减少	有些减	没变化	有些增多	增多
与家人相处的时间	8.5	14.5	66.0	8.0	3.0
与朋友相处的时间	8.0	22.0	56.5	12.0	1.5
休闲活动上的时间	11.5	17.0	55.5	13.5	2.5
身体健康	5.0	12.0	75.0	3.5	4.5
情绪健康	8.0	14.0	69.0	6.5	2.5

（二）提高社会保障。危机发生后，更加突出了社会保障的重要性，建议扩大社会保障体系的覆盖面，提高全民的社会保障水平，尤其要提高低收入家庭的社会保障以增强困难群体抵御风险的能力，解除困难家庭的后顾之忧。

（三）加大宣传力度，提高居民对金融危机、拉动内需、促进经济增长的政策措施的认知度，使居民切实感受到政策优惠和扶持，增强消费信心；提高市民金融意识，增强市民应对金融危机的能力。

2010年南宁市投资环境及投资成本调查报告

施先文　张秀慈

2009年以来，南宁市委、市政府进一步加大基础设施建设力度，扎实推进“项目建设年”、“发展环境年”、“服务企业年”和“党组织服务年”等主题活动，打好工业经济振兴、五象新区开发、产业园区建设、交通基础设施完善、打造“中国水城”五场攻坚战，推动南宁市经济社会科学、健康、快速发展，努力创建生态环境最佳、文明程度最高、投资环境最好、社会治安一流的城市，把南宁建设成为中国—东盟开放合作的区域性国际城市和广西“首善之区”。为客观反映南宁市投资环境状况，了解南宁各行业企业投资成本情况，掌握企业对南宁市投资环境的评价和意见，2010年4月—5月，国家统计局南宁调查队在全市400家企业中开展了投资环境与成本收益状况监测调查。调查结果显示：企业对南宁市投资环境的整体满意度为80.32，比上年提高了0.96，连续3年实现稳步提升。企业对南宁市投资环境满意度评价排名由2009年的全区第二位跃居首位。其中，投资硬环境、软环境满意度评价均为“较高满意”区间。表明南宁市完善区域投资环境的多项举措取得明显成效，投资潜力进一步显现。

调查样本分布情况

本次调查共抽取全市范围内的400家样本企业，涵盖八个主要大类行业，其中工业171家，占调查样本企业的42.75%；建筑业32家，占8.00%；交通运输、仓储和邮政业27家，占6.75%；信息传输、计算机服务和软件业18家，占4.50%；批发和零售业60家，占15.00%；住宿和餐饮业35家，占8.75%；房地产业38家，占9.50%；社会服务业19家，占4.75%。

从企业登记注册类型来看，国有企业78家，占19.50%；集体企业16家，占4.00%；股份合作企业6家，占1.50%；联营企业1家，占0.25%；有限责任公司176家，占44.00%；股份有限公司29家，占7.25%；私营企业51家，占12.75%；其他内资企业4家，占1.00%；外商及港、澳、台商投资企业39家，占9.75%。

从企业规模来看，大型企业39家，占9.75%；中型企业114家，占28.50%；小型企业247家，占61.75%。

调查结果

一、企业对南宁市投资环境总体评价情况

总体评价处于“较高满意”区间，位列广西各市第一。本次投资环境满意度调查涉及硬环境和软环境两大部分内容。其中，投资硬环境部分包括“自然资源环境、基础建设、公共设施”三个方面调查项目，投资软环境部分包括“社会环境、政策法制环境、政务环境、经济环境和经营环境”五个方面调查项目。调查结果显示，企业对南宁市投资环境总体满意度为80.32，处于“较高满意”区间，比上年提高了0.96，比全区满意度平均水平78.41，高1.91。投资环境总体满意度位列广西十四个市首位，连续3年实现稳步提升，表明南宁市整体投资环境得到企业的高度认可。

八大调查项目满意度全面提高，“经济环境”提高幅度最大。在投资软、硬环境八项调查项目中，企业评价满意度全部处于“较高满意”区间，其中企业评价满意度达80以上的有6项，比2009年增加4

项。最高的是“自然资源环境”82.85，其余依次为：“基础建设”80.96、“公共设施”80.73、“政务环境”80.53、“社会环境”80.11、“经济环境”80.01。

与上年相比，八项调查项目企业评价满意度获得全面提升，最高提升了1.39，最低提升了0.42。企业评价满意度提升超过1的有四项，提升幅度最大的是“经济环境”，提升了1.39，其余依次是“经营环境”提升1.33，“政务环境”提升1.18，“自然资源环境”提升1.04。

绝大部分类型企业满意度评价意见比较一致，均给予了“较高满意”的评价。从注册企业类型看，有限责任公司、股份有限公司、私营企业、外商及港、澳、台商投资企业等类型企业的投资环境满意度评价都达到了80以上，只有“联营企业”类型的满意度的评价处于“一般满意”的水平。（详见下表）

2010年南宁市各类型企业满意度评价情况表

企业类型		企业数量	投资环境满意度	硬环境满意度	软环境满意度
企业注册类型	国有企业	78	79.65	80.96	79.09
	集体企业	16	79.99	81.34	79.41
	股份合作企业	6	75.71	79.50	74.08
	联营企业	1	74.42	75.00	74.17
	有限责任公司	176	80.35	81.26	79.96
	股份有限公司	29	81.56	82.03	81.35
	私营企业	51	81.07	83.09	80.21
	其他内资企业	4	79.42	82.50	78.10
	外商及港、澳、台商投资企业	39	80.71	81.17	80.52
规模类型	大型企业	39	80.07	81.06	79.64
	中型企业	114	80.76	82.37	80.07
	小型企业	247	80.16	81.10	79.76

二、企业对南宁市投资硬环境评价情况

投资硬环境评价逐年提高。近年来，南宁市加快城市基础设施建设，完善城市规划体系，扎实推进生态文明建设，得到了企业广泛认同。从调查结果看，企业对南宁市投资硬环境评价满意度为81.46，比上年提升0.83。最近三年企业对南宁市投资硬环境的评价均高于投资环境总评价（见下表）。

近三年南宁市总体环境满意度评价情况表

评价项目	2010年	2009年	2008年
投资环境满意度	80.32	79.36	79.10
其中：硬环境	81.46	80.63	80.07

（一）“自然资源环境”获最好评价

南宁市实施多年的“蓝天碧水”工程取得重大成效。有关资料显示，2009年，南宁市全年空气优良天数达到362天，优良率达到99.18%，创十年来最好成绩；城市环境噪声达标区覆盖率达到80%以上；水环境质量持续改善，主要河流水质保持二至三类，南宁市环境质量达到了近20年来

的最好水平。南宁市良好的自然资源环境受到了企业、投资者的青睐，在整个投资硬环境评价中，企业对“自然资源环境”的评价最好，达82.85，比上年的81.81提高了1.04，排在硬环境评价首位。本次调查资料还显示，企业对“自然资源环境”中的“当地生态地理环境与企业发展的适合程度”、“当地电力资源”、“当地煤、燃油等燃料能源”、“当地淡水资源”和“当地土地资源的保障程度”等五项调查指标的满意度评价均比上年有所提高，五项调查指标的满意度分别为83.08、86.36、81.94、85.46、78.79，分别比上年增加了0.84、1.56、2.18、0.08、1.16。

（二）“基础建设”为企业发展提供较大的便利

2009年，南宁市加快城市基础设施建设，全年城建投资完成243.93亿元，其中基础设施建设完成132.81亿元，增长69.3%，创历史最好成绩。基础设施的不断完善，为企业的发展提供了较大的便利。调查显示，企业对南宁市“基础建设”评价略有提升，满意度为80.96，比上年提升0.61。企业对“基础设施”六项调查指标满意度评价虽然处于“较高满意”区间，但出现了“一升两平三降”的态势。即：“企业对南宁市城市规划及配套设施与企业发展的适合程度”满意度比上年提升0.34；“污水及废弃物处理设施的完善程度”、“未来总体发展及建设规划与企业发展的适合程度”的满意度分别比上年增、减0.02、0.05，基本持平；“企业对南宁市海、陆、空交通运输便利程度”、“物流仓储相关商业设施完备程度”、“电信等通讯条件完善程度”满意度比上年分别下降1.46、0.22、0.47。

（三）“公共设施”评价三升三降

调查结果显示，企业对南宁市公共设施的评价进一步提高。“对南宁市衣、食、住、行便利程度”、“学校和教育设施完备程度”、“城市建设国际化程度”给予充分肯定，满意度分别为84.46、80.44、76.53，比上年提高0.14、0.60、0.04；同时，“企业对提高南宁市的医疗、卫生、保健设施完备程度”、“科研机构完备程度”和“银行服务、商旅等商务环境便捷程度”的愿望强烈，满意度出现微降，比上年分别下降0.26、0.24、0.27。

三、企业对南宁市投资软环境评价情况

投资软环境评价提升较快。近年来，南宁市积极加强机关效能建设，转变机关工作作风，通过建立“首问负责制”、“限时办结制”、“责任追究制”等三项制度，提高了办事效率；认真清理过时的、与上位法相冲突的规章和政策，开展法制民意征询活动，实行信访案件包案制度，加大历史积案的处理和社会治安的防范，做好矛盾的化解工作，使南宁市投资软环境不断得以改善提升，企业对南宁市投资软环境满意度评价逐年走高。特别是2010年南宁市开展实施“项目建设年”、“企业服务年”、“发展环境建设年”、“党组织服务年”等“四个年”主题活动，打好“五场攻坚战”，深化投资环境建设取得了更为显著的成效，企业对南宁市投资软环境建设效果有了更大的认同感。调查结果显示，企业对南宁市“投资软环境”的评价为79.83，比上年高1.02，提升幅度比2009年0.61的升幅高0.41。“政务环境”、“经济环境”、“经营环境”三项调查项目满意度评价提升幅度都在1以上。（详见下表）

（一）社会安定、政策稳定

南宁市精神文明建设成效显著，相继荣获“全国文明城市”和“全国未成年人思想道德教育工作先进城市”等称号，文明创建活动不断延伸和拓展，社会

2010年南宁市投资软环境满意度评价情况表

评价项目	2010年	2009年	2010年比2009年±
投资软环境	79.83	78.81	1.02
1.社会环境	80.11	79.69	0.42
2.政策法制环境	78.98	78.13	0.85
3.政务环境	80.53	79.34	1.18
4.经济环境	80.01	78.62	1.39
5.经营环境	78.4	77.07	1.33

保持和谐稳定。企业对南宁市社会治安状况、民众的道德诚信程度的满意度也在提高，满意度分别达76.04、79.83，比上年分别提高0.95、0.84。调查显示，认为“当地民众及政府欢迎外来投资设厂的态度”“好”和“非常好”的企业达到65.25%，只有2.75%的企业认为“当地的社会环境条件”“差”和“非常差”。

良好的政策法制环境是企业健康稳定发展的重要保障，也是政府服务企业的重要内容。“企业对南宁市行政法规与国家法律一致性程度”、“相关投资政策的优惠程度”、“对外来投资承诺实现的情况”、“知识产权保护情况”比较满意，满意度分别为83.24、81.18、81.54、80.56。只有2.05%和2.25%的企业认为“当地的行政法规与国家法律法规的一致程度”、“当地的相关投资政策优惠条件”“差”和“非常差”；“企业对政府政策的稳定性情况”、“政府落实环保政策法规的情况”和“企业在投资经营过程中合法权益得到法律保护情况”也给予“较高满意”评价，满意度分别为82.49、81.21、81.01。认为“当地政府政策的稳定性情况”“好”和“非常好”的企业为52.75%。调查企业期望完善政策法制环境、充分保护企业合法权益工作仍不能松懈。

（二）政务环境评价全面提升

首府政务环境不断改善、行政机关工作行政效能不断增强，政府主动为企业当好“守夜人”，成为各大企业不断进驻南宁投资的关键。调查结果显示，南宁市政务环境的评价进一步提高，满意度全面提升，政务环境的满意度为80.53，在软环境评价中满意度最高，比上年提高1.18。其中，企业对“行政机关办事程序公开的情况”、“行政机关在行政执法中乱摊派、乱收费、乱罚款的情况”、“各级官员操守清廉程度”的满意度评价分别为79.78、79.58、78.28，比上年分别上升3.26、2.02、1.11。有八成一的企业认为在“计算税金”、“申报税金”时“无问题”和“问题不大”。在回答“如果企业完全不向政府管理机构支付非正常费用，企业营业收入受到影响的程度”时，33.25%的企业认为“影响一般”，34%的企业认为“影响不大”，15.75%的企业认为“无影响”。61.25%企业认为“近年承担各项社会负担”“变化不大”，6.25%的企业认为“有所减轻”和“明显减少”。六成二的企业“认为政府有关工作人员能提供有效服务”。整体而言，认为“当地的政务环境条件”“差”的企业只占0.5%，“非常差”的企业为0。

（三）“经济环境”不断优化

随着西部大开发进一步推进、东盟自贸区的建成和发展、北部湾经济区的开放开发上升为国家战略以及《国务院关于进一步促进广西经济社会发展的若干意见》的出台，使南宁市经济环境不断优化，经济优势进一步凸显。调查显示，企业对南宁市经济环境的满意度为80.01，比上年提升1.39，升幅为投资软环境五项

评价中最高。其中，“所在城市的开放程度”、“所在城市未来具有经济发展潜力的情况”和“当地政府改善投资环境的态度”给予了“较高满意”评价，满意度分别达81.48、85.25、83.99，分别比上年提高0.48、1.68、0.30。同时，认为南宁市“未来经济发展潜力”“好”和“非常好”的企业达66.25%，59.75%的企业认为“当地政府改善投资环境的态度”“好”和“非常好”，认为南宁市“经济开放程度”、“当地经济环境条件”“差”的企业分别只有1.75%、1.5%。

（四）“经营环境”进一步改善

几年来，南宁市积极培育发展劳动力市场，加强劳动用工管理，加大职业技术教育发展力度，强化市场监管，确保市场公平竞争，完善配套服务体系，使企业的经营环境进一步改善。调查显示，企业对“经营环境”的满意度评价虽然在整个投资软环境评价项目中最低，只有78.4，但比上年的77.07有明显的提高，上升1.33。其中，“市场的发展潜力”、“同行业公平竞争的情况”、“政府鼓励企业自主创新情况”的满意度评价分别为82.08、75.23、80.79，比上年分别提高1.27、0.80、0.71。认为“当地环境适合发展内贸，内销市场”“差”的企业只有4.04%。

四、企业投资成本情况

企业经营、投资成本高低受到诸多因素的影响。本次调查对部分影响因素进行了调查了解，结果显示：

（一）水电供应：74.25%的企业认为“当地电力资源保障程度”“好”和“非常好”。400家调查企业“最近一年的公共供电系统停电次数”为3.1次，用电平均价格为0.97元/kwh。用水平均价格为2.16元/吨，认为“当地淡水资源的保障程度”“好”和“非常好”的企业达70.25%。

（二）商业方面：3%的企业认为“当地的物流、仓储、流通相关商业设施完备程度”“差”。2009年“公司销售总额中通过互联网方式订购的比重”为17.15%，分别比2008年、2007年增加2.76和5.08个百分比。“公司货物在所在城市运输过程造成损失的比例”为3.41%；“公司由于所在城市原材料或零部件质量问题而退货的比例”为3.79%。

（三）社会负担：八成二的企业认为“完全不向政府管理机构支付非正常费用，企业营业收入受影响”“一般”、“影响不大”和“无影响”。认为“近年承担各项社会负担”“变化不大”、“有所减轻”和“明显减少”的企业达67.5%。

（四）办证情况：办证企业办理进口证、工商登记所需天数比上年减少，而新注册登记、重新登记所需天数则比上年增加。

五、企业反映南宁市投资环境中存在的主要问题

（一）城市基础设施建设速度难以满足企业发展的需要。海、陆、空交通运

2010年南宁市办证情况表

项目	办证企业数	本年平均天数	上年平均天数	两年天数变化±%
进口证	13	11.08	11.46	-3.36
工商登记	104	7.55	7.93	-4.85
新注册登记	15	13.8	12	15
重新登记	37	6.76	5.35	26.26

输，物流、仓储、流通等相关商业设施及网络通讯设施不够完善。

（二）职能部门工作效率有待提高。部分工作人员能力及政策理论水平不高，工作方法简单，政府人员中“能够主动帮助企业的人员的比例”只占四成。

（三）经营环境有待提高。企业反映，南宁市劳动力技能和技术人才供应跟不上企业快速发展的需要，整体产业技术研发水平满意度只有74.87，处于“一般满意”评价区间。

（四）企业流动资金紧张。近三成的企业认为银行融资有困难，“当地的资金贷款取得难易程度”的满意度只有66.45，处于“一般满意”水平。

六、投资风险的评价

投资风险程度全面下降。调查结果显示：南宁市“整体投资风险”评价为56.11，处于“中度风险”区间，风险度比上年下降3.30。其中，“社会风险”评价为54.10，比上年降低2.47；“法制风险”评价为52.28，比上年降低2.08；“经济风险”评价为54.80，比上年降低3.40；“经营风险”评价为56.13，比上年降低0.81。从上述四个单项指标的数值可看出，其风险度除“经营风险”评价处于“中度风险”区间外，其余三项指标都处于“低度风险”区域，而且四项指标的风险度与上年相比都是下降的，表明南宁市的投资环境继续得到改善、向好。

2010年南宁市投资风险评价情况表

风险推荐类型	项目	风险度	完全无风险比例%	低度风险比例%	中度风险比例%	高度风险比例%	极高度风险比例%
1.社会风险	当地的整体社会风险程度	54.10	6.75	66.25	22.50	4.00	0.50
2.法制风险	当地的整体法制风险程度	52.28	7.75	69.50	20.00	2.25	0.50
3.经济风险	当地的整体经济风险程度	54.80	6.50	62.50	29.00	2.00	
4.经营风险	当地的整体经营风险程度	56.13	4.00	65.25	28.00	2.50	0.25

七、企业对南宁市投资环境推荐情况

调查结果显示，调查样本企业“对未来投资者投资的推荐意见”的推荐度为82.50，处于“较高推荐”区域，而且推荐度比上年提高了0.87，表明在南宁市投资风险全面降低的情况下，企业非常看好南宁市的发展前景。十项推荐内容的指标数值均处于“较高推荐”区域，其中推荐度较高的分项指标是：“当地发展潜力”推荐度84.08，“当地整体生活品质”推荐度82.19，“当地投资环境”推荐度81.64，“当地对投资者权益保护”推荐度81.40。与2009年推荐度比较，“当地内销市场前景”、“当地政府行政效率”、“当地与国际接轨程度”、“当地投资收益”四项内容的推荐度有较大幅度的提升。（详见下表）

企业对未来投资者投资推荐意见情况

推荐内容	2010年推荐度	2009年推荐度	2010年比2009年±
1.就当地竞争力而言	80.10	78.96	1.14
2.就当地投资环境而言	81.64	81.34	0.30
3.就当地投资风险而言	79.59	79.95	-0.36
4.就当地发展潜力而言	84.08	83.33	0.75

续表

推荐内容	2010年推荐度	2009年推荐度	2010年比2009年±
5.就当地投资收益而言	80.83	79.47	1.36
6.就当地与国际接轨程度而言	80.36	78.97	1.39
7.就当地对投资者权益保护而言	81.40	80.66	0.74
8.就当地政府行政效率而言	80.93	79.54	1.39
9.就当地内销市场前景而言	80.98	79.52	1.46
10.就当地整体生活品质而言	82.19	81.58	0.61
整体而言	82.50	81.63	0.87

注：

1．满意度：是指事前期望与实际得到感受的相对关系，通过评价分值的加权计算。按照国际通行的民意调查满意度计算方法，即赋值加权计算法，其计算公式为：满意度=“非常好”比例×100＋“好”比例×90＋“一般”比例×75＋“差”比例×50＋“非常差”比例×0，满分为100分。划分标准为，0为完全不满意，0～55为低度满意，55～75为一般满意，75～90为较高满意，90～100为高度满意。

2．风险度：是指实际损失与预测损失之间的相对关系，通过评价分值的加权计算。按照国际通行的民意调查满意度计算方法，即赋值加权计算法，其计算公式为：风险度=“完全无风险”比例×100＋“低度风险”比例×90＋“中度风险”比例×75＋“较高风险”比例×50＋“高度风险”比例×0，满分为100分。划分标准为，0为完全无风险，0～55为低度风险，55～75为中度风险，75～90为较高风险，90～100为高度风险。

3．推荐度：是指推荐事物与希望被接受的相对关系，通过评价分值的加权计算。按照国际通行的民意调查满意度计算方法，即赋值加权计算法，其计算公式为：推荐度=“高度推荐”比例×100＋“较高推荐”比例×90＋“一般推荐”比例×75＋“勉强推荐”比例×50＋“完全不予推荐”比例×0，满分为100分。划分标准为，0为完全不予推荐，0～55为勉强推荐，55～75为一般推荐，75～90为较高推荐，90～100为高度推荐。

南宁市民生情况调查报告

施先文　陆贵远　麻飞宁

为了解南宁市公众对民生的理解，考察南宁市作为首府城市与中国其他城市相比较的共性与自身的特性，开展对比分析研究，制订《南宁市民生指标体系》提供依据。国家统计局南宁调查队于2010年6月完成了南宁市民生情况问卷调查工作。

一、调查概况

本次调查属于小样本调查。

（一）调查对象

南宁市辖区范围内、年龄在18岁～70岁之间的常住居民，包括市区、县乡的常住居民。

（二）调查内容

1．调查对象的基本情况；

2．对本地区经济和社会情况的评价；

3．对本地区医疗和教育情况的评价；

4．对政府社会工作方面的评价。

（三）抽样和调查方式

1．本次调查采取抽样调查方式；

2．本次调查方案以城乡结合的模式进行抽样，分别在4个城区和2个县乡共抽取350户进行调查，要求有50户为乡镇以下的调查户；

3．本次调查采取纸质问卷调查的方式进行。

（四）样本量及样本结构

本次共实际调查南宁市常住居民368人。其中：兴宁区45人，青秀区90人，西乡塘区90人，江南区90人，宾阳县王灵镇28人，武鸣县仙湖镇25人。分组情况详见表一。

表一：样本分组情况

分　组	频数和频率	
	人数（人）	（%）
全部样本	368	100.00
一、年龄		
（1）25岁以下	36	9.78
（2）25～34岁	119	32.34
（3）35～40岁	121	32.88
（4）45～54岁	57	15.49
（5）55～64岁	26	7.07
（6）65岁以上	9	2.45
二、性别		
（1）男	176	47.83
（2）女	192	52.17
三、文化程度		
（1）小学及以下	15	4.08
（2）初中	78	21.20
（3）高中	111	30.16

续表

分组	频数和频率	
	人数（人）	(%)
(4) 大专及以上	164	44.57
四、工作状况		
(1) 有固定职业	180	48.91
(2) 无固定职业	136	36.96
(3) 失业	19	5.16
(4) 其他	33	8.97
五、常住户口		
(1) 城市	252	68.48
(2) 农村	116	31.52

(五) 满意度计算及评价

满意度采用加权汇总计算，计算权重为："1．很满意"为100，"2．比较满意"为80，"3．一般"为60，"4．不大满意"为30，"5．很不满意"为0。

评价标准为：100～85为高度评价，85～75为评价较高，75～65为评价一般，65%以下为评价较差。

公平度、方便度的计算与评价参见满意度。

二、主要调查结果

调查结果反映，南宁市民生现状与受访者的愿望仍有较大的差距，受访者普遍认为很少或较少享受到经济社会发展的成果。

图一：12个评价项目的满意度

评价项目	满意度
空气水质	67.91
教育条件	65.87
环境卫生	65.57
商业配套	64.51
文化氛围	62.34
医疗条件	59.67
市场秩序	58.13
社会保障	56.63
公共安全	55.90
就业机会	55.38
经济收入	50.05
住房条件	46.74

0 10 20 30 40 50 60 70 80

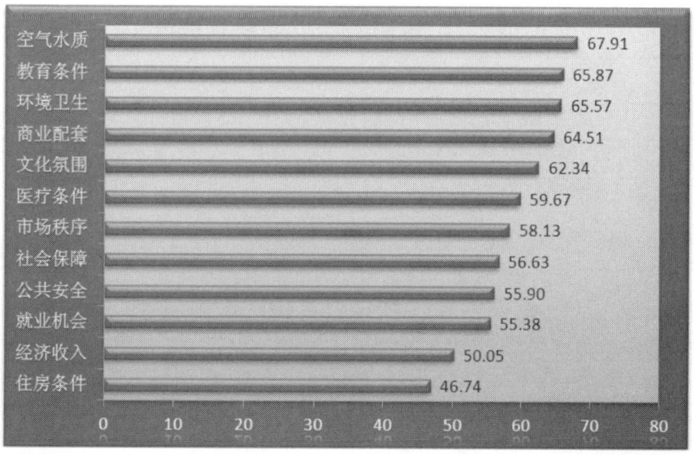

(一) 受访者对经济社会发展的满意度较低

据调查，受访者对南宁市经济社会情况的总体"评价较差"，满意度仅为59.06，没有达到一般认为的"及格"水平。其中12个评价项目的满意度和排位详见图一。

1．各评价项目的满意度普遍偏低。从评价的12个项目看，满意度全部在"评价较高" 等级以下。其中"评价一般"的有3个项目，占25%，分别是"空气水质"、"教育条件"和"环境卫生"；"评价较差"的有9个项目，占75%，分别是"商业配套"、"文化氛围"、"医疗条件"、

"市场秩序"、"社会保障"、"公共安全"、"就业商会"、"经济收入"和"住房条件"。

2. 发展不平衡，基本民生项目存在"短腿"。满意度排在前三位的评价项目分别是空气水质（满意度67.91）、教育条件（满意度65.87）和环境卫生(满意度65.57)，排在后三位的分别是住房条件（满意度46.74）、经济收入（满意度50.05）和就业机会(满意度55.38)。满意度最大离差达到21.17，反映了经济社会发展较为不平衡的状况。其中，满意度排在后三位的都是与群众直接相关、关系紧密的基本民生项目，这样的"短腿"不仅导致受访者对本项目评价降低，也将拉低对其他项目评价。

（二）改善教育条件重点是解决教育资源分布不均问题

据调查，大部分的受访者把改进教育条件放在解决"教育资源分布不均"问题上。

1. 对教育条件的主要意见集中在义务教育阶段。有146名受访者认为"义务教育"问题较多，占39.67%（详见表二）。

表二：对哪类教育层次有意见

单位：人

分 组	对哪类教育层次有意见						
	合计	(1) 义务教育	(2) 高中教育	(3) 职业教育	(4) 高等教育	(5) 业余教育	(6) 其他
受访者	368	146	35	45	90	41	11
(%)	100.00	39.67	9.51	12.23	24.46	11.14	2.99

2. 最需要改进的教育条件是教育资源分布不均。有190名受访者认为最需要改进的教育条件是教育资源分布不均，占51.63%（详见表三）。

3. 现代社会应具备的教育程度为大学。有249名受访者认为，现代社会应具备的教育程度为大学，占67.66%（详见表四）。

表三：　最需要改进的教育条件

单位：人

分 组	最需要改进的教育条件					
	合计	(1) 学校少	(2) 教育资源分布不均	(3) 师资力量薄弱	(4) 学校设施陈旧	(5) 其他
受访者	368	38	190	79	52	9
(%)	100.00	10.33	51.63	21.47	14.13	2.45

表四：现代社会应具备的教育程度

单位：人

分 组	现代社会，至少应具备的教育程度					
	合计	(1) 小学	(2) 初中	(3) 高中	(4) 大学	(5) 研究生
受访者	368	1	7	91	249	20
(%)	100.00	0.27	1.90	24.73	67.66	5.43

（三）医疗行业问题突出，医疗费用贵亟待解决

相关调查显示，在南宁市的十大行业（批发零售行业、交通运输行业、供电业、会展业、油气供应行业、邮电通信行业、水供应业、金融服务行业、物业管理和医疗行业）中，公众对医疗行业的评价最低，满意度仅为57.44。因此，对于医疗行业存在的突出问题，无疑亟待解决。据本次调查，对于医疗行业，受访者最主

要的意见是医疗费用贵的问题。有256位受访者认为这是改进医疗条件最需要做的事情，占69.57%。医疗、住房、教育是多年来民生发展的三大“顽疾”，此项调查结果与日常生活反映基本一致（详见表五）。

表五：对医疗条件最主要意见

单位：人

分组	对医疗条件最主要的意见					
	合计	（1）医疗费用贵	（2）医疗设施不足	（3）医务水平不高	（4）医德医风差	（5）其他
受访者	368	256	34	34	43	1
（%）	100.00	69.57	9.24	9.24	11.68	0.27

（四）理想与现实之间存在较大的落差

调查反映，受访者可以承受的房价为2900元/平方米左右，而当前房价高达5000元/平方米以上，差距很大，造成了沉重的购房压力。对于要过上宽裕的生活，受访者认为个人开支每月约需要3100元，全年约需要37000元，而2009年南宁市城镇居民人均可支配收入为16254元，不到需求的一半。对于最低生活保障，受访者认为个人开支每月约需要1056元，但2009年南宁市最低工资标准仅为670元/月，相差300元左右。理想与现实之间存在的较大落差，将导致受访者对经济社会的评价不高。

（五）社会公平没有得到很好体现，成果分享程度较低

据受访者的评价，收入分配的公平度仅为44.57，社会保障的公平度也仅为55.52，均处于“评价较差”水平。对于经济社会发展成果的分享程度，在368位受访者中，只有19人（5.16%）认为分享“很多”，有78人（21.20%）认为分享“较多”，但有158人(42.93%)认为分享“较少”，有97人（26.36%）认为分享“很少”，有16人（4.35%）认为没有分享到成果。发展成果的分享度较低，仅为55.79。其中城市户口的居民认为分享度为57.34，农村户口的居民分享度为52.41，相差4.93。调查结果反映，在经济社会发展中对“社会公平”有所忽略，社会公平没有得到很好体现，成果分享程度较低。

（六）社会生活较为方便，社会秩序较为稳定

社会生活的方便程度，反映了社会秩序的稳定状况。对于社会生活的方便程度，受访者评价总的方便程度为74.15，达到“评价较高”水平，反映了南宁市社会生活处于较为有序、稳定的状况。其中，通讯事业发展程度最好，通讯联系的方便程度最高，达到83.94；方便程度最低的是看病就医，方便程度为67.99（详见图二）。

图二：主要社会生活的方便程度

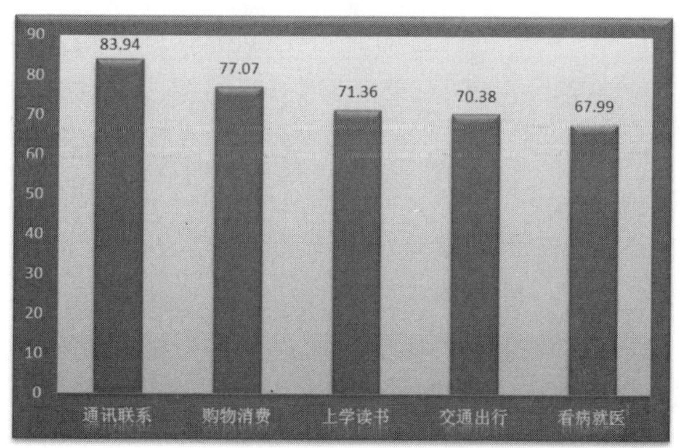

（七）对政府社会工作的评价有待提高

调查反映，受访者对政府社会工作的“评价较差”，总体满意度为60.78，没有达到“评价一般”的范畴，有待提高，详见图三。

图三：对政府社会工作的满意度

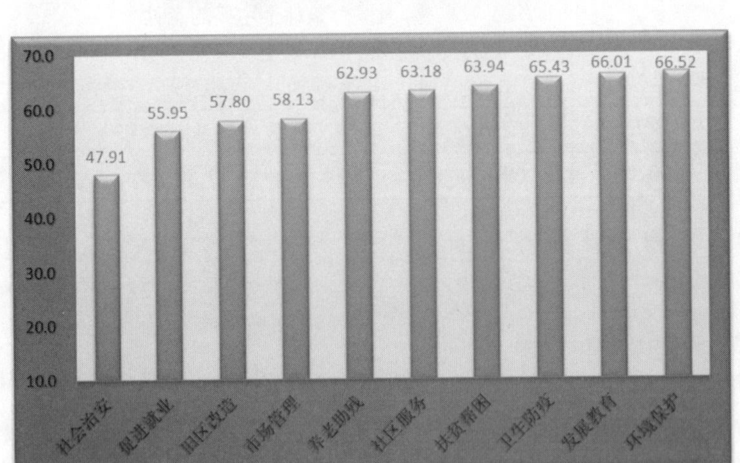

分析表明，导致对政府社会工作评价不高主要有以下三个方面：

1．社会治安评价最低，满意度仅为47.91。主要表现为行窃事件多，抓赌快抓贼慢，抓赌一罚就放，打击涉黄、吸毒不力，有案不立或有案不查，出警不及时、破案率低等。

2．促进就业评价较低，满意度为55.95，排倒数第二位。主要表现为就业机会不多，就业中介机构服务鱼龙混杂，促进就业成效有限，没有解决好流动摊贩就业问题、只是一味打击清理等。

3．旧区改造进展缓慢，受益面有限。满意度为57.80，排倒数第三位。主要表现是组织工作不力、人手有限，雷声大雨点小，一些符合旧区改造条件的小区迟迟没有动工改造等。

三、促进民生改善的几点建议

调查结果反映，南宁市民生现状与受访者的愿望仍有较大的差距，进一步促进民生改善时间紧、任务重、难度大，应引起有关部门的高度重视。

1．集中力量解决旧区改造、房价高、看病贵、教育不公平等突出问题。这些问题长期存在，已为广大群众所诟病，成为困扰广大群众的顽疾。解决这些问题，一是建立行政责任制，将其纳入行政考核的重要内容，明确目标和责任，强化监督检查和落实，积极创建人大代表和公众的监督机制；二是加大财政扶持力度，将公共财政更多地投入到与群众直接有关、关系紧密的基本民生项目上；三是从税收、融资等方面引导社会资金增加投入，动员各方力量参与民生项目；四是积极推进制度改革，从根本上解决体制、机制不畅，阻碍民生改善的难题。

2．加快促进社会公平的工作步伐。一方面提高最低工资标准，加强监管，落到实处。二是降低门槛，引导个人就业，解决好流动摊贩问题，逐步实现就业公平。三是降低社会保障标准，扩大保障范围。如养老保险的交纳标准，不应以城镇在岗职工平均工资的统计数字为计算依据，而应以分行业平均工资为计算依据。四是增加对低保人群和困难群众的转移支付，更多分享到发展成果。五是加强税收监管，严防税收流失。这既体现税收公平原则，为也增加财政收入、改善民生提供更多的资金保障。

3．统筹解决好发展与民生的问题。民生问题的根本解决，都要建立在发展的基础上，发展带来资金，发展带来就业，发展带来收入的增加，发展带来更多的改善民生的机会和能力。但现实的情况是，发展往往与民生投入互为矛盾，资金投入互相掣肘。因此，统筹好发展与民生的需求是促进民生问题解决的重要内容，一个重要的原则应该是简化政府职能，开放公共基础建设领域，积极引导社会力量进入，改变政府大包大揽的状况。政府职能要集中到解决发展的制度、政策等软环境上，集中到解决民生问题的道路上，为创建和谐发展的新南宁而努力。

南宁农村中小学多举措筑校园安全“防护网”但存在隐患应引起重视

龚建峰　苏　霓

为了解南宁市农村中小学、幼儿园在安保方面存在的突出问题，防范于未然，确保校园安全。近期，国家统计局南宁调查队对江南区、青秀区、宾阳县、横县、武鸣县、隆安县等多个乡镇中小学、幼儿园进行调查了解到，各乡镇中小学严格按照区市的部署，通过开展安全隐患大排查、加强安全教育、强化学校门卫管理、实行学校安全工作值班制度等多项措施确保校园安全。但是受安保力量不足、资金缺乏等各方面条件的限制，农村中小学校安全仍存在较多隐患，整体安全系数亟待提高。

一、多举措共筑校园安全“防护网”

南宁市各乡镇及各中小学积极行动，采取措施切实加强学校安全防范工作，确保师生安全。

一是积极传达有关精神，加强安全宣传教育。在调查的宾阳县和吉镇、江南区苏圩镇、横县六景镇、武鸣仙湖镇、隆安县南圩镇等学校，都对南宁市教育局下发的文件精神进行了传达。如宾阳县王灵镇中心小学5月4日在镇派出所干警参与下，就安保问题迅速召开了全体教职工会议，制订了一系列安保措施。横县六景镇5月7日召开了由镇直单位负责人、各村委主任、中小学（幼儿园）负责人参加的全镇学校校园及周边安全环境的整治工作会议，部署应对整治，并通过多种形式对师生进行安全教育、安全演练，提高师生的安全意识。江南区苏圩镇中学及时召开了校园安全会，并在班会上进行安全教育。

二是开展校园安全隐患排查。如武鸣仙湖镇对学校的围墙、门窗、体育设施、食堂设备、安全通道等设施进行了全面检查，能抢修的及时进行了抢修，对隐患较大的果断停止使用。隆安县南圩镇22个中小学、8个民办幼儿园组织成立了安全排查小组与派出所对村校及民办幼儿园进行了地毯式排查，并对存在安全隐患的学校、幼儿园提出了整改意见。横县六景镇全镇中小学（幼儿园）对自身的安全情况也进行了全面的排查。

三是进一步健全门卫制度。在调查的各所中小学，都健全了门卫制度，有铁门的学校都安排值班老师负责开门，确保使来历不明的人员不能混入学校。如横县六景镇通过落实岗位职责，做好校园出入人员的登记制度，确保不出现陌生人进入校园；严格落实校园值班制度，负责带班的领导和值班的老师要坚守岗位，以认真负责的态度确保学生在校时段、上学和放学时的安全；做好学生入校检查工作，严格控制各类管制刀具进入校园、课堂。江南区苏圩镇中学严格执行门卫制度，对来历不明人员坚决不放行。

四是加强上学期间的防护工作。武鸣仙湖镇规定学校必须安排足够的值班人员在校内外疏导防护，对因父母上班早等原因提前到校的学生，学校必须给予接纳和有效监管，早晨严禁将学生关在校门外或教室外，放学后及时清校。宾阳王灵镇中心小学灵活安排教程，组织男教师成立保卫组，采取轮流方式加强值班工作，一旦发现外来人员擅自闯入校园，立即驱赶或扣押，对拒不听劝阻者，则报告派出所，由公安部门严肃处理。

五是组织演练，提高处置能力。宾阳王灵镇中心小学组织师生进行一次如何防范不法分子进入校园伤害学生的安全演练，提高学生应变处置能力，减少各种伤亡事故发生。横县六景镇、隆安县南圩镇也进行了类似的演练。

六是投入经费加强落实。横县六景镇投入学校安保经费6万多元，以提高校园安全的防范能力。宾阳县王灵镇中心小学投入资金购买了1.6米长的木棍20条等各种防范用具放置于学校办公室，确保学生在危难时刻得到有效保护。青秀区投入经费为长塘镇初级中学和小学分别新聘了5名和26名安保人员。

二、农村中小学安全保卫存在的突出问题

（一）无围墙是部分学校面临的首要安全隐患

调查的大部分学校反映，没有围墙是学校面临的首要安全问题。因为没有围墙，社会人员可以随便进入学校，学校安保防不胜防。如宾阳县和吉镇，全镇只有一所幼儿园有可以起到安全防范作用的围墙和大门，还是并校以后废弃的小学改建的，有4个小学教学点没有围墙和大门。该县王灵镇秀山村委横寨完小、义和村委陆岭小学等学校至今没有围墙，王灵镇七新村委新宁村小学虽然有围墙，但没有铁门。隆安县南圩镇大部分村小学校，如南兴小学、积发教学点、挂榜教学点、万朗村福兴教学点、联伍村陇信教学点没有围墙，南兴小学因校内有墓地，围墙不完整。另据横县六景镇反映，该镇大部分的小学校围墙都比较低矮，留下不少安全隐患，用老师的话说，“这样的围墙挡得君子难防小人盗贼”。虽然有的学校想再砌高加固围墙，但却没有资金。从横县某镇中心学校卢校长了解到，目前该镇中小学校舍危房改造资金还欠建筑老板达240多万元，别说改造围墙，危房债务压力就很大。

（二）学校安保力量严重不足，资金缺口大

1．保安人员严重缺乏。调查发现，规模较大的乡镇完全初中一般都聘有保安，而村小学、幼儿园则没有。如横县六景镇，乡镇小学小的不足100人，大的在200到300人之间，绝大部分小学校都没有配备专职门卫保安。在调查的宾阳县王灵镇23所农村乡镇中小学、幼儿园中也没有一所学校配备有保安。在江南区苏圩镇调查的保安小学、定计小学、佳棉小学、苏圩镇中学等四所学校中，除中学配备有2名保安外，其余三所村级小学均没有保安。隆安县南圩镇中心小学、一中及南圩中学保安人员不足，各村校及民办幼儿园无保安人员。青秀区长塘镇初级中学虽然有校警5人，但是据反映，学校仍然很难安排保安工作24小时巡逻值班，安全隐患较多。

2．保安老龄化问题严重。虽然部分学校配备有保安人员，但是年龄都偏大。据江南区苏圩镇中学苏校长反映，该校有教职工68人，学生602人，但是目前仅有2名保安，且年龄都在60岁以上，保安年龄严重偏大，对不法分子威慑作用有限。横县不少学校反映，由于安保经费有限，保安不好找，门卫大多是年纪较大的同志或者是退休老师、干部担任，能开关大门就行。

3．专项资金缺乏，安保人员大多由老师担任。调查中，无保安的学校均表示没有资金、聘用不起保安，学校安保人员大多由老师担任。宾阳县和吉镇反映，由于上级没有资金到位，各校安保状况基本上没有什么变化。横县六景镇反映，晚上巡逻安保都是由老师担任，没有课的老师轮流当门卫，老师既是当教员又当门卫，安保工作实行校长负责制。江南区苏圩镇佳棉小学分管安全工作的副校长苏女士表示，现在学生安全问题是她最关心的问

题，每天要牵扯很大的精力来确保学生安全。苏圩镇中学苏校长算了一笔帐，如果聘请保安的话，至少要700—800元/人，聘请两人的话每年将增加2万元左右的经费，年轻专业保安工资更高，因此人员和经费矛盾比较突出。

（三）警力有限，警校联动成空谈

宾阳王灵镇反映，该镇有11个完小，1个中学，而派出所干警不足10人，这当中还有户籍警、所长、指导员等，需要处置一些突发事件，因此这些干警分配到全镇12个学校根本不可能。校园安保工作拉开后，头两天该镇派出所人员开着警车到学校坐镇，往后事情一多就再也顾不来了，剩下的就是一张空台、一张空椅在校园门口，形同虚设。同样在江南区苏圩镇，共有人口6.6万人，但是有正式编制的警察只有7人，协警也只有7人，应对全镇治安力警力也很吃力。调查了解到，除开镇中学放学、上学当天有交警、派出所民警在学校周边巡逻外，调查的其他3所小学均表示辖区派出所没有与学校联系，也没有采取相关防护措施。全市其他乡镇也同样面临此类问题。

（四）校园周边交通隐患多，增大校园安保压力

校园周边交通环境差，学生交通安全意识单薄也是影响学生安全的突出问题。一是交通秩序混乱，超载现象严重。横县某镇反映，该镇辖区有三所中学，每逢周末放学，几所中学大门外停满了三轮车，等学生放学抢客源，秩序比较混乱，老师只能当临时交通指挥员，而且很多三轮车都是超负荷载客，据了解，很多每次载10人以上，安全隐患严重。当地政府以及交通部门也多次到场管理，但是屡禁不止。学校老师表示，很难禁止学生不搭坐三轮车，因为学生周末回家要走十几公里，三轮车是唯一的代步工具，因此学校安保压力很大。隆安县南圩镇反映，该镇中心校低年级学生家长联合雇佣三轮车超载接送学生，各民办幼儿园接送车超载现象也很严重。二是校园周边交通隐患大。江南区苏圩镇某校校长反映，由于该校处于322国道线边，因此经常有社会小青年在学校周边开摩托车飚车，给学生安全带来严重影响。在调查过程中，定计小学周边就发生一起摩托车撞人的交通事故。三是交通标志少。如隆安县南圩镇中心校校门口安全标志不明显，公路沿线的三宝小学无“限速标志”、“前方有学校”及“注意儿童”等警告标志，大同小学、古信小学无任何交通安全标志。

（五）影响农村中小学校园安全的其他因素

一是学生纠纷影响校园安全。在学校，经常发生一些因学生之间的矛盾而引起的突发事件。苏圩镇保安小学何校长反映说，不久前，五年级某学生因与同学发生矛盾，该学生家长得知后就拿一把铁铲到学校，扬言要打学生。

二是网吧纠纷成为影响校园安全的突出因素。据反映，进入农村网吧的未成年群体一般是周围中小学学校的学生，还有一些在九年义务教育结束后既没有升学又没有出门打工的大概在15—18岁的未成年人，由于年龄小、务工早、务农不干，都在社会上闲逛，过早地步入社会，自制力比较差，这类群体及初中学生由于很容易受网络的负面影响，有的堕落成流氓地痞，直接给晚自习放学的学生带来安全问题，对社会的治安造成混乱。江南区苏圩镇中学校长更是直言不讳的说：网吧上网引发的一些问题，已成为学校最大的不稳定因素。据反映，该镇有6、7家网吧，但是80%以上的都是未成年人在上网，社会小青年由于没有上网费，就经常对学生进行敲诈，从而引发打架、斗殴事件，而这些事件又会带回学校，给学校的安保带来很大影响。

三是基础设施薄弱给学生安全带来隐患。如隆安县南圩镇三宝村小学校园内没

有厕所，江南区苏圩镇佳棉小学有200多人在危房上课，苏圩保安小学门口上方的高压电线，没有电杆，直接放在围墙上达3年之久，安全隐患较大。

三、几点建议

学生的安全关系着每个家庭的幸福与安宁，更关系着社会的安全、安定。在调查中，大多数家长对学校的安保还是比较满意，但部分家长及学校负责人对安保现状也很担忧。对此，建议：

一是各级党委政府要高度重视，加大经费投入力度，为那些治安环境复杂的学校，新建围墙、配备相应的安保人员，切实维护学校的安全保卫工作。

二是公安机关应加强对学校周边环境的排查与巡逻力度，加大对交通违法行为的惩治；为学校安保人员统一配备防护装备，如铁叉、制服等，威慑不法分子。

三是加强对乡镇网吧、录像厅等娱乐场所的管理，加强对未成年人的思想教育，远离黑网吧，齐抓共管，将一些矛盾化解在校外，维护社会治安。

四是构建和谐校群关系，动员周边群众关心学生安全，为学生安全筑起一道校外防火墙，构建一个和谐的校外环境。

南宁市小型企业经营环境不断改善

王雪梅

小型企业是国民经济的重要组成部分，在促进经济发展、改善居民生活、增加就业等方面发挥着重要作用。为了解小型企业的经营环境，国家统计局南宁调查队对南宁市八个行业的247家小型企业进行了问卷调查。结果表明：小型企业的经营环境不断改善，但人才缺乏、市场规范、需求不足、资金困难等问题亟待解决。

一、经营环境得到不断改善

（一）企业对经营环境整体评价良好

调查结果显示，小型企业对南宁市经营环境的整体满意度为78.16（满分为100），处于较高满意区间（75～90为较高满意），比上年提高了0.84。在调查的247家小型企业中，有23.9%的小型企业对南宁市经营环境表示满意，74.1%的小型企业表示基本满意，认为不太满意为2.0%，不满意的为0。表明南宁市小型企业经营环境条件总体良好，得到了大部分小型企业的认可。

（二）企业对市场发展潜力看好

在调查的各项经营环境项目中，小型企业对南宁市的市场发展潜力评价较高，满意度为82.01。在调查的247家小型企业中，有47.9%认为南宁市的市场发展潜力非常好，49.1%表示好，认为差的仅有2%。

（三）企业对政府鼓励自主创新满意度较高

调查显示，小型企业对南宁市政府鼓励企业自主创新情况的满意度为80.55。在调查的247家小型企业中，有41.8%认为南宁市政府鼓励企业自主创新的情况好，54.1%表示一般，认为差的有4.1%。

调查的247家小型企业中，有27家企业与本地大学签订了研究与开发合同或有长期的技术合作关系，比上年增加了4家；有14家企业与本地研究机构研发合作，比上年增加了3家。

（四）企业对劳动力供应充裕程度较满意

调查显示，小型企业对南宁市的劳动力供应充裕程度评价较高，满意度为80.1。在调查的247家小型企业中，有46.9%的小型企业认为南宁市的劳动力供应充裕程度好，45.8%的小型企业认为一般尚可，认为差的和非常差的分别为6.5%和0.8%。

（五）企业认为南宁市环境适合投资者发展内贸市场的程度较满意

调查显示，小型企业认为南宁市的环境适合投资者发展内贸、内销市场，满意度为78.14。在调查的247家小型企业中，有30.1%的小型企业认为南宁市的市场环境适合投资者发展内贸、内销市场程度好，比上年提高了3.8%；64.3%的小型企业认为一般尚可，认为差的占5.6%。

二、存在问题仍然突出

当前企业经营环境存在的问题主要有：

（一）企业对同行业间公平竞争的情况评价较低

调查结果显示，小型企业对南宁市同行业间公平竞争的情况满意度为74.63。在调查的247家小型企业中，有46.2%认为同行业间存在恶性竞争的问题突出。由于小型企业进入门槛低、生产或服务企业众多、行业集中度不强，因此小型企业更容易出现同行业间的恶性竞争。据调查反映，市场产品同质化问题严重，市场的严重饱和加剧了同行业企业之间的恶性竞争。

（二）企业认为市场秩序方面存在的问题突出

据调查反映，资金不足一直困扰着小型企业的发展，特别是小型企业货款拖欠现象不断增多，影响企业资金周转，流动资金紧张，融资困难。市场法律法规不完善，致使一些职能部门有意无意地对小型企业设置了障碍，给小型企业经营造成一定困难。

调查的247家小型企业在回答“当地市场秩序存在哪些突出问题”时，除同行业恶性竞争问题以外，有32.8%的小型企业认为是“货款拖欠影响小型企业资金周转”；有27.5%的小型企业认为是“假冒伪劣商品多、冲击企业产品销售”；有21.1%的小型企业认为是“市场法律法规不健全”；有6.9%的小型企业认为是“产品在异地销售时受到地方排斥”。

（三）企业认为在生产经营中存在的问题

小型企业在生产经营过程中存在的主要问题是：有53.4%认为“生产经营成本过高”；有51.2%认为“劳动力成本提高”；有30.4%认为“资金筹措困难”；有13.8%认为“国内市场销路不畅”；有9.7%认为是“市场经营秩序差”；有7.3%认为是“原材料供应不足”。

（四）企业缺乏技术人才和管理人才

小型企业对南宁市管理人才供应充裕程度的满意度为75.5，比上年下降了1.2；小型企业对南宁市技术人才供应充裕程度的满意度为75.3，比上年下降了1.3。在调查的247家小型企业中，有34.1%的小型企业认为有“人才的招聘与稳定的问题”；有31.6%的企业认为“员工素质不高”。缺乏人才优势是影响小型企业发展的重要因素之一。

三、经营环境需要继续改善

从调查结果看，尽管小型企业对南宁市经营环境的整体满意度处于较高区间，但在本次投资环境调查的八大环境中满意度较低，表明小型企业的经营环境仍需不断改善。为此建议：

（一）提高办事效率，营造公平竞争、规范有序的市场环境

小型企业希望政府及有关部门能提高办事效率，进一步完善市场体系，建立规范的市场经济秩序，完善市场监督机制。同时希望有关部门能维护企业的合法权益，促进小型企业在行业中健康发展。加快市场环境的治理和建设，坚持不懈地打击制售假冒伪劣产品，严肃查处价格欺诈行为，打击逃避债务、不履行合同等违约行为，为小型企业营造公平有序的市场竞争环境。

（二）重视引进和培养管理和技术人才

在调查中，大多数企业都重视人才，小型企业对南宁市管理人才和技术人才供应充裕程度的满意度有所下降。小型企业应引进和培养管理和技术人才，从企业发展的战略高度，充分认识到人才在企业发展中的地位和作用。引进人才的同时也要培养人才，尤其是能够在市场经济中游刃有余的经营管理型人才，充分挖掘内部人才的潜力，结合市场需求，在工作实践中锻炼人才，培养人才，使其快速成长，尤其是一批懂技术的经营管理型人才，增强企业的凝聚力，提高员工的整体素质，提高企业的整体管理水平和技术水平，以促进小型企业快速发展。

（三）改善小型企业融资环境，解决企业资金困难

资金困难制约南宁市小型企业的发展。要解决资金短缺问题，就需要改善小型企业的融资环境。解决融资难问题要从多方面入手，政府和金融部门要运用多种途径，要引导、鼓励小型企业多渠道融资，切实解决小型企业资金难的问题。促进银企合作，提高贷款落实到位率；进一步完善小型企业担保体系建设，切实加

大对小型企业信用担保机构的财税支持，提高担保机构风险防范能力和融资担保能力；积极推进小额贷款公司，建立健全中介服务体系，引导民间资本支持小型企业发展。建立小型企业的信用体系，建立信用体系是规范市场秩序的治本之策，要积极扶持产品结构合理、企业信誉高、有发展潜力的小型企业，尽可能地帮助小型企业解决资金紧张的困难，使小型企业的发展走上良好发展轨道。

（四）鼓励小型企业创新，改善市场环境，帮助小型企业拓展市场

据企业反映，希望有关部门能引导企业调整产品结构，推进技术进步和创新。帮助企业按照市场要求积极调整产品结构，提高科技含量和产品质量，努力降低成本，增强小型企业的竞争力。帮助小型企业进一步解决销售中的问题，引导小型企业主动开拓国内外市场，为拓展市场、扩大市场份额创造良好的服务环境，让南宁市小型企业健康快速发展。

投资硬环境提高　软环境下降
总体满意度微幅下滑

——2010年柳州市投资环境监测调查报告

何润德

回顾2009年，在柳州市委、市政府的正确领导下，柳州市相关部门和单位继续做好优化投资环境工作，各级政府机构积极支持企业抓住国内扩大内需、改善民生的机遇，实现了经济的快速发展。全市地区生产总值突破了1000亿元，工业总产值突破了2000亿元，为今后柳州市国民经济实现健康快速发展奠定了坚实的基础。

据国家统计局柳州调查队于2010年3月对300家企业的问卷调查显示，企业对柳州市的投资经营环境继续给予较高的评价，看好柳州市社会经济发展潜力。但是，柳州市整体投资环境满意度在全区的排名有所下降。

一、整体投资满意度微降，但继续保持较高评价

调查结果显示，2010年柳州市整体投资环境满意度为79.68，比上年微降0.38，但仍然保持在较高满意的区域。其中，投资硬环境和投资软环境的满意度也均处在较高满意的区域。

根据全自治区14个城市的调查结果观察，柳州市整体投资满意度的排名从2009年的第一名下降为2010年的第二名，紧随南宁市之后。从投资硬环境和投资软环境两个方面看，柳州市2010年投资硬环境的满意度虽然比上年同期有所提高，但排名仍从2009年的第一名下降为2010年的第二名，也是紧随南宁市之后；柳州市2010年投资软环境的满意度比上年有所下降，其排名从第一名下降为第三名。

此次调查数据显示，柳州市2010年整体投资环境满意度在全自治区的排名有所下降，主要是受投资软环境满意度下降影响。反映投资软环境的五大类指标的满意度也均呈现下降态势，其中政务环境的满意度下降的幅度最大。

（一）整体投资硬环境满意度继续提高

整体投资硬环境满意度为80.95，比上年提高0.2；其中，“当地的自然资源环境条件”的满意度达到82.87，同时，反映自然资源环境条件的9项详细分指标的满意度均处在较高满意区域；“当地的基础建设条件”的满意度达到81.5，比上年提高0.47，反映基础建设条件的7项指标的满意度均达到较高满意评价；“当地的公共设施条件”的满意度达到78.3，比上年提高0.19，在6项细分指标中评价较高满意的指标是“食、衣、住、行便利程度”、“学校、教育设施完备程度”、“银行服务、商旅等服务环境”、“医疗、卫生、保健设施完备程度”；评价一般满意的指标是“科研机构完备程度”、“城市建设国际化程度”。

从2000年以来，柳州市投入大量资金，扩大城区建设，兴建道路桥梁，改善生态环境，完善市政设施，使柳州的城市面貌日新月异，得到了广大市民及外地客商的认可。更值一提的是，2010年2月，柳州市荣获了国家林业部颁发的“国家园林城”称号。在过去的一年里，柳州市改善投资硬环境取得的主要成绩是：

1. 新建河西、洛维工业园区，为柳州市工业生产的高速发展，提供更为广阔和

完善的空间环境。

2. 持续新建、扩建污水疏导及处理设施，解决了多处街区雨后出现内涝的老大难问题，改善了居民生活环境及江河水质。

3. 加快“百里柳江画廊”建设速度，既打扮了沿江景观，也方便了市民出行，增添了休闲场所，该项目被国家住房和建设部授予“2009年中国人居环境范例奖”。

4. 开工建设四座跨江大桥，为柳州市尽快实现经济升级、打造宜居城市而提供更优越的环境。

5. 加快旧城改造力度，改善城市形象。最具代表性的是地王大厦、柳州风情港、金沙角等项目开工建设，一旦这些项目落成，柳州城市形象将迈上新台阶。

6. 一批提升城市品位的文化体育场馆相继开工，如李宁体育馆、柳州游泳馆、柳州文庙、柳州工业博物馆及柳州会展中心等建设项目。

（二）整体投资软环境满意度有所下降

调查显示，本年度柳州整体投资软环境满意度为79.14，虽然比上年下降0.61，但仍处在较高满意度的区域。其中，社会环境的满意度为79.62，比上年下降0.48；政策法制环境的满意度为78.3，比上年下降0.24；政务环境的满意度为79.97，比上年下降1.11；经济环境的满意度为78.6，比上年下降0.11；经营环境的满意度为77.53，比上年下降0.56。虽然以上五项反映投资软环境的满意度指标均比上年略有下降，但各项指标的数值仍处在较高满意度区域。

从投资软环境的具体指标看，满意度下降幅度较大的指标是：“当地的劳动力供应充裕程度”下降2.17，“当地环境适合投资者发展内贸内销市场的程度”下降2.01，“当地的厂房与相关设施成本合理程度”下降2.01，“当地行政机关办事程序公开情况”下降1.54。满意度较低的几项具体指标是：“当地民众的文化素质及文明程度”、“当地的社会治安状况”、“当地行政机关工作效率”、“当地的资金贷款取得难易程度”、“当地的商业及经济发展相比较于国内一般水平”、“当地人民的生活水平相比较于国内的一般水平”。

（三）投资风险程度略有上升

调查显示，柳州市整体投资风险度为56.54，比上年提高2.19。其中，社会风险度为53.8，比上年降低1.22；法制风险度为52.07，比上年提高0.32；经济风险度为55.05，比上年降低0.24；经营风险度为54.98，比上年降低0.11。从各单项指标的数值看出，其风险度基本处于低风险区域，而且四项指标中有三项指标的风险度与上年相比是下降的，表明柳州市的投资环境继续得到改善。

（四）企业对柳州市的投资环境推荐度有所提高

调查显示，样本企业给未来投资者的推荐意见的推荐度为81.82，属于较高度推荐区域，而且推荐度比上年提高了1.08，表明企业非常看好柳州市的发展前景。在推荐意见的十项指标中，其指标数值均处于较高推荐度区域，其中推荐度较高的分项指标是：当地发展潜力82.32，当地对投资者权益保护81.28，当地政府行政效率80.75，当地投资环境80.63，竞争力80.07。

二、存在的问题

柳州市改善投资环境的努力在时刻不停地进行，这些努力已取得了巨大的成绩，也得到了企业的赞许。但是，此次问卷调查结果也浮现出某些方面的工作不尽如人意，需要加以改进：

（一）城市建设的国际化程度较低

有18%的受访者认为柳州市城市建设的国际化程度“差”，仅有17.67%的受访

者认为“好”。所以，柳州市在城市建设方面仍需加倍努力，争取早日勾画出现代城市形象。

（二）社会治安状况有待改善

有37%的受访者认为社会治安“差”，仅有30%的受访者认为“好”。因此，社会治安问题仍需常抓不懈，以解公众之忧。

（三）企业寻求贷款比较困难

有1.67%的受访者认为取得资金贷款“非常困难”，有23%的受访者表示“困难”，仅有8.66%的受访者认为“容易”或“非常容易”。可见，如何化解企业资金需求的难题，仍是一项长期而艰巨的工作。

（四）企业高级技术人才缺乏现象并未得到缓解

调查显示，仅有29%的受访者认为“高级技术人才”能满足企业发展需要，这一比重比上年下降了5.7个百分点。

三、建议

近一年来，柳州市改善投资环境的决心和举措不但显现在日渐清晰的宏伟蓝图上，也深切感染了各地宾客，吸引了各路商界精英。在2009年，许多国内外知名厂商落户柳州，世界水上极速运动组委会与柳州签订了五年赛事合约，最为耀眼的是：柳州被中科院专家组评选为“中国未来十年最具潜力城市中三线城市的十强之一”。这些成绩的取得，壮大了柳州的整体实力，也赋予了柳州更崇高的使命。柳州市必须加倍努力，扎实做好各项工作，进一步优化投资环境，才能抓住机遇，实现跨越发展的目标。

1．不少企业在生产经营中面临一些外部因素的困难，需要相关政府部门多去调查了解，尽最大可能帮助企业解决难题，如企业在用地、融资方面的问题。

2．经济的快速发展，市场容量的迅速增加，能给企业和创业人才提供更多的机会，但一些不法商贩也会乘机谋取非法利益。因此需要相关部门维护好市场秩序，始终保持打击不法商贩、保护合法经营的态势。

3．由于大多数中小企业规模小、人员少，难以靠自身完成人才培训、市场调研、法律咨询等商务工作。因此，希望有关部门尽快研究解决柳州市商务服务行业规模小、门类少、发展缓慢的问题，以推动中小企业的迅速成长。

4．继续探索实施更加灵活快捷的行政审批程序，加大对公务人员的培训教育力度，让企业得到更热情、更高效的服务。

2009年桂林市服务业抽样调查报告

张　悦

服务业作为现代经济发展水平的一个重要标志，在加快转变经济发展方式、促进经济平稳较快增长，特别是在扩大城乡居民消费需求方面发挥着重要作用，是有效提升经济发展的内在动力。据对桂林市11个行业大类的153家服务业企业抽样调查表明：2009年桂林市服务业呈现良好发展态势，三大特点明显，但存在问题不容忽视。

一、桂林市服务业呈现三大特点

（一）营业利润上升

调查数据显示：2009年桂林市服务业企业营业利润比上年同期上升38.47%。除计算机服务业和体育业外，其他9个行业营业利润同比均增加，其中增长较快的行业有：娱乐业、居民服务业、科技交流和推广服务业，同比分别上升333.95%、63.67%、45.81%。企业营业利润上升的主要原因是营业成本和费用的下降：样本企业全部营业成本同比下降15.2%，营业费用同比下降20.83%。尤其是企业改善经营管理水平，努力控制成本费用支出起了很大作用，如科技交流和推广服务业企业，在全部营业收入下降3.72%的情况下主营业务成本和费用分别下降了3.93%和22.97%，即使该行业企业从业人员小幅增加，利润仍然大幅上升。

（二）从业人员数量保持平稳

调查数据显示：2009年桂林市服务业从业人员数量与上年同期基本持平。从业人员数量增长较快的行业是体育业和居民服务业，同比分别增加154.55%和26.63%。可以看出，一方面，随着经济的发展，桂林市居民对生活质量的要求日益提高，对服务业的需求越来越大；另一方面，服务业企业并没有大幅裁员，显示出企业对本行业的发展前景保持乐观。

（三）工资和福利水平提高

调查数据显示，2009年桂林市服务业企业应付工资总额、保险费、住房公积金和住房补贴同比分别上升6.95%、20.72%、30.04%。其中，应付工资总额上升较快的行业是软件业和其他服务业，同比分别上升111.03%和43.16%，人均工资总额分别上涨91.84%、40.5%；保险费上升较快的行业是计算机服务业和居民服务业，保险费同比上升13.5倍和1.1倍，人均保险费同比上升12.8倍和67.26%；住房公积金和住房补贴上升较快的行业是居民服务业和仓储业，同比分别上升105.13%和37.6%，人均住房公积金和住房补贴额度同比分别上升62.03%和47.69%。

二、服务业企业存在的问题

虽然桂林市服务业得到了一定发展，但与整个经济发展和人们生活日益提高的服务业需求相比，仍存在发展不平衡、规模小、水平不高、从业人员素质低等问题。具体表现在以下几个方面：

（一）服务业各行业差异大，发展不平衡

受金融危机影响，2009年桂林市服务业营业收入总额同比下降11.39%，但11个行业大类增减情况差异较大。5个行业营业收入同比下降，6个行业营业收入上升。全部营业收入同比增长较快的行业有：软件业、其他服务业和计算机服务业，分别增长67.85%、30.34%、25.64%。全部营业收入下降较快的行业为：仓储业、租赁业、商务服务业，同比

分别下降61.46%、12.84%、4.36%。桂林市以传统服务业为主，服务业企业以旅行社居多，业务发展也最为完善。而现代服务业是一个多种行业集合体，行业间联系也不断加强。从2009年服务业各行业经营收入也可看出，软件业、计算机服务业、其他服务业在目前的经济环境中展现出了极强的增长态势，而桂林市在这些服务业上的竞争能力并未显现。随着旅游业从资源竞争向资源与服务竞争方向转化，以及来桂旅游人数的增多，重视发展旅行社外的其他服务业，各种服务业实现均衡发展是桂林市巩固旅行社发展、完善服务业体系的必然选择。

（二）企业规模较小，经营管理水平低，稳定性较差

在样本单位中，规模较小的企业占了大多数。2009年平均从业人员数量在10人以下（含10人）的企业占了总数的43.14%，从业人员数量在20人以下（含20人）的企业占了总体的一半以上，而从业人员数量在100人以上的企业仅占总体的15.84%。这些小规模企业以私企性质为主。数据显示，20人以下的企业中，私企就占了73.08%。此外，小规模企业主要集中在商务服务业，其中又以广告业和旅行社居多。一方面，较为分散的小规模服务业企业给消费者提供了便利；另一方面，小规模企业易停留在为零散客户提供低端服务上，存在规范化程度不高、管理落后、服务水平低、竞争能力不强等缺点。调查结果显示，部分小规模企业盈利情况较差，旅行社的亏损面高达50%以上。表明小规模企业发展稳定性较差，受社会经济环境影响较大。

（三）从业人员素质有待提高

据调查，由于准入门槛较低，其他服务业从业者大专以上学历较少，大多数是高中及以下文化程度者，文化素质偏低不仅影响到了服务质量，更影响到企业的发展。从业人员的低素质使企业存在短期行为。随着桂林市旅游业的日益发展和来桂林市旅游人数的日益增多，对服务业如旅行社、会议及展览服务、娱乐业、汽车维修和保养、运输服务的需求也必将日益增多，从业人员的低素质既制约了企业发展，也使企业无法打响自己的品牌。

三、加快桂林服务业发展的几点建议

经济发展和人民生活质量的提高，对桂林市服务业提出了新的要求。鉴于桂林市服务业存在着行业发展不平衡、企业规模较小、运行不规范、服务功能弱、人员素质低等问题，与社会的发展和居民的要求有较大的差距，特别是在当前经济背景下，加快发展桂林市服务业既可以缓解就业压力，又能推动当地的经济发展。因此，应采取适当措施，推动桂林市服务业发展：

（一）重视服务业各行业发展，走均衡发展之路

一方面，在发展旅游业的同时注重发挥辐射作用，以旅游业带动其他的服务业发展；另一方面，注重发展旅游产业外服务业，积极引进相关行业技术人才，规范行业制度及标准，制定多渠道的优惠政策，加强相关基础设施建设，使桂林市服务业逐步走上均衡发展之路。

（二）积极引导小规模企业走规模化、连锁化、品牌化道路

目前桂林市服务业发展中的布局分散和规模效应不明显，延缓了服务体系的完善，也影响了企业的竞争力。要把现代企业的经营方式和信息技术运用到其他服务业发展中去，推广品牌效应，追求更大的社会效益。同时，挖掘其他服务业中的优势行业、品牌行业是提升发展服务业的必由之路。

（三）鼓励服务业企业大胆创新，拓展业务范围

目前，桂林市服务业企业大都从事较单一的业务活动，发展空间受限。鉴于

此，政府要鼓励服务业拓展业务范围，从原来的传统项目中跳出来。如对于汽车服务行业来说，应逐渐把经营重点由传统的维修转到养护上，从简单的满足洗车、打蜡等基本需要转向汽车的个性化装修、美容等一站式服务上，再由一站式服务转向挖掘消费者潜在消费需求并引导未来消费上，积极拓展服务业业务范围。

（四）规范职业资格证书制度，拓展培训内容

一方面，政府要逐步完善行业相关执业资格证书制度，对从业人员进行专业技术培训、重视职业技术学校教学质量；另一方面还需要相应地增加服务礼仪培训、服务规范化培训等，以全面提升服务业从业人员的整体水平和素质。只有把好入门关，使从业者具备相应的硬件软件知识，服务业才能得到更好更快发展。

加强桂林市漓江市区段生态建设和科学保护迫在眉睫

庞育光

桂林市漓江市区段贯穿于旅游名城桂林市城区，是漓江流域的重要组成部分。随着桂林市城镇化进程的加快，城市规模的拓展，旅游业的快速发展，漓江市区段面临的生态环境压力越来越大。“漓江的生态建设与科学保护，兹事体大”。因此，搞好漓江市区段“生态建设和科学保护”，是“桂林国家旅游综合改革试验区”赋予桂林人重要的历史使命，并具有深远的历史意义和重大的现实意义。

一、漓江市区段的价值体现

漓江，桂林的母亲河，桂林市居民的生命之源，它穿桂林城而过，即所谓“千峰环野立，一水抱城流”，从上游的南洲大桥到下游的净瓶山大桥蜿蜒近20公里的河段为桂林漓江市区段，东西两岸生活着近百万的居民。

漓江，又是桂林山水的灵魂。其中流经桂林城区这段得天独厚的漓江景观段，是百里漓江画廊中风光旖旎、自然景观密集、游览最便捷的一段黄金水道，10多公里长的两岸，汇聚了净瓶山、斗鸡山、塔山、穿山、象鼻山、伏波山、叠彩山、虞山等多处景点，素有“城在景中，景在城中”的美誉，也是“两江四湖”景区的重要组成部分。具有厚重的自然资源底蕴和不可估量的人文旅游资源。多年来，每年慕名到桂林观光旅游的中外游客快速增长，2009年达到1800多万人次，比十年前增加了1倍多。

二、漓江市区段存在的生态环境问题

近年来，受极端气候影响，随着旱情逐年加剧和延长，桂林漓江市区段水资源日益匮乏，水污染加剧，生态环境日趋恶化。

1．河水枯竭。作为一条雨源性河流，漓江每年9月到次年3月面临着长达半年多的枯水期。尤其2010年1—3月份，桂林市平均降雨量比历年同期偏少四成。一方面旱情不断加剧，河水枯竭；另一方面不断增加的城市人口对生产、生活用水的刚性需求日益增加，供需矛盾突出。枯水期间，使得流经市区的漓江河段，水量骤减，水位急剧下降，多处河段仅存几近断流的河沟；大片干涸的卵石河床、茂盛的水草和杂草丛生的沙滩遍布其中，形成漓江的另类“风景”。

2．水污染加剧。枯水季节时，人口密集的漓江市区段沿岸，就显露出多处排水口，它们直接向漓江排入大量乌黑发臭的生活污水；一些临江而建的菜农聚居地、乱搭乱建的餐饮大排档等排出的生活污水沿着房屋墙脚排入漓江，一些建筑、生活垃圾被随意倒进河中，多处河汊成为恶臭的污水池。

3．自然景观缩水。水，是桂林山水景观中不可或缺的重要元素。由于季节性缺水，市区这段山、水自然景观在枯水期时观赏效果大打折扣。如临江的净瓶山、伏波山、象鼻山水面收窄深潭变浅。特别是象山景观中吸附河水的象鼻有成为无水可喝的“旱鼻”的危险。作为桂林市的城徽，“象山水月”、“净瓶倒影”已踪影难觅，极大地影响了游客的审美需求。

4．鱼类生存环境恶化。枯水季节时水位低、水质差，加上滥捕滥钓导致漓江市区段鱼类生存环境不断恶化。如使用近20米长对大小鱼虾赶尽杀绝的“地笼”和电鱼器捕鱼的行为屡禁不止，钓鱼者随时随地可以在这段漓江水域上垂钓。据渔民反映，漓江市区段，一斤以上的鱼已经很难见到。此外，干旱时漓江上特有的小螺蛳大批地干死在卵石河床上。据有关资料显示，漓江原有鱼类140余种，目前仅剩不足30种，而市区段的情况更严重。天灾、人祸导致漓江上物种的多样性及生物链受到一定程度的破坏，生态恶化。

三、漓江市区段生态建设与科学保护的对策和建议

具有雨源性特点的漓江，在雨水季节特别是在上游连降大到暴雨的汛期，漓江水流量大且湍急、混浊，漓江市区景观段同样在景观效果、游览价值和安全系数上均为最低值，超出安全水位时则要实施封航；而在枯水季节，晴天时间较多，即使是小雨天气，漓江的水流量不大且较清澈。是“江作青罗带”的真实写照；是游览和观赏的最佳时节。更何况这期间“国庆节”、“中秋节”、“元旦”、“春节”等大小节日众多，是游客到桂林市观光旅游的旺季。因此，做好桂林市漓江市区景观段在枯水季节“水”的文章，是夺取桂林市生态文明建设和旅游业双赢的重要前提。

1．牢固树立科学保护漓江的理念。多年来，从中央高层到各级领导，都十分关注漓江的生态环境问题。改革开放的总设计师邓小平曾语重心长地指出：“为了发展生产，如果把漓江污染了，把环境破坏了，是功不抵过！”最近中共中央政治局常委、国家副主席习近平也郑重指出：“漓江的生态建设与科学保护，兹事体大”。

从桂林市关停并转几十家对漓江造成污染的工矿企业，到“发展临桂，保护漓江，疏解提升老城区，再造一个新桂林，最大限度地减轻环境对漓江的压力”重大战略的实施，都是为了一个目的，科学发展，保护漓江。桂林市被列为“国家旅游综合改革试验区”后，更应该采取各种形式和手段加大科学保护漓江的宣传力度，让每个桂林人牢固树立保护漓江的理念。继而向来过或还未来过漓江的人传递这样的信息：漓江是全人类的财富，共同保护漓江责无旁贷。

2．全力实施“保水”工程。除做好漓江上游的防洪补水工程外，对漓江市区段进行综合治理当刻不容缓。务必在做好“水”的文章上狠下功夫。一是针对一些河段河床浅、地势高的特点，对裸露的卵石砂滩进行全面的疏浚和相应的深挖，降低并形成U型的平缓河床能够蓄存更多河水；二是清除堆积在净瓶山、伏波山、象鼻山等水面前的沙滩，还原本来宽广的水面。三是针对在枯水期储水、保水能力差而严重缺水的特点，分别在净瓶山、象山和伏波山的下游附近修建枯水期既能蓄水、通航、汛期又能泄洪的生态型拱水坝，确保这10多公里的景观河道在枯水期间能正常通航游览，有宽广的水面保证漓江完整的山水景观。使得全段水面如解放桥墩到訾洲段一样，即使在枯水期也能常年保持一定的水深和碧波荡漾的水面。

3．加大治污力度，确保漓江碧水长流。针对市区仍有不少生产生活污水直接排入漓江造成污染的情况，亟需继续加大治理力度。一是切断污水源头。排查污染源，加强对污染源进行综合整治。切实对老城区实施污水管与雨水管分离，把明溪明沟污水引入处理厂进行净化，使污水得到有效处理。二是落实治污举措，加大监管力度。坚决制止随意将废水废物直接排向漓江的污染行为，对直接或间接向水体排放污染物的行为进行相应的惩处。

4．建立健全用水机制，落实节水措施。为缓解不断增长的用水需求与水资源

日益匮乏的突出矛盾，一方面要加大节约水资源的宣传力度，不断提高人们的节水意识；另一方面要利用价格杠杆，建立健全用水机制，落实节水措施，如制定丰、枯水季节生产、生活用水的不同水价和阶梯用水价位政策等。

5．严格实施“禁渔”制度。在漓江市区段，采取强制性的禁渔措施。严禁各种形式的捕鱼、钓鱼行为，违者重罚。切实为鱼类创造良好生存环境，并适时放流补充一些适应漓江生长的鱼苗，维护漓江鱼类和其他水生物生存环境。

6．开发净瓶山公园。临江的净瓶山是漓江市区景观段至今唯一没有加以开发和保护的一处景观。净瓶山瓶口上方的大洲岛是漓江市区段仅次于訾洲，且是唯一一个没有人居住的原生态大岛。岛上生长有多样树种、竹林及灌木丛，植被优良，它与净瓶山组成花瓶上的一束花（倒影）景观，“两江四湖”游览线路可延长至此。近年来，净瓶山脚乱搭乱建的建筑越来越多，大洲岛上已有人在开餐馆，有些地方甚至被辟为菜地。因此，应尽快采取措施，制止乱搭乱建和一些个人行为。结合滨江南路的修建，开发和保护好仅存的一处原生态公园景观。这不但可以结束城南无公园的历史，且能更好地发挥城市“肺”功能，净化空气的作用。

7．加大市区两岸生态植被建设和景区的管护力度。一是实施生态保水，加大两岸水源林、生态植被的建设和管护，严厉打击和惩处破坏生态文明行为。二是实施严格统一的长效管理，设立监管机构，配备足够的执法监管人员，对“两江四湖”区域特别是漓江景观段的一草一木均由相应的职能管理部门进行有效的监测和管护。任何单位和个人未经许可，不允许在区域内乱搭乱建。采取切实措施，永葆漓江景区青山长在，碧水长流。

桂林市投资环境不断优化

谢登宝

国家统计局桂林调查队投资环境及企业投资成本收益状况监测调查资料表明：2009年以来，在市委、市政府的正确领导下，桂林市坚持“四市”战略，紧紧围绕“四保”目标，切实采取“四个非常”手段，通过扎实开展“项目建设年”、“服务企业年”、“党组织服务年”和“城市建设高潮年”等一系列活动，投资环境得到明显改善，企业对桂林市改善投资环境的努力给予了高度评价，但部分问题仍然存在。

一、整体投资环境满意度上新台阶

本次调查共抽取250家企业作为调查样本，调查范围涵盖工业、建筑业、交通运输仓储电信业、批发零售业、房地产业、社会服务业、信息传输及计算机服务软件业、住宿餐馆业八大行业。调查结果显示：2010年桂林市整体投资环境满意度（以100分制计，下同）为78.8，比上年提高了0.5，高于全区平均水平0.4，处于较高满意区间（75～90）。仅次于南宁市、柳州市和钦州市，位于全自治区第4位，比2009年提高了1位，整体投资环境上新台阶。

二、“硬环境”稳步推进

调查结果显示：2010年桂林市投资环境调查的“硬环境”满意度为79.9，与上年基本持平，高于全自治区水平1.2，仅次于柳州市和南宁市，保持了全自治区第三位水平。

（一）自然环境保持良好状态

作为国际旅游城市，桂林市十分重视对自然环境的保护。据调查数据显示：2009年桂林市退耕还林工程完成面积同比增加8.15%，提高森林覆盖率2.8个百分点；启动资源金紫山风电场项目，对水利配套设施进行续建和改造，2009年桂林市共完成水利水电固定资产投资12.4亿元，改善桂林市自然环境成效显著。投资环境调查中自然环境满意度为83.5，高于上年0.1个点。其中淡水、电力、燃料等资源保障、生态地理环境与企业发展的适合程度、水电供应部门提供的服务质量满意度均在80以上。

（二）基础建设投资力度加大

2009年以来，桂林市大力实施交通基础建设、城市建设、工业园区基础设施建设等项目建设，贵广铁路、湘桂铁路复线扩能改造项目、机场路建设、临桂新区建设和老城区改造、城市水环境综合治理工程、污水垃圾处理设施建设工程等相继开工建设，为桂林市的投资“硬环境”在全自治区的领先地位提供了基础。调查结果显示：企业对基础建设满意度为79，高于上年0.2。其中电信网络等通讯条件完善程度、海陆空交通运输便利程度及电信部门提供的服务质量满意度均在80以上。

（三）公共设施配套相对滞后

调查结果显示：桂林市公共设施条件满意度为77.3，较上年下降了0.5。主要是在自然环境和基础建设改造提升的同时，配套设施的建设相对滞后，如新城区配套设施尚不完善，当地的科研机构尚未充分发挥作用等。分评价项目来看，衣食住行便利程度、银行服务、商旅等服务环境便捷程度均在80以上，但城市建设国际化程度、科研机构完备程度仅为73.9和75.8，属一般水平，仍存较大提升空间。

三、“软环境”满意度明显提升

调查结果显示：2010年桂林市投资环境调查的“软环境”满意度为78.40，较上年上升0.7，高于全自治区水平0.1，排名比2009年提升了4位，提升速度之快为全自治区之最，总名次排在南宁市、钦州市、柳州市、来宾市之后，位于全自治区第五名。

（一）社会环境良好

2009年桂林市荣获全国社会治安综合治理最高奖“长安杯”，开展了整治互联网、网吧、荧屏声频和校园周边环境等一系列行动，为净化社会环境起到了一定的作用。调查结果显示：社会环境整体满意度为81.8，其中：民众及政府欢迎外来投资设厂的态度为84.7；社会治安状况为81.1；民众道德诚信程度为80.2；社会风气状况为79.6；民众文化素质及文明程度为78.4。

（二）政策法制环境提升快，但部分法规政策贯彻执行力不足

一直以来，桂林市积极开展多项专题招商和投资环境推荐会，吸引优秀企业和专业人才到桂林安家落户。此外，桂林市以建立健全企业发展服务机制为目标，努力从金融信贷、土地规划、技改贴息等方面帮助企业渡难关。调查结果显示：桂林市政策法制环境整体满意度为78.7，比上年提高了1个点。

但在问到桂林市经营范围限制政策、土地管理政策、规划管理政策等15项法规政策存在的问题时，选择比例最高的问题是贯彻执行得不够好，尤其是社会保障政策、出入境政策和工商管理政策，选择贯彻执行力度不足的比例分别达到了66.7%、62.5%和70.5%，选择环境保护政策、财政优惠政策和进出口政策贯彻执行的不够好的比例也达到了58%以上。

（三）政务环境有所改善，但企业负担加重

2009年以来，桂林市扎实开展“项目建设年”、“服务企业年”等活动，强化相关部门对企业的服务意识，通过联合审批等方法，努力为企业创造良好政务环境。调查结果显示：桂林市政务环境满意度为78.6，比上年提高了0.2个点。

但是在调查中，当问到“贵公司今年承担各项社会负担是否增加？”时，满意度仅为66.5，其中认为“明显增加”的企业占3.6%，认为“有所增加”的企业占32%，而认为“变化不大”的企业占53.6%，认为“有所减轻”和“明显减少”的企业仅占5.2%和5.6%。

（四）经济环境和经营环境向好，但企业融资仍存问题，与国内先进城市相比仍存差距

2009年以来，桂林市积极组织企业开展技术创新和品牌建设，建立人才信息库，网罗各类社会人才和服务机构，先后举办了三次银企对接会，努力拓宽企业融资渠道，并起到了一定的效果。调查结果显示：经济环境和经营环境整体满意度分别为76.4和76.5，分别比上年提高了0.3和1个点。

但在对当地的融资政策进行评价时，满意度为75.4，其中，有0.4%的企业选择了“非常差”，12%的企业选择了“差”，63.2%的企业选择了“一般”，只有24%和0.4%的企业认为本市融资政策“好”和“非常好”。在选择当地的资金贷款取得难易程度时，满意度仅为68.1，其中2.8%的企业选择了“非常困难”，24.4%的企业选择了“困难”，64.4%的企业选择了“一般”，只有8.4%的企业认为融资“容易”。此外，有73.9%的企业认为本地区银行贷款程序比较繁琐。

在调查中，问到“您认为与其他城市相比，您所在城市投资环境如何？”时，满意度仅为54.1，处于低度满意区间（0~55），其中，认为“差距很大”的企业占15.2%，认为“有一点差距”的占49.2%，认为“差不多”的企业占18.4%，认为“略好”和“好很多”的企业仅占15.2%

和2%。

四、企业对未来投资者投资的推荐程度较高

随着桂林市投资“软环境”、“硬环境”的不断优化和改善，企业对在桂林市投资建厂、加工经营的信心指数在逐年提高。桂林调查队企业景气调查数据显示：2010年一季度，桂林企业家信心指数为122.0，比2009年一季度提升了26.0，增加明显。

同时，此次调查结果显示：桂林企业对未来投资者投资的推荐意见为78.5，处于较高推荐区间（75～90），就竞争力、当地投资环境、当地投资风险、发展潜力、投资效益、投资者权益保护、当地行政效率、内销市场前景和整体生活品质推荐意见而言，满意度均在75以上。

五、进一步改善桂林市投资环境的几点建议

调查结果显示：企业对最近一年当地投资环境的变化趋势满意度高达82.4，说明桂林市企业对改善投资环境寄予厚望，对投资回报充满信心，他们希望政府能继续重视投资环境的改善，使桂林投资环境更加完善和理想。

（一）努力提高政府对法规政策的执行力

在调查中有部分企业反映，政府的部分法规政策、企业优惠政策没有落实到位。建议切实提高政府机关和工作人员依法行政能力，兑现对企业的承诺，加大执法监督力度，强化政府执政基础，使企业有良好稳定的投资环境。

（二）规范各种收费，切实减轻企业负担

在调查中，有部分企业反映存在多头检查、多头收费的现象，再加上社会保障压力的增大，企业希望政府加大对各种收费的监督和检查力度，进一步规范对各种收费、检查的管理，让企业得到适当的减负，同时集中精力投入生产经营谋发展。

（三）切实落实“企业服务年”等相关政策，使企业得到真正实惠

针对被调查企业反映的融资难、手续复杂等问题，一方面应继续完善政银企合作机制，充分发挥担保公司和中小企业服务中心平台作用，切实加强对中小企业的扶持力度，适当简化银行贷款审批手续和时间。另一方面树立典型，鼓励有资质的企业多途径获得资金并给予一定政策扶持。此外，适时启动企业贷款跟踪预警机制，防范企业的信用风险和市场风险，鼓励银行、证券、审计、法律机构为企业提供金融和法律咨询服务，规范企业在取得资金后的经营行为。

（四）适时听取企业意见，缩短与优秀投资环境城市的差距

在走访调查中，有较多企业表示希望桂林能借鉴国内某些大中型城市的先进经验，加大政务公开力度，进一步提高政府管理部门的办事效率和服务水平，精简办事程序，有侧重的给中小企业以扶持政策，规范市场，大力推进公平、透明的竞争环境。此外，在招商引资的同时做好长期安排和计划，让已入驻企业可持续性发展，不仅要招商更要留商。

满意度提升缓慢　赶超创优任务重

——2009年梧州市环境保护满意率调查报告

李庆春

环境保护是社会发展进程的一个重要组成部分，一个城市的经济发展与环境保护是相互联系的，并构成一个有机整体。近年来，梧州市始终坚持科学发展理念，大力实施可持续发展战略，有力地促进了经济与环境、人与自然的和谐发展。为进一步了解市民对梧州市环境保护的意见和看法，2009年12月，国家统计局梧州调查队在梧州市城区范围内进行了“公众对城市环境保护满意率”抽样调查。

一、调查的基本情况

本次调查采用住户规模比例法（PPS）在城区中抽选社区，在抽中的社区按照随机等距原则抽选调查户，在抽中的调查户中选取一名18～65周岁且在本市居住一年以上的家庭成员作为被调查对象，调查方式采取调查员直接入户面访，根据被访者的意见填写问卷的形式进行。梧州市共抽取600户住户进行调查，其中万秀区在5个社区中抽200户住户，蝶山区在7个社区中抽280户住户，长洲区在3个社区中抽120户住户。调查内容主要从空气质量、水环境质量、噪声、垃圾、环保宣传教育和其他等六个方面共十五道问题进行综合评价。

（一）公众对城市环境保护满意率有所提升，居全区中等水平

2009年梧州市城市环境保护总满意率为63.32%，比2007年提高0.32个百分点，提高幅度不大，比全自治区平均水平低2.09个百分点，比全自治区满意率最高的桂林市低22.97个百分点，在全自治区14个城市中排第八名处于中等水平，距离全国环保城市模范标准(满意率85%)差距仍很大，梧州市要赶超全自治区先进水平，争创全国环保城市模范标准城市任务仍十分艰巨。

（二）空气污染满意率最低

梧州市公众对空气质量方面的满意率为55.43%，是本次调查问卷六个方面中满意率最低的，比全自治区平均水平低6.76个百分点，比梧州市2007年水平低2.27个百分点，其中：空气质量改善情况的满意率为62.29%；建筑施工扬尘的控制效果满意率为54.62%；工业废气和汽车尾气的控制效果的满意率49.38%，此项指标也是空气污染方面满意率最低的。

（三）水污染公众满意率较高，超过全区平均水平

本次调查结果显示，梧州市居民对本市水环境质量满意率相对较高，是本次调查问卷六个方面中唯一高于全自治区平均水平的，达到73.55%，高于全自治区平均水平3.17个百分点，也比梧州市2007年的水平提高了6.09个百分点。其中：河流、湖泊的水质满意率为71.43%；河流湖泊随意排放污水现象的满意率为70.52%；饮用水的水质满意率达78.71%，是水污染方面三项指标中满意率最高的，说明市民对梧州市的饮用水质量比较满意。

（四）交通噪声影响居民生活

公众对梧州市防治噪声污染方面的满意率较低，仅达56.90%，比全自治区平均水平低1.57个百分点，比梧州市2007年的满意率低3.26个百分点。其中：是否受到噪声影响满意率最低，为54.45%；对噪声污染的治理效果是否满意的满意率为59.36%；而对居民生活带来影响的噪声最主要的依次是：交通噪声占52.1%、集市广场等场地的噪声占19.8%、建筑施工噪

声占18.6%、商店卡拉OK等场地的娱乐噪声占9.5%。很明显，交通噪声已成为影响居民生活的第一噪声污染源。

（五）城市环境卫生不如意，与全区水平差距大

公众对垃圾方面的满意率为68.05%，比全自治区平均水平低7.03个百分点，这是本次调查所有指标中与全自治区平均水平差距最大的一个指标，但与梧州市2007年的满意度相比却有了一定的提高，提高了1.78个百分比。其中：对生活垃圾的日常收集是否满意的满意度为68.84%；对环境卫生情况是否满意的满意度为67.26%。

（六）公众对环保宣传教育满意度高

环保宣传教育是本次调查问卷六个方面中满意率最高的，达到74.28%，但与全自治区的平均满意率比仍有差距，低于全自治区平均水平4.08个百分点。其中，对环境保护工作是否重视、对环保宣传教育工作开展情况的满意程度分别为70.17%和65.28%；而对在日常生活中，您有保护环境的意识吗这一问题，有67%的被访者回答经常有，30.83%的被访者回答偶尔有，仅有2.17%的被访者回答没有，满意率达到87.39%，满意率居各项指标之首，达到全国模范标准水平，说明梧州市居民环境保护意识很高。

（七）公众对环境投诉热线了解不多

在本次调查的600名被访者中仅有26.83%的人知道12369是环境投诉热线，与全自治区的平均水平（27.3%）相接近，说明市民若遇到环保问题要投诉时知道用此途径去解决的人只占少数。

二、存在的主要问题

几年来，在政府和市民的共同努力下，梧州市的市容市貌有了很大的改善，环境保护工作取得了较为可喜的成绩，但通过这次调查发现，公众对城市环境保护满意程度偏低，与2007年梧州市调查结果相比总体满意率提升缓慢，约有三分之一的单项指标满意率比2007年下降；仍存在一些需要解决的问题，具体是：

（一）市民良好的环保意识与环保行为不能很好地结合

本次调查结果显示："您是否有环境保护的意识"公众满意率最高，达到优秀的水平，说明梧州市大多数市民环境保护意识强，但在现实生活中，时常看到市民随处乱丢垃圾、吐痰；集市摊挡、商店门前经常看到有丢弃的果皮、烂菜和商品包装物；在防洪堤一带常有市民随处大小便的现象发生等，这些不文明、不环保的行为和市民良好的环保意识是不相称的，反映出市民对环境保护的认知与行动存在差距。

（二）空气质量逐年下降，公众满意率低。

为改善市民的生活环境，梧州市出台了工厂退城进郊政策，近年来，位于居民区的工厂已陆续迁移到了郊区，政府为居民创造良好的居住环境作了很大的努力。但随着城市的发展，房地产开发和汽车保有量的增加，梧州市空气质量有所下降。

本次调查市民对"控制建筑施工运输扬尘的效果"和"控制工业废气、汽车尾气排放、异味的效果"满意率很低，且比2007年有所下降。梧州市是山城，建城造房主要靠开山。开山过程山体裸露，晴天扬尘污染空气，雨天泻泥污染街道；运泥车在晚上有关部门监管相对薄弱的时候，在没有用水冲洗车轮和车厢没有加盖蓬布的情况下直接上路，一路洒泥扬尘，污染环境；另一方面，随着梧州市汽车保有量的增加，汽车尾气排放污染越显严重，在调查中有超过40%的被访者对控制工业废气、汽车尾气排放、异味的效果表示不太满意和很不满意。

（三）城市环境卫生工作不能松懈，公众满意度有待提高

过去几年，在梧州市政府的带动下，

全市人民齐参与，开展城乡清洁工程，清理占道经营，还路于民；全市机关各单位，承包卫生责任区，负责责任区的卫生清洁工作。通过全市上下共同努力，市区的面貌有了很大的改观，市场秩序整然、街道清洁，得到了市民的肯定。但在这次调查中，大部分市民认为近年来梧州市的环境卫生质量有所下降，虽然居民小区内清洁了，但城市街道却脏了；出租屋集中的片区和小街小巷卫生状况差，乱丢乱倒垃圾现象严重。调查中有将近六成的市民对本市环境卫生情况表示一般和不太满意。

梧州市是全区最早开展上门收集生活垃圾工作的城市，但调查显示，市民对梧州市生活垃圾的日常收集工作满意度不算高，还低于全区平均水平，低7.25个百分点。说明梧州市生活垃圾收集工作已落后于区内的多数城市，存在问题主要是：一是上门收垃圾人员收入与工作量不对称，导致工作马虎，责任心不强；二是道路旁的垃圾桶放置数量或摆放位置仍不够满足公众的日常需要；三是目前梧州市还未设立垃圾分类回收站；四是各小区垃圾中转站垃圾运转时间过长，封闭条件差，垃圾腐烂后发出的臭气严重地影响到附近居民的生活。

三、对环保工作的几点建议

（一）提高政府推动力和社会行为积极性

生态建设和环境保护事业其公益性、社会性强，必须发挥政府的推动作用，凝聚全社会力量，形成强大合力。政府可以在社区不定期开展居民共建环保小区等活动，且经常在小区进行环保知识宣传教育，提高市民的环保意识，在全市树立起“爱市如爱家”的风尚。

（二）加大对城市空气质量的整治力度

落实节能减排，加大对重点污染企业的整治力度，对建筑施工现场所产生的尘土和噪声实行严格监管，减少建筑粉尘对城市空气的污染；对饮食店的油烟排放要加大监控力度，发现问题限期整改，对不适宜在居民生活区经营的烧烤或饮食摊挡要重新规划经营场所；及时吊销已过报废期的车辆和严禁尾气排放超标的机动车进入市区；倡导市民出行多使用公共交通工具、自行车或步行，全市上下共同努力，将梧州市建设成为一个低碳城市。

（三）继续加快污水处理厂建设工作，减少污水直排对江河的污染

目前梧州市的饮用水质量还比较好，但水污染问题仍不可忽视，在沿江一带仍有较多的排污口将未经任何处理的污水直接排入江中，对江河造成污染；旺甫工业园区设在梧州市主要水源河流的上游，因此应加快工业园区污水处理厂的建设进程，在工业园区污水处理厂建成投入使用前，环保部门要对工业园区排放的污水严格把关，减少工业废水对江河的污染，确保市民生活用水安全。

（四）加强对噪声监督管理，减少噪声对居民生活的影响

调查显示，对居民生活带来影响的噪声最主要的是交通噪声，其次是建筑施工噪声和集市、广场等场地的生活噪声，再次是商店、卡拉OK厅等场地的娱乐噪声。为减少噪声扰民，政府有关部门应各施其责，严格按照有关法律法规进行城市环境噪声管理，加大对市区主要道路的管理力度，对市区内机动车乱鸣喇叭现象进行处罚；以不影响居民正常生活为前提，对建筑施工噪声和集市、广场等场地的生活噪声及商店、卡拉OK厅等场地的娱乐噪声，在声音分贝和时间上做出规定。

（五）城市清洁卫生工程要长抓不懈

继续推行城市清洁卫生工程，形成长效机制，在抓主要街道清洁卫生的同时，不要忽视小街小巷的卫生情况，尽量减少卫生死角。加大公共场所卫生硬件设施建

设力度，在市民娱乐、健身活动地方如广场、防洪堤等增建公共厕所；在公共道路还需多增设垃圾筒；缩短垃圾在中转站的停放时间；尽快设立垃圾分类回收站。

（六）加强环保宣传工作，提高市民环境保护意识

利用电视报纸及小区的宣传栏，开展环保宣传教育，普及环保知识，使环保意识深入到千家万户，在学校、机关、社区开展环保公益活动，形成全社会重视环保、参与环保建设的良好氛围，共同将梧州建设成环境优美、最适宜人居的山水城市。

区域优势亮点凸显　投资环境满意度提升

——2009年梧州市投资环境调查分析

陈映明

为全面了解梧州市投资环境及各行业企业投资成本和收益状况，更好地为各级党政领导宏观决策提供可靠依据，近期，国家统计局梧州调查队对2009年度梧州市的投资环境进行了调查，通过调查了解企业对梧州市投资环境的评价，分析梧州市在努力搞好投资环境的过程中取得的成绩和存在的不足，为进一步改善投资环境，营造社会经济发展的良好氛围，提高地区综合竞争力，提供决策参考。

一、企业对投资环境的总体评价

本次投资环境调查在辖区内的企业中抽取样本共160个，调查对象包括梧州市区及“三县一市”，涵盖工业、建筑业、交通运输、仓储及邮电通信业、批发和零售贸易、房地产业、社会服务业、信息传输、计算机服务和软件业、住宿和餐饮业等8个行业。调查内容分硬环境、软环境两部分，包含了自然资源环境、政策法制环境、政务环境、公共设施、社会环境、经营环境、基础建设、经济环境等8个方面。调查结果显示：2009年企业对梧州市总体投资环境的满意度为78.38，比上年提高了1.04点，提高幅度为全自治区第三，在全自治区的总体满意度排名中也由上年的第十位提升到了第六位，成为全自治区投资环境提升最快的城市之一。近年来，随着西江亿吨黄金水道和西江经济带的建设发展，梧州市作为广西的东大门、西江流域上的百年商埠，其区域优势开始逐步凸显，经济平稳快速增长，总体投资环境得到了大多数企业的肯定。

二、企业对投资硬环境的评价

投资硬环境包括自然资源、基础建设和公共设施三个部分。梧州市自然资源丰富，地理位置优势独特，随着西江亿吨黄金水道和西江经济带的建设，交通不断改善，梧州市投资硬环境显著提升。2009年企业对梧州市投资硬环境的满意度为79.11，比上年提高了1.38个点，增幅为全自治区第二，在全自治区的排位也从2008年的第八位跃到了第五位。

（一）自然资源满意度继续提高

企业对梧州市自然资源环境的整体满意度为82.19，比上年上升了1.56点，是梧州市投资硬环境中评价最高的一部分。其中评价较高的方面有：“当地生态地理环境与企业发展的适合程度”满意度82.41、“当地电力保障程度”满意度85.56、“当地水电供应部门提供的服务质量”满意度81.91、“当地淡水资源的保障程度”满意度为85.97。评价较低的是：“当地土地资源价格的合理程度”满意度75.97。梧州市的地理环境因素导致可用于企业发展的土地资源较为紧张，土地资源价格较高。

（二）基础建设实现重大突破

基础建设作为经济社会发展的基础和必备条件，也是近年来梧州市各项工作的重点。2009年梧州市交通建设完成固定资产投资72.4亿元，为历年来交通基础设施投资最大的一年。洛湛铁路的顺利开通运营、多条重要高速公路及航道的开通，使得梧州市对外交通条件发生了质的改变。2009年企业对梧州基础建设的满意度为

78.88，比上年提高了1.04点。其中改善最为显著的是“当地的海、陆、空运输便利程度”满意度为78.53，比上年提高了5.50点。另外，企业评价较好的还有：“当地的城市规划及配套设施与企业发展的适合程度”满意度为77.13，比上年提高1.07点；“当地的未来发展及建设规划与企业发展的合适程度”满意度为80.22，比上年提高0.79点。

（三）公共设施满意度提高，有待进一步完善

2009年梧州市加快了城镇建设的步伐，城市路网、电网、水网改造工程加快建设。红岭片、三龙片、南岸片区开发前期工作有序推进。西江三桥、文化中心改造、新兴路综合整治、榜山休闲公园、市县污水垃圾处理等项目加快推进。城乡风貌改造工程、城乡清洁工程、打击市区非法占地违章建筑工作取得新进展。2009年企业对梧州市公共设施的满意度为76.34，比上年提高了1.68点，增幅是投资硬环境中最大的，但是依然属于投资硬环境中较薄弱的环节。其中满意度较高的有：“当地的食、衣、住、行便利程度”满意度82.22；“当地的医疗、卫生、保健设施完备程度”满意度为77.75，“当地的银行服务、商旅等服务环境便捷程度”满意度为79.06，均比上年有所提高。“当地的科研机构完备程度”和“当地的城市建设国际化程度”满意度分别为71.19和65.41，处于较低水平。

三、企业对投资软环境的评价

投资软环境包括政策法制环境、政务环境、社会环境、经营环境和经济环境等五个方面，与企业的发展有着密切的关系。2009年企业对梧州投资软环境的整体满意度为78.06，比上年提高了0.89，提升幅度为全自治区第四，在全自治区排名从第十名提高到第九名。

（一）企业对社会环境的评价

调查结果显示，企业对梧州市社会环境条件满意度为78.41，比上年提高了0.75点。其中，满意度较高的是“当地民众及政府欢迎外来投资设厂的态度”满意度为86.25，“当地民众的道德诚信程度”满意度为77.97。评价一般的有：“当地社会治安状况”满意度为75.47、“当地民众的文化素质及文明程度”满意度为73.94、“当地社会风气状况”满意度为75.78。这些都有待进一步提高。

（二）企业对政策法制环境的评价

2009年梧州市推进依法行政，健全和执行重大决策的规则和程序，贯彻落实党风廉政建设各项规定，加强经济责任审计，强化行政监督，使梧州的政策法制环境得到进一步优化。2009年企业对梧州市政策法制环境的满意度达到78.69，比上年提高了1.70点。其中评价较高的有：“当地的相关投资政策优惠条件”满意度为80.47，比上年提高1.22点、“当地政府政策的稳定性情况”满意度为81.28，比上年提高1.00点、“在投资经营中，合法权益得到法律保护的情况”满意度为80.31，比上年提高0.44点、“当地政府执法机构秉持公正的执法态度”满意度为79.38，比上年提高0.97点、“当地政府落实环保政策法规的情况”满意度为79.94，比上年提高1.10点。

（三）企业对政务环境的评价

2009年，梧州市大力推行政务公开，健全政府信息发布制度，进一步加强行政效能建设和作风建设，严格执行首问负责制、限时办结制、责任追究制，推进行政审批制度改革，优化审批流程，精简审批环节，缩短审批时限，把政务服务中心建设成为高效、便民、廉洁的“一站式”服务平台，得到了企业的肯定。调查中，企业对梧州市的政务环境条件满意度为80.31，比上年提高了1.34点，是梧州市投资软环境各个项目中评价最高的。其中，“当地行政执法机关在行政执法中乱摊派、乱收费、乱罚款的情况”满意度为

79.45，比上年提高了1.19点，“当地各级官员操守清廉程度”满意度为78.83，比上年提高了0.79点。满意度同样较高的还有“当地政府的服务意识”和“当地行政机关办事程序公开的情况”，满意度分别为78.79和78.74。

（四）企业对经济环境的评价

经济发展水平是影响企业投资最重要的因素之一。2009年梧州市经济增长速度达到了全自治区第二，经济总量全自治区排位上升到第五，表现突出，得到了企业的认可。调查中，企业对梧州市经济环境满意度为76.69，比上年提高了1.40，再次得到提升。其中满意度较高的有：“当地政府改善环境的态度”满意度为82.06，比上年提高0.65点、“所在城市未来具有经济发展潜力的情况”满意度为78.22，比上年提高2.03点。但是也有多个方面得到的评价一般甚至较低，例如“当地的商业及经济发展水平相比较于国内一般水平”满意度为65.44、“当地的资金贷款取得难易程度”满意度为67.47、“所在城市经济开放程度”满意度为75.69。

（五）企业对经营环境的评价

经营环境是梧州市投资环境的弱项。2009年，企业对梧州市经营环境的满意度为75.94，比上年提高0.47点，是软硬环境八个指标之中满意度最低的，也是提高得较慢的。其中，人才缺乏、产业链不完整、研发水平低等因素仍然制约着当地企业的发展。调查中，企业对当地的“劳动力技能是否满足企业发展需要”、“技术人才供应充裕程度”、“管理人才供应充裕度”、“整体产业技术研发水平”等几个方面的满意度都在75以下。仅有6.11%的企业在近三年与梧州本地大学、研究机构或其他企业有技术合作或签订了研究与开发合同。

四、企业投资面临的问题

2009年，梧州市的投资环境建设取得了可喜的成绩，同时也反映出目前梧州市在投资环境中还存在着许多有待改进的地方，主要体现在以下几个方面：

（一）基础设施和公共设施建设有待完善

调查中，企业对“当地的污水及废弃物处理完善程度”满意度为72.69，是基础设施建设的各项工作中评价最低的。有18.13%的被调查企业对梧州市的污水及废弃物处理表示不满意，有61.25%的企业认为一般，只有20.63%的企业表示认同。随着工业的不断发展壮大，工业污水及废弃物的数量也将越来越多，对相关的基础设施要求也越来越高。

（二）社会风气及民众素质评价不高

企业对“当地民众的文化素质及文明程度”满意度为73.94，对“当地的社会治安状况”满意度为75.47，对“当地社会风气状况”满意度为75.78，属于社会环境中评价相对较低的几个方面。

（三）技术人才供应欠缺

许多企业反映，梧州市的劳动力资源较为紧缺，难以满足企业经营和发展的需要，2009年以来曾经发生过长时间招工难的现象。调查中，企业对“当地的技术人才供应充裕程度”满意度为71.08，有22.30%的企业认为当地的技术人才不充裕，主要集中在制造业、房地产业、批发零售业及服务业等。人才的招聘不稳定已经成为企业生产经营的第二大问题。

（四）政务环境有待进一步加强

调查中，企业对梧州市政务环境已经达到较高水平，但是依然存在一些问题。调查显示，企业对党政机关人员的操守问题反映较多的是：以权谋私（占50.52%），办事不公（占54.64%），乱收费、乱罚款、乱办班、乱发证、乱检查、乱评比（占31.96%）。在与各级政府部门交往中，主要遇到的情况有：推诿扯皮，效率低下（占63.49%），只有收费、检查、处罚时才见到人，企业有困难时却坐视不管（占39.68%），政务不公开，搞暗箱操作（占20.63%）。有24.03%企业表示近年来承担的各项社会负担有所增加。

（五）企业运营成本高，竞争激烈

在调查中，有47.26%的被调查企业反映梧州市投资软环境存在的主要问题是运营成本较高，尤其是劳动力成本提高。许多企业还反映梧州市的市场秩序比较混乱、同行间的恶性竞争较严重，假冒伪劣商品冲击企业产品销售、贷款拖欠影响企业资金周转等现象时有发生，严重阻碍了企业的生产发展。此外，原材料供应不足、原料价格高涨而产品价格较低等问题也使企业的运营成本提高。

五、建议

2009年，梧州市投资硬环境和投资软环境都上了一个台阶，一方面是西江亿吨黄金水道和西江经济带建设带来的重大战略机遇，另一方面也是各级政府和有关部门充分认识机遇和挑战，把握正确发展方向的成果。为进一步优化梧州的投资环境，企业家们提出以下几点建议：

（一）继续加快基础设施建设步伐，完善城市功能，优化居住环境

基础设施是投资环境的基础，也是决定和影响一个城市竞争力的重要因素。应继续加快铁路线路、高速公路、码头的建设，完善交通物流设施，实现多种运输方式的“无缝衔接”和“零距离”换乘。把城市建设规划和基础设施、公共设施建设规划立足于高标准，坚持新城区开发与老城区改造并重，内涵提升与外延扩展相结合，加快建设整体功能完善、生态环境优良、现代气息浓郁的中心城市，实现城市规模大幅扩容，城市承载和辐射功能显著增强，城市形象品位明显提升。改善城市绿化结构，加大环境卫生和市容市貌的整治力度。从而进一步提升城市功能，为企业和居民提供良好的生活环境。

（二）加快环保基础设施，建设强化节能减排工作

推进市、县（市）污水垃圾处理项目及其配套管网、燃煤锅炉脱硫设施、重点污染源在线监控系统等环保基础设施建设，狠抓工业重点污染企业治污减排，进一步强化企业污染减排的主体责任，完善节能减排标准体系和主要污染物总量减排管理。强化对污染源在线控制和监督性检测，提升环境监管水平，促进污染源全面达标排放。保持梧州市生产生活环境的美化，实现可持续发展。

（三）保持经济平稳较快发展，优化产业经济结构

梧州作为欠发达后发展地区，只有经济实力提上去了，对资金、人才等资源才能具有更强的吸引力。通过调整产业结构，加快转变经济发展方式，做大做强工业，进一步完善工业园区的基础设施和配套设施，推动新增工业项目向园区集聚、技改项目“退城进园”，促进企业集聚，形成产业集群，增强投资吸引力。

（四）加大教育和科研投入，提高人力资源素质

加大对教育和科研机构的资金投入，整合市本级公办职业教育资源，针对产业发展的需要大力发展职业技能教育，探索集团化办学模式。支持梧州学院、梧州职业学院等高等院校建设，有针对性地培养符合当地发展的紧缺型人才。在人才引进方面，除给予一定的优惠政策外，更要以优美、舒适、安全的宜居环境，开放、宽容的人文环境，以及充满活力的市场经济环境来吸引和留住人才，不盲目排斥外地人才。

（五）完善政策法规，规范市场秩序，保持政策稳定。

维持良好的法律环境和稳定透明的政策体系，公平、公正、公开地保护合法权益。严格规范市场竞争行为，维护市场秩序，制止地方保护主义和恶性竞争，营造良好的社会诚信氛围，创造一个公平有序

的市场经营环境。

（六）提高行政效能，加强作风建设。

优化政务环境，提高行政效能，提高社会管理和公共服务能力。严格执行首问负责制、限时办结制、责任追究制，继续推进行政审批制度改革，优化审批流程，精简审批环节，缩短审批时限，努力把政务服务中心建设成为高效、便民、廉洁的“一站式”服务平台。加强作风建设。始终保持奋发有为、只争朝夕的工作干劲，倡导简政、高效、务实的作风，坚决杜绝以权谋私、办事不公、乱摊派乱收费等现象发生。大力推行政务公开，健全政府信息发布制度，提高政府工作透明度。全面推进依法行政，健全和执行重大决策的规则和程序，切实做到依法决策、科学决策、民主决策。

2009年北海市公众对城市环境保护满意率调查报告

胡美琼

按照国家统计局的统一部署和国家统计局广西调查总队的具体要求，北海调查队于2009年12月在北海市开展2009年度“公众对城市环境保护满意率”调查。在国家城市环境综合整治定量考核指标体系中，城市环保公众总满意率达到85%以上为优秀。调查资料显示，2009年北海市公众对环境保护总满意率为65.42%，比2008年下降了11.73个百分点，距环保优秀城市差19.58个百分点。

一、调查基本情况

调查大样本为北海市海城区铜鼓里等15个社区，大样本由国家统计局广西调查总队统一抽选。调查户600户，北海调查队在广西调查总队抽选确定的15个社区中按随机起点等距抽样的原则进行抽选。调查采取调查员入户面访填答问卷的方式进行。每户随机抽选一名18～65周岁且在本市居住一年以上的家庭成员作为调查对象，600份问卷全部有效。调查内容主要包括空气污染、水环境质量、噪声污染、垃圾以及环保宣传教育五大方面共计十五个问题。

二、调查结果

2009年北海市公众对环境保护总满意率为65.42%，调查的五大方面公众满意率高低依次为：环保宣传教育74.96%；水环境质量方面72.17%；垃圾方面71.13%；空气污染方面62.69%；噪声污染方面54.55%（见附表1）。

附表1

	空气污染方面	水环境质量方面	噪声污染方面	垃圾方面	环保宣传教育方面
满意率（%）	62.69	72.17	54.55	71.13	74.96

（一）噪声污染百姓满意率最低

被访居民对北海市噪声污染控制的满意率仅为54.55%，调查噪声污染方面的四项指标满意率均在61.00%左右，其中在日常生活中是否受到噪声影响的满意率只为48.57%。在被访居民中表示受到非常多或比较多影响的占到了46.83%，在受到影响的居民当中有53.6%认为交通噪声对其影响最大；另外噪声污染治理效果的满意率为60.52%（详见附表2）。

附表2

	满意程度比（%）						满意率
	非常满意（或重视或很强）	比较满意（或重视或较强）	一般	不太满意（或重视或强）	很不满意（或重视或强）	说不清	
噪声污染方面							54.55
是否受到噪声影响	8.33	38.50	34.67	13.33	3.33	1.83	48.57
对你的生活带来影响的噪声主要是	53.6 交通噪声	25.66 建筑施工	10.02 生活噪声	10.72 娱乐噪声			
噪声污染的治理效果	3.50	24.33	44.83	19.00	4.17	4.17	60.52

（二）空气污染方面满意率排位第四

北海市一直以城市空气清新，负氧离子含量高而著称，因此城市空气质量在市民的心中占有极重的份量。在问及北海市近几年空气质量改善情况时，被访居民满意率为69.54%，在被访居民中表示空气质量改善非常明显和比较明显的被访者占54.67%，另外有20.50%的被访居民认为近几年的空气质量没有变化或变化不太明显；被访居民对北海市控制工业废气、汽车尾气的满意率为57.21%，比2008年下降了18.62个百分点，在空气污染方面的三项指标中满意率最低；（详见附表3）。

附表3

	满意程度比（%）						满意率
	非常满意（或重视或很强）	比较满意（或重视或较强）	一般	不太满意（或重视或强）	很不满意（或重视或强）	说不清	
空气污染方面							62.69
空气质量改善情况	8.17	46.50	22.50	14.67	5.83	2.33	69.54
控制建筑施工扬尘的效果	3.00	35.83	29.33	23.17	6.17	2.50	61.33
工业废气、汽车尾气控制效果	3.33	30.50	29.33	24.33	9.83	2.67	57.21

（三）垃圾方面满意率排位第三

调查居民认为有关部门对城市垃圾的收集和运转不及时，对北海市垃圾处理方面的满意率仅为71.13%，比上年下降了3.08个百分点。其中，对生活垃圾日常收集的满意率仅为68.15%，比上年下降了4.49个百分点；对环境卫生情况的满意率为74.29%，比上年下降了0.19个百分点（详见附表4）。

附表4

	满意程度比（%）						满意率
	非常满意（或重视或很强）	比较满意（或重视或较强）	一般	不太满意（或重视或强）	很不满意（或重视或强）	说不清	
垃圾方面							71.13
生活垃圾的日常收集是否满意	6.00	47.17	25.17	13.83	7.17	0.67	68.15
环境卫生情况是否满意	6.50	53.00	28.67	8.17	3.33	0.33	74.10

（四）水环境质量满意率排位第二

作为一个以旅游产业为依托的滨海城市，近年来，市委、市政府十分重视对银滩及周边海域水质的监控、海水污染治理和居民饮用水源地的保护工作。污水处理设施进一步完善，红坎污水处理厂二级处理工程正式完工投产，北海市民也感受到政府治理水污染方面的决心，但是对河流湖泊随意排放污水的现象反映仍然强烈。调查资料显示，2009年北海市民对北海市水环境质量方面的满意率为72.17%，比上年下降了7.77个百分点（详见附表5）。

附表5

	满意程度比（%）						满意率
	非常满意（或重视或很强）	比较满意（或重视或较强）	一般	不太满意（或重视或强）	很不满意（或重视或强）	说不清	
水污染方面							72.17
河流、湖泊水质	10.00	42.83 ·	28.00	8.17	3.67	7.33	73.17
河流湖泊随意排放污水现象	24.5	40.00	12.00	23.50	0.00	0.00	63.40
饮用水的水质	10.00	59.00	24.83	5.17	0.50	0.50	79.95

（五）环保宣传教育方面满意率最高

调查环保宣传教育涵盖的三项指标中，被访居民对自身是否有保护环境意识的满意率最高，为81.48%，有53.33%的被访者表示经常有保护环境的意识；被访居民对北海市的环保宣传教育工作开展情况满意率为69.37%，其中有9.67%的人对此评价为比较差和很差，期待环保宣传教育工作进一步加强；同时，被访居民认为市政府对环境保护工作应提高重视程度，满意率为74.03%，在被访居民中，认为市政府对环境保护工作非常重视和比较重视的仅占56.50%（详见附表6）。

附表6

	满意程度比（%）						满意率
	非常满意（或重视或很强）	比较满意（或重视或较强）	一般	不太满意（或重视或强）	很不满意（或重视或强）	说不清	
环保宣传教育方面							74.96
对环境保护工作是否重视?	7.00	49.50	30.00	9.17	2.00	2.33	74.03
您是否有环境保护意识	53.33	46.00	0.67				81.48
环保宣传教育工作开展情况	7.17	38.17	41.17	6.67	3.00	3.83	69.37

三、当前城市环境保护工作面临的问题

2009年北海城市环境保护工作虽然取得了一定的成绩，但公众满意率还不尽人意，在调查中还发现一些亟待解决的问题，需引起各方重视。

1. 城市噪声扰人。被访居民对满足噪声污染方面满意率在本次公众对城市环境保护满意率调查中排位最低，满意仅有54.55%。随着人民生活水平的提高，以及国家2009年一系列扩大内需的经济政策影响下，居民汽车消费不断增大，北海市居民汽车保有量迅速增加。另外在广西北部湾经济区开放开发的带动下，北海市城市建设日新月异，施工场地热火朝天，施工车辆穿梭于城市各个角落。并且部分车辆在市区随意鸣笛现象时有发生；由此造成的交通噪声污染也越来越严重。在城市建设施工过程中部分企业不注意噪音问题，在中午甚至深夜施工，给周围群众的生活带来许多不便；此外对于餐饮、娱乐设施噪音

管理不到位等问题市民反映较为集中。北海市噪声污染问题有越演越烈之势。

2．空气质量不尽人意。尽管市民对本市空气质量的满意率达到62.69%，但对工业废气、汽车尾气的控制效果的满意仅为57.21%。作为北部湾经济区的主要城市之一，2009年北海市发展进一步加快，工业废气及汽车尾气排放导致各种有害气体的排放越来越多，导致了市民对空气质量的担忧。其中市民反映最为强烈的是：公交车、摩托车尾气排放超标；小街小巷污水沟、地角、外沙内港码头等地发出恶臭味，令人难以忍受。

3．垃圾处理效果令人担忧。被访居民对日常垃圾收集方面的满意率为68.15%，被访居民表示不太满意和很不满意的占到了21.00%。居民反映比较突出的问题有：生活垃圾存放时间过长，不能及时收集；部分路段、广场公园及市场等公共场所卫生死角严重，环境卫生“脏乱差”现象明显，老鼠经常出没；有关部门对环境卫生工作不够重视。

4．市民环保意识较强，但环境投诉热线知晓率不高。做好环保离不开每一个公众的参与，调查资料显示，53.33%的北海市居民在日常生活中经常有保护环境的意识；46.00%的居民偶尔有保护环境意识，表明了绝大多数的居民环保意识较强。但在问及是否知道12369环境投诉热线时，仅有35%被访居民表示知道，即知晓率为35.00%。说明居民在遇到环境保护方面的问题仍然不太清楚投诉方式。

四、几点建议

1．落实责任，提高垃圾处理质量。建立健全岗位责任制和检查考核等各项规章制度，保证生活垃圾收集和转运及时。同时加强对生活垃圾的处理，不能只停留在“重收集、轻处理”的阶段，积极做好各种生活垃圾的无害化处理。建立环境卫生工作长效机制，持续开展城乡清洁工程。

2．合理规划城市建设，严控噪声污染。严格按照有关法律法规进行城市环境噪声管理，采取城市规划分区和制定有关更加适合本地区的法令措施等加以监控和限制噪声，环保局及相关部门要加强对建筑企业及娱乐场所监督，严禁其违规操作，交通管理部门应加大对市区主要道路的管理力度，杜绝违禁鸣喇叭事件发生，降低噪声强度。

3．进一步强化措施，推进企业排污整治工作。加强环境整治工作，使环保工作真正落到实处。加大力度对乱排污水情况进行监控，禁止一切未经处理的污水直接进入大海。切实做好环保审批和环保验收工作，不要牺牲环境的GDP，绝不走先污染后治理的老路，加大对环境投诉电话“12369”的宣传力度，举全市之力对环境违法行为进行监督。

4．加大环境保护宣传力度，提高市民环境保护意识。建议利用电视、报纸等媒体工具开辟环境保护宣传专栏，传授环保知识，同时，在公交站牌等公共场所设置环保宣传栏，树立环保标牌标语，多开展环保公益活动。此外，也要加强对下一代的环保教育工作，将环保意识教育深入到学校，从意识逐渐发展成行为规范，让居民自觉爱护环境，美化环境。

2010年北海投资环境调查报告

余献智

为客观反映北海投资环境的现状，为当地党委、政府采取切实可行措施进一步改善投资环境提供决策依据，2010年3、4月份，国家统计局北海调查队在辖区内抽取了150家企业作为调查样本，开展2009年投资环境及企业投资成本收益状况监测调查。调查结果显示：2009年北海投资环境满意度比上年略有上升，总体投资环境满意度77.79，在全自治区14个地市中排名由上年度的第11位上升到第10位；投资硬环境满意度79.53，排名第4；投资软环境满意度77.04，排名第12。

一、企业对投资环境的评价

在对北海投资环境的满意度评价方面，调查内容涉及自然资源环境、基础建设、公共设施、社会环境、政策环境、法制环境、政务环境、经济环境、经营环境共九个方面。调查结果显示，企业满意度处于较高水平，九个选项都处于较高满意度范围，与去年相比，九个选项中八个有不同程度上升，只有经营环境这一指标有小幅下降。

企业对投资环境九大项调查内容的满意度

	2009年	2008年	同比（+、-）
1.自然资源环境	83.50	83.29	0.21
2.基础建设	79.57	78.63	0.94
3.公共设施	75.50	73.77	1.73
4.社会环境	75.60	74.90	0.70
5.政策环境	77.90	77.64	0.26
6.法制环境	76.72	75.59	1.13
7.政务环境	77.87	77.50	0.37
8.经济环境	77.57	74.66	2.91
9.经营环境	76.60	76.83	-0.23
10.总体环境	76.40	74.23	2.17

1. 自然环境整体评价满意度为83.5，同比上升0.21。北海市海陆空交通条件便利，水路与越南相连，陆地与钦州、防城港两个港口城市相邻且背靠首府南宁，地理位置优越，是大西南商品物资主要出海口之一。特别是广西北部湾港铁山港区开港，玉林至铁山港铁路等一批重大基础设施项目相继开工，北海市航空口岸联检楼投入使用，铁山港口岸联检楼竣工，口岸设施不断完善，民生路网一期工程11个路段基本完工，西南大道续建工程如期完成，上海路、广东南路、滨海路、金海岸大道续建工程稳步推进，北部湾路、四川路、机场路、迎宾大道、北海大道西延线、侨港港口路等城市道路改造抓紧施工，红坎污水处理厂二级处理一期工程竣工试运行。城乡清洁工程深化拓展，城市净化、绿化、彩化、亮化、美化工程深入推进，臭水、臭气、噪声污染得到遏制，对老街按步行街实行封闭管理，北海自然、人文环境得到优化。被访企业对北海市良好的自然环境给予的评价最高，7个选项中有6个选项都处于较高满意度区间，其中，企业对当地电力资源的保障程度最为

满意，满意度达85.30；其余的5个选项都处于较高满意度区间，只有当地的土地资源价格的合理程度的满意度为72.03，为一般满意度。值得注意的是当地生态地理环境与企业发展的适合程度、当地电力资源的保障程度、企业对当地的水电供应部门提供的服务质量、当地淡水资源的保障程度虽仍位于较高满意度区间，但比上年有不同程度回落。

当地自然环境的满意度

项　　目	2009年	2008年	同比（+、-）
1.当地生态地理环境与企业发展的适合程度	83.77	84.06	-0.29
2.当地电力资源的保障程度	85.30	86.90	-1.60
3.当地的水电供应部门提供的服务质量	82.63	83.60	-0.97
4.当地煤、燃油等能源的保障程度	82.73	82.17	0.56
5.当地淡水资源的保障程度	84.67	85.57	-0.90
6.当地土地资源的保障程度	78.80	78.46	0.34
7.当地的土地资源价格的合理程度	72.03	75.20	-3.17
8.整体而言，当地的自然资源环境条件	83.50	83.29	0.21

2．企业对基础设施建设的整体评价满意度为78.63，但个别方面仍有待进一步加强。受访的企业家大多数认为改革开放以来，北海市的基础设施建设取得了较好的成绩，在广西地级市中属于中上水平。从具体评价项目上看，7个选项中有6个处于较高满意度区间，只有1项为一般满意度，即被访企业对当地的污水及废弃物处理设施完善程度的满意度为73.97，为企业对当地基础建设方面满意度的最低项，虽然基础设施的完善速度慢于企业家们的期望值，企业期待北海市在这方面有较快提升，但可喜的是该选项同比还是上升了2.57个百分点。可见企业对政府在当地的污水及废弃物处理设施完善方面的措施和努力是给予了充分的肯定。

企业对当地基础建设的满意度

项　　目	2009年	2008年	同比（+、-）
1.当地的海、陆、空交通运输便利程度	81.90	81.43	0.47
2.当地的城市规划及配套设施与企业发展的适合程度	78.33	75.57	2.76
3.当地的未来总体发展及建设规划与企业发展的适合程度	81.53	79.77	1.76
4.当地的污水及废弃物处理设施完善程度	73.97	71.40	2.57
5.当地的物流、仓储、流通相关商业设施完备程度	77.07	78.80	-1.73
6.当地的电信、资讯设施、网络等通讯条件完善程度	82.17	84.30	-2.13
7.当地的电信部门提供的服务质量	77.37	80.00	-2.63
8.整体而言，当地的基础建设条件	79.57	78.63	0.94

3．公共设施进一步得到改善。被访者对北海市的衣、食、住、行便利程度、银行服务、商旅等商务环境便捷程度、当地学校、教育设施完备程度等方面表示出高度满意。但当地的科研机构完备程度、当地的城市建设国际化程度与被访者的期望仍有差距，满意度较低，分别为70.50、68.87。当地的医疗、卫生、保健设施完备程度满意度由去年的较高满意度区间跌入一般满意度区间，6个选项只有3个处于较高满意度区间。

企业对公共设施的满意度

项　　目	2009年	2008年	同比（+、-）
1.当地的衣、食、住、行便利程度	81.73	81.22	0.51
2.当地的医疗、卫生、保健设施完备程度	74.30	75.10	-0.80
3.当地的学校、教育设施完备程度	77.20	76.97	0.23
4.当地的科研机构完备程度	70.50	69.00	1.50
5.当地的银行服务、商旅等商务环境便捷程度	76.2	77.47	-1.27
6.当地的城市建设国际化程度	68.87	67.83	1.04
7.整体而言，当地的公共设施条件	75.50	73.77	1.73

4．社会环境逐步改善，社会治安状况好转。加快“天网”工程建设，重拳打击和防范“两抢一盗”，集中开展治安清查和清理非法传销专项行动，实行24小时网络化巡逻，严厉打击街面犯罪，社会治安形势持续好转。而多数企业对北海社会环境条件要求比较高，给予的满意度为75.60，刚跨入较高满意门槛。但其中也有亮点，如被访者在当地民众及政府欢迎外来投资设厂的态度选项中，给予的满意度较高，达到81.67，说明北海对招商引资工作的高度重视和具有良好的社会风气，也充分说明人人都是投资环境。不过，当地民众的文化素质及文明程度、当地的社会治安状况、当地社会风气状况等三项指标被访者仍不太满意，给出的分数最低，分别为71.10、69.63、71.80，投资者呼吁当地政府和有关部门还要进一步加大治安整治力度，还百姓一个安定的生活环境，也优化招商引资的外部环境。

企业对当地社会环境的满意度

项　　目	2009年	2008年	同比（+、-）
1.当地的社会治安状况	69.63	65.23	4.40
2.当地民众的文化素质及文明程度	71.10	70.33	0.77
3.当地社会风气状况	71.80	72.03	-0.23
4.当地民众的道德诚信状况	74.03	75.70	-1.67
5.当地民众及政府欢迎外来投资设厂的态度	81.67	82.93	-1.26
6.整体而言，当地的社会环境条件	75.60	74.90	0.70

5．对政策法制环境满意度略有上升。从总体看，企业对北海市政策法制环境的满意度较高。12个调查小项中有8个小项位于较高满意度区间。满意度的变化，说明各级党委、政府积极推进法制工作建设，并取得一定成效。其中，满意度较高的有：当地的政策法规与国家法律法规的一致性为80.37、对当地政府政策的稳定性为79.00、当地政府对外来投资承诺实现程度为78.73、在投资过程中合法权益得到法律保障的情况79.17、当地的相关投资政策优惠条件为77.73。

（1）企业对当地政策环境的满意度

项　　目	2009年	2008年	同比（+、-）
1.当地的政策法规与国家法律法规的一致性	80.37	79.46	0.91
2.当地的相关投资政策优惠条件	77.73	77.47	0.26
3.当地政府对外来投资承诺实现的程度	78.73	77.53	1.20
4.当地政府政策的稳定性情况	79.00	78.43	0.57
5.当地政府政策的透明度情况	74.00	75.23	-1.23
6.当地对知识产权保护的情况	77.57	77.73	-0.16
7.整体而言，当地的政策环境条件	77.90	77.64	0.26

(2) 企业对当地法制环境的满意度

项　　目	2009年	2008年	同比 (+、-)
1.当地的政府与执法机构秉持公正的执法态度	76.83	74.50	2.33
2.当地解决纠纷的渠道完善程度	74.87	73.97	0.90
3.当地政府落实环保政策法规的情况	78.73	79.00	-0.27
4.当地司法环境体现公正、公平、公开的程度	76.50	75.17	1.33
5.对官员操守清廉情况	74.20	72.50	1.70
6.在投资经营过程中，合法权益得到法律保障的情况	79.17	78.37	0.80
7.整体而言，当地的法制环境条件	76.72	75.59	1.13

6．机关行政效能建设取得初步成效。近年来，北海市各级党委、政府重视机关行政效能建设，努力转变政府职能，推进依法行政，在改进政风、行风等方面做了大量工作，取得了明显成效。主要包括：对全市有审批职能的部门分批开展集中整治，清理规范行政审批事项，实施重大项目上门服务制度，建立项目建设“绿色通道”，实行集中审批、并联审批。

调查显示，企业对当地的政务环境条件整体满意度为77.87，属较高满意度水平。比上年上升了0.37个百分点。企业对当地政务环境的满意度大项中有2个小项处于较高满意度区间，分别为当地行政机关贯彻落实《行政许可法》的情况、当地行政执法机关在行政执法中乱摊派、乱收费、乱罚款的情况选项。但当地行政机关工作效率、当地政府部门的服务意识处于一般满意度水平并有所下滑。

企业对当地政务环境的满意度

项　　目	2009年	2008年	同比(+、-)
1.当地行政机关贯彻落实《行政许可法》的情况	79.57	82.50	-2.93
2.当地政府部门的服务意识	74.40	76.43	-2.03
3.当地行政机关办事程序公开的情况	76.40	73.92	2.48
4.当地行政执法机关在行政执法中乱摊派、乱收费、乱罚款的情况	77.40	76.53	0.87
5.当地的各级官员操守清廉程度	74.20	72.50	1.70
6.当地行政机关工作效率	74.33	75.27	-0.94
7.整体而言，当地的政务环境条件	77.87	77.50	0.37

7．改善经济环境方面取得了较明显的成效。投资者对北海市经济环境的总体满意度为77.57，比上一年上升2.91，达到较高满意度水平。企业对北海未来的发展充满信心，较高地评价了北海市各级政府改善投资环境的积极态度及未来的经济发展潜力。但对当地的商业及经济发展相比较于国内一般水平、当地的金融体系完善的程度、当地的资金贷款取得难易程度、当地经济环境对投资者经营获利影响程度、当地的融资政策与投资者的期望仍有较大距离，改善经济环境方面仍有很多工作要做。

企业对当地经济环境的满意度

项　　目	2009年	2008年	同比（+、-）
1.当地人民的生活水平相比较于国内一般水平	76.32	68.40	7.92
2.当地的商业及经济发展相比较于国内一般水平	67.43	67.43	
3.当地的金融体系完善的程度	73.37	75.20	-1.83
4.当地的资金汇兑及利润汇出便利程度	75.33	76.20	-0.87
5.当地的资金贷款取得难易程度	67.00		
6.当地经济环境对投资者经营获利影响程度	73.83	71.87	1.96
7.所在城市未来具有经济发展潜力的情况	82.40	80.63	1.77
8.当地政府改善投资环境的态度	80.60	78.57	2.03
9.当地的融资政策	73.80	74.20	-0.40
10.所在城市经济开放程度	78.57	76.00	2.57
11.整体而言，当地的经济环境条件	77.57	74.66	2.91

8．对经营环境的评价仍保持在较高水平。企业对北海市的经营环境条件整体满意度为76.60，位于较高满意度区间。其中，企业对当地政府对企业自主创新的鼓励、当地的厂房与相关设施成本合理程度、当地市场的发展潜力的满意度分别达到78.79、78.24和78.73。但“软环境”方面，如研发水平、技术型人才、管理型人才、具备中高级劳动技能员工供应等仍没达到较高满意度。这表明北海市要有更大的发展，必须加快大学园区建设，“筑巢引凤”吸引更多外地有实力的高校进驻，培养企业发展所急需的人才，才能增强企业自主创新能力，提高北海市企业的核心竞争力。

企业对当地经营环境的满意度评价

项　　目	2009年	2008年	同比（+、-）
1.当地的劳动力供应充裕程度	76.70	81.41	-4.71
2.当地的劳动力技能是否满足企业发展需要	72.40	74.53	-2.13
3.当地的技术人才供应充裕程度	71.20	71.33	-0.13
4.当地的管理人才供应充裕程度	74.13	73.20	0.93
5.当地环境适合投资者发展内贸，内销市场的程度	75.51	76.10	-0.59
6.当地劳资关系和谐程度	77.27	77.73	-0.46
7.当地的厂房与相关设施成本合理程度	78.24	76.53	1.71
8.当地有利于形成上，下游产业供应链的完整程度	75.20	75.13	0.07
9.当地的整体产业技术研发水平	72.62	70.73	1.89
10.当地市场的发展潜力	78.73	77.73	1.00
11.当地同行业间公平竞争的情况	75.87	76.23	-0.36
12.当地政府鼓励企业自主创新的情况	78.79	76.93	1.86
13.整体而言，当地的经营环境条件	76.60	76.83	-0.23

二、投资环境存在的主要问题

近年来，北海市各级党委、政府为营造和改善投资环境方面加大了力度，对企业给予了很大的支持和帮助，有力地推动了经济社会的发展，但投资环境方面还存在一些不容忽视的问题。

1．行政效能有待进一步提高。企业不够满意的方面主要有行政审批项目过多，环节多，手续繁，时间长，具体办事人员办事效率低下、部门间协调性差，在征地、拆迁等方面耽误了企业的宝贵时间。

2．基础建设和管理需要完善，城市道路、路灯、港口码头、机场建设与北海经济发展仍有不相适应的地方，不断完善北海市的基础设施、生活设施、公共设施的建设是提高北海城市品位和完善投资环境的必然选择和紧迫任务，也是建设宜居城市的“硬件”条件。

3．政策透明度不够、持续性差，企业能够享受到的优惠待遇有限、优惠政策落实不到位等，也是落户本地企业不甚满意的方面。当地政府在改善投资环境方面还有很多需要做得更好的地方，特别是如何扶持小型企业渡过金融危机方面。

4．经济基础仍然较薄弱，产业链短，配套能力较弱，不能做到资源的合理配置、企业运营成本高，不利于企业自我积累，快速发展，做大做强，提高企业综合竞争力。

5．市场秩序混乱问题较突出，同行业恶性竞争，压价经营，通过不正当手段抢夺竞争对手的客源，调查企业迫切需要政府在这方面加强管理，道路运输业是恶性竞争的多发行业。

三、对进一步改善投资环境的建议

绝大多数企业对改善北海市投资环境寄予厚望，对投资回报充满信心，希望政府积极创造一个公平有序的市场环境，在政策落实上、解决资金、人才等问题上，提供更多支持和服务。

1．落实投资优惠政策，用好用足中央和各级政府给地方和企业的优惠政策。企业的长期发展离不开稳定、延续的政策支持，切实把优惠政策落到实处，兑现对企业的承诺，很多投资者都是奔着当地的好政策而来的，应该让投资者切实享受到优惠政策的好处。

2．转变观念，提高办事效率，变管企业为服务企业。通过转变观念，加强行政效能建设，政府部门的办事效率与服务水平已经有了较为明显的提高，但与企业的期望还有一定差距。企业希望，当地政府能营造更好的投资环境，继续转变政府职能，规范政府行为，为企业在北海的发展提供全方位的服务和支持。

3．帮助企业解决融资问题。资金的有效运作是企业正常经营的前提，融资困难影响企业的生存发展，特别是小企业没有银行认可的抵押物，常常告贷无门，为解决资金短缺发愁。希望各级政府和金融部门，解决企业资金不足的难题，拓宽融资渠道，降低信贷门槛，简化手续，尽可能地帮助企业解除这一制约企业发展的瓶颈。

4．加快大学园区建设，加大教育投入，培养本土高端人才，同时注重招收、吸引外地高级人才到北海工作，并加强职业教育和技能培训，提高职工队伍的整体素质。

5．完善产业配套建设，优化产业结构。鼓励企业优势互补、联合重组，以大型企业为核心，引导企业按产业逐步集中，形成专业配套体系；以重大项目为依托，带动配套企业发展，形成完整的产业链，达到资源的优化配置。

6．规范行政执法，整顿市场秩序。加强管理，继续加大治理“三乱”的力度，行业自律和行业管理结合，严格规范市场竞争行为，为企业提供良好的经营环境。

北海市水产品加工现状及发展趋势探讨

罗秀莲

水产品加工业历来是北海市的传统行业，亦是优势产业、支柱产业和出口创汇的重点产品。近年来，北海市水产加工行业针对国际市场需求，不断引进新品种，已形成冰冻罗非鱼、冻罗非鱼片、冷冻虾、虾仁等初级加工与深加工相结合的多样化系列化产品格局，为经济发展起到了重要作用。2009年北海市水产总产量达89.74万吨，水产品加工产值占全市工业总产值的12.81%，全市水产品出口货值占地方外贸出口总值的25.96%。

一、水产品加工业发展现状与优势

1．冷冻水产品加工量和出口量增长较快。由于地缘的优势，北海海洋生物资源丰富，除鱼类之外，还盛产虾、蟹、鱿鱼、墨鱼、珍珠、文蛤、牡蛎等，历来都是北部湾渔场水产品最大的集散地，具有强大的水产品深加工能力。2010年1—7月北海市冷冻水产品加工量58929吨，同比增长69.3%；出口量2771.10吨，同比增长58.8%；出口额为8683.2万美元，同比增长47.3%。

2．产品档次有了很大的提高。目前北海市的水产品加工产业结构已由过去的初加工、粗加工向精深加工方向发展，并开发了以方便化、营养化、多样化、卫生化等各类小包装制品为主的名、特、优产品，畅销国内外市场，基本实现了从粗放型向精深型、从单一型向系统型的发展，形成了门类齐全、品种繁多的水产加工品系列，有力地促进了北海市水产品加工业及流通业的发展。如广西正五海洋产业有限公司1999年建成投产时产品主要是冷冻初级产品多，2010年发展到有鱼、虾、蟹、贝四大类共47个产品，其中冷冻虾、冻虾仁、罗非鱼片、带鱼等产品，以其卫生安全的品质和良好的市场信誉，深受消费者的喜爱。

3．拓展多元化的国际市场。2000年以前，北海市的水产品加工大多数以冰鲜为主，2000年以后，北海市加大招商引资力度，外引内联，瞄准国内外市场，从培育发展出口创汇型龙头企业入手，抓龙头、创名牌，重点向精细、深加工、多品种、高效益方向发展，由于水产加工食品具有营养价值高、风味好、食用方便，深受国外消费者的青睐，产品畅销美国、加拿大、韩国、日本、马来西亚、新加坡、香港、俄罗斯、台湾等国家和地区，在国内外树立了良好的品牌形象。2009年北海市出口水产加工产品3910.53吨，货值12263.17万美元。

4．科技含量高的水产加工企业崛起。由于海洋资源枯竭，低值鱼贝的海产品较多，2004年以前，北海市低值鱼贝加工停留于去粗取精的程度，丢弃的下脚料占比例较大。低值鱼贝富含蛋白质、氨基酸、活性矿物质，而他们是制造海鲜调味品的最好原料，海鲜调味品不但味道鲜美，还具有绿色、健康等特点，深受欧美等发达国家消费者的喜爱。2004年北海市味莱鲜海洋生物科技有限公司正是看好这一发展前景，引进高新技术，生产出系列高品质的海鲜调味品，出口香港、越南等国家，在国内也占有了一定的市场。2009年企业销售收入达11619万元，不但推动了地方经济发展，也解决了142人的就业。

5．传统的家庭水产品加工业兴旺发展。北海从事水产品加工的家庭众多，大多数以收购鱼、虾、蟹、贝类等海产品进行清洗、简单切割、晾晒加工等干货为

主，产品色香味俱全，不但物美价廉，还能与冰鲜水产品加工市场互补，深受全国各地消费者的喜爱，不但解决大量人员的就业问题，也给从业人员带来显著经济收益。

二、当前水产品加工业面临的主要问题

1．企业产品单一，精深加工产品发展较慢。由于北海市水产品加工行业没能建立一个信息系统完善，上规模、上档次的水产品专业市场，市场是决定企业命运的最重要因素，目前水产品的很多问题不是因为技术、资金和政策，而是因为市场。没有适销对路市场信息，水产品交易不畅，以至北海市大量的渔货只进行简单处理便廉价销往外地，原料鱼或初级冷冻加工产品过多，直接食用的特色产品较少，产品档次不高。

2．投资规模的增长速度快于原料发展速度。目前北海市的水产养殖规模较小，水产品原料供给远远不能满足企业的生产需求，特别是冬季天气较寒冷时表现更加突出，很多企业都到外省购进原料，造成企业生产成本增加，一些企业由于不堪重负而放弃竞争，暂时停产，单就罗非鱼生产线看缺口就比较大。据调查，北海市钦国冷冻食品有限公司2010年1—8月共购进罗非鱼8066吨，其中有90%是从广东购进。

3．生产成本过高给企业带来许多制约因素。渔业资源衰减，水产品捕捞量大幅度下降，造成了可开发利用的品种资源减少，导致水产品收购价格上升，海产品价格的上涨，企业成本提高、企业生产、销售计划受到制约。另外，人工费用提高、水费、电费价格的上涨，也是企业生产成本提高的因素之一，给企业造成了一定的压力。

4．市场没有规范管理，恶性竞争突出。由于出口目标过于集中，产品种类结构单一，产品销售不畅，使部分企业压级压价销售，扰乱外贸秩序，损害行业整体利益；还有部分规模小的水产品加工企业和家庭作纺，仍然沿用传统的作坊式手工加工方法，擅自添加有害物质进行加工，影响整个北海水产品的质量和声誉。

三、促进北海市水产品加工发展的建议

1．向精深加工技术创新方面发展，用精品打造一批优秀的品牌。北海市大部分水产品加工企业规模较小，生产的水产加工产品处于冷冻产品和干货产品多，深加工产品和直接食用的特色水产加工产品较少，停留于去粗取精的程度，丢弃的下脚料较多，也给企业的经济造成一定的损失。因此北海市应从科技含量高的水产品精深加工入手，以企业集团和优势企业为依托，积极引进和采用国内外高新技术，以北海市的优质鱼虾类为主体，利用生物技术、信息技术开发出更多的高附值、高技术、高科技的水产加工产品，提高国内外市场的竞争力，实现高新技术产业化精深加工，充分发挥北海作为西南大道的地理优势，拉动北海水产加工业的快速发展。

2．拓宽销售渠道，打响北海水产品品牌。水产企业要树立竞争意识、名牌意识，大力培育自己的营销队伍，加强广告宣传力度，要在国内、国外建立销售网，加大市场的营销力度，拓宽销售渠道，通过政府牵头协调，行业协会和龙头企业联合，打响北海市水产品品牌，扩大国际市场知名度。

3．加大市场建设力度，促进海产品有序流动。政府要扶持加大市场建设力度，进一步培育北海市水产市场，提供功能配套、服务完善、信息流通、公平交易、安全可靠的经营场所，坚决打击渔霸欺行霸市、强买强卖的不法行为。

4．加大水产品加工废弃品的开发与

研究，提高产品附加值。目前北海市水产品加工产生的下脚料较多，企业一直都是低价出售给饲料厂生产鱼粉或水产养殖户作为养殖用饲料。如北海市钦国冷冻食品有限公司2010年1—8月购进的罗非鱼平均价格是8700元/吨，而1—8月该企业共销售下脚料415吨，每吨平均销售价格只有1230元，企业下脚料没有在深加工方面开发利用，而是低价销售，不仅使企业生产成本增加，还给企业带来一定的经济损失。因此，北海市应从开发和研究水产品深加工入手，采用和引进高新技术，将过去一直被用来生产鱼粉的低值水产品如鱼的内脏、眼睛、鱼鳞、鱼背、鱼皮等下脚料通过深加工精制成各种食品、美容化妆品和水产保健品，使其品种更多，档次更高，也提高北海市水产加工品味和产品的附加值。

5．扩大水产品养殖规模，提高水产养殖技术，满足水产生产企业原料需求。目前北海市水产品养殖规模较小，养殖的水产品不能满足北海市水产加工企业的需求，特别是罗非鱼，由于冬季天气寒冷罗非鱼容易冻死，大多数养殖户一般会选择严寒季节到来之前抓紧销售，降低养殖风险，等天气回暖再放鱼苗，因此12月至次年2月是罗非鱼供应青黄不接的季节，此时的罗非鱼是量少价格高，部分企业因原料缺乏或价格过高而停产，如广西正五海洋产业有限公司2010年1—2月就因收购不到足够的原料而停产。因此要大量引进水产养殖方面的科技人才，研究开发出更加科学的养殖方法，努力提高水产养殖技术，攻克罗非鱼冬天容易冻死难关，满足水产生产企业原料需求。

6．为企业和养殖专业户营造良好的投资环境。由于海产品养殖需要一定的资金，一些规模小的养殖户想通过融资方式扩大养殖规模，但海产品养殖是一种高风险的行业，往往融资非常困难，使北海市的养殖业受到一定的制约，也给北海的水产加工行业原料供给造成一定的影响，因此政府要在融资、用水、用电、原料运输方面给予政策上的优惠与支持，让企业和养殖专业户有一个更好的发展平台。

喜忧参半　钦州市环境保护工作有待提高

——2009年钦州市公众对环境保护满意率调查报告

何文秀

受国家环境保护部和钦州市政府的委托，近期，国家统计局钦州调查队在2007年、2008年开展“公众对城市环境保护满意率”调查的基础上，继续和全自治区14个地级市和4个县级市一起同步开展2009年“公众对城市环境保护满意率”调查。调查结果显示：钦州市公众对本市的城市环境保护满意率为66.75%，比全自治区平均水平的66.23%高出了0.52个百分点，比2007年的63.36%高出3.39个百分点，但比2008年下降了2.14个百分点，居全自治区第六位。

一、基本情况

调查结果显示:公众认为自己有保护环境意识的满意率高达88.01%，在所有测评指标中排位第一，对“市政府就环境保护工作重视程度”满意率排位第二，对“生活垃圾的日常收集”满意率排位第三，对“本市的环境宣传教育工作开展情况”满意率排位第四，对“在日常生活中是否受到噪声影响”的满意率最低，排位最末。

1．控制空气污染方面满意率高于全区平均水平4.89个百分点

近年来，钦州市政府为进一步改善本市的空气环境质量，加强了对机动车尾气排放监管工作，2009年，钦州市环保局与公安局制订了《联合上路查处机动车尾气污染工作方案》，开展了治理机动车尾气环境污染问题联合执法行动，取得了一定效果。公众对本市控制空气污染评价中，被调查者的满意率为67.08%，比全自治区平均水平高出4.89个百分点，比2008年提高0.81个百分点，比2007年提高3.81个百分点。其中，对本市的空气质量改善情况满意率为72.29%，比全自治区高5.32个百分点，比2008年低1.85个百分点，比2007年高3.70个百分点，对建筑施工工地运输扬尘控制的满意率为66.87%，比全自治区高4.97个百分点，比2008年高6.11个百分点，比2007年高5.15个百分点；对工业废气和汽车尾气的控制效果满意率为57.71%，比全区高4.37个百分点，比2008年高1.28个百分点，比2007年高2.4个百分点。

附表1：钦州公众对城市环境保护满意率评价表（%）

指标＼时间	2009年	2008年	2007年	2009年全自治区平均水平	2009年比2008年	2009年比2007年	2009年与全自治区
空气污染方面	67.08	66.27	63.27	62.19	0.81	3.81	4.89
空气质量改善情况	72.29	74.14	68.59	66.97	−1.85	3.70	5.32
建筑施工扬尘的控制效果	66.87	60.76	61.72	61.9	6.11	5.15	4.97
工业废气和汽车尾气的控制效果	62.08	60.8	59.68	57.71	1.28	2.40	4.37

2．水环境质量方面满意率低于全自治区平均水平4.44个百分点

公众对本市水环境质量方面满意率为65.94%，低于全自治区平均水平4.44个百分点，比2008年低3.82个百分点，比2007年高7.23个百分点。其中，对河流、湖泊的水质满意率为62.97%，比全自治区平均水平低4.8个百分点，比2008年低4.99个百

分点（2007年没有这个指标）；对河流、湖泊随意排放污水现象满意率为64.27%，比全自治区平均水平低2.26个百分点（08、07年没有这个指标）；对饮用水水质的满意率为70.59%，比全自治区平均水平低6.25个百分点，比2008年低4.60个百分点，比2007年高8.91个百分点。

附表2：钦州公众对城市环境保护满意率评价表（%）

指标＼时间	2009年	2008年	2007年	2009年全区平均水平	09比08	09比07	09与全区
水环境质量方面	65.94	69.76	58.71	70.38	−3.82	7.23	−4.44
河流、湖泊的水质	62.97	67.96	–	67.77	−4.99	–	−4.80
河流湖泊随意排放污水现象	64.27	–	–	66.53	–	–	−2.26
饮用水的水质满意度	70.59	75.19	61.68	76.84	−4.60	8.91	−6.25

3．噪声方面满意率高于全自治区平均水平0.27个百分点

对控制噪声污染评价中，被调查者的满意率为58.74%。其中，对是否受到噪声影响的满意率仅为51.37%，比全自治区平均水平低3.27个百分点，比2008年低4.30个百分点，比2007年高0.21个百分点，是所有测评指标中满意率最低的一项指标。其中来自交通噪声的影响占54.50%，来自建筑施工噪声的影响占24.30%，来自集市广场等场地的生活噪声的影响占11.0%，来自商店、卡拉OK厅等场地的娱乐噪声的影响占10.2%。

附表3：钦州公众对城市环境保护满意率评价表（%）

指标＼时间	2009年	2008年	2007年	2009年全区平均水平	09比08	09比07	09与全区
噪声污染方面	58.74	63.04	58.53	58.47	−4.30	0.21	0.27
是否受到噪声影响	51.37	–	–	54.64	–	–	−3.27
噪声污染的治理效果是否满意	66.12	–	–	62.31	–	–	3.81

4．垃圾方面满意率高于全自治区平均水平1.28个百分点

对本市垃圾方面的评价中，被调查者的满意率为76.36%，高于全自治区平均水平1.28个百分点，比2008年高2.72个百分点，比2007年高6.10个百分点。其中，对生活垃圾的日常收集的满意率为76.93%，高于全自治区平均水平0.84个百分点，比2008年低1.10个百分点，比2007年高3.16个百分点；对环境卫生情况的满意率为75.8%，高于全自治区平均水平1.72个百分点，比2008年低2.59个百分点，比2007年高2.85个百分点。

附表4：钦州公众对城市环境保护满意率评价表（%）

指标＼时间	2009年	2008年	2007年	2009年全区平均水平	2009年比2008年	2009年比2007年	2009年与全自治区
垃圾方面	76.36	73.58	70.26	75.08	2.78	6.10	1.28
生活垃圾的日常收集是否满意	76.93	78.03	73.77	76.09	−1.10	3.16	0.84
环境卫生情况是否满意	75.80	73.21	72.95	74.08	2.59	2.85	1.72

5．环保宣传教育方面满意率高于全自治区平均水平1.77个百分点

公众对环保宣传教育方面的满意率为80.13%，高于全自治区平均水平1.77个百分点，比2008年高8.39个百分点，比2007年高12.35个百分点。其中，对市政府对环境保护工作的满意率为77.61%，高于全自治区平均水平2.06个百分点，比2008年低2.46个百分点，比2007年高3.87个百分点；对本人是否有环保意识的满意率为88.01%，虽然低于全自治区平均水平0.24个百分点，但比2008年高25.13个百分点，比2007年高26.55个百分点；对本市的环保宣传教育工作开展情况的满意率为74.76%，高于全自治区平均水平3.49个百分点，比2008年高2.49个百分点，比2007年高6.60个百分点。

公众对环保宣传教育方面的满意度评价高，得益于市政府对环保宣传教育工作的高度重视。2008年11月，钦州市四家班子领导和全市党政企事业单位领导干部共600余人参加了“中国环境意识项目——推进节能减排与生态文明建设广西领导干部培训周钦州站的培训，大家一致表示：在中央和国务院大力倡导科学发展观的今天，加强节能减排和环境保护工作是实践科学发展观的重要内容。必须在开展经济建设的同时，大力做好环境保护工作，特别是严格执行重大项目的环境保护“三同时”要求，真正实现经济发展和环境保护的双赢。2009年6月，市环保局开展了“6·5”世界环境日宣传活动启动仪式，并以这个月作为钦州市环境宣传活动月，旨在引导公众关注污染防治，积极参与到节能减排工作中来。

附表5：钦州公众对城市环境保护满意率评价表（%）

指标 \ 时间	2009年	2008年	2007年	2009年全区平均水平	2009年比2008年	2009年比2007年	2009年与全自治区
环保宣传教育方面	80.13	71.74	67.78	78.36	8.39	12.35	1.77
对环境保护工作是否重视	77.61	80.07	73.74	75.55	−2.46	3.87	2.06
您是否有保护环境的意识	88.01	62.88	61.46	88.25	25.13	26.55	−0.24
环保宣传教育工作开展情况	74.76	72.27	68.16	71.27	2.49	6.60	3.49

二、存在问题

1．城市环境满意率的总体评价与国家的要求差距仍然较大。在对城市环境满意率总体评价中，公众对城市环境保护的满意率为66.75%，距创建国家环保模范城市要求的满意率85%这一指标，差距仍很大。

2．对12369的环境投诉热线宣传力度不够。在调查中，我们发现，公众对12369的环境投诉热线知之不多，只有24.79%的公众有所了解，大部分公众不知道，这说明我们的宣传未能真正到位。

3．有关部门已投入使用的场地后续管理不到位。我们在调查中发现，钦江一桥以北到原市政府宿舍后门一带江边的绿化，政府已经投入经费修缮一新，意在让居民能在茶余饭后在此散步、娱乐，但因为后续管理不到位，这一带场所不是到处堆满垃圾，就是成为附近居民种菜的场所，影响了城市的市容市貌。同时，群众也反映钦州河堤公园一桥、二桥江边灯光设施，电缆灯柱屡遭破坏、偷盗，市民感到愤怒；垃圾到处乱丢，往钦江里倾倒，无人管，管不着；无人清除，直接影响钦州市容。钦江每次潮上潮落，江面上漂浮一层垃圾，钦江每隔一段时间，满江黑水。钦州几条老大难臭水沟从中山公园直上，臭气冲天。中山公园，是钦州唯一的公园，当是钦州的标志，臭水沟从中山公园直过，有损钦州形象。

4．噪声对市民的影响依然是公众满意率最低的指标。公众在今年的调查中，反映最为强烈的是噪声的影响，特别是小区周边娱乐场地噪声的影响，使市民无法正常休息，群众意见很大，如鸿福小区一带酒吧，群众反映比较强烈。另外第一人民医院的锅炉发出的噪声，对周边居民的正常休息也存在一定的影响。

三、几点建议

1．深入宣传环保法规，进一步提高市民环保意识。一要做到教育要从娃娃抓起，建议在中、小学课程里加入有关环保的内容，加强对中小学生环境保护教育的指导工作，加快循环经济的发展指导；二是环保宣传的形式要多样化，方式上要有突破。要把学生、环保志愿者等群体组织起来，提高公众的社会参与度，促进社会整体环保意识的提高；三是定期通过电视台、报纸等媒体结合大型宣传活动进行宣传，曝光污染企业；四要多印刷一些引导市民创建环境绿色生活的宣传画，张贴到社区，让市民认识到优质环境是健康生活的源泉。

2．进一步加强对环保投诉热线12369电话的宣传。一要以每年的世界环境日宣传活动为契机，进一步加强对环保投诉电话12369的宣传。二要做到宣传教育向社区延伸，把12369热线以广告牌形式在各主要街道宣传。

3．进一步加强投入使用的场地后续管理。一要明确职能分工，各部门要各负其责，监管部门要加强监管；二要增加人力物力的投入，为管理提供物质保障。

投资环境高度满意　存在不足有待完善

——2010年钦州市投资环境调查报告

李　固

钦州市作为北部湾经济区新兴滨海新城，伴随着《广西北部湾经济发展规划》深入实施、钦州保税港区封关运营及临海工业的兴起，其独特的区位优势、政策优势等日益受到国内外投资者的青睐。为全面跟踪监测钦州市投资环境状况，及时了解广大投资者对投资环境的评价和意见，把握企业投资成本和收益情况，国家统计局钦州调查队在全市150家企业中开展了投资环境与成本收益状况监测调查。调查结果显示：钦州市投资环境得到了明显改善，企业高度满意，总体投资环境满意度为79.24,仅次于南宁市（80.32）和柳州市（79.68），位居全区第三。软、硬环境满意度分别为79.77、77.99，均达到高度满意标准，其中软环境满意度仅次于南宁（79.83），位居全区第二。这表明钦州市委、市政府采取的多项完善区域投资环境建设的措施成效明显，投资潜力日益凸显。

一、投资软环境满意度全面提升

投资软环境包含社会环境、政策法制环境、政务环境、经济环境、经营环境五个方面，调查表明，这五方面的满意度分别为79.5、78.97、81.03、79.57、78.3，比上年分别上升2.61、1.37、0.45、0.56、0.65，均处于高度满意区间，这表明市委、市政府在改善软环境方面的举措得到了企业的高度认可。

（一）企业对社会环境评价明显提高

2010年，企业对社会环境满意度为79.5，比上年的76.89有了明显提升。在社会环境的评价指标中有三项达到高度满意标准，按满意度高低依次排列为：当地民众及政府欢迎外来投资设厂的态度（满意度为85.87）、当地民众的道德诚信程度（满意度为77.9）、当地社会风气状况（满意度为76.47）。这充分表明，民众及政府在接纳外来投资者方面态度是诚恳的，全市也致力于创造一个良好的社会环境以吸引更多的外来投资者落户钦州，发展钦州。

（二）企业对政策法制环境高度满意

企业对政策法制环境满意度为78.97，比上年提高1.37，居全自治区第三位，微弱于来宾（79）和南宁（78.98）。各主要指标满意度如下表：

项　　目	满意度	对比上年
1.当地的政策法规与国家法律法规的一致性程度	81.3	−0.32
2.当地的相关投资政策优惠条件	81.3	+0.07
3.当地的政府与执法机构秉持公正的执法态度	80.8	+1.05
4.当地解决纠纷的渠道完善程度	79.3	+1.2
5.当地政府对外来投资承诺实现的程度	82.97	+0.63
6.当地政府落实环保政策法规的情况	79.43	−0.76
7.当地政府政策的稳定性情况	82.3	+0.46
8.当地政府政策的透明度情况	78.87	−0.4
9.当地对知识产权保护的情况	80.53	+0.31
10.当地司法环境体现公正、公平、公开的程度	79.6	+0.8
11.在投资经营过程中，合法权益得到法律保障的情况	82.6	+0.57

由表可见，企业对政策法制环境评价的十一项指标均达到高度满意标准，其中有八项指标对比上年有所提高。满意度最高的两项为投资承诺实现和权益保障方面，可以看出企业对政策法制环境非常满意，也反映出全市在制定和实施与企业相关的行政法规政策的同时，不仅注重政策的稳定性与连续性，也注重政策的执行效果和保障企业的合法权益，更注重制定有利于发展的各项优惠投资条件并兑现投资承诺，确保企业能充分享受到来钦州投资发展的政策优势，促进全市经济快速发展。

（三）企业对政务环境评价提高

政务环境是一个城市文明水平的“第一环境”。钦州市十分重视政务环境建设，不断强化政府服务意识，规范行政行为，提高行政效能和工作水平，如开通“12345，有事找政府”市长服务电话及“阳光和效能重点建设岗位”工作等，努力营造统一、公开、高效的政务环境。调查数据显示，企业对政务环境的满意度为81.03，比上年提高0.45，属于高度满意区间。主要指标评价如下：

企业对政务环境的评价

项　　目	满意度
1.当地行政机关贯彻落实《行政许可法的情况》	82.87
2.当地政府的服务意识	81.5
3.当地行政机关办事程序公开的情况	75.13
4.当地行政执法机关在行政执法中乱摊派、乱收费、乱罚	79.5
5.企业支付政府机构非正常费用，营业收入受影响程度	81.13
6.贵公司近年承担各项社会负担是否增加	69.17
7.当地的各级官员操守清廉程度	79.97
8.当地行政机关工作效率	79.03

由上表可看出，除了第六项评价为一般满意外，其他项评价均达到高度满意区间。在企业对发展与改革等28个管理部门的行政效率评价时，满意度均为高度满意，其中满意度排在前三位的是税务部门（83.5）、财务部门（82.4）、商务部门（81.75），满意度排在后三位的是城管部门（76.21）、文化市场管理部门（77.83）、交通管理部门（77.86）。综合而言，全市经过转变干部作风和加强行政效能建设等方面的努力，政务环境不断改善，企业的认可程度也越来越高。

（四）企业对经济环境认可程度较高

随着北部湾经济区关注度的提升，在钦州市保税港区及临海工业集群的发展带动下，钦州市经济发展形势越来越好，发展潜力日益增强，居民收入和生活条件不断提高，特别是广西北部湾银行、华夏银行、兴业银行、交通银行等一批金融机构进驻，资金贷款和汇兑更加便利。调查显示，企业对经济环境满意度较高，为79.57，比上年提高0.56点，满意度位居全区第二。从企业注册类型看，外商及港、澳、台商投资企业对经济环境的评价较高，满意度达到85.36；股份有限公司评价最低，为75.71；从行业类别来看，信息传输、计算机服务和软件业对经济环境评价都很高，满意度分别为90，租赁和商务服务业最低，满意度为73.33。从评价指标来看，企业对未来具有经济发展潜力的情况、政府改善投资环境的态度、城市开放程度评价较高，满意度分别为84.77、84.07、78.07。

（五）企业对经营环境评价上升

经营环境是企业生存和发展的重要组成部分，对企业影响巨大。调查显示，企业对经营环境的满意度为78.3，比上年提高0.55。具体来看，企业对当地发展内贸内销市场程度满意度由上年77.92提高到78.59，企业对当地有利于形成上下游产业供应链的完整程度满意度由上年75.36提高到77.21，企业对当地行业间公平竞争情况满意度由上年76.72提高到78.26。这表明，钦州市在规范市场行为、扩大市场需求、延伸产业链等方面采取的措施对推动市场发展、优化产业结构等方面起到了积极的作用，得到了企业的认可和支持。

二、投资硬环境满意度仍保持高度满意

钦州市充分利用位于广西沿海城市群的中心位置及西南地区进入东盟国家陆上距离最近的出海口等区位优势，不断加大城市基础设施建设和港口建设，城市功能配套逐步加强，以交通枢纽和港口航运为支撑的集疏运体系日趋完善，为企业的投资发展奠定了良好的外部条件。调查结果显示，企业对包括自然条件、基础设施、公共设施等投资硬环境的评级依然较高，满意度为77.99，比上年78.59略降0.6，仍处于高度满意区间。

（一）对自然资源环境评价

钦州市丰富的淡水、土地、矿产资源等条件为企业的发展创造了良好的外部条件，加之临海大港口的崛起及装机容量240万千瓦时火电厂的建设运营，有效保障了企业的发展基础条件。调查显示，企业对自然环境的满意度为80.87，在具体评价指标中，企业对当地环境与企业的发展程度、电力保障、煤等能源保障、淡水资源保障、土地资源保障评价为高度满意，满意度分别为82.5、85.4、82.67、81.27、79.8。

（二）对基础设施建设条件的评价

钦州市对基础设施建设力度不断加大，城市的发展规划日趋科学，配套基础设施逐步完善，城市亮点不断涌现。整体而言，企业对基础设施建设条件的满意度为78.7，表明企业对基础设施建设条件高度满意。

1．对城市规划的评价提升明显。企业对钦州市城市规划及配套设施与企业发展的适合程度、未来总体发展及建设规划与企业发展的适合程度、污水及废弃物处理完善程度满意度分别为78、83.13、73.53，比上年分别提高1.65、1.1、1.52。

2．对基础设施的评级满意度为高度满意。企业对物流仓储、流通相关商业设备完善度和电信、资讯设施、网络等通讯条件完善程度的评价较高，满意度分别为79.67、82.37。

（三）对公共设施建设条件的评价

钦州市不断增加公交线路，大力改善医疗、卫生机构的基础设施建设，完善公共保健设施和居民生活公共设施，但企业服务设施条件还有待进一步改善。调查显示，企业对钦州市公共设施的评价为一般满意，满意度为74.17，比上年提高0.84。

1．对生活设施的评价高度满意。企业对衣食住行便利程度满意度为79.27，对医疗保健设施完备程度满意度为76.53，对学校、教育设施完备程度满意度为78.9。

2．对企业服务设施评价有所下降。企业对银行服务、商旅等服务环境的便捷程度满意度为78.27，比上年下降1.07；对科研机构完善程度的满意度为70.53，比上年下降0.85；对城市建设国际化程度满意度为66.53，比上年下降1.96。

三、存在的问题

综合企业反映钦州市投资环境存在的问题和建议，较为集中的主要体现在以下几方面：

（一）政策法制环境方面

调查结果显示，企业对政府相关政策的贯彻落实情况还不是非常满意，如，

当问及“法规政策存在的问题”时，50%的企业认为社会保障政策贯彻执行的不够好；52.5%的企业认为工商管理政策贯彻落实得不够好；55.1%的企业认为科技扶持政策贯彻落实不够好；28.85%的企业认为劳动用工政策不配套不统一；28.57%的企业认为进出口政策不利于吸引投资；22.64%的企业认为税收优惠政策变动较大缺乏连续性，23.81%的企业认为人才政策不配套不统一。

（二）政务环境方面

企业对行政机关办事程序公开情况认可一般，行政机关在行政执法中存在乱摊派、乱收费、乱罚款、推诿扯皮、效率低下等现象，在问及“行政执法和管理方面存在的问题最多”时，县级部门和乡镇级以下认可度分别达到54%、41.33%。

（三）经济环境方面

64.08%的企业认为银行贷款程序繁琐；在问及“难以获得金融机构贷款的因素”时，手续繁琐、没有合格的抵押资产、难以获得第三方担保三项所占比重较高；在评价引进外来投资方面存在的问题时，52.87%的企业认为有关政策没有落实；在评价融资环境时，仅有33.34%的企业认为好；在商业服务方面，近50%的企业表示没有获得经营管理服务、会计核算、法律服务、保险业务服务、信息咨询服务、职业培训服务。

（四）经营环境方面

企业对当地劳动力技能是否满足企业发展需要、当地技术人才供应充裕度、当地管理人才供应充裕度、当地整体产业技术研发水平的满意度分别为72.67、70.53、72.4、72.87，比上年分别下降2.36、1.5、0.72、0.47，属于一般满意。调查显示，在回答“当地劳动力技能是否满足企业发展需要”时，仅有24%的企业认为好和非常好；在问及“当地技术人才供应充裕程度时”仅有21%的企业评价好和非常好；而认为“当地整体产业技术研发水平”好的仅有16%的企业认可；在配套服务方面，43.66%的企业认为水、电、运输等企业外部生产条件不能满足需要对企业的影响最大。

四、优化钦州市投资环境的几点建议

（一）拓宽融资渠道，降低信贷难度

资金是企业发展的瓶颈，钦州市中小企业比重大，企业融资渠道单一，信贷难度大，企业迫切希望政府及相关部门采取积极有效的措施，缓解企业发展资金短缺的难题。一是切实落实相关政策，推进多元化投资主体的信用担保体系建设，完善和规范财产关系、信用关系和契约关系，建立信用担保体系。二是简化信贷手续，对有发展潜力的产业、项目给予一定的扶持。

（二）完善市场法规，规范市场行为

文明、规范、有序的市场竞争是市场吸纳力的体现，也是潜在的市场优势，伴随着钦州市经济的快速发展，相关部门要不断完善市场法规和市场监督机制，加大对制售假冒伪劣产品的打击力度，整治市场的不良竞争，严肃查处市场价格欺诈行为，打击逃避债务、不履行合同等违约行为，为企业发展壮大营造良好的经营环境。

（三）完善基础设施，提升发展动力

一是完善物流仓储、流通相关的商业设备；二是改善陆路、海路交通网建设与布局，尤其是连接保税港区的出入港口码头、公路、铁路等的建设；三是做好企业污水及废弃物的处理工作；四是继续完善电信、资讯设施、网络等通讯条件，提高通讯服务质量。

（四）改善政务环境，提高行政效率

一是继续加大行政机关办事程序公开

的力度，努力提高行政机关工作效率；二是加强部门监督，杜绝乱摊派、乱检查、乱评比等现象；三是提升相关部门的工作水平和职业操守，尤其是与企业联系紧密的税务、工商、物价、环保等部门，努力树立公职人员的良好形象。

（五）关注公共设施，提高生活质量

公共设施建设是政府关注民生、服务民生、构建和谐的体现，钦州市在完善医疗、卫生等公共设施方面提升很快，今后还应加强社区和居民小区体育设施建设，与公园、广场、住宅小区配套建设休闲体育项目小场地以满足大众多样化的健身需求，加快建设市图书馆、青少年活动中心等场馆以提升大众文化素质和文明程度。

环保意识明显提高　整治力度仍需加大

——2009年防城港市公众对城市环境保护满意率调查报告

卢建岁

近期，防城港市在全市范围内开展了公众对城市环境保护满意率调查。此次调查采用住户规模比例法（PPS法）抽选调查社区，以入户访问的形式进行调查，共调查600户。内容主要包括空气质量、水环境质量、噪声、垃圾、环保宣传教育和其他等方面。调查结果显示，防城港市民环保意识明显提高，但环境保护形势依然严峻，整治力度仍需加大。

一、公众对防城港市环境保护的评价

调查结果显示，2009年防城港市公众对本市环境保护总体满意率为58.04%，比上年降低1.92%。在对空气污染、水环境质量、噪声污染、垃圾、宣传教育和其他等六个方面评价指标中，公众环保宣传教育方面的评价最高，满意率为70.64%，与上年相比提高了8.62%。对其他方面的评价最低，满意率仅为20.50%。在上述六方面的14项评价指标中，公众对“您是否有保护环境意识”评价最高，满意率为87.86%，排位第一；“您对本市饮用水的水质满意度”评价排位第二，满意率为75.36%；“您对本市生活垃圾的日常收集是否满意”评价排位第三，满意率为68.72%。满意度排位最末的是“您知道12369是环境投诉热线吗”，满意率仅为20.50%；满意度排在倒数第二、第三位的是“您在日常生活中是否受到噪声影响”和“建筑施工扬尘的控制效果”，满意率分别为47.34%、49.73%。

（一）公众对空气质量方面的评价

公众对空气质量方面的评价满意率为51.26%，比上年降低2.86%。其中对本市空气质量改善评价满意率为52.54%，比上年降低7.83%，在调查对象中只有29.33%的人认为非常满意和比较满意；对建筑施工扬尘的控制效果和对工业废气、汽车尾气的控制效果满意率分别为49.73%、51.52%，虽然均比上年提高1.01%，但在调查对象中只有25.33%的人对建筑施工扬尘的控制效果表示非常满意和比较满意，只有22.67%的人对工业废气、汽车尾气的控制效果认为非常满意和比较满意。详见表1

表1

空气污染方面	非常满意（或重视或好或明显或有）	比较满意（或重视或好或明显或有）	一般（或没有）	不太满意（或重视或差）	很不满意（或重视或很差）	没注意过（不清楚）	满意率
空气质量改善情况	7.00	22.33	27.50	23.67	16.00	3.50	52.54
建筑施工扬尘的控制效果	4.33	21.00	25.00	35.83	12.33	1.50	49.73
工业废气和汽车尾气的控制效果	4.00	18.67	32.50	29.67	10.67	4.50	51.52

（二）公众对水环境质量方面的评价

公众对水环境质量方面的评价满意率为65.76%，比上年提高2.94%。其中对本市的河流、湖泊的水质评价满意率为57.65%，在调查对象中有28.33%的人认

为非常满意和比较满意；对向河流湖泊随意排放污水现象满意率为64.28%，在调查对象中有60%的人认为非常满意和比较满意；对本市饮用水的水质满意度为75.36%，比上年提高4.74%，在调查对象中有59%的人认为非常满意和比较满意。详见表2

表2

水环境质量方面	非常满意（或重视或好或明显或有）	比较满意（或重视或好或明显或有）	一般（或没有）	不太满意（或重视或差）	很不满意（或重视或很差）	没注意过（不清楚）	满意率
河流、湖泊的水质	4.33	24.00	32.33	17.67	9.50	12.17	57.65
河流湖泊随意排放污水现象	25.17	34.83	11.67	28.33	0.00	0.00	64.28
饮用水的水质满意度	7.83	51.17	30.67	8.17	1.33	0.83	75.36

（三）公众对噪声方面的评价

公众对噪声方面的评价满意率为49.76%。由于此项评价指标的具体内容与上年有所不同，其可比性不大。但从其整体情况来看，满意率比上年降低5.53%，其中的两项指标评价满意率也不高，如对日常生活中是否受到噪声影响的评价满意率为47.34%，对噪声污染的治理效果的评价满意率为52.18%，在调查对生活带来影响的主要噪声时，在调查对象中有63.87%的人认为是交通噪声，有20%的人认为是建筑施工噪声，有8.74%的人认为是集市、广场等场地的生活噪声，有7.39%的人认为是商店、卡啦OK厅等场地的娱乐噪声。详见表3

表3

噪声污染方面	非常满意（或重视或好或明显或有）	比较满意（或重视或好或明显或有）	一般（或没有）	不太满意（或重视或差）	很不满意（或重视或很差）	没注意过（不清楚）	满意率
是否受到噪声影响	12.67	38.00	27.67	20.67	0.50	0.50	47.34
对噪声污染的治理效果是否满意	2.50	19.00	36.50	30.67	8.50	2.83	52.18

（四）公众对垃圾方面的评价

公众对垃圾方面的评价满意率为64.79%。由于此项指标的具体内容与上年有所不同，所以可比性也不大。但从整个方面来看，评价满意率比上年略有提高，提高0.30%。其中：市民对生活垃圾的日常收集满意率为68.72%，在调查对象中有52.84%的人认为非常满意和比较满意；对本市环境卫生情况的满意率为60.85%，在调查对象中有35.33%的人认为非常满意和比较满意。详见表4

表4

垃圾方面	非常满意（或重视或好或明显或有）	比较满意（或重视或好或明显或有）	一般（或没有）	不太满意（或重视或差）	很不满意（或重视或很差）	没注意过（不清楚）	满意率
对生活垃圾的日常收集是否满意	7.17	45.67	25.33	17.50	4.33	0.00	68.72
对环境卫生情况是否满意	4.00	31.33	36.00	22.50	5.67	0.50	60.85

（五）公众对环保宣传教育方面的评价

公众对环保宣传教育方面的评价满意率为70.64%，比上年提高8.62%。其中三项指标的评价满意率，依高低顺序排列如下：首先是“您是否有保护环境的意识”评价满意率87.86%，排在第一位，在调查对象中有68.83%的人认为“经常有”，有30%的人认为“偶尔有”，只有1.17%的人认为“没有”；其次是市政府对环境保护工作的重视程度满意率为65.68%，在调查对象中有44.83%的人认为非常满意和比较满意，表明有近45%的市民认可市政府对环境保护工作的重视；再次是对环保宣传教育工作开展情况的评价满意率为58.37%，在调查对象中有32%的人认为非常满意和比较满意。详见表5

表5

环保宣传教育方面	非常满意（或重视或好或明显或有）	比较满意（或重视或好或明显或有）	一般（或没有）	不太满意（或重视或差）	很不满意（或重视或很差）	没注意过（不清楚）	满意率
对环境保护工作是否重视	6.83	38.00	25.33	18.00	5.67	6.17	65.68
您是否有保护环境的意识	68.83	30.00	1.17				87.86
环保宣传教育工作开展情况	7.67	24.33	33.67	19.50	5.67	9.17	58.37

（六）公众对其他方面的评价

公众对其他方面的评价满意率为20.50%。这个方面主要是调查公众是否知道12369是环境投诉热线，在调查对象中只有20.50%的人认为知道，而有79.50%的人认为不知道，表明近八成的市民不知道环境投诉热线电话，所以此项评价满意率得分最低。

调查结果表明，2009年防城港市在环境保护方面做了大量的工作，并取得一定的成效。比如，继续开展重点污染源自动监控系统项目建设，组织12家已安装在线监控中心系统重点污染源企业进行系统调试并上传监测数据；严把项目环保审批关，全年审批建设项目293项，比上年增加59项；进一步加大了整治违法排污企业力度，出动检查人员、检查企业和现场纠正环境违法违规企业均比上年大幅度增加；加强环保宣传教育，以宣传节能减排为重点，组织开展各项宣传活动等等。通过这些工作，对于加强重点污染源的监控，把好项目环保准入关，打击环境违法企业，维护全市环境安全，改善城市环境，提高市民环保意识等方面起到了重要作用。

由于防城港市是一个新兴城市，城市功能不够齐全，基础设施相对落后。因此，市委、市政府始终把破解“有港无市”问题作为关乎全局的大事来抓，特别是2009年紧紧抓住国家扩大投资的契机，全力实施“项目建设攻坚年”，全市项目建设大投入、城市建设大推进均前所未有，如以行政中心区为重点的城市建设如火如荼，城市框架迅速拉开；渔万岛改造成效初显，横贯全城、长达15公里的北部湾大道改造建设工程全面展开，北部湾广场等28个重点城市项目投入使用。随着城市建设的不断推进，城市人居环境得到了较大改善，但是环境保护仍然是一项长期而艰巨的工作，环保问题在某种程度上依然存在、在某些范围内依然发生，环境保护的形势依然严峻，环保整治力度仍需加大。

二、存在的主要问题

（一）空气污染仍然存在

调查结果显示，本次调查涉及的五个方面（除其他方面外）中，公众对控制空气污染的评价满意率仍然偏低，排在倒数第二位，其中对建筑施工扬尘的控制效果评价满意率，在五个方面的13项评价指标中排在倒数第二。在调查中有35.83%的公众对建筑施工扬尘的控制效果表示不太满意，12.33%的公众表示很不满意，即有48.16%的市民对此项控制效果表示不满；有29.67%的公众对工业废气和汽车尾气的控制效果表示不太满意，10.67%的公众表示很不满意，即有四成的市民对此控制效果表示不满；有23.67%的公众对空气质量改善情况认为不太明显，16.00%的公众认为没有变化，即有近四的市民对空气改善情况不予认可。此外，在调查表中，公众对环保工作提出的51条意见和建议中，有10条意见直接提到空气污染问题，如渔洲坪个别企业晚上排放毒气污染空气；港口码头的货物引发的粉尘污染空气；边检站附近的加油站前面部分道路未硬化引起的灰尘以及城市主干道改造引发的灰尘污染空气等等。上述情况表明本市空气污染问题在一定范围内仍然存在。

（二）噪声影响依然突出

此次调查涉及的五个方面中（除其他方面外）公众对噪声方面的评价满意率最低，只得49.76%，其中“您在日常生活中是否受到噪声影响”的评价满意率只得47.34%，在五方面的13项评价指标中也是最低的，在调查对象中有12.67%的人认为受到噪声影响非常多，有38.00%的人认为受影响比较多，即有五成的公众认为在日常生活中受到噪声影响非常多和比较多。在调查对公众生活带来影响的最主要的噪声时，认为受交通噪声影响最多，其次是建筑施工噪声，再次是集市、广场等场地的生活噪声，最后是商店、卡拉OK厅等场地的娱乐噪声。在调查对噪声污染的治理效果是否满意时，在调查对象中只有21.50%的人认为非常满意和比较满意，而有39.17%的人认为不太满意和很不满意，即近四成的市民对此项治理效果表示不满。此外，在调查表中，公众对环保工作提出的51条意见和建议中，有8条意见直接提到噪声影响问题，如仍有大车通过凯乐路，这条路居民相对比较集中，路又狭窄，大车造成噪声太大，又不安全；住宅区附近的卡拉OK厅的娱乐噪声应受到控制等等。由此可见，噪声影响依然比较突出。

（三）环境卫生状况不容乐观

此次调查结果显示，公众对生活垃圾的日常收集还是比较满意的，此项评价指标在六个方面14项评价中满意率排在第三位，在调查对象中有52.84%的人对此非常满意和比较满意，即有五成以上的公众对此表示满意。但在调查对环境卫生情况是否满意时，有28.17%的调查对象对此表示不太满意和很不满意，即超过四分之一的人对环境卫生情况表示不满。此外，在调查表中，公众对环保工作提出的51条意见和建议中，有14条意见直接提到环境卫生问题，如有的认为城区内垃圾筒（箱）较少，有乱扔垃圾现象，建议增设垃圾筒（箱）；有宠物随地大小便现象；希望治理防城区东门横街东一里的垃圾池、排水沟；凯乐园小区和车辽小区有些小巷因化粪池满溢，臭水排放到人行道上，既影响市容也很不卫生；渔洲路和龙凤路有部分群众放养鸡，小巷里到处是鸡屎，很不卫生，等等。可见，环境卫生状况不容乐观。

（四）污水排放仍需加强监控

调查显示，公众对本市饮用水的水质评价满意度较高，在调查涉及的六个方面14项指标中排在第二位，在调查对象中有59%的人对饮用水的水质表示非常满意和比较满意，即近六成的公众认可饮用水的水质，表明本市治理污水排放取得成效。但在调查是否发现过向河流湖泊随意排放污水现象时，在调查对象中有25.17%的人表示没有发现，有34.83%的人表示偶尔发现，有11.67%的人表示经常发现，表明随意向河流湖泊排放污水的现象还存在，为了保持好水环境质量，仍需继续加强监控。

（五）环境投诉热线的宣传有待加强

此次调查其他方面与往年有所不同，原来是调查“如遇到环境问题，您知道通过什么途径解决”，在调查对象中表示知道的人占的比例较大，表示不知道的人占的比例较小，此项指标的满意率也就相应较高。而此次调查只问“您知道12369是环境投诉热线吗”，在调查对象中只有20.50%的人表示知道，而79.50%的人表示不知道，所以此项评价满意率最低。事实上目前大多数市民不知道这个热线电话，表明有待于对其加强宣传。

三、几点建议

针对上述存在的主要问题，提出以下五点建议：

1．加大空气污染整治力度。尤其是对夜间排放毒气的企业，一经查实，应从快、从严、从重处罚；对建筑施工、港口货物等扬尘污染空气问题也应督促施工单位及相关单位采取有效措施予以解决。

2．加大噪声污染整治力度。2008年，市有关部门对调查提出的问题进行了解决，如控制汽车噪声污染问题，规定了在市区内禁鸣喇叭，汽车噪声得到了有效控制，但应加大执行力度，对违反规定的应给予一定的处罚；对于大车，尤其是泥头车应严格规定限驾路段，并严格按规定执行，如市民提出的凯乐路。对于卡拉OK厅应明确规定娱乐时间，或进行整改落实好隔音设施，以控制娱乐噪声污染。

3．加大环境卫生整治力度。坚决治理环境卫生脏乱差现象，尤其是公众提出的上述意见，有关部门应开展调查研究，全面掌握情况，采取有效解决措施，让市民有一个整洁、有序、和谐的生活环境。

4．加强污水排放监控。加强环境执法，严格控制污水排放。扩大安装水污染物排放在线监测系统，确保处理后的水稳定达标排放，保护好水环境质量。

5．加大环境投诉热线宣传力度。随着经济社会的不断发展，人们的环保意识在不断增强，了解环保、参与环保、支持环保的氛围将越来越浓。同时，环保工作也需要全社会的共同参与和积极配合，才能做得更好。因此应通过各种途径进行广泛宣传，逐步做到家喻户晓、人人皆知。

投资环境改善　企业满意度提高

——2010年防城港市投资环境调查报告

邹巧其

近年来，防城港市大力推进项目建设和基础设施建设，开展“服务企业年”活动，重视改善民生，不断优化投资环境，经济建设保持强劲发展，2009年多项主要经济指标广西区第一。为全面了解防城港投资环境及各行业企业投资成本和收益状况，更好地为各级党政领导宏观决策提供可靠依据，近期，国家统计局防城港调查队在防城港市范围内开展投资环境及各行业企业投资成本收益状况调查，共抽查八大行业110个企业。调查结果显示：2010年，企业对防城港市整体投资环境满意度为78.04，与2009年相比，满意度提高了1.09，在全自治区14个地级市中的排位也由第12位上升到第9位，但排位仍然靠后，同时低于全自治区平均水平0.37。

一、调查结果

（一）投资硬环境满意度在不断提高

此次调查结果显示，企业对防城港的投资硬环境满意度为77.81，比2009年提高1.31，由2009年的全自治区第11位上升为第9位，其中：自然资源环境满意度84.23，基础建设条件满意度77.18，公共设施条件满意度72.23。

1．自然资源环境条件优势明显。防城港市具有良好的生态条件，有7个自然保护区，总面积8.17万公顷，占防城港面积的13.33%，森林覆盖率将近60%。调查显示，企业对自然资源环境条件满意度比上年提高2.68。在自然资源环境条件的9个评价指标中对当地生态地理环境与企业发展的适合程度的评价，其满意度为85.68，在被调查企业中有67.27%的企业认为好和非常好；对当地电力资源的保障程度，其评价满意度为83.23，在被调查企业中有51.82%的企业认为好，9.09%的企业认为非常好，即有60.91%的企业认为好和非常好；对当地煤、燃油等能源的保障程度，其满意度为82.68，在被调查企业中有43.64%的企业认为好，6.36%的企业认为非常好，即有50%的企业认为好和非常好。对当地淡水资源的保障程度下滑，满意度由82.18降为82.05。表明防城港的生态地理环境仍然保持很好，水电资源丰富，能源供应充足，自然环境条件优势突出，很适合企业发展。

2．基础建设条件有所改善。2009年，随着崇左至钦州（防城港段）高速公路全线开工，东湾大道和钦防铁路双线扩建工程、防城港区疏港铁路等项目前期工作加快，多项重大基础设施项目稳步实施，防城港的基础设施建设正在改善。在基础建设条件的7项评价指标中：企业对防城港未来总体发展及建设规划与企业发展的适合程度的评价最高，满意度为83.77，较2009年提高1.63，在被调查企业中有59.09%的企业认为好和非常好；居第二位是企业对防城港的电信、资讯设施、网络等通讯条件完善程度的评价，满意度为81.55，较上年提高2.6，在被调查企业中有52.73%的企业认为好和非常好；居第三位的是企业对防城港的物流、仓储、流通相关商业设施完备程度的评价，满意度为80.73，较上年提高0.82，在被调查企业中有43.63%的企业认为好和非常好。可见，企业对防城港近年来基础设施的改善较为认可。

3．公共设施条件明显改善。公共设施

条件的评价满意度比2009年提高2.0。在公共设施条件的6项评价指标中有2个指标满意度达到较高区间，即企业对防城港的银行服务、商旅等商务环境便捷程度及食、衣、住、行便利程度的评价，满意度分别为78.27和78.05。表明防城港市委、市政府近年来力促基本公务服务均等化，构建公共服务型财政，逐步加大在教育、卫生、文化、社会治安等方面的重视和投入得到企业界的认同。

（二）投资软环境满意度逐步提高

2010年防城港的整体投资软环境满意度为78.14，比上年提高了1.0，由全区第11位提升为第8位，满意度保持在较高区间。而且软环境中的5大评价指标均达到较高满意标准：社会环境满意度为76.5，政策法制环境满意度为77.32，政务环境满意度为78.59，经济环境满意度为77.86，经营环境满意度为77.5。

1．社会环境满意度整体良好。2010年，社会环境条件满意度为76.5，满意度处于较高范围，在社会环境条件的5项评价指标中有4项达到较高满意标准，分别是企业对防城港民众及政府欢迎外来投资设厂的态度、对民众的道德诚信程度、当地社会风气状况和当地的社会治安状况，满意度分别为86.14、77.86、76.23、76.59。表明企业对防城港社会环境满意度整体良好，特别是非常认可当地民众接纳外来投资的态度。

2．政策法制环境满意度略有提高。政策法制环境的评价满意度比去年提高0.37，11项评价指标全部达到较高满意标准，满意度排在前三位的首先是企业对当地的相关投资政策优惠条件的评价，满意度为82.5，在被调查企业中有51.81%的企业认为好和非常好；其次是在投资经营过程中，合法权益得到法律保障的情况，企业评价满意度为82.27，在被调查企业中有50.9%的企业认为好和非常好；第三是企业对当地政府对外投资承诺实现的情况评价满意度为81.59，在被调查企业有46.36%的企业认为好和非常好。表明防城港近年积极落实各项优惠政策，保障企业合法权益，切实兑现对外来企业投资承诺，深入开展“服务企业年”活动效果显著。

3．政务环境满意度得到提高。企业对防城港市政务服务环境满意度比2009年提高0.86。企业对各个部门评价满意度排名较高的为工商、税务、技术监督等部门；排名较低的为教育、海洋渔业管理、城管等部门。

在政务环境指标评价中满意度排在前三位分别为企业对当地行政机关贯彻落实《行政许可法》的情况和企业支付政府机构非正常费用、营业收入受影响程度及当地政府的服务意识，满意度分别为81.91、79.73、78.77。表明2009年以来，随着《防城港市行政效能投诉处理暂行办法》、《防城港市建设项目并联审批暂行办法》等40多项工作制度的建立和完善，提高机关效能“十不准”、项目建设无腐败“三十条”、工作决策部署执行不力问责办法等文件相继出台，“行政高效能、项目建设无腐败”行动强势推开，一批项目建设违规行为被查处并在媒体上通报，机关作风明显改善，干部责任意识显著增强。

4．经济环境、经营环境满意度稳步提高。今年，企业对经济环境、经营环境条件的评价满意度与去年相比分别提高0.91、2.32。经济环境评价指标中，企业对防城港未来具有经济发展潜力情况、政府改善投资环境的态度、所在城市经济开放程度的评价满意度分别为85.73、82.45、80.73。可见，2009年防城港市委、市政府强力推进各项工作，防城港经济逆势上扬，实现“速度不慢、增幅不低、排位不降”的目标，使企业对防城港市的未来充满信心。经营环境评价指标中，达到较高满意的前三位指标有：企业对防城港的市场发展潜力、当地政府鼓励企业自主创新的情况、当地同行业间公平

竞争的情况评价，满意度分别为82.55、79.23、78.91。由此表明，防城港的经济环境和经营环境整体存在优势，企业对在当地经营发展较为满意。

（三）整体风险评价和推荐度调查情况较好

风险度是指实际损失与预测损失之间的相对关系，推荐度是指推荐事物与希望被接受的相对关系，满分为100。风险评价划分标准为：0为完全无风险，0～55为低度风险，55～75为中度风险，75～90为较高风险，90～100为高度风险；推荐度划分标准为，0为完全不予推荐，0～55为勉强推荐，55～75为一般推荐，75～90为较高推荐，90～100为高度推荐。

防城港市整体投资风险评价为54，为低度风险。指标共4项：社会风险、法制风险、经济风险、经营风险，评价值分别为：52.86、52.5、54.41、50.73。推荐度情况：企业今年对防城港给未来投资者投资的推荐度为83，即较高推荐。可见，随着防城港市各项事业的快速发展，企业信心增强，整体认为投资防城港风险低，可预期效益好，推荐程度较高。

二、存在问题

2010年防城港市的企业投资环境整体满意度为较高满意，但调查结果显示当前投资环境还存在不少问题，其主要表现如下：

（一）基础设施建设有待完善

2010年，企业对防城港的基础建设满意度较上年降低0.23，该市基础设施较为薄弱，特别是港口、铁路等运力不足，压港问题始终没有得到很好解决，2009年最多时压港货物超过900万吨，原因在于公（铁）路网建设发展滞后。在基础建设条件的各项评价指标中，企业评价满意度最低仍然是污水及废弃物处理设施完善程度，满意度为73.91，属于一般满意范围，在被调查企业中有17.27%的企业认为差和非常差。

（二）公共设施仍需改善

防城港的硬件环境仍然是薄弱环节，特别集中体现在公共设施条件不完善，6项指标有4项在一般满意范围，分别是当地的医疗、卫生、保健设施完备程度、当地的学校和教育设施完备程度、当地的科研机构完备程度、当地的城市建设国际化程度，满意度分别为71.36、73.95、67.77、67.41。在被调查企业中，有31.82%的企业认为当地的城市国际化建设程度差和非常差，有31.82%的企业认为当地的科研机构完备程度差和非常差，有26.36%的企业认为当地的医疗、卫生、保健设施完备程度差和非常差，有18.18%的企业认为当地的学校和教育设施完备程度差和非常差。由此可见，防城港的公共设施条件亟需改善。

（三）社会环境满意度有所下降

2010年，企业对防城港社会环境条件满意度为76.5，比上年下降0.95，在社会环境条件的5项评价指标中，企业对当地民众的文化素质及文明程度满意度评价处于一般满意范围，为74.36。可见，防城港市委、市政府应当重视引导和提高当地民众文化素质和文明程度。

（四）机关效能建设应当继续加强

调查显示，企业认为当地的各级官员操守清廉程度满意度为77.41，比2009年降低了0.04，说明企业认为地方政府官员不廉洁程度有所抬头，调查中显示：49.54%的企业认为行政执法和管理方面存在较多问题的是市级部门，33.03%的企业认为是县级部门；只有39%的企业认为当地行政机关办事程序公开情况为好，58.19%的企业认为公开情况为一般和差。

（五）人才瓶颈亟待突破

在经营环境条件的各项评价指标中，满意度最低的是企业对当地的技术人才供应充裕程度和当地的管理人才供应充裕度的评价，满意度分别为69.14、71.09。可见，目前防城港的人才资源还很缺乏，尤其是企业所需的管理人才和技术人才，还不能满足企业发展的需要。

三、几点建议

（一）进一步加快基础建设和公共设施建设，不断改善投资硬条件

深入开展“项目建设突破年”活动，强力推进大港口、大交通、大物流建设，同时加快建设兴港大道二期、“三横两纵”路网工程、江山大道西段、东湾大道、珍珠大道等主干道、城市排污管网和污水处理设施等建设，重点推进科技图书馆、博物馆、体育中心等公共文化服务设施，打造城市核心区，为企业、为市民创造更加良好的工作生活环境。

（二）常抓社会主义精神文明建设，大力发展全民素质教育

进一步树立社会主义荣辱观，深入宣传“八荣八耻”、加大“五讲四美”教育。在加快产业发展，努力提高人的经济富裕度的同时，常抓社会主义精神文明建设，党员带头、政府带头，利用科普、文化教育设施、文艺晚会等群众喜闻乐见的形式提高民众素质。

（三）进一步加大廉政建设力度，遏制不廉洁行为

继续开展机关作风效能建设和“公众评议”活动，提高干部队伍为人民服务意识，着力解决群众反映的突出问题，探索便民服务的形式，积极推行服务型政府建设服务方式；党委、政府应当针对防城港项目多，发展快形式下有可能出现的工程腐败苗头，加紧完善出台规范招投标市场的系列文件，坚决打击工程建设领域违法违规和腐败问题。

（四）创新完善人才机制

建立完善的人才引进与储备机制，大力引进中高层次专业技术人才和管理人才。同时可以鼓励用人单位和人才市场进行双向交流，搭建科技创新人才交流服务平台，优化配置科技创新人才资源。建立完善科技创新人才的流动机制，按照市场原则和社会需求配置人才，建立科学、合理、灵活的人才柔性流动机制，形成多种形式的“人才驿站”，通过产学研结合，让更多的大专院校、科研机构的高级人才以讲学、短期聘用、技术合作、人才租赁等方式为防城港经济社会发展服务。

当前农村环保问题亟待关注

——防城港市农村环保问题调查分析

卢建岁

目前，随着国家对环境保护的日益重视，城市的环保“门槛”越来越高，城市环境面貌明显改善，环境质量明显提高。在城市环境日益改善的同时，农村的环境保护情况究竟如何？近期，国家统计局防城港调查队对防城港市10个乡镇36个村屯的环保情况进行了调查。从调查结果来看，目前广大农村环保问题日益突出，在一定程度上影响到了新农村建设和经济可持续发展，应当引起高度重视。

一、当前农村环保存在的主要问题

防城港市地处中国大陆海岸线西南端，位于广西南部，现辖两区一县一市，分别是港口区、防城区、上思县和东兴市，辖区土地总面积为6181平方公里，海域4万平方公里。全市共有24个乡镇、2个街道办事处、282个村委会和39个居委会。2007年，全市总人口83.32万人，其中农业人口58.71万人，占总人口的71%，是典型的农业地区，农业以种植、养殖为主，农村的环保问题主要来自生活垃圾和种植、养殖。

（一）化肥农药施用量增加，土壤水体等受到污染

农业生产污染主要来自农业生产中使用化肥、农药和地膜。由于化肥、农药的施用已成为提高土地产出水平的重要途径，因此，近年来化肥农药的施用量在不断增加。据统计，2007年，全市农作物总播种面积为112606公顷，农用化肥施用量（按实物量计算，下同）共计148094吨，地膜使用量373吨，农药使用量854吨。而到了2009年，全市农作物总播种面积为113414公顷，农用化肥施用量共计168946吨，地膜使用量366吨，农药使用量1095吨。仅两年时间，农作物总播种面积只增加808公顷，增长1%，而农用化肥施用量增加20852吨，增长14%，农药使用量增加241吨，增长28%，只有地膜使用量减少7吨。由此可见，化肥农药的施用量在逐年增加。根据国家规定，应当禁止“双高”农药的使用，推行低毒、低残留、高效农药的使用，积极推广使用生物农药和有机肥，尽可能少使用化肥，但实际上生产过程中仍然存在违规现象。有的由于轻视有机肥的使用，长期过量地使用化肥，已造成土壤板结、有机质减少、地力下降。有的由于化肥、农药的利用率低，流失率高，不仅污染农田土壤，还通过农田径流造成对水体的有机污染、富营养化污染甚至地下水污染和空气污染。同时，为了增加防治效果，农村普遍存在超剂量使用农药的情况，农药残留问题不可忽视。此外，在一些农村，农药瓶、化肥袋、塑料薄膜、塑料袋等到处乱扔，“白色污染”严重。

（二）垃圾污水随意堆放排放，污染环境日趋严重

其主要表现：一是农村垃圾产生量越来越大，而且几乎全部露天堆放。有的生活垃圾任意地堆放着，在村口、田头、河边、房前屋后，一大堆的生活垃圾随处可见，有的连转移也没有进行。如在港口区的城乡结合部，从渔洲坪到公车镇，在不到10公里的公路沿线上，就可以看到四个垃圾堆，还有三家乱堆乱放杂物垃圾的废旧收购店；东兴市的江平镇金滩景区附近

巫头村的海蜇加工厂遗留下来的无数个废水坑、垃圾坑，臭气四溢，污水横流；江平镇交东村里面比较整洁，但路边进村口还是有堆垃圾现象。二是村镇布局分散，环卫基础设施、垃圾收集设施不健全，农村生活垃圾未能实现无害化处理。从调查的情况看，除了广西科技信息化示范村——东兴市江平镇交东村设有几个垃圾筒之外，全市其他村屯都没设有垃圾筒（箱），所有的垃圾只能露天堆放。现在防城港市只有一座垃圾无害化处理厂，建设规模为处理生活垃圾300吨/日，但只能负责处理城区范围内的垃圾。而上思县、东兴市两县（市）现在还没有垃圾处理厂（在筹建中），所以现在广大农村只有少数垃圾能定时清运进行填埋外，多数垃圾露天堆放未进行无害化处理，在边远的村屯，农村生活垃圾的处理基本上是处于自生自灭的无组织状态，有的采用空地丢弃、随意填埋或直接焚烧的方式。生活垃圾的污染带来整个环境，如大气、土壤、地下水的污染，进而影响周边和自身的生活环境。

此外，由于无污水处理设施，农村生活污水随意排放的现象很普遍。目前全市只有一座污水处理厂，建设规模为日处理污水4万立方米（一期），服务范围只覆盖到港口、防城的城区，上思、东兴还没有污水处理厂（在筹建中）。由于无污水处理设施，农村生活污水不经任何处理，直接无序排放或沉积在沟渠和地面，威胁到农村水源安全，群众的饮水安全不能得到有效保障。

（三）畜禽粪便得不到完全处理，污染呈加剧趋势

近几年，随着农业产业结构的调整，农村养殖专业户越来越多，规模逐渐扩大，确实增加了农民收入。但是，有的养殖专业户对畜禽场排放废弃物的处理和贮运能力不足，畜禽粪便的污染治理和资源化利用明显滞后，不能进行及时有效的无害化处理。据统计，目前防城港市畜禽养殖有26个规模养殖户，通过对其中9个养殖户（场）的畜禽粪便处理情况进行调查发现，只有4个养殖户（场）建有沼气池，大部分畜禽粪便排入沼气池，而还有5个养殖户（场）没建有沼气池，有的粪便排入自建的化粪池，有的直接排到池塘养鱼，有的提供周边农民作肥料。这些未经过无害化处理的畜禽粪便含有多种致病病菌和寄生虫卵，直接排入池塘或作为肥料，一遇大雨，粪便污水随地表径流入水体，可能导致疾病传播，威胁到人民群众的身体健康。

（四）道路扬尘污染，农村空气质量下降

目前农村扬尘污染主要是由于有些道路没有硬化而引起的灰尘。如防城至滩营乡的公路属于南间—防城港三级公路，在钦防高速公路建成之前，是防城港通往钦州、南宁的一条非常重要的通道。近年来由于经济发展，来往于防城港、钦州的大货车越来越多，加上在滩营乡路段，很多老板沿公路非法采矿，导致水土流失，破坏了路面。还有防城至茅岭三级公路也是如此，过往车辆很多，路面已经很烂，扬尘污染很严重。还有很多村级公路没有硬化，路面大多都是坑坑洼洼、凹凸不平。这些没有硬化的道路，晴天车辆经过或大风一吹，便灰尘满天飞，使沿路村庄的空气质量受到了很大影响，村民和行人苦不堪言。

二、农村环保问题的成因分析

随着农村经济的快速发展，农民消费水平的提高，产生了大量的生产生活垃圾，加之种养殖规模扩大，农村基础设施建设滞后，是造成农村环保问题的主要原因。

（一）机构未建立，政策法规不健全

据调查，目前防城港市所有的乡镇一

级政府均未建立环保机构，有的虽然设立分管领导，但是由于人员和经费不足，具体负责环保工作的都是兼职人员，没有专职环保管理人员，落实工作还是以县市环保部门为主，使农村环保工作在工作质量和效率上大打“折扣”，很难将各项环保方针政策落到实处。同时由于没有明确的职权和相应监测设备，有的基本上没有履行环保职责。另外，目前我国有关农村生态环境的立法也不健全，如对于农村养殖业污染、塑料薄膜污染、农村饮用水源保护、农村噪声污染、农村生活和农业污水污染、农村环境基础设施建设等方面的立法基本是空白。所以对于农村环境污染问题的防治也加大了难度。

（二）农民环保意识淡薄

目前，农民的文化素质相对较低，认识不到环境污染深层次的危害性和资源的保护与可持续发展的重要性，加之长期传统的生活习惯短期难以更改，也缺乏遏制环境污染的主观能动性。传统的小农意识使农民将公共环境卫生当作“领导们”的事或者是“自生自灭”之事，与自己无关。农民对环境保护的总体意识不强，对涉及自身利益的环保违法行为知道进行举报或投诉，而对自身破坏或影响环境的行为缺乏自我约束。

（三）传统的农业格局被打破

以往传统的畜禽养殖规模较小，种植、养殖一条龙，畜禽粪便大部分作为农家肥，对环境污染较轻。现在随着畜禽养殖业的迅猛发展，畜禽养殖业正逐步向集中化、专业化方向发展，不仅污染总量大幅增加，而且污染呈相对集中趋势，出现了一些较大的“污染源”。水产养殖因在养殖过程中投放大量的精饵料、鲜活饵料、肥料和药物，造成水库、池塘和河道水体污染。在种植业中，农民只认识到使用化肥农药简单、方便，畜禽粪便用作农田肥料的比重大幅下降，导致养殖业与种植业严重分离。

（四）农民生产、生活习惯相对落后

长期以来，农村生产技术落后，信息资源匮乏，科学文化素质不高，农民养成了许多污染环境和破坏生态的不良生产、生活习惯。譬如缺少科学种田的指导，滥用化肥和农药；卫生条件差，垃圾随处乱扔；前茬秸秆影响后茬，就一烧了之等。这种淡薄和落后的环保意识在农民身上扎根较深，造成污染的主体十分庞大，因而污染现象十分普遍。

（五）农村规划滞后，建设分散，投入不足

当前，农民居住结构分散，村里很难有统一规划设置的垃圾排放、污水处理系统。农民房屋建设分散、无序，村民居住分散使得建设环保设施的难度和投入成本很大。由于地方财力的限制，农村从财政渠道得到的污染治理和环境管理建设资金较少。

三、农村环境保护的对策建议

以科学发展观为指导，按照建设资源节约型和环境友好型社会的要求，结合防城港实际，建议采取以下措施，着力加强农村环境保护，推进社会主义新农村建设，努力促进农村经济又好又快可持续发展。

（一）加强环保宣传教育，形成全社会齐抓共管格局

归根结底，造成农村环境污染最根本的原因还是人的重视不够，必须动员全社会力量共同参与农村环保工作。利用各种媒体加大环保宣传力度，向农村干部宣传环境保护对生态建设的重要性，促使其充分认识加强农村环保工作的紧迫性；向广大农民宣传公益意识、环保意识，从而在全社会营造人人关心环境、个个参与环境保护的氛围，把环境保护与生态建设工作提高到一个新水平。广泛开展环境警示

教育，通过反面案例，使广大干群受到震动和教育。通过组织开展各种科普宣传教育活动，提高农民的科技文化素质，引导广大农民革除陋习，倡导科学、健康、文明的生活方式，净化、绿化、美化居住环境。倡导购买无污染、无公害的绿色生活消费品，选购减量包装的商品，促使生活垃圾实施减量、无害和资源化。充分发挥村民自治组织作用，调动村民的积极性和主动性，将环境保护写进《村规民约》，推动农村环保工作走上制度化、规范化的轨道。帮助农民走生产发展、生活富裕、生态良好的文明发展道路，实现经济发展和环境保护的协调统一。

（二）真正落实科学发展观，强化政府监管力度

各级政府及有关部门要树立统筹协调、可持续发展和循环经济的理念，把农业生态环境保护作为农业和农村工作的重要内容，与降低农业生产成本、改善农产品品质、改善农村生活环境和增加农民收入结合起来，真正纳入各级政府的重要议事日程。同时建立健全农村环境保护责任制和问责机制。实行县乡环境质量首长负责制，纳入年度和任期目标管理。开展县乡环境质量考核，定期公布考核结果。对在农村环境保护中做出突出贡献的单位和个人，予以表彰奖励。对环境质量恶化，进一步造成环境污染，甚至发生环境污染事故的，依法依纪追究其责任。

（三）加强环境综合整治，提高农村环境质量

一是按照农村环境保护规划的要求，采取分散与集中处理相结合的方式，因地制宜处理农村生活污水。居住比较分散、不具备条件的地区可采取分散处理方式处理生活污水；人口比较集中、有条件的地区要推进生活污水集中处理。新村庄建设规划要有环境保护的内容，配套建设生活污水和垃圾防治设施。二是针对防城港目前只有一个垃圾处理厂的实际，对周边具备条件的乡镇的生活垃圾，采取“组保洁、村收集、镇转运、县处置”的城乡统筹的垃圾处理模式，对偏远的不具备条件的乡镇的生活垃圾采取深埋等无害化处理。花大力气提高农村生活垃圾收集率、清运率和处理率。三是以示范带动农村环境保护。积极开展饮用水源地保护、农村生活污水和垃圾治理、畜禽养殖污染治理、土壤污染治理、有机食品基地建设等示范工程。扎实推进城乡环境综合治理，以生态示范创建为载体，深化环境优美乡镇、生态村创建，有序推进农村环境保护。四是多渠道筹集道路建设资金，加快农村公路硬化建设，有计划地有步骤地建设农村公路，改善农村道路状况，真正解决农村“行路难”和扬尘污染问题。

（四）加强先进农科研究，大力发展生态农业

加大先进农业生产技术的科研攻关力度，积极推广先进的耕作技术，使用高效、低毒、低残留的新农药，推广病虫综合防治和秸秆综合利用技术，努力实现农业产业结构合理化、生产技术生态化、生产过程清洁化、生产产品无害化。开展生态农业建设是控制农业污染源的有效途径。全面推进农业标准化，大力发展农村循环经济和推行清洁生产，积极推动乡镇企业结构调整，鼓励发展技术含量高、物耗少、污染轻、效益好的产业和产品，把产业结构调整和推广清洁生产工艺、实用治理技术、发展环保产业结合起来。

制约玉林市投资环境改善的原因探析

梁朝理　赵光虎

近期，国家统计局玉林调查队对玉林市投资环境及企业投资成本收益状况进行了专项调查，共抽取企业样本200家。调查涉及工业、建筑业、交通运输仓储及邮电通信业、批发和零售贸易业、房地产业、社会服务业、信息传输计算机服务和软件业、住宿和餐饮业八大行业。调查结果显示：玉林市企业对投资环境的总满意度为77.63，比上年下降了0.1，低于全自治区满意度（78.41）。企业对自然条件、基础建设、公共设施等投资硬环境评价整体提高，对社会环境、经济环境的评价也有改善，但企业对政治法制环境、政务环境、经营环境的满意度较上年下降。

一、投资环境满意度调查结果及主要特点

（一）满意度与全区水平差距拉大，排名靠后

2010年玉林市投资环境总体满意度为77.63，虽处于较高满意度区间，但与上年相比，下降了0.1。从全自治区总体水平看，全自治区总体满意度从上年77.99上升到78.41，玉林市与全自治区水平差距拉大；从全自治区14市排名看，玉林市排位却从2009年第8位下降到第11位，总体满意度不容乐观。

玉林市投资环境满意度与全区对比表

地区＼类别	2009年总体满意率	2010年总体满意率	升降情况
全自治区	77.99	78.41	+0.42
玉林市	77.73	77.63	−0.1
玉林与全自治区差距	−0.26	−0.68	—
玉林市在全自治区14市排名	8	11	−3

（二）硬环境满意度稳步提高，但软环境满意度下降较多

投资硬环境方面：企业对玉林市的投资硬环境的改善评价有了不同程度的提高，满意度为77.37，比上年提高了0.26，其中：自然资源满意度为79.38，提高了0.16；基础建设满意度为77.63，提高了0.19；公共设施满意度为75，提高了0.48。投资软环境方面：企业对玉林市的投资软环境满意度为77.74，虽保持在较高的满意度区间，但是比上年下降了0.26。投资软环境的五项主要指标中，社会环境和经济环境的满意度比上年有所上升，满意度分别为77.15和77.25，分别提高了0.48和0.09；而政治法制环境、政务环境和经营环境的满意度比上年有所下降，满意度分别为75.43、78.23和77.23，分别比上年下降了0.93、1.47和0.58。

（三）大、中型企业满意度较高，但小型企业满意度偏低

从本次调查结果看，被调查的大型企业（13家）、中型企业（51家）对玉林市投资环境满意度较高，满意度分别为79.40和79.73，分别比总体满意度高1.77和2.1。但占样本量绝大多数的小型企业（136家）对投资环境满意度较低，仅为76.67，明显低于大中型企业。小企业反映：当前优惠政策、贷款难度等方面不利

于小企业发展因素多，发展环境亟待改善。

二、制约投资环境改善原因分析

从调查结果看，玉林市投资环境有所下降，存在的问题较多，且全自治区排名靠后，改善投资环境面临严峻形势。究竟是哪些因素制约了玉林市投资环境满意度进一步提高？根据对调查资料分析及对企业的走访发现，制约玉林市投资环境改善的主要原因如下：

（一）从硬环境看：投资拉动满意度提高，突出问题仍未解决

2009年，玉林市大力推进项目建设，市层面城乡一体化基础设施建设完成投资26.56亿元，全市投资50万元以上在建项目3404个，获得国家下达资金项目共1246个，中央资金11.7亿元。拉动了投资硬环境整体提高。但是，在投资硬环境中，城市规划及配套设施、污水及废弃物处理存在的问题突出，已成为投资硬环境改善瓶颈。

调查显示：玉林市城市规划及配套设施与企业发展的适合程度、污水及废弃物处理完善程度的满意度分别是73.55和70.45，满意度偏低。其中，污水及废弃物处理完善程度的满意度是基础建设条件的6项指标最低的一项，且2007年至2010年此项指标的满意度均在70左右。不少企业反映，玉林市配套设施改善少，与企业发展适应度不高，污水及废弃物处理完善程度欠佳，工业污水及生活污水、建筑垃圾、生活垃圾处理等基础建设仍需要进一步改善。

（二）从软环境看：改善不明显，制约总体投资环境改善因素多

2009年以来，玉林市积极推进效能建设，完善服务机制，但根据企业反映，效能建设成效少，服务机制存在偏向性较为普遍，投资软环境中存在的突出问题较多。

1．经营环境方面：城市技术研发水平低，企业生产成本偏高、各项社会负担重。企业对玉林市的经营环境满意度为77.23，比上年下降了0.58。在企业经营环境的各项指标中，企业对当地的整体产业技术研发水平、技术人才供应充裕程度、上游和下游产业供应链的完整程度的满意度分别为72.55、72.28、74.43，满意度一般。而就玉林市当前的情况看：科研机构少、高校少，没有企业开展技术研发的外部有利条件。而根据调查，高达47.76%的企业认为生产经营成本过高，40.52%的企业认为劳动力成本提高。同时，企业对“近年承担各项社会负担是否增加”的满意度仅为66.5。企业经营环境改善少。

2．政务环境方面：项目审批繁琐，行政机关主动服务意识差、工作效率下滑。根据企业反映，政府部门“办事推诿扯皮，效率低下”情况仍然较普遍，往往只有收费、检查、处罚时才见到人，企业有困难却坐视不管。企业在办理土地使用手续、企业融资、生产许可证、项目审批往往一拖再拖。针对政府工作效率下滑，企业对当地的行政机关工作效率满意度评价为76.8，比上年下滑了1.27。在与各政府部门交往中，高达40%的企业认为办理证照审批时间太长；56%的企业认为项目审批程序繁琐。

3．经济环境方面：政府开放意识不强，城市开放不高，小企业贷款难。在当地的经济环境中，企业对当地的商业与经济发展相比国内其他城市的评价时，满意度仅为67.28，企业反映，玉林市与其他城市相比仍有一定差距。有69%的企业认为所在城市经济开放程度一般；在“投资软环境存在的主要问题”选择上，42.5%的企业选择了开放意识不强，措施不到位，可见经济环境仍有待改善。在企业获得资金贷款取得难易程度上，满意度为65.85，是经济环境满意度中最低一项。企业融资、贷款难的问题一直是困扰企业发

展的难题，特别是小企业获得融资、贷款的难度更大。对于小企业贷款难的原因，有54.08%的企业认为是因“难以获得第三方担保”；50%认为因办理贷款“手续繁琐，效率太低”。

4．社会环境方面：社会治安状况欠佳、民众的文明程度不高。调查显示，企业对当地的社会治安状况满意度仅为70.35，比上年下降了0.73，是社会环境调查5项调查内容中最低的一项。调查中，仅有1%的企业认为当地社会治安状况非常好；企业反映，玉林市当前社会治安状况没有根本改善。同时，当地民众的文化素质及文明程度的满意度为72.33，处于一般水平。社会治安状况欠佳、当地民众的文明程度低已成为阻碍社会环境进一步提高的主要原因。

三、改善投资环境的几点建议

（一）加强基础建设和公共设施建设，力促硬环境持续优化

加快基础设施的建设步伐，重点抓好道路、电力、供水、工业园区的建设。进一步完善城镇规划，加大城市公共配套设施投入，在抓好新区建设时，还应进一步推进对老城区的综合开发，为企业投资打造良好平台。

（二）深化效能建设，完善服务机制，确保软环境不断改善

政府的职能部门要进一步增强服务意识，加强自身能力建设，提高办事效率，严厉打击行政执法中乱摊派、乱收费、乱罚款的现象。进一步推进政务公开和领导干部廉政建设，努力构建一支主动性强、服务意识好，作风廉洁、行为规范的干部队伍，为企业发展提供更加完善的服务。

（三）多措并举，着力解决难点、焦点问题

一是加快改善小企业的发展环境，加大对小型企业的扶持力度，重点从企业贷款和融资、社会负担等问题着手，优化企业发展环境，拓宽企业发展空间，进一步凸显中小企业名城的优势，实现经济发展和投资环境改善同步。二是进一步增强开放意识，紧紧围绕玉博会、药博会盛会，加大招商引资力度，提升玉林国际化水平，使更多的国内外企业了解玉林，投资玉林，繁荣玉林。三是加大治理河流污染和城市废弃物治理力度，完善城市污水处理网络建设。四是加大力度整治社会治安，加强和创新社会管理工作，确保社会治安状况持续改善。

贵港市环境保护满意率有所提高 环境治理任务仍然非常艰巨

——2009年贵港市公众对城市环境保护满意率调查报告

潘少健

环境是人类生存和发展的基础，与人类的生活息息相关，环境问题已成为目前公众最为关注的热点问题之一。为了解贵港市公众对环境保护工作和城市质量的满意程度，为政府制定相关环境保护政策提供决策和依据，贵港市于2009年12月开展了公众对城市环境保护满意率调查。调查结果显示：贵港市公众对城市环境的满意率有所提高，但与国家规定的优秀城市标准（85分以上）还有很大的差距，环境治理任务仍然非常艰巨。

一、调查方法

贵港市公众对城市环境保护满意率调查采用分层多阶段随机抽样，由国家统计局贵港调查队组织调查员入户访问调查。调查样本为11个社区，600户居民。调查内容主要包括空气污染、水污染、噪声污染、垃圾处理、环保宣传和其他等六个方面。

二、调查结果

据对贵港市600户城市居民抽样调查结果表明，2009年贵港市公众对城市环境总体满意率为53.91%，与上年的49.52%相比提高了4.39个百分点；其中空气污染满意率为44.58%，同比提高0.32个百分点；水环境质量满意率为57.67%，同比提高1.91个百分点；噪声污染满意率为53.29%，同比下降1.05个百分点；垃圾处理满意率为60.82%，同比提高6.48个百分点；环保宣传教育满意率为69.08%，同比提高38.86个百分点。

三、公众对城市环境的评价

从城市公众对环境各项指标的评价情况看，2009年空气污染、水环境质量、垃圾处理和环保宣传教育的满意率较上年有所提高，对城市噪声扰民不满意，满意率较上年有所下降。

（一）城市空气污染不容乐观，满意率最低

调查数据显示，2009年贵港市公众对城市控制空气污染的满意率仅为44.58%，比上年提高了0.32个百分点，在五项指标中评价最低，表明城市公众对空气质量非常不满，情况不容乐观，应引起相关部门的高度重视。其中，公众对本市空气质量评价的满意率为48.89%，对建筑施工扬尘的控制效果的满意率为43.49%，对工业废气和汽车尾气的控制效果满意率为41.37，是空气污染三项指标中满意率最低的一项。详见表一：

单位：%

空气污染方面	非常满意（或重视或好或明显或有）	比较满意（或重视或好或明显或有）	一般（或没有）	不太满意（或重视或差）	很不满意（或重视或很差）	没注意过（不清楚）	满意率
空气质量改善情况	2.00	18.17	34.33	29.33	13.83	2.33	48.89
建筑施工扬尘的控制效果	2.00	14.17	27.83	37	16.83	2.17	43.49
工业废气和汽车尾气的控制效果	1.00	11.33	29.17	39	17.17	2.33	41.37

（二）公众对水环境质量的评价满意率为57.67%

调查显示，2009年贵港市城市的水环境质量公众满意率为57.67%，比上年提高了1.91个百分点；其中对河流、湖泊水质的满意率为49.81%，对河流湖泊随意排放污水的满意率为56.53%，对饮用水的水质满意率为66.67%。详见表二：

单位：%

水环境质量方面	非常满意（或重视或好或明显或有）	比较满意（或重视或好或明显或有）	一般（或没有）	不太满意（或重视或差）	很不满意（或重视或很差）	没注意过（不清楚）	满意率
河流、湖泊的水质	2.67	18.50	32.33	29.50	12.50	4.50	49.81
河流湖泊随意排放污水现象	22.00	34.00	19.00	25.00			56.53
饮用水的水质满意度	5.33	37.50	36.67	15.67	3.50	1.33	66.67

（三）城市噪声扰民严重，公众满意率有所下降

调查数据表明，2009年贵港市公众对城市控制空气污染的满意率为52.39%，比上年下降了1.05个百分点，是五项评价指标中唯一呈下降趋势的；其中对控制噪声的满意率为56.08%，对噪声污染治理效果的满意率为50.5%。详见表三：

噪声污染方面	非常满意（或重视或好或明显或有）	比较满意（或重视或好或明显或有）	一般（或没有）	不太满意（或重视或差）	很不满意（或重视或很差）	没注意过（不清楚）	满意率
是否受到噪声影响	9.33	26.67	31.83	20.17	9.33	2.67	56.08
噪声污染的治理效果是否满意	2.00	16.50	36.83	33.17	8.33	3.17	50.50

（四）对垃圾处理的评价

贵港市城市公众对本市垃圾处理的评价满意率为60.82%，比上年提高了6.48个百分点；其中对生活垃圾的日常收集的满意率为64.68%，对环境卫生情况的满意率为56.95%。详见表四：

单位：%

垃圾方面	非常满意（或重视或好或明显或有）	比较满意（或重视或好或明显或有）	一般（或没有）	不太满意（或重视或差）	很不满意（或重视或很差）	没注意过（不清楚）	满意率
生活垃圾的日常收集是否满意	7.67	40.00	25.00	19.33	7.67	0.33	64.68
环境卫生情况是否满意	3.00	26.17	38.33	24.67	7.83		56.95

（五）环境宣传教育得到公众认可，满意率提升幅度最大

数据显示，2009年贵港市城市公众对环保宣传教育的满意率为69.08%，比上年提高了38.86个百分点；其中对环境保护工作重视的满意率为60.78%，超过九成的公众认为自己有保护环境的意识；对环保宣传教育工作开展情况的满意率为56.42%。详见表五：

单位：%

环保宣传教育方面	非常满意（或重视或好或明显或有）	比较满意（或重视或好或明显或有）	一般（或没有）	不太满意（或重视或差）	很不满意（或重视或很差）	没注意过（不清楚）	满意率
对环境保护工作是否重视	7.00	29.00	30.00	23.83	6.00	4.17	60.78
您是否有保护环境的意识	73.50	24.33	2.17				90.05
环保宣传教育工作开展情况	4.17	21.00	41.17	21.17	4.83	7.67	56.42

四、公众对贵港市环境保护存在问题的反映及意见

（一）公众对城市工业废气和汽车尾气的控制效果意见最大，满意率最低

数据表明，贵港市城市公众对本市工业生产和汽车排放的尾气意见较大，政府有关部门要加强和加大对工业生产和汽车排放尾气的整治力度。在本次调查的十四项指标中，公众对贵港市城市工业废气和汽车尾气评价的满意率仅为41.37%，是十四项评价指标中最低的一项。其中仅有1%的公众表示非常满意，比较满意的占11.33%，表示不太满意的占39%，很不满意的为17.17%。

（二）河流、湖泊的水质令人担忧

从调查的结果看，有29.50%的公众对贵港市的河流、湖泊的水质表示不太满意，有12.5%的公众表示很不满意。主要原因是政府相关部门对乱排放污水、乱倒垃圾到河流、湖泊的行为打击力度不够，部分环保治理达不到标准的企业对河流、湖泊的水质污染程度最大，由于多种原因影响，环保部门也没能做到坚决取缔。

（三）公众对城市噪声的治理效果满意率较低

据调查，公众对城市噪声的治理效果满意率仅为50.50%，噪声扰民现象较为严重，居民反映比较强烈。主要原因是城区内汽车肆意鸣叫，沿街小摊点高声喧哗，娱乐场所彻夜不眠，建筑工地日夜施工发出的巨大噪声，严重影响周边居民的休息和生活，应引起有关部门的高度重视。

（四）环境保护宣传工作力度不够

调查表明，当城市公众遇到环境方面的问题时，有87.50%的公众不知道通过什么途径解决，知道环境投诉热线的公众仅占12.50%。

五、对搞好贵港市环境保护工作的几点建议

（一）环境保护工作要常抓不懈，持之以恒

政府部门要加大环境保护力度，彻实做好环境保护工作。通过开展“城乡清洁工程”、创建“园林城市”和创建“全区文明城市”等活动，做好城市环境保护和城市环境卫生工作，努力营造一个文明、和谐、干净整洁的城市形象。

（二）加大宣传力度，进一步提高公众的环保意识

政府部门要充分利用电台、电视、报纸等新闻媒体加大对环境保护工作的宣传力度，使环境保护知识深入人心，进一步提高城市公众的环境保护意识；加大对环保热线电话的宣传，让环保热线电话变成大家关心、家喻户晓的电话号码，把环保整治工作发展成为全民参与的工作。

（三）严格对企业排污环保达标的控制

近年来，随着经济的迅猛发展，越来越多的企业到贵港市落户，企业排放废气废水污染环境的现象时有发生，公众对此意见较大。调查过程中，部分公众建议相

关部门应加大对企业排污达标的控制和检查验收，加大检查力度，杜绝排污不达标污染环境事件的发生。

（四）加大环保治理资金投入，努力完善城市基础设施

政府有关部门要多渠道筹措资金，加大对环保治理的投入，特别是要加大对城市垃圾处理场、污水处理厂的建设力度，加强和完善垃圾和污水处理系统，提高城市治污能力；在加快城市基础设施建设的同时，要注意减少噪声和尘灰对城市居民的影响，做到城市建设和保护环境二不误。

（五）加大执法力度

要充分利用环境保护法的有力武器，加大对环保违法案件的查处，要坚决取缔污染大、环保不达标的企业，不能简单的罚款后就任由不达标企业开工生产。要有针对性开展环境保护专项治理工作，通过环保整治活动带动环保治理长效机制的建立，达到环境治理的目的。

六大因素制约贵港市投资环境的改善

潘少健

近年来，贵港市积极抓住机遇，以优化投资环境为重点，扩大招商引资，吸引外地企业投资发展。据企业投资环境满意度调查结果显示，2009年贵港市企业投资环境继续得到改善，企业总体评价良好，满意度为78.27，比上年提高了0.3，处于较高满意区间（满意度75~90为较高满意）。但也存在着基础设施、公共设施落后、企业融资难、征地难等六大问题，影响和制约着企业投资环境的改善和经济的发展，急需政府及相关部门解决。

一、调查企业样本的基本情况

2009年贵港市企业投资环境满意度调查共抽取了全市（包括三区二县市）的160家企业。

1. 按不同登记类型来分组。国有企业32家，占20%；集体企业22家，占13.8%；有限责任公司63家，占39.3%，股份有限公司9家，占5.6%；私营企业22家，占13.8%；外商及港、澳、台商企业12家，占7.5%。

2. 按不同行业分组。采矿业1家，占0.7%；制造业65家，占40.6%；电力、燃气及供水4家，占2.5%；建筑业16家，占10%；交通运输、仓储业24家，占15%；信息传输、计算机1家，占0.7%；批发和零售业24家，占15%；住宿和餐饮业10家，占6.2%；房地产业9家，占5.6%；租赁和商务服务业2家，占1.2%；居民服务和其他服务业4家，占2.5%。

二、投资环境满意度调查结果

（一）企业对投资硬环境满意度略有提高

调查结果显示，企业对贵港市投资硬环境满意度继续提高，2009年投资硬环境满意度为78.04，同比提高0.17，仍处于较高满意度。其中，对自然资源环境的满意度为81.25，同比提高0.18；对基础建设的满意度为78.63，同比下降0.21；对公共设施的满意度为74.03，同比提高0.67。

1. 企业对自然资源环境评价较高。企业对自然资源环境的总体评价在投资环境调查的八大指标中排在第一位，满意度达到81.25。在自然资源环境的九项指标中满意度最高的三项依次为当地电力保障程度，满意度为85.63；当地淡水资源的保障程度，满意度为84.06；当地水电供应部门提供的服务质量，满意度为83.03。企业对自然资源环境评价最低的是当地土地资源的合理程度，满意度仅为75.63；其次为土地资源的保障程度，满意度为79.09。

2. 基础设施满意度有所下降。调查数据显示，企业对基础设施的满意度为78.63，虽然处于较高满意区间，但比上年下降了0.21，是投资硬环境三项指标中唯一下降的指标。企业对电讯、资讯设施、网络等通讯条件评价较高，满意度达82.72，接近高满意度；评价最低的是当地的污水及废弃物处理完善，满意度仅为69.94；其次为城市规划及配套设施，满意度为75.88。

3. 公共设施需继续完善。企业对公共设施评价继续提高，满意度为74.03，同比提高0.67。其中企业对公共设施中最为满意的是当地的食、衣、住、行，满意度达81.38；评价最不满意的是当地的科研机构完善程度，满意度为68.19。

（二）投资软环境保持较高满意度

投资软环境包括社会环境、政策法制环境、政务环境、经济环境和经营环境。调查数据显示，企业对贵港市软环境的满

意度为78.37，同比提高0.88。在软环境的五项指标中，呈现出“三升二降”的发展态势，满意度提高的是政策法制环境、经济环境和经营环境；呈下降的是政务环境和社会环境。

1．政策法制环境和经营环境满意度有所提高。调查数据显示，2009年，企业对政策法制环境和经营环境评价较高，其中对政策法制环境的满意度为77.94，对经营环境的满意度为78.06，同比分别提高2.26、1.60。调查企业对政策法制环境的九项指标里，评价较高的依次排列是当地的行政政策法规与国家法律法规的一致性、当地政府政策的稳定性、当地政府对外来投资承诺实现的情况和合法权益得到法律保障的情况，满意度分别是82.06、81.69、80.72、80.59，四项指标的评价都处于较高满意度区间；评价较低的指标分别是当地政府政策的透明情况、当地解决纠纷的渠道完善程度和当地的相关投资政策优惠条件，满意度分别是76.94、77.47、78.84。在经营环境中企业对当地的劳动力供应充裕程度、当地市场的发展潜力和当地政府鼓励企业自主创新情况，满意度分别达到80.66、80.47、80.06。

2．政务环境和社会环境虽然呈下降趋势，但仍处于较满意区间。企业对政务环境的满意度为77.19，对社会环境的评价为77.28，同比分别下降2.4、2.21。影响政务环境和社会环境满意度下降的主要原因是，企业对近年来承担的社会负担、当地行政机关工作效率、当地的社会治安状况和当地民众的文化及文明程度评价较低造成的，满意度分别只有68.97、77、71.53、71.63。

三、影响贵港市投资环境的六个因素

近年来，随着贵港市委、市政府对投资环境的日益重视以及优惠政策和鼓励措施的不断出台，投资环境得到不断优化，良好的发展前景吸引了越来越多的企业选择在这里投资经商。但从企业的反映中，我们可以看到投资环境仍存在着不少问题，这些问题的存在严重影响和制约着投资环境进一步改进。

1．征地困难，征地成本高。近年来，随着工业生产的迅猛发展，工业生产所需用地明显增加，从而加大了征用土地的难度，也加大了征用土地的成本。部分企业反映，随着生产规模的不断扩大，原来的厂房用地已远远不能满足生产的需要，而要重新征用土地，要花费大量的人力、财力和时间，企业根本没有能力解决征地问题。由于用地问题得不到解决，企业只能保持原有的生产规模。据调查资料显示，在对自然资源评价中，企业对土地资源的合理程度和土地资源的保障程度评价最低，满意度仅为75.63、79.09。

2．基础设施建设滞后。为了吸引更多的企业前来投资经商，相关部门投入了大量的资金，加大了基础设施的建设，并取得了一定的成效。但由于多种原因影响，贵港市的基础设施还比较落后，还不能满足企业生产经营的需求。调查过程中，企业对污水及废弃物处理设施最为不满，满意度仅为69.94，是投资硬环境里满意度最低的一项指标。

3．“西江黄金水道”通航能力受阻严重，企业生产损失惨重。贵港港是华南地区最大的内河港口，近年来，随着西江航道的不断改造，通航能力大大提高，西江航道已经成为贵港市吸引外来企业投资的主要优势之一。自去年下半年以来，受旱灾影响，西江航道通航能力严重受阻，工业生产和航运业受到很大打击，损失达到5亿多元。工业生产所需原材料只能改由公路运输，加大了企业生产成本；企业生产的产品大量积压，部分企业处于停产和半停产状态。

4．融资难，融资渠道不畅。很多企业反映，企业生产经营所需资金较为紧缺。由于没有抵压物等原因，企业很难从银行获得货款，同时获得民间借贷的困难也很大。资金不足严重影响着企业生产规模的扩大，影响着企业的发展。调查资料显示，企业对当地资金取得的难易程度的满意度仅为66.88。

5．招工难，企业用工不足。随着东部产业的转移，落户贵港的企业大量增多，工业生产所需工人大量增加，部分企业出现招工难、用工不足的问题。由于工人不足，企业生产受到很大的制约。

6．企业负担有所加重。近年来，为了鼓励和吸引更多的企业到贵港市投资，政府相关部门出台了减轻企业负担的政策和措施，并取得了一定成效。但这次投资环境调查，很多企业反映了企业负担日益加重的问题，企业对近年来公司承担各项社会负担是否增加的满意度明显偏低，满意度只有68.97。

四、企业对改进投资环境的意见和建议

1．探索和逐步完善土地使用的新办法。随着工业生产的迅猛发展，企业生产所需土地的大量增加，土地问题对工业发展将显得更为重要。如何解决好用地问题，是企业发展和壮大的基本保证。政府相关部门要积极探索出工业用地的新办法，通过租赁、农民入股等新方法解决征地难的问题，并逐步完善，彻实解决企业发展所遇到的征地难问题。

2．加大基础设施和公共设施建设的力度和步伐。良好的基础设施和公共设施是吸引企业投资的根本保障，也是企业生产能够正常运转的基础。政府有关部门要加大基础设施和公共设施的力度，加快建设和改造的步伐。借助国家的政策和措施，加快新增中央投资项目的建设，特别是加快污水处理厂和垃圾处理场所的建设，加大医疗卫生、教育、图书馆、博物馆等项目的建设，进一步提高城市品位，为企业投资经商创造更好的环境。

3．加大行政执法力度。政府相关部门要加大行政执法力度，进一步提高行政效能和效率，加大治理“乱收费、乱检查、乱罚款、乱摊派”的力度，切实减轻企业负担；严格规范市场竞争行为，坚决制止地方保护主义和部门保护主义，加大经济秩序的整治力度，为企业创造一个健康、公正、公平有序的市场竞争环境，保护好投资者的合法权益。

4．加快金融体制改革，积极拓宽企业融资渠道。政府和金融部门要积极探讨企业融资的新措施，加强政府信用货款体系，要降低货款成本，缩短货款周期，尽可能为企业发展提供足够的资金保障。鼓励在法律法规允许的范围内发展非银行渠道融资，包括保险和租赁业务、风险投资、私人股权投资等多元化的企业融资渠道。

依托西江黄金水道
加快贵港西江经济产业带发展

刘耀贤

贵港市处于西江流域的黄金地段，具备一定的资源条件和产业基础，2009年国务院把建设西江经济带纳入了国家经济发展战略，这对贵港的发展是机遇也是挑战。如何把握好机遇，充分发挥“黄金水道”优势，推进港口与产业互动，合理发展临江产业，加快沿江产业发展，是一项区域经济竞争与合作并存且具有挑战性的重要课题。我们通过对贵港港口发展现状的分析，提出如何加快西江经济产业带发展的几点建议，供参考。

一、贵港港航发展和西江经济带建设现状

（一）港口发展沿革

贵港港是全国内河十强港口，是西南、华南地区内河第一大港和国家对外开放一类口岸，是大西南东向出海最便捷的通道，是贵港市发展沿江产业带和实施“港口强市”战略的重要依托。贵港港自1956年开港以来，拥有中心港区、桂平港区、平南港区等三个港区。随着贵港至梧州二级航道已于2009年底建成通航，航道通航条件得到了极大的改善，2000吨级的船舶可以直达粤港澳地区。贵港市开辟有贵港至广州黄浦港集装箱内贸航线、贵港至香港深圳集装箱定期班轮、广州港“穿梭巴士”广西贵港支线、贵港至南沙集装箱定期班轮、贵港至粤港澳地区的水路常年货运航线以及贵港至昆明铁路集装箱快运班列。

（二）基础设施建设及运营能力现状

截止2010年4月，贵港港现有码头泊位143个，其中2000吨级泊位24个，1500吨级6个，1000吨级17个，1000吨级以下96个。全市现有跨省水运企业88家，有船代、货代服务企业17家；大型化、专业化、集装箱化的造船基地发展迅猛，全市每年造船能力达20万载重吨以上，占广西内河船厂产能的60%以上；货运船舶有2350艘，运力达191万载重吨，占全区内河运力的56%。贵港水路运输成本低，水运十分繁荣。“十五”时期以来，贵港港迅猛发展，港口货物吞吐量连年攀升，年均增长24%，2009年港口吞吐量达3600万吨，占广西内河港口吞吐总量的66.55%，其中集装箱吞吐量突破50000标准箱，达50395标准箱。2009年完成港口货物吞吐量3390.44万吨，同比增长8.94%，其中集装箱吞吐量完成60117标准箱，同比增长19.29%。

（三）港口发展呈三大特点

1．规划布局由“三个一”构成。按照“一港三区”的布局，把贵港市的贵港港、桂平港、平南港统一列入贵港港范围管理。中心港区为主要港区，桂平、平南两个地方重要港区为辅助港区，形成“一市一港”、“一主两辅”的规划格局。根据集约化、规模化、专业化的发展要求来定位：中心港区以煤炭、水泥等散货、件杂货、集装箱运输为主，主要为西南地区资源开发、物资中转，贵港市经济发展和临港工业开发服务；桂平港区以杂货和集装箱运输为主，主要为桂平市及周边地区经济发展和临港工业开发服务；平南港区以散货、杂货和集装箱运输为主，主要为平南县及周边地区经济发展和临港工业开发服务。

2．拥有“三个60%”的优势。一是贵港每年造船能力约占广西内河船厂年产能的60%；二是货运船舶运力约占广西内河运力的60%；三是年港口货物吞吐量约占广西内河年港口货物吞吐量的60%。

3．凸显“三个黄金看点”。贵港市充分发挥得“江”独厚的优势，坚持实施“港口强市”战略，全力打造西江航道枢纽中心，舞动西江经济带，推动区域经济协调发展，使地处西江“金腰带”的贵港港发挥“黄金效应”，凸显三大颇具含金量的看点。一大“黄金”看点是贵港港已从长期以来的“中转港”发展成为“货源港”；二大“黄金”看点是贵港港货物吞吐量中集装箱快速增长；三大“黄金”看点是地处西江中游的贵港已发展成为原材料和产品加工的工业产业集群。

（四）港口带动作用显著

1．招商引资拉长相关产业链。港航事业的发展壮大，有力地带动了相关产业的发展。改革开放以来，贵港市利用西江黄金水道和港口优势，大力发展临港建材、能源工业和相关的加工业、制造业，吸引中国华电、中国华强、香港华润、印尼爱凯尔、台湾台泥等大型企业到贵港投资兴业，形成新一轮投资热潮，同时扩展、拉长贵港的制糖、造纸、建材、能源、化工、冶金、饲料、农副产品等一批支柱产业链条。

2．港航产业促进地方经济快速发展。通过依托西江黄金水道，贵港形成临港工业和资源型加工业两大产业集群，港口经济已成为贵港市经济重要的支撑点和增长点，2008年，港口及相关产业产值76亿元，相关税收和交通规费5.5亿元，占全市财政收入的18.9%。

（五）港口发展目标明确

1．近期目标。到2012年，贵港港吞吐能力达到5500万吨，集装箱吞吐能力达30万标箱，货船运力达到215万载重吨。

2．远期目标。到2020年，建成贵港航运枢纽二线船闸和贵港至梧州一级航道，贵港港吞吐能力达到8000万吨，其中集装箱吞吐能力达70万标箱，货船运力达到350万载重吨，把贵港港建成布局合理、功能完善、信息畅通、便捷高效、安全环保的内河大港口。

二、当前西江经济带建设存在的主要困难和瓶颈

（一）枢纽船闸已成为制约西江经济带建设的“瓶颈”

目前影响贵港最大的是梧州长洲水利枢纽船闸，该船闸在2007年建成投入运行就基本达到了设计通过能力，加上管理上还有许多关系没有理顺，通航仅仅二年多就出现了五次严重滞航事故，造成大量货物压港，沿江靠水运的厂矿企业生产受到严重的影响。其次，在贵港辖区内的贵港航运枢纽船闸，年通货能力为1200万吨，而据统计去年此船闸通过货物量已达1350万吨。随着上游的贵港华润、台泥集团逐步投入生产，水泥产量的不断增长，加上上游的横县、南宁、百色等地经济发展，贵港船闸的通过能力将出现严重不足，将会像梧州船闸一样成为经济发展的新瓶颈。

（二）港口规划相对滞后

在港口规划方面，《贵港市港口总体规划》已于2008年11月通过评审，但到目前为止尚未审批实施。贵港港现有的规划是2002年编制的中心城区19公里的岸线规划，这对于一个水运大市来说是很不相符的，在一定程度上影响到西江经济带建设项目的发展。

（三）港口基础设施总量有限，结构不够合理

贵港港无论在基础设施规模、水网结构，还是运输能力、技术装备，以及运输质量和服务水平等方面，与港口配套设施和经济社会发展不相适应。中心港区当前存在的主要问题是港口设施落后，通过能力不足，集疏运能力不强，华润、台泥等

企业迫切要求改善港口环境。桂平港区码头设施不足，设备简陋，堆场小，吞吐能力有限。平南港区港口码头只有华润作业区和武林港作业区有一定规模，需要加强港口资源整合。

（四）水运企业体制机制不够健全，竞争力不强

目前贵港绝大部分水运企业仍然是一些规模偏小、组织结构松散、委托经营的企业，企业基本上没有属于自己产权的船舶，都是通过接受船舶所有人委托企业经营的形式进行经营管理。特别是一些老集体水运企业，由于历史遗留问题较多，企业产权不明晰，体制滞后，经营机制不活，加上部分企业经营管理人员思想观念陈旧，跟不上形势发展的要求，对于拉动西江经济带建设的力度较弱。

（五）临江产业建设依旧落后

随着形势不断发展，贵港各产业中心已初步形成职能分工，产业布局基本体现区域的资源特点，产业集群初步凸现，但产业分工不够明确，产业总体分布还呈非均衡状态，区域分工不够清晰，产业同质现象较为突出，而且布局分散，资源利用率不高，产业层次低，关联度不足，集聚效应不高，工业高耗能、低效率的问题随之显现，临江产业建设任重道远。

三、加快西江经济带建设的措施建议

（一）努力构建以港口为核心的综合交通体系

1．交通部门加快贵港港总体规划的审批和实施。《贵港市港口总体规划》已于2008年11月通过评审，必须在近期加快审批实施，为贵港市港口发展提供科学依据。

2．加快桂平航运枢纽二线船闸的建设步伐。通过西江经济带各区域的通力合作，加快梧州长洲水利枢纽三、四线船闸的开工建设；主动联合沿江各市呼吁国家和自治区加快开展贵港枢纽二线船闸前期工作，争取在2011年开工建设；上级交通管理部门要加快开展贵港至梧州一级航道规划论证工作，争取在2020年前建成投入使用。

3．加快港口基础设施建设。加快推进中心港区猫儿山二期、三期散货作业区、东山多用途泊位工程、郁水作业区仓储码头、罗泊湾三期件杂集装箱作业区等码头工程以及罗泊湾二期集装箱库场工程和平南港区武林作业区二期工程的建设；加快推进桂平港区东塔作业区和平南港区鹅儿湾作业区的前期工作，为立项开工建设做铺垫。

4．加快港口集疏运系统建设。国家和自治区要加大对港口与腹地的铁路、公路干线建设力度，提高南昆、黔桂等干线铁路的运能，形成“三横两纵”高速公路主干线网络格局（三横即广州至昆明、梧州至平果、柳州至梧州；两纵即三江至北海、荔蒲至玉林途经贵港辖区路段），加密贵港公路路网密度。按照城市规划和港口近期项目建设计划，完善各个港区重要作业区的进港道路、供电、通信、给排水等基础设施，特别是尽快设置城市道路的路名牌，让外来车辆到市区后能根据路名牌的指引找得到进入港口的道路，逐步建成一个快速、便捷、高效的港口集疏运系统，为港口发展打下坚实基础。

5．把贵港建设成为西江干流航运中心。贵港地处华南经济区和西南经济区的结合部，铁、公、水等交通运输方式通过港口枢纽交汇，区位优势和交通优势十分明显，贵港市已经成为广西的水运大市，贵港港也已经成为珠江水系的龙头港，因此，贵港已经具备成为西江干流航运中心的客观条件。为此，贵港在完善港航信息服务平台等配套服务设施基础上，争取国家把贵港市确立为西江干流的航运中心，充分利用航运中心的地位争取国家和自治区的更多投资，争取国家批准建立贵港内河保税区等更多的政策支持。

（二）着力发展以工业为重点的临江产业带

依托西江“黄金水道”和港口资源优势，优化沿江产业布局，引导、鼓励和支持产业项目向“黄金水道”沿线集聚，形成沿江工业、商贸、物流、旅游等产业集群和城镇群，把贵港建设成为承接产业转移示范基地。

1．依托西江“黄金水道”规划布局产业基地和园区。打造中国最大的建材生产基地、西江流域上规模上水平的船舶修造基地、大型电力工业基地、大型造纸工业集群和冶金工业产业集群。

2．以区位优势和资源优势为依托谋划临江工业项目。乘产业大转移东风，重点建设好贵糖生态工业园区、江南工业园区、桂平市工业集中区和平南县工业集中区等工业园区，打造形成一批多种类、广辐射、具有市场竞争实力的品牌工业园区群体。

3．以港口经济的发展促进商贸业发展。在城市中心区和港区附近开发建设大型现代商务区或商务中心，为贵港的连锁零售业提供高效的物流支撑，促进商贸系统的发展。

4．以港口经济的发展促进物流体系建设。加快在港口区域规划建设物流园区，加快公共物流信息化建设，培育大型物流企业。

5．以港口经济的发展促进现代服务业的发展。形成金融服务、会展产业、文化产业等现代服务业体系。

6．以港口经济带动城镇化建设。形成若干个以产业为依托，以西江为轴心的城镇带和经济带。

7．以港口经济的发展促进旅游产业的发展。以争创中国优秀旅游城市和国家园林城市为目标，围绕“整合资源、培育品牌、建设精品、形成网络”的要求，建设一批重点旅游景点，建设完善宗教历史文化之旅、自然风光之旅、绿色健康之旅三类主题特色旅游产品。

（三）加大黄金水道建设资金扶持力度

目前，贵港市正加快建设贵港港罗泊湾作业区、猫儿山作业区二、三期工程以及郁水作业区、平南武林港二期工程、桂平东塔作业区码头等项目。贵港港猫儿山作业区三期工程、贵港港中心港区东山多用途码头工程（主要装卸危险品）、贵港港桂平港区东塔作业区一期工程、贵港港平南港区武林港二期工程、贵港港平南港区鹅儿湾作业区一期工程等重大项目即将列入国家交通建设计划。大量的工程建设和软件开发需要巨额的建设资金支持。各级政府部门要对贵港市黄金水道基础设施建设给予政策倾斜和加大资金扶持力度，确保工程顺利推进。

环境保护成效显著　存在问题不容忽视

——2009年百色市环境保护满意率调查报告

谢家鸿

公众对城市环境保护满意率，是城市环境综合整治定量考核的一项重要指标，其结果是衡量一个城市居民对城市空气污染、水污染、噪声污染、城市垃圾处理和政府环保宣传教育等认可程度的综合体现。为准确了解百色市公众对城市环境状况的实际感受，客观、及时反映和监测该市在环境治理、环境保护等方面取得的进展和存在的问题，百色市开展了公众对城市环境保护满意度调查。此次调查在市区12个社区中采用住户规模比例法（PPS法）抽选600户城市居民家庭作为调查样本，由国家统计局百色调查队组织调查人员直接入户开展问卷调查。调查内容主要从空气污染、水污染、噪声污染、垃圾处理、环保宣传教育以及环保投诉渠道等六个方面15个问题进行综合评价。调查结果表明，白色市环境保护成效显著，但也存在一些不容忽视的问题，治理任务依然繁重、艰巨。

一、公众对百色市的环保评价明显提高

2009年，百色市认真贯彻落实科学发展观，采取有效措施，不断加大城市建设力度，积极开展城市环境综合整治，大力宣传普及环保知识，提高公民环保意识，使全市环境污染得以有效控制，环保整治工作取得明显成效，并得到广大市民的认可和给予积极的评价。从调查结果来看，2009年百色市公众对城市环境保护满意率为62.27%，比2007年提高10.75个百分点，进步非常明显；但比全区平均水平66.23%仍少3.96个百分点，与国家优秀城市环保的要求（满意率得分85分以上）还有较大差距。

（一）公众对环保宣传教育的评价

调查结果，公众对政府重视环保工作和宣传教育工作取得的成效表示比较满意，达77.92%，满意率高居六大方面榜首，比2007年提高22.07个百分点，成效最明显。

1．政府重视环保，市民有口皆碑。环境保护需要全社会的重视和参与，但坚强有力的政府行为是决定环保进程的关键。近年来，市委、市政府加强对环保工作的领导与投入，致力于森林山水生态城市建设，使市民普遍感受到城区环境的全面改善。在问及“您认为本市政府对环保工作是否重视？”时，被访市民普遍予以肯定，满意率达73.32%，比2007年提高9.42个百分点，其中，有51.67%的市民认为政府非常重视或比较重视环境保护工作，说明政府对环保工作的重视得到越来越多市民的认可和支持。

2．环保宣传教育工作力度不断加大。政府的重视，使环保宣传教育工作力度不断加大，相关措施得到有效落实，群众对此给予肯定。据调查，对本地在环境保护方面的宣传教育工作，公众满意率为69.97%，比2007年提高13.21个百分点。

3．市民环保意识不断提升。居民的环保意识体现在对环保重要信息的了解程度，和在日常消费中是否关注环境保护。随着宣传力度加大，以及各种各样“绿色”产品进入寻常百姓家庭，更多的人真切感受到环保给自己生活带来的变化，环保意识也在不断增强。据调查，公众对“市民环保意识”的满意率高达90.47%，

比2007年提高43.56个百分点，其中，有73%的市民认为在日常生活中自己有保护环境的意识，说明良好的环境人人向往，环保已深入人心。

（二）公众对垃圾治理的评价

城市生活垃圾是当今人类面临的主要环境问题之一，深受百姓的关注。从调查结果看，公众对政府治理垃圾方面的总体满意率为72.57%，比2007年提高11.74个百分点，在六大方面排位中居第二。其中，公众对生活垃圾日常收集效果的满意率达72.69%、对治理环境卫生脏乱差效果的满意率达72.45%。同时也表明，百色市在治理垃圾污染方面取得了进步，特别是开展创建国家卫生城市以来，治理卫生脏乱差有明显的效果，但要巩固和提高仍须加倍努力。

（三）公众对水环境质量的评价

据调查，公众对政府治理水污染方面的满意率为67.86%，比2007年提高12.68个百分点。其中，对河流、湖泊水质状况表示非常好和比较好的占49.34%，整体满意率达71.46%；对饮用水的水质表示非常满意和比较满意的占61.00%，整体满意率达77.42%；但由于有67.17%的被访市民偶尔或经常发现向河流湖泊随意排放污水的现象，因此，公众对饮用水源地保护工作的满意率仅为54.72%。

数据看出，一方面，百色河流的污染源头较少，体现了政府在确保居民饮用水质方面的工作取得成效；另一方面，由于一些企业废水未经处理就直接排泄到河流，部分被访市民对相关部门监管不力颇有微词。

（四）公众对空气污染治理的评价

随着城市工业化发展，以及居民生活水平的提高，如何更好地控制工业废气及汽车尾气等各种有害气体的排放，保持城市清新空气，对环保工作是一个严峻考验。调查结果，公众对该市空气污染控制的满意率为54.82%，比2007年提高8.07个百分点。其中，市民对空气质量表示非常满意和比较满意的占39.17%，总体满意率为63.45%；对建筑施工扬尘的控制效果表示非常满意和比较满意的占26.0%，整体满意率为53.30%；对工业废气、汽车尾气的控制效果表示非常满意和比较满意的占16.67%，整体满意率为47.71%。虽然公众对政府在治理空气污染方面所做的努力予以肯定，但满意率并不高，说明百色空气质量治理让市民满意还任重道远。

（五）公众对治理噪声污染的评价

当前，噪声已成为影响居民生活的又一重要污染源，公众对政府控制噪声污染充满期待。据调查，公众对政府治理噪声污染的综合满意率为49.61%，比2007年提高5.27个百分点，但在六大方面排位中居倒数第二。调查发现，有54.67%的被访市民表示在日常生活中，非常多或比较多受到噪声的影响，其中，受到交通噪声影响的占51.88%、受建筑施工噪声影响的占28.25%、受集市和广场等场地的生活噪声影响的占11.13%、受商店及卡拉OK厅等场地的娱乐噪声影响的占8.73%。由于诸多因素影响，公众对该市控制噪声污染效果的满意率仅为56.93%。市民对交通、建筑、娱乐、生活噪声满意率相对较低，说明政府在治理噪声污染方面与市民期望还有较大差距，控制噪声力度亟需加大。

（六）公众对环保投诉渠道的认知率

当问及“您知道12369是环境投诉热线吗”时，仅有25.67%的市民回答知道，不知道的则占74.33%，公众满意率只有25.67%，在调查的六大方面中居末位，说明环保教育宣传工作还有欠缺。

二、存在的突出问题

综上所述，公众对百色市城市环境保护评价的满意率普遍提高，说明该市在环境保护方面做了大量工作，并得到公众的认可，但环保工作取得的成效与全区平均水平、与全国环保模范标准、与公众期

盼的“蓝天、碧水、绿地、净土”仍有较大差距，百色市环境治理工作还任重而道远。从本次调查的情况看，公众反映该市环境保护工作中存在的突出问题和薄弱环节主要表现在以下几个方面：

1．对噪声污染监管不到位。调查显示，公众对噪声污染控制的满意率不到50%，说明对噪声污染的治理工作没有得到市民的充分认可，其中市民对交通噪声最为不满。许多市民反映，机动车辆在市区违规鸣笛现象随处可见，休息时间机动车在居民区自动报警声时有发生；住宅区周边部分建筑工地昼夜施工，晚上的夜市、娱乐场所吵闹声不断，健身群体和商业门店音响噪音过大，这些噪声给周围群众造成较大伤害，市民对此反映强烈，并对整治噪音污染的工作力度持质疑态度。

2．空气污染问题依然突出。公众对控制空气污染的满意率不高，问题突出表现在控制建筑扬尘、运输扬尘污染措施不到位；控制工业废气排放监管力度不够；对汽车尾气排放，尤其是一些公交汽车尾气冒黑烟超标排放的监管比较欠缺；路边、居住小区内的露天烧烤排放没有严格管理，这些现象严重污染了周围市民的生活环境。

3．环境卫生仍有不尽人意之处。虽然公众对垃圾处理比较满意，但不少地方仍有不尽人意之处，表现在：公共场所经常看到有人遛狗，而宠物狗随意大小便的现象随处可见，严重影响市容，市民颇有意见；城乡结合部、集贸市场等地仍然存在卫生死角，污水四溢、臭气难闻的现象时有发生；部分地方建筑垃圾长时间堆放，既影响市民出行，又破坏周围环境。此外，公厕少，垃圾点少，垃圾清运不及时，“城市牛皮癣”现象屡禁不止等也是居民反映比较集中的问题。

4．环保宣传教育工作还存在欠缺。表现为：部分居民乱扔果皮纸屑、随地吐痰、随处乱泼乱贴乱画、随意践踏绿化带等不良习惯依然存在；大多数人不知道环保投诉热线，遇到环保问题不懂如何咨询、解决办法不多。

5．环保基础设施相对落后。城市环境基础设施建设步伐偏慢，污水、生活垃圾、危险废弃物处理能力等跟不上城市发展步伐，部分老化淘汰的基础设施不能及时维修和补充，导致城市污染综合治理能力相对薄弱。

6．环保管理机制有待完善。部分市民反映，城市环保缺乏长期有效的监管机制，主要表现为建筑施工占地堆放、商贩占道经营、乱张贴小广告等现象屡禁不止，长期治理效应不明显；对于部分噪声、扬尘等违反环境保护的行为，相关部门之间配合不紧密，甚至存在推诿扯皮现象，缺乏有效的协调机制。

三、对策建议

通过本次调查，广大市民对环保工作提出不少有建设性的建议，归纳起来有以下几点：

1．加大环保宣传教育工作力度。公众参与环保的程度，直接体现着一个国家、城市环境意识、生态文明的发育程度。因此，环保工作需要长期坚持广泛深入的宣传教育，使人们的环保意识成为一种心理常态，转化为一种社会责任，才能让公众感受到城市环境的改善，群众满意度才能有效提高；同时，提高环保举报电话知晓率，告知公众遇到环境问题的解决途径，切实解决公众对环保问题的投诉。

2．突出重点，加强环保执法力度。加大环保管理和执法力度是市民的普遍要求，要依法加强环境保护工作，加大执法力度，对造成严重污染后果的单位和个人，要依法从严查处，使重典出秩序、重典出卫生、重典出市民素质；重视居民反映的问题，重点治理一批公众呼声高、影响大的环境污染源，及时解决市民反应强烈的小歌厅、露天烧烤、交通噪声、建筑垃圾等严重扰民的热点、难点问题，切实做到“有法可依、有法必依、执法必严、违法必纠”。

3．环保管理长效机制尚需完善。要进一步落实环保责任制，建立健全环境监管长效机制，强化职能部门的作用，做到事事有人管、件件有落实，使各相关单位责任明确，防止相互推诿扯皮。

4．加快环保基础设施建设步伐。进一步加快环保基础设施建设，及时维修和更换破损环保设施，修建增设公厕、垃圾箱等公共卫生设施，扩大城市公共绿地，加大对污水管网改造力度，加快城市污水处理、生活垃圾填埋等设施建设。

5．进一步加大对噪声监管力度。城市噪声整治刻不容缓，市民期望政府加大对噪声污染的治理力度，制定噪声污染治理监督措施，明确城市噪声控制责任单位，有效地发挥公众和媒体的监督作用，共同加强对交通车辆违规鸣笛管理，严格杜绝午夜建筑施工对居民正常休息的影响，加强商业门店、娱乐和健身群体的音响噪音管理，规范机动车防盗器等强噪音设备使用的行为，为市民创造一个安静的生活环境。

6．高度重视控制空气污染工作。市民对政府控制空气污染方面有更高的期待，希望在控制工业废气、汽车尾气、建筑施工运输扬尘等方面制定有效措施，加强对建筑工地的环境检查，规范施工行为，消除建筑工地产生的扬尘等问题；出台机动车排气污染监督管理办法，严把汽车尾气检测关，不达标的汽车，坚决不允许上路；整治居民区内饭店的油烟污染，杜绝在住宅区随意燃烧垃圾的行为；在主要街道增加洒水车辆和洒水次数，减少扬尘污染，提升城市空气的质量。

7．实行环保政务公开。增开环保监督渠道，设立公开举报电话，接受群众监督，让更多的群众能方便、及时地反映身边环保情况；建立环保信息社会公示制度，让市民的环境信息知情权得到逐步落实；通过建立和健全环境质量状况公报、建设项目环评公示以及环保部门公开办事制度，保障公众对环保工作的知情权、参与权与监督权。

8．规范建设项目准入审批。加强对各类建设项目的审批和管理，严格执行国家相关政策和环境影响评价制度，对环保不达标的企业要坚决勒令整改或强制关闭，对不符合环保标准的新企业坚决不审批，对建筑工地和企业排污等要加强监督，从源头上控制污染源的产生。

9．继续加大环境卫生治理力度。进一步加强市容秩序和环境卫生治理力度，尤其是加大对偏街小巷和城乡结合部等环境整治力度，彻底消除卫生死角；强制实行垃圾袋装，提高生活垃圾收集效果；加强城市宠物饲养的管理和规范，对“小广告”、“牛皮癣”等问题应采取更加有力的治理措施；加强对集贸市场和沿街夜市摊点的监控；加强对废弃物和危险废物收集、运输、处置的全过程监管。

优化政务环境势在必行

——2010年百色市政务环境监测调查报告

钟思晴

政务环境是投资环境的重要组成部分，也是社会发展不可忽视的重要因素，它是政府形象的体现，是政府管理功能能否有效发挥的根本所在，直接决定了城市竞争的软实力。为进一步监测政务环境发展状况，近期，国家统计局百色调查队在百色市辖区内的八大行业中，抽取170家企业作为调查样本开展政务环境监测调查，从企业的视角评议政府部门的工作。调查结果显示：企业对百色市政务环境满意度为79.63，处于较高满意区间，但较上年下降1.40，在全自治区14个地级市中排名由上年第三位下滑到第七位。百色市政务环境满意度下降、排名下滑，说明当前优化政务环境的基石还不够牢固。对此，我们必须加强调查研究，把握企业发展所提出新要求和新期望，有针对性地提升政府部门的行政效率和服务水平，为企业的快速发展提供优越的投资平台。

一、政务环境有待改善，巩固措施急需加强

在金融危机深度影响百色工业经济发展的特殊时刻，百色市各级党委、政府以及职能部门从企业所急、所需方面着想，为企业克服困难出谋划策，在政策上、经营上提供了诸多帮助，然而随着经济逐渐复苏向好，企业所需服务质量随之提高，而相关部门未及时了解和改进服务方式，造成政务环境建设只有巩固，却没有提高，致使企业对2010年百色市政务环境的评价明显下滑。调查显示：有39.02%的企业认为当地政务环境好或非常好，具有一定的发展潜力，比上年下降4.58个百分点；有4.88%的企业认为当地政务环境差或非常差，不利于企业发展壮大，比上年下降5.12个百分点。

尽管政务环境总体满意度出现下滑，但从其六大指标来看，行政执法、政务公开、法制环境等方面有了较大的提高，个别方面还是优化政务环境中的亮点工程。

（一）行政执法逐渐得到规范

规范执法是优化政务环境的“第一目标”。在政务环境评价中，企业对当地行政执法机关在行政执法中乱摊派、乱收费、乱罚款的情况满意度为80.34，在14个地级市中排名第二位，比2009年提高2.13，比2008年提高4.04。调查显示，在受访企业中，有39.64%的企业认为当地行政执法中在乱摊派、乱收费、乱罚款方面的情况好或非常好，比上年提高了7.24个百分点，而认为差的企业只有2.44%，比上年下降了2.86个百分点。由此可见，百色市行政执法“三乱”现象逐年减少，行政执法更加规范，也更加人性化，是优化政务环境中的亮点工程。

（二）政务公开程度越来越高

政务公开是优化政务环境的“第一窗口”。近几年，为进一步提高机关办事效率和便民利民程度，百色市持续加大政务公开力度，推动机关办事程序公开越来越透明。调查显示，企业对当地行政机关办事程序公开的情况满意度为79.82，在14个地级市中排名第三位，比2009年提高0.88，比2008年提高4.32。在问及当地机关办事程序公开情况时，有37.20%的企业认为当地行政机关办事程序公开情况好或非常好；只有4.27%的企业认为当地行政机关办事程序公开情况差或非常差。

（三）依法行政环境持续向好

依法行政是优化政务环境的“第一要务”。调查显示，企业对当地行政机关贯彻落实《行政许可法》的情况满意度为81.55，是政务环境六大指标中评价最高的，比2009年提高0.40，比2008年提高2.15。在问及当地行政机关落实行政许可情况时，有44.51%的企业认为好或非常好；仅有1.22%的企业认为差或非常差，说明百色市行政机关认真贯彻落实《行政许可法》，进一步增强法制观念，努力营造了良好的依法行政环境。

二、部门服务水平、层次差距明显

“不进则退”是考量各政府部门服务企业水平的一种标准。随着“企业服务年”的推动，有关部门在强化服务理念、提高服务水平和提升服务层次方面加强调研、查找问题和研究对策，真情为企业发展贡献力量，服务企业的总体水平得到提高，但部门与部门之间，人员与人员之间的服务意识相差较大，服务水平良莠不齐，致使2010年企业对各政府部门的评价差距明显扩大。调查显示，在企业对百色28个政府部门提供政务服务质量（内容主要涉及部门服务意识、工作效率、依法行政）进行评价中，满意度均在77.44～83.01之间，最高与最低满意度相差5.57，较上年扩大1.60；满意度均值为80.45，较上年提高1.05。（如：表1）

从企业对各部门服务满意度分值来看，税务、消防等部门排名前列，土地规划、城管等部门服务满意度偏低；从部门服务满意度来看，排在前5名的分别是税务部门、消防部门、商务部门、工商管理部门和检察院，满意度分别为83.01、82.30、82.01、81.58和81.47，平均值达82.07，比上年提高1.06；排名最末的5部门分别是土地规划部门、城管部门、卫生管理部门、交通管理部门和科技部门，满意度分别是77.44、78.83、78.87、78.95和79.41，平均值为78.70，较上年提高0.79；从2009—2010年部门服务满意度变化来看，消防、发改等部门政务服务水平、层次提高较快，土地规划、旅游管理等部门服务满意度有所下滑。

表1：2009—2010年企业对政府部门服务工作的满意度

	2009年		2010年		同比（±）%
	满意度	排名	满意度	排名	
税务部门	81.56	1	83.01	1	1.45
消防部门	78.71	22	82.30	2	3.59
商务部门	79.59	12	82.01	3	2.42
工商管理部门	80.50	5	81.58	4	1.08
检察院	81.38	2	81.47	5	0.09
财政部门	80.18	6	81.35	6	1.17
社会保障部门	79.79	10	81.30	7	1.51
发展与改革部门	77.71	27	81.20	8	3.49
技术监督部门	79.94	9	81.14	9	1.20
外汇管理部门	79.18	15	81.04	10	1.86

续表

	2009年		2010年		同比（±）%
	满意度	排名	满意度	排名	
对台部门	80.03	8	80.96	11	0.93
海关部门	78.74	20	80.67	12	1.93
公安部门	79.65	11	80.65	13	1.00
外事侨务部门	79.21	14	80.58	14	1.37
检验检疫部门	79.00	19	80.56	15	1.56
文化市场管理部门	79.15	17	80.00	17	0.85
海洋渔业管理部门	80.18	7	79.97	18	−0.21
物价管理部门	77.88	26	79.91	19	2.03
教育部门	78.47	24	79.88	20	1.41
法院	80.97	3	79.84	21	−1.13
环保管理部门	77.88	25	79.69	22	1.81
旅游管理部门	80.65	4	79.47	23	−1.18
科技部门	79.50	13	79.41	24	−0.09
交通管理部门	77.59	28	78.95	25	1.36
卫生管理部门	79.18	16	78.87	26	−0.31
城管部门	78.65	23	78.83	27	0.18
土地规划部门	78.71	21	77.44	28	−1.27

三、优化政务环境所遇到的困难

在进一步优化政务环境中，尽管在行政执法、政务公开和依法行政方面的工作比较扎实，然而在服务意识、清廉程度和工作效率方面却会遇到诸多困难，它们仍有很大的上升空间，但需要长抓不懈、狠抓落实，工作任务非常艰巨。

（一）服务意识亟待强化

服务意识是“第一生产力”。服务意识决定着服务态度和服务水平，当前行政机关单位服务企业的意识还不够强，缺乏主动服务、优质服务和满意服务的自觉性。调查显示，企业对当地政府部门的服务意识满意度为79.94，比2009年下降1.18，比2008年提高4.04。在问及当地政府部门为其企业提供服务时，有58%的企业表示当地政府部门没有帮助协调办理证照；有33%的企业反映在申请银行融资方面没有获得当地政府部门的帮助；有27%的企业表示当地政府部门没有为其介绍潜在用户。

（二）清廉程度有所下滑

廉洁奉公是“第一战斗力”。清廉程度是政务环境中的主要指标，也是社会反映比较集中的信息。调查显示，企业对当地的各级官员操守清廉程度满意度为78.81，比2009年下降0.78，比2008年提高2.2。在问及当地党政机关人员不廉洁行为的表现时，有16.59%的企业认为当地官员存在权钱交易的行为；有12.50的企业认为当地官员存在吃拿卡要的行为；有12.05%的企业认为当地官员存在办事不公的行为。

（三）工作效率略有下降

工作效率是“第一竞争力”。工作效率直接影响政务环境总体水平，然而部分机关工作人员办事拖拉、推诿扯皮，对追求效率的企业而言，比较反感。调查显示，企业对当地行政机关工作效率满意度为77.16，是政务环境评价最低的指标，比2009年下降0.08，比2008年提高2.69。在问及机关工作效率问题时，有64.02%的企业认为一般；有7.93%的企业认为差或非常差。

四、优化政务环境的建议

（一）强化政务行为主体环境

1．健全行政决策机制。健全的决策机制是领导者正确决策的关键，当前应建立政府、企业、市民等多方参与的磋商和反馈机制，扩大社会公示制度和听证制度的实施范围，实行部门决策的论证制和责任制，减少优化政务环境决策的随意性，努力做到理性决策、民主决策、科学决策。

2．提升公务员整体素质。公务员是良好政务环境形成的重要因素，应加强职业道德建设，杜绝“懒、散、不作为”现象；培育公务员爱岗敬业、勇于奉献的精神，进一步推动业务能力建设，积极营造有利于优秀人才脱颖而出的工作环境。

（二）加大政务服务执行力度

1．全力推行“阳光收费”。继续清理行政审批事项，减少和规范对经济事务的行政审批，适时减少审批事项和环节；继续清理各类行政事业性及经营服务性收费项目，酌情减少非预算内行政性收费。

2．继续实行“厅内解决”。充分发挥市政务服务中心的作用，利用网络审批事项优势，提升网络提速功能，做到一般审批项目在办证大厅内解决，对涉及职能交叉重叠的重要审批项目，由行政服务中心牵头协调办理。

3．有力推动“电子监管”。实现行政审批电子监察系统与政府网站的互联互通，对窗口单位行政许可效能进行综合评价和考核，并在政府网站定期公布考核结果，便于社会监督。

（三）推动政府部门信用建设

1．增强政府官员信用意识。政府诚信是通过其官员的诚信行为体现出来的，而官员的诚信行为是其诚信观念的外在表现，应加强培养政府官员的诚信观念，努力夯实政府诚信的道德基础，为政府诚信提供强有力的保障。

2．建立政府官员信用档案。积极探索建立政府官员信用记录制度，对政府官员的行政行为建立信用档案，逐步推行信用评级制度，建立政府信用公示制度，对官员的信用信息要通过一定形式予以公布。

作用与地位不相称　社区居委会建设亟待加强

——2010年百色市城市社区居委会现状调查报告

赵宗焕　覃艾筠

社区是一个城市的细胞，而社区居委会则是上联党政机关，下系百姓居民的桥梁纽带。近期，国家统计局百色调查队对百色市城区所在地右江区的12个社区居委会进行了走访调查。调查显示，随着百色城市建设步伐不断加快，社区居委会的重要作用日益突显，但一些困难和问题也不容忽视，自身建设仍然任重道远，需要社会各界给予更大的关心和支持。

一、社区居委会建设情况

根据中共中央办公厅、国务院办公厅转发《民政部关于在全国推进城市社区建设的意见》（中办发［2003］23号）文件精神，百色市城区自2004年2月开始，先后成立了百胜、太平、爱新、文明、中山、利元、东合、东笋、城东、百林、石龙、七塘等12个社区居委会，分别隶属百城和龙景街道办事处。

经过六年多的建设，百色城市社区居委会建设取得长足进步，服务城市发展，服务辖区居民的能力和水平不断提高。据了解，百色市城区现有社区工作人员93名，其中，支书、主任21名，副主任、委员72名，直接服务3万余户家庭（不含驻社区单位人口）；社区工作人员的年龄和学历结构逐步优化，而且大部分社区居委会班子均配备了较高学历的年轻委员，特别是太平、爱新、利元、城东四个社区配备的年轻委员只有24岁；大中专以上学历的有50人，占53.8%，尤其是百胜和利元社区大专以上学历的班子成员达到7人，占班子成员总数的77.8%。在社区建设中，还涌现出了一批优秀的社区干部，如现任百胜社区居委会黄莲云支书曾荣获了“广西优秀居委会主任”称号。

二、社区居委会的作用

社区管理和服务主要由社区居委会负责，而社区居委会是基层群众性自治组织，并非一级政权机关，但在实际当中却被当成了行政权力的延伸，赋予了诸多行政职能，承担了许多重要职责。据了解，百色城市社区工作人员基本是生于斯、长于斯，与社区内居民习俗相近、情感深厚，对社情民意和居民家庭的真实状况更为熟悉，因此，社区居委会时常“扮演”三种角色：

一是上传下达的政策“中转”者。国家新的居民委员会组织法对社区居委会的职能有明确的规定，可归纳为“反映”和“宣传”，反映居民意见、要求和建议是“上传”，宣传法律、法规和国家政策则是“下达”。据几个社区居委会负责人反映，在日常工作中，社区居委会既要宣传落实各级党委、政府的大政方针，又要采集、核实和反映本社区的社情民意，因此，社区居委会承担着大量的政策“中转”任务。

二是维护公平正义的“蛋糕”分配者。社区工作人员虽然“无级无品”，但对“蛋糕”分配公平与否却具有直接影响。随着国家惠民政策实施力度不断加大，社区居委会为辖区居民办理申请低保、医疗保险、救济救助、就业安置、经济适用房和廉租房等福利事务的面越来越广、职责也愈发重要，而社区工作人员负责从源头把关，筛选符合条件的申报家庭，更是滋事体大，关乎起点公平，因此，社区居委会肩负着合理分配政策红利，确保政策实施公平正义的重要使命。

三是“上面千条线，下面一根针”的政策执行者。地方党委政府有多少工作，社区居委会就会相应承担多少任务。据社区工作人员反映，社区居委会工作职责涉及民政、计生、卫生、征兵、维稳等地方党委政府方方面面的工作，以及本社区的公共事务和公益事业，简要来说就是“任务繁多、难以列举”，因此，社区居委会在执行各级党委政府决策、落实各项目标任务当中担负着“穿针引线”重要作用。

三、制约社区居委会履职的困难和问题

综上所述，社区居委会的重要性已显而易见，但与先进地区相比，目前百色城市社区建设的总体水平还相对滞后，社区居委会的地位还未得到充分体现，履行职责还受到一些因素的制约，主要表现在：

（一）“人”的问题

从人员配置看，社区工作人员配备数量还不够，如东合社区作为百色城区人口最密集的地段，拥有9700多户家庭，而社区工作人员目前仅有9人，意味着每一名社区工作人员要服务1000多户家庭，工作量相当繁重。从队伍建设来看，由于社区年轻人对居委会认识不够，缺乏参与社区建设和服务的积极性，因此竞聘候选人常年都是老面孔，导致社区干部队伍时代更替、吐故纳新的周期过长。

（二）“财”的问题

从办公经费看，每个社区的办公经费每年仅5000元，以百胜社区为例，班子有9名成员，人均经费不足600元，与繁重的工作量相比，社区的权、责、利显然不对等。从工资待遇看，由于实行坐班制，社区干部难以从事其他职业，而作为家庭的顶梁柱，其收入往往都是家庭收入的主要来源。据了解，2009年7月后，社区支书、主任工资提高到800元/月，副主任提高到700元/月，委员提高到600元/月，但与自主经商或外出务工的收入相比，还明显差了一截。从福利待遇看，尽管支书、主任的养老保险由财政按工资定额的20%年底一次性支付，但由于工资基数偏低，每人每年仅1920元，因此保障程度还略显不够。

（三）“物”的问题

从办公环境看，仅中山、东笋社区居委会有独立的办公场所，其他社区居委会办公用房均十分紧张，如七塘、城东租用办公用房，百胜、爱新、太平等8个社区只能借用街道企业管委会的办公用房。从办公设备看，社区居委会普遍存在办公设备不足、老旧的困难，办公自动化水平还相当滞后。

（四）机制的问题

从职能定位看，社区居委会被赋予了基层政权机构的职能，但由于缺乏相应的权力和资源支撑，因此社区居委会工作人员有“言不正，则行不顺”的感觉。从管理模式看，社区居委会与驻社区单位之间的关系更是处于“剪不断、理还乱”的窘境，如驻社区单位的家庭居民参军入伍、申请助学贷款、结婚及办理准生证等情况，均需社区居委会出具证明，但由于驻社区单位的家庭住户属该单位内部管理，社区居委会并不了解住户情况，造成了“管也不是、不管也不是”的尴尬局面。从社区实行的绩效工资来看，地方政府按照事业单位的标准，将绩效工资管理模式导入了社区，即：每一名社区工作人员每月需按工资总额的30%扣缴绩效工资，待年底考核合格后再一次性发放，影响了社区居委会工作人员的积极性。

四、社区的期盼

为加快社区建设步伐，充分发挥社区居委会的积极作用，进一步提高管理和服务水平，社区居委会工作人员针对以上

"瓶颈"提出了4点期盼：

（一）期盼"后继有人"

鉴于社区干部队伍的平均年龄仍旧偏大、新鲜血液依然缺乏等问题，社区居委会干部期盼政府大力支持开展更多的社区宣传活动，提高年轻人对社区居委会重要性的认识，引导更多的年轻人关注、参与社区建设；以党建带社建，加强社区党员培养和教育，扩大党员队伍，拓宽社区后备干部培养渠道和选拔范围；加大"大学生村官"选聘力度，增加社区志愿者岗位，拓宽社区工作人员的"入口"；加大社区支书选拔到街道、乡镇领导班子任职工作的力度，倾斜照顾社区年轻干部、志愿者报考基层公务员，拓宽社区工作人员的"出口"。

（二）期盼保障力度逐步提升

社区工作人员是拿着兼职的工资，担着专职的责任，对社区居民，特别是年轻人而言确实缺乏足够的吸引力，因此，社区居委会干部期盼能够得到财政更大的支持，将5000元/年的工作经费提高到10000元，增强社区居委会自身的活动能力；参照2009年百色城市居民人均可支配收入1185元/月的标准，适度提高社区干部的工资标准，通过提高工资福利待遇，吸引更多、更好的人才进入社区干部队伍。

（三）期盼办公条件逐步改善

紧张的办公用房、简陋的办公条件，影响社区服务质量和工作效率，为此，社区居委会工作人员期盼有关部门能够及时协调解决社区居委会办公用房和办公设备的问题，参照南宁方式，由房地产企业在开发商品房时，预留一定面积的办公用房给当地的社区居委会作办公用房，或将社区居委会租用办公用房的费用及办公设备的购置经费，纳入地方政府的年度财政预算，通过财政专项保障的方式，切实改善社区居委会的办公环境。

（四）期盼体制与时俱进

权、责、利不一致，影响社区居委会工作积极性为此，社区居委会工作人员期盼，让社区居委会强化自我管理、自我教育、自我服务、自我监督的职能，减少硬性摊派任务，增加工作自主性，将社区工作重点从"管理"、"指导"向"服务"、"引导"方向转变。

环境治理见成效　公众满意率提高

——2009年河池市公众对城市环境保护满意率调查报告

周荣灿

公众对城市环境保护满意率是城市环境综合整治定量考核中的一项重要指标，是国家环保部考核各城市环境综合整治效果的依据之一。为了解河池市城区居民对环境保护工作和城市环境质量的满意程度，为政府制定相关环境保护政策提供依据，河池市于2010年1月在河池市城区开展了2009年度公众对城市环境保护满意率调查。从调查结果看，2009年河池市公众对城市环境保护总满意率达到69.14%，比上年提高5.12个百分点，城市环保公众满意率得2.13分（满分为3分），在全自治区参与调查的14个地级市中排名第5位，比广西全自治区平均满意率66.23%高出2.91个百分点，但距创建国家环保模范城市要求的满意率85%这一指标仍有一定的差距。

一、调查的基本情况

此次调查采用PPS随机抽样方法在河池市城区的新建社区、广场社区、老街社区等15个社区（居委会）中，每个社区（居委会）按照随机等距原则抽40户共600户作为样本开展入户调查。在调查户中选一名18～65周岁且居住在本市一年以上、生日最接近7月1日的家庭成员作为被调查对象进行问卷调查。调查内容包括空气污染、水污染、噪声污染、垃圾处理、环境宣传教育、环保投诉热线12369的知晓情况六个方面。参与调查的男性266人，占44.3%；女性334人，占55.7%。年龄在18～35岁的211人，占35.2%，36～55岁的300人，占50%，56～65岁的89人，占14.8%，符合调查要求，具有一定的代表性。

二、公众对城市环境保护的评价

根据国家统计局调查指标评分标准，2009年河池市公众对城市环境保护工作总体满意率为69.14%，比上年提高了5.12百分点。公众对河池市城区的环保宣传教育、水环境质量、垃圾处理方面的满意率略高于空气污染和噪声污染方面。各个单项问题比较，“您是否有保护环境意识”、“你对本市生活垃圾的日常收集是否满意”、“您对本市环境卫生情况是否满意“、“您认为市政府对环境保护工作是否重视”得分较高，满意率分别为94.53%、84.60%、80.77%和78.32%，说明公众环保意识得到加强，政府实施城乡清洁工程取得实效，环保部门加强环境监督管理，开展环境综合整治，打击环境违法行为，保障群众环境权益，确保环境安全的努力工作得到公众的肯定。对空气质量改善情况的满意率为67.13%，对建筑施工扬尘的控制效果满意率是62.49%，而对工业废气和汽车尾气的控制效果满意率只有55.50%，是本次调查内容满意度最低的项目。

1. 空气污染控制满意率较上年有所提高，但仍较低。

综合空气污染的各个方面，公众对河池市城区空气污染控制的满意率为61.71%，虽然比上年提高4.7个百分点，但依然是此次调查四个硬件项目中满意率最低的。（见下表）

	满意程度比（%）						满意率%
	非常明显	比较明显	一般	不太明显	很不明显	说不清	
空气污染方面							61.71
本市近几年空气质量改善状况	2.83	52.33	19.00	16.33	8.17	1.33	67.13
本市控制建筑施工扬尘的效果	1.00	40.83	30.00	19.00	7.50	1.67	62.49
本市控制工业废气、汽车尾气排放的效果	0.50	24.00	33.83	25.17	6.50	10.00	55.50

调查数据表明，公众对政府在治理空气污染方面所做的积极努力予以高度肯定，但一些被访市民反映河池市城区周边部分工业企业还在排放废气，城区商业、饮食业和一些单位使用蜂窝煤或原煤做燃料，严重影响了周边居民的生活。而随着汽车保有量的不断增加，汽车尾气排放污染问题日益严重，已经引起城市居民的极大关注。希望政府在控制工业废气、汽车尾气、建筑施工扬尘方面进一步加强管理，最大限度减少上述污染。

2．水环境质量改善明显，公众满意率比上年提高7.78个百分点。

公众对本市水环境质量的满意率为71.21%，其中对饮用水水质表示满意的达77.88%，比上年提高产量3.17个百分点（见下表）

	满意程度比（%）						满意率%
	非常好（或满意或没有发现）	比较好（或满意或偶尔发现）	一般（或经常发现）	比较差（或不太满意）	很差（或很不满意）	没注意过	
水环境质量方面							71.21
您认为本市河流、湖泊的水质量怎么样	0.33	47.17	27.50	16.00	6.33	2.67	65.84
您对本市饮用水的水质满意吗	4.17	64.83	21.33	7.67	1.67	0.33	77.88
您发现过向河流湖泊随意排放污水的现象吗	39.00	36.17	11.67			13.17	69.90

这一调查结果表明，公众普遍认为本市饮用水源地保护良好，城区河流、湖泊和其他景观水体水质状况基本令人满意，市委、政府在治理水污染方面监管有力。而据河池市环境保护局提供的资料显示，2009年，流经河池市城区的龙江河除了1月份三江口断面水质氨氮污染为五类水质外，2至12月均为Ⅲ类水质，水质状况为良好；对河池市城市集中式饮用水源城西水厂、城北水厂、加辽水厂、肯冲水厂水质进行的监测规定项目中没有项目超标，城市集中式饮用水源水质达标。

3．城市噪声污染满意率为66.28%，比上年提高5.34个百分点。

调查得知，有66.48%的被访者表示“在日常生活中受到噪声影响”。公众认为对生活带来影响的噪声污染源主要来自：一是交通噪声（占66.91%），二是集市、广场等地的生活噪声（占12.75%），三是建筑施工噪声（占12.20%），四是商店、卡拉OK厅等场地的娱乐噪声（占8.14%）。尽管政府在噪声污染整治处理方面采取了多方措施，尤其加大了建筑业、工业产生噪声的整治力度，但是随着人民群众生活水平提高，住房、交通设施的改观，产生噪声的源头也大大增多，加大了对噪声污染控制的难度，有21.83%的被访市民对本市噪声污染的治理效果表示“不太满意”或“很不满意”。

4．实施城乡清洁工程成效显著，百姓

对河池市环境卫生情况满意率为80.77%。

问卷调查结果表明，河池市公众对本市垃圾治理效果满意率为82.68%，比上年大幅提高11.73个百分点。其中，公众对生活垃圾收集的效果满意率为84.60%，比上年提高9.99个百分点；对治理环境卫生脏乱差的效果给予充分肯定，对河池市环境卫生情况表示“非常满意”和“比较满意”的达到76.363%。公众普遍认为市区环境干净整洁，但建筑垃圾、生活垃圾的处理仍需加强。

5. 政府对环境保护工作的重视程度和宣传教育工作得到老百姓的肯定，公众的环保意识普遍增强。

老百姓对政府重视环境保护工作和宣传教育工作取得的成效表示满意。调查数据表明，公众对市委、政府重视环境保护总体工作的满意率为78.32%，比上年提高5.45个百分点；对本市的环保宣传教育工作满意率为74.22%，比上年提高11.54个百分点。公众的环保意识普遍增强，有85.17%的被访市民认为自己“经常有”保护环境的意识，有13.50%的被访市民认为自己“偶尔有”保护环境的意识，二者占被访市民的比例达到98.67%，只有1.33%的被访者回答自己“没有”保护环境的意识。这一结果表明，河池市委、市政府在环保宣传教育方面高度重视，积极落实，联系实际，深入群众，有关部门着力增强公众环保意识，提高环保自觉性和主动性的努力得到实实在在的回报。但公众对12369环境投诉热线的知晓率低，只有24.17%的被访者回答“知道”，而75.83%的被访者回答“不知道”。（见下表）

	满意程度比（%）						满意率
	非常重视(或非常好或有)	比较重视(或比较好或偶尔有)	一般(或没有)	不太重视(或比较差)	很不重视(或很差)	说不清	
环保宣传教育方面							82.35
您认为市政府对环境保护工作是否重视?	7.33	65.67	14.67	7.67	3.67	1.00	78.32
在日常生活中，您是否有环境保护意识?	85.17	13.5	1.33				94.53
您认为本市的环保宣传教育工作开展的怎么样?	5.67	54.5	27.5	7.83	2.33	2.17	74.22
其他方面			知道		不知道		
您知道12369是环境投诉热线吗?			24.17		75.83		24.17

三、公众反映当前城市环境保护工作存在的问题

综上调查结果，2009年公众对河池市城市环境保护的满意率比上年有较大提高，但公众认为河池市城区环境当前仍然存在一些突出的问题，主要有几个方面。

1. 工业废气、汽车尾气排放、生活用蜂窝煤污染等问题依然突出。有的被访市民反映河池市城区周边工业企业有利用夜间偷排废气等情况，严重影响了周边居民的生活。广场社区一被访居民反映，政府原来制定的一些环保措施没有得到落实，如原来不给烧煤的饮食摊点和单位，现在还在烧，该取缔的周边煤球企业仍然在生产。而随着城区汽车保有量的不断增多，外地汽车、摩托车也大量涌入，汽车尾气排放污染问题日益严重，已经影响了城市居民的日常生活并引起极大关注。老街社区居民反映从南桥往二桥头至吉腰村路段，车子经常超载，使得很多细石、矿粉洒落在路面，尘土飞扬，影响周边居民的

生活。

2．治理生活垃圾、环境卫生、生活污水和建筑垃圾工作有待进一步加强。居民反映市区小街小巷卫生环境差；部分巷道的垃圾点少，没有下水道、路面污水四溢；城区公厕太少，给市民上街出行和外地客人来河池城区游玩带来极大不变。居民乱丢垃圾，不注意环境卫生的现象时有发生，沿江路一带休闲娱乐的人群晚上随地大小便的现象屡禁不止。龙江河水体水质状况有所改善，但流经河池城区其他小河流如老街小河的水质污染严重，臭气熏天。

3．城市噪声扰民现象严重，居民反映比较强烈。市民反映汽车乱鸣喇叭，工地违法施工、超时施工，商业网点使用高音喇叭宣传等情况依然存在，控制城市噪声污染工作需加大力度。

4．政府有关部门对环境保护宣传教育力度尚需加强。从调查结果来看，尽管河池市城区居民的环境保护意识在不断增强，河池电视台也曾做过不少的宣传，但仍有超过七成的被调查居民不清楚环境问题的解决途径，不知道12369这个环境保护投诉热线电话。

四、居民对河池市城区环保工作的意见和建议

城区的环境保护工作需要政府与公众的共同努力，只有这样环境质量才能稳步提升，才能有力促进经济、社会、环境的协调发展，有效推进了城市功能布局优化，满足人民群众的生产生活需要。调查中，公众对环境保护问题纷纷提出了自己的看法，此次调查共收集公众意见和建议230多条，归纳起来主要有以下八个方面：

1．加大环保整治、处罚力度，扩大整治覆盖面。严格按照有关制度规定对违规超标排放废水、废气的企业、单位实施处罚。部分居民建议把河池市城区周边污染比较严重的冶炼、水泥等企业尽早搬迁，还市民一个清洁的生活环境。

2．继续加大资金投入力度，加强对市区环境卫生的整治，建立更多公益性环保配套设施，比如城区的公用厕所等。

3．严格执行河池市政府制定的规章制度，对市区使用原煤和蜂窝煤做燃料，造成空气污染的商业饮食业、单位和摊点要坚决取缔，维护政府政令畅通。

4．加大城区道路修整力度，居民建议尽快修整中山路道路路面和南新路等人行道，改善城区道路面貌，提升河池城市品位和形象。

5．继续完善垃圾处理设施，及时收集清理生活、工业、建筑业垃圾，并提高垃圾再生利用率。民族社区一居民建议政府和农民沟通，把所有屠宰场的动物粪便运送到农田作农家肥，既减少农民的化肥使用量，又减少环境污染。

6．建立环境检查的长效机制，提高环境指标的监测准确性，不做表面文章，从根本上治理环境污染

7．建议政府部门对环保工作加大宣传力度，就像“城乡清洁”工程那样，形成全民参与、人人有责的良好氛围。一是要加强宣传，除了常规的宣传方式，还要多想办法，以居民喜闻乐见的方式形式开展多样性宣传，使环保宣传进入社区、进入家庭，提高环保宣传的效果。二是设立环保市民奖，收集市民在日常生活中环保节能的好点子，树立环保节能模范并给予奖励，使更多的人参与到环境保护中来，提高全民参与环保工作的意识。

8．继续加强对环保投诉热线电话12369的宣传，增开环保监督渠道，让更多的群众能方便、及时地反映身边环保情况。

优化投资环境有成效　存在问题亟待解决

——2010年崇左市投资环境调查报告

韦长智

为加快城市发展步伐，吸引更多的外商前来投资，崇左市积极采取多种有效措施改善投资环境。2010年，随着城区基础设施建设的加快推进及300亿元项目投资的全面展开，崇左市的整体投资环境较上年有所提升。据调查结果显示，企业对崇左市的整体投资环境满意度为77.61，同比提高0.16，但低于全自治区平均水平（78.41），反映了崇左市作为一个新兴城市在投资环境方面仍有不足之处。

一、调查的基本情况

本次调查共抽取市辖区内的150家样本企业，分布在七个县（市、区），涵盖八大类行业，其中工业57家，占38%；建筑业13家，占8.7%；交通运输、仓储和邮政业16家，占10.7%；信息传输、计算机服务和软件业6家，占4%；批发和零售业26家，占17.3%；住宿和餐饮业9家，占6%；房地产业12家，占8%；社会服务业11家，占7.3%。

从企业登记注册类型来看，国有企业28家，占18.7%；集体企业11家，占7.3%；股份合作企业2家，占1.3%；有限责任公司65家，占43.3%；股份有限公司6家，占4.0；私营企业27家，占18.0%；外商及港、澳、台商投资企业11家，占7.3%。

二、调查结果

2010年企业对崇左市整体投资环境的满意度为77.61，较上年提升0.16，处于高度满意区间的下边区，但比全自治区平均水平低0.8，在全自治区十四个地级市中排到第12名。调查的八大评价指标呈现“四升四降”的格局，其中，自然资源环境、基础建设、社会环境、政策法制环境满意度分别为80.5、77.03、78.83、78.37，较上年分别提高0.43、1.7、1.53、1.47；公共设施、政务环境、经济环境、经营环境的满意度分别为73.63、79.67、75.9、76.27，较上年分别下降0.47、1.06、0.63、0.03。调查结果反映了崇左市作为一个新兴城市与全自治区其他较发达城市相比有着较大的差距（与全自治区排名第一的南宁市相差2.71个百分点），因此，加大力度继续优化投资环境的任务刻不容缓。

（一）硬环境整体有所提升，但仍然跟不上发展需求

硬环境包括自然资源环境、基础建设、公共设施等方面。调查结果显示，企业对崇左市投资硬环境的满意度为77.05，比上年提高0.67，然而与区内其他发达城市相比，仍有着巨大的差距，特别是在基础设施方面仍然无法满足企业日益发展的需求，一定程度上制约了企业的发展。

1. 对自然资源环境满意度最高，居八大指标第一位。调查资料显示，企业对自然资源环境的评价较高，满意度为80.5，居八大评价指标第一位。在自然资源环境的评价指标中满意度最高的三项依次为当地淡水资源的保障程度，满意度为83；当地的水电供应部门提供的服务质量，满意度为82.03；当地电力资源的保障程度，满意度为81.77。此外，当地生态地理环境与企业发展的适合程度也得到企业较高的评价，满意度为81.1。

2．基础设施建设逐渐完善，满意度提高幅度最大。随着城南新区建设步伐的加快和300亿固定资产投资的逐步推进，崇左市的各项基础设施建设如火如荼，受到企业好评。数据显示，企业对基础建设的满意度为77.03，提高幅度为1.7，在八大指标中增幅较大。其中，对当地的未来总体发展及建设规划与企业发展的适合程度的满意度较高，为80.4，体现了崇左市作为广西唯一通向东盟国家陆路通道的区位优势，也体现出崇左市作为一个新兴城市有着巨大的发展前景。从数据的分布特点来看有三个特点：一是各项基础建设较上年都有所改善；二是各项基础建设发展不相协调；三是与区内发达城市差距较大（南宁市平均为80）。

3．公共设施薄弱，满意度居八大指标末尾。企业对公共设施的满意度为73.63，比上年降低了0.47，居八大指标末尾。从细项来看，有三项指标低于较高满意的下限（75），三项处于下边缘。其中当地的食、衣、住、行便利程度的满意度为74.87，同比下降3.42；当地的科研机构完备程度68.3，与上年持平；当地的城市建设国际化程度67.13，提高2.1；当地的医疗、卫生、保健设施完备程度76.96，提高1.89；当地的学校、教育设施完备程度76.13，提高0.56；当地的银行服务、商旅等商务环境便捷程度75.9，提高0.43。从数据可看出崇左市的公共设施虽在不断完善但相对比较薄弱。

（二）企业对软环境的评价略有降低

投资软环境包括社会环境、政策法制环境、政务环境、经济环境和经营环境。数据显示，2010年企业对崇左市软环境的满意度为77.85，比上年下降0.06，在全自治区排名中居第10位。

1．社会安定，企业对社会环境的评价提高。建市以来，崇左市加大城区的治安管理力度，社会秩序稳定，深入乡镇农村普及义务教育，宣传文明知识，广大民众的道德素质有了很大的提高，社会环境得到改善。调查显示，企业对社会环境的评价比较满意，满意度为78.83，处在高度满意区间，同比提高1.53。值得一提的是企业对当地民众及政府欢迎外来投资设厂的态度一项的满意度非常高，达到82.87，反映出政府及广大民众要求加快发展经济条件的迫切期望。

2．企业对政策法制环境较满意。企业对崇左市政策法制环境的满意度为78.37，比去年提高1.47。从各细项来看，满意度从高到低依次为：在投资经营过程中，合法权益得到法律保障的情况（82）、当地的政策法规与国家法律法规的一致性程度（81.9）、当地政府政策的稳定性情况（80.2）、当地政府落实环保政策法规的情况（79.87）、当地的政府与执法机构秉持公正的执法态度（79.37）、当地政府对外来投资承诺实现的情况（79.2）、当地的相关投资政策优惠条件（78.63）、当地司法环境体现公正、公平、公开的程度（78.57）、当地政府政策的透明度情况（77.97）、当地对知识产权保护的情况（77.73）、当地解决纠纷的渠道完善程度（77.5）。可以看出，企业对政策法制环境各项指标的评价比较高，满意度都处于较高的满意区间（75～90）。

3．政务环境满意度较高，但较上年有所下降。企业对政务环境的满意度为79.67，在八大指标中居第二位，但与上年相比降低1.06。在政务环境指标评价中满意度排在前三位分别是对当地行政机关贯彻落实《行政许可法》的情况、对当地行政机关办事程序公开的情况和对当地政府部门的服务意识，满意度分别为81.63、80.6、79.83。而对当地行政执法机关在行政执法中乱摊派、乱收费、乱罚款的情况和对当地行政机关工作效率的满意度略有降低，下降幅度分别为0.43和0.1。

4．对经济环境和经营环境的评价。企业对经济环境和经营环境的满意度分别为75.9和76.27，同比下降0.63和0.03。从各项指标来看，企业对经济环境评价较高的前三位是对当地政府改善投资环境的态度、所在城市未来具有经济发展潜力的情况和所在城市经济开放程度，满意度分别为80.53、78.93和77.17；对经营环境评价较高的前三位是对当地政府鼓励企业自主创新的情况、当地市场的发展潜力和当地劳资关系和谐程度，满意度分别为79.26、78.62和78.07。

三、优化投资环境值得关注的几个问题

建市以来，崇左市着重改善和优化投资环境，目前已成为广西乃至中国走向东盟和承接产业转移的“窗口”和“样板区”。2010年初，崇左市被评为“中国西部最具投资吸引力城市”。崇左具有独特的资源优势，交通便利，是通往东盟的陆路大通道，随着中国—东盟自由贸易区的加快建设，崇左市的区位优势越来越明显，崇左不断优化的投资环境得到了大多数企业的认可。但调查发现，崇左市的投资环境仍然存在一些不容忽视和亟待解决的问题。

（一）基础设施建设过于薄弱

据调查，崇左市城区及各县的各大基础设施，相关配套如商业、娱乐、银行、交通、通信或是空白，或是刚刚起步，现今的进度远远无法满足企业、广大市民的期望与要求。调查数据显示，企业对公共设施的满意度仅为73.63，居八大评价指标的末尾，一些关乎民生的的项目如衣、食、住、行便利程度甚至比上年有所下降。由此可看出，不断加快基础设施建设的发展进度、完善相关配套是不断优化崇左市投资环境的重中之重。

（二）政府机关工作效率不够高

部分机关工作人员思想观念守旧，开放意识、大局意识、服务意识淡薄，方法简单粗暴，办事拖拉推诿，工作效率低下。调查结果显示，企业对当地行政机关工作效率的满意度为76.67，比上年下降0.1。在回答与各政府部门交往选项中，有30%的企业选择遇到“推诿扯皮，效率底下”的情况。

（三）经济环境和经营环境不容乐观

调查结果显示，企业对经济环境和经营环境的满意度均比上年下降。在经济环境中，主要指标之一是金融体系的完善程度。当前，崇左的金融体系尚不完善，特别是在各县乡镇的金融机构较少。企业对当地的金融体系完善程度的满意度仅为71.6，同比降低1.43。金融体系不完善，对企业利润汇出极为不便。数据显示，企业对当地的资金汇兑及利润汇出便利程度的满意度为74.47，同比下降1.06。在经营环境中，投资者越来越关注成本和高层管理人才，对其要求也较高，而当前崇左缺乏高层管理人才，使企业的满意度有所下降。其中，企业对当地的管理人才供应充裕程度的满意度为70，同比下降2.63；对当地的厂房与相关设施成本合理程度的满意度为74.97，同比下降1.83。

（四）人才问题依然严峻

一个地区经济发展水平的高低不仅依赖于政府的决策、企业的产出，更重要的是人才。调查显示，企业对当地的劳动力供应充裕程度、当地的劳动力技能是否满足企业发展需要、当地的技术人才供应充裕程度和当地的管理人才供应充裕程度的满意度分别为77.57、72.23、69.27、70，平均数值达不到高度满意区间，分别比上年降低1.2、0.97、0.9、2.63。可见，崇左市的人才问题非但没有得到改善，反而更加严峻，成为制约企业发展的“瓶颈”。

四、几点建议

（一）加快基础建设，完善相关配套

基础建设、公共设施是投资环境的基

础和最直接的表现，是决定一个城市竞争实力的重要标志。因此，进一步优化投资环境就必须从加快基础建设，完善相关配套设施入手。一是要以人为本，科学、合理地规划基础设施网点的分布。二是加大力度招商引资，通过制定相关优惠政策鼓励、支持更多的人前来投资相关行业。三是突出重点，优先加快对商业、餐饮、娱乐、交通、通信、银行、医院等社会基础设施的建设步伐。

（二）深化效能建设，转变服务意识

政府各级部门要确实转变思想观念，以建设“服务型政府”为核心增强为企业的主动服务意识，塑造政府良好形象；要加强自身能力建设，尽量减少不必要的程序，提高办事效率；要规范政府机关工作人员的行政执法，对在行政执法中出现乱摊派、乱收费、乱罚款的情况给予严肃惩罚和曝光。努力把政府转变成为一支主动、高效、廉洁、规范的服务型团队。

（三）抓好劳动力培训和科技转化工作，为产业结构升级服务

产业结构升级必将对劳动力素质和科学技术都提出更高的要求，应积极建立健全劳动力社会培训体系，协调学校、企业、社会培训机构和政府培训工程之间关系，让各个环节的培训互相衔接，注重提高培训实效。建立健全科学技术成果转化市场。通过市场经济的力量来迅速将先进科技成果转化为现实生产力，通过市场的纽带将科研院所和企业有机联系起来，企业和科研机构的资源可以取长补短，最大程度地发挥资源配置效率，同时根据市场规则明确责权利，可以实现双赢甚至多赢的良好局面。

公众评价环保满意率提高 但环保工作仍任重道远

——2009年来宾市公众对城市环境保护满意率调查报告

覃小梅

2010年1月上旬，来宾市开展了公众对城市环境保护满意度调查。此次调查采用住户规模比例法（PPS法）在来宾市兴宾区的各社区中抽选8个社区共600户城市居民家庭作为调查样本，样本涵盖了各阶层、各年龄段居民。由国家统计局来宾调查队组织调查员入户访问，现场问卷填报；调查内容涉及城市空气污染、水污染、噪声污染、垃圾、环保宣传教育及其他等六个大方面15个问题。调查结果表明：来宾市公众对城市环境保护满意率为57%，比上年提高4.94个百分点；但与国家规定的优秀城市标准（85分以上）还有较大差距，环境保护工作仍然任重道远。具体调查结果如下：

一、公众对城市环境保护的评价

（一）公众对环保宣传教育方面工作的评价

调查结果显示，来宾市民对环保宣传教育工作的满意度大大提高，2009年的满意度为70.9%，比2008年提高了15.52个百分点。

1．政府高度重视环保事业。为更好地贯彻“环境立市”的发展战略，进一步提高城市环境管理水平，改善城市环境质量，促进城市可持续发展，切实做好来宾市城市环境综合整治定量考核工作，来宾市人民政府印发了《来宾市“十一五”后三年城市环境综合整治定量考核工作实施方案》，更加明确了新时期环境保护工作的主要任务、总体目标、重点工作和保障措施。在《2008—2012年经济社会发展指导意见实施方案》中政府将改善社会环境、改善生态环境列入总体发展目标中。在环保方面政府也是稳步加大投入力度，城市环境基础设施逐步完善，随着来宾市垃圾焚烧发电厂、来宾市污水处理厂等一批环保项目的投入建成使用，城市污染防治能力进一步增强。在调查中问及“您认为市政府对环保工作是否重视？”时，被访市民认为重视或比较重视的过半数，满意率为69.09%，比上年提高8.83个百分点，说明政府对环保工作的重视得到越来越多市民的认可和支持。

2．市民的环保意识不断增强。随着经济快速发展，人们生活水平质的飞跃，环保意识也在不知不觉中得到增强。另一方面，电视网络等媒体的环境宣传教育影响范围扩大，提高了公众的环境意识，激发了公众参与环境保护的积极性。对于“在日常生活中，您有保护环境的意识吗？”这个问题，53.38%的被访者回答“经常有”，另有43.07%的被访者回答“偶尔有”。

3．市民对环保宣传教育工作满意率提高。2009年来宾市通过开展“环保宣传月”等多种形式的活动，围绕7个工作要点，抓好环境宣传，加强环境保护教育培训工作，加快环境信息化建设步伐，实施环境保护宣传教育激励机制，营造浓厚的环保氛围，不断提高市民环保意识。在调查中问及“您认为本市的环保宣传教育工作开展的怎么样？”时，有5.18%的市民

回答非常满意，有30.60%的市民比较满意，满意率达到61.47%，比2008年提高了7.17个百分点。

（二）环境投诉方面

2009年，来宾市加强对环境信访投诉工作，充分发挥“12369”环境投诉热线作用，随时受理群众投诉。全年共受理环境污染投诉、来信来访案件140件，其中来信21件，来访35件，来电84件。信访案件处理率为100%，办结率为91.4%，领导接访70批次，出动下访人员153人次。市民在面对环境问题时，基本能做到“有处可询、有地可说、有事可办”。在调查中问及“是否知道12369为环境投诉热线”时，34.39%的市民表示知道。

（三）公众对空气污染方面的评价

来宾市民对来宾市的空气污染方面的满意率为49.32%，比上年微涨0.68个百分点。其三方面评价的情况如下：

1. 空气质量改善情况。被调查居民认为来宾市空气质量亟待提高，对来宾市空气质量改善情况的满意率为53.68%，比上年提高了0.72个百分点，其中：非常满意的占6.00%、比较满意的占24.83%。

2. 建筑施工扬尘的控制效果。来宾市建市7年多来，轰轰烈烈的城市基础建设和房地产开发建设体现了这个新兴城市发展水平的提高，但随之而生的建筑施工运输扬尘对空气也造成一定的污染。调查资料显示，来宾市公众对施工扬尘控制效果的满意率为49.69%，比上年提高3.67个百分点。其中：非常满意的有2.67%，比较满意的有18.17%。

3. 工业废气和汽车尾气的控制效果。随着工业发展及汽车使用量大增，工业废气及汽车尾气排放均导致各种有害气体的排放越来越多，清新的城市空气已经成为市民的期盼，空气“保鲜”也成为环保工作面临的难题。调查数据显示，公众对工业废气和汽车尾气的控制效果满意率为44.60%，比上年下降0.8个百分点。其中：非常满意的有2.17%，比较满意占14.86%，是空气污染指标中满意率最低的一项。

（四）公众对城市水环境质量方面的评价

近年来，来宾市在水污染防治和水资源保护方面加大投入，做了大量富有成效的工作。调查结果显示，市民对水环境质量方面的满意率明显提高，达到62.99%，比2008年提高6.38个百分点。对三方面的评价如下：

1. 河流、湖泊的水质满意率。市民对城市河流、湖泊水质的满意率为58.20%，比上年提高了2.08个百分点。

2. 河流湖泊随意排放污水现象治理。近年来来宾市坚持“工业强市”战略，走新型工业化发展道路，工业化进程连年提速。作为以电力、制糖、冶炼为三大主导产业的城市，来宾市民对政府在处理河流湖泊随意排放工业废水、生活废水等治理效果反映如何？通过调查，此项满意度为60.81%，比上年提高了5.24个百分点。其中，很满意的有28.81%，比较满意的有26.97%。

3. 饮用水的水质满意度。水是生命之源，城市饮用水的水质好坏更是直接关系城市居民身体健康。近几年，来宾市对饮用水源保护区集中整治，并跟踪督办解决出现的问题，水质达到相应的环境功能区水质标准，2009年地表水集中式饮用水源地水质达标率100%。调查结果显示，来宾市居民对饮用水的满意率为69.86%，比上年提高达12.14个百分点。其中，很满意的有4.67%，比较满意的有44.91%。

（五）公众对噪声处理方面的评价

在此项调查中，噪声污染方面的满意率下降较为明显，为44.99%，比2008年下降了2.51个百分点。

1. 市民反映受噪声影响大。在问到“您在日常生活中是否受到噪声影响”时，14.86%的市民选择了非常多，40.23%的市民选择比较多。此项的满意率仅为40.79%，为调查分项满意率中较低的一项。在向受到噪声影响的市民问到“对您的生活带来影响的噪声最主要是”时，51.23%的人选择了交通噪音，22.12%的人选择了建筑施工噪声，15.88%的人选择了集市、广场等场地的生活噪声，商店、卡拉OK厅等场地的噪声也在影响着一些市民的生活。

2. 对噪声污染处理工作的满意率。从调查结果看，来宾市民对噪声污染的治理效果的满意率为49.19%。

（六）公众对垃圾处理方面的评价

来宾市民对垃圾处理方面的满意率为61.98%，比2008年提高了4.01个百分点。

1. 公众对生活垃圾日常收集效果较为满意。2009年2月，来宾市成为广西首个将垃圾处理费、污水处理费与水费捆绑收取的城市。实行捆绑收费后，供水所到之处均提供生活垃圾收集。从调查结果看，来宾市公众对生活垃圾收集效果满意率达67.99%，比上年提高了5.1个百分点。其中，很满意的有15.08%，比较满意的有38.36%。

2. 环境卫生情况满意率。对于来宾市的环境卫生，市民的满意度为55.97%，比上年提高了1.19个百分点。其中，很满意的为5.35%，比较满意的为24.75%。

二、调查中市民反映的环保问题

调查发现，广大市民的环保意识较往年有大幅提高，对政府在环境保护方面的工作给予了肯定，但同时，市民也认为环境方面还存在不少问题，主要表现在以下四个方面：

（一）空气质量方面

居民生活区内不应开办工厂或沙场，造成粉尘污染；一些工业企业废气排放较为严重（如来宾市冶炼厂），附近的居民意见较大；道路上有车经过时灰尘满天飞，很多机动车排烟量大、车速快。

（二）水环境质量方面

几年来草鞋沟污染比较严重，周边群众意见很大；来宾大桥南面和西面私人房排污管排在红水河，应严查管理；两年来发现七洞至华侨的清水河污染比较严重，七洞上面河边到处洗矿，污水流入清水河，群众反映强烈；河西新华路由于未建好排水沟，路边的居民老是往路上排污水，尤其是新华市场前长期以来许多污水任意流淌，臭气弥漫，影响市容，更影响居民的身体健康。

（三）噪音方面

随着城市的发展，来宾的车越来越多，产生的噪音也越来越大；广告、广播尤其是城区内商店促销的音响产生的噪音过大，附近居民苦不堪言；一些娱乐OK厅在居民晚上休息时间仍在营业，隔音效果差，影响居民身心健康；部分建筑工地噪音污染现象仍困扰居民。

（四）垃圾方面

路边的垃圾堆积的时间过长，应每天及时清理；有些市民随意丢垃圾，环保意识差。

三、几点建议

来宾市是一个新建市，发展前景广大，但目前仍属于后发展地区，经济发展相对滞后。一方面，政府正下大力气采取积极措施，提升工业产业、扩大工业规模、提高工业化率。但另一方面，在发展的同时，很多行为在经济发展的同时又可能会破坏环境，给生态造成压力，这就要求政府站在更高的角度寻求和控制这二者之间合理的平衡，做到既发展经济又保护环境。因此在今后相当长的时间内，来宾市环境保护工作是长期而艰巨的。

（一）加强对环境保护方面的宣传力度，进一步提高公众环保意识

虽然近年来政府已采取多种手段和形式加强了对环境保护方面的宣传，市民的环保意识也在逐步的提高，但市民主动了

解环保、参与环保的行为还比较少，有待于政府在这方面进一步加强，使环境保护宣传常态化，使环境保护理念逐步深入人心。

（二）严格对开办企业的审批

政府要严格审批制度，对于高排放、高污染的企业要严格控制。多培养一些既能增加经济增长、增加就业机会，又节能减排循环发展的企业，要从政策上控制和避免“以破坏环境的代价换取经济增长”的现象。

（三）加大环保执法力度

建议对于一些严重污染的企业要进行长期跟踪，敦促其进行整改，对于限期整改不利的单位，要从重从严处罚。

（四）进一步发挥城市管理队伍的功能

在加大对环境保护的同时，加大对城市环境卫生的管理，进一步发挥城管队伍的管理职能，改善城区脏、乱、差现象。

投资环境需优化建设和协调发展

——2010年来宾市企业投资环境调查报告

陈岚兰

来宾市作为广西新兴城市，建市六年来为改善投资环境做了大量工作，在“环境立市、工业强市、城建塑市、农业稳市、商贸旺市”的发展战略中，将“环境立市”放在了首位，大力加强投资环境建设，得到广大投资商的肯定。近期，来宾市对2009年度的投资环境进行了调查，通过企业的评价与判断，分析投资环境发展中的成绩和不足，为改善投资环境，提高地区综合竞争力，促进经济又好又快发展，提供决策参考。

一、企业对投资环境的总体评价：满意度提升

本次投资环境调查在辖区内的企业中抽取样本共170个，调查对象涵盖工业、建筑业、交通运输、仓储及邮电通信业、批发和零售贸易、房地产业、社会服务业、信息传输、计算机服务和软件业、住宿和餐饮业等8个行业。调查内容包括硬环境、软环境两部分，涉及自然资源环境、政策法制环境、政务环境、公共设施、社会环境、经营环境、基础建设、经济环境等八个方面。调查结果显示：企业对来宾市2009年度总体投资环境满意度为78.39，比上年提高了0.25，投资环境得到进一步改善，在全自治区排名也由上年的第六位提升到了第五位。这说明来宾市的总体投资环境得到了大多数企业的肯定，同时也表现出投资硬环境稍显薄弱，软环境建设整体较好的特点；企业对面临的主要问题希望能够得到改进和解决，对今后的投资环境建设提出优化建设，协调发展的建议。

二、企业对投资硬环境的评价：稍显薄弱

硬环境是一个地区投资环境最直观的体现，直接影响投资的收益，只有具备功能配套齐全的硬环境，才能有利于投资的发展。新兴的来宾市虽然城市建设日新月异，但底子薄、条件差仍是当前制约城市发展和硬环境建设的瓶颈问题。2009年度，企业对来宾市投资硬环境的满意度为77.47，与上年的77.63相比，满意度下降了0.16个点，在全区的排位也从2008年的第九位后退到了第十位。

（一）自然资源、基础建设满意度降低

1．企业对自然资源环境的评价。自然资源是两个文明建设的物质基础。对水、电、燃料、土地等资源的保护和合理利用是此次对自然资源环境评价的主要内容。调查显示，企业对来宾市自然资源环境的整体满意度为80.47，比上年下降了0.44。其中，对当地水电供应部门提供的服务质量满意度为82.03，同比下降0.58；对当地淡水资源的保障程度满意度为82.06，同比下降0.52；对当地的土地资源的保障程度满意度为78.26，同比下降1.13；对当地的土地资源价格的合理程度76.47，同比下降1.25。

2．企业对基础建设的评价。基础建设作为经济社会发展的基础和必备条件，既是城市主体设施正常运行的保证，也是物质生产和劳动力再生产的重要条件。从农业大县发展到工业城市的来宾市，基础建设始终是个薄弱环节。此次调查，企业对来宾基础建设的满意度较好，为76.85，但

与上一年相比，满意度仍降低了0.3个点。主要问题表现在对当地的城市规划及配套设施与企业发展的适合程度、当地的电信、资讯设施、网络等通讯条件完善程度的满意率有所降低。仅有27.06%的企业对来宾的城市规划及配套设施与企业发展的适合程度表示满意；48.23%的企业肯定来宾的电信、资讯设施、网络等通讯条件完善程度。但值得欣慰的是，来宾市在海、陆、空运输便利程度，物流仓储、流通相关商业设备完善程度及物流仓储、流通相关商业设备完善程等方面都比上一年度测评的满意度有了显著的提高，满意度平均提升了2.95。

（二）公共设施逐步完善，满意度渐高

公共设施是人与环境的纽带，协调着人与城市环境的关系。建市以来，为打造文明和谐社会，来宾市在道路、交通、绿化、教育、邮政电信和商业金融服务等方面狠下功夫，使公共服务设施得到了进一步完善。除对医疗、卫生、保健设施完备程度的满意度稍微下降了0.1外，其他5个评价项目的满意度都有所提高，包括“食、衣、住、行便利程度”、“学校、教育设施完备程度”、“科研机构完备程度”、“银行服务、商旅等服务环境便捷程度”、以及“城市建设国际化程度”。总体而言，企业对来宾市公共设施环境的满意度为75.29，比上年提高了0.29。

然而，公共设施环境的满意度虽有所提高，但是整体水平仍不容乐观。特别是在科研机构完备程度和城市建设国际化程度上，这两项的满意度都不高，分别为68.97和65.18，超过30%的企业对此仍表示不满。

三、企业对投资软环境的评价：整体较好

软环境建设是吸引投资的重要条件，某些时候甚至对招商引资起着决定性作用。在调查中，涉及软环境方面的有政策法制环境、政务环境、社会环境、经营环境和经济环境这六个方面，企业对来宾软环境的整体满意度为78.78，比上年提高了0.42，位居全自治区第四名。

（一）社会环境、经济环境进一步改善

1．企业对社会环境的评价。调查结果显示，来宾社会环境条件满意率为77.74，与上年的满意率74.97相比有了较大的提高。其中，满意度提高较大的是对当地社会治安状况的评价，满意度达到了71.47，比上年提高了4.80，但仍有27.1%的被调查企业对社会治安状况不满意，这仍需引起有关部门的重视，继续加强社会治安的综合治理。此外，当地民众及政府欢迎外来投资设厂的态度得到了外来投资商的高度评价，满意率达到了85.62。

2．企业对经济环境的评价。一个地区的社会经济运行状况及其发展变化趋势将会对企业市场营销活动产生重要影响。为了使外来投资商能更好的在来宾生产经营，各级党政领导着力抓环境、抓发展，不断提升经济发展潜力，给来宾的经济环境发展打下了良好的基础。此次调查，企业对来宾市经济环境满意率为76.41，比上年的75.80提高了0.61，其中对当地政府改善环境的态度满意度最高，达到83.96。但是，当地的商业及经济发展水平和资金贷款取得简易程度仍较低，满意度分别为66.06和66.85，都为一般水平。另外，38.24%的被调查企业认为来宾的商业及经济发展水平低于国内一般水平；29.41%的被调查企业认为在来宾不易取得资金贷款。

（二）政策法制环境、政务环境、经营环境满意度略有下降

1．企业对政策法制环境的评价。政策法制环境是投资软环境中的重要组成部分，良好的政策法制环境是提高招商引资竞争力的有力武器，也是保障投资者在当地长久安全的获得经济利益的决定因素。

来宾市建市以来，在法制建设和投资优惠政策上下了苦功，取得了一定的成效，但存在的问题是不容忽视的。企业对2009年来宾的政策法制环境满意度为79.00，比上年下降了0.51。这主要是因为超过50%的被调查企业认为，所调查的15项法规政策存在政策不配套统一、贯彻执行得不够好等问题。

2．企业对政务环境的评价。政务环境方面，来宾市在2008年取得了较好成绩，满意度达到了81.45，比2007年提高了2.40。但2009年企业对来宾市政务环境满意度下降了0.21个点，为81.24。其中，超过30%的企业反映在与税务人员交往中不同程度的遇到问题，包括不友好或不礼貌、设置人为障碍、报表过多、直接提出或暗示送礼、拖延或拒绝支付退税款，以及税务人员工作能力差；32%的企业认为办理证照审批时间太长；45%的企业认为项目审批程序过长。值得肯定的是，企业对28个职能部门的评价都较好，对他们的满意度都在80.00左右，为较高满意度。

3．企业对经营环境的评价。来宾市经营环境总体良好，得到了民营企业的较好评价，但资金不足、人才缺乏、市场行为不规范等问题仍然制约着当地企业的发展。2009年度企业对来宾市的经营环境满意率为77.62，比上年略微下降了0.08。调查中，企业对当地的“劳动力供应充裕程度”、“劳动力技能是否满足企业发展需要”、“技术人才供应充裕程度”、“管理人才供应充裕度”、“环境合适投资者发展内贸、内销市场的程度”、“劳资关系和谐程度”、“整体产业技术研发水平”、“同行业间公平竞争情况”，以及“政府鼓励企业自主创新情况”这九方面的满意度都较上年有所降低，表现最明显的是“劳动力供应充裕程度”、“劳动力技能是否满足企业发展需要”、“技术人才供应充裕程度”，和“管理人才供应充裕度”这四个方面，满意度的下降都超过了2.30个点。其中，对技术人才和管理人才的供应充裕度满意率最低，分别为70.41和70.79。仅有4.8%的企业在近三年与来宾本地大学、研究机构或其他企业有技术合作或签订了研究与开发合同。

四、企业投资面临的问题：希望得到改进

通过此次调查，反映出目前来宾市在投资环境建设中还存在着许多不足之处，主要体现在以下几个方面：

（一）基础设施建设薄弱

调查中，有6.47%的被调查企业对来宾市的基础设施建设表示不满意，70.00%的企业认为一般，只有21.18%的企业表示认同。主要体现在城市规划及配套设施不太适合企业发展，以及电信、资讯设施、网络等通讯服务点较为分散，服务质量和便利程度不高。

（二）社会治安和交通秩序混乱

社会治安和交通秩序是反映一个城市舒适度的重要指标，并在很大程度上会影响企业的生产经营和再投资。外来人口和非法营运车辆的增多，增加了来宾社会治安和交通环境的压力。由于偷盗、抢劫、斗殴和聚众赌博等社会治安事件时有发生，致使企业对来宾市的社会治安状况的满意度有所下降。另外，非法运营的“三马车”、客运面包车也使得出租车行业、公交公司和汽车客运站运营困难。

（三）当地劳动力素质偏低

许多企业反映，来宾市的劳动力资源发展不平衡，无法满足企业经营和发展的需要。24.7%的企业认为当地的技术人才不充裕，其中49.1%的企业认为初级技术人才能满足企业发展需求，39.8%的企业认为中级技术人才能满足企业发展需求，而只有11.1%的企业认为高级技术人才能满足企业的发展需求。这种现象的产生，除因当地缺乏培训机构和健全的培训机制外，也与当地工资福利待遇较低而留不住人才有关。

（四）金融体系不够完善，企业融资困难

流动资金不足、融资渠道不通一直以来都是横在企业面前的一道难题。被调查企业中，仅有25.3%的企业认为来宾的金融体系较为完善，15.9%企业能较容易的取得资金贷款，而71.2%的企业认为来宾银行贷款程序繁琐。造成企业难以获得金融机构贷款的因素是多方面的，主要有：49.77%的企业认为手续繁琐、效率太低，42.2%的企业认为当地融资成本高，37.85%的企业认为难以获得第三方担保，27.06%的企业认为没有合格的抵押资产。

（五）政务环境有待加强

调查显示，企业认为行政执法和管理方面存在问题最多的是县级部门，而对来宾市的行政机关工作效率表示满意的企业仅有32.4%；认为来宾各级官员操守清廉程度较好的也只有43.5%。企业对党政机关人员的操守问题反应较多的是以权谋私（占企业数的41.79%），办事不公（占企业数的41.21%）、吃拿卡要（占企业数的24.05%），乱收费、乱罚款、乱办班、乱发证、乱检查、乱评比（占企业数的23.51%）。

（六）市场秩序不规范，企业运营成本高

在调查中，许多企业还反映来宾市的市场秩序比较混乱，同行间的恶性竞争、假冒伪劣商品冲击企业产品销售、贷款拖欠影响企业资金周转等现象时有发生，严重阻碍了企业的生产发展。此外，原材料供应不足、劳动力供应不足、原料价格高涨而产品价格较低等问题也使企业的运营成本提高，这一现状在蚕丝企业和造纸企业尤为明显。

五、企业的建议：优化建设，协调发展

硬环境和软环境是投资环境的两个重要体现，二者相辅相成、相得益彰，是缺一不可的。硬环境的建设需要软环境提供支持，而软环境的发展则需要硬环境提供物质基础，只有硬环境和软环境配套协调发展，才能使投资环境不断优化，也才能吸引和留住投资者。从此次调查结果看，来宾市投资硬环境的满意度为77.47，在全自治区14个地级市中仅排在第十位；而软环境的满意度为78.78，全区排名第四位。可见，来宾市的硬、软环境没有得到协调发展，软环境水平优于硬环境。为进一步优化来宾的投资环境，企业家们提出以下几点建议：

（一）加快基础设施建设步伐，进一步完善城市整体功能

基础设施是投资环境的基础，也是决定和影响一个城市竞争力的重要因素。来宾市在基础设施和公共设施建设上虽然底子薄、条件差，但作为新兴城市，也有着自己的优势。应借鉴发达地区和城市的先进经验，把城市建设规划和基础设施、公共设施建设规划立足于更高标准，加快推进道路、能源、通讯、商贸等网络建设，完善各县（市、区）工业园区相关配套设施建设，改善城市绿化结构，并加大环境卫生和市容市貌的整治力度。从而进一步提升城市功能，为企业和居民提供良好的生活环境。

（二）完善金融体系，拓宽融资渠道

对于多数企业特别是中小企业反应的融资难问题，关键在于大力推进多元化投资主体的信用担保体系建设，根据不同的群体提供有针对性的融资信贷服务和政策配套服务。另一方面，社会信用系统建设也是破解当前企业融资困境的根本，在完善信用担保体系的同时，大力整顿信用秩序，强化整个社会的诚信观念，树立企业诚实守信的道德观念和行为准则，逐步缓解企业融资难问题。

（三）加大教育和科研投入，提高人力资源素质

人才是企业和社会的财富。调查中企

业普遍反应来宾市的人力资源较为缺乏，人才素质不高，阻碍了企业的发展壮大。因此企业迫切希望政府能加大对教育和科研机构的资金投入，针对产业发展的需要大力发展职业技能教育，有针对性地培养符合当地发展的紧缺型人才。在人才引进方面，除给予一定的优惠政策外，更要以优美、舒适、安全的宜居环境，开放、宽容的人文环境，以及充满活力的市场经济环境来吸引和留住人才。

（四）完善政策法规，规范市场秩序，保持政策稳定

良好的法律环境和稳定透明的政策体系，是企业所期望的。只有严格规范市场竞争行为，制止地方保护主义和恶性竞争，营造良好的社会诚信氛围，才能为企业发展创造一个公平有序的市场环境。这就需要健全市场法律法规和完善市场监督机制作为后盾，及时公正地解决招商引资和企业生产经营过程中出现的矛盾和纠纷。

（五）进一步提高行政效能，加强干部群众的作风建设

政务环境是代表一个城市文明水平的“第一环境”。优化政务环境，提高行政效能，需加强政府各部门工作人员的作风建设，提高自身的诚信度，提高服务意识和水平，增加工作透明度，使职能部门向行为规范、运转协调、公正透明、廉洁高效的目标迈进，坚决杜绝以权谋私、办事不公、吃拿卡要等现象发生。

满意率有待提升　环保工作亟待加强

——2009年大新县公众对环境保护满意率调查报告

林国平

随着经济、社会的发展和进步，环境保护越来越受到政府的重视，也成为公众关注的焦点。从2007年开始国家环境保护总局把“公众对城市环境保护满意率”作为城市环境综合治理定量考核依据之一。为全面了解群众对环境状况满意程度，查找环境保护工作不足，大新县开展了公众对环境保护满意率调查。

一、调查基本情况

此次环境保护满意率调查采用分层多阶段抽样的抽样方法：运用住户规模比例法（PPS）抽选出新城、桃源、新振三个社区作为调查范围，按照随机等距抽样原则在三个社区抽选400户直接入户问卷调查。从调查对象结构来看，男性占54%，女性占46%；年龄18～35岁占44.75%、36～55岁占48.25%、56～65岁占7%。调查内容主要包括：群众对政府治理空气质量、水环境质量、噪声治理、环境卫生、环保宣传教育及其他等六方面。

二、公众总体评价

2009年大新县公众对环境保护总满意率为62.65%（城市环保公众总满意率得分达到85以上为优秀），城市环保公众满意率得分为1.78分（国家环保体系中有26项指标，环境保护满意率调查是其中一项指标，占3分。），满意率和得分均低于全自治区平均水平。从调查数据上看，公众满意率最高的是“垃圾方面”和“环保宣传教育方面”两项指标，分别达81.1%和78.59%，高于全区平均数。而“空气污染方面”、“水环境质量方面”及“噪声污染方面”等三类指标满意率均未超过60%，且都低于全区平均数（详见图1），环境保护问题比较突出，形势不容乐观，治理任务依然艰巨。

图1

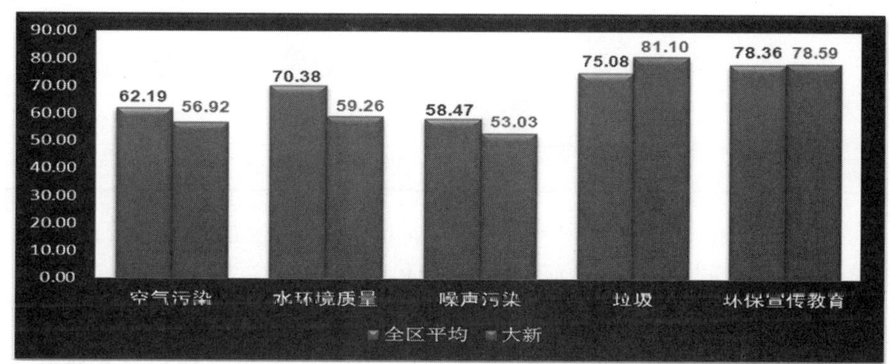

（一）空气污染治理将成环保工作软肋

调查结果显示，“空气污染方面”公众满意率为56.92%（详见表1）。

表1

	程度比（%）						
	非常满意（或重视或好或明显或有）	比较满意（或重视或好或明显或有）	一般（或没有）	不太满意（或重视或差）	很不满意（或重视或很差）	没注意过（不清楚）	满意率
空气污染方面							56.92
空气质量改善情况	5.50	26.75	36.50	12.75	9.50	9.00	60.77
建筑施工扬尘的控制效果	4.50	26.00	32.50	25.25	4.25	7.50	59.43
工业废气和汽车尾气的控制效果	2.25	15.50	32.75	33.00	7.00	9.50	50.55

如表1所示，“空气质量方面”中只有“空气质量改善情况”满意率过60%，但也仅为60.77%，且只有32.25%的被访者认为空气质量改善“非常明显”或“比较明显”。“空气污染方面”满意率最低的是“工业废气和汽车尾气的控制效果”，仅为50.55%。主要有两方面原因：一是随着县城经济的发展，人们生活水平不断提高，运输车辆和私家车越来越多，民用车辆使用的大幅上升，加剧了大气治理的负担；二是部分居民反映县城周边冶炼厂和糖厂排放的工业废气影响附近居民日常生活，而有色金属冶炼和制糖业同为大新支柱产业，对其工业废气治理任重道远。

（二）随意排放污水成为影响水环境质量主要因素

大新县山清水秀，最为出名的便是德天瀑布和明仕田园风光，旅游资源主要做水文章。但据调查结果显示，公众对“水环境质量方面”满意率只有59.26%（详见表2）。

表2

	程度比（%）						
	非常满意（或重视或好或明显或有）	比较满意（或重视或好或明显或有）	一般（或没有）	不太满意（或重视或差）	很不满意（或重视或很差）	没注意过（不清楚）	满意率
水环境质量方面							59.26
河流、湖泊的水质	3.25	21.00	29.50	30.50	11.75	4.00	51.04
河流湖泊随意排放污水现象	21.00	38.25	21.25	19.50			54.60
饮用水的水质满意度	6.75	45.50	33.25	12.00	1.25	1.25	72.15

在“河流、湖泊的水质”指标中，受访者认为水质“非常好”或“比较好”占24.25%，认为“一般”的占29.5%，认为“比较差”或“很差”的高达42.25%。而在“河流湖泊随意排放污水现象”指标中，表示“没有发现过向河流湖泊随意排放污水现象”的占21%，近六成的受访者则表示“偶尔发现”或“经常发现”。可见，群众认为河流周边的居民向河流、湖泊随意排放生活污水及工厂废水是影响水环境质量主要因素。值得肯定的是，在“饮用水的水质满意度”上满意率达72.15%，说明公众对饮用水安全比较放心，政府在饮用水水源保护工作上得到公众的普遍认可。

（三）噪声污染治理未得到足够重视

从调查结果上看，公众对所有指标评

价最不满意的是“噪声污染治理方面”，满意率只有53.03%（详见表3），说明政府环保工作应将控制噪声污染放在更突出的位置。

表3

	程度比（%）						
	非常满意（或重视或好或明显或有）	比较满意（或重视或好或明显或有）	一般（或没有）	不太满意（或重视或差）	很不满意（或重视或很差）	没注意过（不清楚）	满意率
噪声污染方面							53.03
是否受到噪声影响	14.75	31.25	25.25	20.25	6.25	2.25	50.13
对您的生活带来影响的噪声最主要是	40.71	22.13	14.21	22.95	0.00	0.00	
噪声污染的治理效果是否满意	2.50	20.75	39.00	25.75	5.50	6.50	55.94

由上表可知，有将近一半的受访者日常生活中受到“非常多”或者“比较多”的噪声影响，最主要的噪声来源是：交通噪声占40.71%，建筑施工噪声占22.13%，集市、广场等场所的生活噪声占14.21%，商店、卡拉OK厅等场所的娱乐噪声占22.95%。从“最主要噪声来源数据”上看，交通噪声影响较为突出，其他选项均占一定比例。噪声污染直接影响着居民的生活和休息，群众迫切希望各职能部门协同合作，齐抓共管，形成合力，加大力度从源头上控制噪声污染。

（四）垃圾处理政府重视、群众满意

表4

	程度比（%）						
	非常满意（或重视或好或明显或有）	比较满意（或重视或好或明显或有）	一般（或没有）	不太满意（或重视或差）	很不满意（或重视或很差）	没注意过（不清楚）	满意率
垃圾方面							81.10
生活垃圾的日常收集是否满意	13.00	61.00	16.75	7.50	1.50	0.25	80.40
环境卫生情况是否满意	12.50	61.75	18.75	5.50	0.50	1.00	81.79

表4显示，公众对“垃圾方面”满意率达81.1%，为各项指标最高。其中，“生活垃圾的日常收集”满意率为80.4%，当中有74%的受访者对生活垃圾日常收集“非常满意”或“比较满意”；“环境卫生情况”满意率为81.79%，有74.25%的受访者对环境卫生情况“非常满意”或“比较满意”。调查时，公众普遍认为自开展城乡清洁工程以来，县城环境卫生情况得到明显改善，受访者纷纷对政府工作给予积极的评价。

（五）环保宣传教育工作得到公众肯定

公众普遍认为政府对环境保护给予了足够重视，并对政府开展的环保宣传教育工作较满意。

表5

	程度比（%）						
	非常满意（或重视或好或明显或有）	比较满意（或重视或好或明显或有）	一般（或没有）	不太满意（或重视或差）	很不满意（或重视或很差）	没注意过（不清楚）	满意率
环保宣传教育方面							78.59
对环境保护工作是否重视	13.25	48.75	23.00	9.00	0.50	5.50	77.91
您是否有保护环境的意识	70.50	26.75	2.75				89.00
环保宣传教育工作开展情况	7.50	39.50	34.50	10.50	1.50	6.50	68.85

表5显示，公众对“环保宣传教育方面”的满意率为78.59%，其中：62%的受访者认为政府对环境保护工作“非常重视”或“比较重视”，70.5%的受访者则表示日常生活中“经常有”保护环境的意识。据调查反映，公众认可政府对环保工作的努力，在环保宣传教育上做了大量工作，不过在实施的效果上未得到群众的全面肯定，以致仅有47%的受访者认为环保宣传教育工作开展得“非常好”或“比较好”。

三、存在主要问题

调查中，受访者对大新县环保事业表现出很高的热忱，纷纷就环保突出问题和政府环保工作提出了自己的看法，主要集中在以下几个方面：

1．县城周边工业企业逐渐形成主要污染源头。大新县周边有色金属冶炼厂和糖厂离县城中心较近，每年榨季糖厂就会排放难闻的工业废气，附近居民怨声载道。德天大道是县城主干道，县城周边工厂运输车辆更是日夜穿梭于此，据附近居民反映，工厂开工不仅发出嘈杂的机器噪声，且运输车辆带来的交通噪声影响了居民正常休息，德天大道西段群众多次向相关部门反映，但至今未能得到妥善解决。

2．利江水环境污染负荷过重。利江是大新县城内河，但许多工厂建于县城西北面，即利江上游。江滨路是沿河而建人行景观道，政府投入大笔资金完善街道绿化，原本可成为百姓休闲场所，但每日在江滨路散步的人寥寥无几。原因就在于，当工厂将工业废水排放至利江以及随意排放的生活区污水，导致河水变得污浊，并发出恶臭，利江此时俨然是条臭水沟。

3．噪声已成为影响人们日常生活重要污染源。随着经济的发展，社会活动频繁，各种噪声日益增多。据调查数据显示，“噪声污染方面”公众满意率仅53.03%，为各类指标最低。大新县餐饮业较为繁荣，但多为街边摊贩，管理难度大，夜间大排档的喧闹声经常影响附近居民休息。再者，县城广场各种娱乐活动已成为很多大新人晚上必不可缺少的休闲娱乐节目，虽然广场活动丰富了大新人的生活，但是县城内两大广场附近的居民，一方面对群众在广场开展有益身心的文娱活动所造成的噪声表示理解；另一方面也希望政府能够采取相应的措施，解决广场娱乐噪声过高、活动时间长产生的扰民问题。

4．环保工作措施效果不明显。调查数据显示，超过六成受访者认为政府对环境保护工作“非常重视”或者“比较重视”，满意率为80.4%；也有将近五成的受访者觉得环保宣传教育工作开展得“非常好”或者“比较好”。但是，在“空气污染方面”、“水环境质量方面”和“噪声污染方面”三类指标满意率均未超过60%，平均满意率只有56.4%。说明公众认

为，虽然政府重视环保工作，但采取的措施未能取得预期效果。

四、几点建议

1．因地制宜，科学规划。有色金属冶炼和制糖企业污染较为严重，同时也是大新县支柱产业，由于涉及面广，对其治理不可能一蹴而就。为此，必须根据实际情况，因地制宜，做好整体规划，并保持政策的连续性和稳定性，分步实施。环保工作关键在于执行力，具体落实应做到明确分工、责任到人，同时确保资金到位、监督到位。

2．加大噪声污染治理力度。环保、工商、卫生、文化、交通等职能部门应联合协作，多管齐下，从源头整治噪声污染源。重点解决群众普遍关心问题，如规范夜市摊点、广场、超市宣传活动的管理，控制建筑施工、娱乐场所营业时间及噪声等。

3．继续深入开展城乡清洁工程。城乡清洁工程效果显著，深得民心。同时，在保洁工作中，应重点加强县城老街的环境卫生整治。

4．环保宣传教育工作重心向农村地区倾斜。据调查对象反映，农村地区环保意识淡薄，脏、乱、差问题未得到根本性解决，河流周边村民经常随意向河流排放生活污水。政府应有计划、有步骤地加强农村地区环保宣传教育工作，充分利用广播、报纸、黑板报等形式，加大环境知识宣传，提高农民的环保意识，增强生态环境保护的责任感和自觉性。

都安推进竹藤编织产业化进程的困难及对策

王安国

竹藤编织业是都安县传统的民族手工业，它立足于山区的竹藤草芒资源，依托广阔的国际市场，发展外向型经济，成为都安县乡镇企业的重要支柱产业。随着我国加入世贸组织和经济全球一体化格局的逐步形成和发展，以及金融危机的影响，竹藤编织业的生产、销售受到了严重影响，其出口交货值由2007年的13251万元降至2009年的8039万元，下降了39.3%。面对严峻形势，如何推进做强做大竹藤编织产业，值得研究和思考。

一、竹藤编织业发展的基本情况

1. 竹藤编织业的技术基础。都安县的竹藤编织业源于远古时候勤劳的都安人为生产生活而自编自用的竹藤用具，具有悠久的历史。竹藤编织工艺品样式和种类尽管千变万化，但其加工都是运用古老而传统的技术和工艺。竹藤编织工艺和技术是都安人生产生活的一种本能，遍布乡村，男女老少皆可掌握。竹藤编织生产工艺简单，容易学会和掌握，易于在山区和农村中推广发展。

2. 竹藤编织业的生产模式。都安县竹藤编织工艺品的生产主要在农村、在各家各户中进行。一般由竹藤编织工艺品经营公司联系好订单后，再将生产任务放到农户中去生产，农民利用农闲时间采集和购买原材料按样加工后，再由经营公司回收销售。形成了“公司+农户”的生产经营模式。农村就是都安竹藤编织业的生产基地。目前，都安县竹藤编织业主要分布在地苏乡、三弄乡和东庙乡，周边乡镇也有部分农户从事竹藤编织工艺品加工，但尚未形成规模。都安县实际从事竹藤编织工艺品加工的农户约16000多户32000人。

3. 竹藤编织业的市场潜力。二十世纪七十年代初，随着中国经济建设的推进，在党的富民政策指导下，都安县的竹藤编织业扑捉市场信息，寻找商机，进入国际市场。目前都安县的各个竹藤编织工艺品经营公司与广西区内外的各大进出口公司都保持着长期的业务往来，依靠地方的资源优势和劳动力优势长期成为这些进出口公司的生产基地。竹藤编织工艺品通过这些进出口公司常年间接出口美国、英国、德国、荷兰、意大利、法国、日本、朝鲜和香港等国家和地区，国际市场为都安的竹藤编织工艺品提供了广阔的发展空间。

4. 竹藤编织业的经营条件。经过十几年的开拓、创新，都安县竹藤编织业已经从简单的粗放型经济向高效的集约型经济转变，建立了规范的生产经营企业。目前都安县较具规模经营的竹藤编织企业有11家，总投资额达2545万元，年出口产品总值达500万元以上的有5家，100至500万元的有6家。这些企业经过多年的发展，与农户长期合作生产，与进出口公司和外商形成了稳定的协作关系，这些经营公司为都安竹藤编织业的进一步发展壮大提供必要的条件。

二、竹藤编织产业化发展遇到的困难和问题

都安县竹藤编织业虽然具备较好的生产经营基础和条件，具有较强的开发和发展的潜力，但是要推进都安县竹藤编织业产业化发展进程，必须认真解决好以下的困难和问题：

1. 生产基础薄弱，经营规模小。竹藤

编织业要向产业化方向发展，首先必须走专业化发展的道路。目前，都安县的竹藤编织业都是由农户来生产，而农民的主业还是从事农业生产，只有在农闲时才投入大量的精力来从事竹藤编织加工，而且编织详密区平均仅有60%的农户从事竹藤编织加工。从某种意义上来说，还未形成专业化，从事竹藤编织工艺品加工仅仅是农民的一项副业，而且仅仅是一个地方或地区部分农民的副业，大部分农民的主要精力还是用在粮食生产和其他方面的工作。因此都安县竹藤编织业的生产基础还很薄弱，还未能成为农村经济建设的重要支柱产业。当然，这与该产业承担的农村经济建设作用的大小和农民的参与程度是密切相关的，只有这两方面的共同推进，才能逐步实现竹藤编织业的专业化发展。其次，竹藤编织业要形成产业化发展，必须要有一定的经营规模来支撑。据统计，都安县的竹藤编织业分布在地苏乡、三弄乡和东庙乡，周边乡镇也有一些农民参与，但尚未形成气候。目前实际从事竹藤编织业的农户仅有16000多户、32000多人。按当前的加工能力，每人每天创造产值10元，年作业时间200天计算，都安县竹藤编织业年创造的产值为6400多万元，如果各个生产项目之间、各个经营公司的生产之间没有协调地安排和合理地调度，实际生产能力还要低一些，这么低的生产能力，是无力接受国际市场的大宗生产订单的。年产值一亿多元的一个行业，在全县的经济总量中比重非常小，而且都安县22个乡镇中，竹藤编织项目仅覆盖至3个乡，全县没有形成较大的生产规模，竹藤编织很难起到推动地方经济进步的显著作用。

2．缺乏足够的原材料作生产保障。都安县竹藤编织工艺品生产需要的原材料有黄毛藤、黑骨藤、鸡肠藤、小白藤、板藤、九龙藤、野柳藤、稔子藤、金光藤、土藤、黄丝藤、草藤、香草以及各类竹子等。这些原材料纷杂生长在千山万弄之中，但是由于气候、土质和湿地等环境条件的不同，其分布情况也不一样。以前，都安县竹藤编织工艺品都是由编织户采集山中的材料来生产，随着该行业的进一步发展，本地的原材料将不能满足竹藤编织业发展的需要。主要原因是：①目前都安县只有从事编织工艺品加工的农户，很少有专业采集原材料的队伍；②本地有限的原材料储藏量与竹藤编织业快速发展之间的矛盾日益突出，而且经过多年的开发，本地的原材料已逐步枯竭，如目前的地苏、三弄、东庙等乡就属这种情况。③都安县竹藤编织原材料的流通市场尚未完全形成，推进产业化经营规模将成倍地扩大，原材料与生产之间的矛盾将更加突出，互相制约。即使扩大和发展新的竹藤编织生产基地，新基地原材料的储藏量也是有限的。

3．没有直接进入国际市场的通行证。经过十几年的发展，都安县竹藤编织业的生产能力和出口规模越来越大，但在都安县的11家竹藤编织工艺品经营公司中，仅有藤王编织品有限责任公司取得自营出口权，其余公司的竹藤编织品都必须通过区内外的各大进出口公司出口到国际市场，这势必严重阻碍竹藤编织业产业化的推进。首先，增加了产品经营的中间环节，影响了资金的合理流转；其次，增加企业的经营成本；第三，造成企业利润的转移，本应属本县编织工艺品经营公司和编织户的合理利润，已部分得转移到进出口公司，影响编织户的生产积极性；第四，所有的生产订单都是外商通过各大进出口公司才转到都安县的各个经营公司，一切生产掌握在各个进出口公司的手中。

4．没有形成品牌效应。都安县的竹藤编织工艺品经营公司全部分散地建立在地苏乡和三弄乡的各村，所有的产品均由各家各户安样加工后回收到公司，经过一定的技术处理后包装出厂。目前还没有一家公司对其产品注册商标，没有产品品牌，没有形成行业品牌，也没有树立企业品牌，竹藤编织业缺乏一种贯穿整个行业的文化内涵，也就是缺乏品牌效应。推进都安县竹藤编制业产业化发展，必须在企业中、行业中甚至整个竹藤编织市场中树立形象，打出品牌，发挥影响力，提升竞争力，以品牌效应来加快竹藤编织业产业化的进程。

三、推进竹藤编织业产业化进程的对策

通过基地建设，提高全县竹藤编织业的生产能力和经营规模，发挥竹藤编织业产业化的社会效益和经济效益。重点抓好以下几方面的工作：

1．建设竹藤编织开发小区。在城镇建设和开发中，划出土地建设竹藤编织开发小区，鼓励和引导全县的竹藤编织工艺经营公司进入小区来发展，形成聚集效应。一方面，小区建设要突出都安县竹藤编织业的特色和文化，充分发挥城市功能和效应对竹藤编制业发展的促进作用，同时也发挥都安县竹藤编织工艺品在国际市场的影响力来促进地方城市建设的发展；另一方面，要高起点、高标准，建成功能齐全的专业小区，除各个公司具有自己的生产经营场所外，整个小区还要根据竹藤编织业的特点，建设规范的交易市场和竹藤编织材料集散地和批发交易市场，把区内外各地的原材料引到都安交易，为竹藤编织业提供充足的原材料。通过建设开发小区，提高行业品位，树立企业形象，把都安县建成国内最大的竹藤编织工艺品交易市场。

2．建设竹藤编织业生产基地。都安县竹藤编织业的生产方式决定其发展必定要走“公司+基地+农户”的经营模式。推进竹藤编织业产业化发展，就必须把生产基地建设好，进一步推进专业化、规模化生产和经营，大力发展竹藤编织业。首先，巩固和发展好现有基地。尤其要在地苏、三弄、东庙三个乡的竹藤编织区，鼓励和引导更多的农户参与到竹藤编织业中来，使三个乡85%以上的农户都长期稳定地发展竹藤编织业。其次，进一步扩大竹藤编织业在都安县的覆盖范围。在保安、永安、龙湾、菁盛、拉烈、加贵、隆福、古山等乡各选择有一定基础和条件的村建立竹藤编织生产示范点，通过组织引导，政策鼓励，资金扶持，技术指导，让这些示范点的农户在抓好农业生产的同时发展竹藤编织业，吸引其他农户从事竹藤编织业，争取竹藤编织业农户覆盖率达50%以上。

3．组建都安县竹藤编织集团公司。按照现代企业管理制度，由都安县的竹藤编织工艺品经营公司组建松散型的都安县竹藤编织集团，制造竹藤编织业的航空母舰，引航全县竹藤编织业的发展。组建集团公司，可以全面提高竹藤编织业经营规模和经营能力，发挥规模效应，有能力接受国际市场上的大宗生产订单；可以进一步组织和协调都安县竹藤编织业生产基地的生产工作，使各基地有计划、有针对性地做好各个项目的生产，并能够根据每一个项目的紧缓、时间长短、质量等级等科学、合理地安排资源生产，提高企业应对市场变化和市场风险的能力，进一步树立都安县竹藤编织业在国际国内市场上的良好形象。

4．申请自营进出口权。都安县竹藤编织工艺品要直接进入国际市场，拉近与国际市场之间的距离，经营企业拥有自营进出口权是必要的条件，也是都安县竹藤编织业产业化发展的先决条件。首先，要建立一支业务知识过精、本领过硬的外贸经济工作队伍。都安县竹藤编织集团公司在创建过程中，要按照外向型经济企业的要求，接纳和引进、培养外贸方面的知识人才，创造优厚条件和创业环境鼓励这方面的大学毕业生到竹藤编织经营企业就业。其次，申请自营出口权。由集团公司或者母公司完善条件，向外贸管理部门申请企业的自营出口权。以后，都安县的竹藤编织集团公司完全可以自营出口，并可以代

理其他进出口业务，减少中间环节，降低经营成本，提高企业和编织农户利润的回报率；同时也可以掌握出口业务的主动权，扩大影响力和知名度，为出口创汇做出积极的贡献。

5．创建品牌，树立形象。品牌是有形资产增值与无形资产增值有效结合的一个经营性企业文化理念。企业品牌是建立现代企业制度的基本要求，也是企业文化建设中必须重点培育的理念之一。首先，竹藤编织工艺品经营企业决策者要掌握WTO运作规则，确立适合企业发展的市场定位；其次是深化企业改革，建立现代企业制度，加大企业文化建设的硬件投入，逐步培育敬业爱岗、效率唯一、制度至上、快速适应、风险共担、自觉管理等企业文化理念；再次是加快调整产品结构，优化资源配置，加快技术创新步伐，提高产品的科技含量，加大新产品的研发力度，为企业品牌抢占国际市场做好准备。

6．积极引导，重点扶持。首先，都安县各级党委、政府和有关部门必须充分认识加快推进竹藤编织业产业化发展对都安县经济建设的重要战略意义，不折不扣地按照县委、县人民政府“1236”工作思路，调动一切积极因素，为加快推进竹藤编织业产业化发展创造一个宽松的环境，制定和出台建设都安竹藤编织业开发小区和建设竹藤编织业生产基地的实施意见。其次，都安县各级党委、政府和有关部门要充分组织和利用各类媒体加大对都安县竹藤编织业产业化发展和品牌创建的宣传，为竹藤编制业的发展提供服务。第三，县党委、政府与企业同心协力，共同推进都安县竹藤编制业产业化发展进程，各级党委、政府要从人力、财力、政策上给予大力扶持，帮助竹藤编制业进入企业扩张的快车道，促进其健康稳步、快速发展。

还山于民　还权于民　还利于民

——上林县全面推进集体林权改革

韦芦苓

对于一些“靠山吃山”的山区农村居民而言，林地生产资料的重要性甚至超过耕地。2009年8月上林县正式启动深化集体林权制度改革，县委、县政府高度重视，把林权改革当作一项重要工作来抓，积极贯彻落实自治区、市林改会议和文件精神，严格按照“三级书记”抓林改，采取县四家班子领导挂钩联系、县级单位包乡、以点促面、集中突击等办法整合人力资源，集中力量抓林改，稳步推进集体林权改革工作，并取得了阶段性成果。上林县11个乡镇外业工作顺利结束，全面转入内业工作。

一、森林资源现状

上林县林地总面积为98931.80公顷，森林覆盖率52.50%。按森林类型分：生态公益林面积61333.33公顷，商品林地面积25180.50公顷；按林地地类分：有林地面积39504.70公顷，灌木林地面积52588.40公顷，疏林地面积569.20公顷，未成林造林面积337.10公顷，宜林地面积2517.30公顷；按森林起源分：天然林面积56003.60公顷，人工林（包括有林地、人工经济灌木林）面积36704.90公顷；按林种分：用材林面积23911.60公顷，经济林面积1891.30公顷，防护林面积12716.90公顷；按林地所有权性质分：国有林地面积5612.90公顷，集体林面积93295公顷，其中万盘林场和大明山林管处属于国有林地，另做统计。

二、集体林改工作的成效

目前我国的林地亩均产出只有22元，仅为耕地的3％，这其中自然蕴含着巨大的发展潜力。而要解放林业生产力，其根本途径是实行林改，这是2003年国家决定实施农村林改工作的基础和前提。上林县土地总面积为187100.20公顷，其中集体林地面积93295公顷。根据《上林县全面推进集体林权制度改革工作方案》总体部署，上林县2009年计划完成林改工作任务的30%以上，即完成勘界确权发证26360公顷。2009年8月26日召开全县动员会后，从县到镇、到村、到屯，级级抓责任，层层抓落实，全力推进林改工作，取得了明显成效。截止2010年1月29日，上林县完成勘界面积40126.67公顷，占任务的152%；完成勘界公示33193.33公顷，占任务的126%；完成发证前公示31453.33公顷，占任务的119%；完成发证面积28080公顷，占任务的107%。

三、集体林改工作的措施

1．强化组织领导，推进责任落实。为切实抓好林改工作，县委成立了以县委书记、县长任组长，县人大副主任、县政府副县长、县政协副主席为副组长，县级38个相关部门主要领导为成员的林改领导工作小组，并从相关部门抽调35名工作人员组建了林改办公室，并设立了宣传组、纠纷调处组、督查组等。进一步明确各乡镇党委书记、乡镇长为本乡镇林改工作第一责任人，分管领导为具体责任人，实行县、乡、村三级逐级签订林改目标责任书，层层明确责任，实行县级领导挂钩联系乡镇林改工作制度，坚持每周深入联系乡镇检查指导林改工作2次以上，帮助解

决林改中的实际问题和困难，采取县级领导包乡（镇）、乡镇领导包村、村干部包组、组干部包户的办法，横向到边，纵向到底，共组建了11个乡镇工作机构，组建村级机构131个，层层落实领导干部林改责任。

2．广泛宣传动员，营造林改氛围。为了让广大干部群众关心林改、理解林改、支持林改，参与林改的良好舆论氛围，通过各种渠道，采取灵活多样的方式进行政策宣传和业务培训。2009年8月26日召开县、镇、村三级干部参加的全县推进集体林权制度改革工作会议，随后各乡镇、村屯分别召开动员会，掀起全县林改宣传高潮。据统计，至2009年底，上林县共印制发放公开信8万份，张贴标语3902条，悬挂横幅98幅，发放政策问答6万份，出版黑板报17期，利用宣传车辆到各乡镇村、屯巡回宣传，县民族歌舞团、乡镇文艺队以文艺演出形式全方位、多角度进行宣传。通过深入广泛宣传，全县大部分群众了解了林改的重大意义和相关政策法规，纷纷支持林改工作。

3．加大经费投入，强化资金保障。2009年，上林县已到位并拨付林改经费264.36万元，其中区级资金174.82万元，市级资金39.54万元，县级配套50万元，超额完成配套任务，购置了办公桌椅、地形图纸光盘、22台电脑、2台复印机、13台扫描仪等一批办公用品，为推进上林县林改工作提供了强有力的经费保障。

4．强化指导督查，确保工作质量。按照县委、县政府要求，县林改办组织六个检查指导组，分别由六位正科级以上领导带队采取定期或不定期对各乡镇林改外业工作进行抽查和检查，对发现问题及时整改。县林改技术指导组全程跟踪指导，把督查和指导相结合，保证工作质量。

5．化解调处纠纷，促进社会稳定。把维护社会稳定贯穿于林改全过程，安排专门力量接待和处理群众共来信来访。对林农反映的突出问题，派得力干部及时调查处理。各级领导深入第一线，主动发现问题，及时采取措施，把矛盾化解在基层，把问题解决在萌芽状态。主要抓好以下四项工作：一是根据历史凭证，各乡镇、村、组在确权定界时，以林业三定时期到户的自留山、责任山证和各记载资料、档案为主要依据；二是认真踏勘争议林地，对有争议的林地重新进行实地踏勘；三是分析纠纷原因，对因自然灾害、政策因素或人为因素造成地界不清引起的纠纷，据实分析，经双方当事人认可进行调处；四是听取不同意见，对群众意见不统一，涉及农户较多的，认真听取老干部、老党员等各方意见，再开展工作。截止2009年底，共排查出纠纷18起，已调处化解纠纷6起，调处率达33%。

四、存在的困难和问题

1．认识有待加强，林改进度较缓慢。一是少数干部群众对林改工作认识不清，不够重视，积极性不高，有的甚至不支持林改工作的开展，特别是外出务工人员较多的村组，还没有有效的开展发动宣传；二是部分技术员存在畏难情绪，认为林改工作问题多，条件艰苦，工作热情不高，有的甚至消极怠工。

2．技术力量不足。林业专业技术人员特别是能勘界绘图的人员数量有限，各乡镇普遍存在技术人员少、技术力量不足的问题，对勘界、绘图、确权等工作造成很大影响。

3．财力有限，经费不足。林改工作涉及面广，需要开支工作经费多，目前县级财力有限，资金安排较为困难，配套经费已超过任务要求，但中央、自治区、市级各级经费还未完全到位，影响工作进展。

4．林地纠纷与历史遗留问题多。“三定”时，一些地方存在着宗地界线模糊，没有明显地物标志，证地不符，图面面积与实际面积相差较大，加上上世纪90年代以后的大规模发包，存在一山多证、一地多证的情况。甚至有些村民只知有“祖宗地”、“谁种谁有”，不知有“自留山”“责任山”。随着林改工作的推进，乡镇之间、村组之间大量的山林纠纷不断凸现，部分纠纷经过多次调处仍然无法解决，成了推进林改的难题。

5. 林业配套改革相关政策滞后，林业发展后劲仍显不足。现行的法律、法规及一些管理制度关于森林资源流转、采伐管理，已经不能适应新的产权制度关系和森林资源经营流转的需要。分山到户后，林业建设呈现出林权结构分散化、经营主体多元化、经营形式多样化的特征，林业生产组织管理难度明显加大。

五、对策和建议

1. 统一思想认识，加快工作推进。一要强化责任意识，各级领导干部要深入一线，靠前指挥，切实解决林改工作推进中存在的各种问题。二要因地制宜，一乡（村）一策的原则，周密安排工作计划和工作进度，细化各项工作环节，尽快还山于民。

2. 整合力量，加强指导检查。针对各乡镇普遍存在的技术力量不足问题，要着力整合全县资源，想方设法落实好相关技术人员，合理进行配置，如果条件许可，可以暂时外调、聘请林改技术人才，充实林改技术人才队伍，确保每个乡镇、每个自然村都有林改技术员，提高林改的质量和效率。同时，督查组进一步加大对各部门、各乡镇推进林改工作的督促检查，及时发现存在问题，迅速解决，促进上林县林改工作顺利开展。

3. 加大各级经费下拨，保障林改顺利进行。林权改革工作量大，耗时长，需要大量的设备、人员和资金投入。因农业税取消后，原本县、乡财政收入中的农林特产税等相应减少，原由林业税费解决部分开支的林业工作受到限制，影响了基层林业机构的正常运转。单靠地方财政无法解决，需要省级和国家财政强有力的支持。

4. 加大林权纠纷调处，妥善调处林改信访案件。对于历史遗留问题，本着“尊重历史、依法依规、妥善处理”的原则，耐心协调和查处，确保林改秩序稳定，林地纠纷应尽量解决在基层。既要全力调处纠纷，又不要出现因山林纠纷调处不当，造成群体性上访、械斗或乱砍滥伐等事件发生。充分发挥村组干部、纠纷调解小组及“三老”（即：寨老、老党员、老干部）的作用，引导纠纷双方友好协商，尽量不通过司法途径来裁决。要切实做到尊重历史、注重依据、规范程序、依法办事，不引发新的矛盾和纠纷。

5. 尽快研究制定相关配套政策。“农民得实惠、生态受保护”是林改的两大目标。切实做到“管好公益林，放活商品林”，逐步把商品林的处置权交给农民，完善林木采伐管理制度，实行林木采伐审批公示制度，简化审批程序和手续，减少采伐管理上的限制条件，向农民提供便捷高效的服务，真正还权于民。

6. 加快发展林业产业，提高林业经营效益。从林业的特点和规律看，适度规模经营是提高林业效益的重要途径，分山到户后应引导群众开展适度规模经营与生产合作。一是因地制宜地发展林业产业，大力扶持林产品加工龙头企业，着力提高林产品的附加值。二是引导农民因地制宜发展干果经济林、林下种植业、养殖业，开展立体经营，实现长短互补，提高林地利用率和产出率。三是引导农民充分开发森林的文化、休闲、游玩等功能，大力发展森林旅游业、生态疗养业，实现不砍树也能致富，还益于民。

六大问题阻碍扶绥县蔗糖产业发展

程军方

扶绥县作为国家规划重点扶持的广西22个蔗糖优势区域县（市、区）之一，经过20多年持久稳定发展，蔗糖产业已成为该县经济社会发展的支柱产业。但是，近年来甘蔗生产中出现的一些问题，已成为阻碍蔗糖产业发展的主要因素，应引起重视。

一、蔗糖产业发展状况

近年来，扶绥县甘蔗种植面积均保持在110～120万亩，年均产蔗450～650万吨，辖区两家制糖企业（扶南东亚糖业有限公司和东门南华糖业有限公司）总日榨能力达5.5万吨，2009—2010年榨季扶绥县入厂原料蔗达477万吨，产值15.5亿元，农民人均种蔗收入4680.00元，2009年制糖业提供的总税收为2.45亿元，占当年财政收入34.7%。同时，蔗糖产业的发展带动了扶绥县建筑建材业、交通运输业、加工制造业的快速发展，并吸纳了农村大批的剩余劳动力，有力地促进了农村产业结构调整和农业产业化进程，为该县农民脱贫致富、地方经济发展、社会繁荣稳定做出了重要贡献。

二、蔗糖产业发展存在的主要问题

1．品种单一，品种良性退化严重。目前，新台糖系列品种在扶绥县已有10多年种植历史，占全县甘蔗种植面积90%以上，为甘蔗产业实现跨越发展发挥了重要作用，但是，单一品种退化的负面影响已开始显现，如新台糖22号近年来平均产量与刚引进时期相比已下降约10%左右，呈现出宿根发芽少、病虫害严重、宿根产量低、含糖率低、抗寒抗旱能力低等特征。该县甘蔗种植大村东门镇郝佐村部分蔗农反映：受今年春季持续干旱的影响，凡是新台糖22号品种系列，不管是新植蔗还是宿根蔗，发芽率均比正常年景（每亩有苗在6500～8000株之间）减少1/4左右，部分农户想补种，可已误过农时没有蔗种了。

2．机械化发展滞后，种植效益低。经过近20多年的发展，扶绥县2010年甘蔗种植面积已达121万亩，但种植模式仍以单家独户为主，生产主体规模小，户均种蔗10亩左右，连片50亩以上蔗地只有1785户13.5万亩，仅占种植总面积11.16%，未形成规模经营，成本高，效率低，80%以上种植在干旱、贫瘠荒坡地和丘陵地带，无灌溉设施，易受干旱制约，同时，甘蔗生产除犁、耙、深松外，播种、除草、培土、施肥、喷药及收获均处于人工操作的传统农业生产状态，尤其是甘蔗收获机械尚处试验摸索阶段，人工收获效率低，成本居高不下，2009—2010年榨季，该县甘蔗砍收人工成本最高占到亩产值的15.5%左右，蔗农利润空间被大幅挤压。

3．缺乏轮种，过多依赖化肥，导致蔗地板结和容易发生病虫害，甘蔗产量不高。甘蔗主产区的大部分蔗农，由于调整农作物种植结构意识不强，部分甘蔗地连续种上甘蔗10年、20年都没有轮换种上其他农作物，造成蔗地板结和发生病虫害，据糖业部门统计，每年甘蔗螟虫危害率达15～25%以上，严重影响甘蔗产量的提高。加上部分农户认为，化肥的施用量必须逐年提高才能保证甘蔗高产量，导致化肥消耗量年年增长，而相当部分肥力被虚耗，最终酿成甘蔗“高投入低产出”的恶果，多年来全县甘蔗产量一直在4～5.5吨/亩之间徘徊，总产量的增加和提高主要还是通过扩大种植面积为主。

4．蔗粮争地矛盾突出。近年来，受种蔗效益较好和政府扶持政策双重因素的影响，农户用水田改种甘蔗的面积逐年增多，到2010年全县水田改种甘蔗面积达14万亩，从而影响到全县水稻的种植面积及总产量。

5．“坑农、宰农”现象时有发生。近年来，为抓好“第一生产车间”的生产，增强甘蔗产业的发展后劲，扶绥县扶南东亚和东门南华两家糖厂每年以免息赊销化肥给农户，待年终甘蔗入厂后再扣还化肥款的方式对蔗农予以扶持，此举深受广大蔗农的欢迎。然而，近期该县东门南华糖厂辖区的一些蔗农反映，从2009年至今，糖厂辖区各村级甘蔗联络员连续两年趁替糖厂调运赊销化肥发放给蔗农之机，抬高化肥运费，令蔗农不堪重负。如从东门糖厂拉一车化肥到辖区郝佐村，仅为3公里的路程，每吨化肥收取的运费却高达120.00元（含装卸费），而按市场价雇请其他营运汽车来运送，每吨只收取30.00元（含装卸费），两者收费相差3倍。蔗农们对甘蔗联络员这种随意要价的行为颇为不满，但又不敢得罪他们，怕自已在榨季甘蔗砍运过程中被有意刁难，因此只得违心如数交上运费。

6．产业开发的深度不够。县内的两家制糖企业（扶南东亚糖业有限公司和东门南华糖业有限公司）主要生产的白砂糖，产品单一，综合利用率低，甘蔗资源效益差，还没有形成以制糖为中心的产业集群。

三、做大做强蔗糖产业发展的对策与建议

1．加强新品种研发。可考虑在全区范围内开展甘蔗新品种繁育项目协作攻关，制定政策鼓励制糖企业和科研部门研发甘蔗高产高糖新品种，同时加大对甘蔗新良种研发工作的投入，在广西蔗糖主产区扶绥、来宾等县、区建立甘蔗良种引进繁殖、示范推广基地，由国家财政对各地引进甘蔗新良种和甘蔗新良种基地给予政策性补贴，尽一切努力克服科研经费困难和技术薄弱问题，尽快研制、筛选出各方面表现优于新台糖系列而又熟期合理新品种。

2．大力推进甘蔗种植规模化、机械化。一是以扩大连片种植面积为基础，大力推进规模化机械化生产。积极推进农村土地流转，集中土地扩大单体种蔗规模，引导蔗农以土地、资金、农资等生产资料入股，建立种植股份公司或小型合作社（组）等经济实体。二是加快研发中耕管理和收割适应机械。由自治区有关部门牵头，规划制订甘蔗生产机械化全套操作规程和技术指导，把机械化应用从前期备耕延伸到中期管理和后期砍收。

3．对蔗地进行轮换耕作，推行科学种蔗，提高单产。要对连续种蔗多年的甘蔗地进行轮种，如改种上木薯、花生等作物，以便改良土壤结构，提高单产，同时大力推广测土配方施肥等技术来降低甘蔗的种植生产成本。此外，通过实施良种化、智能化、机械化、水利化、规模化等科学种蔗技术，改善生产条件，提高综合生产能力，使亩产原料蔗达7.5吨以上，亩含糖量1吨以上。

4．巩固壮大蔗糖产业体系。当前要落实好相关的扶持和鼓励政策，积极引导和扶持扶南东亚公司和东门南华公司调整发展战略，扩大生产规模，加大技术投入，发展循环经济，形成原料蔗——蔗糖——糖果——味精——燃料——酒精——复合肥的产业链，进一步提高蔗糖产业附加值和综合效益，形成产业集团。同时发展新的特色效益农业产业，拓展农民增收空间，充分利用全县120万亩甘蔗的蔗叶、蔗梢资源，鼓励农户发展蔗——牛（羊）——菇“三位一体”的种养模式，发展养牛、养羊等畜牧养殖，做长产业链，做宽产业带，壮大产业规模，发展产业体系，

提高产业效益。

5．做好蔗粮种植结构的调整。要因地制宜，科学合理抓好甘蔗和粮食的种植结构，避免出现经济作物和粮食作物调控失衡的现象。

6．及时制止坑农行为。群众利益无小事，希望相关部门从减轻农民负担的角度出发，及时制止这些甘蔗联络员的坑农行为。